ENCYCLOPÉDIE MODERNE.

DICTIONNAIRE ABRÉGÉ

DES SCIENCES, DES LETTRES, DES ARTS,

DE L'INDUSTRIE, DE L'AGRICULTURE ET DU COMMERCE;

NOUVELLE ÉDITION,

ENTIÈREMENT REFONDUE ET AUGMENTÉE DE PRÈS DU DOUBLE,

PUBLIÉE PAR

MM. FIRMIN DIDOT FRÈRES,

SOUS LA DIRECTION

DE M. LÉON RENIER,

MEMBRE DE L'INSTITUT, BIBLIOTHÉCAIRE DE L'ACADÉMIE DE PARIS.

Tome Premier.

PARIS,

FIRMIN DIDOT FRÈRES, ÉDITEURS,

IMPRIMEURS-LIBRAIRES DE L'INSTITUT DE FRANCE,
RUE JACOB, 56.

ENCYCLOPÉDIE MODERNE.

TOME PREMIER.

A. — Algérie.

PARIS.
TYPOGRAPHIE DE FIRMIN DIDOT FRÈRES,
RUE JACOB, N° 56.

ENCYCLOPÉDIE

MODERNE.

DICTIONNAIRE ABRÉGÉ

DES SCIENCES, DES LETTRES, DES ARTS,

DE L'INDUSTRIE, DE L'AGRICULTURE ET DU COMMERCE;

NOUVELLE ÉDITION,

ENTIÈREMENT REFONDUE ET AUGMENTÉE DE PRÈS DU DOUBLE,

PUBLIÉE PAR

MM. FIRMIN DIDOT FRÈRES,

SOUS LA DIRECTION

DE M. LÉON RENIER,

EMPLOYÉ A LA BIBLIOTHÈQUE DE L'ACADÉMIE DE PARIS.

Tome Premier.

PARIS,

FIRMIN DIDOT FRÈRES, ÉDITEURS,

IMPRIMEURS-LIBRAIRES DE L'INSTITUT DE FRANCE,

RUE JACOB, N° 56.

M DCCC XLVII.

AVERTISSEMENT

SUR CETTE NOUVELLE ÉDITION.

Un écrivain supérieur, qui est en même temps un homme d'État éminent, a dit, dans une savante dissertation sur les encyclopédies : « Il manque à notre état social quelque chose dont l'absence se fait partout sentir, que tout le monde cherche, souvent même sans le savoir : c'est un état intellectuel qui lui corresponde et le complète. Les révolutions ne changent pas le monde intérieur et moral aussi promptement que le monde extérieur et matériel. On s'enrichit plus vite qu'on ne s'éclaire ; on monte sans grandir à proportion. Il y a maintenant un nombre immense de citoyens honnêtes, influents, importants par leur fortune, leur activité, leur clientèle, et dont l'instruction n'est pas au niveau de leur situation ; qui n'ont pas les lumières de leur influence, ni les principes de leur conduite, ni les croyances de leurs sentiments ; la civilisation intellectuelle, en un mot, est moins avancée que la civilisation sociale. C'est donc de la civilisation intellectuelle qu'il faut seconder les progrès ; il faut se hâter de répandre des connaissances, des principes, qui rétablissent entre les pensées et les situations, les esprits et les existences, cet équilibre, cette harmonie, qui fait l'éclat, et assure le repos de la société. C'est là le premier et le plus noble besoin de notre époque. »

Ces lignes, écrites il y a vingt ans, ont conservé jusqu'aujourd'hui tout leur à-propos ; et quoique le moyen signalé par M. Guizot, comme le plus propre à satisfaire ce premier besoin de notre époque, ait été plusieurs fois employé depuis ; quoique l'on ait vu paraître, dans ces derniers temps surtout, un grand nombre d'encyclopédies, on n'en peut pas moins dire, maintenant comme en 1826, qu'il existe un nombre immense de citoyens dont l'instruction, très-étendue dans les diverses branches de la science que chacun d'eux a prise pour objet spécial de ses études, n'a point, cependant, ce caractère de généralité dont l'état actuel de la société fait pour tous un besoin. C'est qu'aucune encyclopédie, véritablement digne de ce nom, n'a encore été publiée à un prix assez modique pour pouvoir être acquise par tous ces citoyens. Les éditeurs de l'*Univers pittoresque*, cette grande ENCYCLOPÉDIE DE L'HISTOIRE, qui a présenté une première solution de ce problème, ont essayé de le résoudre de nouveau, en publiant à leur tour, et à un prix plus modique encore, une ENCYCLOPÉDIE DES SCIENCES, DES LETTRES ET DES ARTS.

Les auteurs de l'*Encyclopédie des gens du monde*, du *Dictionnaire de la conversation et de la lecture*, de l'*Encyclopédie nouvelle* et de plusieurs autres ouvrages du même genre, aujourd'hui en cours de publication, désirant attacher leurs noms à des œuvres entièrement nouvelles, ont cru devoir regarder comme non avenus les travaux de leurs devanciers, et ils ont entrepris de les recommencer sur nouveaux frais. De cette manière de procéder sont résultés des ouvrages fort chers, qui, sans doute, se distinguent tous par un mérite particulier, mais aussi dans chacun desquels on remarque des défauts que n'ont pas les autres. Pouvait-on éviter ce double écueil? Était-il possible de publier une encyclopédie à bon marché, où l'on trouvât toutes les qualités de la meilleure de celles qui ont déjà paru, et dans laquelle ces qualités ne fussent pas compensées par des défauts d'une égale importance? MM. Firmin Didot ont pensé qu'on y parviendrait, si, au lieu de refaire, on se bornait à perfectionner encore la meilleure des encyclopédies existantes; et ils ont pris pour base de leur publication l'*Encyclopédie moderne*, publiée en 1832, sous la direction de M. Courtin, déjà réimprimée en 1843, avec de nombreuses améliorations.

Cet ouvrage est-il, en effet, le meilleur de ceux du même genre qui ont paru en France depuis le commencement de ce siècle? Quand les deux éditions qui en ont été publiées et épuisées ne répondraient pas affirmativement à cette question, les nouveaux éditeurs pourraient alléguer, pour justifier leur choix, un suffrage qui en vaut bien d'autres : on sait comment, après la bataille de Salamine, le prix de la valeur fut décerné à Thémistocle ; les chefs des Grecs étant assemblés à Corinthe pour donner leurs suffrages, chacun accorda au général athénien le second rang, et garda pour soi le premier. Si l'on veut prendre la peine de lire les préfaces des principales encyclopédies françaises du xix⁰ siècle, on en tirera, en faveur du livre de M. Courtin, une conclusion analogue à celle que l'assemblée des Grecs tira, en faveur de Thémistocle, des suffrages de ses collègues.

Il nous reste à expliquer en peu de mots de quelle manière ont été conçues les améliorations qu'on a cru devoir introduire dans cet ouvrage.

Quelques-uns des auteurs de la première édition ont été enlevés aux lettres dans ces dernières années ; ceux de leurs articles qui étaient devenus tout à fait inexacts, par suite des progrès de la science, ont été supprimés, et remplacés par d'autres, dans lesquels on a tenu compte des dernières découvertes ; ceux qui étaient seulement inexacts ou incomplets, ont été rectifiés et complétés, au moyen de notes au bas des pages ou d'additions placées à la fin des articles ; enfin, ceux qui avaient pour objet des matières dont la théorie est restée la même, ont été scrupuleusement respectés ; qu'aurait-on pu, en effet, vouloir changer aux articles de *philosophie* de Th. Jouffroy, de *littérature* de Népomucène Lemercier, Arnault, Étienne et Picard, de *physiologie* de Broussais, de *chirurgie* de Larrey et Dupuytren, d'*histoire militaire* du général Lamarque, de *linguistique* de Klaproth, de *chronologie* de Saint-Martin, d'*histoire religieuse* de Benjamin Constant?... Tous ces articles sont devenus célèbres ; ils ont fait la fortune de l'*Encyclopédie moderne :* on s'est borné à les réimprimer, en y ajoutant simplement, lorsqu'il y avait lieu, de courtes notes et des notices bibliographiques.

L'*Encyclopédie moderne* contient encore un grand nombre d'autres articles non moins remarquables, non moins célèbres, et que nous ne citons pas, parce que, plus heureux pour ces articles que pour ceux que nous venons de mentionner, nous avons pu en communiquer les épreuves aux écrivains, aux savants illustres, qui en ont enrichi ce livre : ils ont bien voulu les revoir et les mettre eux-mêmes au niveau des derniers progrès de la science.

Voilà ce que nous avions à dire sur le fond de cette encyclopédie ; ainsi que les éditeurs l'ont annoncé dans leur prospectus, ce fond se trouve, dans cette édition, augmenté de près du double. On a, en effet, dans les diverses spécialités, ajouté à l'ancienne nomenclature un grand nombre de mots qui ne s'y trouvaient pas, et même quelques spécialités nouvelles, que M. Courtin avait cru devoir exclure de son cadre ; l'histoire politique, entre autres, et l'histoire littéraire y ont été admises, et y occupent maintenant une place considérable. Pour toutes ces additions, pour toutes ces améliorations, les hommes qui tiennent dans la science et dans la littérature le rang le plus élevé, ont bien voulu nous prêter leur concours. Les articles qu'ils nous ont fournis suffiraient à eux seuls pour assurer le succès d'un livre ; nous y avons réuni ceux de l'encyclopédie de M. Courtin, dont tout le monde s'accorde à reconnaître le mérite : cet ensemble ne saurait manquer de recevoir du public un accueil favorable.

LÉON RENIER.

ENCYCLOPÉDIE

MODERNE,

OU

DICTIONNAIRE ABRÉGÉ

DES SCIENCES, DES LETTRES ET DES ARTS.

A

A. (*Grammaire*, etc.) L'A, première voyelle et première lettre des alphabets de toutes les langues de l'Europe moderne, comme il l'était de l'alphabet latin, se retrouve, avec le même rang et une valeur analogue sinon toujours identique, dans l'*alpha* des Grecs, l'*élif* des Arabes, l'*olaf* des Syriens, l'*alef* des Hébreux et des Phéniciens, mais ne correspond qu'au treizième caractère du syllabaire des Éthiopiens et au dixième de l'alphabet runique ou des anciens Scandinaves.

Tous les auteurs qui ont écrit sur la valeur des lettres, s'accordent à représenter celle-ci comme l'expression du son qui demande le moins d'effort aux organes de la parole. L'abbé de Dangeau, dans son *Discours sur les voyelles*, la définit : « un son poussé du gosier et retentissant dans le palais sans être déterminé ou contraint par aucune partie de la bouche. » L'émission en paraît tellement facile à l'auteur du *Mécanisme de la parole* imprimé à Vienne en 1791, le baron de Kempelen, qu'il va jusqu'à soutenir qu'elle pourrait être parfaitement prononcée par quelqu'un qui n'aurait ni langue, ni dents, ni lèvres. C'est, du reste, le premier son qui sorte de la bouche des enfants et le premier aussi qui échappe à tous les hommes dans les mouvements soudains de la douleur, de la joie, de la surprise, de l'admiration. Aussi a-t-on remarqué que, dans toutes les langues, il entre dans les premiers mots du vocabulaire de l'enfance et se trouve à la tête de la liste des interjections. Les auteurs du *Dictionnaire de Trévoux* rappellent, au sujet de cette lettre, l'étrange opinion de l'Espagnol Covarruvias, qui prétend qu'en naissant les garçons font entendre le son *a* parce que c'est l'initiale du nom d'Adam, et les filles le son *e* parce que c'est l'initiale du nom d'Ève.

En même temps qu'il est le plus naturel des sons de la voix humaine, l'A en est aussi l'un des plus éclatants, bien que nous doutions que ce soit, comme le prétend Court de Gébelin, dans son *Plan du monde primitif*, « celui que l'on entend de la plus grande distance. »

On a calculé que le douzième des mots français commence par A. Cette lettre est une des finales les plus communes dans les idiomes du midi de l'Europe ainsi que dans la langue russe. En arménien, elle sert d'initiale au septième des mots de la langue et entre dans leur composition pour une proportion égale à celle de toutes les autres voyelles ensemble. En sanskrit, elle fait un office analogue à celui du scheva hébreu. Non-seulement elle s'interpose entre les consonnes séparées que n'accompagne pas une autre voyelle, mais elle est en outre la voyelle unique d'une foule de mots. Remarquons en passant que Cicéron, dans son *Traité de l'Orateur*, c. 149, recommande d'éviter le retour trop fréquent du son *a*, qu'il qualifie de lettre désagréable (*insuavissima littera*).

Il ne faut pas croire que le caractère *a* représente un son constamment identique. Sans parler en effet des quatre valeurs qui lui sont reconnues dans la prononciation de la langue anglaise, on ne peut nier qu'il n'ait dans notre propre langue deux sons distincts, que l'on trouve l'un et l'autre dans le mot *amas*. Le premier de ces sons a été fort improprement appelé par la plupart de nos grammairiens *a* bref, et le second tout aussi improprement *a* long. Il y a évidemment entre ces deux sons plus qu'une simple différence de quantité. Le prétendu *a* bref est une voyelle parfaitement distincte de l'autre, et pour l'émission de laquelle la langue doit, en s'élevant sensiblement vers le palais, rétrécir le canal par lequel s'échappe la voix, tandis que, pour le prétendu *a* long, elle demeure étendue à plat dans la bouche, donnant ainsi aux parois de ce canal leur plus grand degré possible d'écartement. Si ce dernier son est effectivement celui des deux que l'usage fait le plus souvent long, il n'en est pas moins vrai que le premier peut également être affecté de cette quantité, comme cela est évident pour tout le monde dans les deux premières personnes plurielles du prétérit défini de la première conjugaison.

C'est une question qui a été longtemps controversée que celle de savoir si les lettres que nous avons indiquées comme correspondant à notre A, dans les langues sémitiques, telles que l'hébreu et l'arabe, ont jamais eu comme lui la valeur de pure voyelle. Il est certain que l'alef ou l'élif est assez généralement considéré aujourd'hui plutôt comme une consonne ou une marque de légère aspiration, et qu'il est parfois, comme tel, accompagné des signes des autres voyelles; mais il est vrai de dire aussi, qu'il est affecté plus souvent encore de la voyelle *a*, qui semble avoir pour ainsi dire conservé pour lui plus d'affinité.

En examinant avec attention la forme la plus ancienne de l'alpha des Grecs (A), il est facile d'y reconnaître l'origine de la double forme de l'*A* des modernes (A, a.) Quant à l'origine même de cet alpha primitif, il est moins aisé de la déterminer. D'après l'opinion la plus généralement adoptée, il faut y reconnaître les traits assez altérés de l'ancien alef des Phéniciens, dont le nom, au rapport de Plutarque (1), signifiait un bœuf. Quoiqu'en hébreu, où on le retrouve, ce nom paraisse d'origine étrangère, il n'en désigne pas d'une manière moins heureuse dans cette langue la première lettre de l'alphabet. « En effet, dit le président de Brosses, dans son *Traité de la formation mécanique des langues*, si on fait attention à la figure de l'alef samaritain (qui paraît être la forme primitive de l'alef hébraïque), on y trouvera quelque image grossière d'une tête de bœuf avec ses deux cornes. »

Plutarque dit, dans un autre passage (2), que la première lettre des Égyptiens représentait un ibis. Quelques-uns s'imaginant, on ne sait pourquoi, que cet oiseau était, dans l'alphabet hiéroglyphique, représenté portant le bec à ses jambes, ce qui aurait, en effet, figuré une sorte de triangle, ont voulu y voir l'origine de l'A majuscule, tout en admettant pour le minuscule l'origine phénicienne. D'un autre côté, l'abbé Mallet, dans un article de l'*Encyclopédie méthodique*, veut que l'A ait existé comme lettre symbolique chez les Égyptiens, où, selon lui, il avait tiré sa forme de la marche tortueuse de l'ibis. M. Champollion le jeune nous apprend bien, dans sa *lettre à*

M. Dacier relative à l'alphabet des hiéroglyphes phonétiques, que « l'épervier, l'ibis et trois autres espèces d'oiseaux s'emploient constamment pour A; » mais on peut voir aussi que la pose de ces oiseaux ne répond nullement à l'idée qu'on s'en était faite si gratuitement.

Quelques auteurs ont cherché dans la forme de la lettre A la figure de la disposition des organes vocaux dans l'émission de cette lettre. Le Hollandais Van-Helmont s'est imaginé trouver cette représentation exacte dans la forme de l'alef hébraïque, et l'abbé Moussaud, auteur de l'*Alphabet raisonné ou explication de la figure des lettres*, prétend la reconnaître dans l'A majuscule latin, opinion qui, du reste, au rapport de Calepin, avait autrefois eu à Rome un certain nombre de partisans.

Les anciens Orientaux attribuant aux lettres quelque chose de mystérieux et de surnaturel, aucune ne dut exercer davantage leur imagination que celle qu'un motif inconnu avait fait placer en tête de toutes les autres. Aussi a-t-elle été l'objet d'étranges et nombreux calculs de la part des rabbins de l'école cabaliste. Un hébraïsant de nos jours, qui a ressuscité une partie de leurs rêveries, Fabre d'Olivet, nous apprend, dans sa *Langue hébraïque restituée*, que « la lettre A est le signe de la *puissance* et de la *stabilité*, qu'elle renferme les idées de *l'unité* et du principe qui la détermine. » De son côté, Court de Gébelin, dans son *Histoire naturelle de la parole*, nous dit (1) que « le son A désigne l'état dont on est affecté, ce qui nous est propre, par conséquent ce qu'on possède, ce dont on jouit, de même que la domination et la priorité, » et ailleurs (2) que « l'A fut placé à la tête (de l'alphabet) et comme le plus haut des sons et comme désignant l'homme chef de tout. » Nous ne reproduisons ici ces opinions bizarres que pour donner un exemple des écarts d'imagination auxquels ces matières ont donné lieu.

Chez les Grecs, le son de la lettre A proféré par les prêtres pendant le sacrifice, était regardé comme de funeste présage, parce que c'était par cette lettre, initiale d'ἀρά (malédiction), que commençaient les formules imprécatives.

Nul caractère n'a servi à former un plus grand nombre de diagrammes et d'abréviations. Nous nous contenterons d'indiquer ici les plus remarquables.

L'Alpha, à titre de première lettre de l'alphabet, a quelquefois été employé pour exprimer l'idée de commencement, comme la dernière des lettres, au contraire, l'était pour exprimer l'idée de fin : « *Je suis l'Alpha et l'O-*

<hr>

(1) *Sympos.* IX, quæst. 2, 3 (p. 738 A.)
(2) *Ibid.*, quæst. 5, 2 (p. 738 E.)

(1) 1re part. sect. II, ch. 7.
(2) 2e part. sect. II, ch. 10.

méga, le commencement et la fin, » fait dire saint Jean à l'Éternel dans le verset 8 du Ier livre de l'Apocalypse.

Comme lettre numérale, A valait *un* chez tous les Orientaux, même chez les Arabes, qui s'en servirent encore souvent avec cette valeur, après avoir connu l'usage des chiffres. L'alpha des Grecs valait *un* s'il portait l'accent en dessus, et *mille* s'il le portait en dessous. A Rome, avant l'adoption du D pour cet usage, A représentait le nombre 500, et, avec un trait horizontal en dessus, le nombre 5,000.

Dans l'ancien calendrier des Romains, A était la première des huit lettres *nundinales* qui servaient à désigner les jours de marché. D'après un usage analogue, elle est devenue, depuis, la première des sept lettres dominicales, et elle sert à désigner les dimanches, dans les années qui commencent par ce jour de la semaine.

A Rome, dans les assemblées du peuple, un bulletin marqué de cette lettre exprimait un vote négatif; c'était l'abréviation de *Antiquam volo* (je m'en tiens à l'ancienne loi). Dans les tribunaux, au contraire, les bulletins ainsi marqués étaient favorables à l'accusé et signifiaient *absolvo* (j'absous); c'est à ce dernier usage que Cicéron fait allusion lorsque, dans son plaidoyer pour Milon, il donne à la lettre A la qualification de *littera salutaris* (lettre qui sauve).

D'après les règles du syllogisme dans la philosophie scolastique, la lettre A indiquait une proposition générale affirmative.

Dans les calculs algébriques, elle sert à représenter la première des données ou quantités connues, et, dans une figure de géométrie, elle marque le point par lequel on doit en commencer la description.

Comme note de musique, A désignait dans le système des Grecs, selon les uns, la première note du quatrième tétracorde, dit hyperboléen, et selon les autres, au contraire, la parhypate, le ton le plus bas de l'échelle. Chez les modernes, il a servi à désigner, et il désigne encore aujourd'hui pour les Allemands et les Anglais, le sixième ton de la gamme diatonique naturelle, auquel Gui d'Arezzo a donné le nom de *la.*   LÉON VAÏSSE.

AALBORG. Voy. DANEMARK et JUTLAND.

AAR. (*Géographie.*) En latin *Arola, Arula,* ou *Arur,* l'une des principales rivières de la Suisse. Elle prend sa source au pied du Finster-Aarhorn, dans le canton de Berne, à peu de distance des sources du Rhône, du Rhin, de la Reuss et du Tessin. Elle forme près de Handech une cascade de 50 mètres de hauteur, traverse les lacs de Brienz et de Thun, et se jette dans le Rhin à Coblentz (petit village situé sur la rive gauche de ce fleuve) après avoir baigné les villes de Thun, Berne,

Soleure, Aarau, et reçu, entre autres rivières, la Reuss et la Limmath. Son cours est de 265 kil.

AARAU. Voy. ARGOVIE.

AARHUUS. Voy. DANEMARK et JUTLAND.

ABADIOTES, peuplade de l'île de Candie, composée d'environ quatre mille hommes, qui occupent une vingtaine de villages au S. du mont Ida, et y vivent dans une espèce d'indépendance. On les dit issus des Sarrasins qui occupèrent cette île en 825.

ABADITES. (*Histoire.*) Nom d'une dynastie maure, qui occupa pendant quelque temps, au onzième siècle, le trône de Séville et de l'Andalousie. Fatigués des bouleversements occasionnés par la dissolution de l'empire des Ommiades, les habitants de Séville résolurent, vers 1023, de former un État indépendant, et se donnèrent pour roi, prince ou émir, Mohammed-Ben-Ismael-Abóu'l-Cacem-Ben-Abad, qui jouissait parmi eux de l'estime générale, et devait d'ailleurs à ses grandes richesses une immense influence. *Abad Ier,* c'est le nom sous lequel ce prince est connu dans l'histoire, sut affermir son autorité et ajouta à ses États le royaume de Cordoue. Il mourut en 1041, laissant le trône à son fils, *Abad II,* qui, à son tour, le transmit en 1068, à son fils aîné, *Abad III.* Celui-ci ajouta d'abord à ses États le royaume de Malaga; aidé par Alphonse VI, roi de Castille, auquel il avait donné sa fille en mariage, il rendit tributaires de Séville la plupart des princes maures ses voisins. Effrayé alors des progrès de la puissance de son allié, il appela contre lui Youssouf-ben-Tachfyn, roi de Fez et de Maroc; enfin, trouvant que celui-ci était un voisin plus redoutable encore que le prince chrétien, il fit avec Alphonse un nouveau traité d'alliance. Mais cette fois, le roi de Castille ne put prêter à temps à son beau-père un secours efficace; Youssouf, accouru à la tête d'une nombreuse armée, le prit dans Séville (1091), et l'emmena prisonnier en Afrique, où Abad III mourut après quatre ans de captivité. En lui finit la dynastie des Abadites; elle avait occupé pendant près de trois quarts de siècle le trône de Séville. (Voy. ce mot.)

        LÉON RENIER.

ABAISSEMENT DU DEGRÉ DES ÉQUATIONS. (*Algèbre.*) A proprement parler, on ne résout les équations des degrés supérieurs qu'en les ramenant à d'autres dont le degré est moins élevé. (*Voyez* l'art. ÉQUATIONS, où on a traité la résolution de celles des 2e, 3e et 4e degrés et de quelques autres.) Nous nous occuperons ici des procédés applicables à des cas particuliers pour en abaisser le degré.

I. Lorsqu'on connaît une racine $x=a$ d'une équation $x^m+px^{m-1}+qx^{m-2}+\ldots=0$, le premier membre est nécessairement divisible sans reste par $x-a$; et le quotient x^{m-}

$+p^1 x^{m-2}+\ldots=0$ est du degré $m-1$; ce quotient s'obtient très-aisément (*voyez* Division et Composition des équations); et on trouve les autres racines en résolvant une équation d'un degré moindre d'une unité que celui de la proposée.

Si, par exemple, on sait que $x=1$ est racine de l'équation $x^3-7x+6=0$, en divisant par $x-1$, on trouve l'équation du 2e degré $x^2+x-6=0$, d'où on tire $x=2$ et $x=-3$. Les trois racines de la proposée sont donc connues.

II. S'il suit de la nature d'un problème que plusieurs des racines inconnues soient liées entre elles par une relation donnée, on peut toujours abaisser le degré de l'équation proposée; l'exemple suivant montrera comment on doit gouverner le calcul.

Je suppose qu'on sache, par un moyen quelconque, que deux des racines x et a de l'équation $x^3-37x-84=0$ sont soumises à cette condition $a+2x=1$; entre ces deux équations, on a encore cette relation, $a^3-37a-84=0$, qui exprime que a désigne une racine. Éliminons a de cette dernière équation, en y remplaçant a par sa valeur $1-2x$, tirée de la précédente, nous aurons
$$2x^3-3x^2-17x+30=0,$$
$$x^3-37x-84=0.$$

Ces équations ne peuvent coexister sans avoir une racine commune; elles ont donc un facteur commun que le calcul apprend à trouver, et, en effet, on reconnaît que $x+3$ les divise l'une et l'autre. En posant $x+3=0$, on a $x=-3$, et par suite $a=7$; ce sont les deux racines de la proposée qui sont liées par la relation donnée. Quant à la 3e, on la trouve bientôt : il suffit de recourir au premier cas traité ci-dessus; elle est $x=-4$.

En général, si, entre les racines x, a, $b\ldots$ de l'équation $X=0$, il existe une relation connue, exprimée par l'équation $M=0$, en fonction de x, a, $b\ldots$, on remplacera x par a, $b\ldots$ dans la proposée, et on aura des équations $A=0$, $B=0\ldots$, qui exprimeront que a, $b\ldots$ sont des racines. A l'aide de ces équations, on éliminera (*voyez* Élimination) de $M=0$ toutes ces racines a, $b\ldots$, en sorte qu'il ne reste plus que x dans cette équation. Il devra exister un facteur commun entre cette équation finale en x et la proposée $X=0$, car, sans cela, la relation donnée $M=0$ serait absurde. La méthode du diviseur commun (*voyez* ce mot) fera connaître quel est ce facteur, que nous représenterons par $f(x)=0$. Cette équation étant résolue, on obtiendra celle de nos racines qui a été désignée dans M par la lettre x, et par suite on aura a, $b\ldots$; en sorte que le problème se trouvera ainsi ramené à la résolution d'équations de moindres degrés que $X=0$.

III. Les ÉQUATIONS RÉCIPROQUES sont celles dont tous les termes étant transposés dans un membre et ordonnés suivant les puissances de l'inconnue, ont des coefficients égaux et de même signe pour les termes également distants des extrêmes. La forme générale des équations réciproques est
$$k x^n+p x^{n-1}+q x^{n-2}\ldots+q x^2+p x+k=0 \ (1).$$

Il est d'abord évident que $x=-1$ est racine de cette équation, *quand le degré* n *est impair*, puisqu'en substituant -1 à x, on a $-k+p-q\ldots+q-p+k$, quantité dont les termes s'entre-détruisent deux à deux, et qui se réduit par conséquent à zéro. En divisant la proposée par $x+1$, il n'y aura point de reste, et le quotient sera un polynôme de degré pair; il suit du fait même de la division (*voyez* Composition) que ce quotient forme une équation réciproque : il ne reste donc plus qu'à traiter les *équations réciproques de degré pair*, sous la forme
$$k x^{2m}+p x^{2m-1}+q x^{2m-2}\ldots+q x^2+p x+k=0 \ (2).$$

Une propriété de ces équations c'est que, si l est une racine, $\frac{1}{l}$ en est une autre. Il suffit pour s'en convaincre de substituer à x ces deux quantités, et de remarquer que les deux résultats sont
$$k l^{2m}+p l^{2m-1}\ldots+k, \quad \frac{k}{l^{2m}}+\frac{p}{l^{2m-1}}\ldots+k.$$

Or, ce dernier étant multiplié par l^{2m} reproduit tous les termes de l'autre en ordre rétrograde; si donc le premier polynôme est $=0$, le deuxième l'est aussi.

Accouplons deux à deux les termes de l'équation (2) qui ont même coefficient, et divisons tout par x^m (ce qui revient à multiplier par x^{-m}), il viendra
$$k(x^m+x^{-m})+p(x^{m-1}+x^{-(m-1)})$$
$$+q(x^{m-2}+x^{-(m-2)})\ldots+t=0.$$

Comme l'équation (2) a un nombre impair de termes, celui du milieu, de la forme tx^m, est le seul dont le coefficient ne se répète pas, et la dernière équation est terminée par le terme constant t.

Soit posé (3)
$$x+x^{-1}=z.$$

D'où,
$$x^2+x^{-2}=z^2-2.$$
$$x^3+x^{-3}=z^3-3(x+x^{-1}).$$
$$x^4+x^{-4}=z^4-4(x^2+x^{-2})-6.$$
$$x^5+x^{-5}=z^5-5(x^3+x^{-3})-10(x+x^{-1}).$$

Ces équations s'obtiennent en élevant la première aux puissances 2, 3, 4, 5..., il est clair qu'elles sont toutes comprises sous la forme
$$x^i+x^{-i}=z^i-i(x^{i-2}+x^{-(i-2)})$$
$$-i^{i-1}(x^{i-4}+x^{-(i-4)})+\ldots$$

Les coefficients sont ceux de la puissance

i d'un BINÔME (*voyez* ce mot), pris avec le signe — : les exposants de x descendent de deux unités dans les divers facteurs binômes successifs; le coefficient Q du terme moyen est le nombre constant qui termine le développement quand i est pair; et lorsque i est impair, ce dernier terme est

$$- Q (x + x^{-1}) = - Qz.$$

Il est bien facile maintenant de mettre dans l'équation ci-dessus, pour les binômes qui sont entre parenthèses, leurs valeurs, en commençant par les plus hautes puissances; et on voit qu'en définitive la transformée sera en z du degré m, moitié moindre que celui de la proposée.

Une fois z connu, la première équation (3), ou $x + \frac{1}{x} = z$, donne $x^2 - zx + 1 = 0$, d'où

$$x = \tfrac{1}{2} z \pm \sqrt{(\tfrac{1}{4} z^2 - 1)} \ (4).$$

Ainsi, les diverses valeurs de x seront obtenues.

Par exemple, soit proposée l'équation réciproque

$$x^7 - 2x^6 - x^5 - x^4 - x^3 - x^2 - 2x + 1 = 0,$$

on divise d'abord par $x + 1$, et on a

$$x^6 - 3x^5 + 2x^4 - 3x^3 + 2x^2 - 3x + 1 = 0.$$

Cette équation réciproque de degré pair reçoit, par le calcul indiqué ci-dessus, la forme

$$(x^3 + x^{-3}) - 3 (x^2 + x^{-2})$$
$$+ 2 (x + x^{-1}) - 3 = 0.$$

Introduisant pour ces divers binômes leurs valeurs en z par les équations (3), on obtient

$$z^3 - 3z^2 - z + 3 = 0.$$

C'est l'équation du 3e degré qu'il s'agit de résoudre, au lieu de celle du septième qu'on avait proposée. Dans le cas actuel, le calcul peut être achevé, car cette équation a pour racines (*voyez* DIVISEURS COMMENSURABLES) $z = 1, - 1$ et $+ 3$: d'où l'on tire, par l'équation (4), les sept racines suivantes de l'équation proposée,

$$x = \frac{\pm 1 \pm \sqrt{-3}}{2}, \ x = \frac{3 \pm \sqrt{5}}{2},$$
$$x = - 1.$$

FRANCOEUR.

ABANDON. (*Jurisprudence.*) C'est le fait de quiconque abandonne tous ses biens à ses créanciers, pour qu'ils se payent de leurs propres mains. (Voy. CESSION DE BIENS). C'est encore l'état d'un enfant qui a été *abandonné* par ses parents. Quelquefois ce mot est synonyme de *négligence*, quand, par exemple, un individu laisse ses animaux à l'*abandon* sur le terrain d'autrui; il l'est aussi de délaissement en matière d'hypothèque, en matière de bail. Enfin, il se prend encore pour désistement et signifie l'action de renoncer à une chose ou à un droit qui nous appartient.

ABAQUE. (*Architecture.*) Voy. TAILLOIR.

ABAQUE. (*Mathématiques.*) Voy. CALCULS (Machines à).

ABARES. (*Histoire.*) Voy. AVARES.

ABATAGE DES CHEVAUX. Voy. ÉQUARISSAGE.

ABAT-FOIN. (*Agriculture.*) C'est une espèce de trappe qui, étant ouverte, établit une communication entre l'écurie et le grenier à foin. On doit disposer les abat-foin de manière qu'ils ne puissent donner passage aux exhalaisons des fumiers, qui altéreraient nécessairement les fourrages. DUBRUNFAUT.

ABATIS. (*Fortification.*) Dans l'origine des sociétés, l'homme trouva nécessairement sur le sol qu'il foulait, des pierres pour armes; vaincu, il dut aller se réfugier dans les forêts, et la dépouille des arbres lui donna des armes offensives, telles que la massue, le javelot, l'arc et la flèche; et des armes défensives dans l'écorce qui lui fournit un bouclier.

L'état de sociabilité avançant toujours, et la guerre étendant ses ravages, des peuplades entières se trouvèrent en présence; le parti le plus faible se retrancha dans les forêts, et s'en fit un abri qui pût égaler les forces du parti dominant et battant la campagne à découvert.

Ainsi furent faites les premières fortifications, avec des abatis d'arbres jonchés sur la terre, de manière à braver les insultes de l'attaquant et à soutenir ses efforts avec plus de chance et de sécurité.

Toutes les histoires de l'antiquité font mention de ce genre de fortification, qui sert encore dans nos armées.

En ne remontant pas au delà de l'époque historique, nous lisons dans Cornelius Nepos (1) qu'à Marathon, Miltiade, adossant ses dix mille braves à une montagne, couvrant sa droite d'un abatis, appuyant sa gauche à un marais, déjoua les efforts de Datis et de ses cent mille Perses.

Camille, au rapport de Plutarque (2), venant au secours de l'armée romaine assiégée par les Latins et les Volsques, trouva ces derniers fortement retranchés derrière des abatis, et ne dut la victoire qu'aux efforts redoublés des Romains.

Les Gaulois se mettaient souvent à couvert derrière des abatis. « Les Nerviens, dit César, de tout temps faibles en cavalerie, ont l'habitude, pour se garantir contre les incursions de la cavalerie et des maraudeurs voisins, de tailler et de courber de jeunes arbres, dont les branches entrelacées de ronces et d'épines forment une espèce de mur impénétrable à l'œil même (3). » Le conquérant fit lui-même usage de ce genre de fortification, dans son expédition contre les Morins et les Ménapiens. Son armée s'étant engagée trop avant dans les forêts qui couvraient la plus grande partie du

(1) *Miltiad.*, c. 5.
(2) *Camill.*, c. 34.
(3) *Guerre des Gaules*, II, 17.

pays occupé par ces peuples, éprouva quelques échecs; César entreprit alors d'abattre la forêt où il se trouvait, et, pour empêcher que ses soldats ne fussent pris en flanc par les barbares, il fit entasser tout le bois coupé en face de l'ennemi et sur les deux côtés, en forme de rempart. En peu de jours ce travail fut achevé sur une immense étendue (1).

Germanicus, pénétrant dans la forêt Césia, fortifiait tous les jours ses camps avec des abatis (2).

De toutes les fortifications de campagne, les abatis sont, dans un pays couvert, ce qu'il y a de plus prompt, de plus commode et de plus fort. Les guerres de la révolution nous en ont offert une foule d'exemples.

Léon Renier.

ABAT-JOUR. (*Architecture.*) Baie dont le plafond ou l'appui, et fréquemment l'un et l'autre, sont inclinés de l'extérieur à l'intérieur pour y introduire la lumière.

On donne aussi ce nom au chapeau sphérique ou conique tronqué, qu'on adapte au-dessus d'une lumière pour en diriger les rayons.

Debret.

ABATTOIR. (*Architecture.*) Établissement dans lequel se fait l'abatage des bestiaux destinés à la consommation et à l'approvisionnement d'une ville.

Un abattoir se compose d'une avant-cour, dans laquelle sont : un corps de bâtiment consacré à l'administration ; des parcs, tant pour les bœufs que pour les moutons ; bouveries, bergeries, échaudoirs, triperies, fondoirs de suif, remises et écuries pour les bouchers ; de grandes conserves d'eau, tant pour l'assainissement que pour les besoins de chaque partie de l'établissement.

Selon les localités, cet édifice doit être placé intérieurement et proche des murs d'enceinte d'une ville, ou au-dessous du cours du fleuve qui la traverse :

1° Pour raison de salubrité ;

2° Pour éviter le passage de bestiaux dans l'intérieur.

Au nombre des monuments utiles qui depuis trente ans ont été élevés dans Paris, les abattoirs doivent assurément occuper le premier rang.

Cinq édifices de ce genre, construits avec une sage économie, mais spacieux, ne laissant rien à désirer quant aux besoins et à la grande disposition de l'établissement, sont placés à l'extrémité des faubourgs correspondant aux quartiers les plus populeux. Depuis 1812 et 1813, époque de leur achèvement, ils ont fait disparaître du centre de la capitale les tueries

infectes que d'anciens usages avaient concentrées dans les rues les plus étroites.

Les architectes qui ont été chargés de ces monuments sont, pour l'abattoir du Roulé, M. Petit-Radel ; de Montmartre, M. Poitevin ; de Ménilmontant, M. Happe ; d'Ivry, M. Leloir ; de Grenelle, M. Gisors.

On trouvera des plans détaillés de ces édifices dans l'ouvrage de M. Bruyère, intitulé : *Études relatives à l'art des constructions* ; Paris, 1823. Notre 35e planche d'Architecture contient le plan, l'élévation et la coupe de l'*abattoir de Montmartre*.

Debret.

ABAT-VENT. (*Architecture.*) Petit toit placé dans des baies de tour ou de clocher, et qui, par l'inclinaison qu'on lui donne du dedans au dehors, sert non-seulement à garantir l'intérieur de la pluie ou de la neige, mais encore à rabattre le son des cloches. On le couvre ordinairement en plomb ou en ardoise.

Debret.

ABAZES, *Abasci* ou *Abasgi* (*Géographie et histoire*, peuplade caucasique, composée d'environ quatre-vingt mille individus qui habitent les rives supérieures du Kouban, et ont donné leur nom (*Abazie*) à une province de la Russie, à laquelle ils appartiennent depuis 1813. Les Abazes, pour la plupart nomades, élèvent cependant des abeilles, des chevaux d'une race très-estimée, et fabriquent des armes que l'on recherche dans les contrées voisines ; belliqueux et pillards, ils infestent dans des barques les côtes de la mer Noire, exercent le brigandage dans les montagnes, et ne font guère que nominalement partie de l'empire russe, dont ils méconnaissent souvent l'autorité. Convertis au christianisme du temps du Bas-Empire, ils embrassèrent l'islamisme en passant sous la domination des Turcs, et aujourd'hui encore, quoiqu'ils ne soient rien moins que de fidèles musulmans, ils se reconnaissent pour sectateurs de Mahomet. Léon Renier.

ABBASSIDES. (*Histoire.*) Parmi les premiers disciples qui crurent à la mission divine que s'attribuait Mahomet et se rassemblèrent à sa voix, l'un des plus influents par l'action qu'il exerça sur ses compatriotes fut *Abbas*, l'oncle du législateur arabe. Son zèle pour la religion nouvelle, son intégrité, son désintéressement lui avaient acquis la vénération des successeurs du prophète, et lorsque le khalife Othman, dont l'empire s'étendait des colonnes d'Hercule aux frontières de la Perse, rencontrait dans les rues de Médine Abbas marchant à pied, il descendait de son cheval pour l'accompagner jusqu'à sa demeure. Abbas, en mourant plein de jours, dans la 34me année de l'hégire, laissa plusieurs fils, héritiers de ses vertus. L'aîné de tous, *Abdallah*, doué d'une intelligence active et pénétrante, embrassa dans l'étendue de son esprit toutes les connaissan-

---

(1) *Guerre des Gaules*, III, 29. Sur l'abatis employé par César, au siége d'Alesia, Voy. Guischardt, *Mém. milit.*, t. I, p. 284.

(2) Tacite, *Annales*, I, 50.

ces humaines, et acquit au plus haut point, par son profond savoir, le respect des Islamites ; dire qu'une tradition remonte au fils d'Abbas, c'est lui assurer aux yeux des Musulmans l'authenticité la plus incontestable. Lorsque la mort d'Ali livra la succession de Mahomet aux fureurs des partis, et que tous les chefs éminents purent prétendre à l'empire, Abdallah, plus que tous les autres, réunissait en sa faveur les chances d'un prompt succès. Sa haute sagesse, sa libéralité, son immense doctrine, surtout son titre de proche parent du prophète, lui assuraient de nombreux partisans ; mais Abdallah s'était dévoué à la cause des Alides : au moment même où cette cause semblait à jamais perdue, il repoussa toute pensée d'employer l'influence acquise par ses vertus pour usurper le titre de khalife qui, selon lui, ne pouvait appartenir qu'aux descendants d'Ali. Cependant, les Ommiades s'étant emparés du trône, les brillantes qualités de quelques-uns d'entre eux assurèrent pour longtemps le repos à l'empire ; la domination musulmane s'étendit sous leur règne jusqu'aux rives du Bosphore, jusqu'aux plaines de la Touraine ; ils encouragèrent les arts, la poésie chère aux Arabes, et les mécontents, effrayés par leurs succès, reñoncèrent pour un temps à renverser la dynastie régnante. Mais, plus tard, les vices d'une administration corrompue, les réactions d'une sévérité qui fomentait la révolte en voulant la punir, réveillèrent des espérances longtemps déçues. Les Alides reprirent courage, et cette fois les descendants d'Abbas, loin de faire cause commune avec eux, résolurent d'exploiter à leur profit la répugnance avec laquelle les Arabes se soumettaient désormais à la domination mal acquise des Ommiades. Ce fut dans ce but qu'ils propagèrent parmi le peuple le récit d'une prétendue cession, que leur aurait faite un descendant d'Ali, de tous ses droits au khalifat. D'après eux, ce légitime héritier du titre d'Imam, empoisonné à la cour de Damas, par les ordres du khalife Soliman, serait venu mourir dans le Hedjaz, chez le petit-fils d'Abdallah, et lui aurait dit en présence de plusieurs schiites ou partisans d'Ali :
« Nous avons jusqu'à présent regardé l'imamat « comme inhérent à notre famille ; mais c'est à « vous qu'il appartient maintenant, à vous et « à vos enfants qui viendront s'asseoir sur le « trône usurpé par les enfants d'Ommiah. « Marchez sur Coufah, vous y trouverez des « amis dévoués à votre cause. » Quelle que fût l'authenticité de ce discours et la valeur de cette cession, depuis ce jour *Mohammed-Ben-Ali*, arrière-petit-fils d'Abbas, prit le titre d'Imam et se fit un grand nombre de partisans, surtout dans la province du Khoraçan, dont la population belliqueuse lui assurait de puis-

sants auxiliaires. Mohammed ne vécut pas assez longtemps pour assurer le triomphe de sa race, et son fils *Ibrahim* succomba lui-même en voulant faire valoir ses droits contre Mervan, le dernier khalife de la famille des Ommiades ; mais il légua le soin de sa vengeance à son frère *Abou'l-Abbas*, que les cruautés qu'il exerça contre ses rivaux abattus firent surnommer plus tard *Es-Saffah* ou le sanguinaire. Abou'l-Abbas, appuyé par un des plus habiles généraux de cette époque, Abou-Moslem, fut proclamé khalife à Coufah, marcha contre Mervan, le battit sur le champ de bataille, le contraignit à fuir en Égypte, où il fut tué dans un dernier combat, et devint ainsi le maître de tout l'empire. C'est de la 132me année de l'hégire, pendant laquelle fut déployé pour la première fois l'étendard noir des Abbassides, que l'on doit compter l'avénement de cette longue suite de khalifes, qui, pendant plus de cinq cents ans, gouvernèrent un État aussi vaste que l'empire romain. Trente-sept princes de la même famille se succédèrent sur le trône et portèrent la civilisation de l'Orient au plus haut point qu'elle ait jamais atteint. *Abou-Djafar-el-Mançour*, fondateur de Baghdad, *Haroun-el-Reschid* que les conteurs arabes prennent si souvent pour le héros de leurs brillantes improvisations, *Almamoun*, son fils, avaient appelé à leur cour les poëtes, les savants, les artistes. Par leurs ordres s'élevaient ces élégantes mosquées, ces palais arabes dont les frêles colonnettes et les ogives dentelées ont orné, depuis les croisades, nos vieilles cathédrales. On traduisait les auteurs grecs, on ajustait l'ancienne civilisation romaine aux mœurs de l'Orient, et la cour de Charlemagne s'étonnait à la vue des présents envoyés à son souverain par le khalife de Baghdad. Après avoir ainsi jeté le plus brillant éclat sur le moyen âge, la dynastie des Abbassides s'affaiblit peu à peu en force, en richesse, en puissance ; et, lorsqu'au treizième siècle de notre ère, Holagou, le cinquième empereur des Mongols, partit du Turkestan pour conquérir à son tour le monde oriental, le dernier prince de la maison d'Abbas lui offrit à peine une résistance sérieuse et tomba sous ses coups, entraînant dans sa chute l'empire des Arabes.

Noel Desvergers.

ABBAYE. — ABBÉ. — ABBESSE. (*Histoire et architecture.*) Le mot Abbaye, en latin *Abbatia*, sert à désigner un monastère dont les religieux ou les religieuses sont gouvernés par un abbé ou par une abbesse ; il se prend aussi pour le bénéfice ou les revenus dont jouit l'abbé ou l'abbesse ; enfin il s'applique encore à l'ensemble des bâtiments destinés au logement et au service des religieux dirigés par l'abbé et de l'abbé lui-même.

Originairement les abbés étaient élus par les moines, et les abbesses par les nonnes ; généralement leur nomination recevait ensuite la confirmation du pape ou au moins celle de l'archevêque métropolitain. Mais les monarques et les princes souverains, par suite des donations qu'ils firent aux abbayes, s'arrogèrent cette nomination, en retour de leur libéralité ; puis ils se la réservèrent dans les abbayes dont ils furent les fondateurs. Dès lors, on commença à distinguer les *abbayes en règle* des *abbayes en commende*. Les premières, comme celles de Cluny, de Cîteaux, de Prémontré, de Sainte-Claire en France, de Fulde en Allemagne, de Saint-Gall en Suisse, demeurèrent électives ; elles ne relevaient que du souverain pontife, et leur chef acquit, par là, un haut degré de puissance, qui s'éleva même parfois jusqu'à la souveraineté temporelle. Les secondes, placées plus directement sous l'autorité civile et laïque, ne furent guère que des bénéfices conférés par la faveur, des dignités sans charge et sans devoirs religieux réels. Les abbés pourvus de ces abbayes prirent le nom de *commendataires*, par opposition aux autres abbés, qui s'appelaient *réguliers*. Les abbés commendataires n'étaient donc que des clercs séculiers pourvus par le pape d'une abbaye, avec permission d'en percevoir les fruits durant leur vie.

Ce mot de *commende* vient du latin *commendare*, qui signifie donner en garde. En effet, quand un bénéfice était vacant ou par l'absence ou par la mort d'un titulaire, on en confiait l'administration à un économe jusqu'à ce qu'il fût pourvu d'un pasteur. Cet économe était ou laïque, ou évêque, ou simple ecclésiastique. Dès le huitième siècle, on commença à donner les évêchés et les abbayes en commende perpétuelle. Voilà ce qui explique pourquoi on vit des seigneurs laïques prendre le titre d'abbés de certaines abbayes ; les rois de France Philippe Ier, Louis VII, et ensuite les ducs d'Orléans, s'intitulaient abbés du monastère de Saint-Aignan d'Orléans ; les ducs d'Aquitaine, abbés de Saint-Hilaire de Poitiers ; les comtes d'Anjou, abbés de Saint-Aubin ; les comtes de Vermandois, abbés de Saint-Quentin.

Les *prieurés* n'étaient dans l'origine que de simples fermes dépendant des abbayes. L'abbé y envoyait un certain nombre de religieux, pour les faire valoir ; ces religieux n'avaient que l'administration et rendaient leurs comptes tous les ans à l'abbé ; ces fermes s'appelaient alors *obédiences* ou *prieurés*, parce que celui des religieux qui avait le gouvernement des autres, portait le nom de *Prévôt* ou de *Prieur*. Au commencement du treizième siècle, les religieux envoyés dans les fermes dépendant des abbayes, commencèrent à s'y

établir et à y demeurer leur vie durant. Ils s'accoutumèrent de la sorte à se regarder comme usufruitiers des biens dont leurs prédécesseurs n'avaient eu que l'administration momentanée ; et cet abus se répandit si bien, qu'au commencement du quatorzième siècle, les prieurés étaient regardés et réglés comme de véritables bénéfices. Il faut, au reste, bien distinguer les prieurés indépendants qui prirent ainsi naissance et que l'on qualifia de *conventuels*, du prieuré qui n'était qu'une charge placée sous l'autorité de l'abbé et que l'on nommait *prieuré claustral*. Ces prieurs qui gouvernaient les religieux sous les abbés soit réguliers, soit commendataires, n'étaient réellement que des sous-supérieurs.

Il existait aussi des *prieurés-cures* qui étaient également devenus des bénéfices, de simples administrations qu'ils avaient été auparavant. De ces prieurés, les uns étaient d'anciennes paroisses qui étaient tombées dans les mains des religieux ; les autres avaient commencé par être des chapelles particulières de la ferme origine du prieuré ; ces chapelles, fréquentées par les gens qui habitaient dans le voisinage du monastère, s'étaient peu à peu élevées au rang de paroisses, et les prieurs en avaient pris le titre de curés.

En France, la plupart des grandes abbayes étaient de fondation royale ; telles étaient celles de Saint-Denis, de Saint-Germain des Prés, de Corbie, de Chelles. Un assez grand nombre furent sécularisées, et devinrent des chapitres ou des collégiales ; de ce nombre furent celles de Vézelay, d'Aurillac, de Saint-Victor, de Saint-Sernin de Toulouse. D'autres furent érigées en évêchés, comme celles de la Rochelle, Luçon, Aleth, Vabres, Castries, Tulle, Condom et Pamiers.

En France, les abbayes de filles étaient toutes électives, et quoique dans le siècle dernier les abbesses fussent presque toutes nommées par le roi, néanmoins les bulles qu'elles obtenaient de Rome, portaient toujours qu'elles avaient été élues par leur communauté. Cette différence entre les abbayes d'hommes et celles de filles venait de ce que ces dernières n'avaient point été comprises dans le concordat entre le pape Léon X et François Ier.

On comptait en France, à la fin du siècle dernier, deux cent vingt-cinq abbayes d'hommes en commende, et quinze abbayes chefs-d'ordre ou de congrégation, dont une de filles, celle de Fontevrault ; cent quinze abbayes régulières d'hommes et deux cent cinquante-trois abbayes régulières de filles, sans y comprendre les abbayes et chapitres nobles de filles, ainsi que les abbayes réunies à des colléges, à des hôpitaux et à d'autres pieux établissements.

L'abbaye, considérée comme bâtiment religieux, ne se distingue par aucun caractère tranché, d'un monastère quelconque, et son église d'une paroisse, ou même d'une cathédrale. Toutefois on juge facilement par l'étendue et par le nombre des parties distinctes qui composent la totalité de l'édifice, si le monastère était un simple couvent ou une abbaye, ces dernières ayant généralement une étendue assez considérable. En effet, les abbayes ne renfermaient guère moins de vingt religieux, et le nombre de ceux-ci s'élevait souvent jusqu'à près de cent, comme à Clairvaux et à Cîteaux, en France, à Glocester et à Bury-Saint-Edmond, en Angleterre. A Fontevrault, il y avait cent soixante religieuses et soixante religieux. Du temps de Pierre le Vénérable, l'abbaye de Cluny comptait quatre cent soixante religieux. En général, les abbayes de filles étaient en France plus peuplées que les abbayes d'hommes. Outre les religieux ou religieuses, ces édifices devaient contenir de nombreux domestiques et les personnes qui leur étaient attachées à différents titres.

Les plus grandes abbayes comme celles de Westminster, de Bury-Saint-Edmond, de Tewkesbury, de Glastonbury, en Angleterre, de Saint-Germain des Prés, de Cluny, de Clairvaux, en France; de Fulde, de Corvey, en Allemagne; du Mont-Cassin, de Subiaco, Grottaferrata, en Italie, se composaient ordinairement de deux grandes cours quadrangulaires, le long desquelles régnaient des corps de bâtiment. Tous les bâtiments, tels que fermes, greniers, granges, moulins, écuries, étaient entourés d'une haute muraille qui formait ce que l'on nommait le clos ou enclos, *clausum*, et souvent cet ensemble de bâtiments offrait l'aspect d'une ville fortifiée. Autour de la cour quadrangulaire principale ou cloître, se trouvaient l'église et ses dépendances, la salle capitulaire, le réfectoire, l'aumônerie, l'infirmerie, la bibliothèque et les parloirs. Dans les abbayes d'une certaine importance, le logement de l'abbé constituait à lui seul un édifice important et même un palais, qui communiquait directement avec l'église et le chapitre. Il s'y trouvait un oratoire ou chapelle particulière, où, durant le carême, l'abbé passait le temps qui s'écoulait entre la première messe et le moment du dîner; mais cet usage des premiers temps avait disparu dans les siècles derniers.

La maison du portier constituait aussi, fréquemment, un bâtiment important et dont l'architecture n'était pas sans élégance; c'est ce qu'on observe surtout dans les restes des abbayes anglaises, à Saint-Alban, à Saint-Augustin de Cantorbéry où cette partie du monastère est flanquée de tours octogones, à Evesham, où elle est décorée d'un beau campanile. Mais l'architecture des abbayes était trop variée, les plans de ces édifices étaient trop différents, pour qu'on puisse leur assigner une disposition spéciale.

Richard et Guiraud, *Bibliothèque sacrée.* 2e édit. Paris, 1827. Articles ABBAYE, PRIEURÉ.
Moroni, *Dizionario di erudizione ecclesiastica*, Rome, 1840. Art. ABBADIA.
Neudecker, *Handwœrterbuch der Kirchengeschichte.* Art. ABTEI.
Thomassin, *Traité de la discipline ecclésiastique.* 1725. In-fol., tom. 3.
J. Britton, *A Dictionary of the architecture and archæology of the middle ages.* Art. ABBEY, Londres, 1818, in-4°.

ALFRED MAURY.

ABBEVILLE. (*Histoire.*) Cette ville, située sur la Somme, à cinq lieues de la mer, n'était dans l'origine qu'une maison de plaisance du riche et puissant abbé de Saint-Riquier (*Abbatis villa.*) Peu à peu la villa abbatiale se transforma en un château entouré de maisons. A la fin du dixième siècle, Hugues Capet, trouvant cette position convenable, la fortifia pour arrêter les ravages des Normands, dont les barques remontaient alors tous les fleuves de la France qui se jetaient dans l'Océan; et il y établit un de ses vassaux, qui porta le titre d'avoué, parce qu'il devait protéger les terres du monastère. Plus tard l'avoué s'adjugea le titre héréditaire de comte de Ponthieu, et Abbeville devint la capitale de ce comté.

Au moyen âge, Abbeville fut une cité industrieuse et commerçante; elle fabriquait de gros draps qui trouvaient un grand débit aux foires de Champagne, où ses marchands conduisaient de nombreux troupeaux de porcs et de moutons. Colbert fit beaucoup pour l'industrie de cette ville en y appelant le Hollandais Van-Robais, qui y établit des fabriques de draps fins, façon de Hollande et d'Angleterre. Ce fut alors le temps de la plus grande prospérité d'Abbeville, et le géographe Sanson, qui vivait à cette époque et qui y était né, porte le nombre de ses habitants à trente-cinq ou quarante mille. Elle n'en compte aujourd'hui que 19,162; cependant, elle occupe encore un rang important parmi nos villes industrielles, par ses manufactures de draps, de velours et de moquettes.

Abbeville se vante de n'avoir jamais été prise, et elle se faisait appeler autrefois Abbeville-la-Pucelle. Tant que les Anglais restèrent maîtres de Calais, la possession de cette ville fut très-importante, parce que, gardant la ligne de la Somme, elle couvrait une partie de la Picardie et de la Normandie. Aussi les rois de France récompensèrent-ils la fidélité de ses habitants (*semper fidelis* était sa devise) par la concession d'importants priviléges, dont plusieurs étaient encore conservés au dernier siècle par ses *majeurs*. C'étaient comme les restes de l'ancienne constitution communale que les bourgeois d'Abbeville avaient obtenue en 1130.

et qui fut confirmée le 9 juin 1184 par le comte de Ponthieu. Le préambule de cette charte de confirmation expose la cause de l'insurrection populaire. « Lorsque mon aïeul Guillaume « Talvas, disait le comte, eut vendu la com- « mune aux bourgeois d'Abbeville, *à cause* « *des injustices et des vexations* que les « grands de sa terre leur faisaient subir fré- « quemment, etc. » Abbeville eut donc alors, comme les autres communes, son maire, ses échevins, ses arbalétriers, sa milice du guet, ses corporations d'arts et métiers, son bef- froi, le droit de battre monnaie, une juridic- tion étendue, etc. Plus tard la charge de ma- jeur anoblit celui qui en était revêtu. En 1789, le gouvernement aussi bien que la justice, la police et la milice de la ville et des habi- tants, appartenaient encore à ce magistrat.

Abbeville est aujourd'hui l'un des chefs- lieux d'arrondissement du département de la Somme. L'hôtel de ville et l'église de Saint- Vulfran sont des monuments remarquables.

C'est dans cette ville que fut ratifié, en 1258, le traité par lequel Louis IX rendit à Henri III le Limousin, le Périgord, l'Agenois, le Quercy et une partie de la Saintonge, à charge par le monarque anglais de lui rendre hommage pour ces provinces et pour Bayonne, Bordeaux et la Guienne.

Abbeville est la patrie des géographes N. San- son, Phil. Briet et Pierre Duval, des graveurs Cl. Mellan et Fr. de Poilly, du poëte Millevoye.

Histoire d'Abbeville, par M. Louandre, 2 vol. in-8°.

ABCÈS. (*Médecine.*) Dans l'état actuel de la science, on nomme *abcès* (1), toute collection de pus dans une poche circonscrite, quels que soient d'ailleurs le siége et l'origine de la ma- tière purulente : que cette matière remplisse une cavité récemment formée, sous l'influence de la maladie, dans le tissu cellulaire ou dans un viscère quelconque; qu'elle soit déposée dans une cavité naturelle, telle qu'une articu- lation, le sinus maxillaire, la caisse du tympan, le globe de l'œil, etc.; ou bien, enfin, que dans une cavité naturelle, comme celle d'une veine, par exemple, elle occupe un espace circons- crit par des adhérences anormales. Cepen- dant, toutes les fois qu'une quantité quel- conque de pus se trouve réunie dans une des grandes cavités naturelles, comme la poitrine, l'abdomen, le crâne, elle constitue ce qu'on appelle un *épanchement;* elle prend le nom d'*infiltration* ou de *fusée* quand le pus, plus ou moins abondant, est répandu entre les mailles du tissu d'une région ou d'un or- gane.

(1) Ce mot vient du latin *abscessus*, lequel n'est lui- même qu'une traduction du grec ἀπόστημα, subs- tantif formé du verbe ἀφίσταμαι; *je me retire, je me sépare.*

L'idée que fait naître généralement la pré- sence d'un abcès est celle de la préexistence d'une inflammation : l'abcès n'est donc que le produit, que le résultat, et souvent même que la terminaison d'une maladie. Néanmoins, chirurgicalement parlant, il peut être consi- déré comme une maladie à part, exigeant un traitement spécial, indépendant de la cause qui lui a donné naissance.

Les abcès offrent de nombreuses variétés sous le rapport du volume, du nombre, du siége, du contenu, de la marche, etc.

Le volume peut varier depuis la grosseur d'un grain de millet jusqu'à celle de la tête, et même davantage. Plus l'abcès est volumi- neux, plus son diagnostic est grave. On con- çoit, néanmoins, que cette proposition souf- fre quelques exceptions, et qu'un abcès de la cornée transparente, du globe de l'œil, du cerveau, soit toujours, malgré son peu de développement, une affection fort sérieuse.

Les abcès sont solitaires ou multiples. Dans ce dernier cas, ils se rattachent le plus souvent à une cause générale, et présentent peu de volume; on en compte quelquefois vingt et trente chez le même individu. Les abcès multiples sont du ressort de la méde- cine, puisque, pour arriver à la guérison, il faut combattre la diathèse par des moyens généraux. Les abcès solitaires, plus fréquents, réclament plus particulièrement l'emploi des moyens chirurgicaux.

Les abcès peuvent naître dans tous les tis- sus de l'économie, à l'exception, toutefois, de l'épiderme et de ses appendices. Cette proposition est absolue, puisqu'il suffit qu'une partie soit enflammée à un certain degré (*hyperphlogose*, Lobstein) pour qu'il y ait sécrétion de pus. Cependant, le siége le plus ordinaire des abcès est le tissu cellulaire, et surtout le tissu cellulaire sous-cutané ; et ils sont d'autant plus fréquents dans une région que ce tissu y est plus abondant et plus lâche; aussi est-ce au cou, à l'aisselle, à l'aine, aux environs de l'anus, qu'on les rencontre le plus ordinairement.

La richesse du réseau vasculaire favorise également la formation des abcès, mais il faut qu'à cette condition se réunisse la laxité des tissus; et, en effet, les abcès ne se déve- loppent que très-rarement dans le tissu dense et serré de la langue, malgré l'abondance des vaisseaux sanguins qui s'y distribuent.

Il résulte de tout ce qui vient d'être dit que les abcès, pouvant naître dans toutes les parties du corps, sont *superficiels* ou *pro- fonds*, c'est-à-dire, *cutanés, sous-cutanés, sous-aponévrotiques, sous-musculaires, inter-osseux, sous-osseux*, etc.

Si nous envisageons les abcès par rapport à leur contenu, ils seront *simples, sanguins,* urineux, *stercoraux*, *biliaires*, *tuberculeux*, *lacrymaux*, *salivaires*, etc. Dans tous ces cas, la matière qui donne le nom à l'abcès est la cause de sa formation, et se trouve mêlée au pus.

Enfin, la marche rapide ou lente des abcès a donné lieu à une dernière division : ils sont *aigus* ou *chroniques*; *chauds*, ou *froids*. Ces derniers sont eux-mêmes subdivisés en *idiopathiques* et *symptomatiques* ou *abcès par congestion*.

Les abcès aigus ou chauds se forment sous l'influence d'une inflammation intense, et dans le lieu même de l'inflammation. Les abcès froids, au contraire, se développent sourdement, lentement, et presque sans douleur, chez des sujets bien portants en apparence, mais à constitution flasque, lymphatique, souvent scrofuleuse, ou bien exposés à des travaux rudes et à des causes sans cesse renaissantes d'insalubrité.

Les bornes de cet article ne nous permettent point de nous étendre davantage; nous nous bornerons donc à dire du traitement, qu'il doit varier selon la nature et le siége de l'abcès. Il est toutefois un principe dont il ne faut pas se départir : c'est de donner, autant que possible, issue au pus dès qu'il est formé. Dans les cas d'étranglement, dans le panaris, par exemple, il ne faut même point attendre cette formation. Quant aux moyens généraux, ce sont les antiphlogistiques dans les abcès chauds; les médications spéciales dans la plupart des abcès froids idiopathiques. Dans les abcès par congestion, on devra, avant tout, s'occuper de remédier aux désordres du tissu osseux.   A. DUPONCHEL.

ABCISSE, *Voyez* COORDONNÉES et COURBES.

ABDÈRE, Ἄβδηρα, τά, ancienne ville maritime de la Thrace, située dans le pays des Bistons, un peu à l'est de l'embouchure du Nestus, et presque en face de l'île de Thasos.

« Les habitants de Téos furent, dit Hérodote, avec les Phocéens, les seuls d'entre les Ioniens qui préférèrent la liberté au sol de la patrie. Quand ils virent Harpagus maître de leurs murailles, ils s'embarquèrent tous, et allèrent dans la Thrace fonder la colonie d'Abdère. Cette ville existait déjà; elle avait été bâtie par Timésius de Clazomène. Mais cet homme n'avait retiré aucun fruit de son établissement : il en avait été chassé par les Thraces. Les Téiens qui habitent Abdère l'honorent aujourd'hui comme un héros (1). »

Le même historien nous apprend que les Phocéens ne persistèrent pas tous dans leur généreuse résolution, et que leur flotte n'était pas encore arrivée en vue de la Corse, que plus de la moitié d'entre eux, atteints du mal du pays, retournaient la proue de leurs vaisseaux et faisaient voile vers l'Asie (1). Suivant Strabon (2), il en fut de même des Téiens, dont une partie revinrent également habiter la métropole. Aussi bien, malgré le proverbe auquel leur émigration avait donné lieu (3), ils avaient peu gagné à quitter les rivages de l'Ionie. Les Perses ne tardèrent pas à passer en Europe. Xerxès, en traversant la Thrace, choisit Abdère pour une de ses étapes, et les émigrés de Téos, faisant sans doute contre fortune bon cœur, accueillirent le grand roi avec une généreuse hospitalité. Mais cet honneur leur coûta cher : à peine Xerxès avait-il quitté leurs murs, qu'un citoyen, nommé Mégacréon, présenta dans l'assemblée du peuple un décret portant que tous, hommes et femmes, se rendraient immédiatement dans les temples, pour supplier les dieux de leur épargner à l'avenir la moitié des maux dont ils étaient menacés, et leur rendre, pour le passé, de solennelles actions de grâces, de ce que l'hôte illustre qu'ils venaient de recevoir, n'avait pas l'habitude de faire par jour deux repas; car s'il avait fallu lui offrir un déjeuner semblable au dîner qu'il avait pris, ils se seraient trouvés dans la dure alternative ou de fuir de nouveau devant les Perses, ou de se voir entièrement ruinés (4). Quoi qu'il en soit, Xerxès, à son retour, s'arrêta encore chez les Abdéritains, et cette fois il leur laissa, comme gage d'hospitalité, un cimeterre d'or et une tiare tissue de fils de même métal (5).

L'histoire ne fait plus ensuite mention des Abdéritains, qu'à de rares intervalles. Dans la 1ʳᵉ année de la 96ᵉ olympiade (396 av. J. C.), Trasybule, après avoir soumis les Thasiens, s'approcha d'Abdère, avec quinze vaisseaux, et la força d'embrasser l'alliance des Athéniens; c'était alors une des villes les plus puissantes de la Thrace (6).

La 1ʳᵉ année de la 101ᵉ olympiade, les Triballes vinrent ravager son territoire; ses habitants allèrent en bon ordre à leur rencontre, tombèrent sur eux à l'improviste, et en firent un grand carnage. Mais ce succès fut suivi d'un cruel revers : les barbares revinrent bientôt plus nombreux; les Abdéritains avaient appelé les Thraces à leur secours; ceux-ci passèrent à l'ennemi au moment du combat, et les Abdéritains, entourés, furent presque tous taillés en pièces. Les Triballes s'approchèrent aussitôt de la ville, et elle eût été dans l'impossibilité de leur résister, si les Athéniens, avertis à temps, n'étaient arrivés avec des forces

(1) Id. 1, 165.
(2) XIV, p. 644.
(3) Ἄβδηρα, καλὴ Τηΐων ἀποικία, Strab., ibid.
(4) Hérodot. VII, 120.
(5) Id., VIII, 120.
(6) Diod. Sic. XII, 72.

(1) Hérodot. I, 168, 169.

imposantes, qui les forcèrent de se retirer (1).

Abdère fut, en 317 av. J. C., abandonnée par une partie de sa population, à cause des rats et des grenouilles qui, y pullulant d'une manière extraordinaire, en rendaient le séjour insupportable ; et Cassandre, qui régnait alors en Macédoine, donna aux émigrants des terres sur les frontières septentrionales de ce pays (2).

Enfin, le dernier roi de Macédoine, Persée, voulant punir les Abdéritains des réclamations qu'ils lui avaient adressées au sujet de l'énormité des impôts dont il les accablait, vint les attaquer à l'improviste, et saccagea entièrement leur ville (3) ; mais, bientôt après, Paul Émile, vainqueur de ce prince, leur donna les priviléges des villes libres (4), priviléges qu'ils conservaient encore au temps de Pline (5).

Le nom moderne d'Abdère, *Polystilo*, indique l'importance que conservèrent longtemps les ruines de la ville antique ; cependant, des nombreux édifices qu'elle devait posséder, deux seulement sont mentionnés par les auteurs : un *temple de Jason* (6) et une tour nommée par Méla (7) *la tour de Diomède*. On possède de cette ville un assez grand nombre de médailles, dont les types ordinaires sont un griffon et un cantare. Ainsi que les Marseillais, les Abdéritains dévouaient, au commencement de chaque année, un homme qu'ils tuaient ensuite à coups de pierres, pour le salut commun (8).

Le Nestus, qui changeait quelquefois de lit, et inondait souvent ses rives (9), formait près de son embouchure de vastes marais. Les anciens attribuaient aux exhalaisons de ces marais le peu d'intelligence des habitants d'Abdère, dont la stupidité était en effet devenue proverbiale (10) ; cette ville avait cependant donné naissance à plusieurs personnages célèbres : Démocrite, Protagoras, Anaxarque, Hécatée.

Sur l'origine fabuleuse d'Abdère, d'après les légendes mythologiques, voy. Apollodore, II, 5, 8 ; Étienne de Byzance, au mot Ἄβδηρα ; Mela, II, 2 ; Solin, 10 ; Epitom. Strab., VII, 333, etc. Voy. dans Lucien, *quomodo Hist. sit conscrib.*, x, une anecdote plaisante sur les Abdéritains.

LÉON RENIER.

ABDICATION. (*Politique.*) Abandon de la puissance souveraine ou des droits de cité. Les princes peuvent seuls abdiquer le pouvoir ; des citoyens peuvent seuls abdiquer leur patrie. L'abandon des suprêmes magistratures se nomme *abdication* lorsqu'il est volontaire, *déposition* lorsqu'il est forcé. Si un citoyen renonce volontairement à sa patrie, il *l'abdique* ; s'il fuit pour se soustraire à des lois tyranniques, il *émigre* ; s'il émigre au moment où le pays peut avoir besoin de ses secours, il *déserte* ; s'il va se réunir aux étrangers contre la liberté de ses compatriotes, il devient *ennemi*. Coriolan, le connétable de Bourbon, et tous les émigrés qui leur ressemblent, sont des *transfuges*. L'abandon du pays peut être forcé. Il prend le nom d'*exil* lorsqu'il est temporaire et que la tyrannie s'arrête aux frontières : Athènes, Rome, toutes les républiques ont connu l'ostracisme ; aucune n'a poursuivi l'exilé dans le lieu qu'il avait choisi pour refuge. Il prend le nom de *bannissement* lorsque le lieu d'exil est désigné et qu'un pouvoir arbitraire y surveille et tourmente ses victimes ; c'est ainsi que l'aristocratie de Venise exilait ses ennemis. Si la puissance qui bannit n'est pas dans l loi, ou si la loi est l'ouvrage d'une faction, le bannissement prend le nom odieux de *proscription*. Ce genre d'exil convient admirablement aux ambitieux qui veulent usurper le trône, ou aux tyrans qui veulent en étendre les prérogatives ; c'est celui qu'ont choisi Pisistrate, Sylla, les triumvirs, Tibère, et leurs innombrables imitateurs.

Le contrat qui lie le citoyen et la cité est synallagmatique : si le contrat est violé par la cité, le citoyen l'abdique ; s'il est violé par le citoyen, la cité l'exile. Le Romain qui répudiait la république renonçait aux priviléges attachés au titre de citoyen ; lorsque Rome répudiait un de ses enfants, elle lui interdisait l'eau et le feu sur tout son territoire. La chétive république de Genève priva J.-J. Rousseau de ses droits de cité ; l'immortel philosophe abdiqua son ingrate patrie, et la priva par son absence d'une grande illustration.

Dans les pays qui admettent l'esclavage ou la servitude de la glèbe, le citoyen peut abdiquer sa liberté et devenir esclave volontaire, contrat illégal dont les Hébreux avaient adouci l'infamie en fixant la durée de ses effets. Certains États ont établi la puissance paternelle sur le modèle du despotisme, afin d'établir la puissance royale sur le type de la puissance paternelle. Alors le père peut abdiquer son fils ; cette abdication déshérite comme l'exhérédation, et de plus elle peut exclure l'enfant de sa propre famille.

Le contrat qui lie le peuple et le monarque est aussi synallagmatique ; et lorsqu'il est violé, il y a entre l'abdication et la déposition une corrélation naturelle et nécessaire. C'est ainsi qu'à Venise le sénat décida que les en-

(1) Diod. Sic. XV, 36 ; Æn. Poliorcet. c. 15.
(2) Justin. XV, 2.
(3) Tit. Liv. XXXIII, 4.
(4) Id. XLV, 29.
(5) *Hist. nat.* IV, 11, 18.
(6) Strab. XI, p. 531.
(7) Mela, II, 2.
(8) Ovid. *Ibis*, 469.
(9) *Fragment. lib. VII geographicor. Strabonis Palatico-vatican.*, ed. Tafel, p. 32.
(10) Voy. Cicer. *ad. Attic.* IV, 16 ; Juven. X, 50 ; Mart. X, 25.

gagements entre le peuple et le prince étaient réciproques, et que le doge Cornaro ne pouvait abdiquer, par la seule raison que le doge Malipiero avait fait décider que le prince ne pouvait être déposé. Toutefois peu d'abdications furent un acte de vertu, peu de princes eurent le courage de s'exiler volontairement du trône et de congédier leurs flatteurs. Peu de peuples aussi eurent la force de déposer la tyrannie et de revendiquer la liberté. Quelques philosophes, ne considérant que les devoirs de la royauté, ont dit qu'abdiquer c'était déserter : les princes, en général, semblent partager cet avis et borner leurs soins à vivre longuement et à mourir en paix à leur poste. Ceux qui n'ont envisagé que les droits du pouvoir prodiguent l'éloge aux rois qui s'en dépouillent ; ceux-là ne tiennent aucun compte des circonstances qui précèdent l'abdication ; ils ne voient pas que la main qui laisse échapper le sceptre n'est plus assez forte pour le porter, et que c'est la peur de tomber du trône qui donne le courage d'en descendre.

Pour abdiquer sans crainte et sans faste, il faut être plus qu'un roi, il faut être un grand homme. Pittacus abdique la souveraineté de Mitylène, « effrayé de voir Périandre devenir « le tyran de Corinthe, après en avoir été le « père. » Sylla, dont le bonheur insulte à la Providence, abdique sans peur et s'endort sur son épée brisée dans le sang qu'il a versé.

Les autres abdications sont l'ouvrage de la nécessité ou de la faiblesse. Dioclétien céda le trône aux manœuvres de Galère, et s'il mérita des louanges, c'est moins pour avoir quitté l'empire que pour ne l'avoir pas regretté. Charles-Quint, lassé par la prospérité de ses ennemis, abdiqua son pouvoir (1556) avec une fastueuse indifférence qui se démentit bientôt : « Il y a aujourd'hui un an, disait le « cardinal de Granville, que l'empereur abdiqua. » « Il y a aujourd'hui un an qu'il s'en repent, » répondit Philippe II. Cette réponse est le mot de l'énigme de toutes les abdications. On peut l'appliquer à Christine (1654) : à peine descendue du trône, elle le regrette ; elle redemande celui de Suède ; elle convoite celui de Pologne, et l'assassinat de Monaldeschi dans le palais de Fontainebleau prouve qu'elle conservait encore quelques-unes des habitudes du pouvoir.

On prétend que le soin de leur sûreté personnelle interdit l'abdication aux usurpateurs ; on cite le mot de Périandre aux Corinthiens qui le pressaient de quitter le trône : « Il est « aussi dangereux pour un tyran d'en descendre « que d'en tomber ; » et la réponse apocryphe de Cromwel à sa femme qui le sollicitait d'abdiquer en faveur de Charles II : « Puisque « Stuart veut oublier ce que j'ai fait à son père,

« il n'est pas digne de la couronne qu'il me demande. » Dans de pareilles conjonctures, quel monarque est assez insensé pour se déterminer sous la sauvegarde de quelques exemples trompeurs ? Il faut consulter la nature des temps et l'esprit des peuples : lorsque la civilisation est avancée, le prince qui abdique de bonne foi n'a rien à craindre de celui qui lui succède. Le péril ne vient pas de l'abdication, mais du regret d'avoir quitté le pouvoir, et des trames qu'on peut ourdir pour s'en emparer de nouveau. Malgré les craintes et les vengeances qui accompagnent ordinairement les restaurations, Richard Cromwel mourut en paix dans sa patrie. Les princes légitimes courent dans les pays barbares plus de risques que les usurpateurs chez les peuples civilisés : l'abdication de Pierre III (1762) fut son arrêt de mort, et Paul Ier périt pour n'avoir pas voulu abdiquer (1801).

L'abdication n'est donc que l'abandon du pouvoir qu'on ne peut plus conserver ; c'est ainsi qu'Auguste abdiqua le trône de Pologne sous l'épée de Charles XII (1705), et qu'il y remonta après la défaite de son ennemi à Pultawa (1709). C'est quelquefois une vaine cérémonie ; Stanislas Leczinski, abdiquant deux fois une couronne qui ne s'était jamais reposée sur sa tête, en offre un exemple.

Les mots qu'emploie la politique ressemblent à la monnaie ; leur valeur est convenue et non intrinsèque. On appelle abdication la fuite de Jacques II, chassé d'Angleterre par le peuple ; Gustave IV abdiqua, le 14 mars 1809, le trône de Suède : il avait été déposé le 13. [Charles X n'était plus roi non plus, lorsqu'il renonça à la couronne en faveur de son petit-fils.] Ce mot pompeux d'abdication n'est qu'un voile apparent couvrant une nécessité cachée de descendre du trône. Il est vrai que dans les pays livrés à la superstition, la peur de l'enfer peut l'emporter sur l'ardeur de régner : Philippe V (1724) et Amurath II (1442) quittèrent le pouvoir pour vivre avec des moines et des derviches ; mais bientôt le dégoût des derviches et des moines les replaça sur le trône.

Cependant, l'avant-dernier siècle nous a transmis l'exemple d'une abdication véritable et solennelle. Sous prétexte d'ôter à ses rois le pouvoir d'opprimer la liberté, l'anarchique aristocratie de Pologne leur avait enlevé la puissance de défendre le territoire. Casimir V, ne pouvant lutter ni contre les ennemis extérieurs, ni contre les factions intérieures, convoque une diète, fait aux palatins un tableau véhément des dissensions qui ruinent le pays : « Le Moscovite, leur dit-il, envahira « la Lithuanie, la Prusse s'emparera de la grande « Pologne, et je crois déjà voir l'Autriche dans « Cracovie. » Après cette prophétique apostrophe, il dépose les insignes de la royauté (1667). Louis, roi de Hollande, abdiqua une couronne soutenue sur sa tête par la puissance, alors colossale, de l'empereur Napoléon, par la seule raison qne son frère ne lui laissait pas le pouvoir de faire le bonheur des Hollandais. [Depuis, on a vu un autre roi de Hollande, Guillaume Ier, renoncer aussi au pouvoir, afin de passer dans le repos de la vie privée les dernières années d'une carrière longtemps agitée par les plus graves événements.] Le roi de Sardaigne, Victor-Emmanuel V, n'aimant pas assez la liberté pour donner une constitution à ses peuples, n'aimant pas assez le pouvoir absolu pour le raffermir par d'arbitraires atrocités, abdique le trône et le livre à son frère (1821).

Ces exemples exceptés, l'abdication n'est que l'avant-scène d'une déposition ; et les princes n'acceptent la première que pour éviter la seconde. La politique et l'histoire devraient renoncer à ces éloges menteurs prodigués à l'abandon d'une puissance qu'on ne peut plus conserver. Le siècle a montré trop à nu le positif de la royauté, pour qu'à l'avenir les hommes se laissent séduire par ce qu'elle avait d'idéal et de merveilleux. Les abdications de Pierre III, de Charles IV, de Ferdinand VII, de Gustave IV, de Victor-Emmanuel V, de Napoléon, de Louis, de Joseph, de Joachim, parlent plus vivement aux yeux que les mensonges des publicistes. Durant vingt ans, le plus obscur citoyen ne pouvait ouvrir sa fenêtre sans voir l'empire, la royauté, la papauté dans la rue ; et le temps ne pourra peut-être replacer ces grands pouvoirs politiques dans la région mystérieuse d'où la révolution française les a fait descendre.

Les publicistes distinguent l'abdication de la *résignation*, acte par lequel le prince qui abdique investit de la royauté le successeur qu'il désigne. Napoléon, abandonné par la France, dont il avait opprimé la liberté, par des amis ingrats qu'il avait comblés d'honneurs et de richesses, par la fortune, lassée de sa longue prospérité, Napoléon abdique en 1814, et laisse le trône vacant ; il résigne en 1815, et transmet la couronne à son fils. Toutefois la distinction des publicistes n'est pas heureuse : car si l'empire est électif, le prince, par son abdication, rend la souveraineté à la nation dont elle émane, et le successeur règne non par la force de la résignation, mais en vertu d'une élection nouvelle ; si l'empire est héréditaire, le monarque ne peut abdiquer ou résigner qu'en faveur de son successeur légitime, puisque les droits n'appartiennent pas à la personne, mais à la race, et que le prince régnant n'en est que le dépositaire. Toutefois, dans les monarchies héréditaires, l'ordre naturel a été quelquefois interverti ;

c'est ainsi que, par son abdication, Alphonse, roi de Léon, appela au trône son frère Ramire, au préjudice de son propre fils Ordogno. Au surplus, ce sont là des questions de force et non de droit, elles se décident par le glaive et non par l'équité ; et les publicistes qui les ont traitées, ou prennent le fait pour le droit, ou décident par des lois civiles ces grands actes politiques. Pour prendre encore Napoléon pour exemple, ce n'est pas sur deux feuilles de papier, c'est dans la retraite de Moscow que se trouve l'abdication de 1814, c'est dans le désastre de Waterloo que fut écrite la résignation de 1815 ; et pour connaître quels devaient être les effets de ces deux renonciations, ce ne sont pas les actes écrits qu'il faut consulter, mais les résultats inévitables de ces deux grandes catastrophes militaires.

Les publicistes n'ont pas oublié les formes possibles et les conditions ordinaires de l'abdication. Ils eussent mieux fait de dire que la forme en est indifférente : Christine abdique au milieu du sénat ; Dioclétien, devant son armée ; Napoléon, par un acte authentique ; Stanislas, par une lettre particulière ; Jacques II, par sa fuite ; Henri de Valois, en désertant la Pologne. Si l'abdication pouvait être véritablement volontaire, les conditions de cet acte seraient d'un haut intérêt : elles sont ou personnelles ou politiques. Le prince qui descend du trône craint toujours de se trouver seul à seul avec la vertu ; la liberté des citoyens ne lui suffit point ; il ne veut pas lutter par lui-même avec les difficultés de la vie. Ne pouvant plus commander, il ne veut pas obéir, et il s'entoure d'un vain simulacre de grandeur, pour que la vérité ne puisse pénétrer jusqu'à lui et lui reprocher ses fautes ou ses crimes. Il demande, et on lui accorde le titre de majesté, une fortune au-dessus de celle des citoyens et quelques flatteurs subalternes ; c'est dans un nuage d'encens qu'on ensevelit ces idoles brisées. On prétend que, pour être valables, les conditions doivent être approuvées par l'autorité qui reçoit l'abdication ; mais le sénat de Suède viola toutes les promesses qu'il avait faites à Christine, et Charles-Emmanuel, oubliant qu'il devait le jour et le trône à Victor-Amédée II, fit arrêter son vieux père, le laissa languir dans le château de Rivoli, et l'envoya mourir dans les prisons de Moncalier. Les conditions politiques sont encore moins sacrées ; cela doit être ainsi : l'abdication est une véritable mort politique, et cet acte ressemble aux testaments des rois : on sait comment celui de Louis XIV fut cassé par le parlement de Paris.

Sur toutes ces questions l'erreur des publicistes provient de ce qu'ils ont considéré l'abdication comme un contrat civil, et qu'ils l'ont soumise aux mêmes règles. Ils n'ont pas vu que les tribunaux sont institués pour garantir la foi des actes ordinaires, tandis que le prince régnant est l'unique arbitre du traité qu'il fait avec le prince déchu; qu'il n'y a pas dans l'État de commun modérateur, de juge suprême entre eux; qu'il est par conséquent oiseux de poser les conditions d'un contrat dont aucune puissance ne peut ordonner l'exécution, et qui, par la force des choses, est complétement livré à la loyauté ou au caprice du monarque qui, héritant du pouvoir, décide seul et souverainement entre ses propres intérêts et un roi délaissé dont il n'a plus rien à espérer ni à craindre.   J.-P. PAGÈS.

ABDOMEN. (*Anatomie.*) La plus grande des trois cavités splanchniques, ainsi nommée du latin *abdere*, cacher, parce qu'elle renferme, qu'elle cache les viscères principaux, ou, suivant quelques auteurs, parce que ses parois, que les sacrificateurs ouvraient pour consulter les entrailles de la victime, cachaient le présage, *omen*.

L'abdomen, vulgairement appelé *ventre*, a une forme oblongue, son axe est parallèle à celui du tronc, il est borné en haut par le diaphragme qui le sépare de la poitrine, en bas par les parois du bassin, en arrière par les lombes, sur les côtés et en avant par plusieurs plans de muscles larges que réunit sur la ligne médiane un raphé fibreux nommé la *ligne blanche*.

Les principaux muscles de l'abdomen sont le grand oblique, le petit oblique et le transverse, qui forment ses parois latérales et dont la saillie au-dessus de la crête iliaque est si remarquable dans les statues antiques. La paroi antérieure est renforcée par les muscles droits qui s'étendent du sternum au pubis et sont croisés obliquement à leur partie inférieure par les muscles pyramidaux, rudimentaires chez l'homme. La paroi postérieure de l'abdomen présente la masse des muscles sacro-lombaires, les psoas et les iliaques; mais les muscles de cette région et une partie de ceux du bassin n'ont aucun rapport de fonctions avec les organes abdominaux. Voy. PÉRINÉE.

Si l'on suppose, le corps étant dans la station, deux plans verticaux qui divisent la paroi antérieure et la cavité de l'abdomen en trois parties égales et deux plans horizontaux qui les divisent de même transversalement, on aura neuf cavités correspondantes à des régions de l'abdomen. Ce sont au milieu et de haut en bas, *l'épigastre*, la région *ombilicale* et *l'hypogastre*; sur les côtés les *hypocondres*, les *flancs*, et les *fosses iliaques* internes. En suivant la ligne courbe qui circonscrit en bas la paroi antérieure de l'abdomen, on trouve de chaque côté *l'aine* ou région *inguinale*; en arrière sont les régions

lombaires et sacrée, qui correspondent aux vertèbres lombaires et au sacrum.

Cette division imaginaire par plans peut, toute grossière qu'elle est, donner une idée des régions qui ne sont pas rigoureusement limitées dans la nature. A sa partie supérieure, l'abdomen se termine par la double voussure du diaphragme, qui prend ses points d'attache à la base du thorax, et fait saillie dans cette cavité, à peu près comme une portion de sphère dans un cône.

La double concavité du diaphragme forme les hypocondres (de ὑπό et de χόνδρος), qui s'enfoncent, comme leur nom l'indique, *sous* les *cartilages* des fausses côtes et renferment à gauche une grande partie de l'estomac, à droite le foie.

L'abdomen et la poitrine se trouvent donc comme emboîtés dans une partie de leur étendue, en sorte que si l'on fait sur le cadavre une série de coupes transversales depuis le haut de l'appendice xyphoïde jusqu'au dernier espace intercostal, toutes ces coupes passent à la fois par la poitrine et par l'abdomen. Outre l'estomac et le foie, l'abdomen renferme encore le pancréas, la rate, le canal intestinal, les reins, les uretères et la vessie, les vésicules séminales chez l'homme, l'utérus et ses annexes chez la femme.

La cavité abdominale est tapissée par une membrane séreuse (*v.* PÉRITOINE) qui revêt, totalement ou en partie, les organes abdominaux. Dans sa région postérieure, cette cavité est parcourue à droite par la veine cave, à gauche par l'aorte, qui, après avoir fourni des vaisseaux nombreux aux différents organes, vient se diviser à l'angle sacro-vertébral, et former les artères iliaques primitives et la sacrée moyenne.

Le nerf grand sympathique répand ses ramifications nombreuses dans l'abdomen, dont les parois reçoivent presque tous leurs nerfs des six dernières paires dorsales. Les vaisseaux les plus importants de ces parois sont l'artère mammaire interne, qui descend derrière le muscle droit, et l'épigastrique, qui monte obliquement de l'iliaque externe, passe dans le voisinage de l'anneau inguinal avec lequel elle présente des rapports importants (*v.* AINE, HERNIE), puis vient se cacher derrière le muscle droit, où elle s'anastomose avec la mammaire (*v.* PLAIES). Chez le fœtus, dont les organes abdominaux se développent les premiers et fonctionnent presque seuls, l'abdomen occupe relativement beaucoup plus de place que chez l'adulte.

Portal a reconnu que la longueur de l'abdomen formait chez le nouveau-né ⅖ de la longueur totale et chez l'adulte ⅓ seulement. Cette prédominance, qui va s'effaçant avec l'âge, et à mesure que les autres organes prennent de l'accroissement, est encore très-marquée pendant l'enfance, à l'état normal et en dehors des causes pathologiques qui peuvent l'exagérer. Ce sont les flancs et la région ombilicale qui prédominent surtout dans le tronc du fœtus, dont la poitrine et par conséquent les hypocondres sont, ainsi que le bassin, moins développés proportionnellement que chez l'adulte. Voy. ANATOMIE.

Dictionnaire de médecine, 2ᵉ édit., 1832, article ABDOMEN :
Bourgery et Jacob, *Anatomie descriptive.*
A. LE PILEUR.

ABÉCÉDAIRES, secte d'*anabaptistes* (voy. ce mot), qui prétendaient que pour être sauvé il fallait ne savoir ni lire ni écrire.

ABEILLE. (*Histoire naturelle.*) Pour le vulgaire, *l'abeille* est une simple mouche; pour le naturaliste, c'est un insecte de l'ordre des *hyménoptères*, c'est-à-dire du nombre de ceux qui volent à l'aide de quatre ailes nues, membraneuses, inégales et veinées. Le savant Latreille a rangé cet insecte dans la tribu des *mellifères* ou *apiaires*, la deuxième de la famille qu'il a établie sous le nom d'*anthophiles* (amies des fleurs). En effet, c'est parmi les corolles épanouies et parfumées dont la végétation se pare dans nos bois, dans nos jardins et dans nos prairies, que se plaisent les hyménoptères, auxquels fut accordée la singulière industrie d'extraire du pollen les matériaux d'habitation et de magasins d'abondance que nous savons nous approprier.

Cette famille des apiaires, dont les individus pratiquent un art qui devait nécessairement les conduire à quelque sorte d'état social, ne contient pas seulement ces abeilles que nous avons comprises au nombre de nos domestiques; beaucoup d'autres espèces réparties dans trois autres genres s'y viennent grouper. Parmi ces genres, on remarque le *bourdon*, que les campagnards superficiels croient être un animal sans industrie, parce que, dans l'esprit d'indépendance qui le caractérise, c'est sous terre et loin de l'homme qu'il va cacher sa propriété, consistant en des rayons moins considérables, à la vérité, que ceux de *l'abeille*, mais à la composition desquels préside encore beaucoup d'art.

La nature, qui divisa presque toutes les espèces dont elle se compose en deux ordres d'individus, les mâles et les femelles, ou qui, plutôt que de priver ces espèces de sexe, en accorda deux à quelques-unes, semble avoir voulu enfreindre les règles qui présidèrent au reste de l'organisation spécifique, pour singulariser les antophiles mellifères, et joindre à l'industrie que ces mellifères lui devaient déjà, un élément nouveau de sociabilité, mais d'une sociabilité bien étrange, car l'inégalité des conditions en forme nécessairement la base, puisque trois castes, et peut-être même

quatre, y sont anatomiquement caractérisées.

La société des abeilles offre : 1° des neutres divisés en deux classes, celle des ouvrières et celle des nourrices (1); 2° des mâles (2); 3° une seule femelle (3) pour une population qui s'élève de quinze à trente mille individus. Dans cette quantité, les mâles entrent pour six cents ou mille tout au plus.

Les ouvrières et les femelles sont seules armées d'aiguillons; les mâles, qui en sont dépourvus, sont plus gros que les premières, mais moins que les secondes; ils ont, en outre, la tête plus arrondie, les yeux allongés et unis au sommet. Inhabiles au travail, et sans utilité dans une république où l'on ne tolère qu'une femelle destinée à la perpétuer, leur sort est digne de pitié, car ils sont sans défense au milieu d'une multitude capable d'exterminer tout membre du corps social qui ne lui rapporte rien. La femelle rencontre un de ces mâles, elle s'unit à lui dans les plaines de l'air; se trouve ensuite fécondée pour un an, et même pour toute sa vie, si l'on s'en rapporte à quelques observateurs; quant au mâle, il trouve la mort dans cette rencontre; il ne doit point voir sa race; les organes sans lesquels la femelle fût demeurée stérile restent engagés dans ceux qui les reçurent, et l'être qui les a perdus ne survit guère à cette soustraction. Un seul mâle était donc indispensable où n'existait qu'une femelle, et tous les autres deviennent bientôt des objets d'animadversion pour la multitude, dès que la progéniture de la femelle fécondée vient réclamer les soins des nourrices. Les ouvrières, afin que les provisions destinées à l'éducation des jeunes ne soient pas consommées par ces mâles, se jettent avec fureur sur eux et les détruisent. Nul n'est épargné : le massacre, qui a lieu ordinairement vers le mois d'août, dure quelquefois pendant trois jours. Les environs de la ruche sont alors jonchés de cadavres; il ne reste que la femelle et les neutres dans la ruche après cette cruelle exécution.

La femelle, qu'on appelle communément reine, parce qu'elle est l'objet du respect général, et pour ainsi dire d'une sorte de culte, peut être considérée comme la mère de son peuple. Swammerdam, qui en a fait l'anatomie avec le plus grand soin, a découvert dans son intérieur deux ovaires allongés, composés d'un grand nombre d'*oviductes* ou petits sacs remplis d'œufs très-difficiles à séparer les uns des autres; il a compté dans un seul plus de six cents de ces oviductes, qui renfermaient, chacun, de seize à dix-sept œufs; tous communiquaient à l'orifice par où les œufs doivent sortir successivement, et près

(1) *Voyez* à l'*Atlas*, HISTOIRE NATURELLE, pl. XXXIII, fig. 3.
(2) Ibid., fig. 1.
(3) Ibid., fig. 2.

duquel existe une poche particulière, dont l'usage est de retenir les œufs afin qu'ils s'y enduisent d'une humeur visqueuse, sécrétée par une glande voisine, au moyen de laquelle ils se fixent au fond de l'alvéole destiné à les recevoir.

L'arme commune à la reine et aux neutres (1) est composée de trois filets extrêmement grêles, qu'enferme une sorte de gaîne arrondie en dessus, cannelée et ouverte en dessous ; deux pièces écailleuses très-déliées, garnies chacune à leur extrémité de dix à seize dentelures, complètent cet appareil situé à l'extrémité postérieure du corps, et vers la base duquel existe une ampoule vénénifère. Quand l'insecte veut employer son aiguillon, les pièces du fourreau s'écartent après avoir servi de point d'appui aux efforts qu'il a faits pour l'enfoncer, et les dentelures s'opposent souvent à ce qu'il puisse être retiré. Si, dans les mouvements que fait l'abeille pour abandonner le blessé à ses douleurs, l'aiguillon demeure engagé dans la plaie, l'abeille ne survit point à sa victoire. Ainsi, l'emploi de l'organe qui dans les mâles est destiné à donner la vie, et celui qui dans les ouvrières est fait pour donner la mort, devient toujours funeste à l'animal qui s'en veut servir.

Virgile avait déjà indiqué la différence qui existe parmi les neutres, entre les ouvrières et les nourrices. M. Hubert, auquel nous devons une connaissance parfaitement exacte de l'histoire des abeilles, a vérifié ce que le premier des poëtes de l'antiquité avait dit à ce sujet. La conformation des ouvrières semble leur commander le travail : les mandibules de leur bouche sont en forme de cuiller (2) ; leurs jambes postérieures présentent, vers l'extrémité de leur face extérieure, un enfoncement qu'on a comparé à une corbeille, et que bordent des poils disposés en brosse (3). C'est effectivement dans cette dépression que l'abeille ouvrière met son butin, qui consiste en de petites pelotes qu'elle prépare avec le pollen des étamines. C'est par le moyen d'autres brosses qui revêtent le côté interne du premier article des tarses postérieurs, qu'elle ramasse cette poussière fécondante qui devient, au sortir de la corbeille où elle est transportée, la nourriture des jeunes.

Les nourrices sont plus petites, plus timides, moins exercées au vol que les ouvrières, et vivent avec elles dans une parfaite intelligence ; elles quittent rarement le toit domestique pour aller au loin caresser les fleurs ;

elles se tiennent autour d'une progéniture qu'elles surveillent, et pour laquelle on les voit préparer des aliments divers, selon qu'elles veulent produire des neutres ou des femelles. Effet miraculeux d'une sorte d'hygiène, qui paraît presque incroyable, encore que l'expérience en ait démontré la réalité ! Pour se convaincre de l'influence qu'exercent sur ce qu'on nomme le *couvain*, les mets que les nourrices lui préparent, il faut d'abord connaître les travaux des ouvrières, les pontes de leur reine, ainsi que le développement et l'éducation des larves qui sortent des œufs nombreux que la femelle dépose dans les alvéoles.

Les ouvrières recueillent sur les végétaux quatre substances fort différentes, dont une est employée par elles sans paraître avoir éprouvé de modification, et dont trois autres, qui sont la cire, le miel et le pollen, nécessitent une préparation particulière pour être adaptées aux besoins communs. La substance que les abeilles emploient comme elles l'ont ramassée est ce que les anciens avaient appelé la *propolis* : résineuse, collante, tenace, cette propolis provient des bourgeons, et le peuplier paraît être l'arbre qui en fournit davantage. L'hypocastane, vulgairement appelé marronnier d'Inde, en doit aussi donner. Elle est employée à fermer les fentes et les trous des parois de l'habitation ; cette habitation en est même souvent enduite en entier. La propolis se durcit, et, n'étant point pénétrable à l'eau, met la république à l'abri de toute humidité : c'est encore avec cette substance que l'ouvrière recouvre les corps étrangers qui, introduits dans l'habitation commune, sont trop lourds pour en pouvoir être rejetés à l'aide d'efforts réunis, et dont la présence serait incommode.

Un agriculteur des landes aquitaniques, qui s'occupe particulièrement de l'éducation des abeilles, a recueilli à ce sujet un fait important qu'il nous a communiqué. Ayant une fois rencontré, à l'époque où l'on récolte le miel, un assez gros bloc de propolis entre deux gâteaux, il eut la curiosité de l'ouvrir, et trouva dans le milieu une petite musaraigne morte depuis fort longtemps, sans qu'on pût deviner comment elle était venue chercher un tel sépulcre. Il est probable qu'égarée dans la ruche, qu'elle venait peut-être dévaster, et tuée de mille coups de dards, les abeilles, après avoir reconnu l'impossibilité de l'extraduire, avaient deviné que, pour se mettre à l'abri de la mauvaise odeur qui devait résulter de sa putréfaction, il fallait la garantir du contact de l'air en lui formant une enveloppe impénétrable.

Lorsque l'habitation commune est bien enduite de cette propolis qui la doit protéger

contre les intempéries des saisons, les ouvrières se mettent à l'ouvrage, et commencent à
construire leurs gâteaux à l'aide de la cire. On
a longtemps cru que cette matière était une
préparation de la poussière des étamines opérée
par l'estomac d'un insecte qui la dégorgeait, à
peu près comme certaines espèces d'hirondelles
qui, se nourrissant, au temps de la ponte,
de varechs du genre *plocamium*, rendent par
le bec une sorte de gelée de couleur de corne,
pour s'en construire des nids fort recherchés
dans la cuisine indienne, et qui ne sont que
le résultat d'une véritable digestion. Mais un
cultivateur de l'Alsace ayant élevé des doutes
sur ce mode d'élaboration de la cire, les naturalistes ont porté leurs recherches sur cet
objet; ils ont trouvé, sous les anneaux de l'abdomen, des plaques de cire qui se forment
là seulement; et quoiqu'on n'ait point encore
découvert de communications bien distinctes
entre la membrane composée d'innombrables cellules qui sécrète cette cire et le second
estomac, où celle-ci subit sa première préparation, on ne révoque plus en doute l'importance du rôle que remplissent les anneaux de
l'abdomen dans l'opération.

On a voulu savoir, en outre, quelle matière
première était métamorphosée en cire par la
combinaison de la digestion des abeilles et du
jeu de cette membrane celluleuse qui en forme
des plaques circulaires sous le ventre. On
croyait que le pollen des fleurs déterminait
seul l'existence de cette cire, et l'on a nourri,
durant quelque temps, des abeilles privées
de leur liberté avec du miel et de l'eau. Après
cinq jours de réclusion, ces abeilles ont commencé à édifier des alvéoles; d'autres abeilles
auxquelles on n'a présenté que des fleurs avec
leur pollen n'avaient rien produit au bout de
huit jours. Une livre de sucre raffiné, réduit
en sirop et donné pour toute nourriture à des
abeilles mises en expérience, leur a fourni la
matière de dix à douze gros de cire; un poids
égal de cassonade et de sucre d'érable en a
donné le double. C'est conséquemment dans
la substance sucrée du miel même que se
trouve la matière première de la cire.

Aussitôt que les abeilles ont pris possession
de leur demeure, les ouvrières vont à la récolte du pollen et du miel, afin de nourrir
leurs larves et de leur construire des berceaux
appelés cellules, dont l'ensemble constitue ce
qu'on nomme un gâteau. C'est lorsque les
chatons du noisetier annoncent le retour de la
belle saison, et promettent déjà une abondante
récolte de poussière fécondante végétale, que
les travaux reprennent vigueur.

Toutes les abeilles ouvrières qui en ont la
possibilité travaillent alternativement dans la
campagne à ramasser le pollen des étamines
et le miel du nectaire des fleurs, et dans la

ruche à les employer pour l'avantage commun.
Au printemps, à l'époque de l'essaimage,
elles sont dehors toute la journée; mais en été
elles rentrent à l'heure où la chaleur commence à se faire sentir vivement. Elles restent
au logis pendant les jours froids et pluvieux.
Comme c'est le matin que la plupart des
fleurs s'épanouissent, c'est aussi le matin
qu'elles font leurs plus abondantes provisions.
On les voit alors, lorsqu'elles veulent ramasser
du pollen, se poser sur les fleurs, en parcourir
toutes les parties, briser avec leurs mandibules les capsules des anthères, pour en faire
sortir plus promptement la poussière fécondante, s'en charger le corps, la ramasser ensuite avec les brosses de leurs pattes antérieures, la rassembler sur les palettes de leurs pattes postérieures; voler sur une autre fleur, y
recommencer les mêmes opérations, le tout
avec une rapidité d'action surprenante.

Beaucoup d'agriculteurs ignorent que les
abeilles en butinant sur les fleurs, outre les
produits qu'elles en retirent, et dont ils doivent en partie profiter, favorisent la fécondation des germes, et assurent par conséquent
la récolte des fruits.

Dès qu'une abeille est suffisamment chargée,
elle retourne à la ruche, où ses compagnes
s'empressent de la débarrasser de son fardeau,
soit pour l'employer sur-le-champ, soit pour
le déposer dans les alvéoles. On voit souvent
des abeilles se donner réciproquement à manger, se défendre les unes les autres contre leurs
ennemis, secourir celles qui se noient, chercher
à soulager, à consoler celles qui sont blessées.

De la cire élaborée par l'ouvrière se forment des gâteaux parallèles, placés dans une
direction verticale, et ne laissant entre eux
que l'espace nécessaire au passage de deux
abeilles. Afin de s'abréger le chemin, les ouvrières pratiquent de distance en distance des
trous qui traversent les gâteaux. Chacun de
ces gâteaux a deux surfaces, que couvre un
nombre à peu près égal de cellules hexagones,
artistement appliquées les unes contre les
autres.

C'est dans la partie supérieure de la ruche
que les abeilles commencent à établir la base
de l'édifice, travaillant à la fois aux cellules
des deux faces. Lorsqu'elles sont pressées par
l'époque de la ponte, elles laissent leurs travaux imparfaits, ne donnent aux alvéoles
qu'une partie de leur profondeur, et ajournent
la fin du travail jusqu'après l'entier ébauche-
ment de toutes les cellules dont elles ont besoin.

On ne peut voir sans admiration la manière
dont les fondements d'un gâteau sont jetés.
Une ouvrière se détache de la chaîne formée
par ses pareilles sur la construction qu'il est
question de perfectionner; elle perce la foule,

et va placer, après les avoir taillées convenablement, de petites plaques pentagones de cire qu'elle a extraites de celle qu'elle porte en grandes plaques sous les anneaux de son ventre. Amollie en passant par la bouche de l'abeille, et rendue plus ténue par son mélange avec la liqueur dont sa langue est enduite, cette cire sort comme une espèce de ruban coupé, pour s'adapter en plaques servant de base à la nouvelle cellule, qui, bientôt achevée, n'a plus besoin, pour être parfaite, que d'être enduite d'une petite quantité de propolis, par laquelle l'ouvrage se consolide dans le plan que les abeilles ont adopté comme le plus convenable à leurs besoins.

Ces cellules ne sont pas toutes pareilles ; les plus petites sont destinées à recevoir les larves des neutres (1) ; de plus grandes recevront celles des mâles (2) ; une seule, beaucoup plus considérable, sera le berceau de celle que les nourrices destinent à la royauté. Dans quelques ruches nombreuses, où l'on médite sans doute des essaims ou colonies, les neutres construisent quelquefois plusieurs de ces alvéoles privilégiés, dont le nombre est ordinairement de trois ou de quatre, mais dont certaines associations ont offert jusqu'à trente et quarante.

Les cellules royales n'ont pas tout à fait la même forme que les autres, et ne diffèrent pas seulement par leur volume, qui comporte une masse de cire capable de fournir à la construction de cent cellules ordinaires, mais par leur situation, qui est ordinairement marginale, c'est-à-dire comme pendante sur l'un des bords inférieurs des gâteaux en manière de stalactites, qui ne tiendraient à la masse que par des espèces de pédicules en cire.

La plus grande partie des cellules sont destinées à recevoir le miel ; on dirait des tonneaux dans un riche cellier. Dès qu'on les a remplis, ils sont fermés hermétiquement avec un couvercle plat, que l'ouvrière a l'art de construire et de souder avec une adresse singulière.

Lorsque la reine fécondée reconnaît qu'on lui a construit des loges pour y déposer ses œufs, on la voit examiner soigneusement ces loges, en y enfonçant d'abord la tête, et en les visitant en tous sens. Après avoir pris cette précaution, elle se retourne, y introduit l'extrémité de l'abdomen, et y dépose un œuf qui se fixe au fond au moyen de la matière vis-

queuse dont il s'est enduit en passant par la poche où se sécrète cette matière, et dont il à été question plus haut. Des reines d'une fécondité imprévue, pressées par le besoin de la ponte, et pour l'usage desquelles les ouvrières n'ont pu préparer assez de cellules, déposent jusqu'à trois œufs dans chacune ; dans ce cas, les nourrices ont bien soin de séparer ces œufs ; elles les détruiraient plutôt que d'exposer plusieurs larves à se nuire dans leurs développements.

La ponte se fait avec une telle rapidité que plusieurs centaines d'œufs en sont le résultat dans une seule journée de printemps. Cette ponte cesse en automne, époque où, le pollen nourricier venant à manquer, le miel se trouve nécessaire à la nourriture de la société entière. La reine d'ailleurs s'engourdit pendant l'hiver.

Les œufs d'où sortiront des larves d'ouvrières sont pondus les premiers, parce que, sans les secours nourriciers de ces ouvrières, les mâles et les femelles ne pourraient se développer, et mourraient de faim dès leur naissance. Ce n'est que deux mois après cette ponte que la femelle dépose les œufs de mâles, et c'est plus tard encore qu'elle met au jour le petit nombre de ceux d'où sortiront ses pareilles. Tous ces œufs sont ovales, oblongs, un peu courbés, plus gros à une extrémité qu'à l'autre, d'un blanc opalin, et longs d'une ligne (1). Ils éclosent dans l'espace de trois à six jours ; un ver apode, c'est-à-dire sans pieds, en sort blanc, mou, ridé, et se tient courbé au fond de son berceau dans un état d'immobilité complète (2).

Aussitôt les nourrices accourent, vérifient la naissance en entrant dans la cellule, où elles se tiennent quelques instants, et donnent à la nouvelle larve la nourriture appropriée à son âge et à la caste dont elle doit faire partie. Cette nourriture consiste d'abord dans une espèce de bouillie insipide, épaisse et blanche. A mesure que la larve se développe, la bouillie devient plus sucrée et plus transparente. C'est un mélange de miel et de pollen, où le miel domine à mesure que l'insecte approche de sa première métamorphose. Cette métamorphose a lieu ordinairement six à huit jours après la naissance : la nourrice en connaît l'époque, et cesse d'apporter une nourriture qui deviendrait inutile ; mais pour préserver sa pupille de tout accident, elle la

(1) Voy. pl. 33 fig. 7, un gâteau où les cellules d'ouvrières doivent être élevées ; les cellules en sont petites ; une d'entre elles renferme déjà une larve. Une cellule royale est suspendue à l'un des côtés.

(2) Ib., fig. 9. Gâteau dont les cellules sont destinées à servir de berceau aux abeilles mâles ; ces cellules sont beaucoup plus grandes que celles de la cellule précédente. On remarque à l'un des bords deux cellules royales.

(1) Pl. 33, fig. 12. Œufs d'abeille de grandeur naturelle ; et fig. 13, œuf vu au microscope.

(2) Pl. 34, fig. 1, a, b, c, d, e, f, g. Larves de différentes grosseurs représentées dans la position qu'elles occupent au fond des cellules. A. Larve placée sur le ventre. On remarque au bas une ligne noire, qui n'est autre chose que l'estomac apparaissant à travers la peau. f. Larve couchée sur le dos. — Larve parvenue à toute sa croissance et vue au microscope.

mure dans son alvéole, en lui formant un couvercle qu'on distingue aisément de celui des cellules à miel, parce que ce couvercle est bombé, tandis que celui des magasins est parfaitement plat.

La larve, instantanément emprisonnée, file d'abord autour d'elle une soie très-fine au milieu de laquelle sa forme change; elle revêt la peau plus dure et tendue d'une nymphe, dans la demi-transparence de laquelle on peut distinguer l'organisation préparatoire de l'animal parfait (1). C'est au bout de douze jours que la jeune abeille brise les langes qui la tenaient captive; elle ronge le couvercle de sa prison et s'élève sur ses bords, où, surprise et comme interdite des facultés que lui révèle son nouvel état, elle demeure d'abord immobile : aussitôt des nourrices se pressent autour de la nouvelle compatriote, la nettoient en la léchant comme le font les animaux mammifères; elles lui donnent son premier repas, et pendant une nuit entière la jeune abeille se tient immobile au milieu de l'atmosphère chaude de la ruche, qui achève d'emporter l'humidité surabondante dont elle était imprégnée.

Après avoir essayé ses ailes, dès la pointe du jour elle part avec des aînées expérimentées, chargées de diriger sa première excursion, et bientôt, initiée à toutes les fonctions d'une bonne ouvrière, elle prend part aux travaux communs.

Les reines, plus robustes, et se développant dans des cellules beaucoup plus considérables que celles de leurs sujettes, y sont solidement murées; leur prison est tellement renforcée de cire que, pour en rompre les parois, elles ont dû acquérir toutes leurs forces. Comme si, dépositaires de la puissance, elles ne devaient se montrer à leur peuple que majestueuses, et pour ainsi dire surnaturelles, elles ont eu, entre l'instant où elles sortirent de la nymphe et celui où elles sortent de leur cellule, le temps de se sécher, de se lécher elles-mêmes, et de se purifier de toutes les impuretés de l'enfance; aussi paraissent-elles, au sortir du berceau, resplendissantes de force, en état de faire respecter leur pouvoir, et capables de se livrer aussitôt au vol. Naître et se lancer dans les vagues de l'air en déployant ses ailes, sont deux choses simultanées chez l'abeille qui va régner, et le

(1) Pl. 34, fig. 2. Larve parvenue à toute sa croissance et vue au microscope. — fig. 3. Larve formant sa toile pour clore sa cellule : *a, a*, les côtés de la cellule; *b*, le fond; *c*, l'ouverture de la cellule qui est déjà fermée. — fig. 4. Forme de la larve lorsqu'elle est renfermée dans la cellule. — fig. 5. Cellule contenant la larve changée en nymphe. — 5, *a*. La toile entière dont est enveloppée la nymphe, débarrassée de la cire; elle a absolument la forme de la cellule; on aperçoit un peu la nymphe au travers. — fig. 6. Larve changée en nymphe. — fig. 7. Nymphe vue au microscope.

peuple entier reconnaît sa dominatrice dans les indices d'une si grande supériorité d'instinct.

Mais cette supériorité, cette force physique, cette précieuse faculté de se reproduire et de goûter toutes les douceurs de la maternité après avoir épuisé les jouissances de l'amour, la reine les doit à son peuple; elle les tient de ces ouvrières laborieuses qui récoltèrent les matériaux de sa première habitation, de ces soigneuses nourrices surtout qui préparèrent ses premiers aliments; aliments de choix et d'une nature particulière.

Cette nourriture préparée pour les nourrissons royaux donne seule la royauté; c'est uniquement à elle qu'une larve doit l'avantage de parvenir à la première dignité. Plus substantielle que celle dont le reste des abeilles furent alimentées, ses propriétés sont telles qu'elle peut développer dans la larve d'une ouvrière qui en devait être dépourvue ce sexe dont aucune ne se soucie, encore qu'il donne la domination. Ce fait est tellement singulier, et présente si peu de rapport avec tout ce qui nous est connu, qu'on serait tenté de n'y point ajouter foi, si les observations les mieux faites, et le plus souvent répétées par des savants laborieux et dignes d'une parfaite confiance, n'en avaient démontré la réalité. En effet, c'est une chose étrange qu'un empire donné par la volonté de nourrices qui, ayant la faculté de constituer physiquement une femelle toute-puissante à leur choix, trouvent dans la pâtée qui résulte de leur digestion et qui se dégorge de leur estomac les titres d'une royauté légitime. Cependant tel est l'effet de cette pâtée royale, qu'on a vu, dans des ruches d'où la reine avait été soustraite, les nourrices choisir dans le couvain des neutres une larve qui n'eût point encore atteint sa troisième journée, agrandir sa cellule en la fortifiant, lui servir abondamment la nourriture transformatrice, et en faire une femelle en état de pondre et de régner, tout aussi féconde et tout aussi sage que l'autre. Et dans ce cas, comme, la nouvelle cellule royale ne se trouvant pas isolée (1), des gouttes de la nourriture qu'on y porte tombent parfois dans les cellules voisines, les larves qui se trouvent déposées dans les cellules avalent de ces gouttes égarées, et participent, en proportion de ce qu'elles en ont pris, au sexe que cette nourriture développe. Cette nourriture royale irrégulièrement donnée a produit des femelles incomplètes, qui s'étant unies à des mâles ont produit des œufs; mais ces œufs ne donnaient que des individus du sexe de leur père.

On a remarqué que le premier acte de la reine est de se porter dans les cellules où d'au-

(1) Voy. pl. 33, fig. 9.

tres femelles ont pu commencer à se développer, et de les exterminer jusqu'à la dernière.
Cette manière violente de se réserver l'exercice
du pouvoir est souvent imitée par les neutres,
qui, dans la crainte de voir les mâles détruire
l'égalité, base unique de toute société raisonnable, ne se bornent pas à exterminer ceux-ci
quand la femelle, commençant à pondre, démontre leur inutilité, mais tuent dans leurs
cellules toutes les larves de mâles qu'elles
peuvent reconnaître. Ces cellules sont aussitôt vidées du petit cadavre, nettoyées, répa-
rées, ainsi que celles d'où sont sorties naturellement les jeunes abeilles du couvain, et
mises bientôt en état de servir de berceau à
quelque nouvelle génération.

De tels massacres ont lieu particulièrement
dans des ruches où certains observateurs, après
en avoir, par expérience, soustrait toutes les
femelles, avaient introduit à leur place l'une de
ces ouvrières chez lesquelles des gouttes égarées de la nourriture royale avaient imparfaitement développé le sexe. Accueillie, respectée,
au moment de la ponte, la reine illégitime
n'ayant produit que des œufs de mâles, et
rempli conséquemment tous les gâteaux du
couvain d'éléments de discorde et d'usurpation, l'on vit les ouvrières, non-seulement
cesser de nourrir des larves proscrites, mais
les tuer et les jeter dehors, à mesure que
leur masculinité était reconnue.

Ce serait une question nouvelle et curieuse
à examiner que l'origine de la société des
abeilles. Cette société est-elle l'état inné de
ces animaux ? Ne dut-elle pas commencer avec
eux, ou commença-t-elle plus tard, en se
perfectionnant par degrés, avant de parvenir
au mode de stabilité qu'elle a enfin acquis par
l'organisation même des individus dont elle
se compose ? Les différences anatomiques qui
distinguent les diverses castes dont se forme
cet état social, doivent, au premier coup
d'œil, faire supposer que les abeilles ne purent, dès l'origine, faire autrement que de se
réunir, afin d'exercer une sorte d'existence
commune, puisque, sans cette communauté
d'existence, des mâles désarmés, qui sont incapables de pourvoir à leur propre nourriture,
et des mulets auxquels tout sexe semble
avoir été refusé, ne pouvaient guère se perpétuer.

Les abeilles qui naissent dans la belle saison, ne pouvant plus être contenues dans les
ruches, forment des essaims ou colonies qui
ne tardent point à quitter le lieu de leur naissance pour aller chercher une nouvelle patrie.
Des signes certains annoncent leur départ. La
reine se promène avec inquiétude au milieu
des ouvrières, qui, cessant de travailler, ne
tardent pas à participer à son trouble et produisent un bourdonnement sourd et particulier. Bientôt le signal est donné, et l'émigration
commence; l'essaim sort de la ruche et se dis-
perse aussitôt dans l'air; mais dès que la
reine s'arrête sur quelque branche, toutes ses
sujettes s'y viennent grouper autour d'elle, et
souvent en une masse compacte. C'est alors
que l'homme recueille dans une ruche nouvelle, frottée de plantes odoriférantes et de
miel, la jeune colonie, qui se hâte d'y construire les gâteaux destinés à nous fournir de la
cire et du miel.

On peut présumer que les abeilles ne vivent
qu'un an ou deux, bien que quelques auteurs
prétendent que leur existence est de sept ans et
plus. Deux saisons, l'automne et le printemps,
en moissonnent une grande partie; chacune
de ces saisons en voit mourir au moins le tiers
d'une ruche. Outre ces cas de mort naturelle,
elles ont de plus, hors de leur domaine, un
grand nombre d'ennemis qui exercent sur elles
beaucoup de ravage. Plusieurs oiseaux s'en
nourrissent: les hirondelles, les mésanges en
détruisent beaucoup; mais leur plus grand
ennemi est le moineau; quelquefois il en porte
jusqu'à trois à ses petits, une dans son bec,
et les deux autres à ses pattes. La guêpe et le
frelon les détruisent aussi pour sucer le sucre
que leur ventre contient. Leur ennemi le plus
redoutable pendant l'hiver est le mulot; dans
une nuit de cette saison, lorsque les mouches
sont engourdies par le froid, il peut détruire
la ruche la mieux peuplée. Son goût ne le porte
qu'à manger la tête et le corselet.

Une ruche bien peuplée peut émettre sans
s'épuiser jusqu'à trois essaims par an; chaque
essaim peut peser de cinq à six livres, et on
en a observé qui en pesaient huit; le nombre
des individus qui les composent est ordinairement de trois à quatre mille; on assure en
avoir vu quelquefois qui allaient à quarante
mille.

L'économie rurale s'est emparée des abeilles, et leur fait payer la protection qu'elle leur
accorde dans ses ruches artificielles, par le
larcin d'une partie des richesses qu'elles y
déposent.

On sait assez que tous les climats sont loin
de convenir également à la culture des mouches à miel. Les pays chauds, où la terre,
abondamment humectée de la rosée des nuits,
se pare d'innombrables fleurs, sont surtout
propices aux abeilles; dans les pays plus
froids, où les saisons sont inconstantes et les
beaux jours instables, la culture de ces insectes offre plus de difficultés, et ses résultats
plus d'incertitude. C'est là que la prudence
doit compenser les désavantages naturels, et
qu'une intelligente attention doit diriger le
cultivateur dans les soins qu'il donne à cette
branche intéressante de l'économie rurale.
Quoique la France ne soit que médiocrement

favorable à l'éducation des abeilles, quelques départements fournissent cependant des quantités considérables de miel et de cire. Ceux du Languedoc, du Dauphiné, du Gâtinais et de la Bretagne en produisent beaucoup, mais de qualités fort différentes, selon l'espèce et la qualité des végétaux sur lesquels les abeilles les ont recueillis. Le meilleur miel vient de Narbonne et de ses environs, parce que les plantes odoriférantes mellifiées y croissent en abondance ; après celui-ci viennent ceux du Gâtinais et des environs de Paris ; celui de la Bretagne est fort inférieur.

Lorsqu'en faisant la récolte de cire au printemps, on ne trouve que peu ou point de couvain dans une ruche, c'est que la reine est morte pendant l'hiver. On reconnaît aussi qu'un essaim est sans reine, quand les abeilles restent tranquilles dans leur ruche, et qu'on voit le petit nombre de celles qui sont sorties revenir sans rien rapporter. Dans ces deux cas, on pourra remédier à l'absence de la reine et prévenir la perte de l'essaim en introduisant dans la ruche une portion de couvain renfermant des œufs d'abeilles ouvrières. Ces ouvrières agrandissent quelques-unes des cellules dans lesquelles ces œufs sont renfermés, donnent aux larves une nourriture particulière et font éclore ainsi de véritables reines.

La culture des abeilles et les moyens de récolter la cire et le miel sont un objet d'étude assez compliquée, et l'importance qu'on retire du commerce de ces denrées n'est pas contestable ; chaque ruche rapporte à son propriétaire six à sept francs par an. Pour peu qu'on établisse un millier de ruches, on jugera assez l'avantage de cette spéculation. Mais on ne saurait trop redire que l'exploitation de l'industrie des abeilles demande des connaissances et des soins particuliers.

Les abeilles ont, pour preuve de leur importance, un article du Code qui leur est consacré, qui fait de ces insectes une propriété respectable aux yeux de la loi : le propriétaire qui possède dans ses domaines des essaims d'abeilles, est protégé contre le vol qu'on lui en ferait, comme pour tout autre larcin préjudiciable à sa propriété. Ainsi ces animaux, en travaillant avec un zèle si actif, ne se doutent pas qu'ils se trompent encore sur le but de leurs travaux ; ils croient qu'un seul objet réclame leurs soins et qu'il est le seul moteur du zèle qui les anime. Ils le croient si bien, que s'ils perdent leur reine, sans espoir de la remplacer, on voit toutes les ouvrières et les nourrices, désœuvrées et inquiètes, sortir de la ruche sans raison, car elles y rentrent sans butin ; eh bien ! cette reine n'est qu'un prétexte que la nature a pris pour cacher aux yeux des abeilles l'ambition d'un roi plus absolu que leur véritable souveraine : c'est pour l'homme que ces abeilles en définitive se fatiguent et travaillent ; c'est pour ce maître, qui les soignera ou les anéantira selon son intérêt ou son caprice.

De la cire des abeilles.

Tout le monde sait qu'on donne le nom de cire à une substance particulière que préparent les abeilles pour en construire les parois de leurs alvéoles. Nous avons déjà fait connaître avec assez de détails l'origine et la formation de cette matière pour être dispensés de revenir ici sur ce sujet. Il nous reste seulement à présenter quelques faits concernant la manière dont on la recueille, ainsi qu'à exposer ses caractères physiques, ses propriétés chimiques, et surtout ses usages en thérapeutique et en pharmacie.

Ce n'est qu'en multipliant et en soignant les abeilles que nous avons trouvé l'unique moyen de nous procurer la cire, produit important de leur industrie, que nous nous approprions presque entièrement, et dans l'acquisition duquel nous suivons des procédés non-seulement souvent injustes à l'égard des actives ouvrières auxquelles nous le devons, mais encore quelquefois fort contraires à nos véritables intérêts. Les usages de cette matière sont aujourd'hui tellement multipliés, qu'on ne pourrait trop encourager la culture des abeilles, qui, en France, en particulier, ne produisent pas encore, et cela par défaut de soins plutôt que par le manque de matériaux, la quantité de cire nécessaire à la consommation du royaume. C'est un genre d'économie auquel on ne se livre point chez nous avec une ardeur assez générale, avec un zèle assez éclairé, malgré les efforts d'un grand nombre d'agronomes instruits, de philanthropes distingués. Une foule de cantons où les abeilles seraient pour les propriétaires l'objet d'un profit considérable, n'offrent encore qu'une très-petite quantité de ruches, proportionnément au nombre de celles qu'on pourrait y entretenir, soit que cela tienne au peu d'encouragement qu'on a accordé jusqu'à ces derniers temps à l'éducation de ces utiles insectes, soit que cela dépende de la mauvaise marche qu'on a suivie pour les gouverner le plus habituellement.

Ordinairement, d'ailleurs, lorsqu'on veut obtenir les produits d'une ruche, on commence, au moyen de la vapeur du soufre en ignition, par asphyxier les abeilles qui s'y sont logées, et cette coutume barbare, cette pratique absurde ont arrêté la multiplication d'êtres aussi précieux à nos yeux. Comment les produits de leur travail ne se maintiendraient-ils pas constamment insuffisants pour nos besoins, quand d'une part on élève fort peu d'abeilles, et que de l'autre, on en détruit annuellement la majeure partie? Pourquoi n'a-t-on pas universellement adopté la méthode de tailler les ruches sans faire périr leurs habitants, méthode suivie avec le plus grand succès dans les îles de l'Archipel de la Grèce, et particulièrement dans celle de Syra, ainsi que nous l'apprend l'abbé Della Roca? S'il en était ainsi, les artistes qui emploient journellement la cire dans la fabrication de certains ouvrages, et principalement les pharmaciens, qui en font une grande consommation, la payeraient beaucoup moins cher qu'elle ne l'est actuellement.

Or, la manière la plus convenable et la plus avantageuse de récolter la cire consiste 1° à ne prendre les rayons que sur les vieilles ruches et sur celles qui sont stériles en essaims, et 2° à ne pratiquer la taille, en ménageant la vie des abeilles, qu'à la seconde année et après la sortie des nouvelles colonies, si les ruches sont de date récente. Cette opération ne doit se faire qu'une fois annuellement dans ce dernier cas; mais, dans la première circonstance, on peut y revenir à deux fois, et toujours dans l'été ou au commencement de l'automne, plutôt que dans toute autre saison. Il faut, pour se livrer à cette sorte d'expédition militaire, avoir la précaution de faire choix d'un beau jour, où l'on n'ait à craindre ni la pluie ni le vent; de préférer l'heure de midi au matin et au soir, et surtout à la nuit, parce qu'en ce moment une grande partie des membres de la colonie est sortie pour aller à la provision, et que par conséquent, on éprouve moins de difficulté dans l'attaque : d'éviter le bruit et les mouvements brusques, pour ne point effaroucher les individus restants; de se revêtir d'une sorte de camail, de mettre des gants et de se couvrir le visage d'un masque, pour se garantir des piqûres, auxquelles on est extrêmement exposé sans cela; de faire pénétrer dans la ruche, qu'on a auparavant renversée un peu sur le côté, et à l'aide d'un entonnoir ou d'une machine construite exprès en terre cuite, la fumée d'un tampon de linge ou de morceaux de bouse de vache desséchée et de crottin de cheval qu'on fait brûler lentement, fumée à l'aide de laquelle on enlève aux abeilles une partie de leur activité, et on les chasse facilement de dessus les gâteaux qu'on veut tailler.

Tout étant disposé de cette manière, il faut être résolu à ne procéder au partage qu'avec discrétion; ne s'emparer que du superflu de la république ailée, et lui laisser en miel ce qui lui est nécessaire pour passer l'hiver. Il faut aussi être en état de savoir ménager attentivement le couvain, qui est ordinairement logé au milieu des rayons et sur le devant dans les ruches communes dont se servent les habitants de la campagne; c'est là, en effet, la partie la plus propre à le faire éclore, et la plus commode pour le nourrir. On reconnaît d'ailleurs les cellules qui renferment la postérité future des abeilles, en ce qu'elles sont obturées par des couvercles convexes et un peu bruns; au lieu que ceux qui bouchent les cellules où il n'y a que du miel sont plats et blancs.

A mesure que les abeilles, chassées par la fumée, abandonnent les rayons, on détache ceux-ci du haut de la ruche, un à un, et à l'aide d'une espèce de couteau courbé, bien tranchant et un peu mouillé; on les reçoit sur un petit cadre de bois en forme de raquette, et porté au bout d'une canne; on les frotte, si les ouvrières restent obstinément attachées à leur surface, avec un petit plumeau mouillé ou avec une espèce de balai fait des panicules lâches de certaines graminées en fleurs; on les dépose successivement dans une sorte de baquet large et peu profond, mais couvert d'un linge pour empêcher les abeilles de se précipiter sur le miel qu'on leur enlève; on les transporte dans une salle sèche et exposée au midi, car la chaleur fait couler le miel beaucoup plus aisément, tandis que le froid le condense et l'arrête; on les place dans des paniers munis d'une anse et à claire-voie, tant par le fond que par les côtés; à l'aide de petits châssis de bois, on soutient ceux-ci au-dessus d'autant de baquets où le miel tombe et d'où on le verse dans des vases convenablement disposés.

Quand les rayons ont abandonné tout le miel qui peut s'en écouler naturellement et par son propre poids, on les brise avec la main, ou bien on les écrase légèrement avec un instrument en forme de cuiller, après les avoir trempés un instant dans de l'eau à 40 degrés; on les entasse dans de nouveaux paniers; du miel s'en écoule alors encore, et quand on n'en obtient plus de cette manière, on met le marc dans un chaudron sur un feu modéré; on le remue sans discontinuer, et on ne le laisse point assez chauffer pour fondre la cire; on le verse dans des sacs de canevas fin, dans lesquels on le pétrit, ce qui en arrache encore du miel; après quoi, pour ne rien perdre de celui-ci, on le soumet durant quelques minutes à l'action d'un pressoir construit à cet effet, et dans lequel il reste enfin en gâteau d'une teinte noirâtre, qu'on renferme, conjointement avec plusieurs autres, dans un sac cylindrique de toile, qui, étant bien fermé au moyen d'une couture, est plongé dans une chaudière remplie d'eau propre; cette chaudière est placée sur un feu modéré, et à mesure que l'eau s'échauffe, la cire fond et vient nager à la surface, où on la ramasse avec de grandes cuillers; pour la verser dans des sébiles de bois, dont le fond renferme un peu d'eau, et dont les bords doivent être ouverts et bien unis pour ne point empêcher les pains de cire de se détacher après le refroidissement, qui permet de retourner les sébiles et d'en faire tomber la cire en une seule masse solide.

Suivant un autre procédé, plus généralement en usage, quoique moins bon, à mon avis, on met dans un chaudron qui contient un peu d'eau les gâteaux dont le miel a été exprimé, et quand la cire en est fondue, on la verse sur une serviette que deux hommes tiennent étendue au-dessus d'un plat creux où il y a aussi de l'eau. La cire passant au travers de cette espèce de filtre grossier, tombe dans le plat, d'autant plus abondamment d'ailleurs qu'on roule la serviette et qu'on la serre avec plus de force; elle s'y fige et s'y refroidit en gâteaux épais, jaunes et grenus.

Dans l'une comme dans l'autre de ces méthodes, il reste, après l'extraction de la cire, une quantité assez considérable de marc impur. L'opération terminée, on trouve que chaque ruche a fourni deux livres seulement de cire.

BORY DE Sᵗ-VINCENT et ACHILLE COMTE.

Huber, *Nouvelles Observations sur les abeilles*, 2ᵉ éd.; Genève, 1814, 2 vol. in-8° avec planches.
Léon Lalanne, *Note sur l'architecture des abeilles*, dans le tome XIII des *Annales des sciences naturelles*.

ABENCERRAGES et **ZÉGRIS**, nom de deux prétendues factions, qui, tour à tour maîtresses de Grenade, se seraient livré dans cette ville les plus terribles combats, et auraient, par cette guerre intestine, hâté la chute de l'empire arabe en Espagne.

Le livre où ces deux factions sont mentionnées est intitulé, *Histoire des factions des Zégris et des Abencerrages, chevaliers maures de Grenade, des guerres civiles qu'il y eut en celle-ci, et des combats singuliers qu'il y eut en la plaine entre les Maures et les chrétiens*. Suivant l'auteur de ce roman, Ginés Pérez de Hita, Aben-Hamin, l'un de ces Maures espagnols que la conquête de Grenade avait forcés de se réfugier en Afrique, avait composé un livre, qui, donné par son petit-fils, Argutaafah, à un savant juif nommé Rabbi-Santo, aurait été, par celui-ci, offert à un comte de Baylen, de la maison des Ponce de Léon; et l'histoire des Zégris et des Abencerrages ne serait que la traduction de ce livre. Quoi qu'il en soit, le roman ou la traduction de Ginés Pérez de Hita eut en Europe une vogue immense, et l'on en fit de nombreuses imitations; nous ne citerons que celles qui ont vu le jour en France, l'*Histoire des guerres civiles de Grenade*, par mademoiselle de la Roche-Guilhem; les *Galanteries grenadines*, par madame de Villedieu;

l'*Almahide*, par mademoiselle de Scudery; *Zayde*, par madame de la Fayette; enfin *Gonzalve de Cordoue*, par Florian, et *le Dernier des Abencerrages*, par M. de Chateaubriand.

Ce serait une tâche fort difficile que celle de rechercher ce qu'il peut y avoir de vérité historique dans les récits qui forment le fond de tous ces romans; ce qu'il y a de certain, c'est que le royaume de Grenade fut déchiré, dans les derniers moments de son existence, par de nombreuses et terribles dissensions, derniers paroxysmes de la lutte que n'avaient cessé de se livrer en Espagne les Arabes d'Orient et les Maures d'Afrique. Ces guerres civiles avaient fourni le sujet d'un grand nombre de ballades et de romances, dont quelques-unes se retrouvent encore dans le Romancero général, et il est probable que l'ouvrage de Pérez de Hita n'est qu'un cadre imaginé par cet auteur ou par celui auquel il avait emprunté l'idée de ce livre, pour y placer la plupart de ces romances.

ABENSBERG, *Aventinum, Abusina, Arusena*, petite ville de Bavière (cercle du Regen), célèbre par la victoire que Napoléon y remporta, le 20 avril 1809, sur l'armée autrichienne commandée par l'archiduc Louis et le général Hiller. Cette bataille, où les Autrichiens perdirent douze pièces de canon et treize mille prisonniers, fut suivie de la prise de Landshut (21 avril), de la victoire d'Eckmühl (22 avril), et de la prise de Ratisbonne (23 avril). (*Voy.* ECKMUHL.) On compte à Abensberg 1100 habitants; c'est la patrie de l'historien bavarois Thurmaier.

ABERDEEN-NEW, *Aberdonia, Aberdonium*, ville d'Écosse, chef-lieu du comté de ce nom, à l'embouchure de la Dee. Cette ville possède un port considérable, un chantier pour la construction des vaisseaux, des forges, des brasseries. On y remarque une belle digue, formée de blocs de granit d'une grandeur extraordinaire, un beau palais de justice, un hôpital d'aliénés et une école de médecine. Son université, fondée en 1593, est célèbre; sa population est de 50,000 habitants.

A trois kilomètres d'Aberdeen-New, se trouve *Aberdeen-Old* (Aberdeen le vieux), qui possède un collége royal, une riche bibliothèque et un musée. On y compte 3,000 habitants. (*Voy.* ÉCOSSE.)

ABERRATION. (*Physique.*) On distingue en physique deux sortes d'aberrations qui toutes deux se relient aux phénomènes optiques, savoir, l'aberration de sphéricité et l'aberration de réfrangibilité. Ces deux aberrations ont le même résultat, c'est de rendre confuse l'image d'un objet vu par réfraction et dont les rayons de lumière, après leur passage à travers divers milieux, ne viennent pas concourir au même point. Mais la première dépend de la dimension de la lentille sur laquelle vient se réfléchir le rayon lumineux ou à travers laquelle il se réfracte, et la seconde de la nature même de ce rayon.

Aberration de sphéricité. Pour que le lecteur puisse se rendre compte de ce phénomène, considérons une calotte sphérique, formant un miroir sphérique concave. L'ouverture de ce miroir sera l'angle formé par les deux rayons menés du centre la sphère à ses bords opposés, son axe sera la ligne qui joindra le centre de la sphère au centre de la calotte ou mieux au point milieu de la corde qui sous-tend la calotte. Supposons un point lumineux situé sur l'axe : les rayons qu'il enverra sur le miroir seront réfléchis et viendront se réunir en un ou plusieurs points de ce même axe. Mais si l'on établit les relations qui existent entre le rayon émis, le rayon réfléchi, le rayon de courbure de la surface et les distances auxquelles ces différents rayons viennent tomber sur l'axe, on arrive à une formule tout à fait indépendante des angles que forment ces rayons avec l'axe, lorsqu'on a supposé toutefois les angles assez petits pour qu'on puisse les confondre avec leurs tangentes, c'est-à-dire ne dépassant pas 3 ou 4°. Ce qui donne pour le champ du miroir 8 à 10° au plus. Dans ce cas tous les rayons émis par le point lumineux viennent se réunir en un point unique qui prend le nom de foyer. Mais cela n'est plus vrai pour une ouverture plus grande : la distance du point où viennent aboutir les rayons réfléchis à la surface réfléchissante varie alors avec les angles d'émission, et il n'y a que les rayons qui traversent une même circonférence concentrique à l'axe qui aboutissent à un même point de cet axe ; ceux qui passent par une plus grande circonférence se réunissent à un point de l'axe plus voisin de la surface. Or cette surface pouvant être considérée comme si elle était composée d'un nombre infini de circonférences inégales, il y aura sur cet axe un foyer allongé, d'où il résultera une multitude d'images, de grandeur inégale, de l'objet observé. Ce phénomène est ce qu'on nomme en physique l'aberration de sphéricité. Nous verrons à l'article *Lunettes* comment on a pu remédier à ce grave inconvénient.

Aberration de réfrangibilité. La lumière blanche est composée d'un assemblage de rayons hétérogènes de diverses couleurs. La réfrangibilité de ces rayons étant inégale, lorsqu'ils traversent un verre lenticulaire ; ils forment sur l'axe autant de foyers qu'il y a de couleurs. Les images ainsi produites sont plus ou moins superposées et bordées de franges irisées. L'aberration se produit en longueur et en largeur. Les rayons les moins réfrangibles vont se réunir plus loin que les autres et forment l'aberration en longueur. Les plus grands recouvrent en partie ceux dont la lumière est la plus vive et les entourent non-seulement d'un nuage, mais d'une sorte de couronne diversement colorée, ce qui forme l'aberration en largeur. Les images des objets sont alors tellement confuses qu'on peut à peine les reconnaître. On verra à l'article *Achromatisme* comment on a détruit cette autre espèce d'aberration. P. TOURNEUX.

ABERRATION (*Astronomie.*) L'aberration astronomique est un phénomène optique indépendant de la réfraction ou de la perspective, qui déplace les situations relatives des objets célestes et fausse toujours jusqu'à un certain point l'aspect du ciel : il faut, par conséquent, connaître et savoir en évaluer l'influence pour fixer exactement le lieu de chaque objet. Ce phénomène provient de ce que le lieu d'où l'on observe les astres est dans un mouvement rapide et de ce que les directions apparentes des rayons de lumière ne sont pas les mêmes selon que l'observateur est en repos ou en mouvement. Herschell, dans son traité d'astronomie, explique par une comparaison frappante la cause de l'aberration. Supposons, dit-il, qu'une ondée de pluie tombe perpendiculairement par un temps bien calme : une personne exposée à la pluie qui se tient debout et immobile, recevra la pluie sur son chapeau et s'en trouvera garantie ; mais si elle se met à courir dans une direction quelconque, elle recevra la pluie au visage, de la même manière que si elle restait en repos et qu'un vent vînt à s'élever, animé de la même vitesse que cette personne lorsqu'elle se met à courir. Dans cet exemple, le phénomène est simple ; c'est-à-dire que la pluie tombe des nuages qui entourent notre globe et participent à son mouvement : il est composé, au contraire, quand il s'agit d'astres, doués d'un mouvement propre, observés de notre globe qui a lui-même un certain mouvement dans l'espace. Mais supposons fixe pour plus de simplicité le corps observé. La terre se meut dans l'espace avec une vitesse de près de sept lieues (vingt-huit kilomètres) par seconde en décrivant une ellipse autour du soleil, et par conséquent en changeant à chaque instant la direction de son mouvement. La lumière se propage avec une vitesse d'environ soixante-dix mille lieues (deux cent quatre-vingt mille kilomètres) par seconde. L'espace décrit par la terre dans un temps donné est donc à celui que traverse la lumière dans le même temps comme un est à dix mille ; et il faudra, pour que l'observateur reçoive au point de croisement des fils d'un télescope l'image focale formée par l'objectif, que l'axe de son télescope soit incliné dans le rapport de la vitesse de la lumière à la vitesse de la terre, ou dévié de la position de l'étoile d'un angle que le calcul indique être de 20″,5. Il suit de là que les étoiles fixes semblent décrire de petites ellipses de 41″ de diamètre.

L'effet uranographique de l'aberration est d'altérer l'aspect du ciel et de faire décrire à chaque étoile en particulier sur la sphère céleste une petite ellipse dont le centre est le point même où l'on verrait l'étoile si la terre était immobile.

Si le corps observé a lui-même un mouvement, on calcule d'après les lois connues des mouvements réels de l'astre et de la terre, le mouvement angulaire apparent ou relatif de l'astre dans le temps que met la lumière à parcourir la distance qui le sépare de la terre, et l'on trouve ainsi l'aberration en vertu de laquelle l'astre est déplacé dans une direction contraire à celle de son mouvement apparent par rapport aux étoiles.   P. TOURNEUX.

AB IRATO. (*Législation.*) Par un homme en colère : on applique ces expressions, parmi nous, aux actes dont la colère et la haine ont été le principe et la cause. (*Voyez* DONATION, NOTAIRE, TESTAMENT.)

Un testament n'est pas le seul acte qui soit de nature à porter ce déplorable caractère ; un acte administratif en peut être entaché, et il rentre souvent dans la classe des actes arbitraires et punissables.

La colère peut aussi dominer une assemblée ; le calme, si nécessaire pour délibérer avec maturité sur de grands intérêts, fait place à l'emportement ; c'est ainsi qu'au sein des révolutions et des orages politiques tant de lois *ab irato* ont été portées ; on ne saurait trop tôt les abroger. (*Voyez* ABROGATION, LOI.)

COURTIN.

ABJURATION. L'abjuration, dans le sens le plus général, est l'acte par lequel on renonce solennellement et avec serment à une chose, à une erreur, surtout à une hérésie.

L'histoire et la jurisprudence nous offrent quatre espèces d'abjuration, *civile, féodale, politique, religieuse.*

1° *Abjuration civile.* Les Romains appelaient abjuration de la chose la dénégation faite, avec faux serment, d'une dette, d'un gage, d'un dépôt. *Abjurare mihi certius est quam dependere* (Cicéron) ; *j'aime mieux nier avec serment que de payer.* Dans ce sens, l'abjuration est la même chose que le parjure, et l'opposé d'éjuration.

2° *Abjuration féodale.* Les anciennes coutumes d'Angleterre appelaient *abjuration* l'acte par lequel celui qui s'était rendu coupable de félonie jurait de quitter le royaume pour toujours, et par là s'affranchissait de toute peine. Il sortait librement d'Angleterre, en portant à la main une croix appelée *bannière de mère église.* Étrange manière de

pourvoir à la sûreté et de faire justice ! Elle fut abolie par le statut 21 de Jacques Ier.

3° *Abjuration politique.* L'Angleterre nous fournit un exemple de cette espèce. Après la révolution de 1688, le parlement, qui avait appelé *abdication* la fuite de Jacques II en France, appela *abjuration* l'acte par lequel tout fonctionnaire civil, militaire ou ecclésiastique, jurait de ne jamais reconnaître l'autorité royale dans la personne du monarque fugitif ou de ses descendants.

4° *Abjuration religieuse.* C'est l'acte par lequel on reconnaît fausse la religion dans laquelle on a vécu, ou bien la doctrine qu'on professait, et qui est condamnée par l'Église. On appelle *apostats* ceux qui renoncent à la foi chrétienne. (*Voyez* APOSTASIE.) Nous ne parlerons ici que de la conversion des païens au christianisme, et de celle des protestants au catholicisme ; nous ne citerons que les abjurations de quelques personnages célèbres, et nous renvoyons au mot CHRISTIANISME celles des peuples entiers.

On ne peut nier, et l'expérience le prouve, qu'il est bien rare d'embrasser par conviction une religion dont les principes n'ont pas été gravés en nous dès l'enfance. L'intérêt est si souvent la cause d'un tel changement, que l'abjuration excite presque toujours le mépris des honnêtes gens : on lui soupçonne un autre motif que l'amour de la vérité. Mais il faut convenir qu'en général le zèle est pur et désintéressé dans les premiers temps d'une secte nouvelle ; alors les abjurations portent un caractère manifeste d'enthousiasme et de sincérité. La persécution ne les étouffe pas, elle affermit la foi, souvent même elle l'inspire. Le courage des martyrs frappe d'abord les imaginations, et finit par subjuguer les consciences. Les cœurs attendris sont bientôt convaincus, et la croyance véritable aux yeux des peuples est celle que sanctifient les supplices. *Sanguis martyrum, semen christianorum.*

En 311, *Constantin le Grand,* maître de la Gaule, se préparait à passer en Italie à la tête de toutes ses forces pour détrôner l'empereur Maxence. On dit qu'il aperçut dans les airs une croix lumineuse sur laquelle ces mots étaient tracés en lettres de feu : *In hoc signo vinces ; par ce signe tu vaincras.* On ne trouve aucun monument contemporain de ce prétendu miracle. Ce ne fut point l'apparition d'une croix dans les nuées, mais une habile politique qui détermina Constantin à se faire chrétien : sa conversion le mit à la tête d'une secte nombreuse et animée d'un enthousiasme invincible. L'année suivante, il franchit les Alpes, remporta une victoire décisive sous les murs de Rome, et fit monter avec lui la religion chrétienne sur le trône des Césars.

Chlodovech, que nous nommons *Clovis,*

roi des Francs, nouvellement établi dans le nord de la Gaule, avait pour voisins et pour ennemis les Visigoths, peuple redoutable qui occupait la partie méridionale de cette contrée. Afin de pouvoir leur résister avec plus d'avantage, il rechercha l'alliance des Bourguignons, possesseurs de la Gaule orientale, et demanda la main d'une princesse de leur sang; c'est ainsi qu'il épousa *Clotilde* ou plutôt *Chrotéchilde*, nièce du roi Gondebaud. Cette princesse, élevée dans la foi catholique, tâcha de convertir son époux idolâtre. Elle dut à la politique le triomphe de ses pieuses exhortations. La Gaule était remplie de chrétiens orthodoxes; les Visigoths professaient l'arianisme : Clovis sentit que le plus sûr moyen d'affermir et d'étendre sa domination était d'embrasser le christianisme et d'entrer dans la communion romaine. Il se déclara dans un de ces moments qui décident du sort des empires. Les Allemands avaient envahi une partie de son territoire; il leur livre bataille; déjà son armée commençait à plier; il s'écrie : *Dieu de la reine Clotilde, si vous m'accordez la victoire, je fais vœu de recevoir le baptême et de n'adorer que vous.* Ses troupes se rallient, et les Allemands sont enfoncés. Clovis fut baptisé à Reims, le 25 décembre 496, par l'évêque saint Remi. *Sicambre*, lui dit ce prélat, *baisse la tête, et désormais adore ce que tu brûlais, et brûle ce que tu adorais.* Saint Remi ajouta à la cérémonie du baptême celle du sacre; mais la fable de la sainte ampoule, apportée du ciel par une colombe blanche, n'a été inventée que 360 ans après par Hincmar, évêque de Reims. Trois mille Francs, et un grand nombre de femmes, parmi lesquelles se trouvaient les deux sœurs de Clovis, Alboflède et Lantechilde, se firent baptiser en ce jour mémorable. La conversion de Clovis eut les résultats qu'il s'en était promis. En peu de temps elle rangea sous sa dépendance tous les pays situés entre le Rhin, la mer, la Loire et le royaume de Bourgogne. Alors la monarchie française fut assise sur des fondements solides. Clovis l'étendit par de nouvelles conquêtes; il marcha contre les Visigoths, et leur enleva les provinces méridionales. Il est remarquable qu'il déploya ses étendards au nom de la religion, et qu'il exhorta ses peuples à exterminer les hérétiques (1).

L'inquisition, ce tribunal à la fois atroce et absurde (car, comme le dit Montesquieu, en fait de religion il faut éviter les lois pénales),

l'inquisition, dis-je, admettait à l'égard des hérétiques trois espèces d'abjuration : dans le cas de soupçon léger, *de levi*; dans le cas de soupçon véhément, *de vehementi*; et dans celui de l'hérésie notoire, *de formali*. Chacune de ces espèces était accompagnée de certaines cérémonies, qui avaient lieu dans l'église, en présence de tout le peuple. La France n'a jamais adopté ces distinctions, ni ces diverses solennités. Ses évêques et ses pasteurs puisaient, en général, les formalités de l'abjuration dans le pontifical romain.

Le jour de Pâques 1531, le parlement de Toulouse fit arrêter un grand nombre de citoyens qu'on soupçonnait d'avoir renoncé à la foi catholique pour embrasser le luthéranisme. Parmi eux se trouvait Jean Boissoné, professeur en droit civil, lequel, par sentence de l'official ou des grands vicaires, fut condamné à faire publiquement abjuration de ses erreurs, avec amende de 1,000 livres envers les pauvres et confiscation de sa maison. — Ces abjurations ordonnées par justice se faisaient avec un appareil infamant. Le condamné, vêtu d'une robe grise, la tête nue et rasée, paraissait à genoux, sur un échafaud dressé contre le mur d'une église. L'inquisiteur de la foi, monté dans une chaire voisine de l'échafaud, prononçait un discours, adressant la parole tantôt au peuple, tantôt au pénitent; après quoi celui-ci abjurait ses erreurs à haute voix, et signait le procès-verbal de son abjuration.

Henri IV, né dans la religion protestante, devint roi de France le 1er août 1589, par la mort de Henri III. La ligue et l'Espagne étaient alors toutes-puissantes, et la France faisait des vœux pour que sa religion devînt celle du nouveau monarque. Henri se fit instruire, et assista à plusieurs conférences entre des prélats et des ministres protestants. Voyant que ceux-ci convenaient qu'on pouvait se sauver dans la religion catholique, *Quoi!* dit Henri, *tombez-vous d'accord qu'on puisse se sauver dans la religion de ces messieurs-là?* Les ministres ayant répondu qu'ils n'en doutaient pas, pourvu qu'on y vécût bien, le roi repartit : *La prudence veut donc que je sois de leur religion et non pas de la vôtre, puisqu'étant de la leur, je me sauve selon eux et selon vous; et étant de la vôtre, je me sauve bien selon vous, mais non pas selon eux. Or, la prudence veut que je suive le plus assuré* (1). Le 25 juillet 1593, à neuf heures du matin, Henri se rendit à l'église de Saint-Denis, où l'archevêque de Bourges, faisant l'office de grand aumônier, lui demanda : *Qui êtes-vous?* — *Je suis le roi*, répondit Henri. — *Que demandez-vous?* —

---

(1) Grégoire de Tours; — *Mémoire sur la politique de Clovis*, par le duc de Nivernois, dans le tome XX des *Mémoires de l'académie des inscriptions et belles-lettres*; — les livres IV et V de l'*Histoire de l'établissement des Francs dans les Gaules*, par l'abbé Dubos; — le P. Daniel, l'abbé Velly, le président Hénault, etc.

(1) Péréfixe, *Histoire de Henri IV*, page 211, édition d'Amsterdam, Elzévirs, 1661, petit in-12.

Je demande d'être reçu au giron de la sainte Église catholique, apostolique et romaine. — Le voulez-vous sincèrement ? — Oui, je le veux et le désire. Et à l'instant, à genoux et tête nue, il fit verbalement sa profession de foi en ces termes : *Je proteste et jure à la face du Tout-Puissant de vivre et mourir en la religion catholique, apostolique et romaine, de la protéger et défendre envers tous, au péril de mon sang et de ma vie, renonçant à toutes hérésies contraires à icelle.* Il remit ensuite par écrit à l'archevêque de Bourges sa profession signée de sa main et ainsi conçue : « Moi, Henri, « par la grâce de Dieu, roi de France et de « Navarre, reconnaissant l'Église catholique, « apostolique et romaine, être la véritable « église de Dieu, maîtresse de vérité et hors « de toute erreur, promets à Dieu et jure garder, observer et entretenir tout ce qui a été « arrêté et déterminé par les saints canons, « conciles et constitutions reçues en ladite « église, suivant les instructions qui m'en ont « été données par les prélats et docteurs qui « m'ont assisté, et les articles qui m'ont été « lus et donnés à entendre, et d'obéir aux or- « donnances et commandements d'icelle, et « me départir, comme de fait je me dépars, « de toutes opinions et erreurs contraires à la « sainte doctrine de ladite église. Promets « aussi obédience au saint-siége apostolique, « et à notre saint-père le pape, telle qu'elle « lui a été ci-devant rendue par mes prédé- « cesseurs, et ne me départir jamais de ladite « religion catholique, ains d'y persévérer et « mourir avec la grâce de Dieu; ainsi me soit- « il en aide. Fait à Saint-Denys, le 23° jour « de juillet 1593. Signé HENRI. » Alors le roi fut absous par l'archevêque de Bourges; on chanta le *Te Deum*, et on célébra la grande messe du Saint-Esprit.

Sully explique très-bien les motifs et les circonstances de cette abjuration célèbre; il avoue qu'elle fut dictée non-seulement par la politique, mais encore par la conviction; en même temps il insinue que cette conviction n'eût pas été acquise si, dans les conférences tenues pour la conversion du roi, les ministres protestants eussent voulu défendre leur croyance. Voici ses propres paroles : « Je trahirais la « vérité, si je laissais seulement soupçonner « que la politique, la menace des catholiques, « l'ennui du travail, l'amour du repos, le dé- « sir de s'affranchir de la tyrannie des étran- « gers, le bien du peuple même, quoique fort « louable en soi, soient entrés seuls dans la « dernière résolution du roi. Autant qu'il m'est « permis de juger de l'intérieur d'un prince « que je crois avoir mieux connu que personne, « ce fut bien à la vérité par ces motifs que « lui vint l'idée de sa conversion, et j'avoue

« moi-même que je ne lui en inspirai point d'au- « tres, fortement persuadé, comme je l'ai tou- « jours été, quoique calviniste, sur l'aveu que « j'en ai arraché aux ministres réformés les « plus savants, que Dieu n'est pas moins ho- « noré dans l'église catholique que dans la pro- « testante; mais, dans la suite, le roi se sen- « tit amené au point de regarder la religion « catholique comme la plus sûre. Le caractère « de candeur et de sincérité que j'ai toujours « remarqué dans ce prince me fait croire qu'il « aurait mal soutenu, pendant tout le reste de « sa vie, un pareil déguisement. Au reste, « qu'on ne juge point mal de l'aveu que je fais « ici. Il n'est pas surprenant que Henri, qui « n'avait jamais entendu parler de religion « que dans ces conférences et controverses, se « laissât entraîner du côté qu'on avait soin « toujours de rendre victorieux; car tout le « monde, jusqu'aux protestants, je dis plus, « jusqu'aux ministres même réformés, em- « ployés dans les conférences, étaient convain- « cus que le changement de religion du roi « était absolument nécessaire pour le bien de « l'État, pour la paix, enfin pour l'utilité même « des deux religions. Les ministres réformés, « ou ne se défendaient plus, ou se défendaient « si faiblement que l'avantage demeurait tou- « jours du côté de leurs adversaires, ne mur- « murant point de ce que souvent on se pas- « sait d'eux dans ces conférences. Quelques- « uns qui approchaient le plus de la personne « du roi, et qu'il consultait le plus sur ses « difficultés, trahirent formellement leur « croyance, ou flattèrent par un embarras « concerté la religion qu'on regardait déjà « comme celle du prince (1). »

Christine, reine de Suède, abdiqua en 1654. Luthérienne, elle avait déjà préparé sur le trône son changement de religion. Elle quitta la Suède, et traversa le Danemark et l'Allemagne, en visitant tous les monastères et toutes les églises qui se trouvaient sur sa route. Enfin, après avoir embrassé la religion catholique à Bruxelles, elle abjura publiquement le luthéranisme à Inspruck, et prit cette devise assez peu dévote : *Fata viam invenient, les destins dirigeront ma route.* Cette action fut pour les catholiques un grand triomphe, comme si elle eût donné quelque nouveau degré de force à la religion romaine. Les protestants, au contraire, en ont témoigné, avec aussi peu de raison, un grand désespoir. Ils ont prétendu que Christine, indifférente pour toutes les religions, n'en avait changé que par convenance, pour vivre plus à son aise en Italie, où elle comptait se retirer. Ils citent, comme autant de preuves de cette indifférence, quelques lettres et quelques discours de Chris-

(1) *Mémoires de Sully*, mis en ordre par l'abbé de l'Écluse, livre v, vers la fin.

tine. On assure, par exemple, que les jésuites de Louvain lui promettant une place auprès de sainte Brigitte de Suède, elle répondit : *J'aime bien mieux qu'on me mette entre les sages.* Un certain Nicolas Pallavicini composa un ouvrage intitulé : *La défense de la providence divine par la grande acquisition qu'a faite la religion catholique en la personne de la reine de Suède.* Ce traité ne fut pas imprimé, à cause de cinquante-quatre hérésies qu'on prétendait qui s'y trouvaient. Admirons la patience qui les a comptées (1).

Turenne, après avoir refusé l'épée de connétable, parce qu'il ne voulait pas quitter la religion protestante dans laquelle il avait été élevé, abjura en 1668, sans y être excité par la cour, et sans aucun motif humain. Ce fut pour la conversion de ce grand capitaine que Bossuet composa son livre intitulé, *Exposition de la doctrine de l'Église catholique sur les matières de controverse;* ouvrage qui passe généralement pour ce qui a été fait de plus solide contre la réforme.

Sous Louis XIV, on employa pour la conversion des huguenots un moyen souvent efficace, ce fut l'argent. Pélisson fut chargé de ce ministère secret. C'est ce même Pélisson si longtemps calviniste, si connu par ses ouvrages, par une éloquence pleine d'abondance, par son attachement au surintendant Fouquet, dont il avait été le premier commis, le favori et la victime. Il eut le bonheur d'être éclairé et de changer de religion dans un temps où ce changement pouvait le mener aux dignités et à la fortune. Il prit l'habit ecclésiastique, obtint des bénéfices et une place de maître des requêtes. Louis XIV lui confia le revenu des abbayes de Saint-Germain et de Cluny, vers l'année 1677, avec les revenus du tiers des économats, pour être distribués à ceux qui voudraient se convertir. Pélisson envoyait l'argent dans les provinces. On tâchait d'opérer beaucoup de conversions pour peu d'argent. De petites sommes distribuées à des indigents enflaient la liste que Pélisson présentait au roi tous les trois mois, en lui persuadant que tout dans le monde cédait à sa puissance ou à ses bienfaits (2). Le prix courant de ces conversions était de 6 livres par tête; il y en avait à plus bas prix. La plus chère qu'on ait trouvée, pour une famille nombreuse, est de 24 livres. Des commis examinaient si chaque quittance était accompagnée d'une abjuration en forme. Les dévots eux-mêmes plaisantaient de cette éloquence dorée, moins savante, disaient-ils, que celle de Bossuet, mais bien plus persuasive. D'année en année on augmenta les fonds destinés à cette corruption religieuse (1). En 1686, on acheta l'abjuration du marquis de Belzunce et de la dame Lance-Rambouillet, pour 2,000 livres de rente. Vivans, ancien brigadier de cavalerie, vendit la sienne pour une pension de deux mille écus (2).

Des mesures rigoureuses contre les protestants annoncèrent la révocation de l'édit de Nantes; elle fut prononcée par un édit du 22 octobre 1685, mais elle n'eut lieu qu'après la mort de Colbert, comme le remarque très-bien le président Hénault. On lit dans un discours prononcé par l'archevêque de Reims, à la tête du clergé, au mois de mai 1700 : « Nous pro-« testons, sire, que ce n'est point par la vio-« lence, mais par la *douceur* et la *persuasion* « que les évêques veulent les ramener et les « retenir (les protestants), également résolus « à les inviter par la force des *instructions* et « de la *charité*, et à éloigner de la participa-« tion aux saints mystères ceux qui, n'ayant pas « la robe nuptiale, ne peuvent que la profaner. » Paroles dignes du vertueux et tendre Fénelon ! Ce discours, précédé de tant de lois tyranniques, fut suivi des ordonnances et jugements rendus, en 1703 et en 1704, contre les camisards. Nous ne rapporterons pas ces derniers monuments de l'intolérance; nous verrions des abjurations arrachées par les armes et par les supplices; nous verrions la patrie ensanglantée, la religion outragée se voilant et versant des pleurs.   THOURET.

ABLATIF. *Voyez* CAS.

ABLES. (*Histoire naturelle.*) Poisson de la famille des cyprins, vulgairement appelés *poissons blancs*, et dont diverses espèces, fort répandues dans les eaux douces de l'Europe, sont connues sous les noms d'ablette, d'aphie, d'aspe, de meunier, de vandoise, de véron, de gard et gardon, etc. Leur chair est généralement peu estimée; mais une propriété, que quelques-unes de leurs espèces partagent avec les argentines, les rend remarquables entre les poissons dont l'industrie humaine a su tirer parti.

L'ablette, ou l'able proprement dit, a les écailles des parties inférieures du corps d'un brillant argenté, dont l'aspect métallique frappe d'abord les regards. La substance qui produit cet effet est d'un grand usage dans la fabrique des perles fausses, et mérite toute l'attention des chimistes, qui ne l'ont pas suffisamment examinée. Cette substance ne se trouve pas seulement à l'extérieur, elle s'étend encore dans l'intérieur de la poitrine, de l'estomac et des intestins, parties qui en sont entièrement tapissées. Elle passe fort promp-

---

(1) D'Alembert, *Mémoires sur Christine*, dans ses Mél. de littér., tome II.

(2) Voltaire, *Siècle de Louis XIV*, chap. 36.

(1) *Éclaircissements historiques sur les causes de la révocation de l'édit de Nantes*, par Rulhière, tome I, chap. 7.

(2) *Histoire de Paris*, par Dulaure.

tement à l'état putride quand il fait chaud, et devient aussitôt phosphorescente. On verra à l'article *Perles* comment cette substance est employée, sous le nom d'essence d'Orient, à l'un des principaux articles de la parure des dames. *Voyez* PERLES.

BORY DE SAINT-VINCENT.

ABLUTION. (*Religion.*) Nous ne dirons point avec la hardiesse d'un savant moderne : *Les ablutions sont en morale ce que les talismans sont en médecine.* Il ne faut considérer ici que l'origine de cette cérémonie religieuse chez les anciens, et le but de son institution primitive. Établie d'abord par un motif d'utilité générale, la propreté du corps, tous les peuples la pratiquèrent bientôt; et comme partout, chez les adorateurs des faux dieux et dans le vrai culte, la purification du corps est le symbole naturel de celle de l'âme, l'usage fut donc de se laver avant les sacrifices. Profitant de cette coutume si nécessaire à la santé dans les pays chauds, les législateurs et les théurgistes en ont fait un acte religieux. Jacob, avant d'offrir un sacrifice à Rhétel, ordonne à ses serviteurs de se laver; Moïse prescrivit aux Hébreux un grand nombre d'ablutions, et Jésus-Christ les a consacrées par le baptême. (*Voyez* BAPTÊME.)

Les mahométans ont emprunté cette pratique des Juifs : chez eux l'ablution précède toujours la prière; ils ont à cet effet des fontaines dans les parvis de toutes les mosquées. On peut lire dans les *Mœurs des Turcs* comment leurs dogmes altèrent et dénaturent ce rit extérieur, qu'ils multiplient à l'infini, parce que la moindre circonstance, comme le cri d'un porc, l'approche d'un chien, suffit pour neutraliser l'effet de l'ablution.

On sait que les païens pratiquaient aussi différentes espèces d'ablutions; s'ils les tenaient des patriarches adorateurs du vrai Dieu, il faut convenir qu'ils en ont profané l'usage en leur attribuant une vertu que certes elles ne sauraient avoir.

Énée, tout fumant de carnage, se fait scrupule de toucher ses dieux pénates; il commence d'abord par laver ses mains teintes de sang dans une eau vive.

Les eaux du fleuve avaient-elles la propriété de purifier Turnus de l'horrible massacre qu'il venait de faire des Troyens? C'est le cas de s'écrier avec un autre poëte : *Hommes trop indulgents pour vous-mêmes, pensez-vous que des meurtres puissent être effacés par les ondes?* Le sixième livre de l'Énéide nous parle de plusieurs autres genres de purifications ablutoires. Horace nous représente une mère superstitieuse qui, à l'aide de l'ablution, espère ôter ou rendre à son gré la fièvre au jeune enfant qu'elle nourrit.

Les Lacédémoniens de Lycurgue plongeaient leurs nouveau-nés dans l'Eurotas, coutume qu'on retrouve aussi chez les Gaulois nos ancêtres; et ce qui prouve que l'on ne devrait pas croire entièrement à la vertu des eaux, c'est qu'on ne peut attribuer qu'à cette pratique la difformité corporelle du célèbre Agésilas.

Nous pourrions citer encore divers peuples modernes qui emploient l'eau dans leurs purifications; il en est même, tels que les Parsis et les Indiens, qui croient se purifier avec l'urine de vache. D'autres enfin sont convaincus du pouvoir magique d'une pièce d'or trempée dans l'eau. Mais tous ces exemples ont moins de force que ceux qui nous sont donnés chaque jour par les nations du Nord. Et, en effet, les ablutions juives et celles des Orientaux ne sauraient faire consacrer cet usage : parce que les disciples de Moïse et de Mahomet l'ont adopté, il ne s'ensuit point qu'il doive être universel. Sous des climats aussi brûlants, cette précaution est nécessaire, indispensable pour prévenir les maladies de la peau, et le fléau plus terrible encore de la peste. On sait que les croisés, qui négligèrent les précautions de propreté dans la Palestine, rapportèrent la lèpre en Europe. Notre fameuse expédition d'Égypte fut suivie des mêmes résultats. Déterminés par tous ces motifs, les législateurs hébreux et orientaux ont donc pu rattacher à des principes de religion un acte de propreté personnelle; il entrait même dans leur politique de le consacrer comme une doctrine, pour que l'exécution en devînt rigoureusement obligatoire.

Mais pourquoi les peuples du Nord ont-ils adopté cet usage comme le reste de la terre? Pourquoi le Lapon et le Russe, au milieu de leurs glaces éternelles, reconnaissent-ils aussi le grand principe de l'ablution?... Le premier réformateur des Moscovites, Pierre le Grand, ne put jamais cependant surmonter la crainte que lui inspirait l'aspect d'une vaste étendue d'eau. Mais il n'en était pas de même de ses sujets, ni des Suédois, leurs dignes rivaux de gloire; d'où l'on doit conclure que les peuples les moins favorisés par le climat pensent au sujet des ablutions comme les nations les plus civilisées.

Il est de mode chez les chrétiens de tourner en ridicule toutes les superstitions païennes; cependant ne leur devons-nous pas la plupart de nos cérémonies expiatoires, l'usage des bains, des purifications, des ablutions, et toutes nos imitations de l'*eau lustrale* des anciens?

Dans tous les temps et chez tous les peuples, les ablutions religieuses ont été en usage; l'église chrétienne n'a pu donc abolir un rit qui remonte au berceau du monde. Pendant les rogations, on bénit l'*eau* des puits, des citernes, des fontaines, des rivières et des sources, en priant le Seigneur d'en rendre l'usage salutaire aux fidèles. Pourquoi donc blâmer la crédulité des païens lorsqu'ils consacrent le culte de l'eau, lorsqu'ils peuplent les fleuves de divinités, qu'ils leur adressent leurs vœux et leurs hommages ? L'utilité générale de cet élément doit rendre au moins une telle erreur excusable.

Ce qui fait que les *ablutions* n'ont point obtenu l'assentiment de quelques théologiens, c'est que, dans l'Écriture, on compare quelquefois au débordement des ondes le fléau de la colère divine. Cependant les eaux désignent plus souvent les bienfaits de Dieu.

Chez les anciens, parmi les poëtes et les philosophes du paganisme, les eaux sont également prises dans un sens métaphorique et dans deux significations opposées. On connaît la victoire remportée par le dieu de Canope sur celui des Chaldéens ; dans le début de sa première Olympique, Pindare fait un éloge magnifique de l'eau.

COURTIN.

ABONDANCE. (*Économie polit.*) Il y a abondance dans un pays lorsque ses produits agricoles ou industriels dépassent ses besoins. Ce n'est pas le nécessaire, c'est le superflu qui constitue l'abondance. Elle provient de trois sources, l'agriculture, l'industrie, le commerce.

Dans plusieurs utopies l'on a cherché lesquels devaient plutôt parvenir à l'abondance, des peuples chasseurs, pasteurs, ou agricoles. On n'a point vu, 1° que les chasseurs, dévastant les forêts ou les rivières qui les nourrissent, sans avoir la puissance de les repeupler, devaient être incessamment dans la nécessité de périr de faim ou de se changer en peuples pasteurs : la vieille Amérique est la preuve de cette observation ; 2° que les pasteurs, dans l'impossibilité de nourrir toujours leurs bestiaux dans les mêmes pâturages, devaient vivre en nomades comme les Tartares, et étaient forcés comme eux, par la stérilité des prairies et l'excès de population, de se changer en peuples agriculteurs ou de se répandre dans les pays nourris par les produits agricoles ; 3° que les États exclusivement consacrés à l'agriculture ne pouvaient même arriver à l'abondance. La Chine, qui n'exporte jamais et conserve toujours l'excédant de ses besoins, voit chaque année, malgré sa prévoyance, quelques provinces en proie à la famine, tandis que dans les autres un peuple nu et dans la plus dégoûtante misère ne peut assouvir que sa faim.

Cette dernière observation suffit pour démontrer l'erreur des économistes, qui voyaient l'abondance partout où ils voyaient un superflu dans les produits agricoles. Les gouvernements d'Europe ont imaginé, depuis Colbert, qu'il y avait abondance chez tous les peuples qui vendent à l'étranger ; mais les exportations prouvent seulement qu'il y a un plus grand bénéfice dans les marchés extérieurs : elles peuvent provenir non d'une supériorité de richesses, mais de l'inégalité de misère.

C'est le concours de l'agriculture, de l'industrie et du commerce, qui peut seul produire l'abondance. Nous examinerons au mot *Règlements* comment ces trois sources de la richesse publique peuvent être diminuées ou taries ; nous verrons au mot *Liberté* comment on peut les vivifier et les accroître.

En Europe, les gouvernements sont aussi embarrassés de l'abondance que de la disette. Pour remédier à l'une et à l'autre, Napoléon avait imaginé les greniers d'abondance. C'était transporter la Chine à Paris. Le gouvernement y trouvait deux bénéfices : il achetait à bon marché dans les années fertiles pour vendre cher dans les temps malheureux, et suivait ainsi l'exemple des accapareurs ; d'un autre côté, en restant le maître de pourvoir aux premiers besoins du peuple, il prévenait ces déplorables rébellions inséparables des jours de disette, et que quelquefois une autorité trop impitoyable a punies de peines cruelles. Il est encore un moyen usité du pouvoir, mais qui est toujours arbitraire : dans l'abondance, il favorise outre mesure les exportations ; durant la disette, il donne des primes d'encouragement aux importations. Cette sagesse est elle-même imprévoyante : les exportations sont si multipliées, qu'une année d'abondance se termine ordinairement par la disette ; et les importations sont si lentes, parce que le commerce va acheter loin du pays qui manque pour avoir meilleur marché, que les denrées arrivent toujours trop tard et en trop petite quantité.

Une science nouvelle, la statistique, a fait aujourd'hui assez de progrès en France pour qu'un ministre qui voudra sortir de l'ornière de la routine puisse facilement faire en sorte que ce beau pays ne manque jamais du nécessaire, et que le superflu devienne une source inépuisable de richesse. Pour y parvenir, il faut traiter la disette comme si on était très-loin de l'abondance, et l'abondance comme si on était à la veille de la disette. *Voyez* Di- SETTE.

J.-P. PAGÈS.

ABONNÉS. Le mot *Abonnati* désignait au moyen âge les serfs qui, par privilége ou par achat, avaient obtenu que leurs prestations, tailles et servitudes de tous genres fussent modérées et souvent même changées en une somme fixe d'argent. Ils cessaient alors d'être les *hommes de corps* de leurs seigneurs. Une charte du vicomte de Thouars, accordée en 1269 à

ses serfs, porte : « C'est establissement est en-
« tendu des rachats qui estoient à mercy ; car
« cil qui sont *abonni* demeurent en leur estat. »
Les *abonnements*, en se multipliant, préparèrent l'émancipation générale des serfs, car
par l'abonnement les gens taillables et cor-
véables à merci sortaient du régime du bon
plaisir pour entrer dans celui du contrat réciproque.

ABORDAGE. (*Marine.*) Choc de deux bâtiments qui se heurtent par accident, ou qui
s'approchent pour que leurs équipages puissent combattre corps à corps. On se sert par
extension du mot *abordage* et du verbe *aborder* dans divers autres cas. On dit qu'un vaisseau aborde un quai, une cale, lorsqu'il s'en
approche pour débarquer ou embarquer divers objets. L'*abordage* est un genre de combat favorable à l'impétuosité française. Les
marins anglais, plus flegmatiques que les nô-
tres, sont par là plus propres à soutenir un
combat au canon, quelque longtemps qu'il se
prolonge. Le marin français, trop ardent, se
trouve bientôt avoir épuisé ses forces. C'est
ce qui a déterminé autrefois les amiraux et
capitaines de vaisseaux français à envoyer
leurs marins à l'*abordage*. Cette manière d'attaquer leurs ennemis fut jadis couronnée par
de nombreux succès. Les deux guerres maritimes de la révolution en ont offert aussi quelques exemples. L'un des plus honorables
pour nos armes fut l'enlèvement à l'*abordage*
de la frégate anglaise l'*Embuscade* par la
corvette française la *Bayonnaise*. Un combat
à l'*abordage* est terrible. Il exige beaucoup
d'audace. Un capitaine doit donc être bien sûr
de son équipage avant de se décider à tenter une
action aussi vigoureuse. Il ne saurait même y
songer s'il n'a, par de fréquents exercices,
habitué ses marins aux divers mouvements
qu'exige un *abordage*, et surtout au maniement des armes dont ils auront à se servir.
Tous les marins indistinctement ne vont pas
à l'*abordage*. Un équipage entier ne peut
abandonner son bâtiment pour envahir le bâtiment ennemi, et l'on est obligé de mettre un
frein à l'ardeur française qui porterait tout le
monde, officiers, matelots et soldats, à se précipiter sur leurs ennemis. Des escouades ou
divisions destinées à l'*abordage* sont formées
à l'avance. Chacun des hommes qui les composent (et ce sont les plus alertes qu'on choisit) est armé d'avance, ou connaît l'arme
qu'il doit prendre, en abandonnant le service
de l'artillerie ou la manœuvre du bâtiment
pour aller à l'*abordage* ou pour repousser
l'ennemi, si c'est lui qui tente l'*abordage*;
cette dernière action s'appelle défendre l'*a-
bordage*. Les armes dont on se sert communément pour défendre l'*abordage* sont le fusil armé de sa baïonnette et la pique. Les

gens qui vont ou, comme on dit plus généralement, qui montent à l'*abordage*, sont
armés de pistolets, de sabres et de haches
d'armes. (*Voyez* HACHE D'ARMES.) En disant
plus haut que deux vaisseaux s'approchaient
pour que leurs équipages pussent combattre
corps à corps, nous n'avons pas voulu dire
qu'ils cherchaient tous deux à se joindre et à
s'*aborder*; ce cas est extrêmement rare. Il
arrive plus ordinairement, et même presque
toujours, qu'un des deux bâtiments cherche
à *aborder* l'autre, ce qu'on appelle lui présenter l'*abordage*, tandis que celui-ci met
tout en œuvre pour éviter d'être *abordé*,
c'est-à-dire, techniquement parlant, refuse
l'*abordage*. Lorsque le bâtiment qui veut
aborder son ennemi est parvenu à le joindre, il faut qu'il tâche de l'accrocher, pour
empêcher qu'il ne vienne à bout de s'écarter
pendant l'action et de s'enfuir, emmenant
avec lui la partie des assaillants qui seraient
passés sur son bord. Un bâtiment en accroche
un autre au moyen de forts crochets de fer à
plusieurs branches nommés grappins d'*abordage*. Ces grappins, attachés à une chaîne qui
tient elle-même à un fort cordage, sont suspendus au bout des basses vergues, d'où on
les lance de manière à accrocher quelque partie du gréement du bâtiment ennemi. Lorsqu'ils tiennent bon, l'on hale sur le cordage,
et les deux bâtiments s'approchent et demeurent accrochés tant que les chaînes qui tiennent les grappins ou les objets qu'ils ont saisis, ne rompent pas, ou que les abordés ne
parviennent pas à s'en débarrasser. On lance
aussi, de dessus les gaillards ou passavants du
bâtiment, d'autres grappins plus légers nommés grappins à main.

Lorsque deux bâtiments sont accrochés de
la sorte, ils s'envoient une dernière décharge
pour vider leurs canons; puis les sabords se
ferment afin d'empêcher que l'ennemi ne s'in-
troduise par ces ouvertures, et l'on se dispose
de part et d'autre à l'attaque et à la défense.
Il n'arrive guère que l'équipage du bâtiment
qui est venu *aborder* l'autre passe immédiatement à bord de l'ennemi. La difficulté du
passage est très-grande, et résulte 1° de la
rentrée des deux bâtiments, qui, bien que
se touchant par le bas, sont séparés, à la
hauteur du plat bord, par un espace plus ou
moins large selon le rang des bâtiments;
2° des mouvements de roulis; 3° du danger de
tomber et d'être écrasé entre les deux bords;
4° de la présence sur le bord opposé d'hommes qui, au lieu de vous tendre la main, vous
repoussent à coups de pique et de baïonnette. Il est donc nécessaire, avant de s'élancer
sur le pont de l'ennemi, de l'en avoir délogé,
sinon entièrement, au moins en partie, afin
d'avoir un point sur lequel le passage puisse

s'effectuer sans trop d'obstacles. C'est par un feu très-vif de mousqueterie, et en lançant, des passavants et du haut des hunes, des grenades sur le pont de l'ennemi, qu'on parvient à le lui faire évacuer. Ou il l'abandonne tout à fait pour se réfugier dans les entre-ponts, et dans ce cas la conquête du bâtiment devient facile, ou il évacue seulement un des gaillards et se retranche sur l'autre et sur les passavants. Alors les assaillants se précipitent en foule sur la partie du pont évacuée, et de là se portent sur l'ennemi. Celui-ci peut désormais non-seulement se défendre avec intrépidité, mais même chercher à repousser les assaillants sur leur bord, parce que la crainte de tuer leurs camarades dans la mêlée oblige les matelots restés sur le bâtiment abordeur à cesser en partie leur feu de mousqueterie et à ralentir le jet des grenades. En ce moment le combat devient sanglant, la victoire peut être longtemps disputée, mais le plus souvent elle demeure aux assaillants.

L'*abordage* n'a pas lieu seulement entre deux bâtiments de guerre de haut bord ou de bas bord. On voit souvent des embarcations, c'est-à-dire des chaloupes et des canots, venir attaquer (le plus ordinairement par surprise et lorsqu'ils sont à l'ancre) des bâtiments de guerre, tels que corvettes, bricks, canonnières, etc., pour les prendre à l'*abordage*. Ces tentatives réussissent quelquefois; d'autres fois elles échouent. L'une des attaques de ce genre les plus remarquables des dernières guerres est celle que les Anglais, sous les ordres de Nelson, tentèrent contre la flottille réunie dans la rade de Boulogne, en thermidor de l'an 9 de la république. La bravoure française triompha des vaillants efforts des marins anglais. Pas un seul des bâtiments de la flottille républicaine ne tomba en leur pouvoir. Les embarcations de Nelson, au contraire, furent prises, coulées ou mises en fuite après avoir perdu un très-grand nombre d'hommes, parmi lesquels plusieurs officiers de marque. Ce célèbre amiral avait été plus heureux dans une attaque semblable contre la flottille espagnole dans la rade de Cadix, en 1797.

Lorsque deux bâtiments s'abordent par accident, cet *abordage* cause d'ordinaire à l'un d'eux, et souvent à tous deux, un dommage qui, excepté le cas où ce sont deux bâtiments de l'État, peut donner lieu à une action civile. Le Code commercial maritime, art. 218, statue que si l'événement a été purement fortuit, le dommage est supporté sans répétition par celui des navires qui l'a éprouvé. S'il y a eu de la faute d'un des capitaines, c'est lui qui paye le dommage. Lorsqu'il y a doute sur les causes de l'abordage, le dommage est réparé à frais communs, et par égale portion,

par les navires qui l'ont fait et souffert. Dans les deux derniers cas, il y a lieu à expertise.

J.-T. PARISOT.

ABORIGÈNES. (*Géographie.*) Deux historiens latins, Porcius Caton et Sempronius (1), recherchant les origines du peuple romain, marquèrent, comme un fait certain, l'existence en Italie, dans la Sabine, d'un peuple très-ancien, nommé Aborigène, et dans ce peuple reconnurent un peuple grec. Denys d'Halicarnasse, en reproduisant avec respect leur opinion, n'osa l'accepter, et même contesta la valeur d'une tradition aussi incomplète et aussi obscure. Des historiens modernes, et surtout M. Micali, imitèrent en l'exagérant encore, la défiance de Denys d'Halicarnasse : ils virent dans le nom des Aborigènes une dénomination vague et générale, synonyme des mots *indigenœ*, αὐτόχθονες, αὐθιγένεις, et dans le tableau que Virgile et d'autres poëtes avaient donné des mœurs de ce peuple, une peinture idéale des premiers âges; mais ils refusèrent de croire à l'existence d'un peuple particulier, nommé Aborigène et fixé en Sabine à une époque historique. Cependant Strabon (2) mentionne les Aborigines parmi les peuples du Latium voisins de Rome, et les distingue expressément des Èques, des Volsques, des Herniques, en remarquant que tous ces peuples formaient autant d'États séparés. M. Raoul Rochette, dans son livre des colonies grecques, a reconstruit aussi-complétement que possible l'histoire de ce peuple : admettant l'origine grecque qui lui est attribuée par Caton et Sempronius, il montre avec toute vraisemblance qu'il devait descendre de l'antique colonie des Pélasges Arcadiens conduite en Italie par Œnotrus et Peucetius. Cette colonie, suivant M. R. Rochette, passa par l'Épire et y séjourna, puis se démembra deux fois en Italie; la partie la plus considérable, sous les ordres d'Ænotrus, remonta des régions méridionales jusqu'au Tibre, laissant de nombreuses traces de son passage que M. R. Rochette a savamment recueillies. Arrivé dans cette partie de l'Italie, qui fut plus tard appelée la Sabine, Ænotrus y fixa le siége de ses États, comme on le voit par une tradition que Servius rapporte d'après Varron (3). Les Ombriens, peuple vraiment italique et primitif, suivant Niebuhr, cédèrent la place aux Œnotriens ou Aborigènes, qui formèrent leurs principaux établissements autour de la ville de Réate. On attribuait encore, du temps de Denys d'Halicarnasse (4), la fondation de beaucoup de villes et de bourgs aux Aborigènes. Ici, Denys semble revenir à l'o-

(1) Denys d'Hal. *Antiq. Rom.* l. I, c. 2.
(2) L. V, c. 7.
(3) Apud Servium *ad Æneid.* l. 1, v. 536. Voy. aussi Servius, *ad Æneid.* l. 7, v. 85.
(4) *Antiq. Rom.* l. I, c. 14-16.

3

pinion de Sempronius et de Caton, qu'il n'avait pas, il est vrai, repoussée avec cette irrévérence que M. Micali lui a prêtée (1). Les principales villes citées par Denys d'Halicarnasse à ce titre sont : *Palatium* à 25 stades de Réate ; *Suna*, célèbre par un temple de Mars fort ancien ; *Tiora* ou *Matiora*, fameuse par un ancien oracle de Mars, institué suivant le rit de Dodone (fait important qui confirme les opinions de M. R. Rochette) ; *Orvinium*, ville remarquable par son étendue, par les tombeaux et par le temple de Minerve qu'elle renfermait ; enfin *Lista*, capitale des Aborigènes. Cette dernière ville fut prise par les Sabins, peuple que Strabon (2) appelle *autochthone* (il faut entendre par là que ce peuple ne descendait pas d'une colonie de nations étrangères à l'Italie). Ces Sabins chassèrent les Pélasges Aborigènes, comme ceux-ci avaient chassé les Ombriens, et les repoussèrent dans le Latium, où, suivant le témoignage, déjà cité, de Strabon (3), ils fondèrent de nouveaux établissements, pour disparaître ensuite absorbés dans les premières conquêtes des Romains. — Ainsi le nom d'Aborigènes, nom de formation latine, désigne certainement un peuple grec, les Pélasges Arcadiens ou Œnotriens qui, dès la plus haute antiquité, dès l'origine, *ab origine*, occupèrent le pays des Latins. Telle est l'opinion que M. Raoul Rochette a fait prévaloir dans la science.

1° Fickius : *De primis Italiæ incolis, ad calcem notarum Holstenii.*
2° Le P. Bardetti : *De' primi abitatori dell' Italia*, part. sec., c. 2.
3° Heyne : *De fabularum religionumque Græcorum ab Etrusca arte frequentatarum causis*, etc., Acad. Gott. Nov. Comm. t. III. — Dans cette dissertation Heyne a résumé les nombreux travaux publiés antérieurement sur cette question.
4° J. Micali : *L'Italie avant la domination des Romains*, trad. de M. R. Rochette. — 1re part. c. 1.
5° Niebuhr : *Histoire romaine*, 1er vol., p. 110-128.
6° Raoul Rochette, *Histoire critique de l'établissement des colonies grecques*, t. 1er, l. 3, c. 2.

AMÉDÉE TARDIEU.

ABOUKIR ou **BIRKIR**, ville maritime de la basse Égypte, à 24 kil. E. d'Alexandrie.

L'armée française commandée par Bonaparte avait heureusement débarqué le 1er juillet 1798 ; Alexandrie avait été enlevée en quelques heures, et moins de vingt jours après, le drapeau tricolore flottait sur la citadelle du Caire. Mais pendant que le général en chef organisait le gouvernement du pays conquis, et se préparait à soumettre les autres provinces de l'Égypte, la flotte anglaise, commandée par Nelson, s'avançait ; elle parut, le 31 juillet, sur les côtes d'Égypte. Bonaparte avait donné à l'amiral Brueys l'ordre de faire entrer la flotte française à Alexandrie ou de la conduire

(1) J. Micali, 1re partie, ch. 1er, p. 9.
(2) L. V.
(3) L. V, c. 7.

à Corfou. Cet officier, au lieu d'exécuter cet ordre, alla s'embosser dans la rade d'Aboukir. Il y fut bientôt rejoint par la flotte anglaise.

Le combat commença le 1er août, vers six heures du soir ; il ne finit que le lendemain à midi. La flotte française était détruite, et Brueys avait payé de sa vie sa courageuse mais imprudente résolution.

Le 24 juillet 1799, la plage d'Aboukir fut le théâtre d'un autre combat, entre les Français et les Turcs ; ceux-ci y furent entièrement défaits : leur armée y périt presque tout entière.

Enfin, le 7 mars 1801, six mille Anglais débarquèrent à Aboukir. Alors, l'armée d'Égypte n'avait plus Bonaparte pour général, et Friant, qui était chargé de la défense de ce poste, n'avait sous ses ordres que douze cents hommes. Il arrêta cependant longtemps les ennemis, et ne se retira qu'au moment où une nouvelle division de six mille Anglais allait débarquer. Après sa retraite, les Anglais bloquèrent le fort d'Aboukir ; mais ils n'y entrèrent qu'après que les Français eurent épuisé tous les moyens de défense.

ABOUTIR ou **EMBOUTIR**. (*Architecture.*) Revêtir d'une feuille de plomb l'extrémité d'une pièce de bois, l'angle d'un toit, ou un membre de moulure sans lui faire perdre sa forme.   DEBRET.

ABRANTÈS, *Abrantium*, petite ville, sur la rive droite du Tage, dans la province de l'Estramadure en Portugal. On y remarque un vieux château, trois églises, dont une, celle de Saint-Vincent, est regardée comme une des plus vastes et des plus riches du royaume. Sa population est de 4,000 habitants.

Le général Junot, commandant l'armée française de Portugal, s'empara d'Abrantès, le 22 novembre 1807, après une marche pénible et périlleuse. Ce fut son premier succès dans cette rapide campagne, et l'empereur, pour lui témoigner sa satisfaction, lui donna le titre de *duc d'Abrantès*.

ABRAXAS. (*Antiquités.*) On désigne par ce nom toutes les pierres gravées qui proviennent des sectes gnostiques, pierres qu'on nomme aussi *basilidiennes*. Ces deux acceptions sont, au reste, également impropres : la première, parce que le nom d'*Abraxas*, bien que se rencontrant sur un assez grand nombre de pierres gnostiques, n'indique en rien leur signification ; la seconde, par la raison que ces pierres sont loin d'appartenir toutes à la secte de Basilide. Au reste, comme le sens mystique attribué au mot *Abraxas* avait pris naissance chez les basilidiens, ces deux dénominations, tout inexactes qu'elles sont, n'offrent cependant aucune contradiction entre elles.

Le mot Abraxas exprimait, chez les gnostiques, le nombre trois cent soixante-cinq écrit en lettres grecques. Il signifiait pour eux le dieu manifesté ou l'ensemble des manifestations émanées du dieu suprême, car dans leur doctrine, trois cent soixante-cinq intelligences formaient le plérome, c'est à-dire la plénitude des intelligences supérieures.

Le mot Abraxas a été l'objet de beaucoup de discussions : les savants ont avancé force hypothèses, pour lui trouver une étymologie et un sens. Il règne encore trop d'incertitude à cet égard, pour que nous croyions nécessaire d'exposer les différents systèmes qu'on a cherché à faire prévaloir.

Les pierres basilidiennes considérées en elles-mêmes sont fort imparfaitement connues. Macarius, Chifflet, Montfaucon n'ont pas été heureux dans leurs efforts. MM. Munter, Bellermann, Kopp, et surtout M. Matter, ont jeté plus de jour sur cette branche si obscure de la glyptique. Le dernier a fait voir que l'on avait souvent mal à propos confondu des monuments basilidiens avec des pierres qui appartiennent à d'autres doctrines, soit asiatiques, soit grecques, soit égyptiennes.

Les inscriptions tracées sur les abraxas sont extrêmement difficiles à déchiffrer; ce sont très-fréquemment des mots composés de radicaux tirés de l'hébreu, du grec, du copte, du syriaque, ce sont même parfois des mots qui paraissent entièrement forgés; les sujets représentés offrent un caractère incontestablement astronomico-symbolique, ou bien ce sont des figures panthées, symboliques, analogues à celles que les anciens Égyptiens donnaient à leurs divinités. Nous citerons d'abord, entre autres sujets gravés souvent sur ces pierres, le génie à tête de coq, ayant des serpents pour jambes; ce génie panthée tient un fouet à la main; puis le serpent à tête de lion ou de chien, entourée d'une auréole, et désigné habituellement par le nom de *chnoubis*. Cette dernière figure, qui paraît être celle de l'agatho-démon ou dieu sauveur, appartient à la doctrine des ophites.

Quant à la question de savoir quel a pu être l'usage des abraxas, il est infiniment probable qu'ils ont servi d'amulettes ou de talismans comme les cylindres persépolitains. Tous les symboles dont le sens est connu, toutes les inscriptions que l'on a pu déchiffrer, portent à croire que ces pierres ont eu pour but de procurer à leurs possesseurs la protection des intelligences du plérome céleste et celui de les préserver de la colère ou de la séduction des esprits malintentionnés.

Bellermann, *Ueber die Gemmen der Alten mit dem Abraxasbilde*, p. 46 et iv.

Münter, *Kirchliche Alterthümer der Gnostiker*, p. 215 et 19.

Kirchliche, Alterthümer der Gnostiker, Anspach, 1790, in 12°.

Matter, *Histoire critique du gnosticisme*, 2e édit. 1844, in-8°; tom. I.

On trouvera des représentations et des descriptions d'abraxas dans la plupart des collections de pierres gravées, telles que celles de Stosch, Passeri, Bartolus, Lippert, Ficornius, Ebermayer, l'Atlas de la 1re édit. de l'histoire de Matter, etc., etc.

ALFRED MAURY.

ABRÉVIATIONS. (*Paléographie.*) Cicéron appelait *singulæ litteræ*, d'où l'on fit *siglæ*, *sigles*, les lettres d'un mot au moyen desquelles on représentait ce mot en entier ou en partie.

On distingue deux espèces de sigles. Les sigles *simples* sont ceux qui désignent chaque mot au moyen d'une seule lettre, comme N. P. *nobilissimus puer*. Les sigles *composés* ajoutent à la lettre initiale une ou plusieurs lettres du mot, comme A. M. *amicus*, F. S. *fratres*.

Les sigles, qui étaient connus des Hébreux, suivant quelques commentateurs, ont passé des Grecs aux Romains, et, depuis lors, n'ont pas cessé d'être en usage. On s'en servait dans les inscriptions et les manuscrits, dans les lois, les décrets, les discours et les lettres.

Les sigles pouvaient souvent être interprétés de plusieurs manières différentes : aussi leur emploi donna lieu à tant d'abus, que l'empereur Justinien les bannit par une loi où il assimila aux faussaires ceux qui oseraient s'en servir dans la transcription des lois de l'empire.

Les Bénédictins, auteurs du nouveau traité de Diplomatique, ont découvert, dans un manuscrit de l'abbaye de Saint-Germain des Prés, manuscrit qui est actuellement à la Bibliothèque du roi, plusieurs fragments de Virgile écrits en sigles suivis de points. On ne conçoit pas trop l'usage que l'on pouvait faire d'un livre où tous les vers étaient écrits comme celui-ci :

Tityre, t. p. r. s. t. f.

C'est-à-dire :

Tityre, tu patulæ recubans sub tegmine fagi.

Ce *Virgile* est connu sous le nom de *Virgile d'Asper*.

« Au onzième siècle, disent les Bénédictins, on n'avait pas oublié cette manière d'abréger l'écriture. Le fameux terrier d'Angleterre, dressé par ordre de Guillaume le Conquérant, en est une preuve. Ce manuscrit en deux volumes, que les Anglais appellent *domesday Book*, fut écrit en lettres antiques et en sigles. Ces sigles néanmoins n'y sont pas, à beaucoup près, aussi fréquents que dans le *Virgile d'Asper*. On s'en servait encore pour distinguer les livres, pour marquer le nombre des chapitres et des cahiers des manuscrits. On exprimait aussi la valeur des poids par différentes lettres des alphabets grecs et latins. »

Une autre manière plus usitée d'abréger l'écriture était celle où l'on conservait une partie des lettres d'un mot, et où l'on substituait certains signes à celles qui étaient supprimées.

Les manuscrits du cinquième et du sixième siècle renferment peu d'abréviations, mais il n'en est pas de même pour les diplômes qui datent de cette époque, comme les Chartes de Ravenne. — Les abréviations, assez rares dans les diplômes des Mérovingiens et des Carlovingiens, se multiplièrent successivement dans ceux de la troisième race, surtout pour les noms propres.

L'abus de ces abréviations avait été porté si loin que Philippe le Bel essaya d'y remédier, au mois de juillet 1304, dans une ordonnance relative aux tabellions et aux notaires. — Mais ce fut en vain : car dans les deux siècles suivants certains actes et certains manuscrits sont tellement remplis d'abréviations que leur déchiffrement présente les plus grandes difficultés.

Lors de la découverte de l'imprimerie, comme on prenait modèle sur les manuscrits, les premiers livres imprimés offrent aussi un très-grand nombre d'abréviations. Nous empruntons à l'*Origine de l'imprimerie de Paris*, par Chevillier, le spécimen suivant de ces abréviations — Il est tiré du folio 121, verso, de la Logique d'Occam, imprimée à Paris en 1488, in-fol.

Sic hic e fal. sm qd simplr : a e pducibile a Deo : g a e. Et slr hic : a n e : g a n e pducibile a Deo.

C'est-à-dire .

Sicut hic est fallacia secundum quid simpliciter : A est producibile a Deo. Ergo A est. Et similiter hic : A non est : Ergo A non est producibile a Deo.

On peut consulter sur les abréviations le *Lexicon diplomaticum* de Walter, le *Nouveau traité de diplomatique* des Bénédictins et le tome Ier des *Éléments de Paléographie* de M. N. de Wailly. Ce dernier ouvrage renferme un dictionnaire fort complet de sigles et d'abréviations.

Ludovic Lalanne.

Abréviations. (*Titres et dignités.*)

D.	don *ou* dom (titre des seigneurs espagnols et portugais et des moines bénédictins).
LL. MM.	leurs majestés.
LL. AA. RR.	leurs altesses royales.
LL. AA. II.	leurs altesses impériales.
L. N. et H. P.	les nobles et hautes puissances.
Mgr.	monseigneur.
S. A. R.	son altesse royale.
S. A. I.	son altesse impériale.
S. A. É	son altesse électorale.
S. A. S	son altesse sérénissime.
S. E.	son excellence.
S. Ém.	son éminence.
S. H.	sa hautesse.
S. M.	sa majesté.
S. M. B.	sa majesté britannique. — (Le roi d'Angleterre.)
S. M. C.	sa majesté catholique. — (Le roi d'Espagne.)
S. M. T. C.	sa majesté très-chrétienne. — (Le roi de France.)
S. M. T. F.	sa majesté très-fidèle. — (Le roi de Portugal.)
S. M. I.	sa majesté impériale.
S. M. S.	sa majesté suédoise *ou* sicilienne.
S. S.	sa sainteté. — (Le pape.)
S. P.	saint père. — (*Id.*)
V. A. R.	votre altesse royale.
V. M.	votre majesté, etc., etc.

Abréviations. (*Astronomie.*) Dans les ouvrages d'astronomie on fait ordinairement usage des abréviations suivantes : on distingue les planètes ⊙, ☀ *le soleil*, ☿ *Mercure*, ♀ *Vénus*, ♁ *la terre*, ☾ *la lune*, le dernier quartier, ☽ *le premier quartier*, ◯ *la pleine lune*, ⬤ *la nouvelle lune*, ♂ *Mars*, ⚶ *Vesta*, ⚵ *Junon*, ⚳ *Cérès*, ⚴ *Pallas*, ♃ *Jupiter*, ♄ *Saturne*, ♅ *Herschell* ou *Uranus*. — Les signes du zodiaque s'indiquent ainsi : ♈ *le Bélier*, ♉ *le Taureau*, ♊ *les Gémeaux*, ♋ *le Cancer*, ♌ *le Lion*, ♍ *la Vierge*, ♎ *la Balance*, ♏ *le Scorpion*, ♐ *le Sagittaire*, ♑ *le Capricorne*, ♒ *le Verseau*, ♓ *les Poissons*. — Les mouvements et le temps se marquent : ° *degré*, ' *minute*, " *seconde*, ʰ *heure*, ᵐ *minute*, ˢ *seconde*; les nœuds : ☊ *nœud ascendant*, ☋ *nœud descendant*. A *austral*, B *boréal*, AM *avant le passage au méridien*, PM *après le passage*, Asc. *dr.* ou AS*dr.* ; *ascension droite*, ◉ ♈ *ascension droite du soleil*, AR* *ascension droite d'une étoile*, Déclin. ou D, *déclinaison*, Long., *longitude*, Latit. ou Lat., *latitude*.   X.

Abréviations. (*Cosmographie.*)

N.	Nord.
S.	Sud.
O.	Ouest.
E.	Est.
N.-E.	Nord-Est.
N.-O.	Nord-Ouest.
N.-N.-E.	Nord-Nord-Est.
N.-N.-O.	Nord-Nord-Ouest.
E.-N.-E.	Est-Nord-Est.
O.-N.-O.	Ouest-Nord-Ouest.
S.-S.-E.	Sud-Sud-Est, etc., etc.

X.

Abréviations. (*Mathématiques.*) Voy. Signes.

Abréviations. (*Botanique.*) Chaque botaniste peut, en général, se servir de telles abréviations qu'il lui plaît d'employer, en ayant soin d'en fixer préalablement la valeur. Mais cependant il est des termes qui reviennent très-fréquemment dans les descriptions, et que, pour cette raison, on exprime à l'aide de tel ou tel signe particulier consacré par l'usage et si universellement usité qu'il est important de le connaître. Les signes abréviatifs principaux sont les suivants :

⊙ signifie plante annuelle dans tous les auteurs. M. Decandolle l'applique aux plantes monocarpiennes en général.

Ⓘ plante monocarpienne annuelle.

∞ plante monocarpienne vivace.

♃ plante rhizocarpienne.

♄ plante caulocarpienne en général.

♄ sous-arbrisseau.

♄ arbuste ou petit arbre.

♄ arbre de plus de vingt-cinq pieds.

) plante grimpante.

(plante grimpante à droite.

) plante grimpante à gauche.

△ plante toujours verte.

♂ plante ou fleur mâle. — Ce caractère est employé aussi dans le plus grand nombre des auteurs pour désigner les plantes *bisannuelles*.

♀ plante ou fleur femelle.

☿ plante ou fleur hermaphrodite.

○= radicule latérale.

○‖ radicule dorsale.

? Ce signe de doute, placé après un mot ou une phrase, signifie qu'on n'est pas bien sûr de leur exactitude.

! Le point d'exclamation mis dans la liste des synonymes à la suite d'un nom d'auteur exprime qu'on a vu la plante même décrite et étiquetée par l'auteur cité.

* L'astérisque accompagnant un synonyme indique une description faite sur nature dans l'auteur que l'on cite.

0 après le nom d'un organe sert à exprimer sa non-existence ; ainsi *calice* 0 indique l'absence de calice.

Les mots composés du nom d'un organe et d'un nombre absolu s'expriment souvent en écrivant ce nombre avec les chiffres arabes, par exemple : 3 fide, 5 pétale, doivent se lire *trifide, pentapétale*.

Lorsqu'on veut désigner un nombre indéfini, on se sert du signe 00 ; ainsi, 00 phylle, 00 fide, pétales 00, étamines 00, se liront *polyphylle, multifide, pétales* ou *étamines en nombre indéterminé*.　　　　X.

ABRÉVIATIONS. (*Chimie.*) Les anciens chimistes avaient imaginé des signes particuliers pour représenter abréviativement chacune des substances qu'ils employaient, et les divers produits qu'ils en obtenaient : ainsi, par exemple,

00 exprimait l'arsenic.

♁ l'antimoine.

♂ le fer.

♃ l'étain.

♄ le plomb.

♀ le cuivre.

☿ le mercure.

☽ l'argent.

⊙ l'or.

θ le sel commun.

Φ le nitre.

V le vin.

✳ le vinaigre.

Ces différents signes ont été abandonnés de nos jours ; mais on a introduit dans la science un signe déterminé pour désigner chaque nature d'atome ; heureuse innovation qui permet de représenter la composition des combinaisons chimiques avec une grande facilité. M. Berzelius, à qui l'on est redevable de cette ingénieuse conception, s'est servi pour cela de la première lettre du nom des corps simples, en y joignant, lorsque plusieurs noms de corps ont la même initiale, la première lettre qui ne leur est pas commune. En outre, afin de remédier à l'inconvénient de la diversité des langues, et de pouvoir employer partout les mêmes signes représentatifs, on est convenu de prendre l'initiale des noms latins.　　　　X.

ABRÉVIATIONS. (*Médecine.*) On appelle ainsi, dans l'art de formuler, certains signes tirés de l'alphabet ou adoptés par les alchimistes, et dont on se servait bien plus autrefois qu'aujourd'hui, pour désigner les substances médicamenteuses et la manière de les préparer. Parmi ces signes quelques-uns, empruntés à l'astronomie désignaient les métaux auxquels on avait donné les noms des planètes. (*Voy.* ABRÉVIATIONS (*Chimie*).

D'autres sont restés en usage jusqu'à nos jours ; voici les principaux :

℞ — *Recipe*, prenez. Ce début obligé des formules d'autrefois est probablement l'origine du mot *recette*. C'est encore ainsi (*recept*) qu'on désigne en Allemagne les ordonnances médicales.

āā — *ana*, de chaque.

f. s. a. Fac ou *fiat secundum artem*. Faites selon l'art.

M. *Misce*. Mêlez.

Q. S. *Quantum sufficit*. Quantité suffisante.

P. *Pugillus*, pincée.

M. *Manipulus*, poignée.

Nº *numero*, au nombre de

℔ livre.

℥ once.

ζ ou ʒ gros ou drachme.

℈ scrupule.

Gr. grain.

β ¹/₂

Gutt. *Gutta*, goutte.

P. E. parties égales.

L'adoption du système métrique pour les mesures médicales a forcé d'abandonner une partie de ces signes, dont l'usage avait cela de bon qu'en laissant ignorer au malade la dose prescrite, on écartait de son esprit ces idées sans fondement que les gens du monde accueillent trop souvent.

Caractères des médecins d'après la Pénélope de feu M. de la Mettrie, par ***. D. M. Paris; 1760, In-12. *Nouveau Dictionnaire de médecine, chirurgie, etc.*, en 2 volumes in-8°. Paris, 1826.

ABRICOTIER. *Armeniaca vulgaris.* (*Botanique.*) Tout le monde connaît cet arbre et les nombreuses variétés qu'on en cultive; mais on ignore en général la première patrie de cet ornement de nos vergers, qui donne tant de sortes de fruits délicieux. L'abricotier, dont on a trouvé quelques pieds sauvages dans les collines du Piémont, paraît originaire de l'Arménie, d'où le nom de *prunus armeniaca* (prunier d'Arménie), que lui avait donné Linné en le plaçant dans un genre dont il est effectivement fort voisin, mais dont les botanistes d'aujourd'hui ont cru devoir l'extraire pour en former un genre particulier. Ce genre ne renferme que deux espèces : l'abricotier commun, souche de tous les abricotiers dont les fruits parent nos desserts; et l'abricotier de Sibérie, arbre que la culture peut aussi perfectionner, et qui commence à se répandre dans les jardins de l'Europe. *Voy.* ARBRES FRUITIERS.

BORY DE St.-VINCENT.

ABROGATION. (*Législation.*) Action par laquelle on révoque ou annule une loi; et comme elle est *un acte de souveraineté*, qu'elle ne peut émaner que *d'un pouvoir qui est la toute-puissance humaine*, il n'appartient qu'à cette toute-puissance d'abroger la loi qu'elle a faite.

L'abrogation est expresse ou tacite. La première doit être littéralement prononcée par une loi nouvelle; la seconde, dont il faut se garder d'étendre l'influence, résulte de cette maxime : *Posteriora derogant prioribus*. On peut considérer encore comme une abrogation tacite l'anéantissement de l'ordre de choses pour lequel la loi avait été faite.

Enfin l'usage, quand il est général, peut abroger une loi : telle était l'opinion du chancelier d'Aguesseau (1).

J.-J. Rousseau a prétendu, au contraire, qu'il ne fallait jamais souffrir qu'aucune loi tombât en désuétude; qu'on devait l'*abroger* formellement ou la maintenir en vigueur (2).

D'autres questions d'une haute importance se rattachent à l'*abrogation* des lois; nous en renvoyons l'examen aux mots *Belgique, Conquête, Législation, Traité.* Mais, dès ce moment, nous devons, sous le rapport de leur *abrogation*, distinguer les lois dites fondamentales ou constitutionnelles, notamment ces *chartes*, augustes contrats qui lient les peuples aux souverains en fixant leurs droits et leurs devoirs mutuels, d'avec des lois qu'à l'exemple de *Domat* nous appellerons *arbitraires*.

Les premières (et nous n'avons besoin pour établir cette distinction que d'emprunter les expressions de ce savant jurisconsulte), « les « premières *sont tellement essentielles aux* « *engagements qui forment l'ordre de la* « *société, qu'on ne saurait les changer* (et « *à plus forte raison les abroger*), *sans rui-* « *ner les fondements de cet ordre;* les se- « condes peuvent être différemment établies, « changées et même abolies, sans blesser les « principes de l'ordre de la société (1). » *Voyez* AB IRATO, CHARTE, CONSTITUTION.

COURTIN.

ABROUTISSEMENT. Se dit des arbres qui ont été broutés par les bestiaux ou par le gibier.

ABRUZZE. (*Géographie.*) Le pays d'Abruzze, situé presque au centre de l'Italie, comprend l'ancien pays des Prætutii, des Marrucini, des Amiternini, des Marsi, des Vestini et des Hirpini. On a beaucoup discuté sur la véritable étymologie de ce nom, mais on s'accorde actuellement à croire que la capitale des Prætutiens, *Interamnia Prætutia*, portait aussi le nom d'Aprutium, et que ce fut là l'origine du nom moderne. L'Abruzze resta sous la domination des empereurs d'Orient jusqu'à la fin du sixième siècle; alors Autharis, roi des Lombards, ayant conquis une grande partie de l'Italie méridionale, donna l'Abruzze au duc de Bénévent, qui établit à Teramo un châtelain pour gouverner tout le pays : il est fait mention dans Paul Diacre (2) du *Gastaldatus Teramnensis*.

L'Abruzze, comme tout le duché de Bénévent, passa ensuite au pouvoir des Normands, et tous les évêchés de cette province furent soumis directement au saint-siège. L'empereur Frédéric II établit au treizième siècle un justiciariat de l'Abruzze, et fixa la cour générale à Solmona. Plus tard, Charles 1er d'Anjou, d'autres disent Alphonse 1er d'Aragon, le partagea en deux parties, parce qu'il dépassait en étendue les autres justiciariats; il y eut alors une province citérieure à droite et au S. de la Pescara, et une province ultérieure à gauche. Il paraît que l'Abruzze ne comprenait pas à cette époque les comtés d'Amiterne, de Valva, ni de Forcone.

Vers 1684, le marquis de Carpi, vice-roi (les vice-rois avaient remplacé les justiciers),

(1) Tome 9, page 446, lettre du 29 octobre 1736.
(2) *Sur la Pologne*, chap. 10.

(1) *Traité des lois*, chap. 11.
(2) Liv. IV, c. 22.

partagea, par ordre de Charles IV, l'Abruzze en provinces de Chieti, d'Aquila et de Teramo, et assigna à chacune une audience provinciale, composée d'un président, d'un procureur fiscal et de deux auditeurs, forme conservée jusqu'en 1806 : alors on appela Abruzze Citérieure, la province de Chieti; Abruzze Ultérieure 1re, celle de Teramo; et Abruzze Ultérieure 2e, celle d'Aquila. Ces dénominations furent définitivement adoptées en 1816.

L'Abruzze est un pays de montagnes : c'est là que finit l'Apennin central et que commence l'Apennin méridional; et le mont Velino est le point de cette division. Cette montagne, calcaire et schisteuse, en quelques parties même granitique, est haute de 2494 m. et domine au N. la vallée où coule la Pescara et au S. le lac de Celano. C'est en Abruzze aussi que se trouvent les plus hautes sommités des Apennins; on remarque sur cette partie du faîte, le mont Corno, la cime la plus élevée du *Gran sasso d'Italia* et en même temps de toute la péninsule (2902 m.); le mont Calvo au N d'Aquila, le mont Corbaro au N. de Celano : du mont Velino part le sub-Apennin romain qui couvre tout le pays situé entre le Salto, le Tibre, la Liri et le Garigliano. L'Abruzze Ultérieure première est traversée en tous sens par les contre-forts de la partie la plus élevée des Apennins qui composent le rameau dit Tronto-Pescara, rameau du versant N. E. de l'Apennin central. Le Nera-Salto et le Salto-Teverone, rameaux du versant S. O. de l'Apennin central, couvrent une partie de l'Abruzze Ultérieure deuxième, et le Pescara-Sangro, rameau du versant N. E. de l'Apennin méridional, couvre l'Abruzze Citérieure.

Les rivières les plus remarquables de l'Abruzze sont : le *Tronto*, qui prend sa source dans le district d'Aquila près de Montereale, traverse le district de Cività Ducale, passe à Amatrice, entre dans les États de l'Église, forme, dans la partie inférieure de son cours, une partie de la limite entre la délégation d'Ascoli et l'Abruzze Ultérieure première, et se jette dans l'Adriatique après un cours de 20 l. — Le Vomano, qui prend sa source à 3 l. N. E. d'Aquila et se jette dans l'Adriatique à 2 l. N. E. d'Atri après un cours de 16 l. — La Pescara, nommée Aterno dans la partie supérieure de son cours, naît aussi dans la vallée d'Aquila, baigne cette ville et Acciano, tourne au N. E., passe à Popoli et à Pescara et tombe dans l'Adriatique après un cours de 30 l. — Le Sangro sort du district d'Avezzano (Abruzze Ultérieure deuxième), sépare en partie l'Abruzze Citérieure du Sannio et tombe dans la mer au pied de la tour de son nom, après un cours de 30 l. — Le Trigno sépare en partie l'Abruzze Citérieure du Sannio et se jette dans la mer au S. E. d'Il Vasto. D'autres rivières encore

prennent naissance dans les Abruzzes, mais n'acquièrent d'importance que hors de ces provinces : ce sont le Garigliano, le Salto, le Velino. — Dans le district d'Avezzano (Abruzze Ultérieure deuxième) s'étend le vaste lac de Fucino ou de Celano, long de quatre lieues et large de deux; ce lac, encaissé entre divers chaînons de l'Apennin central, est alimenté par de nombreux cours d'eau qui descendent de ces montagnes; il a souvent des crues extraordinaires, dont l'empereur Claude voulut prévenir les suites désastreuses en conduisant les eaux du lac par un aqueduc dans le Garigliano, à travers le mont Salviano, et que Jul. Obsequens a décrites.

L'Abruzze Ultérieure première, limitée par le Tronto du côté des États de l'Église, et par la Pescara du côté de l'Abruzze Citérieure, est divisée en deux districts : Teramo au N. et Civita di Penne au S, et subdivisée en 17 cantons (circondarii) et en 72 *comuni principali* auxquelles sont réunis 90 villages et *casali* d'après la circonscription administrative du 1er mai 1816. Teramo, capitale de la province, occupe en partie l'emplacement de l'antique *Interamnia Prætutia*, détruite dans le douzième siècle par l'armée de l'empereur Manuel, aux ordres de Michel Palæologue. Elle fut rebâtie par l'évêque Gui 1er, qui l'obtint *una cum toto territorio Aprutino pro se suisque successoribus, sub titulo principatus.*

L'Abruzze Ultérieure deuxième est la partie la plus septentrionale du royaume de Naples. Elle est partagée en quatre districts : celui d'Aquila au N. (6 cantons), celui de Città Ducale au N. O. (8 cantons), celui de Solmona au S. E. (10 cantons) et celui d'Avezzano au S. O. (7 cantons). Aquila, capitale de cette province, fut fondée par l'empereur Frédéric II, qui voulait protéger les frontières du royaume de Naples et particulièrement les comtés d'Amiterne et de Forcone contre les prétentions du saint-siège. Ce fut Conrad IV qui acheva de la bâtir. Elle fut presque détruite par Mainfroi, puis relevée par Charles d'Anjou et dotée par lui d'importants privilèges : le comté d'Aquila comprit, sous les princes angevins, jusqu'à 83 cantons; mais sous la domination de la maison d'Aragon, puis de la maison d'Autriche, cette ville déchut de son ancienne splendeur.

L'Abruzze Citérieure, séparée de l'Abruzze Ultérieure première par la Pescara et de la province de Molise par le Trigno, est divisée en trois districts : Chieti au N. (8 cantons), Lanciano au milieu (8 cantons) et Il Vasto au S. Chieti, la capitale, est l'ancienne Teate Marrucinorum.

L'administration civile du pays d'Abruzze

a pour bases les lois du 1er mai et du 12 décembre 1816, et elle est partagée en administration provinciale, administration de districts et administration communale. L'administration provinciale est confiée à un intendant qui réside dans la capitale et celle des districts à des sous-intendants; quelques communes, surtout dans l'Abruzze Ultérieure première, ont une administration particulière et élisent leurs syndics ou décurions. — La justice est rendue au nom du roi par une grande cour civile qui siége à Aquila et dont le ressort s'étend sur les trois provinces d'Abruzze, par trois grandes cours criminelles, et trois tribunaux civils siégeant dans chaque chef-lieu de province, par des juges d'instruction dans les chefs-lieux de district et par des juges de canton, qui correspondent à nos juges de paix (conciliatori) pour les communes.

D'après les bulles émanées en exécution de l'art. iii du concordat de 1818, l'Abruzze Ultérieure première est partagée en deux diocèses : celui de Teramo et celui de Penne et Atri. Avant 1818, l'Abruzze Ultérieure deuxième comprenait cinq diocèses, celui d'Aquila et ceux de Valva, de 'Marsi, de Solmona, de Città Ducale; mais trois seulement ont été maintenus, celui d'Aquila, celui de Valva dont le siége est à Pentima, et celui de 'Marsi, dont le siége est à Pescina. Enfin dans l'Abruzze Citérieure, par la suppression du siége d'Ortona, il ne reste plus que les diocèses de Chieti et de Lanciano.

La description la plus complète, la plus intéressante et la plus sûre du pays d'Abruzze se trouve dans le 2e volume de l'ouvrage intitulé : *Descrizione topografica fisica economica politica di Reali Domini al di qua del Faro nel Regno delle due Sicilie etc. di Giuseppe del Re*. Napoli, 1835.

On peut consulter encore : Vivenzio, *Antiche provincie del Regno di Napoli*; t. I.

Romanelli : *Antica topografia istorica del Regno di Napoli* (part. terza).

Tenore, *Relazione del Viaggio fatto in alcuni luoghi di Abruzzo Citeriore*.

P. Ant. Corsignani, *Reggia marsicana, ovvero memorie topografico — stor. di varie colonie e città antiche e moderne della provincia de' Marsi e di Valeria, compresa nel vetusto Lazio e negli Abruzzi*, Napoli, 1748, 2 vol. in-4°.

Aqt. Lud. Antinori, *Raccolta di memorie istor. delle tre provincie degli Abruzzi*, Napoli, 1781-84, in-4°; 4 vol.

D. N. Palma, *Storia eccles. e civile della regione più settentrionale del regno di Napoli, detta dagli antichi Praetutium, ne' bassi tempi Aprutium, oggi città di Teramo e diocesi Aprutina*, Teramo, 1832-36. 5 vol. in-4°.

Bern. Cirillo, *Annali della città dell' Aquila*. Roma 1570 in-4°.

Ignazio di Pietro, *Memorie storiche della città di Solmona*. Napoli, 1804, 2 vol. in-4°.

Ch. Brocchi, *Osservazioni naturali in alcune parti degli Apennini nell' Abruzzo Ulteriore*.

Girolamo Nicolino. *Istoria della città di Chieti*.

AMÉDÉE TARDIEU.

ABSENCE, — ABSENT. (*Législation.*) On est absent lorsqu'on est hors de son domicile; mais, dans le sens de la loi, l'absent est celui dont on n'a pas de nouvelles, et qui, par cette raison, laisse des doutes sur son existence.

Le droit romain ni l'ancienne législation française ne contenaient point de dispositions précises sur ce sujet important; les questions qu'il faisait naître étaient abandonnées à l'arbitrage du juge. Les relations du commerce extérieur, les temps de trouble, des guerres sanglantes et prolongées, avaient plus que jamais multiplié les absences; on était donc arrivé au moment où il fallait remplir cette lacune : tel est l'objet que les législateurs se sont proposé dans le titre 4 du livre 1er du Code civil.

La loi a gradué les précautions qu'elle a prises sur les différents degrés d'incertitude de la vie ou de la mort de l'absent. (*Voyez* Absent. — *Mathématiques.*)

La présomption d'absence suffit pour que le ministère public soit spécialement chargé de veiller aux intérêts de l'absent.

Après quatre ans, l'absence est constatée par une enquête; le jugement qui la déclare ne peut être rendu qu'un an après celui qui a ordonné cette enquête; la loi exige qu'il soit donné à ces différentes décisions la plus grande publicité.

Si l'absent a laissé une procuration, elle a son effet pendant dix années depuis les dernières nouvelles; l'absence ne peut être déclarée qu'à l'expiration de ce terme.

Quand l'absence est déclarée, les héritiers présomptifs de l'absent peuvent se faire envoyer en possession de ses biens à la charge de donner caution.

Après trente ans depuis l'envoi en possession provisoire, ou cent ans depuis la naissance de l'absent, les cautions sont déchargées, et l'envoi en possession définitive peut être prononcé.

Si l'absent reparaît, ou si son existence est prouvée après la déclaration d'absence, il recouvre ses biens; mais la loi l'oblige à laisser aux possesseurs provisoires une portion des revenus, et cette portion est plus ou moins forte suivant la longueur de l'absence; s'il ne revient qu'après l'envoi en possession définitive, il n'a droit à aucuns revenus, et il est obligé de prendre sa fortune dans l'état où elle se trouve.

Lorsque, pendant son éloignement, le décès de l'absent est prouvé, la succession est ouverte au profit des héritiers les plus proches à cette époque; la loi n'autorise à réclamer un droit échu à un absent qu'autant que son existence aura été préalablement établie.

Quoique le Code ne se soit pas formellement expliqué sur la faculté ou l'incapacité de l'époux de contracter un nouveau mariage, une jurisprudence constante a établi que la présomption résultant de l'absence la plus longue et de l'âge le plus avancé, fût-il de cent ans, ne doit point être admise comme pouvant suppléer à la preuve du décès de l'un des époux. (*Voyez* MARIAGE, SUCCESSION, TESTAMENT.)

La législation anglaise ne renferme pas de dispositions précises relativement aux absents; et cependant combien seraient-elles nécessaires chez une nation où les spéculations d'un commerce cosmopolite, les relations avec de nombreuses et riches colonies, le goût des arts, l'amour des découvertes, déplacent sans cesse les citoyens et les entraînent dans des régions lointaines!

En Autriche, la loi veille aux intérêts de l'absent (1). Sa mort est présumée après trois ans, s'il a été vu grièvement blessé à l'armée, ou exposé sur mer à un danger imminent; hors ce cas d'exception, il faut qu'il se soit écoulé trente ans depuis la disparition, ou quatre-vingts ans depuis la naissance; lorsque la demande de déclaration de mort est formée, il est nommé un curateur à l'absent, dans la personne duquel il est sommé de paraître ou d'indiquer son domicile; après ces formalités, et dans le délai fixé par le tribunal, la déclaration de mort est prononcée, et elle peut étendre ses effets sur le lien matrimonial. Le même code ne permet pas qu'on intente une action contre un homme ayant seulement quitté les États autrichiens, et quoiqu'on connaisse le lieu de sa résidence dans un pays étranger, sans qu'il lui ait été nommé un curateur, et qu'il y ait eu trois citations insérées dans les papiers publics.

Le code prussien (2) renferme des dispositions analogues à celui de l'Autriche auquel il a servi de modèle: seulement la déclaration de mort ne doit être demandée qu'après soixante-cinq ans, à dater du jour de la naissance, et prononcée que cinq ans après la demande. Cette déclaration peut cependant être rendue après dix années révolues, à dater du jour de la disparition aperçue; quant à l'absent vu blessé à l'armée, il est réputé mort s'il n'est pas rentré, et qu'on n'en ait obtenu aucunes nouvelles un an après la signature du traité de paix.

La législation espagnole (3) ne renferme sur l'absence qu'un petit nombre de dispositions éparses et applicables dans quelques circonstances; c'est ainsi qu'elle ordonne la nomination par le juge d'un curateur aux biens abandonnés par l'absent, et qu'elle permet la rupture du lien matrimonial, si l'un des époux a été absent sans donner de ses nouvelles pendant trois ans.

(1) *Code autrichien*, promulgué en 1811.
(2) Publié en 1794.
(3) Code principal, *Partidas del rey don Alonzo*, et la collection espagnole, *Nuevisima recopilacion*.

Nous avons pensé que quelques points de législation des principaux peuples de l'Europe, rapprochés des codes français, seraient plus utiles que des détails purement historiques, et tant de fois reproduits dans divers ouvrages.

Il est maintenant facile d'apercevoir toute la supériorité de la loi française sur celle des autres peuples dans la partie qu'elle a non-seulement améliorée, mais en quelque sorte créée à l'avantage commun de ceux qui s'absentent de leur famille et de la société entière.

La législation des Hébreux établissait une distinction remarquable entre l'absence volontaire et l'absence involontaire. On peut consulter à cet égard Talmud Maïmonide, *Manus fortis*, tit. des successions, chap. 7, *Karo*.

Les conséquences graves et souvent incalculables de l'*absence* d'un monarque que la politique, la guerre et ses chances entraînent et retiennent assez longtemps loin de ses États, appartiennent encore à la législation; on doit rappeler, sous ce rapport, les règnes de Jean II, de Louis IX, de François Ier et de Charles XII, et l'entreprise audacieuse qui menaça le trône de Napoléon à l'instant même où il entrait triomphant dans Moscou. Différentes constitutions en Europe ont, par de sages dispositions, prévu de pareils dangers; nous en parlerons aux mots *Congrès, Constitution, Diplomatie, Politique.* Dans tout corps ou assemblée quelconque, on ne doit point avoir égard aux *absents*, lorsqu'ils ont été dûment convoqués, à moins que l'assemblée ne soit plus en nombre suffisant pour légalement délibérer; dans quelques pays et dans certains cas, les absents peuvent charger les présents de tenir leur place, ou donner même leur suffrage par écrit. (*Voyez* ASSEMBLÉE, DÉLIBÉRATION, VOTE.)

Sur l'absence en matière criminelle, *voyez* CONTUMACE.

COURTIN.

ABSENT. (*Mathématiques.*) C'est une question qui intéresse la législation, que de savoir jusqu'à quelle durée l'absence doit être prolongée, pour qu'un individu puisse être vraisemblablement décédé. Il ne s'agit pas simplement de fixer l'époque du décès probable, ce qui dépendrait des tables de *mortalité* (*voyez* ce mot), construites pour les voyageurs, dans des circonstances et des contrées analogues à celles où l'absent est allé; mais il faut en outre consulter la profession, le caractère, le tempérament de celui-ci, et une foule d'autres causes qui se rattachent nécessairement au sujet. Ainsi, la question est véritablement insoluble, parce qu'elle dépend d'éléments tout à fait inconnus. Mais ce qui complique encore plus le problème, c'est l'ordre légal des successions : car, suivant qu'un individu meurt avant un autre, ou lui survit, il arrive quelquefois que l'héritage prend des directions différentes dans les branches collatérales; en sorte qu'il faut que si un jour on venait à apprendre avec certitude l'époque du décès, aucun héritier ne se trouvât lésé.

C'est Nicolas Bernouilli qui le premier s'occupa de cette question. Suivant lui, il suffisait, pour qu'on pût réputer l'absent mort, qu'il y eût deux fois plus à parier contre la vie que contre le décès. D'après cette hypothèse, il fallait chercher dans les tables de mortalité le nombre de vivants de l'âge qu'avait l'absent lors de son départ, prendre le tiers de ce nombre, et chercher dans la même table à quel âge correspondait ce tiers : cet âge est celui auquel il y a deux fois plus à parier que l'absent est mort qu'il n'y a à parier qu'il vit. Mais il est encore évident que, dans cet état de la question, il faudrait consulter des tables de mortalité construites pour les voyageurs qui sont dans le cas de celui dont il s'agit.

Buffon et Condorcet se sont déclarés contre l'hypothèse de Bernouilli, et on doit avouer que, malgré les travaux de ces savants, la question est encore indécise. Il reste toujours à déterminer avec équité quel est le temps qu'on doit laisser écouler pour réputer l'absent décédé, d'abord en exigeant caution des héritiers pour les biens qu'on leur livrerait, afin qu'en cas de retour l'absent pût rentrer en possession du capital et des intérêts, et aussi à quelle époque la caution même devrait être jugée inutile. Si la justice exige que la propriété de l'absent soit respectée, elle n'exige pas moins que si l'absent est réellement mort ses héritiers soient saisis. On conçoit combien ces deux conditions sont difficiles à remplir. FRANCOEUR.

ABSIDE ou **APSIDE**, demi-voûte ou demi-coupole, de forme hémicirculaire et quelquefois polygonale, placée à l'une des extrémités d'une église. Ce mot a été introduit assez récemment dans la langue par les antiquaires. Il est formé du mot grec Ἀψίς, qui signifie une voûte. Dans les basiliques antiques, qui ont été le type des premières églises chrétiennes, l'ordonnance générale était rectangulaire; seulement en face de l'allée centrale et au delà du transsept (voy. ce mot), l'édifice s'arrondissait en hémicycle, et formait supérieurement une tête de niche, autrement dit, un renfoncement, qu'on peut comparer à un quart de sphère. C'est ce que l'on appelait la voûte, Ἀψίς, chez les Grecs, *Concha* chez les Latins, parce que, en effet, c'était la seule voûte qui existât dans ces monuments, c'était la voûte par excellence. Là s'élevait le siége, *tribuna*, du juge principal et de ses assesseurs. Une disposition toute semblable s'observe dans les premières basiliques chrétiennes et dans les églises construites sur leur plan, par exemple aux églises de Sainte-Cécile in Transtevere et des Quattro-Coronali à Rome. Comme c'était au milieu du demi-cercle que s'élevait le trône de l'évêque, à l'instar de la tribune des basiliques profanes, on appela aussi ce demi-cercle *Exedra*. Puis, par un échange inverse de noms, on appliqua le nom d'*Apsis* au trône lui-même; mais, pour le distinguer de l'espace même qui comprenait l'autel et le *presbyterium*, on désigna cette abside par l'épithète de *graduata*. Ducange nous dit même que, par un détournement plus grand encore de l'acception primitive, on donna aussi le nom d'abside au dais ou baldaquin qui s'élève au-dessus de l'autel. Dans certaines basiliques, comme à Saint-Pierre in Vincoli, à Saint-Clément ou à Sainte-Marie in Cosmedin, à Rome, on a remplacé l'abside unique par trois absides placées sur des axes parallèles; ce nombre mystique a été adopté en l'honneur de la Trinité.

Du neuvième au dixième siècle, lorsque l'allongement du chœur devint une règle constante, l'abside, qui avait jusqu'alors renfermé le maître autel, se transforma en une grande chapelle dédiée à la Vierge, et prit le nom de *chevet*. On conserva généralement la forme circulaire de cette partie du temple, quoiqu'on lui ait substitué parfois la forme hexagonale. Cette dernière disposition s'observe notamment à la cathédrale de Ratisbonne et à l'église de Nordlingen. D'autres chapelles, d'abord au nombre de deux, puis de quatre, de six et quelquefois même davantage, furent élevées de chaque côté du chevet. Les nefs latérales reçurent un prolongement sensible et entourèrent le chœur de manière à former ce que l'on appela des *Deambulatoria*.

L'abside est ordinairement située à l'orient, cependant il y a des églises, en Allemagne surtout, qui ont une abside à chacune des extrémités du grand bras de la croix; ce qui forme deux chœurs, l'un à l'ouest et l'autre à l'est. On peut citer comme exemples de cette disposition, la cathédrale de Worms, celle de Naumbourg, qui a deux transsepts, celles de Trèves et de Bamberg, l'église abbatiale de Laach, Saint-Sebald de Nuremberg, et, en France, la cathédrale actuelle de Nevers, dédiée à saint Gervais et à saint Protais. Outre ces absides, il en existe, dans plusieurs édifices religieux, de secondaires, placées à chacune des extrémités du transsept, notamment à la cathédrale de Pise, à Sainte-Élisabeth de Marbourg, à la cathédrale de Bonn. A la chartreuse de Pavie et à la cathédrale de Plaisance, le chœur et les transsepts sont terminés chacun par une abside. A Saint-Cyriaque d'Ancône, l'abside du chœur est carrée et celles du transsept sont en cul de four. L'abside carrée se retrouve seule dans d'autres édifices, à Saint-Michel in Borgo de Pise, par exemple.

Malgré la généralité de l'emploi de l'abside, on remarque cependant quelques églises qui en sont complétement dépourvues et qui se terminent carrément ou par une sorte de trapèze. En France nous citerons comme étant dans ce cas, la cathédrale Saint-Maurice et l'église Saint-Martin bâtie par la reine Hermengarde, toutes deux à Angers, enfin, l'église de Bonneval, qui est du treizième siècle. Mais c'est principalement en Angleterre que l'on voit le chœur se terminer de la sorte par un mur plus ou moins heureusement percé de baies et orné de détails. Toutes les églises dites du style de transition anglais sont dans ce cas; telles sont celles de l'abbaye de Malmsbury, dans le Wiltshire, de Sainte-Croix près de Winchester, de Storeham dans le Sussex. Cela tient sans doute à ce que les grands chœurs circulaires étaient une importation des Normands et que leur emploi disparut peu à peu à mesure que l'influence de cette nation alla s'affaiblissant dans la Grande-Bretagne. Les églises saxonnes n'avaient point en effet de transsept et n'étaient pourvues que d'une petite abside mesquine à l'orient. Les Allemands, ont emprunté pour exprimer le nom d'abside le mot français *Rond*; les Italiens disent *il fondo rotondo*.

Quatremère de Quincy, *Dictionn. historiq. d'architecture*, 2ᵉ édit.; article ApsIDE.

J. Britton, *A Dictionary of the architecture and archœology of the middle ages*, art. Apsis; in-4°, London, 1838.

A glossary of terms used in grecian, roman, italian, and gothic architecture; Oxford, 1840, art. Apsis.

Bloxam, *The principles of gothic architecture elucidated by question and answer*; in-8°, 1836. 2ᵉ édit.

Batissier, *Éléments d'archéologie nationale*, in-12, 1843, art. 341, 435, 485.

Bourassé, *Archéologie chrétienne*, Tours. 1843, in-8°.

D. Ramée, *Manuel de l'histoire de l'architecture*, Paris, in-12, 1843; tom. 2.

En général on trouvera des détails sur les absides dans tous les ouvrages consacrés à l'architecture religieuse, tels que ceux de *Ciampini*, *Allatius*, *Baronius*, *Whittington*, *Pugin*, *Mérimée*, *Mallay*, *Whewell*, *Wiebeking*, *Puttich*, *Knight*, etc., etc.

ALFRED MAURY.

ABSOLU. Connaissances absolues. (*Philosophie.*) Une connaissance est une idée, un jugement. Les connaissances absolues sont des jugements absolus. Comme telles, elles sont indépendantes des circonstances au milieu desquelles nous nous trouvons placés, et restent invariables au sein des changements que notre existence éprouve. L'examen de cette espèce de connaissances formera un des objets particuliers de l'article général auquel nous le renvoyons. *Voy.* CONNAISSANCES.

DAMIRON.

ABSOLUTION. (*Législation.*) Voy. JUGEMENT.

ABSOLUTION. (*Religion.*) L'absolution se donne en proportion de la faute ou du péché; elle est particulièrement relative à l'état du coupable; c'est le ministre ecclésiastique ou le juge civil qui la prononce; c'est par elle que l'accusé ou le pénitent rentre dans les droits de l'innocence.

Dans le droit canon, l'absolution est un acte juridique par lequel le prêtre, en qualité de juge et comme représentant de Jésus-Christ, remet les péchés à ceux qui, après la confession, paraissent avoir les dispositions requises.

L'absolution, chez les catholiques romains, forme une partie du sacrement de pénitence. (*Voyez* PÉNITENCE.) *Ego te absolvo a peccatis tuis* : telle est, d'après les conciles de Trente et de Florence, la formule de ce sacrement.

Absolue dans l'église romaine, et déprécatoire dans l'église grecque, elle fut en vigueur dans l'église d'Occident jusqu'au treizième siècle.

Les protestants soutiennent que le prêtre, en donnant l'absolution, déclare simplement au pénitent que Dieu lui a remis ses péchés, sans qu'il puisse les lui remettre lui-même, comme délégué de Jésus-Christ. Mais cette doctrine est en opposition avec celle de l'église catholique.

Lorsque l'absolution signifie une sentence déliant ou relevant un individu quelconque de l'excommunication qu'il avait encourue, elle rentre dans l'*excommunication*. (Voy. ce dernier mot.)

Dans ce sens, l'absolution s'emploie également chez les protestants et les catholiques. Dans l'église réformée d'Écosse, l'assemblée est-elle satisfaite de la pénitence d'une personne, le ministre adressant sa prière au Christ, le conjure de l'agréer et de pardonner; ensuite il prononce l'absolution : le premier arrêt aboli, le pécheur est admis de nouveau à la communion.

Dans le droit canonique, l'absolution a encore une acception différente : elle signifie la levée des censures. Il y en a de deux sortes, lorsqu'il s'agit de relever quelqu'un de l'excommunication; l'une absolue et sans restriction, l'autre restreinte et sous réserve. Cette dernière est encore de deux genres : *Absolutio ad effectum; absolutio ad cautelam.*

La première a pour motif de rendre celui qui l'obtient capable de jouir de la communion apostolique. (*Voyez* EXCOMMUNICATION, PAPE, COUR DE ROME.) La seconde n'est en quelque sorte qu'une absolution provisoire.

Dans la chancellerie romaine, absolution *a sacris* est la levée d'une irrégularité qu'un ecclésiastique a encourue pour avoir assisté à un arrêt ou à une exécution capitale.

La prière qui termine chaque nocturne et les heures canoniales s'appelle aussi *absolution* : on donne aussi ce nom aux prières en l'honneur des morts.

Chez les anciens, pour obtenir l'*absolution* des prêtres ou hiérophantes, il fallait subir une foule d'épreuves et d'initiations plus redoutables les unes que les autres. Comme parmi nous, il y avait des pénitences réglées, des ablutions, des purifications, des sacrifices expiatoires, avant que d'être relevé de ses fautes par une absolution complète. Il est inutile de signaler les abus qui s'introduisaient dans ces diverses cérémonies ; le savant auteur d'*Anacharsis* a écrit sur ce grave sujet des pages pleines d'éloquence et de philosophie. On peut encore consulter à cet égard, sans toutefois en adopter entièrement les principes, l'*Origine de tous les cultes* par Dupuis, les *Études sur les mystères du paganisme*, par Sainte-Croix ; le *Dictionnaire des hérésies* ; le *De pœnitentiâ* du P. Morin ; l'*Introduction à l'Écriture sainte* du P. Lamy, de l'Oratoire.

Nous renvoyons à l'article *Sépulture* les refus d'absolutions ecclésiastiques dans les décès.

On ne voit plus aujourd'hui en Europe se multiplier ces sectes de pénitents qui au moyen âge, et au seizième siècle, se soumettaient, pour obtenir l'absolution de fautes souvent imaginaires, aux plus rigoureuses épreuves.

Mais il n'est encore sorte d'austérités et de rigueurs que ne s'imposent les fanatiques idolâtres de l'Inde ; les vies des premiers solitaires et anachorètes de l'église chrétienne n'offrent rien de plus frappant. Toutefois, quel que soit l'excès de leur aveuglement, de leur stupide obéissance au culte de leurs divinités mensongères, on préférera toujours les supplices et les tortures physiques dont ces malheureux s'accablent eux-mêmes, à ces pratiques féroces des nations du Nord, qui croyaient ne pouvoir mériter l'absolution de leurs crimes que par des sacrifices de victimes humaines.

Courtin.

ABSOLUTISME. (*Politique.*) Ce mot, que Montesquieu ne connaissait pas, devint en vogue sous la restauration. Il désigna alors le pouvoir illimité et sans contrôle dont la cour, disait-on, voulait s'emparer. Sans doute que si Charles X eût réussi à se débarrasser des prétentions qu'avait la classe moyenne à se mêler du gouvernement, il eût conquis l'autorité absolue ; mais il lui aurait fallu certainement partager avec le clergé et la noblesse ; car, ce que la congrégation, la chambre des introuvables et M. de Villèle voulaient reconstituer, ce n'était pas précisément l'autorité absolue de la royauté. Quoi qu'il en soit,

le mot fit fortune, et, de part et d'autre, il fut comme un drapeau autour et en face duquel tous les partis se rangèrent ; ce fut contre l'absolutisme que fut prêchée la croisade populaire ; c'est avec ce mot qu'on réveilla toutes les préventions de l'ancien tiers état et toutes les passions du peuple.

Les légistes distinguent aujourd'hui le gouvernement absolu, qui est contenu au moins dans son action par les mœurs, les traditions et certaines lois fondamentales, du gouvernement despotique, violent et brutal dans ses actes, ne respectant ni loi, ni convenance. Mais c'est un pur jeu de mots ; le despotisme, tel qu'il est ici défini, ne peut exister en Europe ni dans aucun pays civilisé ; chez les barbares mêmes la religion lui imposerait un frein. Le despotisme n'est pas une forme de gouvernement, mais l'action arbitraire et momentanée d'un homme que les circonstances ont placé au-dessus de toute loi divine et humaine. L'absolutisme, au contraire, se retrouve en beaucoup de lieux ; c'est le gouvernement de la plupart des monarchies asiatiques et celui d'une partie de l'Europe ; la Russie, la Prusse, l'Autriche, le Danemark, toute l'Italie, et plusieurs États de la confédération germanique, sont soumis à ce régime ; toute l'Europe occidentale, la Belgique, la France, l'Espagne, le Portugal, l'Angleterre, la Suède, et plusieurs royaumes ou principautés allemandes, ont le gouvernement représentatif. Dans les uns, le monarque est la source de toute autorité et de tout droit ; chez les autres, le roi partage avec deux chambres le pouvoir législatif. Si la crainte de l'esprit révolutionnaire fit former en 1815, par les cabinets absolutistes, la sainte alliance, les gouvernements représentatifs, qui tous, d'une manière plus ou moins claire, plus ou moins explicite, ont fait passer la souveraineté du roi à la nation, ont répondu à cette menace, après la révolution de juillet, par le traité de la quadruple alliance entre l'Angleterre, la France, l'Espagne et le Portugal. Mais ce traité n'a été qu'une déception ; et comme aujourd'hui les craintes d'une guerre de principes commencée par les cabinets absolutistes s'éloignent, et que la préoccupation des intérêts matériels devient le soin le plus important des gouvernements, les unions formées dans le but de faire triompher les mêmes principes politiques se détruisent, et sont remplacées par des alliances que nouent des intérêts plus positifs. L'anarchie diplomatique, qu'on appelait le système d'équilibre, va donc recommencer, au lieu de cette opposition harmonieuse et féconde pour la liberté, des gouvernements constitutionnels d'une part, et des gouvernements absolutistes de l'autre, opposition que la révolution de juillet devait établir. C'est un pas fait en arrière, c'est descendre d'une politique haute et généreuse à une politique égoïste et machiavélique. L'Europe constitutionnelle avec les principes de nos deux révolutions pour guides, l'Europe absolutiste avec sa charte de droit divin, qu'on appela la sainte alliance, pour règle, formaient un antagonisme normal et régulier, et, si une guerre eût dû éclater, c'eût été du moins au nom de la liberté d'une part, au nom du droit divin de l'autre, qu'on aurait pris les armes, et non pour des questions de douanes, pour ouvrir des débouchés à ses manufactures encombrées, pour écouler ses sucres, ses cotons et ses fers. S'il y avait eu lutte, au moins cette lutte aurait-elle été morale comme celle de notre grande révolution; au moins aurait-on vu aux prises non des intérêts, mais des principes.   X.

ABSORBANTS. (*Médecine.*) En général on désigne par ce mot toutes les substances capables d'absorber, de neutraliser un liquide nuisible à l'économie; mais, dans l'acception la plus propre, les absorbants sont des moyens destinés à se combiner chimiquement avec des acides développés dans les voies digestives.

Lorsqu'on attribuait toutes les maladies à des altérations acides ou alcalines des humeurs, les médecins faisaient des absorbants un usage très-étendu; ils employaient comme tels une foule de préparations ayant pour base la magnésie, la chaux ou leurs carbonates; c'étaient des yeux d'écrevisses, des os de poissons, des écailles d'huitres, dès terres bolaires, des coquilles d'œufs.

Aujourd'hui, les progrès de la chimie ont conduit à substituer ici, comme dans la plupart des cas, les substances simples aux composées, et l'on préfère la magnésie pure ou son carbonate, et la solution aqueuse de chaux qu'on administre de différentes manières.

Les absorbants se prescrivent sous forme solide en pastilles et en masticatoires, et sous forme liquide en tisanes et en potions. Quelquefois aussi on les emploie comme antidotes dans l'empoisonnement par les acides.

Nous rappellerons encore ici qu'on a considéré vicieusement comme absorbants les poudres diverses, la charpie, et les autres corps destinés à s'imprégner et à s'imbiber des liquides qui s'écoulent des plaies et ulcères.

FÉBURIER.

ABSORPTION. (*Chimie.*) On donne le nom d'absorption à la pénétration intime et successive d'un liquide ou d'un gaz, soit dans une matière inorganique, soit dans une matière vivante. Ainsi, dans le monde inorganique, l'oxygène, le chlore, l'hydrogène et beaucoup d'autres gaz sont absorbés par les métaux, par le charbon, par la pierre ponce, etc. Pour les métaux, cette absorption est une véritable combinaison chimique, tandis que pour le charbon et la pierre ponce c'est une simple condensation des gaz dans les intervalles d'une substance poreuse. Cette condensation est souvent si intime, qu'une température même assez élevée ne suffit pas pour expulser tout le gaz. L'air, qui se trouve souvent très-fortement condensé dans certaines substances poreuses, peut devenir une des principales causes d'erreur dans les analyses chimiques.

Pour trouver la quantité de gaz qu'un certain poids de charbon est capable d'absorber, il faut d'abord priver celui-ci de tous les gaz qu'il absorbe à l'air. On y arrive, soit en plaçant le charbon dans le vide, soit en le faisant rougir en vase clos. Le charbon qui a été rougi absorbe toujours une quantité de gaz sensiblement plus grande que celui qui a été soumis au vide dans la machine pneumatique; cela tient à ce que cette machine ne produit qu'un vide imparfait.

Saussure remarqua que le charbon récemment rougi, exposé d'abord à l'air, puis au vide de la machine pneumatique, absorbe moins de gaz que le charbon simplement rougi, mais plus que le charbon ordinaire, qui, bien que privé d'air, conserve toujours quelque humidité.

La plupart des appareils imaginés pour mesurer exactement le degré d'absorption du charbon, ont l'inconvénient de ne pas laisser échapper complétement l'air; dans quelques-uns, les gaz sont en contact avec l'eau, qui est en partie absorbée par le charbon et entrave ainsi l'absorption.

Les quantités de gaz absorbées dépendent :

1° De la nature du gaz;

2° De la nature du charbon ;

3° De la pression extérieure;

4° De la température;

5° Du mélange d'autres gaz ;

6° De la présence de matières non gazeuzes dans le charbon.

D'après Saussure, une mesure de charbon de buis de 12 à 13 c. c., et sous une pression atmosphérique de 0, m. 724, absorbe :

Gaz ammoniac,	90 mesures.
— chlorhydrique,	85
— sulfureux,	65
— hydrosulfuré,	55
— protoxyde d'azote,	40
— acide carbonique,	35
— oléfiant,	35
— oxyde de carbone,	9,42
— oxygène,	9,25
— azote,	7,5
— hydrogène,	1,75

D'après les expériences de Saussure, la pulvérisation du charbon diminue la force d'absorption : 4,92 centimètres cubes de charbon de buis, pesant 2,94 grammes, et privés d'air par la machine pneumatique, absorbent 35,5 centimètres cubes d'air atmosphérique. Réduit en une poudre impalpable passée au tamis, le même charbon de buis n'absorbe que 20,8 centimètres cubes d'air, c'est-à-dire, 4,25 fois le volume qu'il avait à l'état solide; et comme par la pulvérisation il est réduit à occuper un espace de 7,8 centimètres cubes, le volume de l'air absorbé n'est que le triple de celui du charbon compacte. Ainsi, l'absorption paraît être diminuée par la destruction des cellules du charbon : elle paraît être en proportion inverse avec le diamètre interne de ces cellules.

La présence d'un gaz dans le charbon favorise éminemment l'absorption d'un autre gaz. D'après les expériences de Saussure, un charbon saturé d'azote, porté dans le gaz oxygène, retient une plus grande quantité d'azote et absorbe plus de gaz oxygène qu'il n'en faudrait selon les simples lois de l'absorption, applicables au charbon. Le charbon saturé de gaz oxygène se comporte de la même manière à l'égard de l'hydrogène, et le charbon saturé d'hydrogène est de même à l'égard de l'azote, tandis que l'azote n'admet pas, d'après Saussure, l'absorption du gaz acide carbonique. La loi que Dalton assigne à l'absorption par l'eau des gaz mélangés ne trouve donc point ici son application. Cependant, il est possible que ces divergences que présente l'absorption par le charbon proviennent de ce que le gaz oxygène, ainsi condensé, a éprouvé, dans quelque cas, une véritable combinaison chimique, en donnant naissance à du gaz acide carbonique. La *magnésie*, l'*ardoise happante*, l'*asbeste*, l'*hydrophane*, le *quartz* et le *plâtre*, absorbent plus de gaz azote que d'hydrogène; au contraire, toutes les matières organiques absorbent plus d'hydrogène que de gaz azote.

D'après Saussure, la pression de l'air a la même influence sur l'écume de mer (*magnésite*) que sur le charbon; car, 13,87 centimètres cubes d'écume de mer absorbent, à 0, m. 723 de pression, 42,5 centim. cub. de gaz azote; et, à 0, m. 238 de pression, 50,5 cent. cub. Si des corps solides sont, d'après ce que nous venons de dire, susceptibles d'absorber des gaz, nous pouvons admettre que l'absorption est encore plus forte pour les vapeurs, puisque celles-ci perdent plus facilement leur élasticité.

Tout corps solide paraît attirer l'humidité de l'atmosphère, même lorsque l'air n'en paraît pas saturé. La quantité de vapeur ainsi absorbée varie selon l'état et la nature des corps, ainsi que selon l'état hygrométrique de l'air. Leslie a démontré avec quelle avidité le *trapp* en décomposition, la balle d'avoine, etc., absorbent la vapeur d'eau : pour faire congeler de l'eau sous le récipient de la machine pneumatique, il avait disposé de la poudre de trapp sèche, de manière à faire absorber la vapeur d'eau, à mesure qu'elle se formait par l'action du vide.

D'après Rumford, 100 parties en poids de bois de sapin séché absorbent à l'air, en été, 10 parties d'eau, et 24 en hiver. Il est reconnu que des minéraux pulvérisés, l'oxyde de cuivre, etc., peuvent absorber une forte proportion d'eau, en restant peu de temps exposés à l'air. Enfin, il est facile de s'assurer que plus l'air est saturé de vapeur d'eau à une température donnée, plus les corps absorbent d'humidité; et comme la quantité de vapeur absorbée peut se reconnaître par le poids, ainsi que par diverses modifications dans la forme, ces corps peuvent servir d'hygromètres. C'est ce qui leur a valu le nom d'*hygrométriques*. Buchner a observé que du papier humecté d'une huile volatile, ou même que des fleurs, comme les roses, le sureau, le *verbascum*, etc., perdent leur odeur après avoir été fortement séchés, mais la recouvrent aussitôt, si on les expose à l'air humide, ou qu'on les arrose.

C'est ce qui explique une expérience curieuse d'Engelhard, d'après laquelle 12,75 livres de semence d'anis, qui étaient exposées à l'air depuis vingt ans et n'avaient plus qu'une faible odeur, fournirent, lorsqu'on les eut arrosées, 3 3|8 onces d'huile volatile, à la distillation. Saussure présumait déjà que les parfums des fleurs ne s'évaporent qu'avec l'humidité qui les entraîne.

Absorption par les liquides. On doit ranger dans cette classe :

1º L'absorption des gaz oxygène et chlore par le phosphore liquéfié et par des métaux en fusion, ou d'autres combinaisons de corps simples, dans lesquelles disparaît la forme de gaz ou de vapeur;

2º L'absorption du gaz oxygène par des solutions salines et celle du gaz ammoniac par des acides liquides;

3º L'absorption de la vapeur d'eau par l'acide sulfurique et par quelques autres fluides avides d'eau;

4º L'absorption de toute espèce de gaz par l'eau, par l'esprit-de-vin, par l'huile ou d'autres fluides, soit acides, soit neutres.

Les trois premières divisions sont évidemment du ressort de la chimie : la combinaison est toujours accompagnée de dégagement de calorique. Plusieurs cas d'absorption du nº 4 sont également chimiques; pour les autres, la question n'est pas encore résolue.

L'eau, mise en contact avec un gaz, n'en peut absorber qu'une portion déterminée; quand elle est arrivée à ce point, elle en est saturée et laisse sans l'absorber tout l'excédant.

Pour savoir quelle quantité de gaz l'eau absorbe, dans différentes circonstances extérieures, il faut employer de l'eau parfaitement pure, c'est-à-dire de l'eau non-seulement débarrassée, par la distillation, des sels qu'elle pourrait contenir, mais encore qui ne renferme plus rien des gaz que s'assimile toute eau exposée à l'air. Elle est privée de gaz par l'ébullition, ou par le vide, ou par ces deux moyens à la fois.

La quantité de gaz que l'eau absorbe, dépend :

1° De la nature du gaz,
2° De la pression extérieure,
3° De la température,
4° De la présence d'autres espèces de gaz.

Une mesure d'eau absorbe en volumes :

Gaz fluoborique.   700. J. Davy.
— ammoniac.   780. Thomson.
— chlorhydrique.   516. Thomson.
— fluo-silicique.   263. J. Davy.
— sulfureux.   33. Thomson.
— oxyde de chlore.   7. Stadion.
— cyanogène.   4,5. Gay-Lussac.
— hydrogène sélénié.   3. Berzelius.

Combien l'eau, mélangée de deux ou de plusieurs gaz, tous également absorbables, admet-elle de chaque espèce de gaz? En cherchant à résoudre cette question, Dalton est parvenu à établir la loi suivante : La proportion de l'absorption d'un mélange de gaz dépend de la densité du résidu non absorbé : elle est, par conséquent, la même que si l'eau était réunie avec chacun de ces gaz à la même température. Exemple : l'air contient, dans 100 volumes, 21 volumes d'oxygène et 79 volumes de gaz azote; l'eau en contact avec l'air absorbera autant de fois 0,21 d'oxygène et 0,79 de gaz azote qu'elle aurait absorbé de chaque gaz pris isolément; et comme l'oxygène est plus facilement absorbé que le gaz azote, l'eau se laisse imprégner d'une proportion d'oxygène plus grande que celle qui, mêlée à 7 vol. d'azote, constitue l'air; en d'autres termes, si 1 volume d'eau absorbe $\frac{1}{27}$ vol. d'oxygène et $\frac{1}{40}$ vol. de gaz azote, 1 vol. d'eau, en contact avec l'air, absorbera $\frac{1}{27} \times \frac{21}{100}$=0,00778 vol. d'oxygène et $\frac{1}{40} \times \frac{79}{100}$=0,01975 vol. de gaz azote ; ce volume d'eau absorberait donc 0,02753 mesures d'un air contenant 28,2 pour 100 d'oxygène. Si l'eau est en contact avec une petite quantité d'air, elle ne peut pas absorber autant de gaz oxygène que lorsque l'air offre une large surface; en effet, dans le résidu, la proportion d'azote est augmentée : il y a moins de 0,21 d'oxygène et plus de 0,79 d'azote.

Brownrigg avait déjà remarqué que de l'eau gazeuse minérale, contenue dans un vase bouché avec une vessie flexible, ne développe aucun gaz à une faible chaleur, et qu'à une plus grande température, elle n'en dégage qu'une partie; tandis que cette même eau, exposée au contact de l'air, perd bientôt son acide carbonique.

Lorsqu'on veut préparer de l'eau minérale artificielle avec de l'eau contenant de l'air, il faut soumettre le gaz acide carbonique à une pression de 3 à 4 atmosphères; le gaz est alors absorbé, et on expulse presque tout l'air, en laissant échapper, par un robinet, les dernières portions mêlées de gaz acide carbonique; on peut alors imprégner l'eau d'une grande quantité de gaz acide carbonique.

MM. Gay-Lussac et de Humboldt dégagèrent l'air de différentes sortes d'eaux, par une longue ébullition. Le volume d'air ainsi dégagé de l'eau de neige et de l'eau de Seine était environ 0,04 du volume de l'eau; ils constatèrent que 100 volumes d'air retirés de l'eau distillée contiennent 32, 8 en oxygène; que l'air retiré de l'eau de pluie en contient 31,0 volumes; l'air retiré de l'eau de neige, 28,7 vol.; l'air retiré de l'eau de Seine, de 29,1 vol. à 31,9, vol. Selon ces mêmes expérimentateurs, l'eau retient plus fortement l'oxygène que le gaz azote : en recueillant, en 4 fractions, l'air dégagé de l'eau de Seine, on remarque que la première contient, en 100 volumes, 23,7, la seconde 27,4, la troisième 30,2, et la quatrième 32,5 volumes de gaz oxygène. Le premier air, dégagé de l'eau de neige, produit seulement 24 vol., le second 26,9, le troisième 29,6, le quatrième 32, et le cinquième 34,8, pour 100 volumes d'oxygène. Lorsque de l'eau saturée par les gaz dont le mélange constitue l'air, cède un de ces gaz à un autre corps, elle absorbera de nouveau ce gaz dans la même proportion. C'est ainsi que Priestley trouva que de l'eau qui s'était corrompue dans une grande auge de bois, et dont l'oxygène avait été absorbé par la matière organique, recouvrait cet oxygène par l'agitation, et désoxygénait si complétement l'air, que le résidu ne pouvait plus se combiner avec le gaz nitreux. Dalton confirma cette observation.

Quelles que soient la quantité et la nature du gaz absorbé par l'eau, la congélation l'expulse entièrement. Ce fait a été constaté par divers physiciens. Carradori remplit un vase de glace, et le boucha hermétiquement; quand tout fut fondu, il couvrit l'eau d'huile. Des poissons introduits dans cette eau y moururent soudain; tandis qu'ils vivaient dans la même eau où l'on avait fait entrer de l'air. Ces expériences, répétées par Brownrigg et par d'autres physiciens, détruisent l'assertion de Hassenfratz, qui avait prétendu que l'eau de neige contenait plus d'oxygène que toute autre eau, et que c'était à cette circonstance qu'elle devait son action particulière sur la végétation.

Si dans un vase contenant de l'eau légèrement chauffée on projette des fragments de verre, de métal anguleux, ou qu'on y plonge un bâton de verre, un fil de fer, etc., on voit à l'instant ces corps se couvrir d'une quantité de bulles de gaz. Œrsted a cherché à rendre compte de ce fait, en supposant qu'une bulle de gaz ne peut se produire, au milieu d'un fluide homogène, et que cette production n'a lieu qu'en contact avec le vase ou avec l'air à la surface du liquide, ou, enfin, avec un corps étranger, introduit dans le liquide.

D'après les expériences de Lucas (*Annales de chimie et de physique*, tome XII, page 402), répétées et confirmées par Chevillat, l'argent est le seul métal qui, sans perdre son aspect métallique, absorbe, pendant sa fusion à l'air libre, une quantité notable d'oxygène; il la perd en se solidifiant, comme l'eau perd, par la congélation, tous les gaz qu'elle contenait.

Dalton a prétendu que l'absorption des gaz par les liquides était une action purement mécanique; il croyait même avoir trouvé que cette absorption suivait la loi des cubes des densités; mais cette opinion n'a pas pu résister aux raisons péremptoires que lui ont opposées MM. Gay-Lussac, Humboldt, Saussure, et Thomson. Une des plus fortes objections qu'on puisse lui opposer est l'élévation de température au moment de l'absorption, ainsi que la densité du composé, qui se trouve toujours au-dessous de la densité moyenne du gaz et du liquide. La liquéfaction des gaz par la pression a jeté un nouveau jour sur les phénomènes de l'absorption. H. Davy et Faraday ont démontré, de la manière la plus nette, que les gaz sont d'autant plus faciles à absorber, qu'ils sont faciles à liquéfier. Ainsi, l'hydrogène et l'azote, qu'on n'a pu encore liquéfier, sont moins absorbables que l'acide carbonique, qui peut être facilement réduit à l'état liquide.

Voyez, outre les ouvrages cités dans le cours de cet article,

Humboldt et Gay-Lussac, *Annales de chimie*, 1re série, tome 53.

Dalton, *Annales de chimie*, 2e série, tome 1.

Th. de Saussure, *Bibliothèque britannique*, avril, mai, juin 1812.

Berzelius, *Traité de chimie*, tome 1, pag. 321.

Thénard, *Traité de chimie*, tome 1, pag. 63.

HŒFER.

ABSORPTION. *Absorptio ; absorbere.* (*Physiologie.*) On entend par absorption, en physiologie, une action par laquelle les fluides présentés aux différentes surfaces des corps organisés y sont pompés, en plus ou moins grande quantité, pour aller de là contribuer à de nouvelles fonctions. On voit, d'après cette définition, que l'absorption, dont l'exhalation n'est qu'une conséquence, est sans contredit le plus général des phénomènes organiques, puisque, non-seulement dans les végétaux, mais encore chez les animaux, depuis l'infusoire, depuis le polype à tissu homogène, jusqu'à l'homme à organes si compliqués, les actes physiologiques ne s'accomplissent que par l'absorption, la vie n'est entretenue que par l'absorption.

L'absorption est-elle une action vitale? est-elle une action purement physique, ou, pour mieux dire, mécanique? Les opinions sont partagées à cet avis, et chacune d'elles est soutenue par des hommes dont le nom peut faire autorité.

Nous ne remonterons point plus haut que Bichat, que nous regardons comme le véritable fondateur de la science de l'organisme. Ce grand physiologiste n'admettait point que les phénomènes de la porosité ou de l'imbibition pussent avoir lieu dans les tissus vivants; d'après lui, les propriétés vitales, en lutte continuelle avec les lois physiques, avaient toujours le dessus, tant que la vie persistait.

L'absorption, selon Bichat et son école, s'accomplit sous l'influence d'un système nerveux particulier, du système nerveux ganglionnaire, qui se montre chez tous les êtres organisés, mais qui existe seul dans les végétaux. Les vaisseaux absorbants reçoivent des nerfs l'impression vitale qui leur est nécessaire pour l'accomplissement de leurs fonctions; ils sont donc pourvus de deux facultés : la *sensibilité* et la *contractilité organique*, à l'aide desquelles ils perçoivent d'abord la sensation produite par le liquide, puis se contractent pour l'admettre et le faire avancer. Ces deux actes, qui sont le dernier point auquel puisse remonter l'analyse physiologique, puisque *sentir* et *se contracter* sont les premiers actes par lesquels se manifeste la vie; ces deux actes, disons-nous, sont toujours indépendants de l'encéphale, quand il existe; mais pour n'être point perçus par le centre nerveux cérébral, ils n'en sont pas moins réels; ce sont des *actes* et non une *propriété*. Bichat admettait même que les orifices des vaisseaux absorbants sont doués d'un tact qui ne leur laisse point admettre indifféremment tous les liquides. « Une membrane séreuse, dit-il, est une surface absorbante, mais une surface absorbante *vitale ;* elle sait faire un choix entre le bon et le mauvais, admettre ce qui convient à l'économie, repousser ce qui lui est contraire. »

M. Magendie soutient au contraire que les membranes vivantes, dont on a exagéré, à tort, les propriétés vitales, n'absorbent que comme une membrane inerte. « L'un des préjugés les plus fâcheux qui aient régné et qui règnent encore dans la médecine, dit-il au début d'une leçon, c'est de supposer que tout être vivant, animal ou végétal, est soumis à des lois indépendantes de celles qui gouvernent les autres corps de la nature. » Il faut dire cependant que les expériences dont le savant professeur du Collége de France appuie son opinion, ne sont rien moins que concluantes. L'ecchymose, plus ou moins étendue, qui survient à la suite d'une contusion, est le résultat de l'imbibition, dit M. Magendie. Cela est possible ; mais le fait même de la contusion n'a-t-il point apporté une profonde perturbation dans les propriétés vitales, qui, dans ce cas, ont été surmontées par les propriétés physiques ? L'empoisonnement par absorption, rapporté par le même expérimentateur, comme preuve de la porosité des tissus, ne détruit pas plus l'opinion qui reconnaît l'action vitale des vaisseaux absorbants, que l'empoisonnement par l'estomac ne prouve contre l'action digestive de ce viscère.

On ne peut nier toutefois que, dans certains cas, la perméabilité, la porosité des tissus ne donnent lieu à des phénomènes d'imbibition. Mais, de ce que, quelquefois, les tissus organisés restent jusqu'à un certain point soumis à l'empire des lois physiques ; de ce que certains liquides, sous certaines conditions, peuvent être absorbés par imbibition, conclure que les choses doivent toujours se passer de même, c'est être par trop exclusif. Comment admettre, d'ailleurs, que, par les seules lois de la capillarité, l'absorption s'exerce dans les corps organisés au delà du point de saturation de l'action capillaire ? Comment un polype, habitant de l'eau, pourrait-il absorber continuellement en vertu de la seule capillarité des cavités de son tissu pulpeux, puisque, les cavités capillaires remplies, il n'y a plus d'introduction nouvelle possible ? Dans les tissus vivants, il y a absorption continuelle, parce qu'il y a, comme nous l'avons dit au commencement de cet article, *exhalation* continuelle.

Un académicien, habile expérimentateur, M. Dutrochet, a fait de son côté des expériences qui semblent au premier coup d'œil infirmer l'action contractile des tissus ; il a démontré que, sous certaines conditions, si, par exemple, deux liquides de densité différente sont séparés par une membrane organique, il a démontré que sous ces conditions il s'établit un double courant d'absorption et d'exhalation, le liquide le moins dense étant attiré par celui qui l'est le plus. Selon que l'imbibition du liquide a lieu de dehors en dedans, ou de dedans en dehors, il y a *endosmose* ou *exosmose*. Ce phénomène fut d'abord attribué à l'électricité ; deux fluides de nature différente, séparés par une membrane, composaient, disait-on, une sorte d'appareil voltaïque, dans lequel se formait un courant électrique. Mais des observations ultérieures ont renversé cette

hypothèse, et les phénomènes d'endosmose et d'exosmose ont été rapportés uniquement à la capillarité. C'est sur ces deux faits que M. Dutrochet fait reposer ses principes de statique végétale ; l'ascension de la séve est, selon lui, le résultat de *l'endosmose*; il a de plus appliqué cette loi à tous les corps organisés. Cependant, quelque habilement qu'ait été présenté le fait de l'endosmose, il est difficile de se rendre compte, par lui seul, de tous les phénomènes vitaux. Par l'endosmose, le liquide arrivera bien au lieu de sa destination, mais tel qu'il a été absorbé, à moins qu'il ne s'opère en route un mélange chimique ; jamais il n'y aura de nutrition, de transformation, de création de nouveaux principes, de sécrétions. Que si l'on place dans un vase rempli d'eau deux baguettes de saule de même calibre et de même longueur, l'une frappée de mort, l'autre dans toute la vigueur de la végétation, l'endosmose aura lieu dans la première ; mais le liquide arrivera au sommet tel qu'il a été introduit, sans se combiner avec elle, sans la faire croître, sans lui faire pousser de branches (1). Dans la seconde, au contraire, l'eau absorbée ne se bornera point à s'élever dans le tissu ligneux ; elle s'y combinera, le fera grandir, favorisera le développement de ses rameaux : ce ne sera plus l'eau que l'on retrouvera, mais bien de nouveaux produits. Pourquoi rien de semblable ne se passe-t-il dans le premier cas ? Parce que l'endosmose est une action mécanique, et rien de plus : il lui manque la vie ; il lui manque l'incitation nerveuse, qui fait de l'absorption une fonction, en donnant aux parties la sensibilité et la contractilité.

Quels sont les vaisseaux à l'aide desquels s'opère l'absorption chez l'homme et chez les animaux supérieurs ? Cette question est encore le sujet de controverses qui sont loin d'être terminées.

Les anciens ne connaissaient que les vaisseaux sanguins ; ils leur accordèrent donc les fonctions d'absorption. Cependant quelques anatomistes de l'école d'Alexandrie observèrent déjà les vaisseaux lactés, et les virent se rendre aux glandes du mésentère. Dans les temps modernes, les découvertes de quelques savants, et surtout d'Aselli, fixèrent de nouveau l'attention sur les vaisseaux lymphatiques ; après Aselli, les travaux de Bartholin, de Guillaume Hunter, jetèrent un nouveau jour sur l'absorption. Une doctrine complète fut alors établie, et les vaisseaux lymphatiques, dont Jean Hunter, Cruikshank, Mascagni et d'autres anatomistes avaient complété la description, furent seuls chargés de la fonction d'absorber.

(1) Les curieuses expériences de M. Boucherie sur les bois reposent sur ce fait : nous en rendrons compte au mot Bois.

4

Cette opinion cessa cependant d'être exclusive; M. Magendie et quelques autres physiologistes, sans dépouiller complétement les vaisseaux lymphatiques de leur propriété absorbante, démontrèrent que les radicules veineuses servent de véhicule à la plus grande partie du liquide absorbé.

Nous avons déjà parlé de l'opinion qui établit que l'absorption se fait par une sorte d'imbibition, et que les liquides pénètrent dans nos tissus comme l'eau pénètre dans une éponge. Il en résulte que, dans l'état actuel de la science, trois modes d'absorption sont admis, et que l'expérience les avoue tous les trois, bien qu'aucun d'eux ne soit exclusif. Les vaisseaux lymphatiques, les veines, et le tissu perméable, dans quelques cas, concourent donc à cette fonction.

L'absorption, chez les êtres les plus simples du règne organique, comme chez les animaux les plus complexes, se distingue en absorption *externe* ou *composante*, et en absorption *interne* ou *décomposante*. A l'aide de la première, l'être vivant puise, par tous les points de sa surface extérieure, les matériaux de sa nutrition, dans le milieu qui l'environne, air ou eau; par la seconde, la matière, destinée à être rejetée au dehors, est retirée de tous les points de l'organisme. Dans les deux cas, les substances absorbées subissent une élaboration, une transformation. L'air et l'eau, par exemple, se changent en produits organiques sous l'influence de la vie, et les produits organiques, de leur côté, se modifient pour devenir perspirables. Ce mouvement de composition et de décomposition, à un tel état de simplicité, constitue la vie tout entière chez certains êtres, tels que les *algues*, les *conferves*, les *polypes*, et s'opère indistinctement par toutes les parties du parenchyme homogène de la plante ou de l'animal.

Mais en s'élevant dans l'échelle des êtres organisés, on voit le mécanisme de l'absorption se compliquer de plus en plus; toute la surface de l'être n'est plus propre à cette fonction; une épaisse écorce, une couche cornée ou épidermique forme une barrière entre une portion de l'organisme et le milieu ambiant; des organes spéciaux, extérieurs dans les végétaux, comme les racines et les feuilles; intérieurs dans les animaux, comme les voies digestives et respiratoires, restent chargés des fonctions absorbantes. Et remarquons que ces fonctions deviennent de plus en plus complexes; que les matériaux nutritifs, chez l'homme, par exemple, ne sont point assimilés à son tissu aussitôt qu'ils sont puisés en dehors; mais qu'après avoir été élaborés par une première absorption, ils sont charriés sous forme de sang dans toute l'économie, et que pendant cette circulation ils sont assimi-

lés à chaque organe, qui puise ainsi, dans le fluide commun, ce qui convient à sa réparation et à son accroissement.

Si l'absorption de composition est dans un exercice continuel, il est évident que l'absorption de décomposition ne doit jamais s'arrêter; elle fait disparaître les molécules qui ont servi pendant un certain temps à la composition des organes, afin que de nouvelles molécules viennent les remplacer. Ce double phénomène a été mis hors de doute par les expériences de Duhamel, tout récemment répétées par M. Dutrochet. Quand on fait manger de la garance à de jeunes poulets, leurs os se teignent en rouge; au bout d'un certain temps, si l'on interrompt cette nourriture, la couleur rouge disparaît.

Il nous resterait à examiner le fait, l'acte de l'absorption, dans les différentes surfaces, dans les différents organes, dans les différents tissus; mais ces détails ont leur place dans les articles spéciaux consacrés aux différentes fonctions, tels que : DIGESTION, NUTRITION, RESPIRATION, etc.

A. DUPONCHEL.

W. Cruikshang, *Essays on the anatomy of the absorbent vessels of the human body*, Londres, 1787, traduit la même année en français, par Petit-Radel.

J. Hunter, *Observations on certain parts of the animal œconomy*, Londres, 1786.

Walther, *Mémoire sur la résorption*, dans le recueil de l'Académie de Berlin, 1786-1787.

Magendie, *Mémoire sur les organes de l'absorption chez les mammifères*, lu à l'Institut en 1809.

Id., *Mémoire sur le mécanisme de l'absorption chez les animaux à sang rouge et chaud*, lu à l'Institut en 1820.

Id. *Précis élémentaire de Physiologie*, 2e éd. 1825; t. II, pp. 188 à 228 et 257 à 286.

M. Fodera, *Recherches expérimentales sur l'absorption et l'exhalation*, Mémoire couronné par l'Institut, Paris, 1824, in-8°.

Dutrochet, *Nouvelles recherches sur l'endosmose et l'exosmose*, etc. Paris, 1828, in-8°.

ABSTENTION DE LIEU. (*Législation.*) Mesure de haute police employée pour soustraire l'offensé aux violences de l'offenseur, et la société au danger que ferait craindre la présence de certains malfaiteurs.

Un arrêt célèbre, rendu le 13 avril 1778 par le parlement de Paris, fit défense aux sieurs Queyssat d'approcher de dix lieues des villes de Castillon et de Bordeaux, pendant la vie du sieur Daumade, sous peine de punition corporelle.

Les déclarations du 8 janvier 1819 et du 1er juillet 1822, les décrets du 19 ventôse an 13 et du 17 juillet 1806, défendent aux forçats libérés de résider dans la ville, faubourgs et banlieue de Paris, ni à la suite de la cour, ni à Versailles, Fontainebleau et autres lieux où il existe des palais royaux, ni dans une ville de guerre, ni à moins de trois myriamètres de la frontière et des côtes, ni dans les ports où des bagnes sont établis.

Lorsque la prescription de la peine portée en matière criminelle est acquise, la loi défend au condamné de résider dans le département où demeure soit celui sur lequel ou contre la propriété duquel le crime a été commis, soit ses héritiers directs : le gouvernement peut assigner au condamné le lieu de son domicile.

Lorsqu'un individu a frappé un magistrat dans l'exercice de ses fonctions, ou à l'occasion de cet exercice, la loi porte que le coupable peut être condamné à s'éloigner pendant cinq à dix ans du lieu où siége le magistrat, d'un rayon de deux myriamètres, et que cette disposition doit avoir son exécution à dater du jour où le condamné a subi sa peine.

Au surplus, cette mesure, qui est une exception à la liberté individuelle garantie par la charte, ne peut plus aujourd'hui être ordonnée si elle n'est autorisée formellement par une disposition législative. La cour de cassation, appliquant ce principe, a jugé, le 19 février 1807, qu'en faisant défense à Antoine Mazy d'approcher du domicile de la femme Legrand, et en invitant les bons citoyens et le commissaire de police à le surveiller, le tribunal de police avait commis une usurpation de pouvoir.

OUDART.

ABSTINENCE. (*Médecine.*) On entend par ce mot, en langage médical, la privation d'aliments et de boissons. Quand l'abstinence ne porte que sur les aliments ou sur les boissons ou seulement sur quelques substances en particulier, elle prend communément le nom de *diète* (*voyez* ce mot). Les effets de l'abstinence sur l'économie varient suivant une foule de conditions. L'état de santé ou de maladie, l'âge, le sexe, la constitution, le régime habituel, le climat, la saison, la température, la profession et enfin les habitudes individuelles modifient nécessairement ces effets, toujours remarquables.

Et d'abord c'est de toutes ces circonstances que dépend la solution de cette question : En combien de temps l'abstinence amène-t-elle la mort ?

On ne peut fixer d'une manière précise le terme qu'un enfant, un adulte ou un vieillard soumis à l'abstinence complète, peuvent atteindre sans succomber. On sait seulement que plus on se rapproche des premiers mois de la vie, moins l'abstinence peut être supportée. Toutes les fois que des enfants se sont trouvés soumis en même temps que des adultes à l'abstinence prolongée, ils sont morts les premiers. La nécessité des repas rapprochés dans l'enfance, l'adolescence et même la première jeunesse, suffirait pour établir *à priori* ce fait, qu'explique le double besoin de réparer les pertes journalières et de fournir au corps les éléments nécessaires à son développement rapide.

Dans l'admirable épisode d'Ugolin, le plus jeune des fils meurt au quatrième jour, ses frères le suivent du cinquième au sixième, et le père survit encore deux jours à ses enfants.

La vieillesse, en tournant toutes les forces plastiques vers l'ossification et diminuant par une résorption continuelle les tissus graisseux et musculaires, met ainsi l'homme dans l'impossibilité de supporter l'abstinence aussi longtemps que dans l'âge adulte.

Les auteurs, surtout ceux de l'Allemagne, abondent en observations plus ou moins merveilleuses d'abstinence supportée pendant un temps plus ou moins long et variant de quelques jours à cinquante ans. On peut, avec Hoffmann et Haller, considérer la plupart de ces exemples comme très-suspects ; cependant l'autorité d'écrivains recommandables et très-bons observateurs ne peut permettre de rejeter quelques-uns de ces faits, quelque extraordinaires qu'ils soient.

Un point de la plus haute importance et sur lequel les auteurs se taisent en général, c'est celui de savoir si les gens dont ils parlent s'abstenaient de boissons comme d'aliments. Pour quelques-uns ce peut être l'objet d'un doute, mais du moment que le jeûne dépasse une limite de huit à dix jours il devient très-probable que l'abstinence des boissons n'a pas eu lieu. En effet, dans le petit nombre d'observations rigoureusement faites de prisonniers qui se sont laissé mourir de faim, on a toujours vu ces malheureux, dans un état déjà voisin de l'agonie, reprendre leurs forces et prolonger leur vie de plusieurs jours, quand ils cédaient à la tentation irrésistible de boire quelques gorgées d'eau. Le séjour dans un lieu et dans une atmosphère humide a un effet analogue.

En août 1831, l'Académie de médecine reçut deux observations de suicide par inanition. Le sujet de la première mourut au soixantième jour, n'ayant pris pendant tout ce temps aucune nourriture, mais seulement quelques gorgées d'eau et de sirop d'orgeat. Le sujet de la seconde observation, prisonnier à Toulon, mourut au soixante-troisième jour ; il n'avait rien mangé pendant ce temps, mais presque tous les jours il buvait de l'eau et *souvent avec excès*.

MM. Leuret et Lassaigne citent le fait d'un aliéné qui, pendant trois semaines, ne prit aucune nourriture et ne fit que se laver une fois la bouche avec un peu d'eau. Un phthisique, qui ne buvait que de l'eau nitrée, vécut trente jours (Cheyne, *Diseases of body....*). Richter raconta souvent à Haller qu'un homme avait par superstition enduré un jeûne de quarante jours. Nous omettons une foule d'autres faits, dont les plus extraordinaires sont rappor-

4.

tés par des auteurs allemands ; tel est, par exemple, celui d'une femme qui, si l'on en croit Horzt, vécut cinquante ans ne prenant que du petit-lait.

Chez les animaux, l'abstinence produit des effets analogues ; toutefois, les carnivores la supportent mieux que les herbivores, et, toutes choses égales d'ailleurs, les individus les plus grands dans chaque espèce résistent plus longtemps que les plus petits. Des chapons auxquels Redi ne donnait ni aliments ni boissons ne vécurent pas au delà du neuvième jour ; un autre auquel il donna de l'eau vécut jusqu'au vingtième.

Collard de Martigny a vu des chiens supporter l'abstinence complète d'aliments solides et liquides, de trois à cinq semaines et plus. La jeunesse est une cause de mort plus prompte chez les animaux comme chez l'homme ; mais des hommes faibles, habitués à prendre peu de nourriture, supportent généralement mieux l'abstinence que des individus plus robustes. Dans l'échelle animale, on a reconnu que plus le développement de chaleur est grand, plus la circulation marche vite, plus les mouvements sont vifs, moins l'abstinence est supportée. Le passereau ne peut vivre plus d'un jour sans nourriture, le crapaud et la tortue vivent ainsi plusieurs années.

Les effets physiologiques de l'abstinence varient aussi suivant une foule de conditions. Le fakir et le moine, qui se condamnent aux rigueurs de l'ascétisme, supportent tranquillement leurs douleurs physiques, et l'exaltation morale, l'espèce d'extase, qui en résulte pour eux, leur semble un bonheur ; ils croient avoir éclairé leur raison et reculé les bornes de leur intelligence quand ils sont devenus semblables à ces pauvres hallucinés que nous voyons dans nos hôpitaux. Sur le radeau de *la Méduse*, les hommes doués de force morale, ceux dont l'esprit gouverne le corps, supportèrent avec fermeté les angoisses de la faim et de la soif, tandis qu'auprès d'eux leurs compagnons d'infortune, hommes grossiers ou criminels abrutis, tombaient dans un délire furieux. L'abstinence amène le décroissement des forces dans des proportions variables suivant les individus et les conditions dans lesquelles ils sont placés. Quand on passe en quelques heures d'une station peu élevée au-dessus de la mer, de 1000 mètres par exemple, à une plus élevée, comme à 4000 mètres, l'appétit diminue sensiblement, et cinq à six hommes robustes consomment à peine à leur repas ce qui, dans la plaine, serait une ration bien juste pour l'un d'entre eux. Cependant cette abstinence partielle, prolongée pendant deux ou trois jours, n'a que fort peu d'influence immédiate sur la force musculaire.

Les effets les plus constants de l'abstinence sont, pendant les premiers jours, la sensation plus ou moins douloureuse de la faim, les tiraillements à l'épigastre, la pâleur du visage, l'abattement et l'affaiblissement musculaire. La respiration se ralentit, le pouls plus fréquent, mais dépressible cinq ou six heures après la dernière digestion, diminue de fréquence, et devient petit. La peau est froide, l'individu réagit peu contre une basse température, et la chaleur animale décroît sensiblement, au bout d'un certain temps.

Les sens perdent souvent de leur finesse, toutes les facultés organiques et intellectuelles diminuent de puissance ; seule de toutes les fonctions, l'absorption redouble d'énergie. Bientôt la maigreur devient extrême, les saillies musculaires disparaissent et font place à celle des os. Les urines, rares et infectes dès les premiers temps, le deviennent de plus en plus ; les selles sont supprimées ou sont peu abondantes ; les douleurs à l'épigastre deviennent atroces par moment. Chez quelques individus il survient du délire ; mais cette surexcitation nerveuse, lorsqu'elle a été observée, pouvait être attribuée à des causes complexes. Le sang perd de sa plasticité ; le corps, parvenu au dernier degré du marasme, semble, pendant les derniers temps de la vie, entrer par avance en décomposition ; une odeur putride s'en exhale ; des pétéchies se montrent à la peau et quelquefois des lambeaux des téguments se détachent ; enfin la mort arrive, précédée dans quelques cas de mouvements convulsifs.

Collard de Martigny a trouvé chez des animaux morts d'inanition le tissu adipeux disparu, les muscles atrophiés, pâlis, exsangues, la quantité du sang diminuant de plus en plus, celle de la lymphe augmentant d'abord, puis diminuant jusqu'à la mort. La composition de ces liquides est modifiée, la fibrine y diminue, tandis que l'albumine augmente.

La circulation de la lymphe devient très-lente.

La sécrétion de la bile n'est pas moins abondante que dans l'état normal.

Les belles recherches de M. Chossat ont démontré que chez les tourterelles, et probablement chez tous les oiseaux, la mort arrive aussi vite par l'abstinence des aliments solides seulement, que par celle des solides et des liquides. Chez les mammifères, la vie est prolongée par l'usage des liquides, et plus encore chez les animaux à sang froid.

L'oscillation diurne de la chaleur animale augmente graduellement d'amplitude sous l'influence de l'abstinence.

Quand la mort par inanition est devenue imminente, le corps étant sur le point d'arriver à une température incompatible avec la vie, on peut, en réchauffant l'animal en expérience, rétablir ses fonctions digestives et le remettre ainsi en état de produire lui-même la chaleur nécessaire à son existence.

Du reste, l'abstinence est un des moyens thérapeutiques les plus puissants, et c'est surtout dans les maladies aiguës et accompagnées de congestion sanguine vers un organe, que le *cura famis* doit former la base du traitement; nous signalerons au mot Diète les avantages immenses de ce moyen, comme aussi les résultats déplorables qu'il peut avoir quand il est peu judicieusement appliqué.

Une dernière question se présente : Peut-on, en médecine légale, reconnaître d'une manière positive que la mort a eu lieu par suite d'abstinence ou, si l'on veut, par inanition? Les conditions variables à l'infini qui peuvent modifier les effets physiologiques de l'abstinence suffisent à démontrer que, si le médecin peut arriver sur cette question à un certain degré de probabilité, il ne saurait acquérir une certitude fondée sur des preuves matérielles et irrécusables, comme doivent l'être celles qui servent de base à ses déclarations judiciaires.

Haller, *Physiologie*, t. IV.

Savigny (J. B. H.), *Observations sur les effets de la faim et de la soif éprouvées après le naufrage de la frégate la Méduse*, en 1816; thèse, n° 84. Paris, 1818.

Collard de Martigny, *Recherches expérimentales sur les effets de l'abstinence*; Journal de Magendie, t. VIII.

Chossat, *Recherches expérimentales sur l'inanition*, Mémoires de l'Académie des sciences, tom. VIII, savants étrangers. 1843.

A. Le Pileur.

ABSTINENCE, JEUNE, CARÊME. (*Jejunium*, Νηστεία). (*Religion.*) L'abstinence, en morale, est cette vertu qui consiste à s'abstenir de certaines choses en vue d'un précepte moral ou d'une institution cérémonielle. Le philosophe stoïcien Épictète, dont le *Manuel* se rapproche tant du christianisme, disait que ces deux mots, Ἀπέχου καὶ ἀνέχου, *abstiens-toi et supporte*, renfermaient toute la philosophie.

C'est surtout dans l'histoire des religions que le mot abstinence occupe une place importante. En style mystique, la mortification des sens est le motif général de l'abstinence. C'est ce qu'avaient senti elles-mêmes la plupart des sectes de l'antiquité, les pythagoriciens, les orphiques, lorsqu'elles pratiquaient tant d'abstinences rigoureuses.

Il y a, en matière d'abstinence, deux excès à éviter et un milieu à suivre. Le premier excès est celui des hérétiques encratites, montanistes, manichéens, qui soutiennent que l'usage de la chair est impur, défendu, pernicieux en lui-même; on connaît à cet égard l'éloquente réfutation de saint Paul. Le deuxième excès est celui de Savinien et des protestants, qui prétendent que l'abstinence de la viande est sans mérite, superstitieuse, judaïque, absurde.

L'église catholique décide que cette abstinence peut être louable, méritoire, commandée même par des motifs légitimes et dans certaines circonstances. Sur la fin du troisième siècle, il parut dans les Gaules et en Espagne une secte d'hérétiques appelés *abstinents*. On croit qu'ils avaient emprunté une partie de leurs opinions des gnostiques et des manichéens.

L'abstinence religieuse, accompagnée de deuil et de macérations, s'appelle *jeûne*. Cet usage remonte au berceau du monde : quelques théologiens en trouvent même l'origine dans l'histoire de notre premier père. Sans parler de la solennité du jeûne parmi les Juifs, il est constant que presque tous les autres peuples de l'antiquité, les Égyptiens, les Phéniciens, les Assyriens, avaient aussi leurs jeûnes sacrés. Les Grecs adoptèrent les mêmes coutumes. Plus superstitieux que les Grecs, les Romains perfectionnèrent en quelque sorte cette solennité. Numa observait des jeûnes périodiques. On lit dans Tite-Live (livre XXXVI, c. 37) que les décemvirs ayant consulté, par ordre du sénat, les livres sibyllins au sujet de plusieurs prodiges, ceux-ci déclarèrent que, pour en arrêter les suites, il fallait fixer un jeûne public en l'honneur de Cérès, et l'observer tous les cinq ans.

Les Chinois ont, de temps immémorial, des jeûnes consacrés dans leur pays pour les préserver des années de stérilité, des inondations, des tremblements de terre et autres désastres. Enfin, les sectateurs de Mahomet suivent religieusement le même usage : ils ont leur *jeûne* ou ramadan, et des dervis qui outrent cette pratique.

Le jeûne, si généralement répandu, s'est donc établi de lui-même, et tous les peuples l'ont adopté comme par un mouvement naturel.

En effet, les hommes, affligés de calamités particulières ou publiques, se sont livrés à la tristesse et ont négligé d'abord de prendre de la nourriture. Ensuite ils ont regardé comme un acte religieux cette abstinence volontaire : ils ont cru qu'en macérant leur corps quand leur âme était désolée, ils pourraient attendrir leurs dieux ou leurs idoles. Cette idée, s'emparant des peuples, a bientôt fait le tour de la terre : de là le deuil, les vœux, les prières, les sacrifices, les mortifications, le *jeûne* enfin et l'*abstinence*. L'apparition de Jésus-Christ ayant sanctifié le *jeûne*, toutes les sectes chrétiennes embrassèrent cette coutume. Il serait inutile de rappeler à ce sujet les rêves des platoniciens et des Orientaux. Les anciens philosophes, les sectateurs de Pythagore, quelques disciples de Platon, de Zénon, et plusieurs épicuriens eux-mêmes, ont aussi loué et pratiqué l'*abstinence* et le *jeûne*. L'histoire des saints de l'un et de l'autre sexe, celle même des rois et des simples particuliers, nous offrent des exemples merveilleux de *jeûne* et d'*abstinence*.

Il est une époque d'*abstinence*, de pénitence forcée, pendant laquelle chacun dans l'église catholique, et dans la plupart des cultes chrétiens, est tenu de jeûner quarante jours pour se préparer à la fête de Pâques : c'est ce que nous appelons *carême*.

Il existe différentes versions sur l'origine des quarante jours du *carême* : serait-ce en mémoire du déluge qui dura quarante jours, ou des quarante années pendant lesquelles les Juifs parcoururent le désert, ou même des quarante jours qu'obtinrent les Ninivites pour faire pénitence? ou bien serait-ce pour perpétuer le souvenir des quarante jours de *jeûne* qu'observa Moïse en recevant la loi, ou des quarante jours de jeûne d'Élie? ou enfin a-t-on voulu consacrer par cet usage le jeûne de quarante jours de Jésus-Christ?

L'abstinence du *carême* diffère selon les pays : les Grecs ne s'accordent pas avec les Latins : ils le commencent une semaine plus tôt. Les bornes de cet article ne nous permettent pas de décrire les différentes espèces de *jeûnes* et les variations diverses qu'ils ont éprouvées depuis leur origine; mais, bien qu'on se soit peu à peu relâché de cette rigoureuse pratique, l'institution du *jeûne* n'en est pas moins restée chez les peuples modernes. Les historiens des premiers règnes de la monarchie française citent à cette occasion plusieurs traits qui prouvent tous le respect de leurs contemporains pour cette solennité. Selon Froissart (livre 2, ch. 210), en 1360, lors de l'invasion des Anglais en France, leurs armées et les troupes françaises observaient l'*abstinence* et le *jeûne de carême*.

De nos jours, plus d'un auteur a prétendu que des motifs de bien public devaient engager les habitants de la capitale et des grandes villes à se relâcher de l'observation du *jeûne* du *carême*. Mais, comme l'a dit un illustre écrivain, la remarque est inutile; car *ce sont les riches qui n'ont pas la force de faire carême : les pauvres jeûnent toute l'année.*

Dans un article consacré à l'*abstinence*, nous ne pouvons omettre le mot *abstème*, qui ne boit pas de vin, *ab abstinentia temeti*, suivant l'étymologie adoptée par Quintilien (I, 7), et par Aulu-Gelle (X, 28). Les anciens nous offrent très-peu de détails sur ce terme; c'est aux querelles théologiques des calvinistes et des luthériens qu'il doit toute sa célébrité. On l'emploie rarement en français, et on ne sait pourquoi *Rousseau* s'en est servi préférablement à celui de nazaréen : c'est sans doute parce qu'il avait été élevé parmi les sectes protestantes. L'homme en naissant est nécessairement *abstème*; dans le deuxième livre de son *Émile*, Rousseau semble faire entendre que l'eau pure, naturelle et sans mélange, est la boisson la plus convenable à l'enfance et à tous les âges; *nous serions*, dit-il, *tous abstèmes, si l'on ne nous eût donné du vin dans nos jeunes ans.* Cette opinion est aussi, à très-peu de chose près, celle des auteurs du *Dictionnaire des sciences médicales.*

Chez quelques peuples de l'antiquité, l'*abstinence* du vin était un devoir imposé par les lois. C'était, dans la Judée, un des principaux vœux des Nazaréens. Suivant Xénophon, on ne donnait point de vin aux jeunes Perses durant tout le temps qu'ils fréquentaient les écoles. Les Crétois l'interdisaient à leurs enfants dans les mêmes circonstances. Enfin, au rapport de Pline et d'Aulu-Gelle, dans les premiers temps de la république romaine, toutes les dames devaient être *abstèmes*; et pour s'assurer si elles observaient cette loi, c'était une règle de politesse généralement établie que, chaque fois que des parents ou des amis les venaient visiter, elles les embrassassent sur la bouche.

On connaît à cet égard la loi de Mahomet et ses ordonnances sévères : c'est peut-être à ce genre d'abstinence que les musulmans furent redevables de leurs conquêtes. Leur enthousiasme belliqueux disparut en même temps que leur sobriété. Quels sont, en effet, les tristes résultats de l'intempérance? A la suite d'une partie de débauche, Octave et Antoine s'abandonnent mutuellement les têtes de leurs ennemis; Alexandre, dans l'ivresse, immole Clytus et court incendier Persépolis; le même conquérant expire en voulant vider la coupe d'Hercule.

Charles XII, Tiraqueau, célèbre jurisconsulte du onzième siècle, Balzac, émule et contemporain de Voiture, furent de véritables *abstèmes*.   COURTIN.

ABSTRACTION. (*Philosophie.*) Substantif du verbe *abstraire*; ôter, séparer : exclusion qu'on donne à une ou à plusieurs idées pour s'occuper particulièrement d'une ou de plusieurs autres; en philosophie, acte par lequel nous séparons dans un objet chacune de ses parties, qualités ou propriétés, et dans une pensée chacune des idées qu'elle renferme : dans le sens passif, ce mot au pluriel signifie les conceptions d'un esprit qui, au lieu de s'appuyer sur l'observation, ne travaille que sur ses idées.

Comme procédé de l'entendement, l'abstraction est élémentaire ou comparative; élémentaire, si elle se borne à un seul objet physique ou moral ; comparative, lorsque, séparant de plusieurs idées totales ce qu'elles ont de semblable, elle fixe la conception commune et générale qui en est le produit sous un signe matériel. (*Voyez* GENRE.) L'abstraction est le fondement de la connaissance et de la science dans la doctrine des partisans de l'expérience ; dans celle des philosophes rationalistes, qui attribuent à l'entendement des notions primitives et *congénérées*, la science et la connaissance sont constituées par le concours de l'abstraction et des notions. (*Voyez* NOTION.) L'on distingue l'abstraction des sens, par laquelle chacun d'eux perçoit dans un corps la qualité qui lui est analogue ; l'abstraction de la conscience, qui s'exerce sur le principe pensant, et l'abstraction de l'esprit, qui opère principalement par le langage. La première abstraction des sens est naturelle et spontanée ; elle précède la synthèse, qui nous donne la connaissance des corps ; mais l'abstraction ultérieure que nous opérons sur chacune de nos perceptions est due à l'observation, et c'est par elle que nous découvrons dans les qualités des corps les modifications qui sont l'objet des sciences physiques et des arts qui en dérivent. Telle est la distinction que nous découvrons entre les qualités premières et les qualités secondes, l'étendue tangible et l'étendue visible ; entre les diverses formes et les diverses couleurs ; entre la force, le timbre, le ton et les voix dans le son ; entre les directions et les inflexions du mouvement, etc. (*Voyez* SENSATIONS.)

L'abstraction de la conscience succède à l'abstraction des sens. Elle nous donne les éléments des sciences morales et métaphysiques : par elle, le moi s'ébranche en sujet sensible, sujet actif et sujet pensant, qui toutefois ne peuvent se manifester dans la conscience l'un sans l'autre ; car si l'on excepte les impressions purement organiques et les idées qui semblent naître sans attention et spontanément, il n'est point de sentiment sans acte et sans idée, ni d'idées sans acte et sans sentiment. Voilà pourquoi, outre la faculté productrice des idées que nous divisons en sensation, mémoire, imagination, entendement, jugement, raison, nous trouvons dans toutes les langues des noms de sentiments distingués par la diversité des idées : l'amour de soi, l'amour-propre, la sympathie, la pitié, la bienveillance, l'amitié, l'amour du juste, du vrai, du beau ; et par la tendance que suppose l'amour vers l'objet aimé, les mots de besoins, de désirs, de penchants, de passions, avec leurs divers modes et leurs nuances.

L'esprit s'empare du domaine qui lui est fourni par les sens et par la conscience ; il démêle, dans chaque perception complexe, les perceptions simples et particulières ; il leur donne de la permanence en les nommant, il les réunit en groupe et leur affecte un nom qui lie toute la collection. Par divers points de vue, il décompose ensuite ce groupe artificiel en éléments qui n'ont point de modèle extérieur ; et au moyen de signes qu'il leur impose, il les prépare à toutes les combinaisons de l'intelligence et de la pensée. Tel est le caractère de l'abstraction de l'esprit ou de la réflexion qui pénètre plus ou moins dans l'exercice spontané des sens et de la conscience.

Jusqu'ici nous avons considéré la faculté d'abstraire en elle-même ou dans ses instruments ; il nous reste à la considérer dans la nature des objets qu'elle tire de l'ordre réel pour les faire passer dans l'ordre intellectuel ; ce second rapport va nous donner lieu de fixer la distinction des sciences d'observation et des sciences de raisonnement, et le caractère des sciences physiques et des sciences morales. Les faits de la nature et les faits de l'esprit sont d'un ordre entièrement différent ; les premiers sont variables et d'une multiplicité que l'observation peut rarement apprécier ; les seconds restent fixes du moment qu'ils sont enregistrés, et leur nombre est nécessairement connu. Pour qu'un fait naturel puisse devenir un fait intellectuel, il faut donc que le nombre des circonstances qui l'environnent soit donné et déterminé, que ces circonstances soient invariables ou du moins que leur variation puisse être appréciée, que le degré d'intensité de leur action soit susceptible d'être évalué, et que chacun de ces éléments puisse être amené à un tel état de simplicité qu'il soit représenté par des signes invariables. Alors en opérant sur les signes, on opère sur les faits, et l'on arrive à des résultats constants, absolus, et d'une évidence incontestable. Ainsi, considérant les corps comme des unités, nous les soumettons au calcul arithmétique ; les considérant dans leurs dimensions, nous en tirons les constructions géométriques ; les degrés du mouvement et ses directions nous donnent la mécanique ; le mouvement et les inflexions de la lumière, l'optique ; la propagation et l'intensité du son, l'acoustique ; l'indication des événements d'après un nombre de causes connu, le calcul des probabilités. Les faits qui se dérobent au contraire à la fixité de l'attention, et qui ne peuvent se prêter à une détermination exacte de signes, ne sauraient passer entièrement du domaine de la nature dans celui de l'esprit ; ils ne sauraient tous être évalués en idées précises et déterminées. Ceux-ci ont pour fondement l'analogie, comme dans les sciences morales et politiques et dans presque toutes les branches des sciences physiques, ceux-là ont pour fondement l'abstraction. La limite qui sépare les sciences abstraites des sciences analogiques est donc profondément tracée. Leur identité ne pourrait être que dans une combinaison artificielle de signes, qui, ne pénétrant point au fond des choses, offrirait la précision et la liaison dans les mots et nullement dans les idées. Ce serait l'erreur des esprits forts et méditatifs, habiles à manier le raisonnement. C'est celle de Hobbes, de Condillac, de Condorcet.

Un écueil d'un autre genre attend le métaphysicien : s'il se livre aux recherches physiques, rarement il séparera les phénomènes de la pensée de l'activité des organes, et le sentiment physique du sentiment moral. S'il se plaît aux opérations et aux combinaisons de signes, il voudra ramener au langage tous les procédés de l'entendement. S'il est préoccupé de l'indépendance de la pensée, il s'efforcera de l'affranchir des organes de la sensibilité, et n'attachera de réalité qu'aux phénomènes du moi intérieur. Il abstraira et coordonnera ses abstractions selon la diversité de ses études. Il ne méconnaîtra point toutefois l'existence distincte de la sensibilité organique, de la sensibilité morale, de l'intelligence, du langage; mais il s'efforcera de résoudre ces principes en un principe unique, selon les habitudes de son esprit, le cours de ses idées et l'importance qu'il accorde à la nature de leur objet. Il confondra donc les procédés du sens intime et ceux de l'observation physique; il ne remarquera pas que les mouvements de la sensibilité physique sont aveugles ou excités par la connaissance des choses, et que ceux de la sensibilité morale, toujours éclairés, le sont par la connaissance des personnes; que l'intelligence a sa nature propre et ses lois tantôt dépendantes du langage, tantôt indépendantes; qu'il n'y a point d'assimilation entre ces divers principes qu'une attention naïve distingue, et qu'ils ne peuvent être subordonnés à un seul que par un effort de la réflexion. Cette confusion systématique provient, selon nous, de l'omission ou de l'oubli d'une première abstraction de conscience. D'autres erreurs multipliées sont dues à l'abus de l'abstraction de l'esprit, lorsque, s'élevant par degrés dans l'échelle de l'intelligence, on a négligé de faire une exacte revue des faits qui lui servent d'appui, et de vérifier le résultat sur les données de l'observation; deux règles indispensables, même dans les calculs mathématiques, pour assurer l'exactitude des résultats obtenus par l'abstraction.

Pour plus d'éclaircissement et de développement, consultez Locke, *Essai sur l'entendement humain*, liv. 3.

Condillac, *Essai sur l'origine des connaissances humaines, Logique et Art de penser.*

Leçons de philosophie de Laromiguière, tom. II.

Traité des signes et de l'art de penser, par de Gérando.

Traité de la philosophie de l'esprit humain, traduit de l'anglais de Dugald Steward, tom. I.

Discours mis en tête de la *Logique de Port Royal.*

Les *Principes logiques* de Destutt-Tracy.

SATUR.

ABUS. (*Politique.*) L'abus est le mauvais usage que l'on fait d'une chose d'ailleurs bonne, vraie ou utile.

Les peuples ont souvent dû leur bonheur à la religion, à la royauté, à la liberté, à la noblesse même; souvent aussi les abus de ces choses ont produit le fanatisme, la tyrannie, la licence populaire, et l'oppression féodale.

La conservation des institutions humaines, sages dans leur origine, ne put être confiée qu'à des hommes sujets, comme tous les autres, aux passions, aux erreurs, et dont l'intérêt privé ne fut pas toujours d'accord avec l'intérêt général.

De là, l'abus de la force; dans l'ordre social, l'abus de tout ce que le genre humain avait fondé pour assurer sa conservation et son bonheur.

Un gouvernement imposé aux hommes au nom des dieux dut leur paraître sublime. Ils s'inclinèrent avec respect devant l'interprète de cette puissance invisible qui gouverne l'univers. Le druide inspiré les trouva dévoués et dociles. Prêtre, son pouvoir était grand; homme, son ambition n'était point satisfaite. Il appela à son secours la superstition et le fanatisme; on le prit lui-même pour un dieu. Pour persuader les hommes, il ne pouvait créer la vie, mais il pouvait donner la mort; et, mêlées à de vils animaux, des victimes humaines, frappées du couteau sacré, vinrent ensanglanter les autels.

Seuls ils avaient gouverné les hommes, mais des chefs guerriers et des rois voulurent gouverner à leur tour. Il fallut faire alliance et partager le pouvoir. Les rois dirent aux prêtres : « Annoncez les dieux aux peuples, et nous « vous donnerons une part des dépouilles. » Les prêtres répondirent aux rois : « Partagez « avec nous, et nous dirons aux peuples que les « dieux ont fait les rois. »

D'autres prêtres, en annonçant d'autres dieux, tinrent le même langage : car ils avaient le même intérêt.

Mais pourquoi, dans les temps modernes, une religion véritable et sainte a-t-elle dû éprouver aussi la cupidité de quelques hommes? L'intolérance, la superstition, le fanatisme, ont tenté de travestir la pureté de la morale évangélique. On sait ce que Charlemagne, Philippe-Auguste, saint Louis et Philippe le Bel ont fait pour réprimer les abus du clergé. « Vous n'avez pas le droit, écri- « vait au dernier de ces rois l'orgueilleux Boni-

« face VIII, de conférer des bénéfices, car vous
« nous êtes aussi soumis pour le temporel; et
« ceux qui croiront autrement seront réputés
« hérétiques. » — « Nous en avons le droit,
« répondit Philippe, et ceux qui croiront autre-
« ment seront réputés fous et insensés. »

Tantôt le zèle religieux fait exterminer tous
les juifs de l'Alsace; en vain Louis de Bavière
veut les protéger, sa dévote épouse lui fait
servir de la viande un jour de jeûne. « Puisque
« les juifs sont vos frères, lui dit-elle avec
« indignation, vivez comme les juifs, sans
« respect pour les lois de l'Église. » Tantôt,
abusant de la faiblesse d'un jeune prince, on
épouvante le monde par l'horrible massacre de
la Saint-Barthélemy.

Quel rapport peuvent avoir ces horreurs
avec les principes de l'Évangile et la morale
de Jésus-Christ? Et si l'on abuse à ce point
des choses les plus sacrées, de quoi n'abusera-
t-on pas sur la terre?

Princes et nobles ont-ils fait mieux? Il fut
un temps à Rome où avec de l'or on se faisait
empereur; qu'était l'autorité du sénat, et
celle du peuple lui-même, lorsqu'un seul
homme, dont les largesses avaient séduit le
soldat, était à la fois tribun, proconsul, cen-
seur, grand pontife, et consul s'il le voulait
encore? lorsque, pouvant à lui seul accuser,
juger, faire traîner au supplice l'innocent et
le coupable, il s'embarrassait peu que sa puissance parût injuste et oppressive?

Sage et économe, un empereur redoutait
les soldats avides qui juraient sa mort et désignaient son successeur parmi les plus riches.
Oppresseur et cruel, les conspirations, les
arrêts du sénat le menaçaient à toute heure.
Un tel état de choses troublait Rome et ne
cessait d'épouvanter l'univers.

L'or et la corruption avaient aussi perdu la
Grèce, et depuis longtemps la tribune de Démosthène n'était occupée que par les lâches
flatteurs des tyrans. En France, depuis le supplice de Brunehaut, les maires avaient gouverné
sous les rois; mais la famille des Pepin s'éleva,
et les princes furent esclaves. La seconde race
tendit à détruire ce pouvoir immense usurpé
par les maires; mais, dans ces débats, rien
ne fut fait pour la nation, et elle parut seule
rester neutre dans sa propre cause. Longtemps
elle ignora à qui resterait le pouvoir, mais
elle n'était que trop sûre d'être opprimée
par le vainqueur, quel qu'il fût.

« C'était de bonne foi qu'un roi considérait
alors son peuple comme une propriété dont il
pouvait user et abuser à son gré; et l'ordre
de succession sembla toujours établi moins
dans l'intérêt de l'État que pour la seule commodité de la famille régnante (1). »

(1) Montesquieu.

Le prince, accoutumé aux abus, dédaigna
même souvent jusqu'aux plus simples formalités de la loi, non qu'elles lui parussent dangereuses, mais parce qu'il les croyait indif-
férentes. Le jugement des Guises eût épouvanté la ligue; leur mort ne fut considérée que
comme un assassinat, et leur parti en fut fortifié, comme celui des protestants par la mort
de Coligny.

Cependant le peuple, étranger à ces grandes
querelles entre les rois et les nobles, était sans
cesse invoqué par les uns et par les autres.
C'était à lui que s'adressait le duc de Berry
lorsque, l'appelant au secours des gentilshommes armés contre Louis XI, il reprochait,
dans ses manifestes, au roi son frère d'avoir
des ministres « qui forçaient les tribunaux à
« juger non selon la justice, mais selon leurs
« volontés. » Le peuple sentit que ces reproches étaient fondés, mais il sentit aussi qu'un
maître était plus supportable que cent maîtres, et il prêta son appui au roi, qui terrassa
et humilia ses ennemis.

Les abus de toute espèce, dont je ne rappelle qu'un petit nombre, devaient un jour
frapper la multitude éclairée. Quand le moment fut venu, elle jeta un regard en arrière,
et se demanda quel était le sort de l'Europe
depuis onze siècles. Elle vit cette belle partie
du monde écrasée par l'empire romain, déchirée par les barbares, dévastée par les Normands, en proie à l'anarchie des fiefs, aux
malheurs des croisades, aux querelles sanglantes des prêtres, des rois et des orgueilleux patriciens, enfin, opprimée par une foule
de despotes subalternes, changeant de maîtres sans changer de sort, et désolée également
par la torche du fanatisme et le fer des
guerriers ambitieux. Dès lors on osa parler
de lois et de réformes. Le mot de liberté retentit dans les airs. L'Angleterre la première
déclara la guerre aux abus, et elle abusa de
ce qu'elle venait de conquérir. L'anarchie et
Cromwel, qui succéda à l'anarchie, se chargèrent du soin de la punir. Cette leçon devait
servir à la France : une révolution eut lieu;
c'était encore les abus qu'il fallait détruire, et
le peuple abusa encore de ses droits et de sa
liberté.

Puisqu'il est vrai que l'exemple de l'histoire ne nous a point servi, profitons du
moins de notre propre expérience; sachons
bien, et gardons-nous d'oublier, qu'un mal
quelconque n'est pas plus à craindre qu'un
bien dont on abuse. Certes la religion, si con-
solante et si douce au cœur des hommes; la
royauté, maintenue dans les limites qu'impose le bien public; protégeant tous les citoyens et n'opprimant personne; la noblesse,
servant d'intermédiaire entre le trône et le
peuple, assez forte pour comprimer l'arbi-

traire, et trop faible pour tyranniser à son tour : toutes ces choses non-seulement sont compatibles avec le bonheur des nations, mais peuvent encore fonder leur repos et assurer leur puissance. Mais j'ai dit ce qu'il en avait été jusqu'à notre temps; j'ai dit aussi où conduisait l'abus des forces populaires. Que faut-il en conclure? que même dans tout ce qui est juste et bon la modération est nécessaire. Nous sommes à l'époque du patriotisme et de la philosophie. Ces deux vertus ont aussi leurs abus. La première peut conduire à l'égoïsme national, qui n'attache à la patrie qu'en isolant du reste de l'humanité; l'autre, ennemie de l'intolérance, doit se garder de l'imiter dans ses fureurs, et se rappeler sans cesse que certains hommes, s'ils ne sont pas plus que les autres, sont du moins autant qu'eux et ont droit aux mêmes égards. Sachons être fermes pour réclamer nos droits; mais sachons être modérés en les exerçant. Quoi qu'en disent les fanatiques de tous les partis et de toutes les sectes, la modération est forte et puissante, car son empire peut être éternel, quand celui des passions est inconstant et passager comme elles. Défions-nous des hommes, et demandons des institutions; car les hommes ont des caprices, et les choses n'en ont pas. Puis, avec le passé, léguons le présent à la postérité, et disons-lui : Si les hommes furent malheureux, c'est qu'ils abusèrent de tout. Ne souffrez pas que d'autres abusent, et vous-mêmes n'abusez de rien.

Courtin.

ABUS D'AUTORITÉ. (*Législation.*) On appelle ainsi les excès auxquels peuvent se porter des fonctionnaires publics contre les particuliers ou contre la chose publique. Le code pénal spécialise quatre cas d'abus d'autorité contre les particuliers : 1° les violations de domicile; 2° le déni de justice; 3° les violences employées sans motif légitime pour l'exécution d'un mandat de justice ou d'un jugement; 4° l'ouverture des lettres confiées à la poste; — et un seul contre la chose publique, à savoir celui où un fonctionnaire aurait empêché l'exécution des lois, ordonnances ou mandats de justice émanés de l'autorité légitime. — Le Code pénal n'a prévu que les cas très-graves d'abus d'autorité; il en est d'autres qu'il eût été difficile de prévoir et pour lesquels la partie lésée doit avoir recours à l'autorité compétente.

De Friess-Colonna.

ABUS (Appel comme d'). (*Législation.*) Le mot abus a longtemps été spécialement employé pour désigner les entreprises des ecclésiastiques contre la juridiction et les droits des laïques. Lorsqu'il y a abus de ce genre, pour l'arrêter on en interjette appel.

Dans l'ancien droit français, les appels comme d'abus étaient déférés tantôt aux parlements ou aux conseils souverains, comme ceux de Roussillon et d'Alsace (règlement de 1695, art. 35), tantôt au conseil du roi (édit du mois de juillet 1775). Ainsi la limite de la juridiction dans laquelle tombait l'appel comme d'abus n'était pas bien fixée. De nos jours, la législation a également flotté; on a eu deux fois le projet de déférer la connaissance des appels comme d'abus aux cours royales, mais ils sont restés dans les attributions du conseil d'État.

L'État, en se séparant de l'Église, et en la laissant se gouverner selon ses canons, n'a pas entendu renoncer au droit de surveillance qui est l'essence de sa nature et permettre qu'il y ait dans son sein des individus tellement indépendants qu'ils échappent à son pouvoir. Le caractère religieux du prêtre ne peut lui faire perdre sa qualité innée de citoyen. Si pour la conservation de ses intérêts il réclame la protection de l'État, l'État doit pouvoir exiger de lui l'obéissance et l'assurance qu'il ne troublera point l'ordre public. Lorsque le prêtre manque au respect qu'il doit au gouvernement établi et abuse de sa position, celui-ci doit le rappeler à ses devoirs, pour faire cesser le désordre.

Il y a deux sortes d'abus pour lesquels il peut y avoir recours au conseil d'État : 1° l'abus commis par un ecclésiastique; 2° l'abus commis par un fonctionnaire laïque touchant des droits ecclésiastiques.

La loi du 18 germinal an x désigne comme abus commis par les ecclésiastiques :

1° L'usurpation ou l'excès de pouvoir;

2° La contravention aux lois et règlements de l'État;

3° L'infraction des règles consacrées par les canons reçus en France; l'attentat aux libertés franchises et coutumes de l'Église gallicane;

4° Toute entreprise ou tout procédé qui dans l'exercice du culte peut compromettre l'honneur des citoyens, troubler arbitrairement leur conscience, dégénérer contre eux en oppression ou en injure ou en scandale public.

L'abus commis par un fonctionnaire public laïque a lieu lorsque celui-ci porte atteinte à l'exercice public du culte et à la liberté que les lois et règlements garantissent à ses ministres.

Il peut y avoir recours toutes les fois qu'il y a abus. Ce recours doit être formé par toute personne intéressée; il peut aussi être exercé d'office par le préfet, et même directement par le ministre des cultes.

La personne formant ce recours doit adresser un mémoire détaillé au ministre des cultes, lequel fait son rapport, après avoir pris les renseignements convenables. L'affaire se poursuit alors administrativement, et se termine par une ordonnance royale délibérée en conseil d'État. Lorsque l'abus est reconnu, l'ordonnance déclare qu'*il y a abus*, et, quelquefois, lorsqu'il s'agit d'un mémoire ou de toute autre publication, la suppression en est ordonnée. C'est là toute la pénalité portée contre l'abus ; ce n'est qu'une simple censure qui, bien qu'elle vienne du roi, a de nos jours fort peu de valeur. Sous l'empire, quoiqu'il n'y eût pas encore lieu à remarquer l'insuffisance de cette disposition, on avait songé cependant à établir une pénalité plus forte ; c'est ce qu'annonçait le décret du 25 mars 1813. Mais le projet de loi ne fut point présenté, et les choses sont restées en leur premier état.

Quand y a-t-il abus? A quoi le reconnaît-on? Nous avons dit plus haut qu'il y a abus lorsqu'il y a excès de pouvoir. Il y a des cas où l'abus est patent ; d'autres où il est moins facile à saisir. Nous dirons cependant qu'il y a abus dans le refus public de donner les sacrements ou la sépulture ; d'accepter pour parrain ou marraine telle ou telle personne ; car alors non-seulement il y a infraction aux canons, mais il y a injure contre les personnes. Il y a encore abus dans les reproches adressés publiquement dans l'église ou bien dans la publication faite au prône d'un objet étranger au culte : dans ces deux cas il peut y avoir du scandale. Il y a encore abus dans la célébration religieuse du mariage donnée avant qu'il ait été justifié de l'acte de mariage civil ; enfin, il y a abus dans le mémoire d'un évêque (mémoire auquel ont adhéré d'autres évêques) sur un projet de loi en discussion.

Nous ne pouvons énumérer ici tous les cas d'abus qui peuvent se présenter ; ceux que nous avons indiqués suffisent pour faire voir que ce délit ne peut être de la compétence des tribunaux ordinaires. Il serait à souhaiter cependant que cette matière fût réglée d'une manière plus précise et que la déclaration d'abus, au lieu d'être une simple censure dont on fait peu de cas, fût, comme l'avait voulu l'empereur, suivie d'une véritable pénalité.

Traité des deux puissances, ou *Maximes sur l'Abus*, par l'abbé de Foy, 1752, in-12.
Questions de droit administratif, par M. de Cormenin, 1826, 2 v. in-8°.

DE FRIESS-COLONNA.

ABYDOS, TABLE D'ABYDOS. (*Histoire.*) Les géographes anciens nomment deux villes d'*Abydos* :

L'une située en Mysie, sur la rive méridionale de l'Hellespont, en face de Sestos, dans un des endroits les plus resserrés, puis-que Hérodote ne l'évalue qu'à environs sept stades. Ce lieu, cité par Homère, Hérodote, Thucydide, Xénophon, Diodore, Strabon, Tite-Live, Mela, Ptolémée, etc., a joué, à diverses époques, un certain rôle dans l'histoire, principalement sous le règne de Philippe II ; mais il est surtout célèbre pour avoir été, avec Sestos, le théâtre des amours d'Héro et de Léandre.

L'autre est dans la haute Égypte, près de la rive gauche du Nil. Son nom égyptien est *Ebot*, dont les Grecs ont fait *Abydos* ; c'est une des plus anciennes villes de l'Égypte, très-florissante jadis, étant à la plus courte distance du Nil à la grande Oasis, et conséquemment au point où devaient déboucher les caravanes qui venaient du Darfour et du Khordofan.

Strabon parle d'un ancien édifice qui décorait cette ancienne ville, et qu'il appelle *Memnonium*. D'après les ruines qui en subsistent, on voit que cet édifice n'avait rien de commun, comme on l'avait cru, avec *Aménophis*, dont les Grecs avaient fait *Memnon*. J'ai montré ailleurs que le mot *Memnonia* désignait en égyptien un lieu consacré aux sépultures, et que ce mot, employé ici par Strabon, doit s'entendre d'un édifice analogue à plusieurs de ceux de la rive gauche à Thèbes, qui étaient des monuments à la fois religieux et funéraires.

Abydos, qui paraît avoir été un des principaux sanctuaires du culte d'Osiris, a dernièrement acquis une grande célébrité, par suite de la découverte qu'on y a faite d'une inscription hiéroglyphique qui a reçu le nom de *Table d'Abydos*.

Cette inscription, gravée sur le mur latéral d'un petit temple, principalement creusé dans le roc, a été découverte par M. J. W. Bankes en 1818, dans une fouille entreprise pour obtenir un plan exact des ruines d'Abydos. M. Cailliaud la trouva ensuite en 1822, et en envoya en France un dessin qui fut publié par Champollion dans sa seconde lettre à M. de Blacas. Ensuite, elle l'a été plusieurs fois : d'abord par Salt, puis successivement par MM. Burton, Wilkinson et d'autres savants. De toutes ces copies, la plus complète est celle de M. Cailliaud ; et la plus exacte, celle de M. Wilkinson. L'arrivée en Europe de cette table a permis d'en tirer des copies d'une parfaite exactitude, qui ont été publiées dans l'ouvrage de MM. Arundales et Bonomi et dans le *Journal des savants* de mars 1845.

Le sujet de cette inscription a été parfaitement compris par Champollion. Il y a vu une *table chronologique* des ancêtres de Ramessès III ou Sésostris le Grand. Le commencement manque ; mais on remonte de ce prince au moins jusqu'aux rois de la seizième dynastie, désignés seulement par leurs prénoms distinctifs ; comme ces prénoms royaux se retrouvent sur d'autres monuments accompagnés des *noms propres* (*Ramessès*, *Aménophis*, *Thouthmosis*, etc.), on applique sans difficulté ces noms aux prénoms de la *Table d'Abydos* ; et ce monument prend ainsi une autorité historique, à laquelle on ne peut encore rien comparer dans l'antiquité égyptienne.

M. Mimaut le fit enlever du mur, lorsqu'il était consul général de France à Alexandrie. Il l'avait rapporté en France. A sa mort, la table d'Abydos fut achetée, pour le *British Museum*, où elle est à présent déposée.

LETRONNE.

ABYSSINIE. (*Géographie.*) Grand pays de l'Afrique orientale au sud de la Nubie. Les limites qui le séparent de cette contrée, de celle des Gallas au sud et au sud-ouest, et du royaume d'Adel au sud-est, varient suivant le sort incertain des armes. Si l'on y comprend les côtes de la mer Rouge à l'est de l'Abyssinie, qui autrefois dépendaient immédiatement de ce royaume, et les provinces occupées par les Gallas, il peut avoir 200 lieues de longueur du 15e au 17e degré de latitude nord, sur 230 lieues de largeur du 32e au 42e degré de longitude est de Paris. L'Abyssinie forme un plateau doucement incliné au nord-ouest, avec deux grands escarpements, l'un à l'est vers la mer Rouge, l'autre au sud vers l'intérieur de l'Afrique. Les plus hautes cimes sont le Lamalmon, l'Amba-Gédéon, le Samen, le Naméra ; la neige ne reste un certain temps que sur ces deux dernières.

Un grand nombre de rivières considérables arrosent ce pays ; la plus célèbre est le Bahr-el-Azreck ou Nil d'Abyssinie, l'Astapus des anciens, qui traverse le lac de Dembea. Ce sont les sources de cette rivière que Bruce a prises pour celles du Nil d'Égypte : elles avaient été découvertes avant lui, en 1618, par le P. Paëz, missionnaire portugais.

L'élévation du sol, l'abondance des pluies pendant certaines saisons, les nombreux courants d'eau, rendent le climat des parties hautes de l'Abyssinie plus tempéré que sa position géographique ne le ferait croire ; mais dans les plaines et les vallées basses, les chaleurs sont étouffantes à l'intérieur du pays. La saison des pluies, qui commence en juin, dure jusqu'en septembre ; elles sont fréquemment accompagnées d'orages affreux, et si abondantes qu'elles font suspendre tous les travaux et même cesser les opérations militaires. Les mois les plus sereins sont ceux de décembre et de janvier. Sur les bords de la mer Rouge, à l'est des montagnes, la saison des pluies commence lorsqu'elle a pris fin dans l'intérieur.

Les voyageurs qui ont visité cette contrée montagneuse ne parlent pas des mines qu'elle doit renfermer ; quelques relations disent néanmoins qu'il s'y en trouve de fer, de cuivre et de plomb ; probablement leur exploitation est très-imparfaite. On retire de l'or extrêmement pur du lavage des sables et graviers de quelques fosses peu profondes. On trouve l'or le plus fin au pied de quelques montagnes des provinces occidentales. Dans les plaines situées au bas de la chaîne, on rencontre du sel gemme en cristaux d'une dimension considérable (1).

De vastes forêts couvrent plusieurs cantons de l'Abyssinie ; on y remarque le cusso, le vouginos, l'érythrine à fruit de corail, le tamarinier, diverses espèces d'acacias épineux, le dattier et d'autres arbres curieux. Le cafier croît spontanément sur quelques montagnes : les plus arides nourrissent des euphorbes ligneuses.

L'on cultive le sorgho ou millet, le froment, l'orge, et le tef, graminée du genre des poas, dont la graine est extrêmement mince et sert à faire des gâteaux. Deux récoltes ont lieu tous les ans, l'une pendant la saison des pluies, en juillet, août ou septembre ; l'autre au printemps : dans quelques endroits la terre donne jusqu'à trois récoltes. L'enseté, espèce de bananier, et la vigne obtiennent aussi les soins des Abyssins, mais ils font peu de vin ; ils aiment mieux une espèce d'hydromel. Les jardins offrent plusieurs espèces d'arbres fruitiers et de légumes, les champs produisent des plantes oléagineuses inconnues en Europe. On trouve en Abyssinie le cypérus à papier, l'arbre qui donne le baume de Judée, et celui de la myrrhe ; enfin les campagnes sont embaumées de l'odeur suave qu'exhalent les roses, les jasmins, les lis et les œillets.

Beaucoup de bêtes féroces, entre autres les lions, les léopards, les panthères, les lynx bottés, les hyènes, infestent l'Abyssinie. La girafe, diverses espèces de gazelles, des singes, des sangliers, des buffles, l'éléphant, le rhinocéros à deux cornes, et l'hippopotame, se trouvent aussi dans ce pays. Quelques voyageurs ont dit que le zèbre y errait au moins dans les provinces méridionales ; ils font aussi mention de l'achkoko, petit animal de la famille des pachydermes. Les bœufs sont très-gros ; l'âne et le mulet remplacent le cheval dans cette région montagneuse ; les lacs et les rivières sont remplis de crocodiles. Les oiseaux aquatiques y sont rares ; plusieurs oiseaux singuliers font l'ornement des campagnes et des forêts ; on y voit plusieurs espèces d'aigles et l'autruche. On ne connaît pas bien les sortes de poissons de cette contrée. Les abeilles y

____

(1) Voyez la fin de cet article, col. 120 et suiv.

donnent un miel excellent. Quelques-unes construisent leurs ruches sous terre. Les sauterelles causent quelquefois des dégâts effroyables; mais l'insecte le plus funeste est le zemb ou tsaltsalya, espèce de mouche dont la vue et même le seul bourdonnement répand plus de terreur et de désordre parmi les animaux que tous les monstres de ces contrées ne pourraient en causer quand ils seraient le double plus nombreux qu'ils ne sont.

Les Abyssins sont d'une taille élancée et bien prise; ils ont les cheveux longs et les traits du visage assez semblables à ceux des Européens; leur teint est bronzé ou d'un brun foncé; quelques-uns l'ont d'un brun olivâtre, d'autres de la couleur de l'encre pâle. On aperçoit dans leur physionomie quelques vestiges de celle des nègres. Les Énaréens, qui habitent dans le sud-ouest, ont le teint le plus clair; les Chihos, qui vivent sur les côtes de la mer Rouge, sont les plus noirs; les Hazortas, leurs voisins, sont cuivrés.

Au milieu de l'Abyssinie vivent des peuples barbares presque semblables aux nègres; ils demeurent dans les cavernes et dans les bois. Ce sont les Agôs, les Founghis, les Gougas, les Gafates et les Gallas, qui occupent actuellement plusieurs provinces de ce pays. Les Falasjas sont une tribu juive qui formait autrefois un État à peu près indépendant.

Une nouvelle dynastie monta sur le trône : elle professait le judaïsme; au bout de cinq générations elle s'éteignit; celle qui lui succéda embrassa le christianisme. Cette dynastie zagaïque rendit volontairement la couronne, en 1268, à un prince de l'ancienne race salomonique, qui s'était conservée dans la province de Choa. Celle-ci y fixa sa résidence, qu'elle transféra ensuite à Gondar (1). Elle règne encore aujourd'hui, mais elle ne possède plus la totalité de l'Abyssinie.

Des guerres civiles désolèrent ce pays. Vers la fin du dix-huitième siècle, elles le bouleversèrent entièrement; les Gallas en envahirent une partie. L'Abyssinie est aujourd'hui divisée en trois États indépendants les uns des autres : le Tigré au nord-est, l'Amhara à l'ouest, les provinces de Choa et d'Effat au sud. Le rejeton de la race de Salomon végète obscurément à Gondar, dans une province de l'Amhara; un ras ou vice-roi a la réalité du pouvoir; un autre ras commande sans contrôle dans le Tigré : il a dans sa dépendance l'ancienne métropole d'Axum, et règne de fait. Sa résidence est Antalo, dans la vallée de Chelicut. Les Gallas occupent en maîtres les deux provinces du sud, et, par leurs incursions,

tiennent l'Amhara dans des alarmes continuelles. Leur capitale est Ankober. Cet état de choses représente assez bien celui de l'Europe féodale vers le treizième siècle.

A l'est du Tigré, différents territoires sont gouvernés par des chefs qui tous ne reconnaissent pas également l'autorité du ras. Enfin la côte d'Abesch, ou la lisière comprise entre les montagnes et la mer Rouge, et dont la partie méridionale a été nommée Dankali, est peuplée par les Hazorta, les Bejah, les Chiho, les Danakil, les Goba et d'autres hordes barbares, qui n'obéissent qu'à leur chef indigène. Les ports de Massouah et de Souakem sont entre les mains des mahométans, commandés aujourd'hui par des lieutenants du pacha d'Égypte. Leurs extorsions font le plus grand tort aux relations commerciales de l'Abyssinie de ce côté.

Une partie de cette côte aride et sablonneuse est inhabitable, à cause du manque d'eau et de l'excès de la chaleur; dans la saison des pluies, les lagunes fréquentes le long du rivage se remplissent de même que les puits creusés par les habitants. Des dattiers et d'autres arbres couvrent les îles et les plages. Le fond de la mer, peu profonde, abonde en corail. Un peu de pain, du poisson, du lait de chèvre ou de chameau, rarement la chair de ces animaux, font la nourriture des habitants. Les creux des rochers furent dans les temps anciens et sont encore leurs demeures : c'est de là qu'est venu le nom de Troglodytes, par lequel on les désignait. La misère de ces hommes est si grande qu'ils ne peuvent offrir que de l'eau aux étrangers qui abordent chez eux : sous leur climat brûlant c'est un présent inestimable. Des voyageurs rapportent que les femmes danakil ont la physionomie fort agréable.

L'empereur d'Abyssinie prend le titre de *Neguça Nagast'z Aitiopia*, roi des rois d'Éthiopie; ce qui l'a fait désigner par quelques voyageurs sous le nom de *Grand Négus*. Certains écrivains l'ont aussi nommé *Prêtre-Jean*, par suite de l'ancienne confusion de l'Inde avec l'Éthiopie. On savait que le monarque de l'Abyssinie était chrétien, et on ne crut pouvoir lui attribuer une dénomination plus convenable que celle qui impliquait des fonctions sacerdotales. Ce nom, qui prit naissance au milieu des ténèbres du moyen âge, est une corruption de *Presta-Kan*, prêtre roi. Il appartenait à un prince mogol, de la secte des nestoriens; les relations italiennes le travestirent en *Prêtre-Gianni*. Le premier voyageur qui parla de ce prêtre Jean, le plaça dans l'Inde habitée par des nègres. Or, lorsque les Portugais, dans le cours de leurs découvertes, furent arrivés au Congo, ils apprirent des habitants que, très loin derrière eux, vivait dans l'intérieur de l'Afrique un prince chrétien; il

(1) Voy. un *fragment sur Gondar et le Négus* inséré dans le Xe vol. de la 2e série du *Bulletin de la société de géographie*, par le Dr Aubert, p. 145.

n'en fallut pas davantage pour transformer le Grand-Négus en Prêtre-Jean.

Quoique doués de bonnes qualités, car ils sont affables, prévenants et hospitaliers, et de dispositions heureuses qui se manifestent chez ceux auxquels l'éducation permet de les développer, les Abyssins, entourés de peuples à demi sauvages et dégradés par le gouvernement despotique, languissent dans un état voisin de la barbarie. Leur bravoure n'étant pas dirigée par la tactique ne leur sert qu'à se faire massacrer en plus grand nombre s'ils succombent dans le combat. Vainqueurs, ils se livrent à une extrême férocité, et dans leurs triomphes, peu fréquents, ils portent en trophée les parties sexuelles de leurs ennemis restés sur le champ de bataille. Bruce, voyageur anglais, qui raconte cette coutume atroce, est d'accord sur ce point avec Ludolf. C'est aussi lui qui dit que, dans leurs festins d'apparat, les Abyssins découpent, pour les manger sur-le-champ, des tranches de chair d'un bœuf vivant dont le sang ruisselle dans le vestibule, et dont les mugissement se mêlent aux cris de joie des convives ; il ajoute que l'hydromel, renforcé d'opium, anime la brutale gaieté de ces odieux banquets. Un autre Anglais, M. Salt, qui a visité l'Abyssinie depuis Bruce, affirme que sur ce point, comme sur quelques autres, son compatriote a exagéré les faits. Il convient que les Abyssins mangent de la viande crue, qu'ils assaisonnent d'une sauce de sang frais ; il convient que cette chair crue est servie pendant que les fibres sont encore palpitantes, mais il assure que l'on commence par séparer la tête du corps de l'animal. Il dit aussi que Bruce s'est trompé en racontant que les grands seigneurs abyssins, par l'effet d'une indolence dédaigneuse, se font mettre par leurs serviteurs les aliments dans la bouche. Du reste, les Abyssins se feraient scrupule de manger avec d'autres qu'avec des chrétiens.

Les maisons des Abyssins sont des cabanes rondes, couvertes d'un toit conique. Ils ont pour vêtement une robe de coton et une espèce de manteau. Les enfants vont nus jusqu'à l'âge de puberté. Quelques tapis de Perse, de la poterie de terre noire, forment leurs principaux objets de luxe. Les arts et les métiers sont en grande partie abandonnés aux étrangers, et surtout aux juifs ; ces derniers sont les seuls forgerons, maçons et couvreurs qu'il y ait dans le pays.

Les rois et les ras ont auprès d'eux des bouffons qui plaisantent tout le monde, comme le faisaient les fous que les princes de l'Europe entretenaient autrefois à leur cour, et qui, de même, disent parfois des vérités.

Chez un peuple vif et gai comme le sont les Abyssins, les mariages, les naissances, en un mot tous les événements importants sont célébrés par des fêtes et des réjouissances. C'est, dit M. Salt, une chose remarquable que la joie et la bonne intelligence qui règnent dans ces réunions ne soient pas troublées par les scènes d'ivresse qu'elles ne manquent jamais de produire. Il est très-rare qu'en pareille occasion il s'élève une querelle entre les personnes d'un rang élevé.

Le principal amusement des classes inférieures dans les fêtes qui suivent la fin du carême, est le jeu du kersa, qui ressemble beaucoup au mail. De grandes troupes se réunissent ; quelquefois des villages entiers se défient réciproquement. Dans ce dernier cas, la partie est vivement disputée, et lorsque les joueurs sont à peu près d'égale force, il faut souvent une journée entière pour la décider. Les vainqueurs retournent chez eux en dansant et en poussant de grands cris, et sont reçus au milieu des acclamations des femmes de leur parti. Souvent on s'échauffe tellement de part et d'autre, que les antagonistes s'accablent mutuellement d'injures et s'adressent des menaces terribles ; enfin, comme cela n'arrive que trop souvent dans des pays bien plus policés, on en vient aux coups ; mais alors même on ne se sert que des crosses avec lesquelles on a joué : toutefois plus d'un combattant est laissé mort sur la place.

Il n'est pas étonnant que les Abyssins, joignant à une imagination vive une grande ignorance, soient en proie aux idées les plus extravagantes et les plus absurdes. Ils croient que la plupart de leurs maladies sont causées par la funeste influence de l'esprit malin. Ils supposent à tous les ouvriers en fer la faculté de se transformer en hyènes pendant la nuit et de se repaître alors de chair humaine, et sont persuadés que, si ces hommes sont blessés durant leur métamorphose, la plaie se retrouve à la partie correspondante de leur corps lorsqu'ils ont repris leur forme naturelle. Du reste cette opinion existait chez les Grecs et les Romains.

Plusieurs usages des Abyssins rappellent ceux du peuple hébreu avant le règne de Salomon. M. Salt dit qu'il fut si frappé de cette ressemblance que parfois il avait peine à ne pas s'imaginer qu'il se trouvait au milieu des Israélites, et que, reporté à quelques mille ans en arrière, il vivait au temps où les rois étaient pasteurs et où les princes de la terre, armés de lances et de frondes, allaient sur des ânes ou des mulets combattre les Philistins. Les Abyssins nourrissent contre les Gallas les sentiments de haine invétérée dont les Israélites étaient animés contre leurs ennemis.

Presque tout le commerce de l'Abyssinie a lieu par Adoueh, ville du Tigré ; on y apporte de Massouah du plomb, de l'étain, du cuivre, des feuilles d'or, de petits tapis de Perse de couleur éclatante, mais à bas prix; de la soie écrue, du coton, du velours, du drap de France, des maroquins d'Égypte, de la verrerie et de la verroterie de Venise; la plupart de ces marchandises, qui viennent d'Europe, sont expédiées d'Égypte par mer à Djeddah, sur la côte d'Arabie, d'où elles vont à travers le golfe à Massouah. L'Abyssinie commerce aussi par des caravanes avec l'Égypte; mais les marchands sont exposés à mille périls dans le long trajet par terre qui sépare les deux pays, et surtout en traversant la Nubie. L'Abyssinie fournit aux pays étrangers de l'ivoire, de l'or, enfin des esclaves, cette marchandise si commune en Afrique.

Le commerce intérieur ne peut que souffrir beaucoup des troubles continuels du royaume. Cependant Adoueh a des fabriques de toiles de coton fines et grossières. La matière première est fournie par les territoires que baigne le Tacazze; ce coton passe pour meilleur que celui que l'on tire de Massouah. Gondar a aussi des manufactures de toiles, de qualité inférieure à celles d'Adoueh. Les provinces situées au sud de cette dernière ville abondent principalement en bétail et en grains. On fabrique dans la province de Samen de petits tapis que M. Salt a trouvés bien supérieurs à ce qu'il s'attendait à voir sortir des ateliers de l'Abyssinie. Les habitants d'Axum et des environs sont renommés pour la préparation du parchemin. On façonne le cuivre et le fer dans toute l'étendue du royaume, mais les chaînettes de ce dernier métal les mieux finies viennent des provinces du sud; on dit qu'elles sont l'ouvrage des Gallas.

Les Abyssins aiment beaucoup les peintures. Les murs de leurs églises en sont couverts: il n'est pas de chef qui ne soit charmé d'avoir un tableau peint sur une des parois de sa salle principale. Les peintres abyssins exagèrent toujours d'une manière étrange les dimensions de l'œil, et représentent constamment le visage de face, excepté lorsque le personnage est un juif; alors ils le montrent de profil.

Il est difficile d'avoir des données précises sur la population d'un pays gouverné d'une manière si peu régulière. On a évalué le nombre des habitants à 3,500,000. Ce nombre n'offre rien d'improbable. Il est même très-faible relativement à la surface du pays. Les revenus des souverains proviennent de la dîme en nature de toutes les productions des domaines, des péages, du tribut payé par les gouverneurs.

Pierre Covilham, Portugais, fut envoyé par son gouvernement en Abyssinie, à la fin du quinzième siècle. On pense qu'il y fut retenu par force; il y finit ses jours. Les Portugais y envoyèrent ensuite une ambassade pompeuse qui fut suivie de tentatives pour y établir la religion catholique; il en résulta des guerres qui ne finirent que vers le milieu du dix-septième siècle. Elles engendrèrent une haine profonde contre les chrétiens de l'Europe. Poncet, médecin français, alla en Abyssinie en 1700, pour guérir le roi d'une maladie devant laquelle l'art des docteurs du pays avait échoué; il réussit, et put quitter le royaume. Des missionnaires, guidés par leur zèle, essayèrent ensuite d'y pénétrer: ils périrent. Enfin en 1769, James Bruce, Écossais, excité par le désir de voir un pays si curieux, y arriva, y fit un long séjour, et en parcourut quelques provinces. Depuis son retour en Europe, jusqu'en 1805, aucun voyageur n'avait obtenu la permission d'entrer en Abyssinie. A cette époque, M. Salt y parvint, et laissa en partant quelques-uns de ses compatriotes, pour essayer d'établir des relations commerciales entre cette contrée et sa patrie: il y est retourné en 1809, et en est reparti sans avoir pu effectuer son projet.

[Dans ces dernières années, l'Abyssinie a attiré de nombreux voyageurs; des savants, des missionnaires, des commerçants l'ont visitée et ont publié leurs observations. Les voyageurs français particulièrement se sont dirigés de ce côté, et le *Bulletin de la Société de géographie*, depuis l'année 1837, est rempli de leurs correspondances et de leurs travaux. C'est à ce recueil que MM. Combes et Tamisier ont adressé les premiers extraits de leur intéressant voyage, malheureusement déprécié par les sévères reproches du docteur Rüppell et par la négligence qu'ils ont apportée au tracé et à la rédaction de leur carte; c'est à la Société de géographie qu'ont été communiqués les journaux de M. Dufay, mort après de longues et consciencieuses recherches en Abyssinie; on trouve encore dans ce recueil de nombreuses lettres de M. Ant. d'Abbadie, contenant d'excellents conseils adressés aux voyageurs futurs, de judicieuses et exactes rectifications de cette même carte de MM. Combes et Tamisier, de longs itinéraires et surtout de curieuses informations sur les idiomes des tribus abyssiniennes; une description importante du royaume d'Adel et du Choa, envoyée par M. Rochet d'Héricourt; et enfin un travail complet sur la géographie positive de l'Abyssinie, dû à M. Lefebvre, officier de la marine royale (*Bullet. de la Société de géographie*, XIVe vol., 2e sér.). Mais le voyage le plus intéressant, le plus varié et le plus exact qui ait été publié est celui du docteur Rüppell, l'un des plus savants naturalistes de l'Allemagne: indépendamment des itinéraires, des observations géographiques, ce livre contient un travail géologique entièrement neuf et d'une grande portée, des faits nombreux d'histoire naturelle, des réflexions justes et profondes sur l'état politique et social du pays, et enfin un tableau des révolutions qui l'ont si longtemps agité. Toutefois il faut mentionner encore les lettres du savant docteur Beke, qui ont excité partout, mais principalement en Angleterre, un vif intérêt par les résultats scientifiques qu'elles contenaient. Enfin, dans la séance du 28 octobre 1844 de l'Académie des sciences, M. Arago a fait un long rapport sur les travaux exécutés en Abyssinie par MM. les capitaines d'état-major Galinier et Ferret; ces travaux, encore inédits, paraissent égaler en importance, en variété, et, on peut le dire après les éloges de la commission de l'Institut, en autorité, le savant ouvrage du docteur Rüppell. Ces officiers, partis en 1839 avec une mission du ministre des affaires étrangères, ont voyagé pendant trois ans et quatre mois sur la côte orientale d'Afrique et en Arabie, et ont consacré vingt mois à l'exploration d'une grande partie du Tigré et du Sémen, des rives du lac de Dembea, etc. La géographie de ces pays, la météorologie, la physique du globe, la géologie, l'histoire naturelle, tout a fixé leur attention et a été pour eux l'objet de précieuses et utiles observations. MM. Galinier et Ferret ont construit la carte d'une portion assez étendue de l'Abyssinie, et donné pour fondement à ce travail la détermination exacte de neuf points fixés astronomiquement : Adouah, Axum, Adde-Casti, Inletchaou, Adde-Bahro, Faras Saber, Add'Igrat, Tchélicot, Gondar. Leurs observations sur le système général des rivières de l'Abyssinie, qui avaient été jusqu'ici très-imparfaitement tracées, permettront de faire des rectifications importantes aux cartes les plus estimées : ainsi ils ont reconnu la direction de l'*Assam*, qui passe dans la capitale du Tigré, et relevé en entier le cours du *Mareb*, de l'*Ouarié*, du *Guébah* et de l'*Aroquoa*, qu'on ne connaissait auparavant que de nom ; ils ont étudié particulièrement celui du *Tacazé*, un des Nils de l'Abyssinie. A cela se joignent la détermination barométrique de la hauteur de diverses montagnes de ce pays et un tableau circonstancié des altitudes déduites de ces observations barométriques, dans lequel on trouve, entre autres résultats importants, qu'Adouah est à 1900 ^{m} au-dessus du niveau de la mer; Axum à 2170^m; Add'Igrat, capitale de l'Agamé, à 2470 ^{m}. Ces officiers ont aussi (je me sers des expressions mêmes du rapport) fait disparaître de la science de très-fausses notions sur la hauteur des neiges perpétuelles en Afrique; ils ont signalé l'influence des plateaux larges et élevés d'où s'élancent les pics des montagnes d'Abyssinie, le rôle des pluies périodiques et des nuages dont le ciel est couvert à certaines époques de l'année. La partie géologique de leur travail est peut-être la plus curieuse en égard à l'extrême variété de la constitution géognostique de l'Abyssinie, et complète d'une manière heureuse les recherches très-importantes du docteur Rüppell, que le rapport de la commission aurait au moins dû rappeler. Ils ont trouvé en Abyssinie, dans le Tigré et le pays de Choa, des terrains primaires, des terrains dits de transition; à la limite du Tigré et du pays des Taltals, des terrains secondaires qui paraissent devoir être rapportés au trias et au terrain jurassique; enfin des terrains tertiaires dans le Tigré, dans le Sémen. Ils ont reconnu en outre beaucoup de volcans éteints, des sources thermales, des mines de fer, de sel gemme, des combustibles fossiles; enfin, ils ont étudié les différents systèmes de soulèvements qui ont affecté le sol. Sous le rapport de l'histoire naturelle, leur voyage n'est pas moins important; la collection contient différentes espèces d'oiseaux qui avaient échappé à M. Rüppell; mais leur attention s'est surtout portée sur la botanique, et tout particulièrement sur les plantes dont les Abyssins tirent profit. Tel est l'ensemble des résultats scientifiques que ce voyage a acquis à la science; l'Académie, frappée de leur valeur et du caractère sérieux et exact de ces recherches, en a promis une publication prochaine.]

Legatio magni Indorum presbyteri Joannis ad Emmanuelem regem Lusitaniæ, etc. 1513, par Dam. A. Goez. Anvers, 1552, 1 vol. in-8°.

Alvarez (Franç.) *Verdadeira informaçion das terras do Preste Joam das Indias*. Lisboa, 1540, in-fol.

Relation do ambaixada gô Joad Bermudez trouxa do imperador da Ethiopia. Lisboa, 1563, in-4°.

De Abyssinorum rebus libri tres, P. N. Godigno. Lugduni, 1615, in-12.

Historia geral de Ethiopia a alta, etc., por Manoel d'Almeyda, abbreviada por Tellez. Coimbra, 1660, in-fol.

Historia geral de Ethiopia, par J. F. dos Santos. Evora, 1609, in-fol.

Relation historique de l'Abyssinie, trad. du portugais de Lobo, par Legrand. Paris, 1728, in-4°.

Relation du révérend patriarche d'Éthiopie, par Mendez, trad. du portugais. Lille, 1633.

Litteræ annuæ patrum Soc. Jesu. Gandavi, 1626.

Nuove e curiose lettere dell' Ethiopia. Florence, 1622.

Ludolf : *Historia æthiopica*. Francfort, 1681, in-fol.

— *Commentarius ad historiam*. Francfort, 1691, in-fol.

Poncet, *Voyage en Éthiopie*, dans les *Lettres édifiantes*, t. III, édition de 1781.

Bruce : *Voyages en Nubie et en Abyssinie*, 5 vol. in-4°.

Salt. 1er *Voyage*, parmi ceux du lord Valentia.

— 2e *Voyage*. Londres, 1803, in-4°.

A. N. Desvergers : *Abyssinie*, dans *l'Univers pittoresque*.

Combes et Tamisier : *Voyage en Abyssinie et dans le pays de Galla*. Paris, 1838, 4 vol. in-8°.

Rüppell : *Reise in Abyssinien*, Franckfort sur le Mein, 1840, in-8°.

EYRIÈS.

ABYSSINIE. (*Histoire.*) L'origine des peuples qui habitent l'Abyssinie, est obscure et contestée. Une tradition leur donne pour père Cusch, petit-fils de Noé. Plus tard, les Éthiopiens, dont l'empire établi à Méroë se perd dans la nuit des temps, les Égyptiens, les Juifs, les Arabes vinrent se mêler à cette population primitive, et de là le nom de Habesch, ou *peuple mélangé*, donné par les nations orientales aux habitants de l'Abyssinie.

C'était sous Psammitichus que les Égyptiens, au nombre de deux cent quarante mille, avaient remonté la vallée du Nil, et étaient allés se fixer chez les Éthiopiens. Depuis cette migration, cette partie de l'Éthiopie n'est plus mentionnée dans l'histoire qu'au moment où Cambyse, vainqueur de l'Égypte, forma le projet de joindre à ses conquêtes la contrée dont nous nous occupons. Des envoyés allèrent de sa part trouver le roi des Éthiopiens Macrobiens. Mais celui-ci vit les espions cachés sous les ambassadeurs, et les renvoya porteurs d'un arc gigantesque qu'il adressait au roi de Perse, en lui conseillant d'attendre, pour faire la guerre aux Éthiopiens, que ses soldats pussent facilement se servir d'une pareille arme. Cambyse réunit aussitôt ses troupes, et sans vivres, sans eau, sans plan arrêté, il se mit en marche à travers le désert qui s'étend au midi et à l'occident de la vallée du Nil. Mais la faim et la soif décimèrent bientôt son armée ; le vent souleva ensuite les flots de cette mer de sables ; enfin, Cambyse revint à Thèbes presque seul, conquérant sans armée, et vaincu sans combat.

Le mauvais succès des armes de Cambyse découragea sans doute l'ambition et la convoitise des conquérants qui vinrent après lui ; car plusieurs siècles s'écoulèrent depuis cette malheureuse expédition, pendant lesquels l'Éthiopie resta dans l'obscurité. Cependant des inscriptions recueillies à Axum par le voyageur grec Cosmas Indicopleustès, prouvent que Ptolémée Évergète, roi d'Égypte, avait pénétré au cœur de l'Éthiopie, et enlevé aux Éthiopiens le monopole du commerce de la mer Rouge, que ceux-ci partageaient avec les Arabes. C'était à eux que Tyr et Sidon devaient leurs précieuses marchandises, et l'antiquité de leurs relations avec la Phénicie est assez prouvée par le voyage de la reine de Saba, qui alla visiter Salomon, auquel elle porta de riches présents, et dont elle eut un fils, du nom de *Ménilek*. Ce prince, selon les annales abyssiniennes, fonda la dynastie des monarques abyssins. Une ancienne chronique, intitulée : *Tarykh Negouchetou* (Histoire des Négus), et conservée dans l'église d'Axum, nous fait connaître une longue suite d'empereurs ou plutôt de dynasties, en partie fabuleuses, et qui régnèrent chacune plusieurs siècles. Mais

là se bornent les renseignements historiques contenus dans ces annales. Ce sont les historiens grecs qui nous apprennent qu'après la chute des Ptolémées, les Axumites échappèrent au romain Gallus, envoyé contre eux par le peuple roi, comme ils avaient échappé à la formidable attaque de Cambyse, grâce à leurs déserts. Délivrés de ce danger, ils sortirent à leur tour de leur pays, et étendirent au loin leur puissance. En même temps un autre changement se préparait pour eux. La religion du Christ se répandait par le monde avec les apôtres, germait de toutes parts, arrosée par le sang des martyrs, et enfin, Constantin aidant, étendait sur l'univers romain ses branches vivaces et puissantes. Le christianisme fut importé en Abyssinie vers l'an 333, par Frumence, voyageur naufragé sur les côtes de la mer Rouge. Frumence se concilia la faveur du roi, fut nommé gouverneur de son fils, convertit ce jeune prince, ainsi que son frère, et, pour mieux accomplir sa mission commencée, alla recevoir à Alexandrie, du patriarche Athanase, les pouvoirs et le titre de premier évêque abyssin (330) (1).

Les Abyssins une fois convertis à l'Évangile, deux siècles s'écoulent encore pendant lesquels l'histoire n'en fait plus mention, et cependant ; à cette époque, ils étaient forts et puissants, souverains de l'Yémen, ou Homéritide, et seuls maîtres de la mer Rouge. Justinien comprit enfin que leur alliance était importante ; aussi le voyons-nous demander au roi El-Esboar (l'*Hellestœus* de Procope) le secours des Arabes, ses tributaires, contre les Persans, en même temps qu'il l'engageait à entreprendre, au profit de l'empire d'Orient, le commerce de la soie.

Pendant que l'empereur formait ainsi une alliance avec les Abyssins, l'impératrice Théodora, sectatrice zélée de l'hérésiarque Eutychès, voulut convertir à sa croyance ces chrétiens simples et naïfs, et leur envoya des missionnaires qui n'eurent pas de peine à les persuader. Depuis lors les Abyssins sont restés fidèlement attachés à l'église eutychienne ou monophysite.

Justinien réussit moins bien ; les Homérites refusèrent de guerroyer contre les Persans, et avec raison ; car soixante ou quatre-vingts ans plus tard, les Abyssins, moins prudents, se virent enlever par la Perse leurs possessions en Arabie. Il est cependant manifeste qu'ils s'en rendirent de nouveau les maîtres ; car, à l'époque où Mahomet allait prêcher sa religion dans l'Orient, les Abyssins soutinrent contre les Arabes une guerre dont Caaba fut

(1) *Voy. Matériaux pour l'histoire du christianisme en Égypte, en Nubie et en Abyssinie*, par M. Letronne. Paris, 1842, in-4°.

la cause, la Mecque le théâtre, et qu'une tradition arabe a nommée *la guerre de l'Éléphant*. Les Abyssins, vaincus, furent obligés de se retirer chez eux, et ne durent qu'à leurs montagnes d'échapper au joug de Mahomet. La partie orientale de leur pays fut cependant occupée par les Arabes, qui y fondèrent le royaume de Zeïla.

Au dixième siècle, *Judith*, princesse qui commandait aux Juifs du Samen, profitant de la mort du roi régnant, s'empara du trône d'Abyssinie, que ses successeurs occupèrent pendant trois siècles. Durant tout ce temps la province de Schoa fut l'unique empire des descendants de Ménileck. Les annales abyssiniennes ne donnent aucun détail sur le règne des onze usurpateurs qui occupèrent successivement le trône; elles n'exceptent que *Lalibala*, qui vécut à la fin du douzième siècle, et fit exécuter de grands travaux d'architecture. Vers 1255, son petit-fils, d'après les conseils du moine Tekla-Haïmanout, son précepteur, renonça à la couronne en faveur d'*Icon-Amlac*, descendant des anciens souverains. Celui-ci transféra sa résidence d'Axum à Tagulet, et commença contre les Islamites de Zeïla une guerre interminable. Son neveu *Amda-Sion* les vainquit à trois reprises. *Seïf-Arad*, frère de celui-ci, monté sur le trône en 1334, les combattit comme lui, et ne put mettre fin aux incursions de l'émir Hakk-Eddin, qui les continua sous le règne de *David* et, jusqu'à sa mort, ne laissa pas aux Amharites un instant de repos.

Isaac et *Andras*, puis trois autres souverains eurent à combattre des ennemis non moins redoutables. *Zara-Jacob* se fit remarquer par son zèle pour la religion, et envoya deux ambassadeurs au concile de Florence (1438). Ce fut là le premier événement qui porta dans nos contrées le nom de l'empereur d'Éthiopie, qu'on appelait alors le Prêtre-Jean. Jean, roi de Portugal, lui envoya alors des ambassadeurs; Covilliam débarqua sur la côte d'Éthiopie en 1490, à la fin du règne d'*Iscander* ou *Secander*. A celui-ci succéda *Naod*, qui fut en butte aux attaques des Turcs.

La régente *Héléna*, qui gouvernait pendant la minorité de son petit-fils *David*, envoya un marchand arménien demander aux Portugais des secours contre les Musulmans, et les Portugais lui envoyèrent à leur tour une ambassade; quant aux secours demandés, ils n'arrivèrent que douze ans après, sous le règne de *Claudius*, qui fut délivré par eux des attaques de *Mohammed le Gaucher*. A ces guerres succédèrent les troubles excités par les missionnaires européens. L'un d'eux, *Paëz*, plein d'adresse et de talent, parvint à s'emparer de toute la confiance de *Za-Denghel* et de son successeur *Socinios*, et le

zèle de ces deux rois pour le catholicisme excita de terribles révoltes. Socinios abjura publiquement la religion grecque, prêta serment d'obéissance au pape, persécuta ses sujets, et enfin, menacé par leurs révoltes, vaincu par les Gallas, il fut obligé d'abdiquer en faveur de son fils *Facilidas* (1632).

Celui-ci, à peine monté sur le trône, s'occupa de pacifier ses États, et l'un des premiers moyens qu'il employa fut d'ordonner à tous les missionnaires de quitter l'Abyssinie. Il voulut même, pour échapper à l'influence catholique, qui avait de profondes racines dans l'ancienne cour, se créer une résidence nouvelle, et c'est à lui qu'est due la fondation de Gondar, devenue la moderne capitale de l'empire.

Depuis lors l'Abyssinie fut comme fermée pour les Européens; ceux qui réussirent à y pénétrer ne le purent faire qu'en bravant les plus grands périls. En vain Rome y envoya des missionnaires chargés de reconquérir la suprématie qu'elle avait un moment possédée; toutes ces entreprises échouèrent. En vain Louis XIV, profitant du séjour qu'avait fait en Abyssinie le médecin Poncet, chargé de guérir *Yasous*, le fit suivre d'une ambassade (1698); l'ambassadeur et sa suite périrent à Sennaar.

En 1750, sous le règne de *Yasous II*, trois religieux franciscains parvinrent jusqu'à Gondar : le peuple, révolté, exigea leur renvoi. Yasous avait pris pour femme la fille d'un chef des Gallas, que les Abyssins regardent comme étant d'une race inférieure à la leur. Il en eut un fils, *Joas*, qui appela aux plus hautes fonctions de l'État les parents de sa mère. La répugnance des familles nobles à leur obéir fit naître les divisions qui amenèrent dans ce malheureux pays toutes les fureurs des guerres civiles. Joas avait accordé sa confiance au ras *Michaël*, gouverneur du Tigré. Celui-ci le fit assassiner, et lui donna pour successeurs un vieillard, dont il se défit de la même manière, puis un enfant, nommé *Técla-Haimanout*, sous le règne duquel il fut dépossédé par les chefs gallas, qui le forcèrent à se retirer dans son gouvernement, et s'emparèrent de la personne de l'empereur.

Plus tard, vers 1810, un autre gouverneur du Tigré, le ras *Welled Selassé*, vainquit les Gallas, plaça sur le trône, de concert avec *Gouxo*, gouverneur du Godjam, un simulacre d'empereur, replongea l'Abyssinie, par sa rupture avec Gouxo, dans les horreurs de la guerre civile, et mourut en 1816. Sa succession fut disputée les armes à la main, et échut au vainqueur, *Sabagadis*, dont nous retrouvons le nom dans les récits de l'un des derniers voyageurs en Abyssinie, M. Samuel Gobat, du canton de Berne, envoyé par la Société épiscopale d'Angleterre pour prêcher l'Évangile en Éthiopie. Ces récits nous montrent l'Abyssinie comme divisée, sous le rapport politique, en trois États principaux : le Schoa, l'Amhara, et le Tigré. L'empereur, qui régnait sans gouverner à Gondar, se nommait en 1830 *Guidgar*, et était monté sur le trône à la mort de son frère *Joas*. Le Schoa obéissait à *Sehla Selassé*; *Marié*, fils de Gouxo, était gouverneur de l'Amhara, et le Tigré avait pour chef *Sabagadis*. En 1831, Sabagadis fut pris et décapité par les Gallas, dans une bataille où périt Marié, et le pays fut de nouveau livré à une anarchie complète. *Ali Marié*, petit-fils de Gouxo, détrôna Guidgar et le remplaça par *Joas*. Celui-ci, un an après, fut obligé de céder le trône à *Guebra-Christos*, auquel succéda bientôt encore un autre souverain, dont M. Gobat, lors de son départ, ignorait même le nom.

Voyez pour la bibliographie l'article précédent.

ABYSSINIE (*Langues de l'*). En introduisant en Europe, au seizième siècle, la connaissance d'une des langues de l'Abyssinie, Jean Potken la désigna, on ne sait pourquoi, du nom de chaldéen, qu'elle porta ensuite simultanément avec celui d'indien, pour échanger enfin l'un et l'autre contre celui d'éthiopien. Le voyageur Bruce a écrit une dissertation pour prouver que cette langue, que l'on a nommée aussi *gheez* ou plutôt *ghiz*, du nom du royaume où elle était surtout en usage, et *axoumite*, du nom de la capitale de ce royaume, était la langue primitive de la race humaine et que ses caractères étaient les premiers qui eussent été inventés; Murray, l'éditeur de Bruce, se contente de voir dans l'éthiopien le plus ancien des dialectes arabes existants, et, dans ses caractères, un composé des formes gréco-égyptiennes et des formes sémitiques. Contrairement à ce qui a lieu dans les autres idiomes de cette famille, celui-ci s'écrit de gauche à droite, et, comme la figure de chacune de ses vingt-six consonnes peut recevoir, sous forme d'appendice, celle d'une de ses sept voyelles, il en résulte un syllabaire de cent quatre-vingt deux caractères. L'éthiopien, infiniment plus dur que l'arabe, d'où il dérive, a notamment cinq consonnes dont un organe européen, dit Adelung, dans son *Mithridate*, ne saurait rendre la rudesse. Ce savant explique cette particularité par le fait que le rameau éthiopien s'est détaché de la souche arabe à une époque où aucune culture n'avait encore poli celle-ci. Du reste, cet idiome conserve dans ses racines et dans ses formes grammaticales, dans le système de sa déclinaison, dans celui de sa conjugaison, ainsi que dans l'emploi des affixes personnels, une frappante analogie avec celui d'où il est sorti. L'introduction d'un certain nombre de mots, tant d'origine africaine que d'origine grecque, n'a point détruit sa physionomie générale.

Au quatorzième siècle, par suite d'un changement de dynastie, le ghiz ancien cessa d'être la langue de la cour. L'idiome dominant, à partir de cette époque, fut celui de la province d'Amhara, lequel, bien qu'ayant en commun avec l'autre près de la moitié des mots de son vocabulaire, s'en éloigne sensiblement et par le grand nombre de racines d'une origine particulière qu'il contient, et par sa grammaire, qui n'a pas cette variété de formes, caractère remarquable des langues sémitiques.

L'amharique a sept lettres de plus que l'éthiopien, et il adoucit singulièrement les articulations dures de ce dernier. Il ne distingue pas de genres dans les noms et présente dans ses flexions une grande uniformité. Bien qu'il se soit approprié, comme nous l'avons dit, une partie des mots du ghiz à une époque qui n'est pas connue, il est impossible de dire qu'il en dérive. Adelung croit même retrouver dans l'amharique les débris de l'ancien idiome des Troglodytes.

Le dérivé le moins altéré de l'ancien ghiz est le dialecte parlé aujourd'hui dans le royaume de Tigré et que l'on a qualifié de ghiz moderne.

L'ancien, devenu langue savante, est encore l'idiome employé dans la liturgie, dans les traités religieux ou scientifiques, dans la rédaction des annales du pays ainsi que dans les ordres qui émanent du souverain. On dit que, dans les provinces de Choa et d'Effat, l'éthiopien des livres se conserve dans toute sa pureté, et qu'il est encore le dialecte du district de Concan ou Cancan dans la province de Dembea. L'amharique, quoique nécessairement connu de tous les Abyssins revêtus de quelque fonction publique, et répandu dans plusieurs provinces en dehors de l'Amhara, s'écrit rarement. Certaines tribus ont cependant emprunté, en les modifiant diversement, les caractères éthiopiens.

Les principaux dialectes de l'Abyssinie sont, avec ceux que nous avons déjà nommés, les dialectes des Gafates, des Agaos, des Falashas, et des Gallas. Celui des Gafates est une corruption de l'amharique. L'hamtonga, parlé par les Agaos du Lasta, est, dit M. D'Abbadie (*Journal asiatique*, troisième série, n° 11), d'une dureté étrange. Les peuplades de pasteurs qui habitent le Dankali, à long de la mer Rouge, parlent, dit-on, un langage également distinct du tigréen et de l'amharique. Le géographe arabe Macrizy, cité par M. N. Desvergers dans sa description de l'Abyssinie, dit que dans les provinces musulmanes de Zéila on pourrait compter jusqu'à cinquante dialectes. Les mahométans et les juifs disséminés sur les autres parties du territoire parlent, les uns un arabe très-corrompu, les autres un hébreu qui ne l'est pas moins.

Toute la science des Abyssins lettrés consiste à lire et à écrire l'éthiopien. Ils ont une poésie; mais elle ne s'exerce guère que sur des sujets religieux. Parfois cependant quelque événement tragique fournit aux poëtes le sujet d'élégies qu'ils chantent sur des airs mélancoliques. Parmi un assez grand nombre de chroniques que l'on trouve en Abyssinie, on en distingue une qui est l'ouvrage successif des prêtres attachés à l'Église d'Axum. Cette chronique est intitulée *Tarikh Negouchétou* et contient les annales complètes de la monarchie. Il existe en éthiopien une version fort ancienne de la Bible, augmentée d'une foule de livres apocryphes dont le plus remarquable, du moins par l'antiquité que son titre lui attribue, est celui dont les Abyssins font honneur au patriarche Énoch. Une traduction de l'Ancien Testament et du Nouveau, en amharique, a été faite par Abou Roumi, au Caire, et imprimée en 1824 à Londres.

Les principaux travaux publiés sur les langues abyssiniennes sont :

Une *dissertation sur la langue éthiopienne*, dans les prolégomènes de la bible polyglotte de Walton.

Victorii Mariani *Chaldaicæ seu Æthiopicæ linguæ institutiones*. Rome, 1548.

P. Jac. Wemmers, *Dictionarium Æthiopicum cum institutionibus grammaticis*. Rome, 1638.

Jo. Ern. Gerhardi, *Grammatica Æthiopica*, Iena, 1647.

Jobi Ludolfi *Grammatica Æthiopica*, ed. Jo. Mich. Wansleb; Londres, 1661.

Jobi Ludolfi *Grammatica Amharica*; Franckfort sur le Mein, 1698.

J Gottfr. Hasse, *Practisches Handbuch der Arabischen und Æthiopischen Sprache*, Iena, 1693.

LÉON VAÏSSE.

ABYSSINIE (*Religion de l'*). Les Abyssins, avant leur conversion au christianisme, adoraient les dieux des sabéens, avec lesquels on croit qu'ils ont une origine commune. Ils ont été appelés au christianisme par Frumentius, que saint Athanase leur donna pour premier évêque. (Voy. l'art. ABYSSINIE. [*Histoire*.]) Leur croyance se rapproche de celle des protestants; ils admettent, comme profession de foi, le symbole de Nicée, et non celui des apôtres : ils rejettent la tradition, ne reçoivent comme parole de Dieu que les saintes Écritures, avouent les canons et les constitutions apostoliques, nient le purgatoire, ne prient pas pour leurs morts, révèrent le pape sans croire à sa primauté de droit divin, et traitent les catholiques d'hérétiques.

A l'exemple de quelques-uns des premiers chrétiens, les Abyssins observent le samedi ou sabbat aussi religieusement que le dimanche; de là leur carême, qui est très-rigoureux, commence dix jours plus tôt que celui de l'Église romaine, avec la même durée, parce qu'ils ne jeûnent ni le samedi ni le dimanche, et que le samedi saint n'en fait point partie. Ils croient que nos âmes émanent de celle d'Adam, et ne seront heureuses qu'après la résurrection générale. Ils honorent la sainte Vierge, en ardents adversaires de Nestorius, qui, comme on sait, ne voulait pas qu'on la nommât *la mère de Dieu;* ils invoquent les anges et les saints; ils ont en horreur les statues et les bas-reliefs qui les représentent. Aussi ne voit-on que leurs images en peinture et la croix dans leurs temples, où ils n'entrent jamais sans y porter quelque offrande. Ils ont enfin une vénération extraordinaire pour l'archange saint Michel. Leur grande fête est celle de l'Épiphanie, qu'ils célèbrent avec beaucoup de pompe, le 11 janvier. Leur ère date de la 19ᵉ année de Dioclétien, et de la 302ᵉ de l'ère vulgaire.

Les moines abyssins n'ont pas la faculté de mendier : leurs prêtres se marient; ils célèbrent le mystère de l'Eucharistie sur une table, et non devant un autel. Ils ne conservent pas le pain sacré, et ne l'exposent jamais à l'adoration. Ils administrent la communion sous les deux espèces et la donnent aux enfants. En prononçant l'absolution des fautes, ils frappent le pénitent sur l'épaule avec un rameau d'olivier.

Le patriarche ou prélat suprême a le nom d'*Abuna* (*notre père*). Ce n'est point lui, mais l'empereur, qui nomme aux évêchés et à tous les bénéfices. A sa mort, le prince s'empare des biens et des revenus du patriarcat. Ce patriarche dépendait autrefois de celui d'Alexandrie; il n'en relève à présent que sous quelques rapports de déférence et d'égards religieux : ainsi le patriarche d'Alexandrie est nommé avant lui dans quelques prières. Tous les sept ans, ce patriarche fait et bénit le chrisme et l'envoie en Abyssinie. Comme lui, le patriarche et l'église des Abyssins sont *jacobites eutychiens*, et honorent les trois saints de cette secte : Dioscore, patriarche d'Alexandrie, successeur de saint Cyrille; Sévère, et Jacob ou Jacques, Syrien d'origine, qui contribua beaucoup dans l'Orient à la propagation de la doctrine d'Eutychès. Les *jacobites* appellent *melchites* ou royalistes les catholiques romains, parce qu'ils prétendent que le concile de Chalcédoine ne condamna Eutychès que par l'influence du pouvoir impérial; le mot *melchi* en syriaque et en hébreu signifie *roi*.

Les Abyssins n'observent plus aussi rigoureusement qu'autrefois la cérémonie de la circoncision, quoiqu'il ne paraisse pas qu'elle ait jamais eu parmi eux un caractère religieux. Grotius prétend qu'ils avaient pris cet usage des enfants de Céthura, l'une des femmes d'Abraham, qui s'étaient établis en Éthiopie. Hérodote raconte que la circoncision existait chez les Éthiopiens de temps immémorial. Aussi le jésuite espagnol Suarès admet-il les Abyssins à la communion catholique, quoiqu'ils s'obstinent à retenir la circoncision, parce qu'il n'est pas constant qu'ils la regardent comme un article de foi.

Les Abyssins étaient dans une situation prospère et tranquille, quand tout à coup des troubles religieux et politiques survinrent pour les diviser. Le parti faible invoqua le secours des Portugais, qui contribuèrent à les pacifier, et leur donnèrent un des leurs pour patriarche. C'était un médecin appelé Bermude, qui demanda à l'empereur abyssin un serment d'obéissance au pape, et, sans trop de ménagement pour un prince encore schismatique, l'exigea avec une instance et d'un ton qui déplurent. Il fut chassé : un moment soutenu par ses compatriotes, il ralluma les troubles ; mais, obligé de fuir de l'Éthiopie, il laissa son siége à Oviédo, qui, rappelé par le pape, lui demanda des troupes au lieu de lui obéir, et lui promit la conquête des États de Mosambique et de Sofala à la religion catholique. Les jésuites, entrés avec lui chez les Abyssins, leur donnèrent la première idée des missions; ils eurent plus de succès. Oviédo mourut sans réaliser ses projets.

Presque en même temps, le sultan Segud envahit l'autorité suprême; ses violences lui avaient aliéné ses nouveaux sujets. Il sentit la nécessité d'un appui; les Portugais le lui offrirent par l'organe d'un missionnaire, à condition qu'il favoriserait la religion catholique, et il accepta. La dispute des *deux natures* de Jésus-Christ amena des excès de part et d'autre; et peut-être Segud sacrifia-t-il avec une aveugle cruauté à l'exaltation des opinions religieuses. La doctrine apostolique dut être adoptée par tous ses sujets, sous peine de la vie. Les troubles furent graves et sanglants. Segud éprouva le besoin d'y mettre un terme : il déféra sans effort à l'avis des grands, qui soutenaient que la contestation engagée était plus du ressort des théologiens que d'un peuple qui ne la défendait ou ne la repoussait qu'en couvrant de morts les champs de bataille; et la liberté du culte et des sentiments religieux admise par ce prince arrêta l'effusion du sang. L'Abyssinie célébra par des transports de joie le rétablissement de l'ordre et de la paix qui furent les suites de cette tolérance.

La mort de Segud eut lieu peu de temps après, et fit passer la puissance entre les mains de Basilide, qui, épouvanté des souvenirs du passé, exila le patriarche catholique Mendès, refusa de céder aux prières qu'il lui adressa pour rentrer dans son siége, bien qu'il promit de n'élever jamais qu'avec les savants de la nation la discussion du dogme qui avait été la source de tant de maux, et finit par l'exclure tout à fait de ses États, quand il fut instruit que ce prélat cherchait à lui susciter une guerre avec le vice-roi des Indes. Cette précaution dissipa toutes les inquiétudes du prince, et ne permit plus de retour aux dissensions des sujets.

BOUILLET.

ACACIA. (*Botanique.*) Comme les noms vulgaires ne désignent pas toujours les objets qui portent scientifiquement les mêmes noms, l'arbre ordinairement appelé acacia n'est pas celui que les botanistes appellent ainsi. L'acacia des botanistes est un genre formé aux dépens de celui des mimeuses, de Linné; la multitude des espèces assez disparates que celui-ci renfermait a suffisamment motivé la division qu'on en a faite. Il sera question plus tard de ces mimeuses, qui méritent qu'on les distingue dans les forêts des pays chauds, par l'utilité qu'on retire de plusieurs d'entre elles.

L'acacia des gens du monde est fort différent; il appartient au genre robinier (*robinia*). Quoique ce nom de robinier ne soit pas aussi distingué que celui d'acacia, il doit être préféré, puisqu'il est celui de Jean Robin, professeur de botanique à Paris, au commencement du dix-septième siècle, et auquel on doit l'introduction en Europe d'un arbre qui fait l'ornement de nos promenades et de nos massifs de verdure, d'un arbre dont les fleurs répandent un parfum si doux, dont les feuilles sont une excellente nourriture pour les animaux domestiques, dont le bois n'est pas sans utilité, et qui réussit dans les mauvais terrains qui semblent repousser toute autre végétation.

Le premier pied d'acacia ou plutôt de robinier qui parvint en Europe fut planté à Bruxelles, dans le jardin de l'archiduc, qui fait maintenant partie de l'établissement scientifique créé par le laborieux Dekin. Cet arbre y existe encore; la foudre l'a cependant plusieurs fois frappé. Il est énorme, au moins par rapport à tous les rejetons qui sont sortis de lui, et qui se sont répandus si promptement dans toute l'Europe. Cet Adam des robiniers est originaire de l'Amérique septentrionale, ainsi que les robiniers roses et visqueux, connus également sous le nom impropre d'acacia.

L'arbre désigné dans certains mystères sous le nom d'acacia ne peut donc être le robinier, car ces mystères, antérieurs à la découverte du nouveau monde, n'en ont rien emprunté. Leur symbole vient des acacias qu'on trouve dans le Levant. C'est probablement le gommier, sorte de mimeuse, qui est le véritable acacia de la franc-maçonnerie. (*Voyez* MIMEUSE.)

BORY DE ST. VINCENT.

ACACIENS. (*Histoire ecclésiastique.*) C'est

le nom par lequel on désigne une secte d'Ariens, qui avaient pour chef Acace, successeur d'Eusèbe, sur le siége de Césarée. Il serait difficile de dire exactement quelles étaient leurs croyances; Acace lui-même changea plusieurs fois d'opinions; arien d'abord, il abjura l'arianisme pour rentrer dans le sein de l'église catholique, puis embrasser de nouveau les erreurs d'Arius. Il fit déposer saint Cyrille, patriarche de Jérusalem, contribua au bannissement du pape Libère, et fut enfin déposé lui-même, au concile de Séleucie, en 358. Il mourut en 365. *Voy.* ARIENS.

X.

ACADÉMIE, Ἀκαδημία. (*Antiquités.*) C'était un gymnase avec un jardin, situé dans le Céramique, l'un des faubourgs d'Athènes, à six stades et au nord-ouest de la ville. Ce lieu était rempli d'eaux stagnantes et malsaines. Cimon le dessécha, y planta des allées de platanes et des bosquets, et dès lors l'Académie devint la promenade favorite des Athéniens. Platon, qui possédait dans le voisinage un petit domaine, y réunissait ses disciples; de là son école se nomma l'*Académie*, et ses sectateurs les *académiciens* (*Voy.* plus loin, col. 169 et suiv.) De même, le *Lycée*, autre gymnase situé au sud-est d'Athènes, était la promenade des philosophes de la secte d'Aristote, que l'on nommait *péripatéticiens*, du grec περιπατέω, *obambulo*, je me promène à l'entour. On appelait l'Académie, la promenade d'en bas, ou le gymnase inférieur; le Lycée, la promenade d'en haut, ou le gymnase supérieur.

L'Académie, faisant partie du Céramique, dont le nom vient de κέραμος, terre de potier, vase de terre, et qui était rempli en effet de monuments et d'urnes funéraires, était aussi consacrée aux sépultures; on y ensevelissait ceux qui avaient rendu des services signalés à la patrie.

Le nom de l'*Académie* venait du héros *Académus*, qui avait découvert à Castor et Pollux l'endroit où Hélène, leur sœur, s'était cachée avec Thésée son ravisseur : ils étaient venus, à main armée, la redemander aux Athéniens, qui avaient répondu qu'ils ne savaient où elle était; *Académus*, pour arrêter la guerre qui allait commencer, leur apprit qu'elle était cachée à Aphidna. Ces deux frères allèrent attaquer cette ville, la prirent d'assaut et la rasèrent. Les Lacédémoniens, par reconnaissance pour ce service rendu aux Dioscures, épargnèrent le gymnase et les jardins de l'*Académie*, toutes les fois qu'ils ravagèrent les faubourgs d'Athènes; mais le farouche Sylla détruisit ces bosquets délicieux, et fit construire, avec les arbres, des machines de guerre pour s'emparer de la ville.

Cicéron voulut faire revivre le nom de l'*A-*

cadémie; il le donna à sa maison de campagne près de Pouzzoles. C'est là qu'il se plaisait à converser avec ses amis sur divers sujets de philosophie, et qu'il composa ses *Quæstiones academicæ,* ses livres de la Nature des dieux, et ses six livres de la République, qui ont été en grande partie retrouvés si heureusement par le cardinal Angelo Majo.

X.

ACADÉMIE. (*Histoire littéraire.*) Ce mot, qui tire son origine du jardin d'Athènes où Platon rassemblait ses disciples, pour leur enseigner ses préceptes, a d'abord désigné un corps de professeurs, une école chargée d'une branche de l'enseignement, et c'est encore dans ce sens qu'il est appliqué pour désigner les grandes divisions du corps universitaire en France; par extension, il a été donné aux réunions de gens de lettres, de savants, d'artistes qui se proposent, par leurs travaux communs, par les encouragements qu'ils distribuent, de contribuer aux progrès des sciences, des lettres et des arts. Entendues dans cette acception, les académies ou sociétés savantes et artistiques ont été inconnues aux anciens, et ce n'est guère qu'à l'époque de la renaissance qu'elles apparaissent dans l'histoire. Il est vrai qu'on a voulu voir en Europe la première de ces institutions, dans cette société bizarre fondée par Charlemagne, et dont les membres, sous un nom emprunté à l'Écriture ou à l'antiquité, cultivaient la grammaire, l'histoire, la rhétorique et les mathématiques. Mais on n'a sur cette académie, qui semble n'avoir été qu'un simple cercle d'amis littéraires du monarque, aucune notion assez précise pour rien affirmer sur sa constitution. Dans le siècle suivant, Alfred fonda une académie à Oxford; mais cette académie, comme plus tard celles des Maures à Grenade et à Cordoue, n'était qu'une école, une faculté, pour nous servir de notre expression moderne; et la preuve, c'est que cette même académie d'Oxford a été le commencement de l'université établie depuis dans cette ville.

L'académie que l'on peut à plus juste titre regarder comme la mère de celles qui se sont établies en si grand nombre dans tout le monde civilisé, est celle des *Jeux floraux.* Elle fut, assure-t-on, fondée à TOULOUSE par Clémence Isaure, en 1325, dans le but de distribuer des prix et des récompenses aux troubadours. Ses membres prirent le nom de *maitres du gai savoir.* Les prix qui étaient donnés consistaient en des fleurs d'or et d'argent. Cette société, malgré son ancienneté, ne fut toutefois reconnue par l'État qu'en 1694 et confirmée par lettres patentes du roi; le nombre de ceux qui la composaient fut alors fixé à trente-six. Depuis cette époque, sauf durant quelques années de la république, elle n'a pas cessé de se réunir et de publier ses jugements. Elle distribue les prix suivants : l'amarante d'or s'adjuge à l'ode, la violette d'argent à une pièce de soixante à cent vers alexandrins, l'églantine d'argent à un morceau en prose, le souci d'argent à une élégie, églogue ou sujet analogue, enfin le lis d'argent, institué dans le siècle dernier par M. de Malpeyre, à un hymne à la Vierge. Les morceaux couronnés sont imprimés dans le recueil publié périodiquement par l'Académie. MM. P. de Caseneuve et Poitevin Petavi ont écrit des histoires de cette société.

Nous avons dit que c'est de la renaissance que datent véritablement les académies. C'est en effet à cette époque, qu'on vit dans l'Italie, centre des lumières et siége du mouvement intellectuel, surgir de tous côtés des réunions de savants, de littérateurs qui, sous les sobriquets les plus étranges, travaillaient à la propagation des langues anciennes, au perfectionnement de la langue nationale, à la publication des grands auteurs de l'antiquité. Il n'y eut pour ainsi dire pas une ville qui n'eût son académie. Jarckius a donné l'histoire abrégée de toutes ces académies ; son ouvrage fut imprimé à Leipsick, en 1725. Cet auteur en comptait vingt-cinq dans la seule ville de Milan. Nous n'en donnerons pas, bien entendu, la liste ; cependant nous devons énoncer ici la suite déjà fort nombreuse de celles qui se sont acquis une certaine célébrité.

À Bologne se trouvaient les académies des *Abbandonati, Ansiosi, Ociosi, Arcadi, Confusi, Difettuosi, Dubbiosi, Impatienti, Inabili, Indifferenti, Indomiti, Inquieti, Instabili, della Notte piacere, Sonnolenti, Torbidi, Vespertini* ; à Gênes, celles des *Accordati*, des *Sopiti* ; à Venise, celles des *Acuti*, des *Allettati, Discordanti, Dodonei, Filadelfici, Argonauti, Incruscabili* ; à Pavie, celles des *Affidati, della Chiave* ; à Molise, celle des *Agitati* ; à Florence, celles des *Apatisti*, des *Alterati*, des *Umidi*, des *Furfurati, della Crusca, del Cimento*, des *Infocati*, des *Platonici* ; à Crémone, celle des *Animosi* ; à Naples, celles des *Arditi, Infernati, Lunatici*, de Rossano, des *Secreti, Sirenes, Sicuri* ; à Urbin, celle des *Assorditi* ; à Pérouse, celles des *Atomi, Eccentrici, Insensati, Insipidi, Scossi* ; à Sienne, celles des *Intronati, Cortesi, Trapassati* ; à Rome, celles des *Arcadi, Delfici, Umoristi, Lincei, Fantastici, Illuminati, Incitati, Melancholici, Notturni, Pellegrini, Vaticane* ; à Modène, celle des *Dissonanti* ; à Milan, celles des *Eliconii, Faticosi, Fenici, Incerti, Nascosti* ; à Turin, celle des *Fulminates* ; à Reggio, celle des *Muti* ; à Cortone, celle des *Humorosi* ; à Vérone, celle des *Olimpici* ; à Parme, celle des *Insensati* ; à Volterra, celle des *Sepolti*.

Nous ne donnerons de détails que sur les plus importantes de ces académies.

L'Académie *platonique* de Florence occupe certainement, par son ancienneté, une des premières places entre celles que nous avons dénommées ci-dessus. Ce fut Cosme de Médicis qui en conçut le premier l'idée ; mais elle ne doit réellement sa fondation qu'à son petit-fils, Laurent le Magnifique. Ce n'était à l'origine qu'une société d'amis des lettres qui se réunissaient pour expliquer ensemble les ouvrages de Platon ; on y distinguait Christophe Landino, Marsile Ficin et Pic de la Mirandole. Elle se rassembla d'abord chez Bandini, à Florence, ou chez Laurent de Médicis, à la campagne. On mangeait ensemble, et après le dîner on lisait et expliquait Platon ; chacun tirait au sort l'article sur lequel il devait disserter. Après la mort de Laurent, en 1492, on s'assembla chez Bernard Oricellarius, et l'on commença à s'occuper de la langue italienne, de son perfectionnement et de l'étude de sa grammaire ; Nicolas Machiavel, Ange Politien, en firent alors partie. Les troubles de la république de Florence coûtèrent la vie à quelques-uns des membres de cette académie, et en causèrent la dispersion en 1521.

Si l'Académie platonicienne doit, à raison de son ancienneté, occuper la première place entre toutes les académies de l'Italie, on ne peut refuser la seconde à l'Académie *della Crusca*, dont la renommée a survécu à celle de ces innombrables sociétés littéraires nées au moment de la renaissance des lettres en Europe. Elle fut fondée en 1582, par Antoine François Grazzini ; elle peut être regardée comme la mère de l'Académie *française*, et a reçu le surnom glorieux de *Regina et moderatrice della lingua italiana*. En effet, le but de cette académie fut l'épuration et le perfectionnement de cette langue. Le nom de *Crusca*, qui signifiait en italien *son*, tire son origine du *son* et du *blutoir*, que cette académie avait pris pour armes avec cette devise : *Il piu bel fior ne coglie*. Par une idée aussi enfantine que bizarre, on avait voulu que les meubles de la salle des séances répondissent à ces mêmes armoiries ; leur forme était une allégorie continue : on y voyait une chaire en forme de trémie, et dont les degrés étaient des meules de moulin ; le siége du directeur était une meule ; la table un pétrin ; chaque académicien avait, lorsqu'il lisait quelque mémoire, le corps à moitié passé dans un blutoir. Cette académie a dû sa célébrité au *dictionnaire* qu'elle a publié, et dont elle donne actuellement une nouvelle édition ; les discours prononcés par Torricelli, sur quelques sujets mathématiques et physiques, prouvent qu'elle ne s'occupait pas moins des choses que des mots. On sait les débats qui survinrent entre Tasse et cette compagnie, dès les premières années de sa fondation ; aujourd'hui les travaux de la *Crusca* sont moins connus ; elle publie cependant des *Atti* depuis 1819.

L'Académie *del Cimento* ne le cède guère en illustration aux deux académies précédentes. Elle fut instituée par le cardinal Léopold de Médicis en 1657, et fut une sorte de résurrection de l'Académie platonique. Elle fut précédée par une espèce d'Académie de physique qui, dès l'année 1651, s'assemblait auprès du duc Ferdinand II. On possède un recueil fort en réputation et écrit en langue italienne qui renferme les premières expériences auxquelles se livrèrent les académiciens *del Cimento*, et qui parut en 1667, sous le titre de *Saggi di naturali esperienze*. On distingue plusieurs savants illustres parmi les membres primitifs de cette académie ; nous citerons, entre autres, Paul del Buono, qui imagina, en 1657, l'instrument propre à reconnaître l'incompressibilité de l'eau ; Alphonse Borelli, si connu par son traité *de Motu animalium;* Candide del Buono, frère de Paul ; Alexandre Marsili ; Vincent Viviani ; le comte Laurent Magalotti, qui publia les travaux de la société ; François Rhedi. Au reste, cette académie n'était pas constituée à proprement parler ; c'était une société libre, sans statuts, et qui termina ses travaux en 1667. Elle avait beaucoup d'analogie dans sa composition et son objet avec ce que fut, au commencement de ce siècle-ci, la *société d'Arcueil*.

Ces trois académies d'Italie, les plus célèbres entre les plus anciennes de cette contrée, offrent cela de particulier, qu'elles ont été en quelque sorte le type des trois plus grandes académies de notre pays, les Académies *française, des Inscriptions et belles-lettres, des Sciences*.

D'autres académies moins célèbres doivent cependant attirer notre attention par l'ancienneté de leur date, qui l'emporte même, pour quelques-unes, sur celle des trois académies précédentes.

L'Académie *degli Intronati* s'établit à Sienne vers 1450 ; elle avait pour objet la culture de la langue italienne. Les académiciens prirent le nom singulier *degli Intronati*, qui veut dire des hébétés ou des imbéciles, soit pour marquer le peu de prétention qu'ils avaient à l'esprit, soit plutôt par antiphrase. Il est à croire que c'est à leur exemple que les autres académies d'Italie adoptèrent ces noms aussi faux que ridicules, dont nous avons énuméré plus haut l'interminable série.

Les académies de Pérouse se distinguèrent par la bizarrerie de leurs emblèmes. Celle *degli Scossi* fut établie dès les premiers temps de la renaissance des lettres ; comme *la Crusca*, elle avait un blutoir pour armoiries, avec la devise : *Excussa nitescit*. Elle voulait montrer par là que les esprits ont besoin de se secouer, pour se perfectionner et devenir utiles. Il paraît que c'est à cette académie que celle *della Crusca* emprunta son emblème. L'Académie *degli Scossi* fut réunie, en 1561, à celle *degli Insensati* établie dans la même ville, et qui prit pour devise une volée de grues qui traversent la mer, ayant chacune une pierre à la patte avec ces mots : *Vel cum pondere*. L'Académie *degli Eccentrici*, aussi établie à Pérouse en 1567, avait pour emblème l'orbe excentrique de la lune avec son épicycle, tel qu'on l'employait alors pour expliquer les inégalités de cette planète, qui tantôt va plus vite, tantôt plus lentement, avec ces mots-ci : *Retardat non retrahit*, elle retarde, et ne recule pas.

A Florence, l'Académie des *Apatistes* jouit d'une assez grande renommée, surtout à raison de l'étendue de son plan : elle embrassait l'universalité des sciences et des arts. Elle tenait, de temps en temps, des assemblées publiques, où chacun, soit académicien, soit étranger, pouvait lire des ouvrages en telle forme, telle langue et sur telle matière qu'il voulait. L'Académie *degli Inquieti*, établie dans la même ville, suivit avec un certain éclat les errements de l'Académie *del Cimento*. L'Académie *degli Umidi*, également à Florence, contribua puissamment aux progrès des sciences en Italie, par les excellentes traductions d'auteurs anciens que ses membres publièrent. L'Académie des *Humoristes*, qui se tenait encore à Florence, eut une origine assez bizarre. Plusieurs personnages de haut rang avaient été invités au mariage de Lorenzo Marcini. Comme c'était l'époque du carnaval, pour amuser les dames, on se mit à réciter des vers, des sonnets, des discours, d'abord improvisés, puis ensuite préparés ; de là, la dénomination de *Belli Umori*, qu'on donna aux convives de la noce, lesquels continuèrent ensuite leurs réunions et formèrent le noyau de cette académie, qui prit pour emblème un nuage formé des exhalaisons des eaux salées de l'océan qui retombent en une douce pluie.

L'Académie des *Arcades* de Rome fut établie en 1690, pour faire revivre l'étude de la poésie et de la littérature en général. Indépendamment de personnes lettrées des deux sexes, on y comptait des princes et des cardinaux. Afin de prévenir les contestations de prééminence, tous les membres siégeaient masqués, sous le costume des bergers d'Arcadie. Dix ans après la fondation, le nombre des académiciens ne s'élevait pas à moins de six cents. Les séances se tenaient sept fois par an, soit dans un pré, soit dans le jardin de quelque grand seigneur. Tous les membres de cette société prenaient le nom d'un berger. L'Académie des Arcades, qu'on devrait plus correctement nommer l'Académie des *Arcadiens*, devint le modèle de plusieurs académies du même nom qui s'établirent dans d'autres villes de l'Italie.

L'Académie de *Rossano*, dans le royaume de Naples, fut fondée en 1540. C'était d'abord une académie de belles-lettres; elle fut, en 1695, transformée en académie des sciences, à la sollicitation du célèbre abbé don Giacinto Gimma. Elle comptait dans son sein des grammairiens, des poëtes, des historiens, des philosophes, des physiciens, des mathématiciens, des jurisconsultes, des théologiens. Elle fut la mère de l'*Académie* actuelle *des sciences* de Naples, qui date de 1779, et dont les mémoires jouissent pour les sciences mathématiques d'une assez grande réputation. L'Académie des *Argonautes* de Venise fut instituée, à la sollicitation de Coronelli, pour le progrès des connaissances géographiques, la publication des cartes de toute espèce. Chaque membre payait une cotisation, en échange de laquelle il recevait un certain nombre de cartes. Cette société est devenue le modèle de trois sociétés du même genre qui se sont établies, l'une en Hongrie, sous F. Moro, provincial des minorites; la seconde, qui siégeait *rue Payenne* à Paris, et la troisième qui fut fondée à Rome par le jésuite F. Baldigiani, professeur de mathématiques. La devise de la société des Argonautes de Venise était : *Plus ultra* : c'est à elle que l'on doit la publication des travaux de Coronelli.

L'Académie *théologique* de Bologne fut établie en 1687, pour l'avancement des études de théologie et d'histoire ecclésiastique. Dans la même ville, en 1712, le comte Marsigli fonda l'*Académie* ou *Institut de Bologne*, qui embrassa depuis lors, dans le cercle de ses travaux, la physique, les mathématiques, l'histoire naturelle. Elle publie des *Commentarii* depuis 1731. Son histoire a été écrite par M. de Limiers.

Avec le dix-huitième siècle commence pour les sociétés savantes de l'Italie une ère nouvelle; la plupart de celles dont nous avons cité les noms bizarres, cessent de se réunir, et sont remplacées par d'autres, dont les statuts furent établis à l'imitation de ceux des académies françaises et anglaises.

Parmi ces nouvelles académies, plusieurs se sont acquis, par l'importance de leurs travaux, une juste réputation. L'*Académie royale* de Turin a commencé ses publications en 1759, sous le titre de *Miscellanea philosophica societatis privatæ Taurinensis*. Réorganisée par le roi de Sardaigne, dont elle reçut le titre de Royale, elle a, depuis cette époque, continué la publication de ses mémoires. C'est à cette académie que Lagrange a donné ses premiers travaux.

L'*Académie de* Sienne, instituée dès 1691, publia le premier volume de ses mémoires en 1761, publication qu'elle a continuée depuis sous le titre d'*Atti dell' Academia di Siena*.

En 1779, fut établie l'*Académie royale* de Naples, dont nous avons parlé plus haut. L'*Académie* de Milan fut précédée par une société des belles-lettres et des sciences, qui a clos ses réunions en 1767; elle publia d'abord ses travaux sous le nom de *Scelta d'opuscoli scientifici*. Lors de l'occupation de la Lombardie et de l'établissement du royaume d'Italie par Napoléon, un *Institut royal* fut créé à Milan, à l'instar de l'Institut français; depuis lors, il n'a pas cessé de se réunir et de faire paraître ses travaux. Il existe aussi à Milan une *Société patriotique d'agriculture*, qui a publié des mémoires de 1783 à 1792.

Vers 1780, M. Lorgna établit à Vérone une *Académie des sciences*, dont firent partie la plupart des hommes éminents de l'Italie, et qui publia un recueil sous le titre de *Memorie di matematici e fisica della società Italiana*. Plusieurs savants célèbres ont contribué à cette publication; nous citerons, entre autres, Boscovich, les deux Fontana et Spallanzani. En 1785, l'*Académie des sciences et belles-lettres* de Gênes commença également de se réunir. Elle se composait de trente-deux membres; ses travaux ont été surtout dirigés du côté de la poésie, et elle ne paraît pas avoir publié de mémoires.

Déjà, en 1727, une *Académie archéologique* avait été établie à Cortone, dans le but de diriger spécialement ses recherches sur les antiquités de l'Italie. Elle a publié des *Saggi* de 1755 à 1791. Les nombreuses découvertes archéologiques qu'amenaient sans cesse les fouilles faites à Pompéi et à Herculanum, firent établir à Naples une autre académie archéologique, qui prit le nom d'*Académie d'Herculanum*. Le premier volume de ses travaux a paru en 1775, sous le titre d'*Antichità di Ercolano*. A cette académie en succéda, en 1807, une autre, instituée par Joseph Napoléon, sous le nom d'*Académie d'histoire et d'antiquités;* elle se composait de dix membres. La même année, une académie fut établie à Florence, pour l'étude *des antiquités égyptiennes*. Nous citerons encore la *Reale Società economica* de Florence, qui prit ensuite le titre d'*Imperiale e reale Academia economica, agraria di Gorgofili* : c'est une des premières sociétés agricoles de l'Italie;

ses publications ont commencé en 1794, sous le nom d'*Atti*; la *Società agraria* de Turin, qui publie des mémoires depuis 1788; l'*Academia di scienze, lettere, agriculture et arti di Brescia*, appelée d'abord *Academia del dipartimenta del Mella*, qui publie ses *Commentari* depuis 1808; la *Reale Academia di scienze, lettere et arti*, qui se réunit à Lucques et publie des *Atti* depuis 1821; l'académie de Modène, qui porte le titre de *Société italienne des sciences*; l'Académie de Padoue, qui publie des *Saggi* depuis 1788. A Rome il existe un grand nombre de sociétés savantes, telles que l'*Académie romaine pontificale d'archéologie* et l'*Institut archéologique*, qui publie depuis 1829 un *Bulletin* et des *Annales* fort importants pour la science de l'antiquité; les *Nuovi-Lincei*, dont les travaux ont pour objet les différentes branches des sciences naturelles; l'Académie des Arcades, qui jouit encore de quelque illustration, mais a abandonné ses bizarres statuts; les sociétés *Tiberina, Latina*. A Bologne, l'Académie des jurisconsultes ou *Filodicologi* est la seule de ce genre qui existe en Italie. A Venise, comme à Milan, un *Institut impérial et royal des sciences, lettres et arts*, établi lors de la domination française, a remplacé les anciennes académies.

La Sicile n'a pas d'autres centres littéraires que Palerme et Catane. Dans la première de ces villes, l'*Académie royale de médecine*, et celle *del buon gusto*, qui s'occupe de littérature; dans la seconde, l'Académie *Giojena*, qui embrasse les trois règnes de la nature et qui a commencé à publier ses *Atti* en 1772, sont les seules sociétés siciliennes qui soient connues en Europe.

L'Italie, la patrie des arts, devait être le premier pays qui vit se réunir des académie des beaux-arts; mais dans cette contrée, comme en général en Europe, ces académies ont commencé par être des corps enseignants, plutôt que de simples réunions académiques et artistiques; et tout en participant un peu de ce dernier caractère, puisqu'elles s'associent des membres étrangers, elles n'en demeurent pas moins de véritables écoles de peinture, de sculpture, d'architecture, de gravure. La plus ancienne académie des beaux-arts d'Italie est celle de Venise, qui remonte à 1345; il faut citer en outre, pour leur importance et leur célébrité, celles de Milan, de Bologne, de Gênes, l'*Académie pontificale de Saint-Luc* à Rome, dont Missirini a publié l'histoire en 1823, et celle de Florence qui a le titre d'Impériale et Royale.

Nous avons d'abord fait connaître les sociétés littéraires et savantes de l'Italie, parce que c'est sur le sol italien que sont nées ces institutions qui ont tant contribué à répandre les connaissances et à piquer l'émulation des travailleurs : cependant la France peut revendiquer sa bonne part dans l'idée de leur création; car c'est après qu'elle eut créé ses académies, que les autres contrées de l'Europe s'empressèrent d'en établir d'analogues.

Tout le monde sait que la première, la plus ancienne de ces sociétés en France, celle qui s'est acquis le plus d'illustration, sinon par ses travaux, du moins par les membres qui la composèrent, est l'*Académie française*. Une société de gens de lettres qui se réunissait chez Conrart en fut le noyau : le cardinal de Richelieu l'érigea en académie en 1634, et lui donna le nom qu'elle porte encore aujourd'hui. L'objet de ses travaux fut de polir et d'améliorer la langue, qui ne faisait que commencer à prendre une forme déterminée et à revêtir son caractère définitif. Le nombre de ses membres fut fixé à quarante, et il n'a jamais été dépassé depuis. Elle a à sa tête un directeur et un chancelier temporaires, et un secrétaire perpétuel, que les membres élisent toujours parmi eux. Conrart en fut le premier secrétaire perpétuel; Chapelain, de Montmort, Des Marets, Gomberville, chez lesquels se tinrent successivement les séances, avant que Louis XIV assignât à la compagnie un local au Louvre, en furent les premiers chanceliers; Richelieu, et après sa mort, le chancelier Séguier, les premiers protecteurs. Les académiciens jouissaient jadis de plusieurs prérogatives importantes; nul n'était et n'est reçu dans leur compagnie que pour des titres littéraires, et les grands seigneurs eux-mêmes n'y sont admis qu'à titre de gens de lettres, sans qu'aucune distinction particulière les ait jamais séparés de leurs confrères. Dix-huit suffrages au moins sont exigés pour être admis au nombre des quarante; le même nombre était jugé nécessaire pour exclure un membre. Cette dernière mesure ne fut prise que dans des cas graves : Granier et Furetière en furent seuls frappés. Nul ne pouvait être élu, s'il ne se présentait comme candidat. Tels étaient les statuts de cette académie célèbre, qui ne furent acceptés par l'État qu'avec quelque difficulté, les lettres patentes qui les autorisaient n'ayant été enregistrées que deux ans après qu'elles eurent été octroyées par le roi.

Parmi les premiers travaux de l'Académie, il faut placer les *Sentiments sur le Cid*, qu'elle publia sur les sollicitations réitérées de Richelieu, *Sentiments* dans lesquels elle chercha à lutter en faveur de Corneille contre l'injustice et la jalousie du ministre, auxquelles elle accordait cependant beaucoup trop. Cette tâche pénible une fois remplie, l'Académie se renferma dans le travail de son *Dictionnaire*, dont la première édition, élaborée pour la plus grande partie par Vaugelas, parut en 1694. Depuis, l'Académie a donné cinq autres éditions, dont la dernière date de 1835 ; en sorte qu'elle a publié une nouvelle édition tous les vingt-cinq ans. Mais ces éditions diffèrent de la première, en ce que celle-ci était disposée par ordre étymologique et non par ordre alphabétique, comme celles qui l'ont suivie.

Aujourd'hui, chaque académicien nouvellement élu prononce, dans une séance publique et solennelle, un discours dont le fond est l'éloge de son prédécesseur, et auquel répond un membre choisi à cet effet. Ce fut Patru qui le premier, en 1640, composa un discours de remerciement ; la compagnie en fut tellement satisfaite qu'elle fit, depuis lors, une loi à tout récipiendaire d'en prononcer un semblable : mais ce fut seulement en 1671 que les séances de réception commencèrent à devenir publiques. Pendant le premier demi-siècle, ce discours n'était jamais qu'un éloge assez banal du roi régnant, de Louis XIV, du cardinal de Richelieu et du chancelier.

L'académicien Balzac fut le premier qui institua un concours d'éloquence dont les quarante devaient être les juges. Ce fut en 1671 que furent décernés les premiers prix d'éloquence et de poésie, qui furent remportés par Mlle de Scudéry et par Lamonnoye. Le discours de la première avait pour titre : *De la louange et de la gloire ; qu'elles appartiennent à Dieu en propriété, et que les hommes en sont ordinairement usurpateurs*. La pièce du second avait pour sujet *l'abolition du duel*. On ne compte du reste qu'un petit nombre d'écrivains ou de poëtes éminents parmi ceux qui sont descendus dans cette lice ; et pour ne citer que les morts, on ne trouve guère que les noms de Fontenelle, Thomas, Laharpe, Chamfort, Necker, Marmontel, Millevoye et Victorin Fabre, de véritablement illustres parmi les lauréats.

Nous ne donnerons pas la liste des membres même les plus célèbres de cette Académie, qui a pris la devise assez ambitieuse : *à l'immortalité*. Presque tous les grands écrivains du dix-septième siècle et du dix-huitième en ont fait partie ; peu en ont été exclus, tantôt par l'esprit de parti, tantôt pour des motifs de caractère personnel, de grand poids du vivant des auteurs, mais dont la postérité fait bon marché ; tantôt, enfin, par des circonstances toutes spéciales, particulières à certains écrivains. Ainsi ni Descartes, ni Rotrou, ni Pascal, ni Molière, ni Ménage, ni Regnard, ni Larochefoucauld, ni Jean-Baptiste Rousseau, ni Malebranche, ni Dufresny, ni Dancourt, ni Lesage, ni Dumarsais, ni Louis Racine, ni Vauvenargues, ni Piron, ni Jean-Jacques Rousseau, ni Diderot, ni Beaumarchais, ni Mirabeau, n'en ont fait partie ; c'est-à-dire nos plus grands auteurs comiques et plusieurs de nos plus grands écrivains, de nos plus habiles grammairiens, ne lui ont point appartenu. Dans ce siècle, P. L. Courrier, Benjamin Constant, Foy, Millevoye, mort trop jeune, ne sont point entrés dans son sein ; et elle semble à jamais oublier ou laisser loin d'elle le plus grand de nos chansonniers, le plus hardi, le plus éloquent de nos écrivains, à la fois philosophe, publiciste, théologien. En revanche, une foule d'écrivains médiocres y ont été les confrères des grands hommes de la littérature, et sont devenus les arbitres d'une langue que le public savait mieux qu'eux : disparate qu'offrent du reste toutes les sociétés littéraires, et qui n'empêche pas l'Académie française d'avoir illustré son nom et bien mérité du pays.

Nous finirons cet aperçu rapide d'une histoire à laquelle on a pu consacrer facilement un livre (l'*Histoire des quarante fauteuils*, par M. T. Tastet. 4 vol. in-8°) par la liste des secrétaires perpétuels qui, depuis deux cents ans, ont été à la tête de ce corps littéraire. Le premier fut Conrart ; il eut pour successeurs Mézeray, Dacier, Duclos, D'Alembert, Marmontel, et depuis la révolution, Suard, Auger, Raynouard, Arnault et M. Villemain.

L'*Académie des inscriptions et belles-lettres* fut établie par Louis XIV en 1663 ; elle fut chargée, à l'origine, de travailler aux inscriptions, devises et médailles, et de répandre le bon goût et une noble simplicité dans les monuments. Le grand roi composa d'abord cette compagnie d'un petit nombre d'hommes choisis dans l'Académie française, qui se réunissaient tantôt dans la bibliothèque de Colbert, tantôt à Sceaux, pour s'occuper de cet objet. Au nombre de leurs premiers travaux, il faut placer le *dessin des tapisseries du roi*. Perrault fut ensuite chargé en particulier de la *description du Carrousel*, qui fut imprimée par les soins de la compagnie. On commença à faire des devises pour les jetons du trésor royal, des parties casuelles, des bâtiments de la marine, et tous les ans on en donna de nouvelles ; puis, on entreprit de composer une *histoire de Louis XIV par les médailles* ; enfin, Colbert soumit à l'Académie les dessins des peintures et des sculptures dont il voulait enrichir Versailles. Ce fut Louvois qui donna à l'Académie une constitution fixe. Il régla les réunions, qu'il rendit périodiques. La société n'était, lorsqu'il arriva au ministère, composée que de quatre personnes, Charpentier, Quinault, l'abbé Tallemant et Félibien le père. La Chapelle, qui succéda à Perrault comme contrôleur général des bâtiments, devint le cinquième académicien, et fut chargé d'écrire les délibérations de la compagnie. Louvois y associa bientôt Racine et Boileau, et enfin Rainssant, garde du cabinet des antiques du roi et savant numismatiste alors. On reprit avec ardeur le travail des médailles de l'histoire du roi, qui avait été interrompu dans les dernières années du ministère de Colbert.

Pontchartrain, devenu ministre de la maison du roi, eut à son tour la direction de l'Académie, aux travaux de laquelle il accorda une protection marquée. Il plaça à sa tête l'abbé Bignon, fort en réputation à cette époque, et qui était son neveu. Tourreil et l'abbé Renaudot remplacèrent Rainssant et Quinault. Ce fut l'abbé Bignon qui, lorsque le travail de l'histoire métallique de Louis XIV fut achevé, sollicita du roi une organisation définitive et élabora le règlement, qui fut approuvé le 16 juillet 1701. L'Académie dut alors s'occuper d'histoire, de littérature ancienne, de monuments, d'inscriptions, de médailles et de belles-lettres; elle fut composée de dix membres honoraires, dix pensionnaires, dix associés et dix élèves (cette dernière classe fut plus tard supprimée). Ses membres les plus illustres ont été, outre ceux que nous avons nommés, Thomas Corneille, J. B. Rousseau, Mabillon, Rollin, de Boze, J. Foy-Vaillant, Montfaucon, Vertot, André Dacier, Falconet, Louis Racine, Foncemagne, de la Nauze, Gédoyn, les deux Fourmont, de la Curne de Sainte-Palaye, Lancelot, Secousse, Fréret, l'abbé Lebeuf, le président Hénault, Brequigny, le comte de Caylus, Lebeau, Batteux, Capperonnier, Barthélemy, L. Anquetil et Anquetil Duperron, son frère, Danville, De Guignes, Dupuy, Dusault, Larcher, Sainte-Croix, J. Bon Dacier, D'Ansse de Villoison, Silvestre de Sacy. Le premier volume des *Mémoires de l'Académie des inscriptions* a paru en 1717; la collection jusqu'en 1793 forme 50 vol. in-4°; le dernier volume n'a paru qu'en 1809.

L'*Académie royale des sciences* fut établie en 1666 par les soins de Colbert. Louis XIV ayant chargé ce ministre de former une société d'hommes choisis et savants en différents genres de littérature et de sciences, qui, s'assemblant sous la protection du roi, se communiqueraient réciproquement leurs lumières et leurs découvertes, Colbert composa d'abord une société mixte de savants, d'érudits et de littérateurs. Plus tard cette société, qui prit le nom d'*Académie des sciences*, reçut une nouvelle organisation; les érudits et les littérateurs cessèrent d'en faire partie, et elle ne se composa plus que de savants proprement dits. Les premiers membres de cette académie ainsi constituée furent : Carcavy, Huyghens, Roberval, Picard, Perrault, Bourdelin, Pecquet et Du Hamel. Cette compagnie commença en 1692, la publication de ses travaux. Elle reçut en 1699, de l'abbé Bi-

gnon, une forme nouvelle, et fut composée de membres honoraires, de titulaires, d'élèves, d'associés, d'un trésorier et d'un secrétaire perpétuel. En 1716 son règlement fut assez notoirement modifié : la classe des élèves fut supprimée, le nombre des membres honoraires et des associés étrangers fut augmenté. En 1785, le nombre des sections fut porté de quatre à huit, et les associés et adjoints établis par le règlement en 1716 furent réunis en une seule et même classe.

Fontenelle, Mairan, Grandjean de Fouchy et Condorcet furent les secrétaires perpétuels de cette académie, qui se plaça, presque dès son origine, à la tête des corps savants de l'Europe. Parmi ses travaux, la mesure du méridien ordonnée par elle et exécutée par un de ses membres, est un des plus importants. Cette mesure fut reprise de nouveau et avec plus de rigueur et d'étendue par la classe de l'Institut qui, ainsi que nous allons le voir, a succédé à l'Académie des sciences. Elle a servi de base à la fixation du système métrique. Cette gigantesque entreprise, réalisée tout au commencement de ce siècle, par Mechain, Delambre et Legendre, et continuée par MM. Biot et Arago, n'est pas le moindre des titres que ce corps a acquis à la reconnaissance publique.

Le premier volume des *Mémoires de l'Académie des sciences* date de 1699; la collection forme, jusqu'en 1793, 164 vol. in-4°. Ses membres les plus illustres ont été, outre ceux que nous avons cités, Amontons, Tournefort, Varignon, Malebranche, le marquis de l'Hôpital, Lahire, Dufay, les trois Cassini, Clairault, Fontaine, Réaumur, Adanson, Lacaille, Maraldi, Petit, Winslow, Vauban, D'Alembert, Maupertuis, Bélidor, Perronet, Buffon, Daubenton, Quesnay, La Condamine, Lémery, Rouelle, Vaucanson, Séb. Vaillant, les Jussieu, Réaumur, Geoffroy, Bailly, Lavoisier, Vicq d'Azyr, Lagrange, Monge, Bertholet, Legendre, Fourcroy, Bougainville, Portal.

Outre ces académies, il existait encore à Paris une *académie de peinture et de sculpture* et une *académie d'architecture*; mais ces deux académies répondaient encore plus à l'école des beaux-arts actuelle qu'à l'Académie des beaux-arts : c'étaient des corps enseignants, auxquels étaient agrégés les artistes les plus éminents, seulement à titre honoraire les professeurs formaient le fonds même de académies.

L'*Académie royale de peinture et de sculpture* doit sa naissance aux démêlés qui survinrent entre les maîtres peintres et sculpteurs de Paris, et les peintres privilégiés du roi, que la communauté des peintres voulut inquiéter. Lebrun, Sarazin, Corneille et les autres peintres formèrent le projet de fonder une académie particulière ; et, ayant présenté à ce sujet une requête au conseil, ils obtinrent, en 1648, un arrêt qui autorisait leurs prétentions. Ils s'assemblèrent d'abord chez Charmois, secrétaire du maréchal de Schomberg, puis successivement dans diverses maisons particulières. Enfin, au commencement de 1654, l'Académie de peinture reçut du cardinal Mazarin un brevet et des lettres patentes qui furent enregistrés au parlement, et en reconnaissance, elle choisit le ministre pour son protecteur. Elle commença, en 1655, à se tenir au Louvre dans le logement de Sarazin. Elle était composée d'un protecteur, d'un vice-protecteur, d'un directeur, d'un chancelier, de quatre recteurs, d'adjoints au recteur et de professeurs ; puis d'adjoints, de conseillers, de secrétaires, etc.

L'*Académie d'architecture* fut établie par Colbert en 1671, et placée sous la direction du surintendant des bâtiments. Les professeurs et le secrétaire devaient toujours être choisis parmi les architectes chargés de la surintendance des bâtiments de la couronne.

La Convention, par un décret du 8 août 1793, prononça la suppression de toutes les académies et de toutes les sociétés littéraires, patentées ou dotées par la nation ; mais ce fut pour les réorganiser bientôt après, sur un plan plus large et plus philosophique, en les remplaçant par un *Institut* qui devait embrasser toutes les branches des connaissances humaines. « Il y aura pour toute la république, dit « l'art. 298 de la *constitution de l'an III* « (1794), un INSTITUT NATIONAL chargé de re- « cueillir les découvertes, de perfectionner « les arts et les sciences. » En effet, la *loi sur l'instruction publique*, décrétée le 3 brumaire an IV (25 octobre 1795) dans l'avant-dernière séance de la Convention, établit « l'Institut national des sciences et des arts, pour perfectionner les sciences et les arts par des recherches non interrompues, par la publication des découvertes, par la correspondance avec les sociétés savantes étrangères, pour suivre, conformément aux lois et aux arrêtés du directoire exécutif, les travaux scientifiques et littéraires qui auront pour objet l'utilité générale et la gloire de la république. » Cet institut fut composé de cent quarante-quatre membres résidant à Paris, d'un nombre égal d'associés répandus dans les différentes parties de la république, et de vingt-quatre associés étrangers. Ces membres furent répartis en trois classes divisées chacune en sections. La première classe fut celle des *sciences physiques et mathématiques*, comprenant dix sections ; la seconde, celle des *sciences morales et politiques*, comprenant six sections ; la troisième, celle de la *littérature et des beaux-arts*, comprenant huit sections. Chaque classe dut se réunir dans un local distinct. Aucun membre ne pouvait appartenir à deux sections différentes ; mais chacun pouvait assister aux séances et concourir aux travaux des autres classes.

Le directoire nomma les quarante-huit premiers membres, qui élurent les quatre-vingt-seize autres. Les cent quarante-quatre membres réunis nommèrent les associés. Une fois organisé, l'Institut dut se recruter par la voie du scrutin, chaque classe nommant ses membres, sur la présentation de la section.

L'Institut national fut chargé de nommer au concours des citoyens chargés de faire des voyages pour le progrès des connaissances humaines, et principalement de l'agriculture, de décerner des prix, de présenter un candidat pour la place de directeur de l'Académie de France à Rome, etc.

Dans cette première organisation les secrétaires n'étaient que temporaires ; chaque classe devait publier des mémoires formant une collection distincte.

Les premiers membres de l'Institut furent, les uns des membres des anciennes académies, les autres des hommes qui avaient contribué depuis la révolution à l'avancement des lettres et des sciences, et qui avaient organisé l'instruction publique.

Un arrêté du gouvernement consulaire, du 3 pluviôse an XI, modifia cette organisation. La seconde classe fut supprimée, et l'Institut fut divisé en quatre classes, 1° *sciences physiques et mathématiques*, 2° *langue et littérature françaises*, 3° *histoire et littératures anciennes*, 4° *beaux-arts*. Chaque classe eut un secrétaire perpétuel, choisi parmi ses membres. La première classe fut répartie en dix sections ; la seconde classe, composée de quarante membres, fut chargée de la continuation des travaux de l'ancienne Académie française, et par conséquent du dictionnaire ; à la troisième classe fut réservée la continuation des travaux de l'ancienne Académie des inscriptions et belles-lettres.

Cette organisation subsista pendant toute l'époque impériale. En 1816, Louis XVIII rendit aux classes le nom des académies dont elles étaient réellement la continuation ; la quatrième classe devint l'*Académie des beaux-arts*. Cependant l'ensemble de ces quatre classes, devenues académies, continua à porter le nom d'Institut, et presque toutes les dispositions organiques de l'Institut national furent conservées pour l'Institut royal. On rétablit seulement sous le nom de membres libres les anciens académiciens honoraires. Les membres titulaires et les membres honoraires des académies antérieures à la république devinrent de droit membres des nouvelles.

Cette ordonnance, qui fut rendue sous le ministre Vaublanc, eut le tort immense d'être suivie de nominations royales directes de nouveaux membres pour en remplacer d'autres, qui furent injustement et outrageusement exclus, et au nombre desquels on voit figurer les grands noms de Monge, Carnot et Maury.

Le 26 octobre 1832, une ordonnance, contre-signée Guizot, rétablit sous le nom d'*Académie des sciences morales et politiques*, la deuxième classe de l'Institut, que Napoléon avait supprimée. Les membres de cette classe encore vivants en firent partie de droit. Ce furent J. Bon Dacier, Daunou, Garat, Lacuée, Merlin, Pastoret, Reinhard, Rœderer, Sièyes et Talleyrand, auxquels il faut ajouter Lakanal; qui, étant alors en Amérique, ne put être admis qu'en 1834. L'organisation de cette classe fut, au reste, calquée sur celle des autres académies. Elle fut divisée en cinq sections, à l'une desquelles appartient nécessairement le secrétaire perpétuel.

L'Institut de France est aujourd'hui un des premiers corps savants du monde. Depuis sa création, il a renfermé dans son sein, à divers titres, presque toutes les illustrations intellectuelles de l'univers, soit comme membres, soit comme associés; Napoléon en fit partie comme simple membre, avant d'en devenir protecteur, à titre d'empereur.

La classe de l'Académie des sciences a compté parmi ceux qui l'ont composée: Lagrange, Laplace, Monge, Legendre, Delambre, Daubenton, Coulomb, Dolomieu, Bougainville, Borda, Méchain, Cuvier, Jussieu, Vauquelin, Fourcroy, Chaptal, Berthollet, Fourier, Pinel, Parmentier, Haüy, Dupuytren, Corvisart, Lalande, Lamarck, Ampère, Prony, Adanson, Fresnel, Guyton-Morveau, Portal; parmi les étrangers: Davy, Jenner, Banks, Volta, Blumenbach, Herschell, Cavendish, Wollaston, Young, Scarpa, Olbers, de Candolle, Priestley, Pallas, Werner, Piazzi, Rumford, Watt.

L'Académie des inscriptions et belles-lettres peut citer: Silv. de Sacy, Dacier, Larcher, Sainte-Croix, Daunou, D'Ansse de Villoison, Dupuis, Champollion, Abel Remusat, Raynouard, Ginguené; et parmi les étrangers: Heeren, Heyne, Wolf, Colebrooke, Niebuhr, Wyttenbach, Wieland, Guill. de Humboldt, Ernesti, Jefferson, Colebrooke, Klopstock, Sestini.

L'Académie des beaux-arts peut citer à son tour: David, Vien, Vincent, Boïeldieu, Méhul, Grétry, Gérard, Gros, Guérin, Lesueur, Girodet, Cherubini, Percier, Régnault, Gossec, Van-Spaëndonck, Houdon, Monvel; et parmi les membres étrangers: Canova, Haydn, Paësiello, Morghen, Thorwaldsen.

L'Académie des sciences morales et politiques a compté parmi ses membres, outre ceux que nous avons cités: Broussais, Jouffroy, de Tracy, Bignon, Charles Comte, Maret duc de Bassano, Sismondi, Livingston, Malthus et Ancillon; dans l'ancienne classe du même nom, on voit figurer Volney, Cabanis, Bernardin de Saint-Pierre, Cambacérès, Raynal, Portalis, Ch. Fox.

Outre le *dictionnaire*, dont la rédaction est confiée à l'Académie française, et plus particulièrement à une commission qui porte le titre de *commission du dictionnaire*, outre les *mémoires* publiés par chaque académie, l'Institut fait encore paraître plusieurs autres recueils importants. L'Académie des inscriptions publie la continuation de l'*Histoire littéraire de France*, commencée par les bénédictins, et celle des *Historiens de France*, commencée par D. Bouquet. L'Académie des beaux-arts a commencé un *dictionnaire de la langue des beaux-arts*. En 1808, on eut l'heureuse idée de faire composer par chaque classe un rapport historique sur les progrès des connaissances qui appartenaient au cercle respectif de leurs travaux; le rapport sur les sciences mathématiques fut composé par Delambre, le rapport sur les sciences physiques par Cuvier, le rapport sur la littérature par Suard, le rapport relatif aux beaux-arts par Lebreton.

Depuis juillet 1835, outre ses mémoires, l'Académie des sciences publie un *compte rendu hebdomadaire* de ses séances, dont la rédaction a été confiée, sous la direction des secrétaires perpétuels, au docteur Roulin. Cet exemple a été suivi depuis 1841, par l'Académie des sciences morales et politiques, qui a confié le même travail à MM. Ch. Vergé et Loiseau.

Nous ne nous étendrons pas sur les prix que distribue l'Institut et qui sont très-nombreux: nous avons parlé de ceux de l'Académie française; nous ajouterons que cette compagnie distribue encore des prix de vertu et des prix aux auteurs des ouvrages les plus utiles aux mœurs fondés par M. de Montyon. L'Académie des inscriptions donne chaque année un prix de 2,000 fr.; elle décerne en outre un des prix Gobert, qui est de 10,000 fr., pour l'ouvrage le plus savant sur l'histoire de France; l'autre, qui est de la même somme, et qui est réservé à l'ouvrage le plus éloquent sur le même sujet, est adjugé par l'Académie française; la première académie donne encore un prix de numismatique et des médailles pour encourager les recherches sur les antiquités nationales.

L'Académie des sciences décerne un grand prix de 3,000 fr.; un prix de statistique, un de physiologie expérimentale et un de mécanique; un d'astronomie, fondé par Lalande; enfin des récompenses pour le perfectionnement de la médecine et de la chirurgie et pour ceux qui ont trouvé le moyen de rendre un métier ou un art moins insalubre. L'Académie des beaux-arts donne des grands prix de peinture, sculpture, architecture, gravure, composition musicale et paysage historique; ceux qui remportent un de ces grands prix sont envoyés à l'académie de France à Rome et entretenus dans cette ville aux frais de l'État.

L'Académie des sciences morales et politiques propose chaque année au moins un sujet de prix, sur un sujet relatif aux connaissances qui sont de son ressort.

Outre l'Institut, il existe à Paris et dans la France, un grand nombre de sociétés savantes. Nous ferons connaître toutes celles qui ont acquis, par leurs travaux, quelque célébrité. L'*Académie royale de médecine* a été créée en 1820, pour répondre aux demandes du gouvernement sur tout ce qui se rapporte à l'hygiène publique; elle est en outre chargée de continuer les travaux de la *Société de médecine* et de l'*Académie de chirurgie :* cette dernière, fondée en 1721, et qui chaque année décernait un prix au meilleur mémoire qu'on lui avait envoyé sur une question mise au concours par elle, publia, de 1768 à 1798, ses *mémoires* et ses *prix,* dont la collection forme 12 vol. in-4°. Elle cessa d'exister à la révolution.

L'Académie royale de médecine actuelle publie également des *mémoires* sur toutes les branches des sciences médicales; elle fait en outre paraître, depuis 1836, un *bulletin* de ses séances; elle se divise en trois sections : médecine, chirurgie, pharmacie, composées chacune de membres honoraires et de membres titulaires. Elle a de plus un certain nombre d'académiciens libres, d'associés ordinaires et étrangers. Son organisation actuelle date de 1835.

La *Société de médecine de Paris* fut fondée en l'an V, sous le nom de *Société de santé.* Elle publie le *Journal général de médecine,* dont la direction pour la première série a été successivement confiée à Sedillot et à M. Gaultier de Claubry; cette série forme 97 volum. in-8°; la seconde série est publiée par M. Gendrin.

La *Société de médecine pratique,* créée en 1808, publie ses travaux, décerne des prix, et s'occupe spécialement de ce qui touche la thérapeutique et l'art de guérir proprement dit.

Il existe en France d'autres sociétés médicales; à Lyon, il y a une *Société de médecine* et une *Société de pharmacie.*

A Bordeaux et à Marseille, des *Sociétés royales de médecine,* qui publient chacune un *bulletin;* enfin Caen, Nîmes, Toulouse ont également des sociétés médicales.

La *Société royale et centrale d'agriculture* a publié ses premières délibérations en 1761. Turgot fut un de ses premiers membres. Mais ce n'est qu'à partir de 1785 que ses mémoires ont paru régulièrement. Supprimée pendant la révolution et l'empire, cette société fut rétablie le 4 juillet 1814, avec le titre et les attributions qui lui avaient été conférés en 1788. Elle est le centre commun et le lien de correspondance de nombreuses sociétés d'agriculture qui existent dans presque toutes les parties du territoire français. Elle se compose de quarante associés ordinaires, vingt-quatre associés libres, douze associés étrangers, et de correspondants. Elle a un secrétaire perpétuel, nommé par le roi; enfin, elle publie des *mémoires;* M. le baron Silvestre, son secrétaire perpétuel, a publié l'éloge de ses membres morts.

La *Société d'encouragement pour l'industrie nationale,* fondée quelques années avant 1789, fut rétablie en 1802 par le concours d'un grand nombre de savants, de fonctionnaires publics, de propriétaires et de manfacturiers; elle distribue des médailles pour des inventions ou des perfectionnements dans les arts utiles, envoie des modèles, dessins ou descriptions des inventions nouvelles, et des instructions ou renseignements aux fabricants et agriculteurs; fait des expériences et des essais pour apprécier les nouvelles méthodes annoncées en public; enfin, publie un *bulletin.*

Il existe en France d'autres sociétés qui se proposent pour but spécial l'encouragement de l'industrie : l'*Académie de l'industrie agricole, manufacturière et commerciale,* placée sous la protection du roi, qui publie des *mémoires* depuis 1831, a des expositions publiques, et distribue des prix; la *Société industrielle de Mulhouse,* qui publie un *bulletin;* et enfin, diverses autres sociétés moins célèbres.

Un grand nombre de sociétés s'occupent en France de l'étude des antiquités nationales. La plus ancienne est celle qui est établie à Paris sous le nom de *Société royale des antiquaires de France;* elle a été fondée en 1805 sous le nom d'*Académie celtique;* et a reçu son organisation actuelle en 1814. Elle se compose de quarante-cinq membres titulaires, de dix honoraires, et de correspondants; elle publie des *mémoires,* dont l'ensemble forme trois séries.

La *Société des antiquaires de Normandie,* fondée pour l'étude des antiquités dans les départements formés de l'ancienne province de Normandie, a eu pour premier directeur l'abbé Delarue, et a commencé à faire paraître ses *mémoires* en 1825.

Depuis 1830, des sociétés archéologiques se sont formées sur tous les points de la France, à savoir, la *Société des antiquaires de la Mo-*

rinie, à Saint-Omer, en 1832 ; celle des *Archéologues du midi*, à Toulouse, la même année ; la *Société des antiquaires de l'ouest*, à Poitiers, en 1835 ; celle des *Antiquaires de Picardie*, à Amiens, en 1839. Toutes ces sociétés publient des *mémoires*.

Peu de temps après la création des anciennes académies de Paris, il s'était formé à leurs instar, dans les provinces, plusieurs sociétés semblables, qui furent approuvées par le roi, publièrent leurs travaux et acquirent parfois une sorte de célébrité. A la révolution, toutes ces sociétés furent supprimées ; mais sous le régime impérial et à la restauration, on les vit peu à peu reparaître, les unes sous leur ancien nom, les autres sous une désignation nouvelle. Presque exclusivement littéraires pour la plupart avant la révolution, elles tournèrent davantage vers l'agriculture, à leur rétablissement, sans cependant rejeter les lettres. Une foule de nouvelle académies, sociétés d'agriculture, des sciences et des arts, etc., se formèrent en outre dans les départements. Énonçons rapidement les principales.

La plus ancienne de toutes est l'*Académie royale de* Soissons, qui fut érigée en 1674, mais qui n'a eu que bien peu de retentissement dans le monde littéraire. Détruite en 1793, elle n'a été remplacée dans cette ville par aucune société.

L'*Académie royale* d'Arles fut créée vers 1676. Elle se composait de vingt gentilshommes originaires ou habitants de cette ville, et jouissait de priviléges pareils à ceux de l'Académie française. Elle n'existe plus.

L'*Académie* de Villefranche en Beaujolais, établie en 1679, existe encore aujourd'hui sous le nom de *Société royale d'agriculture ;* elle doit sa formation à Cl. Bourdelin, célèbre chimiste , natif de cette ville et un des premiers membres de l'Académie des sciences.

L'*Académie* de Nimes, ouverte en 1682, porte actuellement le nom d'*Académie royale du Gard*. L'*Académie* d'Angers, établie en 1625, a été remplacée par une *Société d'agriculture, sciences et arts.*

L'*Académie des sciences, arts et belles-lettres* de Caen, établie en 1706 par M. de Brieux, et reconnue en 1707 , subsiste encore aujourd'hui. Il y avait dans la même ville une *Académie de peinture, sculpture et architecture*, qui avait été établie en 1750.

La *Société royale des sciences* de Montpellier, établie par lettres patentes de 1706, sous la protection du roi, ne forma dans l'origine qu'un seul et même corps avec l'Académie des sciences de Paris. A l'époque du directoire, cette société se reforma sous le nom de *Société libre des sciences et belles-lettres*, et elle publia en 1803 (an XII) le tome premier de ses *bulletins*. On y rencontre des mémoires intéressants de Draparnaud, Flaugergues, Broussonet et Lordat ; Desgenettes a publié en 1811 les éloges des membres morts de cette société ; elle a été fondue dans la *Société d'agriculture de Montpellier.*

L'*Académie royale des belles-lettres, sciences et arts* de Bordeaux, fondée par le duc de La Force en 1703, subsiste encore, et publie toujours ses *actes* et le *compte rendu* de ses séances. Elle a eu pour président Montesquieu, qui y a lu des mémoires sur la physique et l'histoire naturelle.

L'*Académie royale des belles-lettres* de Marseille, établie par le maréchal de Villars et reconnue par lettres patentes de 1726, subsiste encore. M. Lautard en a écrit l'histoire.

L'*Académie royale* de La Rochelle, établie en 1734, se réunit encore.

L'*Académie royale des sciences et belles-lettres* de Dijon fut établie en 1725 par une des clauses du testament du doyen du parlement de Bourgogne, Pouffier ; mais ses statuts ne furent confirmés par lettres patentes qu'en 1740. C'est elle qui mit au concours la question de savoir si l'établissement des sciences et des arts a contribué à épurer les mœurs ; concours dans lequel elle couronna, en 1750, le discours de J. J. Rousseau, qui se prononçait si éloquemment pour la négative. Cette académie compta parmi ses membres : Bullet, de Brosses, Sainte-Palaye, Piron, Crébillon, Buffon, Valmont de Bomare, Boufflers, Vergennes, Rameau, Larcher, Greuze et Vicq d'Azyr. Elle se reforma en 1798, sous le titre de *Société d'agriculture*, et reprit en 1814 son ancien et glorieux titre ; elle compte actuellement parmi ses membres un grand nombre de célébrités européennes.

L'*Académie des sciences et beaux-arts* de Pau, établie en 1721, a été remplacée par une *Société d'agriculture*. Il en est de même de l'*Académie* de Beziers, établie en 1723.

L'*académie des belles-lettres* de Montauban, reconnue par lettres patentes de 1744, était déjà connue dès 1730, sous le nom de *Société littéraire ;* elle était composée de trente membres et du premier consul de la ville, premier académicien de droit. Il existe plusieurs bons recueils des ouvrages de cette académie, sous le titre de *Mélanges de poésie, de littérature et d'histoire de l'Académie des belles-lettres de Montauban*. Cette société, qui occupait un des premiers rangs parmi les académies de province, a été rétablie en 1796 sous le titre de *Société des sciences, arts et agriculture ;* elle fait paraître un recueil agronomique depuis 1819.

L'*Académie des sciences, belles-lettres et beaux-arts* d'Amiens a été établie en 1750 ; elle subsiste encore aujourd'hui.

L'*Académie des sciences, belles-lettres et arts* de BESANÇON, établie par lettres patentes de 1752, doit sa fondation au duc de Tallard. Elle se rétablit en 1796, sous le nom de *Société académique*, et reprit à la restauration son ancien titre.

La *Société des sciences et arts de* MÉTZ, reconnue par lettres patentes de 1760, date de 1757. Elle porta d'abord le nom de *Société d'études*, et eut pour protecteur le maréchal de Belle-Isle. Cette société, qui a reçu en 1819 le titre d'*Académie royale*, publie des *mémoires* estimés et propose des prix. Elle a couronné successivement dans le siècle dernier Rœderer, Robespierre et Grégoire.

L'*Académie royale des sciences, belles-lettres et arts* de ROUEN, fondée en 1744, et rétablie en 1803 par Gosseaume, publie un précis analytique de ses travaux.

La *Société littéraire* d'ARRAS, autorisée depuis 1738, fut érigée, en 1773, en *Académie royale des belles-lettres*; elle porte aujourd'hui le titre de *Société royale pour l'encouragement des sciences, des lettres et des arts*.

L'*Académie des sciences, arts et belles-tres* de CHALONS-SUR-MARNE, établie en 1770, sous le titre de *Société littéraire*, fut érigée en *académie* en 1775; elle est remplacée aujourd'hui par une *Société d'agriculture*.

L'*Académie des sciences et belles-lettres* de NANCY, établie par édit du roi Stanislas, en 1750, a repris, en 1809, ses publications sous le nom de *Société des sciences*, auquel elle a ajouté, depuis la restauration, l'épithète de *royale*.

La *Société royale des sciences, belles-lettres et arts* d'ORLÉANS, érigée par lettres patentes de 1768, subsiste encore, et publie périodiquement ses travaux.

L'*Académie royale des sciences, inscriptions et belles-lettres* de TOULOUSE, qui publia en 1782 le premier volume de ses *mémoires*, lesquels forment, jusqu'en 1790, 4 vol. in-4°, et renferment de fort bons travaux, entre autres ceux du botaniste Picot-Lapeyrouse, avait été fondée en 1729 par Gouazé, Sage et Carrière.

Nous citerons encore la *Société royale des sciences, lettres et arts* du département du Nord, à DOUAI; la *Société des sciences et arts* de LILLE, la *Société d'émulation* de CAMBRAY: ces deux dernières sociétés publient des *mémoires* depuis 1819; la *Société d'agriculture, sciences, lettres et arts* du BAS-RHIN, qui publie aussi des *mémoires* fort intéressants; les *Académies des sciences, arts et belles-lettres* d'AIX, de CLERMONT, de LYON.

Enfin, outre ces académies et ces sociétés, qui embrassent presque tout le cercle des connaissances humaines, il existe en France, et surtout à Paris, plusieurs autres sociétés ayant un objet spécial. Nous avons déjà fait connaître plus haut les plus importantes; il nous reste à donner quelques détails sur les autres.

La *Société de géographie*, instituée à Paris en 1827 pour concourir aux progrès de la géographie, fait entreprendre des voyages dans les contrées inconnues, propose et décerne des prix, publie un recueil de *mémoires*, des séries de questions, et fait graver des cartes. Cette société fait en outre paraître un *bulletin*.

La *Société géologique de France* a été fondée le 17 mars 1830, par MM. Boué, C. Prévost, A. Passy, etc. M. L. Cordier en a été le premier président. Elle publie un *bulletin* et des *mémoires* qui jouissent dans le monde savant d'une assez grande réputation.

La *Société française de statistique universelle* a été fondée à Paris en 1829, par M. César Moreau; la *Société royale d'horticulture*, fondée en 1827, fait des expositions annuelles de fleurs et distribue des encouragements aux jardiniers; la *Société d'instruction élémentaire*, fondée en 1815, entretient des écoles et publie un *bulletin mensuel*. La *Société des sciences naturelles de France*, fondée en 1821, a publié pendant quelque temps de fort bons *mémoires*; elle est actuellement presque ignorée. La *Société philomatique*, fondée en 1788, a joui, pendant les premières années de ce siècle, d'une assez grande célébrité, et les savants les plus distingués ont recherché l'honneur de lui appartenir; elle s'occupait de la culture des sciences physiques et mathématiques, et a publié de fort bons travaux, dont les résumés se trouvent dans le *Bulletin des sciences*, qu'elle a longtemps fait paraître. Les *Sociétés linnéennes* de PARIS, de NORMANDIE séante à Caen, et de LYON s'occupent des différentes branches des sciences naturelles. La dernière, fondée par J. B. Balbi, en 1822, a publié les mémoires les plus intéressants. La *Société entomologique de France*, fondée en 1832, à Paris, publie des *Annales*; elle a eu Cuvier pour premier président.

La *Société de l'histoire de France*, séant à Paris, a été fondée en 1833, par MM. Guizot, Thiers, de Barante, Molé, A. Beugnot, Mignet, Raynouard, Fauriel, etc.; elle se réunit à la Bibliothèque royale, publie un *bulletin* dont le tome Ier a paru en 1835, et fait en outre paraître tous les ans un *annuaire*. Elle publie de plus des *ouvrages et documents relatifs à l'histoire nationale*, parmi lesquels on en a remarqué déjà de fort importants.

En 1832, M. E. de Monglave et plusieurs autres personnes ont fondé à Paris l'*Institut historique*, société destinée à embrasser toutes les branches des sciences historique, et qui, après avoir eu à son début quelque célébrité,

6

a depuis beaucoup perdu de son importance; elle continue cependant à publier un journal intitulé : *l'Investigateur*.

La *Société asiatique* de Paris, fondée en 1822, pour l'avancement des études relatives aux langues, à la littérature et à l'histoire de l'Orient, publie depuis cette époque un *journal* qui forme aujourd'hui quatre séries. La quatrième série est encore en voie de publication. Les deuxième, troisième et quatrième séries jouissent d'une grande réputation. Cette société, fondée à l'instar de celle de Calcutta, qui a aussi été le modèle de celle de Londres, dont nous parlerons plus bas, a renfermé dans son sein, depuis sa fondation, les plus illustres orientalistes de l'Europe. Elle a eu Silvestre de Sacy pour premier président, et Abel Rémusat pour premier secrétaire.

Les arts ont donné naissance à un moins grand nombre de sociétés; nous citerons cependant la *Société des amis des arts* de Paris, fondée en 1789 et rétablie en 1816 ; les membres achètent en commun des tableaux, sculptures, gravures, qu'ils tirent ensuite entre eux au sort.

Les pays étrangers ont suivi les exemples qui leur avaient été donnés en si grand nombre par l'Italie et la France. L'Angleterre et l'Allemagne surtout virent des sociétés savantes s'élever sur tous les points de leur sol. Donnons un court aperçu de celles qui se sont acquis le plus de réputation.

La première et une des plus anciennes entre les sociétés de la Grande-Bretagne, est la *Société royale* de Londres, qui fut fondée en 1645, à Oxford, par une société de savants, d'après les conseils de J. Wilkins. En 1658 elle fut transférée à Londres, et se tint au collége Grasham. Elle ne fut cependant définitivement constituée qu'en 1663. Ses membres son élus par la voie du scrutin; elle a à sa tête un conseil directeur. Cette société a compté dans son sein Newton, Halley, J. Bradley, James Stirling, Desaguliers, Rich. Pococke, Simpson, Ed. Nairne, Solander, Benj. Franklin, Henri Baker, Maskelyne, Cavendish, J. Smeaton, J. Hunter, J. Priestley, Wollaston, Ch. Blagden, Herschell, J. Banks, Évrard Home, Th. Young, Humphry Davy, Jenner, etc.; elle a puissamment contribué aux progrès des connaissances humaines, et particulièrement à ceux des sciences mathématiques pures et appliquées. Ses mémoires, dont la publication a commencé en 1665, sous le titre de *Philosophical Transactions of London*, continuent jusqu'à nos jours, et renferment des travaux fort importants. Baddam, Lowthorp et J. Martyn en ont publié des abrégés, le premier en 1745, les deux autres en 1756. Gibelin en a donné en 1787,

une traduction française abrégée; Thom-Sprat, en 1734, Birch, en 1757, et enfin Thomson, en 1812, ont écrit des histoires de cette société célèbre.

La *Société royale* d'Édimbourg, fondée en 1739, par le célèbre Maclaurin, sur le modèle de celle de Londres, succéda à une société littéraire qu'avait établie dans la même ville le savant Ruddiman. Elle prit d'abord le titre de *Society for improving arts and sciences.* Interrompue dans ses travaux en 1745, à la suite des troubles politiques, elle les reprit en 1752, et publia, peu d'années après, le premier volume de ses mémoires sous le titre d'*Essays and observations physical and literary.* Depuis 1788, elle publie des *Transactions.*

Le nombre des sociétés savantes de la Grande-Bretagne, et surtout de Londres et d'Édimbourg, est très-considérable. Dans cette dernière ville, on en compte plus de vingt-cinq.

La plus ancienne des sociétés de la Grande-Bretagne est le *Royal College of physicians*, qui répond à ce qu'en France on appelle l'Académie royale de médecine. Sa fondation remonte à 1523; c'était à l'origine la corporation des médecins. Le *Royal College of Surgeons of England*, qui n'a été définitivement constitué qu'en 1800, répond à notre ancienne académie de chirurgie. Il y a en outre une société médicale, qui porte le nom de *Royal medical and chirurgical Society of London for the cultivation and promoting of the sciences of medecine.* Cette société a été fondée en 1809; elle publie ses *Transactions* depuis 1815. A Édimbourg, la société médicale publie ses *Medical Essays and observations* depuis 1752; c'est dans ce recueil que se trouvent consignées une grande partie des observations du célèbre Alexandre Monro. A Londres il existe encore une société de pharmaciens, reconnue depuis 1617, et qui porte le nom de *Society of apothecaries of London.*

Après la Société royale de Londres, celles qui, dans cette ville, occupent le premier rang sont la *Société royale des antiquaires*, la *Société royale de littérature*, et l'*Académie royale des arts.* La première, fondée en 1770, publie ses travaux sous le titre de *Archæologia or Miscellaneous tracts relating to antiquity* ; le premier volume a été imprimé en 1804 ; la collection forme aujourd'hui (1845) vingt-huit volumes. Cette société publie en outre différents ouvrages relatifs à l'histoire de la Grande-Bretagne; Lowndes a donné, pages 50 et 51 de son Manuel, la liste de ceux qui avaient alors paru.

La *Société royale de littérature* ne date que de 1820; les deux premiers volumes de ses *Transactions* ont paru en 1837; ses travaux embrassent toutes les branches de la littérature.

La *Société royale des arts*, fondée en 1768, participe à la fois, comme la plupart des sociétés de son espèce, des institutions appelées en France Académie des beaux-arts et École des beaux-arts. Elle se compose de membres honoraires, de professeurs et d'associés.

Voici les noms des principales entre les autres sociétés de Londres : la *Société mathématique*, fondée en 1717; la *Société pour l'encouragement des arts, des manufactures et du commerce*, fondée en 1753; la *Société linnéenne de Grande-Bretagne et d'Irlande*, fondée en 1788 : c'est une des premières qui se soient mises en quelque sorte sous l'invocation de cet illustre naturaliste; elle embrasse dans le cercle de ses études toutes les branches de l'histoire naturelle; ses *Transactions*, de 1771 à 1843, forment 14 volumes in-4°; la *Société horticole*, fondée en 1808, et qui a publié jusqu'à nos jours 7 volumes de *Transactions*; la *Société asiatique*, fondée en 1824, sur le modèle de celles de Calcutta et de Paris, a publié des *Transactions* dignes des travaux de ses émules; la *Société géologique*, fondée en 1807, mais qui n'a été reconnue et définitivement constituée qu'en 1826, fait paraître un intéressant *bulletin*; la *Société zoologique*, fondée en 1826, possède une fort belle ménagerie au Zoological Garden; la *Société météorologique* date de 1823; la *Société astronomique* publie des mémoires depuis 1822; une société de jurisprudence porte le nom de *Law Society of united Kingdom*, et a été fondée en 1831; la *Société* pour la diffusion des connaissances utiles, *for the diffusion of useful knowledge*, a depuis 1826, année de sa fondation, le célèbre lord Brougham à sa tête; elle a publié de petits traités scientifiques fort utiles et fait paraître tous les ans le *Companion Almanach*; la *Société statistique*, créée en 1834, publie un *journal*; la *Société royale de géographie*, fondée en 1830, fait paraître également un journal. La société intitulée : *Royal institution of Great Britain for the diffusion of sciences and useful knowledge and to facilitate the introduction of useful inventions and improvements*, créée en 1810, est la société d'encouragement de Londres; elle compte plus de cinq mille membres des deux sociétés botaniques : la *Royal Botanic Society* et la *Botanic Society of London*, la première date de 1839, et la seconde de 1836; la *Société royale d'agriculture d'Angleterre*, établie en 1836; le *Royal Institute of British architecture*, créé en 1834 et qui répond à notre ancienne académie d'architecture; l'*Institution of civil engineers*, créée en 1828 : ces deux sociétés publient des *Transactions* fort importantes pour

la science de la construction et l'art de bâtir; enfin les deux sociétés connues sous le nom de *Camden Society* et *Percy Society*, du nom de leurs fondateurs, et dont la première, créée en 1828, publie les anciens monuments de l'histoire d'Angleterre, et la seconde les anciennes poésies anglaises.

A Édimbourg, outre les deux sociétés que nous avons mentionnées, nous citerons : la *Royal physical Society*; la *Plinian Society*, fondée en 1823 pour encourager la culture des sciences physiques et naturelles; la *Société wernérienne d'histoire naturelle*, qui publie depuis 1811 des mémoires estimés : elle a été établie en 1808; la *Société phrénologique* : il existe en Angleterre plusieurs sociétés ayant pour objet les progrès de cette science problématique, et une notoirement à Londres; mais celle d'Édimbourg, fondée par le célèbre phrénologiste Combes, est la plus célèbre : Paris et Calcutta ont suivi aussi cet exemple; il s'y est formé des sociétés phrénologiques; la *Société calédonienne d'horticulture*; enfin la médecine, exercée avec succès dans la capitale de l'Écosse, a, outre l'ancienne société de médecine, donné naissance à la *Hunterian medical Society*, à la *Harveian Society*, à la *Diagnostic Society*. La *Société des antiquaires d'Écosse*, dont les premiers mémoires, publiés en 1792, pouvaient à leur origine être regardés comme de dignes rivaux de l'*Archæologia*, a considérablement ralenti depuis 1828 l'ardeur de ses travaux. Ses *Transactions* forment 3 tomes en 5 parties in-4°.

L'Angleterre ne renferme pas autant de centres littéraires et scientifiques que la France; aussi y voit-on moins d'associations intellectuelles prospérer loin des deux capitales que nous venons de citer. Toutefois il serait injuste de passer sous silence quelques académies qui, par leurs travaux, ont bien mérité du monde savant.

La *Royal irish Academy*, séant à DUBLIN, est la première des sociétés que nous ayons à mentionner; ses *Transactions* datent de 1786, et forment actuellement 20 volumes in-4°. L'*Académie hibernique de peinture* de la même ville est digne de sa réputation. La *Société littéraire* de CORK, fondée en 1790, est une des principales sociétés de l'Irlande. En Écosse, la *société* de GLASCOW *pour le perfectionnement de l'industrie et du commerce* est la première institution de ce genre qui ait pris naissance en Grande-Bretagne. En Angleterre, les *Sociétés philosophiques* de CAMBRIDGE et de MANCHESTER sont les plus distinguées; la première publie des *Transactions* depuis 1821, la seconde des *Mémoires* depuis 1789.

La *Société de Bath*, fondée pour l'encouragement de l'agriculture et des arts, a publié, de.

puis 1790, des mémoires sous le titre de *Letters and Papers*.

Il faut encore mentionner la *Société philosophique* de Birmingham, la *Société d'histoire naturelle* de Liverpool, la *Société des antiquaires du comté de Lancastre*, à Manchester, enfin la *Société géologique du comté du Cornwal*, instituée en 1814, et qui depuis lors a toujours publié ses *Transactions*.

En Allemagne, l'un des pays où la science et les lettres ont été le plus généralement aimées et cultivées, les sociétés savantes ne pouvaient manquer de se multiplier et de prospérer.

Une *Société du Danube* avait existé à Bude et à Vienne, dès la fin du quinzième siècle et au commencement du seizième; le savant Schœpfeling fonda aussi des sociétés savantes à Strasbourg et à Schelestadt.

L'*Académie des curieux de la nature* fut fondée en 1652 ou 1662, à Schweinfurt, ville de la Bavière actuelle, par le médecin J. L. Bausch, lequel invita ses confrères de plusieurs contrées de l'Europe à communiquer à cette société les faits extraordinaires et les cas rares qu'ils rencontreraient dans l'exercice de leur art. En 1677, l'empereur Léopold prit l'académie sous sa protection, et c'est à cause de ce patronage qu'elle fut surnommée *Léopoldine*. Elle n'a fixé pour ses réunions ni lieu, ni époque; mais pour remédier à cette irrégularité, elle a institué une espèce de bureau central, établi d'abord à Breslau, ensuite à Nuremberg, puis à Bonn. Les associés, dont le nombre est illimité, prennent, lors de leur réception, l'engagement 1° de traiter un sujet d'histoire naturelle; 2° de fournir des matériaux pour les *Éphémérides* mensuelles. Ces Éphémérides, qui ont paru d'abord sous le titre de *Miscellanea curiosa*, portent actuellement le titre *Verhandlungen der Leopoldinen Carolinen Academie der Naturforscher*.

L'*Académie royale de Prusse*, séant à Berlin, fut fondée en 1700 par le roi Frédéric Ier, qui en nomma Leibnitz président. Les plus grands noms illustrèrent dès le commencement la liste de ses membres. Dix ans après sa création, elle reçut du roi un règlement d'après lequel elle fut divisée en quatre classes : la première pour la physique, la médecine et la chimie; la seconde pour les mathématiques, l'astronomie et la mécanique; la troisième pour la langue allemande et nationale; la quatrième pour l'érudition orientale, en tant qu'elle a pour but la propagation du christianisme chez les peuples idolâtres. Le premier volume de ses *mémoires* parut en 1710, sous le titre de *Miscellanea Berolinensia*. Sous Frédéric le Grand, en 1744, elle reçut une organisation nouvelle, et l'admission dans son sein de plusieurs savants ou littérateurs français,

parmi lesquels il faut citer Voltaire, Maupertuis, D'Argens, Lametterie, Lalande, Lagrange, Euler, Diderot, d'Alembert, lui imprima une impulsion nouvelle. Frédéric la prit sous sa protection spéciale. Cette académie, qui n'a pas cessé ses publications depuis cette époque, a subi dans son organisation diverses modifications. Elle est actuellement à la tête de l'éducation morale et littéraire de la Prusse. Ses membres sont élus par l'Académie avec l'approbation du roi. La bibliothèque publique et le cabinet d'histoire naturelle de Berlin sont placés sous sa surveillance.

Aux *Miscellanea* succédèrent, de 1750 à 1771, 26 volumes portant le titre d'*Histoire de l'Académie royale des sciences et belles-lettres de Berlin*, qui furent suivis, de 1772 à 1787, de nouveaux mémoires de l'Académie formant 18 volumes in-4°, auxquels il faut ajouter 12 vol. publiés de 1788 à 1804, sous le titre de *Mémoires depuis l'avénement de Frédéric-Guillaume II au trône*. Depuis lors les mémoires ont été publiés en allemand. Ces différents recueils renferment des travaux d'une haute importance, relatifs aux différentes branches des connaissances humaines.

La *Société royale* de Goettingue, fondée en 1750, pour servir en quelque sorte de complément à l'université de cette ville, embrasse tout le domaine de l'érudition; son histoire a été écrite par le savant bibliothécaire de Berlin, M. Reuss; elle publie des mémoires depuis 1752, sous le titre de *Commentarii, novi Commentarii, Commentationes*. Ce recueil renferme des travaux de Haller, Tobie Mayer, Gmelin, Heyne, Tychsen, Eichhorn, Heeren, Gauss, Blumenbach, Olbers, etc.

L'*Académie électorale* d'Erfurt se forma en 1754; elle se composait d'un protecteur, d'un directeur, de membres ordinaires, d'adjoints et d'associés. Ses mémoires, publiés d'abord en latin, sous le titre d'*Historia et commentationes Academiæ electoralis Moguntiæ scientiarumque Erfurti*, 1757-1795 de *Nova acta*; sont, depuis cette époque, rédigés en allemand.

L'*Académie électorale bavaroise des sciences*, qui date de l'année 1759, a pris, depuis la formation du royaume de Bavière, une plus grande extension, et a reçu le titre d'*Académie royale*, et la direction de l'instruction publique de Bavière lui a été confiée. Cette académie, dont les *Monumenta boica*, formant 29 vol. in-4°, suffiraient pour attester l'utilité, a commencé la publication de ses mémoires en 1763 et les a continués sous les titres successifs d'*Abhandlungen*, *Neue Abhandlungen, et Denkschriften*.

La *Société des naturalistes* de Dantzig, une des premières sociétés de naturalistes de l'Europe, a commencé, en 1747, à publier, sous le titre de *Versuche und Abhandlungen*, ses mémoires, qui, interrompus quelque temps, ont repris leur cours en 1778, sous le nom de *Schriften*.

L'*Académie* de MANHEIM *pour les sciences et pour les lettres* date de 1755. Ses mémoires parurent de 1766 à 1794, en 7 tomes ou 11 volumes in-4°, sous le titre d'*Acta Academiæ electoralis scientiarum et elegantium litterarum Theodoro-Palatinæ*. Elle reçut ce nom de l'électeur Charles Théodore, qui l'établit d'après les plans du savant Schœpflin. Cet électeur palatin établit dans la même ville une *Académie de sculpture et de dessin*.

L'*Académie royale bohémienne* des sciences de PRAGUE publie des *Abhandlungen* depuis 1789; elle a été fondée en 1769, par le chevalier de Born, sous le nom *Gelehrten Privatgesellschaft*. Elle a compté parmi ses membres Ungar et Prochaska.

La *Société des curieux de la nature* de BERLIN publie des *Schriften*, depuis 1795; la *Société philologique* de LEIPZIG a fait paraître des *Acta* qui ont été édités par Ch. Dan. Beck en 1801. La *Société latine* d'IENA, qui a pris ensuite le nom d'*Académie d'Iena*, date de 1752; ses *Acta* et ses *Annales* ont été successivement publiés par Walch et Eischstädt.

Nous avons fait connaître les principales académies de l'Allemagne; nous allons terminer par une rapide nomenclature de celles dont les travaux sont moins généralement connus; ce sont: la *Société économique* de LEIPZIG, dont les *Schriften* paraissent depuis 1771; l'*Institut impérial et royal polytechnique* de VIENNE, dont les annales, *Jahrbücher*, sont publiées par Precht, depuis 1824; l'*Académie des beaux-arts* de la même ville, qui est sans contredit une des premières académies de l'Europe : elle est divisée en quatre classes (gravure, sculpture, peinture, gravure en pierres fines et mosaïques); l'*Académie Joséphine de médecine et de chirurgie*, également à VIENNE; la *Société pour l'histoire ancienne de l'Allemagne* (*Gesellschaft für altere deutsche Geschichtskunde*), dont les *Archives* ont paru depuis 1820, d'abord à Francfort, sous la direction de Büchler et Diemge, puis à Hanovre, sous celle de Pertz; la *Société des antiquaires* de NASSAU (*Verein für nassauische Alterthumskunde und Geschichtsforschung*), qui a commencé la publication de ses *Annales* à Wiesbaden en 1827; la *Société d'histoire* de MUNICH (*Historisches Verein*); l'*Académie des antiquités* de CASSEL; la *Société des antiquaires allemands* de LEIPZIG, fondée en 1828, pour la conservation de la langue et des antiquités de l'Allemagne; la *Société de la Pegnitz*, séant à NUREMBERG; l'une des plus anciennes sociétés de l'Allemagne, la *Société Silésienne pour la culture nationale* (*Schlesische Gesellschaft für vaterlandische Kultur*), séant à *Breslau*; la *Société* de DRESDE pour la recherche et la conservation des antiquités saxonnes; l'*Académie de peinture et d'architecture* de DRESDE; l'*académie des beaux-arts* de WEIMAR; l'*Académie de peinture* de DUSSELDORF, qui a succédé à celle qu'avait créée, en 1777, l'électeur Charles-Théodore; enfin la *Société d'industrie nationale* de FURTH.

Les Pays-Bas, sans offrir des académies aussi célèbres que celles que viennent de nous fournir les contrées précédentes, renferment cependant plusieurs sociétés qui ne sont pas sans jouir de quelque réputation dans le monde savant; c'est surtout dans le siècle dernier que leurs publications se sont fait remarquer par leur importance.

L'*Académie des sciences* de HARLEM publie des mémoires depuis 1754, sous le nom de *Société hollandaise*, auquel elle a substitué, en 1799, celui de *Société batave*. La *Société scientifique* de GRONINGUE *pro excolendo jure patriæ* a commencé à faire paraître ses mémoires en 1773; la *Société des sciences* de FLESSINGUE publie les siens en hollandais, depuis 1769; ceux de la *Société d'agriculture* d'AMSTERDAM paraissent depuis 1778.

L'*Académie* d'UTRECHT publie ses mémoires depuis 1817; ils ont paru d'abord sous le nom d'*Acta litteraria Academiæ Rheno-Trajectinæ*, puis sous celui d'*Annales*; il ne faut pas confondre cette académie avec la *Société de la province d'Utrecht*, qui publie des mémoires en hollandais, depuis 1781. Nous en dirons autant de la Société des sciences de Harlem, dont nous avons parlé plus haut, et d'une société fondée par Teyler, dans la même ville, pour la culture des sciences, des lettres et des arts. Nommons encore la *Diligentia*, société établie à LA HAYE pour la culture spéciale de la physique et de la littérature; la *Société batave* de ROTTERDAM, pour les sciences mathématiques et expérimentales; enfin l'*Institut de Hollande*, fondé durant la domination française, sur le modèle du nôtre.

En Belgique, il existe quelques académies, qui, au reste, en jetant peu d'éclat, se sont montrées le miroir exact de la culture intellectuelle de cette contrée. Citons cependant l'*Académie impériale*, puis *royale, des sciences* de BRUXELLES, fondée en 1773, qui publie des *mémoires*, et depuis 1832, un *bulletin*; la création du royaume de Belgique lui a donné quelque importance; les *Académies* de LIÉGE et de LOUVAIN : la première, qui a été fondée en 1816, par le roi de Hollande Guillaume Ier, fait paraître depuis 1819 des mémoires, sous le titre d'*Annales Academiæ Leodiensis*; la seconde publie aussi des *Annales* en latin, depuis 1823.

Dans les pays scandinaves, Copenhague, Stockholm et Upsal sont les trois centres intellectuels. Dans la première ville, mentionnons l'*Académie royale des sciences*, fondée en 1742 par Christian VI, qui la composa d'abord de six hommes de lettres, qui devaient être occupés à l'arrangement de ses médailles. On leur associa ensuite un plus grand nombre de savants, sous le patronage du comte de Holstein, pour s'occuper des antiquités et de l'histoire du pays. Enfin, en 1743, l'Académie fut définitivement constituée et placée sous la protection du roi. Le premier volume de ses mémoires (*Skrifter*) a paru en danois à Copenhague, en 1745. Dans la même ville existent la *Société royale des antiquaires du Nord*, dont les publications ont jeté beaucoup de jour sur l'histoire des peuples scandinaves, et la *Société royale de médecine*, qui publie ses *Collectanea* et ses *Acta* depuis 1774. La *Société islandaise des sciences et de la littérature* publie ses mémoires en danois depuis 1781.

A Stockholm, l'*Académie royale des sciences*, fondée en 1729, publie également des *mémoires* (*Handlingar*); la *Société des antiquaires* de la même ville a fait paraître en 1789 le premier volume de ses *mémoires*.

A Upsal, la *Société des sciences* a été instituée en 1710, pour l'étude des langues du Nord et des monuments scandinaves ; elle publie les *Acta litteraria Sueciæ*, depuis 1720. Il existe dans la même ville une *Société cosmographique*.

Enfin, pour achever la nomenclature des sociétés savantes de la Scandinavie, nous citerons encore l'*Académie royale des sciences* de Drontheim ; la *Société topographique* de Christiania, qui publie un *journal* depuis 1792, et la *Société géologique* de la même ville.

En Russie, trois sociétés seulement méritent notre attention ; ce sont l'*Académie des sciences* et l'*Académie des beaux-arts* de Saint-Pétersbourg, et la *Société impériale des naturalistes* de Moscou. L'*Académie impériale des sciences* de Saint-Pétersbourg fut fondée en 1724, et l'idée en appartient à Pierre le Grand. Ce monarque en traça lui-même le plan de l'établissement, d'après les conseils de Wolf et de Leibnitz ; mais, surpris par la mort, il ne put mettre ce projet à exécution ; ce fut Catherine Ière qui réalisa sa pensée ; elle dota l'Académie, y appela un grand nombre d'hommes distingués en différents genres, tels que Nicolas et Daniel Bernoulli, Bulfinger, Wolf, Bayer, etc. Cette société tint sa première séance en 1725. Après avoir été négligée sous Pierre II, elle se releva sous les impératrices Anne, Élisabeth et Catherine II. La protection immédiate que lui accorda cette dernière, la rendit surtout florissante. Toutes les branches des connaissances humaines, surtout dans leur application à la Russie, devinrent l'objet de ses travaux. Cette académie a publié ses mémoires depuis 1728, dans une longue suite de volumes qui ont paru sous les titres successifs de *Commentarii*, *Novi Commentarii*, *Acta*, *Nova Acta*, et *Mémoires*. La sixième et dernière série paraît par classes et livraisons, en langue latine, française, allemande et russe. Réorganisée en 1831, avec un supplément de dotation, l'Académie des sciences de Saint-Pétersbourg se compose actuellement de vingt et un membres ordinaires et d'un nombre assez considérable d'adjoints. Elle admet en outre des membres correspondants nationaux et étrangers, ainsi que des académiciens honoraires. L'empereur nomme le président et le vice-président. Aujourd'hui, comme dans le siècle dernier, cette académie se recrute parmi des savants allemands et français, auxquels elle fait des avantages pour les engager à fixer leur résidence à Saint-Pétersbourg ; c'est ainsi que Diderot et Euler sont entrés dans son sein, et qu'un orientaliste français y a été aussi appelé il y a quelques années.

L'*Académie impériale des beaux-arts* de *Saint-Pétersbourg* a été établie en 1765, par Catherine II ; elle participe des caractères d'école et de société savante ; se compose d'un corps de professeurs, et envoie de jeunes artistes voyager dans les pays étrangers.

La *Société impériale des naturalistes de Moscou* a été fondée en 1805, par le professeur Fischer. Les premiers volumes de ses *mémoires* ont été consumés dans l'incendie de Moscou. Elle publie un *bulletin* depuis 1829.

La Suisse nous offre quelques sociétés savantes qui ont compté et comptent encore dans leur sein des hommes illustres. La *Société de physique et d'histoire naturelle* de Genève publie des *mémoires*, parmi les collaborateurs desquels on a remarqué les noms de Saussure, Charles Bonnet, Senebier, Prevost, Pictet, Decandolle, Deluc, etc. La *Société suisse pour la physique, les mathématiques, l'anatomie, la botanique et la médecine*, publie ses travaux depuis 1751 ; ils ont d'abord paru à *Bâle* sous les noms d'*Acta* et de *Nova Acta Helvetica*, et ont pris, depuis 1829, celui de *Denkschriften der allgemein schweitzerischen Gesellschafs* : cette société, qui a eu d'abord son siége à Zurich, a maintenant son bureau à Neufchatel. Nous citerons encore, en Suisse, la *Société des antiquaires de la Suisse*, séant à Zurich ; la *Société économique* de Berne, qui a commencé la publication de ses *mémoires* en 1760 ; la *Société d'histoire et d'antiquités de la Suisse romane*, qui publie des mémoires depuis 1840 ; la *So-*

ciété d'histoire et d'antiquités de Genève; la *Société des sciences physiques* de Lausanne, qui a publié des *mémoires* avant 1789.

En Espagne, quelques académies ont joui de quelque réputation avant les troubles politiques qui ont déchiré ce malheureux pays. L'*Académie royale d'Espagne*, établie à Madrid pour cultiver la langue castillane, a été formée en 1713, sur le modèle de l'Académie française, par le duc d'Escalona; ses armes sont un creuset sur le feu avec cette devise : *Limpia, fixa y da esplendor*. La même ville possède une *Académie d'histoire*, confirmée en 1738, et qui a publié des éditions de Mariana, Sepulveda, Solis et d'anciennes chroniques en partie inédites, relatives aux affaires de Castille, ainsi que des mémoires portant le titre de *Memorias de la real Academia de la historia de Madrid*, dont le premier volume a paru en 1796. Cette académie possède une nombreuse collection de diplômes et de chartes qui se rapportent aux principales villes d'Espagne. Outre ces académies, il faut citer dans le même pays l'*Académie des sciences et arts* de Séville, établie vers 1750; celle de Valladolid, fondée en 1752, et celle de Barcelone, qui date du même temps.

L'*Académie royale des scienes* de Lisbonne, fondée en 1779 par le duc de Lafoens, qui publie les *Memorias economicas*, et l'*Académie royale d'histoire portugaise* de Lisbonne, établie en 1720, par le roi Jean V, sont les seules sociétés savantes du Portugal dignes de notre attention.

Les Anglais établis dans l'Inde ont fondé dans ce pays des sociétés destinées à la culture des langues orientales et de l'histoire physique et morale de l'Asie. Calcutta, Madras, Bombay, devinrent de petits centres littéraires. C'est dans la première de ces villes que fut établie la célèbre *Société asiatique du Bengale*, qui a été la mère des Sociétés asiatiques de Paris et de Londres. Les *Transactions* de cette compagnie ont paru sous le nom d'*Asiatic Researches*, depuis 1788 jusqu'en 1821, et forment 20 vol. in-4°, dont les deux premiers ont été traduits en français par Labaume. Dans ce recueil, sont renfermés les travaux des William Jones, des Rennell, des Wilkins, des Colebrooke et des Prinsep. Depuis 1832, cette société publie un journal qui a été d'abord édité par James Prinsep. En 1829, la classe des sciences physiques de cette société a commencé à publier ses travaux séparément.

La *Société littéraire* de Bombay publie ses *Transactions* depuis 1819. Il existe dans la même ville une *Société de géographie*. Enfin, il y a, en outre, une *Société asiatique* à Madras, une *Société de médecine* à Calcutta, et, à Batavia, une *Société* qui publie des *Verhandelingen*, depuis 1779.

En Amérique, il ne s'est guère établi de sociétés savantes que dans les anciennes colonies anglaises; cependant il existe à Rio-Janeiro une *Académie* et une *Société des sciences naturelles*.

La plus ancienne des sociétés américaines est la *Société philosophique* de Philadelphie, illustrée par Franklin, Jefferson et Adams, et qui publie ses *Transactions* depuis 1769.

Aujourd'hui chacun des États du nord de l'Union a au moins une société historique, qui publie, sous le nom de *Collections*, des mélanges relatifs à l'histoire, la statistique, la description physique de la province. Le plus célèbre de ces recueils est celui que fait paraître la *Société historique* de Massachussets, et qui date de 1792. Il y a dans cette même ville une *Académie américaine des arts et des sciences* qui donne des *mémoires* depuis 1785. Il y a à New-York une *Société d'agriculture et d'industrie* qui publie des mémoires depuis 1792. Dans le Canada, il existe une *Société littéraire et philosophique*, séant à Quebec, et qui publie des *mémoires* depuis 1829.

En 1828, il commença à se tenir tous les ans, dans différentes villes d'Allemagne, des réunions ou congrès de naturalistes et de médecins, auxquels assistaient des savants des diverses parties de la confédération germanique et même des autres contrées de l'Europe, pour discuter et résoudre en commun différents points de la science. Cet exemple a été bientôt suivi par des agriculteurs, des forestiers, des historiens; et tous les ans, les villes les plus importantes de l'Allemagne devinrent le siége de ces sociétés temporaires. La France, l'Angleterre, l'Italie suivirent à leur tour cet exemple. En 1833, M. de Caumont ouvrit à Caen le premier *congrès scientifique de France*; d'autres se sont depuis tenus dans diverses villes. En Italie, le premier congrès eut lieu à Pise, en 1839, à l'occasion de l'inauguration de la statue de Galilée. En Angleterre, une imitation de cette heureuse idée donna naissance à la *British Association for the advancement of sciences*, qui tint sa première assemblée à York, en 1831. Aujourd'hui ces congrès ont singulièrement perdu de leur importance; on doit même avouer qu'en France du moins, ils n'en ont jamais eu beaucoup. Toutefois, les publications du congrès des naturalistes allemands, et surtout les *Reports* de la *British Association*, jouissent d'une estime méritée parmi les savants.

Le nombre des académies et des sociétés savantes s'accroît tous les jours, et leur multiplication témoigne, quoiqu'en disent les détracteurs de ces institutions, de leur utilité. Si ces sociétés entraînent nécessairement du temps perdu sans avantage réel pour la science, des intrigues, des préventions et des injustices, d'un autre côté elles excitent l'émulation, répandent les lumières et multiplient les relations, avantages qu'il est impossible de contester.

Pour connaître l'histoire des académies et sociétés littéraires il faut nécessairement compulser les recueils publiés par chacune d'elles et les histoires particulières respectives et dont nous avons fait connaître les principales. On consultera en outre la *Bibliothèque académique ou choix de mémoires des diverses académies*, publié par A. Séricys, Paris, 1810, 12 vol. in-8°, et un ouvrage malheureusement incomplet, mais d'une utilité universelle, l'Index de tous les travaux contenus dans les recueils académiques, publié par J. D. Reuss, sous le titre de *Repertorium commentationum a societatibus litterariis editarum, secundum disciplinarum ordinem digestarum*. Gœtting., 1801-1821. 16 vol. in-4°.

ALFRED MAURY.

ACADÉMIE. (*Histoire de la philosophie.*) On distingue trois académies, la *première* ou *l'ancienne*, fondée par Platon ; la *seconde* ou la *moyenne*, par Arcésilas ; et la *troisième* ou la *nouvelle*, par Carnéades : telle est la division généralement adoptée.

Quelques-uns ajoutent une quatrième et une cinquième académie aux trois que nous venons d'indiquer, l'une instituée par Philon, et l'autre par Antiochus.

Première académie. — La première académie fut, ainsi que nous l'avons dit, fondée par Platon, dont l'école eut beaucoup de célébrité de son vivant, et jeta un grand éclat après sa mort par le nombre et le mérite de ses disciples. (*Voyez* PLATONISME.)

Seconde académie. — Arcésilas, auteur de la seconde académie, s'écarta en quelques points de la doctrine de Platon ; le fond de son système était de ne rien affirmer, de contredire dans la dispute tout ce qu'on avançait, soutenant ce qui paraissait le plus probable ou vraisemblable. Il ne voulut pas même admettre cette proposition de Socrate : *Je ne sais autre chose sinon que je ne sais rien*, observant qu'on pouvait faire contre cette maxime l'objection suivante : *L'homme peut donc savoir quelque chose, s'il sait seulement qu'il ne sait rien.* Arcésilas prétendait que nous ne savons pas même si nous ne savons rien ; qu'il n'y a rien de certain ; que la nature ne nous a donné aucune règle de vérité ; que les sens et l'entendement humain ne peuvent rien saisir de vrai ; qu'en toutes choses il se trouve des raisons opposées d'une force égale ; qu'aucune chose n'est plus vraie ni même plus vraisemblable qu'une autre ; que tout est environné de ténèbres, et qu'en conséquence on ne doit rien approuver, ni rien affirmer, et qu'il faut toujours suspendre son jugement. Ainsi jamais il n'exposait son propre sentiment, ne voulant pas même qu'on eût un sentiment ; et si quelqu'un voulait déclarer le sien, il le combattait avec beaucoup d'adresse et de subtilité. Quoique Arcésilas ne rejetât pas le titre d'académicien, c'était réellement, à quelques nuances près, un véritable sceptique. Toutefois on peut dire qu'il rétablit le doute socratique, et c'est ce qui lui mérita le titre de réformateur de la première académie.

Arcésilas, qui, lorsqu'il s'agissait de philosopher, ne convenait pas qu'une chose fût plus véritable qu'une autre, suivait, lorsqu'il était question de la conduite de la vie, ce qui lui paraissait avoir le plus de probabilité. Comme il fallait adopter à cet égard des règles qui ne peuvent être établies sans un *criterium*, ou marque du vrai et du faux, propre à indiquer le bonheur qui est le but de la vie humaine, il prétendait que c'est à la probabilité de diriger le choix de ce que nous devons rechercher ou éviter ; ainsi le bonheur est le fruit de la prudence, qui consiste à se conduire avec droiture, c'est-à-dire de manière que nos actions puissent être justifiées par un motif probable.

Troisième académie. — Carnéades, fondateur de la troisième académie, fut, comme Arcésilas, zélé partisan de la suspension du jugement : cependant il donna moins d'étendue à cette doctrine, et en restreignit l'usage, convenant qu'il y avait des vérités, mais soutenant qu'on ne pouvait en avoir la certitude, et qu'il fallait suspendre son jugement. Cependant, comme en plusieurs circonstances on est obligé de se déterminer et d'agir, il croyait qu'alors la probabilité devait suffire. Il permettait donc au sage *d'opiner*, c'est-à-dire d'affirmer ses sentiments d'après des motifs de probabilité, les seuls qu'il fût en son pouvoir d'acquérir. Mais quant à la certitude, il prétendait qu'elle ne pouvait être le partage d'un être aussi faible, aussi borné que l'homme.

Ainsi, selon Carnéades, tout est incertain ; la vérité n'a point un caractère immuable qui serve à la faire connaître ; les perceptions, pour ce qui regarde les objets qui les produisent et qu'elles représentent, sont vraies ou fausses ; elles annoncent la vérité ou elles trompent. Mais la vérité reste dans les choses mêmes qui n'entrent point dans notre esprit ; nous n'en avons qu'une image ou ressemblance, qui d'ordinaire est trompeuse ; nous ne connaissons aucune marque qui nous aide à distinguer les perceptions vraies des fausses ; nous ne pouvons en saisir ni tenir aucune pour vraie. Il en est cependant qui peuvent paraître vraies et être jugées probables, parce que l'apparence de la probabilité existe ; mais nous n'avons aucune marque de la certitude, c'est-à-dire que les perceptions vraies, en entrant dans notre esprit, ne sont distinguées par aucune marque si particulière et si sûre qu'en la saisissant nous puissions dire, *cette conception est vraie*; cependant quelques-unes nous touchent et nous affectent tellement que nous les tenons pour probables et les jugeons plus vraies que d'autres. Dans le cours de la vie, pour ne pas rester dans l'inaction, il faudra faire usage de ces perceptions probables à défaut de la certitude. De même par rapport aux notions, aux dogmes et à tout ce que nous concevons ou énonçons, on doit penser qu'il n'y a rien qui soit certain ou plus que probable. Tel est le sommaire de la doctrine de Carnéades.

Carnéades ne penchait pas pour le système du fatalisme adopté par les stoïciens; il professait au contraire la doctrine de la liberté autant qu'un académicien pouvait l'admettre. Ce philosophe, dit Cicéron (1), faisait consister cette liberté dans un mouvement volontaire de l'âme, dont elle est la cause. Mais ce mouvement est-il spontané ou réfléchi? c'est sur quoi Cicéron garde le silence.

Par une conséquence de ses principes, Carnéades ne considérait pas la loi naturelle comme une règle fixe et immuable : il n'y trouvait pas plus de certitude que dans les objets purement spéculatifs; à l'entendre, il n'y a point de justice. S'il y en avait, disait-il, elle serait fondée ou sur le droit positif ou sur le droit naturel. Or, selon sa doctrine, elle n'est fondée ni sur le droit positif, qui varie selon les temps et les lieux, et que chaque peuple accommode à son avantage, ni sur le droit naturel, qui n'est autre chose qu'un penchant que la nature a donné à tous les êtres animés vers ce qui leur est utile; et l'homme ne peut se régler selon ce penchant sans commettre mille injustices; d'où il résulte que le droit naturel ne peut être le fondement de la justice. Par exemple, d'après Carnéades, nuire à son semblable, être cause de sa mort, c'est agir contre la justice. Que fera l'homme juste dans un naufrage? Si un plus faible que lui s'empare d'une planche pour se sauver, ne la lui arrachera-t-il pas pour se sauver lui-même? Ce sera prudence de sa part, autrement sa perte est assurée; au contraire, s'il aime mieux périr que de causer la perte de son compagnon, c'est un fou, un insensé. De là Carnéades concluait qu'il n'y a point de justice; car une vertu qui agit contre la prudence et contre la raison ne peut passer pour juste.

L'école académique ayant pris une nouvelle direction sous Philon et Antiochus, ce changement les fit regarder comme auteurs d'une quatrième et d'une cinquième académie. Ils

adoptèrent successivement un langage plus hypothétique, et se montrèrent médiateurs entre les stoïciens et les sceptiques.

Quant à Philon, en continuant à soutenir que les objets réels ne peuvent être connus par cette perception compréhensive que les stoïciens ont érigée en *criterium*, il admit que de leur nature ils sont susceptibles d'être connus.

Ce philosophe avait remarqué qu'une conséquence peut être vraie, quoiqu'elle se rattache à une supposition fausse. Il distinguait trois sortes de vérités : 1° celles qui sont déduites d'une proposition vraie elle-même dans le fait; comme, *s'il fait jour, on jouit de la lumière*; 2° celles qui sont déduites d'une proposition fausse, mais comme conditionnelle seulement; par exemple, *si la terre vole, la terre est ailée*; 3° celles enfin dans lesquelles la conclusion présente non-seulement une vérité hypothétique, mais une vérité réelle, malgré le vice de la supposition; comme, *si la terre vole, elle existe*. Philon aurait donc distingué les vérités hypothétiques des vérités de fait, et admis à la fois les unes et les autres.

Antiochus, disciple de Philon, se montrant d'abord académicien très-zélé, soutint la doctrine de Carnéades, mais depuis il changea de sentiment; après avoir établi le doute, il se déclara pour la réalité des connaissances humaines.

Antiochus fit passer dans l'académie quelques dogmes des stoïciens qu'il attribuait à Platon, soutenant que la doctrine de ces philosophes, loin d'être nouvelle, n'était qu'une réforme de l'ancienne académie. Il publia en outre un ouvrage contre Philon son maître, ou plutôt contre lui-même, puisque cette doctrine qu'il combattait, il l'avait longtemps enseignée et défendue par de savants écrits. En cela il montrait combien les hommes sont éloignés de pouvoir jamais être assurés s'ils peuvent savoir ou non quelque chose de certain.

De plus, comme il se déclara contre le scepticisme avec beaucoup d'énergie, Cicéron, sans doute pour cette raison, le dit plus stoïcien qu'académicien. Toutefois, à bien saisir l'esprit de la doctrine d'Antiochus, on y trouvera plutôt un véritable éclectique, faisant consister la réalité des connaissances dans le témoignage des sens, dans celui de la conscience et dans la véracité des facultés de l'entendement. Ainsi cette cinquième académie, dont il fut, dit-on, le fondateur, n'en mérite pas le nom, puisqu'on ne peut la regarder comme ayant maintenu et enseigné les principes fondamentaux des académiciens; on n'y retrouve en aucune manière l'esprit de ces philosophes célèbres, mais bien plutôt celui

---

(1) *De fato*, c. xi.

des dogmatistes. En un mot, ce n'est qu'un mélange de la doctrine des stoïciens, altérée en plusieurs points, et de celle de l'ancienne académie, à peu près également mutilée ou réformée : ce qui établit entre ces deux doctrines un rapport, une analogie assez difficile à saisir et plus apparente que réelle.

D'après l'examen du caractère et de l'esprit particulier des différentes académies, on peut conclure, contre ceux qui en admettent cinq, qu'il n'y en a eu que quatre, plus ou moins distinctes. MILLON.

Pour plus amples éclaircissements sur la doctrine des académiciens, *voy.* Diogène Laerce;

Sextus Empiricus, *Hypotyposes pyrrhonica*, I, 33;
Cicéron, *Academicæ quæstiones*, passim;
Foucher, *Histoire des Académiciens*, Paris, 1690, in-12, et *Dissertatio de philosophia academica*, Paris, 1692, in-12;
Gerlach, *Commentatio exhibens Academicorum juniorum de probabilitate disputationes*, in-4°. Gœttingen.

ACADIE. *Voy.* ÉCOSSE (Nouvelle).

ACALÈPHES. (*Histoire naturelle.*) Άκαλήφη, ortie. Dans le règne animal de Cuvier, modifié par M. Milne Edwards, les *acalèphes* forment la cinquième classe de l'embranchement des *zoophytes*. Ce sont des animaux mous, d'une consistance gélatineuse, flottant toujours dans la mer; leur peau n'est point, comme dans les *échinodermes*, parfaitement distincte des parties sous-jacentes; ils ne possèdent point non plus de cavité intérieure renfermant les viscères. Leur organisation, des plus simples, se réduit, pour ainsi dire, à un estomac, duquel irradient des vaisseaux qui se ramifient dans les différentes parties du corps.

Cette classe est divisée en deux ordres, les acalèphes *simples* et les acalèphes *hydrostatiques*.

Les premiers flottent et nagent par l'effet des contractions et des dilatations alternatives de leur corps; leurs mouvements sont de la plus grande lenteur; ils couvrent la mer de leurs innombrables légions; quelques-uns répandent un éclat phosphorique qui laisse, sur les eaux, de longues traces lumineuses. Les *méduses* forment le groupe le plus nombreux de cet ordre; elles se rencontrent sous presque toutes les latitudes; dans les hautes mers, on les voit s'amonceler, et former de vastes bancs aux mille reflets d'opale et de nacre. Il arrive quelquefois qu'elles sont jetées sur la côte en quantités tellement considérables, que l'agriculture les utilise comme engrais. Le volume de ces animaux varie à l'infini; on en rencontre qui sont, pour ainsi dire, microscopiques, tandis que d'autres atteignent un diamètre de 1ᵐ 5, et un poids de 25 à 30 kilogr.

Leur corps gélatineux ressemble au chapeau d'un champignon; au milieu de cette ombrelle, de laquelle pendent de nombreux tentacules, se trouve l'estomac, tantôt simple, tantôt multiple, et s'ouvrant à l'extérieur par une bouche placée à la face inférieure de l'ombrelle, et entourée de tentacules.

Les *rhizostomes*, qui appartiennent aussi à l'ordre des acalèphes *simples*, n'ont point de bouche, à proprement parler; chez eux l'estomac ne communique au dehors que par l'intermédiaire de ses parois membraneuses, et de vaisseaux qui, se ramifiant dans les tentacules, s'ouvrent par des pores à l'extrémité de ces appendices.

Les acalèphes *hydrostatiques* sont pourvus d'une ou plusieurs vessies remplies d'air, au moyen desquelles ils se soutiennent dans l'eau; ils portent de nombreux tentacules de formes variées. On n'a pas remarqué chez eux d'ouverture qu'on puisse regarder comme une véritable bouche. DUPONCHEL.

ACAJOU. (*Histoire naturelle.*) Tout le monde possède aujourd'hui des meubles en acajou, et l'on s'inquiète peu de l'histoire de l'arbre qui produit un bois si précieux. Il est résulté du peu de soin que l'on a mis longtemps à le connaître, que ce nom d'acajou n'a pas été appliqué par les botanistes eux-mêmes à l'arbre qui le produit véritablement. L'acajou de ceux-ci est le cassuvium de M. de Jussieu, qui ne s'élève pas à une fort grande hauteur, et dont le tronc n'est jamais assez considérable pour fournir aux ateliers de l'ébéniste les pièces de bois considérables qu'il utilise.

Un fruit singulier, improprement appelé *pomme et noix d'acajou*, et qui est bien celui du cassuvium, a donné lieu à cette erreur. On l'apportait des colonies depuis longtemps parmi diverses raretés, comme celui dont la graine produisait l'arbre d'où provenait un bois de plus en plus recherché. On voit souvent de ces fruits, très-gros, conservés dans des bouteilles remplies d'esprit-de-vin, et dont l'orifice est si étroit qu'on ne conçoit guère comment ils y ont été introduits quand on ne connaît point le procédé fort simple par lequel on fait mûrir dans un flacon un bourgeon à fruit introduit après la fécondation de l'ovaire par les étamines.

Le bois d'acajou provient de l'anacardier, arbre des Indes dont on connaît deux espèces qui atteignent aux dimensions de nos plus grands chênes.

Plusieurs autres arbres des pays chauds fournissent aussi dans le commerce du bois que l'on confond avec l'acajou; tels sont ceux que les botanistes ont appelés *cedrella* et *switenia*. Ce nom d'acajou paraît, au reste, n'être que la corruption des mots *caju* et *cazou*, qui, dans les langues de racine malaise, désignent simplement le bois de tout arbre employé soit à la charpente, soit à la menuiserie, d'où sont venus les noms de *caju areng*, qui est une sorte de bois d'ébène, de *caju radja*, qui est le canneficier, et de *caju ular*, qui est un vomiquier employé contre la morsure des serpents, etc. (*Voyez* ÉBÈNE, CANNEFICIER, VOMIQUE et BOIS.)

BORY DE SAINT-VINCENT.

ACANTHACÉES. (*Botanique.*) Ἄκανθα, épine. Cette famille, qui appartient à la grande division des plantes dicotylédones, est composée de plantes herbacées ou frutescentes, propres aux climats chauds. Les acanthacées ont les feuilles opposées, entières ou dentées, les fleurs disposées en épi, et accompagnées de bractées à leur base. Le calice, à quatre ou cinq divisions, est monosépale; la corolle irrégulière, souvent bilabiée, est monopétale. Le fruit est une capsule à deux loges s'ouvrant, avec élasticité, en deux valves qui emportent, chacune avec elle, la moitié de la cloison.

La famille des acanthacées a été récemment l'objet d'un travail aussi complet que possible. M. Nees d'Esenbeck, qui en est l'auteur (*Acanthaceæ Indiæ orientalis*, vol. III des *Plantæ Asiaticæ rariores*, de Wallich), les a divisées en trois tribus, les *thunbergiées*, les *nelsoniées*, les *ecmatacanthées*, et il a subdivisé en sept sections la troisième tribu, qui renferme le plus grand nombre d'espèces. C'est à la section quatrième, ou des *acanthées*, qu'appartient le genre *acanthus*.

Ce genre se compose d'une douzaine d'espèces presque toutes tropicales. Deux cependant, *ac. mollis* et *spinosus*, croissent sur les bords du bassin méditerranéen; on les trouve même dans la France méridionale. Elles sont connues toutes deux par le rôle qu'elles jouent dans l'histoire des beaux-arts; deux sortes d'ornements architecturaux leur correspondent. La première a, dit-on, donné naissance au chapiteau corinthien; voici ce que rapporte Vitruve à ce sujet : Une jeune fille de Corinthe étant morte au moment de se marier, sa nourrice recueillit plusieurs des objets qui lui avaient appartenu, et les plaça dans une corbeille qu'elle alla déposer sur la tombe; elle avait eu soin de recouvrir la corbeille avec une tuile. Une racine d'acanthe se trouvait, par hasard, en ce lieu; au printemps, elle poussa des feuilles qui entourèrent la corbeille; mais qui, rencontrant la tuile, furent forcées de se recourber. Le sculpteur Callimaque, passant près du tombeau, fut frappé de l'aspect gracieux qu'il présentait, et y trouva le modèle du chapiteau corinthien.

L'acanthe épineuse, plus finement découpée que l'*acanthe molle*, offrant à l'extrémité de ses segments des piquants roides et aigus, semble être celle que les architectes du moyen âge ont souvent imitée, comme on peut le

voir dans plusieurs édifices gothiques, et entre autres à Notre-Dame de Paris.

L'acanthe molle, sous le nom de *branche ursine*, était jadis employée en pharmacie comme émolliente et apéritive; elle est aujourd'hui abandonnée.   A. DUPONCHEL.

ACANTHE. (*Architecture.*) En architecture, les deux espèces d'acanthe ont été particulièrement appropriées, tant par les Grecs que par les Romains, à orner non-seulement le chapiteau corinthien, mais encore une infinité de moulures, vases et meubles à leurs usages. (*Voyez* ORDRE CORINTHIEN.)

DEBRET.

ACANTHOPTÉRYGIENS. (*Histoire naturelle.*) Ἄκανθα, épine, πτέρυξ, aile. Les *poissons* se divisent en deux séries : les poissons *osseux* et les poissons *cartilagineux*, qui diffèrent entre eux et par la nature de leur squelette, et par un grand nombre d'autres caractères. Ces deux grandes classes se subdivisent elles-mêmes en plusieurs ordres, d'après la disposition de la bouche, la structure des branchies, et certaines modifications de structure et de position des nageoires. Les *acanthoptérygiens* forment le premier ordre des poissons osseux; ils ont la mâchoire supérieure mobile, les branchies en forme de peigne, des rayons osseux à la nageoire dorsale antérieure, quelques rayons osseux à la nageoire anale, et un ordinairement à chaque nageoire ventrale. Cet ordre, des plus nombreux, comprend seize familles naturelles, auxquelles appartiennent la *perche*, la *vive*, le *rouget*, le *maquereau*, le *thon*, la *brême*, etc.   A. DUPONCHEL.

ACAPULCO. (*Géographie.*) Excellent port du Mexique sur la mer du Sud. C'est même un des meilleurs du monde entier, par son étendue, sa profondeur, et la sécurité qu'il offre aux navires; les plus grands vaisseaux peuvent jeter l'ancre au pied même des rochers de granit qui l'abritent de tous côtés. On pénètre dans la rade par deux passes, que forme l'île de la Roquette ou du Griffon, située à l'entrée. Malheureusement ce beau port est à peu près sans commerce; car la nature a plus fait encore contre lui que pour lui : la température, qui est pendant le jour de 86 à 90 degrés Fahrenheit, les moustiques, les exhalaisons meurtrières d'un marais qui s'étend à l'orient de la ville, la rendent presque inhabitable. La fièvre jaune, le choléra-morbus y déciment les Européens. D'un autre côté, les calmes subits et très-longs, si fréquents sous la ligne, rendent la navigation de Callao à Acapulco plus difficile et souvent plus longue que celle de Callao à Cadix. Aussi la navigation à la vapeur amènera-t-elle dans ces parages le plus heureux résultat. Lorsque les pyroscaphes sillonneront cette mer immobile, et par cela même plus favorable à leur navigation, lorsque le gouvernement espagnol, qui déjà a fait percer un chemin au travers des rochers qui entourent la ville, aura desséché les marais, Acapulco pourra devenir un entrepôt où les États du Nord-Est de l'Amérique enverront leurs richesses, et voir s'augmenter sa population, qui, portée autrefois jusqu'à 9,000 âmes, n'est plus aujourd'hui que de 4,000.

ACARIDES. (*Histoire naturelle.*) La famille des acarides appartient à l'ordre des *arachnides trachéennes,* classe des *arachnides.* Les animaux qui composent cette famille sont, en général, de petite taille, quelques-uns même sont microscopiques; ils pullulent prodigieusement. Munis de huit pattes, ils n'en ont souvent que six en naissant; la quatrième paire ne paraît qu'après la mue.

Les mœurs des acarides varient à l'infini : les uns habitent sous les pierres et sur les plantes; d'autres sont aquatiques; quelques espèces se rencontrent dans les collections, qu'elles ravagent, ou dans des substances organiques altérées, comme le fromage, etc.; on les appelle vulgairement *mites.* Il en est enfin qui vivent en *parasites* sur d'autres animaux, et même sous leur chair; on voit jusqu'à des insectes qui en sont couverts; les acarides parasites sont connus sous le nom de *tiques* ou *ricins,* et de *sarcoptes.*

Les acarides n'ont point d'abdomen pédiculé; leur bouche est conformée en suçoir; ils respirent par des trachées. Les uns ont quatre yeux, d'autres deux, d'autres un seul; il en est enfin qui en sont privés.

Parmi les acarides, il en est un dont l'existence a donné lieu à des discussions qui sont à peine terminées. Dès le douzième siècle, Avenzoar, médecin arabe, fit mention d'un insecte vivant sous la peau, mais sans établir le moindre rapport entre cet animal et la gale, dont il parle plus loin. Scaliger, Ingrassias, au seizième siècle, furent les premiers qui signalèrent formellement un insecte de la gale. Depuis cette époque, un grand nombre d'auteurs parlèrent du ciron de la gale; mais, malgré ces nombreuses assertions, et nonobstant même les détails donnés par Morgagni, Linné et surtout Degeer, l'existence de cet animal fut toujours regardée comme douteuse; et elle fut complétement repoussée, quand, en 1812, on reconnut que les figures jointes par Galès à son travail sur la gale, représentaient la *mite du fromage.* Galès fut-il de mauvaise foi, ou bien l'artiste chargé du dessin trouva-t-il plus commode de copier l'animal du fromage qu'il avait à sa portée? Toujours est-il que cette sorte de mystification fit grand tort au véritable acarus humain; d'autant plus que de nouvelles expériences tentées plus tard par MM. Biett, Lugol, Moronval,

Alibert, n'amenèrent aucun résultat. M. Lugol, cependant, ne se tint point pour battu; il proposa un prix de trois cents francs pour celui qui parviendrait à découvrir l'animal si contesté. Un élève en médecine, M. Renucci, Corse de naissance, ayant eu souvent occasion de voir, dans son pays, les femmes du peuple extraire le petit insecte de la gale, M. Renucci, dis-je, indiqua comment il fallait le chercher non dans les boutons, mais bien dans les sillons ou *cuniculi* qu'il se creuse.

Dès lors l'*acarus scabiei* reprit son rang dans l'histoire naturelle; M. Raspail rétablit pour lui le genre *Sarcopte,* que Latreille avait supprimé, après les expériences de Galès. Voici la description du sarcopte de la gale : « Corps un peu arrondi, comme comprimé « sur ses deux faces et imitant la tortue; « blanc, strié, hérissé de papilles rigides sur « le dos; huit pattes, les quatre antérieures « placées à côté de la tête et comme palmées; « les quatre postérieures distantes. Les qua-« tre pattes antérieures sont munies d'*ambu-« lacrum,* petite caroncule en godet servant « à la progression. »

Il paraît que les *sarcoptes* des mammifères diffèrent de celui de l'homme. Les travaux les plus complets sur le sarcopte humain sont ceux de MM. Albin Gras et Aubé.

Quel est le rôle que joue l'insecte de la gale dans le développement et la propagation de cette maladie? Cette question trouvera plus convenablement sa place à l'article GALE.

A. DUPONCHEL.

ACARNANIE. (*Géographie* et *Histoire.*) Les écrivains de l'antiquité ne sont pas d'accord sur les limites de l'Acarnanie; celles que Strabon lui assigne sont le golfe d'Ambracie au N., le cours de l'Achéloüs au S. et à l'E. du côté de l'Étolie, et le pays des Amphiloquiens et des Agréens au N.-E.; Xénophon, Éphore, Tite-Live réunissent à l'Acarnanie ce pays des Amphiloquiens, situé au N.-E. du golfe d'Ambracie et dépendant de l'Épire, et ils prétendent même que l'Arachthus ou Aréthon coulait en Acarnanie, ce qui supposerait le golfe d'Ambracie enfermé de toutes parts par les terres des Acarnaniens; César recule les bornes de cette province encore plus vers le N. D'autres, au contraire, en réduisent l'étendue au point de ne pas la compter au nombre des provinces de la Grèce; ainsi Pline se borne à nommer quelques-unes de ses villes dans le chapitre qu'il a consacré à l'Épire; et Élien et Ptolémée n'en font qu'une des subdivisions de cette dernière contrée; mais l'opinion de Strabon, quoiqu'elle paraisse un peu modifiée dans son huitième livre, doit être suivie de préférence.

D'après le sentiment d'Éphore, reproduit

par Strabon, la Grèce commençait à l'Acarnanie, et les Acarnaniens étaient un peuple grec; c'est lui qui nous a conservé la tradition de cette colonie d'Alcméon, l'un des Épigones, et de son frère Amphilochus, fondant Argos Amphilochium (1), et changeant plus tard l'ancien nom de Curètes en celui d'Acarnaniens dérivé de celui d'un fils d'Alcméon.

Les Acarnaniens ne jouèrent jamais un rôle important dans les affaires de la Grèce, quoiqu'ils y fussent toujours mêlés; ils furent surtout occupés à défendre leur indépendance, sans cesse menacée par les Étoliens. Une guerre qu'ils eurent à soutenir contre les Messéniens, mis en possession de Naupacte par leurs alliés les Athéniens, et la difficulté qu'ils eurent à les chasser d'Œniades, l'une de leurs villes les plus importantes, qu'ils avaient laissé surprendre, donnent une mauvaise idée de leur puissance et de leurs forces militaires (2); cependant on voit plus tard ce peuple résister vaillamment aux Romains et aux Étoliens conjurés contre sa liberté, effrayer même ses ennemis par son attitude ferme et désespérée et retarder sa soumission jusqu'à la bataille de Cynocéphales, qui fut suivie de la prise de Leucade par Flamininus. Le nom de l'Acarnanie disparaît alors de l'histoire; on sait seulement, par les rares mentions des historiens byzantins, que les Scytho-Sclaves ou Triballes l'occupèrent longtemps, que les Normands s'en emparèrent, et que Roger, roi de Sicile, s'intitulait prince des Acarnans et des Étoliens; que l'empereur Andronic réunit de nouveau l'Acarnanie à l'empire grec; que les Serviens la prirent ensuite et la gardèrent jusqu'en 1357; que Jean Cantacuzène la leur enleva alors; et qu'au commencement du quinzième siècle elle fut cruellement dévastée par les Albanais d'Épidamne. Enfin les Turcs en firent un voïwodilik partagé en deux cantons, celui de Vonitza et celui du Xeromeros.

Les historiens et géographes anciens nomment seize villes importantes en Acarnanie : le canton de Vonitza, qui s'étend sur la côte du golfe d'Arta ou d'Ambracie, contient les ruines de trois de ces antiques cités, la célèbre *Actium*, située sur un promontoire (aujourd'hui Punta) en face de la ville moderne de Prévesa; *Echinus*, dans les environs du lac Boulgari; enfin *Anactorium*, ville considérable sous la domination romaine, et dont le port est voisin de la ville de Vonitza. Le canton finit sept milles à l'est de cette ville; et de ce côté une rivière, descendant du mont Olympe ou Berganti, la sépare du villaïeti de Valtos, que le cadastre impérial de Constantinople a compris aussi dans l'Acarnanie.

Le Xeromeros est la partie la plus sauvage de cette contrée; son littoral, qui présente une étendue de 11 lieues, a souvent été ravagé par les pirates de Meganesi et de Kalamo, îles dépendantes de Leucade. Les ruines de treize villes anciennes y ont été découvertes et relevées; ces villes se nommaient : *Limnée*, port du golfe Ambracique, appelé aujourd'hui Loutraldi; *Solium*, Σόλλιον, colonie de Corinthe; *Alyzée*, Ἀλύζεια, que Strabon place à 15 stades de la mer; *Tyrrhœum* ou *Thyrium*, voisine de l'Anape (aujourd'hui rivière Aëtos), affluent de l'Achéloüs, et située dans la vallée de Tripho; *Métropolis*, première capitale de l'Acarnanie (1), que Justinien restaura sous le nom d'*Aëtos*, et érigea en évêché suffragant de Naupacte; qui fut cédée en 1204 au dernier prince de la maison de Palæologue, enlevée à cette maison par Amurath II en 1432, et enfin renversée par Mahomet II; *Medeon*, Μεδεών, ville limitrophe du territoire de Tyrrhæum; *Astacos*, Ἄστακος, port assez voisin de la ville de Dragomestra, fondée dans les derniers siècles du Bas-Empire, mais bien déchue aujourd'hui; *Œncia*, près du hameau de Palæo-Catouna; le port sacré d'Hercule, que Pouqueville reconnaît dans le mouillage de Petala; *Œniades*, Οἰνιάδαι ou Ἐρυσίχη, ville située à l'extrémité méridionale de l'Acarnanie et au milieu de lagunes nommées aujourd'hui Trigardon, au S. du lac Lezini ou Cynia, qui verse ses eaux dans l'Achéloüs; *Stratos*, Στρατός, capitale de l'Acarnanie, τὸ κοινὸν τῶν Ἀκαρνάνων, comme l'appelle Xénophon, dont l'enceinte subsiste encore tout entière, et qui commandait un gué de l'Achéloüs, seul point de communication entre les habitants des deux rives de ce fleuve et très-fréquenté encore aujourd'hui; enfin les villes peu connues de *Coronte*, Κόροντα, *Conope* et *Pœanion*. Le chef-lieu du Xeromeros est aujourd'hui Catochi, près de la vaste forêt de Manina, qui couvre toute la partie occidentale de l'Acarnanie jusqu'à l'embouchure de l'Achéloüs.

Le canton de Valtos est une partie de l'ancienne Agraïde, Ἀγραία, qui s'étend depuis le gué de Stratos jusqu'aux terres de l'Amphilochie ou canton d'Arta. Il est arrosé par le Voïnicovo et le Valtos, et couvert par la chaîne du Macrinoros. Il renferme le grand Ozeros (*lac*, en langue esclavone), qui verse ses eaux et celles du lac d'Ambrakia dans l'Achéloüs, à travers de vastes marais; les ruines de l'antique *Olpæ*, Ὄλπαι, des Agræens (aujourd'hui Ambrakia), qui avait été bâtie par les Acarnaniens pour défendre l'entrée des défilés qui de l'Acarnanie conduisent dans l'Amphilochie, et celles de *Phœtie* ou *Phytie*, Φοιτίαι, dont Étienne de Byzance emprunte la mention à Polybe.

---

† (1) Raoul-Rochette, *Hist. des col. gr.*, t. II, ch. XIV.
(2) Pausan. *Messen.* XXV.

(1) Cousinéry, *Essai historique et critique sur les monnaies d'argent de la ligue achéenne*, p. 146, 150.

Le troisième volume du Voyage de Pouqueville contient une description complète et très-exacte de l'Acarnanie, que M. Lapie a suivie rigoureusement dans sa *carte physique, historique et routière de la Grèce*, en 4 feuilles. Pour la partie de littoral du golfe d'Ambracie qui appartient à l'Acarnanie, il faut consulter la *description du golfe d'Ambracie* par d'Anville (*Acad. des Inscr.*, t. xxxii), rectifiée sur plusieurs points très-importants par M. Pouqueville avec une précision et une sûreté de critique qui ne sont pas habituelles à cet auteur ; et enfin un mémoire inséré dans la première partie du t. III du *Journal de la Société géographique de Londres*, et intitulé : *Observations on the gulf of Arta, maae in 1830, communicated by lieut. James Wolfe*.

AMÉDÉE TARDIEU.

ACCAPAREMENT. On entend par ce mot l'acte par lequel un ou plusieurs spéculateurs achètent une marchandise, et la conservent pour la revendre plus tard à un prix élevé, lorsque cette marchandise se trouve, par le retrait qu'ils en ont fait de la circulation, devenue très-rare.

Il peut y avoir accaparement pour toute espèce de marchandise; cependant cette expression s'entend plus spécialement des spéculations sur les céréales. En effet, on ne pourrait regarder comme accapareur le marchand qui achèterait une grande quantité de soieries par exemple, et attendrait pour les revendre avec bénéfice le moment favorable.

Le code pénal a prévu le cas d'accaparement, sans cependant en employer l'expression. Tous ceux, dit-il, art. 419, qui, par des faits faux ou calomnieux, semés à dessein dans le public, par des sur-offres faites aux prix que demandent les vendeurs eux-mêmes, par réunion ou coalition entre les principaux détenteurs d'une même marchandise ou denrée, tendant à ne pas la vendre, ou à ne la vendre qu'un certain prix, ou qui, par des voies, ou moyens frauduleux quelconques, auront opéré la hausse ou la baisse du prix des denrées ou des marchandises ou des papiers et effets publics au-dessus ou au-dessous des prix qu'aurait déterminés la concurrence naturelle et libre du commerce, seront punis d'un emprisonnement d'un mois au moins, d'un an au plus, et d'une amende de cinq cents francs à dix mille francs. Les coupables pourront être mis par l'arrêt ou le jugement sous la surveillance de la haute police pendant deux ans au moins et cinq ans au plus. » L'art. 420 double la peine lorsqu'il s'agit d'objets de nécessité première : « la peine sera d'un emprisonnement de deux mois au moins et de deux ans au plus et d'une amende de mille francs à vingt mille francs si ces manœuvres ont été pratiquées sur grains, grenailles, farines, substances farineuses, pain, vin ou

toute autre boisson. La mise en surveillance qui pourra être prononcée sera de cinq ans au moins et de dix au plus. » Ces deux articles du code pénal ont eu principalement en vue la coalition qui pourrait se former entre plusieurs capitalistes pour faire à leur gré le cours du marché. C'est bien là de l'accaparement.

De tout temps et dans tous les pays il y a eu des hommes qui ont songé à ce moyen de s'enrichir. Dans l'ancienne Grèce, à Rome, dans notre ancienne monarchie il y a eu des accapareurs. Dans tous les temps et dans tous les pays les lois ont cherché à réprimer cet abus.

Nous ne ferons point ici l'histoire, fort longue d'ailleurs et fort variée, des accaparements; nous dirons seulement qu'ils ont produit de grands maux à une époque surtout où, les moyens de transport étant difficiles et le commerce beaucoup moins étendu, les denrées abondantes sur une place ne pouvaient être transportées rapidement au lieu où il y en avait besoin, et à une époque aussi où la pomme de terre, ce pain providentiel, était encore inconnue à la plus grande partie de l'Europe. Toutefois, nous ne pouvons passer ici sous silence un fait presque incroyable et qui est certainement la monstruosité la plus grande qui ait jamais été commise par les accapareurs contre toute une nation. Nous voulons parler du *pacte de famine* : « c'était, dit un historien, une conspiration infâme ourdie pendant le règne de Louis XV et de son successeur, et à la tête de laquelle étaient la cour, les ministres, les principaux membres de la noblesse, du clergé, de la magistrature et les plus riches capitalistes. Le but de cette conspiration était d'acheter à vil prix et d'accaparer tous les blés du royaume, d'en exporter ou même d'en détruire une partie afin de produire la cherté dans les années les plus abondantes, une disette affreuse dans les années médiocres et de revendre alors à un prix exorbitant ce qui restait dans des magasins établis en dehors du royaume, et notamment dans les îles de Jersey et Guernesey. Ces opérations avaient un double résultat; elles procuraient un bénéfice énorme à ceux qui y prenaient part; et elles augmentaient le produit des dîmes que percevaient la noblesse et le clergé, dîmes que l'on percevait au moment où l'abondance régnait encore et que l'on avait bien soin de garder en magasin jusqu'à ce que la famine que l'on préparait fût venue en doubler ou en tripler la valeur. »

En 1729, le contrôleur général des finances Orry fit signer au roi une ordonnance sur les grains, laquelle devait remédier aux maux qu'avaient faits à l'agriculture les guerres désastreuses de la fin du règne de Louis XIV et l'administration imprévoyante du régent.

Cette ordonnance créait une régie spéciale chargée d'acheter les grains en temps d'abondance, de les emmagasiner et de les revendre dans les temps de mauvaises récoltes. Le bail de la régie était de douze ans, il devait être, en effet renouvelé tous les douze ans, jusqu'en 1789.

Les concessionnaires du bail firent rendre en même temps par le conseil un arrêt qui permettait l'exportation des blés. Le but apparent de cette mesure était de faire hausser la valeur des terres ; mais, au fond, elle n'était prise que pour permettre aux accapareurs de produire plus facilement la disette des grains.

La société concessionnaire de la régie avait besoin d'argent pour opérer ; elle en trouva chez les financiers, chez les riches propriétaires, chez les gens de cour ; le roi lui-même prit un intérêt considérable dans cette société, et lui fit une avance de dix millions. De plus, on prit toutes les mesures convenables pour assurer le succès des opérations et en garantir l'impunité : il fut défendu sous peine de mort aux écrivains de parler de finances ; on réprima par des charges de cavalerie et par les galères les émeutes du peuple, qui demandait du pain ; on envoya à la Bastille ceux qui se plaignaient au roi ou à ses ministres.

Le bail de la régie fut renouvelé plusieurs fois jusqu'en 1789 ; la première fois sous Machault, en faveur des nommés *Bouffé* et *Dufourni* ; ce fut cette société qui amena les famines de 1740, 1741 et 1752 ; la seconde fois sous Laverdy, en faveur de quatre grands capitalistes, *Ruy de Chaumont, Rousseau, Perruchot* et *Malisset*. Les intendants des finances *Trudaine de Montigny, Boulin, Langlois* et *Boullongne*, associés à l'entreprise, s'étaient divisé la France, pour l'exploiter chacun dans une partie désignée ; ils correspondaient avec les intendants de province, qui les aidaient dans leurs opérations. Ils firent entrer dans leur société les ministres *Bertin, de Sartine* et *Choiseul* ; Malisset était l'agent général. Par leurs manœuvres ils amenèrent les famines de 1767, 1768, 1769, 1775 et 1776. En 1768, l'abbé Terray, contrôleur des finances, organisa la société, dont il faisait partie, sur un nouveau pied ; les blés, emmagasinés dans les entrepôts de Jersey et Guernesey, ne devaient sortir que sur les avis de besoins pressants. Terray fit en même temps acheter pour le roi les magasins et les moulins de Corbeil, de manière que, non-seulement le blé, mais encore la farine, étaient au pouvoir de la société.

On calcule que les bénéfices réalisés par cette société étaient de 70 à 100 pour cent.

Lorsque Turgot arriva aux affaires, il voulut dissoudre cette société, et rendit à cette fin l'édit de 1775 ; mais les mesures prises par les accapareurs occasionnèrent, cette même année et l'année suivante, des famines qui l'obligèrent à avoir recours à ceux-là même qu'il avait voulu frapper. Bientôt même, les intrigues des associés, qui étaient très-nombreux et appartenaient aux classes les plus élevées de la société, le forcèrent à quitter le ministère. Le bail fut renouvelé en 1777, en faveur de *Laverdy*, par les soins du ministre de police Lenoir, en cela agent de de Sartine : Necker, en arrivant au pouvoir en 1778, ne put changer le système établi. En 1788, sous le ministère de Brienne, les accapareurs, en obtenant le renouvellement du bail, obtinrent également la permission d'exporter les grains. Cette permission obligea plus tard Necker, rentré aux finances, à racheter les blés exportés pour 40,000,000.

Les événements de 1789 mirent enfin un terme à cette affreuse spéculation. On ne saurait dire quand elle aurait cessé sans la révolution. Elle avait duré soixante ans et occasionné des maux incalculables ; en revanche elle avait procuré beaucoup d'argent au roi Louis XV, enrichi les ministres, un grand nombre de nobles, de financiers, de membres du parlement. Le peuple, qui avait tant souffert de ce monopole, ne put l'oublier de si tôt. Il poursuivit avec acharnement les accapareurs et en fit souvent justice.

Dans les premières années de la révolution les manœuvres secrètes des accapareurs amenèrent encore des désordres ; et la Convention fut obligée de rendre un décret qui prononçait contre eux la peine de mort.

Aujourd'hui l'accaparement est devenu sinon impossible, du moins très-difficile, à cause de la libre concurrence, des sages mesures administratives et de la facilité dans les transports. Aussi le code pénal que nous avons cité plus haut prévoit-il plutôt le cas de coalitions que celui d'accaparement.   De Friess-Colonna.

ACCÉLÉRATRICE (Force). (*Mécanique rationnelle.*) On appelle *force accélératrice,* celle qui, dans le mouvement que l'on considère, sollicite l'unité de masse ; elle a pour mesure $\frac{dv}{dt}$ ou $\frac{d^2x}{dt^2}$, c'est-à-dire, la dérivée, prise par rapport au temps, de la vitesse du point auquel la force est appliquée ; ou encore, la dérivée du second ordre, toujours par rapport au temps, de l'espace parcouru par le point d'application. Cette expression, considérée dans le mouvement en lui-même, en mesure l'accélération positive ou négative.   X. Jeanbel.

ACCÉLÉRÉ (Mouvement). (*Mécanique rationnelle.*) Ce mouvement prend naissance lorsqu'un point matériel est sollicité par une force continue, dirigée dans le sens de son mouvement ; produit par une force constante, il devient uniformément accéléré, et alors la vitesse croît proportionnellement au temps.

Si donc on désigne par a la vitesse initiale, par v la vitesse après un certain temps t, compté à partir de l'instant où commence l'action de la force, et par g l'accroissement de vitesse que produit cette force sur le point donné, pendant l'unité de temps, on pourra écrire $v = a + gt$.

Il est facile de déterminer à chaque instant la position d'un mobile dont le mouvement est uniformément accéléré; si nous la rapportons en effet à une origine fixe, prise sur la ligne qu'il parcourt, sa vitesse aura pour expression $\dfrac{dx}{dt}$; de sorte que nous arrivons à l'équation différentielle $\dfrac{dx}{dt} = a + gt$, qui donne par l'intégration, $x = c + at + \dfrac{gt^2}{2}$. La constante c désigne l'abscisse du point, à l'origine du mouvement.

Si le mobile partait de l'origine, sans vitesse, on aurait : $v = gt ; x = \dfrac{gt^2}{2}$

Ainsi, dans un mouvement uniformément accéléré, la vitesse croit proportionnellement au temps; et l'espace parcouru, comme le carré du temps.

L'élimination du temps, entre les deux dernières équations, conduit à la formule v $v = \sqrt{2gx}$, qui donne la vitesse correspondante à un certain espace parcouru, sans que l'on soit obligé de connaître le temps employé.

Voici une autre conséquence importante qui résulte de ces lois : Si la force accélératrice constante cessait d'agir au bout du temps τ, le corps ayant parcouru d'un mouvement accéléré l'espace $x = \dfrac{g\tau^2}{2}$, le mouvement uniforme qui s'ensuivrait aurait lieu en vertu de la vitesse acquise $v = g\tau$, et le mobile parcourrait alors dans le même temps τ, un espace $X = v\tau = g\tau^2$, qui serait double du premier. X. JEANDEL.

ACCENT. (*Grammaire.*) Ce mot, traduction du nom latin *accentus*, dérivé lui-même du supin d'*accinere*, chanter, exprime en même temps, a-t-on dit, un signe de grammaire et la chose signifiée. Toute large qu'est cette définition, elle manque pourtant encore d'exactitude; car ce qu'exprime l'accent, en tant que signe orthographique, est loin d'être toujours, comme elle le fait entendre, ce qu'il signifie en tant que modification particulière de la parole.

De toutes les questions relatives à la science des langues, aucune peut-être n'a soulevé plus de controverses que celle des accents, et aucune aussi n'est restée plus obscure, malgré les efforts des savants qui l'ont agitée. C'est que le terme *accent* répond à plusieurs idées tout à fait distinctes, et que ceux qui ont essayé de résoudre cette question complexe ont presque toujours confondu ce qui était distinct, tout en séparant bien souvent aussi ce qui était identique. Nous allons tâcher de déterminer les divers genres d'accent, d'établir ce qui constitue chacun d'eux, et de rechercher l'usage qui en est fait.

On entend par les expressions *accents de la joie, accents de la douleur*, etc., certains sons de notre voix qui, sous l'empire d'une puissante émotion, traduisent pour l'oreille, sans le secours de mots articulés, ce qui se passe en nous. Lorsque des accents de cette nature accompagnent la parole en la faisant passer par des degrés divers de force, de durée, d'intonation, propres à agir sur la sensibilité de l'auditeur, ils produisent ce qu'on a appelé l'*accent pathétique*.

A côté de cet accent, langage du sentiment, nous devons avec Rousseau en distinguer un autre, élément important du langage de la pensée, l'*accent logique* ou *rationnel*, qui concourt à la clarté du discours en classant pour ainsi dire les termes d'une phrase selon l'importance relative des idées qu'ils expriment, et cela au moyen des sons plus ou moins forts, plus ou moins rapides, des tons plus ou moins graves ou aigus qu'il assigne à chacun. Son caractère essentiel est d'être tonique. C'est lui qui, par diverses modulations du grave à l'aigu et de l'aigu au grave, produit la mélodie intelligente de la parole. De cet accent on distingue quelquefois, sous le nom d'*emphase* ou *accent emphatique*, celui qui se fait plutôt sentir dans le degré de force avec lequel la voix appuie et demeure sur les expressions qui ont le plus d'importance dans la pensée de celui qui parle. De la réunion de ces deux accents, se forme ce que les grammairiens français appellent ordinairement *accent oratoire* et les Allemands *accent de rhétorique*.

Si l'accent logique se produit par des moyens analogues à ceux de l'accent pathétique, il en fait usage dans des limites plus restreintes. « J'ai remarqué, dit Mersenne dans son *Harmonie universelle*, p. 371, que le ton de la colère monte souvent d'une octave entière ou davantage tout d'un coup. » Les mouvements de l'accent logique ne sont ni aussi étendus ni aussi brusques. Ce dernier, de beaucoup le plus fréquent des deux, existe dans la conversation la moins animée, dans la lecture la plus froide. Sans les nuances dont il varie le débit, il n'y a pas de proposition pour l'oreille. Il n'appartient toutefois, avec la délicatesse et la mesure qu'il a dans la bonne prononciation française, qu'aux populations polies par les habitudes d'une longue civilisation. C'est généralement l'accent des capitales, parce que là cette influence est plus complète. Mais, chez les populations où elle a moins pénétré, dans les parties éloignées du centre des mœurs polies, le débit, lors même qu'il n'est point animé par la passion, est beaucoup plus fortement accentué ; il franchit dans l'échelle des tons de plus grands intervalles, module brusquement et produit une sorte de chant monotone qui surprend et fatigue une oreille étrangère.

Cet accent qui, à l'égard des modulations qu'il affecte le plus ordinairement, diffère de pays à pays et de province à province, a reçu les noms d'*accent national* et d'*accent provincial*. Peut-être faut-il admettre au nombre de ses causes l'influence des climats sur les organes. Il n'en est pas moins vrai que par l'effet du mélange de plus en plus intime des populations, il tend chaque jour à disparaître et que bientôt, par exemple, on cherchera en vain en Normandie et en Gascogne le type de ces accents, autrefois si prononcés, qui, copiés sur nos théâtres, excitèrent si longtemps l'hilarité du public parisien (1).

On ne rencontre aujourd'hui nulle part ce genre d'accent à un degré plus remarquable que chez les peuples de l'Asie orientale, les Chinois et les habitants du Tonquin et de la Cochinchine. Leur langue parlée ne se compose que d'un nombre fort limité de monosyllabes, et ils n'ont pas dans l'origine trouvé, pour suppléer à la pénurie de leurs combinaisons syllabiques, d'autre moyen que de leur donner des acceptions différentes selon le ton sur lequel elles seraient prononcées. Toutefois, il est à noter que, même chez ces peuples, les tons déterminés, affectés aux mots, deviennent de moins en moins sensibles à mesure que l'on s'approche des localités où les mœurs se sont le plus polies, au point qu'à Pékin ces accents se font à peine entendre, surtout dans la bouche des lettrés.

Ce sont des accents de cette nature qui ont joué un rôle si important dans l'histoire de la langue des anciens Grecs. Il en exista de semblables sans doute chez les autres peuples de l'antiquité ; mais les Grecs sont les seuls qui nous aient transmis, avec leur littérature, quelques données sur leur prononciation. Dans chacun de leurs mots, une des syllabes, indépendamment de la valeur que lui donnaient les éléments alphabétiques dont elle se composait, et de celle qu'elle recevait de la quantité, en avait encore une troisième

(1) On a souvent confondu avec cet accent diverses fautes de prononciation particulières et habituelles à certains étrangers et aux habitants de certaines provinces, mais tout à fait indépendantes de l'accentuation : telle est la substitution que font souvent les méridionaux de *é* à *e*, de *o* à *ô* ou *au*, et des syllabes *anne*, *onne*, etc., à nos voyelles nasales *an*, *on*, etc., lorsqu'ils prononcent, par exemple, *le povre annefanne* pour *le pauvre enfant*.

qui lui venait de l'*accent*, c'est-à-dire du ton sur lequel elle devait se prononcer. Platon, dans le *Cratyle*, Aristote, dans son livre *De Elenchis sophistarum*, ch. 3, mentionnent cet accent. On lui donnait le nom de τόνος (1) ; il était de deux sortes : *aigu*, ὀξύς, quand on élevait simplement le ton de la voix, et *circonflexe*, περισπώμενος, quand, sur une même syllabe, la voix, après avoir monté d'abord à l'aigu, redescendait par un mouvement inverse, au ton moyen des syllabes non accentuées. Ce ton moyen, qui, à proprement parler, n'était pas un accent, est cependant ce que les grammairiens appellent l'*accent grave*, βαρύς. Du reste, l'accent était distinct de la quantité, et faisait hausser le ton de la voix sur une syllabe sans altérer sensiblement sa valeur métrique.

La musique avait le privilége de déplacer quelquefois l'accent et de le faire passer d'une syllabe à une autre ; c'était une licence sans laquelle il eût souvent été difficile d'obtenir des mélodies agréables. On conçoit en effet que le retour fréquent du même accent eût donné au chant une monotonie fatigante. Le récit, il est vrai, ne différait du chant que par le dégré et non par le genre, ainsi que nous l'apprend Denys d'Halicarnasse dans son traité *de structura orationis*, où il nous dit encore que tous les tons de la déclamation étaient renfermés dans l'intervalle de la quinte ; mais, comme malgré l'union intime de la grammaire et de la musique chez les Grecs, l'orateur ne pouvait se permettre les licences du musicien, le même auteur insiste sur la nécessité de distribuer avec intelligence et de ne pas placer trop près les mots qui ont le même accent et la même quantité.

Cet accent si fortement marqué était pour les Grecs un moyen de donner à leur déclamation plus de clarté et de retentissement, qualités précieuses dans un pays où les assemblées délibérantes se tenaient en plein air, et où il fallait que la parole pût être entendue de plusieurs milliers d'assistants. Nos langues modernes, où les mots, pris isolément, n'ont point d'accent tonique à proprement parler, ne permettent pas d'atteindre cette portée de voix dont les orateurs d'Athènes étaient redevables au caractère chantant de leur idiome.

Pendant longtemps les Grecs n'eurent dans leur écriture aucun signe pour indiquer les modulations de l'accent. Ils en imaginèrent quand ils s'aperçurent que leur prononciation nationale s'altérait au contact de plus en plus fréquent des nations étrangères. Le grammairien Aristophane de Byzance, qui florissait à

(1) Le mot προσῳδία, que l'on traduit aussi quelquefois par accent, désigne l'*accent écrit*, et non l'*accent tonique* proprement dit.

Alexandrie, environ deux siècles avant notre ère, paraît être celui auquel on doit attribuer l'invention des *accents écrits*. Ces signes sont, comme on sait, au nombre de trois (' ˜ `); on leur donna les noms des accents qu'ils devaient représenter. Toutefois, l'accent grave n'ayant pas besoin d'être indiqué dans l'écriture, on se servit du signe qu'on lui avait d'abord destiné, pour marquer l'accent aigu, lorsque tombant sur la syllabe finale d'un mot qui ne suspendait pas le sens, il devait être prononcé sur un ton un peu moins élevé.

L'usage des signes de l'accentuation fut assez long à s'établir; on ne les trouve pas sur les *papyrus grecs* écrits en Égypte sous les derniers Ptolémées, et Montfaucon nous apprend dans sa *Paléographie grecque* (1) que les copistes négligèrent de les marquer jusqu'au septième siècle. Il paraît que l'usage n'en devint général qu'après le dixième siècle. Les accents avaient alors perdu depuis longtemps leur valeur primitive. En effet, les intonations s'effacèrent peu à peu, en même temps que s'altéraient les autres éléments de la prononciation. Tout en conservant le signe de l'accent à sa place traditionnelle, les Grecs du Bas-Empire en changèrent complétement la valeur, et, déplaçant en même temps l'ancienne prosodie, ils firent uniformément longue la syllabe accentuée dans l'orthographe.

Cicéron, dans son *traité de l'Orateur*, c. 18, après avoir parlé de la valeur des trois accents toniques, ajoute que la parole est une espèce de chant, « *Est in dicendo etiam quidam cantus.* » Nous trouvons encore une preuve de l'existence d'un accent fortement marqué chez les Latins, dans ce passage de la *vie des Gracques*, où Plutarque nous dit que Caïus Gracchus plaçait derrière lui, à la tribune, un esclave qu'il chargeait de régler les intonations de sa voix avec une flûte nommée *tonarium*. Quant aux accents écrits, les Latins paraissaient n'avoir d'abord employé que l'aigu et le grave. Ils leur donnèrent le nom d'*apices*, et s'en servirent principalement pour distinguer des mots d'orthographe semblable.

On a dit avec raison qu'il n'y a pas un mot dans quelque langue que ce soit qui n'ait son accent. On ne connaît pas d'une manière bien certaine la valeur de chacun de ceux dont les massorètes (v. ce mot) surchargèrent l'écriture hébraïque. Un de leurs principaux usages paraît être de régler la psalmodie usitée dans la lecture des livres saints. Ils marquent cependant aussi les repos de la voix, et même, jusqu'à un certain point, les rapports grammaticaux. Quant à l'accent tonique, il porte presque toujours en hébreu sur la dernière syllabe, et se trouve, dans beaucoup de mots,

(1) I, 4, p. 33.

précédé d'un accent secondaire, que les grammairiens qualifient d'*euphonique*. En syriaque et en arabe, l'accent est le plus souvent placé sur la pénultième. Il se plaçait en grec sur une des trois dernières syllabes du mot, et en latin sur une des deux dernières seulement.

L'accent des langues de l'Europe moderne est essentiellement prosodique. C'est sur cet accent qu'est basée toute l'harmonie des vers blancs des Italiens, des Anglais, etc. Il consiste en un plus grand effort de la voix sur une syllabe déterminée, qui devient par là plus longue en même temps que plus éclatante que les autres, mais n'éprouve guère d'autre élévation sensible du ton, que celle qui peut résulter d'une coïncidence fortuite avec l'accent logique. Si l'effort même de la voix sur la syllabe accentuée peut bien entraîner une certaine élévation involontaire du ton, la mesure en échappe du moins à l'appréciation.

Il arrive quelquefois aux Grecs modernes de rejeter sur la préantépénultième, et même sur la cinquième syllabe, l'accent qui ne pouvait autrefois remonter plus loin que l'antépénultième. En italien, quoiqu'il se trouve le plus souvent sur la pénultième, il peut cependant remonter jusqu'à la quatrième syllabe en comptant de la dernière. En allemand et en anglais, c'est ordinairement l'étymologie qui règle la place de l'accent, et il marque la syllabe radicale.

La qualification de *grammatical*, qu'on donne souvent à l'accent dont chaque polysyllabe pris isolément est nécessairement affecté, convient parfaitement à cet accent dans les langues où il peut varier avec les flexions, comme en grec, et parfois même les suppléer, comme en italien; mais elle lui serait appliquée à tort en français, où, ne changeant pas de place, il ne joue aucun rôle dans la grammaire.

Ce qui a fait douter à quelques grammairiens de l'existence de l'accent de prononciation dans notre langue, c'est l'invariabilité même de la règle à laquelle il y est soumis. En effet, nous le plaçons uniformément sur la dernière syllabe du mot, en ne comptant pas toutefois pour telle, celle qui n'a d'autre voyelle que l'*e* muet.

L'introduction des trois accents écrits des Grecs dans l'orthographe française ne paraît pas remonter plus haut que le règne de Louis XIII. Leur fonction principale est chez nous de suppléer à l'insuffisance des éléments alphabétiques, en donnant à un même caractère de voyelle plusieurs valeurs distinctes selon l'accent dont il est surmonté. C'est ainsi que l'accent aigu distingue l'*e* fermé qu'il accompagne, de l'*e* dit muet, qui s'écrit sans accent, et de l'*e* ouvert, qui s'écrit, soit avec l'accent grave, soit avec le circonflexe. Ce dernier accent sert tantôt à distinguer l'*a* ouvert de *hâter*, *bâtir*, etc., de l'*a* fermé de *ami*, *Paris*, l'*o* ouvert de *tôt*, de l'*o* fermé de *botte*, etc. ; tantôt à indiquer l'allongement de la voyelle comme dans *nous allâmes*, *vous fîtes*, cas auquel souvent il indique en même temps le retranchement de quelque lettre autrefois usitée, comme dans *âge* pour *aage*, et *tête* pour *teste*. L'accent grave placé sur une voyelle autre que l'*e* ne sert qu'à distinguer entre eux certains homonymes, tels que *a*, troisième personne du verbe *avoir*, et *à*, préposition, etc.

Il ne nous reste plus que trois des traités composés par les grammairiens grecs sur l'accent :

1° Les τονικὰ παραγγέλματα, de Jean d'Alexandrie, publiés avec le traité d'Hérodien περὶ σχημάτων, par G. Dindorf, Leipsig, 1825.

2° Le traité d'Arcadius, περὶ τόνων, publié par Barker, Leipsig, 1820, et complété depuis par les variantes d'un manuscrit de Copenhague, insérées dans les *Grammatici Græci* de G. Dindorf, t. 1, p. 48-70

3° L'ouvrage de Porphyre, περὶ προσῳδίας, publié par Villoison, dans ses *Anecdota Græca*, t. II, p. 103 et sqq.

Jean d'Alexandrie et Arcadius, tous les deux d'une date incertaine, n'ont fait que des extraits du grand ouvrage d'Hérodien, προσῳδία καθολική (170 après J. C.). Porphyre vivait de 233 à 304 après J. C. Du reste, il n'y a pas de grammairien grec qui ne se soit, dans ses ouvrages, occupé des accents.

On peut lire sur cette matière : une dissertation de l'abbé Arnaud dans le t. XXXII des *Mémoires de l'Académie des Inscriptions*, et surtout une lettre de d'Ansse de Villoison, dans le cinquième volume de la septième année du *Magasin universel*.

Nous devons aux hellénistes allemands :

Reiz, *De prosodiæ græcæ accentus inclinatione*, Leipsig, 1791, in-8°.

Wagner, *Die Lehre von dem Accent der griechischen Sprache*, Helmstaedt, 1807, in-8°.

Liscovius, *Über die Aussprache des griechischen und über die Bedeutung der griechischen Accente*.

Car. Goettling, *Allgemeine Lehre vom Accent der griechischen Sprache*. Jena, 1835, in-8°.

Sur les accents de la langue latine nous avons :

Priscien, *De accentibus*, publié avec les autres ouvrages du même grammairien, par Putsch, Hanau, 1605, in-4°.

Servius, *De accentibus*, publié par MM. Eichnfeld et Endlicher, dans leurs *Analecta grammatica*. Vienne, 1837, in-4°, pp. 525-535.

Le chapitre des *Accents de la langue françoise*, dans *la Manière de bien traduire d'une langue en autre*, d'Estienne Dolet (Lyon, 1540), ne traite que des accents écrits. L'accent de la prononciation, selon cet auteur, « a moins lieu en la langue françoise qu'en toutes autres : veu que ses mesures sont fondées sur syllabes et non sur voyelles, ce qui est au rebours en la langue grecque et latine. »

Dans le *Projet du livre intitulé de la Précellence du langage françois*, imprimé à Lyon en 1579, Henri Étienne regarde comme identiques l'accent et la quantité. Il revendique pour notre langue des accents, tout en admettant qu'ils « sont observés plus soigneusement en la prononciation de l'italien. » Il prend pour termes de comparaison les mots *republica* et *republique*, et ne s'aperçoit pas que, si l'antépénultième du mot français est moins accentuée que celle du mot italien c'est que notre accent porte non pas sur cette syllabe, mais bien sur la suivante.

L'abbé d'Olivet, venu après ces deux auteurs, n'a pas, il faut le dire, traité d'une manière plus satisfaisante l'accent que la quantité, dans sa *Prosodie française*.

— Léon Vaïsse.

ACCENSEMENT. Ce mot a eu différentes significations dans les anciennes coutumes françaises. Tantôt on appelait ainsi la convention par laquelle on devenait héritier à la charge de payer un cens ou une rente foncière. Cette condition, acceptée avec l'héritage, se nommait aussi *sous-inféodation*. Dans d'autres coutumes, l'accensement désignait le bail lui-même, soit qu'il fût bail à ferme, bail à rente ou bail à cens. Par le bail à rente, le bailleur aliénait son héritage pour une rente perpétuelle ou même viagère, tandis que le bail à ferme et le bail à cens lui laissaient sa propriété. Ces contrats différaient seulement en ce que le bail à ferme était à temps, et que l'autre pouvait être perpétuel.

ACCEPTATION. (*Législation.*) C'est l'action de celui qui reçoit volontairement ce qui lui est proposé, offert, donné ou déféré. On connaît en droit beaucoup d'actes qui ne sont parfaits que par l'acceptation. (*Voyez* les mots Communauté, Délégation, Donation, Legs, Lettres de change, Succession.)

ACCÈS (*Théorie des*). *Voyez* Lumière.

ACCESSION. En droit public, ce mot signifie l'adhésion d'une puissance à un engagement contracté par d'autres puissances. En droit civil, l'accession est une manière d'acquérir par la vertu d'une propriété préexistante. Le propriétaire du principal devient propriétaire de l'accessoire. De là le principe : l'accessoire suit le principal. Ainsi le propriétaire du sol peut faire au-dessus et au-dessous toutes les plantations, constructions, fouilles qu'il jugera à propos. Ainsi encore, tous les travaux qui couvrent le sol ou l'ont modifié sont présumés faits par le propriétaire du sol, à ses frais, et lui appartenir. Telles sont les conséquences de ce principe, qui, au reste, n'est pas tellement inflexible qu'il n'accepte certaines modifications.

L'accession s'applique aussi aux choses mobilières, et a lieu alors de différentes manières : par l'adjonction, par le mélange, par la spécification, ou création d'un nouvel objet. Alors le droit d'accession, quand il a pour objet deux choses mobilières appartenant à deux maîtres différents, est entièrement subordonné aux principes de l'équité naturelle. L'équité du droit d'accession, devenu dans la loi française une manière d'acquérir la propriété, se fonde sur l'imprudence ou l'usurpation, causes de son existence, et sur le système d'indemnité qui lui sert de compensation.

X.

ACCESSOIRE. (*Législation.*) C'est ce qui accompagne une chose principale, ce qui s'y ajoute, ce qui s'y unit : les accessoires d'une chose ne sont jugés tels que par l'usage qu'on leur donne, et non par leur valeur, qui peut excéder de beaucoup le prix de la chose même. (*Voyez* ACCESSION.)

ACCIDENT. (*Musique.*) On nomme *accident* en musique, les dièses, bémols et bécarres, parce que ces signes placés devant les notes, les altèrent momentanément en les haussant ou les baissant d'un demi-ton. (*Voyez* DIÈSE, BÉMOL, BÉCARRE.)   BERTON.

ACCIDENT, en grec συμβεβηκός. (*Philosophie.*) Les philosophes appellent généralement accident tous les modes ou manières d'être d'une chose conçue par notre esprit, par opposition à la substance considérée en elle-même. Tous les êtres créés ont ainsi leurs *accidents* et leur *essence*, c'est-à-dire des choses dont ils peuvent absolument se passer, et d'autres qu'ils ne sauraient perdre sans changer de nature ou cesser d'être. Dans ce cas, ce terme a pour synonymes les mots *qualités*, *propriétés*, *modes*, *attributs*, etc. Mais quelquefois il prend un sens particulier, et a un usage spécial; c'est quand, au lieu de faire contraster, avec l'idée abstraite de l'être, l'idée également abstraite de ses qualités, nous considérons la substance comme douée soit de certaines qualités, soit de toutes les qualités qui nous paraissent constituer l'existence. La substance ainsi considérée, ainsi privée de quelques-uns de ses attributs, n'est plus un être réel, c'est un genre. Ou bien quand, après lui avoir conservé tous les attributs qui nous paraissent constituer l'existence, il lui manque encore quelque attribut qui définisse sa vie dans l'espace et dans le temps; ces attributs, ces qualités qu'il faut ajouter au genre pour avoir l'individu, ou à l'individu pour achever de le déterminer complétement, sont désignés particulièrement par le terme *d'accident*, qui devient alors le mot propre.   X.

ACCIDENTEL. (*Musique.*) On appelle *signes accidentels* les dièses et bémols qui, n'étant point à la clef, se rencontrent dans le courant d'un morceau de musique.

BERTON.

ACCISE. Ce mot, bien qu'appartenant plus particulièrement au dictionnaire financier de l'Angleterre, est originairement allemand. Il a été usité en Prusse, en Saxe, en Hollande, etc. Il serait difficile d'en donner une définition qui pût convenir à tous les pays. Ce qu'il y a de général dans le caractère de l'accise, c'est d'être un impôt indirect. Tout ce qui regarde la nature, l'historique, le mode actuel de ce genre d'imposition, peut donc aussi s'appliquer à l'accise. On la divise en *accise générale*, qui porte sur tous les objets de consommation, et en *accise spéciale*, qui ne frappe que certains articles.

ACCLAMATION. (*Antiquité.*) Cette manière d'exprimer son consentement était en usage à Athènes pour l'élection de quelques magistrats. On les nommait par acclamation; mais on ne manifestait son choix qu'en élevant les mains sans proférer de paroles. Les sénateurs romains acceptaient une proposition par acclamation, lorsqu'ils se rangeaient tous du côté du proposant, ce qui s'appelait *ire in pedes alicujus*. L'acclamation des barbares s'exprimait par un bruit confus de leurs armes, et en frappant leurs épées sur les boucliers.

Les *acclamations* se faisaient entendre dans les mariages; c'était un heureux présage pour la destinée des époux. Lorsque les empereurs distribuaient un congiaire, le peuple faisait retentir des acclamations, et lui souhaitait de longues années :

     Augeat imperium nostri ducis, augeat annos!

dit Ovide, *Fast.* I, 613.

Les acclamations étaient fort usitées parmi les soldats. 1° Lorsqu'ils élisaient un commandant, ils criaient : *Dii te servent, imperator!* 2° Au moment où les armées s'ébranlaient pour combattre, ils criaient : *Victoria!* 3° Après la victoire, ils nommaient leur chef *imperator* par acclamation. 4° Lorsqu'ils accompagnaient un triomphateur au Capitole, ils criaient : *Io triumphe! io triumphe!* ou bien :

     De nostris annis tibi Jupiter augeat annos !

Les acclamations avaient lieu aussi quand les empereurs faisaient leur entrée dans Rome. On louait avec des acclamations répétées, telles que *bene et præclare!* ou *belle et festive, non potest melius!* les auteurs qui lisaient leurs ouvrages dans les écoles, dans des salles de lecture publiques ou particulières. Ils avaient soin d'inviter des auditeurs et des acclamateurs pour les entendre lire ou déclamer leurs compositions. C'était comme dans nos spectacles et dans nos athénées.

L'amphithéâtre retentit des premières acclamations. Ce ne furent d'abord que des applaudissements confus. Mais dès le règne d'Auguste, on en fit un concert étudié : les courtisans sont nés avec les cours. Un musicien donnait le ton, et le peuple, faisant deux chœurs, répétait alternativement la formule d'acclamation. Le dernier acteur qui occupait la scène donnait le signal des applaudissements par ces mots, *valete et plaudite*. Lorsque Néron jouait de la lyre sur le théâtre, Sénèque et Burrhus étaient alors les coryphées ou premiers acclamateurs; de jeunes chevaliers se plaçaient dans différents endroits de l'amphithéâtre, pour répéter les acclamations; et des soldats gagés à cet effet se mêlaient parmi le peuple, comme les agents de police dans nos fêtes, afin que le prince entendît un concert unanime d'applaudissements.

Ces acclamations chantées, ou plutôt accentuées, durèrent jusqu'au règne de Théodoric.

L'entrée des princes et des hommes recommandables était accompagnée de longues et nombreuses acclamations. Sertorius fut reçu dans l'amphithéâtre avec des applaudissements répétés et de grandes acclamations. Le peuple romain, entendant réciter les vers de Virgile sur la scène, fut si touché de leur beauté, qu'il se leva d'un commun accord, se tourna du côté du poëte, et le salua, comme il faisait à l'arrivée d'Auguste (1).

Cet usage passa du théâtre dans le sénat. Les sénateurs exprimaient leur consentement aux volontés de l'empereur par ces formules : *Omnes, omnes, œquum est, justum est.* L'un d'eux prononçait une formule d'acclamation, et tous la répétaient à l'envi. Trebellius (2) rapporte une circonstance où ces acclamations furent répétées jusqu'à soixante-dix et même jusqu'à quatre-vingts fois. Brisson et Ferrari en ont recueilli un grand nombre. Les médailles nous en ont aussi conservé, et nous apprennent que le peuple faisait par acclamation des vœux solennels pour la conservation des princes, et qu'il les renouvelait tous les cinq, tous les dix, tous les vingt ans, etc.

Les acclamations ou plutôt les vociférations furent aussi un témoignage public de haine ou de mépris. C'est ainsi qu'après la mort de Domitien, le sénat, si soumis auparavant et si vil, se répandit en invectives contre ce tyran, et répéta, dit Suétone, les acclamations les plus injurieuses. Lampride nous a transmis dans la *vie de Commode*, ch. 17, quelques formules de ces acclamations.

L'acclamation ordinaire des Grecs était Ἀγαθῇ Τύχη! bonne Fortune ! Les chrétiens conservèrent l'usage des acclamations dans les églises et dans les conciles. La révolution l'a fait renaître parmi nous ; et il a eu une grande influence sur sa marche et sur ses effets.

ÉLOI JOHANNEAU.

ACCLIMATEMENT. (*Histoire naturelle.*) Un animal ou un végétal est dit acclimaté, quand il parvient à vivre et à se reproduire dans un pays auquel la nature ne l'a point destiné, après y avoir été transporté, soit fortuitement, soit par la volonté de l'homme. Or, cet acclimatement ne peut avoir lieu sans que la constitution de l'être qui s'y trouve soumis éprouve des changements d'autant plus grands, que sa nouvelle patrie ressemble moins à l'ancienne. En effet, il existe, entre le sol et les êtres organisés qui l'habitent, les mêmes rapports qu'entre la cause et l'effet ; et ceux qui n'y sont pas nés n'y peuvent vivre qu'à la condition de se modifier pour se mettre en harmonie avec lui. De là les difficultés

qu'éprouvent certains acclimatements qui ne réussissent qu'avec le temps et beaucoup de soin ; de là l'impossibilité de naturaliser dans notre Europe, à cause de son climat généralement plutôt froid que chaud, les productions des contrées intertropicales ; car on ne peut considérer comme acclimatés les végétaux élevés en serre chaude, qui périssent à l'air libre, ni les animaux que nous tenons en chartre privée dans nos ménageries et nos habitations, et qui ne tardent point à mourir de faim ou de froid, s'ils sont abandonnés à eux-mêmes. Il n'est donc question ici que de ceux qui, après avoir subi l'épreuve d'un climat étranger pour eux, finissent par s'y habituer, au point de pouvoir y vivre et s'y propager comme dans leur propre pays.

Comment s'opère cet acclimatement ? Nous l'avons déjà dit, c'est parce que l'animal ou le végétal dépaysé éprouve dans son organisation des modifications qui l'identifient en quelque sorte avec sa nouvelle habitation ; et ces modifications seront d'autant plus grandes que les différences seront marquées entre l'ancienne et la nouvelle habitation de l'être transplanté.

Ce n'est point ici le lieu de traiter des différents climats, soit qu'on les considère sous le rapport de la température, qui dépend, comme on sait, de la latitude, de l'élévation du sol, de l'abondance ou de l'absence d'eaux courantes ou stagnantes, du boisement, du voisinage de la mer, de la direction des montagnes, etc., etc. ; soit qu'on les considère d'une manière absolue, en appelant climat une certaine portion de la terre, une *zone* comprise entre deux cercles parallèles à l'équateur. Il nous suffira de dire que le mot *climat*, dans son sens le plus général, et c'est celui que nous adoptons ici, il nous suffira de dire que le mot *climat* comprend la température, la lumière, l'électricité, l'humidité, les mouvements de l'air, la nature du terrain, la position des lieux, les productions du sol et la culture des terres. Tels sont les objets principaux qui constituent le climat ; et leur influence réciproque est telle, que la nature, et, par conséquent, l'influence du climat, varie selon que l'un ou l'autre de ces éléments vient à prédominer.

Tout le monde sait ce qui arrive quand une plante est arrachée du lieu de sa naissance : elle commence par ressentir quelques effets de *souffrance* ; puis, prenant le dessus, elle revêt une physionomie et des propriétés en harmonie avec la localité où elle est transplantée. Il arrive même quelquefois que cette transition s'opère presque insensiblement et sans secousse. La nature elle-même nous en offre des exemples. Une plante de la famille des algues, *l'ulva compressa*, devient, sui-

<hr>

(1) *Voy.* Tacit., *de Orat.*, c. 13, n. 3.
(2) *Vie de Claude*, c. 4.

vant les localités, plante marine, plante d'eau douce ou plante terrestre. Jetée dans les terres par les hautes marées, elle végète dans quelques flaques saumâtres, puis dans des ruisseaux d'eau douce, où elle devient *ulva confervoidea*. Que l'eau disparaisse, elle se transforme en *ulva terrestris*; et, dans ces trois variétés, elle change non-seulement de port et d'aspect, mais même d'organisation intérieure, puisque, sous chacune de ces trois formes, elle habite un milieu différent.

Les animaux ne subissent pas des effets moins marqués de ces sortes de translations; mais les observations de ce genre sont peu nombreuses. Les naturalistes voyageurs, qui, tout en nous enrichissant de toutes les productions du globe, nous en ont fait connaître la géographie zoologique, ont, généralement, négligé la question des acclimatements. Il faut cependant en excepter M. le docteur Roulin, qui, pendant un séjour de plusieurs années en Amérique, a observé les changements opérés dans les animaux domestiques transportés de l'ancien monde dans le nouveau. Ses observations, pleines d'intérêt, sont consignées dans un mémoire lu par lui, le 29 septembre 1818, à l'Académie des sciences. Ce savant naturaliste rapporte que les *oies* et les *paons* transportés en Colombie éprouvèrent dans les premiers temps une grande difficulté d'acclimatement; les pontes, rares, n'étaient composées que d'un petit nombre d'œufs, dont un quart à peine venait à éclore; plus de la moitié des jeunes oiseaux mouraient dans les premiers mois. Plus tard les générations s'améliorèrent, et aujourd'hui les deux espèces diffèrent peu, pour la fécondité, de celles d'Europe.

A Cusco et dans toute sa vallée, on fut plus de trente ans sans pouvoir obtenir de poulets; aujourd'hui cependant la race primitivement amenée est devenue féconde; mais la race anglaise, amenée depuis peu d'années, n'en est pas encore arrivée à ce point, et l'on s'estime heureux d'avoir deux ou trois poussins sur toute une couvée. On remarque d'ailleurs des différences fort curieuses entre les deux races : le poulet *créole*, dont les pères vivent depuis longues années sous une température qui ne descend jamais au-dessous de 20°, naît couvert d'un léger duvet que, bientôt même, il perd; et il reste complétement nu, à l'exception des plumes des ailes, qui croissent comme à l'ordinaire. Le poulet de *race anglaise*, au contraire, naît couvert d'un duvet bien serré, qui ne disparaît qu'à mesure qu'il est remplacé par des plumes; le petit animal est encore velu, comme s'il devait vivre dans le pays d'où ses pères ont été apportés depuis peu d'années.

Le chat a éprouvé peu de modifications de-puis son importation dans la Nouvelle-Grenade, au temps de Christophe Colomb; elles se bornent à l'irrégularité des époques de reproduction et à la perte du *miaulement*; l'animal est, du reste, le même qu'en Europe. Quant aux autres mammifères, les observations manquent de précision, à cause de l'influence qu'exerce l'homme sur les animaux domestiques, en les protégeant contre l'action du climat. Néanmoins, on a remarqué que, dans les contrées chaudes de l'Amérique, il est très-difficile d'élever des agneaux, et que les brebis y sont peu fécondes. Le climat produit des effets remarquables sur la toison de ces animaux. Si la main de l'homme la respecte, la laine s'épaissit, se feutre, et finit par se détacher par plaques, qui laissent au-dessous d'elles, non point une laine naissante, non point une peau nue et dans un état maladif, mais un poil court, brillant, bien couché, et tout à fait semblable à celui de la chèvre dans ces mêmes contrées; aux places où pousse ce poil, la laine ne reparaît jamais.

Il résulte, en somme, du travail de M. Roulin, que les animaux domestiques transportés en Amérique à l'époque de la découverte ont fini par s'y acclimater, et que leur fécondité est devenue telle, que leur nombre prodigieux a rompu leurs habitudes de domesticité, et que la plupart ont repris la vie sauvage. Cette circonstance a produit de nouvelles modifications : les oreilles du porc se sont redressées, son crâne s'est élargi; l'agilité du cheval s'est développée; le courage de l'âne a reparu; la vivacité de la chèvre s'est accrue; enfin, le pelage, perdant ses variétés dans chaque espèce, est devenu uniforme pour chacune d'elles. Ici se trouve la contre-épreuve de la proposition avancée par M. Is. Geoffroy Saint-Hilaire, d'accord en cela avec Buffon : que les nombreuses variétés du cheval, du porc, de la chèvre, etc., ne sont que des produits de la domesticité.

Voici, maintenant, des faits qui prouvent que deux contrées n'ont pas besoin d'être éloignées l'une de l'autre pour produire des races différentes dans les animaux domestiques, puisque les faits se passent chez nous et dans deux provinces limitrophes. Les chevaux et les bêtes à cornes, transportés de Bretagne en Normandie, acquièrent une taille plus élevée et les caractères de la race normande; tandis que le contraire a lieu pour les animaux transportés de Normandie en Bretagne, où ils deviennent généralement plus petits, quoique également bien nourris dans les deux provinces. On voit par là que l'abondance de la nourriture et les autres soins ne suffisent pas pour empêcher la dégénération des races, et qu'il faut surtout en chercher la cause dans l'action du climat. C'est ainsi que l'Amérique, qui ne manque point de fertilité, et dont la végétation, dans certaines parties, est plus vigoureuse que dans toute autre partie du globe, présente néanmoins des races d'animaux plus petites que l'ancien continent, et que la taille de ceux qu'on y a importés n'a pas tardé à décroître.

Il est donc évident que, d'une part, les formes organiques sont modifiées par les agents extérieurs chez les êtres qui ont acquis leur développement, et que, de l'autre, la génération finit par transmettre ces mêmes modifications. Cependant l'acclimatement ne réussit pas toujours; bien que le climat ait une grande influence sur l'organisme, celui-ci résiste souvent; il arrive même qu'il succombe dans la lutte. Dans tous les cas, on voit se développer des réactions maladives qu'il importe de connaître. Le père Labat, pendant son séjour à la Martinique, avait déjà observé la nécessité de n'opérer les changements de climat que graduellement et par stations intermédiaires, afin de prévenir les accidents produits par de trop brusques transitions. Ainsi la vigne, importée directement de France dans nos colonies des Antilles, eut bien de la peine à s'y naturaliser, tandis que le muscat, venu de Madère et des Canaries, y mûrit complétement dès les premiers temps. Le même voyageur fait observer que le temps est parfois une condition indispensable pour accomplir certains acclimatements; il l'expérimenta lui-même sur des pois envoyés de France : les premiers semés rapportèrent très-peu, les seconds davantage, et les troisièmes, enfin, produisirent une récolte extraordinaire pour l'abondance et la grosseur. Il en fut de même du froment : ce ne fut qu'aux secondes semailles, faites avec des grains mûris dans le pays, qu'on obtint des épis bien fournis.

Les observations de ce genre, sur les animaux d'un ordre inférieur, ont été négligées jusqu'à présent; et la raison en est que les acclimatements ont été toujours tentés dans un but d'utilité, et jamais dans des vues scientifiques. Il ne sera donc pas sans intérêt de rappeler ici les expériences de M. Beudant sur les mollusques. Quelques-uns de ces animaux pris dans des eaux douces, et placés immédiatement dans de l'eau salée au degré de celle de la mer, ne tardaient point à périr; mais si on les mettait graduellement dans des eaux de plus en plus salées, l'acclimatement, si on peut ici employer ce mot, avait lieu, avec quelques différences relatives aux espèces soumises à cette épreuve. Les mêmes résultats furent observés sur des mollusques marins plongés dans de l'eau douce; avec cette seule différence que les espèces vivant sur des rochers couverts et découverts alternativement par la marée, et souvent hors de l'eau par conséquent, résistèrent plus lontemps à l'effet de l'immersion brusque dans l'eau douce. L'acclimatement gradué, au contraire, réussit fort bien; M. Beudant conserva des *patelles*, des *arches*, des *huîtres*, des *moules* et des *balanes* bien portantes, en compagnie de *planorbes* et de *lymnées*. Cet observateur fit plus : il parvint à faire vivre, dans des eaux chargées de 0, 31 de sel, des mollusques vivant dans la mer, qui n'en contient que 0, 04. La formation des cristaux a été la dernière limite de l'acclimatement.

On peut conclure de tout ce qui précède, que l'acclimatement des animaux et des végétaux, opéré par l'homme, est une victoire remportée sur la nature. Néanmoins, la nature ne se laisse pas toujours subjuguer, et lui-même en fournit la preuve, comme nous le verrons plus loin.

Il serait trop long d'énumérer ici tous les végétaux naturalisés en Europe par les soins de l'homme, soit pour son utilité, soit pour son agrément; nous nous bornerons à citer les principaux. On sera peut-être surpris de voir le *blé* placé en tête : le fait est que l'origine de cette céréale est des plus incertaines; cependant l'analogie porte à croire qu'elle vient de la haute Asie, comme l'*épeautre*, l'*avoine* et l'*orge*, qui sont bien certainement originaires de cette contrée. Nous nommerons après : le *maïs*, improprement appelé *blé de Turquie*, puisqu'il vient d'Amérique, et dont l'introduction en Europe date du seizième siècle; le *pêcher*, l'*amandier*, l'*abricotier*, le *prunier*, le *cerisier*, qui nous viennent de la Perse et de l'Arménie; l'*oranger*, originaire de la Chine, et qui se cultive en pleine terre en Portugal, en Espagne, en Provence, en Italie, et dans d'autres parties de l'Europe méridionale ; la *fève commune*, indigène des bords de la mer Caspienne; le *haricot*, qui provient des Indes orientales; le *chanvre*, qui a pour patrie la Perse; le *lin*, qui croît naturellement sur le plateau de la Tartarie; le *tabac*, importé de l'Amérique depuis deux siècles, et dont l'usage se répand chaque jour de plus en plus ; enfin la *pomme de terre*, la plus utile des plantes, après le blé, pour la nourriture de l'homme, puisque ses tubercules remplacent le pain dans tous les pays qui se refusent à la culture des céréales. Son acclimatement en Europe, qui ne remonte pas à plus d'un siècle, est un des plus grands services rendus à l'humanité. Originaire du Chili, où elle croît à l'état sauvage dans les environs de la ville de la Conception, la pomme de terre est cultivée aujourd'hui sur toute la surface du globe. Grâce à sa constitution robuste, elle s'accommode de tous les climats, depuis les tropiques jusqu'aux contrées arctiques; le sol et l'exposition lui sont également indifférents. Cependant elle vient mieux, et ses tubercules sont plus farineux dans une terre à la fois grasse et sablonneuse, que dans un terrain humide et glaiseux.

Dans cette énumération, nous n'avons compris ni l'*olivier*, ni la *vigne*, puisque tous deux croissent spontanément, en Europe, à l'état sauvage. Cependant, si l'on en croit le témoignage des historiens de l'antiquité, la vigne serait originaire des environs de Nysa, dans les Indes, d'où elle aurait été transportée dans les autres contrées par Bacchus, qui la cultiva le premier. Les Phéniciens l'introduisirent ensuite dans les îles de l'Archipel, en Italie, et jusque dans les Gaules, à l'époque de la fondation de Marseille par les Phocéens. Ainsi les pieds de vigne sauvage que l'on trouve dans les haies et les bois du midi de la France, où on la désigne sous le nom de *lambrusque*, ne seraient que des individus échappés des vignobles, et ayant repris l'état de nature.

Quoi qu'il en soit de l'origine de la vigne, il est certain qu'elle est cultivée aujourd'hui, non-seulement dans toute l'Europe méridionale et tempérée, mais encore sur beaucoup d'autres points du globe, tels que l'île de Madère, les Canaries, le cap de Bonne-Espérance, certaines contrées de l'Amérique et la Nouvelle-Hollande, où elle a été importée tout récemment; or, une culture aussi répandue, et dans des pays aussi divers, n'a pu avoir lieu sans que la constitution de ce précieux arbuste ait éprouvé des modifications aussi variées que les climats qu'elle habite aujourd'hui.

A l'égard des plantes d'agrément qui embellissent nos parterres, il faudrait les citer presque toutes, si l'on voulait désigner celles que les soins de l'horticulteur ont acclimatées en Europe. A l'exception, peut-être, d'une cinquantaine de plantes ou d'arbustes, en tête desquels il faut placer le *rosier*, produit de l'*églantier*, tout le reste est exotique.

Quant aux animaux acclimatés en Europe par les soins de l'homme, le nombre en est peu considérable; il se réduit à quatre espèces parmi les quadrupèdes : ce sont le *cheval* et l'*âne*, tous deux originaires des steppes de la Tartarie, où ils vivent encore à l'état sauvage; le *buffle*, originaire des climats les plus chauds de l'Asie et de l'Afrique, et qui fut, vers la fin du seizième siècle, introduit en Italie, où il sert au labourage, concurremment avec le bœuf; enfin, la *chèvre*, issue de l'*œgagre*, qui habite les endroits les plus escarpés du Caucase et des montagnes de la Perse. A l'égard des autres quadrupèdes domestiques, on ne peut les considérer comme ayant été acclimatés en Europe, puisqu'ils en

sont originaires : tels sont le *bœuf*, dont le type est l'*auroch*, qui se rencontre encore, dit-on, dans les forêts de la Lithuanie; le *mouton*, qui a pour souche le *mouflon* de Corse et de Sardaigne; le *cochon*, qui n'est autre chose que le *sanglier* rendu domestique; et enfin le *chat*, qui existe dans les bois à l'état sauvage.

C'est à dessein que nous avons omis le *chien* dans cette liste : fidèle compagnon de l'homme, il est, comme lui, cosmopolite; et par cela même les naturalistes ne peuvent lui assigner une patrie primitive, en admettant même que ses nombreuses variétés se rapportent toutes à une seule espèce.

A l'exception du *pigeon* commun, dont le type est le *biset*, qui vit dans nos bois; à l'exception encore du *canard*, de l'*oie* et du *cygne*, tous trois originaires du nord de l'Europe, tous nos autres oiseaux domestiques ont été acclimatés : les *poules* viennent des Indes orientales; le *paon* et le *faisan*, de l'Asie; on sait que le *dindon* tire son origine de l'Amérique, et que son introduction en Europe est due aux jésuites; la *pintade*, enfin, est africaine.

Nous n'avons parlé jusqu'à présent que des acclimatements dus à l'industrie de l'homme : pour compléter cet article, il nous reste à dire un mot de ceux qui, dans le règne végétal, se sont opérés sans lui et souvent malgré lui. Nous citerons donc, comme s'étant acclimatés spontanément : 1° l'*agave americana*, qui s'est tellement multipliée sur tout le littoral de la Méditerranée, où elle croît sans culture, que l'on en fait des haies, et qu'avec les fibres de ses feuilles on fabrique des cordages et des toiles grossières d'une grande solidité; 2° l'*erigeron canadense*, plante de l'Amérique septentrionale, ainsi que l'indique son nom; elle infeste tous les terrains incultes ou en friche de nos contrées, au point d'en exclure les plantes indigènes.

Le règne animal fournit aussi quelques exemples d'acclimatement spontané. Nous mentionnerons, parmi les plus remarquables, celui du *cheval*, en Amérique. Ce quadrupède, inconnu dans ces contrées avant la conquête des Espagnols, s'y est multiplié à l'état sauvage dans une telle proportion, que maintenant il y est plus commun que dans l'ancien continent. Cette rapide propagation s'explique par les vastes solitudes de l'Amérique; solitudes qui offrent la plus grande analogie avec les steppes de la Tartarie, véritable patrie du cheval : telles sont les *pampas* de Buenos-Ayres, et les *savanes* du Nouveau-Mexique. Dans ces immenses plaines, dépourvues d'arbres et recouvertes d'herbes hautes et épaisses, il n'est pas rare de rencontrer des troupes de dix mille chevaux, marchant en colonnes serrées, et précédées d'éclaireurs pour reconnaître l'ennemi et avertir du danger.

Le second exemple est celui du *magot*, singe du genre *macaque*, originaire d'Afrique. Il s'est multiplié sur le rocher de Gibraltar, du côté de la mer, d'individus échappés, selon toute apparence, de la domesticité ; à moins qu'on n'aime mieux supposer, avec quelques naturalistes, que cette espèce y existait avant la séparation des deux continents.

Enfin, nous citerons, pour troisième et dernier exemple, l'invasion du *surmulot*, gros rat de l'Inde et de la Perse, qui, arrivé en France par la voie du commerce, seulement en 1750, s'est répandu depuis dans toute l'Europe, et en a presque chassé le *rat ordinaire*, qu'il surpasse en vigueur.

Voy. Le *Mémoire* de M. le docteur Roulin, cité dans le cours de cet article, et l'article publié dans le *Journal de physique* (1816), par M. Beudant, *sur la possibilité de faire vivre des mollusques fluviatiles dans les eaux salées, et réciproquement, des mollusques marins dans les eaux douces.*

DUPONCHEL père.

ACCLIMATEMENT. (*Hygiène.*) Bien que l'homme paraisse destiné à vivre sous toutes les latitudes ; bien qu'il ait, plus que tous les autres animaux, la faculté de se plier à toutes les influences atmosphériques, et qu'il soit en quelque sorte cosmopolite, cependant il ne change jamais de climat sans courir des dangers, qui acquièrent une certaine gravité quand il se transporte dans un pays tout à fait différent de celui qu'il quitte. Il faut, dans ce cas, que l'organisme subisse un changement profond, qui rend celui qui l'a subi semblable, sous bien des rapports, aux naturels du pays qu'il est venu habiter, mais qui ne peut être amené que par un séjour prolongé sous le nouveau climat.

Les habitants des régions tempérées possèdent la faculté d'*acclimation* au plus haut degré. Le froid rigoureux qu'on y éprouve en hiver, la chaleur intense qui s'y fait sentir pendant l'été, les rendent aptes à vivre sous d'autres climats. Il n'en est pas de même de ceux des régions boréales ou équatoriales ; ils ne peuvent être transportés sans péril dans des climats opposés à ceux qui les ont vus naître. Ainsi, il est d'observation que parmi les habitants des tropiques qui viennent résider en France, il en est un grand nombre qui, dans les premières années de leur séjour, sont enlevés par des affections, soit aiguës, soit chroniques, de poitrine. Et, d'un autre côté, les individus des misérables peuplades qui habitent la terre glacée des régions arctiques, meurent infailliblement quand on les transporte dans d'autres pays : il est vrai que chez eux il se joint à l'action du climat une influence toute morale, une sorte de *spleen*,

une nostalgie qui leur rend insupportable toute autre contrée que la leur.

Le changement le plus remarquable produit chez l'homme par l'acclimatement est celui que l'on observe chez l'Européen qui a résisté au climat meurtrier des Antilles. Si l'un de nos compatriotes arrive dans une de ces îles, il est frappé, en débarquant, de la pâleur fiévreuse de tous les blancs ; du calme, de la froideur qui les caractérise, de l'excessive lenteur de leurs mouvements. Tous les traits semblent empreints d'une sorte de souffrance maladive qui se mêle à un air d'indifférence absolue ; point de gaieté, point de visage épanoui. Mais bientôt il s'habitue à ces impressions qui l'ont si fortement affecté ; il change lui-même peu à peu, et il ne tarde point à produire sur les nouveaux venus l'effet qu'il a lui-même éprouvé : c'est qu'il est acclimaté. Il peut être mis dès lors au nombre des indigènes, il n'est plus soumis aux maladies qui moissonnent tant d'Européens ; mais aussi il devient apte à contracter celles de ses nouveaux compatriotes, maladies auxquelles il avait pu échapper jusqu'au moment de son acclimatement.

Il est certains pays où l'acclimatement n'est point possible ; ce sont les contrées marécageuses aux bords de la mer, où règnent endémiquement des fièvres intermittentes ; l'homme qu'un malheureux destin y attache est dévoué à une mort certaine, au bout d'un temps plus ou moins long. D'autres localités, quoique moins pernicieuses, les grandes villes, par exemple, où une masse considérable d'habitants se trouve agglomérée, ne sont pas sans danger pour ceux qui y arrivent. A Paris, il faut un véritable acclimatement, pour échapper aux causes toujours renaissantes de *fièvre typhoïde*, cruelle maladie qui décime chaque année la population mobile d'étudiants, d'ouvriers, de soldats que les départements y versent sans cesse.

L'homme, en changeant de climat, se trouve donc soumis à une influence complexe résultant de l'action du calorique, de la lumière, de l'électricité, des diverses qualités de l'air, du sol, de la nature des eaux, des productions, et peut-être encore d'autres agents dont nous ignorons l'existence. Et ce n'est que par une étude approfondie de ces différentes causes, et par une longue application des règles de l'hygiène, qu'il peut parvenir sans secousse aux modifications qu'amène sa nouvelle position.

Les Anglais, dont les établissements s'étendent sur toute la surface du globe, font passer successivement, et par gradation, leurs troupes d'Angleterre dans leurs possessions méditerranéennes, puis à l'Ile de France, puis aux Indes, etc., etc. Ils doivent à cette sage précaution de n'avoir dans leur armée qu'une mortalité insignifiante. C'est un exemple que nous devrions suivre; et il serait peut-être avantageux de transporter, dans nos possessions d'Afrique, le dépôt de nos régiments coloniaux qui se trouve maintenant en Bretagne. A. DUPONCHEL.

ACCOLADE. — Cérémonie usitée dans la réception d'un chevalier, et qui consistait ordinairement en trois coups du plat de l'épée que le seigneur donnait sur l'épaule ou sur le cou de celui qu'il armait chevalier. C'est ainsi que l'empereur Sigismond, assistant, en 1415, à une séance du parlement de Paris, arma chevalier un des plaideurs auquel il voulait faire gagner sa cause (1). Bayard se contenta aussi de donner l'accolade à François Ier lorsqu'il lui conféra l'ordre de chevalerie, alors aussi éloigné du but de son institution que dépouillé des cérémonies longues et sérieuses qui accompagnaient autrefois la réception d'un membre. *Voyez* CHEVALERIE.

ACCOMPAGNEMENT. (*Musique.*) On nomme *accompagnement* les accords dont on accompagne la voix ou quelque instrument. L'art des accompagnateurs est de faire valoir le chant; ils doivent se guider sur la basse et soutenir la partie chantante, sans la couvrir, par des accords indiqués par la marche de cette basse ou par l'harmonie de la partition sur laquelle ils accompagnent.

Accompagnateur. On nomme ainsi celui qui avec un orgue, un piano ou tout autre instrument, soutient une ou plusieurs voix dans une église, un théâtre ou un concert. On peut accompagner aussi un instrument qui exécute un solo.

Accompagner, c'est exécuter, en même temps que le chanteur ou l'instrument qui récite, les parties qui soutiennent et suivent la mélodie. BERTON.

ACCORD. (*Musique.*) C'est l'union de plusieurs sons entendus simultanément. Le rapprochement des intervalles de douzième et de dix-septième produits par la résonnance du corps sonore harmonique (*voyez* ALIQUOTES) forme un accord composé d'une tierce et d'une quinte; cet accord étant donné par la nature a été nommé *accord parfait;* il est le type, la source de tous les autres, qui ne sont que des renversements, des retardements, des altérations, ou des augmentations de l'accord primitif.

Les *accords* se composant d'une réunion de sons musicaux, pour indiquer les rapports respectifs que ces mêmes sons ont entre eux dans la composition de tel ou tel accord, on les désigne par le titre d'intervalles. Le point de départ, qui est toujours pris du son le

plus grave et que l'on nomme *basse,* est désigné par 1; et l'octave, qui est la répétition de la tonique, par 8. Ainsi donc, l'*accord parfait* se composant de 1, — 3, — 5, — 8, si l'on voulait l'employer sur le ton de *fa* par exemple, la prime, ou 1, sera *fa;* la tierce, ou 3, sera *la;* la quinte, ou 5, sera *ut;* et l'octave, ou 8, sera *fa* en haut. Ainsi de même pour tous les tons.

Accord primitif — 1, — 3, — 5.
Renversement.... { 1, — 3, — 6.
{ 1, — 4, — 6.
BERTON.

Voy. Pour le détail de tous les accords, le *Traité d'harmonie suivi d'un dictionnaire des accords,* pour M. Berton, membre de l'Institut, Paris, 1815, 4 vol. in 4°.

ACCOUCHEMENT. (*Chirurgie.*) Ce mot, dans son acception la plus étendue, comprend l'état puerpéral tout entier depuis les premiers efforts que fait la nature pour mettre au jour le produit de la conception, jusqu'au moment où, l'utérus étant complétement débarrassé de son fardeau, la femme n'a plus qu'à se remettre de ses fatigues et de ses douleurs.

L'accouchement est dit *spontané* quand il s'opère par les seules forces de la nature; le rôle du médecin se borne alors à surveiller l'évolution des phénomènes physiologiques, en leur prêtant un secours judicieux. L'accouchement artificiel est celui dans lequel l'aide de la main ou des instruments est nécessaire.

Les relevés faits par Dugès sur les registres de la Maternité, pour deux périodes comprenant chacune un grand nombre d'années, donnent en moyenne 1 accouchement artificiel pour 69 spontanés.

M. P. Dubois cite les résultats suivants dans le *Dictionnaire de médecine*, 2e édit. : à la Maternité, à Paris, en quinze ans, sur 20,357 accouchements, la proportion des accouchements spontanés aux artificiels a été : : 61, 2 : 1; à l'école de Vienne, en neuf ans, sur 9,619 accouchements observés en deux périodes, la proportion a été en moyenne : : 93, 5 : 1; au dispensaire de Westminster, sur 1897 accouchements, la proportion a été : : 60 : 1.

L'époque de l'accouchement ne saurait être fixée d'une manière rigoureuse, et la nature ne présente pas moins d'anomalies à cet égard qu'à tout autre; cependant on peut dire que l'accouchement *à terme* correspond au travail préparatoire de la dixième époque menstruelle à partir de l'imprégnation. On nomme *tardif* l'accouchement qui a lieu après le neuvième mois révolu, *prématuré* celui qui s'opère de la fin du sixième au commencement du neuvième; enfin on appelle *avortement* l'expulsion du

(1) *Voy.* les *Actes du parlement de Paris,* ann. 1415.

fœtus non viable, c'est-à-dire âgé de moins de six mois. -

Les *phénomènes généraux de l'accouchement chez la mère* peuvent se diviser en quatre périodes.

La première est signalée par l'abaissement de l'utérus, dont le fond s'éloigne de l'épigastre ; les femmes disent alors que le ventre tombe, parce qu'en effet sa saillie est moins considérable ; à ce signe vient se joindre de la pesanteur vers la vessie et le rectum, tandis que la respiration et les fonctions de l'estomac sont plus libres. La femme est plus agile ; quelques légers malaises, quelques douleurs passagères connues sous le nom de *mouches*, et résultant de faibles contractions utérines, surviennent à la fin ou dans le courant de cette période, dont la durée varie de quelques heures à dix ou quinze jours. Dans les derniers temps le col utérin est complétement effacé, ses lèvres seules ramollies et tuméfiées sont encore reconnaissables.

La deuxième période commence ordinairement le soir ou la nuit, elle est caractérisée par des douleurs d'abord courtes, faibles, éloignées, puis augmentant de longueur, de force et de fréquence, au point de ne laisser quelquefois pas d'intervalle entre elles. Ces douleurs, qui caractérisent *le travail*, consistent dans une sensation analogue à la crampe, et se propagent pour l'ordinaire de l'ombilic à la région pelvienne. Elles sont reconnaissables pour le médecin à la tension et à la dureté de l'utérus, que l'on sent se contracter sous la main. Cependant l'orifice du col utérin se dilate peu à peu, les membranes qui enveloppent le fœtus s'engagent en partie dans son ouverture et, distendues par les eaux de l'amnios, font dans le vagin une saillie nommée *poche des eaux*. D'abondantes mucosités teintes d'un peu de sang sont sécrétées par le col de l'utérus et par le vagin.

Cette période peut durer d'une demi-heure à cinq ou six heures dans les cas normaux.

La troisième, qui se termine par l'expulsion du fœtus, dure un quart d'heure, une demi-heure et jusqu'à trois heures ; la durée de la parturition varie donc en général d'une à douze heures ; elle peut même se prolonger bien au delà sans cause morbide ; c'est surtout chez les femmes primipares et qui ont leur premier enfant à un âge déjà avancé, que l'on observe cette lenteur du travail. Le phénomène qui caractérise la troisième période, c'est la dilatation complète du col utérin ; c'est ordinairement alors que la poche des eaux se déchire : cependant la rupture a lieu quelquefois dès le commencement de la deuxième période. Une partie des eaux s'écoule, mais la partie présentée par le fœtus vient presque immédiatement s'appliquer à l'orifice utérin et ferme le passage au reste du liquide. Le fœtus commence bientôt à effectuer sa sortie; il descend au-dessous du détroit supérieur dans l'excavation pelvienne, franchit l'orifice utérin, dont souvent le bord se déchire sous l'effort d'extension qu'il subit, et pénètre dans le vagin, qui se dilate. Les douleurs *expultrices* deviennent plus violentes, *conquassantes* comme disent les accoucheurs; sous leur influence la femme se sent entraîner à pousser fortement, et ces efforts, qui pendant la deuxième période n'auraient fait qu'épuiser inutilement ses forces, contribuent alors beaucoup à hâter la sortie du fœtus.

La vulve et le périnée portés en avant forment une tumeur au milieu de laquelle on aperçoit entre les grandes lèvres la partie que présente le fœtus; enfin un dernier effort a lieu et la vulve est franchie par une portion du fœtus, le reste suit bientôt, et le calme succède aux douleurs.

Quatrième période. Quelques frissons, quelques mouvements spasmodiques interrompent de temps en temps le repos complet dont jouit l'accouchée; bientôt des douleurs légères se font sentir : c'est l'utérus qui, revenu sur lui-même, se contracte pour expulser le placenta. Un quart d'heure, une demi-heure après la sortie du fœtus, les membranes de l'œuf et le placenta sont chassés au dehors. Cette dernière scène porte le nom de *délivrance*.

L'accouchement est terminé; mais tout n'est pas fini pour l'accouchée, que des soins judicieux doivent entourer quelque temps encore. Nous en parlerons plus loin.

Phénomènes de l'accouchement relativement à l'enfant. Dans les quinze derniers jours de la grossesse l'enfant a généralement dans l'utérus la position qu'il aura au moment du travail; toutefois cette règle, si on peut l'appeler ainsi, admet de nombreuses exceptions. Quand le travail commence, et avant la dilatation, le toucher permet de reconnaître quelle est la partie que le fœtus présente à l'orifice, et quand une fois des douleurs franches ont fixé cette partie au détroit supérieur, on peut être à peu près certain que la présentation ne changera pas d'une manière défavorable.

Le tableau suivant, donné par Dugès dans le *Dictionnaire de médecine et de chirurgie pratique*, indique les présentations du fœtus suivant la division de cet auteur et leur fréquence relative d'après un grand nombre d'accouchements observés à la Maternité de Paris.

Le deuxième genre, présentation pelvienne, renferme les présentations par les pieds, par les genoux et par les fesses ; le quatrième et le cinquième comprennent les présentations du tronc.

GENRES.	ESPÈCES.		FRÉQUENCE.
1° Vertex 20,698	1re Occiput	en avant et à gauche. . .	15,809
	2e —	— et à droite . . .	4,659
	3e —	en arrière et à droite . . .	164
	4e —	— et à gauche. . .	66
2° Pelvis 804	1re Lombes	à gauche.	515
	2e —	à droite.	278
	3e —	en avant	3
	4e —	en arrière	8
3° Face. 103	1re Vertex	à gauche	58
	2e —	à droite.	45
4° Épaule droite . . 65	1re Dos en avant		41
	2e — en arrière.		24
5° Épaule gauche. . 53	1re — en avant		34
	2e — en arrière.		19
5 Genres.	14 Espèces.		21,723 Accouchements.

Une des conditions nécessaires à l'accouchement naturel est que le fœtus se présente par
l'une de ses deux extrémités, c'est-à-dire, soit
par le vertex, soit par le pelvis. Le genre et
l'étendue de notre travail ne nous permettent
pas de décrire ici dans toutes ses variétés le
mécanisme de l'accouchement relativement
au fœtus. Nous nous contenterons d'indiquer
en quelques mots celui de la présentation en première position du vertex, qui est, comme on
a vu, de beaucoup la plus fréquente.

Au commencement du travail, la tête se
présente au détroit supérieur, son plus grand
diamètre, l'occipito-bregmatique (de l'occiput au menton) correspond au diamètre oblique du détroit, l'occiput touchant la cavité
cotyloïde gauche et le front la symphyse
sacro-iliaque droite. Bientôt la tête se fléchit
sur le thorax, l'occiput s'abaisse et le front
remonte ; la tête descend ainsi dans l'excavation pelvienne, son plus grand diamètre correspondant toujours à celui de la cavité qui la
reçoit, en sorte que bientôt l'occiput se trouve
porté en avant dans l'arcade pubienne, tandis
que le front correspond à la concavité du sacrum. Dans un troisième temps, l'occiput franchit l'arcade pubienne et la vulve ; la tête se
redresse alors en décrivant un quart de cercle,
et le menton franchit la fourchette de la vulve ; dès que la tête est libre, elle reprend sa
position normale, et la ligne occipito-frontale
coupe à angle droit celle des deux épaules ;
l'occiput regarde l'aine gauche, le front regarde l'ischion droit. Les épaules traversent,
comme la tête, le détroit supérieur, l'excavation pelvienne et le détroit inférieur, en présentant toujours leur plus grand diamètre à
celui de ces différents passages. Le reste du
tronc et les jambes sortent rapidement et sont
comme lancés hors de la vulve, dès que les
épaules ont franchi cet orifice.

Nous donnerons ailleurs quelques détails sur
les autres positions et sur les moyens dont elles
peuvent nécessiter l'emploi, comme aussi sur
les phénomènes du travail relatifs au nombre
des enfants. *Voy.* DYSTOCIE, FORCEPS, JUMEAUX.

*Soins à donner à la femme pendant et
après l'accouchement.* Le médecin appelé auprès d'une femme atteinte des premières douleurs, s'assure autant que possible de la date de
la grossesse et se fait rendre compte des phénomènes qui ont précédé son arrivée. Il pratique
ensuite le toucher pour juger de la position du
fœtus et de l'état du col. Si les douleurs sont mal
caractérisées ou ne tiennent pas uniquement à
l'utérus, il cherche à les calmer par des moyens
appropriés ; un lavement avec addition de dix
douze gouttes de laudanum de Sydenham réussit fort bien dans ce cas. Si l'on reconnaît un
commencement de travail, on fait prendre à la
femme les habits qu'elle doit conserver jusqu'à
la fin de l'accouchement ; on s'assure que le
rectum et la vessie ont été évacués récemment, et dans le cas contraire on avise aux
moyens de les débarrasser. Le bain, la saignée
sont quelquefois jugés nécessaires pour combattre des indications morbides. La plupart du
temps, le médecin n'a que le repos à prescrire,
un peu d'eau légèrement sucrée pour apaiser
la soif et du bouillon pour soutenir les forces
quand le travail se prolonge.

On s'occupe en même temps de préparer le
lit de travail ; il doit se composer d'un lit de
sangle au milieu duquel on place en long une
allonge de table à manger, d'un matelas un
peu dur et de quelques oreillers pour soutenir
le buste ; on fait ce lit comme un lit ordinaire ;
la tête est appliquée au mur, les côtés et le
pied sont libres. On prépare également le berceau et les vêtements de l'enfant, de l'eau
chaude, deux cuvettes, du fil de Bretagne ciré,
une compresse, des ciseaux, de l'huile pour
le toucher et plusieurs serviettes. La température de la chambre où se tient la femme ne
doit pas dépasser douze à quatorze degrés de
chaleur ; seulement on doit, au moment où l'enfant va naître, tenir prêt un feu vif et bien clair
devant lequel on lui donnera les soins qu'il doi-
recevoir.

La femme ne doit se mettre sur le lit de travail que quand la dilatation du col est complète et la rupture des membranes imminente; l'accoucheur s'assied à sa droite, la main gauche portant sur l'abdomen pour juger des contractions, la droite passée sous la cuisse droite de la femme, sans la découvrir et soutenant le périnée quand le fœtus vient le distendre. Immédiatement après la rupture des membranes, on s'assure par le toucher de la position définitive du fœtus; enfin, quand la tête a franchi la vulve, l'accoucheur la soutient et dirige les épaules de manière à faciliter leur sortie, puis, plaçant l'enfant sur le côté entre les jambes de la mère, il coupe le cordon ombilical. Après avoir donné à l'enfant les soins qui le concernent, il s'occupe de la mère, s'assure que l'utérus revient sur lui-même, excite ses contractions, aide méthodiquement à la sortie du délivre, et s'assure par un examen attentif que l'œuf est sorti tout entier. La femme est ensuite couchée dans son lit ordinaire, une serviette pliée en triangle maintenue par un bandage de corps, comprimant l'hypogastre.

Soins à donner à l'enfant. Quant le cordon ombilical est coupé et lié, on s'assure que rien ne gêne la respiration de l'enfant en obstruant les voies aériennes; s'il ne crie pas, on excite les cris par deux ou trois tapes sur les fesses, puis on le fait laver à l'eau chaude, on enveloppe d'une compresse le cordon ombilical, et on emmaillotte l'enfant en prenant garde de ne pas le serrer. La tête doit être couverte d'une simple calotte et d'un béguin lâche et noué sous le menton. L'usage de l'eau froide pour laver l'enfant à sa naissance, bien que préconisé longtemps au nom de la philosophie, n'est qu'un préjugé barbare, qui n'a jamais été utile et peut être souvent funeste. Pendant les premières heures de la vie, l'enfant ne doit prendre qu'un peu d'eau sucrée; on le couche sur le côté pour que les mucosités nasales ne gênent pas sa respiration; on ne doit lui donner le sein que cinq ou six heures au plus tôt après sa naissance, l'eau sucrée peut même lui suffire vingt-quatre ou trente-six heures. *Voy.* ENFANCE.

J. Spachius. *Gynæciorum, sive de mulierum affectibus....* Argentinæ, 1597, in-f°. Ce recueil contient des traités attribués à des auteurs de l'antiquité, et des monographies de beaucoup d'auteurs d'une époque moins reculée.

Dans les temps modernes, un grand nombre d'auteurs ont écrit sur les accouchements. Nous citerons seulement parmi les Français : Peu, Mauriceau, Dionis, Puzos, Delamotte, Levret; et parmi les Allemands et les Anglais : Siebold, Smellie, Boër, Oslander, Naegele.

Les meilleurs ouvrages à consulter sont :

J. S. Baudelocque, *L'art des accouchements.* Paris 1807.

Gardien, *Traité d'accouchements....* Paris, 1825.

Madame Boivin, *Mémorial de l'art des accouchements.* Paris, 1817.

Madame Lachapelle et Dugès, *Pratique des accouchements.* Paris, 1821-1825.

Velpeau, *Traité élémentaire de l'art des accouchements.* Paris, 1829.

H. Chailly, *Traité pratique de l'art des accouchements.* Paris, 1842.

Dictionnaire de médecine et de chirurgie pratiques. Paris, 1829.

Dictionnaire de médecine. 2° édit. Paris, 1832.

A. LE PILEUR.

ACCOUPLEMENT. (*Histoire naturelle.*) Acte au moyen duquel deux êtres de sexe différent procèdent à la création ou plutôt au développement d'un troisième destiné à perpétuer l'espèce. On sent que des animaux privés de sexe, et peut-être il en existe, ou munis des deux sexes, au point que la participation mutuelle de deux individus ne soit pas nécessaire pour en former un troisième; on sent, disons-nous, que de tels animaux n'auraient pas besoin de s'accoupler pour se reproduire.

Le mode d'accouplement varie en raison de l'organisation des êtres à qui la nature en indique la nécessité par un attrait irrésistible. C'est au mot GÉNÉRATION qu'il sera question des divers modes du rapprochement reproducteur. Il suffit de remarquer ici que, dans les plantes, on appelle fécondation le moyen qu'emploie la nature pour rendre la femelle féconde par l'effet de la poussière des étamines, véritable véhicule mâle dont se saupoudrent les organes femelles.

Il est cependant quelques végétaux qui pratiquent en quelque sorte un accouplement véritable; la valisnérie, par exemple, semble s'animer au moment où les chaleurs printanières, pénétrant les eaux qu'elle habite, y portent ces feux de l'amour que ressentent à peu près toutes les créatures, même celles que les profondeurs de l'onde semblent vouloir dérober à l'influence du jour. Au moyen de longues vrilles qu'elle déroule, la valisnérie mâle, flottant à la surface des étangs et des canaux, va chercher la valisnérie femelle qui rampait obscurément sur l'humide limon; quand les vrilles, qui font ici l'office des bras, l'ont saisie, elles se roulent de nouveau sur elles-mêmes pour ramener au jour les femelles avec lesquelles on voit les mâles s'entrelacer pour répandre sur les pistils un pollen générateur.

Nous avons observé et fait connaître, plus exactement qu'on ne l'avait fait jusqu'ici, une famille entière d'êtres mixtes, regardés trop légèrement comme les derniers des végétaux, et chez lesquels s'observe un mode d'accouplement plus animal encore, s'il est permis de s'exprimer ainsi, que celui que nous venons de décrire. (*Voyez* GÉNÉRATION)

BORY DE ST.-VINCENT.

ACCOUPLEMENT. (*Architecture.*) Se dit de deux colonnes ou pilastres qui supportent un même entablement, et sont à moindre distance que l'entre-colonnement prescrit par les règles de l'architecture. DEBRET.

ACCRÉDITER. Lorsqu'une puissance envoie des agents diplomatiques auprès d'une autre cour, elle leur donne des lettres de créance, destinées à faire reconnaître leur caractère officiel. Cette formalité indispensable s'exprime par le mot *accréditer*. Le même terme est employé par le négociant qui offre son crédit à un individu, à une maison de commerce, à une entreprise quelconque, pour des sommes déterminées ou indéterminées.

ACCROISSEMENT. (*Histoire naturelle.*) Série successive des phénomènes par lesquels passent les corps, soit bruts, soit organisés, pour augmenter en masse et en étendue, et pour parvenir au degré de développement qui leur est spécifiquement assigné. On sent que de tels phénomènes doivent présenter des différences très-notables, suivant qu'on les observe dans des êtres dont l'organisation n'est pas la même.

Chez les êtres organisés, l'accroissement est renfermé dans des limites qu'il ne lui est pas donné d'outre-passer et qui varient selon la durée de l'existence de chaque être, ou selon le rôle qu'il doit remplir au milieu de l'univers dont il fait partie.

Chez les êtres inorganisés, au contraire, l'accroissement est indéterminé; la durée n'y a point de bornes fixes; il est abandonné aux chances du hasard, ainsi qu'à l'action des agents chimiques et physiques.

Dans les premiers, l'accroissement est un résultat de la vie; dans les seconds, il n'est que l'effet de la juxtaposition.

BORY DE ST.-VINCENT.

ACCROISSEMENT (Droit d'). (*Législation.*) C'est le droit en vertu duquel un héritier ou un légataire acquiert la portion de son cohéritier ou colégataire renonçant ou incapable.

ACCRUS. (*Agriculture.*) Ce sont des rejetons produits par les racines des arbres. La prescription de trente ans s'étend aux accrus, et reconnaît comme acquis au propriétaire d'un arbre, le terrain sur lequel des accrus de cet arbre ont rejeté pendant cet espace de temps.

ACCUSATION. (*Législation.*) Accuser un criminel, c'est-à-dire le dénoncer à la justice et poursuivre devant les tribunaux le châtiment de sa coupable action, était chez les peuples de l'antiquité le droit de tout citoyen. Dans sa république idéale, Platon voulait qu'on punît ceux qui, connaissant un coupable, ne le livraient point aux magistrats. Il nous est resté dans le procès intenté par Eschine à Ctésiphon un exemple célèbre de l'exercice du droit d'accusation à Athènes et en même temps de la sévérité des lois athéniennes à l'égard du dénonciateur qui n'avait pu réunir contre l'accusé les quatre cinquièmes des suffrages : Eschine, vaincu par Démosthène, fut frappé d'une amende de 5,000 drachmes. Aussi, les mêmes lois donnaient-elles à l'accusateur qui triomphait le tiers des biens confisqués sur le coupable. Ce caractère public du droit d'accusation n'était point particulier aux républiques de la Grèce; il était le même dans les États si diversement organisés des Égyptiens, des Juifs et des Perses.

A Rome, le droit d'accusation appartenait aussi à tout citoyen. On le refusait seulement aux femmes, aux impubères, aux soldats, à quelques officiers remplissant des fonctions judiciaires, aux gens notés d'infamie ou condamnés pour faux témoignage et à ceux qui s'étaient laissé corrompre pour intenter une accusation ou s'en désister; enfin il n'était pas permis aux affranchis d'accuser leurs patrons, et ceux qui avaient moins de 50 *aurei* de fortune ne pouvaient accuser personne. Ces prohibitions cessaient cependant lorsque celui qui se portait accusateur avait un intérêt personnel à le faire; par exemple, lorsqu'il poursuivait en justice le meurtrier d'un de ses parents. On comprendrait difficilement que les Romains eussent été obligés d'apporter tant d'entraves à ce droit d'accuser, qui de sa nature ne semble pas de ceux dont on est disposé à faire abus, si l'on ne savait que lorsque l'accusateur gagnait son procès, il acquérait en même temps une partie des biens de celui qu'il avait accusé. L'accusation était devenue sous les empereurs un métier dont Tacite fait une peinture effrayante, mais qui assurait à ceux qui ne craignaient pas l'infamie des richesses et la faveur du prince.

Vers la fin de la république romaine, un certain nombre de lois avaient été rendues qui déféraient à des tribunaux permanents, présidés par quatre préteurs (*prætores perpetuarum quæstionum*), les personnes accusées de crimes contre l'État, d'adultère, de meurtre, d'empoisonnement, d'altération de testament, de violence à main armée, de péculat, d'attentat à la liberté d'un citoyen, de brigues dans les élections, de concussions; la connaissance des autres crimes demeura soumise au jugement du peuple lui-même. La publicité des débats, la liberté sous caution et la garantie de tous mauvais traitements assurées à l'accusé, le droit des juges de prononcer, comme nos jurés, en ne suivant d'autre règle que l'inspiration de leur conscience, étaient autant de principes essentiels de la procédure criminelle des Romains sous la république et les premiers empereurs. Pour être reçue, il fallait que l'accusation fût faite dans les formes suivantes. L'accusateur se rendait devant le préteur, et demandait la permission de lui remettre le nom (*nomen deferre*) de celui qu'il voulait accuser. Le magistrat fixait le jour où il consentait à recevoir cette *délation* et, le jour venu, la recevait en présence de l'accusé. L'accusateur prêtait serment de sa foi à la justice de sa cause, en déclarant se soumettre à la rigueur du talion s'il ne parvenait à faire prononcer contre son adversaire la peine qu'il demandait; puis il remettait le *libelle* d'accusation entre les mains du préteur. La formule de ce libelle nous a été conservée dans un passage du Digeste tiré des écrits du jurisconsulte Paul, qui vivait sous Alexandre Sévère (1).

L'accusateur donnait ensuite caution de suivre le procès jusqu'à la fin, et le préteur fixait le jour des débats à un terme plus ou moins éloigné, suivant que l'avait ordonné la loi sur laquelle se fondait le demandeur : c'était quelquefois le dixième jour; d'autres fois le délai était beaucoup plus long. Au jour fixé, l'accusateur plaidait sa cause, présentait ses titres et faisait entendre ses témoins. Quelquefois il prononçait son discours tout entier, et passait ensuite à la production des témoins et des documents dont il voulait l'appuyer; quelquefois, au contraire, il scindait sa plaidoirie, et après chaque chef de l'accusation montrait les preuves qui s'y rattachaient; puis il résumait toute la cause dans un dernier discours; c'est ainsi que Cicéron procéda contre Verrès. Quelquefois, enfin, la loi elle-même avait tracé à l'accusateur la marche que sa plaidoirie devait suivre; ainsi, l'accusateur de Milon avait été obligé de faire entendre ses témoins avant de prendre lui-même la parole. L'exposé de l'accusation ne pouvait se prolonger au delà du délai fixé par la loi, mais ordinairement assez long; il paraît que c'était environ vingt jours : ce qu'il faut avoir soin d'entendre en réfléchissant que les jours néfastes et plusieurs autres causes empêchaient souvent les tribunaux romains de siéger.

Voilà un aperçu de la manière dont l'accusation était conduite devant les tribunaux criminels de Rome. Ces formalités différaient beaucoup lorsque c'était devant le peuple lui-même que l'accusation était portée. Citer quelqu'un devant le peuple était un droit réservé aux magistrats, et dont pouvaient user même les simples questeurs et les édiles. Puis, ces accusations plus solennelles pouvaient être intentées contre des magistrats de la république et les enlever à leurs fonctions, tandis qu'une accusation ordinaire n'était jamais reçue contre un officier de la république pendant l'exercice de sa charge. Le consul ou le tribun qui voulait porter une accusation montait à la tribune aux harangues, et après avoir fait assembler le peuple par les hérauts, il annonçait que tel jour, telle personne eût à

se présenter pour répondre de tel crime. L'accusé était obligé de donner immédiatement caution d'obéir à la citation, sinon il était emprisonné. Au jour marqué, le magistrat accusateur développait sa proposition devant une nouvelle assemblée du peuple, et concluait en prononçant la peine qu'il estimait devoir être prononcée. Sa conclusion restait affichée dans le forum pendant trois jours de marché consécutifs, et le troisième jour de marché, le magistrat accusateur reprenait sa plaidoirie; c'était seulement alors qu'il permettait à l'accusé de parler pour sa défense. L'accusé ou son patron, c'est-à-dire son avocat, montait à la tribune à son tour, plaidait sa cause, et faisait venir ses témoins. Le peuple prononçait la condamnation ou l'acquittement en la forme usitée pour l'admission ou le rejet des projets de loi.

Ces jugements populaires, dont l'origine était vraisemblablement fort ancienne, cessèrent sous les premiers empereurs. Quant aux *Quæstiones perpetuæ*, elles ne furent abolies que sous Caracalla, qui fit passer la juridiction criminelle entre les mains du préfet de la ville. Grâce aux successeurs d'Auguste, le rôle d'accusateur étant devenu un métier infâme, il fallut sous les Antonins que l'empereur ou le sénat désignassent d'office et pour chaque procès, une personne chargée de ce ministère. Telle fut l'origine du principe adopté par le droit canonique, puis par nos législations modernes, et d'après lequel nous considérons le droit d'accuser comme une magistrature publique.

Chez les barbares de la Germanie, le droit d'accusation avait un caractère particulier, moins noble, il faut l'avouer, qu'il n'était chez les anciens. La condamnation du coupable consistait en une amende, une *composition* payée à la victime ou à ses parents; de là ce principe que les parents de l'offensé pouvaient seuls, à défaut de l'offensé lui-même, se porter accusateurs, parce qu'ils avaient seuls droit au bénéfice du procès. Quant à la forme que l'accusation devait avoir sous l'empire des coutumes germaniques apportées et naturalisées dans la Gaule par les Francs, les *formules* mérovingiennes qui nous ont été conservées montrent que le plaignant était tenu de demander à la chancellerie royale une permission d'assigner la personne qu'il voulait accuser; cette permission, appelée *indiculus* ou *signaculum*, commençait par l'exposé de la plainte et fixait un jour à l'accusé pour se présenter au *plaid*, c'est-à-dire au tribunal. Là, les adversaires plaidaient leur cause, et en certains cas il fallait que l'accusateur subît le jugement de Dieu, qu'il soutînt ses allégations par les épreuves de l'eau, du feu, ou du duel.

Malgré de notables modifications dont il est

(1) *Voy.* ff., 3, pr. *De accus.*, XLVIII, 2.

très-difficile de suivre la trace dans ces temps obscurs, on aperçoit ces usages se perpétuant à travers le moyen âge ; et dans le dur et simple langage des jurisconsultes du treizième siècle on les voit s'animer d'un air d'énergie qui n'est pas sans quelque beauté. Voici comment parle à ce sujet l'auteur des Assises de Jérusalem : « Qui veut faire appeler quelqu'un de meurtre, doit faire apporter le corps du meurtri devant l'hôtel du seigneur, ou au lieu qu'il est établi qu'on porte les meurtres. Après, doit venir devant le seigneur et demander conseiller. Quant il aura un conseiller, que son conseiller dise : « Sire, mandez faire voir ce corps qui là bas gît, qui a a été meurtri. » Et le seigneur y doit alors envoyer trois hommes, l'un pour tenir sa place, les deux autres comme cour de justice, et ces trois hommes doivent aller voir ce corps et puis revenir devant le seigneur et lui dire en présence de la cour : « Sire, nous avons veu ce corps que vous mandâtes voir et avons vu les coups que il a. » Et doivent dire quants coups il a et en quel lieu il les a, et de quelle chose il leur semble que ils aient été faits. Maintenant après ce, celui qui veut faire l'appel doit dire par son conseiller au seigneur : « Sire, tel se clame à vous de tel qui a tel meurtri ; faites le venir en votre présence, ainsi ouïrez comme il portera son clam contre lui. » Et l'avocat doit nommer tous les trois par leur nom et leur surnom s'il le sait. Et maintenant le seigneur doit faire quérir celui à qui on met sus le meurtre et mettre le en sa prison ; et maintenant que il l'aura en son pouvoir doit le faire savoir au clamant. Et il me semble que si le seigneur veut bien faire, il doit mander à celui qui est arrêté trois de ses hommes dont l'un lui doit dire : « L'on te met tel meurtre sus ; comment et pourquoi le fis tu ? et qui fut avec toi à faire le. » Et si il le reconnoît, le seigneur doit faire celui pendre comme meurtrier. Et si il nie le meurtre, il le doit faire garder an et jour en sa prison ; et si celui qui se clama de lui du meurtre, ou autre qui appeler l'en puisse par raison, ne l'appelle, le seigneur le doit faire laisser aller et il est quitte de tel meurtre, si que il n'est plus tenu de répondre à nul qui l'en appelât.» Philippe de Beaumanoir, qui écrivait en 1283, s'exprime tout à fait de la même manière dans ses Coutumes du Beauvoisis (1).

Plus d'un siècle après, les formalités de l'accusation étaient encore les mêmes dans nos tribunaux. Boutciller (*Somme rur.*, liv. I, tit. 34) indique la même procédure à suivre qu'indiquaient les Assises et Beaumanoir ; seulement, au lieu du langage bref et précis dont on vient de lire un exemple, il emploie le style redondant et diffus des praticiens de son temps.

C'est ainsi que l'accusation était déférée devant un tribunal laïque. Mais devant les tribunaux ecclésiastiques, on avait toujours été soumis à la procédure écrite. « En cour de chrétienté, dit Beaumanoir (*ibid.*, § 16), on baille à la partie sa demande en écrit dès que la demande est de quarante sous ou de plus. Et aussi baille-t-on les errements du plaid ou copie du dit aux témoins. Mais de tout ce, ne fait-on rien en cour laie, selon notre coutume, car on n'y plaide pas par écrit ; mais il faut faire sa demande ou requête sans écrit et redire de mémoire toutes les fois qu'on se représente devant la cour, si la partie le requiert, jusqu'à tant que les paroles soient couchées en jugement. Et il faut que les hommes par qui le jugement doit être fait retiennent en leurs cœurs ce sur quoi ils doivent juger. »

La procédure par écrit fut étendue des tribunaux ecclésiastiques à tous les tribunaux de France par une ordonnance de l'an 1539. Les anciennes formes avaient plus d'un inconvénient ; mais la procédure écrite était secrète, et l'on sait combien les publicistes modernes se sont élevés avec force contre l'exercice occulte de la justice. Cependant un savant jurisconsulte de la fin du seizième siècle, Charondas le Caron ; s'applaudit de cette réforme « tant à fin que les procès criminels soient plus mûrement et prudemment instruits qu'afin que le criminel ne s'étonnât de l'accusation contre lui faite, mais pût répondre plus librement et s'excuser et justifier. » C'est une question que nous retrouverons au mot Procédure.

Il nous reste à dire quelques mots de ce qu'a été l'accusation dans les derniers temps de notre ancienne jurisprudence.

L'accusation était portée ou par la partie lésée, et alors elle portait plus spécialement le nom de *plainte*, ou par le ministère public ; quelquefois le juge poursuivait d'office les coupables. Entre l'action poursuivie par le ministère public et celle qu'intentait un particulier était cette différence capitale que le ministère public seul demandait l'application de la peine. Cette ancienne définition n'était plus vraie depuis longtemps, quoiqu'on la trouve reproduite dans les lexiques de droit jusqu'à la fin du dernier siècle, que « l'accusation est l'imputation qu'on fait à quelqu'un d'un crime pour en poursuivre contre lui *la vengeance.* » La partie civile pouvait seulement conclure à des dommages-intérêts, avec cette clause : « Sauf à M. le procureur du roi (ou devant une justice seigneuriale : à M. le procureur fiscal) à prendre pour la vengeance publique telles conclusions qu'il avisera bon être. »

(1) *Voy.* Coutumes de Beauvoisis, chap. VI, § 12. — *Voy.* encore Guill. Duranti, *Speculum juris*, part. III, § 1.

C'est une distinction consacrée depuis par le premier article de notre code d'instruction criminelle.

Certaines personnes ne pouvaient se porter accusatrices de certaines autres : la femme ne pouvait accuser son mari, ni le mari sa femme. Le ministère public lui-même n'avait pas le droit de poursuivre d'office le vol commis par le fils au préjudice de son père, ni la femme adultère contre laquelle il n'y avait pas plainte du mari. A l'inverse, la loi punissait dans quelques cas particuliers la négligence à accuser les coupables qu'on connaissait comme tels. Ainsi elle punissait la veuve, le fils, le frère qui ne se portaient point accusateurs du meurtrier de leur époux, de leur père ou de leur frère ; l'héritier qui, instruit du meurtre de celui dont il devait hériter, gardait le silence était repoussé de la succession comme indigne. La plupart de ces dispositions ont été conservées par nos codes.

Dans notre législation actuelle, l'accusation est l'*action publique* intentée et suivie pour l'application de la peine contre un ou plusieurs individus par le procureur général du roi, sur laquelle un arrêt de la cour royale a ordonné leur mise en accusation et leur traduction devant la cour d'assises, après qu'il a été reconnu, 1° qu'ils n'ont pas détruit les charges portées contre eux ; 2° que le fait qui leur est imputé est de nature à entraîner l'une des peines portées par nos lois, depuis la plus grave jusqu'à l'une des peines infamantes inclusivement.

C'est s'exprimer improprement que de donner aujourd'hui le nom d'*accusation* soit aux dénonciations et aux plaintes, soit aux premières poursuites qui ne sont que des actes de la police judiciaire. On est et l'on reste simplement *inculpé* lorsque les dénonciations, les plaintes, les informations ne fournissent ni indices, ni présomptions ; on n'est encore que *prévenu* lorsqu'après les mandats d'amener, de dépôt et d'arrêt, et les premiers interrogatoires, la cour royale n'a encore reçu aucun réquisitoire, ni rien prononcé. Enfin le prévenu ne devient *accusé* que lorsque, sur le réquisitoire du procureur général, la cour royale a ordonné sa mise en accusation et sa traduction devant la cour d'assises.

Avant l'arrêt de mise en accusation, les magistrats chargés de la première instruction examinent dans la chambre du conseil, au nombre de trois juges au moins, si le fait est de nature à être puni de peines afflictives ou infamantes, et si la prévention contre la personne poursuivie est suffisamment établie. Lorsque les juges ou l'un d'eux sont de cet avis, ils décernent une ordonnance de prise de corps. Le procès est ensuite envoyé au procureur général près la cour royale, et, s'il y a lieu, celui-ci requiert la mise en accusation du prévenu.

Pendant ce temps, la partie civile et le prévenu peuvent fournir tels mémoires qu'ils estiment convenables. Le prévenu peut soutenir que le fait qui lui est imputé n'est défendu par aucune loi, ou qu'antérieurement il a été condamné ou amnistié pour le même fait (1), ou que la cour royale ayant antérieurement décidé qu'il n'y avait pas lieu à l'en accuser, il n'est survenu aucune nouvelle charge contre lui. Il peut soutenir que le crime a été effacé par le pardon du chef de l'État (2), ou qu'il en a été acquitté, ou que le crime est prescrit (3). Il peut soutenir, sur le fond, de l'accusation, qu'il n'existe aucune charge contre lui ; il peut enfin donner telles explications et fournir telles pièces qu'il croira utiles pour sa justification. Toutes ces exceptions, tous ces moyens, il pourra les reproduire à toutes les phases du procès.

Aussitôt que la première instruction est transmise au procureur général, il en fait son rapport à la cour royale.

La cour peut ordonner une instruction plus ample et se faire apporter les pièces servant à conviction jusque-là restées au greffe du tribunal de première instance.

Enfin, lorsque l'instruction est complète, la cour passe à l'examen du procès en la chambre du conseil. Le greffier fait lecture de toutes les pièces en présence du procureur général ; elles sont laissées sur le bureau, ainsi que les mémoires des parties. Le procureur général dépose son réquisitoire écrit et signé, et se retire ainsi que le greffier.

Si la cour n'aperçoit aucune trace d'un délit prévu par la loi, ou si elle ne trouve pas d'indices suffisants de culpabilité, elle ordonne la mise en liberté du prévenu ; ce qui est exécuté sur-le-champ, s'il n'est retenu pour une autre cause.

Dans ce cas, il ne peut plus être recherché à raison du même fait, à moins qu'il ne survienne de nouvelles charges. Ces nouvelles charges sont des déclarations de témoins, des pièces et procès-verbaux, qui n'ayant pu être soumis à l'examen de la cour royale, sont cependant de nature soit à fortifier les preuves que la cour aurait trouvées trop faibles, soit à donner aux faits de nouveaux développements utiles à la manifestation de la vérité.

En ce cas, on procède de nouveau contre le prévenu, et l'on remet en question s'il y a lieu de prononcer l'accusation.

Si le fait est qualifié crime par la loi, et que la cour trouve des charges suffisantes pour

---

(1) *Voy.* AMNISTIE.
(2) *Voy.* GRACE.
(3) *Voy.* PRESCRIPTION.

motiver la mise en accusation, elle ordonnera le renvoi du prévenu à la cour d'assises ; et si le crime est mal qualifié dans l'ordonnance de prise de corps, elle l'annulera et en décernera une nouvelle.

Un ou plusieurs prévenus peuvent être accusés d'être auteurs ou complices du même crime, ainsi que de plusieurs crimes et délits connexes. Les délits sont connexes, soit lorsqu'ils ont été commis en même temps par plusieurs personnes réunies, soit lorsqu'ils ont été commis par différentes personnes, même en différents temps et en divers lieux, mais par suite d'un concert formé à l'avance entre elles, soit lorsque les coupables ont commis les uns pour se procurer les moyens de commettre les autres, pour en faciliter, pour en consommer l'exécution, ou pour en assurer l'impunité.

L'arrêt de mise en accusation doit être signé par chacun des juges au nombre de cinq au moins. Il y est fait mention, à peine de nullité, tant de la réquisition du ministère public que du nom de chacun des juges : l'ordonnance de prise de corps y est insérée.

Aussitôt le procureur général rédige un acte d'accusation, où il expose, 1° la nature du crime qui forme la base de l'accusation ; 2° le fait et les circonstances qui peuvent aggraver ou diminuer la peine. Le prévenu y est dénommé et clairement désigné. Il est terminé par le résumé suivant : *En conséquence, N... est accusé d'avoir commis tel meurtre, tel vol, ou tel autre crime, avec telle ou telle circonstance.*

Jusqu'ici nous n'avons qu'une procédure secrète, une instruction lue et écoutée sans solennité, sans confrontation, sans débats, en l'absence du prévenu et des témoins, où la loi ne veut et ne doit rien voir que d'imparfait, et dont il ne peut sortir, même dans les cas les plus graves, que des indices suffisants, mais jamais des preuves de culpabilité. Un procureur général commettrait donc une faute très-grave envers l'accusé, qu'il doit présumer innocent et qui peut-être sera acquitté, s'il avançait dans son acte d'accusation que d'une procédure aussi informe il résulte que tels ou tels faits sont *prouvés.*

Nous ne dissimulerons cependant pas que c'est là une opinion controversée. On peut alléguer en effet que par la décision de la chambre du conseil, quoiqu'elle soit fondée sur de simples indices, le prévenu devient *accusé,* qu'il n'est plus présumé innocent, que l'acte d'accusation est le manifeste produit par le ministère public pour démontrer la force des preuves et le fondement des poursuites, que cette démonstration ne peut résulter que de l'interprétation des faits et par conséquent de l'expression d'une opinion sur la culpabilité de l'accusé (1). A l'inverse, une cour royale ne peut décider en la chambre du conseil qu'un prévenu doit être mis en liberté parce que le crime n'est pas *suffisamment établi.* Au jury seul appartient de déclarer que le crime est ou n'est pas prouvé, en d'autres termes : que l'inculpé est ou n'est pas coupable ; c'est seulement faute de *présomptions* suffisantes de culpabilité que la chambre des mises en accusation peut renvoyer libre un prévenu (2).

L'instruction, qui fut secrète jusqu'à l'arrêt de mise en accusation, sera désormais manifestée par l'acte d'accusation et les débats qui le suivront, mais à l'égard des accusés seulement, et dans le seul intérêt de l'accusation. Quant aux personnes qui n'ont été qu'inculpées, et contre qui aucun mandat d'amener ou d'arrêt n'a été délivré ; quant à celles contre qui il a été déclaré qu'il n'y avait pas lieu à accusation, s'il n'est pas survenu de nouvelles charges, la justice est satisfaite ; le procès leur est devenu étranger. Pour eux il doit rester secret, parce que pour eux il est considéré comme non avenu. Un procureur général commettrait donc une faute non moins grave s'il les impliquait dans son acte d'accusation, qui est fait pour être lu et discuté lors d'un débat public où ils ne seraient pas admis à se justifier. Mais pourrait-on se pourvoir en cassation contre cet acte d'accusation ? — Non ; car un pourvoi ne peut être dirigé contre un simple acte de procédure, il n'est jamais admissible qu'autant qu'il est formé contre une décision. Et il est bien douteux qu'on pût faire admettre un pourvoi contre l'arrêt, sous prétexte que l'un des actes d'instruction qui le précèdent serait entaché de nullité. Mais il reste un moyen de réparation à la personne ainsi attaquée : la plainte en diffamation ou en calomnie (3).

L'arrêt et l'acte d'accusation doivent être signifiés à l'accusé ; il lui en est laissé copie (4).

(1) Tel est l'avis soutenu par M. l'avocat général Ch. Nouguier dans un article de l'*Encyclopédie du droit*, pub par MM. Sebire et Carteret (t. I, p. 132, v° *Accusation*).

(2) Voy. dans ce sens, un arrêt de cassation du 27 février 1812 et un autre du 2 août 1821.

(3) Nouguier, *ibid.*

(4) Voici un modèle d'acte d'accusation dressé d'après l'usage de la cour royale de Paris :

ACTE D'ACCUSATION *contre N.*

Le procureur général près la cour royale de Paris expose que par arrêt du.... la cour a ordonné la mise en accusation et le renvoi devant la cour d'assises du département de la Seine, de N. (nom, prénoms, âge et profession), né à...... demeurant à (dernière résidence) ;

Déclare le procureur général que des pièces du procès résultent les faits suivants : (Exposition des faits et de toutes les circonstances qui peuvent aggraver ou diminuer la peine, ainsi que de la nature du délit qui forme la base de l'accusation).

En conséquence. N..... est accusé d'avoir commis tel meurtre, tel vol, ou tel autre crime, avec telle

L'accusé est de suite transféré de la maison d'arrêt du tribunal d'arrondissement dans la maison de justice de la cour d'assises du département. Le procureur général en donne avis au maire du lieu où l'accusé avait son domicile, s'il est connu, ainsi qu'au maire du lieu où le crime a été commis. Le procès et les pièces de conviction sont de même transmis sans délai au greffe de cette cour.

Dans les 24 heures, l'accusé est interrogé par le président ou par le juge qu'il a délégué. Il est interpellé de déclarer le choix qu'il a fait d'un conseil pour l'aider dans sa défense, sinon le juge lui en désigne un sur-le-champ, à peine de nullité. Ce conseil ne peut être pris que parmi les avocats ou avoués de la cour royale ou de son ressort. Ceux-ci peuvent néanmoins obtenir du garde des sceaux la permission de plaider hors du ressort de la cour royale ou du département où ils sont inscrits. L'accusé peut aussi obtenir du président la permission de prendre pour conseil un de ses parents ou amis : à Paris, l'ordre des avocats a pourvu par des mesures non moins généreuses qu'efficaces à ce qu'un accusé ne reste jamais sans défenseur.

L'accusé doit de plus être averti qu'il peut demander la nullité de l'arrêt de mise en accusation dans les cinq jours suivants, et qu'après l'expiration de ce délai, il n'y serait plus recevable. Si l'avis n'a pas été donné et constaté, l'accusé conserve le droit de former cette demande même après l'arrêt définitif. Le procureur général a le même droit, dans le même délai, à compter de l'interrogatoire et sous la même peine de déchéance.

En déclarant l'un ou l'autre leur intention d'attaquer cet arrêt, ils doivent énoncer l'objet de leur demande, qui ne peut être formée que dans les cas suivants : 1° pour tout moyen d'incompétence, et notamment si le fait n'est pas qualifié crime par la loi; 2° si l'officier public n'a pas été entendu; 3° si l'arrêt n'a pas été rendu par le nombre de juges fixé par la loi. La cour de cassation est tenue de prononcer sur cette demande, toutes affaires cessantes.

Le conseil donné ou choisi peut communiquer avec l'accusé et prendre connaissance des pièces du procès sans déplacement et sans retarder l'instruction; il peut encore faire prendre, aux frais de l'accusé, copie de telles pièces qu'il croira utiles à sa défense. Il n'est délivré gratuitement à tous les accusés qu'une seule copie des procès-verbaux constatant

ou telle circonstance; crime prévu par l'article ou par les articles (citer le numéro des articles)...... du Code pénal. Fait au parquet de la cour royale de Paris, le......(la date en toutes lettres par jour, mois et an).

Signature du procureur général ou de l'officier du parquet qui le remplace.

le crime, et des déclarations des témoins.

On peut joindre et soumettre aux mêmes débats plusieurs actes d'accusation dressés contre différents accusés à raison du même crime; et lorsque l'acte d'accusation contient plusieurs crimes non connexes, on peut aussi ordonner que les accusés ne seront mis en jugement que sur l'un ou quelques-uns de ces crimes.

L'accusé a reçu copie de la liste des témoins que le procureur général veut faire entendre contre lui : il a de même fait délivrer au procureur général copie de la liste des témoins qu'il veut produire pour appuyer sa défense. Enfin on lui a notifié la liste des jurés.

En cet état, l'accusé comparaît, libre et sans fers, devant la cour d'assises, d'abord pour concourir à la formation du tableau des douze jurés qui le jugeront, et pour être procédé de suite avec lui à l'examen et au jugement des différents chefs d'accusation.

C'est ici, à proprement parler, que commence l'accusation; les actes antérieurs n'en sont que les préliminaires, le libelle et les motifs. Ces actes ont lieu dans les cas ordinaires. Mais observons que l'article 28 de la charte de 1830 attribue à la chambre des pairs la connaissance des crimes de haute trahison et des attentats à la sûreté de l'État. Le procureur général ne pourrait laisser subsister ni poursuites ni mandats, hors le cas de flagrant délit en matière criminelle, contre un membre de la chambre des députés pendant le cours de la session. (Art. 44 de la charte.) Il n'appartient qu'à la chambre des députés d'accuser les ministres et de les traduire devant la chambre des pairs, qui seule a le droit de les juger (art. 47). D'après la charte de 1814, ils ne pouvaient être accusés que pour fait de trahison ou de concussion; ces mots ont été rayés de la charte de 1830, et les ministres, aujourd'hui, peuvent être accusés toutes les fois qu'ils commettent des actes capables de compromettre le salut du pays ou l'intégrité de la constitution. Des lois particulières doivent, depuis 1814, poser les bases de la responsabilité ministérielle; mais ces lois n'ont jamais été faites. Cinq projets ont été inutilement présentés aux chambres sur la matière. On aurait, du reste, s'il en était besoin, une série suffisante de précédents dans ces projets eux-mêmes et dans le mémorable procès des ministres de Charles X.

Si un crime était imputé à un tribunal entier, correctionnel, de commerce ou de première instance, ou individuellement à un ou plusieurs membres des cours royales, conseillers, avocats généraux, substituts, pour avoir été commis par eux *dans l'exercice de leurs fonctions*, la connaissance de ce crime étant réservée à la cour de cassation, le procureur général et la cour royale seraient tenus de s'abstenir. Un tel crime doit être dénoncé ou au garde des sceaux, ministre de la justice, qui transmet, s'il y a lieu, la dénonciation au procureur général près la cour de cassation, ou dénoncé directement à la cour de cassation, mais seulement lorsque les personnes lésées demanderont à prendre le tribunal ou le juge à partie : cette dénonciation peut aussi être faite incidemment à une affaire pendante à la cour de cassation.

Le premier président de cette cour en désigne un des membres pour l'audition des témoins, et tous les autres actes d'instruction étant terminés, le président décerne, s'il y a lieu, le mandat de dépôt; puis le procureur général dénonce le prévenu à l'une des sections de la cour, qui délibère sur la mise en accusation en séance non publique. La mise en accusation est prononcée à la majorité des voix, et l'accusé est transféré dans la maison de justice de la cour d'assises, qui est désignée par la cour de cassation. Cette instruction est commune aux complices, lors même qu'ils n'exerceraient point de fonctions judiciaires; elle ne peut être attaquée quant à la forme.

Si un crime de même nature est imputé à un juge de paix, à un juge faisant partie d'un tribunal de commerce, à un officier de police judiciaire, à un membre de tribunal correctionnel ou de première instance, ou à un officier du ministère public près l'un de ces tribunaux, les fonctions ordinairement dévolues au juge d'instruction et au procureur du roi, sont immédiatement remplies par le premier président et le procureur général près la cour royale, ou par tels autres officiers qu'ils ont spécialement désignés; pour le surplus de la procédure, on suit les dispositions générales. Il en est de même lorsque l'un d'eux est dénoncé pour avoir commis un crime *hors de ses fonctions*.

Enfin, si c'est un membre de la cour royale, ou un officier exerçant près d'elle le ministère public qui est dénoncé pour avoir commis un crime *hors de ses fonctions*, l'officier qui a reçu les dénonciations et les plaintes est tenu d'en envoyer de suite copie au garde des sceaux, ministre de la justice, avec une copie des autres pièces. Le garde des sceaux les transmet à la cour de cassation, qui renvoie l'affaire, s'il y a lieu, à un juge d'instruction pris hors du ressort de la cour à laquelle appartient le membre inculpé. Et s'il s'agit de prononcer la mise en accusation, le renvoi est fait à une autre cour royale.

Nous aurons plusieurs fois dans la suite de cet ouvrage, notamment aux mots DÉNONCIATION, MINISTÈRE PUBLIC, JURY, l'occasion de compléter ces notions sur l'accusation.

H. BORDIER.

ACÉPHALE (*Histoire naturelle*); c'est-à-dire qui *n'a pas de tête*. Et qui croirait que des êtres organisés vivants pussent se passer de tête pour exister? Cependant il en est une multitude, et la moitié des animaux sont peut-être privés d'une partie sans laquelle le vulgaire ne conçoit pas qu'on puisse agir. Nous disons la moitié, parce que, outre les nombreuses tribus d'acéphales avérés que Linné confondait dans son immense classe des vers, et que les naturalistes en ont aujourd'hui distinguées, ces myriades d'animalcules dont le microscope démontre l'existence se meuvent, se recherchent, se fuient, jugent et exercent d'autres facultés, encore qu'ils n'aient pas de tête. Il en est qui n'ont pas même de partie antérieure déterminée, comme on le verra quand il sera question des genres *protée* et *volvoce*.

M. de Lamarck employa, dans la première édition de son précieux ouvrage intitulé : *Histoire des animaux sans vertèbres,* le nom d'acéphales pour caractériser un ordre de mollusques dans lesquels on ne reconnaît pas de tête distincte. Cet ordre était loin de renfermer tous les êtres auxquels son nom eût pu convenir; il a donc été aujourd'hui appelé des *conchifères*, et renferme la plupart des coquilles à deux valves : en effet, qui n'a pas remarqué que la moule et l'huître n'offrent rien qui rappelle l'idée d'une tête, tandis que les univalves, dont les limaçons nous présentent un exemple vulgaire, en sont généralement munis? Aussi notre savant ami le baron de Férussac les appelle-t-il, par opposition, acéphales. *Voyez* COQUILLES.

Dans le langage ordinaire on a restreint la signification du mot acéphale aux petits des animaux d'ordre supérieur qui manquent de tête, ou d'une partie des organes qui constituent l'ensemble de cette partie; de tels acéphales ne sauraient vivre, dès que leur naissance les prive des secours nutritifs qu'ils devaient à leur mère. L'illustre Geoffroy de Saint-Hilaire s'est sérieusement occupé de ces acéphales; il a porté le plus grand jour dans leur histoire et rendu parfaitement raison des règles qui déterminent les causes de l'acéphalie.

Les acéphales, qui ont été l'objet des belles recherches de ce savant professeur, sont généralement regardés comme des monstres; en effet, dans l'acception rigoureuse de ce mot, qui suppose des êtres bizarres et hors des règles de la forme habituelle à leur espèce, les acéphales sont des produits monstrueux : mais ces produits monstrueux ne sont pas pour cela hors des lois qui président à une organisation régulière; car les lois imposées à la matière vivante ne sont pas capricieuses, elles sont le résultat des propriétés de cette matière même qui, placée dans telle ou telle circonstance, s'organise selon les éléments variés qui l'y poussent et dont les moindres changements peuvent déterminer un mode d'organisation nouveau. Peut-être les acéphales, comme tous les autres monstres, ne sont-ils que des espèces nouvelles qui ne sauraient vivre, et conséquemment se perpétuer, que parce que des organes indispensables à leur existence viennent à leur manquer. En effet, on voit des monstres par excès, vivre, se reproduire et perpétuer leur monstruosité. Les monstres en moins paraissent au contraire condamnés à finir dès qu'ils ont vu le jour. C'est au mot MONSTRES que, nous occupant de toutes les aberrations organiques, nous tracerons l'abrégé de l'histoire des acéphales, d'après les lumineuses idées de M. Geoffroy.

BORY DE SAINT-VINCENT.

ACÉPHALIE. (*Anatomie.*) Ἀ privatif, κεφαλή, tête. On a longtemps désigné par ce mot l'état des embryons ou des fœtus chez lesquels manquaient la tête et l'extrémité supérieure du tronc, ou seulement une partie de ces régions. Aujourd'hui on n'emploie ce mot que pour indiquer l'absence de la tête et quelquefois d'une partie du tronc; le développement incomplet du cerveau et du crâne a reçu le nom d'ANENCÉPHALIE (α privatif, ἐγκέφαλον, cerveau). Nous considérons avec Geoffroy Saint-Hilaire et le professeur Breschet l'anencéphalie comme un premier degré de l'acéphalie, produit par une cause identique agissant à une époque plus avancée de la vie intra-utérine. Nous réunirons donc ces deux états dans un même article et nous en donnerons la description différentielle.

Presque toujours les fœtus acéphales naissent avec d'autres fœtus bien conformés et doivent leur monstruosité à la coexistence d'un ou de plusieurs jumeaux qui les ont empêchés de se développer régulièrement; presque toujours aussi les acéphales naissent avant terme; quelquefois, de deux jumeaux, l'enfant bien conformé vient à maturité, tandis que l'acéphale s'arrête dans son développement et n'a que quelques centimètres de long.

En général le fœtus bien conformé naît le premier. Dans les grossesses doubles l'acéphale a le plus ordinairement des enveloppes et un placenta communs avec l'autre fœtus. On ne peut donc supposer que ce soit l'imagination de la mère ou la vue d'un objet monstrueux qui détermine la monstruosité d'un des enfants, tandis que l'autre vient à bien.

Geoffroy Saint-Hilaire a démontré que chez les acéphales il existait toujours quelques rudiments de la tête, tantôt assez développés pour former une tête difforme, mais encore reconnaissable, tantôt présentant seulement une saillie membraneuse de forme plus ou moins conique et analogue au coccyx, tantôt enfin ne faisant pas même de saillie. De là les termes d'*anomo-céphalie, coccy-céphalie* et *crypto-céphalie,* que ce grand naturaliste avait proposé de substituer au terme trop absolu d'*acéphalie.*

Béclard avait aussi proposé une nomenclature qui spécifiait l'absence de la tête seule ou du cou, des bras, du sommet ou de la totalité du thorax. Enfin M. Breschet en adopte une dernière qui se rapproche beaucoup de celle de Béclard.

Outre la conformation défectueuse des parties supérieures du corps, les acéphales présentent encore des difformités sur d'autres points : les jambes et les mains sont presque toujours développées d'une manière anormale, et nous remarquerons que ce développement vicieux du corps et des extrémités accompagnant celui de la tête, s'observe aussi chez les idiots et notamment chez les crétins, d'autant plus prononcé en général que le crétinisme est plus marqué.

La forme extérieure des acéphales varie beaucoup. Les caractères généraux qui appartiennent à tous sont : la brièveté du tronc, l'insertion très-haut du cordon ombilical, la rondeur des contours, la bouffissure et l'infiltration des parties sous-cutanées; tous présentent d'une manière plus ou moins marquée à leur partie supérieure une sorte de mamelon rougeâtre entouré de poils. C'est dans ce mamelon que Geoffroy Saint-Hilaire a retrouvé les rudiments des parties supérieures non développées. L'abdomen est la seule partie du corps qui ne manque jamais totalement, et cela s'explique, car c'est celle qui se forme la première et qui sert comme de point de départ aux autres. Tout le reste est sujet à manquer plus ou moins complétement, depuis les jambes jusqu'aux bras, au thorax et même à la région épigastrique.

Le canal digestif ne manque jamais complétement, par la même raison que l'abdomen; les autres viscères abdominaux se rencontrent rarement, sauf les organes génitaux urinaires qui existent toujours en partie. On a remarqué que les acéphales sont presque tous du sexe féminin, ce qui peut s'expliquer, selon M. Blandin, par l'arrêt de développement, les organes génitaux du mâle passant, dans la vie intra-utérine, par l'état dans lequel demeurent ceux de la femelle.

Jamais on n'a trouvé de poumons bien développés chez les acéphales. Leur système vasculaire varie beaucoup; le cœur manque souvent. Le système musculaire se réduit à quelques muscles pâles et mous, dont l'état d'organisation est subordonné à la proportion de la moelle existante. Le tissu cellulaire est mollasse et partout infiltré de liquides séreux.

Le système nerveux est toujours incomplétement développé, et Clarke cite même un cas dans lequel il manquait tout à fait. Desault a constaté dans un acéphale l'absence de l'axe cérébro-spinal; quelques nerfs existaient. M. Blandin a vu le trisplanchnique bien développé chez deux acéphales; seulement comme la partie supérieure du cou manquait, le ganglion cervical supérieur manquait aussi; du ganglion moyen partait un filet nerveux qui allait se perdre en s'amoindrissant vers l'extrémité non développée. On trouve encore dans la loi générale du développement l'explication du trisplanchnique bien développé chez les acéphales. En effet, le système du trisplanchnique est le cerveau de la vie organique; on doit donc le rencontrer toujours développé en proportion des parties auxquelles il distribue leur innervation spéciale. De même on voit chez les acéphales une moelle épinière proportionnée en dimension à la partie existante du rachis.

Souvent cette partie de l'axe spinal est remplacée par un liquide dans lequel nagent les extrémités des nerfs.

Les os sont, comme tout le reste, développés en raison du système nerveux; aussi ceux de la tête n'existent-ils qu'à l'état d'une vertèbre rudimentaire à laquelle son point d'évolution a manqué; de même les vertèbres du rachis sont plus ou moins complétement formées suivant qu'elles ont ou non une moelle épinière sur laquelle s'est effectuée leur évolution. L'analogie de la tête et du bassin avec une vertèbre a depuis longtemps été signalée par les anatomistes allemands, et chez nous par notre grand naturaliste Geoffroy Saint-Hilaire; pour peu qu'on ait étudié cette question (*Voy.* RACHIS), on n'est pas surpris de voir la tête des acéphales ressembler à un coccyx, ni du terme de coccy-céphalie, donné par Geoffroy à cette monstruosité.

Les organes des sens manquent nécessairement, à l'exception de ceux du toucher; encore ne peut-on les considérer comme complets, puisque le centre nerveux n'est pas là pour percevoir.

La vie des acéphales ne dure pas au delà de la période intra-utérine. Dans l'utérus, ces êtres ont une vie végétative à laquelle les organes qui leur manquent ne sont pas nécessaires; mais une fois séparés de leur mère, comment pourraient-ils vivre n'ayant ni cerveau, ni cœur, ni poumons?

Si maintenant nous considérons les *anencéphales*, on voit tous ces phénomènes anormaux se présenter chez eux à des degrés moindres. Le cerveau est à l'état où se trouve chez les acéphales la moelle épinière, remplacé par un liquide, ou formé en partie et contenu dans le crâne, ouvert en avant, en haut et en arrière, ou bien encore faisant hernie hors du crâne, dont les os, arrêtés dans leur développement, sont rabattus et désunis. La tête incomplétement développée arrive cependant à une forme et à un volume qui n'ont jamais permis de la méconnaître; toutefois, le cou manque plus ou moins complétement. La tête est renversée en arrière, les oreilles touchent les épaules, et les yeux sont souvent tournés parallèlement à l'axe du corps, ce qui a fait donner à cette variété d'anencéphales le nom d'*uranoscope*, donné aussi par les naturalistes à un poisson. Tous les organes sont, comme le cerveau, développés chez les anencéphales à un degré qu'ils n'atteignent jamais dans l'acéphalie, aussi le sexe des anencéphales n'est pas exclusivement féminin. Une autre conséquence de leur développement plus complet, c'est la possibilité de vivre, quelque temps du moins, hors du sein de leur mère; on en a vu vivre une semaine. Leur naissance est toujours prématurée, et presque toujours aussi à leur conformation vicieuse se joignent des complications morbides, comme l'hydrocéphalie ou l'existence d'hydatides. Un dernier caractère, c'est une grande quantité de poils sur différents points du corps, et le développement de certaines parties hors de proportion avec l'âge.

Des auteurs du premier ordre ont considéré l'anencéphalie comme le résultat de causes morbides ou traumatiques ayant agi sur le fœtus pendant la vie intra-utérine. Nous ne croyons pas qu'on puisse à cet égard séparer l'anencéphalie de l'acéphalie, dont elle n'est qu'un degré; nous pensons même que toutes les solutions de continuité anormales, le spina bifida, le bec de lièvre, etc., doivent être rapportées à la même cause originelle que ces deux difformités. L'existence de quelques brides membraneuses ou pseudo-membraneuses dans le crâne ne nous parait pas autoriser à croire qu'une inflammation a détruit le cerveau à une certaine époque de la vie fœtale et l'a réduit à l'état de liquide. Nous concevons bien qu'un être se développe imparfaitement et vive imparfait tant qu'il se trouve dans des conditions suffisantes d'existence; ainsi vivent les acéphalocystes par exemple : mais il nous semble difficile qu'un fœtus dont le cerveau est déjà développé à un certain degré puisse supporter, sans mourir, une inflammation capable de désorganiser, de détruire ce cerveau. Pour les conditions vitales, l'arrêt de développement est tout autre chose que l'atrophie, la destruction par cause morbide. Un fait qui nous semble plus décisif encore, c'est le développement incomplet du crâne, l'absence d'une portion des os correspondant à celle d'une partie du cerveau. Cette régularité dans des phénomènes anormaux, cette symétrie de difformité, si l'on peut parler ainsi, nous semble difficilement compatible avec l'action d'une cause violente, comme une inflammation destructive.

Morgagni, Meckel et d'autres auteurs pensent qu'une accumulation de sérosité a détruit ces parties déjà développées à un certain degré. Pour répondre à l'objection des effets mortels d'une pareille destruction, Meckel ne la suppose admissible que pendant une des premières périodes de la vie fœtale. On a répondu à cela qu'il semble douteux, en voyant l'hydrocéphalie coïncider si souvent avec le développement complet du cerveau, que cette affection puisse amener des effets si opposés dans certains cas; du moins, ce résultat, tout à fait contraire à la règle générale, doit, par cela même, inspirer quelque défiance, surtout quand on veut y asseoir toute une théorie. Quant aux causes mécaniques, en admettant qu'elles pussent agir sur la tête, comment expliquerait-on par leur action des effets analogues, sinon identiques, sur le canal intestinal, le thymus, le diaphragme, le rachis, dans le spina bifida? D'ailleurs, en même temps qu'elle est impuissante à développer certaines parties, qu'elle fait des erreurs en moins, la nature n'en fait-elle pas en plus, et cela chez les mêmes individus? Le développement exagéré du système pileux chez les anencéphales, les orteils, et les doigts surnuméraires qu'on observe souvent chez eux, ne prouvent-ils pas que le *nisus formativus* de Blumenbach peut dépasser le but normal comme s'arrêter avant de l'avoir atteint? Quelle cause l'arrête ou l'emporte? Nous l'ignorons; et c'est là une réponse qu'il faut savoir faire souvent en physiologie.

En présence de noms comme ceux de Haller, de Meckel et de tant d'autres hommes illustres qui ont partagé leur opinion, la réserve est un devoir; toutefois, il est permis de se rattacher à une doctrine contraire quand elle est fondée en grande partie sur les recherches de ces maîtres et qu'elle a été professée par Geoffroy Saint-Hilaire. Ajoutons qu'aujourd'hui cette opinion, que le professeur Breschet a savamment défendue, est celle de la plupart des physiologistes.

Liceti (Fortunio), *De monstris.* Amsterdam, 1668, in-4°, fin.

Vallisneri *Opere diverse,* t. III. Venise, 1715, in-4°.

Malpighi *Opera posthuma,* in-f°. p. 87.

Meckel (J. F.) *Abhandlungen aus der menschlichen... Anatomie.* Halle, 1806, in-8°.

Gall et Spurzheim, *Recherches sur le système nerveux.* Paris, 1809, in-4°.

Prochaska, *Disquisitio... organismi humani...* Vienne, 1812, in-4°, fig.

Tiedemann, *Anatomie der Kopflosen....* Landshut, 1813, in-f°, fig.

Béclard, *Mémoire sur les fœtus acéphales.* Paris, 1818, in-8°.

Geoffroy Saint-Hilaire, *Tératologie.*

Blandin, *Dictionnaire de médecine, et de chirurgie pratique,* art. ACÉPHALIE et ANENCÉPHALIE.

Breschet, *Dictionnaire de médecine,* 1re et 2e édit., art. ACÉPHALIE et ANENCÉPHALIE, etc.

Nous renvoyons également à ce dernier ouvrage pour le complément de la bibliographie de cet article.

A. Le Pileur.

ACÉPHALOCYSTE (de α privatif, κεφαλή, tête, et κύστις, vessie; *vessie sans tête*). (*Anatomie pathologique* et *thérapeutique.*) *Hydatides* des auteurs, *Echinococcus hominis* de Lamark. Ce nom a été donné par Laënnec à une production organique qui consiste en des vésicules sphéroïdales contenues sans y adhérer dans une poche particulière, ou *kyste*, qui les isole des parties environnantes. Considérée généralement aujourd'hui comme appartenant à une espèce inférieure du règne animal, les acéphalocystes, qu'on désigne habituellement par le nom d'hydatides, jouent un grand rôle en pathologie.

Tantôt solitaires, tantôt réunis en groupe, les acéphalocystes se rencontrent dans le tissu cellulaire, et par conséquent on peut les trouver dans toutes les parties du corps humain; souvent leur existence n'est indiquée par aucun signe, jusqu'à ce qu'enfin quelque fonction soit compromise par leur présence. Des auteurs anciens ont connu et décrit les acéphalocystes. On a les considérés comme l'origine de plusieurs tumeurs, athéromes, meliceris, stéatomes (*Voyez* ces mots). Les deux premières peuvent en effet n'être que des hydatides dégénérées; quant au stéatome proprement dit, il en diffère essentiellement. On a voulu rapporter aussi le cancer aux acéphalocystes, peut-être parce que des hydatides se sont quelquefois rencontrées dans des tumeurs squirrheuses: il est douteux que l'étiologie du cancer et des hydatides soit la même; mais il est certain que des kystes acéphalocystes, par leur forme, par leur résistance et même par les douleurs qu'ils font naître dans leur voisinage, peuvent simuler le squirrhe. Nous avons vu le professeur Dupuytren ouvrir, par une ponction explorative, une tumeur du sein qu'on aurait pu prendre pour un squirrhe, et dans laquelle cet illustre chirurgien soupçonnait et reconnut un kyste hydatique. Les causes qui déterminent la formation des acéphalocystes sont obscures; souvent on les voit se développer sans cause connue, quelquefois on a pu les attribuer à des contusions ou à d'autres causes violentes.

Le pronostic des tumeurs acéphalocystes diffère, suivant la région qu'elles occupent. Elles se sont toujours montrées rebelles à la thérapeutique médicale, et souvent leur siége est hors de la portée des moyens chirurgicaux.

Il n'est pas de tumeur d'un diagnostic obscur dans laquelle le médecin ne doive soupçonner, entre autres choses, des acéphalocystes.

Arétée, lib. IV, cap. 1.
Laënnec, *Mém. sur les vers vésicul.* 1804.
Cruveilhier, *Diction. de méd. et de chirurgie pratique*, art. ACÉPHALOCYSTES. Cet article est un mémoire complet et excellent.

A. LE PILEUR.

ACÉTATES. (*Chimie* et *Technologie.*) Sels formés par la combinaison de l'acide acétique avec les bases.

Tous les acétates sont solubles et ordinairement à un haut degré. Il n'y a d'exception que pour ceux d'argent et de protoxyde de mercure : les sels de ces deux bases donnent un précipité quand on y verse un acétate en dissolution concentrée.

La chaleur décompose tous les acétates : le principal produit de la décomposition est de l'acide acétique, ou de l'acétone, ou un mélange d'acide acétique et d'acétone ; le métal libre ou à l'état d'oxyde, quelquefois de carbonate, forme le résidu de l'opération.

On reconnaît facilement les acétates à l'odeur de vinaigre qu'ils dégagent, quand on les traite par l'acide sulfurique.

Acétate d'ammoniaque (Esprit de Mendererus). On le prépare en saturant le carbonate d'ammoniaque par l'acide acétique.

Il est employé en médecine.

Acétate de soude. On peut l'obtenir, comme le précédent, en traitant le carbonate de soude par l'acide acétique : mais le prix assez élevé du carbonate de soude rend le procédé dispendieux. Dans la fabrication de l'acide pyroligneux, où la préparation de l'acétate de soude est indispensable à la purification de l'acide (*Voy.* ACIDE ACÉTIQUE), on remplace le carbonate de soude par le sulfate, auquel on ajoute du carbonate de chaux. Après avoir chauffé et concentré la dissolution d'acide pyroligneux, on y met du sulfate de soude, puis de la craie ; il se forme alors de l'acétate de soude et du sulfate de chaux qui se précipite.

Ce sel cristallise très-facilement. Il est assez stable ; on peut le chauffer jusqu'au rouge obscur, sans le décomposer.

Acétate d'alumine. Ce sel est déliquescent et très-soluble ; on ne peut l'obtenir cristallisé. L'action de la chaleur en sépare facilement l'acide acétique.

On le prépare en mélangeant des dissolutions d'alun et d'acétate de plomb. Il y a double décomposition des sels : le sulfate de plomb se précipite, et l'acétate d'alumine reste dans la liqueur. L'acétate d'alumine est très-employé en teinture, et surtout dans la fabrication des toiles peintes. On l'a substitué, dans beaucoup

de cas et avec avantage, à l'alun ordinaire, dont l'alumine se sépare plus difficilement. (*Voy.* TEINTURE.)

Acétate de peroxyde de fer. Ce composé est, comme le précédent, d'un fréquent usage en teinture, où il a remplacé presque généralement le sulfate de fer. Il a, sur ce dernier, l'avantage de ne pouvoir nuire aux tissus par l'excès de son acide ; en outre, il cède sa base avec plus de facilité.

Pour le préparer, on verse de l'acide pyroligneux sur des copeaux de fer, placés dans un tonneau à double fond et muni d'une chantepleure à sa partie inférieure. Bientôt l'eau est décomposée et des bulles d'hydrogène se dégagent : de temps en temps, on remet dans le tonneau l'acide qui s'est écoulé par la chantepleure ; et, au bout de trois ou quatre jours, l'acide pyroligneux est complétement transformé en pyrolignite de fer. La dissolution obtenue, et convenablement concentrée, porte, dans le commerce, le nom de *Bouillon noir.*

L'acide pyroligneux qu'on emploie dans cette opération doit avoir été purifié préalablement.

La décomposition de l'acétate de chaux par le sulfate de fer peut fournir aussi l'acétate de fer. Ce sel est très-soluble dans l'eau. Il se décompose avec une extrême facilité.

Acétates de cuivre. Il existe un grand nombre d'acétates de bioxyde de cuivre ; mais deux seulement, l'acétate neutre et l'acétate bibasique, sont employés dans les arts.

Acétate neutre. (*Cristaux de Vénus, verdet cristallisé*). Il cristallise en prismes rhomboïdaux d'un très-beau vert, contenant l'équivalent d'eau. Soumis, dans une cornue, à l'action de la chaleur, il se décompose ; perd d'abord son eau de cristallisation, puis de l'acide acétique très-concentré (*Voy.* ACIDE ACÉTIQUE), un peu d'acétone et enfin une substance blanche qui paraît être l'acétate anhydre. Il y a, en même temps, dégagement d'acide carbonique, et il ne reste dans la cornue que du cuivre métallique, avec quelques traces de charbon.

La facilité avec laquelle l'acide acétique se sépare de l'acétate de cuivre donne lieu à un phénomène remarquable. Si on dissout le sel dans l'eau, et qu'on le chauffe en ayant soin qu'il ne se dessèche pas, la décomposition se produit : l'acétate devient de plus en plus basique, en perdant des quantités de plus en plus grandes d'acide acétique, et il ne reste à la fin de l'opération que de l'oxyde de cuivre.

Quand on ajoute du sucre à une dissolution d'acétate de cuivre et qu'on fait bouillir, on obtient un précipité cristallin de protoxyde de cuivre, parfaitement pur.

On prépare l'acétate neutre en dissolvant, à l'aide de la chaleur, l'acétate bibasique ou *vert de gris* dans l'acide acétique. La dissolution, convenablement concentrée, est soumise à l'évaporation, dans des vases où l'on a disposé un assemblage de petits bâtons, sur lesquels les cristaux se déposent. C'est ainsi qu'on obtient l'acétate connu dans le commerce sous le nom de *vert en grappes*. Ce sel a maintenant peu d'usages : on ne l'emploie guère que pour la fabrication du *vinaigre radical* (*Voy.* ACIDE ACÉTIQUE).

Acétate bibasique. (*Vert-de-gris*). Ce sel est pulvérulent et d'une couleur verdâtre. Il ne faut pas le confondre avec le vert-de-gris qui se forme, par l'action de l'air humide, sur les vases de cuivre : celui-ci est un carbonate de cuivre. Pour préparer l'acétate bibasique, on dispose, par couches alternatives, des feuilles de cuivre et du marc de raisin dans lequel la fermentation acide a commencé à se développer. L'acide acétique détermine l'oxydation du cuivre et par suite la production du sel. Au bout de quelques jours, on retire les lames de cuivre couvertes d'acétate; on les mouille et on les expose à l'air, pendant un mois environ. Le sel formé est alors détaché des lames, afin de pouvoir remettre le cuivre non attaqué en contact avec le marc. Une dernière opération est nécessaire pour donner au vert-de-gris la forme sous laquelle on le verse dans le commerce. Elle consiste à le presser dans des sacs de peau que l'on retourne en divers sens jusqu'à ce qu'il ait acquis une certaine cohésion. Il est alors en pains cubiques.

Le cuivre qu'on emploie le plus souvent dans cette fabrication provient du doublage des vaisseaux. Avant de le soumettre à l'action du marc, on le mouille avec une dissolution de vert-de-gris : cette préparation accélère l'attaque du cuivre.

C'est principalement à Montpellier que se fabriquent ces deux produits : on les obtient par la méthode que nous venons de décrire. Dans d'autres contrées, on remplace l'action du marc de raisin par celle du vinaigre.

Ces deux sels sont vénéneux, surtout l'acétate neutre.

Acétate de plomb. On connaît trois acétates de plomb. L'acétate neutre et l'acétate tribasique sont les seuls qui offrent de l'intérêt.

Acétate neutre (*Sel de Saturne*). Ce sel cristallise en prismes à quatre pans terminés par des sommets dièdres ; ses cristaux sont d'un beau blanc et contiennent 3 équivalents d'eau. Ils sont efflorescents.

Soumis à l'action de la chaleur, il se comporte comme l'acétate neutre de cuivre.

Il dissout la litharge.

De tous les procédés qu'on peut employer pour préparer ce sel, le meilleur consiste à traiter la litharge par l'acide acétique pur. L'opération s'exécute dans des chaudières de cuivre étamé : on y met la litharge avec un petit excès d'acide, et la dissolution a lieu facilement à l'aide de la chaleur. La liqueur est ensuite concentrée, et le sel cristallise par refroidissement.

On peut aussi, dans cette préparation, employer le plomb métallique. Réduit en petits fragments mouillés avec du vinaigre, le plomb passe à l'état d'oxyde par l'exposition à l'air. Il ne reste plus alors qu'à dissoudre l'oxyde formé dans l'acide acétique, et l'opération s'achève comme la précédente.

L'acétate de plomb a dans les arts des usages importants : on s'en sert, comme nous l'avons dit, pour préparer l'acétate d'alumine; il est aussi employé en médecine.

C'est un poison violent.

Acétate tribasique (*Extrait de Saturne*). Ce sel cristallise en lames opaques et blanches. Il est soluble, mais moins que le précédent : sa dissolution a une réaction alcaline.

L'acide carbonique y produit un précipité de carbonate de plomb.

On l'obtient en chauffant, avec de l'eau, un mélange d'acétate neutre de plomb et de litharge en poudre fine. La dissolution doit être ensuite filtrée et concentrée.

Quelquefois on le prépare en sursaturant le vinaigre par l'oxyde de plomb.

L'acétate tribasique est employé en grand pour la fabrication du carbonate de plomb. (*Voy.* CÉRUSE.)

Nous indiquerons, en terminant, un nouveau procédé de préparation des acétates, appliqué maintenant dans quelques usines. La matière première est l'acétate de soude, que l'on obtient dans les fabriques d'acide pyroligneux (*Voy.* ACIDE ACÉTIQUE) : en mêlant cet acétate de soude en dissolution avec un sulfate aussi en dissolution, il se forme, par double décomposition, du sulfate de soude et un acétate avec la base du sulfate employé. On arrive facilement à séparer ces deux nouveaux sels; l'opération fournit donc un acétate.

En employant le sulfate de fer, le sulfate de cuivre, etc., on peut obtenir ainsi des acétates de fer, de cuivre, etc. Quant au sulfate de soude, il sert, comme nous l'avons dit Voy. ACIDE ACÉTIQUE) à préparer de nouveau l'acétate de soude.

Dumas, *Traité de chimie*, t. V.
Dictionnaire technologique.

H. DÉZÉ.

ACÉTIFICATION. *Voy.* FERMENTATION et ACÉTIQUE (Acide).

ACÉTIQUE (Acide). (*Chimie* et *Technologie.*) On ne connaît l'acide acétique qu'à l'état d'hydrate; au plus haut degré de concentration, il contient encore 1 équivalent d'eau. C'est alors un liquide incolore, d'une saveur forte, d'une odeur pénétrante et caractéristique. Il se solidifie à 18°, et à 119° entre en ébullition. On peut le distiller sans qu'il se décompose.

L'acide acétique le plus concentré a une densité de 1,063, à la température ordinaire. Quand on l'étend d'eau, sa densité augmente et atteint un *maximum* (1,079) lorsque les quantités d'eau et d'acide anhydre sont dans le rapport de 34,41 à 65,59; il contient alors 3 équivalents d'eau. Au delà de cette limite, la pesanteur spécifique de l'acide diminue à mesure que la proportion d'eau augmente. En raison de cette circonstance, on ne peut évaluer, au moyen de l'aréomètre, la richesse de l'acide acétique; il faut avoir recours à d'autres procédés. (*Voy.* ACIDES.)

La vapeur d'acide acétique prend feu à l'approche d'un corps enflammé. Elle se décompose en traversant un tube de fer chauffé au rouge, et produit de l'eau, de l'acide carbonique, de l'hydrogène carboné et de l'acétone.

Exposé à l'air, l'acide acétique concentré en attire l'humidité.

Le chlore gazeux décompose, sous l'influence des rayons solaires, l'acide acétique concentré. La réaction donne naissance à de l'acide chloro-acétique qui se dépose, en cristaux blancs, sur les parois du flacon dans lequel on fait l'expérience. L'acide chloroacétique a la même composition que l'acide acétique; mais le chlore y remplace l'hydrogène : il est donc représenté par la formule $C^4Cl^3O^3$.

L'acide acétique est un des acides organiques les plus puissants; il forme avec les bases des sels neutres bien déterminés.

Il contient, à l'état anhydre :

Carbone. 47, 536
Hydrogène. 5, 822
Oxygène. 46, 642
____
100, 000

Composition représentée par la formule $C^4H^3O^3$

Il y a plusieurs procédés pour obtenir l'acide acétique au plus haut degré de concentration.

Le premier consiste à distiller le vinaigre. La distillation sépare de l'acide acétique une partie de l'eau et des matières étrangères; mais le produit, qu'on connaît sous le nom de *vinaigre distillé*, retient encore une grande quantité d'eau. Pour le concentrer, on le neutralise par le carbonate de soude, et l'on obtient, par l'évaporation de la dissolution, l'acétate de soude solide. La décomposition de ce sel desséché, par l'acide sulfurique, met l'acide acétique en liberté ; en distillant à une basse température, et sous une faible pression, on le sépare du sulfate de soude et de l'excès d'acide sulfurique.

Ces opérations fournissent un produit dont la cristallisation sépare ensuite l'acide acétique au *maximum* de concentration.

M. Melsens a proposé récemment un procédé plus simple, qui consiste à décomposer par la chaleur le biacétate de potasse qu'on obtient en sursaturant l'acétate de potasse par l'acide acétique distillé. Ce sel bout à 200° environ, et fournit, à la distillation, de l'acide acétique pur.

Tels sont les procédés qu'on peut employer dans les laboratoires pour se procurer l'acide acétique pur et concentré. La décomposition de l'acétate neutre de cuivre donne aussi l'acide concentré, mais uni à une petite quantité d'acétone : c'est ce produit qu'on désigne sous le nom de *vinaigre radical*.

Décrivons maintenant la fabrication industrielle de l'acide acétique. Il y a deux méthodes principales : dans l'une, l'acide est produit par la fermentation des liqueurs alcooliques; dans l'autre, par la décomposition du bois, à l'aide de la chaleur. Les produits immédiats obtenus par ces deux méthodes sont : 1° le *vinaigre*; 2° l'*acide pyroligneux*.

Fabrication du vinaigre. Les liqueurs qui ont subi la fermentation alcoolique éprouvent, dans certaines circonstances, une autre fermentation, caractérisée par la production de l'acide acétique, et qu'on désigne, pour cette raison, sous le nom de fermentation *acide* (*Voy.* FERMENTATION). Tout le monde connaît ce phénomène : le vin qui *s'aigrit* au contact de l'air en offre un exemple fréquent.

Plusieurs conditions sont nécessaires pour que la fermentation acide se développe dans un liquide alcoolique et fasse des progrès rapides : tels sont le contact de l'air, la présence d'un ferment, une température suffisamment élevée. On va voir comment ces conditions se trouvent réalisées dans les divers modes de fabrication. Nous décrirons d'abord le procédé qu'on suit à Orléans, et qui donne, comme on sait, des vinaigres renommés.

Les vaisseaux employés sont des tonneaux d'une capacité de deux cent trente litres environ : ils présentent, à la partie supérieure, une ouverture qui sert pour introduire et retirer le liquide, et qui donne en même temps passage à l'air. On y verse d'abord cent litres de bon vinaigre, puis, de huit jours en huit jours, on ajoute, par portions de dix litres, le vin à acidifier, jusqu'à ce que le tonneau soit à peu près rempli aux deux tiers. Huit jours après, on retire quarante litres de vinaigre et on recommence l'opération de la même manière.

Pour que l'acétification n'éprouve aucun ralentissement, il faut que le tonneau demeure toujours au tiers vide et que la température de l'atelier soit constamment entretenue à 25° ou 30°; si l'on remarque d'ailleurs que le vinaigre sur lequel on verse le vin constitue un véritable ferment, on verra que l'opération s'accomplit dans les circonstances que nous avons indiquées comme les plus favorables au développement de la fermentation acide.

Les vins qu'on emploie dans cette fabrication sont en général faibles et peu sucrés : on les clarifie, avant de les soumettre à l'acétification, en les laissant séjourner quelque temps dans des tonneaux remplis de copeaux de hêtre, sur lesquels la lie se dépose. Quelquefois on fait subir au vinaigre une opération semblable, avant de le livrer à la consommation.

En Allemagne, on suit maintenant pour convertir l'alcool en vinaigre un procédé qui accélère beaucoup l'acétification. L'appareil se compose d'un grand tonneau percé sur ses fonds et sur ses parois, de nombreuses ouvertures, et disposé verticalement au-dessous d'une cuvette où l'on verse le liquide à acétifier. L'alcool tombe dans ce tonneau, et, pour que l'écoulement soit très-lent, on bouche en partie les ouvertures du fond supérieur au moyen de ficelles qui les traversent : des copeaux de hêtre, placés dans le tonneau, disséminent le liquide, qui tombe dans un vase inférieur, après avoir subi ainsi le contact prolongé de l'air. La fermentation qui s'établit produit d'ailleurs une élévation de température et, par suite, un tirage qui favorise beaucoup l'opération. Les avantages de cette méthode consistent, comme on voit, dans la disposition de l'appareil, qui permet de multiplier considérablement les points de contact du liquide avec l'air atmosphérique.

Quel que soit le procédé suivi pour le préparer, le vinaigre ne contient pas plus de 5 à 6 pour cent d'acide acétique.

Fabrication de l'acide pyroligneux. Le bois est, comme on sait, formé essentiellement d'oxygène, d'hydrogène et de carbone. Il donne à la distillation : 1° des gaz combustibles formés par l'hydrogène carboné, mêlés d'acide carbonique, de gaz oléfiant, d'hydrogène et d'oxyde de carbone; 2° de l'eau, de l'acide acétique; 3° des huiles empyreumatiques qui, vers la fin de l'opération, sont brunes et épaisses comme du goudron; 4° du charbon qui reste dans la cornue, ordinairement sous la forme du bois qui l'a fourni. Dans le commencement de la distillation, il ne se dégage presque que de l'eau pure, ensuite vient de l'eau acide, puis des substances de moins en moins oxygénées, à tel point que les dernières contiennent au moins la moitié de leur poids de carbone.

On peut représenter, d'une manière approximative, les proportions de ces produits, par les nombres suivants :

Gaz combustibles.	0,30 à 0,37
Eau acide ou acide pyroligneux	0,18 à 0,20
Goudron	0,15
Charbon	0,23 à 0,27

Mais ces nombres varient beaucoup suivant la nature du bois, le procédé de distillation et la manière dont elle est conduite.

On voit qu'outre l'acide pyroligneux, l'opération fournit accessoirement divers produits utiles : tels sont le charbon et le goudron; les gaz même, car ils servent de combustible. Les différentes espèces de bois donnent à peu près le même produit en acide; mais il n'en est pas ainsi pour le charbon : celui-ci est d'autant meilleur que le bois a plus de densité.

Ces notions posées, il convient de décrire les appareils dans lesquels on effectue l'opération. Leurs dispositions accessoires varient, mais ils présentent essentiellement la même composition. Un exemple suffira donc. Nous le prendrons dans l'usine de M. Kestner, à Thann (Alsace).

Le bois, débité en bûchettes, est placé dans un cylindre en fonte *a* (*Voy. l'Atlas,* Chimie, planche I, figure 1) fixé sur un fourneau, dont le massif est *l m n p.* Les produits de la distillation se rendent, par un tuyau de tôle *g,* du cylindre dans l'appareil de condensation. Cet appareil se compose de quatre tuyaux horizontaux *i, i, i, i,* placés l'un au-dessus de l'autre et réunis par des coudes verticaux *q, q, q*; ils sont enveloppés de manchons *f, f, f,* dans lesquels circule continuellement un courant d'eau froide, venant d'un réservoir *h* et s'échappant ensuite par l'orifice *r.* Dans ce réfrigérant les produits de la distillation se condensent en partie et se séparent en liquides et en gaz. Ces derniers sont dirigés par un tuyau *s,* dans le foyer *c* et y sont brûlés; les autres tombent dans un réservoir, R. Là se trouvent l'eau, l'acide, le goudron, etc. On décante : le produit recueilli est principalement formé d'acide acétique, d'eau et de goudron; c'est ce mélange qui constitue l'acide pyroligneux.

Pour le purifier, on le chauffe, puis on y ajoute du sulfate de soude et du carbonate de chaux : de l'acétate de soude, du sulfate de chaux se forment (*Voy.* Acétate de soude); en même temps une partie du goudron se sépare. La purification s'achève sur l'acétate de soude; qu'on fait cristalliser et qu'on torréfie avec précaution, pour brûler les dernières traces de matières goudronneuses. Il ne reste plus qu'à dissoudre le sel et à le faire cristalliser.

L'opération bien conduite donne de très-beaux cristaux d'acétate de soude parfaitement incolore. En traitant par l'acide sulfurique, et distillant, on obtient l'acide acétique concentré.

Cette purification de l'acide pyroligneux est la même que celle du vinaigre. (*Voyez* plus haut.)

On connaît les usages de l'acide acétique : étendu d'eau, il forme un condiment dont la consommation est considérable. On ne l'emploie guère à l'état de concentration que dans les officines et les laboratoires. La préparation connue sous le nom de *sels de vinaigre*, dont on se sert comme excitant, n'est autre chose que du sulfate de potasse, mouillé avec l'acide acétique.

Thénard, *Traité de chimie*, t. IV et V.
Annales de chimie, t. LXVIII, p. 88.
Dictionnaire technologique.
Dictionnaire des arts et manufactures.

H. DÉZÉ.

ACÉTONE. (*Chimie.*) C'est un produit de la décomposition de certains acétates par la chaleur ; on le désignait autrefois sous le nom d'*esprit pyro-acétique*.

L'acétone est un liquide incolore, très-fluide, d'une odeur aromatique particulière. Il bout à 56°. Au contact d'un corps enflammé, il prend feu, et brûle avec une flamme blanche.

Distillé avec le chlorure de chaux, il donne un produit particulier, le chloroforme, qu'on obtient aussi en traitant l'alcool par le chlorure de chaux.

C'est ordinairement par la décomposition de l'acétate de chaux qu'on obtient l'acétone. Le produit brut de la distillation doit être rectifié plusieurs fois sur du chlorure de calcium.

La formule de l'acétone est $C^3 H^3 O$; elle représente, comme on voit, 1 équivalent d'acide acétique, $C^4 H^3 O^3$, diminué de 1 équivalent d'acide carbonique, CO^2.

Dumas, *Traité de chimie*, t. V.

H. DÉZÉ.

ACHAÏE. (*Géographie.*) Le nom d'Achaïe est souvent affecté dans l'antiquité à la Grèce tout entière ; du temps de la domination romaine il s'appliquait particulièrement au Péloponnèse ; mais l'Achaïe proprement dite, ἡ ἰδίως καλουμένη Ἀχαΐα, comme l'appelle Ptolémée, ne comprenait que le versant septentrional de la presqu'île de Morée. A l'O., du côté de l'Élide, elle était limitée par le *Larissus* (aujourd'hui rivière Mana) ; au S. O. par le mont Scollis ; au S. par l'Érymanthe, qui séparait les bourgs achéens de Tritæa et de Leontium du territoire arcadien de Psophis ; elle s'arrêtait où commencent les hautes montagnes, vers le cours moyen du fleuve Crathis (aujourd'hui rivière d'Akrata), au pied des monts *Chelydorea* (aujourd'hui Mavronoros)

et Cyllène ; du côté de la Sicyonie, enfin, le territoire de Pellène terminait l'Achaïe, et le Sys (aujourd'hui rivière de Trikala) en formait la limite. Mais le nom primitif de cette partie de la Grèce, *Ægialée*, interprété dans le sens le plus naturel, montre que dans le principe elle dut ne comprendre que le littoral, et que les limites de l'Élide, d'une part, et celles de l'Arcadie, de l'autre, étaient plus avancées vers le N.

Les Ægialéens, Αἰγιαλεῖς, peuple sicyonien, les *Ioniens*, les *Achéens* d'Argos et de Lacédémone se succédèrent dans la possession de ce pays, qui, de bonne heure, fut partagé entre douze villes confédérées. Ces villes étaient : *Dyme*, Δύμη, voisine de la frontière d'Élide, nommée anciennement *Paleia* ; la petite ville d'*Olenus*, Ὤλενος, sur la rive gauche du *Pirus*, Πεῖρος (aujourd'hui la Kamenitsa), le plus grand des torrents de l'Achaïe, qui reçoit entre autres affluents le *Caucon* (la proximité de cette dernière rivière explique le surnom de *Cauconide*, donné par l'historien Antimaque à la ville de Dyme) ; *Patras*, Πατρέων πόλις, près de l'embouchure du *Glaucus* (aujourd'hui *Lavka*) et du cap *Rhium* (aujourd'hui *château de Morée*) ; *Phares*, Φαραί, et *Tritée*, Τριταία, à une certaine distance de la mer ; *Rhypes*, Ῥυπαί ; *Ægium*, Αἴγιον (aujourd'hui *Vostitza*) dont le territoire était traversé par le *Selinus* (aujourd'hui *Vostitza*) ; *Hélicé*, Ἑλίκη, qui fut détruite par un tremblement de terre, la 4ᵉ année de la 101ᵉ olympiade (373 avant J. C.) ; *Bura*, Βούρα, qui souffrit beaucoup aussi de cette catastrophe, mais qui fut relevée par ses habitants ; puis, au delà du fleuve *Buraïcus*, Βουραϊκός (aujourd'hui *Kalavryta*) : *Æges*, Αἰγαί, mentionnée par Homère et située à l'embouchure du fleuve *Crathis* ; *Ægira*, ἐπίνειον Αἰγειρατῶν, nommée par Homère *Hyperésie*, Ὑπερησία ; enfin Pellène, voisine de la Sicyonie, avec un port nommé *Aristonautæ*, ou plutôt *Oluros*, à l'embouchure du *Sys*.

Les Achéens, sauf quelques glorieux arbitrages que leur valurent la sagesse de leurs institutions et la modération de leur caractère, ne prirent de longtemps qu'une bien faible part aux affaires de la Grèce ; enfin les menaces des rois de Macédoine provoquèrent la formation de cette fameuse *ligue des villes achéennes*, qui existait déjà en germe dans le *conseil achéen*, συνέδριον Ἀχαϊκόν, séant à Ægium. Patras, Dyme, Tritée et Phares s'unirent les premières ; Olenus seule refusa d'entrer dans la ligue ; quant à Hélice, cette première capitale de l'Achaïe, nous avons dit comment elle avait été détruite. On sait que tout le Péloponnèse, même Sparte, malgré sa longue résistance, fut compris dans la ligue achéenne et que les stratéges achéens, tant que dura leur alliance avec Rome, furent chargés du gouvernement de la partie méridionale de la Grèce. Mais ce gouvernement contesté coûta cher à l'Achaïe. Patras, de toutes les villes de cette contrée, eut le plus à souffrir des longues guerres que la ligue eut à soutenir contre les Étoliens, Sparte et les Romains; ses habitants l'abandonnèrent même à une certaine époque, et se retirèrent dans les petites villes des environs, *Mesatis, Anthea, Boline, Argyra* et *Arba*. Mais Auguste trouvant l'emplacement de Patras commode, y envoya une colonie romaine après la bataille d'Actium, y fit rentrer les habitants de ces petites villes, et y transporta même ceux de la ville de Rhypes, dont il fit raser les murs. De plus, il soumit à la juridiction de Patras, Dyme, Phares et d'autres bourgs; ainsi Patras devint la capitale de l'Achaïe. Toutefois, du temps de Pausanias, le conseil suprême des Achéens se rassemblait encore à Ægium, qui s'était agrandie du territoire de plusieurs villes environnantes, *Ægæ, Cérynée* et *Hélicé*. Ces deux villes de Patras et d'Ægium conservèrent seules quelque importance sous la domination romaine et dans le Bas-Empire. Dans les temps modernes on les retrouve encore comme chefs-lieux des deux cantons qui représentent l'ancienne Achaïe. Le canton de Patras aujourd'hui est limité du côté de l'Élide par le fleuve Larissus et du côté d'Ægium ou Vostitza par le cours du Méganitas; à l'E. et au S. E., il comprend la chaîne entière du mont Vôda et la vallée du Mélas, c'est-à-dire une étendue de pays beaucoup plus considérable que du temps d'Auguste. Le canton de Vostitza, au contraire, est un des moins étendus et des moins peuplés de la Morée.

Les géographes et historiens anciens qui ont donné les détails les plus exacts sur l'Achaïe sont *Pausanias*, dont le travail original est bien préférable aux compilations des autres écrivains de l'antiquité; *Polybe* (l. II, c. 7, 8), qui a parlé de l'Achaïe avec un intérêt particulier, et mêlé au récit des événements et aux réflexions politiques les descriptions topographiques les plus vraies, celle de la ville d'Ægira, par exemple (l. IV, c. 57); *Scylax*, qui a décrit les côtes de l'Achaïe avec une précision merveilleuse; *Strabon*, qui, parmi des renseignements précieux, a mêlé aussi de graves erreurs, relevées par les commentateurs et les voyageurs modernes, ou attribuées par une critique plus bienveillante aux altérations nombreuses du texte; et *Ptolémée*, qui, dans l'énumération des villes principales de l'Achaïe, a fait plusieurs omissions, celles d'Ægæ, de Rhypes et de Tritée par exemple; enfin, le meilleur travail de géographie comparée que je puisse citer sur l'Achaïe, tant de fois décrite, est sans contredit celui de M. *Puillon Boblaye*, dans ses *Recherches géographiques sur les ruines de la Morée.*

AMÉDÉE TARDIEU.

ACHAÏE, LIGUE ACHÉENNE. (*Histoire.*) Une armée d'*Achéens*, partie de la Thessalie (1), d'où ce peuple était originaire, avait aidé Pélops à s'établir dans l'Argolide, et s'y était établie avec lui. Cette émigration fut suivie de plusieurs autres; à l'époque de la guerre de Troie, les Achéens formaient la race dominante, dans l'Argolide et dans la Laconie, et c'était sur eux que s'appuyait la puissance des Pélopides, dont Agamemnon était alors le chef. On conçoit dès lors pourquoi Homère se sert si souvent des mots Ἀχαιοί et Ἀχαῒς γαίη, pour désigner les Grecs et la Grèce en général; c'est que les *Achéens* étaient le peuple le plus puissant, et l'*Achaïe* (l'Argolide et la Laconie), la contrée la plus importante de la Grèce.

Ce fut seulement quatre-vingts ans après la guerre de Troie que les Achéens furent, avec les Pélopides, chassés de cette contrée par les Doriens et les Héraclides.

Ils demandèrent aux Ioniens, qui habitaient l'Ægialée (2), de les recevoir parmi eux; les Ioniens ne le voulurent pas; on en vint aux mains, et les Achéens, vainqueurs, se partagèrent le pays, dont les habitants, expulsés, se réfugièrent d'abord dans l'Attique, puis allèrent fonder en Asie ces riches et puissantes colonies qui eurent une si grande influence sur la civilisation de la Grèce. L'Ægialée prit alors le nom d'Achaïe, qu'elle a toujours conservé depuis.

Le gouvernement des Achéens fut d'abord monarchique; c'est-à-dire, qu'ils obéissaient à des chefs de la race des Pélopides, qui, probablement, s'étaient partagé le pays. Pausanias (3) nomme les cinq premiers de ces rois, qui régnèrent simultanément : *Daïménès, Sparton, Tellis, Leontoménès* et *Patræus. Ogygus* fut le dernier; après sa mort, ses fils ayant voulu usurper un pouvoir despotique, les Achéens les chassèrent, et se constituèrent en république fédérative. De cette époque, contemporaine, suivant quelques auteurs, de la première guerre de Messénie (de la IXᵉ à la XIVᵉ olymp. — 742 à 724 av. J. C. (4), date vraiment la fondation de la *ligue achéenne;* mais cette ligue, depuis si célèbre, resta

---

(1) Il resta des Achéens dans cette contrée; *voy.* Strabon, p. 433. Diodore de Sicile signale les *Achéens Phthiotes*, comme ayant pris part à la guerre sacrée.

(2) Ce pays devait ce nom à sa situation le long des côtes du golfe de Corinthe; ἀπὸ τῆς χώρας, dit Pausanias, *Achaïc*, I, 1; εἶναι γὰρ πολλὰ αὐτῆς αἰγιαλόν.

(3) *Achaïc.*, VI; 2.

(4) *Voy.* Larcher, *Hist. des premiers temps de la Grèce*, t. II, p. 193 et suiv., 1ʳᵉ éd.

longtemps étrangère aux affaires de la Grèce. On ne la voit point figurer dans les guerres médiques, et Pausanias nous en apprend la raison : le commandement général des Grecs fut, pendant ces guerres, déféré aux Lacédémoniens, et les Achéens, qui avaient eu la principale part à la prise de Troie, auraient cru déroger en obéissant à des Doriens. Le même sentiment les engagea à prendre le parti d'Athènes, pendant la guerre du Péloponnèse. Ils furent médiateurs entre les Thébains et les Lacédémoniens, après la bataille de Leuctres (1). Ils fournirent leur contingent à l'armée des Grecs pour la bataille de Chéronée; mais ils y éprouvèrent de telles pertes, qu'ils n'en étaient pas encore remis lors de la guerre Lamiaque, à laquelle, pour cette raison, ils ne prirent aucune part.

Cependant, depuis l'affaiblissement d'Athènes et de Sparte, depuis la destruction de Thèbes, et dans l'état d'isolement où se trouvaient alors les autres villes, les Achéens, qui n'avaient point cessé de former une confédération fortement unie, étaient devenus un des peuples les plus puissants de la Grèce. La crainte du joug macédonien les engagea, vers la CXXV^e olympiade (280 av. J. C.), à resserrer encore les liens qui les unissaient. Dime, Patras, Tritée et Pharès, après avoir chassé les tyrans qui les opprimaient, formèrent alors une nouvelle ligue, à laquelle accédèrent successivement Ægium, Bura, Carinia et les autres villes de l'Achaïe.

Tous les auteurs qui ont parlé de la constitution achéenne en ont vanté la sagesse; nous croyons devoir en donner ici un aperçu.

L'autorité suprême appartenait aux députés des villes, qui se réunissaient *ordinairement* à Ægium, et *extraordinairement* dans l'une des autres villes de la ligue. Les assemblées extraordinaires ne duraient que trois jours; elles ne pouvaient être convoquées que pour faire des alliances, déclarer la guerre, ou recevoir des lettres du sénat romain, lorsque les Achéens se virent forcés de le ménager. Les assemblées ordinaires étaient convoquées de droit, une fois tous les ans, à l'équinoxe du printemps; on y discutait toutes les affaires importantes qui pouvaient se présenter, et on y élisait les magistrats.

Le *stratége* (2) ou général était le chef du pouvoir exécutif; il avait, ainsi que son nom l'indique, le commandement en chef des troupes, qu'il levait suivant les besoins de la ligue; il convoquait, quand il y avait lieu, les assemblées extraordinaires; avait sous lui un lieutenant (ὑποστράτηγος) ou *général de*

la *cavalerie* (ἱππάρχης) (1) et le secrétaire de la ligue (κοινὸς γραμματεύς); enfin, il était assisté d'un conseil de dix *démiurges*, dont l'autorité était assez grande pour le rappeler à l'exécution des lois, lorsqu'il s'en écartait. Toutes ces fonctions étaient annuelles; quand le stratége mourait dans l'année, il était remplacé par son prédécesseur, jusqu'à la prochaine assemblée ordinaire.

Quoique toutes les villes de la confédération fussent soumises à l'autorité de ces magistrats, elles avaient néanmoins chacune leur gouvernement particulier; seulement ce gouvernement devait être, ainsi que celui de la ligue, basé sur les principes de la démocratie; aussi vit-on la confédération opérer une révolution dans ce sens, dans tous les États aristocratiques qu'elle voulut s'associer.

Vingt-cinq ans après l'établissement de cette constitution, Aratus, après avoir délivré Sicyone, sa patrie, de la tyrannie de Nicoclès, fit admettre cette ville dans la ligue achéenne. Bientôt après, il fut élu stratége, chassa de la citadelle de Corinthe la garnison macédonienne qui l'occupait (224), et persuada aux Corinthiens d'accéder aussi à la ligue. Les Mégariens, les Épidauriens et les Trœséniens ne tardèrent pas à suivre cet exemple. Antigone Gonatas étant mort peu de temps après, la guerre se déclara entre Démétrius, son fils, et les Étoliens, avec lesquels les Achéens firent cause commune. Cette guerre dura pendant tout le règne de Démétrius; après sa mort, les tyrans de Mégalopolis, d'Argos, d'Hermione, de Phliunte, se voyant privés de l'appui des Macédoniens, et sachant qu'Aratus se disposait à les attaquer, se démirent volontairement, et ces villes entrèrent à leur tour dans la ligue, qui s'étendit alors sur tout le Péloponnèse, à l'exception de Sparte et de Messène.

Cléomène venait de changer l'ancienne constitution aristocratique de sa patrie; il n'avait laissé substituer des lois de Lycurgue que ce qui était relatif aux mœurs et à l'éducation. Il fit proposer aux Achéens l'accession de Lacédémone, si on voulait le nommer stratége. Aratus, qui exerçait alors cette charge pour la dixième fois, préféra son intérêt à celui de la patrie, et empêcha ses concitoyens d'accepter une proposition qui, si on l'eût admise, eût donné le Péloponnèse aux Achéens, mais l'eût fait lui-même descendre au second rang. Cette faute eut de funestes conséquences pour l'avenir de la ligue.

La guerre éclata bientôt; Cléomène fut partout vainqueur, chaque jour il enlevait aux Achéens quelqu'une de leurs villes con-

(1) Polyb., II, 34.
(2) Il y eut d'abord deux stratéges : le prédécesseur d'Aratus, Marcus de Carynie, fut le premier qui exerça seul cette charge.

(1) L'historien Polybe exerçait cette charge, lorsqu'il fut appelé à Rome avec mille autres Achéens.

fédérées. Maître de Corinthe, il renouvela ses propositions : elles furent encore repoussées. Il jura alors la destruction de la ligue, et Aratus, ne voyant, dans son aveuglement, d'autre ressource que dans la protection de l'ennemi le plus redoutable de sa patrie, appela au secours des Achéens Antigone Doson, tuteur du jeune Philippe, fils de Démétrius.

Le prince macédonien accourut aussitôt avec une armée, fit sa jonction avec les Achéens, et remporta, à Sellasie, une victoire complète sur Cléomène, qui fut forcé d'aller chercher un asile à la cour de Ptolémée Philopator. Après cette bataille, Antigone réunit Lacédémone à la ligue achéenne; mais il exigea, pour prix de ce double service, la citadelle de Corinthe, où il mit une nombreuse garnison. Il mourut peu de temps après; Philippe, maître du Péloponnèse par la possession de Corinthe, exerça une fâcheuse influence sur les affaires des Achéens, dont il se servit comme d'alliés utiles, mais qu'il compromit souvent, en les associant à des entreprises dont le résultat ne pouvait que leur être funeste. Fatigué des représentations d'Aratus, il finit par le faire empoisonner. Philopœmen, qui succéda à son ami, délivra Sparte de la tyrannie de Nabis et de Machanidas, et la fit rentrer dans la ligue, dont elle s'était séparée; mais tombé, peu de temps après, au pouvoir des Messéniens, qu'il venait de vaincre, il fut mis à mort par ordre de Dinocrate, qui exerçait alors, chez ce peuple, l'autorité suprême. Lycortas, père de Polybe, le vengea, sans améliorer beaucoup les affaires de la ligue.

Ce fut alors qu'éclata la guerre entre les Romains et la Macédoine. Après la défaite de Persée, et la réduction de ses États en province romaine, le sénat accusa les Achéens d'avoir favorisé le roi vaincu. Jusque-là, il avait traité avec eux comme d'égal à égal; il commença alors à parler en maître. Il ordonna la translation à Rome de mille Achéens, sous prétexte qu'ils s'étaient montrés favorables à Persée, mais en réalité pour priver la nation de ses meilleurs citoyens. On sait que Polybe fut de ce nombre, et que c'est à cette circonstance qu'il dut et l'amitié de Scipion Émilien et les documents au moyen desquels il écrivit son histoire.

A partir de cette époque, la ligue achéenne marcha rapidement vers sa ruine. Des traîtres soudoyés conspirèrent contre leur patrie, troublèrent les assemblées d'Ægium, et fournirent enfin aux Romains l'occasion d'une déclaration de guerre. La tâche, désormais facile, de conquérir l'Achaïe et le Péloponnèse, fut donnée au consul Mummius; il la commença et la termina presque, par le sac de Corinthe (146 av. J. C.), et le Péloponnèse, réduit en province romaine, prit le nom de *province d'Achaïe*, qu'il conservait encore dans les derniers temps du Bas-Empire. *Voyez* l'article suivant.

Polybe, *passim.*
Strabon, l. VIII, c. 6, p. 383 et suiv.
Pausanias, l. VII, *Achaïca.*
Plutarque, Vies d'*Aratus*, de *Cléomène* et de *Philopœmen.*
Ubbo Emmius, dans le *Trésor* de Gronove, t. II, p. 200-256.
Th. S. Bayer, *Fasti Achaïci*, dans les *Mémoires de l'académie de Pétersbourg*, t. V, p. 373-448.
Sainte-Croix, *Des anciens gouvernements fédératifs et de la législation de Crète*, Paris, an VII, p. 179-198.
E. Helving, *Geschichte des achaïschen Bundes*, Lemgo, 1829, in-8°.
Merleker, *Achaïcorum libri III*, Darmstadt, 1837, in-8°.
C. Frid. Hermann, *Lehrbuch der griechischen Staatsalterthümer*, Heidelberg, 1841, in-8°, p. 427-436.
Cousinery, *Essai sur les monnaies d'argent de la ligue achéenne*, Paris, 1825, in-4°.

LÉON RENIER.

ACHAIE (Principauté d'). (*Histoire.*) En 1202, *Guillaume de Champlitte*, petit-fils d'Hugues Ier, comte de Champagne, se mit à la tête d'une troupe de croisés, et, s'étant embarqué à Venise, alla envahir le Péloponnèse. Il se rendit d'abord maître de Patras et d'autres places de la presqu'île, puis s'associa Geoffroi de Villehardouin, sénéchal de Romanie, neveu de Geoffroi de Villehardouin, maréchal de Champagne, l'historien de la quatrième croisade. Villehardouin l'assista dans la conquête du Péloponnèse, et en obtint à titre de fief la ville de Coron. Boniface, roi de Thessalonique, accorda à Guillaume de Champlitte la suzeraineté sur Athènes et Thèbes, qu'Otton de la Roche avait conquises, et qu'il gouvernait à titre de grand sire; enfin, la plupart des chefs de la Morée, par un traité conclu avec Guillaume, le reconnurent volontairement pour leur seigneur suzerain; les autres furent réduits à l'obéissance par la force des armes.

Mais Guillaume ayant reçu, quelque temps après, la nouvelle de la mort de son frère, le comte de Champlitte, résolut de se rendre en France pour prendre possession de sa succession. Toutefois, avant d'exécuter ce projet, il distribua à ses féaux toutes les terres de la Morée à titre de fiefs, et régla le service militaire de chacun. Geoffroi de Villehardouin, qui tenait déjà Coron, obtint encore Calamata et Arcadia; Gaultier de Rousseau obtint ou bâtit le château d'Acova, et Hugues de Brienne, celui de Caritena; enfin, Veligosti, Nicli, Geraki en Laconnie, Calavryta, Vostitsa, Gretzena, Passava, Chalatritsa, furent les chefs-lieux de quelques-unes de ces seigneuries, dont les nouveaux possesseurs prirent dès lors les noms. Ce fut ainsi que Robert de la Trémouille fut appelé sire de Chalatritsa. Les évêques du pays et les ordres de Saint-Jean et Teutonique obtinrent également des dotations en fiefs. Tout vassal fut astreint à servir pendant quatre mois à l'armée, et pendant quatre autres en garnison, avec le nombre de cavaliers que comportait son fief.

Après avoir fait ce partage et réglé tout ce qui concernait l'administration de la justice, Guillaume de Champlitte nomma *Geoffroi de Villehardouin* son lieutenant pour gouverner pendant son absence la Morée en toute souveraineté, à la condition de la remettre à celui des parents de Guillaume que celui-ci enverrait pour la recevoir de ses mains. Si, après le terme d'un an et d'un jour, personne ne se présentait, la souveraineté devait appartenir à Geoffroi et à sa postérité. Cet arrangement ayant été fait par écrit et juré, Guillaume partit pour la France.

Huit mois s'étant écoulés, il céda la souveraineté de l'Achaïe à un de ses cousins nommé Robert, qui se mit aussitôt en route pour aller en prendre possession. Mais Villehardouin, d'accord avec Pierre Zani, doge de Venise, trouva moyen d'entraver sa navigation et de l'arrêter à Corfou, puis dans divers endroits de la Morée; enfin, lorsqu'il ne put éviter de le recevoir à Nicli, il déclara qu'il était prêt à remplir ses engagements, ainsi qu'il serait reconnu par l'assemblée des prélats et feudataires; ceux-ci décidèrent que le terme stipulé pour la remise de la souveraineté étant écoulé depuis quinze jours, Geoffroi de Villehardouin était seul souverain du pays. Il combla alors Robert de Champlitte de présents, puis le renvoya en France, et lui-même changea son titre de bailli en celui de prince souverain d'Achaïe. Sous son règne, le système féodal, introduit par Guillaume de Champlitte, se perfectionna. Un registre des fiefs contient les obligations réciproques des barons et du seigneur suzerain. Tous les barons firent bâtir des forteresses dans l'intérieur et sur les limites de leurs baronnies, et quelques-uns frappèrent monnaie. Geoffroi se montrait moins leur souverain que le chef de ses égaux. Il fut à la fois poëte et guerrier, et un des chevaliers les plus brillants de cette époque chevaleresque. Il mourut vers 1220, et transmit la principauté à *Geoffroi II*, son fils aîné; Guillaume, le cadet, obtint Calamata; le troisième, nommé aussi Geoffroi, fut baron de Caritena.

Agnès, l'une des filles de Pierre de Courtenay, empereur de Constantinople, qui la destinait au roi d'Aragon, ayant abordé dans un port de la Morée, Geoffroi II l'épousa sans demander le consentement de son beau-père. Celui-ci ressentit vivement cet outrage; mais Geoffroi l'apaisa en se reconnaissant son vassal et en lui prêtant hommage lige. Ce fut alors qu'à la demande de l'empereur, les assises de Jérusalem furent introduites dans la principauté d'Achaïe. Geoffroi II, ayant eu quelques discussions avec le clergé latin, fit saisir ses revenus, et fut, pour ce fait, excommunié par le pape avec les seigneurs qui l'avaient appuyé dans sa résistance; mais il se réconcilia avec l'Église au bout de quelques années.

Guillaume de Calamata succéda à son frère. Projetant la conquête de Corinthe, Napoli de Romanie, Napoli de Malvoisie et Argos, qui lui manquaient encore pour être maître de tout le pays, il conclut avec la république de Venise un traité d'alliance, par lequel il fut reconnu prince de toute la Morée, à l'exception de Coron et de Modon, qu'il céda à la seigneurie. Il donna Napoli de Romanie et Argos au seigneur d'Athènes en récompense du secours qu'il lui avait prêté pour la prise de Corinthe. Après la conquête de Malvoisie, qui se défendit pendant trois ans, il construisit Misthra dans la proximité de Sparte, ainsi que le fort de Magne ou Maïna; enfin, il accorda aux Maïnotes, habitants de cette contrée, leur indépendance ou plutôt leur immédiateté, de manière que le prince ne pourrait jamais disposer de leurs terres à titre de fiefs; et telle fut l'origine de cette espèce de liberté que les Maïnotes conservèrent jusqu'à nos jours.

Guillaume avait épousé Anne Ange Comnène, sœur de Michel Ange Comnène II, despote d'Épire, nommé aussi prince d'Arta, du nom de sa capitale. Cette alliance l'impliqua, en 1259, dans une guerre qui lui devint funeste. Ayant marché au secours du despote contre l'empereur Michel VIII Paléologue, dont Michel refusait de reconnaître la suzeraineté, il fut abandonné dans le moment du danger par son allié qui était secrètement d'accord avec le chef de l'armée impériale, et, défait dans une grande bataille, il tomba, avec le baron de Caritena son neveu, au pouvoir du vainqueur. Il acheta, après trois années de captivité, sa liberté moyennant la cession des trois places de Napoli de Malvoisie, de Maïna et de Misthra (1263.) Il se reconnut vassal de l'empereur, et, comme marque de sujétion, il accepta la dignité de grand domestique. Cette convention fut sanctifiée par un lien spirituel : Guillaume servit de parrain à un enfant de Michel VIII.

Mais à peine Guillaume fut-il de retour en Morée, que la guerre se renouvela, soit qu'il se fût fait dégager de son serment par le pape, soit par suite d'un faux rapport qui fut fait à l'empereur. Elle fut plus heureuse pour le prince d'Achaïe que la campagne de 1259 :

un vieux guerrier, Jean de Catava, remporta avec trois cent douze hommes, à Prinitsa, sur l'armée impériale commandée par le frère de Michel VII, une victoire si décisive, qu'on ne crut devoir l'expliquer que par un miracle. Les Grecs n'eurent pas plus de succès dans la suite de la guerre. Abandonnés par un corps de Turcs qu'ils avaient pris à leur solde et qui passa du côté des Français, ils furent défaits à Véligasti par Anceau de Toucy, lieutenant de Guillaume; et Guillaume réduisit ensuite de nouveau à l'obéissance les districts de la Morée qui s'étaient déclarés pour les Grecs.

Pour s'affermir dans sa domination, Guillaume, qui n'avait pas de fils, offrit à Charles Ier d'Anjou, roi de Naples, la main d'Isabelle, sa fille aînée, pour Philippe, son fils cadet. Cette proposition fut accueillie avec d'autant plus d'empressement que Charles s'était fait céder peu de temps auparavant, par le traité de Viterbe, la principauté d'Achaïe en tant que Baudouin II, empereur détrôné de Constantinople, pouvait la céder. Guillaume, pour consommer l'affaire, se rendit lui-même à Naples, et fit hommage de ses États à Charles Ier; puis celui-ci lui abandonna un corps de troupes commandé par Galeran de Brienne.

Mais bientôt Charles Ier eut besoin de réclamer lui-même l'assistance de son vassal contre Conradin, qui marchait à la conquête de son patrimoine; et ce fut surtout aux conseils du prince d'Achaïe qu'il dut la victoire qu'il remporta à Scurcola, le 23 août 1268.

Isabelle et *Philippe*, son époux, succédèrent à Guillaume dans le titre de princes d'Achaïe; mais le gouvernement fut exercé pendant quelque temps au nom du suzerain, le roi Charles Ier, par son lieutenant ou bailli, Rousseau de Sol. Philippe étant mort fort jeune, en 1277, Isabelle se remaria d'abord avec *Florent de Hainaut*, seigneur de Braine, fils de Jean d'Avesne, comte de Hainaut, et après la mort de celui-ci, avec *Philippe de Savoie*, fils aîné de Thomas III, prince de Piémont, qui fut investi, en 1301, de la principauté d'Achaïe par Charles II, roi de Naples. Mais celui-ci transporta, en 1294, la suzeraineté de cette principauté à son quatrième fils *Philippe*, prince de Tarente, connu ensuite sous le titre d'empereur de Constantinople, qu'il porta, du droit de sa seconde épouse Catherine de Valois, et ce prince joignit, en 1307, la propriété à la suzeraineté par un traité qu'il conclut avec Philippe de Savoie et Isabelle de Villehardouin, lesquels lui vendirent leurs droits pour de l'argent et d'autres terres.

Cependant il existait une fille de la même Isabelle et de Florent de Hainaut; elle se nommait *Mathilde* ou *Mahaut*. Cette princesse, fiancée à *Louis*, fils cadet de Robert II, duc de Bourgogne, éleva des prétentions à la principauté d'Achaïe, tandis que, de son côté, son fiancé faisait valoir une ancienne promesse de mariage qui lui donnait des droits sur la main de Catherine de Valois et qui entravait son mariage avec Philippe de Tarente. Toutes ces prétentions contradictoires furent arrangées par un traité conclu au Louvre, le 6 avril 1313, par lequel le prince de Tarente céda la principauté d'Achaïe et ses prétentions au royaume de Thessalonique, à Mathilde de Hainaut et à son futur époux, Louis de Bourgogne, en se réservant toutefois la suzeraineté de l'Achaïe, et à sa future épouse celle de la Thessalonique.

Louis de Bourgogne eut cependant un concurrent à combattre : Isabelle de Villehardouin, qui avait été tour à tour princesse de Tarente, dame de Braine et comtesse de Savoie, avait une sœur cadette nommée Marguerite, qui avait eu, pour sa part de l'héritage de leur père, le comté de Matagriffon en Péloponnèse. Elle avait épousé le comte d'Andria, de la famille de Baux, et elle en avait eu une fille, nommée Isabelle, qui, en 1314, fut mariée à Ferdinand, fils puîné du roi de Majorque. De cette alliance naquit un fils, l'infant Jayme, qui fut depuis roi de Majorque, et Isabelle mourut en couche. Ferdinand réclama, au nom de son fils, non-seulement le comté de Matagriffon, mais toute la principauté d'Achaïe. Il en résulta une guerre civile, qui ne fut terminée qu'en 1316, par une bataille où périt Ferdinand.

Louis de Bourgogne mourut bientôt après sans enfants, et laissa la principauté d'Achaïe à son frère le duc *Eudes*, qui, en 1320, la vendit à *Louis*, comte de Clermont, sire de Bourbon, et, probablement parce qu'il se trouva quelque irrégularité dans ce traité, en 1321, à *Philippe*, prince de Tarente. D'un autre côté, Mathilde de Hainaut, veuve de Louis de Bourgogne, épousa *Jean*, comte de Gravina, autre fils du roi Charles II, qui enferma sa femme au château de l'Œuf, à Naples, se mit en possession de la principauté d'Achaïe, et la troqua, en 1332, contre le duché de Duras, avec *Robert*, fils de Philippe de Tarente, qui porta, comme son père, le titre d'empereur de Constantinople.

Ce prince mourut le 10 septembre 1364, laissant la principauté de Tarente et le titre d'empereur à son frère puîné, et la principauté d'Achaïe à l'impératrice *Marie de Bourbon*, son épouse, qui en jouit jusqu'à sa mort en 1387. Elle la légua à *Louis, duc de Bourbon*, son neveu; mais il s'éleva alors une foule de prétendants, dont *Amé de Savoie*, prince de Piémont, et *Jacques de Baux*, prétendu empereur de Constantinople, furent les principaux. Aucun d'eux ne put se maintenir dans la principauté, qui fut démembrée. Nério ou Renier Acciaoli, d'une famille de Florence, eut Corinthe; les **Paléologues** se maintinrent dans la possession du duché de Sparte, des villes cédées en 1262 par Guillaume de Villehardouin, et de Patras; les **Mélissènes**, descendants d'Alexis Stratégopol, conquérant de Constantinople, devinrent seigneurs de Messénie; enfin, les **Centurioni** ou Zacharie de Gênes prirent l'Élide et le titre de princes d'Achaïe.

Les Turcs cependant devenaient chaque jour plus menaçants. Maîtres de l'Asie Mineure, ils avaient fini par passer la mer, s'étaient emparés de Thessalonique et cernaient Constantinople, qui succomba en 1453. Les provinces grecques situées au midi de la Thessalie et des Thermopyles, la Morée et les Cyclades ne pouvaient se défendre longtemps. Tous les chefs francs quittèrent le pays; le croissant, apporté par Mahomet II, remplaça les étendards français, et la principauté d'Achaïe ne fut plus qu'un souvenir historique.

Chronique de la conquête de Constantinople et de l'établissement en Morée, publ. par M. Buchon, 1825, in-8°.
Éclaircissements historiques sur la principauté d'Achaïe, par le même.

ACHALANDAGE. On entend par là l'état des relations plus ou moins étendues qui existent entre un marchand et les acheteurs. Ce mot signifie aussi les moyens employés pour attirer les *chalands*. Ces moyens consistent tantôt dans l'exhibition et l'étalage des marchandises, tantôt dans l'envoi d'agents chargés de provoquer les demandes. L'achalandage, pris dans son premier sens, constitue une partie de la valeur d'un établissement, et entre dans le prix de la vente pour une partie souvent plus considérable que le fonds lui-même.

ACHANTI (Empire d'). (*Géographie et Histoire*). Le peuple des Achantis, qui domine aujourd'hui sur toute la Côte d'Or et sur une grande partie de la Nigritie, était encore inconnu à la fin du dix-huitième siècle; ou du moins on n'avait sur la situation et l'étendue de ce royaume, comme sur les mœurs et sur l'origine de ses habitants, que des données vagues et contradictoires. Une longue guerre entre les Achantis et les *Fantis*, peuple de la Côte-d'Or voisin du golfe de Guinée, fit descendre les Achantis des montagnes de l'intérieur, et les amena jusque sous les forts anglais et hollandais qui protégent le commerce sur cette côte. Ce fut ainsi que les Européens connurent ce peuple belliqueux.

Cette guerre commença en 1806 à l'occasion de l'hospitalité et des secours que les Fantis de la ville d'Annamaboe avaient donnés au roi du pays d'*Assin*, pays intermédiaire entre le royaume d'Achanti et le Fanti; elle se prolongea pendant les années 1806, 1807; reprit avec plus de force en 1808, 1811, 1816, et, malgré l'épuisement des Fantis, ne cessa jamais entièrement. Les Hollandais et les Anglais, dont les principaux établissements sont situés dans le pays des Fantis, se trouvèrent mêlés à cette cruelle guerre et en souffrirent souvent : les Hollandais y perdirent le fort d'*Amsterdam* ou de *Cormantine*, que Ruyter avait enlevé aux Anglais en 1663; ils se virent même assiégés plusieurs fois par les Achantis dans Elmina ou Saint-George de la Mine, le chef-lieu de leurs établissements; les Anglais aussi soutinrent un siége terrible dans le fort d'Annamaboe contre 20,000 Achantis. Mais ils entrèrent dès 1807 en négociation avec ce peuple; intervinrent en faveur des Fantis en 1816; envoyèrent, en 1817, une ambassade à Coumassie, capitale des Achantis, et y laissèrent un résident. En même temps, ils préparèrent les moyens de changer dans ces contrées leurs forts en comptoirs et en vastes entrepôts, firent relever avec soin les côtes difficiles et dangereuses de cette partie du golfe de Guinée (1), ménagèrent les tribus intermédiaires qui, comme les Fantis, pouvaient entraver les relations commerciales, et pressèrent enfin la colonisation, auparavant négligée. La richesse, la civilisation, la puissance et l'étendue de l'empire d'Achanti légitimaient une semblable prévoyance.

Cet empire comprend toute la Côte-d'Or (2); à l'O., le pays des Quaquas le sépare de la côte des Dents, et à l'E., le fleuve Volta, du vaste royaume de Dahomey. On ne connaît pas exactement ses limites septentrionales, mais sa puissance paraît s'étendre jusqu'aux montagnes de Kong. Cet immense territoire est arrosé par plusieurs rivières; mais peu d'entre elles sont navigables, et cette circonstance doit nuire au développement du commerce européen avec l'intérieur même du pays. Le fleuve *Volta*, nommé *Adirri* dans la partie supérieure de son cours, descend des montagnes de Kong, et se jette dans le golfe de Guinée, après un cours de cent quarante lieues environ; le *Laka* est un affluent de ce fleuve. La *Chama* ou *Praa*, nommée encore *rivière Saint-Jean*, formée par la *Bossempra* et le *Birrim*, qui se réunissent dans le pays d'*Assin*, se jette dans la mer près de la ville de *Chama* et du fort hollandais *Saint-Sébastien*, après un cours de trente lieues du nord au sud. On croit qu'elle reçoit à droite une rivière nommée l'*Ofim* ou *Foum*, qui prend sa source dans l'Achanti proprement dit.

L'*Ancobra* ou *Sinnie*, appelée aussi le *Tando* dans sa partie supérieure, sort également de

(1) La reconnaissance hydrographique des côtes de l'empire d'Achanti fut confiée au capitaine Vidal, qui a publié son travail en 1838.
(2) C'est-à-dire le pays situé entre 5° 50' et 7° 58' de lat. N. et entre 3° 8' et 5° 38' de long. O.

l'Achanti et se jette dans l'Atlantique à l'O. du fort hollandais *Axim*, après un cours d'environ soixante-dix lieues du N. au S.

Le royaume d'Achanti proprement dit est situé dans l'intérieur de la Côte-d'Or; il est limité au S. par la petite rivière *Bohmen* et au N. par le *Coumbo*, que les Maures appellent *Zamma*. La capitale *Coumassie*, résidence du roi, est le centre d'un commerce considérable, dont la traite des esclaves est l'objet principal : diverses routes partant de cette ville se dirigent vers les pays de l'intérieur de l'Afrique, vers Timbouctou, le Houssa et d'autres pays du Niger. Des mollahs ou prêtres musulmans, appartenant à une grande mission mahométane qui s'étend des contrées du Niger au pays des Achantis, y jouissent d'une grande autorité et y ont ouvert des écoles.

Les Achantis sont entourés de peuples nombreux, qu'ils ont fini par subjuguer. Ils durent pousser d'abord leurs conquêtes du côté du nord, puis, avant d'atteindre les royaumes du littoral, ils eurent à soumettre plusieurs États intermédiaires. Vingt-trois royaumes sont leurs tributaires; les plus remarquables sont l'*Aquambou*, autrefois le plus puissant et le plus belliqueux des États de cette partie de la Guinée; le *Degoumbah*, près des limites du Soudan, capitale *Yahndi*, ville plus grande que Coumassie et peuplée en grande partie de mahométans; l'*Akim*, qui fut soumis par les Achantis en 1749; et le *Fanti*, royaume du littoral où les Européens ont concentré leurs établissements; les Anglais y possèdent *Cape-Coast-Castle*, fort bâti par les Portugais, enlevé par les Hollandais, puis par les Anglais en 1665; *Tantumquerry*, *Petite Commendo*, *Simpah* ou *Winnebah*; et les Hollandais, *Saint-George de la Mine*, ou *Elmina*, bâti en 1481 par les Portugais, pris en 1637 par les Hollandais, qui le conservèrent malgré les attaques des Anglais et des naturels; les forts de *Nassau* et de *Aredenborg*.

On a reconnu dans tous ces peuples soumis à l'Achanti, malgré des différences de mœurs, d'institutions, de langage, une même famille. M. Bowdich, qui les a longtemps observés à Coumassie, s'est occupé de rechercher leur origine commune, et a proposé une solution de cette question difficile. Se fondant principalement sur les traditions des Achantis, qui constatent de longues et obscures émigrations, et sur une analogie assez vague de leurs usages avec différentes coutumes des Égyptiens, des Phéniciens, des Abyssins, et même des Hébreux, il présente les Achantis et les autres peuples de leur empire comme les descendants de ces Éthiopiens civilisés dont parlent Hérodote et Diodore, que les guerriers égyptiens ont refoulés vers le S. O., et d'autres populations qui, dans le principe, voisines de la Méditerranée, ont été incessamment repoussées vers le midi par les Carthaginois, les Romains et les Arabes.

H. Meredith, *An account of the Gold-Coast of Africa with a brief history of the African Company*; Londres, 1812, gr. in-8°.

Th. Edw. Bowdich, *Mission from Cape Coast-castle to Ashantee*, etc.; Londres, 1819, in-4°; trad. en français, Paris, 1819, in-8°.

Id., *On the origin of the Ashantee. Journal of sciences, litt. arts*, n° XIX, 1820, p. 73.

K. Ritter, *Géographie générale comparée*, t. 1er, p. 415-461, *trad. fr.*; on y trouve un résumé des deux ouvrages précédents.

W. Hutton, *A voyage to Africa* (Ashantee); London, 1821, in-8°; traduit en français par Ch. Thorel de la Trouplinière; Paris, 1823, in-8°.

Jos. Dupuis : *Journal of a residence in Ashantee*; London, 1824, in-4°.

T. B. Freeman, *Relation de deux voyages faits dans l'empire Achanti*, en 1839 et 1841, insérée dans le n° 15 du journal *the Friend of Africa*.

AMÉDÉE TARDIEU.

ACHAT. (*Législation.*) C'est un contrat par lequel on acquiert la propriété d'une chose quelconque, moyennant un prix convenu. Le mot *achat* est corrélatif du mot *vente* : ces deux expressions désignent le même contrat, la première, par rapport à celui auquel la propriété est transmise; la seconde, par rapport à celui qui transmet la propriété. *Voy.* VENTE.   COURTIN.

ACHEM (Royaume d'). (*Géographie et Histoire.*) Le royaume d'*Achem* ou d'*Atché* forme la partie septentrionale de l'île de Sumatra; il s'étend sur la côte occidentale jusqu'à la rivière Sinkel, la plus considérable de toutes celles de ce versant, et sur la côte orientale, seulement jusqu'à la pointe Diamant. Au S. E. il confine au pays des Battas, peuple indépendant comme les Achemais.

L'histoire du royaume d'Achem, longuement racontée par W. Marsden (1), offre une longue suite de glorieuses conquêtes. Les rois d'Achem soumirent successivement les États puissants de *Pedir*, *Pasay*, *Aru*, *Delhy*, *Johor*, *Paham*, *Queda*, *Pera* sur la côte orientale; de *Barous*, *Passaman*, *Ticoo*, *Sileda*, *Priaman* sur la côte occidentale, et pénétrèrent jusqu'à Padang, qui fut le terme de leurs conquêtes. Leur longue lutte contre les Portugais dans le seizième siècle, leurs progrès et leurs établissements dans la presqu'île de Malacca, leurs alliances lointaines avec le Japon et l'Arabie, leur résistance habile et opiniâtre aux projets des Hollandais et des Anglais, qui finirent par renoncer à leurs factoreries dans le royaume d'Achem, tout cela leur a acquis une juste célébrité. Mais à la fin du dix-septième siècle, leur puissance déchut considérablement; les Bat-

(1) *Histoire de Sumatra*, trad. de l'angl. par M. Parraud, 1788, 2 vol. in-8°.

tas les repoussèrent vers le nord, le sultan de Menangkabau fit reconnaître et accepter d'eux sa supériorité ; toutefois le royaume d'Achem, resserré dans de nouvelles limites, conserva son indépendance et maintint l'importance de son commerce.

La capitale, *Achem*, située sur une rivière du même nom à l'extrémité N. O. de Sumatra, sans être, comme au seizième siècle, l'entrepôt du commerce de l'Inde et de l'Arabie, fait encore un commerce considérable avec la côte de Coromandel et les îles Maldives ; la rade de cette ville, formée par les petites îles Nancay, Brasse, Gommes, Way, a été particulièrement étudiée par les hydrographes européens (1). La côte occidentale de Sumatra, et surtout la partie de cette côte qui s'étend au N. du port d'Annalabou, a été relevée souvent (2), à cause de l'importance des ports qui s'y trouvent, *Annalabou*, *Sousou*, *Maigan*, *Sinkel*, tous presque aussi commerçants qu'Achem. L'objet principal de ce commerce est le poivre et la poudre d'or qu'on recueille sur les montagnes voisines d'Achem et surtout près de *Mucki* à l'O. de Sousou. Le sultan d'Achem s'en est réservé le monopole et il le maintient contre les empiétements et les révoltes des grands. Du reste, le livre de Marsden contient de curieux renseignements sur la religion, les lois, le gouvernement, le commerce de ce pays, et quoique déjà ancien il est encore le plus complet et le plus intéressant pour ce qui concerne cette partie de l'île de Sumatra.

AMÉDÉE TARDIEU.

ACHILLE (Tendon d'). (*Anatomie.*) On nomme ainsi le tendon commun qui termine inférieurement les muscles *jumeaux* et *soléaire* (muscles du mollet), et qui vient s'attacher au *calcaneum* (os du talon). Son nom lui vient, dit-on, de l'épisode si connu de la vie d'Achille : Thétis, pour rendre son fils invulnérable, le plongea dans les eaux du Styx en le tenant par les talons, et cette partie du corps resta seule accessible aux coups de Pâris.

Le tendon d'Achille sert d'intermédiaire aux muscles cités plus haut, pour l'extension de l'articulation du pied avec la jambe (tibio-tarsienne).

(1) *Voy.* surtout les *Instructions de Daprès sur la navigation des Indes orientales*, 1819, p. 217-224.

(2) *Voy. Chart. of west coast of Sumatra*, by W. Kirton, 1782 ;

Western coast of Sumatra, by J. Horsburgh, 1832 ;

Instructions pour naviguer sur la côte O. de Sumatra avec la carte d'Endicott ; in-8° (1837). Dépôt de la marine ;

Et surtout ; *Instructions nautiques sur les ports à poivre de la côte O. de Sumatra au N. d'Annalabou*, trad. de l'angl. de J. Gillis, par M. Picard, enseigne de vaisseau ; br. in-8° (Dép. de la marine).

Dans ces derniers temps, le tendon d'Achille a acquis une grande importance chirurgicale. L'attention de quelques médecins s'étant particulièrement fixée sur les déviations et les difformités du corps et des membres, ils reconnurent que, dans le plus grand nombre de cas, ces dispositions vicieuses tenaient à la rétraction musculaire, ou mieux à un défaut d'équilibre entre les forces des muscles antagonistes. La section des tendons, ou *ténotomie* des muscles rétractés, fut, en conséquence de cette étiologie, indiquée comme moyen curatif de ces différentes déviations. L'une des plus fréquentes et des plus incommodes, le *pied bot*, ayant été considérée comme le résultat de la rétraction vicieuse des muscles postérieurs de la jambe, la section du tendon d'Achille fut pratiquée, et de nombreux succès vinrent couronner cette opération, qui est aujourd'hui acquise à l'art chirurgical.

A dire le vrai, l'idée de couper le tendon d'Achille n'est pas nouvelle ; elle existe même de temps immémorial dans la médecine vétérinaire ; mais c'est à un chirurgien allemand nommé Thillennius qu'on en attribue la première application chez l'homme atteint de pied bot. Lorentz, autre opérateur de la même nation, réclame la priorité sur Thillenius ; il aurait opéré la section du tendon d'Achille en 1782, tandis que le premier n'aurait pratiqué cette opération qu'en 1784. En 1809 et 1810, le professeur Michaëlis de Marbourg publia un travail sur les avantages de cette méthode curative, qui, dès lors, prit place dans la science. On ne la connut cependant en France que vers l'année 1816, époque à laquelle Delpech, de Montpellier, opéra un enfant de six ans. L'opération n'ayant point répondu au résultat qu'on en attendait, la section du tendon d'Achille était presque complétement oubliée, lorsque, en 1831 et 1834, le docteur Stromeyer, de Hanovre, la fit revivre avec succès. Les faits qu'il publia à ces deux époques, dans les *Archives générales de médecine*, devinrent le point de départ d'un progrès immense dans la thérapeutique du pied bot et de quelques autres difformités. M. Duval, le premier, puis MM. Bouvier, J. Guérin, Roux, Laugier, etc., opérèrent avec bonheur un grand nombre de malades ; et cette pratique fut suivie du même succès en Allemagne, en Angleterre, en Belgique.

Il n'entre point dans le plan de cet article de décrire les différents procédés opératoires successivement employés par MM. Delpech, Stromeyer, Duval, Bouvier, Scoutetten. Dans tous les cas, la section du tendon est sous-cutanée, et les plaies extérieures sont aussi petites que possible, afin d'éviter l'entrée de l'air, et, par suite, la suppuration et l'exfoliation du tendon. Quelques jours après l'opération (quatre ou cinq suffisent, selon M. Scoutetten), le pied est placé dans un appareil extensif.

Entre les mains d'un praticien habile, il est rare qu'au bout d'un mois ou deux le malade ne soit point en état de marcher, le pied appuyant sur le sol par toute sa face plantaire.   A. DUPONCHEL.

ACHORES. (*Médecine.*) Maladie de la peau (1). *Voy.* VÉSICULES.

ACHROMATISME. (*Physique.*) Le lecteur a vu à l'article *Aberration de réfrangibilité*, que les rayons dont la lumière est composée sont inégalement réfrangibles et qu'ils donnent lieu à une image confuse des objets soumis à l'observation. Le but de l'*achromatisme* est de détruire ou plutôt de compenser cette différence de réfrangibilité, en faisant passer les rayons lumineux à travers plusieurs substances diaphanes, dont les pouvoirs dispersifs et les pouvoirs réfringents ne sont pas proportionnels entre eux. On appelle *dispersion* la différence entre les indices de réfraction des deux couleurs extrêmes d'un rayon de lumière décomposé, laquelle différence varie d'une substance à l'autre, et *pouvoir dispersif* d'une substance, le quotient que l'on obtient en divisant sa dispersion par son indice moyen de réfraction (celui qui appartient à la lumière moyenne du spectre) diminué de l'unité.

Il existe des substances dont les pouvoirs dispersifs sont les mêmes et les pouvoirs réfringents inégaux. On a cru longtemps l'achromatisme impossible, et Newton lui-même avait été conduit à la conséquence que la lumière ne pouvait pas être déviée sans être décomposée. Mais Euler, considérant que ce phénomène était réalisé dans la construction de l'œil, puisque cet organe a la propriété de réfracter les rayons sans altérer leur couleur, soupçonna la possibilité d'imiter la nature. Hall avait construit, dès 1733, de véritables lunettes achromatiques qu'il conservait sans publier son invention. Jean Dollon, opticien anglais, avait fait la même découverte en 1757 et l'avait rendue publique. Il trouva qu'en employant le *flint-glass* ou cristal artificiel et le *crown-glass* ou verre ordinaire, on pouvait, en disposant convenablement la courbure des objectifs, atteindre un achromatisme complet.

Les prismes sont dits achromatiques, quand ils dévient la lumière sans y développer de couleurs; les lentilles sont dites achromatiques, quand elles forment en leurs foyers des images incolores des objets. On détermine facilement au moyen du calcul quel doit être le rapport des angles réfringents de deux substances pour que leur ensemble n'imprime aucune déviation à un rayon d'une réfrangibilité donnée. L'achromatisme serait parfait si les rapports des dispersions partielles des deux substances étaient les mêmes; mais il n'en est pas ainsi, et les indices de dispersion varient d'une couleur à l'autre dans le même rayon lumineux; pour approcher le plus possible de l'achromatisme parfait, on est obligé d'employer un certain nombre de prismes de substances différentes.   P. TOURNEUX.

ACIDES. (*Chimie.*) On comprend, sous cette dénomination générale, des corps, de composition diverse, caractérisés par les propriétés suivantes :

Saveur particulière, plus ou moins analogue à celle du vinaigre;

Action sur les couleurs bleues végétales qu'ils font passer au rouge;

Affinité pour les bases, avec lesquelles ils forment des combinaisons, où les propriétés des composants se neutralisent d'une manière plus ou moins complète;

Rôle électro-négatif dans ces combinaisons.

Développons cette définition sur un exemple.

Qu'on prenne l'huile de vitriol : ce liquide possède à un haut degré la saveur acide; il exerce une action énergique sur la teinture bleue de tournesol, qu'il décolore et rougit subitement. Ces propriétés annoncent un acide : l'huile de vitriol n'est autre chose en effet que l'acide sulfurique des chimistes.

D'ailleurs, si l'on ajoute une base, de la potasse, par exemple, à l'huile de vitriol, la dissolution perdra les caractères que nous venons de constater; elle n'aura plus la saveur acide, elle n'agira plus sur la teinture de tournesol. La potasse, en se combinant avec l'acide sulfurique, a neutralisé ses propriétés, et un nouveau corps, le sulfate de potasse, a pris naissance. L'huile de vitriol nous présente donc encore un des caractères que nous avons assignés aux acides.

Soumettons enfin cette dissolution, dans laquelle existe maintenant le sulfate de potasse, à l'action d'un courant électrique : le sel ne tardera pas à se décomposer; au pôle positif, nous retrouverons l'acide sulfurique, au pôle négatif, la potasse. Cette expérience nous montre que l'acide sulfurique est électro-négatif dans le sulfate de potasse. (*Voy.* COMBINAISON.)

On conçoit maintenant le sens qu'il faut attacher à chaque terme de la définition que nous avons donnée. L'huile de vitriol nous présente l'exemple d'un acide parfait, d'un corps possédant, à un haut degré, tous les caractères d'un acide. Mais tous ces caractères n'ont pas, pour le chimiste, la même importance et ne sont pas non plus également

---

(1) Du grec Ἀχώρ, *ulcère à la tête.*

faciles à constater. Ainsi, que le corps qu'il s'agit de classer soit insoluble, on ne peut plus en reconnaître la saveur; il est impossible aussi de l'éprouver par les réactifs colorés : mais si l'on sait que le corps peut entrer en combinaison avec les bases, si l'on s'assure qu'il est électro-négatif dans les sels formés, ces notions suffiront pour décider que le corps est acide.

Le caractère essentiel d'un acide consiste donc dans l'affinité pour les bases. Cette propriété se manifeste par la facilité plus ou moins grande de la combinaison entre l'acide et les bases, par la stabilité plus ou moins grande des sels qui en résultent, etc. Sous ce rapport, les divers acides offrent de notables différences, et de là viennent les qualifications d'acides *forts*, d'acides *faibles*, dont on se sert souvent en chimie.

Ces définitions posées, nous allons donner quelques notions générales sur la composition des acides. Comme nous l'avons déjà dit, cette composition n'est pas uniforme. les différences qu'on observe à cet égard correspondent à d'autres plus profondes, que nous étudierons ailleurs et qui ont conduit les chimistes à partager les acides en deux grandes classes renfermant, l'une les acides *inorganiques*, l'autre les acides *organiques*.

Acides inorganiques. En se combinant avec les corps simples, l'oxygène produit une classe nombreuse de composés qu'on désigne sous le nom général d'*oxydes*. Les propriétés des oxydes varient 1° suivant la nature du corps simple, ou radical; 2° suivant les diverses proportions dans lesquelles l'oxygène peut s'unir avec ce radical. Beaucoup de ces composés appartiennent à la classe des acides, et ils en forment même la partie la plus nombreuse et la plus intéressante.

Lavoisier, qui avait reconnu la propriété dont jouit l'oxygène de former des acides avec le soufre, le phosphore, etc., considérait l'oxygène comme le seul principe générateur des acides : c'est pour cela qu'il l'appela *oxygène* (1), et la nomenclature chimique, fondée sur cette idée, conserve encore, dans les dénominations des acides, ce caractère exclusif attribué à l'oxygène. Les progrès de la science ont fait subir quelques modifications à la doctrine de Lavoisier. Un de ses contemporains, Berthollet, avait déjà montré dans un composé de chlore et d'hydrogène, un corps doué de propriétés éminemment acides, et qui pourtant ne contenait pas d'oxygène. A côté de l'acide chlorhydrique vinrent se placer plus tard les acides sulfhydrique, fluorhydrique, iodhydrique, etc.; ces divers acides, formés par un métalloïde avec l'hydrogène, cons-

(1) Des mots grecs ὀξύς, *vinaigre*, et γεννάω, *j'engendre*.

tituèrent alors la classe des *hydracides*, tandis que les acides oxygénés recevaient le nom d'*oxacides*.

De nouvelles recherches ont ajouté une nouvelle classe d'acides aux deux précédentes. On a reconnu en effet dans certains composés du soufre, du chlore, etc., avec quelques corps simples, les propriétés essentielles des acides. En voyant, par exemple, le sulfure d'arsenic former avec le sulfure de potassium un composé qui a tous les caractères d'un sel, comment ne pas admettre dans ces deux sulfures les propriétés respectives d'un acide et d'une base? Comment méconnaître l'analogie entre ces deux sulfures et deux oxydes, l'un acide, l'autre basique? Ce mode de combinaison, dont nous pourrions multiplier les exemples, montre que la plupart des métalloïdes peuvent jouer le même rôle que l'oxygène; que ces corps, combinés avec certains corps simples, produisent de véritables acides. (*Voy.* COMBINAISON.)

Enfin, dans quelques cas peu nombreux, les acides contiennent trois corps simples; tels sont les acides chloroxi-carbonique, nitro-sulfurique, etc.; mais leur constitution ne diffère pas, pour cela, de celle des acides à deux éléments, et ils se comportent en général, dans les réactions, de la même manière que les précédents. Aussi admet-on dans ces acides l'existence d'un *radical* composé, c'est-à-dire d'un corps composé jouant le rôle d'un corps simple. Ainsi M. Dumas regarde l'oxyde de carbone comme le radical de l'acide chloroxi-carbonique, et il représente alors la composition de cet acide par $CO + Cl$, CO étant l'oxyde de carbone. Des idées analogues ont été émises sur l'acide nitro-sulfurique. On trouve encore une application de cette théorie dans la conception de Dulong sur les acides aqueux. (*Voy.* plus bas.)

Il y a très-peu d'acides forts que l'on parvienne à isoler. La plupart de ces acides peuvent cependant exister à l'état libre; mais nous ne connaissons pas les moyens de les dégager de toute combinaison. Presque tous contiennent une certaine quantité d'eau, dont on ne peut les priver qu'en les combinant avec un autre corps. La présence de l'eau ne nuit d'ailleurs en rien à l'action des acides : au contraire, elle favorise les combinaisons, car les corps absolument exempts d'eau agissent difficilement les uns sur les autres à la température ordinaire. Les acides combinés avec l'eau prennent le nom d'acides *aqueux*.

En partant de certaines considérations sur la formation des sels, Dulong a émis, sur la constitution des acides aqueux, une hypothèse que nous ferons connaître ici, et dont nous développerons ailleurs les conséquences (*Voy.* SELS). Dulong assimile tous les acides aqueux aux hydracides, en attribuant à l'acide la quantité d'oxygène contenue dans l'eau : le radical de l'acide et l'oxygène forment alors le radical composé d'un hydracide. Ainsi, suivant cette hypothèse, l'acide sulfurique aqueux SO^3, HO serait un hydracide composé d'hydrogène H et d'un radical SO^4. Il en serait de même de tous les autres acides oxygénés : à l'état anhydre, ils ne seraient pas susceptibles de se combiner avec les bases, et ne le deviendraient que par le concours de l'eau qui les convertirait en hydracides.

Acides organiques. Les acides organiques offrent, en général, une composition plus complexe que celle des acides minéraux : ils renferment deux, trois ou quatre corps simples qui sont toujours l'oxygène, le carbone, l'hydrogène et l'azote. La combinaison de ces éléments y paraît d'ailleurs, comme dans toutes les substances organiques, assujettie à des lois spéciales, en sorte que la constitution des composés qui en résultent diffère essentiellement de celle des composés analogues de nature inorganique.

Dans l'état actuel de la science, il est impossible de présenter des considérations générales sur les propriétés des acides organiques : tout ce qu'on sait d'essentiel à cet égard se borne aux notions que nous avons données plus haut, et que nous développerons ailleurs. (*Voy.* Chimie et Combinaison.)

La plupart des acides organiques renferment de l'eau, que les procédés ordinaires de dessiccation ne peuvent en séparer. Pour obtenir ces acides à l'état sec, il faut les saturer par l'oxyde de plomb ou l'oxyde d'argent, avec lesquels ils forment, en général, des sels anhydres.

Nous exposerons, dans un autre article, les règles de la nomenclature des acides. (*Voy.* Nomenclature.)

Les acides sont les agents les plus énergiques qu'on puisse employer pour changer la nature des corps : aussi les arts chimiques en font-ils un usage continuel. Dans toutes les opérations où on les emploie, on a besoin de connaître leur degré de concentration, et on se sert, pour cela, de l'aréomètre. Mais les indications de cet instrument pourraient conduire souvent à des résultats erronés, car l'aréomètre ne donne que la densité du liquide, et cette densité n'est pas toujours proportionnelle à la quantité absolue d'acide. Il faut donc avoir recours à une autre méthode : celle qu'on suit généralement consiste à saturer l'acide avec une dissolution titrée d'alcali; de la quantité d'alcali employée, il est facile de déduire la quantité d'acide réel.

Ce procédé est analogue à celui qu'on emploie pour estimer la richesse des alcalis (*Voy.* Alcalimètre).

Berzelius, *Traité de chimie.*
Dumas, *Traité de chimie.*

H. Dézé.

ACIER. (*Chimie* et *Technologie.*) Composé de fer et de carbone, que des propriétés précieuses rendent d'un usage universel dans les arts.

A l'état naturel, l'acier nous présente à peu près les propriétés physiques du fer : il a sensiblement le même aspect, la même dureté, la même pesanteur spécifique. Comme le fer, il est ductile et malléable, peut se souder sur lui-même et n'entre en fusion qu'à une température élevée.

Mais l'acier possède une propriété caractéristique : chauffé et refroidi brusquement, il acquiert de la dureté et devient cassant : chauffé de nouveau et refroidi lentement, il perd cette dureté et redevient ductile. Les deux opérations qui produisent dans l'acier ces modifications essentielles sont connues sous le nom de *trempe* et de *recuit :* nous les décrirons plus bas avec tous les détails nécessaires.

Ce caractère ne permet pas de confondre le fer avec l'acier, malgré les nombreuses analogies qui existent entre ces corps. Voici d'ailleurs d'autres signes auxquels on peut reconnaître l'acier : sa couleur est généralement plus claire que celle du fer ; il est plus facile à casser, et présente une cassure plus unie ; chauffé au rouge, il est plus difficile à travailler que le fer ; il se soude moins facilement sur lui-même; enfin il fond à 130° pyrométriques environ, tandis que le point de fusion du fer n'est qu'à 150°. Sa pesanteur spécifique varie de 7,80 à 7,84. On sait d'ailleurs que l'acier aimanté garde la polarité magnétique beaucoup mieux que le fer.

Une lame d'acier poli *prend couleur* quand on la chauffe au contact de l'air : les teintes qu'elle présente varient avec la température, de la manière suivante :

Jaune paille.	221°
Idem plus foncé.	232°
Jaune orange.	243°
Jaune brun.	254°
Idem un peu teinté de pourpre.	265°
Pourpre.	277°
Bleu pâle.	283°
Bleu ordinaire.	293°
Bleu noir très-foncé.	317°
Vert d'eau.	332°

Ce phénomène est dû à la formation d'une pellicule d'oxyde de fer qui produit sur la lumière l'action des *lames minces* (Voy. Anneaux colorés). A la chaleur rouge, l'oxyde forme une croûte épaisse; et toute coloration cesse.

L'observation de ces diverses teintes a, dans les arts, une certaine importance, parce qu'elle sert à guider l'ouvrier pour le travail du recuit.

Chauffé plusieurs fois au contact de l'air, l'acier perd une partie de son carbone, et se transforme en fer doux.

Les acides qui attaquent le fer attaquent aussi l'acier, mais l'action présente, dans les deux cas, quelques différences. Quand on traite l'acier par l'acide sulfurique ou l'acide chlorhydrique, il se dégage de l'hydrogène, en partie carboné, et il se forme une huile odorante que l'hydrogène entraîne en partie : on observe en outre un résidu charbonneux. Si on emploie l'acide azotique, une partie du charbon se change en une poudre rougeâtre, partiellement soluble dans les acides, et renfermant de l'azote, qui provient de la décomposition de l'acide azotique.

L'iode et le brôme, mêlés à l'eau, dissolvent l'acier, sans dégagement de gaz et avec résidu de charbon pur. Cette propriété du brôme et de l'iode a été mise à profit pour l'analyse de l'acier.

L'acier contient, comme nous l'avons dit, du fer et du carbone ; mais la combinaison ne paraît point *définie*, c'est-à-dire constituée par des proportions fixes des deux éléments. La quantité de carbone est très-faible et varie de 1 à 2 pour cent.

Le silicium entre aussi, mais en proportion très-faible, dans la composition de la plupart des aciers.

On connaît dans le commerce trois sortes d'aciers : 1° l'acier de *forge* ou acier *naturel* ; 2° l'acier de *cémentation* ; 3° l'acier *fondu*. Il faut joindre à ces espèces principales plusieurs variétés, telles que l'acier *damassé*, l'acier *indien*, etc. Nous allons décrire les modes de fabrication qui fournissent ces divers aciers.

1°. *Acier de forge* ou *acier naturel*.

On l'obtient en affinant la fonte au feu de forge ou en traitant les minerais de fer par la méthode catalane. Le dernier procédé sera décrit à l'article Fer ; nous ne nous occuperons ici que du premier.

La fonte est, comme on sait, un carbure de fer qui contient plus de carbone que l'acier : on conçoit donc qu'une décarburation partielle de la fonte peut fournir l'acier. Tel est le but de l'*affinage*, opération qui consiste essentiellement à tenir la fonte en fusion sous des scories. Dans ces circonstances, le carbone de la fonte est brûlé en partie par l'oxygène qui existe dans les scories à l'état d'oxyde de fer, et l'acier qui se forme, moins fusible que ces scories, s'en sépare facilement. L'opération s'exécute dans un fourneau qui a sensiblement la même forme que ceux des foyers d'affinerie (*Voy.* Fer). On y place la fonte et les scories, avec du charbon de bois ;

puis quand la fonte est en fusion, on favorise la décarburation, en la travaillant avec un ringard. Elle passe bientôt à l'état d'acier, et forme à la surface du bain une croûte spongieuse, que l'ouvrier casse avec un ringard et qu'il réunit ensuite en masse de 15 à 20 kilogrammes. On enlève successivement ces masses, qu'on désigne sous le nom de *loupes*, et on les cingle sous un marteau. Il ne reste plus qu'à les étirer en barres.

Pour que la décarburation de la fonte ne soit pas complète, il faut que la température soit, en général, moins élevée que dans les foyers d'affinerie où l'on prépare le fer. On peut d'ailleurs, dans le cours de l'opération, diminuer l'action décarburante des scories, en y ajoutant du sable quartzeux. (*Voy.* Scories.)

Le procédé que nous venons de décrire est celui qu'on pratique dans les usines de l'Isère. En Allemagne, où la production de l'acier de forge est considérable, on suit des méthodes un peu différentes et variables aussi avec la nature de la fonte employée. La description que nous avons donnée suffira pour faire comprendre ce qu'il y a d'essentiel dans ces divers traitements.

Quel que soit le mode de fabrication, l'acier de forge est loin d'être homogène : la masse offre des parties très-carburées et d'autres presqu'à l'état de fer doux. Une nouvelle opération est nécessaire pour donner à cette masse plus d'homogénéité. On casse les barres d'acier en morceaux d'égale longueur, et on en forme des trousses qu'on chauffe au blanc soudant et qu'on étire en barres après les avoir forgées convenablement. On obtient ainsi une sorte d'*étoffe*, qui offre moins de résistance que de l'acier, mais qui est beaucoup moins cassante. Cet acier naturel est très-précieux pour la fabrication des instruments aratoires.

2° *Acier de cémentation*. Le fer, exposé au contact du charbon, sous l'influence prolongée d'une haute température, se carbure, et passe à l'état d'acier. La combinaison s'opère de la surface au centre de la masse et successivement, en sorte que l'acier, ainsi obtenu, n'est jamais homogène : aussi doit-on généralement le soumettre à une opération subséquente analogue à celle qu'on pratique sur l'acier de forge, comme nous l'avons indiqué ci-dessus.

Le fer à cémenter est placé dans des caisses en argile réfractaire, avec le cément, formé essentiellement de poussier de charbon. On dispose les barres de métal et le cément par couches successives, de manière à remplir complétement les caisses, qui sont ensuite hermétiquement fermées, puis exposées à la température du rouge vif, pendant vingt ou vingt-cinq jours. L'ouvrier suit la marche de l'opération sur une barre d'épreuve qu'il retire du fourneau de temps en temps. Quand la cémentation est achevée, on laisse refroidir, puis on retire les barres. Elles présentent, à leur surface, des ampoules plus ou moins grandes qui paraissent formées par le dégagement d'un gaz que le fer a chassé du charbon, pendant la combinaison. Cette apparence a fait donner à l'acier de cémentation le nom d'*acier poule*. La cassure offre des fissures nombreuses qui atteignent quelquefois des dimensions considérables. Ce défaut dans la structure, joint à l'inégalité de carburation, rend indispensable, comme nous l'avons dit, l'opération du corroyage, et dans quelques cas on la répète deux ou trois fois sur le même acier. Souvent aussi, et quand l'acier est spécialement destiné à certains usages, on se contente de le laminer ou de l'étirer sous le marteau. De là les expressions d'acier *laminé*, *étiré* et *corroyé*.

3° *Acier fondu.* C'est en fondant l'acier de cémentation qu'on prépare ordinairement l'acier fondu. On se sert, pour cela, de creusets de plombagine qui peuvent contenir de 12 à 15 kilogrammes de métal. Un fourneau, à courant d'air naturel, reçoit les creusets; et quand ils ont atteint une température convenable, on y place l'acier, qui entre bientôt en fusion. Il faut avoir soin de recouvrir la surface du bain de matières vitreuses, pour préserver le métal du contact de l'air. Au bout de quelque temps, on retire les creusets et on coule l'acier dans des moules en fonte.

Les lingots ainsi préparés présentent dans leur masse des cavités dues au retrait que prend le métal en se solidifiant; en outre, ils ne sont pas malléables. On ne peut donc les employer qu'après les avoir réchauffés et étirés convenablement. Quand l'acier fondu a subi ces diverses opérations, il est à grains fins, très-homogène, et présente dans toutes ses parties le même aspect.

On peut encore fabriquer l'acier fondu directement, en fondant un mélange : 1° de fer, de charbon et de verre; 2° de fonte et d'oxyde de fer.

L'acier de cémentation convenablement préparé offre dans sa structure des couches alternatives de fer peu carburé et d'acier proprement dit. Lorsqu'on le plonge dans un acide, dans l'acide chlorhydrique, par exemple, les différentes veines métalliques apparaissent avec des couleurs différentes : le fer prend, par l'action de l'acide, la teinte blanche qui lui est propre; l'acier, au contraire, devient noir, à cause du charbon mis à nu. L'acier qui a subi cette préparation porte le nom d'acier *damassé*. Pour que le damas soit beau, il faut que l'acier ait été préparé avec

soin, convenablement martelé et que les couches soient régulières.

On sait que les lames damassées d'Orient ont été longtemps célèbres; mais les fabriques d'Europe fournissent maintenant d'aussi beaux damas que ceux de l'Orient.

Il existe encore un acier indien très-recherché dans le commerce, où il ne se trouve qu'en petite quantité : il porte le nom de *wootz* : il est extrêmement pur et parfaitement homogène. Les Indiens l'obtiennent en cémentant le fer avec certains bois du pays : ils ne le préparent qu'en petites masses, d'un demi-kilogramme environ, et font subir à l'acier ainsi obtenu un nouveau traitement, pour le rendre malléable et l'étirer en barres. Le produit est d'excellente qualité, et paraît supérieur, pour la confection de la coutellerie fine, aux meilleurs aciers fondus.

En alliant à l'acier de petites quantités d'argent, de platine, d'aluminium, etc., on lui donne tous les caractères de l'acier indien et la propriété de se damasser sous l'action des acides faibles. M. Bréant a obtenu aussi un produit semblable en fondant du fer doux avec du noir de fumée.

Nous décrirons, en terminant, les opérations que l'on fait subir à l'acier pour lui donner la dureté nécessaire, et dont nous avons parlé plus haut sous le nom de *trempe* et de *recuit*. Suivant la manière plus ou moins brusque dont il a été refroidi, l'acier acquiert une trempe plus ou moins dure. Les divers instruments que l'on fabrique en acier doivent avoir une trempe particulière, suivant les usages auxquels on les destine. On les amène à l'état de dureté convenable par deux procédés différents; mais, dans l'un et l'autre cas, l'ouvrier n'est guidé que par l'habitude et a besoin d'une grande habileté.

Dans le premier procédé, on chauffe fortement l'acier et on le refroidit dans des bains d'eau, dont la température variable est déterminée, pour chaque trempe, par des tâtonnements. L'eau n'est pas le seul liquide qu'on emploie pour refroidir l'acier : les aciers très-durs ne peuvent être obtenus qu'au moyen du mercure, les plus faibles que par un bain de suif ou de graisse.

Dans le second procédé, on trempe d'abord l'acier très-dur, quels que soient les usages auxquels on le destine; puis on l'amène à l'état voulu en le réchauffant plus ou moins et en le laissant ensuite refroidir lentement. C'est là l'opération dont nous avons parlé sous le nom de *recuit*. Les ouvriers, comme nous l'avons dit, n'emploient jamais d'appareils thermométriques pour recuire l'acier convenablement; les différentes couleurs qu'il prend par la chaleur suffisent pour les guider. C'est ainsi que l'acier des rasoirs et de la plupart des instruments de chirurgie est recuit au jaune-paille foncé ; celui des couteaux de table au pourpre ; celui des épées et des ressorts de montre au bleu pâle, etc.

On connaît les usages de l'acier. Il n'existe aucun art où on ne l'emploie, soit comme matière première, soit sous la forme d'outils ou d'instruments.

Réaumur, *L'art de convertir le fer forgé en acier*, in-4°, 1720.
Leplay, *Mémoire sur les aciéries d'Angleterre*, dans les *Annales des mines* pour 1843.
Dictionnaire des arts et manufactures, art. ACIER.
Berthier, *Traité des essais par voie sèche*.
Dumas, *Traité de chimie*.

H. Dézé.

ACNÉ. (*Médecine.*) Maladie de la peau. *Voy.* PUSTULE.

ACOLYTE. (*Liturgie.*) Ce mot vient du grec ἀκόλουθος, et signifie *suivant,' qui accompagne.* Il était autrefois employé dans les églises latine et grecque pour désigner des jeunes gens qui aidaient les évêques et les prêtres dans leurs fonctions et dans les cérémonies. Ainsi les Acolytes présentaient le vin et l'eau pour la communion, ils tenaient la patène enveloppée, ils étaient employés au luminaire (*accensores*) et portaient les cierges dans les processions (*ceroferarii*) ; ils portaient aussi les eulogies, pains bénits qu'on envoyait aux fidèles en signe de communion, et quelquefois même l'eucharistie. Ces fonctions, au temps des persécutions, voulaient des hommes fidèles et dévoués ; aussi, aux premiers temps du christianisme, les Acolytes étaient des hommes choisis, qui se destinaient au service de Dieu ; ils prenaient rang dans l'église après les sous-diacres, et leur consécration était le premier ordre mineur de l'ordination.

Depuis le septième siècle, les Acolytes, dont les fonctions sont remplies aujourd'hui par les sacristains et les enfants de chœur, n'existent plus que de nom, et le mot a été transporté dans le langage vulgaire, où il signifie compagnon.

ACONIT. (*Botanique et matière médicale.*) Ce genre, appartenant à la famille des *renonculacées*, section des *helléboracées*, présente de l'importance en raison des propriétés vénéneuses de la plupart des espèces qu'il renferme. La plus remarquable et la plus généralement connue est l'*aconit napel*, grande et belle plante à fleurs en épi, d'un beau bleu ; elle croît en France et dans les régions méridionales de l'Europe, au milieu des pâturages des montagnes ; on la cultive même dans les jardins, où elle se multiplie de graines, et mieux encore par le déchirement des vieux pieds en hiver.

Les propriétés vénéneuses de l'aconit étaient connues dès les temps les plus anciens : née de l'écume de Cerbère, cette plante était, au dire des poëtes, le principal ingrédient des poisons préparés par Médée. C'est dans le suc de l'aconit que jadis les Germains et les Gaulois trempaient leurs flèches pour les empoisonner ; de nos jours, les racines d'une espèce décrite par Wallich, sous le nom d'*aconitum ferox*, sont un objet de commerce chez certains peuples de l'Inde, qui l'emploient au même usage que nos pères.

Le napel, avec ses congénères, a été rangé par M. Orfila parmi les poisons âcres ; mais, outre ses effets locaux, il agit encore par absorption, et détermine des désordres graves dans l'innervation. Cependant l'aconit a été introduit dans la thérapeutique médicale ; un célèbre médecin de Vienne, Stoerk, l'administra, au siècle dernier, contre les affections rhumatismales chroniques, et aujourd'hui M. le professeur Fouquier l'emploie avec quelque succès contre certaines hydropisies passives. La préparation la plus usitée est l'extrait fait avec le suc exprimé de la plante fraîche ; la dose est de $0^{gr},05$ à $0^{gr},1$, qu'on peut augmenter progressivement.

Les chimistes ont extrait des feuilles du napel une substance alcaloïde à laquelle ils ont donné le nom d'*aconitine*, et qui paraît être le principe actif de la plante.

A. DUPONCHEL.

AÇORES. (*Géographie.*) Archipel de l'Océan Atlantique, situé à 280 lieues de la côte occidentale de l'Europe. Il s'étend de 37° à 39° 45' de latitude nord, et de 25° 21' à 31° 21' de longitude ouest. Il est composé de neuf îles placées du sud-est au nord-ouest et formant trois groupes ; savoir : Saint-Michel et Sainte-Marie à l'est ; Terceira, Pico, Fayal, Graciosa et Saint-George, plus à l'ouest et au centre ; enfin, plus au nord-ouest, Florès et Corvo (1).

L'aspect général des Açores indique une origine volcanique. On n'aperçoit que des rochers qui ont subi l'action du feu, des pierres ponces, des laves, des scories, des cratères de volcans éteints, des cavernes remplies de soufre et de stalactites vitrifiées. Le sol est souvent fendu par de larges crevasses. Les côtes sont généralement escarpées. Toutes ces îles sont hérissées de montagnes ; le pic qui s'élève à 1250 toises au-dessus du niveau de la mer, et qui a donné son nom à l'île où il est situé, est le plus haut de l'archipel. Les sources minérales et thermales

---

(1) *Voy.* la *carte réduite des îles Açores*, dressée d'après les observations faites par M. de Fleurieu en 1769, et par don Vicente Tofiño en 1788, publiée au dépôt général des cartes, plans et journaux de la marine, 1791 ; et les *plans de la rade d'Angra, en l'île Tercère, et de la rade de Fayal*, réduits des plans espagnols de D. Vicente Tofiño (1788) et publiés au dépôt de la marine en 1791.

sont nombreuses dans les Açores ; on y rencontré plusieurs lacs.

La mer qui l'entoure renferme probablement plus d'un volcan semblable à ceux qui ont existé sur la terre ferme ; celle-ci n'en a que deux, l'un à Saint-George, l'autre à Pico : leurs éruptions ne sont pas fréquentes. Les volcans souterrains, au contraire, avertissent plus souvent de leur existence. A la suite d'un tremblement de terre, qui, en 1757, bouleversa Saint-George, on vit sortir dix-huit îles de la mer à 300 toises de la côte. En 1638, en 1720, en 1811, des îles se sont élevées du sein des eaux dans les parages voisins de Saint-Michel. Leur apparition fut précédée de tremblements de terre, la mer bouillonna avec violence ; une colonne de feu, de fumée, de cendre et de pierres ponces, s'élança dans les airs ; enfin on aperçut un îlot. Quelques mois après la mer engloutit l'île nouvelle.

Malgré les tremblements de terre et les violents coups de vent auxquels les Açores sont sujettes, leur séjour est agréable. L'air y est sain et la température plus douce que dans les pays de l'Europe situés sous la même latitude. La chaleur de l'été est tempérée par les brises de mer ; l'hiver n'est marqué que par un temps couvert, des pluies et des ouragans. Rarement la neige et la glace se montrent sur les plus hautes montagnes. Le sol, quoique peu profond, est fertile et généralement bien arrosé par des ruisseaux limpides. Le hêtre, le chêne, le myrte et d'autres arbres y font l'ornement des forêts. On y cultive également les plantes de la zone tempérée et une partie de celles de la zone torride. Quelques arbres fruitiers de l'Europe n'y ont pas réussi, mais les olives, les figues, les oranges, les citrons, le raisin, y abondent. Plusieurs de ces fruits et le vin forment une branche considérable de commerce. Le grain suffit à la consommation des habitants, et on en exporte, ainsi que du bétail, de la volaille, de l'orseille et de grosses toiles. La mer, autour de cet archipel, est très-poissonneuse. Autrefois on y faisait même la pêche de la baleine.

Cet archipel appartient au Portugal. Le gouverneur général réside dans la ville d'Angra, capitale de Terceira, qui a le meilleur port de ces îles. Leur population s'élève à 200,000 âmes. Les habitants sont tous blancs, à l'exception d'un petit nombre de nègres employés comme domestiques. Les hommes sont grands, bien faits, robustes, d'une physionomie agréable. Les femmes sont plus petites, ont l'air enjoué, les yeux vifs et la voix douce. Les Açoriens sont actifs et laborieux ; mais ils manquent de moyens d'instruction et leur ignorance est grande. On leur reproche du goût pour la chicane. Les moines, très-nombreux, jouissent de beaucoup de crédit.

Les Açores ont pu fournir des colons au Brésil et même à quelques provinces du Portugal, où ils se distinguent par leur ardeur pour le travail. Cette qualité ne brille pas chez les *Morgados* ou propriétaires de biens substitués, qui forment dans l'archipel une classe distincte ; elle a peu de commerce avec les autres. Riche, mais négligé à l'excès dans ses vêtements, et laissant l'intérieur de sa maison dans un dénûment honteux, le Morgado borne ses jouissances à dormir, à manger et à amasser ; il enfouit la plus grande partie de son revenu ; ce n'est qu'à l'instant de sa mort qu'il découvre à son héritier le lieu où il a caché son trésor. Presque toujours dépourvu d'éducation, il laisse aussi ses enfants croupir dans l'ignorance.

L'histoire de la découverte des Açores est enveloppée de beaucoup d'obscurité. On les voit figurées sur des cartes manuscrites du quatorzième siècle ; ainsi dès cette époque elles étaient confusément connues, entre autres Corvo et Saint-George. Ce fut en 1432 que Gonzalo-Velho Cabral aborda l'île Sainte-Marie, les autres furent trouvées successivement jusqu'en 1450. On les prit d'abord pour les Antilles, ou îles en avant des Indes de Marco Polo. Elles étaient inhabitées. Elles commencèrent à être peuplées en 1449. En 1466, la duchesse de Bourgogne y envoya une colonie de Flamands, ce qui leur a fait donner par quelques auteurs le nom d'*Iles Flamandes* ; les Anglais leur appliquent celui de *Western-Islands* (Iles Occidentales).

On prétend que les premiers colons trouvèrent dans l'île de Corvo une statue équestre, qui, selon les uns, avait le doigt dirigé vers l'ouest, et selon d'autres, faisait signe aux voyageurs de retourner sur leurs pas. On ajoute que la vue de cette statue enhardit Christophe Colomb à tenter la découverte qui a immortalisé son nom.

Barros, *Historia das Indias*, decada primeira.

Murr, *Geschichte des Ritters*, Nuremberg, 1778, in-8°.

Cordegro, *Historia das islas sujettas o Portugal*.

Mason, *Notice sur l'île Saint-Michel*. (Transactions philosophiques, tome LXVIII.)

Hebbe, *Description de l'île Fayal et des autres Açores* (en suédois), Stockholm, 1802, in-8°, traduite en français par J.-B.-B. Eyriès à la suite du Voyage de Mawe au Brésil.

Webster, *Description of the Island Saint-Michel*, Boston, 1821, in-8°, traduite dans les *Nouvelles Annales des Voyages* de MM. Eyriès et Malte-Brun.

M. Urvoy de Portzampare ; *Description nautique de l'Archipel des îles Açores*, trad. de l'espagnol de Tofiño, in-8°, 1830.

Captain Bartholomew, *On the Azore and Cape verd Islands*, 1820 (*Journ. of the Roy. Geogr. Soc. of London*, vol. IV, 1834, p. 220-26).

EYRIÈS.

ACOTYLÉDONES. (*Botanique.*) Les

plantes *acotylédones* forment, dans la méthode naturelle de Jussieu, la première division du règne végétal, division qui répond à
la *Cryptogamie* de Linné. Ce sont des plantes sans *cotylédons*, et par conséquent sans
embryon, puisque l'embryon ne peut exister
sans cotylédons (*voyez* ce mot). Aussi quelques botanistes ont-ils proposé de substituer
la dénomination d'*inembryonées* à celle d'a-
cotylédones. M. de Candolle, remarquant
qu'un seul élément anatomique, le *tissu cellulaire*, entre dans leur composition, a proposé de les appeler végétaux *cellulaires*, par
opposition aux végétaux *vasculaires* ou *pha-
nérogames*.

Quelques auteurs ont divisé les plantes
acotylédones en *cryptogames* et *agames* :
les premières, d'après eux, seraient pourvues
d'organes sexuels, peu distincts, il est vrai,
et à peine visibles; dans les secondes, on
n'en trouverait aucune trace. Cette distinction
n'a point été généralement adoptée, et l'on
comprend, sous le nom général de *cryptogames*, toutes les plantes acotylédones, dont les
familles principales sont les algues, les champignons et les lichens, les mousses et les hé-
patiques, les fougères, les équisétacées et les
characées, etc.   A. Duponchel.

ACOUSTIQUE. (*Physique.*) L'*acoustique*
est la partie de la physique qui a pour objet
de déterminer les lois suivant lesquelles le
son se produit dans les corps, se propage à
travers l'espace et arrive à impressionner nos
organes. Les altérations que subit un corps
lorsqu'il produit un *bruit* ou rend un *son*,
constituent une série de phénomènes, intéressants à examiner. Les molécules qui composent ce corps éprouvent alors des oscillations,
des vibrations rapides qui mettent en mouvement l'air qui les entoure, et y font naître des
ondes sonores. Disons dès à présent qu'il faut
bien distinguer le bruit du son. Le premier fait
naître en nous des sensations qui ne sont pas
exactement comparables entre elles, tandis que
le son est soumis à des lois fixes et que les sensations qu'il produit sur nos organes peuvent
se définir, se calculer et se renouveler toujours dans le même ordre lorsqu'elles ont leur
origine dans la même cause. Nous développerons ces lois à l'article Son.   P. T... x.

ACQUÊT. (*Législation.*) Ce mot désigne
'es objects acquis par le fait du propriétaire,
et les distingue des objets échus.

La loi ne considère aujourd'hui ni la nature
ni l'origine des biens pour en régler la succession, sauf l'exception tirée de l'établissement
des majorats; mais dans le cas de communauté entre époux, ou de toute autre espèce
d'association, il importe beaucoup, pour le
partage des biens, de reconnaître les acquêts
à des règles sûres. *Voyez* Communauté.

ACQUI, *Aquæ statiellæ*. (*Géographie.*)
Cette ville, située sur la Bormida, dans les
États Sardes, est le chef-lieu d'une province
de même nom; elle possède un évêché, des
eaux thermales, des fabriques de soieries. On
y remarque des restes d'antiquités romaines.
La population est de six mille six cents habitants. Les Français y battirent les Autrichiens
et les Piémontais, en 1794.   X.

ACQUIESCEMENT. (*Législation.*) C'est
le consentement à faire une chose qui n'était
pas obligatoire, ou à laisser exécuter un acte
contre lequel on aurait pu proposer des moyens
propres à en empêcher, suspendre ou modifier l'effet.

L'acquiescement produit des effets divers,
suivant les circonstances dans lesquelles il
intervient.

Ainsi, quand une partie fait une proposition,
et que l'autre y acquiesce, il se forme entre
elles un contrat sur ce qui était l'objet de la
proposition.

Lorsqu'on acquiesce à une demande judiciaire, le procès est terminé par la décision du
tribunal, qui donne acte de l'acquiescement,
et ne fait ainsi que sanctionner l'espèce de
condamnation volontaire que la partie défen-
deresse s'est imposée à elle-même.

Quelquefois, après avoir cherché à repousser une réclamation portée en justice, on acquiesce au jugement qui l'a accueillie.

Dans ce cas, l'effet de l'acquiescement est
d'attribuer l'autorité de la chose souverainement jugée à la décision sur laquelle cet acquiescement est intervenu, et d'interdire désormais tout moyen de la faire réformer ou an-
nuler. On conçoit que, pour que l'on puisse
attribuer un tel effet à l'acquiescement, il faut
que cet acquiescement soit formel.

Il est des matières d'une telle importance
que l'acquiescement de la partie ne peut la
rendre non-recevable à prendre les voies qui
lui sont ouvertes pour faire réformer le jugement rendu contre elle; ainsi, en matière criminelle, la partie condamnée peut toujours
être relevée de l'acquiescement par elle donné
à sa condamnation, parce que la société tout
entière est intéressée à ce qu'aucun de ses
membres ne subisse une peine qu'il n'aurait
pas méritée ou qui ne serait pas prononcée
par la loi.

C'est aussi un point certain en jurisprudence, que l'acquiescement donné à un jugement qui statue sur une question d'état, ne
rend pas non-recevable à attaquer ce jugement.

Coffinières.

ACQUISITION. (*Législation.*) C'est le
transport d'un droit quelconque considéré par
rapport à celui qui en est investi. Ce mot se
dit aussi d'une chose qu'on a acquise.

L'*acquéreur* est celui qui acquiert à titre onéreux.

ACQUIT. (*Législation.*) On désigne ainsi tout acte par lequel on déclare avoir reçu le montant d'une obligation.

Les mots *pour acquit*, accompagnés de la signature du porteur d'un billet à ordre, constatent que le paiement en a été effectué entre ses mains.

Payer *en l'acquit* d'un tiers, c'est acquitter la dette à laquelle ce tiers se trouvait personnellement obligé.

L'*acquit-à-caution* est un certificat délivré au bureau des douanes ou des contributions indirectes pour faire passer librement des marchandises au lieu de leur destination.

D'après la loi du 22 août 1791, il n'est dû aucun droit d'entrée ni de sortie pour les marchandises expédiées par mer, d'un port de France à un autre, en passant par l'étranger : mais ces marchandises sont déclarées vérifiées et expédiées sous *acquit-à-caution* contenant soumission de rapporter, dans un délai fixé suivant la distance des lieux, un certificat de l'arrivée ou du passage des marchandises au bureau désigné, ou de payer le double droit de sortie.   COFFINIÈRES.

ACQUITTEMENT. (*Jurisprudence.*) C'est la déclaration faite par le juge, ou par les juges, que le *prévenu* ou l'*accusé* est innocent de la contravention ou du crime dont on l'accuse. Dans les cours d'assises, l'acquittement est prononcé par le président, après la déclaration du jury qui déclare l'accusé non coupable du crime qu'on lui impute. La mise en liberté est la conséquence naturelle de l'acquittement.

ACRE (Saint-Jean d'). (*Géographie* et *Histoire.*) Cette ville, appelée *Acsaph* chez les Hébreux, *Acco* chez les Grecs, *Ptolémaïs* chez les Romains et au moyen âge, et maintenant *Akka* par les Turcs, est le chef-lieu de d'un éyalet de même nom, dans la Turquie d'Asie. Située sur une baie de la Méditerranée, au pied du mont Carmel, elle est la résidence d'un pacha. Quoique sale et mal bâtie, elle a quelques beaux édifices, tels que le palais du pacha, la mosquée bâtie par Djezzar, les bazars, les bains publics, etc. Le port, quoique engorgé, est un des meilleurs de la côte. Il sert d'entrepôt aux cotons de la Syrie.

Saint-Jean d'Acre a joué un grand rôle dans l'histoire des croisades. Godefroi s'en était emparé presque sans résistance en 1100. Saladin y entra de même en 1187, après la bataille de Tibériade, et voulant opposer aux chrétiens, comme un boulevard, la ville qui avait favorisé leur premier débarquement, il y fit exécuter de grands travaux de fortification. Ces travaux n'étaient pas encore achevés quand une flotte chrétienne parut à l'horizon, occupa la rade, et débarqua une nombreuse armée, qui s'établit autour de la ville. Le siége commença au mois de septembre 1189. Les croisés assiégeaient la ville, et étaient eux-mêmes assiégés dans leur camp par Saladin, qui occupait les montagnes voisines. Pendant deux ans cet état de choses se prolongea avec des alternatives de succès et de revers pour les deux partis. Tantôt Saladin, voyant ses communications avec la ville interrompues, et les chrétiens bien enfermés dans leur camp, désespérait de leur faire lever le siége; tantôt les chrétiens, harcelés par Saladin, décimés par la maladie, en proie à tous les genres de misère, étaient au moment d'abandonner leur entreprise. Enfin, au printemps de l'année 1191, Philippe-Auguste de France et Richard d'Angleterre arrivèrent avec de nouvelles forces. Les travaux du siége reprirent alors une nouvelle ardeur, et la ville se rendit après une défense désespérée.

Les chrétiens, instruits par l'exemple de leurs ennemis, résolurent de défendre, à l'aide de Saint-Jean d'Acre, fortifiée encore et rendue imprenable, les conquêtes qu'ils avaient l'intention de faire. Mais Jérusalem resta au pouvoir des musulmans, et Saint-Jean d'Acre devint la capitale de ce qui restait des colonies chrétiennes fondées par les croisés et la résidence du roi de Jérusalem. Alors le commerce y apporta la richesse, le luxe y déploya sa magnificence, et Saint-Jean d'Acre devint une ville importante.

Mais cette importance ne devait pas durer longtemps; les musulmans ne souffraient qu'avec peine la présence des chrétiens en Syrie; le sultan d'Égypte, Malek-Aschraf, entreprit d'anéantir les colonies chrétiennes, et il vint, en 1291, mettre le siége devant Saint-Jean d'Acre. Ce fut en vain que les Hospitaliers, les Templiers, les chevaliers de l'ordre Teutonique firent pour la défendre des prodiges de valeur; elle fut prise, ses fortifications furent rasées, son port comblé, et le commerce de l'Asie prit une autre route.

L'histoire cessa alors de faire mention de Saint-Jean d'Acre, dont le nom ne reparut plus qu'au dix-huitième siècle. A cette époque un cheik arabe, Daher, y établit sa résidence et en commença la restauration. Son successeur, Djezzar-Pacha, continua d'y rappeler la prospérité. En 1799, Bonaparte se présenta devant ses murs, et y trouva une vive résistance, appuyée par la flotte anglaise de Sydney Smith. L'armée française n'avait pas d'artillerie de siége; elle était décimée par la peste, et, au bout de 61 jours, le siége fut levé. Mais il finit par une terrible exécution; le reste des munitions fut employé à détruire les fortifications et les édifices publics de la ville.

En 1832, Saint-Jean d'Acre subit une nouvelle attaque, qui réussit cette fois; Ibrahim

Pacha s'en empara après un siége de courte durée. Les Anglais la rendirent aux Turcs, en 1840, après l'avoir bombardée et en partie détruite.

La population de cette ville, composée de Turcs, d'Arabes et de juifs, est évaluée à 20,000 habitants.   **Y.**

ACROAMATIQUES. (*Philosophie.*) Ce mot, qui vient du grec ἀκρόαμαι, *être auditeur*, se dit de certaines doctrines non écrites, mais transmises oralement à un petit nombre d'élus, parce qu'on les juge inaccessibles ou dangereuses pour la foule. Quelquefois même on étend cette qualification à des doctrines écrites, lorsqu'elles portent sur les points les plus ardus de la science, et qu'elles sont rédigées dans un langage en rapport avec le sujet. C'est ainsi que tous les ouvrages d'Aristote ont été divisés en deux classes : les livres *exotériques*, destinés à un grand nombre de lecteurs, et les livres *acroamatiques*, réservés à quelques disciples choisis, à quelques adeptes, si ce mot peut s'employer en pareil cas.   **X.**

ACROBATE. Ce mot, qui vient du grec ἀκροβατέω, *marcher sur la pointe du pied*, s'emploie pour indiquer certains faiseurs de tours, et principalement ceux qui font leurs exercices sur une corde lâche ou tendue, soit horizontalement, soit obliquement. Les Romains en distinguaient de quatre sortes; car la chose, comme le mot, remonte à une haute antiquité; mais aujourd'hui, ce genre d'exercice est peu cultivé chez nous; il a fait place à d'autres. Nous avions cependant encore, il y a quelques années, des théâtres d'acrobates; mais peu à peu le goût du public l'exigeant sans doute, la parole y a remplacé l'action : on y joua d'abord des pièces à trois personnages, où le dialogue devait être précédé de quelques passes sur la corde; puis le privilége s'est étendu, et aujourd'hui la corde et le balancier ont complétement cédé la place au drame et au vaudeville.   **X.**

ACROCÉRAUNIENS. (*Géographie.*) Les monts Acrocérauniens n'ont pas été décrits dans l'antiquité; les poëtes ont attaché à leur nom une célébrité toute mythologique, les historiens et les géographes n'ont mentionné avec quelques détails que les villes du littoral de cette partie de l'Épire. Les voyageurs modernes eux-mêmes n'ont exploré cette chaîne que fort tard. Avant M. Pouqueville on manquait entièrement de détails sur l'étendue et l'élévation des monts Acrocérauniens, sur les ruines, les habitations, les peuples qu'ils renfermaient; et pour cette raison les deux chapitres qu'il a consacrés à la description de l'Acrocéraune sont peut-être les plus curieux de son livre : il semble y raconter une découverte.

La chaine des monts Acrocérauniens, ap-pelés aujourd'hui *monts de la Chimère*, se dirige du S. E. au N. O. sur une longueur d'environ 16 lieues, dans la partie méridionale du Sandjak d'Aulone; elle se termine au N. O. au cap de la Linguetta, qui ferme au S. le golfe d'Aulone, et s'étend au N. jusqu'à l'embouchure de la Voïoussa; au S., elle vient finir aux environs de Delvino; à l'E., le cours de la Voïoussa (anc. *Aoüs*) et celui de l'Argyro Castro, un de ses affluents, la suivent et la limitent. Cette chaine est une des branches de la chaîne hellénique et elle tient au Mezzovo ou Pinde, qui est le centre des montagnes de la péninsule grecque. Le versant occidental des monts Acrocérauniens présente des précipices affreux, des pics élevés et sombres, une végétation aride; l'aspect du versant opposé est tout différent.

Les bourgades citées par le voyageur dans la partie occidentale de l'Acrocéraune sont *Chimara*, chef-lieu d'une juridiction qui comprend la plus grande partie de la Chaonie maritime des anciens, *Vouno*, à deux lieues plus loin, *Liatis*, *Drimadez*, *Palæassa* et le port de *Condami*. M. Pouqueville a découvert sur ce versant diverses ruines; entre autres, près de Chimara, une enceinte pélasgique. Nous ne rappellerons pas ici les considérations de géographie ancienne qu'il a exposées à cette occasion : M. Letronne (*Journal des Savants*, 1828) a suffisamment montré combien elles manquaient de justesse; mais il a déterminé avec plus de bonheur le lieu où César aborda pour aller combattre Pompée, et reconnu, près du val d'Orso, l'emplacement probable de la ville des *Daorsi*, peuple qu'on ne connaissait que par les médailles.

La partie orientale de l'Acrocéraune est appelée aujourd'hui *Japourie*, dénomination qui dérive du nom ancien d'Iapygie; le chef-lieu en est *Dukates*, dont on attribue la fondation à Michel Ducas. A une lieue et demie de Dukates, M. Pouqueville a reconnu les ruines de la ville d'*Oricum*, mentionnée souvent par les historiens anciens. Les autres cantons de la Japourie sont celui de *Canina* (peut-être l'ancienne *Œneus*), qui renferme les lieux de *Dragiates*, de *Radima*, de *Mavrona*, de *Crionero*; et le canton de *Coudessi*, qui comprend quatorze villages répandus autour de la vallée que baigne la Suchista, le territoire ancien d'*Apollonie* et ces fameuses mines de bitume décrites si poétiquement par Plutarque dans la *vie de Sylla*.

Dans la partie septentrionale de l'Acrocéraune, M. Pouqueville a encore signalé l'emplacement de plusieurs villes anciennes, *Amantia*, que Cicéron, César, Pline ont nommée comme une ville importante, *Byllis*, la ville des Bylliones qui habitaient, suivant Strabon, depuis Épidamne et Apollonie jusqu'aux monts Cérauniens; il a aussi reconnu la voie romaine qui remontait d'Apollonie par Byllis et Amantia à Buthrotum avec des embranchements sur Oricum, Paleste et le port de Panorme. M. Pouqueville termine la description de l'Acrocéraune par le tableau le plus triste de la barbarie, de l'ignorance et de la misère des quarante-cinq mille individus qui en composent la population.

AMÉDÉE TARDIEU.

ACRODYNIE (1). (*Médecine*.) En 1828 et 1829, les médecins observèrent à Paris une maladie épidémique dont le symptôme le plus saillant était un fourmillement douloureux, ayant son siége constamment aux pieds, et plus rarement aux mains. Un jeune médecin, M. Dance, que le choléra a enlevé prématurément à la science, a donné de cette maladie une excellente monographie, à laquelle nous emprunterons la substance de cet article.

La maladie débutait par des engourdissements, des fourmillements, quelquefois même des élancements aux mains et aux pieds, mais plus souvent dans ces dernières parties. Ces douleurs, dont l'intensité variable était cependant plus forte la nuit que le jour, dépassaient rarement les poignets et les malléoles, bien que, dans quelques cas, elles s'étendissent le long des membres jusqu'au tronc, et même au cuir chevelu. Elles étaient, le plus souvent, accompagnées de perversion ou de diminution de la sensibilité des parties affectées. C'était au début un sentiment de froid, qui plus tard était suivi d'une sensation de chaleur brûlante; souvent les parties malades devenaient tellement sensibles que la moindre pression, le contact même était douloureux. Les corps les plus polis semblaient parsemés d'aspérités; d'autres fois, le tact était en quelque sorte aboli. Enfin, tous ces symptômes pouvaient aller jusqu'à l'engourdissement, la contracture, la paralysie des membres, dans l'épaisseur desquels se faisaient néanmoins sentir, par intervalles, de violentes douleurs accompagnées de crampes, de tressaillements, de soubresauts des tendons.

Parfois il se manifestait, aux extrémités, une rougeur érythémateuse, quelquefois même des éruptions de divers caractères, mais le plus souvent sous forme de petits boutons rouges et coniques. Dans quelques cas il y avait desquamation, à la suite de sueurs locales; le corps muqueux se trouvait alors à nu, et les parties acquéraient une sensibilité douloureuse. La fièvre, du reste, était le plus ordinairement nulle ou fort modérée, et l'insomnie n'était causée que par la vivacité des douleurs.

Il était rare que les fonctions digestives ne fussent point altérées dans le cours de la maladie; cependant ce trouble était tellement variable, que chez certains malades il n'y avait que perte d'appétit jointe à un sentiment de pesanteur à l'estomac, tandis que chez d'autres on observait des vomissements, des coliques, et le plus souvent du dévoiement alternant avec la constipation. Dans les cas les plus graves, des évacuations sanguinolentes avaient lieu par haut et par bas.

Dans la plupart des cas, la terminaison fut heureuse, malgré les rechutes; la mort n'eut lieu, en général, que chez des sujets âgés et affaiblis, ou atteints de maladies intercurrentes.

Les causes de cette singulière épidémie sont restées inconnues : les influences de régime, de condition, de localité, n'ont rien offert de constant; aucun âge, aucun sexe n'a été épargné; les hommes, toutefois, y ont été sujets plus que les femmes; l'âge viril et la vieillesse, plus que l'enfance et la jeunesse.

Comme dans toutes les épidémies, les traitements les plus contraires ont été suivis de succès égaux; en sorte que les résultats obtenus pour la thérapeutique de cette affection sont plutôt négatifs que positifs : c'est, du reste, le propre des constitutions épidémiques de déjouer tous les efforts de l'art.

A. DUPONCHEL.

ACROSTICHE. (*Littérature*.) C'est un petit poëme qui tient au Parnasse un rang distingué entre la *charade*, l'*énigme*, le *logogriphe*, les *bouts-rimés*, et autres niaiseries littéraires. L'acrostiche se compose d'autant de vers qu'il y a de lettres dans le nom qu'on a pris pour sujet. Chaque vers doit commencer par une des lettres de ce nom, prises de suite. Ainsi, pour faire un acrostiche sur le mot *Nicolas*, le premier vers commencera par un *N*, le second par un *I*, etc., de manière que le nom entier se trouve inscrit à la gauche du poëme. Quand on veut doubler la difficulté, et par conséquent le mérite de l'ouvrage, on redouble l'acrostiche, c'est-à-dire qu'on place une seconde fois le nom à l'hémistiche; c'est atteindre le sublime du genre. L'acrostiche se consacre ordinairement à la louange d'un grand roi, d'un prince, d'un protecteur, d'un bon-papa, ou d'une maîtresse. Ce poëme était jadis exclusivement à l'usage de la flatterie et de la galanterie. Dans le temps où l'on faisait un cas particulier des titres, des cordons et des parchemins, les acrostiches étaient fort à la mode; les abbés et les marquis se livraient surtout à ce genre de poésie. L'acrostiche était alors un poëme de cour ou de ruelle; tout l'esprit s'y trouve au commencement des vers, comme dans les *bouts-rimés* il est à la fin. Hâtons-nous de dire que le goût a depuis longtemps fait justice de ces puérilités misérables, dont bien peu de personnes s'occupent encore aujourd'hui.

E. Dupaty.

ACROTÈRES (1). (*Architecture.*) Vitruve nomme ainsi les piédestaux ou socles qui, placés sur le sommet et les extrémités inférieures d'un fronton, portaient des figures ou des antéfixes.

On nomme aussi acrotères les piédestaux distribués dans la balustrade qui couronne un monument.   Debret.

ACTE. (*Art dramatique.*) Acte, en poésie, signifie une division du drame qui sert à reposer l'esprit du spectateur, et en même temps à marquer, comme par des jalons, la route parcourue par le poëte. L'acte subit lui-même des subdivisions déterminées par l'entrée ou la sortie des divers personnages, et ces subdivisions prennent le nom de *scènes*, chez nous du moins : car dans le théâtre anglais, où les changements de lieu se multiplient indéfiniment, une nouvelle scène ne commence qu'au moment où l'action se transporte d'un endroit dans un autre.

Les Grecs ignoraient cette division par actes. Chez eux, jamais la scène n'était vide : si les héros du drame se taisaient, le chœur prenait la parole, et tenait éveillée l'attention de l'amphithéâtre. Les Romains, dont l'esprit moins littéraire était plus prompt à la fatigue, sentirent le besoin d'établir, pour ainsi dire, des étapes sur la route que leur attention devait parcourir. L'usage et la volonté des poëtes, appuyée de l'approbation du public, fixèrent le nombre de ces divisions à cinq, et Horace fit une loi de cet usage :

Neve minor, neu sit quinto productior actu
Fabula. . . . .

Ce précepte, consigné dans l'*Art poétique*, resta sacré pour les Romains, et au moment où les poëtes français du dix-septième siècle tirèrent l'art dramatique de son long sommeil, le conseil donné par Horace sortit en même temps de l'oubli, et, comme jadis, eut de nouveau force de loi. En effet, Corneille et surtout Racine, qui allèrent chercher leurs inspirations dans la tragédie grecque, qui en firent leur étude et leur modèle, l'assujettirent aux règles établies par les Romains. Au reste, il faut que cette division en cinq actes comporte de grands avantages, il faut qu'elle réunisse bien les conditions nécessaires à la conduite et au développement de l'action; car Shakspeare, cet esprit libre et indépendant, Shakspeare qui refusa de coucher son génie sur ce lit de Procuste, et ne voulut pas entrer dans cette prison à triple muraille que les anciens avait édifiée à l'aide des trois unités, Shakspeare a

(1) Du grec ἀκρωτήριον.

cependant adopté pour ses chefs-d'œuvre ce nombre de cinq actes.

Si la tragédie se montra satisfaite des limites que lui imposait ainsi une vieille loi régénérée par elle-même, si elle s'astreignit volontairement à développer les caractères, à nouer et à dénouer les événements qu'elle mettait en scène, en cinq actes, ni plus ni moins, quelle que fût la portée ou l'insignifiance de ces caractères, quelle que fût la simplicité ou la complication de ces événements, la comédie se montra plus récalcitrante : l'intérêt résultant d'une intrigue habilement conduite, artistement *filée*, comme on dirait aujourd'hui, n'était pas ce que cherchait alors la comédie; elle frappait sur les vices, raillait les ridicules, peignait les mœurs; elle avait la prétention d'amuser et d'instruire, non d'intéresser. Pour arriver au but qu'elle se proposait, il lui fallait broder sur un léger canevas de piquants détails, grouper autour d'une action vulgaire et insignifiante des caractères fortement conçus et habilement tracés. Or la principale condition de la comédie est d'être amusante : si elle n'appelle pas constamment le rire sur les lèvres du spectateur, ou la méditation dans son esprit, cachant la morale sous la gaîté, et faisant ressortir l'enseignement du plaisir, elle est perdue. Que faire donc, si le caractère choisi par l'auteur n'admet pas de longs développements; si le vice ou le ridicule qu'il attaque, peu varié dans ses effets, menace son ouvrage de monotonie; si la peinture de mœurs qu'il a entreprise doit être renfermée dans un cadre peu étendu, si c'est un tableau de genre enfin qu'il a à faire? Molière se trouva en face de cette difficulté, et il aima mieux laisser de côté une règle toute de convention, que de risquer la défaite, dans une lutte à armes inégales, contre l'ennemi mortel de toute œuvre comique, contre l'ennui. Il résolut de réduire les proportions de son œuvre, selon que le sujet l'exigerait, et c'est à cette décision que nous devons *Georges Dandin*, *l'École des Maris*, *les Précieuses ridicules*, *le Mariage forcé*, etc. Un exemple frappant fera comprendre la justesse d'esprit que déploya Molière en se décidant ainsi : dans un temps où, ignorant probablement sa force, il n'osait pas encore opposer aux règles établies les inspirations de sa haute raison, il fit *le Dépit amoureux*; la pièce avait cinq actes, et, surchargée de détails inutiles, encombrée de longueurs fatigantes, elle serait sans doute aujourd'hui abandonnée exclusivement aux méditations des lecteurs, si M. O. Leroy n'eût eu l'idée d'extraire la pierre précieuse cachée dans sa grossière monture. Grâce à lui, *le Dépit amoureux* se joue maintenant, remis en deux actes, et cette hardie mutilation (blâmable en général, selon nous, mais justifiée par le succès en cette circonstance) en a fait un des ouvrages de l'ancien répertoire que l'on revoit avec le plus de plaisir.

Molière avait donc ainsi, et non sans de bonnes raisons, acquis à la comédie une liberté que la tragédie se refusait. Après lui, son exemple fut suivi, bien que la comédie n'ait pas tardé à changer de but et de destination. La comédie de mœurs et de caractères fit place peu à peu à la comédie d'intrigue, à mesure que les sujets s'épuisèrent. En effet, la reproduction des originaux existants a des bornes que n'a pas l'imagination : on peut inventer toujours, on a bientôt tout imité. Cependant les nouveaux auteurs comiques ne se montrèrent pas disposés à se départir du bénéfice que leurs devanciers leur avaient transmis. La comédie ainsi transformée garda son indépendance, que le drame, révolutionnaire dans son essence, préféra, comme de juste, aux barreaux qui enfermaient la tragédie, et contre lesquels, brusque et remuant comme il est, il se fût sans cesse heurté. Aujourd'hui la question est jugée, et toute œuvre dramatique a incontestablement le droit de s'étendre en un, deux, trois ou quatre actes, selon son bon plaisir. Au reste, satisfait d'avoir ainsi fait acte d'indépendance, l'ancienne division est celle que le drame affectionne le plus, et il la conserve le plus souvent.

Outre la lutte, terminée par la victoire, qui a permis à l'auteur dramatique de rester en deçà de la limite prescrite par Horace, le drame a fait et fait encore de temps en temps quelques tentatives pour s'aventurer au delà. Mais ces entreprises sont rares; car on ne peut guère regarder comme coupables de pareille audace, les pièces où l'auteur combat, à l'aide des *tableaux*, l'unité de lieu trop gênante encore. Les tableaux ne sont qu'une division de l'acte; Corneille lui-même en a usé dans *le Cid* et dans *Cinna,* bien qu'à présent le théâtre français supprime en général les changements de décoration nécessités par l'action, et qu'en conservant ce vestibule perpétuel, ennemi mortel de la vraisemblance, il donne à Corneille un ridicule que le grand poëte avait évité. C'est là un grand exemple, et d'ailleurs la longueur des ouvrages représentés, l'immense quantité d'imagination qu'on y dépense, l'intérêt compliqué qu'on y prodigue, si fatigant pour l'esprit de celui qui écoute, rendent peut-être au moins utiles ces suspensions multipliées, et ces changements de lieu qui réveillent de temps en temps l'attention lassée du spectateur. Hâtons-nous d'ajouter que l'approbation accordée à l'usage ne justifie pas l'abus.

St. A. Choler.

Acte. (*Législation.*) C'est, en général, tout ce qui se dit, se fait ou s'écrit; et, dans un sens restreint, c'est un écrit qui constate qu'une chose a été dite, ou faite : acte et action semblent synonymes; ils sont cependant différents, car ou l'action procède de l'acte, ou l'acte de l'action.

Les actes se divisent d'abord en actes *authentiques* et en actes *privés.*

Un acte est dit *authentique,* d'après l'étymologie grecque, parce qu'il a un auteur certain, et par conséquent une autorité. Les actes authentiques appartiennent à l'une des quatre classes suivantes : 1° les actes législatifs et ceux qui émanent du pouvoir exécutif ou gouvernement; 2° les actes judiciaires; 3° les actes administratifs; 4° enfin les actes reçus par les notaires.

On pourrait encore diviser en deux grandes classes les actes authentiques; savoir : 1° tous ceux qui sont relatifs à des intérêts purement civils; 2° ceux qui tendent à constater et punir les contraventions, les délits et les crimes.

La loi accorde aux actes authentiques le privilége de faire pleine foi de ce qu'ils contiennent jusqu'à inscription de faux.

Les actes *privés* sont tous des écrits faits par des particuliers, sans le ministère d'aucun fonctionnaire ou officier public. Tous actes peuvent être faits de cette manière, sauf les exceptions relatives à ceux qui doivent être notariés; et en outre un grand nombre d'actes privés tels que le testament olographe, le billet à ordre, sont assujettis à certaines formes dans leur rédaction. La loi refuse aux actes privés le privilége qu'elle accorde aux actes authentiques; quand des écritures privées ont la forme d'un acte, elles ne produisent qu'une apparence ou un commencement de preuve. Celui à qui on oppose cet acte est obligé d'avouer ou de désavouer sa signature, et si elle est déniée, on est admis à en faire la vérification par tous les genres de preuves.

Nous examinerons au mot *Langue* ce qui est relatif à celle dans laquelle les actes doivent être écrits, et les questions importantes que ce sujet fait naître, en prenant en considération la situation politique de chaque peuple. *Voyez* État civil, Notoriété, etc.

Courtin.

ACTE ADDITIONNEL. (*Histoire.*) Lorsque Napoléon, échappé de l'île d'Elbe, débarqué au golfe Juan, accueilli partout avec enthousiasme dans sa marche rapide à travers la France, se retrouva à Paris, aux Tuileries, assis dans le même appartement et sur le même siége que Louis XVIII avait quitté la veille, il regarda autour de lui, et comprit que les choses n'étaient plus telles qu'il les avait laissées. Pendant dix ans, il avait travaillé à établir sa puissance absolue, à courber sous son despotisme impérial cette fière nation qui avait secoué la tyrannie et qui maudissait les rois ; et il avait réussi, parce qu'il avait une idole toute prête pour remplacer l'idole qu'il renversait ; parce que, en prenant au peuple sa liberté, il lui avait donné la gloire ; parce que les rayons éclatants de son étoile avaient ébloui tous les yeux, et qu'à la faveur de cet éblouissement il avait accompli son audacieux larcin. Mais lorsque cette étoile fut à demi voilée derrière les neiges de 1812, les regards s'en détournèrent un moment, et chacun put compter ses propres plaies, contempler son propre abaissement. 1814 était arrivé, et l'empereur, partant pour l'exil, n'avait été sincèrement regretté que par l'armée et par ceux qui, se trouvant par leur position à l'abri des terribles éventualités de cette époque, regardaient en simples spectateurs le drame gigantesque joué depuis dix ans, avec l'Europe pour théâtre et Napoléon pour acteur.

Cependant l'enthousiasme n'était pas mort, comme le prouva la réception faite à l'exilé ; mais il était bien modifié. Le peuple, se sentant tenu en bride par une main plus faible, en avait profité pour faire ses conditions : cette fois il savait ce qu'il faisait, et il n'avait pas donné son obéissance', il l'avait vendue. Quand il revit l'empereur, ses jours glorieux lui apparurent, souvenir rendu plus vif par la honte récente, par le séjour impatiemment souffert des armées alliées en France. Mais ce souvenir ne fit pas oublier les jours non moins glorieux des anciennes libertés et du pouvoir populaire, rappelés à la mémoire par la charte de Louis XVIII. Cette charte, bien qu'octroyée, avait fait croire au peuple qu'il traitait avec ses souverains de puissance à puissance. Son amour-propre flatté y avait pris goût, et il ne demandait qu'à exercer de nouveau un droit, bien plus flatteur encore, si, dans cette convention d'égal à égal, l'autre partie était cet homme redoutable qui avait tenu la France dans ses mains et l'Europe sous ses pieds.

Napoléon comprit cette disposition des esprits ; il sentit que sa seule promesse et les impuissantes constitutions de l'empire ne pouvaient plus satisfaire à ces besoins de droits et de garanties. Il se résigna donc à sacrifier quelque chose aux exigences du moment, et il publia une série d'articles supplémentaires à ce qui était nommé par lui les *Constitutions de l'Empire.*

Mais ce sacrifice coûtait beaucoup à son caractère ambitieux et si peu habitué à plier ; l'amour de la domination luttait en lui contre le désir d'accorder quelque chose pour avoir davantage, et quand on lut l'*Acte additionnel,* on n'y trouva pas ce qu'on espérait. Ce n'était pas que les meilleures dispositions de la charte fussent absentes de cet acte. La liberté de la presse y était reconnue ; le gouvernement représentatif avec deux chambres, l'une héréditaire, l'autre élective, y était institué. Mais ce n'était, comme le titre le disait lui-même, qu'une addition aux constitutions de l'empire dont on ne voulait plus. On attendait un changement, on n'avait qu'une modification ; et encore cette modification n'était-elle pas accordée avec franchise : l'acte présentait des restrictions, des omissions dangereuses. Ainsi la confiscation était tacitement maintenue. Enfin en lisant le soixante-septième article qui déclarait la famille des Bourbons à jamais exclue du trône, et défendait toute proposition tendant à rétablir soit cette maison, soit l'ancienne noblesse et les prérogatives féodales, soit la domination d'une église quelconque, article par lequel l'empereur espérait se concilier l'assentiment de la majorité, on ne put s'empêcher d'y voir un sentiment personnel, et de songer que cette exclusion et cette défense avaient été dictées par l'ambition impériale plutôt que par les intérêts nationaux. L'acte additionnel fut une des fautes capitales que l'inflexibilité de Napoléon fit commettre à sa politique pendant les cent jours.

Quoi qu'il en soit, cet acte, soumis à l'approbation du peuple, fut accepté par la majorité. Sans doute on l'accepta comme il était donné, de mauvaise grâce : mais enfin le roi était parti, l'empereur était là ; où le refus eût-il mené ? Et puis on comptait sur l'avenir, sur une paix prospère achetée par une guerre glorieuse, et on n'avait pas de temps à perdre en discussions politiques qui plus tard trouveraient leur place. Le 1er juin, la constitution nouvelle fut jurée par les représentants du peuple à l'assemblée dite du *Champ de Mai,* et Cambacérès annonça dans son discours que l'acte additionnel, accepté par treize millions de votants, n'avait été rejeté que par 4,206.

Plus tard ces 4,206 votes, restés fidèles aux Bourbons, se multiplièrent étrangement ; au contraire, beaucoup de signatures apposées au bas de cet acte furent reniées ; car ce fut un titre à la faveur des Bourbons que de n'avoir pas signé l'acte additionnel, et beaucoup voulurent avoir les bénéfices de la fidélité, sans en avoir eu le mérite.

ACTES DES SAINTS. (*Histoire religieuse.*) On donne le nom d'*actes* à la relation des actions accomplies par un saint et rédigée pour l'édification des fidèles, soit par le saint lui-même, soit par un témoin de sa vie. Ces sortes de biographies laudatives, entremêlées presque toujours de merveilleux, sont les sources les plus ordinaires auxquelles ont puisé les hagiographes des temps modernes.

Les chrétiens des âges primitifs composèrent les actes des fondateurs de leur foi ; ils rédigèrent ceux du Sauveur et des Apôtres. Les premiers, désignés généralement sous le nom d'*Évangiles*, forment une classe spéciale d'écrits dont nous n'avons pas à nous occuper ici; quant aux seconds, qui sont en grand nombre, ce sont eux qui constituent, à proprement parler, les plus anciens actes connus.

Parmi ces actes des apôtres, il existe un livre auquel ce nom a été plus particulièrement imposé, et que l'Église a reçu dans son canon, c'est celui que l'on nomme vulgairement les *Actes des apôtres*. Comme il se raccorde assez bien avec l'*Évangile selon saint Luc*, et qu'il semble, jusqu'à un certain point, en être la continuation, on en a attribué la rédaction à cet évangéliste. Cette hypothèse est encore corroborée par le fait que ce livre est surtout consacré à la relation des actions de saint Paul, apôtre dont la tradition veut que saint Luc ait été le disciple. Quoique ces motifs de rapporter la rédaction des Actes à ce saint ne laissent pas d'être plausibles, cependant ils ne suffisent pas pour démontrer le fait. Les données manquent pour préciser l'année à laquelle cette composition remonte : tout ce que l'on peut affirmer, c'est que cette année n'est pas antérieure à l'an 63, puisqu'il n'est pas fait mention dans ces Actes, des événements qui se sont passés au delà de la seconde année de l'emprisonnement de saint Paul. Or c'est précisément la connaissance d'une date précise qui pourrait jeter quelque jour sur le véritable auteur de cet ouvrage. On n'est pas plus avancé sur la question de savoir en quel lieu les *Actes des apôtres* ont été rédigés, problème sans la solution duquel la recherche énoncée s'entoure de plus d'incertitudes encore.

Il est à remarquer que l'auteur anonyme de cet ouvrage ne raconte guère que les faits dont il semble avoir été le témoin oculaire; et si, d'un côté, cette circonstance ajoute au degré de confiance que l'on doit avoir dans son exactitude et dans sa véracité, de l'autre elle nous fait supposer qu'il était bien peu au courant des grands événements du christianisme, même de ceux qui avaient dû parvenir à la connaissance de tous les fidèles. Ainsi le silence le plus étrange est gardé dans les Actes sur ce qui se passa à Jérusalem chez les chrétiens après la conversion de saint Paul, sur les actions des apôtres en Palestine, en Arabie, en Égypte, à Babylone, en Perse, sur la conversion des Juifs, sur le martyre de saint Jacques le mineur. Or il est difficile de s'expliquer comment saint Luc, disciple de saint Paul, l'un des premiers, si ce n'est le premier apôtre de la foi nouvelle, ait été si mal renseigné sur des faits qui avaient dû vivement préoccuper l'esprit de son maître. Nous croyons à peine nécessaire d'ajouter que si un homme inspiré avait été l'auteur des Actes, on devrait encore moins y rencontrer ces lacunes; car l'inspiration eût dû suppléer au manque de connaissances et de renseignements de l'auteur, et il n'est pas raisonnable de supposer qu'il soit entré dans les vues de Dieu de nous apprendre les actions de plusieurs de ses apôtres, tandis qu'il nous laissait dans la plus complète ignorance sur les actions non moins grandes, non moins pieuses, non moins utiles certainement, accomplies par les autres. Il est d'ailleurs un fait assez remarquable, et qui doit achever d'ébranler l'hypothèse qui attribue à saint Luc la rédaction des *Actes des apôtres*, c'est qu'on n'y rencontre aucune allusion aux *Épîtres*, qui devaient cependant occuper une si grande place dans l'histoire de saint Paul; que plusieurs faits fort importants de la vie de celui-ci, mentionnés dans ses *Épîtres*, ne figurent en aucune façon dans les Actes; enfin, nous ajouterons que l'auteur des Actes ne dit absolument rien de ce que saint Luc fit à Philippes, en l'absence de son maître, circonstance qui a fort embarrassé les partisans de l'idée que nous combattons, et qu'on a bien mal expliquée par un acte de modestie de l'auteur, qui n'aurait rien voulu dire de sa propre personne : cette explication est en effet bien invraisemblable, puisqu'il s'agissait ici, non de se mettre en scène, mais de renseigner les fidèles sur la manière heureuse et rapide dont leur foi s'était répandue.

Ainsi, pour nous, il est plus que douteux que les *Actes des apôtres* soient dus à la plume de saint Luc; et nous pensons que, si cet évangéliste est entré pour quelque chose dans leur rédaction, on doit admettre qu'un chrétien anonyme les aura composés sur ce qu'il lui aura entendu raconter au sujet des apôtres et surtout de saint Paul.

Nous avons dit que les faits consignés dans ce livre semblent être rapportés par un témoin oculaire, et que cette circonstance doit ajouter au degré de confiance qu'il peut nous inspirer. Hâtons-nous d'ajouter cependant qu'il n'est nullement certain que ces Actes nous soient parvenus purs de tout remaniement et qu'ils n'aient subi aucune altération. Ainsi, au chapitre ix, où est relatée la conversion de saint Paul, un copiste a fait évidemment une addition tirée du chapitre xxvi. Les nombreuses digressions et les remarques littéraires qu'on rencontre dans les discours du diacre Étienne sont un embellissement évident des copistes, ou tout au moins une œuvre tirée de l'imagination de l'auteur anonyme, et cette harangue ne mérite pas plus de créance que celles que Tite-Live et Tacite placent dans la bouche de leurs personnages.

Quel motif a déterminé l'Église romaine à

recevoir dans son canon ce livre, de préférence et par exclusion même à d'autres écrits également destinés à faire connaître les actions des apôtres? La raison en est simple : c'est que ces derniers écrits se trouvaient en désaccord, soit par les faits qui y étaient consignés, soit par les doctrines qu'ils renfermaient, avec les enseignements de l'Église; c'est qu'elle condamnait comme hérétiques, c'est-à-dire comme enseignant des idées contraires aux siennes, tous les ouvrages qui émanaient d'esprits qui n'avaient point accepté son joug. Or, comme les *Actes des apôtres* que nous possédons avaient été rédigés sous l'influence du christianisme hellénique, dont elle confirma les opinions en les adoptant, il est tout simple qu'elle ait rejeté ceux qui avaient été composés sous l'influence du christianisme oriental, et qui blessaient ses doctrines. Cette observation nous explique pourquoi nous ne possédons rien d'*authentique*, ou de déclaré tel par l'Église romaine, sur la propagation de la foi dans l'Asie par les premiers apôtres, les historiens de cette phase de l'histoire du christianisme primitif, pénétrés des doctrines orientales, ayant été récusés comme hérétiques. Il est d'ailleurs facile, en lisant les *Actes des apôtres*, de se convaincre de la prédominance du système hellénique, adopté par saint Paul dans cette composition. L'auteur a eu bien soin de rapporter fort peu de chose des controverses qui s'étaient élevées sur l'observation de la loi lévitique; il n'a rien dit de la confusion qu'elle produisit chez les Galates. C'est l'œuvre adroite d'un adhérent des doctrines opposées au judaïsme soutenu par saint Pierre, et qui s'est bien gardé d'ébranler la confiance en son opinion par le récit des difficultés qu'elle avait soulevées.

Ainsi en adoptant cet écrit comme canonique, l'Église n'a nullement établi qu'il fût plus authentique que les autres relations des faits apostoliques. Les différents actes des apôtres portent à peu près le même caractère apocryphe, c'est-à-dire que ce sont tous des récits dont le fond est certainement vrai, mais auxquels ont été entremêlées beaucoup de fables; ces écrits ont été abrégés, remaniés, amplifiés par les copistes, et sont devenus, en un mot, des légendes comme celles qu'on a vues, plus tard, se répandre en si grand nombre chez les fidèles.

Les faits que nous venons d'exposer expliquent pourquoi tous les livres réputés apocryphes ont toujours été regardés par l'Église comme l'œuvre des gnostiques, des encratites, des ébionites, des priscillianistes, des manichéens ou de toute autre secte, bien que le petit nombre de témoignages des dissidents que nous avons conservés et la critique moderne nous apprennent que les orthodoxes n'étaient pas moins osés que les hérétiques, en fait de suppositions et de fraudes. On ne connaît plus guère que de nom les trois quarts de ces curieuses relations repoussées par l'Église et dans lesquelles se trouvaient consignés, sans doute, tant de faits actuellement oubliés; nous citerons par exemple : *la Mort de saint Jean*, par Euripe; *l'Histoire de saint Jean l'Évangéliste*, par Prochore; *la Mort de Simon et des apôtres*, par Marcel, etc., etc.

Les plus célèbres de ces actes réputés apocryphes sont ceux qui nous restent encore sous le titre d'*Actes apostoliques d'Abdias* ou *Histoire des combats des apôtres*; Fabricius les a publiés dans son *Codex pseudepigraphus Novi Testamenti*. Ils sont attribués à l'un des soixante-douze disciples de Jésus-Christ, Abdias, prétendu évêque de Babylone. On y trouve des renseignements curieux, mais en grande partie supposés, sur les actions accomplies par les apôtres dans leurs voyages en Asie, de sorte qu'ils complètent les lacunes des *Actes des apôtres*, puisqu'ils s'étendent précisément sur les faits dont cette dernière composition n'avait rien touché. Un des anciens éditeurs, ou peut-être même l'auteur, a indiqué en tête de cet ouvrage, qu'il avait été écrit en hébreu par Abdias, traduit en grec par son disciple Eutrope, et du grec en latin par Jules Africain. Tout fait néanmoins supposer que ces actes apostoliques ne formaient pas, dans l'origine, un corps d'ouvrage, mais étaient des actes séparés qui furent réunis plus tard et placés collectivement sous le nom d'Abdias, que la tradition représentait comme ayant écrit sur les gestes des apôtres. Les actes de saint André, de saint Pierre, de saint Jean et de saint Thomas, qui y figurent, sont probablement ceux qui sont mentionnés par Eusèbe comme l'œuvre des hérétiques. Peut-être aussi ces derniers sont-ils le même ouvrage que la lettre attribuée aux prêtres d'Achaïe, disciples de saint André, lettre qu'on veut avoir été une fabrication des manichéens, et dont Ch. Chrét. Woog a donné une excellente édition.

Un grand nombre de ces actes apocryphes paraissent avoir été l'œuvre d'un certain Leucius, Lucius ou Léontius Carinus, qui avait été disciple de l'apôtre saint Jean dans son extrême vieillesse, et qui lui survécut. Rien n'était plus fréquent, durant les premiers siècles du christianisme, que ces suppositions de livres que l'on plaçait sous le nom d'un apôtre ou d'un disciple des apôtres, afin de leur attirer la confiance des fidèles, livres dans lesquels on avait soin de produire des faits à l'appui des opinions que l'on désirait voir triompher. Et ces suppositions remontent au berceau même de la foi, puisqu'un prêtre d'Asie fut convaincu par saint Jean l'Évangéliste d'avoir composé un récit apocryphe des aventures de saint Paul et de sainte Thècle, récit dont ce que nous avons encore actuellement, sous le nom de Basile de Séleucie, semble être l'extrait ou l'imitation. Malgré ce désaveu si solennel, cette histoire mensongère n'en continua pas moins de jouir, dans la suite, d'un certain crédit.

Les chrétiens ne se bornèrent pas à composer les actes de leurs premiers apôtres, ils rédigèrent encore, afin de servir à l'édification des membres de l'Église militante, ceux de leurs martyrs, c'est-à-dire, des fidèles qui avaient confessé leur foi dans les supplices. Les noms des martyrs furent d'abord célébrés par les chrétiens dans les prières qui avaient lieu en commémoration de leur mort; on forma dans ce but des espèces de calendriers dans lesquels étaient indiqués pour chaque jour de l'année les noms de ceux dont on honorait la mémoire. Ces noms étaient inscrits sur des tablettes ou dans des registres qui étaient souvent envoyés aux différentes églises. Cet usage est fort ancien, puisque, dès le quatrième siècle, nous voyons que l'on faisait parvenir à Rome l'état des martyrs. Saint Cyprien recommandait particulièrement que l'on eût soin de remarquer le jour de la mort des martyrs et des confesseurs qui avaient souffert pour la foi, afin qu'on pût y célébrer leur mémoire.

A ces nomenclatures un peu sèches, on joignit de bonne heure quelques détails sur la vie des martyrs, et le plus ordinairement un extrait de leurs procès qu'avaient écrits à la hâte et en secret des témoins chrétiens, où qu'on avait tirés des archives, en gagnant ceux auxquels elles étaient confiées. C'est à ces extraits qu'on donna plus spécialement le nom d'Actes. Dans la suite on imposa le même nom à des récits plus circonstanciés de la vie des martyrs, rédigés pour l'usage des fidèles ou consignés dans des lettres, dans des homélies ou exposés même dans des ouvrages plus étendus. Pour distinguer ces derniers actes des premiers, on ajouta à ceux-ci l'épithète de *présidiaux*. Mais ces actes présidiaux n'offrent guère plus de garantie d'authenticité que les autres. Tous ont été recueillis par des hommes simples et ignorants, puis singulièrement amplifiés par l'enthousiasme, surtout dans les lettres et les homélies, genre de narrations pour lesquelles les auteurs ne se piquaient pas d'une grande exactitude. Il est vrai que l'on a prétendu que l'Église avait établi de bonne heure une critique sévère pour que de faux actes ne surprissent pas la piété des fidèles. On a dit que les évêques avaient institué des logothètes ou *notarii*, qui étaient chargés de tenir des registres exacts des actions des martyrs. Mais, outre qu'on peut faire remarquer l'extrême difficulté de trouver à cette époque, parmi les chrétiens, *des gens assez éclairés* pour n'être pas dupes de la tendance mystique et du goût pour le miraculeux qui subjuguaient alors tous les néophytes, on sait de plus que ce fait est loin d'être solidement établi. On n'a pour rapporter cette institution à saint Clément que l'autorité, plus que controversée, du livre pontifical du faux Damase, sur laquelle on s'appuie encore pour soutenir que saint Fabien, qui vivait cent cinquante ans après saint Clément, établit sept diacres à l'effet de remplir l'office de gardiens des actes. On doit d'autant plus se défier de cette assertion, que les actes des martyrs, venus de la ville de Rome, que l'on possède n'ont été composés que fort longtemps après les persécutions. Enfin, alors même qu'il eût existé, dès les premiers siècles de l'Église, des actes entourés de caractères tant soit peu fondés d'authenticité et auxquels on pourrait accorder créance, la persécution de Dioclétien les eût fait presque tous disparaître, puisque les édits de cet empereur ne furent pas seulement dirigés contre les adhérents de la foi nouvelle, mais encore contre leurs livres et leurs écrits, dont ils ordonnaient la destruction. Ainsi les actes antérieurs à l'an 303, époque de l'édit, durent échapper en petit nombre, et ce petit nombre dut rendre encore plus faciles les suppositions et les altérations, en enlevant les moyens de contrôle qui pouvaient dénoncer les faussaires.

Le peu d'actes que nous possédons d'une époque réellement ancienne nous attestent même, par la simplicité de leur récit et l'exiguïté de leur contenu, les altérations et surtout les additions qu'avaient dû subir les actes qu'on a répandus depuis et qui fourmillent tous des circonstances les plus merveilleuses et les plus invraisemblables. Leur chiffre se multipliant sans cesse, grâce aux fraudes pieuses et à l'avide crédulité du commun des fidèles, on s'exagéra considérablement le nombre des martyrs, les supplices qui leur avaient été infligés, et cela fit paraître bien plus grands les empêchements que le christianisme avait rencontrés à son établissement.

C'est au zèle et à la diligence de saint Pamphile, prêtre de Césarée en Palestine, qui avait recueilli dans sa bibliothèque un grand nombre de ces actes, que l'on est redevable de leur conservation. C'est dans ce dépôt qu'un évêque de la même ville, compagnon et ami de saint Pamphile, le célèbre Eusèbe, puisa pour composer ses Actes des anciens martyrs, qui se perdirent malheureusement de bonne heure; sans doute parce que leur simplicité n'avait pas, pour les âmes crédules, le même attrait que les légendes où les miracles étaient rapportés avec profusion. Grégoire le Grand les fit chercher vainement dans toute la chrétienté. Toutefois on peut juger par le livre des martyrs de la Palestine que nous avons encore d'Eusèbe, de ce que pouvait être sa composition. Cent ans avant lui, Jules Africain avait composé une histoire des martyrs de Rome et d'Italie.

Lorsque le temps des persécutions commença à s'éloigner, que les martyrs devinrent de plus en plus rares, on se mit à composer d'autres actes dans lesquels était relatée la vie des chrétiens les plus éminents par leur piété. On écrivit ainsi les biographies des hommes enthousiastes qui se précipitaient en foule dans les déserts pour s'y livrer à toutes les rigueurs de la vie ascétique. Saint Athanase, Ammonius; Timothée d'Alexandrie, saint Éphrem, saint Grégoire de Nysse, saint Jérôme en donnèrent les premiers essais. A ces ouvrages succédèrent les histoires ou recueils d'actes d'Évagre de Pont, de Rufin d'Aquilée, de Pallade d'Hellenople, d'Héraclide d'Éphèse, de Sulpice-Sévère. Après quoi, vinrent les compositions de Cassien, de Théodoret, de Sophronius, de Jean Mosch, et de divers autres Grecs qui donnèrent la vie des Pères d'Orient. En Italie, Grégoire le Grand; en Gaule, Grégoire de Tours écrivirent l'histoire des hommes de ces deux pays renommés par leur piété.

Ce fut alors que commencèrent à paraître les vies de saints proprement dites, qui bientôt se substituèrent complétement aux actes; l'histoire de ces compositions appartient à celle de l'hagiographie. Les anciens actes furent désormais compris dans les recueils plus volumineux destinés à présenter la vie circonstanciée des chrétiens que les évêques, puis après eux, les pontifes romains, canonisèrent. Les actes des martyrs qui remontaient aux premiers siècles du christianisme furent alors soumis à de nombreuses interpollations. Chaque secte corrompit à son gré les textes primitifs; catholiques, donatistes, ariens, macédoniens, nestoriens, eutychiens, au milieu des dévastations des barbares qui renouvelaient en partie les destructions ordonnées par Dioclétien, altéraient à l'envi les actes qui étaient demeurés en petit nombre; et ces actes ainsi remaniés étaient copiés et bien vite propagés à raison du besoin de livres pieux, lequel se faisait d'autant plus sentir que la destruction des anciens avait été plus générale; en sorte que l'erreur se répandait de plus en plus. Les efforts qui furent faits par certains membres du clergé pour recueillir les actes véritables et en former un livre authentique qu'on pût, en toute confiance, proposer à l'admiration des fidèles, restèrent complétement infructueux. Le défaut de critique, l'ignorance ou la crédulité du collecteur frappait toujours à ce point de vue son œuvre de nullité. C'est ce qui arriva à saint Céran, qui vivait au commencement du septième siècle, sous le roi Clotaire II, et qui entreprit de rassembler les actes des martyrs. L'ignorance ou la fourberie des personnes qu'il était obligé d'employer, enleva à son ouvrage la critique qu'il aurait voulu y apporter; on sait, en effet, comment ce saint fut dupe de la mauvaise foi de Warnharius, prêtre de Langres, qui fabriqua les actes des trois jumeaux qu'on lui demandait. Il ne nous est rien resté des actes que rassembla ou que composa, cinquante ans après saint Céran, saint Trajectus ou saint Prix. Adelhard, qui vivait à la fin du même siècle, et qui mourut en 709, a publié dans son livre *De la louange de la virginité*, des extraits d'actes des martyrs. On voit, dit Baillet, par l'usage qu'il en a fait, que les actes faux ou falsifiés des saints des provinces les plus éloignées de l'Asie étaient déjà fort répandus de son temps et qu'ils avaient passé jusqu'en Angleterre. Le même Adelhard a composé des *Vies de solitaires et de moines* qui n'ont jamais été imprimées. Au neuvième siècle, Anastase le bibliothécaire et Jean Diacre, son ami, l'auteur de la *Vie de Grégoire le Grand*, travaillèrent à Rome, sous le pape Jean VIII et ses successeurs, à recueillir les actes des martyrs. Le premier en traduisit plusieurs du grec en latin; il en composa même quelques-uns d'après les mémoires qu'il avait rapportés de son voyage à Constantinople et en Grèce. Les auteurs postérieurs à ceux que nous venons de citer ouvrent une ère nouvelle pour les actes des martyrs. La fable joue dans leurs écrits une si large part, les exagérations dont Simon le Métaphraste donna le premier exemple et enseigna les règles, y devinrent si habituelles, qu'en se travestissant universellement en légendes, les actes perdirent tout droit à la confiance des hommes sérieux.

Au dix-septième siècle, le père Heribert Rosweide, d'Utrecht, conçut le difficile projet de publier sur de nouvelles bases les actes de tous les saints, après les avoir soumis à une critique sévère; mais cette colossale entreprise ne fut mise à exécution qu'après sa mort, qui eut lieu en 1629 : ce fut Jean Bollandus qui en fut chargé. Il eut pour collaborateurs Godefroi Henschenius et Daniel Papebroch, qui lui succédèrent après sa mort, arrivée en 1665. Le travail se continua activement; de nouveaux collaborateurs furent adjoints à ces derniers et les remplacèrent à leur tour. De ce nombre furent D. Cardon, Conrad Janning, François et Bœrt. Cependant, ce grand travail n'a jamais été terminé, et il s'arrête aujourd'hui à la fin du mois d'octobre. Il a été l'objet de nombreuses critiques; Papebroch l'a défendu avec savoir; mais, malgré la reconnaissance que l'on doit aux hommes laborieux qui ont accompli une si grande œuvre, on ne peut se dissimuler que leur ouvrage a été composé sans critique réelle, et qu'il est empreint, à chaque page, de cette crédulité, de cette passion du miraculeux qui a été, au reste, de tout temps l'un des caractères de l'esprit monastique.

Plus éclairé et plus sévère dans son choix que les Bollandistes (tel est le nom que l'usage a imposé à Jean Bolland et à ses successeurs), D. Thierri Ruinart, bénédictin de Saint-Maur, publia en 1689 les *Actes choisis des premiers martyrs*. Néanmoins l'historien ne doit puiser dans cette intéressante collection qu'avec la réserve que réclame l'emploi de témoignages émanés de gens aussi peu éclairés qu'étaient les chrétiens primitifs.

Les *Actes de saints et martyrs* ont été recueillis pour divers pays, par Colganus pour la Grande-Bretagne, par Étienne Ghesquier pour la Belgique et la Flandre, par Assemani pour les églises d'Orient.

Outre les actes qui ont été réunis dans ces collections, un grand nombre furent encore insérés dans les missels et dans les sacramentaires. Nous avons dit que les passions des martyrs étaient lues dans les églises après l'Écriture sainte, au jour anniversaire de leur mort. Cet usage fut d'abord suivi dans l'Église d'Afrique, comme nous le voyons par un canon de l'Église de Carthage; il ne s'établit que plus tard dans l'Église romaine, et on le voit en vigueur à Rome, sous le pape Adrien Ier. Dans les églises d'Occident ces lectures se faisaient à la messe, avant l'évangile et l'épître, et on en répétait le résumé à la *préface* ou *contestation*. Voilà comment les actes s'introduisirent dans les sacramentaires et les missels. Ils furent même, dans certaines églises, rassemblés dans des livres spéciaux, auxquels cette circonstance valut le nom de *Passionnels*. Les actes furent introduits par là dans la liturgie, et ils commencèrent ainsi à figurer dans les bréviaires. Cependant, malgré la sanction nouvelle que les actes reçurent par cette insertion dans les prières consacrées par l'Église, ils n'en offrent pas moins un caractère de critique et d'authenticité très-insuffisant.

Theod. Ruinart, *Acta primorum martyrum sincera et selecta*. Édit. II. Amstelod., 1713, in-fol.

Acta sanctorum quotquot toto orbe coluntur, ediderunt J. Bollandus, G. Henschenius, Dan. Papebrochius, etc. Antuerp., 1643-1794. Cette collection, rangée suivant l'ordre des jours du mois, s'arrête, ainsi que nous l'avons dit, au 6 octobre, et forme 53 volumes in-fol., auxquels il faut joindre la critique intitulée : *Exhibitio errorum quos D. Papebrochius suis in notis ad acta sanctorum commisit*, per Seb. a Sancto-Paulo. Colon. Agrip. 1693, in-4°, et les ouvrages suivants : *Examen juridico-theologicum præambulorum Seb. a S.-Paulo*, etc. Auct. Nic. Rayeo. Antuerpiæ, 1698, in-4°; *Responsio Dan. Papebrochii*, etc. Antuerp. 1686 à 1698. III vol. in-4°.

Acta sanctorum martyrum orientalium et occidentalium in duas partes distributa; edidit Steph. Evod. Assemanus, Romæ, 1748, II vol. in-fol.

Joan. Colganus, *Acta sanctorum veteris et majoris Scotiæ seu Hiberniæ sanctorum insulæ*, Lovanii, 1645, in-fol. auxquels on joint une production du même auteur intitulée : *Triadis thaumaturgæ, sive divorum Patricii, Columbæ et Brigidæ, sanctorum Hiberniæ, acta*. Lovanii, 1647, in-fol. Tomus secundus (le tome Ier n'a jamais paru).

Acta sanctorum Belgii; collegit Stephan. Ghesquierus. Bruxellis, 1783-1794. VI vol. in-4°.

Sur la critique des Actes, on consultera :

Le *Discours sur l'histoire et la vie des saints*, placé en tête de sa *Vie des Saints*, par Adrien Baillet (nouv. édit. in-4°, Paris, 1739).

Introduction au Nouveau Testament, par J. D. Michaelis, 4e édit. trad. de l'allem. par J. Chenevière, (Genève, 1822), tom. III, p. 407 et suiv.

L'introduction de l'ouvrage intitulé : *Acta S. Thomæ apostoli*; illustravit Joan. Car. Thilo. Lipsiæ, 1823, in-8°.

Alfred Maury.

ACTEUR. (*Art dramatique.*) Dans le sens général, personnage en action. *Acteur*, dans le sens relatif, homme qui joue dans une pièce de théâtre. Cette dénomination s'applique également à l'homme qui joue la tragédie et à celui qui joue la comédie; à l'homme qui déclame et à celui qui chante.

La nature n'est pas moins avare de grands acteurs que de grands poëtes. On n'est pas grand acteur sans réunir au plus haut degré les qualités les plus rares du cœur et de l'esprit, sans posséder la sensibilité la plus profonde et l'intelligence la plus étendue. Pour peindre par le geste et par la voix les passions humaines, il faut, ce me semble, autant de génie que pour les exprimer par le discours.

L'art de l'acteur est aussi ancien que l'art dramatique. Les premières tragédies furent improvisées par les acteurs eux-mêmes.

L'art de l'acteur consiste à paraître ce qu'on n'est pas. De là l'application qui a été faite du mot *hypocrite*, qui en grec veut dire *comédien*, aux hommes qui, dans la société, en imposent par de faux dehors.

La condition civile des acteurs a varié suivant les temps et suivant les lieux. En Grèce, ils jouissaient non-seulement de tous les droits de citoyen, mais ils étaient aptes à remplir les places les plus honorables. Aristodème fut envoyé en ambassade par les Athéniens à Philippe, roi de Macédoine.

A Rome, il n'en était pas ainsi. Non-seulement le Romain qui montait sur le théâtre perdait ses droits de citoyen, mais il était chassé de sa tribu et privé du droit de suffrage dans les assemblées publiques.

Les causes de cette contradiction sont faciles à trouver. L'art du théâtre, né en Grèce à l'occasion des fêtes de Bacchus, et pratiqué, dès l'origine, par des hommes de condition libre, était recommandé à l'estime par cette double considération. En Italie, au contraire, il avait été inventé par des hommes de la classe infime, par des histrions étrusques, par des paysans d'Atella. Là aussi il participa à la condition de ses inventeurs. Mais l'infamie qui s'attachait à Rome aux acteurs tenait moins à leur art qu'à l'abjection des premiers hommes qui l'avaient exercé. Nous verrons qu'il y a eu des exceptions.

Chez les peuples modernes, on retrouve les mêmes contradictions. En Angleterre, les acteurs ont été traités de tout temps comme ils l'étaient en Grèce: En France, ils ont été traités longtemps comme ils l'étaient à Rome. En Angleterre, les grands de la nation se firent un honneur de suivre le convoi funèbre de mistriss Odlefields et de Garrick. En France, la sépulture fut refusée à mademoiselle Lecouvreur, et Molière lui-même fut exilé plus de cent ans dans le coin le plus obscur d'un cimetière. A quoi attribuer l'établissement de ce préjugé en France, où l'art dramatique, créé par les *confrères de la passion,* semble lié à la religion. Ce qu'il y a de bizarre, c'est qu'il s'est fortifié à mesure que le théâtre s'est épuré.

Aujourd'hui on commence à rendre justice à ces parias de la civilisation chrétienne. Le bon sens public a enfin compris qu'un acteur honnête homme est au moins l'égal d'un noble fripon. Cependant les gouvernements n'ont pas encore dépouillé tout préjugé à cet égard. Pourquoi les acteurs ne participent-ils pas aux récompenses publiques décernées au talent par le pouvoir? D'où vient qu'en France, où l'on prodigue les décorations aux peintres, aux architectes, aux compositeurs, à tous les artistes, un nom d'acteur ne se trouve jamais sur les listes de promotion à la Légion d'honneur?

Les plus grands acteurs de l'antiquité sont Polus et Théodore chez les Grecs ; et chez les Romains, Ésopus et Roscius.

L'expression de Théodore était si conforme à la nature qu'on l'eût pris pour le personnage même. Polus avait atteint la perfection de l'art : il réunissait les qualités morales aux avantages physiques, et l'organe le plus parfait à l'intelligence la plus étendue, au sentiment le plus juste et le plus profond. Chargé du rôle d'Électre dans la tragédie de Sophocle, il imagina de substituer à l'urne qui semblait contenir les cendres d'Oreste, celle qui renfermait les cendres de son propre fils. Les accents que ces tristes restes lui arrachèrent furent aussi vrais que la douleur qu'ils avaient réveillée. Ce n'était plus une imitation de la nature, c'était la nature même.

Le Romain Esopus fut doué de la même faculté. Il s'identifiait tellement avec son personnage que, jouant le rôle d'Atrée, il assomma d'un coup de sceptre un malheureux qui s'offrit étourdiment à lui, et qu'il prit pour son frère. Il était aimé tendrement de Cicéron, dont il provoqua le rappel par le talent avec lequel il fit application à l'exil de ce grand homme d'un passage du Télamon proscrit.

Cicéron disait de lui *qu'il n'avait pas moins bien joué son rôle dans la république que sur le théâtre.*

Ésopus ne jouait que la tragédie ; Roscius, au contraire, ne jouait que la comédie, et il y excella. Cicéron, qui aimait beaucoup aussi cet acteur, disait de Roscius *qu'il lui plaisait tant sur le théâtre qu'il n'aurait jamais dû en descendre, et qu'il avait tant de vertu et de probité qu'il n'aurait jamais dû y monter.*

Les acteurs peuvent se diviser en trois classes : acteurs déclamants, acteurs chantants, et acteurs gesticulants ou pantomimes. Ces trois divisions répondent à nos trois genres de spectacles dramatiques. *Voyez,* pour ce qui concerne particulièrement les acteurs de chacun de ces genres, les articles DÉCLAMATION, CHANT, PANTOMIME et DANSE.   ARNAULT.

ACTIAQUE (Ère). (*Antiquité.*) Cette ère tire son origine et son nom de la bataille d'*Actium*, qui rendit Auguste maître de l'Égypte et de tout l'empire romain. Elle commença chez les Romains avec la seizième année de l'ère julienne, c'est-à-dire au premier janvier de l'an 724 de Rome. En Égypte, où elle fut adoptée la même année et se maintint jusqu'au règne de Dioclétien, elle commença avec le mois thoth, ou le 29 août, et le 1er septembre chez les Grecs d'Antioche, qui la nommaient aussi l'*ère d'Antioche.* Ce fut à l'époque de la bataille d'Actium que les Égyptiens travaillèrent à la réformation de leur calendrier, sur le modèle de la correction julienne.

On donnait le surnom d'*Actiaque* (actiacus, actius ou acteus) à Apollon, parce qu'il était honoré d'un culte particulier sur le promontoire d'*Actium.* Ce dieu paraît sur les médailles d'Auguste avec un habillement de femme et une lyre à la main. Auguste lui bâtit un nouveau temple, et renouvela les jeux actiaques en son honneur, après la victoire navale qu'il remporta sur Marc-Antoine près d'*Actium*, parce qu'il crut en être redevable à ce dieu, qu'il honora toujours depuis plus que tous les autres dieux; ce qui explique pourquoi il est souvent désigné sous le nom d'Apollon dans Virgile et dans Horace, et représenté sous les attributs de cette divinité sur les monuments. On célébrait dans l'origine les jeux et fêtes actiaques tous les trois ans; ils devinrent ensuite quinquennaux, à l'instar des jeux olympiques. Il y avait des combats d'athlètes, des courses de chevaux, des combats sur la mer, et des danses. On y tuait un *bœuf;* ce qui me paraît fournir l'origine de la cérémonie du *Bucentaure*, conservée chez les Vénitiens jusqu'à nos jours. Ce bœuf était ensuite abandonné aux mouches, qui s'envolaient et ne revenaient plus, après s'être abreuvées de son sang.

ÉLOI JOHANNAU.

ACTIF. (*Législation.*) Ce terme est employé dans le langage des lois et du commerce pour désigner ce que possède un individu ou une société, par opposition au mot *passif,* qui indique les charges ou obligations dont on est grevé. Ainsi, en parlant d'une succession, d'une communauté, d'une association commerciale, on dit que sa véritable situation est fixée par la balance de l'*actif* et du *passif.*

COURTIN.

ACTINIES. (*Histoire naturelle.*) Les actinies sont des animaux marins appartenant à la classe des polypes de Cuvier; leur forme rayonnée les a fait ainsi nommer (1); elles font partie de la division des *anthozoaires* et de l'ordre des *zoanthaires*. Les actinies présentent une forme et des couleurs qui les ont fait comparer à des fleurs : de là le nom d'*anémones de mer*, qu'on leur donne quelquefois. On les rencontre habituellement sur les roches, sur des coquilles, sur le sable même, dans des lieux abrités, près du rivage, et où l'eau n'atteint que peu de profondeur.

Le corps des actinies est formé d'un disque charnu qui s'applique avec force sur les corps solides, comme la ventouse postérieure de la sangsue; il est surmonté d'une sorte de couronne composée de plusieurs rangs de tentacules nombreux, semi-transparents, et nuancés comme les pétales des plus belles anémones. Si on les touche, si on agite l'eau, l'animal les contracte à l'instant, et il ne montre plus qu'une masse arrondie à l'extérieur.

Un contact brûlant, faisant éprouver la même sensation douloureuse que la piqûre de l'ortie, avertit de la présence d'une actinie. Cependant celles de la Manche, surtout pendant l'automne, piquent moins que celles de la Méditerranée. Malgré cette propriété, une espèce très-commune sur les côtes de Provence est recherchée par les habitants comme comestible. Cette actinie, à tentacules verts, teints de rose à leur pointe, se détache d'elle-même du point où elle est attachée; puis, gonflant sa base comme une vessie, elle se laisse entraîner par les eaux, pour aller se fixer ailleurs, ou rester sur des algues flottantes.

La couche extérieure charnue et contractile du corps des actinies se réfléchit intérieurement et forme l'estomac, dont l'ouverture unique fait à la fois l'office de bouche et d'anus. Ces animaux ne se multiplient point au moyen de bourgeons extérieurs, comme la plupart des polypes; leurs petits, en se détachant des ovaires, tombent dans l'estomac et sont vomis par la bouche.

Les actinies forment maintenant, sous le nom d'*actiniaires*, une famille comprenant, avec les *actinies* proprement dites, plusieurs genres qui en ont été démembrés.

A. DUPONCHEL.

ACTION. (*Art dramatique.*) L'action est le développement, la mise en œuvre des moyens qui doivent conduire à bonne fin un drame, une épopée, un roman, toute œuvre littéraire, enfin, qui raconte, chante ou représente un événement vrai ou faux, appris ou inventé, dans son ensemble et dans ses détails, avec ses causes et ses effets. Au reste, on peut appliquer plus exclusivement ce terme à la marche et aux développements du drame : c'est là en effet surtout que les personnages agissent. Dans le roman, dans l'épopée, l'auteur est toujours là : c'est lui qui parle, et si, de temps en temps, il permet à ses héros de s'avancer en scène, et de prendre la parole à leur tour, son intervention ne tarde pas à se faire de nouveau sentir; il ne laisse pas longtemps oublier qu'il est présent, et que c'est à lui qu'on a affaire. Il n'y a là qu'une fable, développée, il est vrai, et conduite par toutes ses phases, mais où rien ne se montre aux yeux, où tout se raconte à l'esprit : le récit remplace l'action.

Dans le théâtre grec, l'action est une et simple. Et comment en eût-il été autrement? La tragédie grecque consistait en une représentation, faite devant le peuple assemblé, de choses et d'événements qu'il connaissait aussi bien que le poëte. Ainsi pas de secret, pas de surprises, pas de frais d'imagination. Aux premiers mots prononcés par l'acteur, le spectateur disait : « Voici Agamemnon; il va condamner sa fille. Celui-ci est Œdipe : il faut qu'il tue son père et qu'il épouse sa mère. » L'action n'était donc pour le poëte qu'un canevas sur lequel il brodait, qu'une toile qu'il couvrait de couleurs; c'était un prétexte dont il profitait pour répandre à flots l'or de sa poésie, le miel de son éloquence, les trésors de sa morale. De là il sortait quelque chose de grand, de beau, de magnifique; mais, disons-le, l'intérêt manquait, du moins l'intérêt qui ressort d'une attente vivement excitée, d'une curiosité tenue en éveil. La situation, présentée avec art, les caractères, habilement tracés, les vers, pleins de pompe et de charme, tout cela pouvait saisir et émouvoir; l'action laissait l'esprit calme et froid, et quelques efforts qu'elle eût faits, elle n'eût pu obtenir un autre résultat, puisque c'était son histoire et sa religion que le peuple voyait sur le théâtre. On comprend que dans ces conditions, la marche du drame était simple, et qu'Aristote, en recommandant l'unité d'action aux

---

(1) Du grec ἀκτίν, *rayon*.

poëtes tragiques, leur faisait presque une recommandation inutile.

Corneille et Racine, qui ne firent subir au théâtre antique qu'un seul changement pour ainsi dire, en supprimant les dieux et en se contentant des héros, n'oublièrent pas, en adoptant les trois unités d'Aristote, la plus importante et la plus raisonnable, l'unité d'action. Les conditions du théâtre à leur époque leur eussent imposé la simplicité s'ils eussent eu quelque velléité de s'en affranchir. L'intérêt et l'émotion, résultant de complications habiles, ne vont guère sans l'illusion ; et comment l'illusion eût-elle pu se produire sur un théâtre encombré de jeunes seigneurs, souvent bruyants et agités, sur un théâtre où les spectateurs étaient presque mêlés aux acteurs ? La fiction y coudoyait la réalité, et ce voisinage trop immédiat ne pouvait manquer de lui faire tort. Aussi Corneille abandonna-t-il bientôt les complications, qu'il imita d'abord du théâtre espagnol, pour se renfermer dans la simplicité grecque. Racine et ses successeurs prirent le même parti, et cette fois encore la tragédie ne fut qu'une épopée dialoguée.

Cependant le drame moderne venait d'éclore. Il était sorti tout armé du cerveau de Shakspeare, et les règles anciennes, qui régnaient en souveraines depuis deux mille ans, avaient rencontré enfin une résistance difficile à vaincre. Le drame sortit victorieux de la lutte, et, raisonnable parce qu'il se sentait fort, il écarta ce qui le gênait sans lui être utile, et garda ce qui devait le servir sans trop le gêner. Il repoussa les unités de temps et de lieu, et admit l'unité d'action. Seulement, il reconnut que, comme toute autre loi, celle-là avait son élasticité, et il lui donna une extension qui lui permit de conserver sa libre allure, tout en restant dans les limites prescrites. Son action est une encore ; elle forme un tout unique et complet. Elle peut être comparée à un édifice dont toutes les parties, savamment reliées entre elles, concourent à la régularité et à la symétrie de l'ensemble ; mais, comme cet édifice, elle a ses attenances et ses dépendances : autour d'elle les incidents se groupent, les caractères se dessinent, les épisodes sortent du fond même du sujet pour y revenir après une excursion plus ou moins longue ; et bien loin d'entraver le drame, tout cela a un but commun : assurer et aider sa marche, mettre en relief les situations les plus dramatiques, soutenir les parties faibles et chancelantes. Ce sont les roues du carrosse, les ombres du tableau, les contre-forts du monument.

Telle est l'extension que l'inventeur du drame moderne a donnée à la règle antique, admise et conservée par lui. Il s'était trouvé face à face avec la même difficulté qu'avaient rencontrée jadis les poëtes grecs. Il mettait la plupart du temps en scène l'histoire de son pays, et comme il sentit que ses auditeurs peu littéraires avaient, avant tout, besoin d'être intéressés, il les amusa par des hors-d'œuvre placés à côté de l'action, et tenant à elle par des liens visibles. De nos jours, où le drame a pris la voie indiquée par Shakspeare, où il veut mettre à la fiction un masque de vérité, il a encore agrandi ses priviléges, et l'action s'est promenée de côté et d'autre, prétendant imiter en cela la marche réelle des choses humaines. Cependant, si l'action a quelquefois couru dans deux chemins à la fois, on doit dire que ces deux chemins arrivaient toujours au même but ; d'ailleurs il faut être indulgent pour des écarts presque inévitables, au milieu de l'énorme dépense d'invention, réclamée par l'exigence blasée du public, que fait notre littérature dramatique.

En effet, aujourd'hui la poésie, l'éloquence, le style ont presque disparu devant l'intrigue. La tragédie était une épopée ; le drame est un roman. En voyant cette prodigieuse fécondité, n'a-t-on pas lieu de s'étonner du mot de Racine, qui disait : « Ma pièce est finie : je n'ai « plus que les vers à faire. » Si le poëte qui faisait difficilement les vers faciles, et qui ordonnait plus difficilement encore, à ce qu'il semble, la facile contexture de ses œuvres, regardait son ouvrage comme terminé du moment qu'il en avait trouvé le fond et l'ensemble, que dirait-il en voyant les inépuisables complications qui constituent aujourd'hui une action dramatique ? Au reste, soit qu'on ait reconnu combien l'unité d'action est nécessaire au succès, si envié de nos jours, soit par toute autre cause, toujours est-il que la seule règle antique qui nous reste, est, sinon scrupuleusement observée, au moins respectée par les plus hardis.

St. A. Choler.

ACTION. (*Art militaire.*) Lutte entre deux corps de troupes qui, suivant l'espèce de leurs armes, se chargent, se choquent, ou tirent l'un sur l'autre.

Une action générale entre deux armées ou entre la majeure partie de ces armées se nomme bataille. *Voyez* Bataille.

Une action partielle n'est qu'un combat. Il y a cependant des combats plus sanglants et qui ont des conséquences plus importantes que certaines actions qu'on a décorées du nom imposant de bataille. *Voyez* Combat.

Une action entre de petites fractions d'armées se nomme escarmouche. *Voyez* Escarmouche.

Une action entre deux individus, même lorsqu'il ne s'agit pas de vider une querelle particulière, est un duel. Ce genre d'action était fréquent dans les guerres de l'antiquité, et dans le moyen âge, où, bardés de toutes pièces, des chefs s'élançaient en avant de leurs troupes et décidaient quelquefois la querelle par un combat singulier. Nos armes, nos mœurs, et surtout la composition de nos armées, ont proscrit cet usage à la guerre. *Voyez* DUEL.

Action d'éclat. Les Français, toujours audacieux, intelligents, enthousiastes, se sont toujours distingués par des faits mémorables, par des actions d'éclat; mais l'histoire entière de la monarchie n'en cite pas autant que les vingt années de la guerre de la révolution, qui n'ont, pour ainsi dire, été qu'une longue bataille. Alors la carrière s'est ouverte pour tous; toutes les mains ont pu saisir les palmes; et la gloire est devenue plébéienne. Sous la république, les actions d'éclat étaient récompensées par un fusil d'honneur, par un sabre d'honneur; et plus d'un de ces fusils, de ces sabres repose dans la demeure modeste de l'artisan et dans la chaumière du laboureur. Sous l'Empire, l'avancement, des titres, des dotations, et surtout la croix de la Légion d'honneur, étaient les récompenses des actions d'éclat.

LAMARQUE.

Malgré le nom illustre dont l'article précédent est signé, nous nous permettons d'y ajouter quelques mots. — Et d'abord, le terme *action*, qui s'applique non-seulement à une bataille, à un combat, à une escarmouche, à un duel, mais encore à une sortie, à un assaut, à une escalade, à un enlèvement de poste, à une simple affaire, enfin à toute rencontre qui (abstraction faite de son plus ou moins d'importance) a lieu en campagne entre des troupes ennemies, est peu ancien dans la langue militaire. Il paraît n'y avoir été introduit que dans le courant du dix-septième siècle. En vain le chercherait-on, par exemple, dans Brantôme, qui écrivait ses mémoires à la fin du seizième. Du temps de cet auteur, on disait *jouer des mains; on* a dit plus tard *en venir aux mains, être aux mains;* mais un substantif analogue à ces verbes manquait. On avait *journée*, on avait *affaire*, mais qui ne suffisaient pas; *action* est venu combler heureusement cette lacune.

La généralité de ce terme, qui en fait précisément le mérite, ne nous permet de consigner ici que quelques observations très-générales. Les motifs et les moyens d'engager l'action ou de l'éviter, les manœuvres et les stratagèmes qui doivent donner la victoire à l'un des deux partis, ou les fautes qui peuvent amener une défaite, varient, on le conçoit, selon qu'il s'agit d'une bataille, d'un combat, d'une escarmouche, d'une sortie, d'un assaut, etc.; selon qu'il s'agit de l'attaque ou de la défense; selon que la lutte a pour théâtre la plaine ou les montagnes. Poser des règles communes aux différents cas qui viennent d'être énumérés n'est point possible, et nous ne pouvons que renvoyer le lecteur aux articles spéciaux où il sera traité de chacun d'eux. C'est là que nous tâcherons d'expliquer les différentes ressources dont l'art de la guerre dispose suivant les circonstances. Ici, bornons-nous à dire que l'étude du terrain, la connaissance de ses accidents, la justesse de la tactique, l'à-propos de l'offensive, sont les principaux éléments du succès d'une action, de même que la négligence ou l'oubli des règles deviennent presque infailliblement des causes d'échec; bornons-nous à rappeler que jadis il était d'ordinaire préludé aux actions non-seulement par des harangues du chef, mais encore par des chants, par des invocations, par des prières, et que ce sont là des usages qui se sont à peu près conservés jusque dans les temps modernes. C'est ainsi que chez nous, jusqu'à la révolution, il se livrait peu de batailles rangées sans que la messe eût été préalablement célébrée sur un autel qu'on improvisait avec des tambours; c'est ainsi que pendant les premières années de la République, lorsque nos soldats s'élançaient à l'ennemi, ils répétaient en chœur l'hymne patriotique de la *Marseillaise;* enfin, c'est ainsi que souvent, le matin d'une action qu'il prévoyait devoir être décisive, Bonaparte général, Napoléon empereur, a porté au comble l'enthousiasme et l'ardeur de ses troupes par des allocutions ou des ordres du jour qui sont devenus historiques. Jadis, à l'issue de l'action, les hérauts d'armes venaient relever le nombre des morts, constater celui des prisonniers et dresser en quelque sorte le procès-verbal du champ de bataille. Maintenant, on publie des bulletins, des rapports, qui sont des procès-verbaux du même genre.

Une *action d'éclat* est un acte individuel de courage ou de présence d'esprit, et doit, pour être regardée comme telle et pour obtenir rémunération, avoir été accomplie sur le champ de bataille même. Le connétable était autrefois le juge et le rémunérateur des actions d'éclat. Depuis que la charge de connétable est abolie, le privilége de rémunérer ces actions appartient au chef de l'État, qui l'exerce par l'entremise du ministre de la guerre. Il n'y a eu dérogation à cette règle que pendant les premières années de la République. Jusqu'à l'époque du Consulat, ce furent les généraux en chef qui, sur le rapport des généraux de division, décernaient aux actions d'éclat les diverses récompenses déterminées par les lois; mais devenu premier consul, Bonaparte s'attribua exclusivement le droit d'octroyer ces récompenses, et ne laissa aux généraux en chef que la faculté d'adresser au ministre une liste de candidats. Cette mesure, maintenue sous l'Empire, maintenue sous la Restauration, l'est encore depuis 1830.

Sous l'ancienne monarchie, les actions d'éclat des officiers seuls obtenaient rémunération. Les lois modernes ont brisé ce monstrueux privilége, et rendu les titres des simples hommes de troupe égaux à ceux des officiers. Quant à la rémunération même, les actions d'éclat, jusqu'à la révolution, donnaient droit à l'avancement, et cet avancement, pour les officiers (les seuls en faveur de qui l'ordonnance du 29 avril 1758 stipulât), allait en temps de guerre jusques et y compris le brevet de colonel. On sait en outre que par ses statuts originaires l'ordre de Saint-Louis devait être une récompense des actions d'éclat. Au commencement des guerres de la République, alors que tous les ordres de chevalerie avaient été supprimés, les actions d'éclat n'étaient payées que par de simples mentions honorables, et ce prix, en ces temps glorieux où l'exaltation du patriotisme était poussée si loin, suffisait à la valeur désintéressée. A partir du 14 germinal de l'an III, elles furent récompensées par l'avancement au grade immédiatement supérieur. Le général en chef, comme il en avait alors le droit, prononçait la nomination; le militaire promu prenait aussitôt les marques distinctives de son nouveau grade et en touchait la solde jusqu'à la première vacance. Une loi du 19 fructidor an VI disposait même qu'en cas d'action d'éclat le défaut d'ancienneté de grade ne serait pas un obstacle à l'avancement, et, depuis, cette disposition est toujours restée en vigueur. De plus, l'article 87 de la constitution de l'an VIII décernait des récompenses nationales aux guerriers qui se signaleraient par des actions d'éclat, et ces récompenses (à l'imitation de ce qui se faisait à Rome, où de tels exploits étaient récompensés par le don d'une couronne, d'une *hasta pura*, c'est-à-dire d'une lance sans fer, ou d'une *adorea*, c'est-à-dire d'une mesure de blé) consistaient d'abord en armes d'honneur. C'étaient des fusils, des carabines, des mousquetons, des sabres, des haches de sapeur ou d'abordage; ce furent aussi des grenades, des baguettes de tambour, des trompettes; ce fut encore la double paye. Mais Bonaparte, devenu premier consul, trouva ces modes de rémunération trop peu éclatants, et, par une loi du 19 mai 1802, il institua la Légion d'honneur, dont tous les officiers, sous-officiers et soldats qui avaient obtenu des récompenses nationales aux termes de la constitution de l'an VIII, devinrent membres de droit.

Aujourd'hui les actions d'éclat valent encore à ceux qui les accomplissent, d'être proposés à l'avancement ou à la décoration, mais il faut (et il l'a toujours fallu) qu'elles soient constatées par des certificats authentiques et qu'elles aient été immédiatement mises à l'ordre du jour de l'armée. Le soin d'accomplir les formalités qui doivent les rendre valables, regarde le lieutenant-colonel du corps.

RHUME.

ACTION INTELLECTUELLE. (*Philosophie.*) Toute action est le développement d'une force; toute action intellectuelle est le développement de l'activité de l'âme dirigée sur les faits de l'intelligence ou les idées. La première action de cette espèce qui se produit en nous est un mouvement dans lequel nous avons pour but de saisir une idée et de la retenir sous nos yeux pendant une durée plus ou moins longue. A cet acte succède celui qui distingue une idée devenue fixe, de toutes celles qui se groupent autour d'elle. La distinction est suivie de la décomposition, et la décomposition de la recomposition. Comparer, généraliser, raisonner, sont d'autres actes intellectuels qui viennent après les précédents. L'esprit procède légitimement à ces opérations diverses quand il suit, en les faisant, l'ordre successif que nous venons de marquer, il n'a plus de méthode, ou n'en a qu'une fausse, quand il s'en écarte. *Voy.* ACTIVITÉ INTELLECTUELLE.

DAMIRON.

ACTION. (*Mécanique.*) On entend par ce mot l'effort que fait un corps qui se meut actuellement pour en mouvoir un autre; et comme cette communication de mouvement est, par sa nature, impossible à expliquer, on se borne à la mesurer par ses effets. (*Voyez* CHOC DES CORPS, QUANTITÉ DE MOUVEMENT, FORCE.) Le mécanicien ne se sert du mot *action* que pour désigner le mouvement qu'un corps produit dans un autre corps, ou celui qu'il y produirait réellement si aucune cause ne s'y opposait.

Quantité d'action. Maupertuis, dans les *Mémoires* de l'Académie des sciences de Paris, pour 1744, et dans ceux de l'Académie de Berlin, pour 1746, appelle *quantité d'action d'un corps, le produit de sa masse par sa vitesse et par l'espace qu'il décrit.* Des considérations abstraites, fondées sur la doctrine des *causes finales*, l'avaient conduit à penser que la nature doit agir par des moyens d'économie, qui ne lui permettent de dépenser ses forces qu'en moindre quantité possible. Suivant lui, *la quantité d'action dépensée est toujours au minimum.* Appliquant ces idées à diverses circonstances de mouvement, telles que la réflexion et la réfraction de la lumière, Maupertuis, en effet, parvint aux résultats qu'on était accoutumé à obtenir par d'autres procédés, et il fit de la proposition qu'on vient d'énoncer *un principe fondamental de la mécanique,* susceptible d'être appliqué aux problèmes du mouvement des corps.

Lagrange, dans sa *Mécanique céleste,* publiée en 1784, revint sur cette proposition, et non-seulement il démontra qu'elle était vraie toutes les fois que le principe des *forces vives* l'était, sans se servir des raisons métaphysiques sur lesquelles Maupertuis l'avait établie, mais il fit voir que l'un et l'autre de ces théorèmes n'étaient que des conséquences des équations générales du *mouvement* (*Voyez* ce mot), et ne constituaient pas des *principes de mécanique :* ce ne sont que des résultats que le calcul déduit de ces équations, en montrant les cas où ils ont lieu; et bien que, dans certains problèmes, ces propositions conduisent facilement aux solutions, elles ne constituent que de simples théorèmes de mécanique.

C'est en vertu du théorème de la moindre action qu'on reconnaît que lorsqu'un point mobile, qui n'est sollicité par aucune force accélératrice, est assujetti à se mouvoir sur une surface courbe quelconque, la ligne qu'il y parcourt, en vertu de l'impulsion qui lui a donné le mouvement, est la plus courte qu'on puisse tracer sur cette surface, depuis le point du départ jusqu'au point d'arrivée.

Lorsque le point mobile obéit librement à l'action des forces accélératrices qui le sollicitent, et que ces forces sont telles que l'équation des forces vives a lieu, qu'on fasse le produit de la vitesse en chaque point par l'élément d'arc décrit, et l'intégrale prise dans des limites données sera un minimum.

S'il s'agit d'un système de corps mus par des forces accélératrices pour lesquelles l'équation des forces vives subsiste, on multipliera la masse de chaque mobile par sa vitesse et par l'élément de sa trajectoire; on prendra la somme de ces produits pour tous les corps; et on intégrera entre les limites fixées par deux positions données du système; l'intégrale sera un minimum. Tel est l'énoncé général du principe de la moindre action.

Consultez à ce sujet la *Mécanique* de Poisson, 1re édition, tom. 1er, page 460, et tome II, p. 304.

FRANCOEUR.

ACTION. (*Législation.*) La plupart des jurisconsultes qui ont écrit sur le droit romain définissent l'*action,* « le droit que nous avons de poursuivre en justice ce qui nous est dû ou ce qui nous appartient. » Cette définition est celle que donne Justinien dans ses *Institutes*(1). Toutefois, elle nous paraît incomplète;

(1) Liv. IV, tit. 6. Celse, au Dig., c. 3. *de act. et oblig.*

car, dans le langage des lois, si l'on appelle *action* le droit qu'on a de poursuivre en justice ce qui nous est dû ou ce qui nous appartient, on qualifie aussi de la même manière la poursuite dirigée devant les tribunaux par celui qui peut n'avoir aucun droit. De telle sorte que l'action, considérée comme un droit, peut appartenir à celui qui ne s'est pas encore pourvu en justice; tandis que, d'un autre côté, une action peut être portée devant les tribunaux à la requête de celui qui n'avait aucun droit à exercer.

Si l'on considère le but des actions en général, on les divise en deux classes bien distinctes. Les unes ont pour résultat d'obtenir une condamnation dans l'intérêt privé de la partie qui s'est pourvue en justice; tandis que les autres tendent à faire prononcer l'application d'une peine plus ou moins grave à un fait que la loi qualifie contravention, délit ou crime. Les premières, que chacun peut exercer à ses risques et périls, sont les *actions civiles.*

Une première division s'opère entre les actions civiles. Ainsi, nous appelons actions *immobilières* les actions qui tendent à la revendication d'un immeuble : nous désignons au contraire sous le nom d'actions *mobilières* celles qui ont pour objet des sommes exigibles ou des effets mobiliers. Cette première division des actions est indiquée par la division même des biens en meubles et immeubles : mais si l'on considère la nature du droit à exercer et la qualité de la personne contre laquelle l'action est dirigée, on est obligé d'admettre une division nouvelle. L'action est-elle la poursuite d'un engagement personnel, est-elle dirigée contre celui qui a contracté l'engagement ou contre ses héritiers, c'est une action *personnelle.* Au contraire, repose-t-elle sur la violation d'un droit immobilier, l'action est-elle dirigée, par exemple, contre le tiers détenteur d'un immeuble, elle prend le nom d'action *réelle.*

Enfin, celui contre qui la poursuite est dirigée se trouve-t-il à la fois obligé dans sa personne et dans ses biens, l'action est *mixte.*

La plupart des actions portées devant les tribunaux sont de cette dernière nature; car il n'existe d'action réelle proprement dite que l'action *hypothécaire,* dirigée contre le tiers détenteur d'un immeuble qui se trouvait affecté à l'acquittement d'une obligation, entre les mains du précédent propriétaire; et l'action personnelle a toujours elle-même quelque chose de réel dans son exécution, puisqu'on ne fait condamner la personne du débiteur que pour atteindre les biens meubles ou immeubles qu'il possède. On indiquera au mot *Compétence* devant quels tribunaux doivent être portées ces diverses espèces d'actions, et au mot *Prescription* le délai dans lequel elles doivent être exercées à peine de déchéance.

L'action civile, en réparation du dommage causé par un crime, par un délit ou par une contravention, appartient à tous ceux qui ont souffert de ce dommage. *Voyez* Partie civile.

La poursuite de l'action publique n'appartient qu'aux magistrats institués à cet effet. *Voyez* Ministère public.

Dans plusieurs Etats d'Allemagne où la législation romaine forme le droit commun, on a conservé les divisions et les qualifications des diverses actions, telles qu'on les trouve dans les lois du Digeste et du Code.

En Angleterre, l'action publique (*action populas*) appartient aux simples particuliers comme aux magistrats, lorsqu'il s'agit de la violation d'une loi pénale. La plupart des actions ont leur désignation particulière : ainsi on appelle *action trove*, celle qui est dirigée par le propriétaire d'un objet perdu contre celui qui l'a trouvé; *action assumpsit*, l'action intentée contre celui qui s'est obligé à faire une chose, ou à payer une somme d'argent. Il y a quelques actions qu'on ne peut intenter sans avoir rempli certaines formalités; par exemple, on ne peut en Angleterre actionner un juge de paix sans l'avoir averti préalablement un mois à l'avance.

Action de compagnie. C'est une part dans les fonds et l'intérêt d'une compagnie formée pour une entreprise quelconque. L'action est d'ordinaire accordée pour une mise de fonds. Elle peut être aussi attribuée à celui qui n'a apporté dans une société que son travail ou son industrie. Certaines actions ont un cours public à la bourse. Telles sont les actions de la banque de France et les actions des ponts et des canaux.

L'intérêt des sociétés anonymes se divise par actions; elles ne peuvent être établies qu'avec l'autorisation du gouvernement. *Voyez* Sociétés commerciales.

Coffinières.

ACTIVITÉ INTELLECTUELLE. (*Philosophie.*) Avant de nous occuper de l'objet spécial de cet article, qui est de rechercher la nature, les formes et la loi de l'activité de l'âme dans son rapport avec les idées, il convient de présenter quelques observations qui semblent nécessaires pour éclaircir le sujet auquel nous passerons ensuite.

A son entrée dans la vie, l'âme éprouve quelque plaisir ou quelque peine, elle sent. Sent-elle sans avoir conscience de sa sensation? L'expérience ne nous l'apprend pas; aucune induction ne nous porte à le supposer, et l'idée que nous avons de notre sensibilité ne s'accorde pas avec celle d'une sensibilité qui agirait en nous à notre insu; car sentir, pour nous, c'est savoir que nous sentons. Cette conscience ou connaissance intime que nous avons de nos manières de sentir est obscure ou claire, spontanée ou réfléchie. Dans ces deux cas, nous savons que nous sommes, nous distinguons notre moi de ce qui n'est pas lui : le moi se dégage à ses propres yeux du non-moi; mais à la première vue qu'il a de lui-même, il s'aperçoit à peine, ne doute pas de lui, mais ne se sait pas bien; pour mieux se savoir, il a besoin d'un moment de réflexion. Quant à cette intuition première qu'il a de lui-même il joint un regard attentif, il se saisit plus nettement, s'abstrait avec plus de pureté du sein des choses, se reconnaît et se proclame une personne avec plus de confiance.

Dès que l'âme a cette conscience claire d'elle-même, elle trouve qu'elle se possède, qu'elle peut se diriger et qu'elle peut soumettre ses idées à un travail volontaire et méthodique.

C'est dans ses opérations sur les idées que nous allons observer l'activité de l'âme, qui, de cette fonction spéciale qu'elle remplit, peut prendre le nom d'activité intellectuelle.

Pour l'analyser avec exactitude, commençons par déterminer la nature et l'état du sujet sur lequel elle déploie son action.

Qu'est-ce qu'une idée? qu'est-ce qu'avoir une idée? N'est-ce pas savoir qu'un objet est tel ou tel, l'apercevoir sous quelque point de vue, juger qu'il a certaines qualités? L'idée n'est donc qu'un jugement. J'entends l'idée complète et totale, telle qu'elle nous est donnée primitivement par la nature; car celle que nous devons à l'art d'abstraire et de parler, et qui n'embrasse pas en même temps l'objet et ses qualités, le sujet et l'attribut, mais se rapporte seulement à l'un ou à l'autre, n'est pas un jugement, parce qu'elle n'est pas totale : partielle, elle n'est qu'un élément, qu'une fraction du jugement. Mais l'idée naturelle, qui est toujours concrète, est un vrai jugement.

Lorsque l'esprit porte pour la première fois sur ses idées un regard attentif, il les trouve obscures. Elles sont obscures parce qu'elles sont légères et fugitives, et que, dans leur continuelle instabilité, elles ne cessent d'apparaître et de disparaître sans faire sur la vue aucune impression précise et durable; elles le sont parce que, au milieu du mouvement rapide et irrégulier qui les emporte, elles se mêlent entre elles et forment mille groupes mobiles, variables, souvent bizarres et toujours confus; elles le sont encore parce qu'une exacte analyse n'a pas parcouru et séparé avec ordre leurs points de vue partiels, et répandu successivement la lumière sur toutes les faces qu'elles présentent ; elles le sont enfin parce que chacune d'elles en particulier n'offre aux yeux qu'un ensemble vague, un tout mal composé.

Impatient des ténèbres répandues devant ses yeux, l'esprit, qui a besoin de clarté, s'agite et cherche à s'éclairer. Son activité se dirige sur les idées obscures, et, par une combinaison heureusement variée de mouvements divers, elle parvient à les produire à la lumière. Elle s'attache d'abord à saisir, d'une prise vive et ferme, celle qui parmi toutes les autres doit devenir l'objet spécial de sa réflexion. Elle la retire de l'espèce de tourbillon qui l'entraîne, la retient sous ses regards, et se la rend présente pendant un certain temps. Quand elle a déployé cette puissance d'application, elle fait un nouvel effort pour la dégager du milieu de cette foule d'objets avec lesquels elle la voit toujours prête à se confondre, lui donne une place à part, et la détermine par d'exactes distinctions. Cependant elle n'aperçoit pas encore les éléments qui s'y trouvent compris ; pour les reconnaître, elle les analyse et les dispose dans un ordre successif. Mais en terminant cette décomposition, elle sent que, partie de l'unité, elle n'est parvenue dans sa marche qu'à une pluralité désunie ; et cependant c'est à l'unité qu'elle a besoin de revenir pour la retrouver, non pas telle qu'elle l'a laissée au point de départ, mais telle que doit la faire le travail. Elle quitte alors la forme de l'analyse pour prendre celle de la synthèse ; elle compose ou plutôt elle recompose l'idée qu'elle a décomposée ; elle recueille les idées partielles qu'elle en a successivement abstraites, les réunit dans un point de vue commun, et reproduit l'unité, un instant détruite et bientôt reformée. Cette unité reproduite est un jugement clair dans son ensemble et ses parties.

C'est ainsi que l'activité intellectuelle opère, par des actes d'application, de distinction, d'analyse et de synthèse, l'admirable phénomène de l'éclaircissement.

Tant que les idées n'ont pas été éclaircies, l'esprit ne peut saisir ni leurs ressemblances ni leurs différences ; mais dès qu'il les a fait passer de l'obscurité à la lumière, il lui est facile de remarquer les rapports qui les unissent, parce qu'il peut les comparer l'une à l'autre. La comparaison est l'attention dirigée à la fois sur deux termes, se partageant entre eux, se doublant en quelque sorte pour les rapprocher, et rendre sensibles dans le rapprochement les points par lesquels ils se conviennent ou se repoussent. C'est une nouvelle forme que prend l'activité, pour disposer avec ordre les jugements éclaircis, et remplacer par un arrangement régulier l'association informe qu'ils composaient dans leur confusion première.

Après avoir comparé les idées, elle généralise celles qui, par leur nature, sont susceptibles de cette opération ; car il en est qui ne la comportent pas et qui *s'universalisent* au lieu de *se généraliser*. *Voyez* plus loin, l'art. CONNAISSANCES.

Généraliser, c'est représenter par une idée abstraite une collection d'idées particulières éclaircies, comparées et trouvées semblables ; c'est faire de cette idée un type qui réunisse en lui les caractères communs à chacune d'elles. Pour généraliser, l'esprit prend dans la collection des idées particulières auxquelles il destine une généralité, celle qui, parmi toutes, peut le mieux servir à les représenter, la dégage de tous les traits qui lui sont propres, la réduit à ceux qui se retrouvent dans toutes les autres, et la rend ainsi leur image fidèle en tout ce qu'elles ont de semblable.

Quand, par ce travail plusieurs fois répété, il s'est mis en possession de plusieurs idées générales, il peut à leur tour les comparer entre elles, et, s'il les juge semblables, s'élever à une généralité supérieure qui les représente de la même manière que chacune d'elles représente une collection d'idées particulières. Et rien ne l'empêche, en continuant la même marche, d'arriver, par une progression successive et ascendante, à une généralité suprême, qui soit la grande unité, le premier principe de telle ou telle science.

La généralisation est légitime, quand l'idée à laquelle elle nous conduit ne représente pas plus d'idées qu'elle n'en doit représenter, et des idées sans ressemblance entre elles, sans clarté, sans vérité en elles-mêmes. Car une idée générale qui a trop d'extension, qui s'étend à des idées diverses et opposées, obscures et fausses, est inexacte et vicieuse. Il faut donc, pour bien généraliser, avoir soin de reconnaître la vérité des jugements particuliers, de les éclaircir, de les comparer, et de ne rattacher à une même généralité que ceux qui sont susceptibles d'être fidèlement représentés par un type commun.

Quand l'intelligence est pourvue de principes qu'elle doit, soit à la généralisation, soit à un procédé particulier que j'appelle universalisation, le raisonnement est possible, et l'activité intellectuelle reparaît sous une forme nouvelle pour le réaliser. Elle le réalise en montrant qu'une proposition particulière contenue dans un principe est vraie de la vérité de ce principe, ou que d'un principe posé se déduit une conclusion dont la certitude est la même que celle du jugement qui la renferme.

Qu'elle procède de la proposition particulière au principe, ou du principe à la conclusion, elle varie sa marche, mais raisonne toujours ; toujours elle travaille à saisir le rapport d'une vérité principale à une vérité subordonnée, par le moyen de plusieurs vérités intermédiaires contenues dans la première, contenant la deuxième, et se contenant l'une l'autre. En sorte que si la vérité subordonnée est renfermée dans les vérités moyennes, celles-ci graduellement l'une dans l'autre, et finalement dans la vérité principale, le raisonnement est parfaitement légitime. Cette légitimité lui vient de l'exactitude que met l'attention à reconnaître et à saisir les rapports du contenant au contenu, qui doivent lier toutes les idées dont elle parcourt la série plus ou moins étendue.

C'est, je pense, au raisonnement que finit la succession variée des développements intellectuels auxquels se livre l'activité de l'âme.

Ainsi, pour résumer, elle éclaircit et compare les idées, généralise, et raisonne.

Après avoir exposé dans leur ordre les formes diverses qu'elle revêt, ce serait laisser la question incomplète que de ne pas rechercher la loi qu'elle suit dans la production de ses actes. Quelle est donc la marche constante selon laquelle procède l'esprit, lorsqu'il se replie sur lui-même et réfléchit avec suite et méthode? Il ne commence pas par raisonner ou généraliser, pour comparer ensuite, et enfin éclaircir les idées sur lesquelles son attention se porte ; il répugne à un contre-sens pareil : mais il les éclaircit afin de les comparer, les compare pour saisir leurs rapports, saisit leurs rapports pour ramener à une généralité commune celles qu'il a jugées semblables. Il fait de chaque généralité une image, une unité qui les représente en ce qu'elles ont de semblable. Aperçoit-il entre toutes ces unités une grande analogie, il les rattache à une idée plus générale, unité supérieure, qu'il place à leur égard dans le rapport où elles sont elles-mêmes avec les idées particulières; et si, par une comparaison nouvelle, il reconnaît entre plusieurs généralités supérieures de légitimes ressemblances, il leur donne à leur tour une représentation commune dans l'unité suprême qui les domine et les embrasse toutes. En sorte qu'il est visible que l'activité intellectuelle procède des particularités aux généralités, de ces généralités à des généralités plus hautes, de celles-ci à d'autres qui les surpassent, et enfin à la généralité souveraine : en d'autres termes, qu'elle va des vérités de détail à des vérités plus étendues, de celles-ci à d'autres plus étendues encore, et finalement à des principes, à un principe; et, pour traduire la même pensée par une expression plus précise, elle tend à réduire graduellement à une seule et vaste unité scientifique la pluralité des connaissances qui par leur nature peuvent se rapporter à un centre commun.

L'unité scientifique est donc l'objet de ses efforts; elle y aspire par une action continuelle, et ne prend de repos qu'après l'avoir atteinte. Chercher et saisir l'unité scientifique est sa loi constante, ce n'est pas cependant sa loi tout entière.

Car lorsqu'elle possède des principes ou des unités scientifiques, elle les pénètre de toute la force de sa logique et en déduit une foule d'idées qu'elle y trouve enfermées; en sorte qu'elle ne s'arrête pas à la théorie, mais qu'elle passe aux applications qui s'en déduisent, et que, pour satisfaire tous ses besoins, elle fait servir la spéculation à la pratique.

Ainsi chercher l'unité scientifique et s'en servir, faire la science et l'appliquer, systématiser et raisonner, telle est la loi complète de l'activité intellectuelle.

Or, cette loi, quoiqu'elle ait pour but, non le bien, mais le vrai, a cependant en elle quelques caractères de la loi morale. Elle est obligatoire jusqu'à un certain point; en donnant à l'esprit pour fin de ses travaux la science et ses conséquences, elle lui propose quelque chose de si raisonnable et de si juste, qu'elle lui impose comme un devoir l'étude et la recherche de la vérité. L'homme de génie est le héros de ce devoir. Ses laborieuses méditations sont un dévouement, et l'élévation de sa pensée a de la dignité morale. L'homme d'un esprit lâche et paresseux, qui par sa faute ne remplit pas cette obligation de la science, se manque à lui-même et se dégrade; il est presque vicieux. Cette loi intellectuelle a sa sanction comme elle a son obligation. Rémunératoire ou pénale selon qu'elle se voit accomplie ou violée, elle a des plaisirs pour celui qu'anime l'amour de l'étude et de la vérité, et des peines pour celui qui aime mieux languir dans les ténèbres que de s'élever à la lumière par le travail et l'action. Celui-ci souffre du mal de l'ignorance et de l'erreur, celui-là goûte la joie de la science; et tandis que l'un expie, par un mécontentement intérieur et un ennui vague et sans fin, la faiblesse volontaire de son intelligence, l'autre trouve le prix de ses efforts dans le sentiment du succès et de la possession de la vérité; il est heureux de ses travaux et de ses progrès comme il le serait d'une bonne action.　　　　　　　　　　DAMIRON.

ACTIVITÉ. (*Psychologie, Morale.*) L'activité, disposition naturelle ou acquise qui nous porte habituellement à l'action, se dit proprement des personnes, et ne s'applique aux choses que métaphoriquement. L'activité ne doit pas être confondue avec la mobilité : celle-ci est une agitation sans objet, une détermination instinctive de l'enfance, qui a son but dans l'ordre des causes naturelles, dans le développement physique par le mouvement, et dans le développement intellectuel par l'instruction expérimentale des sens. L'activité, selon l'acception vulgaire, est une qualité dont les éléments sont la promptitude du jugement, l'énergie de la volonté, la facilité des mouvements organiques. De ces trois éléments, le principal est l'énergie de la volonté, qui anime les travaux des hommes, produit, emploie, distribue les richesses matérielles et intellectuelles, et fonde le bonheur physique et moral des particuliers et des nations.

Dans l'acception philosophique, l'activité est le premier attribut de la nature humaine. L'âme est sensible par ses qualités; elle est active par ses facultés. Je sens mon activité dans la spontanéité des mouvements de mon corps et des actes de ma pensée; je la connais par l'exercice de mes opérations; je la conçois par la distinction du sentiment et de la volonté. Je suis passif dans le sentiment, car souvent je sens malgré moi; mais je ne puis ni penser ni agir sans le vouloir, sans m'attribuer mes actions et mes pensées. L'activité est donc distincte de la sensibilité, et elle l'est essentiellement du mouvement; car le principe de mon activité est en moi, et les corps n'ont point en eux le principe du mouvement qui les remue. Je cherche ce principe d'un corps à l'autre, et ne le trouvant nulle part, j'en conclus qu'il est hors de la matière. Je vois la liberté dans l'homme, et la fatalité dans l'univers.

Tout s'enchaîne dans le système moral de l'humanité. Si l'activité sert de fondement à la liberté, la liberté sert de fondement à la moralité, qui constitue la règle et la raison sociale de l'homme. Quand les passions, qui sont les forces aveugles de la nature, offusquent la raison et surmontent la liberté, l'homme perd la conscience de son activité personnelle. Il la perd sous un autre rapport, lorsque par intérêt, par faiblesse, par vanité, par ambition, il se rend esclave d'une autre volonté : alors il fait abnégation de lui-même; il n'est plus un agent moral. L'obéissance passive, dit Platon, est l'abdication de la raison. Ici expire, avec la liberté morale, l'activité; ici l'homme, dégradé de ses nobles facultés, n'est loué que pour ses qualités molles et passives. La générosité, la fierté, les élans d'une âme libre et élevée, y sont proscrits ou flétris par la dérision : une aveugle docilité, une honteuse soumission, y tiennent lieu de devoirs; les vertus y sont des vertus de convention, et la politique y justifie la perversité de ses maximes par celle de la nature humaine, dont elle étouffe les plus louables dispositions.

Pour l'animal, la vie consiste à sentir et agir; l'homme y joint la pensée, par laquelle il s'attache à la recherche de la vérité, ou à remplir les différents emplois que la société lui impose. Sous le premier rapport, la vie

humaine est appelée *contemplative;* elle est appelée *active* sous le second, sans doute parce que la contemplation ne manifeste point au dehors son activité. Hume et Kant observent que les esprits méditatifs anéantissent facilement la réalité des objets extérieurs, et ils conseillent de la recréer en rappelant la volonté à l'action et au mouvement de la vie extérieure. Platon place la vertu dans la vie contemplative; Cicéron, dans la vie active : l'une et l'autre nous paraissent conformes à notre destination. Si l'exercice de nos facultés actives est dans l'ordre de nos devoirs, l'exercice de nos facultés intellectuelles est dans la dignité de notre nature. Les productions du génie ont toujours été la gloire des peuples, la source des bonnes lois, la lumière des bons gouvernements. Il est faux que la pureté des mœurs, le maintien des lois, la sûreté des États, soient intéressés à réprimer ou à comprimer l'essor des facultés de la raison : livrées à leur activité naturelle, elles s'élèvent et tendent toujours à l'honnêteté, selon la judicieuse pensée de Cicéron; elles ne dégradent les esprits que lorsque, envahies par les images d'une molle sensualité ou d'une mystique sensibilité, elles rétrécissent les sentiments et énervent les caractères. C'est alors que les arts de l'imagination corrompent les mœurs en les polissant, et qu'ils abaissent la raison en l'égarant sur des contrastes choquants ou ridicules; c'est le crime des talents frivoles et de cette littérature licencieuse que Rousseau a justement frappée de sa généreuse indignation. Mais la civilisation n'est point la politesse, et les lumières de la raison ne sont point les dons de l'imagination. Ceux-ci peuvent briller dans cet état de mollesse et de frivolité qui annonce la décadence des peuples : l'histoire dépose de cette vérité; celles-là annoncent la maturité ou le réveil des peuples, la vigueur des âmes, et la prospérité des institutions.

Satur.

ACTIVITÉ DE SERVICE. NON-ACTIVITÉ. (*Art militaire.*) L'activité de service, ou, simplement, l'activité, exprime la position de tout individu qui, par l'exercice d'un emploi de grade s'il est officier ou sous-officier, et par le fait de la conscription ou par suite d'engagement s'il n'est qu'homme de troupe, compte dans la force numérique d'une armée.

La durée de l'activité de service se calcule par jours, mois, années, et cette supputation sert à déterminer le chiffre de la pension militaire. Aussi, l'activité et son origine doivent être justifiées, soit par une mention sur les états de l'armée, soit par les inscriptions sur le registre matricule et sur les contrôles annuels d'un corps.

L'activité s'éteint par les congés absolus, par les congés de libération, par la réforme, par la retraite, par la démission, enfin par la désertion (*voyez* ces différents mots). L'activité s'interrompt par les congés illimités, par la disponibilité (*voyez* ce mot), et par la non-activité, dont il sera parlé tout à l'heure. Nous disons qu'elle n'est qu'interrompue dans l'un et l'autre de ces trois cas : en effet, le soldat, lors même qu'il a obtenu un congé illimité, peut toujours être rappelé sous les drapeaux, et l'officier, qui se trouve en disponibilité ou en non-activité, peut toujours être remis en activité.

Au contraire, l'activité n'est interrompue ni par un congé temporaire, ni par un service spécial auquel un officier hors cadre peut être temporairement employé, ni par une mission, ni par la présence à l'hôpital, ni absolument par l'absence pour cause de captivité à l'ennemi.

La *non-activité* est la position de l'officier hors cadre et sans emploi.

L'officier en activité ne peut être mis en non-activité que pour l'une des causes suivantes : licenciement de corps, suppression d'emploi, rentrée de captivité à l'ennemi (si l'officier prisonnier de guerre a été remplacé dans son emploi), infirmités temporaires, retrait ou suspension d'emploi.

Les officiers en non-activité par licenciement de corps, suppression d'emploi ou rentrée de captivité à l'ennemi, sont appelés à remplir la moitié des emplois de leur grade vacants dans l'arme à laquelle ils appartiennent, et le temps passé par eux en non-activité leur est compté comme service effectif pour les droits à l'avancement, au commandement, à la réforme et à la retraite.

Les officiers en non-activité pour infirmités temporaires et par retrait ou suspension d'emploi, sont susceptibles d'être remis en activité; mais le temps passé par eux en non-activité leur est compté comme effectif pour la réforme et la retraite seulement.

Telles sont en France les lois de l'activité et de la non-activité; elles sont, à peu de chose près, les mêmes dans le reste de l'Europe.

RHIME.

ACUNHA (Ile de Tristan d'.) (*Géographie*.) Cette île, ainsi appelée du nom du navigateur qui l'a découverte, fait partie d'un petit groupe situé au S. du cap de Bonne-Espérance, qui porte le même nom, et qui est composé de quatre îles. Elle a quatre ou cinq lieues de tour, et est couverte de montagnes dominées par un pic très-élevé. Depuis plusieurs années, quelques Anglais s'y sont établis. Le climat en est salubre, les terres assez fertiles, les côtes poissonneuses. Sa position en ferait un point important pour les navigateurs qui vont dans l'Australie, si elle avait un port.

ACUPUNCTURE. (*Médecine.*) *Acus*, aiguille; *punctura*, piqûre. Ce mot désigne une opération qui consiste à introduire méthodiquement, au milieu des tissus vivants, et dans un but thérapeutique, une ou plusieurs aiguilles plus ou moins longues.

Cette opération, que pratiquèrent les Chinois dès la plus haute antiquité, et qui, avec le *moxa*, forme à peu près tout l'arsenal médical de ce peuple, ne fut connue en Europe que vers la fin du dix-septième siècle et au commencement du dix-huitième, époque à laquelle parut le livre de Kæmpfer (*Amœnitates exoticæ*), dans lequel sont décrits les procédés employés en Chine. Elle fit toutefois peu de sensation, et ne tarda point à tomber dans l'oubli. Depuis ce moment, elle subit bien des vicissitudes; tour à tour vantée et abandonnée, reprise il y a quelques années par quelques hommes distingués, tels que Béclard, Jules Cloquet, Bretonneau, Dance, etc., elle dut au crédit de ces noms une faveur qui semblait devoir se soutenir : il n'en fut rien, et c'est à peine si ceux qui la prônaient avec le plus d'ardeur osent aujourd'hui la proposer timidement; on peut dire cependant qu'elle n'a mérité

Ni cet excès d'honneur ni cette indignité,

et qu'elle a été employée parfois avec succès dans la névralgie, dans les rhumatismes musculaires aigus et chroniques, dans certaines céphalalgies opiniâtres.

En Chine, où l'on attache une grande importance à cette opération, l'acupuncture exige le concours de deux personnes : celle qui détermine le lieu d'introduction et celle qui enfonce les aiguilles. Ces aiguilles, fabriquées par un artiste spécial, sont en or ou en argent, à pointe très-fine et très-acérée; la grosse extrémité présente une spirale qui facilite leur introduction par rotation : elles sont renfermées dans le manche d'un petit marteau de corne, garni de plomb, qui sert à frapper l'instrument dans les premiers temps de l'opération. Il est de règle de compter par le nombre des inspirations le temps que doit séjourner l'aiguille dans la partie; ce temps varie de deux à trente, et l'opération peut être répétée jusqu'à six fois de suite. Le bon succès de la cure exige que le malade soit à jeun. Il est aussi de principe d'introduire l'aiguille là où le mal a pris naissance, quelle que soit du reste la partie. Cependant, afin d'éviter la piqûre des gros vaisseaux, des nerfs, des tendons, des articulations, piqûre qu'on regarde comme très-dangereuse, on se dirige d'après des lignes parsemées de points et tracées sur une poupée, dans le sens de l'axe du corps.

En France il n'y a pas de lieu d'élection; le siége seul de la douleur détermine le lieu où sera enfoncée l'aiguille; des expériences tentées sur des animaux vivants ont démontré l'innocuité de la piqûre des artères, des nerfs, des principaux vaisseaux, et du cœur lui-même. Cependant il semble plus prudent de s'éloigner du trajet des gros vaisseaux, et d'éviter de léser les organes intérieurs.

On peut pratiquer l'acupuncture par différents procédés : 1° on se borne à pousser l'aiguille et à en faire pénétrer rapidement la pointe dans les tissus; ce procédé est le plus simple, mais il est aussi le plus imparfait et le plus douloureux; 2° on applique la pointe de l'aiguille sur la peau, puis on lui imprime, avec le pouce et l'index, un mouvement de rotation, pendant que l'on exerce sur elle une pression légère et continue : cette manière est bien préférable; la pointe de l'aiguille s'insinue entre les fibres, les écarte sans les diviser, et arrive à une grande profondeur sans causer de douleur; 3° enfin, suivant le mode chinois, on favorise la première entrée de l'instrument en le frappant avec un petit marteau d'ivoire, puis on continue comme il est dit ci-dessus.

L'acupuncture est peu douloureuse; mais comme l'aiguille enfoncée dans le tissu ne tarde point à s'oxyder, la sortie en est plus pénible que l'entrée. Quelques instants après l'introduction, on voit se former une aréole rouge qui ne tarde pas à disparaître. Quand l'acupuncture doit réussir, le soulagement survient rapidement.

Le temps d'application est variable, puisqu'il s'étend de quelques minutes à deux et même trois jours; le plus ordinairement l'aiguille reste en place d'une heure à deux.

Les aiguilles employées sont en or, en argent, en platine ou en acier recuit; de six à huit centimètres de long, cylindriques, légèrement coniques, très-fines, très-polies; elles sont terminées d'un côté par une pointe acérée, de l'autre par un bouton métallique ou un petit anneau.

Aux effets produits par l'acupuncture, on a imaginé de joindre ceux de l'électricité, et cette opération complexe a pris le nom d'*électropuncture*. Voici comment on la pratique : les aiguilles placées comme il a été dit plus haut, on décharge sur elles, à plusieurs reprises, une bouteille de Leyde; ou bien, après avoir mis l'une en communication avec l'un des pôles d'une pile voltaïque, au moyen d'un fil métallique passé dans l'anneau qui la surmonte, on approche de l'autre un second fil métallique correspondant à l'autre pôle. Au moment où le contact a lieu, un courant électrique s'établit dans les tissus interposés aux deux aiguilles; la partie traversée est soulevée par une secousse brusque, et le malade éprouve une vive douleur.

L'électro-puncture a été employée, avec des succès variés, dans des névralgies et des paralysies chroniques, dans l'amaurose. On l'a même recommandée pour l'asphyxie et pour les hernies engouées et étranglées.

A. Duponchel.

ADAGE. *Voy.* Proverbe.

ADAGIO. (*Musique.*) Façon de parler proverbiale en Italie : *ad agio*, à l'aise, posément. Ce mot se place en tête d'un morceau de musique, pour indiquer qu'il faut battre lentement la mesure des airs auxquels il s'applique. Le mot *adagio* se prend aussi substantivement, et s'applique, par extension, aux morceaux dont il détermine le mouvement; c'est ainsi que l'on dit : un *bel adagio*, un *adagio* de Beethoven. Dans les airs variés, composés pour un instrument, l'une des variations prend le nom d'*adagio;* elle est d'un genre grave et dans un mouvement lent.

L. Leg.

ADAMIQUE (Terre). On appelle ainsi une espèce de limon salé et visqueux qui se trouve au fond de la mer, et qu'elle laisse souvent à découvert pendant le reflux. C'est un sédiment provenant probablement des substances décomposées dans la mer. Le nom de ce limon lui vient de ce qu'on a supposé que Dieu s'en est servi pour former le corps du premier homme.

ADAMITES ou **ADAMIENS.** (*Histoire religieuse.*) On appela ainsi, dans l'origine, une secte chrétienne que saint Épiphane place au deuxième siècle. Les adamites prétendaient avoir été rétablis dans l'état d'innocence où se trouvait Adam au moment de la création (de là leur nom), et pour mieux imiter cet état d'innocence, ils paraissaient dans leurs réunions, composées d'individus des deux sexes, sans aucun vêtement.

Plus tard, le même nom fut donné à d'autres hérétiques. Au quinzième siècle, un nommé Picard, né en Flandre et se disant *fils de Dieu*, prêcha en Bohême les erreurs des anciens adamites. Ses disciples, nommés aussi de son nom *Picardiens* ou *Berghards*, se montrèrent vers 1421 dans une île du fleuve Lusinitch, où Ziska les surprit et les défit, sans cependant les détruire entièrement; car ils furent encore, dans les siècles suivants, très-répandus en Bohême et en Moravie, où ils inspirèrent une grande haine aux hussites, et finirent par se confondre avec les *Taborites*.

ADANA. (*Géographie.*) Ville de la Turquie d'Asie, dans l'Anatolie, chef-lieu du pachalik du même nom. Elle est bâtie en amphithéâtre au pied d'une montagne, sur le Seihan, près du promontoire de Caradash, et occupe l'emplacement de l'ancienne *Batna*. Il s'y fait un commerce actif, et l'on y compte environ 30,000 habitants.

Adana acquit une grande importance dans

11.

les différends qui ont éclaté, il y a quelques années, entre la Porte et Méhémet-Ali. Celui-ci s'en empara après la victoire remportée par Ibrahim-Pacha à Konieh, le 21 décembre 1832 ; mais il fut forcé de l'évacuer par le traité du 15 juillet 1840, et les Turcs en reprirent possession.

ADDA, *Addua*. (*Géographie*.) Rivière de la Lombardie, qui prend sa source dans la Valteline, au mont Umbrail, traverse les lacs de Côme et de Lecco, arrose Bormio, Sondrio, Lecco, Lodi, reçoit le Serio, et se jette dans le Pô auprès de Crémone. Elle a 240 kilomètres de cours, et est très-utile au commerce. Ses eaux charrient des paillettes d'or. Le consul Flaminius battit les Gaulois sur ses bords (an 529 de Rome) ; Théodoric le Grand y vainquit Odoacre, roi des Hérules (490 après J. C.) ; et les Français s'y illustrèrent par le passage du pont de Lodi (10 mai 1796).

ADDITION. (*Mathématiques*.) Opération qui a pour but de réunir plusieurs quantités en une seule. Ajouter des nombres ou des lignes, ou des surfaces, etc., c'est former une grandeur composée de l'agrégation de toutes celles qu'on a proposées. Le résultat de l'addition prend le nom de *somme*.

L'addition de deux nombres exprimés par un seul chiffre se fait en enlevant successivement à l'un de ces nombres les unités dont il est composé pour les joindre à l'autre : on voit par exemple que 7 plus 3 équivaut à 8 plus 2, puis à 9 plus 1, et enfin à 10. Cette opération est si aisée, et l'esprit acquiert bientôt une telle habitude de la faire, qu'il trouve immédiatement que 7 et 3 font 10. Mais quand les nombres ont plusieurs chiffres, l'addition se fait séparément sur chacune des espèces d'unités qu'ils renferment ; en sorte qu'on ajoute tous les chiffres du premier rang à droite (unités), puis tous ceux du deuxième rang (dizaines), puis ceux du troisième (centaines), etc., en reportant toutefois à l'un de ces ordres, comme unités simples, les dizaines obtenues dans la somme des chiffres de l'ordre à droite. Pour exécuter commodément ce calcul, on a coutume d'écrire les quantités l'une sous l'autre, de manière à faire correspondre les chiffres de même ordre dans une colonne verticale. Les exemples suivants montrent comment le calcul est gouverné :

30 445	304,45
2 729	27,29
1 243	1,243
228	1,7
17	
34 662	334,683

Dans le premier, la colonne des unités 5, 9, 3, 8 et 7 donne 32 pour somme ; on *pose* 2, et on *retient* les trois dizaines, qui s'ajoutent, comme unités simples, à la colonne des dizaines : celle-ci est donc formée de la *retenue* 3 et de 4, 2, 4, 2, 1, ce qui donne 16 ; on pose le chiffre 6 des unités de cette somme aux dizaines, et on retient 1, qu'on ajoute aux chiffres de la colonne des centaines ; et ainsi de suite. Tout cela est fort simple, et cette marche explique assez pourquoi l'opération doit être commencée par la droite.

Dans le second exemple, où les nombres sont accompagnés de *fractions décimales* (*voyez* ce mot), on a soin de faire correspondre verticalement les virgules qui séparent ces fractions des entiers, afin de placer dans une même colonne les chiffres qui expriment des unités de même espèce ; l'addition se fait ensuite de la manière ordinaire : la première colonne à droite ne contient que le seul chiffre 3 qu'on pose au même rang ; la suivante 5, 9 et 4 produit 18 ; on écrit le 8 et on retient 1, etc. ; la virgule se place au même rang que dans les nombres proposés, et l'opération est terminée.

Pour ajouter des fractions, on les réduit au même *dénominateur* (*voyez* ce mot), puis on additionne les *numérateurs* pour former le numérateur de la somme cherchée ; ainsi $\frac{2}{7}$ plus $\frac{4}{7}$ plus $\frac{5}{7}$ font $\frac{11}{7}$, ou l'entier plus $\frac{4}{7}$. Le dénominateur, qui a pour objet de spécifier la grandeur des unités constitutives de la fraction, reste pour affecter la somme.

L'addition des nombres complexes se fait en rangeant dans une même colonne chaque chiffre de même ordre, comme dans l'opération ordinaire faite sur les nombres entiers. Dans l'exemple suivant, la colonne à droite, qui représente des pouces, contient 11 plus 3 plus 8, qui font 22, ou 12 plus 10, savoir, 1 pied et 10 pouces ; on pose 10 sous la colonne, et on retient une unité pour la joindre à la colonne suivante, formée de 4, 5, 4 pieds, et de la retenue 1, en tout 14, ou 12 plus 2 ; on pose 2 et on retient 12 pieds ou 2 toises pour les joindre à la colonne des unités de toises, etc.

<pre>
34 toises 4 pieds 11 pouces.

122 . . . . 5 . . . 3

  7 . . . . 4 . . . 8
  ____
165 . . . . 2 . . . 10
</pre>

Il est clair que la connaissance du mode de subdivision de l'unité principale est indispensable pour faire les calculs des nombres *complexes* (*voyez* ce mot) : ainsi il faut savoir qu'on est convenu de diviser la toise en 6 pieds, le pied en 12 pouces ; la livre en 16 onces, l'once en 8 gros, le gros en 72 grains. Voici un second exemple d'addition de ces dernières quantités :

$$54 \text{ livres } 14 \text{ onces } 5 \text{ gros } 44 \text{ grains.}$$

$$
\begin{array}{llll}
8 & \ldots & 8 & \ldots & 6 & \ldots & 50 \\
115 & \ldots & 10 & \ldots & 4 & \ldots & 7 \\
19 & \ldots & 7 & \ldots & 6 & \ldots & 54 \\
\hline
198 & \ldots & 9 & \ldots & 7 & \ldots & 11
\end{array}
$$

Quant à l'*addition algébrique*, elle se réduit à écrire les monômes qu'on veut ajouter à la suite les uns des autres, en conservant à chacun le signe dont il est affecté. Ainsi, pour ajouter a avec b, on écrit $a+b$; la somme de $a-b$ et de $c-d$ est $a-b+c-d$. On sent bien qu'ici l'addition n'est qu'indiquée, et que lorsqu'on connaîtra les valeurs numériques représentées par les lettres, il restera encore à effectuer des additions et soustractions; mais l'algèbre ne peut pousser le calcul au delà de cette indication. (*Voyez* ALGÈBRE.) Seulement quand il y a des termes formés des mêmes lettres affectées des mêmes exposants, on opère une *réduction* en ajoutant ou retranchant les coefficients, selon que le signe qui affecte ces termes est semblable ou différent. Ainsi $4\,a^2+3\,a^2$ se réduisent à $7\,a^2$ en ajoutant 4 avec 3; de même

$$3\,ab-5\,c^2\,d+8\,c^2\,d=3\,ab+3\,c^2\,d;$$
$$5\,a^3-4\,a^2\,b-2\,a^2\,b-5\,a^3-6\,a^2\,b;$$
$$5\,a^3-8\,b^2+6\,b^2=5\,a^3-2\,b^2.$$

Ces exemples montrent comment les signes se composent dans la réduction des termes entre eux. Les deux exemples qui suivent suffiront pour éclaircir toutes les difficultés.

$$
\begin{array}{l}
3\,a^2-2\,bc+4\,c^2-8\,d^2 \\
-8\,a^2+7\,bc-5\,c^2 \\
3\,a^2-4\,bc+4\,d^2 \\
\hline
-2\,a^2+bc-c^2-4\,d^2
\end{array}
$$

$$
\begin{array}{l}
6\,a^2-5\,bc+3\,d\sqrt{m} \\
-7\,a^2+3\,bc-2\,d\sqrt{m} \\
a^2+b^2-d\sqrt{m} \\
\hline
b^2-2\,bc
\end{array}
$$

FRANCOEUR.

ADEL ou **ADAIEL.** (*Géographie.*) On comprend sous ce nom une vaste étendue des côtes orientales de l'Afrique, depuis l'Abyssinie jusqu'au delà du cap Guardafui. Cette contrée est habitée par des Arabes mahométans, pasteurs et commerçants. Zeïla et Berbera en sont les villes principales. Le royaume d'Adel, appelé autrefois royaume de Zeïla, a joué un grand rôle dans l'histoire de l'Abyssinie.

ADEQUAT. (*Philosophie.*) C'est un mot latin francisé qui signifie *conforme en tout point.* Il se dit en général de nos connaissances et surtout de nos idées. Une idée est adéquate lorsqu'elle est conforme à la nature de l'objet qu'elle représente, qu'elle en embrasse tous les caractères essentiels, qu'elle convient, enfin, à tout le défini et rien qu'au défini. La définition ou l'explication d'une idée générale est *adéquate* lorsqu'elle exprime exactement le contenu essentiel et les limites de cette idée. X.

ADERBIDJAN ou **ADZERBAIDJAN.** (*Géographie.*) Grande province de la Perse, bornée au N. par l'Arménie russe, au S. par l'Irak-Adjémi, le Kurdistan et l'Irak-Arabi, à l'E. par la mer Caspienne et le Ghilan, et à l'O. par l'Arménie turque et le Kurdistan. Elle a environ 4,000 lieues carrées et 1,400,000 habitants. Son nom signifie *terre de feu;* il lui a été donné à cause de ses nombreux volcans. Ses montagnes sont entrecoupées de vallées fertiles et bien cultivées. Elles sont riches en mines d'argent, de cuivre et de fer; mais on ne peut tirer parti que des dernières, à cause de la pénurie du bois.

L'Aderbidjan a pour capitale Tauris ou Tebriz, la deuxième cité de la Perse; ses autres principales villes sont Ardebyl, Maragha, Khoï et Ourmiah. Il a vu naître Zoroastre, et ce fut dans cette province que Kaïoumarath fonda la plus ancienne dynastie de la Perse.

De 1136 à 1225, sous les Atabeks, l'Aderbidjan forma un État indépendant. Conquis par les Mongols en 1336, et réuni à l'empire de Tamerlan, il fut incorporé, au commencement du seizième siècle, dans la monarchie des Sofys; enfin, après avoir encore appartenu à d'autres dynasties, il tomba au pouvoir de celle des Kadjars, qui règne aujourd'hui en Perse, et qui fournit toujours un gouverneur à la province d'Aderbidjan. X.

ADESSÉNAIRES. (*Histoire religieuse.*) On appelait ainsi une secte d'hérétiques du seizième siècle, qu'on a mal à propos confondus avec les sacramentaires, qui niaient la présence réelle de Jésus-Christ dans l'Eucharistie. Les Adessénaires admettaient au contraire la réalité de cette présence; mais ils l'entendaient autrement que l'Église. Ils étaient divisés en quatre sectes, la première prétendait que le corps était dans le pain; la seconde, autour du pain; la troisième, sous le pain; la quatrième, sur le pain. X.

ADHÉRENCE. (*Anatomie pathologique.*) On appelle ainsi l'union vicieuse ou accidentelle des surfaces organiques. Les adhérences peuvent résulter d'une disposition vicieuse des parties ou d'une inflammation qui a comme soudé des tissus juxtaposés. Les premières s'observent chez le fœtus à terme, et déterminent l'occlusion des paupières, des voies lacrymales, de la bouche, etc. (*Voy.* IMPERFORATION, MONSTRUOSITÉS.) C'est à des adhérences de cette nature que Geoffroy Saint-Hilaire attribue la plupart des arrêts de développement chez le fœtus. Les autres, suites de brûlures, de pleurésie, de péritonite, en un mot d'inflammation des surfaces organiques, consistent soit dans la soudure de deux surfaces l'une à l'autre, soit dans leur réunion à distance par de fausses membranes. Les adhérences, suites d'inflammation, ont rarement des conséquences graves, quelquefois elles se produisent et subsistent toute la vie sans qu'on les soupçonne ; quelquefois, enfin, elles sont la seule ressource que la chirurgie possède pour la cure radicale de certaines affections. (*Voy.* HYDRO-CÈLE, KYSTE.) Les adhérences qui réunissent les bords d'une solution de continuité, prennent le nom de *cicatrice*. *Voy.* ce mot.

Cruveilhier, *Essai sur l'anatomie pathologique*, etc. Paris, 1816, t. 1er.
Breschet, *Dictionnaire de Médecine*, 2e édit., art. ADHÉRENCE.

A. L.

ADHÉSION. (*Législation.*) Ce mot signifie l'acceptation d'une proposition qui nous est faite, ou l'approbation d'un acte dans lequel nous n'avons pas été parties.

Dans le premier cas, l'adhésion forme le contrat, puisqu'il y a dès lors consentement respectif sur la chose qui en est l'objet.

Dans le second cas, l'objet de l'adhésion est de rendre un acte obligatoire pour celui qui n'y avait pas figuré, et auquel il ne pouvait jusqu'alors être opposé. COURTIN.

ADHÉSION. (*Physique.*) Le mot adhésion désigne l'union qui se manifeste dans une certaine proportion entre deux surfaces que l'on met en contact ; l'adhésion diffère de la cohésion, en ce que cette dernière propriété s'exerce entre les molécules constituantes d'un même corps. La force d'adhésion entre deux surfaces quelconques peut se mesurer au moyen du poids nécessaire pour séparer les corps en contact. Ainsi Musschenbroëck a constaté que deux plaques de verre de moins de cinq centimètres de diamètre, chauffées à la température de l'eau bouillante et mises en contact, avec du suif fondu placé entre les deux surfaces, exigent pour leur séparation une force de 65 kilogrammes ; des morceaux de plomb de même dimension exigent 135 kilogrammes, et des morceaux de fer poli 150 kilogrammes, déduction faite de la pression atmosphérique. Un exemple frappant de la puissance de l'adhésion a été fourni par l'expérience suivante : On racla avec un canif deux balles de plomb, de manière à former deux surfaces planes de $5/6$ de millimètre de diamètre ; on les pressa fortement l'une contre l'autre, en les faisant tourner en même temps sur elles-mêmes, et l'adhésion devint si forte qu'il fallut un poids

de plus de 75 kilogrammes pour séparer les balles ainsi unies.

Il est à remarquer que l'adhésion est plus forte, si, au lieu de placer simplement les corps en contact, on les fait glisser avec frottement l'un sur l'autre. Car cette opération a pour effet de chasser l'air interposé qui pourrait faire équilibre à la pression atmosphérique. On a reconnu également que cette force d'adhésion s'accroît à mesure que les corps restent plus longtemps unis : enfin si entre les deux corps, on interpose une matière grasse, en couche très-mince, on obtient encore une adhésion plus considérable : ainsi deux disques plans d'airain de douze centimètres de diamètre et enduits de graisse présentaient une adhésion telle qu'on n'a pu rencontrer deux hommes assez forts pour les désunir, en tirant chacun de leur côté, normalement à la surface de jonction.

Il existe diverses compositions qui, placées entre deux corps homogènes ou hétérogènes, y développent une adhésion énorme ; telles sont les différentes espèces de colle. La plus remarquable de ces matières est la *glu marine*, dont l'invention récente est due à M. Geffery de Londres, et qui consiste dans une dissolution de caoutchouc dans l'huile essentielle de goudron, à laquelle on ajoute de la gomme laque. Il ne sera pas sans intérêt pour le lecteur de connaître le résultat de quelques-unes des expériences auxquelles on a soumis cette composition, qui a figuré à l'exposition des produits de l'industrie en 1844.

Le gouvernement avait chargé quelques ingénieurs de procéder à des essais à Cherbourg ; car cette colle, complétement insoluble dans l'eau, convient parfaitement pour les constructions navales.

Deux blocs de bois de sapin de 0ᵐ 35 d'épaisseur, sur 1 mètre de long et 0ᵐ 50 de large, ont été collés ensemble dans le sens des fibres du bois : ces blocs ainsi réunis ont été soumis à l'action de la presse hydraulique, et, sous une pression de 9,000 kilogrammes environ, le bois s'est rompu à l'endroit où on avait introduit les boulons de fer, et la glu n'a pas éprouvé la plus légère altération.

Deux planches de sapin, collées ensemble, furent soumises à une épreuve dans le but de constater si la force d'adhésion serait moindre, lorsqu'on tendrait à les faire glisser l'une sur l'autre. La glu marine résista encore victorieusement et le bois fut brisé ; on entoura de nouveau les planches avec des chaînes en fer, et l'une des chaînes de 0ᵐ 03 d'épaisseur ne put soutenir l'épreuve et se rompit avec éclat sous une pression de 28,000 kilogrammes, sans que la moindre gerçure se fût déclarée dans la glu.

Enfin on réunit différentes pièces destinées

à former un mât, auquel on imprima de violentes secousses en halant sur lui jusqu'à une certaine inclinaison et lâchant tout d'un coup les amarres : sous ces secousses réitérées le bois se cassa et la glu resta intacte.

On a donc tout lieu d'espérer que la glu marine a résolu le problème de l'établissement des mâts de hune d'assemblage et que ses propriétés énergiques d'adhésion donneront le moyen de réparer les cassures faites à la mer dans la mâture et les vergues avec facilité et économie.

L'adhésion s'exerce aussi entre les solides et les liquides. Le plateau d'une balance qui repose sur un liquide ne s'en détache que lorsqu'on ajoute un poids nouveau à l'autre plateau. Dans cette expérience, on n'a pas la mesure exacte de la force d'adhésion, puisque le plateau emporte une couche de liquide ; il ne se détache donc pas de lui, mais il sépare cette couche de celle qui était immédiatement au-dessous d'elle. Si l'on faisait l'expérience au moyen d'un liquide qui ne mouille pas, tel que le mercure, on pourrait mesurer exactement la force d'adhésion entre le solide et le liquide.

La propriété qu'ont les corps d'être mouillés, c'est-à-dire d'emporter à leur surface une couche de liquide que l'action de la gravité devrait en séparer, s'explique par le phénomène de l'adhésion. C'est à cette propriété qu'est due l'invention de la *machine à cordes* de Vera, machine destinée à puiser de l'eau. Elle consiste en poulies sur lesquelles roule une corde sans fin ; ces poulies sont mues par une manivelle, et la corde soulevant l'eau qui s'attache à elle, la ramène à la surface du puits dans un réservoir.

Hâtons-nous d'ajouter que cette machine ingénieuse ne peut être utilement employée dans la pratique, parce que, outre la force nécessaire pour soulever l'eau, il y a encore à vaincre un frottement considérable et qu'on communique inutilement à l'eau une grande vitesse.

L'ascension des liquides dans les tubes capillaires ou entre des plaques très-rapprochées est causée, en partie du moins, par l'adhésion, comme on le verra à l'article CAPILLARITÉ.

Les gaz peuvent également contracter adhésion avec les liquides et avec les solides ; c'est ainsi que l'air s'attache à la surface de tous les corps, pénètre dans leurs moindres fissures et y est maintenu non-seulement par la pression atmosphérique, mais encore par la force d'adhésion.

Jusqu'ici il n'a été question que de l'adhésion qui résulte de l'attraction mutuelle des molécules de deux corps en contact ; mais il y en a une autre espèce qui est due à l'action d'une force extérieure ; telle est celle de deux corps,

le bois et le fer, par exemple, lorsqu'une pression quelconque, lente ou instantanée, force l'un à pénétrer dans l'autre ; en d'autres termes, lorsqu'on enfonce un clou dans du bois d'une essence quelconque, la résistance qu'on éprouve pour retirer le clou, après l'avoir enfoncé, dépend de l'adhésion d'une part et de la pression des fibres du bois sur le fer d'autre part. On a fait de nombreuses expériences pour déterminer les forces qui agissent dans ce cas et l'on est arrivé à ce résultat qu'un clou ordinaire (de 161 au kilogramme), enfoncé de 5 centimètres dans du chêne sec, exigerait pour être arraché, un effort de plus de 500 kilogrammes.

P. TOURNEUX.

ADIABÈNE. (*Histoire.*) L'Adiabène était la plus riche province de l'Assyrie ; elle se rendit indépendante à la fin du règne des Séleucides et forma un royaume jusqu'à l'époque où elle fut conquise par les Romains.

Le premier des rois adiabéniens dont il soit parlé dans l'histoire, régnait (88 av. J. C.) du temps de la guerre de Mithridate et il se déclara pour Tigrane contre Lucullus. On ignore son nom. Le premier nom qu'on connaisse est celui de *Monobase* ou *Bazée*, qui régnait du temps de l'empereur Claude (41 ap. J. C.). Il eut de sa sœur Hélène, qu'il avait épousée, deux fils, *Monobase* et *Izate*, sans compter plusieurs enfants nés de ses autres femmes. Sa préférence pour Izate, qui n'était pas l'aîné, irrita les frères de celui-ci, et força son père à l'envoyer chez un certain Abémeric, seigneur ou roi d'un pays voisin, qui l'accueillit fort bien et lui donna en mariage sa fille Samacho. Il y resta jusqu'à la mort de Monobase, et fut alors déclaré son successeur par sa mère Hélène, à l'exclusion de ses frères.

Izate succéda donc à son père ; instruit par un juif nommé Ananias, il embrassa la religion de Moïse. Il aida Artaban III, roi des Parthes, dépossédé par ses sujets, à remonter sur son trône, et dans la guerre civile qui suivit la mort de ce prince, il secourut Gotarze, l'un des concurrents, tout en paraissant soutenir l'autre, Méherdate, que l'empereur Claude favorisait. Les frères d'Izate ayant voulu imiter son changement de religion, les principaux seigneurs s'en irritèrent, et formèrent une conspiration dans laquelle entra Abia, roi d'Arabie. Izate remporta sur eux une victoire complète, assiégea Abia dans la forteresse d'Arzaïn, et l'obligea de se rendre. Abia et plusieurs des révoltés se donnèrent la mort. En l'an 55, Vologèse, roi des Parthes, se mit à son tour à la tête des mécontents ; et il allait attaquer Izate, qui était hors d'état de lui résister, lorsqu'il fut obligé de retourner à la hâte défendre son propre royaume, envahi par les Daces et les Sacéens. Izate mourut après 24 ans d'un règne glorieux. Il eut de Samacho cinq enfants, qui se trouvaient à Jérusalem lorsque Titus fit le siége de cette ville, et qui furent emmenés à Rome comme otages.

Monobase II monta sur le trône, en vertu du testament de son frère, qui lui léguait la couronne en récompense de son obéissance et de sa fidélité.

A partir de ce moment, l'histoire ne dit plus rien du royaume d'Adiabène, jusqu'au règne de Trajan.

En 98, *Mébarsaque* était roi de cette contrée. Il prit le parti de Chosroès, roi de Perse, contre les Romains, fut vaincu, et se réfugia chez Manus, roi des Arabes, qui essaya d'abord de le rétablir sur son trône, puis fit sa paix avec les Romains, et l'abandonna.

Sous le règne de Sapor II, roi de Perse, depuis 238 jusqu'en 271, les Adiabéniens embrassèrent le christianisme, et furent, pour cette raison, cruellement persécutés par ce roi, sous la domination duquel ils vivaient alors.

Voy. L'art de vérifier les dates, éd. in-8°, 1re part., t. II, p. 455 et suiv.

LÉON RENIER

ADIAPHORISTES. (*Histoire religieuse.*) Ce mot tiré du grec (ἀ privatif et διάφορος) signifie *indifférent;* on s'en servit au seizième siècle pour désigner les partisans de la doctrine de Mélanchton, qui, tout en approuvant les principes de Luther, continuaient à reconnaître l'autorité de l'Église catholique. Flavius, théologien d'Jéna, s'éleva le premier contre cette tolérance, attaqua avec acrimonie Mélanchton, de qui elle émanait, et lui appliqua cette épithète d'*adiaphoriste*, qui, plus tard et par extension, fut donnée aux luthériens peu fervents.

ADIGE, *Athesis.* (*Géographie.*) Fleuve d'Italie, qui sort des Alpes Helvétiques, traverse le Tyrol et le royaume Lombard-Vénitien, arrose Trente, Rovérédo, Rivoli, Vérone, Legnago, reçoit l'Eisache, le Lavis, l'Alpon, et se jette dans l'Adriatique à Porto-Fossue, tout près de l'embouchure du Pô.

L'Adige a donné son nom à la mémorable campagne de quinze jours (du 31 juillet au 5 août, et du 3 au 12 septembre 1796), dans laquelle Bonaparte déconcerta les plans de Wurmser, le battit à Salo, à Lonato, à Castiglione, et le força à se retirer dans le Tyrol.

ADIPEUX (Tissu). (*Anatomie.*) *Voy.* CELLULAIRE.

ADJACENT. (*Mathématiques.*) Un angle est dit adjacent à une ligne droite, lorsque cette ligne forme l'un de ses côtés; deux angles sont adjacents à une ligne droite, quand cette ligne est un côté commun à ces angles.

ADJECTIF. (*Grammaire.*) L'un des éléments essentiels du discours.

Nature de l'adjectif. Il est destiné à exprimer une qualité ou une manière d'être, comme rapportée à son sujet. Ce mot vient d'*adjicere*, ajouter, et veut dire *qui sert à ajouter*, parce qu'en effet l'adjectif ajoute au nom l'idée d'une qualité qu'on n'y remarquait pas. S'il est vrai que l'adjectif ne désigne que des idées de qualités, c'est-à-dire d'objets qui ne peuvent exister par eux-mêmes, il forme évidemment une classe essentiellement distincte du nom ou substantif, qui désigne des idées d'êtres conçus comme existant par eux-mêmes et sans aucune dépendance; et l'on voit ce que l'on doit penser de l'opinion de quelques grammairiens qui en font une espèce de nom sous la dénomination de *nom adjectif*, en l'opposant au *nom substantif*.

Fonctions de l'adjectif. La qualité exprimée par l'adjectif peut être considérée comme actuellement aperçue dans le sujet, et peut lui être rapportée par un jugement exprès, ou bien l'association peut avoir été antérieurement formée, de manière qu'on n'ait qu'à la rappeler comme un fait déjà connu : de là deux fonctions différentes de l'adjectif. Dans le premier cas, il est attribut et est nécessairement séparé du sujet par un verbe : *Dieu est toutpuissant.* Dans le second, il est immédiatement joint au nom : N'offensez pas un *Dieu tout-puissant.*

Division des adjectifs. Il peut y avoir autant d'espèces d'adjectifs qu'il y a de manières différentes dont l'idée des choses peut être modifiée dans notre esprit. Or les choses, les idées que nous en avons, les noms que nous leur donnons, peuvent être modifiés de deux manières, soit dans leur compréhension, c'est-à-dire dans leurs qualités, soit dans leur étendue, c'est-à-dire dans leur nombre : nous pouvons concevoir les êtres comme possédant telle ou telle qualité; exemple : *ce papier est blanc;* ou comme étant *un* ou *plusieurs*, isolés ou réunis; exemple : *un homme.* De là deux espèces d'adjectifs essentiellement différentes : l'une contient les adjectifs qualificatifs (que Beauzée appelle *physiques* parce qu'ils désignent des qualités physiquement ou réellement existant dans les êtres); ce sont tous les adjectifs proprement dits, *blanc, noir, bon,* etc. : l'autre contient les adjectifs *déterminatifs* ou *définitifs* (que Beauzée appelle *métaphysiques,* parce qu'ils dépendent uniquement des vues de l'esprit, et que M. de Sacy appelle *circonstanciels*, parce qu'ils expriment des circonstances extérieures); ce sont les articles, les noms de nombre); ce sont tous les adjectifs proprement dits. On pourrait admettre une troisième classe, celle des adjectifs mixtes, à la fois déterminatifs et qualificatifs; ce sont ceux qui, exprimant des qualités propres à certains individus, déterminent par là même les individus dont on parle; tels sont les adjectifs que l'on nomme si faussement *pronoms possessifs, mon, ton, son, le mien*, et que l'on a plus justement appelés *adjectifs pronominaux*.

Syntaxe des adjectifs. En considérant l'adjectif selon ses rapports avec les autres mots et selon la manière dont on l'emploie dans le discours, nous verrons naître de sa nature même certaines règles fondamentales. D'abord, puisqu'il n'exprime que des qualités qui n'ont aucune existence indépendante, et qui toujours sont attachées à une substance, l'adjectif ne devra jamais être seul dans le discours; il sera toujours accompagné de l'expression de la substance; et en effet, dans aucune proposition il n'y a d'adjectif sans substantif. Si cette règle semble subir quelque violation, comme dans cet exemple, *les méchants seront punis*, ces violations ne sont qu'apparentes, et devant l'adjectif est placé dans l'esprit de celui qui parle et de celui qui entend, un nom trop familier, trop facile à suppléer pour qu'il soit nécessaire de l'exprimer. En second lieu, puisque la qualité est toujours engagée dans le sujet, et en est une partie inséparable, elle semble participer à toutes les modifications du sujet; elle semble diminuer ou augmenter avec lui. De même l'adjectif dans les langues devra suivre toutes les vicissitudes et revêtir toutes les formes du substantif auquel il se rapporte; être masculin ou féminin si le nom désigne un mâle ou une femelle, ou une substance que l'on ait assimilée au sexe masculin ou féminin; prendre la terminaison du pluriel, si le nom désigne plusieurs personnes, etc.; c'est ce qui a lieu en effet dans la plupart des langues où l'adjectif s'accorde avec le substantif en *genre*, en *nombre* et en *cas*. Dans quelques langues cependant, dans l'anglais, le persan, le turc, l'adjectif ne subit aucune modification et reste invariable, quel que soit le nombre ou le genre du substantif. On en peut donner une raison assez plausible; en effet, quoiqu'il soit vrai que la qualité est une partie inséparable de la substance, elle ne change pourtant pas de nature, quel que soit le sujet auquel elle appartient : le rouge, le blanc, le noir, ne diffèrent en rien vus dans un homme ou dans une femme; les cheveux sont toujours *noirs* de la même manière, quel que soit le sexe de celui qui les porte. Il en est de même pour le nombre et les modifications de l'idée de substance, qui donnent lieu aux cas. La blancheur du lis est la même dans tous les lis; elle est la même, que le lis soit sujet, comme dans cette phrase, *les lis blancs sont agréables à l'œil*, ou qu'il soit le terme d'une action ou régime, comme dans, *cueillir des lis blancs*. Les langues dans lesquelles l'adjectif reste invariable sont donc jusqu'à un certain point plus philosophiques; elles ont mieux abstrait la qualité de la substance. Quelques langues enfin semblent avoir pris un parti mitoyen, chez elles l'adjectif est invariable, quand il est attribut, variable quand il est immédiatement joint au sujet, et cette bizarrerie apparente peut encore facilement s'expliquer.

Construction. Reste à considérer la place qu'occupe l'adjectif, la manière dont on le construit dans la phrase. Ici la grammaire générale, c'est-à-dire la raison appliquée aux signes, ne semble rien exiger impérieusement : aussi voyons-nous les langues faire pleinement usage de la liberté qui leur est laissée sur ce point; les unes, comme l'anglais, mettent toujours l'adjectif avant le substantif; les autres, comme le grec et le latin, l'en séparent et l'en éloignent tantôt plus, tantôt moins. Peu de langues sont plus capricieuses, sous ce rapport, que la langue française : tantôt elle laisse une liberté absolue; tantôt elle ordonne de mettre certains adjectifs avant, d'autres après le substantif; tantôt elle nous condamne, sous peine du ridicule, à mettre le même adjectif quelquefois avant, quelquefois après. Qui dirait indifféremment, *un grand homme* ou *un homme grand, un galant homme* ou *un homme galant?* Les grammaires particulières sont pleines de bizarreries de ce genre qui font le désespoir des étrangers, et que l'usage seul peut apprendre.
Bouillet.

Le savant anglais Harris, dans la grammaire philosophique qu'il a publiée en 1751 sous le titre d'*Hermès*, fait de l'adjectif et du verbe une même classe de mots, arguant de la propriété qu'a l'adjectif, ou du moins son radical, de passer à l'état de verbe, comme dans *albo*, je suis blanc, *tumeo*, je suis enflé, etc. De nombreux faits de la même nature se présentent dans plusieurs langues de l'Asie, en arabe notamment, où les termes qui correspondent à une foule de nos adjectifs, n'existent que sous la forme verbale. Bien plus, l'idiome des Mohicans de l'Amérique du Nord n'aurait, au rapport du docteur Jonathan Edwards, point d'adjectifs proprement dits. Du Ponceau dans son *Mémoire sur le système grammatical des langues de quelques nations indiennes de l'Amérique du Nord*, Paris, 1838, adopte cette opinion, et croit reconnaître la même particularité dans tous les idiomes de la famille algonquine. Mais Éliot, qui a traduit la Bible en massachussets, n'est pas d'accord avec lui sur ce point.

A la théorie d'Harris on peut opposer celle de son compatriote, Horne Tooke. Celui-ci dans ses *Récréations philosophiques*, qu'il a intitulées du nom bizarre d'Επεα πτερόεντα (paroles volantes), *Or the diversions of Purley*, identifie l'adjectif, non plus avec le verbe, mais avec le substantif. Il se fonde sur ce que, dans sa langue et dans celles de formation analogue, un substantif placé immédiatement devant un autre lui sert en effet de qualificatif, exemple : *gold ring*, bague d'or. Il en conclut que l'adjectif n'est point une partie essentielle du discours.

On peut dire à l'appui de l'opinion d'Horne Tooke, que la plupart des adjectifs peuvent, avec plus ou moins de facilité, se résoudre en un substantif et une expression de rapport, et que l'absence seule du substantif ou de préposition propre empêche que ce ne soit possible dans tous les cas. Cela ne tient donc qu'à la constitution particulière de la langue que l'on emploie. Il est bien certain que dans la nôtre nous formons de cette manière les équivalents d'une foule d'adjectifs. C'est ainsi que les expressions : *de Dieu, dans la pauvreté, à trois couleurs*, etc., répondent à celles-ci : *divin, pauvre, tricolore*, etc. Nous sommes même dans l'impossibilité d'exprimer autrement que par ce procédé la matière dont est fait un objet, et dans la nécessité de dire, en employant une préposition et un substantif, *d'or*, ou *en or*, tandis que les Latins, les Allemands, etc., expriment cette idée par un adjectif. La langue hébraïque, dans laquelle le vocabulaire de cette partie du discours est très-borné, fait encore bien plus souvent que le français la décomposition naturelle dont nous venons de donner un exemple.

Les questions de grammaire peuvent difficilement s'isoler ; chacune se lie à plusieurs autres ; nous devons donc, pour compléter sans d'inutiles répétitions la théorie générale de l'adjectif par celle des questions qui la touchent de plus près, renvoyer le lecteur aux mots ADVERBE, ARTICLE, AUGMENTATIF, COMPARATIF, DIMINUTIF, PARTICIPE, SUPERLATIF ET VERBE.   LÉON VAÏSSE.

ADJUDANT. (*Art militaire.*) Ce mot vient du latin *adjuvare, aider*, et est en usage dans les armées de plusieurs puissances de l'Europe pour désigner un officier qui en *aide* un autre.

L'armée française a eu des adjudants généraux et des adjudants commandants ; elle a encore des adjudants de place, des adjudants-majors et des adjudants sous-officiers.

L'emploi d'*adjudant général* fut créé en France le 5 octobre 1790, et le nombre des titulaires fixé d'abord à trente, dont dix-sept du grade de colonel et treize du grade de lieutenant-colonel. Ils devaient ne s'appeler qu'*adjudants de division*, mais ils ne prirent jamais ce dernier titre, parce qu'ils ne le trouvaient point assez honorifique. En l'an VI, leur nombre fut porté à trois cent cinquante-huit, dont cent trente-huit chefs de demi-brigade, et deux cent vingt chefs de bataillon. En l'an VII, il n'y en eut plus que cent dix, mais qui tous furent du rang de chefs de brigade. Les fonctions de ces officiers étaient, en campagne, analogues à celles qu'avaient exercées avant eux les maréchaux généraux des logis (*Voyez* ce mot), et ils y étaient aidés par des *adjoints*.

A partir du 17 messidor an VIII, ils s'appelèrent *adjudants commandants*, et continuèrent sous ce nouveau titre à être employés, soit comme chefs d'état-major de division, soit comme chefs d'état-major d'armée ou de corps d'armée.

Enfin, depuis 1815, les adjudants sont devenus *colonels d'état-major ;* et l'article ÉTAT-MAJOR traitera spécialement de leurs fonctions.

La création des *adjudants de place* date de 1791. Ils succédaient aux *aides-majors de place*. Leur nombre et leur grade varièrent suivant la force des garnisons et l'importance des villes ; mais il n'y en eut, dans l'origine, que deux au plus par place. En l'an VII, la loi en reconnaissait cent quatre-vingts, dont moitié du grade de capitaine, moitié du grade de lieutenant. Ce nombre augmenta successivement jusqu'en 1828. On en compta alors cent quatre-vingt-quatre, dont deux du grade de chef de bataillon, cent vingt du grade de capitaine, et soixante-deux du grade de lieutenant ; mais, d'après une ordonnance du 31 mai 1829, on ne compte plus que cent un adjudants de place, savoir : cinquante-huit adjudants de place capitaines, et quarante-trois adjudants de place lieutenants. En général, ces officiers sont des capitaines ou lieutenants que leur âge ou leurs blessures empêchent de servir utilement à la guerre, mais ne rendent pas incapables d'un service moins pénible. Leur destination spéciale est d'aider le commandant de place ; et, en cas de vacance de cet emploi, ils commandent de droit la place même, avant tous autres officiers du même grade et de la même garnison. En tout temps, ils donnent les ordres et distribuent les consignes des postes et des sentinelles, au nom du commandant de place, et peuvent, en cas d'urgence, donner de leur propre autorité des consignes provisoires aux chefs des postes de garde. Entrer dans tout le détail de leur service serait trop long ; mais, notamment, ce sont eux qui font afficher les consignes écrites, eux de qui dépendent les portiers-consignes, eux qui doivent s'assurer de l'existence de l'ameublement des corps de garde et de l'exactitude du placement des sentinelles, eux qui vont, quand l'arrivée d'un corps est annoncée, attendre à la porte la troupe arrivante, qui la reconnaissent, la reçoivent et la conduisent sur la place d'armes ; eux, enfin, qui doivent, quand un militaire est condamné doit, tant qu'elle est juste, trouver dans les administrations locales toujours un appui et jamais un obstacle. Aussi le gouvernement est-il sans cesse intervenu dans les gestions municipales ; et sa présence y était nécessaire, soit comme protectrice des citoyens que des magistrats poursuivaient injustement, soit comme protectrice de la société à qui les communes refusaient les redevances ou l'appui indispensables à son existence : les préfets dans les provinces romaines ; les *missi dominici*, sous la dynastie carlovingienne, et plus tard, les procureurs du roi dans l'ordre judiciaire, les intendants dans l'ordre civil, et les gouverneurs dans l'ordre militaire, avaient cette unique et salutaire mission.

Mais les meilleures institutions se dénaturent. Le pouvoir exécutif, permanent en tous lieux et presque toujours héréditaire, finit partout par usurper la puissance législative, et alors il devient le despotisme ; il usurpe ensuite l'administration des localités, et n'est plus alors qu'arbitraire et tyrannie. Du moment où le citoyen n'est plus protégé au sein de sa famille et dans le foyer domestique par des magistrats de son choix ; du moment où il se trouve isolé, sans appui, sans garantie, face à face avec les mandataires du pouvoir suprême, qui, sous prétexte de la sûreté publique, peuvent nuire à sa sûreté privée, qui, sous prétexte des intérêts publics, peuvent attenter à ses intérêts particuliers, le pays cesse d'être régi pour le bien commun ; il est gouverné, mais il n'est plus administré : l'administration a disparu sous les envahissements du gouvernement.

Ces mots suffisent pour indiquer qu'il est impossible de traiter ici de l'administration proprement dite ; celle des intérêts généraux sera développée à l'article GOUVERNEMENT, celle des intérêts privés et locaux aux articles COMMUNES, DÉPARTEMENTS, JUSTICE, GARDE NATIONALE, ARMÉE, IMPÔTS, qui ne sont plus aujourd'hui que de grandes divisions du gouvernement. Nous nous bornerons donc ici à l'exposé rapide de quelques théories et des principales applications de l'administration.

L'administration publique a pour objet l'indépendance du territoire et la prospérité de l'État : l'administration locale se propose la sûreté des individus et le bien-être des familles. Or l'indépendance de la cité et du citoyen repose sur la force ; et l'élément de la fortune publique et privée, c'est l'économie. Combiner la force et l'économie, c'est donc chercher un système d'administration. Le pays assez sage pour donner au pouvoir la puissance de protéger la liberté, et assez économe pour ne pas lui donner les moyens de l'opprimer, sera le mieux gouverné. Malheureusement, la théorie et la pratique n'ont jamais envisagé l'administration que sous un point de vue. Sparte se proposa l'indépendance politique ; mais le Spartiate était sans garantie pour sa liberté individuelle et ne vivait que de brouet noir. Athènes protégeait l'indépendance et la richesse individuelle ; mais quand la cité était attaquée, les citoyens se sauvaient sur les vaisseaux. Les Suisses sont trop économes ; aussi leur république sans force ne vit que parce qu'on la laisse vivre, et ces républicains se vendent à tous les rois de l'Europe. Les Vénitiens furent trop prodigues ; aussi le sénat se servait de leurs impôts pour envahir leur liberté, et ces rois de la Méditerrannée n'étaient que des esclaves muets dans leurs lagunes.

Les publicistes ont été frappés de l'illégalité, lorsqu'elle était placée dans le gouvernement même ; ils ont curieusement décrit ses diverses espèces et ses différentes variétés ; despotisme, tyrannie, pouvoir absolu, puissance arbitraire, ils n'ont rien oublié. Cet abus est le plus insolent, c'est le moins funeste. Les sultans font étrangler quelques bachas, mais ceux qui craignent de l'être se révoltent ; ils font étrangler quelques ministres, mais combien les vizirs, les ulémas, les janissaires ont-ils étranglé de sultans ?

Quand la haine frappe, elle éveille la vengeance. Tout gouvernement qui descend luimême dans l'arène en sort blessé, même lorsqu'il en sort vainqueur ; et quand il cite les innocents sur la place de Tyburn, il se fait ajourner sur la place de Whitehall. On dit que l'histoire des rois est le martyrologe des peuples ; mais les rois y figurent aussi comme martyrs, et depuis assez longtemps pour n'avoir plus la témérité d'avouer les inimitiés personnelles et de frapper leurs ennemis à visage découvert.

Aussi n'est-ce point dans le gouvernement qu'il faut avec les publicistes chercher l'arbitraire, c'est dans l'administration ; c'est là qu'il réside voilé par une apparence fallacieuse de justice et de légalité. Lorsqu'on menace le citoyen dans sa personne, on le livre à des juges amovibles qui frappent pour éviter leur disgrâce, ou à des juges inamovibles qui frappent pour obtenir la faveur ; ou si les tribunaux ordinaires s'arrêtent devant la voix publique, on organise les cours d'exception avec ces hommes que rien ne peut arrêter. Lorsqu'on ne veut troubler que la tranquillité personnelle, l'espionnage vient porter l'épouvante dans le foyer domestique ; on ne peut le fuir faute de passe-port, on ne peut l'éviter grâce à une mise en surveillance. Lorsque le citoyen est attaqué dans sa fortune, l'oppresseur, le juge, l'exécuteur de la sentence, n'est-ce pas encore l'administration ? Ainsi l'individu, toujours seul, isolé, sans garantie, se débat sans cesse contre l'administration, et celle-ci, sûre de la victoire, borne tous ses soins à placer le masque de la justice sur le visage de l'iniquité.

Depuis vingt siècles le genre humain a perdu ses titres : en Orient, il se débat avec une violence effroyable pour changer de tyrans et de despotes ; en Occident, l'esclavage, la servitude de la glèbe, la sujétion nobiliaire et l'oppression de l'administration le tenaient à la chaîne. Cependant une ère nouvelle commença pour l'Europe avec la révolution d'Angleterre : la liberté publique put échapper a l'administration par des élections qu'elle influence difficilement ; la liberté individuelle garantit, par une loyale organisation du jury, la sûreté, la vie et l'honneur des citoyens. Les États-Unis nous offrirent ensuite la constitution anglaise perfectionnée. L'Europe fut attentive et jalouse. La France voulut la première jouir des garanties publiques, bienfait unique de l'ordre social : l'assemblée constituante ferma la porte du passé, mais ne sut pas ouvrir celle de l'avenir ; l'anarchie pénétra par l'issue qu'on avait ouverte à la liberté, et l'anarchie fit peur. Napoléon profita de cette épouvante, et lui-même à son tour crut faire du pouvoir et ne fit que du despotisme.

Tibère l'avait placé dans le sénat, il perdit les pouvoirs politiques ; Caligula l'avait placé dans l'armée, et, s'il affermit l'empire, il perdit les empereurs. Dioclétien, plus habile, le plaça dans l'administration ; il était le moteur, les fonctionnaires étaient les rouages, et les peuples la matière passive et inerte que broyait la machine politique. La Chine, qui a une forme de gouvernement administrative, s'est trouvée par cela même séquestrée de toutes les nations. La Russie l'adopta pour se civiliser ; cela seul fait juger de l'état de barbarie où elle était plongée lorsqu'elle a été forcée de recourir à ce moyen pour prendre rang parmi les peuples.

Napoléon crut que, pour arrêter la révolution, il fallait faire rétrograder le genre humain. Il voulut transporter la Chine en Europe, et il infiltra le gouvernement dans toutes les branches de l'administration. Pour citer un exemple, il donnait un ordre au ministre, qui le donnait au préfet, qui le donnait au maire, qui le donnait à l'adjoint, qui le donnait au garde champêtre ; cet obscur fonctionnaire était l'empereur même, organe de sa volonté, dépositaire de sa force. Quel recours avait le citoyen contre le garde champêtre ? Est-ce la plainte qu'il portait à l'adjoint, qui la transmettait au maire, qui la transmettait au sous-préfet, ainsi de suite jusqu'à l'empereur ? Mais qui ne voit que l'ordre n'avait pour juge que celui-là même qui l'avait donné ? Il en était ainsi dans toutes les divisions de l'administration ; et la police veillait encore à ce que les fonctionnaires fussent diligents : c'était un vaste réseau dont une seule main placée sur le trône faisait mouvoir tous les fils : et comme le tissu de l'araignée, y toucher, c'était réveiller le maître.

La plupart des publicistes ont peu et mal fait connaître l'administration ; les uns voulaient qu'on fît un pouvoir séparé du pouvoir judiciaire ; les autres ne réclamaient l'indépendance que pour les municipalités. Le temps est un grand maître ; il nous a montré ce que le génie ne pouvait entrevoir.

Le gouvernement doit diriger, surveiller, réprimer l'administration, mais il ne doit pas administrer, parce qu'alors il n'y a ni liberté ni garantie, puisqu'il n'y a plus d'arbitre entre l'administrateur qui prévarique et l'administré qui se plaint des prévarications. *J'en appelle à Philippe à jeun* est le cri d'un esclave courageux, mais sans droits politiques ; *Sire, il y a des juges à Berlin* est le cri d'un sujet à qui il reste des garanties. Le premier mot serait admirable dans un empire despotique, le second tout simple dans un État constitutionnel.

Les hommes qui ont le plus écrit sur l'administration sont les économistes, et on leur doit des vérités utiles ; mais ils n'ont traité qu'une partie de ce vaste sujet : l'économie est leur devise, et l'ordre social qui coûte le moins cher leur semble le meilleur. La théorie des gouvernements à bon marché est excellente lorsque la liberté y trouve ses garanties. Le despotisme coûte peu, mais il ne produit rien ; la liberté est parfois périlleuse et prodigue, mais elle est productive. Voyez la France : en 1789, elle fait une révolution pour ne pouvoir payer soixante-huit millions ; aujourd'hui elle paye plus d'un milliard, et ne trouve pas le fardeau intolérable.

Les principes de l'administration sont encore à poser. Sous la Restauration, les ministres voulaient qu'elle fût forte, afin que le pouvoir pût opprimer la liberté ; l'opposition voulait qu'elle fût douce et faible, afin que la liberté pût asservir le pouvoir. Aujourd'hui les fonctionnaires la mettent à l'encan, ils veulent faire fortune ; les économistes la mettent au rabais, ils ne veulent pas qu'on les ruine. Mais tout cela n'est pas de l'administration. Nous verrons ailleurs que si le gouvernement veut administrer par ses agents, il faut que tous ses agents soient responsables sans autorisation, et justiciables d'un tribunal complétement indépendant. Mais l'intérêt des fonctionnaires fait croire que les ministres ne proposeront jamais ce mode, et que l'administration sera tôt ou tard, par la force des choses, entièrement indépendante du gouvernement. Il n'y a pas à balancer entre le système de la responsabilité des administrateurs et celui de l'indépendance de l'administration. Si les hommes ne donnent pas le premier, le temps donnera le second.

Lorsque, dans les États représentatifs, le système électoral ne fait sortir de l'urne que des noms d'administrateurs, il s'établit alors une *administration par ordonnances*, et l'état social recule vers le pouvoir absolu. Les ministres, n'ayant devant eux que des représentants à la fois fonctionnaires et députés, asservissent la voix du député par la possibilité de destituer le fonctionnaire : les votes servent à conquérir les places, ils servent à les conserver; l'avarice et l'orgueil trafiquent de la conscience et de l'honneur. C'est, sinon la pire, du moins la plus corrompue des administrations, parce que le droit d'en régler l'usage est départi aux hommes qui, profitant des abus, ne peuvent s'en plaindre.

Lorsque le système d'élection donne à un parti une majorité incontestée, alors le parti, maître du pouvoir législatif, veut qu'on administre par des lois, parce que ces lois sont son ouvrage, qu'il peut les imprégner de ses haines et les teindre de ses passions. Ainsi qu'un ministère croit se cacher derrière des ordonnances, un parti pense faire croire à la justice, parce qu'il organise à son profit une *administration légale*, comme si les plus funestes mesures, comme si les coups d'État ne pouvaient être couverts d'un vernis de légalité, comme si la majorité dominante ne pouvait pas légaliser toutes les iniquités de l'arbitraire ! La législation est alors une longue conspiration contre le bien public; car, lorsque les législateurs sont intéressés au mal, le mal se commet par des lois : les confiscations, les proscriptions, les assassinats de Tibère, cette effroyable série de forfaits qui signale l'administration de Séjan, tout fut fait par des lois.

J.-P. PAGÈS.

Histoire de l'administration en France. — Dans le tableau nécessairement fort abrégé que nous allons présenter de l'administration dans le pays que nous habitons, nous essayerons de montrer ce qu'elle fut, 1° sous les Romains, 2° à l'origine de sa réorganisation monarchique sous Philippe le Bel, 3° à la fin de la monarchie absolue, et enfin, ce qu'elle est aujourd'hui sous le régime représentatif.

I. À l'époque de son indépendance, la Gaule, divisée entre quatre cents peuples et huit cents villes, s'il faut en croire Appien (1), n'avait point une administration générale; seulement dans les grandes circonstances, une assemblée de la plupart des tribus gauloises se réunissait dans quelque grande ville, et, comme celle qui fut convoquée à Bibracte (*Autun*), par Vercingétorix (2), délibérait sur l'intérêt commun. Mais, sous les empereurs romains, la Gaule fut, comme les autres contrées soumises à l'empire, divisée en provinces consulaires ou présidiales : ces provinces étaient, vers la fin de l'empire, au nombre de dix-sept, et formaient l'un des trois diocèses de la préfecture des Gaules, qui comprenait encore l'Espagne et l'île de Bretagne. Les gouverneurs de chacune de ces dix-sept provinces avaient deux sortes de fonctions :

« 1° Ils étaient les hommes d'affaires de l'empereur, chargés dans toute l'étendue de l'empire des intérêts du gouvernement central, de la perception des impôts, des domaines publics, des postes impériales, du recrutement et de l'administration des armées, en un mot de tous les rapports que l'empereur pouvait avoir avec les sujets.

« 2° Ils avaient l'administration de la justice entre les sujets eux-mêmes. Toute juridiction civile et criminelle leur appartenait, sauf deux exceptions. Certaines villes des Gaules possédaient ce qu'on appelait *jus italicum*, le droit italique. Dans les municipes d'Italie, le droit de rendre la justice aux citoyens, au moins en matière civile et en première instance, appartenait à certains magistrats municipaux, *duumviri*, *quatuorviri*, *quinquennales*, *œdiles*, *prætores*, etc. On a souvent cru qu'il en était de même hors de l'Italie et dans toutes les provinces; c'est une erreur : dans quelques villes seulement, assimilées aux municipes d'Italie, les magistrats municipaux exerçaient toujours, sauf l'appel au gouverneur, une véritable juridiction.

« Il y avait de plus dans presque toutes les villes et depuis le milieu du quatrième siècle, un magistrat particulier appelé *defensor*, élu non-seulement par la curie, ou corps municipal, mais par tout le peuple, et chargé de défendre au besoin, contre le gouverneur même, les intérêts de la population. Le défenseur avait en matière civile la juridiction de première instance; il jugeait même un certain nombre de causes, que nous appellerions aujourd'hui de police correctionnelle.

« Sauf ces deux exceptions, les gouverneurs jugeaient seuls tous les procès, et les jugeaient sans aucun autre recours que l'appel à l'empereur.

« Voici comment s'exerçait leur juridiction : dans les premiers siècles de l'empire, et conformément aux anciennes coutumes, celui auquel la juridiction appartenait, préteur, gouverneur de province ou magistrat municipal, ne faisait, quand un procès arrivait devant lui, que déterminer la règle de droit, le principe légal d'après lequel il devait être jugé. Il établissait ce que nous appelons le point de droit, et désignait ensuite un simple citoyen

(1) L. IV, *de reb. Gallic.*, c. 2.
(2) Cæsar, *Bell. Gallic.*, l. VII, c. 63.

nommé *judex*, véritable juré, qui examinait et décidait le point de fait. On faisait l'application du principe posé par le magistrat, au fait reconnu par le *judex*, et le procès était jugé.

« Peu à peu, à mesure que le despotisme impérial s'établit et que les anciennes libertés disparurent, l'intervention du *judex* devint moins régulière. Les magistrats décidèrent sans y recourir certaines affaires qu'on appela *extraordinariæ cognitiones*. Dioclétien abolit formellement l'institution dans les provinces; elle ne parut plus que comme exception, et Justinien atteste que, sous son règne, elle était complétement tombée en désuétude. La juridiction tout entière appartenait donc aux gouverneurs, d'une part agents et représentants de l'empereur en toutes choses, de l'autre, maîtres de la vie et de la fortune des citoyens, sauf l'appel à l'empereur (1). »

Quant au traitement de ces fonctionnaires, voici quelques détails qui nous ont été conservés par Lampride. Les gouverneurs de province recevaient sous Alexandre Sévère vingt livres d'argent et cent pièces d'or (2), six cruches de vin, deux mulets et deux chevaux, deux habits de parade (*vestes forenses*), deux habits simples (*vestes domesticas*), une baignoire, un cuisinier, un muletier; et enfin, quand ils n'étaient pas mariés, une concubine : *Quod sine his esse non possent*, dit le texte. Quand ils sortaient de charge, ils étaient toujours obligés de rendre les mulets, les chevaux, le muletier et le cuisinier. Si l'empereur était content de leur administration, ils gardaient le reste; sinon ils étaient obligés de rendre le quadruple. Sous Constantin, le traitement en denrées subsistait encore, en partie du moins; on voit les gouverneurs de deux grandes provinces, de la province d'Asie et du Pont, par exemple, recevoir de l'huile pour quatre lampes. Ce fut seulement sous Théodose II, précisément dans la première moitié du cinquième siècle, qu'on cessa de rien donner en nature aux gouverneurs; encore les employés de leurs bureaux, dont nous allons présenter le tableau, reçurent-ils jusqu'à Justinien, dans l'empire d'Orient, une portion de leur traitement en denrées.

Le préfet du prétoire qui résidait à Trèves, et plus tard à Arles, avait pour principaux agents :

« 1° *Princeps* ou *primiscrinius officii*. Il faisait citer devant le tribunal du préfet ceux qui y avaient affaire; il rédigeait et dictait les jugements; c'était sur son ordre qu'on arrêtait les prévenus; son principal soin était la perception des impôts. Il jouissait de plusieurs priviléges.

« 2° *Cornicularius*. Il publiait les ordonnances, les édits et les jugements du gouverneur. Sa charge était fort ancienne; les tribuns des légions avaient un *cornicularius* (1). Le nom de cet officier venait de ce qu'il avait pour signe de distinction une corne, dont il se servait peut-être soit pour les publications, soit pour imposer silence à l'audience. Le *præco*, ou héraut, lui obéissait. Il ne restait qu'un an en place, et avait lui-même un bureau nombreux : c'était une espèce de greffier en chef.

« 3° *Adjutor*, aide ou suppléant, qui paraît avoir été attaché aux différents emplois; sa charge était ici de faire arrêter les coupables, de présider à la torture, etc. Il avait aussi son bureau.

« 4° *Commentariensis*, directeur des prisons, plus considéré que nos geôliers, mais ayant les mêmes fonctions; il avait la police des prisons, conduisait les prisonniers devant le tribunal, leur fournissait les aliments quand ils étaient pauvres, leur faisait donner la question, etc.

« 5° *Actuarii* ou *Ab actis*. Ils écrivaient les contrats des citoyens et tous les actes destinés à faire foi en justice, les testaments, les donations, etc. De là sont venus les notaires. Comme les *actuarii* attachés au préfet du prétoire ou au président ne pouvaient être partout, les duumvirs et autres magistrats municipaux eurent le droit de recevoir et de rédiger ces actes.

« 6° *Numerarii*. Ils étaient chargés de la comptabilité. Les simples gouverneurs en avaient deux, dits *tabularii*; les préfets du prétoire en avaient quatre : 1° *Numerarius bonorum* : il tenait les comptes des biens dévolus au fisc, dont les revenus devaient aller au *comes rerum privatarum*; 2° *Numerarius tributorum*, chargé des comptes des revenus publics qui allaient à l'*ærarium* et au comte des largesses sacrées; 3° *Numerarius auri* : il recevait l'or qu'on retirait des provinces, faisait changer en or les monnaies d'argent, et tenait les comptes des revenus des mines d'or; 4° *Numerarius operum publicorum* : il tenait les comptes de tous les travaux publics, ports, murs, aqueducs, thermes, et travaux auxquels était destiné le tiers des revenus des cités et des contributions foncières levées au besoin. Ces *numerarii* avaient sous leurs ordres un grand nombre d'employés.

« 7° *Subadjuva*, sous-aide de l'*adjutor*.

« 8° *Curator epistolarum*. C'était le secrétaire chargé de la correspondance : il avait beaucoup de subordonnés appelés *epistolares*.

---

(1) M. Guizot, *Cours d'histoire moderne*, t. 1, p. 93 et suiv.

(2) Deux mille cinquante-quatre francs de notre monnaie.

(1) Valère Maxime, l. VI, c. I, n. 11.

« 9° *Referendarius*, rapporteur chargé de transmettre au préfet les requêtes des administrés et de rédiger ses réponses.

« 10° *Exceptores*. Ils écrivaient toutes les pièces relatives aux jugements du préfet; ils les lisaient devant son tribunal; ils étaient sous la direction d'un *Primicerius*. On pourrait les comparer à des sous-greffiers et à des expéditionnaires.

« 11° *Singularii*, ou *singulares*, *ducenarii*, *centenarii*, etc., chefs d'une espèce de gendarmerie attachée au service des gouverneurs de province. Les *singulares* accompagnaient ces officiers comme une garde militaire, faisaient exécuter leurs ordres dans la province, arrêtaient les coupables et les conduisaient en prison. Ils levaient les impôts, ainsi que les *ducenarii* (chefs de deux cents hommes ou cohortes), les *centenarii*, les *sexagenarii*, etc.

« 12° *Primipilus*, chef des *cohortales*. Chargé de distribuer les vivres aux soldats, au nom du préfet du prétoire, il inspectait ces vivres (1). »

II. Les invasions des barbares laissèrent subsister bien peu de chose de cette administration. Sous les Mérovingiens, quand la royauté s'affermit, il y eut des essais de réorganisation administrative, mais ils furent infructueux; Frédégonde y échoua, aussi bien que Brunehaut. Ce fut seulement au temps de Charlemagne que le nouvel empire fut soumis à un système qui voulut être régulier et général, mais qui ne put étouffer les tendances à l'isolement qu'on voyait éclater partout. Peu à peu tout gouvernement central disparut; et quand Hugues Capet usurpa la couronne du petit-fils de Charlemagne, le système féodal, qui morcelait l'autorité comme le territoire, était établi d'un bout à l'autre de la France. L'administration se réduisit alors aux proportions des fiefs, et il y eut autant de gouvernements différents qu'il y avait de terres seigneuriales. Mais le roi, d'abord réduit à la possession de trois ou quatre comtés, agrandit peu à peu son domaine. Depuis le règne de Philippe 1er jusqu'à celui de saint Louis, et principalement sous le dernier de ces deux princes, une ère nouvelle commença pour la France aussi bien que pour la royauté. « La féodalité, si forte, si compacte au commencement du douzième siècle, est maintenant ébranlée et désunie. Le roi, qu'elle tenait captif dans ses étroits domaines, s'est frayé une large route à travers tous les fiefs qui l'entouraient, pour atteindre jusqu'aux limites de son royaume. Le sol est, si l'on veut, partout couvert de ses débris :

les comtes, les barons sont et resteront longtemps encore nombreux et puissants; le fief est toujours le caractère presque unique de la propriété; enfin çà et là subsistent des masses imposantes, comme la Flandre, la Bourgogne et la Bretagne; mais le roi et ses agents ont pénétré partout et fait connaître à tous le nom et l'action bienfaisante de la royauté (1). »

Cette action de l'autorité royale, ces agents qui se répandaient sur toute la surface de la France, c'était l'administration, le gouvernement général du pays qui s'organisait enfin aux dépens du régime féodal. Cependant, à l'époque de saint Louis, la France était encore divisée, pour nous servir des expressions mêmes des *Établissements*, en pays de l'obéissance-le-roy et en pays hors l'obéissance-le-roy : le premier formait à proprement parler le domaine, où la seule volonté du roi faisait la loi; le second était composé des fiefs, où les seigneurs avaient été et étaient encore à peu près indépendants. Cependant le roi empiétait chaque jour sur leur autorité, principalement en multipliant les *cas royaux*, c'est-à-dire, tous les cas où un procès pouvait être porté en la cour du roi. En voici l'énumération, telle qu'elle se trouve dans le chapitre XV du livre II des *Établissements* : « Et « se ce est hors de l'obéissance du roy et il « viegne en la cort le roy par *resort*, par *appel*, ou par *défaute de droit*, ou par *faus « jugement*, ou par *récreance vée*, ou par « *grief*, ou par *véer le droit* de sa cort; il « convient que il die que le jugement est « fausé, etc. » Quant au domaine proprement dit, il était placé sous la surveillance des prévôts, baillis, sénéchaux, etc., sous la direction enfin de tous les agents de l'administration. Philippe Auguste, dont les conquêtes avaient tant enrichi le domaine de la couronne, avait le premier senti le besoin d'en soumettre les possessions à une administration régulière, et il avait divisé les pays de son obéissance en soixante-dix-huit prévôtés, dont les chefs étaient placés sous la surveillance des baillis et sous le contrôle des prud'hommes, des conseillers municipaux. Durant le règne de saint Louis, le *duel judiciaire* fut aboli; aux *batailles* en justice furent substituées les preuves par témoins; les *cas royaux* furent multipliés, et il en résulta la ruine des justices féodales et l'extension de la juridiction du parlement du roi; enfin, l'institution des *missi dominici* de Charlemagne fut renouvelée; et des *enquesteurs* parcoururent les provinces.

La puissance souveraine, pour nous servir des expressions que Montesquieu et Tacite

---

(1) M. Guizot, *Cours d'histoire moderne*, t. I, p. 55 et suiv.

(1) M. Duruy, *Géographie historique du moyen âge*, p. 22.

emploient en parlant d'Auguste et de Tibère, la puissance souveraine, disons-nous, qui, sous Philippe Auguste et saint Louis, avait agi insensiblement, renversa sous Philippe le Bel avec violence; les droits, les juridictions féodales et ecclésiastiques furent mis en oubli. Toute l'autorité se concentra dans les mains du roi, où elle devint absolue, et pour l'exercer il multiplia les instruments qui devaient faire sentir d'un bout à l'autre du royaume sa volonté et son pouvoir. La France fut couverte de ses agents : on les voit aux portes des villes, sur les chemins, sur les rivières, dans les forêts royales, dans les foires, partout enfin où il y a quelque espérance de prélever un impôt sur le marchand ou le voyageur. En outre, dans les mains de tous ces officiers se réunissent les attributions les plus diverses et souvent les plus incompatibles, car la royauté, toute novice encore dans l'art de gouverner, ne sait pas diviser les pouvoirs ni les fonctions.

D'abord autour du roi était le *grand conseil* qui élisait les sénéchaux, les baillis, les juges, les gardes des foires de Champagne, les gardes des eaux et forêts; plusieurs de ses membres étaient aussi chargés de recevoir les requêtes adressées au parlement de Paris et de voir les enquêtes que demandaient les causes jugées en cette cour. Le conseil prononçait lui-même des arrêts qui devaient être exécutés sans appel. Enfin, c'était dans son sein que le plus souvent étaient délibérées les ordonnances royales; même, quand le roi faisait un appel à ses barons pour avoir leur assentiment, le conseil privé prenait toujours part à la délibération, et l'ordonnance portait : *Ex provida deliberatione baronum et nostri consilii.*

Au-dessous du grand conseil, qui était le centre d'où partait l'impulsion gouvernementale, se trouvait le *parlement*, principalement chargé des fonctions judiciaires, et où pouvaient assister alors les baillis, les sénéchaux, les prévôts et leurs clercs. Dans la grande ordonnance de 1302, *rendue pour le bien du royaume*, Philippe le Bel établit que les arrêts du parlement, qui n'était plus comme à son origine la cour des pairs, mais seulement l'un des conseils du roi, seraient exécutés sans appel, et que, s'il y avait ambiguïté ou erreur, la correction, l'interprétation et la révocation en appartiendraient au roi ou à son conseil; que les enquêtes portées en la cour seraient expédiées et jugées *dans les deux années au moins* qui suivraient leur présentation à la cour; que pour la commodité des citoyens et pour l'expédition des causes, l'on tiendrait tous les ans deux parlements à Paris, où, comme nous dirions aujourd'hui, qu'il y aurait deux sessions judiciaires, deux assises; qu'il y aurait *deux échiquiers* à Rouen, et deux fois l'an *les grands jours de Troyes;* qu'enfin il y aurait un parlement à Toulouse, si les habitants du Languedoc consentaient à ce qu'il n'y eût point d'appel des présidents de ce parlement. Voilà pour la haute administration judiciaire.

Mais tout le royaume était couvert d'officiers subalternes, de sénéchaux, de baillis, de prévôts, de viguiers, de gruiers, etc., qui jugeaient, les premiers surtout, même dans des causes capitales, lorsqu'il n'y avait pas appel en la cour du roi. Les *baillis* et les *sénéchaux* étaient en quelque sorte des gouverneurs de province, chargés d'y exécuter tous les ordres du roi, de quelque nature qu'ils fussent. Accablés de fonctions de tout genre, politiques, financières, judiciaires, administratives, les baillis furent contraints d'en déléguer quelques-unes aux prévôts, qui restèrent plus spécialement chargés du soin de rendre la justice. Au temps de saint Louis, il y avait des *jugeurs*, que le bailli choisissait parmi les plus *sages*, pour s'éclairer de leurs conseils. Philippe le Bel les remplaça par les *auditeurs.* « Nous ordenons, dit-il aux articles « 6 et 7 de son ordonnance de 1313, que li « auditeurs dou Chastelet ne jugeront de nule « cause de héritage, ne qui touche estat, ne « condition de personne, ne de autres causes « fors de celles que monteront jusques à « sexante sols ou au dessouz. — Tous procez « se pourront faire devant les auditeurs, et « quand ils seront en point de jugier, ils envoyeront les procez devant le prevost pour « jugier. » — En outre des jugeurs et des auditeurs, il y avait encore des *examinateurs de témoins;* mais une ordonnance de 1313 déclare qu'il n'y aura plus d'examinateurs, et que les enquêtes seront faites par les notaires ou autres personnes nommées par les auditeurs ou le prévôt. Enfin, le prévôt et les auditeurs avaient des *clercs,* « pour tenir les re- « gistres et faire les *commissions et secrettes* « *besoignes;* ces clercs payeront le quart de ce « qu'ils auront de leurs escriptures, etc. (1) »

Pour maintenir la tranquillité, faire les sommations judiciaires et exécuter les sentences, les prévôts avaient des *sergents.* — « Le sergent à cheval n'aura pour sa journée « que 3 sols parisis. Le sergent à pied, 18 de- « niers. Le sergent à verge, pour semonce ou « arrêt fait hors des portes de Paris, 4 de- « niers, et 2 en dedans des portes. — Il n'y « aura que 60 sergens à cheval, et 90 à « pied. » Ils étaient probablement aussi chargés de la police commerciale pour les poids, les mesures, et étaient astreints à donner, les

---

(1) Voir entre autres l'ordonnance de 1320.

premiers un cautionnement de 100 livres, les seconds, un de 20 livres. Enfin, pour écrire les dépositions des témoins, faire les contrats, et en un mot toutes les écritures publiques, il y avait des *tabellions* ou *notaires* choisis par le roi et surveillés par un président qui eut quelquefois le droit d'en créer de nouveaux. Leur salaire était, pour trois lignes d'écriture, de 1 denier; pour quatre à six lignes, de 2 deniers; au delà de ce nombre, ils avaient 1 denier par trois lignes.

Un dernier titre de charge judiciaire que l'on rencontre dans les ordonnances de Philippe le Bel est celui de *procureur du roi*, chargé de défendre en justice les droits et propriétés du roi. Enfin il faut ajouter à tous ces officiers, qui réunissaient les fonctions administratives et judiciaires, les *verdiers*, les *gruiers*, les *sergents de bois*, les *maîtres des forêts*, les *mesureurs*, etc.

Ce qu'était le grand conseil pour la politique générale et le parlement pour la justice, la *chambre des comptes* l'était pour les finances. La base de cette partie de l'administration, ou son plus simple élément, était le *feu*. La réunion d'un certain nombre de feux formait un *bourg* ou une *ville*, divisés eux-mêmes pour la perception en *curies* et en *décuries*. La réunion de plusieurs villes et bourgs formait un *bailliage*, et la réunion de plusieurs bailliages une *province*. Les répartiteurs de chaque bourg versaient les deniers dans les mains du bailli, qui, après déduction faite des dépenses sur les recettes, rendait l'excédant au *trésorier de la province*, lequel, à son tour, les transmettait aux *trésoriers généraux de France*, justiciables de la cour des comptes. Cette chambre, tribunal à la fois administratif et judiciaire, vérifiait les recettes, contrôlait les dépenses, examinait la conduite de tous les gens de finance, et procédait contre eux lorsqu'il y avait lieu.

Peu à peu cette administration, fort incomplète encore sous Philippe le Bel, se régularisa: les pouvoirs furent mieux définis, les attributions plus nettement séparées, et la monarchie se trouva enfin constituée avec ses trois grands centres permanents d'administration, le grand conseil, le parlement et la chambre des comptes, et des corps temporaires, qui prirent accidentellement la place des premiers. Ainsi, sous le rapport politique, il y eut des *états généraux*, des *états particuliers* de province, des *assemblées de sénéchaussées*, des *réunions de bourgeois*, etc., qui s'attribuèrent une part plus ou moins grande, suivant les circonstances, des fonctions politiques du grand conseil; il y eut encore des *commissions judiciaires*, fréquemment substituées au parlement par l'autorité royale pour décider dans des causes politiques. Enfin,

après la bataille de Poitiers, fut établie, aux dépens de la chambre des comptes, la *cour des aides*.

Nous ne pouvons suivre les développements de cette administration, ce serait l'histoire même de la royauté et de la France; d'ailleurs on peut recourir à chacun des mots suivants: PARLEMENTS, COUR DES COMPTES, AIDES, GRAND CONSEIL, MARÉCHAL, TRÉSORIER, CHANCELIER, INTENDANT, BAILLI, etc., où l'on trouvera l'histoire de toutes les grandes charges et de tous les grands corps de l'État. Nous indiquerons seulement quelle était en général l'administration du royaume avant la révolution; nous aurons ainsi les deux points extrêmes de son histoire sous l'ancienne monarchie, son origine et sa fin.

III. 1. En 1789, les conseils où étaient traitées les grandes affaires du royaume tant intérieures qu'étrangères, étaient:

Le conseil d'État du roi, composé du roi, du dauphin, quand il était en âge d'y assister, des secrétaires d'État, lorsqu'ils joignaient à cette qualité celle de *ministre d'État*; enfin, des autres ministres d'État que le roi jugeait à propos d'y admettre, et du contrôleur général des finances. Ses séances se tenaient ordinairement le dimanche et le mercredi, et l'on y traitait des affaires générales de l'État, de la correspondance avec les puissances étrangères, de la paix, de la guerre, et d'autres matières semblables.

Le conseil des dépêches, composé du roi, du dauphin, du chancelier, du garde des sceaux, des ministres et des secrétaires d'État, du contrôleur général des finances, et de plusieurs conseillers d'État ordinaires et au conseil des dépêches. Il s'assemblait le samedi, et l'on y traitait des affaires des provinces, des placets, des lettres et brevets pour les gouverneurs, commandants et autres officiers des provinces et des places. Les secrétaires d'État, entre qui toutes les affaires, les provinces et les généralités étaient distribuées, y rapportaient et faisaient faire, chacun dans son département, les expéditions des résolutions qui y avaient été prises.

Le conseil royal des finances, composé du roi, du dauphin, du chancelier, du garde des sceaux de France, des conseillers d'État ordinaires et au conseil royal, des intendants des finances, et du contrôleur général. Il se tenait le mardi, et connaissait généralement de tout ce qui avait rapport aux revenus et aux dépenses du roi.

Le conseil royal de commerce, composé du roi, du dauphin, du chancelier, du garde des sceaux, du chef du conseil royal des finances, du contrôleur général, du secrétaire d'État de la marine, du ministre au département de Paris, et d'un certain nombre de conseillers d'État. Il s'assemblait tous les quinze jours.

Le conseil d'État privé ou *des parties* était tenu par le chancelier, les jours qu'il indiquait. Quoique le roi n'y assistât presque jamais, néanmoins son fauteuil y était toujours, et il était dit dans les arrêts : *Le roi en son conseil;* mais lorsqu'il y assistait on ajoutait : *Sa Majesté y étant.* Ce tribunal était composé du chancelier, du garde des sceaux, des secrétaires d'État, d'environ vingt conseillers d'État ordinaires, d'autant de conseillers d'État divisés par semestres, du contrôleur général, des intendants des finances, tous ordinaires; enfin, de quatre-vingts maîtres des requêtes, qui y rapportaient les affaires, chacun dans le trimestre qui lui était assigné, et signaient les minutes des arrêts rendus sur leur rapport.

La grande chancellerie de France, composée du garde des sceaux de France, qui souvent était le chancelier lui-même; de quatre grands rapporteurs, dont deux servaient ensemble une moitié de l'année; de quatre grands audienciers, qui servaient par quartier, et dont la principale fonction était de voir et examiner les lettres qui leur étaient portées par les secrétaires du roi, pour en faire rapport au chancelier et les taxer au contrôle; de quatre contrôleurs généraux de l'audience, qui mettaient devant le chauffe-cire les lettres qui étaient en état d'être scellées, et qu'ils recevaient ensuite de sa main pour les mettre au coffre, après les avoir paraphées conséquemment à la taxe du grand audiencier; de quatre gardes des rôles des offices de France, ainsi nommés parce qu'ils avaient les registres de tous les offices de France qui étaient scellés : c'était en leurs mains que se faisaient les oppositions aux sceaux et aux expéditions d'offices, soit pour hypothèque, soit au titre; de quatre conservateurs des hypothèques sur les rentes; de quatre scelleurs. Les fonctions des secrétaires du roi étaient d'assister au sceau, et de signer les lettres qui étaient présentées pour être scellées. Il y avait, en outre, plusieurs autres officiers qui étaient à la nomination du chancelier.

2. La justice pour les affaires ordinaires était administrée par des tribunaux *inférieurs, moyens* et *supérieurs.* Les premiers étaient les *châtellenies, prévôtés, vigueries* et autres juridictions royales et seigneuriales, qui ressortissaient par appel aux bailliages ou sénéchaussées, et de là aux *présidiaux,* formant les justices *moyennes* ou intermédiaires. Les présidiaux avaient le droit de juger définitivement et sans appel de toutes matières civiles qui pouvaient tomber en estimation, et n'excédaient pas la somme de 2000 livres, tant pour le principal que pour les intérêts ou arrérages échus avant la demande. Les affaires importantes et les causes majeures étaient portées aux parlements ou conseils souverains, et autres tribunaux *supérieurs* établis pour les juger en dernier ressort, et prononcer sur les appellations des sentences rendues par les juges inférieurs.

Dans le principe et jusqu'au règne de Philippe le Bel, le nom de *parlement* signifiait une assemblée générale des prélats, ducs, comtes et autres grands du royaume : c'était une espèce de *diète* qui réglait tout ce qui regardait essentiellement l'État, et que le roi convoquait tantôt dans une ville, tantôt dans une autre. Les affaires de moindre importance, qui n'exigeaient pas la présence de tout cet illustre corps, étaient jugées par quelques seigneurs et d'autres personnes de capacité choisies par le roi, et qui suivaient partout sa personne. Mais comme il était aussi dispendieux qu'incommode aux sujets de venir du fond de toutes les provinces du royaume à la cour, pour la décision de leurs procès, Philippe le Bel, vers l'an 1302, rendit, comme on l'a vu plus haut, le parlement sédentaire à Paris, et créa en plusieurs endroits d'autres tribunaux suprêmes, dont ses successeurs augmentèrent le nombre, et qui tous, formés à l'instar de celui de la capitale, eurent aussi le nom de *parlements.* En 1789, on en comptait treize dans le royaume, savoir, les parlements de *Paris, Toulouse, Grenoble, Bordeaux, Dijon, Rouen, Aix, Rennes, Pau, Metz, Douay, Besançon* et *Nancy.* Il y avait en outre le *conseil souverain d'Alsace,* siégeant à Colmar, celui de *Roussillon,* fixé à Perpignan, et le *conseil provincial d'Artois,* séant à Arras, qui jouissaient de la même autorité et des mêmes honneurs que les parlements.

Une des prééminences que celui de Paris avait sur les autres, c'était d'être la cour des princes du sang, des ducs, comtes et pairs de France, de l'archevêque de Paris et des abbés de Cluny et de Saint-Denis, qui y avaient voix et séance, et dont toutes les contestations et procès, de même que ceux des maréchaux de France et des grands officiers de la couronne, y étaient jugés de préférence à toute autre juridiction du royaume. En 1789, il était composé de six chambres, savoir : la grand'chambre, trois chambres des enquêtes, une chambre des requêtes du palais, et la chambre criminelle dite la *Tourelle.* Il avait le droit d'enregistrer tous les arrêts-rentiers émanés du conseil, et autres édits, ordonnances et déclarations du roi, quel qu'en pût être l'objet; les mariages des rois; les traités de paix, etc.; les lettres patentes servant à l'érection de certains districts en duchés-pairies, marquisats, comtés, etc., et de faire des remontrances sur tous ces objets. Le roi nommait le premier président de la grand'chambre et les procureurs généraux ; mais les autres charges des six chambres étaient vénales.

Outre ces divers tribunaux de justice, il y en avait encore en France deux autres dont la juridiction, unique dans le royaume, n'était pas bornée, comme celle des premiers, à une étendue particulière de territoire : c'étaient le *grand conseil* et la *prévôté de l'hôtel du roi*.

Le *grand conseil*, réduit en forme de cour suprême ordinaire par Charles VIII en 1497, varia souvent depuis, tant dans sa composition que dans les limites de son pouvoir. Louis XV, après lui avoir donné en 1768 une nouvelle forme, le supprima en 1771 ; mais le rappel de l'ancienne magistrature, lors de l'avénement de Louis XVI au trône, ayant porté à rétablir aussi ce tribunal, le roi, par un édit de novembre 1774, décida qu'il serait à l'avenir composé d'un premier président, de huit autres présidents, de cinquante-quatre conseillers, deux avocats généraux, huit substituts et un greffier en chef, auxquels il faut ajouter un grand nombre d'autres officiers. Les matières dont le *grand conseil* avait droit de connaître furent rappelées et fixées de nouveau par l'édit de juillet 1775, et subirent encore depuis quelques légères modifications.

La *prévôté de l'hôtel du roi*, composée pour la juridiction d'un grand prévôt, de deux lieutenants généraux de robe longue, d'un procureur du roi, d'un greffier, etc., connaissait en première instance des causes qui lui étaient attribuées, et dont l'appel se portait au *grand conseil* ; mais elle jugeait en dernier ressort toutes les actions criminelles et de police qui pouvaient concerner des personnes de la suite de la cour, où ses officiers étaient chargés de maintenir l'ordre, quelque part qu'elle se trouvât ; ils devaient faire apporter des vivres, et aussi faire droit aux plaintes relatives au logement des officiers du roi et autres objets de cette nature.

3. Pour faciliter la perception des impôts, on avait divisé le royaume en un certain nombre de districts ou juridictions qu'on appelait *généralités* et *intendances*. On en comptait, en 1789, trente-deux, dont la plupart étaient en *pays d'élection*, et les autres en *pays d'états*, ou provinces qui avaient conservé le privilége de répartir elles-mêmes les contributions qu'elles devaient fournir pour soutenir les charges de l'État. Ces districts étaient : les généralités de Paris, d'Amiens, de Soissons, d'Orléans, de Bourges, de Lyon, de la Rochelle, de Moulins, de Riom ou d'Auvergne, de Poitiers, de Limoges, de Bordeaux, de Tours, d'Auch, de Montauban, de Champagne ou de Châlons, de Rouen, de Caen, d'Alençon, de Bretagne ou de Rennes, de Dauphiné ou de Grenoble, de Languedoc, de Roussillon ou de Perpignan, d'Aix, de Dijon ou de Bourgogne, de Besançon ou de Franche-Comté, de Strasbourg ou d'Alsace, de Lorraine et Barrois, de Metz ou des Trois-Évêchés, de Hainaut et Cambrésis, de Flandre et Artois, de Bayonne et Pau.

Les vingt premières étaient divisées en élections ; celles de Bretagne, de Dauphiné, de Languedoc, en diocèses ; celles de Perpignan et d'Aix en vigueries ; les autres en bailliages, prévôtés, gouvernements, etc. Tous ces petits districts étaient à leur tour partagés en paroisses ou communautés, dans chacune desquelles on comptait un certain nombre de feux.

Il y avait dans chaque généralité un *intendant* ou commissaire départi, nommé par le roi pour prendre connaissance des affaires de justice, de police et finances qui concernaient les intérêts du roi et ceux du public ; et dans la plupart un bureau des finances, ou tribunal des *trésoriers de France et receveurs généraux des finances*, qui faisaient alternativement le service d'une année. Nous ne parlons point des officiers subalternes, qui étaient en très-grand nombre.

Il y avait deux espèces de cours souveraines auxquelles étaient confiés la direction générale des revenus du roi et le droit de connaître en dernier ressort de tout ce qui les concernait.

Les *chambres des comptes* s'occupaient principalement des revenus non affermés. C'était là que se rendaient les comptes des deniers du roi, que l'on enregistrait et que l'on gardait ce qui concernait son domaine, les comptes du trésor royal, ceux des parties casuelles, ceux des recettes générales, etc. A proprement parler, il n'y avait que neuf de ces chambres dans le royaume, savoir : celle de Paris, celle de Dijon ; la chambre ducale de Nevers, celles de Rouen, de Grenoble, de Nantes, d'Aix, de Nancy, et celle du duché de Bar ; les chambres des comptes de Pau et de Metz avaient été réunies aux parlements de ce nom ; celle de Dôle au parlement de Besançon, celle de Montpellier à la cour des aides de cette ville ; celle de Blois avait été supprimée. Quant à celle de Lille, elle n'avait point été rétablie par le roi après la conquête des Pays-Bas, et les endroits qui y ressortissaient étaient, en 1789, du ressort de la chambre des comptes de Paris, qui tenait le premier rang, et qui, entre autres prérogatives, recevait le serment de foi et hommage que rendaient les vassaux des principautés, duchés-pairies, marquisats, comtés, vicomtés, baronnies, et autres fiefs relevant immédiatement du roi.

Les *cours des aides* avaient été instituées pour les aides, tailles, gabelles, et autres droits de subsides qui se levaient par autorité du roi. Elles connaissaient généralement de tous les différends qui naissaient relativement à ces objets, aussi bien que de tous les contrats faits entre traitants, fermiers, munitionnaires, pour raison de leurs traités, fermes, sous-fermes et munitions, de leurs transports et associations, comptes de commis, etc. Il n'y avait dans le royaume que cinq de ces tribunaux distincts, savoir : Paris, Montpellier, Bordeaux, Clermont-Ferrand et Montauban. Ceux de Grenoble, de Dijon, de Pau, de Rennes, de Metz, étaient unis aux parlements de ce nom ; ceux de Rouen, d'Aix, de Nancy, aux chambres des comptes établies dans ces villes ; celui de Dôle avait suivi le sort de la chambre des comptes de la même ville.

« Les divisions de la France, dit Busching (1), auquel nous avons emprunté la plupart des renseignements qui précèdent, sont aussi multipliées que les points de vue sous lesquels on peut la considérer. On la divise en seize districts de parlements et autres cours souveraines, eu égard à sa constitution politique ; en trente-deux intendances et généralités pour les finances ; en dix-huit archevêchés, quant à sa constitution ecclésiastique ; et en quarante gouvernements généraux de province, suivant son état militaire. »

IV. A cette machine si compliquée la révolution française a substitué une organisation beaucoup plus simple et beaucoup plus conforme aux principes que cette grande crise politique a fait prévaloir. Aujourd'hui la France est divisée en quatre-vingt-six *départements*, subdivisés en trois cent soixante-trois *sous-préfectures* ou *arrondissements*, en deux mille huit cent quarante-cinq *cantons*, et trente-huit mille six cent vingt-trois *communes*. Les *ministres* qui, en 1838, étaient au nombre de huit, savoir, les ministres de la guerre, de la marine, de la justice et des cultes, de l'intérieur, du commerce, des finances, des affaires étrangères et de l'instruction publique, et qui, en 1845, sont au nombre de neuf, par suite de la création d'un ministère des travaux publics, sont les premiers agents du pouvoir exécutif et les premiers administrateurs de l'État. Près d'eux est placé le *conseil d'État*, divisé en autant de comités qu'il y a de ministères, et que les ministres consultent sur les lois à proposer aux chambres, etc. A la tête de chaque département est un *préfet*, qui représente, dans cette circonscription, le pouvoir exécutif, et correspond avec tous les ministres. Près du préfet se trouve le *conseil de préfecture*, dont les attributions sont à la fois contentieuses et administratives, mais dont les décisions peuvent être réformées par le conseil d'État. De même que, près des ministres, se trouve la *chambre des députés* élus par les départements, de même, près des préfets, est placé le *conseil général du département*, dont les membres prennent connaissance des comptes du préfet et de ses projets, font la répartition des contributions directes entre les arrondissements, statuent sur les demandes en réduction présentées par les conseils d'arrondissement et par les conseils municipaux, et déterminent, dans les limites de la loi, le nombre des centimes additionnels demandés pour les dépenses départementales. Le *sous-préfet*, placé à la tête d'un arrondissement, est subordonné au préfet et a près de lui un *conseil d'arrondissement*, qui ne peut être composé de moins de neuf membres élus. Chaque commune a un *maire*, assisté d'un ou de plusieurs *adjoints*, et d'un *conseil municipal* appelé à délibérer sur tous les intérêts de la commune. Les membres des conseils généraux de département et d'arrondissement sont nommés par les électeurs départementaux ; les conseillers municipaux sont élus par l'assemblée des électeurs communaux.

Administration judiciaire. — Cette administration se compose de la *cour de cassation*, tribunal suprême qui prononce sur les demandes en cassation formées contre les jugements rendus par les autres cours du royaume ; d'une *cour des comptes*, qui vérifie la gestion de tous les comptables des deniers publics ; de vingt-six *cours royales* ; de quatre-vingt-six *cours d'assises*, une par département ; de trois cent soixante-trois *tribunaux de première instance*, un par arrondissement ; enfin de *tribunaux de commerce*, établis dans les principales villes commerçantes. Le *conseil d'État* est le grand tribunal chargé de juger les causes purement administratives. Dans certaines villes manufacturières il existe des *conseils de prud'hommes*, et dans chaque division militaire, dans chaque chef-lieu maritime, la loi a créé des *conseils de guerre* et des *conseils maritimes*, dont les décisions peuvent être modifiées par un *conseil de révision*.

Instruction publique. — Considéré sous ce point de vue, le royaume est divisé en vingt-six académies ; chaque académie renferme plusieurs *facultés*, des *collèges* royaux et communaux, des *institutions* et pensions particulières, enfin, des *écoles primaires supérieures* et des *écoles primaires élémentaires*. La réunion des *recteurs*, des *inspec-*

(1) Busching, *Introduction à la géographie de la France*, t. IV, p. 88 et suiv. de sa *Géographie universelle*.

teurs généraux, des *inspecteurs d'académies*, des *doyens* et *professeurs* de facultés, des *proviseurs*, *censeurs* et *professeurs* et *maîtres d'études* des colléges royaux, des *principaux* et *régents* des colléges communaux ; enfin des *chefs d'institution* et *maîtres de pension*, représente l'*Université* de France, à la tête de laquelle est le *grand maître*, *ministre* assisté d'un *conseil royal*. Au ministère de l'instruction publique se rattachent l'*Institut*, l'*Académie de médecine*, le *Collége de France*, l'*École normale*, les *bibliothèques publiques*, etc.

Finances. — Les chambres ayant voté l'impôt et sa répartition entre les quatre-vingt-six départements, le préfet et le conseil général font la répartition par arrondissement de la part de l'*impôt direct* que doit payer le département ; le sous-préfet et le conseil d'arrondissement font à leur tour la répartition entre les cantons et les communes ; enfin le maire, avec le concours du conseil municipal et des commissaires répartiteurs, détermine la portion que chaque habitant payera. Quant à la rentrée de cet impôt et à celle des *contributions indirectes*, qui forment un peu moins des deux tiers du budget général, elle est opérée par les agents de cinq administrations : 1° l'administration des *contributions indirectes*; 2° l'administration de l'*enregistrement et des domaines*; 3° l'administration des *postes*; 4° l'administration des *douanes*; 5° l'administration des *eaux et forêts*. Toutes les sommes recueillies par ces administrations sont remises aux *receveurs particuliers* et aux *receveurs généraux*, qui en livrent tout ou partie aux *payeurs*. Il y a un receveur général et un payeur par département. Pour s'assurer de la fidélité de ses agents, le ministre les fait surveiller par des inspecteurs spéciaux, qui examinent avec soin les registres et les caisses des comptables des plus petites localités ; enfin, la cour des comptes apure toutes les liquidations.

Administration militaire. — La France est partagée en vingt et une *divisions militaires*. Chaque division a un état-major, et pour commandant supérieur un *lieutenant général*, qui a sous ses ordres autant de *maréchaux de camp*, chefs de subdivisions, que sa division renferme de départements. Le lieutenant général commandant la division est aussi le chef supérieur de toutes les troupes qui y stationnent. Quant à l'administration militaire proprement dite, elle est spécialement confiée au corps de l'*intendance*. Un intendant réside au chef-lieu de la division, et un sous-intendant au chef-lieu de chacune des subdivisions. *Voy.* l'article suivant.

Administration maritime. — Sous le rapport de la circonscription maritime, le royaume est divisé en cinq *arrondissements maritimes*, subdivisés en cinquante-huit *quartiers*.

Voy. outre les ouvrages cités dans le cours de cet article :

Guérard, *Essai sur le système des divisions territoriales de la Gaule*, in-8°, 1832.

Amédée Thierry, *Histoire de la Gaule sous l'administration romaine*, 2 vol. in-8°, 1842.

Den. Godefroy, *Histoire des connestables, chanceliers, gardes des sceaux, maréchaux, amiraux*, etc., 1658, in-fol.

Fauvelet-du-Toc, *Histoire des secrétaires d'Estat.* 1668, in-4°.

De la Mare, *Traité de la police*, 1713, 4 vol. in-fol.

Boulainvilliers, *État de la France, dans lequel on voit tout ce qui regarde le gouvernement ecclésiastique, politique, civil et militaire de ce royaume.* 1737, 8 vol. in-12.

Gautier de Sibert, *Variations de la monarchie française, dans son gouvernement politique, civil et militaire*, 1765, 4 vol. in-12.

Bresson, *Histoire financière de la France depuis l'origine de la monarchie, jusqu'en 1828*, 2 vol. in-8°, 1840.

Costaz, *Histoire de l'administration en France*, 2 vol. in-8°, 1833.

Statistique de la France, publiée par le ministère du commerce. X^e livraison, *administration publique*, 1843, in-4°.

De Cormenin, *Questions de droit administratif*.

D.

ADMINISTRATION MILITAIRE. Le terme *administration*, employé militairement, indique cette partie des rouages de la machine gouvernementale qui pourvoit à l'entretien du personnel et du matériel d'une armée. L'emploi de ce terme dans la signification qui vient d'être indiquée remonte au plus à deux siècles. Quant à la chose elle-même, l'antiquité nous a légué peu de règles écrites : les habitudes tenaient lieu de préceptes, et le bon plaisir du chef de l'État ou la toute-puissance des généraux décidaient seuls des mesures administratives. Les premières données que l'histoire offre à cet égard, les premières traces de législation qu'elle présente, concernent l'administration de l'armée romaine au commencement du cinquième siècle. Le *code Théodosien* et la *Notice de l'empire* vers 395, tels sont les sources auxquelles il a fallu que l'étude allât puiser pour découvrir quelques documents sur le sujet obscur qui nous occupe. Or, de ces documents découle la preuve qu'il existait alors un si complet désordre dans toutes les parties de l'administration de l'empire romain, que toujours les fonds nécessaires à l'entretien de l'armée, ou manquaient, ou étaient divertis par les chefs. En effet, on retrouve, à chaque page de l'histoire des empereurs, les concussions pendant la paix, les dilapidations et le brigandage pendant la guerre.

En France, tant que dura la chevalerie, il n'y eut relativement à l'armée aucune trace d'administration. Plus tard, ce fut le connétable qui, tant que cette charge exista, s'attribua comme administrateur tous les droits et tous les devoirs dont l'exercice ou l'accomplissement sont aujourd'hui confiés au ministre de la guerre; mais c'était la partie de ses attributions dont il s'occupait le moins. Les connétables, capitaines, pour la plupart, fort illettrés et guerroyant presque toujours, exerçaient une gestion de fait, mais qui ne reposait sur aucun principe, sur aucune théorie, et qui, à défaut de tout registre, de toute écriture, n'était et ne pouvait être soumise à aucun contrôle. Pendant toute la période de l'histoire qu'on désigne sous le nom de moyen âge, l'avitaillement des places d'armes était, ou peu s'en faut, toute l'administration connue; et encore, les spoliations, la violence, les corvées, en faisaient uniquement les frais. Enfin, au temps des croisades, on voit la science de l'administration germer, car les croisades donnent naissance à l'enrôlement libre, à la solde, à des approvisionnements généraux, à des transports qui s'exécutent par mer en vertu de contrats, et à quelque uniformité de costume. En 1383, pour la première fois, il est question de fournitures régulières de vivres. Villaret parle d'un bourgeois de Paris qui passe, cette année-là, un marché par lequel il s'engage à fournir pendant quatre mois le blé nécessaire à la subsistance de cent mille hommes. Toutefois, le germe dont il vient d'être parlé tout à l'heure, est plus d'un siècle à se développer : ce n'est qu'à partir de 1500, ce n'est qu'à dater de l'époque où les rois se décident à créer une armée permanente et essayent d'y fonder une administration qui doit agir dans son propre cercle; ce n'est qu'alors, à proprement parler, que la science de l'administration militaire sort du berceau, et son enfance va se prolonger plus de cinquante ans. Cette longue stagnation fut la conséquence nécessaire de la vie pillarde que les troupes menaient en ces temps de désordre. Tant que durait la guerre, les bandes, les gens d'armes pressuraient le pays. Quand venait la paix, quand on réduisait les cadres et qu'on les licenciait en partie, les campagnes se trouvaient infestées de brigands. De leur côté, les soldats restés sous les drapeaux vivaient sur les habitants, soit de force, soit par capitulation, et si quelquefois c'était au mépris des lois, trop souvent c'était en conformité de certains édits. Dans ce dernier cas, les troupes ne se contentaient point d'exiger de l'habitant qu'il fournît à tous leurs besoins; elles lui prenaient encore tout ce qui était à leur convenance, et le forçaient même d'*aller es-villes, es-lieux circonvoisins, acheter à ses coust et despens tout ce qu'elles demandoient.*

Un autre malheur de l'époque était que l'administration n'agissait pas encore à part du commandement, et ce funeste amalgame de deux principes qui doivent rester à jamais distincts a plus contribué aux désastres de Charles VIII et de Louis XII en Italie qu'aucune de leurs erreurs politiques, ou que leur étourderie chevaleresque, ou même leur ignorance en fait d'art de la guerre. Et François Ier lui-même, s'il s'aventura à livrer la funeste bataille de Pavie, ce fut que, trompé par de faux rapports, il croyait son armée plus forte d'un tiers qu'elle ne l'était réellement. Or, à qui la faute d'une trompeuse sécurité qui plaça la France à deux doigts de sa perte? à qui, sinon aux généraux de l'armée, qui, administrant eux-mêmes, falsifiaient et gonflaient les effectifs pour détourner la solde à leur profit? Des règlements, des récrits, des ordonnances, intervinrent en 1517, 1523, 1539, 1566, qui avaient pour objet principal de remédier à de tels abus, qui traitaient des congés, des rôles, des changements de corps, enfin qui furent les premiers essais législatifs sur la matière; mais ce n'étaient encore que de bien impuissantes précautions. Le mal ne devait arriver que beaucoup plus tard à être attaqué de front; il ne l'a été que du jour où l'on est parvenu à des mesures d'ordre par des écritures multiples, par une minutieuse investigation des détails, et par la publication de plus en plus complète des documents officiels.

L'administration proprement dite de l'armée française date de Coligny et de Sully. L'historien Mézerai nous montre Coligny cherchant à réunir une sorte de commission d'hommes expérimentés pour s'occuper avec eux des choses de guerre. Commençons par le ventre, lui fait-il dire aux membres de cette commission; en d'autres termes : Songeons d'abord à nourrir les soldats avant de leur apprendre à combattre. Et ce projet, Coligny le réalise en attachant, par une innovation considérable pour l'époque, un boulanger militaire à chaque corps. Sully, par une pensée non moins profonde, non moins philanthropique, pousse l'administration dans une voie nouvelle. Il sent qu'il ne suffit point de nourrir les soldats, mais qu'il faut secourir en tout temps les malades, qu'il faut en temps de guerre soigner les blessés; et il crée la chirurgie militaire. A partir de Henri IV, un progrès beaucoup plus important s'opère; ce progrès, c'est que l'administration et le commandement se séparent, c'est que la division de ces deux pouvoirs incompatibles s'établit, et que des autorités différentes sont désormais revêtues d'attributions plus ou moins tranchées. Ce pas, quoi qu'en aient dit certains auteurs estimés, fut immense, et si, par malheur, on revenait sur cette notable amélioration, ce serait rétrograder. Laisser les agents administratifs devenir généraux, comme certaines voix, loyales du reste, le demandent encore, ou accorder aux généraux qu'il n'y aura plus d'administrateurs qui les contrarient, ce serait, nous ne craignons pas de le dire, ramener l'art à son enfance sous un faux prétexte de simplification. Le progrès de toutes les sciences, l'agrandissement incessant des armées, le cercle, de plus en plus vaste, dans lequel les armes spéciales se développent, tout, jusqu'à cet esprit d'investigation qui semble être l'âme des gouvernements représentatifs, tout exige que l'administration reste distincte du commandement, tout nécessite le maintien d'un tel mécanisme, et on ne peut que souhaiter qu'il soit maintenu.

Malgré la bonne voie dans laquelle nous avons vu tout à l'heure Coligny et Sully diriger l'administration militaire, il faut enregistrer que sous Henri IV lui-même et jusqu'au milieu du règne de Louis XIII, telle fut la faiblesse numérique de l'armée française, qu'on se dispensait de former des magasins. On se contentait d'approvisionner le camp lorsque c'était possible, d'y attirer des marchands, des vivandiers, et le plus souvent on en était réduit, faute de marchands ou faute d'argent, à envoyer à la maraude des hommes à cheval. L'accroissement que prit l'armée vers la fin du règne de Louis XIII nécessita la formation des magasins. C'était bon en temps de paix; mais en temps de guerre, mais en présence de l'ennemi, le maraudage faisait seul vivre les troupes, et cela sous Louis XIV, sous Louis XV. Louis XIV, pourtant, créa des intendants d'armée, et institua le ministère de la guerre; ce furent deux grands pas de faits dans la carrière de l'ordre. Ainsi, il commença à être possible de connaître et de régler l'effectif des troupes, d'évaluer les dépenses de l'armée sur pied de paix et celles de l'armée sur pied de guerre, et d'établir une espèce de budget. Sous Letellier, et sous Louvois, son fils, qui furent successivement secrétaires d'État au département de la guerre, c'est-à-dire jusqu'à 1691, ce mode d'administration, qui consistait à équilibrer les dépenses et les ressources, prévalut, et l'on sait combien nos armes brillèrent pendant cette partie du grand règne. C'est Letellier qui le premier s'occupe de l'administration écrite et théorique, et qui la renferme dans ce problème : Entretenir le plus grand nombre possible de troupes au meilleur marché possible. Au fond, c'était chercher le prix de l'*homme moyen*, et, si on eût toujours visé là, si on n'eût jamais préféré l'éclat à l'économie, on n'eût jamais songé à créer des corps privilégiés, jamais commis une telle bévue, aussi grossière en fait d'administration qu'en fait d'art. Ce fut encore Letellier qui commença à déposséder de leur puissance administrative les hauts dignitaires militaires, auxquels, jusqu'à lui, étaient abandonnés les détails de l'administration. A mesure qu'ils voyaient l'arbitraire, seule loi qu'ils connussent, leur échapper, ils contrariaient de plus en plus l'unité et le mouvement de la machine naissante; mais cet esprit d'opposition ne fit que démontrer plus clairement la nécessité d'abolir leurs charges, et l'année 1661 vit la suppression de celle de colonel général de l'infanterie, dernier vestige qui restât du chaos administratif. Après Letellier, Louvois, qui possédait à un si haut degré la prévoyance, l'esprit d'ordre et de suite; Louvois, qui marche d'un pied ferme dans la route que son père a ouverte, et qui peut revendiquer, au moins autant que les généraux, la gloire des conquêtes qui signalent son ministère; Louvois, qui rétablit dans l'armée la plus sévère discipline, qui supprime tous les brigandages des troupes, soit dans leurs marches, soit dans leurs cantonnements, et qui les loge dans des casernes, au grand soulagement des bourgeois et des paysans; Louvois, qui institue l'uniforme d'une manière complète et définitive, qui crée des écoles pour le génie et l'artillerie, ces deux armes qui ont porté si loin la gloire de la France, et qui institue dans les places frontières des académies où de jeunes gentilshommes vont aux frais de l'État se former au métier de la guerre; Louvois, enfin, par les soins de qui l'hôtel des Invalides fut commencé!.. Mais en 1691 Louvois meurt, et, Louvois mort, la science administrative ne s'arrête pas seulement, elle recule. On en revient à ne plus prévoir, à ne plus calculer; à nourrir le soldat au jour le jour, à proportionner les distributions de vivres, non au nombre des hommes, mais au nombre des corps, et, chose inouïe, à refuser au soldat paye et pain chaque trente et un du mois. Aussi, peut-être faut-il voir dans ces abus de tout genre la principale cause des désastres qui ont marqué les vingt-cinq dernières années du règne de Louis XIV.

Sous le Régent, sous Louis XV, la science de l'administration militaire n'avança aucunement. Elle en resta au système des *magasins*, système qui rendait les expéditions dispendieuses pour la France, mais pourtant moins ruineuses pour le pays ennemi et moins immorales que la maraude.

Au début du règne de Louis XVI, apparaît un système nouveau. Dans la guerre de 1778, on attache à l'armée d'Amérique un *commissaire principal*, organisateur en chef des vivres : on veut que la guerre nourrisse la guerre, que le généralissime ait pour régisseur un officier général, et que ce régisseur exige du pays qui sera le théâtre de la guerre toutes les denrées nécessaires aux besoins des troupes. Rien de moins, mais rien de plus. C'est exercer le droit du plus fort, c'est user des priviléges de la victoire et de la conquête; ce n'est pas administrer. D'ailleurs on n'est pas toujours sur le sol ennemi; comment vivra-t-on sur le territoire français? Comment, après la vie irrégulière, reviendra-t-on à la vie réglée?

La république amena aussi son système : ce fut celui des *contributions* et des *réquisitions*, sorte de maraude mitigée, un peu moins odieuse que le pillage, et qui pèse sur les contrées plus qu'il ne blesse personnellement les individus. Un tel système, essentiellement incertain et inégal, qui n'assure la vie qu'au jour le jour, est plus propre à enrichir quelques traitants qu'à bien fournir les troupes, ne peut se pratiquer que dans les guerres offensives, et n'a d'excuse que dans les expéditions trop rapides pour permettre l'emploi d'une autre méthode.

Bonaparte, avec son génie, adopta un moyen terme, plus sûr et en même temps plus conforme à l'esprit des guerres d'invasion. Presque toujours, dans les pays étrangers où il allait porter ses armes, il destituait les autorités, se mettait en leur lieu et place, percevait les contributions pécuniaires fixées par les lois, s'en attribuait le maniement exclusif, et compensait ou promettait de compenser les livraisons en denrées et matières par un dégrèvement sur le tribut en espèces. Ce système marchait de front avec l'usage de faire nourrir le soldat par l'habitant, et de parquer successivement l'armée sur un sol nouveau, pendant que le sol dévoré se reposait.

La restauration répudia un tel système, qui en effet était celui d'Attila; mais, passant d'une extrême rigueur à une générosité excessive, elle en adopta un autre qui va réellement jusqu'à la niaiserie. Il consiste à puiser dans les coffres de l'État pour subvenir à toutes les dépenses d'une expédition, quels qu'en soient le motif et le but. C'est ainsi que le trésor public a seul supporté les frais de la guerre d'Espagne en 1823 et de la campagne de Morée en 1828. De même, sous le gouvernement de juillet, le trésor seul a payé en 1832 la campagne de Belgique. En Espagne, en Morée, en Belgique, objectera-t-on, la France allait combattre en faveur d'un allié, et ne devait pas réclamer le salaire de son assistance. Soit; mais, dans le courant de la présente année 1844, sous le prétexte inouï que la France est assez riche pour payer sa gloire, ne s'est-on pas montré également généreux envers l'empereur du Maroc, qui, certes, lui, n'était pas notre allié et qu'il nous a fallu combattre et par mer et par terre!...

Tels ont été, surtout en ce qui concerne l'entretien des armées françaises agissant hors du territoire, les divers modes d'administration successivement préférés. A l'intérieur, l'art de l'administration militaire a fait, notamment depuis la révolution, trois pas immenses : le premier, qui date de 1791, c'est la spécialité parfaitement nette que le *ministère de la guerre* a prise alors, comme tous les autres ministères, et la centralisation qui dès lors a toujours grandi pour celui-là, comme pour chacun des autres; le second, c'est la création du *train des équipages* par Bonaparte, et le troisième, l'établissement du *corps de l'intendance* sous la restauration. Aujourd'hui, le ministre de la guerre est l'âme de l'administration militaire, les membres du corps de l'intendance en sont les yeux, et les agents des divers services administratifs, tels que le service de subsistances, le service de l'habillement, le service des lits, le service des fourrages, le service des hôpitaux, etc., en sont les bras. Constituée comme elle l'est actuellement, la machine marche. Marche-t-elle aussi bien que possible? non; mais, au jugement des étrangers eux-mêmes, l'administration française est encore la moins défectueuse de l'Europe. On la traite de paperassière, on lui reproche le grand nombre de ses employés; mais, à part quelques simplifications qu'il serait facile d'apporter dans les détails, ce grand nombre d'employés, il faut bien qu'on le sache, est absolument nécessaire en cas qu'il faille du jour au lendemain entreprendre une expédition imprévue et mobiliser une armée. Il y a moins d'un siècle, pour qu'une armée se remuât, il fallait aux gouvernements six mois d'efforts et de préparatifs. Aujourd'hui, grâce à l'administration qui prévoit à tout, les ressources sont toujours prêtes, le canon est toujours chargé, et le coup peut partir en même temps que la déclaration de guerre, quelquefois même il peut la devancer.

Daniel, *Histoire de la milice française, depuis l'établissement de la monarchie, jusqu'à la fin du règne de Louis le Grand*, 1721, 2 vol. in-4°

RHIME.

ADMONITION. On nomme ainsi un genre de punition employé à l'égard des magistrats ou des avocats. Moins sévère que le blâme, cette punition n'entraîne pas de flétrissure. Elle consiste en une remontrance faite à huis clos, avec avertissement d'être plus circonspect à l'avenir. En matière ecclésiastique, *admonition* est synonyme de monition, avertissement juridique qui se fait en certains cas par l'autorité de l'évêque, avant de procéder à l'excommunication.

ADOLESCENCE. (*Physiologie.*) Adolescentia, passage de l'enfance à l'âge adulte. Tel est en effet le temps de la vie qu'on a désigné par ce mot. Au début de l'adolescence les phénomènes de la seconde dentition sont finis. Le cerveau prend de l'accroissement, le crâne s'élargit, notamment vers l'occiput, et les organes génitaux, jusqu'alors à l'état rudimentaire, prennent un développement rapide. Chez l'homme, le larynx augmente de volume et acquiert plus de force ; il devient proéminent dans la partie moyenne et forme au-devant du cou cette saillie qu'on a nommée vulgairement la pomme d'Adam. La voix de l'adolescent se voile pendant quelque temps, puis au timbre féminin qu'elle avait dans l'enfance, succède le timbre viril. La poitrine s'élargit ; le cœur grossit et augmente de force au point de se trouver souvent à la gêne dans le thorax dont le développement est plus lent ; le sang devient plus riche et, sous l'influence d'une circulation plus active, les muscles prennent une teinte plus rouge, augmentent de volume et dessinent sous la peau leurs saillies franchement accusées. La même cause en amenant dans les poumons et vers les muqueuses une quantité de sang plus grande et lancée avec plus de force, détermine les hémorrhagies si fréquentes à cet âge. La taille s'accroît rapidement, toutes les fonctions vitales prennent une grande énergie, et le besoin de faire face à cette dépense de forces se traduit par un appétit presque insatiable. Les traits du visage prennent un caractère différent ; les os propres du nez se développent ainsi que le maxillaire inférieur, dont les proportions augmentent. La barbe commence à croître, tandis que sur plusieurs points du corps la peau se couvre de poils.

Chez la jeune fille, les changements anatomiques sont moins marqués. La voix reste à peu près la même, la poitrine n'acquiert pas en proportion autant de capacité que chez l'homme, mais les glandes mammaires se développent, les muscles en augmentant de force ne se prononcent pas autant sous la peau, les traits du visage changent moins aussi, mais le bassin s'élargit dans des proportions toutes nouvelles ; les organes génitaux sortent de leur sommeil embryonnaire, et une nouvelle fonction se prépare. Les ovaires grossissent, des vésicules s'y montrent et font à leur surface des saillies mamelonnées ; le sang afflue vers l'utérus ; enfin, après quelques crises plus ou moins orageuses, les règles s'établissent.

Dans les deux sexes, l'état moral ne change pas moins que l'état physique. Au besoin de mouvement, à la gaieté bruyante et insouciante de l'enfance succèdent une timidité gauche et une gêne qui semblent révéler la première conscience du moi. L'adolescent est triste, il recherche la solitude, une inquiétude vague le tourmente, il est agité de désirs qu'il ne peut préciser aux autres ni à lui-même.

C'est alors qu'il importe de venir en aide à la nature en développant le système musculaire par un exercice doublement utile, car il donne la force au corps et par la fatigue amène un sommeil réparateur, en même temps qu'il détourne l'attention de pensées dont les suites pourraient être funestes. Les exercices violents doivent donc figurer en première ligne, dans l'hygiène de l'adolescence ; cependant on ne doit pas oublier que le cœur est toujours alors hypertrophié proportionnellement à la poitrine, et que l'abus ou l'usage peu judicieux d'un moyen, précieux du reste, pourrait avoir des conséquences fâcheuses de ce côté.

Deux points doivent encore fixer l'attention à cet âge. Souvent alors la maladie scrofuleuse qui s'est manifestée pendant l'enfance par de nombreux symptômes, s'efface après avoir porté un dernier coup, pour ne plus reparaître ou ne se montrer que beaucoup plus tard. Souvent aussi l'on voit la phthisie se dessiner et marcher rapidement vers une terminaison funeste, ou ne laisser la vie au malade que pour la lui ravir de vingt à trente ans.

Les phénomènes d'évolution rapide qui se succèdent pendant l'adolescence sont nécessairement une cause de maladies nombreuses. Les congestions toutes normales de sang et de force vitale qui se font vers les organes principaux, dépassent souvent le but et sont la cause première de plusieurs affections morbides et surtout de phlegmasies. Toutefois l'homme, à cet âge comme aux autres, est soumis à l'influence des constitutions médicales du pays qu'il habite, et l'on ne peut établir de règles fixes pour le traitement ou la prophylaxie d'affections qui varient après des périodes de durée plus ou moins longues. C'est ainsi qu'après le règne presque sans partage des inflammations gastro-intestinales franches, on voit maintenant la fièvre typhoïde dominer surtout dans l'adolescence. Longtemps on a cru devoir répandre hardiment le sang à cette époque de la vie ; la diète ou un régime alimentaire très-modique étaient de règle pour la moindre indisposition, sinon dans l'état de santé ; les toniques étaient rejetés presque d'une manière absolue, et dans tout cela on était parfaitement d'accord avec la constitution inflammatoire qui sévissait alors. Aujourd'hui c'est tout différent. Loin de nous la pensée de proscrire la diète, ce moyen qui, judicieusement employé, peut être l'arme la plus puissante contre la maladie ; nous voulons seulement nous mettre en garde contre les conséquences déplorables d'un régime débilitant, prescrit sans mesure à l'époque où les organes ont le plus besoin d'être soutenus dans leurs efforts d'accroissement. C'est surtout chez les femmes que cette erreur est funeste : nous avons vu des résultats bien tristes de la diète, des bains tièdes, des sangsues, du régime lacté, chez des jeunes filles qui, maintenant adultes, traînent une vie languissante. Nous avons vu aussi les bains de mer ou de rivière, le bœuf rôti, le vin, la gentiane, réussir à merveille, soit pour prévenir le mal, soit pour ramener à la santé des constitutions qui fléchissaient sous un régime opposé. *Voy.* AGES.

Miller, *Dissertatio de pubertate.* Edimbourg, 1781, in-8°.

Lugol, *De l'adolescence considérée comme cause de plusieurs maladies.* Thèses de Paris, 1812, n° 38.

A. LE PILEUR.

ADOPTION. (*Législation.*) L'adoption était en usage chez la plupart des peuples de l'antiquité ; mais les Romains seuls méritent que nous examinions le caractère que cette institution eut chez eux.

A Rome, l'adoption était l'acte qui faisait passer une personne sous la puissance paternelle d'une autre. L'esprit aristocratique des premiers Romains et leur désir de perpétuer les familles patriciennes, la crainte superstitieuse qu'ils avaient de laisser les hérédités vacantes, peut-être encore d'autres motifs avaient de bonne heure rendu chez eux l'adoption nécessaire. Mais avec l'organisation si forte, si dure, qu'ils avaient donnée à la famille, ils ne pouvaient admettre qu'un tel changement s'opérât dans l'état d'un citoyen, qu'il fût un jour, de libre qu'il se trouvait la veille, soumis à l'autorité paternelle, c'est-à-dire déchu de l'exercice de la plupart de ses droits civils, sans que la cité entière en fût publiquement avertie. L'adoption se faisait donc solennellement, dans l'assemblée du peuple, et elle s'appelait alors *adrogation*, parce que, nous dit Gaïus (1) : *Et is qui adoptat rogatur, id est interrogatur, an velit eum quem adoptaturus sit justum sibi filium esse ; et is qui adoptatur rogatur, an id fieri patiatur ; et populus rogatur an id fieri jubeat.* Cela revient à dire que l'*adrogation* était ainsi nommée parce qu'elle était une véritable *rogatio*, c'est-à-dire une proposition de loi.

Outre l'inconvénient qu'il avait d'obliger à recourir aux comices, ce mode d'adoption était bien imparfait, puisqu'il n'était applicable qu'aux personnes libres de toute puissance paternelle. Celui qui dépendait d'un père de famille ne pouvait être adrogé, car son père naturel y eût-il consenti, nulle *rogatio* ne pouvait dissoudre le lien sacré de la *patria potestas*. On imagina, pour éluder cette double difficulté, un moyen qui passa en coutume et fut consacré par le droit. Le père de famille, à Rome, pouvait vendre ses enfants ; il conserva cette faculté jusque sous les empereurs. Si le fils,

(1) *Institutes*, Comm. 1, § 99. — Voy. aussi Aulugelle, *Noctes Att.* V, 19. — Cicer. *Pro domo sua*, § 29.

tombé de cette manière dans un état voisin de l'esclavage, recouvrait sa liberté, c'était pour rentrer aussitôt sous le joug paternel, et la loi des XII Tables avait prononcé comme adoucissement à ce principe, qu'après avoir été trois fois ainsi vendu, le fils était enfin dégagé de l'autorité de son père (1). Ce fut par ce détour qu'on arriva à l'adoption d'un fils de famille sans l'intervention de l'assemblée du peuple. Le père, qui consentait à laisser adopter son enfant, commençait par épuiser son autorité paternelle ; alors celui qui voulait devenir le père adoptif, simulant ce que nous appellerions aujourd'hui une contestation d'état, amenait devant le tribunal du préteur le père avec son enfant et feignait de *revendiquer* ce dernier, de le réclamer comme étant né de lui ; le père véritable, jouant le rôle d'un défendeur résigné à perdre son procès, gardait le silence ou reconnaissait la réclamation comme bien fondée, et aussitôt le magistrat prononçait sa sentence en faveur du demandeur. La paternité et les droits qui en résultaient à l'égard de l'enfant étaient ainsi judiciairement transportés au père adoptif.

Ce dernier mode d'adoption dut rapidement devenir le plus usité ; l'adrogation n'était plus même possible sous les empereurs, puisqu'il n'y avait plus d'assemblées du peuple. Elle se réalisait alors par la permission que le prince donnait de la faire, *principali rescripto*. Cependant il est remarquable que Gaïus, contemporain de Marc-Aurèle, nous parle de l'adrogation, dans le passage dont nous avons cité une partie, comme si elle se fût faite encore de son temps *per populum*. Quant à l'adoption opérée au moyen d'un procès fictif, elle se conserva jusqu'à Justinien, qui ne fit probablement que sanctionner un usage établi de longue date, en déclarant dans ses lois que l'adoption serait parfaite par la seule déclaration de la volonté des parties contractantes, manifestée devant le juge et inscrite dans les actes du tribunal.

Telles étaient les formes, très curieuses comme on voit, de l'adoption chez les Romains. Il faut ajouter que cet acte étant destiné à faire considérer aux yeux du public comme fils d'une personne celui qui ne l'était réellement pas, il était nécessaire que la fiction fût du moins vraisemblable, et c'était un point de coutume bien établi que l'adoptant eût dix-huit ans, c'est-à-dire l'âge d'une pleine puberté, de plus que celui qu'il adoptait. Remarquons encore que les femmes ne pouvaient adopter, parce que le but de l'adoption était de conférer à une personne sur une autre la puissance paternelle et que cette puissance ne pouvait, en aucune manière, appartenir à une femme.

(1) Voyez ÉMANCIPATION.

Quant aux effets de l'adoption (que nous ne pouvons décrire dans tous leurs détails), le premier et le principal était d'assimiler l'adopté à un fils (ou à un descendant quelconque) de l'adoptant, et de lui assurer par conséquent les droits héréditaires attachés à ce titre; en même temps tous les biens qu'il pouvait avoir (toutes les personnes qu'il pouvait lui-même tenir auparavant en sa puissance, si c'était un adrogé : sa femme, ses enfants, ses esclaves), tout ce qu'il possédait passait au pouvoir de l'adoptant, dont il allait grossir la famille et la fortune.

Dans le transport à l'adrogeant de la fortune de l'adrogé, se présentait un des résultats les plus singuliers de la rigueur des déductions du droit romain.

Le fils de famille pouvait acquérir des créances sans le consentement de son père, mais il ne pouvait en principe contracter de dettes. D'où la conséquence que, l'adrogeant prenant les créances de celui qu'il adrogeait, mais pour ses dettes se gardant de les ratifier, et d'autre part, l'adrogé devenant fils de famille, c'est-à-dire incapable de s'engager, de répondre en justice en qualité de débiteur, ses créanciers se trouvaient sans recours. Il est possible que, malgré son iniquité, cette conclusion logique ait été suivie à la rigueur dans les premiers temps de Rome ; mais nous ne trouvons, à ce sujet, dans les jurisconsultes, que des textes où l'on montre que lorsqu'un tel fait arrivait, le magistrat annulait l'adrogation quant à ses effets à l'égard des créanciers de l'adrogé.

L'adopté, qu'il fût adrogé ou non, perdait par l'adoption tous ses droits héréditaires dans sa famille naturelle ; d'où résultait pour lui le danger que, s'il venait à être émancipé par son père adoptif, il perdait ses droits à l'héritage de celui-ci sans recouvrer ceux qu'il avait eus dans sa propre famille. Pour obvier à cet inconvénient, Justinien changea complétement la nature de l'institution elle-même ; il ordonna que l'adoption aurait seulement pour effet de conférer à l'adopté les droits héréditaires dans la famille de l'adoptant, mais qu'il n'en conserverait par moins ceux qu'il avait dans son ancienne famille, et resterait soumis à la puissance de son père naturel (1).

L'adoption n'existait pas dans notre ancienne jurisprudence : elle était tombée en désuétude dès les premières races de nos rois ; la grande importance que le mariage s'était acquise l'avait effacée. Ce fut seulement le 18 janvier 1792 que l'assemblée nationale décida que son comité de législation aurait à comprendre l'adoption dans le plan général de ses lois civiles. Plusieurs adoptions furent faites sous l'empire de ce décret, qui n'établissait cependant aucune règle. Plus tard, la loi du 25 germinal an XI déclara ces adoptions valables, pourvu qu'elles eussent été faites par acte authentique. Elle permettait à l'adopté, disposition remarquable, de renoncer à l'adoption dans les trois mois qui suivaient sa majorité; et à l'adoptant de réduire l'adopté au tiers des droits de l'enfant légitime, par une déclaration faite dans l'intervalle des six mois à partir de la même époque.

Ce fut le code civil qui organisa chez nous l'adoption et en fit une imitation de la filiation naturelle, assez semblable à l'adoption romaine telle que l'avait réglée Justinien, seulement un peu plus favorable à l'adopté. Le code distingue trois sortes d'adoption : l'adoption *ordinaire*, rigoureusement soumise aux conditions de la loi; l'adoption *rémunératoire*, dispensée par faveur de certaines conditions, et l'espèce particulière d'adoption appelée *testamentaire.*

L'adoptant doit être âgé de cinquante ans au moins, et avoir quinze ans de plus que l'adopté; de plus, il faut qu'il n'ait ni enfants ni descendants légitimes. Sauf le cas où l'adoption est faite par deux époux, deux personnes ne peuvent adopter le même individu : la loi a craint qu'en accordant à cette filiation fictive les avantages d'une filiation légitime, on n'empêchât le mariage subséquent des père et mère d'un enfant naturel. Nul ne peut adopter qu'avec le consentement de son conjoint. L'adopté doit être majeur ou avoir, s'il est âgé de moins de vingt-cinq ans, l'autorisation de ses père et mère. S'il est âgé de plus de vingt-cinq ans, il est tenu de requérir leur conseil, condition plus sévère que la condition analogue exigée pour le mariage où, malgré la mère, le consentement du père suffit. Il faut enfin que, pendant six ans, l'adopté, étant mineur, ait reçu des soins de l'adoptant. Telles sont les conditions exigées pour l'adoption ordinaire.

L'adoption rémunératoire est une exception destinée à favoriser certaines personnes et à leur accorder des conditions plus faciles : celui qui a sauvé la vie à un autre de quelque manière que ce soit, par exemple dans un combat, ou en le retirant des flammes ou des flots, peut être adopté par lui, et la loi s'empresse d'accueillir ce témoignage d'une juste reconnaissance, en aplanissant toutes les difficultés et en se bornant à exiger que l'adoptant soit majeur et plus âgé que l'adopté.

L'adoption faite par testament n'est permise qu'en faveur d'un mineur dont l'adoptant a été pendant cinq ans le tuteur officieux. Dans cette espèce d'adoption le consentement de l'autre époux n'est plus nécessaire, parce que c'est une règle fondamentale que le testament doit être l'œuvre d'une seule volonté.

L'adoption se fait en la forme d'un contrat

(1) *Constit.* 10, Cod. *de Adopt.*

que les parties passent devant un juge de paix ; celui du domicile de l'adoptant. Une expédition de cet acte est remise dans les dix jours au procureur du roi près le tribunal de première instance, pour être soumise à l'homologation du tribunal. Les juges, réunis en la chambre du conseil, vérifient si toutes les conditions imposées par la loi ont été remplies et si la personne qui se propose d'adopter jouit d'une bonne réputation. Après avoir entendu le procureur du roi et sans aucune autre forme de procédure, le tribunal prononce, sans énoncer de motifs, en ces termes : *Il y a lieu* ou *Il n'y a pas lieu à l'adoption*. Dans le mois qui suit, le jugement est soumis à la cour royale qui le confirme ou le réforme, de la même manière, sans énonciation de motifs. Enfin tout arrêt de cour royale admettant une adoption est prononcé à l'audience, affiché, et inscrit dans le délai de trois mois, sous peine de nullité de l'adoption, sur les registres de l'état civil de la commune où l'adoptant est domicilié.

L'adoption confère à l'adopté et ajoute à son nom, le nom propre de l'adoptant ; elle opère une sorte d'affinité civile par suite de laquelle le mariage est prohibé entre l'adoptant, l'adopté et leurs parents ou alliés les plus rapprochés (*Code civil*, art. 348.) L'adopté acquiert sur la succession de l'adoptant, mais de lui seul, les mêmes droits qu'aurait un enfant légitime. Il n'en reste pas moins dans sa famille naturelle ; il y jouit des mêmes droits ; il y a les mêmes devoirs à remplir, ce qui n'empêche pas qu'entre lui et l'adoptant il n'y ait obligation de se fournir mutuellement des aliments.

Les lois anglaises ne renferment pas de dispositions relatives à l'adoption. Le code autrichien, sans rien prescrire sur l'âge de chacun des deux contractants, exige que l'adoptant ait dix-huit ans de plus que l'adopté et que ce dernier ait le consentement de son père. L'adopté conserve tous ses droits dans sa famille naturelle ; il reste noble malgré son entrée dans une famille roturière, et réciproquement, si un roturier est adopté par un noble, il n'en résulte pas qu'il soit anobli. L'acte d'adoption est soumis à l'approbation de l'autorité administrative de la province, et transcrit sur les registres du tribunal.

En Prusse, l'adoption ne produit aucun empêchement au mariage de l'adopté avec les parents de l'adoptant ; le mari peut adopter sans le consentement de sa femme, mais la loi refuse à celle-ci le même avantage ; elle ne s'oppose pas à ce que l'adoption soit révoquée avec le consentement des parties intéressées, et sous la sanction des tribunaux.

Les lois espagnoles consacrent les deux espèces d'adoption qui existaient à Rome, l'adop-

tion proprement dite et l'adrogation ; l'adoption pour les fils de famille, et l'adrogation pour les enfants orphelins ou émancipés.

Les rapports qui existent entre l'adoption et la tutelle officieuse exigent que nous disions ici quelques mots de cette dernière institution.

La tutelle officieuse est un contrat de bienfaisance par lequel on s'oblige à nourrir et à élever gratuitement un mineur, à le mettre en état de gagner sa vie, et à se charger de l'administration gratuite de sa personne et de ses biens. On n'en trouve le modèle ni chez les anciens, ni dans les lois romaines, ni dans la législation d'aucun peuple de l'Europe ; les Français ont le mérite de cette création législative.

Il faut que celui qui se propose pour tuteur officieux ait plus de cinquante ans, qu'il n'ait ni enfants ni descendants légitimes, et que l'autre conjoint y consente : cette tutelle rend l'adoption plus facile, en ce qu'on peut adopter un mineur après cinq ans de tutelle officieuse.

Tel est l'ensemble de cette loi d'adoption, si morale, si philosophique, et si paternelle, qui, sans mutation de famille, sans incertitude sur le sort du contrat, sans détriment pour la population, a pour objet de consoler les époux dont le mariage a été stérile et d'appeler leur bienfaisance sur de jeunes enfants le plus souvent privés de famille et d'appui.

Malgré la sagesse de notre législation sur cette matière, les praticiens s'accordent à reconnaître que les adoptions sont rares en France.

Duranton, *Commentaire sur le code civil*, art. 348-370.

Proudhon, *Traité de l'état des personnes, avec des notes de M. Valette*, Dijon, 1842, t. II, ch. 3 et 4.

Odilon-Barrot, art. ADOPTION, dans l'*Encyclopédie de droit*, de MM. Sébire et Carteret.

H. BORDIER.

ADORATION. (*Antiquité.*) Chez les anciens, le mot adoration signifiait, à proprement parler, l'hommage rendu à quelqu'un ou à quelque chose, en levant à son intention la main vers la bouche pour la baiser. L'étymologie le prouve (*ad*, vers, *os*, la bouche). Cette pratique était surtout en usage chez les Orientaux ; elle pouvait exprimer le culte aussi bien que l'hommage ; mais elle n'entraînait pas nécessairement l'idée du culte. Ainsi, selon l'Écriture, Abraham *adore* le peuple d'Hébron ; la Sunamite *adore* Élisée, qui lui a rendu son fils. Les Grecs empruntèrent cette coutume aux peuples d'Orient, et la transmirent aux Romains, chez qui nous la trouvons, non générale il est vrai, mais établie dans certains cas. Les Romains adoraient leurs dieux tantôt debout, tantôt à genoux, tantôt prosternés, mais toujours la tête couverte et le visage voilé. Il n'y avait que Saturne qu'ils adorassent la tête découverte : alors ils portaient la main à leur bouche et la baisaient. Puis ils faisaient le tour de la statue ou de l'autel du dieu, en commençant par la droite. Dans la suite, les mêmes cérémonies se pratiquèrent pour adorer les empereurs.

ADOUR, *Aturis*, *Aturus*. (*Géographie.*) Rivière de France, qui prend sa source dans les Pyrénées, au col de Tournalet, arrose la belle vallée de Campan, Bagnères, où elle forme une cascade de cent pieds de haut, Tarbes, Aire, Saint-Sever, où elle devient navigable, et tombe dans le golfe de Gascogne, à Bayonne. Elle a vingt-deux myriamètres de cours, et reçoit les eaux de la Douze, de l'Arros, du Luy, du Gave de Pau, de la Nive, etc.

ADRAGANT (Gomme). Le nom de cette gomme vient de *Tragacantha*, mot tiré lui-même du grec (τράγος), bouc, et ἄκανθα, épine. *Astragalus tragacantha* est le nom d'un arbrisseau épineux de la famille des légumineuses, que les chèvres broutent avec plaisir; il contient dans ses vaisseaux un suc gommeux tellement épais qu'il a peine à se faire jour au travers de l'écorce, et paraît au dehors sous forme de lanières ou fils minces, contournés et vermiculés, blancs ou roussâtres, et opaques : c'est la gomme adragant; on l'emploie en médecine et dans les arts.

ADRESSE. (*Politique.*) C'est un discours dans lequel un corps constitué, ou même la nation tout entière, exprime au souverain ses craintes, ses espérances ou ses joies, les sentiments, en un mot, qui l'agitent. C'est aussi, dans un sens plus restreint, la réponse que les deux chambres font, à l'ouverture de chaque session, au discours de la couronne.

En Angleterre, où le système représentatif est depuis des siècles en vigueur, l'adresse des chambres n'est ordinairement qu'une simple paraphrase du discours de la couronne. Les communes exerçant en effet par leur comité d'enquête, une surveillance active sur toute la marche du gouvernement, et nommant à peu près par elles-mêmes les ministères, n'ont pas besoin de donner à l'ouverture de chaque session, par un acte solennel, des avis à la couronne, et d'exprimer une approbation formelle ou un désaveu, et même un refus de concours.

Mais, en France, où le pouvoir royal n'est pas encore renfermé dans d'aussi étroites limites, où la couronne agit beaucoup par elle-même en dehors du parlement, les adresses ont souvent une importance sérieuse : c'est d'ordinaire une question de portefeuille. La couronne, dans son discours, fait l'exposé de la situation du pays, de son état intérieur et de ses relations diplomatiques; et la chambre des députés répond dans son adresse qu'elle approuve ou blâme tous les actes ministériels qui ont eu lieu dans l'intervalle des deux sessions. De là l'importance de l'adresse des chambres françaises. Celle des deux cent vingt et un, en 1830, a fait la révolution de juillet.

Le 8 août 1829, le ministère Martignac avait été remplacé par M. de Polignac, le chef ou plutôt l'instrument de la congrégation qui voulait faire rétrograder la France d'un demi-siècle; par M. de Bourmont, qui n'était connu de l'armée que comme un transfuge de Waterloo; par M. de la Bourdonnaie, l'un des plus violents réactionnaires de 1815, etc. Ce ministère était un défi jeté à la France; c'était une annonce de la contre-révolution qui était méditée depuis le retour des Bourbons par le parti prêtre et par celui des émigrés. Aussi, dans la presse, dans le pays, l'alarme et la colère, ou plutôt l'indignation et l'espérance, furent au comble, car on sentait que la cour allait quitter les voies détournées, secrètes et plus dangereuses où les jésuites la conduisaient, pour prendre des mesures énergiques et faire un coup d'État, comme M. Thiers le lui dit pendant dix mois dans le *National*. Le 22 mars, Charles X déploya pour la dernière fois devant les Chambres réunies pour l'ouverture de la session, toutes les pompes de la royauté : « Pairs de France, députés des « départements, leur dit-il en terminant son « discours, je ne doute point de votre concours « pour opérer le bien que je veux faire. Vous « repousserez avec mépris les perfides insi-« nuations que la malveillance cherche à pro-« pager. Si de coupables manœuvres susci-« taient à mon gouvernement des obstacles « que je ne peux pas, que je ne veux pas pré-« voir, je trouverais la force de les surmonter « dans ma résolution de maintenir la paix pu-« blique, dans la juste confiance des Français, « et dans l'amour qu'ils ont toujours montré « pour leur roi. »

Ces paroles étaient menaçantes. La Chambre des pairs, qui avait conquis un peu de popularité par son opposition à quelques actes du ministère Villèle, inséra dans son adresse, sous les formes les plus respectueuses et tout en exprimant son entier dévouement, un blâme sévère pour les ministres. La Chambre des députés discuta la sienne le 15 et le 16 mars. Les passages les plus remarquables étaient ceux-ci : « Cependant, Sire, au milieu des sen-« timents unanimes de respect et d'affection « dont votre peuple vous entoure, il se ma-« nifeste dans les esprits une vive inquiétude « qui trouble la sécurité dont la France avait « commencé à jouir, altère les sources de sa « prospérité, et pourrait, si elle se prolon-« geait, devenir funeste à son repos. Notre « conscience, notre honneur, la fidélité que « nous vous avons jurée et que nous garderons

« toujours, nous imposent le devoir de vous
« en dévoiler la cause.

« Sire, la charte que nous devons à la sa-
« gesse de votre auguste prédécesseur et dont
« Votre Majesté a la ferme volonté de conso-
« lider le bienfait, consacre comme un droit
« l'intervention du pays dans la délibération
« des intérêts publics: Cette intervention de-
« vait être, elle est, en effet, indirecte, sage-
« ment mesurée, circonscrite dans des limites
« exactement tracées, et que nous ne souffri-
« rons jamais qu'on ose tenter de franchir;
« mais elle est positive dans son résultat, car
« elle fait du concours permanent des vues
« politiques de votre gouvernement avec les
« vœux de votre peuple, la condition indis-
« pensable de la marche régulière des affaires
« publiques. Sire, notre loyauté, notre dé-
« vouement nous condamnent à vous dire
« que *ce concours n'existe pas*.

« Une défiance injuste des sentiments et
« de la raison de la France est aujourd'hui la
« pensée fondamentale de l'administration;
« votre peuple s'en afflige, parce qu'elle est
« injurieuse pour lui; il s'en inquiète, parce
« qu'elle est menaçante pour ses libertés.
« Cette défiance ne saurait approcher de votre
« noble cœur. Non, Sire, la France ne veut
« pas plus de l'anarchie que vous ne voulez
« du despotisme. Elle est digne que vous ayez
« foi dans sa loyauté, comme elle a foi dans
« vos promesses.

« Entre ceux qui méconnaissent une na-
« tion si calme, si fidèle, et nous qui, avec
« une conviction profonde, venons déposer
« dans votre sein les douleurs de tout un peuple
« jaloux de l'estime et de la confiance de son
« roi, que la haute sagesse de Votre Majesté
« prononce! Ses royales prérogatives ont placé
« dans ses mains les moyens d'assurer entre
« les pouvoirs de l'État cette harmonie consti-
« tutionnelle, première et nécessaire condition
« de la force du trône et de la grandeur de la
« France. »

Pendant les deux séances qui furent employées à la discussion de l'adresse, plusieurs
membres de la gauche prononcèrent des discours qui furent autant de commentaires énergiques des phrases *académiquement révolutionnaires* de l'adresse, pour nous servir de
l'expression prétentieuse employée par un député ministériel, dans la discussion de l'a-
dresse de 1839, qui faillit, elle aussi, exprimer un refus de concours, mais qui fut repoussée par une majorité de *deux cent vingt et
une* voix. Il était plus de six heures quand
on procéda au scrutin sur l'ensemble du projet. La salle était faiblement éclairée, et un
membre de la minorité, trouvant dans cette
circonstance qui allait devenir si grave par
ses conséquences, assez de liberté pour faire

un bon mot, déclara que l'adresse serait *une
œuvre de ténèbres*. Quatre cent deux membres étaient présents : deux cent vingt et un
votèrent pour l'adresse, cent quatre-vingt-un
contre; majorité pour l'opposition, quarante
voix.

Pendant quelques instants, le bruit courut
que le roi ne recevrait pas l'adresse; mais son
conseil pensa que ce serait éluder les difficultés du moment au lieu de les vaincre par l'é-
nergie de la volonté royale; et la grande dé-
putation désignée pour lui présenter cette
adresse fut introduite le 18 mars, à midi, dans
la salle du trône, avec le cérémonial d'usage.

Après avoir entendu la lecture de l'adresse
lue par le président de la Chambre, M. Royer-
Collard, le roi répondit par ces paroles qui
avaient été délibérées en conseil des ministres :

« Monsieur, j'ai entendu l'adresse que vous
« me présentez au nom de la Chambre des dé-
« putés. J'avais droit de compter sur le con-
« cours des deux Chambres pour accomplir
« tout le bien que je méditais; mon cœur
« s'afflige de voir les députés des départements
« déclarer que de leur part ce concours n'existe
« pas.

« Messieurs, j'ai annoncé mes résolutions
« dans mon discours d'ouverture de la session;
« ces résolutions sont immuables; l'intérêt de
« mon peuple me défend de m'en écarter.

« Mes ministres vous feront connaître mes
« intentions. »

Le lendemain parut une ordonnance qui
prorogeait au 1er septembre la session de 1830,
et, quelque temps après, la Chambre des députés, regardée comme factieuse, fut dissoute.
La lutte étant engagée avec le pays, la royauté
ne voulut plus reculer, et quand les collèges
électoraux eurent renvoyé à la Chambre presque tous les députés qui avaient voté l'adresse
du 16 mars, le ministère, désespérant d'atteindre son but par les voies légales, songea
aux coups d'État : la réponse aux ordonnances du 25 juillet fut une révolution.

D.

ADRIATIQUE (Mer). (*Géographie.*) (1)
La mer Adriatique est un bras de la Méditerranée qui s'enfonce dans les terres d'une profondeur de deux cents lieues environ et qui
baigne les côtes orientales de l'Italie, et l'Illyrie, la Croatie, la Dalmatie et l'Albanie.
Elle a le même niveau que la Méditerranée;

(1) *Voy.* la *carte réduite du golfe de Venise*, assujettie aux observations faites en 1818 par le capitaine Gauttier, et publiée, en 1820, au Dépôt de la
Marine. En 1840, M. Keller, ingénieur hydrographe, a
donné une *carte de l'entrée de l'Adriatique*. En 1841, il
a paru au dépôt hydrographique de Madrid une carte
de la partie méridionale de cette mer, et, en 1842, à
l'amirauté anglaise, une *carte de l'Adriatique tout
entière* à l'échelle de trois pouces anglais pour un
degré de latitude.

et l'effet des marées y est également peu sensible. Le fond de cette mer, d'après les plus récents examens, n'est qu'un lit de calcaire et de coquillages. Sa superficie totale est de huit mille cent quatre-vingts lieues carrées.

On avait eu le projet d'ouvrir à l'Adriatique de nouvelles communications avec la Méditerranée, par un canal qui eût traversé l'Italie : ce canal devait partir d'Ancône et déboucher dans la Méditerranée par le port de Livourne d'une part et par le Tibre de l'autre; il eût passé à Fuligno, se serait partagé au S. E. du lac de Trasimène; la branche du N. eût traversé Florence et Pise, et celle du S. Rome; mais ce projet ne fut pas exécuté (1).

On a beaucoup disputé pour savoir si c'est à la ville d'Adria dans le royaume Lombard Vénitien ou à celle d'Atri (*Adria Picena*) dans l'Abruzze ultérieure première, que la mer Adriatique a dû son nom. Strabon (V, 8, p. 214) et Pline (III, 16) attribuent cet honneur à la première; on leur oppose les témoignages d'un ancien historien cité par Tzetzès, scoliaste de Lycophron, d'Aurélius Victor (in *Hadrian.*), de Paul diacre (*Hist. Longob.* II, 19), et une quantité de médailles de la plus haute antiquité. (*Voy.* Cesare Orlandi, *Delle città d'Italia*, t. II, p. 278.)

Les anciens avaient déjà marqué les monts Cérauniens comme formant l'entrée de la mer Adriatique; c'est là en effet que commence le canal d'Otrante qui unit cette mer à la mer Ionienne.

La mer Adriatique présente plusieurs *golfes* importants; sur les côtes du royaume de Naples, celui de Manfredonia (*Sinus Urias*), fermé au N. par le cap du mont Saint-Ange, branche du mont Gargano, et au S. par une pointe qui s'avance à l'E. de Barletta; ce golfe a huit lieues de profondeur et reçoit les eaux des lacs de Pantano Salso et de Salpi (Capitanate). Au fond de l'Adriatique, s'étend le golfe de Venise, depuis l'embouchure du Tagliamento jusqu'au delta du Pô; il comprend un espace de vingt lieues de côtes demi-circulaires et de cinq lieues de profondeur. Le golfe de Trieste (*Tergestinus Sinus*), dont l'entrée s'ouvre au S. O. entre l'embouchure de l'Isonzo et la pointe de Pirano, s'étend sur une profondeur de sept lieues. La presqu'île d'Istrie, longue de trente lieues du N. au S., sépare le golfe de Trieste de celui de Quarnero. Ce golfe, nommé par Pline *Flanaticus sinus*, par Paul Orose *Liburnicus*, et par Pomponius Méla, *Polaticus*, a neuf lieues de long du N. au S. et sept lieues de large; il est fermé au S. par les îles Veglia et Cherso et communique avec la pleine mer par quatre passages très-dangereux : les plus fréquentés sont la Bocca di Buccari entre Fiume et l'île de Veglia, et le canal de la Morlacca entre le continent et les îles de Veglia, d'Arbe et de Pago. Sur les côtes de Dalmatie sont le golfe de Narenta au N. de la presqu'île de Sabioncello, langue de terre étroite qui a plus de douze lieues de l'E. à l'O., et le golfe de Cattaro, qui renferme deux vastes bassins : le premier, nommé anciennement *Sinus Rizzonicus*, a trois entrées formées par les écueils de Zagnitza et della Madona et appelées Bouches de Cattaro (1). Enfin le golfe du Drin sur les côtes de l'Albanie à six lieues du N. au S. et deux lieues de l'E. à l'O. et est fermé au S. par le cap Rodoni.

Bassin de l'Adriatique. Les Apennins et les Alpes envoient de nombreux tributaires à cette mer; les rivières qui appartiennent au royaume de Naples sont : l'Ofanto (*Aufidus*), grossi de l'Olivento et du Loccone, et dont l'embouchure est située à une lieue et demie N. O. de Barletta (trente lieues de cours); le Candelaro, rivière de la Capitanate, qui tombe dans la mer à une lieue et demie S. de Manfredonia; le Fortore ou Fronto, grossi du Fiumicello; le Tiferno ou Biferno, dans le Sannio, qui se jette à trois quarts de lieue S. E. de Termoli; le Trigno (*Trinum portuosum*), qui se jette dans la mer par deux branches, à deux lieues S. E. d'Il Vasto (vingt-deux lieues de cours); le Sangro (*Sagrus*); l'Aterno ou Pescara (trente lieues de cours); le Vomano, grossi du Maone et dont l'embouchure est située à deux lieues N. E. d'Atri; et le Tronto (cours de vingt lieues).

Dans les États de l'Église, la Chienti (*Flusor*), qui se jette à une lieue S. E. de Cività Nuova (dix-huit lieues de cours); la Potenza, dont l'embouchure est à Porto Recanati; le Musone, qui se jette à une lieue N. E. de Loreto; l'Esina; le Cesano; le Metauro, qui se jette à une demi-lieue S. O. de Fano; la Foglia (*Pisaurus*), dont l'embouchure est à Pesaro; la Marecchia, qui passe à Rimini; le Ronco ou Bidente (vingt lieues de cours); le Montone, qui tombe dans la mer à une lieue et demie de Ravenne; le Lamone, qui passe près de Faënza; le Reno, continué par le Pô di Primaro, qui longe au S. les marais de Comacchio et a son embouchure à quatre lieues N. E. de Ravenne (2). Ces vastes lagunes de Comacchio(3), qui présen-

(1) *Voy.* Pietro Ferrari : *Dell' apertura di un canale navigabile che dall'Adriatico a traverso dell' Italia sbocchi per due parti nel Mediterraneo.* Roma, 1825.

(1) *Voy.* le *plan du golfe de Cattaro*, levé en 1808 par M. Beautemps-Beaupré et publié en 1820, au Dépôt de la Marine.
(2) *Della navigatione del Po di Primaro e dell' essicatione delle puludi, che le sono a destra in Romagna.* Discorso di Ces. Mengoli. Cesena, in-4°.
(3) *Della città di Comacchio e delle sue lagune e pesche descrizione storica, civile, etc.,* di G. Fr. Bonaveri, corretta e con varie note illustrata da P. Paolo Probi. Cesena, 1761, in-fol.

tent un grand nombre d'îles flottantes, sont limitées au N. par le Pô di Volano, canal qui commence près de Ferrare et continue le canal de Cento ou Poatello di Ferrara.

La limite des États de l'Église et du royaume Lombard Vénitien est formée par le Pô et par la branche méridionale de ce fleuve, nommée Pô di Goro. Le Pô (*Padus, Eridanus*) descend du mont Viso (province de Saluces), traverse les États Sardes, les sépare du royaume Lombard Vénitien, puis celui-ci des duchés de Parme et de Modène, entre dans le royaume Lombard Vénitien et le sépare des États de l'Église; à Serravalle, il se divise en deux bras principaux : le Pô Maëstro et le Pô di Goro, dont chacun a huit lieues d'étendue; le premier et le plus septentrional débouche dans l'Adriatique à onze lieues S. de Venise et donne naissance par sa droite à quelques bras, tels que le Pô Donzella et le Pô delle Tolle. Le second bras se jette dans la mer à cinq lieues S. O. du Pô Maëstro. Le cours du Pô est de cent cinquante lieues de l'O. à l'E. ; ses affluents principaux sont à gauche : la Doire Ripaire, la Stura, la Doire Baltée, la Sesia, le Tesin, l'Adda, l'Oglio et le Mincio; et à droite : le Tanaro, la Trebbia, le Taro et la Parma. Les autres grands tributaires de l'Adriatique sont : l'Adige, qui dans son cours supérieur se nomme l'Etsch, passe à Trente, à Vérone, à Legnago, et se jette dans la mer à Porto Fossone, après un cours de quatre-vingt-dix lieues, grossi de la Passer, de l'Eisach, de l'Avisio, à gauche; la Brenta, qui prend sa source à trois lieues S. E. de Trente, traverse les provinces de Vicence, de Padoue, de Venise, alimente les canaux de la Brentella, du Piovego, de la Brenta et débouche dans la mer au port de Broudolo, après un cours de quarante lieues; la Piave, qui descend des Alpes Noriques, passe à Bellune, traverse les provinces de Trévise et de Venise et se jette dans la mer par deux embouchures, après un cours de cinquante lieues; la Livenza, qui sort de la province d'Udine et se jette par plusieurs bras dans la mer ; le Tagliamento, qui forme en partie la limite des provinces d'Udine et de Venise; l'Isonzo (*Sontius*), fleuve d'Illyrie, prend sa source au point de jonction des Alpes Carniques et des Alpes Juliennes, et se divise, à une lieue et demie N. E. d'Aquilée, en deux bras : l'Isonzato et la Sdobba, qui forment l'île Morosina et se réunissent ensuite pour se jeter dans le golfe de Trieste. La petite et intéressante rivière de Timave tombe également dans ce golfe (1).

Sur la côte orientale de l'Adriatique, on trouve les embouchures de plusieurs rivières importantes : la Cettina, qui sort des monts Prologh et se jette dans la mer sous les murs d'Almissa, après vingt-trois lieues de cours; la Narenta, qui prend naissance dans l'Herzégovine, arrose la Dalmatie et se divise à Opus en trois bras qui aboutissent au canal de Narenta (soixante lieues de cours) ; la Boïana, qui sort du lac de Scutari et passe près de la ville de ce nom; le Drin, qui, formé par le Drin blanc et le Drin noir dans le sandjak de Scutari, passe près de cette ville, puis à Alessio et tombe dans le golfe du Drin, après trente-six lieues de cours; le Scombi (*Pangasus*), qui sort de la Romélie, traverse le lac Matiki, entre en Albanie et tombe dans la mer sur la limite du sandjak de Scutari, après un cours de cinquante lieues environ ; le Beratino ou Ergent, qui sort du sandjak de Monastir en Romélie, traverse ceux d'Ochrida et d'Aulone en Albanie, passe à Berat et a son embouchure neuf lieues au-dessous de cette ville; et enfin la Voïoussa, l'ancien Aoüs, qui prend sa source au S. d'Ianina et qui, après quarante-cinq lieues de cours, grossie de la Desvitza, de l'Argiro Castron et de la Souchitza, se jette dans la mer sur les ruines de la célèbre Apollonie.

Iles (1) : la mer Adriatique, surtout dans sa partie orientale, renferme un grand nombre d'îles ; d'abord, sur les côtes du royaume de Naples, et dépendantes de la province de Capitanate, les îles Tremiti, anciennement *Diomedœ Insulœ*, au nombre de cinq : la plus grande est San-Domenico, et la plus orientale San-Nicola, où se trouvent un fort érigé par Charles II d'Anjou et un fameux monastère (2). Ce sont les seules îles importantes de la côte orientale de l'Italie. Il faut passer ensuite aux îles Illyriennes; ce sont : les îles Brioni, au N. O. de Pola, célèbres par de belles carrières de marbre ; les nombreuses îles du golfe Quarnero, dont la plus grande est Cherzo, nommée par les anciens *Crispa*, ou *Crexa*, séparée du continent par le canal de Farisina et partagée presque en deux parties par une baie profonde, qui s'ouvre au S., et au fond de laquelle sont le port et la ville de Cherzo : un pont mène de cette île dans celle d'Ozero; le grand et le petit Losino, voisins de la grande et belle baie de Valle Copsagna, sont les lieux les plus peuplés de l'île d'Ozero. Plus à l'E. se trouvent les îles Sansego et Unie. L'île de Veglia au N. de Cherzo est séparée du continent à l'E. par le canal de Morlacca. La partie méridionale du golfe de Quarnero est occupée par les îles de la Dalmatie : l'île d'Arbe ou Barbado; Parvichio entre Veglia et Arbe; San-Gregorio ou Drivenico, au N. et très-près de l'île d'Arbe; Goli également au N. E. de cette

<hr>

(1) *Pro vetustorum de Timavo flumine opinione, Pauli Pincii disputatio.* Venetiis, 1566, pet. in-8°.

(1) *Voy. Isolario dell'Atlante Veneto* del P. Coronelli, in Venetia, 1696, 2 vol. in-fol.

(2) *Voy.* une petite carte du mouillage des îles Tremiti, annexée à la carte réduite du golfe de Venise publiée au Dépôt de la Marine en 1820.

île; Pago, séparée au N. d'Arbe par le canal de Pago et présentant au centre le lac Zascha qui communique avec le canal de Morlacca; Maon, Ulbo, Premuda, Meleda, habitées uniquement par des pêcheurs; Coronata, séparée du continent par le canal di Mezzo et ne formant, suivant quelques géographes, qu'une seule île avec l'île Grossa ou Lunga; Ugliano en face de la ville de ce nom et au N. O. de l'île Pasman (1), avec laquelle elle forme le côté occidental du canal de Zara. D'autres îles en aussi grand nombre appartiennent au cercle de Spalatro, ce sont : Bua, unie par un môle à la ville de Trau; Brazza, longue de seize lieues et demie, large de deux lieues, et séparée du continent par un canal de quatre lieues de largeur; Solta au N. O. de Brazza; Lesina (*Pharos*), entre Brazza au N. et Curzola au S., au N. O. de la presqu'île de Sabioncello, dont elle est séparée par le golfe de Narenta; Lissa à sept lieues O. de Lesina; San-Andrea à quatre lieues et demie N. O. de Lissa. Puis, dans le cercle de Raguse, Curzola (*Corcyra nigra*), séparée par un étroit canal de la presqu'île de Sabioncello; Torcolla, située au milieu de ce canal; Lagosta ou Agusta, environnée d'îlots et d'écueils; Meleda, séparée par le canal de même nom de la presqu'île de Sabioncello; Giupana ou Scipan, entre Meleda et Raguse, l'une des îles que les anciens nommaient *Élaphites;* enfin l'île San-Nicolo, dépendante du cercle de Cattaro et située à l'entrée du port de Budua.

Il ne reste plus qu'à indiquer les mouillages les plus sûrs et les ports les plus fréquentés de l'Adriatique. En suivant du S. au N. les côtes orientales de l'Italie, depuis le canal d'Otrante, on remarque le port d'Otrante, l'ancien *Hydruntum;* douze lieues plus loin, la baie de Brindisi, fermée au N. par le cap Gallo (2); le petit port de Bari; celui d'Ortona, qui fut presque complétement ruiné par les Vénitiens et qui, suivant Pline et Strabon, était le port des Frentans; le port d'Ancône, le plus commerçant de toute la côte orientale de l'Italie, entrepôt des marchandises de l'Europe et du Levant, déclaré franc en 1732 par Clément XII (3); l'ancien port de Ri-

mini (1) à l'embouchure de la Marecchia, aujourd'hui détruit et rendu impraticable par les atterrissements, comme celui de Ravenne (2), où Auguste tenait les flottes de l'Adriatique; et le port de Magna Vacca, ouverture ou petit canal qui fait communiquer les marais de Comacchio avec la mer. Depuis le port de Volano jusqu'au port de la Chiozza la côte présente des terres basses formées par des alluvions du Pô et coupées par de nombreuses rivières qui ne sont que des branches de ce fleuve. De la Chiozza au port de Malamoco la côte est une île basse et très-étroite nommée le Lido, qui sépare les lagunes de la mer. Malamoco est l'une des trois entrées des lagunes : c'est le plus grand et le plus fréquente des ports de Venise; la ville de Malamoco est située dans l'île du Lido; les évêques de Venise y ont autrefois résidé. Au N. de cette île est le port de San-Nicola, autre entrée des lagunes et la plus rapprochée de Venise.

Les lagunes de Venise sont des marais ou étangs fort étendus, au milieu desquels cette ville est située; ils sont formés par les eaux du Pô, de l'Adige, de la Brenta et de la Piave; et du terrain bas que ces eaux ont couvert s'élèvent une multitude de petites îles (3). Ce vaste bassin, qui s'étend du S. au N. sur un espace de huit à neuf lieues, communique avec la mer par six passages. Au delà de l'embouchure du Tagliamento se prolongent encore les lagunes de Marano et de Grado sur une étendue de treize lieues de l'O. à l'E.

On voit ensuite le port de Trieste, l'antique *Tergeste*, fondé en 1750 par l'impératrice Marie-Thérèse et érigé par elle en port franc : c'est le centre du commerce maritime de l'empire d'Autriche (4); à un mille au S., se trouve la baie de Muggia, excellent mouillage. Plus loin est le bourg de Pirano, sur une langue de terre qui forme l'entrée du golfe de l'Argone (5); à cinq lieues de là, au S. E., est le port Quieto, et, plus loin, la ville de Parenzo, sur une pénin-

(1) *Voy.* le plan du détroit de Pasman levé par MM. Beautemps Beaupré et Daussy en 1806 et publié en 1821 au Dépôt de la Marine.

(2) *Voy.* les plans de la ville et du port de Brindisi et du port d'Otrante annexés à la carte réduite du golfe de Venise du capitaine Gauttier, publiée en 1820. En 1842, le bureau topographique du royaume de Naples, dirigé par le colonel Visconti, a publié le plan du port et de la rade de Brindes à l'échelle de 1/18000.

(3) *Notizie istoriche della città d'Ancona* da G. Saracini, Roma, 1675, in-fol. — *Istoria d'Ancona* di Ant. Leoni. Ancona, 1810, 2 vol. in-4°. — *Voy.* le plan de la ville et du port d'Ancône, annexé à la carte du capitaine Gauttier déjà citée plusieurs fois. L'amirauté anglaise a publié, en 1842, le plan du port d'Ancône à l'échelle de six pouces anglais (152 millimètres) pour un mille.

(1) *Sito Riminese di Raff. Adimori, dove si tratta della città e sue parti...* Brescia, 1616, in-4°. — *Racconto istorico della fondazione di Rimino* da Ces. Clementini. Rimino, 1617 2 vol. in-4°. — *Memorie istoriche di Rimino,* pubblicate da Ant. Zanetti. Bologna, 1789, in 4°.

(2) *De amplitudine, eversione et restauratione Urbis Ravennæ,* Des. Spreti lib. III. Ravennæ, 1793-96, 3 vol. in-4°.

(3) *Voyage dans les îles et possessions venitiennes,* par Grasset Saint-Sauveur. Paris, 1800, 3 vol. in-8° et atlas. — *Saggio sulla storia e sulle corografia e topografia della republica di Venezia,* publ. da Cr. Tentori. Venezia, 1785-90, 12 vol. in-8°. — *Topografia veneta.* Venezia, 1787, 4 vol. in-8°.

(4) *Historia della citta di Trieste,* d'Ireneo della Croce. Venezia, 1698, in-fol. — L'amirauté anglaise a publié, en 1842, le plan du port de Trieste à l'échelle de six pouces anglais pour un mille.

(5) *Voy.* le plan de la rade de Pirano levé par MM. Beautemps-Beaupré et Daussy en 1806 et publié en 1821.

sule : il y a là un bon mouillage entre la côte et l'île Saint-Nicolas (1). Pola ou Porto di Polo est située au fond d'une baie très-profonde qui présente un sûr mouillage (2). Le port de Fiume au delà du canal de Farisina, et situé à l'entrée d'une petite rivière, ne peut recevoir que de faibles bâtiments; près de là est la baie de Buccari, grand et magnifique port, long d'une lieue et large de trois cents toises. Sur la côte de Dalmatie sont : le port de Zara, qui se prolonge au N. de la ville et est protégé par elle contre les vents du S.; l'excellent port de Sebenico, à l'embouchure de la Cherza (3); le petit port de Trau; la vaste baie de Salona, qui s'enfonce de trois lieues dans les terres; le grand port de Spalatro, celui de Sainte-Croix ou Gravoso, enfoncement de la baie Ombla Fiumera, qui est le vrai port de Raguse (4); celui de Cattaro, si beau et si animé (5); enfin la petite rade de Budua. Sur la côte de l'Albanie on voit les ports d'Antivari, de Dulcigno, d'Alessio à une lieue de l'embouchure du Drin, et celui de Durazzo (*Epidamnus*, puis *Dyrrachium*), qui est commode pour les petits navires.

Il existe peu de travaux hydrographiques et géographiques sur la mer Adriatique; l'insuffisance de ceux de Coronelli a engagé Bellin à entreprendre la *Description du golfe de Venise*, publiée en 1771 (petit in-4°) et, malgré la date déjà ancienne de ce livre, c'est encore le meilleur guide à suivre. Je dois cependant citer aussi un ouvrage assez récent : *Portolano del Mare Adriatico compilato da Marieni*, Milano, 1830, grand in-4°. Pour se faire une idée du commerce de l'Adriatique on peut consulter la *Carta di Cabottagio del Mare Adriatico*, publiée par l'Institut géographique et militaire de Milan, 1821-24.

Amédée Tardieu.

ADULIS. (*Géographie et Histoire.*) *Adulis* ou *Adule* était un port de la mer Rouge, qui devait se trouver au fond du golfe de Masouah, vers le quinzième degré de latitude. Il servait de port d'exportation à cette partie de l'Abyssinie, notamment à la ville d'Axum, située dans l'intérieur, et était le centre du commerce de l'ivoire et de celui de l'or, métal qui s'exportait, comme encore de nos jours, sous forme d'anneaux.

Ce qui rend Adulis célèbre, c'est une inscription grecque que le moine Cosmas, qui

voyageait vers l'an 535 de notre ère, y a copiée et qu'il a consignée dans son ouvrage intitulé : *Topographie chrétienne* (1).

Cette inscription, qui commence par les noms et les titres de Ptolémée Évergète, avait paru si pleine de contradictions et d'incohérences, et écrite d'un style si différent dans ses diverses parties, que plusieurs savants critiques, tels que Dodwell et Gosselin, l'avaient rejetée comme entièrement fausse; d'autres, qui ne voyaient pas dans quel intérêt le moine Cosmas aurait forgé un tel monument, persistaient à la croire authentique, sans pouvoir cependant se rendre compte des difficultés qu'on leur signalait. La question en était là, lorsque Salt découvrit à Axum une autre inscription grecque, dans laquelle il est question des guerres et des victoires d'Acizanas, roi des Axumites et des Homérites; ce qui en fixait l'époque au temps de saint Athanase, dont on connaît une lettre à ce même prince et à son frère Sazana (2). Le style de cette inscription est tellement semblable à celui de la deuxième partie de l'inscription d'Adulis que Salt en conçut immédiatement l'heureuse idée, que celle-ci était *double*; que tout le commencement appartenait réellement au temps de Ptolémée Évergète, et que le reste faisait partie d'une seconde inscription contemporaine de celle d'Axum, par conséquent du quatrième siècle, et postérieure à l'autre d'environ *six cents ans* (3).

Cette division rend compte de tout, elle résout toutes les difficultés, et l'on peut regarder ce curieux problème comme parfaitement résolu.

La première inscription d'Adulis, qui ne contient que le nom, les titres de Ptolémée Évergète et ses principales actions, est certainement, comme je l'ai montré ailleurs, ce que les Portugais appelaient une *pierre de marque*, c'est-à-dire une *pierre* (avec inscription) que les navigateurs dressaient dans un port qu'ils découvraient et dont ils voulaient prendre possession au nom de leur souverain.

La seconde, de même que celle d'Axum, contient le récit des exploits d'un roi abyssin, qui a voulu en consacrer le souvenir dans un lieu fréquenté par les navigateurs; et s'il l'a écrite en grec, c'est qu'il voulait qu'elle fût comprise par eux : car on ne peut douter que le *grec* ne fût devenu, dans la mer Rouge, une espèce de *langue franque*, qui servait de langue commune à tous ceux qui trafiquaient dans ces parages.

Letronne.

---

(1) *Voy.* les plans du Porto Quieto et du Porto Parenzo levés et publiés par les mêmes ingénieurs et aux mêmes époques.

(2) *Voy.* le plan du port de Pola et celui des environs de Pola levés de même en 1806 par MM. Beautemps Beaupré et Daussy et publiés en 1821.

(3) Plan des environs de Sebenico levé en 1806 par les mêmes et publié en 1821.

(4) *Notizie storico-critiche sulla antichità, storia, etc., de Ragusei*, da Fr. Mar. Appendini. Ragusa, 1802, 2 vol. in-4°. — *Voy.* le plan des environs de Raguse en trois feuilles levé en 1809 par M. Beautemps Beaupré et publié en 1820.

(5) *Catharus, Dalmatiæ civitas*, Flam. Cornelii. Patavii, 1759, in-4°.

---

(1) Ap. Montfaucon, *Collect. nova Patrum*, t. II, p. 140 sq.

(2) *Apol. ad Constant.* t. I, p. 693.

(3) *Voyages and travels to India, Ceylan, Abyssinia and Egypt. etc.*, by G. Valentia. London, 1809.

ADULTE (Age). (*Physiologie* et *Hygiène*.) On nomme ainsi l'âge qui succède à l'adolescence. La dénomination d'âge viril, qui lui a été appliquée, est moins juste, puisqu'elle ne peut logiquement s'employer en parlant de la femme. L'âge adulte commence pour les femmes vers vingt et un ans, pour les hommes à la vingt-sixième année. La taille est alors arrivée à son maximum ; les proportions du corps et des membres sont définitives, la peau est moins fine et se couvre de plus de villosités ; les organes sont parvenus à leur développement complet ; toutefois les os deviennent plus denses et plus pesants, leurs saillies et leurs cavités se prononcent davantage. Le tronc et les membres ne croissent plus en longueur, mais l'accumulation de la graisse dans le tissu cellulaire augmente leur grosseur. Les différents appareils des fonctions organiques n'ont plus qu'à réparer les pertes journalières au lieu de subvenir, comme dans les âges précédents, aux exigences d'un accroissement continuel.

La constitution de l'individu est désormais fixée ou plutôt ses caractères apparaissent plus nettement en dehors des phénomènes d'évolution vitale qui pouvaient en changer l'aspect. Le système lymphatique perd de la prédominance qu'il avait dans les âges précédents (*voyez* CONSTITUTION). Le cœur est plus à l'aise dans la poitrine, et la circulation, sans être moins énergique, est plus calme et plus lente. Les tissus ont plus de fermeté ; le corps perd quelque chose de sa souplesse et de son agilité, mais il gagne comme force de résistance et devient plus capable d'efforts soutenus. Le moral devient aussi plus calme, l'imagination cesse de dominer et la raison prend peu à peu sa place. Peut-être l'homme devient-il alors plus sage, mais on peut douter qu'il devienne meilleur : d'autres passions succèdent à celles de la première jeunesse, et si elles sont mieux calculées, il faut avouer qu'en général elles sont aussi moins généreuses.

C'est de trente-six à quarante ans que l'homme physique arrive au point le plus parfait d'organisation que puisse atteindre sa machine imparfaite. A partir de ce moment il commence à décroître et perd bientôt tous les avantages qu'il avait acquis si péniblement. Déjà depuis longtemps sa peau se flétrit et n'a plus l'éclat de la première jeunesse ; ses cheveux tombent ou blanchissent, sa vue s'affaiblit, ses articulations deviennent roides, sa force musculaire persiste encore, puis fléchit bientôt, ses os se creusent des cavités plus grandes, la couronne des dents présente une surface plane, leurs racines s'ébranlent dans les alvéoles. Les organes perdent tous de leur activité ; le cerveau seul conserve sa puissance, mais il n'a plus la verve et l'élan de la jeunesse : enfin l'homme peut voir pendant les dernières années de cette période la vieillesse s'avancer à grands pas. Cette dernière période de la vie, dont on fixe communément le début à soixante ans, commence réellement pour la femme à l'époque où ses règles cessent, de quarante-cinq à cinquante ans, et, pour l'homme, de cinquante à cinquante-cinq, époque où les fonctions génératrices perdent aussi chez lui beaucoup de leur puissance.

Dans les premiers temps de l'âge adulte, l'influence de l'appareil génital et la surexcitation des organes respiratoires qu'on avait observées dans l'adolescence persistent encore ; de là les maladies nombreuses auxquelles donne encore lieu à cet âge l'abus des fonctions génératrices, de là les phthysies si communes encore de vingt-cinq à trente ans. Plus tard l'appareil gastro-hépatique domine et devient, ainsi que les voies urinaires, le siége de maladies fréquentes ; alors aussi, le rhumatisme et la goutte font expier les fatigues, les excès de la jeunesse ou le tort involontaire d'une fâcheuse hérédité. C'est encore à la même époque que les maladies du système lymphatique se réveillent. Des accidents scrofuleux, des affections de la peau envahissent quelquefois l'économie, et presque toujours l'ignorance réelle ou simulée du malade permet difficilement au médecin d'arriver à des renseignements exacts sur l'apparition antérieure de ces symptômes morbides.

Chez la femme, c'est l'utérus, qui, vers le milieu de l'âge adulte, est le point de départ de toutes ou presque toutes les maladies. On sait combien sont fréquents alors les cancers de cet organe et de tous ceux qui constituent l'appareil génital ; mais, sans aller jusqu'au cancer, bien d'autres affections plus ou moins graves et douloureuses peuvent atteindre cette partie, à propos de laquelle un auteur célèbre a dit avec raison : *mulier tota in utero*. Plus tard, quand les menstrues cessent, le cœur devient souvent anévrysmatique, et il est peu de femmes, parvenues à la vieillesse, chez qui cet organe ne soit d'un volume anormal. Les passions de l'âge mûr et l'étude produisent chez l'homme le même effet ; enfin aux approches de la vieillesse l'apoplexie vient s'ajouter aux autres maux. C'est aussi vers la fin de l'âge adulte que les effets, souvent funestes, de la profession se font sentir, et frappent tel ou tel organe ; toutefois cet âge, surtout dans sa première moitié, est le moins en butte aux maladies. L'hygiène de l'adulte se borne presque à user modérément de tout ce qui est agréable et utile. L'exercice est alors un moyen précieux d'entretenir les forces et la souplesse et de conserver longtemps encore les prérogatives d'un âge déjà passé. Le régime alimentaire doit être de plus en plus sobre, à mesure que les années s'accumulent et que l'exercice musculaire est plus limité ; enfin, on ne doit pas oublier que la plupart des maladies de cet âge sont dues à des excès.

Pour la bibliographie *voyez* AGES.

A. LE PILEUR.

ADULTÈRE. (*Législation.*) C'est la violation, commise par l'un des époux, de la foi conjugale. L'auteur de cette violation est lui-même appelé *adultère*.

Peu de délits sont aussi funestes que l'adultère. Il allume dans le cœur des époux la méfiance et la haine ; il provoque les vengeances et excite au crime ; il attaque et détruit l'amour du père pour ses enfants, en rendant sa paternité suspecte ; il altère le respect dû aux deux époux par leurs enfants, et relâchant ou brisant ainsi tous les liens de famille, il corrompt le principal élément de la société.

La législation pénale de l'adultère présente chez les divers peuples de la terre et dans les différents âges de la société une grande variété de dispositions. Le plus grand nombre des châtiments prononcés contre ce crime sont horribles, immoraux ou bizarres. Mais partout on s'est accordé à le punir avec une sévérité qui révèle l'importance qu'on attachait à sa répression.

Avant la révolution, la femme adultère était le plus souvent condamnée à être enfermée dans un couvent pour y demeurer, en habit séculier, l'espace de deux années, pendant lesquelles son mari pouvait la voir et la reprendre si bon lui semblait ; et s'il n'y consentait pas, ou qu'il vînt à décéder pendant ce temps, on ordonnait que la coupable fût rasée, voilée et vêtue comme les autres religieuses et filles de la communauté, pour y rester sa vie durant, et y vivre selon la règle de la maison.

Lorsque la femme adultère était pauvre, le mari pouvait demander et le tribunal ordonner qu'elle fût enfermée dans un *hôpital* au lieu d'un *couvent*, pour y être traitée conformément aux règlements faits contre les *femmes débauchées*. La jurisprudence de tous les parlements du royaume n'était pas uniforme sur l'adultère ; d'anciens arrêts ont condamné la femme à être, malgré l'indulgence de son mari, fustigée tantôt sur la place publique, tantôt dans le couvent où on la renfermait. La peine prononcée contre le complice était arbitraire, puisqu'on trouve des exemples d'amende honorable, de bannissement et de galères ; elle dépendait des circonstances qui avaient accompagné le crime, et de la qualité des personnes.

Le code pénal de 1791 avait gardé le silence sur l'adultère ; les dispositions de celui de 1810 ont rempli cette lacune. Ce code a rangé la violation de la foi conjugale parmi les crimes et délits contre les personnes, et l'a prévu dans la section qui porte pour titre : *Attentats aux mœurs*. Il prononce contre la femme adultère la peine de l'emprisonnement pendant trois mois au moins, et deux ans au plus ; peine dont le mari reste maître d'arrêter l'effet en consentant à reprendre sa femme. La plainte pour le même délit n'est recevable contre le mari que quand, à l'adultère, il a joint le fait d'entretenir sa concubine dans la maison conjugale ; et la punition portée contre lui est une amende de 100 francs à 2,000 francs. Le mari seul peut porter plainte contre sa femme et la femme seule contre son mari ; il eût été trop dangereux de conférer à des tiers ou au ministère public la faculté de s'immiscer, à pareille occasion, dans un ménage. La loi défend, en outre, que la plainte du mari soit reçue s'il se trouve lui-même dans le cas d'adultère punissable : la question de savoir si la même prohibition s'étend à la plainte formée par la femme est controversée, parce que la loi ne s'en est pas exprimée. Le complice de la femme adultère est puni d'un emprisonnement de trois mois à deux ans et d'une amende de 100 francs à deux mille francs ; et les seules preuves qu'on puisse fournir de sa complicité, hors le cas de flagrant délit, sont les lettres ou autres papiers écrits de sa main. Enfin l'article 324 du code pénal déclare que, dans le cas d'adultère de la femme, le meurtre commis par son mari sur elle et sur son complice à l'instant où il les surprend en flagrant délit dans la maison conjugale est *excusable* ; c'est-à-dire qu'au lieu de la peine capitale il n'y a lieu de lui infliger qu'un emprisonnement de un à cinq ans.

En matière civile, l'adultère était autrefois une cause de divorce ; il donne encore lieu aujourd'hui aux actions en séparation de corps et en désaveu.

Voy. les commentateurs du Digeste et du code de Justinien, sur le titre *ad legem Juliam de adulteriis et stupro.*

Agier, *Du mariage dans ses rapports avec la religion et avec les lois nouvelles de la France*, 1799, 2 vol. in-8°.

Vatimesnil, art. ADULTÈRE, dans l'*Encyclopédie de droit*, de MM. Sébire et Carteret.

ADVERBE. (*Grammaire.*) 1. *Nature de l'adverbe.* Si l'on ne consulte que l'étymologie et la routine, on définira l'adverbe un mot qui se place ordinairement auprès du verbe (*ad verbum*), et l'on n'aura fait connaître qu'une circonstance extérieure du mot ; et l'on sera sur-le-champ démenti par mille exemples dans lesquels il est évident qu'il ne tombe que sur l'adjectif ; et l'on sera forcé, comme toutes les fois que l'on viole la raison, de recourir à des distinctions ridicules et à des lois d'exception.

Si, au contraire, on interroge la pensée, si l'on observe quelle est précisément l'idée que nous donne un adverbe, quand il s'en rencontre dans une phrase, on reconnaîtra avec tous les grammairiens philosophes que c'est un mot abrégé et mixte qui équivaut à une préposition suivie de son complément; qu'est-ce en effet qu'agir *sagement?* c'est agir *avec sagesse.*

L'adverbe n'est donc pas, comme on le répète partout, un élément essentiel du langage, il n'est lui-même qu'un mot composé. Une pareille assertion a-t-elle besoin de confirmation, et sent-on quelque difficulté à séparer des éléments que les mots et nos habitudes semblent avoir confondus en une seule idée? Que l'on consulte des langues différentes, on y verra les mêmes idées rendues ici par un adverbe, là par un nom et une préposition (*dextrorsum, sinistrorsum,* à droite, à gauche); que l'on consulte sa propre langue, on y verra les grammairiens discuter encore sur certains mots (*en avant, en arrière,* etc.), les uns les prenant pour des adverbes, les autres pour des noms avec leur préposition; on se sentira soi-même embarrassé sur la nature de certains mots. *Aujourd'hui, dorénavant,* semblent bien légitimement en possession du nom d'adverbe; écrivez-les *au-jour-d'hui, d'or-en-avant,* et vous serez étonné d'y voir clairement des prépositions suivies de compléments, et même assez complexes. Dans les cas mêmes où cette composition semble mieux déguisée, l'analyse et l'histoire des langues nous forcent à faire la séparation de la préposition et du régime; tous nos adverbes en *ment* sont-ils autre chose qu'un adjectif joint à l'ablatif latin, *mente,* qui lui-même est pour *avec un esprit, une disposition,* que l'adjectif que l'on y joint vient déterminer? Et ce n'est pas là une hypothèse gratuite; nous trouvons la même formule dans l'italien, qui a hérité immédiatement du latin. Nous voyons dans notre langue le soin que l'on a pris de faire accorder l'adjectif avec ce substantif *mente,* qui, en latin, est féminin; on dit *blanchement,* et non *blancment.* Bien plus, nous trouvons chez les Latins, et surtout dans les derniers siècles, de nombreux exemples où le mot *ment* est joint à l'adjectif pour exprimer vaguement *d'une manière...*

2. *Fonctions de l'adverbe.* L'adverbe peut toujours être considéré comme remplissant vis-à-vis de l'adjectif la même fonction que celui-ci remplit vis-à-vis du substantif, comme exprimant une modification de la qualité qui déjà modifie le sujet. C'est le signe d'une abstraction formée elle-même sur une abstraction. En arabe, selon M. de Sacy, il n'est aucun nom, aucun adjectif, aucun verbe qui ne puisse devenir adverbe. En grec, tous les noms de lieu, au moyen de certaines terminaisons, deviennent autant d'adverbes; en latin, il en est à peu près de même, puisque devant ces noms on sous-entend toujours la préposition.

Lors même que l'on est d'accord sur la nature des idées que l'adverbe abrége en une seule expression, on élève sur les fonctions de ce mot une dernière question : on demande si c'est le verbe ou l'attribut qu'il sert à modifier? Court de Gébelin s'est prononcé pour la première opinion. Si par verbe on entend l'attribut joint à la copule, l'adverbe modifie le verbe; ce qui devient bien évident dans des phrases telles que celle-ci, *Je souffre beaucoup.* Mais si on fait complétement l'analyse, et que l'on dise, *Je suis très-souffrant,* on ne peut douter que ce ne soit l'attribut seul qui est modifié; car il n'y a pas de plus ou de moins dans l'existence.

3. *Idées accessoires de l'adverbe.* L'adverbe, par la nature même de ses fonctions, semble devoir être invariable; car une qualité, un lieu, un temps, ne changent pas, quel que soit le nombre, le sexe des personnes; aussi n'est-il susceptible d'aucune modification de ce genre : la seule variation qu'il puisse subir naît des idées accessoires de quantité qui peuvent s'y joindre.

4. *Division des adverbes.* Il n'y en aura que quatre classes : adverbes de qualité, de quantité, de temps et de lieu; car ce sont là les quatre formes qui s'appliquent à toutes nos pensées. Quant à la détermination des mots qui appartiennent à chacune de ces classes, cette recherche est du domaine de la grammaire particulière.

5. *Construction de l'adverbe.* Dans l'usage, la place de l'adverbe est aussi variable que celle des autres parties du discours; mais, en faisant la construction logique, il ne pourrait être placé qu'après l'attribut qu'il modifie, comme l'attribut lui-même ne peut être placé qu'après le sujet qu'il qualifie. Mais l'adverbe n'est pas toujours exprimé à part; et, de même que l'on confond en un seul mot la préposition avec son complément, l'esprit s'élevant sans cesse, avec le secours des signes, à des idées de plus en plus composées, s'empare de l'adverbe comme d'un élément simple, et le fait entrer dans la composition d'un grand nombre de verbes : les langues grecque, latine et allemande construisent très-souvent l'adverbe et la préposition de cette manière, et c'est là ce qui fait leur richesse. BOUILLET.

De même que l'on considère comme locutions adjectives les expressions composées d'une préposition et d'un substantif par lesquelles, à défaut d'un adjectif propre à rendre la réunion des deux idées, on exprime quelque attribut d'un objet nommé, ainsi l'on doit reconnaître des locutions adverbiales dans toutes les expressions pareillement composées, par lesquelles on modifie l'idée de cet attribut. Ces locutions représentent au point de vue de la grammaire générale autant d'adverbes qui existent quelquefois comme synonymes, mais manquent souvent aussi dans la langue où elles se rencontrent. La nôtre, qui n'a point d'adjectifs de matière, présente, dans la nomenclature de ses adverbes, des lacunes plus nombreuses encore. Elle les rachète par un riche vocabulaire de locutions adverbiales.

Voyez, comme complément à la théorie de l'adverbe, les articles COMPARATIF et SUPERLATIF.   LÉON VAÏSSE.

ADYNAMIE. (*Médecine.*) Ce mot, qui vient du grec, de ἀ privatif et δύναμις, force, et qu'on peut traduire par celui de faiblesse, n'est conservé dans le langage médical que parce que de grands auteurs, et notamment Pinel, s'en sont servis pour indiquer un état de prostration de l'appareil musculaire, qu'on observe dans certaines affections, et que Pinel a considéré comme caractéristique de l'un des six ordres de ses fièvres essentielles (*Voy.* FIÈVRES). On désigne aussi par ce mot l'état particulier qu'on voit survenir dans quelques affections, comme certaines varioles, la phlébite, le typhus, etc., et qui paraît tenir à l'intoxication du sang par le pus ou par un virus. *Voy.* PHLÉBITE, GANGRÈNE, SANG, TYPHUS.   A. L.

ÆDICULE. (*Architecture.*) Petit temple, du latin *œdiculum*. Confondu souvent avec *templum* par Cicéron, Tite Live, Aurélius Victor, il en différait cependant, en ce que, bien que dédié à une divinité, il n'était point consacré par les augures ; tel était, entre autres, le temple du dieu Ridicule, monument construit en briques, sur la voie Appia, près de la grotte d'Égérie.

On appelait encore Ædicule la niche où une statue était placée, probablement parce que sa décoration lui donnait l'aspect d'un petit temple.   DEBRET.

ÆGILOPS. (*Histoire naturelle.*) Genre de plantes de la grande famille des graminées, sans utilité pour l'homme, sans élégance, et dont trois ou quatre espèces végètent éparses dans les champs des parties méridionales et chaudes de l'Europe. Dédaignée de tout le monde, si ce n'est du botaniste, aux yeux duquel il n'existe point de végétaux méprisables, l'histoire de l'œgilops présente cependant une étrange singularité. Un savant, qui inspira à notre enfance le goût des sciences naturelles, et qui avait été compagnon d'études de M. de Secondat, fils du grand Montesquieu, M. Latapie, ancien professeur de botanique à Bordeaux, nous a fait part d'une expérience qu'il a tentée sur l'œgilops ; elle mérite toute l'attention des philosophes, des historiens et des agriculteurs. Il avait, dans un voyage en Sicile, recueilli des graines de l'espèce d'œgilops scientifiquement appelée *ovata*. De retour dans sa patrie, il sema sa graminée, qui réussit parfaitement ; ayant remarqué que la plante, dans un terrain substantiel, beaucoup plus gras que celui sur lequel il l'avait récoltée, avait pris un accroissement considérable, il en cultiva des graines prises sur ces pieds agrandis par la culture, une à une, et séparées dans des pots de fleurs remplis d'excellente terre. Il eut des individus plus grands encore ; et continuant ainsi ses semis, il finit par obtenir de véritable froment de la plus belle qualité. Il se garda bien de conclure qu'une transmutation s'était opérée, mais il pensa que l'œgilops était la plante dont le blé est provenu. En effet, les anciennes traditions placent l'origine des céréales dans la belle vallée d'Enna, située dans la Sicile, cette antique Trinacrie, berceau de l'agriculture, empire de Cérès, où cette divinité initia Triptolème à ses secrets. Cette fable n'eut peut-être d'autre origine que la métamorphose de l'œgilops, et l'on verra au mot CÉRÉALES que la véritable patrie du blé n'est pas connue. Nous avions d'abord, dans nos *Essais sur les îles Fortunées*, traité un peu légèrement l'observation de M. Latapie ; nous avons depuis appris à juger plus mûrement, et nous invitons les savants à répéter une expérience dont les résultats peuvent être fort curieux.
      BORY DE SAINT-VINCENT.

ÆGOSPOTAMOS, Αἰγός πόταμος, *fleuve de la Chèvre.* (*Géographie ancienne.*) Petite rivière de la Propontide, célèbre par la victoire décisive que Lysandre y remporta (405 av. J. C.) sur la flotte athénienne. Cette victoire fut bientôt suivie de la prise d'Athènes, et mit fin à la guerre du Péloponnèse, qui avait duré vingt-sept ans. Athènes ne se releva jamais de cet échec.

AÉRAGE. (*Technologie.*) L'homme ne peut se passer de l'air, à cause de l'oxygène que ce fluide peut seul fournir à ses poumons. Il le respire constamment, et on a calculé que, lorsqu'il se porte bien, il absorbe, terme moyen, trente et un litres d'oxygène par heure ; or, comme l'air atmosphérique ne contient que 0,21 de son volume d'oxygène, il en résulte qu'il faut à l'homme environ cent cinquante litres d'air par heure ou deux mètres cubes par douze heures. Mais un homme ne pourrait exister pendant ce même espace de temps dans une chambre hermétiquement fermée, qui contiendrait ce volume d'air, qu'à condition de rejeter dehors, par un moyen quelconque, tout l'air qu'il aurait une fois respiré ; car, sans cela, l'air, vicié par sa respiration, s'y trouverait bientôt en assez grande quantité pour gâter tout le bon air qui lui resterait. Il ne pourrait plus y vivre après en avoir respiré plus d'un demi-mètre, parce que l'air n'est respirable qu'autant qu'il n'y a que le quart de son volume qui a déjà servi. Il faut donc qu'une chambre, où l'on doit rester douze heures, contienne au moins huit mètres cubes d'air ; et, toutes les fois que l'on veut qu'un appartement ne contienne pas plus d'un quart d'air irrespirable, il faut s'arranger pour en faire entrer et sortir au moins dix litres par minute. Voilà les principes sur lesquels repose la nécessité de l'aérage, dans le cas ordinaire, c'est-à-dire dans celui où il n'y a dans l'air que l'on respire aucun principe contraire à la santé. Mais dans les salles de spectacle, où l'air est vicié non-seulement par la respiration des hommes, mais aussi par la combustion des lumières ; dans les ateliers où les ouvriers sont fort échauffés par leur travail, et continuellement en sueur ; dans ceux où ils sont exposés aux émanations délétères des vapeurs nitreuses, mercurielles, etc., et à l'aspiration des poussières du plomb, du cuivre, etc., il faut un renouvellement d'air bien plus énergique.

Tout le mécanisme des divers systèmes d'aérage repose sur la différence de densité de l'air à divers degrés de température. Si on suppose un tuyau courbé à ses deux extrémités, et à branches inégales, tel qu'un siphon renversé, dont la plus grande branche contienne de l'air plus chaud que l'atmosphère, cet air s'élèvera pour sortir du tuyau ; celui de l'autre branche viendra occuper sa place ; il sera lui-même remplacé par de l'air venu du dehors ; et, si celui qui afflue dans la grande branche est échauffé au fur et à mesure qu'il y arrive, il s'établira dans le tuyau un courant ascensionnel continu de la petite branche à la grande. Si, au contraire, l'air est plus froid dans la grande branche que dans la petite, le courant ira en sens contraire, et il sera, dans l'un et l'autre cas, d'autant plus rapide que la différence de la température de l'air dans les deux branches sera plus grande.

L'application de ce principe, qui est presque toujours facile dans nos habitations et dans nos usines, est souvent fort difficile dans l'exploitation des mines. En effet, quand une mine n'a qu'un puits, qu'une entrée, les travailleurs manquent d'air dès qu'ils sont parvenus à une petite profondeur. On est alors forcé, pour leur en donner, d'établir, jusqu'au fond de la mine, une suite de tuyaux hermétiquement fermés, qui forment, pour ainsi dire, la grande branche d'un siphon dont la galerie, où ces tuyaux sont placés, est l'autre branche, et où circule un courant très-énergique quand on chauffe la partie supérieure de la conduite.

Quand la mine a une grande étendue, il convient mieux d'établir deux puits. Quand leurs orifices à la surface du sol sont à des niveaux différents, la température de l'air y est toujours différente, et il s'y établit un tirage très-énergique, pourvu que la température de l'air de la mine ne soit pas égale à celle de l'atmosphère. Quand cet air est plus froid, le courant a lieu de bas en haut ; quand il est plus chaud, c'est le contraire qui arrive. Mais, quand il n'est ni plus froid ni plus chaud, le courant est nul ou presque nul ; et dans ce cas on est forcé d'établir un feu dans l'un des deux puits, de même qu'il eût fallu échauffer la conduite de tuyaux qu'on eût été dans la nécessité d'établir, s'il n'y avait eu qu'un seul puits à l'exploitation.

Quand la surface du sol où est creusée la mine est plane, on établit sur l'un des puits une haute cheminée, afin d'élever ainsi l'orifice de ce puits au-dessus de celle du puits voisin. Cet artifice donne toujours un fort tirage. Quelquefois on se contente de donner aux puits des diamètres différents. Le plus large des deux contient une plus grande masse d'air qui se refroidit moins ou s'échauffe moins, selon les saisons, par le contact de la terre ; alors l'inégalité de température a lieu pour les deux puits et le courant s'établit. Quelquefois on est aussi forcé de refouler l'air dans la mine avec des ventilateurs et des pompes ; mais c'est là une nécessité extrême à laquelle on n'obéit que quand les moyens naturels sont épuisés. Dans tous les cas, une fois l'air arrivé dans l'exploitation, on le dirige dans les galeries où les hommes travaillent, ce que l'on fait en bouchant avec des déblais toutes les issues que le vide des travaux antérieurs pourrait lui fournir. *Voy.* MINES.

Nos habitations ont toujours un grand nombre d'ouvertures qui nous amènent abondamment l'air dont nous avons besoin. Dans l'hiver, ce fluide entre dans nos appartements par les portes et les fenêtres, et il en sort par les cheminées, où la chaleur du foyer détermine un courant d'une grande vitesse. En été, au contraire, c'est par la cheminée que l'air extérieur nous arrive, et comme il ne peut pas y passer en abondance, nous sentons le besoin d'ouvrir les portes et les fenêtres pour lui offrir un passage plus large. Quand une maison a plusieurs issues qui ne sont pas à la même exposition, l'air y circule toujours abondamment, parce qu'il s'établit un courant qui a pour cause la différence de température de ces diverses ouvertures. Le contraire a lieu pour les maisons dont toutes les portes et fenêtres sont tournées vers le même point du ciel.

Il n'y a pas de lieu où le besoin d'un aérage

continu se fasse aussi impérieusement sentir que dans les salles de spectacle, où l'espace est toujours trop petit, eu égard au nombre des spectateurs et des lumières. Le lustre qui brûle constamment produit un tirage de bas en haut, qui précipite dans la cheminée, dont il est surmonté, tout l'air consommé par les assistants et par les bougies ; mais il est nécessaire qu'au fur et à mesure que cet air s'écoule, il entre dans la salle une même quantité d'air frais. On donne donc à l'air extérieur un accès facile dans la partie inférieure de la salle, en y multipliant considérablement les bouches d'aérage, et, comme l'ouverture totale de ces bouches est plus grande que celle de la cheminée, la vitesse du courant y est insensible, et ceux des spectateurs qui se trouvent dans sa direction ne peuvent en être incommodés. A l'opéra deux mille quatre cents ouvertures distribuées sous les loges introduisent dans l'intérieur l'air qui est nécessaire. Presque toutes les salles de spectacle sont maintenant pourvues d'un système d'aérage analogue à celui-là. Dans quelques-unes il est disposé de telle sorte qu'en hiver, lorsqu'il faut échauffer la salle, l'air en venant du dehors passe dans des calorifères où il s'échauffe avant de venir alimenter l'intérieur.

Il serait à désirer que les mêmes soins fussent pris pour l'aérage des ateliers. *Voy.* AIR ATMOSPHÉRIQUE.

CHARLES RENIER.

AÉRIENS. (*Histoire religieuse.*) Secte d'hérétiques qui s'éleva vers l'an 355, et qui fut ainsi appelée d'Aérius, son fondateur. Ils niaient qu'il existât une différence quelconque entre les évêques et les simples prêtres, doctrine qu'Aérius avait puisée probablement dans le dépit qu'il éprouva de se voir refuser le siége de Sébaste, tandis qu'un de ses amis devenait patriarche de Constantinople. Les aériens condamnaient en outre le jeûne, les fêtes, les cérémonies de l'Église, et soutenaient que les prières pour les morts leur étaient plus nuisibles qu'utiles. Ils appelaient *antiquaires* les chrétiens fidèles à la tradition. Cette secte fut combattue par les ariens et les catholiques. Elle ne fut jamais très-nombreuse, et ne subsista pas longtemps.

AÉROLITHES. *Voy.* BOLIDES.

AÉROSTAT. (*Physique.*) Tout corps plongé dans un fluide perd une quantité de son poids égale à celle du fluide qu'il déplace. D'après ce principe, un corps plus léger qu'un volume égal d'air atmosphérique doit s'élever dans celui-ci jusqu'à ce qu'il parvienne dans des couches dont la densité fasse équilibre à son poids, l'air devenant toujours plus rare à mesure qu'on s'élève.

C'est sur ce principe qu'est fondée la construction des ballons ou *aérostats*. Cette admirable invention est due aux frères Montgolfier qui tentèrent leur première expérience le 5 juin 1783, à Annonay. La *Montgolfière* (c'est le nom qui lui fut donné) se compose d'un globe de papier verni ou de taffetas qui porte à sa partie inférieure une ouverture de quelques pieds carrés. Au-dessous de cette ouverture et à une petite distance est suspendu un panier en fil de métal dans lequel se trouve le combustible, paille hachée, laine ou papier. Lorsqu'on met le feu à ce combustible, l'air que renferme le ballon est remplacé par de l'air échauffé et par conséquent plus léger, et le ballon s'élève en vertu de la différence du poids de l'air froid et de l'air chaud, emportant avec lui le combustible enflammé qui sert à alimenter et entretenir sa puissance ascensionnelle, jusqu'à ce qu'il arrive dans des couches assez raréfiées pour que l'air extérieur fasse équilibre à l'air échauffé.

Pilâtre des Roziers et le marquis d'Arlandes furent les premiers qui osèrent monter dans une nacelle suspendue à une montgolfière, malgré le danger immense qu'ils couraient de voir le feu gagner l'enveloppe du ballon.

Voy. l'*Atlas,* HYDROSTATIQUE, pl. 28 et 29. — La fig. 2, pl. 29, représente l'appareil destiné à échauffer l'air des montgolfières. A B C D est un plancher en bois élevé de un mètre environ au-dessus du sol et au milieu duquel est un grand fourneau de briques, ayant dans la partie inférieure plusieurs ouvertures destinées à recevoir le combustible. Les deux mâts H I K L sont assujettis par les cordes P G. Les lignes ponctuées représentent pour ainsi dire la carcasse du ballon et montrent comment il est disposé pour recevoir l'action du feu.

Ces premiers essais avaient fait naître de grandes espérances ; les savants prévoyaient que ce mode de voyage aérien leur permettrait d'aller dérober au sein de l'atmosphère les secrets de la création, comme ils l'avaient déjà fait dans les profondeurs des mers et de la terre ; et cependant, on le conçoit, toutes ces espérances auraient été vaines, si on s'en était tenu à l'idée première de Montgolfier, au ballon gonflé par de l'air échauffé. Mais la découverte du gaz hydrogène, qui remontait déjà à 1766 et dont Cavendish avait fait connaître l'extrême légèreté, devait changer la question. Un physicien célèbre, nommé Charles, eut l'heureuse idée de remplacer l'air par ce gaz qui pèse quinze fois moins que l'air atmosphérique. Il fit lui-même l'essai de son système : pour cela il fit construire un ballon de cinq cents mètres cubes et s'éleva de l'intérieur des Tuileries, au bruit du canon et aux acclamations d'une multitude immense. L'expérience réussit au delà de tous les désirs et depuis ce temps-là, le gaz hydrogène est employé exclusivement à gonfler les ballons.

Ce gaz se prépare par l'action de l'acide sulfurique étendu d'eau sur des copeaux en fer.

La figure 3 (même planche) représente l'appareil qui sert à remplir un ballon de gaz hydrogène. A A sont deux baquets renversés, placés dans deux autres beaucoup plus grands qui sont remplis d'eau. Chaque baquet A A est percé d'un trou auquel est adopté un tuyau de fer-blanc E E de six à huit centimètres de diamètres et de quinze à vingt centimètres de long : à ces tuyaux sont attachés des conduits en soie imperméable communiquant avec l'intérieur du ballon. Chacun des grands baquets B B est entouré de plusieurs tonneaux remplis à moitié de petits morceaux de fer et d'acide sulfurique étendu d'eau ; à la partie supérieure de ces tonneaux se trouvent deux trous à peu près d'égale grandeur ; à l'un de ces trous est adapté un tuyau de fer-blanc qui, passant par-dessus le bord du grand baquet B, traverse l'eau qu'il contient et va aboutir sous le baquet A : le second trou, qu'on tient bouché pendant l'opération, sert à introduire les matières nécessaires à la confection du gaz. Les deux mâts G H sont destinés à soutenir le ballon au-dessus des tonneaux. Autour du ballon se trouve un grand filet fixé au cercle M N, auquel est également attachée la nacelle K I. On voit comment on peut suspendre au ballon des poids assez considérables sans aucun danger pour l'enveloppe.

Les figures 7 et 8, planche 28, représentent deux petits appareils destinés à remplir de gaz des ballons de petite dimension. La bouteille A, dans la fig. 7, et la cornue A B C dans la fig. 8, remplissent le rôle des petits tonneaux, D et H I, le rôle des baquets.

L'enveloppe des ballons est imperméable, on la fait avec du taffetas gommé ou mieux avec du taffetas enduit à chaud d'un mélange d'huile de lin siccative et de caoutchouc dissous dans l'essence de térébenthine. On a aussi remplacé l'enduit sur les deux faces en gomme élastique par un vernis de copal ou même simplement par un mélange d'essence de térébenthine et d'huile rendue siccative en la faisant bouillir avec de la litharge. On a encore employé nouvellement avec succès une enveloppe en étoffe imperméable de *Makintosh* obtenue par l'interposition d'une couche de caoutchouc entre deux pièces de taffetas.

Pour terminer ce que nous avons à dire sur la matière dont est composée l'enveloppe des ballons, nous citerons la tentative faite par M. Marey-Monge qui a construit un ballon de 10 mètres de diamètre, en feuilles de cuivre soudées les unes aux autres au moyen du chalumeau de M. Desbassyns de Richement. Ce dernier essai a pour but d'expérimenter si

au moyen d'un ballon communiquant avec le sol par un fil métallique, on pourrait décharger les nuages de leur électricité et préserver ainsi les moissons de la grêle. Le danger d'un pareil système est que le peu d'épaisseur des feuilles métalliques, rendues aigres par le laminage, et l'impossibilité où est le ballon de varier de dimensions avec les changements de pression, n'occasionnent de fréquentes déchirures.

L'enveloppe en taffetas des ballons se compose de bandes appelées fuseaux (fig. 1, planche 28). Il faut pour tailler ces fuseaux avoir recours à une opération géométrique que nous ne pouvons expliquer ici. Nous dirons seulement que le nombre de ces fuseaux est toujours un multiple de 6 : ainsi, suivant les dimensions du ballon, il y a 12, 24, 48 fuseaux. Ce nombre est déterminé par le mode de construction et par le rapport qui existe entre une circonférence et son rayon.

Depuis le jour où le physicien Charles s'éleva dans les airs dans la nacelle d'un ballon gonflé de gaz hydrogène, de nombreuses ascensions ont été tentées avec plus ou moins de succès et dans un but tantôt scientifique, tantôt de simple curiosité. Parmi les voyages entrepris dans un but scientifique, nous citerons celui de MM. Biot et Gay-Lussac qui eut lieu en août 1804 (6 fructidor an XII), et servit à constater l'état électrique de l'air et la permanence du pouvoir magnétique à de grandes hauteurs. M. Gay-Lussac, dans une ascension qu'il tenta seul, s'éleva à environ 7,000 mètres, et puisa à cette hauteur de l'air atmosphérique, qu'il trouva composé des mêmes éléments que celui que nous respirons.

La grande difficulté de ces voyages, difficulté qui jusqu'à ce jour a été insurmontable malgré les efforts d'un grand nombre d'inventeurs, est l'absence de moyens propres à diriger l'aérostat dans les airs. Mais avant de nous occuper de cette question, signalons en passant l'immense service qu'a rendu aux aéronautes l'invention du parachute de mademoiselle Garnerin : les fig. 3 et 4, planche 28, montrent ce parachute fermé et ouvert, pendant l'ascension et pendant la descente : on reconnaît que ce n'est rien autre chose qu'un parapluie de grande dimension, qu'on ouvre au moment où on veut regagner la terre, et qui par l'obstacle que lui oppose à chaque instant et en vertu même de sa vitesse, l'air ambiant, fait l'office du lest dont on a dû se débarrasser pour s'élever à une grande hauteur. La descente se fait ainsi doucement et sans danger.

Nous disions plus haut que l'obstacle à la navigation aérienne est l'impossibilité où l'on est de diriger les ballons. Il est bien certain que les aérostats doivent, comme les vaisseaux, trouver leur point d'appui dans le milieu où ils naviguent. Mais il y a entre l'eau et l'air des différences telles, que les principes hydrostatiques ne peuvent s'appliquer que très-imparfaitement à la direction des aérostats. Ainsi le vaisseau ne plonge qu'en partie dans l'eau, le ballon est complétement immergé dans l'atmosphère; le vaisseau trouve, pour résister aux vents contraires, son appui dans le liquide, et il faudrait pour qu'il y eût parité que le ballon se servît de l'air d'une couche inférieure pour résister à la violence de l'air de la couche supérieure (on verra plus loin que l'idée théorique que nous émettons ici a été proposée comme moyen pratique). Dans la navigation maritime, les conditions sont partout à peu près les mêmes, le liquide a la même densité, les courants ont une direction connue d'avance et qui ne varie pas; dans l'air, à mesure qu'on s'éloigne de la terre, la densité du milieu, les influences de la température font naître une foule de courants qui changent probablement de direction avec chaque couche d'air; le gaz contenu dans le ballon, et dont la pesanteur spécifique a bien pu déterminer son ascension, devient lui-même à une certaine hauteur un élément de danger, si on ne peut lui donner issue à propos. Enfin, tout concourt à rendre la navigation aérienne un des problèmes les plus difficiles à résoudre que puisse se poser l'intelligence humaine.

Le système qui se reproduit presque constamment consiste à produire le mouvement par des ailes analogues à celles des oiseaux : mais un savant géomètre, M. Navier, cherchant à étudier la question à un point de vue négligé par les inventeurs, celui de la force nécessaire pour produire les effets indiqués, est arrivé à cette conclusion : que l'homme ne dispose pas à chaque instant, toute proportion gardée, de plus de la quatre-vingt-douzième partie de celle que l'oiseau déploie lorsqu'il se soutient dans l'air.

On a proposé dernièrement, sans succès, il est vrai, de diriger des ballons au moyen de la force motrice de la vapeur : mais ce moteur est d'un poids trop considérable par rapport à son travail. Il serait plus rationnel d'essayer un appareil analogue à celui des poissons qui se soutiennent dans l'eau à l'aide de leur vessie natatoire et se dirigent avec leurs nageoires et leur queue qui leur sert de gouvernail : mais la force humaine ne serait pas susceptible de développer d'une manière continue l'effort nécessaire pour faire avancer le ballon dans une direction opposée à celle du moindre vent. Citons encore ici la conclusion de M. Navier : « Nous pensons, dit ce savant, « que la création d'un art de la navigation aé-« rienne, dont les résultats pourraient être « utiles et présenter autre chose qu'un spec-« tacle, est subordonnée à la découverte d'un « nouveau moteur dont l'action comporterait « un appareil beaucoup moins pesant que ceux « qu'exigent les moteurs que nous connaissons « aujourd'hui. »

Après la difficulté de diriger les ballons dans une navigation *au long cours*, vient celle de les maintenir contre le vent, lorsqu'ils sont captifs, comme étaient ceux qu'on a employés à l'armée. On verra plus loin, à l'article AÉROSTIERS, quels obstacles se sont opposés à ce que cette admirable invention rendît à l'art militaire tous les services qu'on pouvait en attendre.

Un homme d'un grand talent, M. Transon, a traité d'une manière neuve et ingénieuse, dans le *Magasin pittoresque*, la question des ballons captifs, et nous empruntons à cette publication les considérations qui vont suivre.

Pour atteindre au but proposé, il suffira de combiner avec le principe de l'*aérostat* le principe du *cerf-volant*. Prenons d'abord cette idée dans toute sa simplicité, et imaginons qu'à la corde de retenue et au-dessous du ballon soit attaché un véritable cerf-volant; n'est-il pas manifeste qu'un tel appareil s'élèvera d'abord avec facilité comme aérostat, et qu'ensuite comme cerf-volant il se maintiendra avec une facilité égale? Notez bien qu'alors, comme précédemment, le ballon sera sollicité par le vent et de la même manière; de plus, l'impulsion exercée sur la paroi inclinée du cerf-volant produira deux efforts, dont l'un dans le sens horizontal ne ferait à la vérité qu'augmenter la tendance du ballon à se coucher à terre : mais cet effort horizontal ne sera pas le seul ; il sera accompagné d'une nouvelle force ascensionnelle, de cette force qui, dans les circonstances ordinaires, est employée à soutenir le poids du cerf-volant. Et comme cette force ascensionnelle varie avec la vitesse du vent de la même façon précisément que la force horizontale, elle ne risque pas d'être vaincue par elle. Il suffira donc que tout l'appareil se maintienne contre le vent dans le cas d'une vitesse modérée, et on comprend que cela est facile à réaliser, pourvu qu'on combine convenablement l'étendue et l'inclinaison du cerf-volant.... Cela, dis-je, suffira pour que l'appareil se maintienne ensuite contre toute vitesse, n'y ayant de limites à cet égard que celles résultant du plus ou moins de résistance de toutes les parties, et notamment de la résistance dont sera susceptible le cordon de retenue.

Des expériences antérieures assurent d'ailleurs l'efficacité du moyen proposé. Mais c'est le principe du cerf-volant plutôt que le cerf-volant lui-même dont nous proposons de faire l'emploi.

Imaginons une voile exactement carrée,

soutenue par deux vergues égales formant les diagonales du carré, ou bien une voile octogonale avec deux vergues de plus; toutes ces vergues sensiblement arquées pour donner plus de prise au vent. L'ensemble offrira à peu près l'aspect d'un parachute à la Garnerin ou plus vulgairement d'un parapluie. La corde de retenue de l'appareil est attachée au croisement des vergues, dans la concavité de la voile. Une autre corde est fixée également au centre de la voile, mais de l'autre côté du côté convexe; la longueur de cette seconde corde est de quelques mètres seulement; à son extrémité se réunissent plusieurs des cordages du filet qui enveloppe le ballon, et c'est ainsi que la voile est réunie au ballon. Le filet supporte d'ailleurs une nacelle, comme à l'ordinaire.

Cet appareil étant élevé par la force ascensionnelle du ballon, donnera prise au vent, de sorte que, si la voile est placée dans une situation analogue à celle du cerf-volant, elle produira nécessairement les mêmes effets.

La queue du cerf-volant des écoliers est tirée en arrière par l'effort du vent; par là elle procure au cerf-volant l'inclinaison nécessaire pour que tout l'appareil se soutienne.

Nous assurerons à notre voile une inclinaison convenable en fixant le bout d'une corde à l'extrémité inférieure de l'une des vergues, extrémité qui sera en même temps le point le plus bas de la voile. Nous mettrons l'autre bout de cette corde à la portée de l'aéronaute qui est dans la nacelle. En tirant plus ou moins cette corde, il donnera à la voile telle inclinaison qu'il jugera convenable, et pour que son effort soit plus efficace, nous ferons passer cette corde de manœuvre sur un palan fixé lui-même à la corde principale qui lie le filet à la convexité de la voile. Ainsi l'aéronaute pourra peser sur cette corde de tout son propre poids réuni à celui de la nacelle; ce qui sera bien plus que suffisant pour l'effet qu'on veut obtenir.... Déjà notre appareil est supérieur au cerf-volant ordinaire en ce que nous pouvons approprier l'inclinaison de la voile à la force actuelle du vent; mais nous pouvons mettre aussi à la portée de l'aéronaute trois autres cordes, ou, en termes de marine, trois autres manœuvres, fixées par leurs autres bouts, l'une à l'extrémité supérieure de la vergue précédente, ce qui sera le point le plus haut de la voile, et les deux autres aux deux extrémités de la vergue horizontale : il pourra alors se mouvoir latéralement, descendre ou remonter à volonté par l'effet de la force du vent.

M. Transon ne s'est pas contenté d'étudier les moyens de maintenir et de manœuvrer les ballons captifs, il a tenté de les diriger dans l'air, et, pour y parvenir, il a cherché la solution du problème dans le principe que nous avons indiqué plus haut, en tirant parti de forces naturelles extérieures au navire aérien et à la couche d'air dans laquelle il est plongé, c'est-à-dire des courants de direction diverse, qui fréquemment existent à la fois dans l'atmosphère, mais à des hauteurs différentes.

Il construit deux ballons *conjugués* qu'il nomme *aéronef*, dont l'un a une force ascensionnelle plus grande que l'autre et assez grande pour à la fois atteindre une région plus élevée et aussi soutenir tout le poids du câble. Ces deux ballons forment d'ailleurs un système libre dans l'espace. On conçoit de suite que s'il existe un courant supérieur, le premier ballon pourra l'atteindre, tandis que le second séjournera dans une région plus calme. Le premier sera donc par rapport au second, comme un ballon captif qu'on retiendrait à terre, non pas à la vérité en un lieu fixe, mais en cédant progressivement à son effort. Si les ballons sont munis de voiles semblables à celle que nous avons décrite plus haut, la voile de chaque ballon fixée au câble commun et tournant sa concavité vers l'autre ballon, il est clair qu'au moyen de certaines manœuvres, on maintiendra à volonté la différence de niveau entre eux, on on pourra les ranger presque absolument de niveau ou encore obtenir une déviation latérale.

L'auteur résume ainsi sa théorie : L'emploi des courants supérieurs, tel qu'on l'a expliqué, place désormais l'aéronautique dans des conditions analogues à celles de la navigation maritime à voiles. Car tout ainsi qu'un navire à voiles reçoit les conditions de son allure des deux milieux dans lesquels il est à la fois plongé, trouvant dans l'eau son soutien et dans l'air son véhicule, ainsi le ballon inférieur de l'aéronef sera soutenu par l'air qui l'entoure en même temps qu'entraîné par le courant supérieur, le second ballon étant comme la voile du premier.

Bien plus, le gouvernail est applicable à l'aéronef. Car chacun des deux ballons conjugués ayant une vitesse différente du milieu ambiant et trouvant dans le câble de retenue un point d'appui analogue à la résistance que l'eau fait éprouver au navire, pourra déployer utilement un appendice qui, rompant la symétrie du système par rapport à l'impulsion du vent, concourra avec l'orientation des voiles à procurer la déviation voulue, aidera, en un mot, à *gouverner*.

Tels sont les principes nouveaux d'une navigation aérienne, dont le temps, nous l'espérons, viendra confirmer la justesse.

P. Tourneux.

AÉROSTIERS. (*Art militaire.*) En l'an II de la république française, Monge conçut l'idée de se servir des aérostats pour observer l'ennemi du haut des airs. Sur l'avis favorable d'une commission d'examen, que Monge lui-même présida, et parmi les membres de laquelle figurèrent Bertholet, Fourcroy, Guyton-Morveau et la plupart des autres savants de l'époque, le comité de salut public goûta ce projet et permit que l'exécution en fût expérimentée. Il ne l'adopta toutefois qu'à cette condition, que pour enfler les aérostats il ne serait point fait usage d'acide sulfurique, parce que la rareté du soufre, réservé alors pour la seule fabrication de la poudre, ne permettait pas de lui donner un autre emploi. Une compagnie d'aérostiers, c'est-à-dire d'ouvriers militaires qui devaient travailler à la confection des aérostats, les mettre au besoin en état de servir, et en diriger la manœuvre, fut immédiatement formée et s'exerça sur plusieurs points des environs de Paris, mais notamment dans le parc du château de Meudon. C'est là que fut construit le principal aérostat militaire, le seul, croyons-nous, qui ait été jamais mis en campagne. L'aérostat dont il est ici question, était en taffetas, mesurait trente mètres de circonférence, et pouvait, au moyen de deux longues cordes, prendre son essor jusqu'à cinq cent quarante mètres de hauteur.

Le premier essai de cette étrange machine de guerre eut lieu, en 1794, au siége défensif de Maubeuge. Les Autrichiens qui assiégeaient la place, contrariés de l'espionnage que le capitaine Coutelle, qui montait la nacelle, exerçait sur leurs immenses travaux, avancèrent pendant la nuit une pièce de dix-sept, l'appuyèrent au fond d'un ravin, et tirèrent la machine au vol, mais tous leurs boulets la manquèrent. Dans le courant de la même année le même aérostat fut conduit au siége offensif de Charleroi, et, peu de jours après, figura à la bataille de Fleurus. Le capitaine Coutelle y resta neuf heures en observation pendant la bataille, et son ascension paraît avoir eu quelque influence sur le succès de la journée, moins peut-être à cause de l'utilité des renseignements qu'il put transmettre ainsi au général en chef, Jourdan, renseignements exacts sinon complets, qu'à cause de la confiance que la vue de la machine inspirait à nos soldats de l'armée de Sambre-et-Meuse, et de la frayeur qu'elle produisait sur les Autrichiens. L'aérostat fut ensuite mené au siége offensif de Mayence. Le capitaine Coutelle s'y éleva dans les airs à demi-portée de canon des remparts, domina la place de trois cents mètres, et découvrit toutes les dispositions de l'assiégé, ses réserves, ses batteries masquées, ses points de résistance. Le 14 brumaire de l'an IV, une deuxième compagnie d'aérostiers fut créée, et celle qui avait appartenu à l'armée de Sambre-et-Meuse fit plus tard partie de l'expédition d'Égypte; mais nous ne sachions pas qu'elle y ait joué aucun rôle, et à dater du consulat l'usage de l'aérostat militaire fut tout à fait abandonné.

Ce mode d'exploration, plus ingénieux encore qu'utile, était d'un emploi malaisé. Mille embarras le contrariaient. D'abord le maintien de l'aérostat à un point fixe de l'espace était presque impossible; la lutte du ballon contre les vents, et, par suite les continuelles oscillations de la nacelle, suscitaient de continuels obstacles; à trois ou quatre reprises, au siége de Mayence, la machine fut si violemment rabattue jusqu'à terre, que les planches de la nacelle se brisèrent du choc. Soixante-quatre hommes, divisés en deux groupes qui tenaient chacun une des deux cordes, pouvaient à peine suffire à enchaîner le vol de ce gigantesque aérostat; quelquefois, par l'effort des vents, ils étaient entraînés à cent ou deux cents pas de distance. Guyton-Morveau proposait qu'on essayât de captiver les ballons militaires en les attachant par de forts câbles à des pieux fichés dans le sol; mais ce moyen eût échoué assurément, car il ne fallait pas moins que l'élasticité du bras humain pour prévenir la rupture des cordes. — Autre difficulté : comme on ne pouvait employer l'acide sulfurique pour enfler le globe, il fallait recourir à la décomposition de l'eau, et ce procédé non-seulement ne demandait pas moins de cinquante heures, mais encore exigeait un appareil considérable. — Puis, l'aérostat devait toujours rester plus ou moins gonflé, et c'était une cause d'innombrables embarras quand on voulait le transporter d'un point sur un autre. Aussi son départ de Maubeuge, d'où on ne put le faire sortir qu'en le dirigeant au-dessus des maisons, des fortifications, des portes, et son voyage pendant les douze lieues qui séparent cette ville de Charleroi, peuvent être regardés comme des tours de force. — Enfin, la quantité d'outils, d'ouvriers, d'équipages, et de moyens de réparations que la machine traînait toujours avec elle, les soins minutieux et toujours renaissants qu'elle exigeait, n'ont pas permis de la conserver au nombre des instruments de guerre de l'armée française.

En 1812, les Russes, pendant la fameuse expédition que nous tentâmes contre eux, parurent songer un instant à recourir aux aérostats militaires, non comme moyen, d'examiner les mouvements de nos troupes mais pour tenter des mitraillades aériennes. On lit, dans l'ouvrage du général Philippe de Ségur, que, par ordre de l'empereur Alexandre, un artificier allemand construisit, près de Moscou, un ballon monstrueux, dont la première destination était de planer au-dessus de l'armée française, d'y choisir un chef, et de l'écraser par une pluie de fer et de feu; qu'on en fit plusieurs essais, mais qu'ils échouèrent tous par suite de la rupture des ailes.

L'expédition d'Alger, en 1830, fit revivre le projet d'employer militairement les aérostats. On avait embarqué sur la flotte qui portait notre armée vers les côtes d'Afrique, tout le matériel nécessaire ; mais on ne s'en est point servi, on n'a point pensé à s'en servir.

RHIME.

ÆSTHÉTIQUE. *Voy.* ESTHÉTIQUE.

AFFAIRE. (*Art militaire.*) Le terme affaire, de même que le terme *action*, peut s'appliquer à tous les chocs plus ou moins importants qui ont lieu entre deux corps plus ou moins nombreux de troupes ennemies. Ainsi, on dira d'un homme qui a souvent assisté à des batailles sanglantes et à des siéges mémorables, qu'il s'est trouvé à beaucoup de chaudes affaires. Cependant, le plus souvent, les affaires sont de très-petits combats, de simples engagements, des chicanes qui ont pour théâtres des pays inégaux et coupés. D'ordinaire, le gros de l'armée n'y participe pas, et elles ont pour but la possession d'un poste, d'un emplacement avantageux, d'un point capital. On attaque ou l'on défend l'entrée d'une gorge, le passage d'un défilé, les abords de certains côtés d'une forteresse. Les affaires, quand il s'agit d'attaquer un lieu fermé, ont habituellement lieu *en colonne* ; au contraire, celles de plaine s'exécutent *en bataille*, c'est-à-dire que la cavalerie forme l'avant-garde et l'arrière-garde, et que l'artillerie garnit les éminences et le front. Le succès des unes et des autres dépend en général de l'à-propos avec lequel la troupe assaillante occupe des points qui puissent donner sur la troupe assaillie des flancs et des revers.

Le maréchal de Saxe prétendait réduire la guerre à des affaires, et conseillait aux Français notamment d'éviter les batailles. Certes, par un tel conseil, il accusait ou l'indiscipline de son armée, ou son peu d'habileté en tactique ; car, outre qu'on ne regarde plus l'art de la guerre comme susceptible d'être renfermé dans des principes absolus, notre histoire militaire de ces cinquante dernières années prouve surabondamment que les Français peuvent se risquer à des batailles rangées. Frédéric II disait s'être fait une loi d'éviter les affaires, et, contrairement à l'avis du maréchal de Saxe, Bonaparte, qui a livré et gagné les batailles d'Arcole, de Rivoli, de Marengo, d'Austerlitz, d'Iena, d'Essling, et tant d'autres, semble avoir tout à fait partagé l'opinion de Frédéric.

RHIME.

AFFAIRE D'HONNEUR. *Voyez* DUEL.

AFFECTION. (*Philosophie*) Ce mot a un sens beaucoup plus étendu en philosophie que dans le langage ordinaire : c'est le nom qui convient à tous les modes de sensibilité, à toutes les situations de l'âme où nous sommes purement passifs. Toute intuition des sens, dit Kant (*Analyt. transcend.*, 1re sect.), repose sur des affections ; et toute représentation de l'entendement, sur des fonctions. Ainsi, on peut être affecté agréablement ou péniblement d'une douleur ou d'un plaisir purement physiques, comme d'un sentiment moral. Remarquons cependant que, lorsqu'il s'agit d'une signification aussi générale, notre langue se sert plutôt du verbe que du substantif.

AFFICHES. (*Législation.*) On appelle ainsi des feuilles, soit écrites à la main, soit imprimées, qu'on placarde dans les lieux publics, sur les murs ou sur des poteaux destinés à cet usage. Elles attirent l'attention du passant, sont lues et commentées par lui, et constituent ainsi un moyen de publicité employé dans diverses circonstances.

Dans l'antiquité les affiches servaient à la publication des lois. Chez les Grecs, les lois s'inscrivaient sur des tablettes de bois qui tournaient sur un pivot, et que l'on appelait ἄξονες, ou κύρβεις, quand les lois qu'on y inscrivait avaient la religion pour objet. Chez les Romains, les lois admises par les comices, les décrets du sénat, les ordonnances du préteur qui entrait en charge, étaient gravés, selon l'importance de la matière, sur l'airain, l'ivoire et le bois. Mais ces objets n'étaient pas seuls portés par les affiches à la connaissance du public : les ventes aux enchères, les livres nouveaux, les spectacles étaient annoncés de la même manière, et, sous ce rapport, les fouilles de Pompéi ont mis à découvert des exemples d'annonces extrêmement curieux. On livrait aussi, sur certaines colonnes, à la malignité publique des épigrammes et des écrits satiriques.

Les Romains apportèrent leurs usages dans les Gaules, et là, comme à Rome, les lois furent affichées. La coutume s'en perpétua, et nous la trouvons confirmée par un édit rendu par François 1er en 1539. Cependant il faut dire qu'elle avait subi une longue interruption au moyen âge, où la voix des crieurs et le son de trompe remplacèrent les publications écrites et placardées.

Dans la Rome moderne, les statues de Pasquin et de Marforio héritèrent du rôle que jouaient du temps d'Horace les colonnes dont nous venons de parler. Les noms les plus nobles, les puissances les plus élevées, les vices les plus redoutables, les ridicules les plus illustres comparaissaient tour à tour à ce pilori dressé par l'opinion. Là l'épigramme et la satire n'épargnaient personne ; là elles déployaient leur verve qui allait souvent jusqu'à l'injure, leur liberté presque toujours poussée jusqu'à la licence.

L'usage des proclamations, des épigrammes, des annonces écrites et collées aux murailles, soit ouvertement, soit secrètement, fut aussi connu en France, et fut employé surtout pendant les guerres de religion, à la fin du seizième siècle. Il en résulta de tels abus, que le parlement fut obligé de sévir, par un arrêt du 5 février 1652, contre les auteurs futurs d'un pareil désordre.

Au dix-septième siècle, les affiches commencèrent à devenir ce que nous les voyons aujourd'hui. Les représentations théâtrales, les annonces judiciaires, commerciales, littéraires, furent rendues publiques par des affiches; et celles-ci se multiplièrent bientôt tellement, qu'il fallut en régulariser l'emploi : un arrêt du conseil (13 septembre 1722) fixa le nombre et les devoirs des colporteurs et afficheurs, et ce règlement fut plusieurs fois renouvelé.

Aujourd'hui, malgré les autres moyens de publicité, qui, Dieu merci, sont assez nombreux et assez puissants, l'usage des affiches a pris un développement considérable. La législation en ordonne l'impression et la publication dans des cas nombreux; le code civil, le code de commerce, le code criminel s'en servent, chacun dans le cercle de leurs attributions. Les affiches servent encore à faire connaître les décrets, les décisions, les ordonnances des autorités. Elles servent à annoncer les découvertes faites par l'industrie, la fondation des nouveaux établissements de commerce, et à attirer les chalands par l'énumération toujours exagérée, presque toujours menteuse, des avantages qu'ils trouveront à se porter aux endroits prônés par elles plutôt que partout ailleurs. Enfin, elles servent à faire connaître les spectacles joués chaque jour sur les théâtres, le titre, la longueur et la nature des pièces, les noms des auteurs et ceux des acteurs.

Les affiches sont soumises par la loi à certaines dispositions fiscales et particulières. Ainsi elles doivent être préalablement présentées au visa de la préfecture de police; elles doivent être imprimées sur papier timbré, et ce papier doit être blanc s'il s'agit d'actes émanés de l'autorité, et de toute autre couleur quand ce sont les particuliers qui affichent. Le nombre des afficheurs est limité, et ils sont régis par des règlements sévères. Enfin les affiches de théâtre, destinées à faire foi, en cas de discussion, entre le directeur et le public, doivent être l'expression exacte et scrupuleusement fidèle de promesses qui seront tenues. Tout changement dans le programme officiel doit être annoncé sur l'affiche primitive par une bande de couleur différente, et si le changement arrive trop tard pour que cette formalité soit remplie, il donne droit à tout spectateur de se faire restituer le prix de sa place. L'ordre dans lequel sont placées les affiches des théâtres est déterminé par la hiérarchie de ces établissements, et la dimension même des affiches est limitée dans les cas ordinaires, au moins pour certains théâtres, dont les placards, d'autant plus grands naguère que le théâtre était plus petit, portaient ombrage aux entreprises rivales. Cette mesure est peut-être employée à tort, puisque rien n'empêchait les affiches, jalouses de leurs voisines, de les égaler, de les surpasser en hauteur et en largeur. Mais il est certain que la dimension des affiches influe au moins sur une partie du public. Aussi, dans les cas de représentation extraordinaire, voit-on l'annonce du spectacle se déployer sur une étendue non moins extraordinaire, et le public d'y courir.

Depuis quelque temps, les affiches imprimées ont été en partie remplacées par un autre mode d'affichage. Beaucoup d'annonces industrielles et commerciales sont peintes sur le mur même, et par ce moyen, elles peuvent être beaucoup plus grandes, frappent de plus loin la vue, et, par leur durée plus longue, épargnent des frais de renouvellement.

X.

AFFILIATION. (*Politique.*) Dans le droit civil, c'est une espèce d'adoption anciennement en usage dans quelques provinces de France; dans l'acception commune, c'est la réception d'un individu dans une société quelconque. Nous nous bornerons ici à l'affiliation proprement dite, celle par laquelle les ordres monastiques recevaient des séculiers à la participation de leurs prières.

Lorsque la religion est le but réel de la communauté, l'affiliation est avouée. C'était publiquement qu'on s'affiliait à ces quatre ordres qui regorgeaient de richesses, et qu'on appelait *mendiants;* on portait même un emblème de cette adoption : les Augustins donnaient une ceinture de cuir, les Carmes un scapulaire, les Dominicains un rosaire, les Franciscains un cordon. Le gouvernement pouvait se plaindre de ce qu'il y avait d'impolitique dans ces affiliations; la philosophie pouvait attaquer ce qu'elles cachaient de superstitieux et d'immoral; toutefois leur publicité était la preuve de leur bonne foi.

Mais si la religion n'est que le moyen adroit, et si le pouvoir terrestre est le but véritable de la communauté, alors l'affiliation est mystérieuse et désavouée. On veut se faire des appuis, soit pour résister à la puissance, soit pour la diriger, soit pour l'envahir; par conséquent on ne doit enrôler que des personnages qui, par leurs emplois et leur fortune, puissent servir d'instrument à l'ambitieuse communauté, ou la couvrir de leur protection. L'affiliation doit alors être cachée sous un voile impénétrable, afin que, toujours inconnus, les séides de la société puissent se montrer avec plus d'audace, tromper avec plus de fruit, où frapper avec moins de crainte.

Les jésuites sont les seuls qui aient mis en pratique ces affiliations; ils sont aussi les seuls qui aient tendu avec constance, sans relâche et par toutes les voies, à l'envahissement des pouvoirs politiques. De là leurs efforts pour s'emparer exclusivement de l'instruction de la jeunesse et de la direction des consciences; ils décréditaient les modestes et pieux travaux du clergé, par la pompe de leurs fréquentes missions; ils transigeaient avec la foi, et pliaient la morale évangélique au gré des gens du monde et selon la corruption des gens de cour. La conscience de leurs affiliés n'était que le point d'appui du levier de leur ambition : mais l'ombre ne put longtemps cacher leurs desseins, et la justice du monde civilisé mit enfin au grand jour ce noir mystère d'iniquité.

Leur système de prosélytisme parmi les gens du monde était connu depuis longtemps. Pasquier avait signalé leurs affiliés sous le titre de jésuites de la *petite observance*. Grotius, défenseur zélé du pouvoir royal, ne put voir sans effroi « cette puissance sacerdotale « qui menaçait les trônes en admettant dans la « religion jusqu'à des hommes mariés qui ne « faisaient d'autre vœu que celui d'obéissance « passive au général des jésuites. » La société repoussa cette accusation, et le philosophe Bayle ne la crut pas assez prouvée; mais bientôt leur procès révéla qu'il existait des jésuites du *tiers-ordre* en Italie, de *robe-courte* en France. Le vertueux La Chalotais dénonça « ces jésuites inconnus, vivant dans leur fa-« mille; » l'avocat général Castillon, « ces es-« pions cachés au milieu du monde et s'igno-« rant les uns les autres; » le sage Joly de Fleury, « ces hommes de toutes les condi-« tions, papes, rois, princes, évêques, minis-« tres et magistrats, pensant devoir leur état et « leur puissance aux desseins occultes et cou-« pables de la société. » Dans le nombre immense de leurs séides, on plaçait cet infâme chancelier Duprat, qui avait détruit les libertés de l'Église gallicane par le concordat, l'indépendance de la magistrature par la vénalité des charges, et dont le fils amena du concile de Trente et établit publiquement en France les premiers jésuites, pour lesquels il fonda le collége de Clermont. Burnet avait cité ce malheureux Jacques II, que l'ambition jésuitique égara dans le labyrinthe du pouvoir absolu, où il perdit sa gloire, son trône et sa dynastie. On connaît cet infortuné don Sébastien, qui disparut à la bataille d'Alcacer, et dont un prétendu ermite, conduit par un jésuite se disant évêque de Garde, vint bientôt réclamer la couronne.

La publicité de leur procès et l'évidence des preuves ne permirent plus aux jésuites de nier ces affiliations séculières. Ils prétendirent que l'objet en était tout religieux. L'affilié s'obligeait à révéler son affiliation au chef des jésuites de sa résidence, et, s'il changeait de demeure, à se faire reconnaître au chef de son nouveau domicile; à n'entreprendre aucune affaire d'intérêt ou de famille sans en prévenir les jésuites; à favoriser l'ordre de tout son pouvoir; à dénoncer tout ce qu'il pourrait découvrir dans la vie civile; à ne jamais renoncer à son affiliation; enfin, par un article secret, il s'engageait à faire servir toute sa puissance personnelle à l'agrandissement des intérêts temporels de la société.

Les ordres religieux ne portent dans le monde l'esprit de prosélytisme que par ambition. Celle des jésuites fut funeste; elle coûta le trône à leurs affiliés Jacques II et don Sébastien; elle causa l'assassinat de Henri IV et de Joseph Ier. Un pays assez malheureux pour posséder des cloîtres doit, s'il veut être en paix, forcer les moines à ne pas en franchir le seuil. La religion peut les retenir au dedans; la politique seule les conduit au dehors.

Nous ne dirons rien de ces superstitieuses affiliations par lesquelles on s'engageait à mourir dans l'habit d'un ordre religieux. Un des mignons de Henri III s'affubla d'un froc de capucin, comme s'il voulait aller en masque en paradis, espérant qu'on lui en ouvrirait les portes parce qu'on ne le reconnaîtrait pas.

Pour les rites et les cérémonies de l'affiliation, *voyez* Mystères; et Sociétés secrètes, pour les affiliations politiques, leur but apparent et leur tendance cachée.

J. P. Pagès.

AFFILOIR. (*Technologie.*) Instrument destiné à faire disparaître le morfil des instruments tranchants, lorsqu'ils viennent d'être aiguisés à la meule, ou bien à leur rendre le fil, lorsqu'ils l'ont perdu par l'usage. Cette opération se fait à la main et avec une ardoise, un morceau d'acier ou une pierre à gros grains quand la lame n'est pas destinée à des usages délicats. Quand, au contraire, il s'agit d'instruments dont le tranchant doit être fin et doux en même temps, comme les rasoirs, les instruments de chirurgie, on emploie une pierre schisteuse jaune, sur la surface de laquelle on répand quelques gouttes d'huile, destinées à favoriser le glissement de la lame. Les cuirs sur lesquels on promène les rasoirs sont aussi des espèces d'*affiloirs*. Le génie des inventeurs s'est exercé fréquemment sur cet objet, et le nombre des cuirs à rasoirs, différant entre eux par la forme, par la nature du cuir, par la pommade dont on le couvre, est incalculable. Laquelle de ces inventions doit être préférée?

Aucune peut-être. Au reste, c'est à l'expérience à en juger.

Comme nous l'avons dit, quand on veut affiler des instruments plus grossiers, tels que les ciseaux, les couteaux, on se sert d'une pierre à gros grains, qui n'est autre chose qu'un morceau de schiste ardoiseux. Pour les faux, on promène la pierre sur toute la longueur de la lame.

Le premier et le plus simple des affiloirs métalliques se compose d'un morceau d'acier cylindrique appelé *fusil* chez les couteliers et dans les ménages.

On a imaginé, il y a quelques années, un affiloir fait avec deux limes d'acier très-fines montées dans un petit appareil métallique, de manière que le couteau, introduit dans l'espace qui les sépare, puis poussé et retiré alternativement, les touche toutes deux et se trouve affilé par le frottement. Un autre instrument du même genre, et qui n'est qu'un perfectionnement de celui-là, se compose de deux cylindres d'acier placés parallèlement, et garnis de cercles d'environ deux lignes de largeur, qui s'emboîtent légèrement les uns dans les autres, et sont striés de manière à former de véritables limes. On place le tranchant du couteau dans l'espace triangulaire formé par les deux segments de cercle à leur rencontre, et on lui imprime, de même que dans l'affiloir précédemment décrit, plusieurs mouvements, dans lesquels l'action des deux limes latérales amincit la lame et en redresse les dentelures. On y ajoute deux cylindres pareils, mais dont les cercles sont polis, de manière à abattre le morfil qui pourrait résulter de l'action des premiers.

AFFINAGE. (*Agriculture.*) C'est l'opération qui a pour but de diviser la terre et de la soumettre par là même plus parfaitement à l'accès de l'eau et à l'influence de l'air et de la lumière. C'est en multipliant les binages, et en faisant entrer en assolement les cultures qui, comme les pommes de terre, exigent le plus de préparations de ce genre, qu'on affine les terres.

Dubrunfaut.

AFFINEUR. (*Technologie.*) Dans les arts, on donne le nom d'affinage à l'opération par laquelle on purifie diverses substances, telles que le fer et les autres métaux; mais on désigne particulièrement sous le nom d'affineur l'ouvrier qui s'occupe de l'épuration de l'or et de l'argent. Son travail a pour but de rendre ces métaux parfaitement malléables, en les séparant des matières étrangères qui en altèrent les qualités; cette opération leur donne plus de ténacité et de ductilité, et les rend susceptibles de former, sous le marteau du batteur d'or, ces feuilles si légères, et à la filière du tireur d'or, ces fils si déliés qui entrent dans la composition des étoffes les plus riches.

Les matières d'or et d'argent se trouvant presque constamment mélangées de cuivre, d'étain et même de plomb, on commence par les débarrasser de ces derniers métaux, afin qu'il ne reste plus qu'un alliage d'or et d'argent, qu'on sépare ensuite par une opération subséquente. L'alliage impur est donc mis d'abord dans un creuset avec un vingtième de nitre, et exposé à une chaleur suffisante pour fondre le métal, décomposer le nitre, et oxyder les métaux étrangers, qui se séparent sous forme de scories au-dessus du bain métallique : cette opération se nomme la *poussée;* on laisse refroidir, et on retire le culot d'or et d'argent qui se trouve au fond du creuset.

Ce culot est de nouveau fondu, et ensuite versé par petit filet dans de l'eau, où il se réduit en grenaille. On traite cette grenaille par de l'acide nitrique dans des vases de platine; l'argent se dissout, et l'or reste au fond des vases sous forme de poussière ou de petites masses d'un brun jaunâtre. On fait fondre cet or dans des creusets où l'on met un peu de nitre, et l'on obtient ainsi ce qu'on appelle *or de départ.*

Pour retirer l'argent contenu dans les dissolutions, on y plonge des plaques de cuivre rouge décapé; l'argent se dépose peu à peu sous forme d'une mousse cristalline, et on n'a plus qu'à le fondre avec un peu de nitre et de borax pour le réduire en lingot.

Lorsque l'alliage qu'il s'agit d'affiner contient plus du quart de son poids d'or, l'acide ne peut pas l'attaquer; on est obligé d'y ajouter de l'argent en quantité suffisante pour que l'or ne forme plus que le quart de l'alliage : cette opération se nomme *inquartation.*

L'argent de départ obtenu par le procédé ci-dessus contient encore un millième d'or. M. Dizé, affineur des monnaies, a trouvé le moyen d'extraire ce millième en substituant, dans sa méthode d'affinage, l'emploi de l'acide sulfurique à celui de l'acide nitrique.

Lenormant et Mellet.

Voici le procédé de M. Dizé : l'alliage qu'on soumet à l'opération est purifié préalablement et inquarté comme pour le traitement par l'acide nitrique : il doit contenir :

Argent. 0,725
Or. 0,200
Cuivre. 0,075

S'il y avait plus d'or, tout l'argent ne serait pas attaqué; le cuivre ne doit pas non plus dépasser la proportion indiquée, sans quoi le sulfate de cuivre qui se forme et qui est insoluble dans l'acide sulfurique concentré, empêcherait l'action de l'acide sur l'alliage et rendrait d'ailleurs plus dangereuse la distillation de l'acide sulfurique, opération qui exige, comme on sait, de nombreuses précautions.

On introduit douze à quinze kilogrammes d'alliage graunlé dans une cornue de platine ; on y ajoute de l'acide sulfurique concentré, et on chauffe peu à peu jusqu'à l'ébullition. Au bout de quelques heures, on laisse refroidir, puis on décante : la liqueur séparée contient l'argent et le cuivre en dissolution, et l'or reste dans la cornue. On le traite une seconde et une troisième fois de la même manière pour l'avoir complétement pur.

Quand les dissolutions obtenues par ces opérations successives sont éclaircies, on les étend d'eau, puis on y introduit des morceaux de cuivre qui précipitent l'argent à l'état métallique. La liqueur ne contient plus alors que du sulfate de cuivre ; on la concentre et on fait cristalliser : le sel se dépose et ses eaux mères fournissent de l'acide sulfurique à peu près pur, dont on se sert pour de nouvelles opérations.

Ce procédé permet, comme on l'a dit, de séparer un millième d'or de l'argent. Il a donc des avantages sur le précédent ; mais il est difficile à exécuter, et il exige de nombreuses précautions, à cause de la haute température qui est nécessaire pour mettre l'acide sulfurique en ébullition et des dangers que présente cette opération. (*Voyez* SULFURIQUE [Acide].) C'est cependant la méthode que l'on emploie le plus souvent en France pour l'affinage, parce que l'acide sulfurique y est à bas prix.

L'opération que nous venons de décrire, et qui consiste à extraire l'or de l'argent auquel il est allié, est connue sous le nom de *départ*. On fait le départ au moyen de l'acide nitrique ou de l'acide sulfurique, parce que ces acides ont la propriété de dissoudre l'argent, sans attaquer l'or ; en agissant sur l'alliage, ils déterminent ainsi la séparation des deux métaux.

AFFINITÉ. (*Chimie.*) Lorsque deux corps sont mis en contact, quoique la pesanteur ne provoque aucun déplacement, que la température soit uniforme, la lumière également répartie, en un mot que rien ne paraisse capable de troubler l'équilibre ou le repos du système, il arrive souvent que les deux corps, par une action réciproque et comme volontaire, donnent naissance à des êtres nouveaux, au milieu de circonstances plus ou moins remarquables ; bien plus, le même corps, si on vient à modifier l'action qu'exercent sur lui les agents naturels, comme l'électricité, le calorique, la lumière, se transforme aussi très-souvent en des produits nouveaux. Enfin, il arrive parfois qu'un corps abandonné à lui-même, quand rien ne change autour de lui, acquiert des propriétés, prend des formes nouvelles : ces changements dans la constitu-

tion intime des corps sont dus à une force ou à des forces que l'on désigne par le nom général d'*affinité*, dont on cherche à expliquer la nature et le mode d'action par l'interprétation de leurs effets. D'anciens philosophes attribuèrent ces transformations, si fréquentes dans le règne minéral, et perpétuelles dans les végétaux et les animaux, à l'action d'un être particulier répandu dans tout l'univers (*mens agitat molem*). Suivant les autres, il n'y avait qu'une seule matière capable de prendre par elle-même des formes variées à l'infini. Aristote et ses partisans firent découler tous les phénomènes naturels du jeu de quatre éléments, dont les combinaisons, dues à des forces inhérentes à leur nature, donnaient naissance à tous les corps composés.

On attribue à Moyow les premières observations sur les combinaisons des corps ; il remarqua celles qui s'opèrent entre les acides et les alcalis, et conçut l'existence d'une force capable de les produire. Cette force, par laquelle les corps s'unissent entre eux, fut désignée par le mot d'*affinité* (alliance) : ainsi l'on disait que deux substances qui s'unissent fortement ont l'une pour l'autre une grande affinité, ou qu'il existe entre elles une grande force d'affinité. L'idée la plus naturelle qui se présentait pour estimer le degré d'affinité de deux corps était de chercher à la vaincre par une autre force de même espèce. Ainsi, voulait-on savoir lequel des deux corps A et B avait le plus d'affinité pour un troisième X, on formait le composé AX, et l'on faisait agir sur lui le corps B : si ce dernier avait la puissance de déplacer A, en formant le composé BX, on en concluait que B avait pour X plus d'affinité que n'en avait A ; dans le cas contraire, on tirait une conséquence opposée. Geoffroy établit sur ce principe les premières tables d'affinité ; elles parurent en 1718. Chaque substance était placée tour à tour à la tête d'un tableau, sur lequel étaient inscrites toutes les autres par ordre de leur plus grande affinité pour la première. Limbourg, Rouelle le jeune, y firent des corrections. Gelbert donna aussi des tables d'affinité, fondées, non pas, comme celles de Geoffroy, sur les décompositions chimiques, mais sur la facilité plus ou moins grande avec laquelle les corps se combinent et sur la stabilité de leurs produits. Enfin Bergmann, en 1775, puis en 1783, développa la théorie des affinités, et forma de nouvelles tables, copiées quelquefois, il est vrai, sur celles de Gelbert, tout en suivant la méthode de Geoffroy. Considérant toujours les combinaisons comme le résultat d'une force unique, indépendante des circonstances qui semblaient devoir au moins modifier ses effets, Bergmann distingua l'affinité immédiate d'un corps pour un autre, lorsque ces corps

14.

sont libres tous les deux, de l'affinité de ces mêmes corps lorsque l'un d'eux seulement entre déjà dans une combinaison, enfin de leur affinité lorsqu'ils entrent l'un et l'autre dans des composés différents. La première fut une affinité *simple* ou élémentaire, la seconde une affinité *élective*, et la troisième une affinité *complexe*. L'affinité simple est bien la véritable, mais il est impossible de la m surer directement. Par l'affinité élective, un corps détruit un composé pour s'emparer de l'un de ses éléments; elle peut donner la mesure de la première. Quand deux sels sont en contact, il y a quatre affinités en action. Deux tendent à maintenir en combinaison l'acide du premier sel avec sa base, et l'acide du second sel avec sa base : ce sont les *affinités quiescentes*. Deux agissent en sens contraire, l'affinité de l'acide du premier sel pour la base du second, et l'affinité de l'acide de celui-ci pour la base du premier : ce sont les *affinités divellentes*. S'il n'y a point décomposition réciproque, c'est parce que les premières l'emportent sur les secondes; et si, au contraire, la décomposition a lieu, celles-ci ont vaincu les premières. Les phénomènes dus à de pareilles actions combinées devaient offrir la confirmation de l'ordre établi dans les affinités électives.

Berthollet combattit victorieusement cette théorie.

« L'affinité, selon lui, est une force qui tend toujours à réunir, et jamais à décomposer. Mais il est difficile, pour ne pas dire impossible, de la séparer de tout ce qui n'est pas elle ; car à l'affinité, qui, si elle agissait seule, produirait la combinaison intime des deux corps, s'opposent la cohésion, qui tend à maintenir ensemble les atomes de chacun de ces corps, et l'élasticité, par laquelle ils se repoussent. La liquidité même des deux corps ne permet pas à l'affinité d'avoir tout son effet, puisque les liquides ne sont pas dépourvus de cohésion. Qu'on atténue, qu'on détruise même ces deux forces perturbatrices, en dissolvant les solides et les gaz dans un liquide tel que l'eau, l'affinité réciproque des substances dissoutes sera encore contrariée par leurs propres affinités pour le liquide. Bien plus, continue l'illustre chimiste, les corps n'agissent pas en vertu de leurs affinités seulement, mais encore par leur quantité, puisqu'en faisant varier celle-ci, les résultats de l'affinité ne sont plus les mêmes. Pour déterminer les affinités relatives de deux substances sur une troisième, il faudrait les mettre en présence, toutes dans un état de liberté absolue, et voir en quelle proportion cette troisième se partagerait avec des quantités déterminées des deux autres. Si ces quantités étaient entre elles, par exemple, comme 1 est

à 2 lorsque le partage se fait également, on en pourrait conclure que les affinités correspondantes sont entre elles en raison inverse, comme 2 est à 1.

« En considérant la neutralisation d'un sel comme le point où l'acide et la base qui le forment ont des actions égales et opposées sur un troisième corps, sur les couleurs bleues végétales, par exemple, on peut dire que deux acides ont pour la même base des affinités qui sont en raison inverse des quantités de ces acides nécessaires pour saturer une même portion de la base, puisque dans l'un et l'aut e des sels neutres qui en résultent, les acides exercent sur une couleur bleue, soumise à leur action, un effet qui est justement compensé par l'action contraire de la base. On pourrait donc regarder les affinités comme inversement proportionnelles aux quantités, aux masses qu'il faudrait prendre de chaque acide pour neutraliser la même quantité d'une base, ou aux masses de chaque base nécessaires à la saturation d'une même portion d'acide. Et, dans tous les cas, l'action chimique serait proportionnelle à la saturation; en sorte que l'acide qui saturerait deux portions de base aurait une action double de celle d'un autre acide qui, pris en quantité égale, ne saturerait qu'une seule portion de base. Enfin, la capacité de saturation à laquelle l'affinité est proportionnelle ayant été déterminée, pour chaque corps, à un certain degré de saturation, il serait possible que les capacités ne fussent plus dans les mêmes rapports à un autre degré de saturation.

« Quand un sel est dissous dans l'eau, si on vient à y verser un acide dans l'intention d'expulser celui du sel, ou une base pour la substituer à l'autre, tant que la dissolution se maintient parfaite, les trois corps dissous agissent l'un sur l'autre en proportion de leurs masses. S'il y a deux acides et une base, celle-ci se partage entre les deux acides; et s'il y a deux bases et un acide, ce dernier agit sur les deux premières; et, dans l'un et l'autre cas, en vertu des masses et des affinités mises en jeu. On voit par là, continue Berthollet, qu'il n'y a point d'expulsion ; car quelque grande que soit la force d'affinité de l'un des acides pour la base commune, et quelle que soit la faiblesse de l'autre acide, si ce dernier est en quantité suffisante, son action chimique pourra l'emporter sur celle du puissant acide, parce que sa masse suppléera à la force d'affinité qui lui manque. S'il arrive qu'il y ait séparation, elle ne sera pas l'effet d'une prétendue affinité élective, mais celui des forces étrangères déjà signalées plus haut. La précipitation d'une des substances devra être attribuée à la force de cohésion qui surmonte l'action du dissolvant. La cristallisation sera une précipitation lente. Le dégagement d'un des corps à l'état de fluide élastique sera dû à la force répulsive du calorique, force que le dissolvant n'a pu vaincre. Il restera néanmoins dans le liquide une portion du corps éliminé; portion compatible avec la force de cohésion ou d'élasticité d'une part, et, d'autre part, avec l'action du liquide et des corps dissous. Dans cette dissolution, les actions chimiques seront toujours proportionnelles aux affinités et aux masses; et ce qui sera précipité ou volatilisé devra être considéré comme soustrait à la combinaison par des forces étrangères à l'affinité, quoique provoquées par elle. Les déplacements de certaines substances par d'autres substances n'indiquent donc pas leurs forces d'affinités respectives; les affinités électives n'existent donc point réellement, et leurs tables ne peuvent donner qu'une fausse idée de l'affinité proprement dite. Ce n'est pas qu'on ne puisse comprendre sous le nom général d'affinité toute la puissance chimique qu'un corps exerce sur un autre dans des circonstances données; mais alors il faut éviter de la considérer comme une force constante qui produirait les compositions et les décompositions chimiques. »

Berthollet, il faut l'avouer, a complétement renversé la théorie des affinités électives, au moins telle qu'on la concevait alors. Un grand pas qu'il a fait faire à la science, c'est de lui avoir ôté cette prétendue perfection qui, représentant par des nombres invariables les forces des éléments matériels, devait mettre en état de calculer d'avance tous les phénomènes chimiques. Ce n'est pas qu'il ne crût qu'après avoir observé et mesuré les effets de toutes les forces qui concourent à la produire, on ne parvînt un jour à découvrir la force véritable de l'affinité, et à prévoir les mouvements infiniment petits des atomes, comme on avait déterminé ceux des corps planétaires. Mais la capacité de saturation ne semble pas être la véritable mesure de l'affinité, comme il l'avait admis. SAIGEY.

Nous exposerons ailleurs les théories admises aujourd'hui, dans la science, sur la nature et les lois de l'affinité chimique. *Voyez* COMBINAISON.

Voyez les auteurs cités et principalement Berthollet, *Statique chimique*, 1803, in-4°.

AFFIRMATION. (*Philosophie.*) L'affirmation (en grec κατάφασις) consiste à attribuer à une chose une qualité quelconque, ou à admettre simplement qu'elle est. L'affirmation, quand elle est renfermée dans la pensée, n'est pas autre chose qu'un jugement; exprimée par la parole, elle devient une proposition, et cette proposition est affirmative ou positive; la négation en est le contraire. Il faut remarquer qu'un jugement, affirmatif dans la pensée, peut être exprimé sous la forme d'une proposition négative; ainsi, quand je nie que l'âme soit matérielle, j'affirme réellement son immatérialité, c'est-à-dire son existence même.

AFFLUENT. (*Géographie physique.*) Les divers cours d'eau qui forment une rivière ou un fleuve sont appelés affluents (*ad fluere*, *affluere*, couler vers).

L'ensemble des pentes d'où découlent les affluents d'un fleuve s'appelle le bassin de ce fleuve, ou sa région hydrographique. Il peut arriver que les bassins de deux fleuves soient extrêmement voisins; cependant il est impossible d'aller de l'un à l'autre au moyen de rivières ou de cours d'eau. Une exception à cette règle se présente dans l'Amérique méridionale : l'Orénoque et le Maragnon (rivière des Amazones) ont des affluents communs.

AFFOUAGE. Ce terme, qui vient de *ad* et de *focus*, foyer, signifie la répartition du bois de chauffage dont on a déjà la propriété en commun. Cette répartition se fait, non par tête d'habitant, mais par foyer, disposition assez rationnelle, que le conseil d'État adopta en 1807. Le droit d'affouage s'accorde aussi aux agents et fonctionnaires forestiers, et alors son étendue se mesure au grade. Il a été aussi quelquefois l'effet d'une tolérance; ainsi autrefois chaque communauté d'habitants avait ses affouages dans les forêts seigneuriales. Aujourd'hui ce droit se confond entièrement avec les autres droits d'usage, qui ne peuvent s'établir que par titres, ou par une prescription équivalant à titre. Toutes les manières d'exercer le droit d'affouage sont sujettes à une loi qui leur est commune : il est défendu aux individus qui en profitent de détourner les bois reçus, de l'objet de leur destination, qui est de fournir à chacun son chauffage pour l'hiver. Ainsi aucune portion affouagère ne peut être ni vendue, ni échangée contre des objets d'une autre nature, et cela sous des peines qui atteignent l'acheteur comme le vendeur.

AFFRÈTEMENT. (*Commerce maritime.*) Toute convention pour louage d'un vaisseau prend le nom d'*affrétement*, de *nolissement*, de *charte-partie*. Rédigée par écrit, elle doit énoncer le nom et le tonnage du navire, le nom du capitaine, les noms du *fréteur*, celui qui donne à loyer, et de l'*affréteur*, celui qui prend à loyer; le lieu et le temps convenus pour la charge et la décharge; le prix du *fret* ou *nolis*; si l'affrétement est total ou partiel; enfin l'indemnité convenue pour les cas de retard.

S'il arrive qu'avant le départ du navire il y ait interdiction de commerce avec le pays pour lequel il est destiné, les conventions sont résolues sans dommages-intérêts de part et d'autre ; cependant, le chargeur reste tenu des frais de charge et de décharge des marchandises.

S'il existait une force majeure qui n'empêchât que pour un temps la sortie du navire, les conventions subsisteraient, et il n'y aurait pas lieu à dommages-intérêts à raison du retard. Les conditions subsistent également, et il n'y a lieu à aucune augmentation de fret, s'il arrive pendant le voyage quelque accident de force majeure.

En cas de blocus du port pour lequel le navire est destiné, le capitaine est tenu, s'il n'a des ordres contraires, de se rendre dans un des ports voisins de la même puissance où il lui sera permis d'aborder.

Le navire, les agrès et apparaux, le fret et les marchandises, sont respectivement affectés à l'exécution des conventions des parties. (Code de commerce, 273-280.)

AFFUSION. (*Médecine.*) *Affundere*, verser dessus. L'affusion consiste à verser d'une hauteur variable sur la surface du corps une certaine quantité d'eau. Les affusions chaudes sont rarement employées (Voy. BAIN); c'est aux affusions froides que se rapportera ce que nous dirons de ce moyen thérapeutique. La température des affusions varie de 12° à 25°.

Plusieurs passages d'Hippocrate prouvent que les affusions étaient connues et employées avec succès par les médecins grecs. Les auteurs latins et arabes en parlent peu et ce moyen resta longtemps dans l'oubli chez les modernes. Suivant Kœmpfer (1712), on l'employait à Java dans le traitement de la rougeole; d'autres auteurs proclamèrent bientôt ses avantages, et il fut admis dans la pratique.

Chez les anciens, comme depuis, ce fut presque toujours contre des maladies caractérisées par le trouble des fonctions nerveuses que les affusions furent employées. Cependant, à l'exemple des médecins de l'Inde, les Anglais ont préconisé les affusions comme moyen de déterminer l'éruption de l'exanthème dans la rougeole et la scarlatine. Cette pratique, effrayante au premier abord, compte de nombreux succès, et nous semble précieuse pour certains cas où les autres moyens sont épuisés.

On cite des cas de succès par les affusions dans des névralgies externes; Hippocrate et d'autres auteurs citent des guérisons d'entéralgie obtenues par ce moyen. La goutte, le rhumatisme, le tétanos et plusieurs autres affections de genres différents ont, au dire des auteurs, cédé à ce moyen. Aujourd'hui M. Foville emploie avec succès à Charenton les affusions à 20° dans la période aiguë de l'aliénation mentale ou dans les exacerbations qui surviennent chez les aliénés après quelque temps de calme.

C'est encore parmi les affusions qu'il faut ranger la *douche écossaise*, qui consiste à faire tomber en pluie sur le corps nu et ordinairement debout une certaine quantité d'eau. Ce moyen réussit à merveille dans certaines affections nerveuses qui presque toujours participent de la chlorose. Enfin, le bain de mer à la lame n'est autre chose qu'une affusion, et c'est sans contredit un des moyens les plus puissants contre une foule de maladies, et notamment contre les scrofules, la chlorose et les désordres qui en sont la conséquence. La durée des affusions est limitée suivant les indications particulières observées par le médecin. C'est dans le paroxysme et non dans la rémission qu'il convient de les employer. Les affusions sur la tête pendant le bain amènent souvent d'excellents résultats, notamment dans les maladies des enfants.

Le mode d'action des affusions est complexe. Sédatif puissant du système nerveux dans la manie aiguë, peut-être n'agissent-elles pas seulement ainsi dans le typhus et dans les affections qui peuvent se rattacher au καῦσος d'Hippocrate. Ce n'est pas non plus comme sédatif qu'elles réussissent contre les scrofules ou quand elles déterminent l'éruption de la rougeole. Ne faut-il pas leur reconnaître une action physique sur le sang, l'excitateur universel de l'économie, et ne peut-on pas admettre qu'en tonifiant puissamment le système musculaire et y faisant affluer le sang par réaction, elles agissent dans certains cas sur le système nerveux, comme révulsifs? Nous ne prétendons pas leur refuser une action directe sur le système nerveux; mais ici comme toujours, nous croyons qu'il ne faut pas envisager la question d'un seul côté.

On a voulu dans ces derniers temps fonder toute une théorie médicale dans laquelle les affusions figurent comme élément essentiel; nous en parlerons au mot HYDROTHÉRAPIE.

Hippocrate, περὶ ὑγρῶν χρήσιος.
Currie, *Traité des affusions.* Liverpool, 1798.
Medical reports on the effects of Water, etc. tome II, 1804.

A. LE. PILEUR.

AFFUT. (*Chasse.*) La chasse à *l'affût* consiste à se poster sur la lisière d'un bois, sur le bord d'un chemin, etc., et à attendre là le passage du gibier. Elle est pratiquée principalement par les braconniers, qui, craignant d'être surpris, et chassant principalement la nuit, y trouvent de grands avantages, et pour qui même c'est presque la seule chasse possible.

L'affût est l'endroit où se porte le chasseur; de là cette expression figurée : *être à l'affût*, pour guetter, épier une occasion, une personne, une circonstance.

AFFUT D'ARTILLERIE. (*Art militaire.*) On appelle *affût*, des mots latins *ad fustem*, un support, partie en bois, partie en fer ou en fonte, sur lequel une bouche à feu, soit un canon, soit un obusier, un mortier ou un pierrier, doit toujours être établie, pour qu'on puisse la manœuvrer aisément, lorsqu'il s'agit de la tirer. S'il ne s'agit pas de tirer la pièce, mais de la voiturer d'un lieu à un autre, de la conduire à un siége, par exemple, ou de la traîner en campagne, il faut adapter à l'*affût* un avant-train. *Voy. ce mot.*

C'est en 1323, au siége de la ville espagnole de Baza par Ismaïl, roi de Grenade, que les bouches à feu apparurent pour la première fois en Europe ; néanmoins, jusqu'en 1522, il n'exista point d'affûts proprement dits. Pendant ce long intervalle d'environ deux siècles, les bouches à feu ne furent employées qu'à défendre ou à attaquer des remparts, et elles n'eurent, au lieu d'affûts plus ou moins analogues à ceux d'aujourd'hui, que de pesants tablois, ou construits à demeure pour la défense, ou fabriqués sur place pour l'attaque. Ces tablois consistaient en de grossières charpentes, dont nos chantiers de cave peuvent donner une idée approximative, et dans les madriers desquelles une ou plusieurs bouches à feu étaient rangées horizontalement et parallèlement, encastrées à demi-bois, et assujetties par de robustes colliers de fer. Il fallait des leviers, des cabestans, des attelages de chevaux ou de bœufs, pour mouvoir ces lourdes charpentes et donner aux pièces la direction convenable ; aussi, certaines pièces de siége étaient tellement massives, tellement difficiles à remuer, qu'elles ne pouvaient faire feu qu'une fois par jour. Quant aux pièces légères, comme les coulevrines, il arrivait souvent qu'on les suspendait par de grosses chaînes à des chèvres ou à des trépieds, et qu'on les tirait dans cette position bizarre. Enfin, vers le milieu du seizième siècle, le général vénitien Coléone imagina d'installer des pièces d'artillerie sur des chariots pour les mener en campagne et les produire sur un champ de bataille. Ce n'étaient pas encore des affûts ; car de tels véhicules ne devaient pas pouvoir, comme les affûts le peuvent maintenant, résister, sans se rompre, aux secousses que la bouche à feu reçoit et communique autour d'elle lors de l'explosion ; mais du moins ce fut le principe, l'idée mère du système d'après lequel on a bientôt construit des affûts véritables. On peut dire que ce système a peu varié pour le fond, mais pour les détails, il a sans cesse marché de progrès en progrès, et il semble aujourd'hui avoir atteint le degré de perfection nécessaire.

Ce n'était pas la construction de l'*affût à demeure* qui présentait les plus grands obs-tacles : il ne fallait que rendre moins laborieuse la manœuvre des espèces de charpentes qui supportaient les pièces, et l'on y arriva peu à peu. Mais inventer, mais construire des *affûts roulants*, c'est-à-dire propres à voiturer les pièces au loin, il y avait là un double problème à résoudre : il fallait les faire à la fois solides et facilement voiturables, deux conditions qui paraissaient s'exclure l'une l'autre, car trop de légèreté eût nui à la solidité, et trop de pesanteur à la facilité de locomotion. Il y avait là, comme en toute chose, ce juste milieu si délicat à saisir. Voici comment on a cru jusqu'en 1815 avoir évité les deux écueils ; voici en quoi consiste l'affût qui jusqu'à cette époque a semblé réunir les deux avantages, et qui, inventé dans le courant du seizième siècle, servait encore pendant les campagnes de la république et de l'empire, sans guère avoir subi de modifications notables, mais qui, à l'issue de cette longue lutte, a reçu une amélioration assez importante pour qu'on doive distinguer aujourd'hui l'ancien et le nouveau système.

Dans le système ancien, deux fortes pièces de bois appelées *flasques*, reliées entre elles par d'autres pièces de bois plus minces qu'on appelle *entretoises*, reposent par une de leurs extrémités, qu'on appelle *la tête*, sur un essieu que soutiennent deux roues semblables à celles des voitures, et, par leur autre extrémité, qui forme ce qu'on appelle *les crosses*, sur le sol naturel ou sur un sol factice ; les flasques sont disposés de telle sorte que, droits et équidistants du côté de l'essieu, ils vont se recourbant et en s'éloignant l'un de l'autre du côté des crosses ; la bouche à feu s'installe, la volée à l'opposé des crosses, entre les deux flasques, qui pour la soutenir ont, à leur extrémité supérieure, des évidements demi-circulaires nommés *encastrements*, dans lesquels entrent les *tourillons*, c'est-à-dire ces saillies de métal qui laissent aux pièces d'artillerie un certain jeu de bascule et permettent d'en élever ou d'en abaisser la volée ou la culasse ; les tourillons sont en outre, quand on ne tire pas, mais qu'on voiture la pièce, retenus dans les encastrements par une *susbande*, c'est-à-dire par une bande de fer qui vient s'appliquer dessus ; et la culasse a pour appui une planchette fixée entre les flasques, qu'on nomme la *semelle* de l'affût ; enfin, sous la culasse, et dans cette semelle même, se tient une grosse vis de fer, dite *vis de pointage*, que l'on monte ou que l'on descend selon qu'on veut pointer plus bas ou plus haut. Tel est l'ancien affût roulant, tel est celui dont, jusqu'en 1815, il a été fait usage dans toute l'Europe, pour porter les pièces de campagne et de siége. Cet affût, on le pense bien, ne fut point établi du premier coup tel que nous venons de le décrire ; toutefois, nous le répétons, pendant plus de deux cent cinquante ans, il ne fut point notablement modifié. Les modifications qu'il subit pendant cette période ne portèrent à peu près que sur des changements de dimension dans les diverses parties dont l'ensemble se compose, et l'innovation la plus importante que nous trouvions à signaler est la substitution de la *vis de pointage* aux *coins de mire*, ainsi qu'on appelle certains prismes triangulaires de forme allongée et en bois, qui, primitivement, servaient à élever plus ou moins la culasse et à abaisser d'autant la volée de la pièce, quand il s'agissait de la pointer, et qui servent encore dans les affûts de rempart au même usage.

Mais il a fallu l'expérience de deux siècles et demi, il a fallu de longs tâtonnements et de nombreux essais pour arriver à ce que la proportion des parties fût tellement combinée qu'il en résultât un ensemble satisfaisant. On n'a atteint ce but que pas à pas, et trois hommes ont principalement contribué aux progrès de cette branche essentielle de l'art militaire. Le premier, c'est Vauban, qui, toute sa vie, travailla à perfectionner les moyens de prendre les places et de les défendre ; le second, c'est Frédéric II, roi de Prusse, un des créateurs de l'*artillerie volante* ; et le troisième est M. de Gribeauval, que Louis XV nomma, en 1764, inspecteur général de l'artillerie française, et qui non-seulement s'occupa d'améliorer toutes les parties du matériel, mais qui encore, trouvant les plus choquantes différences entre les affûts et les bouches à feu d'une même espèce, et sentant tout l'inconvénient de ce défaut d'uniformité, institua dès 1765 un système complet d'artillerie, et veilla dès lors à ce que la fabrication du matériel devînt uniforme et régulière dans tous les arsenaux de France. Le système d'artillerie de Gribeauval est justement célèbre ; il a pris et toujours conservé le nom de son auteur ; nos armées lui ont dû de nombreuses victoires, et jusqu'à une époque très-récente il a été exclusivement suivi dans toute l'Europe. Du moins, on n'y avait introduit, en ce qui concerne les affûts, qu'une innovation bien insignifiante : Gribeauval avait inséré un *coffret à munitions* entre les flasques de son affût roulant : en 1793, ce coffret fut transporté de l'affût à l'avant-train, où il est encore.

Le nouveau système d'artillerie, adopté depuis 1815, a, au contraire, notablement changé, et même, on peut le dire, notablement amélioré l'affût roulant de Gribeauval. Dans le système-Gribeauval, les entretoises de cette espèce d'affût sont extrêmement petits, et les flasques si grands, qu'ils forment eux-mêmes les crosses. Or, à l'inverse, dans le système actuel, les flasques sont extrêmement courts,

et un seul entretoise très-long, qui consiste en une simple poutre carrée et qu'on nomme *flèche*, forme le point d'appui que donnaient les anciennes crosses. Cet affût a pris le nom d'*affût-à-flèche*.

Les énormes flasques du système-Gribeauval ne pouvaient se découper que dans de grosses pièces de bois et avec beaucoup de perte. Pendant l'expédition de Bonaparte en Égypte, comme les bois de longueur manquaient, on eut pour la première fois l'idée de construire des affûts-à-flèche. On en construisit ; mais leurs diverses proportions ne furent pas alors combinées d'une façon heureuse. Les nouveaux affûts se trouvèrent d'une manœuvre difficile, parce qu'ils élevaient beaucoup les pièces. La singularité de leurs forme leur fit donner le surnom dérisoire d'*affûts-chameaux*, et ils furent bientôt abandonnés. L'idée mère en était cependant excellente. Les Anglais s'en emparèrent quelques années plus tard, et réussissant, à force de patience, à mieux combiner les proportions des flasques, de la flèche et des roues, ils construisirent un nouvel affût de campagne et de siège, infiniment supérieur à l'ancien, par sa légèreté, sa solidité, sa mobilité, et surtout par sa simplicité, qui permet à l'avant-train d'avoir les mêmes roues que l'affût, avantage immense pour l'uniformité du matériel et la diminution du tirage. Depuis 1815, l'artillerie anglaise n'a plus pour ses pièces de campagne et de siége que des affûts-à-flèche. L'artillerie française les a aussi substitués, depuis 1827, aux affûts-Gribeauval, et toutes les puissances de l'Europe sont successivement entrées dans la même voie. Depuis lors, nous n'avons plus en France que deux espèces d'affûts roulants de campagne, l'une qui sert à l'obusier du diamètre de seize centimètres et au canon de *douze*, l'autre à l'obusier de quinze centimètres et au canon de *huit*, et que deux espèces aussi d'affûts de siège, l'un qui sert au canon de *seize*, l'autre au canon de *vingt-quatre*, et à l'obusier de vingt-deux centimètres. Soit dit en passant, un canon de huit, de seize, de vingt-quatre, indique un canon dont le boulet pèse huit livres, seize livres, vingt-quatre livres ; mais l'usage, surtout depuis l'adoption du système décimal, est de supprimer absolument le mot *livres*.

Nous n'avons encore parlé que de l'*affût roulant* ; disons aussi quelques mots des *affûts à demeure*, c'est-à-dire de l'*affût de place*, de l'*affût de côte*, de l'*affût de marine*, de l'*affût de mortier* et de l'*affût de pierrier*.

Les affûts de place sont destinés, comme leur dénomination l'indique, à servir derrière un parapet. Ils doivent élever les pièces de façon que l'on puisse tirer par-dessus le parapet, ou du moins qu'il ne soit pas néces-saire d'y pratiquer une embrasure de grande profondeur. Dans le système-Gribeauval, l'ensemble des flasques et des entretoises repose sur un châssis par deux grandes roues et par une roulette. Le châssis est mobile autour d'un centre, et on en fixe la position lorsqu'on veut tirer longtemps dans la même direction, soit la nuit, soit le jour. Il est indispensable, avec les affûts de l'ancien système, de pratiquer une petite embrasure. Dans le système actuel, l'ensemble des flasques et des entretoises, qui est à la fois plus solide et moins massif, et qui, partant, offre moins de prise aux boulets ennemis, repose sur le châssis par le moyen des roues et, directement, par les crosses sans l'intermédiaire d'une roulette. Cette disposition diminue le recul. Puis, on peut tirer sans embrasures : il en résulte qu'on n'affaiblit pas le parapet et que, quand on arme la place assiégée, le travail est beaucoup moindre. Les anciens affûts de place et les affûts actuels, si on y adapte un avant-train de siége ou de campagne, peuvent porter leurs pièces quand il ne s'agit pas d'accomplir un long parcours, mais qu'il ne faut que les voiturer d'un point à l'autre du rempart : le nouvel affût l'emporte encore sur l'ancien pour la facilité de cette manœuvre.

Les affûts de côte, dans le système-Gribeauval, ont à peu près la même forme que les affûts de place ; seulement ils n'ont pas de grandes roues, et ils reposent sur le châssis par de simples rouleaux, dont la tête, percée de trous, peut ainsi recevoir des leviers au moyen desquels on met hors de batterie. Ils élèvent assez la pièce pour qu'on puisse tirer sans embrasure par-dessus le parapet. Dans le système actuel, l'affût de place sert en même temps d'affût de côte, et remplit avantageusement ces deux destinations.

Les affûts de marine sont ceux qui supportent les pièces à bord des vaisseaux. Ils ont peu de hauteur, afin de pouvoir tenir entre deux ponts. L'ensemble de leurs flasques et de leurs entretoises repose sur un châssis par le moyen de quatre rouleaux à essieux de bois.

Les affûts de mortiers sont, dans le système-Gribeauval et dans le système actuel, qui, sur ce point, diffère à peine de celui-là, les plus simples de tous les affûts ; mais ils ne peuvent servir au transport de leurs pièces. Les flasques, réunis par deux entretoises, reposent directement dans toute leur étendue sur une plate-forme qui consiste en un lit de lambourdes jointives posés transversalement sur trois autres lambourdes. Les flasques sont en bois, et les entretoises en fonte massive.

Enfin, les affûts de pierriers sont construits d'après les mêmes principes que les affûts de mortiers, et ils n'en diffèrent qu'en ce qu'ils

ont les flasques et les entretoises en bois ferré au lieu de les avoir en fonte, afin qu'on puisse les transporter plus facilement dans les tranchées.

Depuis huit ou dix ans, on essaye de substituer aux affûts de bois des affûts de fer ou de fonte. Il semble résulter des expériences qui ont été faites en divers pays, que des affûts de campagne tout en fer seraient d'une fabrication plus simple que les affûts actuels et ne pèseraient pas davantage ; mais le prix de revient s'élèverait si haut, qu'il n'y faut point songer. Les affûts de fonte coûteraient beaucoup moins ; mais les gens de l'art en repoussent l'usage par deux raisons : la première est que leurs éclats, s'ils venaient à être brisés par un boulet ennemi, seraient fort meurtriers pour les servants de la pièce, et la seconde qu'il serait fort difficile, peut-être même impossible, de les réparer. Au contraire, le bois éclate moins, et les pièces de rechange dont les parcs sont toujours fournis, rendent toujours prompte et facile la réparation des affûts de bois que les événements de la guerre viennent à démonter. Par ces divers motifs, les affûts de fonte ne pourront jamais, sans doute, être employés pour les pièces de campagne ni de siége ; mais on est à la veille de les adopter pour les pièces de côte, pour les pièces de casemate ; peut-être aussi, tôt ou tard, les adoptera-t-on avec avantage comme *affûts-traineaux* pour l'artillerie de montagne. En attendant, jusqu'à ce jour, les canons seuls de l'Hôtel des Invalides, à Paris, sont montés sur affûts de fer, et ceux-là peuvent l'être impunément, puisqu'ils ne tirent que dans les solennités publiques et qu'ils n'ont point à craindre que des pièces ennemies leur ripostent.   RHIME.

AFFUTAGE. (*Technologie.*) Ce mot s'emploie pour tout outil dont le fer mobile doit être mis en rapport avec un bois nommé *fût*. Il comprend donc la varlope, le riflard ou demi-varlope, le rabot, le guillaume, etc. *Affûter* signifie mettre en *fût*, c'est-à-dire, disposer le fer dans le fût.

On nomme aussi *affûtage* l'opération que l'on fait subir à tous les instruments dont le tranchant présente un biseau simple ou double, afin de disposer ce tranchant d'une manière convenable, et suivant la forme du fût qui lui sert de conducteur.

L'affûtage se fait sur le plat d'une pierre à meule mouillée, en y frottant l'outil dans une inclinaison relative à la finesse du taillant que l'on veut obtenir.

AFGHANISTAN. (*Géographie.*) Ce pays de l'Asie forme un grand État dont les bornes ne peuvent se déterminer avec exactitude, parce que, parmi les provinces qui en font partie, quelques-unes ne reconnaissent que faiblement l'autorité du souverain. Considéré dans son plus vaste développement, l'Afghanistan s'étend de 57° à 70° de longitude est, et de 24° à 37° de latitude nord. Il est borné au nord par des montagnes qui le séparent de la Boukharie et du Tibet, à l'est par le pays des Seykhs et l'Hindoustan, au sud par la mer d'Arabie, à l'ouest par des déserts et la Perse. Sa longueur est à peu près de 320 lieues, sa largeur de 260, et sa surface de 83,000 lieues carrées. Elle offre généralement des montagnes considérables et dont quelques-unes s'élèvent à une grande hauteur; au sud-est et au sud-ouest on voit quelques plaines étendues. L'Hindoukouh, branche des monts Himalaya, et le Paropamise, qui couvrent les parties septentrionales de l'Afghanistan, le Kouhi-Soliman dans l'est, ont leurs cimes constamment couvertes de neige; entre ces colosses et leurs ramifications, qui s'abaissent vers le sud et le sud-ouest, s'étendent des vallées qui se prolongent dans les mêmes directions, et qui s'ouvrent beaucoup de ce dernier côté. On rencontre dans l'ouest des plaines immenses qui se terminent à des déserts.

Au fond de ces vallées coulent un nombre infini de torrents et de rivières; les plus considérables sont le Caboul, qui se dirige à l'est vers le Sindh, et l'Hilmend ou Etimander, dont le cours à l'ouest vers la Perse se termine dans un lac sur les confins d'un désert. L'Oxus des anciens, ou Amou-Déria, traverse le nord de l'Afghanistan; le Sindh borne ce pays à l'est. On dérive de tous ces courants d'eau des canaux d'irrigation. Le Loukh dans l'ouest, qui reçoit l'Hilmend, est le lac le plus étendu. Au centre du pays on remarque l'Abistandeh, qui est un lac salé.

Le climat est tempéré dans le pays haut, et même âpre et froid dans les montagnes. On ressent une grande chaleur dans les plaines; elle est étouffante dans quelques vallées et dans les lieux sablonneux. Les vents de l'ouest sont dominants; les habitants ont observé qu'ils sont chauds, et ceux de l'est froids; ils disent aussi que ceux-ci apportent des nuages, et que les premiers répandent l'humidité sur la terre. Le vent du nord commence vers le milieu de l'été, et se fait sentir avec force pendant près de quatre mois. On remarque dans la marche des vents une certaine analogie avec les moussons de la mer des Indes. Le seïmoum, ce vent pestilentiel, redouté avec tant de raison des voyageurs, passe quelquefois sur les parties chaudes de cette contrée; heureusement il ne dure pas longtemps. Du reste, on peut dire que l'Afghanistan est un pays sec, et peu sujet à la pluie, aux nuages ou aux brouillards. La différence de température entre le jour et la nuit est généralement très-grande; cependant le climat est sain, autant qu'on en peut juger par la taille, la force et l'activité des habitants.

Les animaux sauvages ne doivent pas être rares dans un pays si montagneux; les léopards, les loups, les hyènes, les chacals, les renards, les ours, multiplient facilement au milieu des forêts dont les hauteurs sont couvertes : on dit même qu'on y a vu des lions et des tigres, ce qui ne paraît cependant pas très-certain. Des sangliers, des ânes sauvages, diverses espèces de cerfs, fréquentent aussi la contrée haute et boisée; les antilopes ne se montrent que dans les plaines. Enfin on trouve, dans les vallées, des hérissons, des porcs-épics, des mangoustes, des furets, des chiens sauvages, et même des singes.

Quelques races de chevaux sont fort belles; les ânes sont grands et robustes; on élève beaucoup de mulets; on se sert de ces deux animaux pour le transport des bagages, moins cependant que des chameaux et des dromadaires. On attelle les bœufs à la charrue; ils ont une bosse sur le dos; on les fait venir de l'Hindoustan. On rencontre quelques buffles dans les cantons qui abondent en pâturages humides.

Les moutons font la richesse principale des tribus qui mènent la vie pastorale; on en voit beaucoup de la variété dont la queue n'est qu'un large morceau de graisse. Les chèvres sont communes dans tout le pays; quelques races ont les cornes fort longues et singulièrement contournées. Les chiens de l'Afghanistan sont très-beaux; les tribus pastorales prennent grand soin d'en améliorer les races. On voit beaucoup de chats à long poil, dont on exporte une quantité considérable dans les pays voisins.

Des aigles, des faucons, et d'autres oiseaux de proie, nichent dans les montagnes dont le pays est hérissé. Les oiseaux aquatiques et ceux des marais, et une infinité d'autres espèces, tels que les pigeons, les tourterelles, les moineaux, sont très-communs. Il y a même des perroquets dans les provinces orientales.

Les serpents ne sont ni nombreux ni dangereux; les scorpions sont plus effrayants que nuisibles. Les rivières ne sont pas très-poissonneuses; on trouve assez fréquemment des tortues.

Quelquefois les ravages causés par des nuées de sauterelles ont occasionné des famines dans certaines provinces. Les bois renferment beaucoup d'abeilles.

On rencontre dans l'Afghanistan plusieurs espèces des grands végétaux d'Europe; la plupart de nos arbres fruitiers y croissent à l'état sauvage; les habitants les cultivent dans leurs jardins. Les montagnes sont ombragées par des pins, notamment par le pin pignon; des chênes, entre autres le chêne à glands doux;

des cyprès gigantesques, des noyers, des bouleaux, des érables. Dans les plaines croissent le mûrier, le tamarisc, plusieurs saules, entre lesquels on distingue le saule pleureur.

La quantité d'arbrisseaux et de fleurs que la nature a départie à ce pays est prodigieuse ; ils embellissent les jardins, les collines, les plaines et le bord des rivières.

On ramasse de l'or dans les ruisseaux qui coulent des flancs de l'Hindoukouh. Le lapis-lazuli compose des rochers entiers dans les montagnes du nord ; l'Afghanistan a des mines de fer, de plomb, d'antimoine : [on extrait l'alun de l'argile, dans plusieurs cantons, et l'on ramasse le sel qui se forme à diverses sources salées.

Les provinces de l'Afghanistan, sont, à l'ouest, le Korassan, dont une partie est à la Perse ; le Sedjistan, le Garjestan et le Daheštan : au nord, le Caboulistan, Ghizni et Pechaouer ; au sud-ouest, Candahar ; au sud, le Mekran, le Beloutchistan et ses dépendances. Ces derniers pays se sont rendus indépendants. Le Cachemyr a été enlevé aux Afghans par les Seykhs.

La population de l'Afghanistan est évaluée à 10,200,000 habitants ; savoir, 4,300,000 Afghans, 1,400,000 Beloutchi, 1,200,000 Tatars, 1,500,000 Tadjik et Parsis, 500,000 Hindous, 300,000 Arabes et autres.

Les Afghans ou Agouans ont reçu ce nom des Persans ; ils se donnent à eux-mêmes celui de Pouchtou, et au pluriel Pouchtaneh, que les Berdourani, leur tribu la plus orientale, prononcent Pekhtaneh ; ce qui a donné lieu à la dénomination de Petan ou Patan, sous laquelle les Afghans se sont fait connaître et redouter dans l'Hindoustan. Les Arabes les nomment Solimani, soit parce qu'ils habitent plus particulièrement la chaîne du Soliman-Kouh, soit d'après le chef qui régnait sur eux à l'époque à laquelle les Arabes les connurent.

La patrie primitive des Afghans est dans la branche méridionale du Paropamise ou Hindoukouh : c'est de là qu'ils se sont répandus vers l'est jusqu'au Pendjab ; vers l'ouest jusque dans la Perse orientale. Mais de même que toutes les peuplades grossières qui n'avaient pas encore une écriture particulière à l'époque où elles embrassèrent l'islamisme, et qui plus tard adoptèrent les caractères arabes, les Afghans ont perdu la véritable tradition de leur origine. Ils en ont plus tard fabriqué une puisée dans les Écritures hébraïques et dans le Koran ; et, mêlant ensemble ces documents, ils se sont donnés comme les descendants des dix tribus d'Israël restées en captivité. L'illustre William Jones, homme très-instruit, mais absolument dépourvu de critique, ne manqua pas de saisir avidement cette fable, la trouva vraisemblable, et la répandit dans le monde, parce qu'il ajouta faussement à son assertion que, dans un dictionnaire afghan, il avait trouvé une ressemblance manifeste entre cette langue et le chaldéen. Toutefois il s'est bien gardé de citer la moindre preuve de cette analogie ; ce qui n'a pas empêché de faire regarder et proclamer par toute l'Europe les Afghans comme issus des Juifs (1).

Les auteurs arméniens modernes (car les anciens n'en savent absolument rien) ont voulu faire dériver les Afghans des Albaniens de l'antiquité. Voici d'où cette idée leur est venue : les Arméniens ne prononcent pas la lettre *l*, et lui substituent un *gh* ou un *kh* : par exemple, au lieu de Tiflis, ils disent et écrivent *Tefkhis* ; au lieu de Salomon, *Sokhoman* ; au lieu de Luc, *Khuc* ; enfin, au lieu d'Albanie, *Akhbanie* ou *Akhvanie*. Ils ajoutent à cette corruption du nom, que Tchinghis-Khan ou son successeur avait chassé les Albaniens de leur ancienne patrie, et les avait contraints à demeurer dans des cabanes mobiles, avec lesquelles ils s'approchèrent graduellement de la Perse, et enfin arrivèrent dans les environs de Candahar, où ils se fixèrent. Cette fable se répandit dans le temps que Mir-Veils et son fils Mir-Mahmoud firent une incursion en Perse, à la tête des Afghans, parce que ce fut alors que les Arméniens les connurent pour la première fois. Reineggs, homme bien moins instruit que William Jones, mais d'une imagination aussi déréglée, s'empara de ce conte arménien comme d'une trouvaille précieuse, et alla encore plus loin : en donnant les Afghans pour une tribu d'Arméniens, il prétendit que ces deux peuples se ressemblent beaucoup par les mœurs, les usages, l'extérieur, ce qui est faux ; et qu'ils ont l'un et l'autre la coutume de faire cuire une fois l'an du pain blanc sans levain, qu'ils marquent d'une croix.

La langue afghane est le meilleur argument que l'on puisse opposer à ces fables et à ces fausses suppositions ; elle prouve que, ni dans ses mots, ni dans sa grammaire, elle n'offre la moindre ressemblance avec l'hébreu, le chaldéen, l'arabe, ni avec aucune autre langue sémitique. Les mots arabes introduits par l'islamisme et par l'instruction que le peuple puisait dans le Koran, ne peuvent pas plus être pris en considération sur ce point que pour le turc qui se parle à Constantinople. La com-

(1) Quoique M. Elphinstone ait réfuté cette fable, on la trouve répétée dans le *Periodical Account of the Baptist missionary society* (Bristol, 1817). M. Vater a extrait ces rapports dans ses *Analekten der Sprachkunde* (1er cahier, 1820), et en parlant des Afghans, il dit : « Si un peuple descend des dix tribus, il est vraisemblable que ce sont les Afghans plutôt que toute autre nation. » Combien on regrette qu'un philologue si docte et si profond ait contribué à confirmer cette erreur !

paraison des mots afghans avec les langues et les dialectes indo-germaniques fait voir, de la manière la plus claire, que les Afghans appartiennent à la souche indo-germanique, et peuvent être considérés comme un anneau de cette grande chaîne de peuples qui s'étend des bords du Gange aux îles Britanniques, et que par conséquent ils sont restés à leur ancienne place.

Les Afghans sont divisés en oulous ou tribus, qui se subdivisent en une infinité de branches. Chacune a son chef : tous sont subordonnés au chef ou khan de la tribu, choisi par le peuple dans la famille la plus ancienne. Quelquefois il est nommé et destitué par le roi, suivant le bon plaisir de celui-ci, et remplacé par un parent du monarque. On prend en considération, dans les deux cas, le droit de primogéniture, mais beaucoup plus l'âge, l'expérience et le caractère : cet ordre de succession variable occasionne des brigues, des dissensions et des querelles fréquentes.

Les khans, assistés des chefs des subdivisions, gouvernent leurs tribus : ces assemblées se nomment *djergas ;* dans les cas d'urgence, les khans agissent sans les consulter. Cette forme d'administration rappelle le gouvernement féodal et tous les troubles qu'il a enfantés. On a observé que les Afghans sont beaucoup plus attachés à leur tribu qu'à la personne de leur chef. Les Afghans de l'ouest sont beaucoup plus unis entre eux que ceux de l'est ; ceux-ci sont presque toujours en guerre les uns contre les autres.

Le Koran est la loi générale du royaume pour les affaires civiles. La coutume afghane, ou le pouchtouvoulli, est suivie dans les causes criminelles. L'opinion que c'est un droit et un devoir pour chacun de se faire lui-même justice existe encore chez ce peuple. Les prêtres ou mollahs ont beau prêcher contre cette pratique, ils ne peuvent la détruire. Dans quelques tribus, les chefs et les anciens tâchent d'arranger les disputes par la persuasion ; s'ils n'en peuvent venir à bout, ils laissent à l'offensé le soin de poursuivre sa vengeance : dans la plupart, au contraire, on force les parties récalcitrantes à se soumettre à la décision des anciens ; cependant on ne cherche généralement qu'à réconcilier ensemble les deux parties et à prévenir les troubles.

Les Dourani forment la tribu la plus puissante, la plus nombreuse, la plus civilisée ; elle habite dans l'ouest du royaume, ainsi que les Ghildji, les Câker et d'autres moins nombreuses. Dans l'est, on remarque les Berdourani, les Youssoufzi, les Chirâni, les Viziri, et les tribus de Peichaouer et de Daman.

Une division qui abandonne son oulous peut être adoptée par une autre. Les règles de l'hospitalité des Afghans leur prescrivent de traiter, dans ces circonstances, les étrangers avec un soin particulier ; la tribu à laquelle ces nouveaux venus se joignent leur assigne des terres. Leur chef siége dans le principal djerga : sa horde conserve son gouvernement intérieur ; elle jouit des mêmes droits que les autres bandes de l'oulous ; et quoiqu'elle garde le nom de la tribu dont elle tire son origine, elle cesse toute relation et toute liaison avec elle ; quelquefois aussi elle y retourne. Si cette tribu et celle par laquelle la bande a été adoptée se font la guerre, celle-ci, chez les Afghans de l'ouest, reste neutre ; chez ceux de l'est, elle doit aider la tribu primitive.

Les individus qui désertent leur tribu sans vendre leurs terres sont, dans plusieurs cas, reçus au nombre des membres de l'oulous qu'ils joignent ; on leur donne même des terres : mais ceux qui vendent leurs terres et abandonnent leur tribu par pauvreté sont placés dans une classe particulière ; on les appelle *hemsahya.* Ils ne siégent pas dans les djergas ; la bande à laquelle ils appartiennent, et les personnes auxquelles ils se sont attachés, soignent leurs intérêts. Chacun se fait un point d'honneur de protéger ses hemsahya. Dans quelques oulous, il y a autant d'hemsaya que de membres de la tribu ; ils sont peu nombreux, au contraire, dans celles qui sont éloignées des grandes routes ; ordinairement ils n'ont pas de propriété territoriale.

Cet assemblage de petites républiques compose la nation afghane, et l'ensemble forme un État sous l'autorité d'un souverain commun.

Le roi est le chef naturel de la tribu des Dourani. Son autorité s'est graduellement étendue sur les autres ; il veille à la sûreté commune ; il lève sur chaque oulous la quantité de troupes et d'argent nécessaire pour la défense commune. Cependant, malgré cette réunion sous un chef unique, la nation est rarement animée par un même esprit ; chaque oulous est plus attachée à ses intérêts particuliers qu'à ceux de l'État. Le roi ne fait donc pas tout ce qu'il veut ; mais dans les provinces peuplées par les Tadjik et autres peuples différents des Afghans, de même que dans les villes, ce pouvoir est absolu : ainsi le monarque peut y percevoir des revenus et lever des troupes sans être obligé de recourir aux oulous. Il résulte de cet ordre de choses que les intérêts du roi et ceux de la nation sont distincts. D'ailleurs les opinions sur sa puissance légale sont très-partagées : le roi, les courtisans et les mollahs soutiennent qu'il est revêtu de toute l'autorité exercée par les despotes de l'Asie ; tandis que les membres des tribus ne le regardent que comme un monarque jouissant de prérogatives limitées. On conçoit, d'après cet exposé, que l'action de son pouvoir, très-forte dans les villes et dans les cantons qui les entourent, n'est que précaire chez les tribus les plus voisines, et devient nulle chez les plus éloignées. Cette forme de gouvernement est favorable aux désordres, mais d'un autre côté elle met un frein au pouvoir absolu; et les Afghans sont fiers de n'être pas, comme le reste des Asiatiques, soumis aux caprices d'un despote. Malgré les guerres civiles qui ont désolé l'Afghanistan, ce pays offre des marques visibles d'une prospérité toujours croissante; excepté dans les villes et les territoires qui les environnent, parce que c'est là que se livrent les combats entre les compétiteurs à la couronne, et que tout est abandonné au pillage de leurs armées.

Les Afghans professent l'islamisme; ils sont sunnites, et très-tolérants en matière de religion. Il y a parmi eux des juifs et des parsis. Les riches ont plusieurs femmes qu'ils tiennent étroitement renfermées; celles des pauvres font l'ouvrage de la maison; celles des habitants de la campagne travaillent dehors sans être voilées, et reçoivent les étrangers quand le mari est absent. On vante leur chasteté, surtout celle des épouses des bergers.

L'Afghanistan est le seul pays de l'Asie où l'on observe quelque trace du sentiment que les habitants de l'Europe occidentale ont appelé amour : on l'y trouve principalement chez les gens de la campagne; quelquefois il se glisse même chez les grands. Beaucoup de chansons et de contes sont consacrés à l'amour; le langage en est passionné au plus haut degré.

L'éducation n'est pas entièrement négligée : chaque village, chaque camp a son maître d'école, auquel on assigne le revenu d'un champ, et qui reçoit de ses disciples une rétribution. Il exerce souvent les fonctions sacerdotales; quelquefois il loge chez lui les jeunes gens qu'il instruit. Plusieurs villes ont des colléges où l'on forme les mollahs : quand ceux-ci veulent approfondir l'étude de la théologie et de la jurisprudence, ils vont à Boukhara. Cependant Peichaouer paraît être la ville la plus lettrée de ces contrées; plusieurs jeunes gens y viennent même de Boukhara pour étudier la médecine, l'histoire, la poésie, et tout ce qui complète l'éducation d'un homme qui se destine aux professions savantes.

On regarde comme une œuvre agréable à Dieu la fondation d'établissements destinés à propager l'instruction. Indépendamment des colléges royaux, chaque village a un fonds pour subvenir à l'entretien des étudiants; mais ces bonnes intentions ont eu l'inconvénient de remplir le pays de mollahs à moitié savants,

qui, bien loin de favoriser, retardent les progrès de la science.

Le pechtou est, comme on l'a vu plus haut, un rameau du grand arbre des langues indo-germaniques; il a emprunté de l'arabe, par le canal du persan, les mots relatifs à la religion, à l'administration et aux sciences. Les Afghans se servent de l'alphabet persan, et emploient ordinairement le caractère nichkhi. Comme leur langue a quelques sons que les lettres persanes ne représentent pas, ils les expriment en ajoutant des points ou d'autres signes à la lettre qui s'en rapproche le plus.

Le pechtou, quoique rude, est une langue mâle; il ne déplaît pas à une oreille accoutumée aux idiomes de l'Orient. Les dialectes de l'est et de l'ouest diffèrent et par la prononciation et par les mots. Aucun des auteurs pechtous les plus fameux n'a plus de cent ans d'antiquité; et M. Elphinstone, de qui l'on tient tous ces détails intéressants, ne pense pas qu'aucun des livres écrits dans cette langue ait plus de deux cents ans d'existence. La littérature de ce pays dérive de celle de la Perse. Les compositions poétiques des Afghans ressemblent à celles de leurs modèles, mais sont moins châtiées et bien plus simples. Ce voyageur connaissait jusqu'à neuf poëtes afghans, indépendamment des traducteurs qui avaient fait passer dans leur langue les œuvres des Persans.

Parmi les poëtes afghans, on ne doit pas oublier Ahmed-châh, souverain du pays. Cet exemple de monarques lettrés n'est pas rare dans l'Orient. Ahmed-châh fit un livre d'odes en pechtou : le khan Ouloum les a accompagnées d'un commentaire volumineux. Ahmed-châh composa aussi des poëmes en persan.

Les auteurs en prose sont principalement des théologiens et des légistes; quelques-uns aussi ont écrit le récit de certaines périodes de leur histoire : mais le persan continue à être employé dans la plupart des grandes compositions. Les rois de l'Afghanistan ont tous été les protecteurs des lettres (1).

Comme tous les Orientaux, les Afghans sont très-superstitieux; ils croient aux revenants, aux rêves, aux devins, à l'astrologie, et à toutes les rêveries du même genre; ils ont grande confiance au pouvoir des talismans.

Quoique très-hospitaliers, les Afghans sont des brigands déterminés qui détroussent les voyageurs sans scrupule. Une partie de la nation, surtout dans l'ouest, est nomade; celle qui habite la partie orientale du pays préfère le séjour des maisons à celui des tentes. Les Afghans ne sont pas si grands fumeurs que les Persans; en revanche, ils prennent beau-

(1) *Voy.* plus loin, col. 445.

coup de tabac en poudre. Ils sont très-sociables; ils aiment à entendre des contes et des romances. Ils sont passionnés pour la chasse; ils ont des courses de chevaux. Un de leurs amusements est de ficher en terre une cheville, et de tâcher de l'abattre ou de l'enfoncer avec la pointe de leur lance. Ils tirent au but avec le fusil et les flèches. Ils ne connaissent pas les jeux de cartes, et font peu d'usage des dés : ils ont d'autres passe-temps sédentaires qui nous sembleraient bien puérils, par exemple les billes, la savate, les osselets, le saut à cloche-pied. Les Afghans occidentaux ont un goût décidé pour la danse.

Le costume des hommes offre des différences. Celui des provinces occidentales paraît être l'habillement primitif de toute la nation; il consiste en une paire de larges pantalons en toile de coton de couleur foncée; une chemise (*camiss*), qui a la forme d'une blouse, mais à manches plus amples, et qui descend un peu au-dessous du genou; un bonnet, composé d'une calotte en drap de couleur éclatante ou en brocart d'or, et de côtés relevés, en soie ou en satin noir; ils ont de plus des demi-bottes de cuir brun, boutonnées ou lacées jusqu'au mollet. Ils s'enveloppent, pendant la plus grande partie de l'année, d'un grand manteau de peau de mouton bien tannée, avec la laine en dedans, ou bien de feutre doux et moelleux : ce vêtement se place sur les épaules, avec les manches pendantes, et tombe jusqu'à la cheville. Dans les villes et les parties du pays les plus civilisées, on s'habille généralement à la persane; et sur la frontière orientale, on suit la mode de l'Hindoustan.

Les femmes ont une chemise semblable à celle des hommes, mais plus longue; elle est de toile plus fine et généralement peinte ou brodée en fleurs de soie. Dans l'ouest elle est quelquefois toute de soie. Les pantalons sont en couleur, plus justes que ceux des hommes. Le bonnet est en soie de couleur brillante, brodé en or; il couvre rarement le front ou les oreilles. Enfin elles ont un voile uni ou imprimé, qui leur sert à cacher leur visage quand un étranger approche. Dans l'ouest, les femmes entourent souvent leur bonnet d'un mouchoir de soie noire; elles partagent leurs cheveux, et en font deux tresses qu'elles fixent derrière la tête; elles l'ornent de cordons de sequins de Venise, et de chaînes d'or et d'argent, qui, après en avoir fait le tour, retombent près des oreilles. Elles ont des pendeloques, des anneaux aux doigts, et d'autres à la cloison du nez. Les jeunes filles se distinguent des femmes mariées par leurs cheveux épars et par des pantalons blancs.

On ne voyage qu'à cheval, les femmes même ne font pas usage de palanquins; celles du roi sont portées sur des éléphants, d'autres dans des espèces de litières. Le roi s'en sert aussi; cette voiture, que l'on nomme *nâlki*, lui est particulière. Quelques nobles ont le droit d'aller en djampam, sorte de petit palanquin avec un dessus en voûte. Le bagage des voyageurs est porté à dos de dromadaires ou de mulets.

On ne sait ce que c'est que la poste. Le roi envoie ses dépêches, comme en Perse, par des *tchoppers* ou courriers à cheval. Ceux-ci ne se chargent pas des lettres des particuliers, qui se servent de *cossids* ou messagers à pied qui vont très-vite, et quelquefois parcourent soixante-dix lieues en quatre jours.

L'esclavage existe dans l'Afghanistan, de même que dans tous les pays mahométans. La plupart des esclaves sont nés dans la maison. On reçoit des Abyssins et des Nègres par l'Arabie; les Béloutchi vendent des Persans et d'autres peuples qu'ils ont pris dans leurs excursions; beaucoup de Câfirs sont achetés de leurs compatriotes ou des Youssoufzi : ceux-ci sont les seuls parmi les Afghans qui fassent ce trafic; il y est en horreur. On emploie les esclaves ou comme domestiques, ou à la culture des terres : on en a le plus grand soin; ils mangent à la table de leurs maîtres; rarement on les bat.

Quand les Afghans affranchissent leurs esclaves, c'est toujours gratuitement; ils regarderaient comme une honte de leur rendre la liberté à prix d'argent.

Les Afghans sont grands et robustes, et généralement maigres, quoique musculeux. Ils ont le nez aquilin, les pommettes des joues saillantes, le visage long, la barbe et les cheveux ordinairement noirs, quelquefois bruns, rarement rouges. Ils se rasent le milieu de la tête, et laissent croître le reste de la chevelure : leur barbe est longue et touffue. Ceux de l'est ont le teint presque aussi brun que celui des Hindous; ceux de l'ouest l'ont beaucoup moins foncé; quelques-uns sont très-blancs : leur physionomie annonce généralement la vigueur et la santé.

Leurs manières sont franches et ouvertes; ils ont un air mâle et décidé, uni à une certaine simplicité bien éloignée de la faiblesse. Ils gesticulent beaucoup, mais avec gravité. Les Persans les accusent d'ignorance et de grossièreté; mais s'ils ne sont pas aussi polis que leurs voisins occidentaux, et si leur peu de communications habituelles avec les étrangers rétrécit leurs idées sur quelques objets, on ne peut leur refuser de la prudence, du bon sens et de la pénétration; ils montrent même un degré de curiosité bien éloigné de l'apathie naturelle aux Hindous.

On peut compter sur leur bonne foi; ils ont une activité remarquable; d'un autre côté, ils sont avides, fiers de leur origine, vindicatifs et obstinés. Ces défauts ne balancent pas leurs bonnes qualités, auxquelles il faut ajouter leur respect pour les vieillards.

Il est rare qu'un Afghan fasse le commerce ou exerce une profession mécanique. La plupart des marchands sont Tadjiks, Hindous ou Persans. Il y a des fabriques de toiles de coton, de cuir et de tapis. On envoie au dehors des chevaux, du tabac, de la garance et de l'assafœtida. Le pays étant dépourvu de rivières navigables, et peu favorable au roulage, le transport des marchandises a lieu au moyen des bêtes de somme et se fait par caravanes ; elles vont dans l'Hindoustan, le Pendjab, le Thibet, la Boukharie et la Perse. La position intermédiaire de l'Afghanistan, relativement à ces pays, y rend le commerce de transit très-actif ; il fournit aux uns ce qu'il tire des autres. Les soies et les tapis de la Perse, les châles de Cachemyr, les mousselines, les toiles de coton, l'indigo et le sucre de l'Inde ; la laque, le vernis, les étoffes de soie de la Chine ; des drogues, des épiceries, une quantité d'autres marchandises, même de celles qui proviennent des manufactures de l'Europe, sont apportées dans l'Afghanistan, soit pour être consommées dans le royaume, soit pour être transportées ailleurs.

Histoire. L'organisation des Afghans en tribus rappelle ce qu'on lit de celles des Perses dans les écrivains de l'antiquité ; elle doit exister depuis très-longtemps. Mais quoique ce peuple n'ait pas cessé d'habiter une partie des pays qu'il occupe, son nom n'est cité que fort tard dans l'histoire. A une époque très-reculée on voit les Paropamisades qui habitaient des contrées montagneuses situées entre la Perse et l'Inde ; Alexandre eut beaucoup de peine à les vaincre. Enfin, au septième siècle, il est question des Afghans dans les écrivains orientaux qui les mentionnent parmi les peuples qui avaient embrassé l'islamisme ; cependant quelques-uns étaient encore païens deux siècles plus tard. Vers cette époque les khans de Boukhara conquirent quelques portions de l'Afghanistan et les firent gouverner par un officier qui demeurait à Ghizni. Un de ces officiers se déclara indépendant et fonda l'empire des Ghiznevides. Il fut détruit par un Afghan. L'histoire de ce peuple est ensuite enveloppée dans l'obscurité jusqu'à l'invasion de Tamerlan. Dans l'intervalle, des princes patans avaient régné à Delhi dans l'Hindoustan, et l'un d'eux avait chassé de Ghizni les successeurs de Tchinghiz-Khan.

Pendant que les différentes provinces de l'Afghanistan passaient tour à tour sous la domination des souverains de la Perse et de l'Inde, les tribus afghanes, retranchées dans leurs montagnes, conservaient leur indépendance. Les Dourani vivaient au milieu de celles du nord. Au commencement du dix-septième siècle, tyrannisés par les Ouzbek, ils convinrent de payer un tribut à la Perse pour prix de la protection qu'elle leur promettait. En 1708, profitant de la faiblesse d'un État que l'indolence de ses souverains entraînait vers sa ruine, ils se révoltèrent. En 1716, ils envahirent la Perse, remplirent le royaume de trouble et de confusion, et s'emparèrent du gouvernement. Vaincus en 1728 par le farouche Nadir-châh, ils ne tardèrent pas à s'insurger de nouveau. Nadir-châh les soumit ; mais, charmé de leur bravoure, il les en récompensa par des concessions de terres, et leur montra beaucoup de confiance. Cette conduite fut, dit-on, une des causes qui contribuèrent à le faire massacrer par les Persans au mois de juin 1747.

Le lendemain de cet événement, une bataille sanglante fut livrée entre les Afghans et les Ouzbek commandés par *Ahmed-châh* d'un côté, et les Persans de l'autre. L'issue en fut indécise. Ahmed-châh se hâta de regagner Candahar, s'empara des trésors de Nadir-châh, se fit proclamer roi au mois d'octobre, et fut le fondateur de la dynastie qui règne encore (1).

Quoique le pouvoir souverain soit héréditaire dans la maison des Seddozy, le droit de succession n'est pas réglé d'une manière fixe, et déjà plusieurs révolutions ont fait passer et repasser la puissance d'une main à l'autre.

Le titre du roi est *châhi dourri dourrân* mais on ne l'emploie que dans les traités de paix et autres actes publics. Ordinairement on le qualifie simplement de *châh* ou *padichâh* (roi). La cour est désignée par le nom de *Derri-Khané*, ce qui signifie *la Porte* comme en Turquie.

Le roi se fait aider dans le gouvernement de l'État par un vizir et des ministres. Quelques emplois étaient héréditaires ; le monarque a fait bien des mécontents en contrevenant à cet usage. On évalue les revenus du royaume à trois crores de roupies ou soixante-quinze millions ; ils proviennent principalement d'un impôt foncier, ou d'une contribution équivalente. L'armée se monte à deux cent mille hommes, et consiste principalement en cavalerie ; l'artillerie est peu nombreuse.

L'Afghanistan renferme plusieurs villes remarquables. On se contentera de citer les plus célèbres.

Candahar fut fameuse dès les temps les plus reculés ; c'est l'*Alexandria ad Paropamisum* des anciens. Les *Mille et une nuits* font souvent mention et de cette cité et de ses rois, ce qui indique qu'elle a constamment

(1) *Voy.* plus loin, col. 442 et suiv.

joué un rôle important. Elle est située sur l'Hilmend, dans une plaine. Forte par sa position et par les ouvrages dont l'art a su l'entourer, grande et peuplée, elle n'est pas moins intéressante par son commerce et par la fertilité de ses environs. Les rois y ont quelquefois résidé. Elle est dans le territoire occupé principalement par les Dourani. Les grands personnages de cette tribu ont à Candahar des maisons que l'on dit être vastes et élégantes. Cette ville renferme beaucoup de caravansérails et de mosquées. L'on voit près du palais le tombeau d'Ahmed-châh, objet de vénération pour tous les Dourani, et asile inviolable pour quiconque s'y réfugie.

Ghizni, dans le territoire des Ghildji, fut dans le onzième siècle la capitale de l'empire des Ghiznevides, qui s'étendait des rives du Tigre à celles du Gange, et des bords du Jaxartes aux côtes du golfe Persique. Ce n'est plus qu'une ville de cinq cents maisons, indépendamment de ses faubourgs qui ne sont pas murés. Elle est sur une hauteur baignée par le Dilen. On voit, dans ses environs, quelques restes de son ancienne grandeur; mais il ne reste plus rien de la magnificence des palais des monarques ghiznevides, ni de celle des mosquées, des bains et des caravansérails, ornements de la capitale de l'Orient. Seulement, à une lieue de distance, subsiste encore le tombeau du fameux sultan Mahmoud; il est vaste et fort simple. Les musulmans nomment Ghizni la Médine de l'Inde, à cause de la grande quantité de tombeaux de saints personnages qui s'y trouvent.

Caboul, au nord de Ghizni, n'est pas très-grande, mais est jolie, quoique les rues soient étroites comme dans tout l'Orient. Les maisons sont généralement en pierres brutes, en terre ou en briques crues. Le palais du roi est dans une espèce de citadelle sur une colline au nord de la ville. Le séjour du roi et son grand commerce la rendent très-vivante; elle est partagée en deux par une rivière qui porte son nom, et entourée de jardins et de vergers. Beaucoup de poëtes persans et hindous ont célébré les charmes du climat et les beautés pittoresques des environs de Câboul. L'abondance de ses belles fleurs est passée en proverbe, et ses fruits se transportent jusque dans les parties les plus reculées de l'Inde.

Péchaouer, dans l'Afghanistan oriental, est la résidence d'hiver des rois. Cette ville est dans une plaine vaste et fertile, bornée de tous côtés par des montagnes, excepté vers l'est. La rivière de Caboul l'arrose, et y reçoit deux ruisseaux, qui sont bordés de saules et de mûriers entre-mêlés avec les maisons. Bâtie sur une surface inégale, Péchaouer a des rues étroites et mal pavées. Aucun de ses édifices ne mérite d'être remarqué. Sa population est

de 100,000 âmes. Ses environs sont délicieux.

Balkh, dans le Turkestan, dont une partie appartient à la Boukharie, fut connue des Grecs par l'expédition d'Alexandre, sous le nom de *Bactra*. On suppose qu'elle avait été auparavant la résidence de Cyrus. Les Orientaux la nomment par distinction *Om-oul-Beled* (la mère des pays). Cette antique métropole est bien déchue de sa splendeur. Ses murs renferment plus de ruines que de maisons habitées; un quart seulement de son étendue est peuplé. Les Ouzbeks sont plus nombreux dans son territoire que les Afghans.

Hérat ou *Héri*, dans le Khorassan, province dont la Perse possède une portion, est une des villes les plus anciennes et les plus célèbres de l'Orient. Elle donna son nom à un pays considérable du temps d'Alexandre; plus tard elle fut la capitale de l'empire transmis par Tamerlan à ses fils; elle passa ensuite aux Persans, sur lesquels elle fut prise par les Afghans. C'est la ville la plus magnifique du royaume. Sa grande mosquée est surmontée de dômes et de minarets ornés, comme en Perse, de tuiles vernissées. On estime sa population à 100,000 hommes, la plupart Persans d'origine. Elle est sur l'Aroïs : il s'y fait un très-grand commerce; on y fabrique des tapis. Ses environs sont extrêmement fertiles.

Histoire de Timur-Bec, connu sous le nom du grand Tamerlan, par Chereffedin-Ali, traduite du persan par Petit de la Croix. Paris, 1722, 4 vol. in-12.
Voyage du Bengale à Saint-Pétersbourg, à travers les provinces septentrionales de l'Inde, le Kachemyr, la Perse, etc., par G. Forster, traduit de l'anglais, avec des notes par Langlès. Paris, 1802, 3 vol. in-8°.
Ueber die Sprache und den Ursprung der Aghuan oder Afghanen, von J. Klaproth. Saint-Pétersbourg, 1810, in-4° (réimprimé avec des changements dans l'*Asia polyglotta* du même auteur). Paris, 1823.
An account of the Kingdom of Caubul and its dependencies in Persia, Tartary and India comprising a view of the Afghán nation, and an History of the Dooranee monarchy, by Mountstuart Elphinstone. London, 1815, 1 vol. in-4°.

EYRIÈS.

Timour-châh, fils d'Ahmed-châh, lui succéda à l'âge de vingt-six ans en 1772. Il ne chercha pas à agrandir ses États, et se tint toujours sur la défensive; pour se mettre en garde contre un parti considérable qui s'était formé parmi les Dourânis, il quitta Candahar et alla résider à Caboul, parmi les Tadjiks, ses fidèles sujets; insensiblement il retira le pouvoir et les honneurs aux familles dourânies que son père avait élevées; il n'entretint pas d'autres troupes que ses gardes, composés surtout de Persans et de Tadjiks, et s'isola ainsi complétement des chefs afghans. Mais il perdit en puissance ce qu'il gagna en sécurité; les provinces éloignées se dérobèrent peu à peu à son empire, et les princes étrangers qu'Ahmed-châh avait soumis songèrent à attaquer les Dourânis.

La décadence continua sous les faibles successeurs de Timour-châh : d'abord ses fils se disputèrent longtemps et cruellement le trône. Le roi de Perse profita de ces discordes pour envahir le Khorassan et annoncer de nouveau ses prétentions à la possession d'Hérat ; enfin *Mahmoud*, par la valeur de son ministre Fatteh-khan, vit son autorité s'affermir ; mais ses succès furent de courte durée ; pendant qu'il triomphait de trois partis considérables, les Persans s'emparaient définitivement du Khorassan en 1802 ; plus tard une révolte éclata à Caboul même et Mahmoud tomba entre les mains de son rival Shah-Shoudja ; il put cependant s'échapper et reprendre l'avantage ; sa victoire de Nimla, en 1809, força Shah-Shoudja à se réfugier dans l'Inde anglaise, à Loudiana, où il vécut jusqu'en 1839, d'une pension du gouvernement anglais, et l'empire afghan se soumit de nouveau à l'autorité de Mahmoud ; Fatteh-khan, son vizir, conquit la riche vallée de Cachemir et fit reculer les Persans qui assiégeaient encore Hérat ; grâce à lui, la tranquillité se maintint jusqu'en 1818 ; mais le prince Camrân, fils de Mahmoud, inspira à son père une injuste défiance contre Fatteh-khan, et ils le firent mourir ; la puissante famille du vizir se révolta, et Mahmoud, effrayé, s'enferma dans Hérat, où il mourut en 1829, après avoir vu son empire démembré au profit des frères de Fatteh-khan et des Sikhs : Chir Dil-khan s'était rendu indépendant à Candahar ; Mohammed-khan régnait à Péchaver, mais payait tribut aux Sikhs ; enfin Dost Mohammed s'était emparé de Caboul.

Camrán succéda à son père dans le petit royaume d'Hérat, et ne fit rien pour reconquérir ses États.

Les prétentions des puissances européennes et leurs empiétements continuels vinrent ajouter encore aux maux de l'Afghanistan ; la Russie et l'Angleterre se trouvèrent au commencement de ce siècle pour ainsi dire en présence sur ce nouveau théâtre ; et là Russie, qui n'avait cessé pendant le dix-huitième siècle de s'agrandir aux dépens de la Perse, se servit de cette puissance pour inquiéter le gouvernement de l'Inde ; une armée persane vint mettre le siége devant Hérat et d'un autre côté des agents russes se répandirent dans l'Afghanistan, dans le Sind et le Pendjab, pour organiser une vaste ligue offensive contre l'Angleterre. Les secours énergiques amenés par le major Pottinger sauvèrent Hérat, et repoussèrent les Persans après dix mois de siége. Mais les Anglais cherchèrent à former avec quelques peuples de l'Asie centrale une confédération contraire à celle que la Russie et la Perse préparaient ; la haine de Dost Mohammed, roi du Caboul, et des Sikhs, s'opposa à ce qu'ils obtinssent l'alliance importante de ce prince ; ils prirent alors le parti de le renverser et de rétablir l'ancienne dynastie représentée par Shah-Shoudja.

A la suite d'une longue déclaration de guerre publiée le 1er octobre 1838 par lord Auckland, une armée de vingt-cinq mille hommes fut réunie et arriva vers la fin d'avril 1839 sous les murs de Caudahar : les princes barakzys s'enfuirent sans l'attendre ; après un combat insignifiant à Ghazna, l'armée anglaise entra victorieusement à Caboul et proclama *Shah-Shoudja* souverain légitime de l'Afghanistan ; Dost Mohammed se rendit prisonnier et alla à Loudiana prendre la place de Shah-Shoudja comme pensionnaire des Anglais. Les résultats de cette expédition furent très-importants : la Perse se hâta de faire la paix avec l'Angleterre, et la Russie désavoua ses agents et rappela son ambassadeur. Mais toutes ces tribus, tous ces chefs qu'on avait achetés plutôt que soumis, se soulevèrent de nouveau, quand on diminua leurs subsides, et une insurrection générale éclata au bout de deux années de révoltes partielles. La guerre commença dans la capitale même ; le général Elphinstone fut réduit à capituler, mais son armée n'en fut pas moins détruite dans sa retraite ; et, au mois de janvier 1842, les Anglais ne possédaient plus dans l'Afghanistan que Candahar et Djellalabad. Lord Ellenborough, nouveau gouverneur général de l'Inde, nommé par les torys, ordonna l'évacuation du pays, mais auparavant deux divisions anglaises allèrent détruire la ville de Ghazna, brûler celles de Caboul, d'Istalif et de Djellalabad, délivrer les prisonniers faits sur l'armée du général Elphinstone, et elles rentrèrent tranquillement dans l'Inde par le Pendjab, laissant l'Afghanistan livré à l'anarchie la plus cruelle.

Voyez, outre les ouvrages cités par M. Eyriès :

H. Pottinger : *Travels in Beloochistan and Sinde.* Lond. 1816, in-4°.

R. Stirling : *On the political state of the countries between Persia and India.* London, 1835, in-8°.

C. Masson : *Récit de diverses excursions dans le Beloutchistan, l'Afghanistan et le Penjab, faites de 1826 à 1838* (en anglais), 3 vol. in-8°, Londres.

J. Outram : *Rough notes of the campaign in Sindh and Afghanistan in 1838-39.* London, 1840.

G. T. Vigne : *Narrative of a visit to Ghuzni, kabul and Afghanistan*, London, 1840, in-8°.

Comparative geography of Afghanistan. Extract of a Letter from major Rawlinson, dated Kandahar 1^s. may 1841. (*Journ. of the roy. geogr. Soc. of London*; vol. XII, part. 1, p. 112.)

N. Perrin : *L'Afghanistan, ou description géographique du pays théâtre de la guerre*, etc. in-8°, Paris.

H. Wilson : *Ariana antiqua, a descriptive account of the antiquities and coins of Afghanistan*, published by the Hon. East-India Company, in-4°, London, 1841.

A. Burnes : *Cabool, being a personal narrative of a journey to, and a residence in that city, in the years* 1836-38, Lond. 1842.

Amédée Tardieu.

Le nom de la langue des Afghans a été écrit par quelques voyageurs *Pouchtou* et *Pouk'hto*. Le vocabulaire polyglotte, imprimé à Saint-Pétersbourg par ordre de l'impératrice Catherine II, contient une liste de 102 mots de cette langue, parmi lesquels Adelung, ainsi qu'il nous l'apprend dans le *Mithridate*, n'a découvert qu'un assez petit nombre de dérivés des langues indiennes et des langues tartares, mais vingt-sept mots persans. Elphinstone a comparé une liste de deux cents mots avec les termes qui leur correspondent dans les principaux idiomes des familles indo-persane, sémitique et caucasienne. Il lui a paru que plus de la moitié des mots ne pouvaient se rapporter à aucune de ces sources, que le reste venait principalement du persan moderne, que quelques mots cependant remontaient au zend et au pelvi, mais que pas un seul ne dérivait de l'hébreu, du chaldéen ni de l'arménien. Un travail semblable, exécuté depuis par Klapproth, a donné un résultat analogue pour ce qui regarde le persan, mais a prouvé les rapports qu'ont avec le kurde, l'ossète et même le russe, beaucoup de mots regardés avant lui comme des radicaux pouchtous. Des recherches plus récentes encore, notamment celles publiées à Bonn en 1830 par le prof. Ewald dans deux numéros du *Zeitschrift fur die Kunde des Morgenlandes* du savant Lassen, ont conduit à rattacher un grand nombre aussi de ces prétendus radicaux à des racines indiennes. L'afghan doit différer beaucoup aujourd'hui de ce qu'il était avant l'introduction de l'islamisme et les incursions qui ont accompagné cet événement. Dans sa forme actuelle cette langue se place entre le persan et l'hindoustani. Il offre dans sa conjugaison le système du premier et dans sa déclinaison celui du second.

Les différences qui existent entre le dialecte oriental et celui de l'occident tiennent surtout à la prononciation de certaines lettres.

Deux poëtes populaires afghans méritent d'être nommés : Rehmân, qui n'a guère, il est vrai, produit que des odes imitées du persan, et Khouchâl, dont la poésie a un caractère plus original. Ce dernier était khan de la tribu des Khattaks. Il est auteur d'un poëme où il raconte en termes qui respirent l'amour de l'indépendance et de la patrie la guerre faite à sa nation par Aurengzeb, ainsi que d'une chronique des Afghans à partir de la captivité de Babylone.

Le numéro de janvier du *Journal of the asiatic Society of Bengal* contient une petite *grammaire afghane* du lieutenant R. Leach et les *Mémoires de l'Académie impériale des sciences de Saint-Pétersbourg*, 6° série, tom. V°, livr. 1 et 2, des *remarques gramma-*

ticales sur le pouchtou par le prof. Bernhard Dorn. L'auteur y donne de nombreux extraits des poëtes afghans.

Il a été fait une traduction pouchtou du Nouveau Testament et des livres historiques de la Bible, qui a été imprimée aux frais de la société biblique de Londres.

Léon Vaïsse.

AFRIQUE. (*Géographie.*) (1) Cette partie du monde, citée dans l'histoire depuis les temps les plus reculés, ne nous est encore que très-imparfaitement connue. Elle forme une grande péninsule, ne tient au nord-est à l'ancien continent que par l'isthme de Suez, et de tous les autres côtés est baignée par la mer, au nord par la Méditerranée, à l'ouest et au sud par l'océan Atlantique, au sud-est par la mer des Indes, à l'est par le golfe Arabique. Coupée par l'équateur en deux parties égales, elle s'étend de 37° 5' de latitude nord à 34° 50' de latitude sud, et de 19° 50' de longitude ouest à 49° de longitude est; sa longueur est donc de 1,820 lieues, sa largeur de 1,650, et sa surface de 1,750,000 lieues carrées. Cette immense étendue n'offre pas de ces coupures profondes dans les terres qui, facilitant les communications par eau, sont un des grands véhicules de la civilisation. En effet, on ne remarque sur la côte du nord que des baies pompeusement décorées du nom de golfes de Cabès, de la Syrte, des Arabes. La côte occidentale forme, vers 3° au nord de la ligne, un enfoncement qui se prolonge à l'est sur une étendue de près de 400 lieues: c'est le golfe de Guinée; mais il est entièrement ouvert au sud et à l'ouest, et ne contribue nullement à rapprocher les uns des autres les habitants de ses rivages.

Depuis plus de trois siècles les Européens ont reconnu et décrit successivement les côtes

---

(1) *Voy. The tour of Africa selected from the best authors and arranged*, by Carth. Hutton. Lond. 1819-21, 3 vol. in-8°. — *Proceeding of the Expedition to explore the northern Coast of Africa*, by Beechey. Lond. 1828; in-4°. — *Narrative of voyages to explore the shores of Africa, Arabia and Madagascar performed in His Majesty's ships Leven and Barracouta, under the direction of capt. W. Owen*, by lieut. Wolf. (Journ. of the roy. geogr. soc. of London, 3° vol.) — Consulter dans l'*Hydrographie française* les cartes suivantes : carte de la côte septentrionale d'Afrique, partie comprise entre Alger et l'île de la Galite (1836); carte de la côte eptentrionale d'Afrique, partie comprise entre Alger et les îles Zafarines (1836); esquisse des côtes de la province d'Oran depuis les îles Zafarines jusqu'à l'îlot Colombi (1833); carte de la côte occidentale, comprise entre le cap Bojador et le cap Blanc (1828); carte de la côte occidentale, comprise entre le cap Blanc et le cap Vert (1828); carte de la côte occidentale, comprise entre le cap Vert et les îles de Los (1830); carte de la côte occidentale, comprise entre les îles de Los et le cap Lopez (1833); carte de la côte occidentale entre le cap Formose et le cap Frio (1833); carte des côtes d'Afrique depuis le cap Frio jusqu'à la baie d'Algoa (1833).

de l'Afrique (1) ; ils n'ont pu parvenir à une distance considérable dans son intérieur. On est donc réduit, sur un grand nombre de points relatifs à sa géographie, à de pures conjectures ; aussi les hypothèses des écrivains qui ont traité ce sujet se sont-elles tellement multipliées que leur simple analyse excéderait les limites que nous nous sommes prescrites : bornons-nous donc à l'exposition des faits connus et à la mention des systèmes les plus probables.

On sait que l'Atlas se prolonge de l'ouest à l'est dans la partie occidentale du nord de l'Afrique ; ses ramifications, en s'abaissant vers l'est, se rapprochent de la côte sur quelques points, puis se prolongent dans l'intérieur, toujours vers l'orient, par des plateaux qui se rattachent à d'autres hauteurs bordant du sud au nord la côte du golfe Arabique. Ces dernières montagnes se relèvent considérablement à l'entrée de ce bras de mer, s'étendent dans le sud-ouest en Abyssinie, où elles forment le Lamalmon, le Samen, les monts de Géés et d'Amid-Amid ; à l'est, elles aboutissent au cap Bab-el-Mandeb, redouté des navigateurs ; et plus à l'est encore, leur dernière saillie est le cap Guardafui, extrémité de l'Afrique vers l'orient. Les géographes indiquent la chaîne des monts Lupata comme s'avançant du cap Guardafui vers le sud, en longeant à une certaine distance la côte orientale, et arrivant aux monts Nieuwe-Veldt, qui occupent l'extrémité méridionale de l'Afrique, et forment des plateaux qui se terminent au célèbre cap de Bonne-Espérance. On suppose que, dans l'ouest, des montagnes règnent à une certaine distance de la côte, en allant au nord, jusqu'à 3° au-dessus de l'équateur. On place un peu plus haut, dans le centre, les monts Al-Komri, ou de la Lune, que l'on fait communiquer avec les montagnes d'Abyssinie : on ignore si leurs ramifications dans l'ouest atteignent aux monts de Kong, qui, sous le dixième pa-

rallèle nord, paraissent s'élever à une grande hauteur ; leurs rameaux s'abaissent, en s'approchant de la mer, dans le sud-ouest ; ils y forment cependant des caps escarpés, tels que celui de Sierra-Leone. D'après le rapport des indigènes, les monts Kong ont la cime blanche ; ce qui indiquerait la présence de neiges perpétuelles. Or, sous ce parallèle, ce phénomène, qui n'a rien d'improbable, indiquerait une hauteur de plus de 2,000 toises au-dessus du niveau de la mer. Au nord du cap Sierra-Leone, la côte s'éloigne des montagnes, qui, vers le 15° degré, s'abaissent au niveau du grand désert. A l'est, elles ont une plaine immense dont l'étendue est inconnue.

On ne connaît guère mieux les fleuves que les montagnes de l'Afrique. Le Nil, si célèbre dans l'antiquité de même que de nos jours, a ses embouchures à l'extrémité nord-est de l'Afrique dans la Méditerranée, par 31° 25' de latitude. De ce point jusqu'à 18°, il offre le phénomène singulier de ne pas recevoir un seul affluent. Le Tacazze est le premier qui lui apporte, à droite, le tribut de ses eaux ; le Bahr-el-Azrek est le second ; tous deux viennent de l'Abyssinie. Le premier a été pris à tort par quelques voyageurs pour le bras principal du Nil des anciens, ou Bahr-el-Abiad ; celui-ci est encore grossi du même côté par le Maleg ; son cours a été suivi en remontant jusqu'à 10° de latitude nord. On place ses sources dans les monts de la Lune ; la vraie position de cette chaîne est inconnue (1).

<hr>

(1) *Voy. la Description nautique des côtes de l'Algérie* par M. A. Bérard, in-8°, 1837 ; les *Renseignements sur les côtes de la province d'Oran*, par M. Garnier, in-8°, 1833 ; un *Mémoire sur la navigation aux côtes occidentales d'Afrique depuis le cap Bojador jusqu'au mont Souzos*, par M. Roussin, in-8°, 1827 ; et la *Description de la côte occidentale d'Afrique depuis le cap de Naze jusqu'au cap de Roxo*, par M. le Prédour, in-8°, 1828. — Le bureau hydrographique de l'amirauté de Londres a aussi publié un ensemble considérable de relevés des côtes d'Afrique, parmi lesquels on distingue les travaux de MM. Arlett et Vidal. On doit aussi au Dépôt hydrographique de Madrid quelques cartes importantes, entre autres, celle du golfe de Guinée depuis la rivière de Benin jusqu'au cap Lope Gonzalez. — Enfin, les observations de M. Jahenné sur la côte de Somawli depuis le cap Guardafuy jusqu'à l'entrée de la mer Rouge serviront à rectifier sur nos cartes cette partie du littoral d'Afrique très-mal figurée jusqu'à présent ; de même qu'un voyage du Dʳ Peter à la côte orientale de l'Afrique méridionale qui a obtenu les éloges de l'Académie des sciences de Berlin en 1842.

(1) *Voy. Travels to discover the source of the Nile*, by J. Bruce, Edimb. 1788, 5 vol. in-4°. — *Voyage à Méroé, au fleuve Blanc, au delà de Fâzoql dans le midi du royaume de Sennâr*, par Fr. Cailliaud, Paris, 1826, 4 vol. in-8°. — *Journal of a voyage on the Bahr Abiad or White Nile with some general notes on that river* (2° vol. du Journ. de la Soc. géogr. de Londres). Il est question dans cet article de l'expédition que M. Adolphe Linant avait méditée et préparée. Dans ces dernières années on s'est encore beaucoup occupé de l'exploration des sources du Nil : en 1839, Mohammed Ali, dans un voyage qu'il fit au Fâzoql, ordonna les apprêts d'une expédition scientifique, en même temps que le tracé d'un canal entre le Nil Blanc et le Kordofan. Cette expédition fut dirigée par le cap. Selim ; elle échoua complètement ; une seconde ne fut guère plus fructueuse ; nos compatriotes MM. d'Arnaud et Sabatier faisaient partie de cette seconde expédition, et c'est par leur correspondance qu'on a été informé des principaux résultats obtenus : on parvint jusqu'au 4° degré 42' de lat., à peu près sous le méridien du Caire, ce qui indique une direction toute contraire à celle qu'on avait assignée jusqu'à présent au Nil Blanc : les géographes avaient toujours cru que le Nil Blanc venait de l'ouest, et il est prouvé maintenant qu'il incline à pousse à l'est. Dans ce trajet on ne rencontra aucune chaîne de montagnes, bien que les montagnes dites de la Lune soient tracées sur toutes les cartes du 5° degré au 7° de lat. ; on ne signala non plus aucun affluent, aucune bifurcation importante, mais d'immenses marécages. De nombreuses observations astronomiques et météorologiques, des mesures exactes de la pente et de la vitesse du fleuve, furent les résultats de cette expédition ; mais l'objet principal ne fut pas atteint. Enfin la Gazette d'Augsbourg an-

Le long de la côte septentrionale on ne voit que des embouchures de fleuves peu considérables qui viennent de l'Atlas. Il en est de même de la côte occidentale jusqu'à 16° de latitude nord, où l'on trouve le Sénégal, et successivement, en allant au sud, la Gambie, le Rio-Grande, et d'autres moins importants (1). On sait, par le rapport d'un voyageur moderne, qu'ils ont leurs sources fort près les uns des autres, dans un groupe de montagnes sous le dixième parallèle, et que, poussées dans différentes directions par les chaînes des montagnes, leurs eaux finissent par suivre la pente du terrain vers l'océan Atlantique. Les monts, qui probablement courent de l'ouest à l'est, parallèlement à la côte septentrionale du golfe de Guinée, donnent naissance à beaucoup de fleuves, dont les embouchures sont connues et marquées avec précision sur les cartes, depuis Sierra-Leone jusqu'à 7° à l'ouest de Paris : leurs cours, au delà d'une petite distance, sont inconnus ; la masse d'eau de leurs embouchures n'est pas très-forte. Il n'en est pas ainsi du Rio-Formoso ; ce fleuve, ainsi que le Calbar, le Gabon, le Coanza, le Zaïre (2) et l'Avongo, apportent à l'Océan un si grand volume d'eau que l'on a pu supposer que leurs sources se trouvaient à une distance immense dans l'intérieur. On en a remonté un seul assez haut pour reconnaître que cette conjecture, au moins pour ce qui les concernait, paraissait peu fondée. Le reste de la côte a été si peu visité que l'on ignore quelle est la force des fleuves qui arrivent à la mer. A 27° de latitude sud, on trouve le Vis-Revier, qui vient du nord-ouest, on ne sait de quel point ; plus bas, l'Orange-Revier, qui sort des montagnes du centre de l'Afrique méridionale (3). Depuis ce

fleuve, et ensuite à l'est du cap de Bonne-Espérance, jusqu'au 27° degré sud, les fleuves qui arrivent à la mer ont été suivis jusqu'à leur source : l'on ignore celle du Méquinès, du Zambèze ou Coanza, et de tous ceux qui baignent la côte jusqu'au cap Guardafui ; beaucoup sont insignifiants (1).

Dans l'intérieur de l'Afrique, le Niger a longtemps occupé et occupe encore les méditations des géographes. Quoique l'on ne sache pas précisément où est sa source, on a lieu de penser qu'elle n'est pas éloignée de celles du Sénégal, de la Gambie et du Rio-Grande. Il coule d'occident en orient : son cours est connu avec assez de certitude jusqu'au méridien de Paris. Que devient-il ensuite ? chacun forme des hypothèses sur ce sujet (2).

---

nonce tout récemment que M. D'Abbadie, voyageur français, à qui on doit des renseignements nouveaux et intéressants sur la géographie de l'Abyssinie, a découvert les sources tant cherchées du Nil Blanc.

(1) *Voyage dans l'intérieur de l'Afrique aux sources du Sénégal et de la Gambie*, par G. Mollien. Paris, 1820, 2 vol. in-8°. — *Supposed junction of the rivers Gambia and Casamanza*, by R. W. Hay (3e vol. du Journal de la soc. géogr. de Londres). — Note sur la communication mutuelle de la Gambie et de la Cazamanse, par M. d'Avezac, qui y défend l'opinion de d'Anville et de Woodville contre celle du commandant Boteler, envoyé sur la côte d'Afrique en 1832 pour vérifier le fait (Bulletin de la société de géographie, 1er vol. de la 2e série).

(2) *Voy. Narrative of an expedition to explore the river Zaire, under the direction of J. K. Tuckey.* London, 1818, in-4°.

(3) *Voy. An expedition of discoveries into the interior of Africa, through the hitherto undescribed countries of the great Namaquas, Boschmans, and Hill Damaras*, conducted by James Edw. Alexander. London, 1838, 2 vol. in-8°. — Dans cette expédition le capitaine Alexander a traversé le fleuve Orange, le Kaisip ou rivière Rouge, et poussé jusqu'à la baie de Walvisch par 22° de lat. S. MM. Arbousset et Daumas, missionnaires protestants, dans un voyage d'exploration entrepris en 1836 au N. E. du cap de Bonne-Espérance, et dont la relation a été publiée à Paris en

1842, ont trouvé la source des principaux fleuves de l'Afrique méridionale dans une montagne qui termine au N. la chaîne des montagnes Bleues : l'Orange, le Calédon, le Namagari, le Létouélé et le Monouenou ont tous une commune origine et descendent dans diverses directions au S. O., au S., au N. et au N. E. d'une même montagne, que ces voyageurs ont appelée le Mont aux Sources.

(1) *Voy. Particulars of an expedition up the Zambezi to Senna, performed by three officers of his Majesty's ship Leven, when surveying the East Coast of Africa in 1823* (2e vol. du Journ. de la soc. géogr. de Londres). — En 1834, la société géographique de Londres avait conçu le projet d'une exploration qui, partant de la baie Dalagoa, se serait avancée à l'O. pour relier ainsi à la côte les explorations des missionnaires et aurait poussé ensuite vers le Zambèze, même jusqu'à ses sources, pour redescendre ensuite vers les établissements portugais : c'était le capitaine Alexander qui devait conduire cette expédition.

(2) *Voy. Travels through the Timanée, etc., to the sources of the Rokelle and Niger*, by capt. Al. Gordon Laing. London, 1825, in-8° ; trad. en fr. par M. de Larenaudière, Paris, 1826, in-8° ; *Narrative of the adventures and suffering of J. and R. Lander*, London, 1832, 3 vol. in-18. — L'expédition du Niger, organisée par la compagnie de Liverpool et dirigée par les frères Lander, malgré la fin désastreuse de tous ceux qui en faisaient partie, ne laissa pas de produire quelques résultats scientifiques d'une assez grande importance. Richard Lander, qui survécut à ses compagnons, s'avança avec le lieutenant W. Allen jusqu'à Rabbah, entra dans le Tchadda, et le remonta à une distance de 150 milles, et sur la foi des assertions des indigènes, il ne doutait plus de la communication de cette rivière avec le lac Tchad, quand la mort l'arrêta. Mais le lieutenant Allen rapporta de ces excursions des notes importantes qui lui ont permis de publier en 1838 une carte du cours du Quorra, et un mémoire sur le versement du Tchad dans le Niger, par le Tchadda, dans lequel il reconnaît le Yeou. — Depuis la mort de Lander, une autre compagnie commerciale se forma à Glasgow en vue du même objet que celle de Liverpool, à savoir, d'établir à l'aide du Niger des relations commerciales avec les naturels de l'intérieur, et le colonel Nicholls partit de Fernando Pô et entra dans le Niger, avec cette mission. — *Narrative of an expedition into interior of Africa, by the river Niger, in steam-vessels, in 1832-34*, by Mac Gregor Laird and R. A. K. Oldfield. London, 1837, 2 vol. in-8°. — *Is the Quorra, which has lately been traced to its discharge into the sea, the same river as the Niger of the Ancients?* by W. Martin Leake (2e vol. du Journ. de la soc. géogr. de Londres). — *Aperçu des parties explorées du Niger et de celles qui restent à explo-*

On sait qu'il existe un grand lac en Afrique, celui de Dembea, en Abyssinie. On parle d'un lac Maravi, vers le sud-est, au delà de l'équateur. On a reconnu que le Niger traverse le lac de Dibbi; on a, d'après le témoignage des géographes anciens et des Arabes, supposé que ce fleuve arrivait au Bahr-el-Soudan, qui était le *Libya* ou le *Nuba-Palus;* que c'était même une mer intérieure, et que différentes rivières y arrivaient de plusieurs côtés.

Un des traits qui caractérisent particulièrement l'Afrique est ce vaste désert de sable qui occupe une si grande partie de sa surface dans le nord; on en trouve plusieurs autres, soit sur différentes portions des côtes, soit dans l'intérieur.

L'Afrique ayant près des deux tiers de son étendue situés sous la zone torride, cette circonstance, jointe à la grande quantité des sables qui réfléchissent les rayons du soleil, y entretient une chaleur et une aridité dont les effets sont fréquemment funestes aux Européens. Aux ardeurs du printemps succèdent les pluies d'été qui, tombant avec violence pendant plus de trois mois, ne leur sont pas moins pernicieuses. Ces torrents d'eau du ciel font gonfler les fleuves, facilitent la navigation de quelques-uns, et remplissent leur lit d'un limon gras qu'ils déposent sur les terres où ils passent : ils forment fréquemment à leur embouchure, ou dans les pays plats qu'ils arrosent, des marécages pestilentiels. L'Afrique, à ses deux extrémités du nord et du sud, jouit d'un climat plus tempéré et plus salubre. Presque partout les vents qui arrivent de l'intérieur vers les côtes sont d'une ardeur et d'une sécheresse excessives. Le seimoum ou samiel, vent qui tue et suffoque les malheureux qui ne peuvent s'en préserver, étend ses ravages dans plusieurs parties de l'Afrique. Il se fait sentir même au delà de la Méditerranée, sur les contrées méridionales du continent européen, où ses effets moins désastreux affectent désagréablement les hommes et les animaux. Les ouragans sont communs dans certaines saisons sur divers points des côtes.

Par une suite du peu de progrès que l'on a fait dans l'intérieur de l'Afrique, on est peu instruit de la nature de ses montagnes. On a pensé qu'elles se composaient de plateaux successifs, s'élevant par étages les uns au-dessus des autres, et laissant entre eux des vallées ou des plaines (1). Quant à leur composition, l'on a reconnu du granit dans le nord-est et dans le sud; du mica, du schiste, du porphyre, de la siénite, de la serpentine, dans les montagnes du nord-est; du marbre dans ces même chaînes, et plus loin dans l'ouest; du grès et du calcaire dans les monts du nord-est, dans la chaîne de l'Atlas, dans l'ouest et au sud. Le sel gemme abonde des deux côtés de l'Atlas dans plusieurs cantons du désert; on en tire d'un grand nombre de petits lacs; il y en a aussi dans le sud. Le sable du désert, tantôt mobile, tantôt aggloméré en masse, renferme quelquefois des troncs d'arbres entiers.

L'or est le métal le plus abondant en Afrique, notamment dans la partie centrale et vers le sud-est. On dit qu'il y a de l'argent dans le nord, au sud-est et au sud-ouest. L'Atlas occidental, les montagnes du sud-ouest, et celles de l'est, fournissent du cuivre. Le fer se trouve dans plusieurs endroits; le plomb est rare. Diverses pierres précieuses, entre autres les émeraudes, se rencontrent dans cette partie du monde.

Le nord de l'Afrique, en deçà de l'Atlas, et le sud de ce continent produisent plusieurs végétaux d'Europe : les céréales et les fruits de la zone tempérée y réussissent. On y cultive la vigne. Le dattier, le lotus, sont particuliers à la région du nord. La végétation est presque nulle dans les déserts de sable : celui du nord n'offre que des plantes chétives, épineuses, peu feuillées ; mais au milieu de cet océan de sable se trouvent çà et là comme des îles en terre ferme, où, grâce à l'humidité que procurent des sources d'eau vive, les végétaux ombragent le sol échauffé par les rayons d'un soleil vertical; ce sont les Oasis, dont les anciens ont vanté la fertilité. Le mimosa, qui produit la gomme, forme des forêts considérables dans cette contrée. Sous la zone torride se déploient plusieurs espèces de palmiers, le tamarinier et beaucoup de mimosa, des euphorbes gigantesques, le monstrueux baobab;

---

rer, par M. d'Avezac (Bullet. de la Soc. de géogr. 16ᵉ vol. de la 2ᵉ série, p. 73-100). Dans ce travail M. d'Avezac discute les résultats des explorations de Mungo Park, du major Gordon, de René Caillé, de Dochard, de Clapperton et des frères Lander, et en comparant ces divers renseignements, il fixe les positions des villes riveraines du Niger; la conclusion de cet aperçu est que le cours du Niger dans sa partie supérieure est inconnu et que les relèvements seuls de W. Allen permettent de figurer avec exactitude sa partie inférieure. — En 1840, une société anglaise, formée pour l'extinction de la traite des esclaves et la civilisation de l'Afrique, et placée sous le patronage du prince Albert, confia à des officiers de la marine royale la mission de remonter le Niger avec trois bateaux à vapeur, et de chercher à ouvrir des communications plus faciles avec les contrées de l'intérieur. Mais cette expédition échoua complétement; après avoir cherché vainement à remonter le Niger par les branches de Benin et d'Ouari, on était enfin parvenu à Layaba (Lever de Lander) sur la rive occidentale, à 50 mètres au-dessus de Rabbah, lorsque les difficultés de la navigation et surtout les maladies de l'équipage firent abandonner l'entreprise. *Voy.* les journaux des missionnaires Fr. Schœn et Sam. Crowther, qui accompagnaient le capitaine Trotter, relation publiée à Londres en 1842, in-12.

(1) *Voyez* un *Mémoire sur le grand plateau de l'intérieur de l'Afrique,* par Lacépède, dans les *Annales du Muséum d'histoire naturelle*, t. VI, p. 284.

à l'est des montagnes, le chi ou arbre à beurre. L'on cultive le sorgho ou millet et le riz; dans quelques cantons, le bananier, la canne à sucre, les orangers et les citronniers. Des graminées s'élèvent à plusieurs pieds de hauteur et fournissent des fourrages abondants : quand l'excès de la chaleur les fait sécher, on y met le feu pour en débarrasser le terrain. Dans la zone tempérée du sud, on admire diverses espèces de protées, de géraniums, de bruyères, de liliacées, et d'autres plantes qui font l'ornement de nos jardins (1).

Les anciens disaient que l'Afrique enfantait toujours quelques monstres nouveaux. Quoique l'on n'y voie plus des serpents de la dimension gigantesque de ceux que les Romains ont décrits, il en existe encore de monstrueux dans cette partie du monde, et d'autres de moindre dimension : les lézards y fourmillent; le plus redoutable est le crocodile, qui infeste la plupart des rivières; quelques tortues en dévorent un bon nombre à l'instant de leur naissance. On y rencontre aussi des caméléons; les sauterelles sont un des fléaux de cette contrée. Des fourmis, insectes non moins formidables; des nuées de cousins, de moucherons et de mouches extrêmement incommodes; des araignées, des scorpions, des mille-pieds, enfin le ver de Guinée, qui s'insinue sous la peau de l'homme, sont aussi au nombre des inconvénients qui résultent de l'extrême chaleur (2). On pêche du corail le long de la côte baignée par la Méditerranée, ainsi que des éponges, et diverses productions marines très-curieuses. Plusieurs parages sont très-poissonneux.

L'autruche habite les confins des déserts et les plaines voisines; la pintade, la grue de Numidie, l'oiseau couronné, le marabou, qui donne un duvet si élégant, les calaos au bec monstrueux, le secrétaire, qui semble réunir les caractères des oiseaux de proie et des échassiers, l'ibis vénéré par les anciens Égyptiens, la perruche à collier, le perroquet gris, le pélican, la spatule, les aigrettes, qui fournissent de si jolis ornements de tête, sont les plus remarquables des oiseaux indigènes de l'Afrique, — où l'on en trouve une infinité d'autres qui brillent autant par leur ramage que par l'éclat et la diversité des couleurs de leur plumage (1).

Le lion fait retentir de ses rugissements toutes les contrées de cette partie du monde, depuis les rives de la Méditerranée jusqu'aux solitudes voisines du cap de Bonne-Espérance; la panthère, le léopard, le lynx, les hyènes, le chacal, répandent également la terreur parmi les troupeaux d'animaux paisibles : ce sont les antilopes, dont les nombreuses espèces parcourent d'un pied léger toute la surface du continent; les moutons, dont les uns ont, au lieu de queues, de larges pelotes de graisse, et dont les autres perdent par l'effet de la chaleur leur laine, qui est remplacée par du poil. Le bœuf du Cap, ou cafre, a un caractère de férocité qui ne permet pas de le dompter; le bœuf domestique se trouve partout où il trouve de la nourriture. L'Afrique est la patrie de ces chevaux barbes admirables par l'élégance des formes et la vitesse à la course; l'âne y acquiert une taille et une force inconnues en Europe. Dans le sud, le zèbre et le couagga offrent leur pelage, rayé avec une régularité qui semble un effet de l'art. La plupart des fleuves nourrissent le pesant hippopotame; le rhinocéros à deux cornes est commun dans toute la partie du sud et de l'est, qui est aussi la patrie de la girafe au cou d'une longueur si extraordinaire. Le chameau et le dromadaire aident aux Africains à traverser le désert, qui serait impraticable sans leur secours. Les forêts sont remplies de plusieurs espèces de singes, de chauves-souris, d'écureuils; des rats, des hérissons, des porcs-épics, des lièvres, des civettes, de singulières musaraignes, des taupes, le daman, le pangolin, couvert d'écailles et dépourvu de dents, l'oryctérope, qui vit également de fourmis, l'ichneumon ennemi du crocodile, se trouvent en Afrique. L'ours n'habite que les cavernes de l'Atlas; l'éléphant paît dans les campagnes, depuis la limite méridionale du désert jusqu'au cap de Bonne-Espérance (2).

On ne peut marquer avec précision les limites des divers pays que renferme l'Afrique. On remarque dans le nord l'Egypte, la Barbarie, Maroc; dans l'ouest, le Sahara ou grand désert, la Sénégambie, la Guinée, le Congo; dans le sud, le pays du Cap, la Cafrerie; dans l'est, Mozambique, le Zanguebar, l'Abyssinie et la Nubie; dans le centre, la Nigritie.

On rattache à l'Afrique plusieurs îles isolées ou réunies en archipel; dans l'océan Atlantique, au nord, les Açores, Madère, les Ca-

(1) *Voy.* Burmann, *Africanarum plantarum decades X.* Amsterd., 1738, in-4°. — Dom. Viviani : *Floræ Libycæ specimen*, etc., Gênes, 1824, in-fol. — Schumacker : *Description des plantes trouvées sur la côte de Guinée par des naturalistes danois.* Copenhague, 1827, in-4°. — Dupetit-Thouars : *Flore des îles australes de l'Afrique.* Paris, 1822, in-8°. — A. Guillemin : *Floræ Senegambiæ tentamen*, Paris, 1832, in-4°. — C. P. Thunberg : *Flora capensis*, Hafniæ, 1816-20, 2 vol. in-8°.

(2) *Voy. Insectes recueillis en Afrique*, etc., par J. Palisot de Beauvois. Paris, 1805. — X. Wulfen : *Descriptio quorumdam capensium insectorum*, Erlangæ, 1786, in-4°. — Boisduval : *Entomologie de Madagascar*. Paris, in-8°.

(1). Levaillant : *Histoire des oiseaux d'Afrique.* Paris, 1798, 6 vol. in-fol.

(2) Ed. Rüppell : *Zoologischer atlas zu Reisen in Nordlichen Africa.* Franct. 1826, in-fol. — A. Smith : *Illustration of the zoology of south Africa.* Lond. 1840, in-4°.

naries ; à l'ouest, les îles du cap Vert ; sous l'équateur, les îles de la Guinée ; au sud, Sainte-Hélène, l'Ascension, et quelques autres ; dans la mer des Indes, Madagascar, Bourbon, l'île de France et Rodrigue, les Comores et les Amirantes, les Sechelles et Socotora (1).

Il est difficile de dire quelque chose de positif sur la population de l'Afrique. Les calculs les plus raisonnables la portent à 70,000,000 d'âmes, nombre bien chétif relativement à la vaste étendue de ce continent. Deux races distinctes et une variété de l'espèce humaine habitent l'Afrique : les Maures dans le nord ; les Nègres dans toute la partie du centre (2), d'une mer à l'autre ; les Cafres dans le sud-est (3). Ces hommes parlent une multitude de langues qu'il est presque impossible de classer faute de connaissances suffisantes ; quelques-unes semblent ne renfermer que des sons à peine articulés, des cris, des sifflements qui rappellent ceux des animaux. On peut distinguer le copte en Égypte, le berber et ses dialectes dans toute la Barbarie et en Nubie. Les peuples qui habitent ces régions et celles de l'est entendent plus ou moins l'arabe, qui est la langue du commerce, et dont les caractères sont les seuls dont on fasse usage, excepté en Égypte et en Abyssinie, où il y a aussi une autre écriture. Le ghéez se parle en Abyssinie ; l'yolof, le mandingue, le foulah, chez les Nègres de l'ouest et du centre ; le fantin dans la Guinée ; le congo dans le pays de ce nom ; l'ambounda, depuis cette contrée jusqu'en Mozambique ; le cafre et le hottentot dans le sud ; le madécasse à Madagascar, où l'on retrouve l'arabe, ainsi que dans les archipels, au nord de cette grande île et sur la côte de l'est (4).

(1) Ritter : *Géographie générale comparée*. Trad. franç. 3 vol. in-8° ; d'Avezac : *Esquisse générale de l'Afrique*. Paris, 1837.

(2) *Voy.* Desborough Cooley : *The Negroland of the Arabs*. London, 1841, in-8°. Gust. d'Eichthal : *Recherches sur l'histoire et l'origine des Foulahs ou des Fellans* (Bullet. de la Soc. de géogr. 1840).

(3) *Description physique et historique des Cafres sur la côte S. de l'Afrique* ; par L. Alberti, Amst., 1811, in-8°.

(4) A. Peyron : *Lexicon linguæ copticæ*. Taurini, 1835, in-4° ; et *Grammatica linguæ copticæ*. Taurini, 1841, in-8°. — *Note sur les documents recueillis jusqu'à ce jour pour l'étude de la langue berbère et sur divers manuscrits anciens en cette langue qu'il importe de rechercher* (Bullet. de la Soc. de géogr. 1840). — *Grammatical Sketch and specimens of the berber language*, by P. S. Duponceau. — En 1842 le ministre de la guerre a chargé une commission composée de MM. le chevalier Amédée Jaubert, Eugène de Nully, Brosselard, de Laporte père et du scheik Ahmed, de rédiger un *dictionnaire des idiômes berbères*. — J. Dard : *Grammaire wolofe*. Paris, 1826, in-8°, et *Dictionnaire français-wolof et français-Bambara*. Paris, 1825. — Brusciotti : *Regulæ quædam pro difficillimi Congensium idiomatis faciliori captu*. Romæ, 1659, in-8°. — R. Nylander : *Grammar and vocabulary of the bullom language*. London, 1814, in-12. — B. M. de Cannecattim : *Diccionario da lingua bunda*. Lisboa, 1804, in-4°. — Flacourt : *Dictionnaire de la langue de Madagascar*. Paris, 1658, in-8°. — Challan : *Vocabulaire français et malgache*, à l'île de France, 1772, petit in-4°. — Eug. de Froberville : *Aperçus sur la langue malgache* (Bullet. de la Soc. de géogr. 11e vol., 2e sér., 1839). — Freeman : *Mémoire sur la langue malgache*, inséré dans l'ouvrage de M. Ellis, intitulé *History of Madagascar*, 2 vol. in-8°. — Enfin on doit à M. d'Avezac d'intéressants détails sur le peuple et la langue de Yebou, pays presque complétement inconnu.

La religion chrétienne n'est professée par les indigènes qu'en Égypte et en Abyssinie. Les Européens l'ont introduite avec leurs différents langages dans les lieux où ils ont formé des établissements. Le mahométisme domine chez une partie des Égyptiens, dans toute la Barbarie et à Maroc, chez les tribus nomades du désert, en Nubie, dans plusieurs royaumes de la Sénégambie, de la Nigritie et de la Guinée, dans les archipels de l'est et dans plusieurs portions de Madagascar. On trouve quelques juifs en Barbarie, à Maroc, en Égypte, en Abyssinie, en Nubie. La plupart des peuples nègres et cafres ne connaissent d'autre culte qu'un fétichisme grossier.

Autrefois plusieurs parties de l'Afrique connurent la civilisation ; elle était sans doute fort imparfaite, mais au moins elle tendait à maintenir l'ordre ; elle a partout dégénéré. On ne rencontre presque partout que des esclaves nombreux obéissant aux caprices bizarres et souvent sanguinaires d'un despote. Quelques peuplades sont indépendantes, mais dans toute l'étendue du continent la force établit le droit ; ce ne sont généralement que des guerres de peuple à peuple pour y prendre des esclaves.

Le commerce des hommes noirs a de tout temps été très-actif en Afrique ; le monarque vend ses sujets ou enlève ceux du voisin pour en faire le trafic. Ces esclaves sont transportés à des distances immenses de chez eux avant de s'arrêter chez le maître qui les gardera. Les autres marchandises que l'on tire de l'Afrique sont l'ivoire, l'or, les plumes d'autruche, la gomme, différentes drogues. La côte du nord fournit des grains à différentes parties de l'Europe.

Les anciens désignèrent d'abord par le nom d'Afrique une petite portion de la côte de Barbarie au sud du cap Bon. Les Grecs donnèrent à cette partie du monde le nom de Libye. Longtemps on considéra l'Égypte comme appartenant à l'Asie. Dès les temps les plus anciens les tentatives de découvertes eurent principalement l'Afrique pour objet. On n'est pas sûr que des navigateurs, à une époque très-reculée, n'en aient pas fait le tour par mer ; cette connaissance, si on l'avait acquise, se perdit. A peine les écrivains de l'antiquité décrivent-ils les côtes de l'ouest avec quelque précision un peu au delà du tropique du Cancer ; du côté de l'est, ils donnent des notions jusqu'au cinquième degré au sud de l'équateur. L'intérieur leur était bien mieux connu ; nous n'en savons pas encore assez pour retrouver avec certitude tous les points dont ils parlent (1).

Les modernes, après beaucoup de tentatives successives, arrivèrent au cap de Bonne-Espérance. Il fut découvert en 1483 par Barthélemi Diaz, Portugais. En 1498, Vasco de Gama le doubla pour aller aux Indes, où le premier il arriva par mer.

Les Portugais (2), les Français, les Anglais, les Danois et les Hollandais ont, par les établissements qu'ils ont formés sur différents points des côtes de l'Afrique, contribué à nous faire acquérir sur cette partie du monde les notions que nous possédons. Le voile qui couvre l'intérieur n'a pas encore été soulevé. Plusieurs ont essayé d'y pénétrer par différentes voies : Ledyard, Hornemann, Ritchie, Houghton, Mungo-Park, Tuckey, et beaucoup d'autres, ont péri victimes de leur zèle ; d'autres, tels que Bowdich, Mollien, ont été plus heureux, ils ont revu l'Europe, mais sans avoir pu aller bien avant dans l'Afrique. Enfin nous sommes redevables de quelques lumières à des Européens qu'un sort malheureux a jetés sur les plages inhospitalières du Sahara, et que la Providence a sauvés des horreurs d'une affreuse captivité ; Brisson, Saugnier, Follie, Riley, Adams, Cochelet, en racontant leurs infortunes, ont mêlé à leurs récits les renseignements qu'ils avaient obtenus des Maures (3). Cette masse de notices, qui ne suffit pas pour nous instruire, est propre à enflammer la cu-

(1) *Voy.* P. de Bougainville : *Mémoires sur les découvertes et les établissements faits le long des côtes d'Afrique par Hannon, amiral de Carthage.* Académie des Inscriptions, t. XXVI et XXVIII. — Sainte-Croix : *Sur le périple d'Hannon*, ib., t. XLII. — J. Rennel : *The geographical system of Herodotus.* — Hermann Schlichthorst : *Geographia Africæ Herodotea.* Gotting., 1788, in-8°.

(2) *Voy.* l'ouvrage de M. de Santarem intitulé : *Recherches sur la découverte des pays situés sur la côte occidentale d'Afrique au delà du cap Bojador et sur les progrès de la science géographique après les navigations des Portugais au quinzième siècle.* Paris, 1842, 1 vol. in-8°, accompagné d'un atlas de mappemondes et de cartes hydrographiques et historiques depuis le onzième jusqu'au dix septième siècle. — M. J. E. Wappæus a publié presque en même temps des recherches sur les découvertes géographiques des Portugais sous Henri le Navigateur (en allemand). Gottingen, 1842.

(3) Consulter encore : *Narrative of travels in northern and central Africa*, by Denham and Clapperton. London, in-4°. — *Journal of a second expedition into the interior of Africa*, by Clapperton. London, 1829, in-4°. — *Journal d'un voyage à Tombouctou et à Jenné dans l'Afrique centrale*, par René Caillié. Paris, 1830, 3 vol. in-8°. — *Narrative of the adventures and suffering of J. and R. Lander.* London, 1832, 3 vol. in-18. — Failure of *Coulthurst's expedition to explore the interior of Africa* (Journ. of the roy. geogr. soc. of Lond, deuxième vol.).

riosité, et fait désirer ardemment que des voyageurs plus heureux parviennent enfin à fixer les incertitudes des géographes.

Hérodote, Strabon, Ptolémée. — *Relations de voyages modernes.* — *Edrisi Africa*, edente Hartmann. Goettingen, 1796, in-8°. — L'*Afrique* de Jean Léon. — L'*Afrique* de Marmol. — Heeren, *Ideen über die Politik*, etc., *der vornehmsten Vœlker* (2 ter. th. Africæ) (1).

Eyriès.

AGA ou **AGHA.** Ce nom, qui signifie seigneur, est donné chez les Turcs aux officiers supérieurs ; ainsi, il y a les agas des *spahi* et des *silihdar*, c'est-à-dire de la cavalerie et de l'infanterie ; l'aga des *topidchi* ou artilleurs ; le *kizlar aga*, ou chef des eunuques noirs, et le *kapou aga*, ou chef des eunuques blancs. L'aga des janissaires était presque l'égal du grand vizir. Le titre d'aga est aussi quelquefois employé comme terme de politesse.

AGAME. (*Histoire naturelle.*) Dans son acception rigoureuse ce mot, formé de à privatif et de γάμος, *mariage*, signifie *qui ne s'accouple point*, et, par extension, *privé de sexe.* Il est effectivement des êtres qui ne présentent aucune trace de sexe, et qui conséquemment ne sauraient s'accoupler.

Quelques botanistes avaient à tort étendu cette dénomination à tous les végétaux compris par Linnée dans la vingt-quatrième classe de son système sexuel, qui renferme, sous le nom de cryptogamie, les plantes qui, n'ayant pas de fleurs apparentes, semblent vouloir nous dérober leurs noces mystérieuses. Des observations mieux faites ont démontré l'existence des sexes dans les mousses et dans les fougères, qui font partie de cette vingt-quatrième classe, si nombreuse, si obscure, mais dont l'étude dédommage l'observateur des peines qu'il se donne pour la connaître, par la découverte d'une quantité de faits nouveaux. Aujourd'hui les diverses familles qu'on a établies parmi les champignons, les lichens et les algues aquatiques, sont les seules cryptogames qui soient réputées agames, encore que plusieurs d'entre elles présentent des propagules, organes destinés à perpétuer leur espèce par une sorte de semis.

Parmi les animaux, ces hydres connues généralement depuis Trambley et Réaumur sous le nom de polypes d'eau douce, la plupart des radiaires, et tous les infusoires, paraissent être agames. Quelque soin que nous ayons apporté à saisir les traces de leurs amours ou

(1) *Bibliothèque asiatique et africaine, ou catalogue des ouvrages relatifs à l'Asie et à l'Afrique qui ont paru depuis la découverte de l'imprimerie jusqu'en 1700*, par M. Ternaux Compans, 1 vol. — *Histoire générale des voyages* (Afrique), mise en ordre et complétée par C. A. Walckenaer. Paris, 1826-31, in-8°, t. I-XXI.

de leur union, nous n'avons rien observé qui ait pu nous autoriser à leur supposer des organes générateurs. On sait que tous, coupés par morceaux, loin de trouver la mort dans leur lacération, transmettent toute leur existence à chacun de leurs morceaux, qui deviennent des animaux aussi complets que celui dont ils ont été détachés. On sait que plusieurs se divisent naturellement, et que chaque division forme bientôt un être parfait. Nous en avons vu se multiplier par des dédoublements successifs.

Il est possible que la plupart des animaux anciennement nommés acéphales par Lamarck, c'est-à-dire la plupart des conchifères, soient entièrement agames; du moins on n'a rien observé chez eux qui indiquât un sexe, et la manière dont ils se reproduisent est encore un mystère. Le microscope nous a encore refusé la découverte de leur mode de reproduction; car tout ce qu'on a dit sur la présence d'une multitude d'embryons dans un état laiteux, où sont les huîtres durant un certain temps de l'année, est absolument faux; on a pris pour de petites huîtres des animaux fort différents, d'une tout autre classe.

Bory de Saint-Vincent.

On donne encore le nom d'AGAME (*Agama*) à un genre de reptiles sauriens qui fait partie de la famille des iguaniens de Cuvier; c'est le type de la première des deux sections qui composent cette famille : de la section des agamiens, qui se distinguent des iguaniens proprement dits, parce qu'ils n'ont pas comme eux le palais armé de dents. On en connaît maintenant plus de dix espèces, qui sont répandues dans plusieurs contrées de l'Asie, en Afrique et dans l'Océanie. Le plus remarquable de tous est l'*Agame ocellé* (*Agama barbata*, Cuvier), qui doit son nom français aux taches jaunâtres cerclées de noir, répandues sur son ventre, et sa qualification latine aux écailles épineuses qui lui pendent en longs fanons sous la gorge.

Nous n'avons pas besoin d'ajouter que ces reptiles sont, malgré leur nom, parfaitement doués de sexe.

AGAMI. (*Histoire naturelle*.) L'agami ou oiseau-trompette, *Psophia crepitans* (de φοφεῖν, faire du bruit), a été rangé par Cuvier en tête de la tribu des *grues*, dans l'ordre des *échassiers*; mais ses caractères sont tellement incertains, que chaque classificateur lui a assigné une place différente. L'agami est, en effet, un oiseau anomal, présentant des caractères appartenant à plusieurs familles, et ne pouvant, par conséquent, former qu'un genre de transition. Son bec, ses ailes, sa queue, le rapprochent des gallinacées; mais ses pieds, qui sont ceux des échassiers, ainsi

que ses dernières rémiges très-développées et à de longues barbes décomposées, établissent entre lui et les grues des rapports évidents, d'après lesquels Cuvier a cru, avec raison, devoir le classer.

L'agami a 0^m,6 environ de hauteur, sur 0^m,7 de longueur. Son bec conique, de 0^m,15, est d'un vert sale. Ses yeux, dont l'iris est jaune brunâtre, sont entourés d'un cercle nu et rougeâtre. Des plumes courtes et frisées lui recouvrent la tête et les deux tiers supérieurs du cou, dont le tiers inférieur est garni de plumes plus grandes, non frisées, et d'un violet noir. La gorge et le haut de la poitrine présentent une sorte de plastron de 0^m,15 d'étendue, brillant des plus riches reflets métalliques; le reste de la poitrine, le ventre, les flancs et les cuisses sont noirs. Le dos est noir vers le haut, d'un roux brûlé au milieu, et gris sur le reste de son étendue. La queue, qui ne dépasse point les ailes pliées, est noire comme celles-ci. Les jambes, de 0^m,3, sont verdâtres; les pieds, de la même couleur, sont robustes, et garnis d'ongles courts et pointus.

L'agami se rencontre à Cayenne et dans le reste de la Guyane, où le bruit rauque qu'il fait entendre fréquemment lui a fait donner le nom d'*oiseau-trompette*.

Nous n'aurions point consacré un article spécial à l'agami, si ses habitudes naturelles ne le rendaient des plus intéressants; il est sans contredit, parmi tous les oiseaux, celui qui montre le plus d'instinct, et le moins d'éloignement pour la société de l'homme. Il paraît, à cet égard, être aussi supérieur aux autres oiseaux que le chien lui-même l'est aux autres quadrupèdes. Non-seulement l'agami s'apprivoise facilement, mais il s'attache même, avec autant de fidélité que le chien, à celui qui le soigne. Il vient au-devant de son maître, le suit ou le précède, avec les marques de la plus vive satisfaction; il sait aussi témoigner son antipathie à ceux qui lui déplaisent, en les poursuivant à coups de bec. Sensible aux caresses, il vient présenter sa tête et son cou pour être gratté. Il arrive, sans être appelé, toutes les fois qu'on se met à table, et se rend maître du terrain en chassant les chats et les chiens, qui n'osent lui résister. Enfin, il prend dans le commerce de l'homme presque autant d'instinct relatif que le chien; il arrive même, à Cayenne, qu'on lui donne à garder des troupes de canards et de dindons, et qu'il s'en acquitte à merveille. Dans la basse-cour, il fait rentrer aux heures habituelles les oiseaux qui lui sont confiés, puis va se percher sur le toit ou sur quelque arbre voisin. Il est à regretter que l'on n'ait point encore tenté l'introduction de cet oiseau en Europe, car sa force et son intelligence en feraient une bien précieuse acquisition pour nos basses-cours.   A. DUPONCHEL.

AGAPANTHE. (*Botanique.*) Genre de plantes de la famille des ombellifères, dont une espèce originaire d'Afrique, l'*agapanthe ombellifère*, est cultivée dans nos jardins sous le nom de *tubéreuse bleue*. Ses feuilles sont longues, larges de 0^m,04, planes, et se couchent à terre; sa tige, de 0^m,7 à 1 mètre, est lisse, verte, un peu comprimée; elle produit, en juillet, une belle ombelle d'une quarantaine de jolies fleurs bleues, inodores, semblables à celles de la *tubéreuse*, d'où est venu le nom vulgaire sous lequel cette plante est connue. Il lui faut peu d'eau, mais de l'air autant que la température le permet. On peut la hasarder en pleine terre, en la couvrant de litière pendant les grands froids. On la multiplie de plusieurs manières; en éclatant la racine, entre les boutons qui paraissent chaque année au bas de la tige, en séparant les caïeux, ou par semis; mais les plants obtenus par ce dernier procédé ne donnent de fleurs qu'à la quatrième année au plus tôt. Le semis se fait en terre de bruyère. Cette belle plante a plusieurs variétés, dont deux méritent d'être cultivées : l'*agapanthe à petites feuilles*, plus petite dans toutes ses parties, et l'*agapanthe rubanée*, à feuilles rayées de vert et de blanc.
       ALPH. R.

AGAPES. (*Histoire religieuse.*) C'est le nom qu'on donnait aux repas que les premiers chrétiens faisaient en commun dans les églises. Quelques auteurs ont pensé que les agapes étaient commémoratives de la cène; d'autres, que cette coutume était empruntée du paganisme; Fauste le manichéen est un de ceux qui lui donnent cette dernière origine.

On ne saurait dire précisément quel était l'objet des agapes; le baiser de paix qui se donnait à la fin de ces repas, et le nom d'agapes lui-même, qui, en grec, signifie *amour*, peuvent faire penser qu'elles étaient un moyen d'entretenir ou d'étendre la fraternité parmi les chrétiens; on peut aussi les considérer comme une institution de bienfaisance. Les riches, dans les commencements, faisaient tous les jours de ces festins; et saint Augustin dit quelque part, en réponse aux accusations de Fauste : *Agapes nostræ pauperes pascunt, sive frugibus, sive carnibus.* On trouve dans la *Vie des saints* que plusieurs d'entre eux faisaient des agapes dans la vue de nourrir les pauvres.

Considérées comme institution de bienfaisance et d'hospitalité, il paraît que les agapes ne tardèrent point à se corrompre. Saint Paul, dans son *épître aux Corinthiens*, se plaint de ce que les agapes ne se font plus en commun, que chacun y apporte ce qu'il doit manger, et qu'ainsi les uns s'en vont rassasiés quand les autres éprouvent encore les tourments de la faim.

Indépendamment de tout motif spécial et déterminé, l'usage des agapes se présente encore comme l'effet naturel de l'isolement des premiers chrétiens au milieu de la société dans laquelle ils vivaient. Toutefois les païens ne manquèrent pas d'incriminer ces réunions et de les présenter comme servant d'abri aux désordres les plus scandaleux; leurs imputations se fondaient surtout sur le baiser de paix qui se donnait indifféremment entre les deux sexes, et sur l'usage de se placer sur des lits pendant le temps du repas. Il paraît que leurs accusations n'étaient point entièrement dénuées de fondement, puisque saint Pierre, en parlant des agapes, dit de quelques faux docteurs, *qu'ils n'aiment que leurs plaisirs, et que leurs festins sont de pures débauches.* Soit donc pour remédier à des désordres réels, soit aussi pour ôter tout prétexte aux attaques des païens, on ordonna que le baiser de paix se donnerait séparément entre les individus de chaque sexe, et qu'on ne dresserait plus de lits dans le lieu des agapes. Enfin les abus continuant à s'introduire dans ces réunions, on fut obligé de les abolir. Ce fut le concile de Carthage qui les condamna en 897.

D'après les épîtres de saint Pierre et de saint Paul, et les décisions des conciles, autorités peu suspectes à l'égard des agapes, lorsqu'elles se prononcent contre elles, on ne peut douter que de graves désordres ne se soient introduits dans ces festins. Néanmoins on ne doit pas s'en rapporter au témoignage des païens quant à la nature et à l'étendue de ces désordres, attendu les puissants et nombreux intérêts qui, parmi eux, se trouvaient menacés par les progrès du christianisme.

Toute secte naissante est exposée aux persécutions, à la calomnie surtout, qui est la plus facile et la plus efficace de toutes celles dont on puisse faire usage contre des réformateurs. Plus est grande la différence qui existe entre les doctrines d'une secte nouvelle et les idées et les mœurs au milieu desquelles elle s'annonce, plus cette différence lui est avantageuse; c'est-à-dire, plus elle la rapproche des besoins et de la tendance de la nature humaine, plus aussi sont actives les attaques dirigées contre elle : or le christianisme réunissait tous les caractères auxquels s'attache la persécution. Au luxe, à la dépravation dont ils étaient entourés, les premiers chrétiens opposaient le mépris des richesses, une vie simple et austère; aux usurpations les plus inouïes sur les droits de l'humanité, ils opposaient le dogme et la pratique de l'égalité absolue; enfin, à l'action brutale et capricieuse de la force matérielle qui alors réglait tout, ou plutôt décidait de tout, ils opposaient la résistance passive d'une force morale, invariable, inflexible, qui, même au milieu des tortures, les plaçait en ce qu'ils avaient de plus cher hors des atteintes de leurs bourreaux.

Tel était le christianisme dans ces commencements, et tel il devait être pour triompher. Ce serait une grave erreur que de juger du fondement des accusations dirigées contre les premiers chrétiens d'après ce que nous savons de leurs successeurs. Il faut considérer les temps, les circonstances que cette religion a traversées, les révolutions qu'elle a subies; en procédant ainsi, on trouvera que l'on doit repousser les imputations odieuses dont on l'a chargée dans les premiers temps de son existence, et se défier des apologies dont elle a été l'objet dans la suite.

Saint-Amant.

AGARÉNIENS. (*Histoire religieuse.*) On appela ainsi, du nom d'Agar, mère d'Ismaël, une secte de chrétiens apostats qui, vers le milieu du septième siècle, embrassèrent la religion musulmane, après avoir nié la Trinité. Ils alléguaient que Dieu ne peut avoir de fils, puisqu'il n'a pas de femme.

AGARIC. (*Botanique.*) Genre de champignons. L'agaric du vulgaire et des boutiques n'est pas celui des savants; il appartient au genre bolet, et donne l'amadou. *Voyez* Champignon.

Bory de Saint-Vincent.

AGATE. (*Minéralogie.*) Substance quartzeuse, translucide, étincelante sous le briquet, rayant facilement le verre, et ornée de couleurs vives et variées. Comme le quartz, elle a pour base la silice.

Les agates ne se rencontrent point dans les terrains appelés *primitifs* par les géologues. Leurs gisements ordinaires sont les terrains *secondaires* et les terrains *volcaniques*. On les trouve aussi en rognons isolés, dans la pâte des roches trappéennes ou amygdaloïdes (*Voyez* Roches); et sous la forme de cailloux roulés, dans les terrains de transport. *Voyez* Terrains.

Les agates prennent différents noms suivant la diversité de leurs couleurs. Lorsqu'elles affectent la belle nuance du rouge cerise, on les appelle *cornalines;* la couleur orangée, plus ou moins foncée, leur fait donner le nom de *sardoines;* sont-elles colorées en vert tendre par l'oxyde du nickel, elles reçoivent le nom de *prases* ou de *chrysophrases;* enfin on les nomme *calcédoines* lorsqu'elles sont nébuleuses, blanchâtres, laiteuses ou bleuâtres: cette dernière variété cristallise souvent en rhomboïdes.

L'agate se rencontre ordinairement en concrétions cylindriques, coniques, sphéroïdales ou mamelonnées; d'autres fois en boules pleines de quartz-hyalin (cristal de roche) de diverses nuances; sciées alors transversalement, elles représentent des espèces de bastions que leur régularité a souvent fait rechercher pour les collections, et qui leur a valu le nom de *périgones.* On trouve aussi l'agate en boules creuses dont les parois sont tapissées de cristaux coloriés, ou remplies d'une substance terreuse, ou renfermant un noyau solide de craie : cette variété est désignée sous le nom de *géode,* et gît ordinairement dans une terre argileuse; d'autres fois ces boules creuses sont remplies d'eau. (*Voyez* Enhydre.) On a donné le nom d'*onyx* (du mot grec ὄνυξ, ongle) à une variété d'agate dont la couleur approche de celle de l'ongle. Maintenant on désigne sous ce nom celles qui sont recherchées pour la régularité de leurs zones, tantôt droites et parallèles, tantôt ondulées, ou enfin orbiculaires et concentriques, et par la vivacité des couleurs qui les distinguent. Cette variété, sous la main du graveur, sert à former les plus beaux camées. D'autres fois la disposition des zones donne à cette pierre une grande ressemblance avec la prunelle de l'œil, et lui fait prendre le nom d'*agate œillée.*

On a recherché longtemps les agates appelées *herborisées* et *mousseuses,* parce qu'elles semblent renfermer de petites plantes ou des mousses que l'on a reconnues être l'effet de la cristallisation de plusieurs métaux à l'état d'oxydes, tels que le fer ou le manganèse, et qui, dissous dans un fluide, ont pénétré lentement ces agates lors de leur formation.

Les minéralogistes donnent le nom de *quartz agate pyromaque* à la pierre à fusil ou à briquet, et celui de *quartz agate molaire* à la pierre meulière. Cette dernière appartient à la formation d'eau douce; on la rencontre en masses criblées de cavités ordinairement remplies par de l'argile jaune ferrugineuse.

Les agates ont tant d'analogie avec les *silex,* qu'à l'exception de la finesse de leur pâte, elles en ont les caractères extérieurs les plus marqués : comme les silex, elles se présentent en globes isolés; comme les silex, leur cassure est ordinairement terne; enfin, comme les silex, elles sont recouvertes d'une couche blanchâtre et raboteuse, comme si elles avaient subi une *ignition* considérable. Celles dont le grain est très-fin ont une enveloppe dont la couleur brune, rougeâtre ou jaunâtre, est due à la présence du fer.

Bory de Saint-Vincent.

AGATE. (*Technologie.*) L'agate se taille, se scie, se polit et se grave plus ou moins facilement, selon le degré de dureté qu'elle possède, et qui, en général, est assez grand. On l'emploie à plusieurs usages; on en fait des vases, des bagues, des crochets, des manches de couteaux et de fourchettes, des chapelets, des cassolettes, des boîtes, des salières, de petits mortiers, et quantité d'autres bijoux.

Les agates présentent naturellement des veines transparentes ou translucides, entremêlées de veines opaques, dont les unes sont blanches, et les autres nuancées de diverses couleurs. L'art est parvenu à décolorer ces pierres, comme aussi à les enrichir de nouvelles nuances. Le procédé le plus efficace pour les blanchir consiste à les plonger dans de l'acide hydrochlorique, que l'on porte au degré de l'ébullition pour rendre son action plus vive et plus complète.

La coloration des agates paraissait présenter plus de difficultés; la texture serrée et compacte de ces pierres semblait s'opposer à l'introduction de la matière colorante; mais on a levé cet obstacle de deux manières différentes. Par le premier procédé, que l'on doit aux Indiens, on fait bouillir les agates dans de l'huile d'abord, et ensuite dans de l'acide sulfurique; l'ébullition chasse l'air contenu dans les pores; l'huile s'y introduisit, et, brûlée bientôt après par l'acide sulfurique, elle développe une belle couleur noire qui règne dans les veines opaques, tandis que les veines translucides restent sans altération, et que d'autres passent à une blancheur plus éclatante.

M. Clément a fait sur les agates des expériences qui l'ont conduit au procédé suivant : On met sous le récipient de la machine pneumatique un vase contenant de l'huile chaude et les pierres qu'il s'agit de colorer; on fait le vide; des bulles d'air se dégagent à l'instant des pores des agates, même de celles qui paraissent les plus pleines et les plus unies; on rend l'air; on reprend les agates, qui sont alors pénétrées d'huile, et on les met dans de l'acide sulfurique concentré qui pénètre également la pierre, brûle l'huile, et dépose le charbon jusqu'à deux millimètres de profondeur. Dans ce cas-là encore, ce sont les veines opaques qui se trouvent colorées, parce qu'il paraît qu'elles sont les plus poreuses, tandis que les autres veines, étant infiniment plus serrées, s'opposent à l'introduction de toute couleur.

Les agates sont taillées et travaillées de même que les autres pierres précieuses par les lapidaires, et elles sont montées et mises en œuvre par les bijoutiers joailliers.

On fait des agates artificielles qui imitent celles que la nature nous présente.

LENORMAND et MELLET.

AGAVE. (*Botanique.*) Genre de plantes de la famille des broméliacées, c'est-à-dire voisin des ananas, que l'aspect singulier des espèces qui le composent a fait souvent confondre avec les aloès, et dont on cultive plusieurs dans les serres ou dans les orangeries de l'Europe; d'autres croissent même en pleine terre dans nos provinces méridionales. La plus remarquable, celle que l'homme rapprocha de lui par l'utilité qu'elle lui présentait, est l'américaine, l'*agava americana* des botanistes, vulgairement nommée *pite* ou *pitte* dans les colonies, où ses feuilles, après un rouissage, donnent un fil grossier, mais très-propre à faire des cordages pour les embarcations : on en fait aussi des hamacs, des filets, des lignes de pêche; et plusieurs hordes barbares s'en servent pour coudre leurs vêtements ou tisser des étoffes végétales qui reçoivent fort bien les couleurs qu'on leur imprime.

L'agave d'Amérique donne déjà aux campagnes où il est cultivé un aspect particulier exotique. Depuis Perpignan, dans la Catalogne, dans le royaume de Valence, le long de la Méditerranée, et dans toute l'Andalousie, dès le revers de la Sierra-Morena, on en forme des haies impénétrables, et ce genre de clôture embellit les champs et les propriétés qu'elle circonscrit. Les routes des parties les plus chaudes de l'Espagne en sont souvent bordées, et l'on a vu, dans certains combats, des soldats se croire inexpugnables, comme dans une citadelle, derrière des agaves pressés. En plusieurs endroits, les conquérants du pays furent dans la nécessité, afin d'y pouvoir circuler librement, de faire arracher, à cinquante toises de leurs communications, des végétaux qui les rendaient si dangereuses, en mettant les embuscades à l'abri de toute tentative de riposte.

Nul végétal ne présente une rapidité d'accroissement aussi extraordinaire que l'agave; formé de feuilles radicales, longues, coriaces, armées de dents déchirantes et de pointes dures, on dirait un artichaut ouvert, gigantesque, dont chaque feuille atteindrait de cinq à sept pieds de long. Du centre de cet amas de feuillage glauque, sort, quand la plante a deux ou trois ans, une sorte de hampe de la figure d'une asperge qui commencerait à poindre, et qui, croissant à vue d'œil, atteint jusqu'à vingt-cinq pieds de hauteur en six ou huit jours : nous en avons vu même prendre tout leur développement en trois fois vingt-quatre heures; et, dans ce cas, rare à la vérité, la croissance étant d'environ une ligne par minute, on pouvait aisément en distinguer la singulière rapidité. L'extrémité de cette hampe se charge de fleurs réunies en paquets, et dont la disposition générale est celle d'un élégant candélabre.

BORY DE SAINT-VINCENT.

AGDE, *Agatha*. (*Géographie et Histoire.*) Ville maritime du département de l'Hérault (Languedoc).

Suivant Étienne de Byzance, Agde (en grec 'Αγάθη, ou 'Αγαθή τύχη) devrait son origine aux Ligures, qui l'auraient bâtie, avant l'arrivée des Phocéens de Marseille. Ceux-ci s'y établirent vers l'an 163 de Rome (591 avant J. C.), et en firent le principal entrepôt de leur commerce avec l'intérieur de la Gaule. César la leur enleva ainsi que leurs autres colonies.

On fait remonter au cinquième siècle la fondation de l'évêché d'Agde. Lors de l'établissement de la féodalité, l'évêque devint seigneur de la ville et de toute la vicomté, et il porta même, jusqu'à la fin du dix-huitième siècle, le titre de comte d'Agde. Il avait, au moyen âge, le droit de battre monnaie.

Agde était, en 580, une des villes les plus importantes de la Septimanie; un seigneur goth, nommé Misemont, la livra, en 743, à Pepin le Bref. Le roi d'Aragon céda, en 1258, à saint Louis, tous les droits qu'il pouvait avoir sur cette ville. Richelieu, la visitant, en 1629, fut frappé de sa position avantageuse, et donna les ordres nécessaires pour y faire établir un port en face du fort et de la petite île de Brescou. Les travaux, commencés en 1634, furent continués depuis, et maintenant, ce port, précédé par un beau chenal de 200 m. de largeur moyenne, et de 5 m. de profondeur, formé par l'embouchure de l'Hérault, peut contenir 450 navires de 60 à 200 tonneaux; on y en compte ordinairement de 30 à 40.

La ville d'Agde est aujourd'hui l'un des chefs-lieux de canton de l'arrondissement de Béziers; elle possède un tribunal et une bourse de commerce, un conseil de prud'hommes, une école d'hydrographie de quatrième classe, etc. On y compte 8,202 habitants. L'ancienne cathédrale, que l'on croit avoir été dans l'origine un temple païen, est un édifice remarquable; le retable de cette église passe pour un chef-d'œuvre.

Jourdan, Histoire de la ville d'Agde.
L. Renier.

AGE. (*Physiologie* et *Hygiène*.) On donne ce nom aux différentes périodes qui partagent la vie. Ces métamorphoses, comme les appelle Linné, se succèdent avec des transitions plus ou moins sensibles, mais toujours faciles à reconnaître, et qui permettent de diviser la vie en quatre parties bien distinctes. Ce sont: l'*enfance*, pendant laquelle la nature développe les appareils de la nutrition et construit la machine qu'elle veut employer plus tard. (*Voy.* Enfance.) L'*adolescence*, que distingue l'évolution de l'appareil génital. Tous les organes acquièrent alors leurs proportions définitives, la nature met la dernière main à son ouvrage. (*Voy.* Adolescence.) L'*âge adulte*, pendant lequel l'être vivant atteint, en perpétuant son espèce, le but pour lequel il a été formé.

(*Voy.* Adulte.) La *vieillesse*, période de décadence pendant laquelle l'être animé voit son organisation vitale s'altérer de jour en jour et marcher rapidement vers l'instant où, par la décomposition, il doit subir une transformation complète. (*Voy.* Vieillesse.)

Stahl, *Dissert. de morborum ætatum fundamentis.*, Halle, 1698, in-4°;
Blach (Will.), *A comparative view of the mortality.*, Londres, 1788;
Burdach, *Physiologie*, trad. par Jourdan. Paris, 1837.
Annales d'hygiène publique et de médecine légale Tomes I, II, IX, X, XXIV.

A. L.

AGE. (*Législation.*) Époque de la vie où l'on devient capable d'exercer certains droits civils ou politiques.

La loi exige trente ans pour être député, et vingt-cinq pour exercer les fonctions d'électeur.

Pour contracter mariage, l'homme doit avoir dix-huit ans, la femme quinze ans révolus.

A l'âge de vingt-cinq ans accomplis, l'homme peut se marier sans le consentement de ses ascendants; la femme le peut à vingt et un : mais l'un et l'autre sont obligés de leur faire les sommations exigées par la loi.

Pour adopter, il faut être âgé de cinquante ans, et en avoir quinze au moins de plus que l'individu qu'on se propose d'adopter.

Le tuteur officieux doit avoir cinquante ans, l'enfant moins de quinze. L'homme âgé de soixante-cinq ans peut refuser une tutelle. Celui qui en a accepté une peut, à soixante-dix, s'en faire décharger.

La majorité est fixée à vingt et un ans pour les deux sexes; jusqu'à cette époque l'enfant demeure sous la puissance paternelle, et son père peut obtenir du président du tribunal l'ordre de le faire détenir pendant un mois s'il a des sujets de mécontentement. A dix-huit ans révolus, il peut quitter la maison paternelle pour enrôlement volontaire.

A seize ans, le mineur peut tester; à quinze, il peut être émancipé par son père, ou par sa mère à défaut de père, et à dix-huit, par un conseil de famille.

Les témoins doivent être majeurs; les enfants au-dessous de quinze ans ne sont entendus que par forme de déclaration, sans serment.

Le premier jour de la soixante-dixième année de son âge affranchit le débiteur non stellionataire des suites de la contrainte par corps.

Si plusieurs personnes âgées de moins de quinze ans périssent ensemble, la plus âgée est présumée avoir survécu; si elles ont plus de soixante ans, la présomption est pour la moins âgée. Dans tous les autres cas, la présomption de survie suit l'ordre de la nature: si ceux qui périssent étaient de sexes différents, l'homme est censé avoir survécu à égalité d'âge, ou si la différence n'excède pas une année.

L'âge influe sur la peine à appliquer à l'homme accusé d'un délit ou d'un crime. S'il n'a point atteint sa seizième année, sur la déclaration du jury qu'il n'a point agi avec discernement, il est acquitté ; sauf à lui faire subir, s'il y a lieu, une détention limitée dans une maison de correction. Dans le cas contraire, la peine qu'il subit est toujours correctionnelle ; mais elle peut être de vingt ans.

A soixante-dix ans, l'individu dans le cas d'être condamné aux travaux forcés ou à la déportation ne l'est qu'à la réclusion. S'il subissait déjà l'une de ces peines, il est, à soixante-dix ans accomplis, renfermé dans une maison de force pour le temps à expirer de sa peine.

COURTIN.

AGE MILITAIRE. C'est l'âge auquel commence, soit légalement, soit physiquement, l'aptitude au service militaire. La fixation de cet âge a varié selon les temps et les circonstances, selon le climat et les mœurs ; mais, en général, on peut dire que la loi, ou, à défaut de la loi, l'usage, a toujours et partout consulté la nature, c'est-à-dire attendu un développement convenable des forces physiques. Ainsi, autrefois, les législateurs grecs et les législateurs romains, qui habitaient des contrées que favorise un beau ciel, et où l'homme, naturellement plus précoce, est livré de bonne heure à de durs travaux, ont pu regarder la première jeunesse comme l'âge le plus propre à l'apprentissage du métier des armes, et fixer de seize à vingt ans l'époque de l'entrée au service ; ils l'ont dû même, car cette période de la vie humaine est celui où les recrues, souples encore, peuvent se façonner sans peine au joug de la discipline et s'accoutumer vite aux exercices militaires. — Au contraire, dans les régions septentrionales, le service ne saurait guère commencer qu'à vingt ans. Chez nous, par exemple, on n'a que trop vu pendant les guerres de la révolution, combien de jeunes soldats enrôlés à un âge plus tendre se sont trouvés incapables de résister aux fatigues du métier ; ils succombaient sous le poids même de leurs armes, ou étaient enlevés par les maladies avant d'avoir mis le pied sur un champ de bataille. Les Germains, il est vrai, et les Gaulois, étaient soldats dès l'âge de la puberté ; mais il ne faut rien conclure d'exemples empruntés à des temps barbares et à des milices grossières. Chez les Germains et les Gaulois, comme chez les Scythes, comme chez tous les peuples non encore policés, dont la guerre faisait la principale occupation, tout homme était guerrier dès qu'il pouvait l'être. Aussitôt qu'on se sentait dans le bras la vigueur nécessaire pour manier une arme, on allait à l'ennemi ; ce n'était point l'âge, c'était

la force, qui déterminait l'époque de l'enrôlement.

L'ordre des sociétés a demandé d'autres lois. Ainsi, nation civilisée, les Perses, quoique habitant un beau climat qui devait accélérer chez eux le développement physique, n'avaient cependant fixé l'âge militaire qu'à vingt ans. Les Lacédémoniens eux-mêmes, qui naissaient soldats, qui portaient les armes dès leur tendre jeunesse, ne s'en servaient qu'à dater de leur vingtième année. Les Athéniens revêtaient l'armure dès dix-huit ans ; mais, habituellement, pendant deux ans, ils n'étaient employés qu'à la garde des places et des frontières, et ils ne participaient qu'à vingt ans révolus aux expéditions qui se faisaient hors de l'Attique. Les Romains, suivant Végèce, s'exerçaient aux armes dès le premier développement de la force virile, et le tacticien approuve cet usage, car *on n'apprend rien*, dit-il, *si promptement et si bien que ce qu'on apprend jeune ;* mais Rome retenait longtemps ses recrues dans l'intérieur des camps avant de les lancer sur les champs de bataille. En des circonstances tout à fait critiques, après la sanglante défaite de Cannes, par exemple, on enrôla les jeunes gens de dix-sept ans, quelques-uns même furent inscrits au-dessous de cet âge ; mais, généralement, la jeunesse romaine ne commençait à servir qu'à dix-huit, dix-neuf et vingt ans.

Chez les Francs, comme chez les Gaulois, le service militaire commençait avec l'âge de puberté : c'est aussi ce terme que nos premiers rois paraissent avoir voulu prendre, car ils avaient fixé l'âge du service à seize ans, pour les enrôlés volontaires comme pour ceux que le sort appelait sous les drapeaux. Mais, par une ordonnance de 1303, Philippe le Bel fixa cet âge à dix-huit ans, et Louis XIV, par une ordonnance de 1674, le porta à vingt et un. Louis XIV, il est vrai, par une autre ordonnance de 1686, que confirmèrent trois ordonnances de Louis XV aux dates de 1717, 1726 et 1763, décida qu'on pourrait s'engager dès l'âge de seize ans, mais ce n'était que pour le temps de paix, et il fallait avoir dix-huit ans pour le temps de guerre. Sous la république, sous l'empire, et sous la restauration jusqu'en 1818, l'âge de l'enrôlement volontaire resta presque toujours fixé à seize ans, mais celui de l'appel légal varia mainte et mainte fois entre dix-huit, dix-neuf et vingt. En France, depuis lors, les engagements ne peuvent plus, si ce n'est pour la marine qui a conservé l'ancienne fixation de seize ans, se contracter qu'à dix-huit ans révolus, et il faut avoir accompli sa vingtième année pour être soumis aux chances du tirage. En Angleterre, l'âge d'engagement pour le service d'Europe est, dans la cavalerie, de dix-huit à vingt-cinq ans, et dans l'infanterie, de dix-huit à trente ; ou ne peut s'engager à seize ans que pour le service de l'Inde. En Portugal, l'âge militaire est fixé à dix-sept ans ; en Prusse, c'est à vingt ; en Bavière, à vingt et un ; en Belgique, à dix-neuf ; en Piémont, à dix-huit. En Russie, l'âge militaire n'est pas légalement déterminé : la fixation ne dépend que de la volonté du souverain.

Les différentes règles que nous venons d'énumérer ne s'appliquent pas seulement aux hommes de troupe, aux simples soldats. Aujourd'hui, à parler proprement, il n'y a point de règles particulières pour les officiers, car nul aujourd'hui n'entre d'emblée au service avec un grade ; mais il y en avait autrefois, et il y en eut à Rome même, du temps des empereurs. Sous le règne d'Antonin le Pieux, un jeune homme de quatorze ans commanda un corps de cavalerie, et des enfants furent enrôlés, qui, sans faire de service, recevaient la ration militaire. Chez nous l'âge d'enrôlement d'officier n'a, pendant longtemps, été déterminé par aucune règle. Henri IV brevetait des fils putatifs de femmes enceintes, ou, comme il disait, *donnait pension au ventre*. Louis XIV et Louis XV plaçaient des bambins comme colonels à la tête de leurs régiments. Le ministre Choiseul, pour obvier à de tels abus, fixa à seize ans le minimum de l'âge auquel il était permis d'entrer au service, et une ordonnance du 17 mars 1788 reproduisit cette disposition ; mais, en dépit de tout, les cadets continuèrent à être reçus dans l'armée dès quinze ans, et leur ancienneté comptait depuis cette époque. Les grands seigneurs de la cour de Napoléon étaient en train de faire revivre ces anciens abus, car on voit dans les *Mémoires de madame d'Abrantès* que le fils aîné de Junot avait été enrôlé, dès l'âge de trois ans, dans les lanciers de la garde impériale. En Russie, où, encore à présent, il n'est aucune concession, aucun avantage, que le souverain ne puisse octroyer à qui bon lui semble, il arrive quelquefois que les fils des familles nobles soient enrôlés dès le berceau comme officiers, et que leur ancienneté de grade se suppute plus tard à dater du jour de leur naissance. Chez nous, il n'est dérogé à la loi commune qu'en faveur des jeunes gens qui entrent dès seize ans à l'école polytechnique ou à l'école Saint-Cyr. Par le fait de leur admission à l'une ou à l'autre de ces deux écoles, ils contractent une sorte d'enrôlement volontaire, et les deux années qu'ils y passent leur sont comptées comme autant d'années de service.

Nous avons exposé à quel âge l'aptitude au service militaire commençait chez la plupart des peuples anciens, et à quel âge il commence chez la plupart des peuples modernes ; exposons maintenant à quel âge il se terminait chez les uns, à quel âge il se termine chez les au-

tres. Les Gaulois et les Germains servaient jusqu'à l'extrême vieillesse, c'est-à-dire tant que leurs forces le leur permettaient. Les Scythes et les Lacédémoniens servaient jusque vers soixante ans ; les Perses ne servaient que jusqu'à cinquante ; les Romains, suivant les époques, servirent jusqu'à trente-cinq seulement, ou jusqu'à quarante-deux, quarante-sept, quarante-neuf, et même cinquante. En France, au temps de Philippe le Bel, la vie militaire, d'après l'ordonnance que nous avons citée plus haut, durait jusqu'à soixante ans. La durée, depuis lors, a sans cesse varié entre cinquante et soixante. L'âge de cinquante ans révolus était encore celui que l'assemblée constituante fixait pour les hommes de troupe, c'est-à-dire que, passé cet âge, les simples soldats qui, après avoir fait leurs huit ans de service obligatoire, avaient voulu continuer à servir volontairement, étaient, bon gré mal gré, renvoyés dans leurs foyers. Huit ans, tel a été presque toujours, depuis que la féodalité n'existe plus, le temps pendant lequel la loi retenait sous les drapeaux les jeunes citoyens que les chances du sort faisaient soldats, et tel il est encore. Quant à ceux que le sort favorisait contrairement à leurs désirs, et qu'une inclination décidée entraînait vers le métier des armes, ils pouvaient s'enrôler, mais ils ne le pouvaient que jusqu'à un certain âge. Cet âge, sous Louis XV, n'allait que jusqu'à quarante ans pendant la paix, et quarante-cinq pendant la guerre, pour les hommes qui n'avaient pas servi. Le dernier terme s'étendait jusqu'à quarante-huit ans pour les anciens militaires qui voulaient reprendre du service. Aujourd'hui, l'enrôlement des hommes qui n'ont jamais servi n'est plus reçu au delà de trente ans ; les anciens militaires sont aptes jusqu'à trente-cinq à contracter un engagement dans un corps de leur ancienne arme ; au delà, et jusqu'à quarante-cinq, ils ne peuvent plus s'engager que parmi les vétérans ; au delà de cinquante, tout rengagement devient impossible, et la vie militaire finit pour les hommes de troupe. A quel âge finira-t-elle pour les officiers ? Longtemps la législation française s'est tue à leur égard, elle n'a même parlé qu'en 1815 ; mais, depuis 1789, dans le silence que les lois militaires de l'assemblée constituante avaient gardé volontairement au sujet de l'âge où les officiers devraient prendre leur retraite, l'usage leur appliquait en temps de paix la règle des cinquante ans, et à l'absence de toute disposition législative laissait au gouvernement une latitude utile, indispensable même, en temps de guerre. Au commencement de la restauration, une loi est venue fixer l'époque à laquelle finissait la vie militaire des officiers ; mais, par une disposition bizarre, cette loi, au lieu de stipuler un même âge pour tous, a établi une limite différente pour chaque grade, et par une disposition encore plus étrange, cette limite est d'autant plus restreinte que le grade est moins élevé. En d'autres termes, la carrière se ferme d'autant plus tôt, qu'on y a fait encore moins de chemin. C'est le contre-pied d'un système rationnel, car, plus un officier occupe un grade éminent, plus il a besoin de capacité et de vigueur; or, la vigueur et la capacité seront toujours l'apanage de l'âge mûr plutôt que de la vieillesse. Néanmoins, la loi dont il est ici question, raye des cadres de l'armée active un colonel dès cinquante-quatre ans, et elle y conserve un lieutenant général jusqu'à soixante-cinq; bien plus, elle y conserverait jusqu'à quatre-vingt-dix-neuf ans un maréchal qui vivrait jusque-là. En soi, le principe que les grades ne doivent pas rester éternellement la possession des mêmes titulaires, est fort bon. Il en résulte un mouvement non interrompu d'avancement qui entretient une continuelle émulation dans l'armée, et qui ouvre au mérite un avenir presque certain; mais l'équité la plus simple exige que les titulaires de tous les grades soient placés sans distinction sous le niveau des mêmes mesures.

Ruhne.

AGE. (*Mythologie* et *Histoire*.) Ce mot désigne une succession d'années qui constituent, prises isolément de celles qui les ont précédées ou suivies, une période distincte, période qui a été caractérisée par les faits particuliers qui se sont passés durant son cours. A chaque âge, la terre ou l'humanité est regardée comme ayant présenté de nouvelles conditions d'existence; la société semble avoir achevé un cycle pour en recommencer un nouveau. L'histoire de notre espèce présente-t-elle réellement ces périodes marquées, et au lieu de s'enchaîner par un lien non interrompu d'événements, la vie du monde a-t-elle offert ces alternatives régulières qui scindent sa durée en des ères isolées? Si par *Ages* on veut exprimer les états successifs par lesquels a passé la société pour arriver au degré de civilisation le plus avancé, on se sert d'un mot qui rend une idée incontestablement juste. L'homme isolé sur la terre a d'abord vécu de chasse et de pêche; il a réuni ensuite des troupeaux, et la vie pastorale a graduellement remplacé pour lui la vie aventureuse du chasseur; en parcourant les pâturages naturels qui s'offraient à ses bestiaux, l'homme a appris à connaître la fertilité du sol, il a découvert les lois de la végétation, les utiles produits qu'il en pouvait retirer par la culture; bref, il est devenu agriculteur. Le besoin d'échanger le superflu de ses produits contre d'autres obtenus par ses semblables et qu'il n'avait pas, a créé le commerce; son esprit inventif, perfectionné par de longues années

d'une vie agricole, a donné naissance à l'industrie, alliée naturelle du commerce; enfin ce n'est que plus tard qu'a commencé pour lui la vie politique et intellectuelle des villes. Tels ont été les véritables âges du monde. Mais ce n'est pas sous cette acception simple et vraie que le mot âges a été employé et entendu dans l'antiquité. On a appliqué ce mot à une division mythologique de l'existence de la société, en un nombre déterminé d'époques distinctes, marquées par un ordre spécial d'événements; on a compté quatre ou cinq âges ou même davantage.

C'est dans l'Inde que nous rencontrons les plus anciennes traces d'un pareil système chronologique. La divine intelligence, Brahma, ayant créé l'univers et tout ce qu'il renferme, les temps commencèrent leur révolution et les mondes se succédèrent dans une perpétuelle alternative de destruction et de renouvellement. Quatre périodes ou âges ont été destinés à la durée de l'ordre actuel des choses : c'est ce que les Hindous nomment les quatre *yougas*. Le premier de ces âges est le *Crita* ou *Satya-youga*, âge de justice et de vérité où les hommes, également bons et vertueux, jouissaient d'une félicité sans mélange et vivaient de longues années. Dans chacun des âges suivants (*Treta-youga*, *Dwapara-youga* et *Cali-youga*) le mal augmente à mesure que le bien diminue, et le bonheur, ainsi que la durée de la vie humaine, décroît proportionnellement. La durée même des âges suit une semblable proportion. Les quatre âges forment un total de 4,320,000 années humaines ou 12,000 années divines, ensemble qui constitue un âge divin ou *Mahayouga*, dont il faut 71 plus un satya-youga, pour faire un *Manwantara*, et dont 1,000 font un *Calpa* ou jour de Brahma; chacun de ces calpas est terminé par un déluge universel, à la suite duquel s'opère une nouvelle création. De plus, dans la doctrines du *Pouranas*, d'autres déluges ou des embrasements universels ont lieu à la suite de chacun des manwantaras.

Ce système de créations et de destructions successives était également adopté par les prêtres égyptiens, qui le tenaient peut-être de l'Inde. Dans le *Timée* de Platon, un de ces prêtres dit que le genre humain a subi et subira plusieurs destructions, les plus grandes par le feu et l'eau, et les moindres par mille autres causes. Ce même personnage affirme à Solon qu'il a jadis existé en Grèce une race supérieure à celle qui était alors en possession d'Athènes.

De l'Inde et de l'Égypte cette doctrine passa dans la Grèce, où elle fut adoptée par un grand nombre d'écoles philosophiques. Plutarque veut que ce soit Orphée qui l'ait apportée des bords du Nil. Il est au moins constant qu'elle fut admise par Chrysippe, Zénon, Cléanthes et par tout le Portique. Platon la connaissait aussi, ainsi que l'indiquent le passage du *Timée* que nous avons cité, et les paroles de l'Athénien à Clinias dans le livre *Des lois*, paroles où il rappelle une ancienne tradition, d'après laquelle le genre humain aurait été détruit plusieurs fois par des déluges, des maladies et d'autres accidents. Très-probablement Pythagore professait les mêmes idées cosmologiques et elles se rattachaient pour lui au dogme de la déchéance progressive de l'espèce humaine, par rapport à son premier état d'innocence, dogme qu'il avait rapporté de l'Égypte, où Moïse l'avait emprunté bien avant lui. C'est du moins ce qu'Ovide nous donne à penser d'après le tableau qu'il trace, dans le quinzième livre de ses *Métamorphoses*, des causes qui, selon le philosophe de Samos, doivent amener la destruction ou plutôt la rénovation de la nature. Mais c'était surtout, nous le répétons, l'école stoïcienne qui avait accueilli dans tout son ensemble cette antique croyance cosmologique, dont elle avait fait une partie fondamentale de sa doctrine physique. Pour les stoïciens, il y avait deux sortes de catastrophe : le *cataclysme* ou déluge, genre de destruction qui anéantissait l'espèce humaine entière ainsi que toutes les productions animales et végétales de la terre, et l'*Ecpyrosis* ou conflagration, autre mode de destruction qui occasionnait la dissolution du globe lui-même. Eusèbe nous a conservé deux passages, l'un d'Aristoclès et l'autre de Numénius, où cette doctrine est clairement exposée. Mais celui qui l'a développée dans tout son jour et nous l'a fait le mieux comprendre, est sans contredit Sénèque, qui y a fait de nombreuses allusions dans ses ouvrages. Citons notamment ce passage qu'on lit à la fin de son livre intitulé : *Consolatio ad Marciam* :

« Le temps doit tout abattre, tout emporter
« avec lui; et non-seulement il se jouera des
« hommes, misérables, atomes dans le do
« maine du hasard, mais il se jouera et des
« lieux et des contrées et des parties du
« monde; il effacera les montagnes; ailleurs
« il fera jaillir en haut des roches nouvelles;
« il absorbera les mers, il détournera les
« fleuves; et rompant le commerce des na
« tions, il dispersera les sociétés et la grande
« famille du genre humain. Ailleurs il englou
« tira les villes dans des gouffres béants, il les
« renversera par des ébranlements; et du sein
« de la terre, il vomira des vapeurs empoi
« sonnées et couvrira par l'inondation toute la
« terre habitable; dans le monde submergé pé
« rira tout être vivant et, dans un vaste incen
« die, toutes les choses mortelles brûleront
« dévorées. *Et quand les temps seront venus*
« *où le monde s'éteindra pour renaître,*

« toute force se brisera par sa propre impul
« sion; les astres viendront heurter les astres;
« toute matière s'enflammera, et tout ce qui
« maintenant brille dans une si belle harmonie
« se consumera dans un même brasier. Pour
« nous, âmes bienheureuses, en possession de
« l'éternité, quand Dieu trouvera bon d'ac
« complir ces nouvelles révolutions, au mi
« lieu de l'universel ébranlement, nous
« mêmes, débris chétifs de cette grande ruine,
« nous irons nous confondre dans les antiques
« éléments. » *Antiquus ordo revocabitur,* s'écrie le même philosophe, dans ses Questions naturelles; *omne ex integro animal generabitur.*

C'était également des Égyptiens que les stoïciens avaient emprunté l'idée de la corruption progressive de l'homme. Suivant cette croyance, vers la fin de chaque époque de repos, les dieux, poussés à bout par la méchanceté des hommes, leur envoient un déluge pour les exterminer, après quoi la déesse de la justice, l'Astrée des Grecs, redescend des cieux et rend à la terre un nouvel âge de bonheur.

On ne saurait douter que ce ne soit à la même source asiatique qu'a été puisé le mythe des quatre âges célébrés par les poëtes. Le chiffre de quatre qui a été généralement adopté pour les époques successives de la terre, est, comme on vient de le voir, précisément celui des *yougas*. Hésiode, le premier chez lequel nous trouvions mentionnés ces âges, nous les dépeint presque sous les couleurs de ces époques indiennes; mais il en distingue cinq. A peine, dit-il, dans les *Œuvres et les Jours*, les dieux et les mortels sont-ils nés d'un même sang, que Cronos, qui joue dans ce poëme le rôle du premier *Menou* du brahmanisme, commence un règne paisible sur les hommes exempts de souffrances. La fertilité du sol dispense de la culture, et chacun trouve, sans travail et sans souci, une nourriture abondante et facile. C'est l'*âge d'or*, âge glorieux, où la vieillesse, non plus que la maladie, n'avait point encore visité l'humaine demeure. A ces temps de tranquille félicité succédèrent des années moins heureuses, filées d'un métal moins pur, γένος χειρότερον μετόπισθεν 'Αργύρεον. C'est l'*âge d'argent*. L'homme y vit encore longtemps, mais les amertumes commencent à abreuver sa vie; il oublie les dieux et cesse d'offrir des sacrifices sur leurs autels. Jupiter outragé met fin à cette génération impie, et fait naître un troisième âge, l'*âge d'airain*, âge terrible et barbare, où le cœur humain, aussi dur que ce métal, n'est plus préoccupé que de violences et de combats. Vivant de chasse, les mortels ne savourent plus les fruits succulents de la terre, la férocité éclate partout et partout la force physique exerce son brutal empire,

16

Mais la pâle mort dompta aussi cette race turbulente, et un quatrième âge commença; ce fut l'*âge des héros*, des demi-dieux, génération valeureuse qui trouva le trépas dans les combats ou dans les mers; âge qui fut l'aube brillante de l'âge actuel, mais dont les resplendissantes clartés furent promptement effacées par les ténèbres de l'*âge de fer*. Cet âge, qui est celui dans lequel le poëte grec annonce qu'il est né, présente un triste mélange de biens et de maux; le mal va croissant, et l'antique vertu s'efface graduellement des cœurs; enfin, dans la peinture qu'Hésiode nous fait de ce cinquième âge, on reconnaît facilement la doctrine de la dégénérescence morale et progressive de l'humanité. Laissons-le parler :

« Ils finiront ces hommes de nos jours qui
« parlent tant de langues diverses, et le souve-
« rain des dieux les enlèvera comme les au-
« tres de la terre, quand leurs cheveux blan-
« chiront autour de leurs tempes. Les en-
« fants n'auront plus les goûts de leurs pères,
« les hôtes n'auront plus les mêmes senti-
« ments pour leurs hôtes, ni les amis pour
« leurs amis, ni le frère pour son frère. Les
« enfants n'auront plus de respect pour leurs
« parents qui vieilliront, ils les chagrineront
« par des paroles injurieuses; les impies ne
« craindront plus l'œil vengeur de la divinité;
« les ingrats ne rendront plus à leurs parents
« qui s'avancent vers la tombe, le prix de
« leur éducation. On s'arrachera mutuelle-
« ment ce que l'on possède, sans la moin-
« dre considération de piété, de justice,
« d'humanité. On ne recherchera plus que
« l'homme injuste, devenu puissant. La vertu,
« la pudeur ne seront plus d'usage. Le mé-
« chant offensera l'homme de bien. Le men-
« songe sera en faveur, le parjure sera ho-
« noré. L'envie livide, destructive, odieuse,
« se déchaînera partout. Enfin la Pudeur et
« Némésis abandonneront la terre, souillée de
« crimes; et, revêtues de leurs robes blanches,
« ces belles immortelles remonteront loin
« des hommes, dans les brillantes demeures
« des dieux, en ne laissant ici-bas que les
« douleurs cruelles auxquelles il n'est point
« de remèdes. » (*O. et D.* v. 175 et suiv.)

Ovide a chanté aussi les âges, et il en a fixé le nombre à quatre, suivant en cela une tradition plus générale et une marche plus conforme à l'idée qui a présidé à la création du mythe. En effet, chez le poëte grec, on ne saisit pas, aussi bien que dans les *Métamorphoses*, la progression toujours croissante du mal, l'affaiblissement graduel de notre espèce.

Horace paraît ne reconnaître que les trois âges d'or, d'airain et de fer, mais c'est peut-être parce que cela n'était pas nécessaire à l'idée qu'il voulait rendre, qu'il n'a pas mentionné l'âge d'argent dans ses vers :

> Jupiter illa piæ secrevit littora genti,
> Ut inquinavit ære tempus aureum ;
> Ære, dehinc ferro, duravit sæcula, quorum
> Pils secunda, vate me, datur fuga (1).

Cette fable a fourni encore à d'autres poëtes d'heureux traits : on connaît le *melioris secla metalli* de Claudien; Virgile a aussi célébré l'âge d'or dans sa fameuse *églogue à Pollion*. Exagérant peut-être les idées que l'antiquité admettait sur la renaissance des choses, il a supposé qu'une nature en tout semblable à la première, qu'une suite d'événements identiques à ceux qui se sont déjà accomplis, se dérouleraient de nouveau :

> Alter erit tunc Tiphys, et altera quæ vehat Argo
> Delectos heroas; erunt etiam altera bella,
> Atque iterum ad Trojam magnus mittetur Achilles.

dit-il (*v.* 34 *et suiv.*). Par ce côté, la doctrine de la rénovation cosmologique se rapproche de la métempsycose; et l'on a, du reste, tout lieu de supposer qu'en Égypte ces deux croyances se rattachaient à un même ensemble de dogmes.

Les poëtes latins substituèrent le Saturne italique au Cronos hellénique, dans l'emprunt qu'ils firent de ce mythe aux poëtes grecs; ces vers si connus de l'*Énéide* (vii, 202) le prouvent assez :

> Neve ignorate Latinos,
> Saturni gentem, haud vinclo nec legibus æquam.

Une ancienne tradition italique voulait en effet que Saturne eût gouverné avec sagesse, dans les temps les plus reculés, les peuples du Latium; cette tradition apportée de l'Asie comme celle de Cronos, et sortie de la même souche, se greffait ainsi sur celle-ci par de nouveaux rameaux.

Partout où l'influence orientale s'était étendue, partout où les croyances étaient empreintes de ces caractères primitifs empruntés aux religions asiatiques, on retrouve la doctrine des destructions et des rénovations successives. Strabon (iv, § 4, p. 197) nous apprend que, chez les druides, il était de dogme que l'univers est immortel et, par conséquent, destiné à survivre aux catastrophes qui doivent être occasionnées par le feu et l'eau. Dans la religion odinique, il est parlé de destructions universelles qui anéantiront la nature et les dieux, et qui préluderont à un nouvel ordre de choses.

Le retour de ces rénovations était lié, au dire de certains écrivains de l'antiquité, à certaines périodes astronomiques. Si ces supputations n'ont pas été faites après coup et rattachées à une doctrine qui en était d'abord indépendante, ce serait une raison nouvelle

<hr>

(1) Épod. XVI, 64.

de croire que l'Inde est la véritable patrie de cette théorie cosmologique. Chez les Hindous, en effet, c'est, ainsi que nous l'avons vu, à des époques rigoureuses, calculées sur des éléments numériques précis, que ces grandes catastrophes se reproduisent. Les périodes de temps qui les séparent sont représentées par des chiffres considérables, des nombres particuliers multiples ou sous-multiples d'autres nombres, qui forment en quelque sorte comme les bases de ce système de numération chronologique. Eh bien, nous retrouvons chez les Grecs des chiffres sinon aussi considérables, au moins exprimant déjà des séries fort longues d'années. En fait de supputation, l'esprit hellénique était loin, on le sait, d'atteindre à l'exagération de l'esprit hindou. Censorinus liait à cette destruction de l'univers la période de la grande année, cycle qui embrassait les révolutions du soleil, de la lune et des planètes, et qui se terminait lorsque les astres se retrouvaient dans le signe même qu'ils occupaient lorsque le cycle avait commencé. Julius Firmicus estimait à 300,000 ans la durée de cet âge, au bout duquel devait arriver une *Apocatastase* ou renaissance universelle. Orphée, ou plutôt l'auteur anonyme qui a emprunté le nom de ce chantre de la Thrace, assigne toutefois à cette période une plus courte durée; Lycophron la porte au contraire à 360,000 ans.

Il est vraiment digne de remarque de retrouver une partie de ce système cosmologique dans le judaïsme, d'où il a passé dans le christianisme, qui l'a développé. On reconnaît en effet, en lisant la *Bible*, des périodes distinctes durant lesquelles les choses semblent avoir suivi une marche semblable à celle que leur attribuaient les Indiens, les Égyptiens et les Grecs; c'est-à-dire que l'écrivain sacré nous a offert le tableau d'une dégradation progressive de la race humaine, d'un accroissement de maux et de misère, d'une augmentation de crimes et d'actions coupables auxquels la main de Dieu met une fin, en renouvelant, soit les conditions d'existence, soit la surface de la terre. Les temps antérieurs à la chute de l'homme sont pour les Hébreux un véritable âge d'or. La Genèse nous montre Adam vivant dans un lieu de délices où tout s'offre à ses désirs; un sol fertile fournit, sans avoir besoin d'être remué par le soc de la charrue ou le fer de la bêche, les fruits nécessaires à sa subsistance. C'est bien le tableau que nous trace Ovide (*Métam.* ɪ, 101) :

> Ipsa quoque immunis, rastroque intacta, nec ullis
> Saucia vomeribus, per se dabat omnia tellus.

Mais Adam oublie les ordres de son créateur; il transgresse ses commandements, et perd, de ce moment, le bonheur et l'innocence. Dès lors commence pour lui une nouvelle vie, vie de travail et de peines, de trouble et de passions; il est chassé du paradis terrestre, du séjour de la divinité, comme, dans la fable grecque, Cronos, au dire d'Apollodore, est renversé des cieux et précipité sur la terre, avec les Titans, événement qui, d'après certains mythographes, mit fin à l'âge d'or. Selon d'autres, ce fut seulement après cet événement que commença l'âge d'or. Saturne, exclu des cieux, se réfugia sur la terre et y gouverna avec sagesse les hommes, qui coulaient des jours pleins de félicité; c'est là la tradition italique. Par ce côté le mythe antique se rapproche encore davantage du mythe hébreu. C'est après la chute des anges que commence le premier âge. Toutes ces idées sont puisées à la même source. Mais plus l'homme s'éloigne de sa création, plus sa nature dégénère, plus son cœur se corrompt. Les générations deviennent de plus en plus criminelles; en même temps la durée de leur vie va s'abrégeant. L'homme était créé immortel; maintenant ses années sont comptées, et celui qui donne l'existence s'en montre de plus en plus avare. Enfin Dieu veut mettre un terme à la perversité devenue universelle; il envoie le déluge, anéantit notre espèce; la terre est complétement renouvelée, et un troisième âge commence. C'est à ces points de ressemblance avec la doctrine égyptienne ou indienne que s'arrête la Genèse.

Les chrétiens poussèrent plus loin l'emprunt; ou pour mieux dire, des croyances nouvelles apportées dans la Judée vinrent compléter ce tableau. Les Israélites empruntèrent aux Perses et aux Assyriens, dont ils étaient alors captifs, la doctrine de la fin du monde et de la rénovation de l'univers à la suite de cette catastrophe, et à leur retour dans la mère patrie, leurs poëtes ou prophètes la célébrèrent et l'élevèrent au rang d'un dogme religieux. Le pharisaïsme, cette secte savante du judaïsme, qui était si profondément imbue des idées orientales, l'adopta et l'enseigna. Ce fut des pharisiens que les chrétiens la reçurent, et saint Jean, inspiré d'Ézéchiel, d'Isaïe et de Daniel, annonça, dans son *Apocalypse*, la destruction de l'univers par le feu. L'origine persane et assyrienne de cet ouvrage est démontrée par la comparaison de son contenu avec ce que dit Berose de cette même conflagration et avec la description donnée dans le livre pehlvi du *Boun-Dehesch*, incontestablement puisé aux sources les plus antiques. Ainsi le christianisme eut ses trois périodes et ses *pralayas*; et pour que la ressemblance fût plus parfaite encore, on admit, dans les premiers siècles, que la dernière période devait avoir une durée limitée et qu'au bout de mille ans, elle serait accomplie, croyance dont l'humanité ne fut détrompée que par le non accomplissement de la prophétie sur laquelle elle reposait. Cette fin du monde sera amenée aussi par l'accroissement des crimes et la perversité progressive des hommes. Quand les forfaits des mortels auront comblé la mesure, Dieu frappera un grand coup. Le monde sera anéanti et sur ses ruines s'élèvera une Jérusalem céleste, un monde nouveau, où recommencera l'âge d'or.

Les chrétiens se sont arrêtés là; moins logiques que les Indiens, ils n'ont pas voulu qu'une succession semblable de choses se déroulât de nouveau, et que les citoyens de la cité de Dieu dégénérassent à leur tour et fissent place à une autre génération. Moins pénétrés de l'essence de l'infini, ils ont établi dans le temps des époques terminées, au delà desquelles leur imagination n'a rien conçu, n'a rien pu concevoir. Dans les dogmes chrétiens, l'univers est un accident isolé dans la suite infinie des temps, accident que rien ne justifie, que rien n'amène et qui ne se lie à rien, une conception subite d'un Dieu qui avait toujours subsisté inactif; conception qui mourra pour ne plus renaître! Est-il nécessaire d'ajouter qu'un semblable système est contradictoire avec l'idée que nous devons nous former de l'énergie perpétuellement active et par conséquent perpétuellement créatrice de l'être suprême. Une création d'un jour, la terre, influerait sur les destinées éternelles des temps, et le résultat d'un état passager serait perpétuel et immuable! Cela n'est pas admissible, et certes les Hindous ont une conception beaucoup moins rétrécie de l'éternité : ils ont senti que le monde n'est qu'un point dans le temps, comme dans l'espace, et que tout lui subordonner est une idée aussi enfantine que fausse. Aussi ne voit-on pas dans le brahmanisme, dans le buddhisme, qu'une existence courte et finie produise des conséquences éternelles, infinies, qu'une vie de quelques années amène un état perpétuel de jouissances ou de maux.

Revenons à la doctrine des époques, des retours successifs de ces catastrophes qui doivent anéantir le monde pour le faire renaître de ses ruines, de ces âges où l'homme, d'abord heureux et bon, doit dégénérer et perdre sa félicité, et examinons la valeur que cette doctrine peut avoir aux yeux de la raison.

L'homme a-t-il véritablement vécu d'abord dans l'innocence et le bonheur? sa vertu va-t-elle s'affaiblissant? son cœur s'ouvre-t-il de plus en plus aux passions et aux désirs déréglés qu'il tente de satisfaire par des moyens de plus en plus criminels? La durée de son existence décroît-elle depuis le commencement de l'époque ou âge auquel il appartient? Faut-il admettre que notre globe est soumis à des destructions et à des rénovations périodiques?

Telles sont les questions que nous devons nous poser. Il est sans doute difficile de donner pour chacun de ces problèmes, des solutions définitives; nous hasarderons cependant, pour les éclaircir, quelques réflexions.

A l'origine des sociétés, ou pour mieux dire dans l'état où la raison nous fait concevoir d'abord l'homme, dès qu'il est jeté sur la terre, les mœurs étaient sauvages, l'esprit ignorant, l'âme craintive et superstitieuse : sauvage, parce que la civilisation, née du contact continuel des individus, n'avait point encore adouci les instincts primitifs, bruts et impétueux du cœur humain; ignorant, car la réflexion, jointe à l'observation attentive, ne lui avait pas révélé la nature des choses et les lois auxquelles elles sont assujetties; craintif et superstitieux, car l'univers avec ses phénomènes imposants, ses causes secrètes, ses agents terribles, ses révolutions subites, effrayaient l'imagination et lui faisaient prendre pour autant d'êtres divins et puissants tout ce qui l'entourait. L'homme était tout cela; et cet assemblage de défauts divers ne pouvait engendrer le bonheur; ses sensations n'avaient point été encore épurées, rendues délicates par la culture de l'intelligence et par la comparaison des jouissances; ses plaisirs étaient grossiers; sans doute il ignorait les vices raffinés d'une société polie; la duplicité, le libertinage, l'amour du luxe, l'ambition. Mais en revanche, il nourrissait incontestablement ces passions farouches qui naissent d'un état misérable et sauvage. Car la terre était loin de produire à chaque pas des fruits succulents et des légumes savoureux. La plupart des produits végétaux ne sont devenus alibiles que par suite de la culture; ils n'étaient pas à beaucoup près aussi nombreux que de nos jours; c'est la main de l'homme civilisé qui les a multipliés; et veut-on s'en convaincre? est-il une contrée où la nature se soit montrée plus prodigue, plus libérale dans le règne végétal que l'Amérique équinoxiale? fut-il jamais paradis terrestre qui offrit des arbres plus magnifiques, des fruits plus nourrissants, des eaux plus abondantes. Eh bien, les tribus indigènes y vivent-elles, y ont-elles jamais vécu pour cela dans la félicité et l'aisance? Ne voyons-nous pas qu'elles mènent au contraire une vie fort misérable, qu'elles ont de bonne heure demandé à la pêche et à la chasse des aliments que la végétation ne leur fournissait pas en assez grand nombre? Et d'ailleurs alors même que les hommes eussent trouvé en suffisance dans les forêts de quoi subvenir à leur existence, n'eussent-ils pas, à la vue de ces plumages éclatants, de ces peaux brillantes dont les animaux sont couverts, été tentés de faire leur proie de ceux qui les portaient? La chasse serait néc du besoin de se couvrir et de se parer, si elle n'était pas née de celui de se nourrir : de *se couvrir*, car, quelle que soit la douceur du climat, l'homme a besoin de vêtements ; le froid n'est que relatif, et dans les contrées tropicales on devient aussi sensible à un abaissement de quelques degrés du thermomètre, que dans la zone tempérée, au retour des frimas ; de *se parer*, car à peine l'homme est-il couvert qu'il cherche déjà à faire valoir ses traits, à rehausser sa tournure et son port par des ornements qu'il demande aux objets qui l'entourent. La petite fille balbutie à peine, qu'elle discerne déjà ce qui peut lui faire une parure et ajouter à ses charmes.

L'homme, à peine placé sur la terre, a donc été chasseur ; et cette vie d'aventures et de fatigues a dû promptement faire naître en lui tous les défauts, toutes les passions qu'engendrent l'espoir déçu et la souffrance physique. Il s'abandonna souvent, comme le fait l'enfant, aux mouvements de la colère, aux cris du désespoir, avec toute l'impétuosité d'un caractère irréfléchi. Et à peine se fut-il fait à son existence dure et pénible, à sa vie errante et nomade que, son espèce se multipliant, il rencontra d'autres chasseurs, qui devinrent pour lui autant de rivaux et d'ennemis. Alors l'envie, la jalousie, la vengeance germèrent dans son cœur ; il fut assailli par des passions d'autant plus violentes, qu'il les avait d'abord ignorées davantage ; le meurtre et les combats, qui ne sont que le meurtre, organisé, ensanglantèrent la société naissante. On s'arracha le gibier ; on se prit réciproquement des armes et des ustensiles encore grossièrement façonnés. Plus tard on se battit pour des épouses. Dès lors le mal avait fait une invasion complète dans le monde.

Où placerons-nous donc l'âge d'or, puisque voilà qu'à peine né, l'homme est en proie à toutes ces mêmes passions qui l'assiègent aujourd'hui ? Seulement alors elles étaient nues comme lui ; maintenant, comme lui, elles se voilent et se couvrent, sans cesser pour cela d'avoir leur nudité. Si par impossible, l'homme eût été placé dans un paradis terrestre, ainsi que le raconte le mythe biblique, il n'eût donc pas gardé son innocence un jour, un seul jour. Si le juste pèche sept fois par jour, s'il pèche septante fois, qu'aurait-il fait dans ce jardin délicieux ? dans le moindre de nos actes, n'y a-t-il pas l'élément d'une passion, d'un désir, qui exclut l'innocence ? Le germe du vice, c'est-à-dire de l'abus de la faculté, est dans la faculté elle-même ; l'innocence est un état chimérique, l'enfant même ne la possède pas : il a ses passions et ses désirs, seulement ces passions sont naïves et jolies comme lui, et elles nous plaisent, parce qu'elles ne nous effrayent pas. Nous aimons sa petite colère,

parce qu'elle est impuissante, et sa gourmandise, qui se manifeste par des cris de joie devant un gâteau, nous amuse, sans nous inspirer le dégoût. Si l'homme, nous le répétons, eût été placé dans l'abondance, cette abondance même eût engendré les excès et la paresse. L'homme pur et vertueux eût cessé promptement d'exister. Car l'homme vraiment innocent serait l'homme sans passions, sans désirs ; et l'homme sans désirs cesse d'être actif, cesse d'exister comme homme : c'est une machine, inoffensive sans doute, mais qui n'a ni utilité ni mouvement.

Ces considérations nous démontrent donc l'impossibilité du système d'un état primitif de bonheur et de vertu dont l'homme s'est cru déchu. Pour qu'un pareil état eût été possible, il eût fallu que l'homme eût été alors dépouillé des organes même que l'on ne peut séparer de sa personnalité, sans cesser de le concevoir comme homme. Il eût fallu que son corps n'eût eu aucune de ces fonctions dont le jeu, plus ou moins excité par les causes extérieures, engendre les passions, que son âme eût été inaccessible à tous les sentiments qui forment le caractère propre de sa nature et de son être. Puisque le paradis terrestre ne nous est dépeint que comme un lieu de la terre, fertile et salubre, on ne saurait admettre que les êtres qui y avaient été placés ne fussent pas créés en harmonie avec cette nature, soumise à ses lois, à son ordre de vie. Or, attendu que l'homme est actuellement précisément dans cet état ; que, comme tous les animaux dont il est le premier, il a des besoins, des instincts et des désirs nés des objets qui l'entourent, et créés dans le but de conserver son espèce, il n'est pas raisonnable de supposer qu'originairement, et nous devons dire même normalement, il ait été constitué pour vivre d'une autre manière. Cet état en eût fait un être à part au milieu de la création ; un être éternel, au milieu de créatures mortelles et périssables ; un être chaste, au milieu d'êtres se reproduisant par l'union des sexes ; un être innocent et pur, au milieu d'êtres inférieurs sujets à des passions et à des désirs. S'il en eût été ainsi l'homme, au lieu d'être le couronnement de la création, n'eût été qu'une anomalie, un être isolé et perdu dans un monde qu'il n'aurait pu comprendre.

Est-il nécessaire d'ajouter que la vie pastorale, pas plus que la vie de chasseur, n'a pu produire cet état de félicité qui n'est qu'une chimère ? Avec les troupeaux naît la propriété, et avec la propriété une foule de désordres. L'homme est moins sauvage, moins grossier, cela peut être ; mais la rapine devient une de ses principales occupations. Les familles patriarcales sont en lutte, en agressions perpétuelles. C'est la Bible elle-même qui nous offre le tableau des inconvénients de ce genre de vie. Les Arabes du désert nous en fournissent une autre preuve, non moins faite pour dessiller les yeux trompés par ces spécieuses théories de bonheur primitif.

Quelque haut qu'on remonte dans l'histoire, on retrouve des éléments de trouble intérieur pour le cœur humain, de trouble extérieur pour les individus ; à quelque état qu'on s'arrête, on retrouve l'homme agité par ses passions, conduit par elles à de grandes pensées comme à de détestables œuvres. En vain Platon, dans le troisième livre des *Lois* que nous citions plus haut, s'efforce-t-il de démontrer que, peu de temps après le déluge, l'homme vivait dans un état primitif voisin de l'innocence ; la plupart de ses propositions peuvent être victorieusement réfutées ; lui-même il se contredit. « Les hommes, fait-il dire à l'A- « thénien interlocuteur de Clinias, trouvaient « dans leur petit nombre des motifs de s'aimer « et de se chérir. Ensuite ils ne devaient point « avoir de combats pour la nourriture, tous, « à l'exception peut-être de quelques-uns dans « les commencements, ayant en abondance « des pâturages, d'où ils tiraient alors prin- « cipalement leur subsistance. Ainsi ils ne man- « quaient ni de chair, ni de laitage. » Le philosophe grec oublie qu'il a suffi de quelques guerres, de quelques discussions pour développer dans certaines âmes ce goût de combats, de luttes, cette rivalité de familles qui s'éternise par les vengeances et les ressentiments ; que certaines organisations paresseuses et violentes (car notre organisation ne contribue pas moins à notre caractère que les mœurs de ceux qui nous entourent), que ces organisations, disons-nous, auront été la cause de mille troubles au milieu desquels la paix a fait un prompt naufrage.

Mais si l'âge d'or n'est qu'une tradition menteuse, qui donc a pu la répandre et l'accréditer à ce point ? Sans doute, faut-il répondre, cette illusion des vieillards qui leur fait croire qu'ils ont vécu en des temps plus heureux que ceux dans lesquels ils meurent. Le vieillard, *laudator temporis acti se puero, censor castigatorque minorum,* vante sa jeunesse et déplore les égarements de ses neveux, oubliant quels furent les siens. Horace nous l'a dit (*Art. poet.*, 173), et Horace s'est pourtant laissé prendre au commun préjugé quand il s'est écrié (*Od.* III, 6, 45) :

> Damnosa quid non imminuit dies?
> Ætas parentum, pejor avis, tulit
> Nos nequiores, mox daturos
> Progeniem vitiosiorem.

Ce fut en effet longtemps le cri général. Ouvrez les chroniqueurs du moyen âge ; ils se récrient sur la corruption toujours croissante, sur la méchanceté de plus en plus noire des hommes ; ils vantent les âges primitifs de la foi : et cependant, si vous lisez les Pères, vous trouverez le même langage ; la chaire chrétienne, dès les premiers siècles, tonne contre la foule des chrétiens pécheurs, comme elle le faisait au temps de Bourdaloue et de Massillon ; comme elle le fait encore aujourd'hui ; elle déclame contre la corruption du monde qui va grandissant. Depuis qu'on nous tient ce langage, les mœurs devraient être arrivées au dernier degré de perversité ; et cependant l'étude de l'histoire nous montre toujours les mêmes passions, les mêmes désordres. Les vices changent d'objet, sans pour cela grossir de nombre, et si la société n'est pas plus morale, au moins est-il constant qu'elle s'adoucit et s'humanise graduellement ; que les principes d'ordre et de morale sont, sinon plus suivis, au moins plus respectés. En un mot, la civilisation augmente, étend chaque jour ses bienfaits, et, loin de confirmer la doctrine de l'âge d'or et de la dégénérescence humaine, elle lui donne un éclatant démenti.

Après cette réponse faite aux deux premières questions que nous nous sommes posées, nous dirons un mot de la troisième. La durée de la vie de l'homme a-t-elle été en décroissant depuis les premiers âges ? Il est évident, et, jusqu'à un certain point, constaté par les témoignages historiques, que la vie humaine a été plus longue, à l'époque où une vie factice n'énervait pas de bonne heure l'homme et n'exposait pas son organisme affaibli aux mille et une causes de maladies de nos grandes villes. Aujourd'hui encore, c'est dans les campagnes, chez la classe des paysans, que nous rencontrons le plus d'exemples de longévité. Mais d'une vie plus longue pendant la période agricole des sociétés, à une décroissance progressive de la vie humaine dans chaque âge, il y a loin ; et rien n'autorise à penser que nos arrière-ancêtres aient tous fourni des carrières plus avancées que nos contemporains. Ce n'est pas de l'âge de la société, mais du genre de vie de chaque homme, du climat qu'il habite, des aliments dont il se nourrit, que dépend le nombre des années qu'il demeure sur la terre. La décroissance progressive des âges de l'homme n'est prouvée en aucune façon ; il y a plus, l'histoire positive, qui remonte à plus de 2500 ans, nous montre toujours des hommes atteignant la même limite supérieure d'existence.

Enfin il nous reste à examiner la dernière et presque la plus décisive de ces questions, celle que nous nous sommes posée en dernier lieu : Le globe et l'espèce humaine sont-ils soumis à des destructions et à des rénovations successives ?

Qu'il y ait eu des périodes distinctes dans

la durée du globe, c'est ce que la géologie a mis hors de doute. La terre a incontestablement été successivement le théâtre de grandes révolutions, qui ont été suivies de changements complets dans la nature de la végétation et du règne animal. Mais ces catastrophes ont toutes précédé l'apparition de l'homme sur notre planète, et elles n'appartiennent en aucune façon aux âges historiques. Sans doute il y a eu à la surface du globe, depuis l'existence des sociétés, des cataclysmes partiels, des éruptions volcaniques et peut-être d'immenses incendies; mais ces catastrophes n'ont rien eu de général; elles n'ont pu être regardées comme universelles que par des hommes ignorants qui appelaient l'univers le peu de terre qu'ils avaient parcouru. C'est la vue de ces phénomènes qui a répandu, accrédité ces idées de destruction par le feu et l'eau. Les déluges de Noé, de Xisuthrus, d'Ogygès, de Deucalion, de Yao, ceux dont parlent les *Pouranas*, n'ont été que des inondations locales, que l'imagination populaire a transformées en d'universels cataclysmes. Les débris paléontologiques, les coquilles fossiles qu'on a découverts de bonne heure, ont été rapportés à cette grande catastrophe. On a vu des preuves du déluge dans les témoins d'un événement ou d'événements qui avaient précédé l'homme de plusieurs millions d'années. C'est ainsi que s'est répandue cette croyance des âges, cette tradition d'un état de choses différent de celui dans lequel on vivait. On a regardé ces grands fléaux, ces destructions terribles comme des marques de la colère divine, on en a rapporté la cause aux crimes et à la perversité des hommes. Les prêtres ont entretenu ces idées; ils en ont profité tout à la fois pour améliorer les hommes par la crainte de la fin du monde et pour les soumettre à leur joug. Les peuples non civilisés, dit Lyell, sont toujours prêts à considérer les grandes calamités comme des châtiments infligés par Dieu à la malice humaine. C'est ainsi que de nos jours, les prêtres persuadèrent à un grand nombre d'habitants du Chili et crurent peut-être eux-mêmes, que le tremblement de terre effroyable de 1822 était l'effet de la colère divine, excitée par la grande révolution politique qui s'opérait à cette époque dans l'Amérique du Sud. Le récit fait à Solon, par les prêtres égyptiens, de la disparition de l'Atlantide sous les eaux de l'océan, représente de même cet événement, qu'avaient précédé plusieurs secousses de tremblement de terre, comme une marque de la colère de Jupiter contre les habitants de cette île, dont la dépravation était parvenue à son comble.

Il nous suffit d'avoir fait comprendre l'invraisemblance de la croyance à ces destructions, à ces rénovations de l'espèce humaine accomplies depuis la première création. Nous ne voulons rien préjuger sur la question de savoir si la terre est destinée à des transformations nouvelles, par conséquent si l'état actuel de notre globe doit avoir une fin. En écartant les fables, les détails puérils dont on a entouré l'histoire inconnue de la destruction du monde, le fait de cette destruction ou plutôt de cette transformation de l'ordre actuel des choses n'en demeure pas moins comme très-possible et même comme très-probable. Au milieu des révolutions incessantes dont l'univers a été nécessairement de toute éternité le théâtre, au milieu de ces milliards de créatures répandues très-certainement sous les formes les plus variées à la surface de tous les mondes, perpétuellement produites par la main toujours occupée du Tout-Puissant; sous l'empire de l'action sans cesse active des lois mécaniques et physiques, coéternelles à Dieu dont elles sont l'expression et le mode d'existence, se déroule d'une manière continue la chaîne des temps. Les mondes se forment, se métamorphosent, se modifient, puis s'arrêtent dans ces transformations pour se reformer et se métamorphoser encore. Nous les voyons dans le firmament, passant par ces états successifs, depuis la nébuleuse chez laquelle la matière gazeuse se condense lentement pour produire un corps solide, jusqu'à ces astres qui, s'allumant d'une clarté magnifique et soudaine, nous annoncent d'épouvantables embrasements. Comment dans ce vaste laboratoire de mondes, dans ce bouillonnement, dans cette fermentation universelle, où tout naît et meurt pour renaître encore, comment la terre seule aurait-elle le privilége de rester immuable? Non sans doute, elle suivra la loi commune; grain de sable perdu au milieu de l'océan des âges et des mondes, point à peine visible du reste de l'univers et auquel le naïf orgueil des premiers hommes subordonnait cet univers lui-même, la terre, éternelle sans doute dans ses éléments, indestructible dans ses molécules, peut cependant tomber sous l'empire d'autres astres, renouveler sa surface ou même se scinder en plusieurs planètes, aller enfin se confondre avec un autre corps céleste. Elle roulera perpétuellement dans les flots des révolutions. Les calmes peuvent être longs; ils ne sauraient être éternels : le temps des orages revient toujours à un moment donné. Oui, sous les lois perpétuellement agissantes du mouvement et de l'attraction moléculaire, de la gravité et de la vie, la terre, comme l'univers auquel elle appartient, doit présenter cette série de tableaux dans lesquels se mire la divinité, qui vit pour créer et transformer, et à laquelle le repos est aussi inconnu que le néant.

ALFRED MAURY.

AGÉMI. (*Histoire.*) Mot arabe qui avait la

même signification que le mot *gentils* chez les Juifs, et le mot *barbares* chez les Grecs. Les Arabes primitifs s'en servaient pour désigner tous les peuples qui ne procédaient pas de leur race et de leur nation, et l'appliquaient plus particulièrement aux Persans. En effet, *agémi* vient d'*agem*, étranger. Maintenant encore cette dénomination est usitée dans quelques cas; ainsi les géographes orientaux divisent l'Irak en deux provinces : l'Irak-Utrali, qui répond à l'ancienne Chaldée, et a été de tout temps occupé par des tribus nomades d'origine arabe, et l'Irak-Agémi ou ancienne Médie. Ainsi les souverains de Constantinople s'intitulent sultans des Arabes et des *Agémis*, entendant par ce dernier mot les peuples non musulmans assujettis à leur puissance. Ainsi encore les Turcs appellent *Agémi-Oglàns* (enfants étrangers ou d'étrangers), les enfants que les sultans faisaient enlever, jusqu'à ces derniers temps, parmi ceux des chrétiens et des juifs, en un mot des *rayas*. On les instruisait dans la religion musulmane, on les dressait aux exercices du corps, et ensuite ils recevaient un emploi dans le sérail, ou étaient enrôlés dans le corps des janissaires, dont ils formaient une des quatre divisions. On a vu souvent ces jeunes gens s'élever des fonctions les plus viles aux plus hautes dignités, et devenir pachas ou grands vizirs.　　　　　　　X.

AGEN, *Aginnum Nitiobrigum*. (*Géographie et Histoire*.) Ancienne capitale du comté d'Agenois, aujourd'hui chef-lieu du département de Lot-et-Garonne, sur la rive droite de la Garonne, à 148 kil. S. E. de Bordeaux.

Agen est une ville d'origine gauloise : Ptolémée la mentionne comme la capitale des *Nitiobriges* (1), l'un des peuples de l'Aquitaine seconde. Les Romains l'ornèrent de plusieurs édifices considérables, ainsi que le démontrent les antiquités qu'on y découvre. Elle fut plusieurs fois prise et ravagée, par les Wisigoths, les Huns et les Vandales. Les Normands la ruinèrent au neuvième siècle. Elle passa ensuite tour à tour sous la domination des rois de France, des ducs d'Aquitaine, des rois d'Angleterre et des comtes de Toulouse. Les Français la prirent en 1322, et la rendirent aux Anglais en 1330. Elle ne tarda pas à secouer le joug de l'étranger, et les Anglais firent pour la reprendre de longs et vains efforts; enfin, le traité de Brétigny la leur rendit en 1360; mais ce ne fut pas pour longtemps; cette fois encore, elle rentra, aussitôt qu'elle le put, sous la domination française. Elle fut prise et saccagée, en 1418, par les troupes du comte d'Armagnac. Les protestants s'en emparèrent en 1562, et l'évacuèrent peu de temps après. Elle embrassa, en 1584, le parti de la Ligue.

(1) Il est question de ce peuple, dans César, *Bell. Gall.* VII, 7.

Le comte de la Roche, fils du maréchal de Matignon, la prit en 1591; enfin, elle se rendit l'année suivante à Henri IV.

Agen était, en 1789, le siége d'un gouvernement particulier, d'un présidial, d'une sénéchaussée et d'une élection. C'est aujourd'hui celui d'une cour royale, de tribunaux de première instance et de commerce. Elle possède un évêché (fondé, suivant la tradition, en 350), un grand et un petit séminaire, un collège communal, une école normale primaire, une bibliothèque publique de 15,000 volumes. On y compte 14,987 habitants; peu de villes ont produit un aussi grand nombre d'hommes remarquables : elle est la patrie de l'historien Sulpice Sévère, du savant Just. Jos. Scaliger, de Bernard Palissy, du général Valence, de Lacépède, du naturaliste Lamouroux, de MM. Bory de Saint-Vincent et Chaudruc de Crazannes, du poète provençal Jasmin, etc.

Agen possède une manufacture royale de toiles à voiles; il s'y fait un grand commerce de blés, de farine, que l'on expédie dans les colonies, d'eaux-de-vie, de chanvre, de pruneaux, etc. Située sur la Garonne, entre Toulouse et Bordeaux, elle sert d'entrepôt au commerce de ces deux villes.

A. Loisel, *De la ville et pays d'Agenois, et des hommes signalés qui y ont vécu*, in-8°, 1605.

P. Pithou, *Remarques sur les antiquités de la ville d'Agen*, dans les Œuvres de ce savant, 1609, in-4°, p. 886.

Chaudruc de Crazannes, *Notice sur les antiquités de la ville d'Agen et du pays des Nitiobriges*, in-8°, 1826.

B. Brecy, *Esquisses historiques, archéologiques et pittoresques sur Saint-Étienne, ancienne cathédrale d'Agen*, in-4°, 1836, pl.

L. RENIER.

AGENCES. (*Économie politique*.) Administration de certaines affaires ou des affaires de certains individus. Ce mot a longtemps appartenu à la police ecclésiastique et à la diplomatie.

Agences ecclésiastiques. Le clergé de France avait, sous l'ancienne monarchie, deux sortes de réunions. Dans l'une, appelée *assemblée du contrat*, il renouvelait, après les décisions relatives à la foi ou à la discipline, le contrat par lequel il s'était engagé à payer à l'État des subsides et décimes. Il nommait ensuite deux *agents généraux* chargés de surveiller la levée et l'emploi de ces dons volontaires, d'empêcher qu'il ne fût porté atteinte aux priviléges du sacerdoce, et enfin de proposer au gouvernement tout ce qui pouvait accroître la splendeur de la religion. La seconde réunion, connue sous le nom d'*assemblée des comptes*, entendait les rapports des agents généraux, et vérifiait la recette et l'emploi des dons gratuits. Ces agents, qui se disaient chargés des intérêts de l'Église gallicane, n'exerçaient, comme on voit, que des fonctions subalternes; aussi n'étaient-ils pris ordinairement que dans le second ordre du clergé. Leurs fonctions duraient cinq ans et leur donnaient le *privilége de présence;* c'est-à-dire que, vivant à la cour, ils étaient censés présents à leurs bénéfices et en percevaient les revenus. Ces agences ont été détruites par la révolution, qui, en assujettissant les biens du clergé aux impôts ordinaires, les a rendues inutiles. Toutefois le spirituel paraissait être le motif dominant de ces assemblées et de ces agents; ce motif subsiste toujours, et l'intérêt de l'Église semblerait demander que le clergé de France fît pour la foi dépouillée des biens terrestres ce qu'il faisait jadis pour ses biens temporels unis à ses priviléges politiques.

Agences diplomatiques. La diplomatie reconnaissait aussi de nombreuses agences. Les grandes puissances accréditaient des agents auprès des petits princes, auxquels elles ne pensaient pas devoir les honneurs de l'ambassade; et les petits princes en envoyaient aux grandes puissances, auprès desquelles leur pauvreté ne leur permettait pas d'entretenir des ambassadeurs. Aujourd'hui ces agents, facteurs, résidents, consuls, n'ont qu'une mission spéciale. Ils sont sous la protection du droit des gens; mais, ne représentant point leurs souverains, ils ne jouissent point des priviléges attachés aux ambassadeurs. Les gouvernements envoient cependant des agents non accrédités même dans les pays où ils ont des ambassadeurs; ce sont des espions *incognito*, chargés de surveiller les diplomates avoués : ici l'espionnage n'est que honteux; mais il peut devenir funeste, lorsqu'on adresse ces agents publics ou secrets aux puissances qui ne sont pas encore assez affermies pour qu'on veuille les reconnaître. Alors les titres diplomatiques ne sont qu'une protection qu'on accorde aux inimitiés extérieures, et l'on ouvre un laboratoire inviolable aux discordes et aux conspirations. *Voyez* DIPLOMATIE.

Agences d'affaires. Dans l'ordre civil il existe aujourd'hui un nombre infini d'agences. On peut les diviser en *publiques* et en *particulières.* Je donne le nom de publiques à celles dont l'existence est reconnue et sanctionnée par le gouvernement. Elles prennent ordinairement le nom d'assurances; on distingue les assurances maritimes, commerciales, d'épargne et de prévoyance, contre l'incendie, sur la vie, etc., etc. Celles-ci offrent des chances qu'il est possible d'évaluer, parce que leurs données sont fixes et leur base connue; ainsi nous traiterons au mot *Assurances* de leurs promesses apparentes et de leurs résultats réels et véritables.

Il n'en est pas ainsi des agences particulières, plus spécialement connues sous le titre d'*agences d'affaires.* Il en est qui offrent une garantie vraie et assurée dans la moralité des chefs de l'établissement, dans les capitaux qu'ils consacrent au succès de leur entreprise, dans l'économie des frais administratifs, dans la régularité de leur gestion, dans la prudence des placements et des spéculations, dans le zèle à poursuivre les affaires dont on est chargé; mais il en est d'autres qui n'offrent aucune sécurité, parce qu'elles n'ont pour objet unique que le bénéfice de l'agent, et qu'elles ne sont que de véritables impôts levés sur la crédulité publique. Elles n'ont qu'un intérêt particulier, malgré le plâtrage d'intérêt général dont on a soin de les recrépir. Il est impossible de traiter avec fruit des agences particulières, 1° parce qu'elles sont susceptibles d'autant de combinaisons qu'il est d'objets sur lesquels on peut spéculer et de manières de capter la confiance; 2° parce que les chances dépendant en entier de la loyauté, de la capacité et de la volonté de l'agent, il est impossible de les évaluer; 3° parce que la seule garantie qu'elles offrent est la moralité de l'agent, et qu'ainsi tout se réduit à une question personnelle, que les clients peuvent seuls résoudre.

Aussi les agences d'affaires, n'étant soumises à aucune règle fixe et connue, ont donné lieu à des plaintes multipliées. Il serait à désirer qu'une loi s'occupât de cette intéressante question; mais il est à craindre qu'en voulant donner des garanties au public, elle ne viole sa confiance, et ne porte atteinte à la liberté du commerce et de l'industrie.

J.-P. Pagès.

AGENDA est un mot latin qui vient d'*agere* et signifie choses à faire. L'*agenda* est un petit cahier, relié plus ou moins élégamment en forme de portefeuille, garni d'un crayon de poche et de papier disposé de manière qu'on puisse y inscrire sans confusion, par mois et par jour, les adresses, les dates, les courses, en un mot toutes les obligations de la vie active, tous les détails qu'on craint d'oublier, et qu'on veut se rappeler à leur époque précise. Les agenda contiennent ordinairement certains renseignements d'utilité générale : ainsi la situation des établissements publics, l'heure à laquelle ils sont ouverts; certains tarifs; des tables de monnaies, de poids et mesures. Enfin, avec un bon agenda, on se rappelle ce qu'on craint d'oublier, et on apprend ce qu'on a besoin de savoir, au moins dans de certaines limites.

AGENTS DE CHANGE. (*Économie politique.*) Ce sont les seules personnes qui aient qualité pour négocier soit les effets publics français ou étrangers, soit tout autre effet susceptible d'être coté. Autrefois ils avaient le titre de *conseillers du roi, agents de banque,* *change*, *commerce et finances*, et ils étaient au nombre de cent seize, répartis dans les principales villes de France. Lorsque le faste et les guerres de Louis XIV eurent ruiné les finances, tantôt on supprima les agents titulaires et on en créa de nouveaux, afin d'obtenir le prix de ces nouveaux offices ; tantôt on doubla leur nombre, et tantôt on augmenta le prix de leurs charges. Ce fut en 1705, 1708 et 1714 que le corps des agents de change éprouva les plus notables variations ; enfin, l'édit de 1723 régla leur nombre, leurs attributions et leurs droits.

Aujourd'hui leur nombre est fixé à soixante pour la bourse de Paris, et tout individu qui empiéterait sur les fonctions qui leur sont attribuées serait passible d'une amende dont le *minimum* est le douzième et le *maximum* le sixième de leur cautionnement. Ce cautionnement, qui est de 125,000 fr., est affecté aux condamnations qui pourraient être prononcées contre eux pour abus commis dans l'exercice de leurs fonctions.

La compagnie des agents de change nomme tous les ans, à la majorité des suffrages et au scrutin secret, une chambre syndicale composée d'un syndic et de six adjoints : cette chambre, revêtue d'un pouvoir discrétionnaire, exerce sa surveillance sur la compagnie tout entière : elle peut censurer ou suspendre les agents de change, mais elle n'a le droit que de provoquer leur destitution.

Les agents de change doivent tenir des livres, et coter sur un carnet chacune de leurs opérations ; mais ils doivent le secret à leurs clients, à moins qu'ils ne soient autorisés à les nommer, soit par eux-mêmes, soit par la nature de la négociation. Leurs droits sont fixés d'un huitième à un quart pour cent, pour chaque opération ; et, comme ils en sont personnellement responsables, ils devraient avoir en leurs mains les effets ou les sommes qui peuvent en garantir la livraison ou le paiement. Cette précaution serait d'autant plus nécessaire aujourd'hui que la cour royale de Paris, se fondant sur l'absence des règlements, a refusé aux agents de change le droit de poursuivre leurs clients pour les différences provenant des jeux de bourse. Cet arrêt, qui semble lui-même réglementaire, et par conséquent un empiétement sur la puissance législative ou sur les droits du gouvernement, sert à faire sentir plus vivement l'absence d'un règlement qui, prévoyant tous les cas, n'en abandonne aucun à la discrétion de l'autorité judiciaire.

Les opérations des agents de change ont pour objet les fonds créés par le gouvernement français ou les gouvernements étrangers, tels que les *cinq pour cent consolidés*, les *reconnaissances de liquidation*, les *annui-*tés, les *bons royaux*, les *fonds d'Angleterre et d'Autriche*, les *rentes d'Espagne*, de *Naples* et de *Sicile*. C'est ce qu'on appelle les *fonds publics*. Nous traiterons de leur émission au mot Crédit public; des garanties qu'ils offrent et du degré d'assurance de leur remboursement, au mot Amortissement; de la manière de les transférer, au mot Bourse, des jeux connus sur les divers fonds aux mots Agiotage et Jeux de bourse.

Les agents de change peuvent négocier encore les *actions de la banque* de France, les *obligations* des villes de Paris et de Bordeaux, les *actions des ponts*, des *chemins de fer*, *des canaux*, celles des *compagnies d'assurances maritimes*, *générales-maritimes*, *commerciales*, contre l'incendie, *générales* contre l'incendie, du *Phénix*, *sur la vie*, *générales sur la vie*, des *dépôts et consignations*, *d'épargne et de prévoyance*, de la *caisse syndicale des boulangers*, etc. Tous ces divers établissements autorisés par le gouvernement, et dont les statuts sont connus et publiés, offrent dans les diverses négociations des chances de gain ou de perte qu'il est possible d'apprécier et dont nous traiterons au mot Assurances. Pour le change de l'argent étranger nous renvoyons aux mots Agio et Change. Les agents de change peuvent encore négocier tous les effets de commerce, et nous les envisagerons sous ce rapport au mot Bourse.

Toute opération est de *placement* ou de *spéculation*, à la *hausse* ou à la *baisse*, au *comptant* ou à *terme*. Les marchés à terme sont ou *fermes*, c'est-à-dire passés au cours du jour ; mais ne devant être livrés ou payés que fin du mois courant ou prochain ; ou à *prime*, c'est-à-dire (pour les *primes d'achat*) qu'en cas de baisse on demeure le maître de ne point retirer les effets achetés, en prévenant le vendeur le dernier jour du mois à trois heures précises, et en perdant la somme qu'on a donnée comme prime ; et qu'en cas de hausse, on a le droit d'en exiger la livraison au prix convenu, soit au terme, soit par anticipation : mais alors on est tenu de prévenir le vendeur trois jours d'avance et de payer un escompte. Ici le vendeur est le seul engagé ; mais dans les *primes de vente*, c'est l'acheteur qui s'engage, c'est-à-dire que, moyennant la prime convenue, il est tenu de recevoir les rentes à lui vendues, au jour indiqué et pour le prix stipulé : cette opération, peu usitée, est l'inverse de la précédente.

Toutes ces diverses opérations se font au cours de la bourse; ce cours est *bas*, *haut* et *moyen* dans le même jour. Le cours moyen est une moyenne proportionnelle entre le plus haut et le plus bas; il sert de type pour les marchés au comptant, et de régulateur pour les spéculations à terme ou à prime; car il est une des bases des probabilités de hausse et de baisse.

Les opérations de *placement*, c'est-à-dire l'acquisition de rentes au comptant, faite par un individu qui veut placer sur les effets publics des fonds qu'il possède, sont des opérations semblables à l'achat d'une terre ou d'une maison ; ici les agents de change font à peu près l'office de notaires. Il en est de même des spéculations à terme ou à prime, lorsque le vendeur peut livrer et que l'acheteur peut payer les effets sur lesquels on opère.

Malheureusement, à côté de ces capitalistes et de ces rentiers, se trouvent des hommes qui, n'ayant ni des effets à livrer ni de l'argent pour les payer, assiégent la bourse, non pour opérer, mais pour jouer sur les fonds publics. Ceci sort du domaine des placements et des spéculations, et rentre dans celui des *jeux de bourse* : nous verrons à ce mot comment, à l'aide des *reports*, ils trouvent le moyen de perpétuer leur jeu jusqu'à ce que leur ruine soit tellement évidente qu'ils soient dans la nécessité de disparaître ; comment, pour retarder cette ruine, ils savent *convertir de hausse en baisse et de baisse en hausse* leurs opérations malheureuses ; et comment enfin, par l'intermédiaire des *coulissiers*, ils passent, d'heure à d'heure ou de jour à jour, des marchés presque toujours sans garantie pécuniaire et souvent sans responsabilité morale.

Il n'est pas inutile de faire observer que toute opération de bourse est assimilée à une opération commerciale, et qu'ainsi celui qui souscrit ou fait souscrire pour son compte, par un agent de change, des engagements de livrer ou de payer, est justiciable du tribunal de commerce et passible de la contrainte par corps.

De ces diverses observations il résulte que les opérations faites par les individus qui veulent réellement acheter ou vendre peuvent être lucratives, sont utiles pour le crédit public, et honnêtes aux yeux des moralistes ; que les spéculations, au contraire, imaginées par les agioteurs, qui ne peuvent ni livrer ce qu'ils vendent, ni payer ce qu'ils achètent, sont plus chanceuses que la loterie et les jeux de hasard, sont la source de tous ces bruits mensongers qui influent toujours sur le cours de la bourse et souvent sur la marche du gouvernement et la tranquillité publique, et enfin sont souvent des causes de ruine et de désespoir pour les familles.

Ces dernières spéculations sont immenses, comparées aux opérations réelles. On peut gagner, et cette possibilité suffit pour que des gens qui n'ont rien à perdre tentent cette chance de gain. Des citoyens peu sages exposent aussi leur fortune à ces jeux de hasard.

Si, comme nous l'avons déjà observé, les agents de change font dans les opérations réelles l'office de notaires, ils jouent dans ces spéculations fictives un rôle analogue à celui du gouvernement dans les loteries ; ils négocient si souvent les mêmes effets que le véritable bénéfice leur demeure. C'est le chandelier dans les jeux de société ; il reste à celui-ci trois millions par an : c'est donner d'avance une idée du jeu de la bourse de Paris.

Si l'on considère les agents de change comme chargés du courtage des lettres de change et des effets privés, il semble étonnant que les gouvernements, en se réservant le droit de les nommer, aient pour ainsi dire forcé le commerce à se servir d'intermédiaires qui ne sont pas de son choix ; qu'on ait obtenu de ces agents un cautionnement si considérable que, pour pallier cette exigence, il a fallu leur accorder le droit de transmettre leur office à leur gré ; et qu'enfin pour les offices non transmis on n'exige que la présentation de la chambre syndicale, lorsqu'il était si facile de faire intervenir les négociants dans l'élection de leurs mandataires, en laissant aux chambres de commerce le droit qu'elles possédaient de présenter des candidats.

Des ordonnances ont décidé qu'ils avaient seuls le droit de justifier, devant les tribunaux et les arbitres, la vérité des négociations, achats et ventes. Cette disposition, si elle était suivie, serait un attentat grave porté au droit de propriété et aux règles posées par les lois sur le droit d'acheter et de vendre : l'on doit porter la même décision de la contrainte imposée aux négociants de se servir de leur intermédiaire, à peine d'amende.

Le monopole des bourses, confié ainsi à des compagnies d'agents de change, est une véritable gêne pour le commerce, surtout à Paris, où les spéculations sur les fonds publics sont trop nombreuses et trop lucratives pour leur laisser le temps de se livrer avec quelque soin et quelque zèle aux négociations privées. La fiscalité détériore tout ce qu'elle touche : après avoir tiré des agents de change des sommes énormes, elle s'est aperçue qu'ils ne suffisaient pas aux besoins du commerce, et elle a été, dit-on, tentée d'augmenter leur nombre ; ce qui ne remédierait à rien, puisque les nouveaux suivraient les traces des anciens et s'adonneraient de même aux opérations de hausse et de baisse : elle voulait, dit-on encore, créer des courtiers de change ; ce qui serait une spoliation, puisque l'office des agents de change diminuerait de valeur, qu'on leur a concédé un privilége exclusif, et qu'on ne peut y porter atteinte sans ajouter un abus privé à un abus public.

Il nous est impossible de fixer aucune règle précise sur la responsabilité des agents de change ; car , lorsque les ordonnances faites pour le fisc viennent se mêler aux lois faites pour la justice, rien n'est fixe ni reconnu. C'est ainsi que la loi leur défend de signer des effets de change , et que des arrêtés les rendent responsables de la dernière signature des effets qu'ils négocient ; c'est ainsi que la loi punit par la prison et l'amende les paris sur la hausse et la baisse, et que la bourse de Paris ne roule guère que sur ces jeux déguisés. On nous demandera peut-être auxquels il faut s'en rapporter de ces règlements ou de ces lois. Nous répondrons que les lois devraient l'emporter sur les règlements, avec d'autant plus de raison que ces lois sont postérieures et abrogent ce qui les précède ; mais, dans ce conflit de mesures justes et de mesures fiscales, il en est autrement, et le fisc l'emporte sur la justice.

Voyez le Code de commerce ; la Loi du 29 ventôse an XI ; les Arrêtés du 18 germinal an IX, du 27 prairial an X ; la Loi du 28 avril 1816 ; le Règlement général pour la compagnie des agents de change ; la Législation commerciale, par E. Vincens ; des Fonds publics en France , par J. Bresson, etc., etc.

J. P. PAGÈS.

AGGLOMÉRAT. (*Histoire naturelle.*) Les agglomérats diffèrent des agrégats en ce qu'ils présentent la réunion de plusieurs substances formées à diverses époques et longtemps séparées, qu'un ciment quartzeux ou calcaire déposé par les eaux a resserrées en masses plus ou moins considérables ; tels sont les grès, sables marins rapprochés par un gluten calcaire, et qui forment, à Fontainebleau et à Orsaï, des bancs que l'on exploite en cubes qui servent à paver les rues de Paris ; tels sont encore les poudingues et les brèches, agates coulées ou brisées, liées entre elles par un gluten siliceux. Quelquefois ces agglomérats sont formés à la fois de silex arrondis et de silex anguleux.

Les agrégats sont la réunion de plusieurs substances diverses agglutinées ensemble à l'époque de la formation. Il faut, pour l'étude de la minéralogie et de la géologie, bien saisir d'abord la différence qui existe entre la valeur de ces deux mots.

BORY DE SAINT-VINCENT.

AGGLUTINATIFS. (*Médecine.*) Ce sont des substances emplastiques capables d'adhérer fortement à la peau, et qu'on emploie le plus ordinairement pour maintenir rapprochées les lèvres des plaies, afin d'en favoriser la réunion. Ces emplâtres, dont la composition varie suivant le but que se propose le praticien, sont formés de cire, de résine et de poix, auxquelles on joint quelquefois d'autres médicaments ; tels sont les emplâtres de diachylon gommé d'André de la Croix ; ou bien c'est seulement de la colle de poisson aromatisée, dont on enduit une étoffe de soie, et qu'on débite sous le nom de taffetas d'Angleterre ; ou bien encore c'est de la gomme ammoniaque dissoute dans du vinaigre, et qu'on étend sur de la toile.

Pour se servir des emplâtres agglutinatifs, on les coupe en bandelettes de longueur et de largeur proportionnées à la forme de la plaie : après les avoir chauffées légèrement, on fixe une de leurs extrémités sur la lèvre la moins mobile de la division, puis on pousse vers elle la lèvre opposée, et l'on applique par-dessus l'autre bout de la bandelette, de manière à opérer le rapprochement le plus exact possible. Le nombre des bandelettes est en raison de l'étendue de la plaie, et l'on a soin de laisser entre chacune d'elles un petit espace pour permettre l'issue des liquides. Il ne faut pas moins de précaution lorsqu'il s'agit de renouveler les bandelettes agglutinatives, de peur de déchirer la cicatrice encore délicate. Pour éviter cet accident , il faut lever d'abord les deux extrémités , et détacher le centre en dernier lieu, sans exercer de traction brusque.

L'emplâtre agglutinatif appelé taffetas d'Angleterre ne s'emploie que pour les plaies superficielles ; on l'humecte pour l'appliquer comme pour l'enlever : il a l'inconvénient de durcir en séchant, et de causer par là de la gêne et de la douleur.

Les agglutinatifs sont encore utiles pour fermer les plaies qui pénètrent dans les cavités séreuses ou articulaires, ou les ouvertures de foyers purulents ; on s'en sert également pour maintenir différentes pièces d'appareil. En Angleterre, ils sont fort en usage pour le pansement des ulcères ; et cette méthode de traitement, transportée en France, a offert des résultats assez heureux pour que beaucoup de chirurgiens aient cru devoir l'adopter.

F. RATTIER.

AGHLABITES (Dynastie des). (*Histoire.*) Vers la seconde moitié du septième siècle de notre ère, les Arabes s'étaient emparés de l'Afrique romaine, et, pendant cent cinquante ans environ, cette vaste province reçut de Damas ou de Baghdad les gouverneurs qui venaient l'administer au nom des khalifes. Leur pouvoir cependant fut souvent contesté par les indigènes, et à l'époque des troubles suscités dans l'islamisme par le renversement des Ommiades, la tribu puissante des Werfadjoumah avait repoussé les Arabes hors de son territoire. *Ebn-el-Aghlab*, de la tribu des Benou-Tamim, fut un des officiers envoyés pour combattre ces rebelles. Habile général, il contribua puissamment à leur défaite, et les Abbassides l'investirent, en récompense, du gouvernement de la province du Zab, puis bientôt après de celui de toute l'Afrique. Enfin, en l'an 184 de l'hégire (de J. C. 800

Haroun-el-reschid, renonçant au droit de nommer de nouveaux gouverneurs à la mort de chacun d'eux, accorda à *Ibrahim*, fils d'El-Aghlab, et à ses enfants après lui, l'investiture de cette ancienne province de l'empire romain.

Dès lors tout changea dans le pays : la décision du souverain de Baghdad en formant de l'Afrique un vaste fief possédé par les Aghlabites, sous la suzeraineté des khalifes de la maison d'Abbas, avait donné une vie nouvelle à toute la contrée. Des villes s'élevèrent de toute part, et dans celles qui existaient déjà on mit en œuvre les riches débris de l'art romain dont l'usage n'était pas interdit par les prescriptions religieuses. Casr-el-Cadim et plus tard Raccadah devinrent la demeure favorite des Aghlabites ; Caïrouan, loin d'avoir à leur envier ce privilége, vit s'élever dans ses murs des mosquées de marbre et se creuser près de ses portes d'immenses réservoirs. Des ponts étaient jetés sur les fleuves ; des palais, des jardins plantés d'arbres de toute espèce ornaient les principales cités. La défense du pays n'avait pas été négligée parmi ces travaux divers. Les villes démantelées étaient entourées de murailles ; de nombreux châteaux forts protégeaient les frontières du Maghreb, et un système de signaux, à l'aide de feux allumés sur les côtes, pouvait en une seule nuit porter un ordre du détroit de Gibraltar aux frontières de l'Égypte. Un système régulier de communications reliait en outre les points les plus éloignés de l'empire. Le commerce facilité dans ses relations avec l'intérieur par la pacification des tribus, l'agriculture encouragée par la modération et la taxe régulière des impôts, suffisaient aux dépenses exigées par tant d'améliorations.

Les sciences, les arts, l'éducation publique participaient dans ces lointaines contrées au mouvement progressif qui donnait alors un si vif éclat à la cour de Baghdad. Ibrahim-ben-el-Aghlab recevait à Casr-el-Cadim les ambassadeurs de Charlemagne, tandis que les jeunes légistes de sa capitale allaient étudier dans les villes saintes les sages maximes des imams les plus renommés. Jusqu'aux sables du Sahara étaient franchis par ses agents, et ses successeurs armèrent plusieurs fois, pour leurs conquêtes, les noirs que leur or arrachait aux déserts du Soudan.

Ibrahim-ben-el-Aghlab et *Abou-l-Abbas*, son frère et son successeur, avaient étendu au loin leur conquête sans toutefois sortir du continent. *Ziadet-Allah*, le troisième prince de la dynastie des Aghlabites, fut plus hardi : appelé en Sicile par des Grecs mécontents du joug qui les soumettait à l'empire de Constantinople, il envoya dans cette île une armée commandée par Açad-ben-el-firat, cadi de Caïrouan et, grâce aux dissensions des Siciliens, les Arabes furent, en quelques années, maîtres de l'île entière. La reddition de Palerme, en l'an de l'hégire 217, peut déterminer à peu près l'époque de leur véritable domination en Sicile. Mais cette domination fut loin d'être paisible, et les gouverneurs envoyés par les Aghlabites eurent longtemps à combattre chaque année pour pouvoir recueillir les impôts au prix desquels les chrétiens conservaient l'exercice de leur religion.

Toutefois, la conquête bien accomplie, les Arabes renoncèrent aux mesures sévères qu'ils avaient adoptées d'abord pour frapper de terreur tout ce qui avait une pensée de résistance. L'agriculture leur dut ses plus grands progrès. Le coton apporté par eux des champs syriens, la canne à sucre, le frêne qui produit la manne, le pistachier, ne sont connus en Sicile que depuis la domination des Arabes. Les arts, l'industrie n'étaient pas moins favorisés par eux : la soie, habilement travaillée, formait une branche importante de commerce, et, sur l'ordre des princes aghlabites, on voyait s'élever, dans les villes principales, de somptueux édifices, dont quelques-uns témoignent encore de la haute civilisation à laquelle ces souverains étaient parvenus.

C'est au moment où, forts et puissants, ils semblaient assurés d'une longue existence, qu'ils se laissèrent aveugler par la prospérité. Perdus dans les excès de la débauche, ils finirent par appeler les crimes au secours de leurs vices et tentèrent de conjurer la haine par la terreur. *Ibrahim-ben-Ahmed*, arrière-petit-neveu de Ziadet-Allah, le conquérant de la Sicile, fut l'un des tyrans les plus sanguinaires dont l'histoire ait jamais fait mention Le tableau que Nowaïri trace de ses crimes est fait pour effrayer l'imagination la plus sombre : toutefois le vengeur était proche. Sous le règne d'Ibrahim on vit apparaître dans les montagnes habitées par les Benou-Kétama un homme appelé Abou-Abdallah-el-Schii, préparant en secret la chute des Aghlabites et le triomphe d'Obeïd-Allah-el-Mehdi, qui devint plus tard le chef de la dynastie des Obeydites. Abou-Abdallah, bien que servi dans ses projets par les vices des derniers princes de la maison d'Aghlab, ne parvint cependant à une complète réussite que sous le règne d'*Abou-Modhar-Ziadet-Allah*, petit-fils d'Ibrahim-ben-Ahmed. Ce prince, abandonné par ses troupes, prit le parti de se retirer en Égypte, où il mourut, et Obeïd-Allah-el-Mehdi fut proclamé, à Caïrouan, souverain de l'Afrique.

La dynastie des Aghlabites avait régné sur cette grande province depuis l'année de l'hégire 184 (an de J. C. 800) jusqu'à l'année 296 (de J. C. 909).

Cardonne, *Histoire de l'Espagne et de l'Afrique sous la domination des Arabes.*

Aboulfeda, *Annales Muslemici arabice et latine, opera et studiis Iacobi Reiskii, passim.*

D'Herbelot, *Bibliothèque orientale, article Ibrahim-ben-el-Aghlab.*

Noël des Vergers, *Histoire de l'Afrique sous la dynastie des Aghlabites et de la Sicile sous la domination musulmane.*

Gregorio, *Rerum Arabicarum quæ ad historiam siculam spectant ampla collectio.*

Nicholson, *An account of the establishment of the Fatemite dynasty in Africa.*

NOEL DES VERGERS.

AGILOLFINGES. (*Histoire.*) La Bavière, unie par des traités à l'empire des Francs, vers le milieu du sixième siècle, était gouvernée par des ducs que les rois francs confirmaient dans leur dignité après l'élection; car cette dignité était élective, mais dans de certaines limites : le duc devait toujours être, d'après la loi, un *Agilolfinge* ou prince de la famille d'Agilolfe, guerrier bavarois ou franc, qui avait, en 533, secoué le joug des Ostrogoths, et rendu la Bavière indépendante. Le premier de ses descendants dont l'histoire fasse mention, est Garibald, duc en 584. Le dernier fut Fassilé, gendre de Didier, rois des Lombards. Il partagea le sort de son beau-père, vaincu et fait prisonnier par Charlemagne; il fut enfermé dans un couvent (788), et dès lors la Bavière fut complétement incorporée à la vaste monarchie des Francs.

AGIO. (*Économie politique.*) Différence de valeur entre l'argent courant et l'argent de banque : différence de valeur entre l'argent du pays et l'argent d'une nation étrangère; ce dernier agio s'appelle aussi *change*. Lorsque cette différence est telle qu'il est possible de réaliser des bénéfices par le change de ces diverses espèces, les spéculateurs achètent pour changer, et l'agio compose leur gain.

Lorsqu'on emprunte sur des effets de commerce, ou qu'on veut les faire renouveler, l'agiotage a trouvé le moyen de placer entre l'intérêt de la somme empruntée et les droits de courtage un agio qui déguise l'usure. On suppose que c'est un droit prélevé sur les profits que la somme prêtée doit procurer au marchand qui emprunte, et un dédommagement du gain qu'aurait procuré cette somme dans le commerce du marchand qui prête. C'est un mot étranger naturalisé pour déguiser une action qu'on ne voulait pas qualifier. A l'intérêt convenu il faut ajouter l'agio et le courtage, et le courtage et l'agio se renouvellent toutes les fois qu'on veut faire renouveler les effets qu'on a souscrits. J.-P. PAGÈS.

AGIOTAGE. (*Économie politique.*) A côté du travail qui fait parvenir à la richesse, se trouve, chez les peuples corrompus par un excès de civilisation, un moyen funeste de s'enrichir, toujours désavoué par la morale, et quelquefois toléré par la politique, c'est l'*agiotage.*

Il s'exerce avec une infatigable rapacité sur les valeurs réelles et sur les valeurs fictives. Le régent l'introduisit en France avec la banque de Law; et, fort de la protection du pouvoir, il semblait orgueilleux de sa publicité. La cour, les parlements, le clergé, séduits par le fameux système, se livraient à l'agiotage avec un zèle scandaleux : bientôt une hideuse banqueroute dessilla les yeux les plus aveuglés, et la pudeur publique fit justice de ce moyen honteux d'envahir les richesses. Dès lors l'agiotage fut signalé comme un infâme et vil trafic; mais, par cela même qu'il devint clandestin, il fut plus usuraire et plus oppresseur.

La révolution française bouleversa l'ordre social; et l'agiotage eût encore multiplié les chances de fortune et de ruine, si la convention n'eût rendu les richesses périlleuses pour leurs possesseurs. Le directoire essaya de recomposer la société; mais les hommes d'un esprit vaste, d'une haute vertu, d'un caractère digne des temps antiques, étaient alors en minorité; et un gouvernement corrupteur et corrompu ne put réunir qu'une société corrompue et corruptrice. Il serait difficile de peindre, surtout après le 18 fructidor, la scandaleuse apparition de la France directoriale, et cette tourbe d'enrichis qui, passés subitement de l'excès de la misère à l'excès du luxe, jouissaient gauchement d'immenses trésors, dont ils avouaient de bonne foi la source honteuse. Gouvernés et gouvernants étonnaient par un faste dont ils étaient eux-mêmes étonnés. Noblement dédaignés par la sévère austérité des mœurs républicaines, les salons, que les bonnes manières, la politesse orgueilleuse et l'urbanité corrompue de l'ancien régime avaient laissés déserts, furent subitement envahis par tous les agioteurs de cette déplorable époque. Ils devinrent le rendez-vous de toutes les *bandes noires* : l'un avait agioté sur les châteaux, l'autre sur les domaines; celui-ci sur le papier-monnaie, celui-là sur l'emprunt forcé; les fournitures, le *maximum*, la subsistance des armées, la famine du peuple, tout avait été la proie de l'agiotage. Un tel désordre social ne pouvait durer : l'immoralité publique est toujours passagère; les nations ont aussi leur pudeur; et sous le consulat ces scandaleuses fortunes furent obligées de voiler la turpitude de leur origine.

L'empire constitua la société politique : la société financière chercha dès lors à s'organiser. Celle-là était toute de gloire, celle-ci voulut paraître toute d'honneur; et les moyens honteux de fortune furent scrupuleusement rejetés lorsqu'ils étaient publics. Dès ce moment la France adopta les manières anglaises; elle ne renonça point à l'agiotage, parce que les hommes ne renoncent jamais à aucun mode de fortune ; mais elle le mêla dans toutes les affaires avec une adresse réelle et une grande apparence de moralité ; elle le fondit dans toutes les branches de l'industrie, et quelquefois avec tant de bonheur qu'il semble faire corps avec tous les travaux honnêtes, et n'en être qu'une dépendance naturelle. A l'aspect de cette harpie rapace, se ruant sur tous les producteurs pour leur enlever la plupart des chances du gain qu'ils devraient légitimement attendre de leurs produits, une vertu trop morose pourrait dire que de nos jours tout est agiotage en France : mais des injures, même contre l'agiotage, seraient inutiles, et il sera plus profitable de le suivre sur toutes les routes de l'industrie humaine et de l'y voir enlever au talent le fruit de ses longues méditations, et au travail le juste salaire de ses veilles et de ses sueurs.

Les richesses ont des sources réelles et des sources fictives. Les premières sont l'industrie agricole, l'industrie manufacturière, et l'industrie commerciale : nous verrons ailleurs qu'elles sont stériles par elles-mêmes, et que le travail peut seul les féconder. Mère de toutes les industries, et plus pauvre que ses filles, l'agriculture reçoit de l'agiotage une atteinte mortelle. Elle en est dévorée par trois moyens principaux, l'usure, les accaparements, et les importations. Les profits agricoles arrivent à peine à cinq pour cent, et par conséquent l'intérêt légal est presque usuraire pour l'agriculteur. Cependant, toujours la nécessité d'améliorer, et quelquefois le désir d'agrandir sa propriété, forcent le propriétaire à des emprunts ; et comme les gens qui vivent de la terre ne prêtent guère, il doit recourir aux gens qui vivent de l'argent. Il se livre alors aux agioteurs, et se trouve dans la nécessité de faire face avec des produits agricoles, toujours variables et toujours au-dessous de cinq pour cent, à un intérêt exorbitant et qui suit une progression croissante et continue. Peu d'années suffisent pour qu'un emprunt de dix mille francs consomme la ruine du possesseur d'un domaine de cent mille livres. La monstruosité de ce trafic ne peut guère être appréciée que dans les campagnes. Que le prêt consiste en argent, en denrées, en marchandises, il est toujours également funeste à l'emprunteur. Quelquefois même l'agiotage se place sous une protection légale : on prête à l'agriculteur dont on convoite la propriété une somme justement assez forte pour que, rapidement doublée par l'usure, elle ne puisse être facilement rendue ; et comme l'agioteur est ordinairement le seul prêteur du canton, il exproprie en hâte, et se fait adjuger à vil prix le domaine convoité. Les contrats à réméré, surtout dans les départe-

ments pauvres, sont presque toujours un moyen également légal, également honteux de dépouiller les propriétaires ; le laboureur n'y voit qu'un emprunt dont il compense les intérêts avec le revenu de la propriété qu'il cède ; mais le terme fixé arrive, il ne peut rembourser, et il s'aperçoit trop tard que son acte d'emprunt était un véritable contrat de vente.

L'accaparement des denrées, au moment des récoltes, se fait toujours à vil prix, parce qu'il a lieu dans un temps d'abondance et au comptant. On les vend ensuite très-cher dans la morte saison, hors des marchés, à crédit, et payables ainsi que l'intérêt en denrées de même nature à la récolte prochaine. Grâce à ces achats à la baisse et à ces ventes à la hausse, peu d'années suffisent à l'agioteur villageois pour devenir l'usufruitier de tout son village.

Les importations n'ont lieu que dans les années de stérilité locale : les propriétaires espèrent en vain alors une hausse dans les prix ; des denrées arrivent d'un département voisin qu'a favorisé l'abondance. Ces importations, dues, non au commerce, mais à l'agiotage, ne produisent aucune baisse ; on les vend comme dans le cas d'accaparement : l'ouvrier n'y gagne rien ; il y perd au contraire, parce que l'agriculteur, ne pouvant échanger ses récoltes contre de l'argent, le laisse sans travail, et ses terres sans améliorations.

C'est ainsi que l'agiotage local ronge et dévore les propriétés rurales, la substance du laboureur et la sueur de l'artisan. Mais lorsque l'agioteur, ayant rapidement multiplié ses capitaux par ces dilapidations subalternes, vient, par des accaparements et des importations plus considérables, bouleverser le taux légitime des échanges de tout un pays, et, placé sous la sauvegarde de la liberté du commerce, exercer le monopole de tous les marchés, et tenir à ses ordres, sous les clefs de ses greniers, l'abondance ou la famine, la révolte ou la tranquillité, alors l'ordre public exigerait des règlements salutaires qui manquent à toutes les législations de l'Europe, l'Angleterre exceptée ; et les soulèvements dont l'histoire dépose, et les troubles dont nous avons été les témoins, signalent ou l'absence des lois ou l'impuissance des législateurs.

L'agiotage est bien plus exorbitant pour l'industrie manufacturière et commerciale : mais ici les emprunts s'opèrent dans les villes financières ; on y trouve concurrence d'agioteurs, et du moins, de tous les maux, on peut choisir le moindre. Le gain est d'ailleurs moins limité, et l'agiotage, réparti sur plusieurs opérations entreprises avec les capitaux empruntés, semble moins exorbitant et moins onéreux. Mais par cela seul que ces deux belles industries sont la proie des agioteurs, il faut que l'emprunteur vende à des taux élevés, ce qui ruine le consommateur ; ou qu'il se borne à un gain si médiocre qu'il ne peut couvrir ses pertes, ce qui amène les nombreuses faillites dont nous sommes journellement spectateurs.

Qu'est-ce toutefois que l'agiotage qui s'exerce sur les valeurs réelles, comparé à celui qu'on ne cesse d'exercer sur les valeurs fictives? Qui ne se rappelle le scandaleux trafic du gouvernement, des fonctionnaires et des citoyens, sur les assignats et les mandats? Qui ne sait que de nos jours les bons royaux, dont l'émission n'est ni limitée par la loi, ni soumise à une surveillance indépendante du ministère, pourraient ouvrir la porte d'un nouvel abus ? Qui ne voit journellement les agioteurs envahir la bourse, vendre sans pouvoir livrer, acheter sans pouvoir payer, exploiter l'escroquerie d'heure à heure, de jour à jour, de mois à mois? L'un, novice encore, ne s'exerce que sur des sommes modestes ; l'autre, plus aguerri, ose, la bourse vide, opérer sur des millions : et, comme si l'heure des marchés publics ne suffisait pas à leur voracité financière, quand le parquet est fermé, ils vont spéculer dans la *coulisse*; lorsque la bourse se ferme, ces *boxeurs* de la finance se cramponnent dans la rue, et vont spéculer dans le *ruisseau*; le soir, la nuit, ils ouvrent encore des tripots de jeu et de pari, car le jour ne suffit pas à ce rapace agiotage, à moins qu'il ne commence la veille pour ne finir que le lendemain.

Quel est le peuple dont la morale ne serait corrompue par un pareil trafic? Et que serait-ce encore si nous osions le poursuivre dans les marchés, les fournitures, les soumissions, car il n'est point de porte qu'il ne se soit ouverte, et de barrière qu'il n'ait franchie? Mais si nous ne pouvons surveiller l'agiotage sur les routes publiques, du moins nous est-il permis d'envisager son influence sur le crédit particulier. Et d'abord le papier du négociant n'est point de l'argent et ne peut être échangé au pair, il faut nécessairement qu'un intérêt, un bénéfice déterminé à courir les risques de l'échange. Cet obstacle se lève toujours de bonne foi, souvent même avec un rare désintéressement, chez les banquiers, les capitalistes, les négociants : mais dans le trafic clandestin dont nous traitons, qui évalue les risques? qui fixe la prime qui doit les couvrir? ce n'est pas la loi, c'est l'agioteur. Il y a mieux : malgré cette prime, on ne veut point de la signature isolée de l'emprunteur ; il est forcé de chercher des endosseurs, et ceux-ci exigent encore un autre agio! Qui ne voit que ces usures accumulées ruinent le commerçant? qui ne voit encore que les agioteurs lui ont prêté non de l'argent, mais une simple garantie? car les endosseurs n'y sont que pour leur signature; et le prê-

teur, qui par la sienne donne une valeur à la lettre de change, la rejette dans le commerce, et en retire le montant qui lui sert à une spéculation nouvelle. Ici s'offre un abus plus singulier : à l'intérêt, aux diverses signatures, on veut ajouter d'autres garanties, et l'on demande des valeurs en nantissement ; l'emprunteur cède le gage, et, dans l'impossibilité d'en échanger la valeur contre de l'argent, il ajoute aux pertes qu'il a faites lors de l'emprunt les pertes qu'il fait plus tard par l'abandon à vil prix du nantissement qu'il a cédé.

Arrêtons-nous, c'est assez marcher dans la boue. Quelques écrivains ont pensé que l'agiotage était un moyen actif de circulation et augmentait les richesses. Il y a mutation et non augmentation, car avec l'agiotage il n'y a pas de profit pour l'un qu'il n'y ait perte pour l'autre : l'agiotage est comme les priviléges politiques, il ne produit rien, et souvent empêche qu'on ne produise ; il ne vit point par lui-même, mais de la substance de l'industrie à laquelle il s'attache. Plus on voit de banqueroutes, plus l'agiotage a de succès : sa prospérité croît en raison directe du malheur des temps, car alors l'industrie est forcée de se livrer à lui, et, profitant des calamités publiques, il ne capitule pas avec elle, il veut qu'elle se rende à discrétion.

Quand la politique favorise les agioteurs, elle finit par devenir elle-même un agiotage. Le gouvernement directorial en offre la preuve : quand les agioteurs républicains ne trouvèrent plus rien à vendre, ils vendirent la république. *Voyez* BANQUE, COMMERCE, JEUX DE BOURSE, JEUX PUBLICS, INDUSTRIE, LETTRES DE CHANGE, LOTERIE, MONNAIES, PAPIER-MONNAIE, USURE.   J.-P. PAGÈS.

AGNADEL ou **AGNADELLO**. (*Géographie et Histoire*.) Bourg situé dans le royaume Lombard-Vénitien, province de Lodi, sur un canal, entre l'Adda et le Sério; on y compte 1,800 habitants.

Louis XII y remporta, le 14 mai 1509, une victoire complète, sur les Vénitiens commandés par l'Alviane et le comte Pitigliano. L'Alviane tomba au pouvoir des Français, qui prirent en outre vingt pièces d'artillerie.

En 1705, une nouvelle bataille fut livrée près d'Agnadel par le duc de Vendôme au prince Eugène, et cette fois encore la victoire fut pour les Français.

AGNANO (Lac d'), *Anianus lacus*. (Géographie.) Lac du royaume de Naples. Il est formé par le cratère d'un ancien volcan. Sur ses bords se trouvent les Étuves de Saint-Germain et la Grotte du Chien, et à un kilomètre de distance, la vallée de la Solfatara. De temps en temps, les eaux du lac, quoique froides, semblent être en ébullition. — AGNANO est aussi le nom d'une ville de Toscane, située à 8 kilomètres N. E. de Pise, et qui possède des eaux minérales.

AGNAT. (*Législation.*) La famille romaine se composait de plusieurs personnes réunies sous la puissance d'une seule, et de la personne elle-même exerçant cette puissance : c'était le père de famille. Tous ceux qui étaient soumis à ce pouvoir paternel étaient *agnats* entre eux. On entrait dans la famille par mariage, par adoption, et alors on acquérait les droits des agnats. On en sortait par l'adoption dans une autre famille, par l'émancipation, et alors les droits d'agnation cessaient. La transmission de ces droits, provenant du chef de famille, ne pouvait s'effectuer que par les mâles. De là vient que la descendance des mâles a été considérée comme cause de l'agnation, quoiqu'elle n'en fût que la cause éloignée : c'était l'unité de la famille qui constituait réellement l'agnation.

La *cognation* était le corrélatif de l'agnation. Elle exprimait la descendance d'une même souche, mais sans unité de famille. Deux frères utérins, c'est-à-dire nés de la même mère et de deux pères différents, étaient *cognats*. Les agnats, sortis de la famille, ne conservaient plus avec elle qu'une simple cognation, qui ne changeait, ni ne pouvait changer. D'après la *loi des Douze Tables*, les droits d'agnation appartenaient aux femmes, tant qu'elles restaient dans la famille. Mais plus tard, l'agnation conférant des droits d'hérédité, et différentes lois ayant été rendues dans le but de conserver les biens dans chaque famille, on restreignit la qualité d'agnat aux personnes du sexe masculin. C'est ce qui explique la différence que l'on remarque entre les définitions de l'agnation, données par les lois et les jurisconsultes des différentes époques. Les choses restèrent ainsi réglées jusqu'au temps du Bas-Empire. Alors les droits d'agnation s'étendirent ; ils furent accordés par l'empereur Anastase aux frères et sœurs émancipés ; ils furent rendus aux femmes par Justinien, qui affecta de confondre la division des agnats et des cognats avec celle des parents paternels et maternels ; enfin, ils furent conférés successivement par le même prince, à tous les parents du second degré et presque à tous ceux du troisième ; puis l'agnation disparut complétement, du moins quant à ses effets, par suite du nouveau système de succession introduit par les *Novelles*.

L'agnation est encore de la plus grande importance dans les pays où l'on suit le droit féodal de l'Italie et de l'Allemagne : d'après ce droit, le plus prochain des agnats est toujours appelé à la succession des fiefs par une espèce de substitution perpétuelle. Les dispositions de la loi salique rappellent assez la législation romaine sur les agnats. Enfin l'agna-

tion réglait la succession de nos anciens duchés-pairies, et elle règle encore aujourd'hui la transmission héréditaire des biens érigés en majorats.   X.

AGNUS DEI, agneau de Dieu. (*Histoire religieuse.*) On appelle ainsi une prière de la liturgie catholique romaine, qui commence par ces mots, et qui se chante avant la communion. Cette expression s'étend aussi au morceau qui, dans une messe en musique, se fait entendre au moment de l'élévation de l'hostie ; enfin, ce mot a encore une autre signification : originairement, on distribuait aux fidèles, dans les églises de Rome, ce qui restait des cierges de Pâques, et le peuple croyait y trouver un préservatif contre tous les maux. Plus tard, les cierges ne suffisant plus aux demandes trop nombreuses, on imagina de les remplacer par des espèces de médailles en cire, portant, soit l'agneau pascal avec la sainte bannière, soit l'image de saint Jean avec le nom du pape et le millésime. La cérémonie de la distribution des *agnus Dei* a lieu le premier dimanche *in albis* qui suit la consécration du souverain pontife, et ensuite de sept ans en sept ans pendant la durée de son pontificat.

AGONISTIQUES. (*Histoire religieuse.*) Les donatistes donnaient ce nom, qui vient du grec ἀγών, et signifie *combattants*, à ceux de leurs coreligionnaires qui se répandaient dans les provinces pour propager leur doctrine, et combattre celle des catholiques. *Les agonistiques* ne s'en tenaient pas aux moyens de persuasion ; ils se livraient à des violences qui doivent les faire confondre quelquefois avec d'autres missionnaires que les mêmes hérétiques appelaient *circoncellions.*

AGRA ou **AGRAH.** (*Géographie.*) Ville de l'Hindoustan. Elle fut autrefois la plus grande et la plus riche des villes des Indes orientales, et la résidence du Grand-Mogol ; mais depuis la translation du siége de l'empire à Delhi, elle a beaucoup perdu de son ancienne splendeur. Toutefois, le palais d'Akbar et le superbe mausolée de Nour-Djehan attestent encore son antique magnificence. Les Anglais y ont un fort bien entretenu, et y dirigent le commerce depuis 1803. Ils ont donné une nouvelle vie à la ville, qui renferme présentement 98,000 habitants. Agra, aujourd'hui chef-lieu du district du même nom, était autrefois la capitale d'une province aussi de même nom, située entre celles de Delhi, d'Oude, d'Allahabad, de Malwah et d'Adjmeer. Cette province a toujours suivi le sort de celle de Delhi depuis l'invasion musulmane ; elle fut (1707) en proie aux Djates, aux Mahrattes, etc. ; puis régie souverainement par Nedjedkan depuis 1777. Enfin elle a été démembrée. Le royaume de Sindhia en possède une partie ; quatre autres forment des principautés vassales de la compagnie anglaise des Indes ; la sixième appartient en propre aux Anglais, et est englobée dans la présidence de Calcutta, à laquelle elle a fourni les districts d'Agra, Furrukabad, Étawch et Aligour.

AGRAIRES (Lois). (*Histoire.*) Les personnes peu instruites, quand on parle des lois agraires, s'imaginent que ces lois avaient pour but l'annihilation complète du droit de propriété et un partage général des terres, qui devait en dépouiller les anciens possesseurs. C'est en attribuant aux Gracques le projet de ce nivellement absolu des propriétés foncières, projet dont l'injustice et la folie sautent aux yeux, que la multitude, qui lit peu et ne conserve qu'un souvenir imparfait de ce qu'elle a lu, se fait un épouvantail de ces noms célèbres. Avec ces préventions, on est tout étonné d'apprendre que les lois proposées par ces tribuns de Rome étaient fondées sur un principe de justice ; qu'elles étaient presque aussi anciennes que le peuple romain lui-même ; qu'elles avaient été en vigueur sous les rois, et que si la satire latine s'est crue autorisée à faire du nom de Gracchus le synonyme de chef de sédition, ce n'est pas dans l'objet même des lois agraires qu'elle a pu puiser le droit de diffamer ce nom.

Dans le droit public des Romains, la conquête emportait la confiscation de la totalité ou de la plus grande partie du territoire conquis. On en vendait d'ordinaire une moitié pour indemniser l'État des frais de la guerre : l'autre moitié était réunie au domaine public. On laissait en commun une partie de cette portion domaniale, et le reste était distribué aux pauvres citoyens, soit gratuitement, soit pour un cens modique.

Après l'abolition de la royauté, les patriciens, qui remplissaient toutes les charges publiques, n'eurent pas de peine à s'approprier la plus grande partie de ces terres conquises. Enlevant les bornes de celles qu'on avait laissées en commun, ils réunissaient à leurs propriétés les terrains à leur convenance, ou se les faisaient adjuger à vil prix, sous des noms empruntés.

Ce furent donc les patriciens qui violèrent les lois, en enlevant injustement au peuple les ressources et les récompenses qu'elles lui accordaient. Leur avarice et leur cupidité fondaient leur fortune sur l'usurpation et la fraude : une loi qui, en ordonnant à tous la restitution des biens usurpés, eût prévenu de nouveaux envahissements, n'eût été qu'un acte de justice.

Ce fut un patricien consulaire, Spurius Cassius Viscellinus, qui proposa le premier, vers l'an de Rome 268, la recherche et le partage entre les pauvres citoyens des terres usurpées (*lex agraria*). Les propriétés des sénateurs et des patriciens consistaient en majeure partie dans ces possessions d'origine illégale. Les successions, les partages, les ventes, les avaient fait passer de main en main dans différentes familles. On reprochait à Sp. Cassius de troubler la paix publique en proposant des recherches qui ne pouvaient manquer de susciter une multitude de procès et de porter le désordre dans la société. On invoquait la prescription, l'intérêt des possesseurs de bonne foi. C'était un motif d'amnistie pour le passé ; mais ce n'en était pas un pour sanctionner au profit des patriciens un privilège pour de nouvelles usurpations. La jalousie des tribuns du peuple conspirant avec l'intérêt des détenteurs contre Sp. Cassius, non-seulement son entreprise échoua, mais, accusé d'avoir voulu usurper le pouvoir souverain, il fut condamné à mort par le peuple, dont sa générosité ou son ambition avait épousé la cause, et il fut précipité de la roche Tarpéienne.

Les tribuns s'étant emparés du projet de ce malheureux patricien, le sénat, qui en redoutait le succès, leur opposa la ruse. Il fut décidé par un sénatus-consulte que dix commissaires seraient nommés par les consuls pour faire une recherche exacte des terres qui avaient originairement appartenu au public, qu'une partie de ces terres serait vendue au profit du trésor, une autre distribuée aux plus pauvres citoyens, et une dernière portion affermée pour cinq ans à sa véritable valeur. Le produit de ces fermages était destiné à fournir le blé et la paye aux soldats plébéiens. Ce sénatus-consulte avait été rendu sur l'avis d'Appius Claudius, l'un des sénateurs les plus zélés pour les prérogatives de son ordre, mais ami de la justice, et qui ne croyait pas, à ce qu'il paraît, la prescription assez ancienne pour couvrir d'odieuses usurpations. Il espérait, au surplus, que le peuple, satisfait de voir assurer sa paye et sa nourriture sous les armes, mettrait peu d'intérêt à recouvrer les terres usurpées. Il avait attribué au sénat la désignation des commissaires. Le sénat en chargea les consuls, dans l'espoir qu'ils trouveraient les moyens de l'éluder.

Cet espoir ne fut pas déçu : le sénatus-consulte resta sans exécution, et fut pendant plus d'un siècle le sujet de querelles perpétuelles entre le sénat et le peuple.

Enfin, l'an de Rome 377, Licinius Stolon, plébéien, gendre du patricien Fabius Ambustus, aidé de son beau-père et du tribun du peuple Lucius Sextius, voulant faire entrer les plébéiens en partage du consulat, jusqu'alors l'apanage exclusif des patriciens, et gagner le peuple, qui paraissait peu jaloux de cet honneur, imagina de lui proposer à la fois, et comme inséparables, trois lois, dont la première admettait les plébéiens à l'une des deux places de consuls, la seconde était une nouvelle loi agraire, et la troisième réglait le paiement des dettes à l'avantage des débiteurs.

Jugeant dangereuse et impossible la recherche exacte et la restitution des terres usurpées, il se borna par sa loi agraire (*lex Licinia*) à statuer pour l'avenir que personne ne pourrait posséder plus de cinq cents arpents en terres conquises, et que l'excédant serait distribué ou affermé à vil prix aux pauvres citoyens, à raison de sept arpents au moins pour chacun. Le nombre d'esclaves ou de valets que l'on pourrait attacher à chaque culture était limité par la loi. Elle fixait également un maximum proportionné pour les têtes de bétail que l'on pourrait faire paître sur les communaux. Une amende de dix mille as ou sous romains devait punir les infracteurs. Le premier qui subit cette amende fut Licinius, l'auteur même de la loi. Il fut reconnu possesseur de plus de mille arpents. En vain avait-il cherché à éluder sa propre loi en faisant passer cinq cents arpents sur la tête de son fils mineur, qu'il avait émancipé à cet effet ; l'émancipation fut déclarée frauduleuse, et Licinius condamné.

La loi agraire, quelque temps observée, ne tarda pas à être oubliée. Deux siècles d'usurpations continuelles dévorèrent les petites propriétés, et Tibérius Gracchus voyageant en Italie ne rencontrait partout, au lieu de cultivateurs, propriétaires et citoyens qui eussent fourni comme autrefois à l'État des défenseurs et des contribuables, que de vastes terres couvertes d'un vil troupeau d'esclaves inutiles à la république. Ce fut ce spectacle affligeant qui, au rapport de Plutarque et d'après le récit de Caïus, frère de Tibérius, inspira à ce tribun le projet de faire revivre la loi agraire licinienne. La nouvelle loi Sempronia, ainsi nommée du nom de son auteur, Tibérius Sempronius Gracchus, fut proposée vers l'an de Rome 620, c'est-à-dire 243 ans après la promulgation de la loi Licinia. Il fallait que la cupidité, impatiente de tout frein, eût fait à Rome de terribles progrès, puisque dans toutes les tentatives faites pour rétablir les lois agraires, on voit les riches violateurs de ces lois, aussi irrités du projet de mettre un terme à leurs usurpations et d'en prévenir de nouvelles que de la demande d'une restitution. Les efforts successifs des deux Gracchus, Tibérius et Caïus, réunirent contre eux tous ceux que l'intérêt armait contre les lois agraires. D'imprudentes tentatives contre l'autorité du sénat et des patriciens ne firent qu'accroître le nombre et la haine de leurs ennemis. Ils succombèrent, et leurs lois furent abolies. Le tribun Spurius Thorius fit convertir l'obligation de partager les terres usurpées en une redevance imposée aux usurpateurs, et qu'ils cessèrent bientôt de payer.

Cependant les conquêtes toujours croissantes des Romains augmentaient sans cesse l'étendue des terres affermées au profit du fisc. C'était le revenu provenant de ces domaines qui fournissait à la solde des troupes et aux autres dépenses publiques.

L'an de Rome 690, cinquante-sept ans après la mort du dernier des Gracques, Publius Servilius Rullus, tribun du peuple, imagina un nouveau projet de loi agraire, à l'aide duquel il espérait s'emparer avec ses partisans du gouvernement de l'État. Il proposait que sur les trente-cinq tribus on en tirât dix-sept au sort, lesquelles, à la majorité de neuf d'entre elles, nommeraient des décemvirs pour vendre les biens-fonds incorporés au domaine public depuis le consulat de L. Sylla et de Q. Pompeius, ainsi que les forêts de l'Italie. Ces commissaires devaient employer le produit des ventes à l'acquisition des biens situés en Italie, et que l'on partagerait entre les pauvres citoyens.

Les décemvirs étaient autorisés à y établir de nouvelles colonies, particulièrement Capoue, et à en partager le territoire entre les colons. Le pouvoir de ces décemvirs devait être absolu, et Rullus s'attribuait la présidence de l'assemblée qui procéderait à leur élection. Leurs ordonnances, pendant cinq ans, étaient déclarées sans appel : Rullus les investissait des prérogatives consulaires et du pouvoir de choisir deux cents chevaliers pour faire exécuter ces ordonnances dans les provinces.

Cicéron combattit ce projet avec toute son éloquence, d'abord dans le sénat et ensuite au forum, et prononça trois discours contre Servilius Rullus et sa loi agraire. Il n'eut pas de peine à dévoiler les intentions réelles de ce factieux, et tout ce qu'elles renfermaient de dangereux pour l'État. Une particularité très-remarquable, c'est le respect que le grand orateur, non moins grand comme homme d'État, professa devant le peuple pour la mémoire des Gracques et pour la loi Sempronia (1). On pourrait, il est vrai, regarder cette vénération comme un trait d'habileté de Cicéron, alors consul, et qui, sachant combien la mémoire des Gracques et de leurs lois était chère au peuple, croyait devoir se le concilier par cet hommage, qui ne l'engageait à rien, au moment où il attaquait une nouvelle loi agraire, dont l'idée était toujours agréable à la multitude. Il réussit à faire rejeter le projet de Rullus.

(1) « Ce n'est pas, dit l'orateur romain, que je désap-
« prouve toutes les lois qui concernent le partage des
« terres. Il y en a que je révère. Je conserve chère-
« ment la mémoire des deux Gracques, de ces illus-
« tres frères qui sacrifièrent leur vie pour procurer
« au peuple des terres dont des particuliers s'étaient
« emparés injustement. La loi Sempronia sera toujours
« respectable aux gens de bien. »

Les partages des terres confisquées ou conquises, autorisés par les lois de Sylla, de César et d'Auguste, furent les dernières lois agraires.   AUBERT DE VITRY.

AGRÉÉ. (*Législation.*) C'est le nom qu'on donne à des jurisconsultes ou à des hommes d'affaires qui postulent devant certains tribunaux de commerce, avec l'autorisation et l'agrément de ces tribunaux.

La loi, pour donner à la procédure devant les tribunaux de commerce plus de simplicité, d'économie et de promptitude, y a très-sagement affranchi les plaideurs de l'obligation qui leur est imposée devant les tribunaux civils, de recourir, pour comparaître et pour conclure, au ministère des avoués. Mais, dans les grandes villes, l'absence d'officiers publics pouvait inonder l'enceinte des tribunaux de praticiens sans aveu, et de ces cupides solliciteurs de procès qui sont le fléau des plaideurs. La crainte de ce danger et le besoin des affaires ont favorisé, dans les villes commerciales, la formation d'un corps d'*agréés* qui représentent les parties, sans que leur ministère soit obligatoire. *Voyez* AVOUÉ.

AGRÉGAT. (*Histoire naturelle.*) *Voy.* AGGLOMÉRAT.

AGRÉGATION ou ATTRACTION A PETITES DISTANCES. (*Physique.*) Indépendamment de l'attraction qu'exercent les corps l'un sur l'autre, ou de la gravitation universelle, il en est une autre qui ne se manifeste que très-près du contact, et de molécule à molécule. Cette attraction peut produire deux effets bien distincts; l'un de combiner entre elles des molécules d'une nature différente; alors elle prend le nom d'*affinité* (*voyez* AFFINITÉ); l'autre d'unir, de lier plus ou moins fortement des molécules entre elles, sans les altérer; dans ce cas on la nomme *force d'agrégation*. C'est de cette dernière que nous allons nous occuper.

Cette force ne se manifeste qu'à une distance insensible, et son intensité s'accroît à mesure que les molécules se rapprochent. Cependant elles ne parviennent jamais à un tel degré de proximité qu'il ne reste aucun intervalle entre elles (*voyez* POROSITÉ), à cause de la chaleur qui pénètre l'intérieur de tous les corps et tend constamment à désunir leurs molécules. Aussi, à mesure qu'on abaisse la température d'un corps, il se condense; ses molécules se rapprochent, et il faut faire de plus grands efforts pour les séparer. On obtient le même effet, dans certains cas, par la compression, et notamment lorsque les corps sont restés longtemps comprimés. Mais si on élève leur température, le contraire a lieu; ils se dilatent; la force qui unissait leurs molécules s'affaiblit, et ils passent à l'état liquide ou gazeux. Il en est cependant qui, soumis à de

très-hautes températures, restent à l'état solide; mais la pression qu'exerce l'atmosphère devient sensible sur les autres, et il est même des liquides qui passeraient subitement à l'état gazeux si on la supprimait.

La force d'agrégation n'est pas la même pour tous les corps, et les résultats que produisent ses effets sont très-variés. Ainsi le fer, qui a beaucoup de ténacité, supporte, sans se rompre, à égale dimension, un poids plus considérable que le platine, et cependant il résiste moins à l'action de la chaleur que ce dernier. Le plus dur de tous les corps, le diamant, qu'aucun autre ne peut user, se divise par l'effort du marteau. On a désigné ces divers degrés d'agrégation par les mots *dur, mou, tenace, ductile, friable*, etc.; il paraît qu'ils proviennent de la nature des molécules et de leur arrangement, qui éprouve toujours des modifications par les influences de la température, de l'humidité, etc. En effet, l'acier, par exemple, lorsqu'il est trempé, devient dur et cassant, et acquiert un peu plus de volume; il faut pour cela que ses molécules prennent un arrangement différent de celui qu'elles auraient eu si on les avait laissées refroidir lentement. Le verre trempé acquiert plus de dureté et est excessivement friable. Si, lorsqu'il est en fusion, on en laisse tomber une larme dans l'eau froide, et qu'ensuite on en brise la moindre partie, il se réduit en poudre. Il est probable que le refroidissement subit a atteint d'abord les molécules extérieures, leur a permis de se joindre avant que celles de l'intérieur, encore dilatées, fussent refroidies; et comme le verre est mauvais conducteur du calorique, il leur faut du temps pour qu'il se soit dissipé; alors elles ont trop d'espace et prennent un état d'agrégation forcé, qu'elles abandonnent dès qu'une portion de l'enveloppe est rompue. Cet effet n'aurait pas lieu si, après avoir fait fondre derechef une de ces larmes de verre, elle perdait sa chaleur lentement. Il est d'autres corps qui, placés dans les mêmes circonstances, acquièrent des propriétés différentes et quelquefois tout opposées. Nous citerons un alliage, composé de soixante-dix-huit parties de cuivre et vingt-deux d'étain, qui, dur et cassant lorsqu'il se refroidit lentement, devient flexible, malléable, et d'une couleur toute différente, lorsqu'il est trempé. L'écrouissage, le recuit, etc.; modifient l'agrégation dans certains corps. *Voyez* ÉLASTICITÉ.

Aux articles ADHÉSION, et COHÉSION on voit que deux corps superposés sont retenus par une force qui n'est qu'une tendance à l'agrégation; et l'agrégation s'effectuerait si l'on pouvait les rapprocher suffisamment pour que leurs molécules entrassent dans la sphère d'activité de leur attraction. Ainsi des plaques de fer, de plomb, si on pouvait les presser assez fortement, s'uniraient de manière à ne former qu'un même corps, comme le feraient deux plaques de poix, de cire, etc. Mais on supplée la force, en chauffant les points de contact jusqu'à la fusion : leurs molécules, par ce moyen, peuvent se rapprocher suffisamment pour s'agréger. Les mastics, les colles, les soudures, etc., ne sont qu'une agrégation facile de molécules qui, après le refroidissement ou la sécheresse, restent unies aux corps auxquels on les a appliquées, et leur servent de lien.

Les murs construits en pisé, c'est-à-dire en terre bien pressée, deviennent, après un laps de temps, aussi durs que la pierre, pourvu qu'ils soient à l'abri de l'humidité. Les ciments, que l'on trouve dans les fondements d'anciens édifices ont surtout une dureté extraordinaire.

Nous voyons, d'après cela, que tous les corps, toutes les masses se composent de corpuscules unis par leur force attractive. On a vainement cherché à connaître les lois que suivait cette force ; on a trouvé seulement qu'elle n'agissait qu'à une distance inappréciable, et que son énergie s'accroissait rapidement, à mesure que les corps étaient plus rapprochés. Enfin on a cru s'apercevoir que, dans certains cas, son action se manifestait aux deux pôles des molécules : c'est surtout en considérant la manière dont se forment les cristaux (*voyez* CRISTALLISATION) dont les molécules prennent un arrangement régulier et symétrique. Lorsqu'aucune cause étrangère ne les empêche d'obéir à leur attraction, ils forment des feuillets qui enveloppent un noyau, et se détachent facilement lorsqu'on sépare les points où ils se joignent. Ainsi il faut que ces feuillets soient composés de molécules dont la force s'exerce vers deux points, puisque les faces latérales n'adhèrent que faiblement entre elles. Cette polarité, si elle existe, servirait à rendre compte de diverses modifications qu'éprouvent les corps dans leur agrégation. Les molécules pourraient être considérées comme des aimants qui, tournés dans tel ou tel sens, auraient des forces attractives différentes. On explique très-bien par là comment des corps superposés adhèrent plus fortement après un certain temps ; c'est qu'il se forme des pôles vers les points de contact, et que la force attractive se porte de plus en plus vers ces pôles. Au reste, cette polarité des molécules est entièrement hypothétique, car on n'est pas même sûr qu'il existe des molécules fixes et invariables. Il serait possible que la matière fût continue et susceptible d'être divisée à l'infini ; mais il est très-commode de la supposer composée de molécules, pour faciliter l'explication d'une multitude de phénomènes. LACOUR.

AGRÉGATION, *voy.* UNIVERSITÉ DE FRANCE,

AGRÈS. (*Marine.*) On appelle *agrès* tous les objets nécessaires à la mâture d'un vaisseau, les mâts, les vergues, les voiles, les poulies, etc., enfin tout ce qui, dans un bâtiment, n'est pas coque, vivres ou chargement. D'après le code de commerce (art. 271), les agrès sont, avec la coque et les apparaux du vaisseau, hypothèque du loyer de l'équipage. Il importe que les armateurs, dans leurs assurances, spécifient qu'ils assurent agrès, coque, quille et apparaux, sous peine de se voir refuser par l'assureur le prix des câbles, des mâts ou voiles perdus, etc.

AGRICULTURE. Les faibles connaissances que la tradition nous a conservées sur l'existence des premiers humains et l'état des peuplades de l'Amérique, lors de la découverte de cette partie du globe, nous font connaître que la chasse et le soin des troupeaux furent les moyens qu'ils employèrent d'abord pour se procurer la nourriture. Quand leur multiplication les obligea d'ajouter d'autres substances à la chair et au lait des animaux, la pêche et les fruits spontanés de la terre leur procurèrent de nouveaux aliments, mais des siècles durent s'écouler avant qu'on eût l'idée de cultiver la terre dans l'espoir d'en tirer des produits certains pour la subsistance des peuples. Cependant les familles se multipliaient dans quelques cantons, et l'accroissement de la population dut en déterminer les habitants à employer leur industrie pour multiplier autour d'eux les végétaux qui pourraient leur fournir des aliments grossiers, à la vérité, mais qui, à cette époque, où l'on ne connaissait que les vrais besoins, et où la sensualité était inconnue, firent considérer comme des bienfaiteurs de l'humanité, comme des êtres supérieurs, ceux qui les premiers donnèrent l'idée et l'exemple de la culture de quelques plantes.

Quelle fut la première nation ou plutôt la première peuplade qui, habitant dans un climat tempéré une terre facile à défricher, et se trouvant dans la nécessité de la cultiver pour suffire à ses besoins, laboura le premier champ et lui confia des semences ? Quels instruments employa-t-elle dans les commencements, et comment parvint-elle à les perfectionner ainsi que sa culture ? Je n'ai point à résoudre ces questions, dont on s'est déjà beaucoup occupé, et mon devoir, dans cet article, est seulement de faire connaître les progrès de l'agriculture depuis trente ans en France, et d'indiquer les moyens qui me paraissent les plus sûrs pour la porter à la perfection. Je ferai seulement remarquer que l'agriculture est une science de faits, qu'elle suppose de longues observations, et que lorsqu'on considère les grandes difficultés qu'oppose dans son exécution le premier instrument de labour, on doit admettre que l'industrie humaine n'est parvenue à construire une charrue et à creuser un sillon qu'après une longue succession de siècles.

Lorsque Louis XVI réunit les états généraux, on commençait en France à étudier la théorie de l'agriculture, et la pratique se perfectionnait de jour en jour. On s'y était déjà aperçu que cet art ne pouvait marcher isolément, et qu'on ne pouvait lui faire faire de grands progrès sans lui appliquer les découvertes qui, depuis deux siècles, changeaient journellement la situation des peuples sous les rapports scientifiques, et remplaçaient les mots dont on se contentait depuis si longtemps par des faits bien constatés qui pouvaient servir de base à une sage théorie. L'application d'une pareille théorie aurait détruit les préjugés, fourni les moyens d'établir une excellente pratique et de tirer le meilleur parti des terres.

François Ier, Charles IX et Henri III, avaient déjà voulu favoriser l'agriculture par leurs ordonnances; mais les guerres civiles avaient promptement détruit le bien qui en était résulté. Henri IV, après avoir rétabli l'ordre en France, avait, sous ce rapport, excité l'émulation par des encouragements et par des primes. L'ouvrage d'Olivier de Serres prouve que l'agriculture fit, pendant quelque temps, des progrès rapides; mais elle fut bientôt entravée dans sa marche par la guerre civile, puis par la défense de l'exportation des blés sous Louis XIV, par la dépopulation des campagnes à la fin de son règne, ensuite par l'administration de Law et du cardinal Fleury. L'édit solennel de 1764 la ranima; mais la grande impulsion fut produite par les malheurs de la France et par sa situation à la fin de la guerre de sept ans. Le royaume, privé de la plupart de ses colonies, sentit la nécessité de tirer parti de son sol, et de perfectionner son agriculture et son industrie, s'il voulait remonter au rang dont les suites de cette guerre l'avaient fait descendre.

Les moyens les plus sûrs de parvenir promptement au but qu'on désirait atteindre, étaient 1° de s'approprier les connaissances des autres peuples de l'Europe en agriculture; d'établir des fermes expérimentales pour faire l'essai des nouvelles découvertes, pour répandre toutes celles dont l'utilité serait reconnue, et pour former des cultivateurs capables d'en tirer le meilleur parti; 2° de donner à toute la classe des cultivateurs une instruction primaire qui la mît dans la possibilité d'apprécier la bonté et la nécessité des changements qu'on aurait à leur proposer dans leur pratique de culture, et de distinguer les préjugés dont ils étaient imbus des vérités qu'on aurait à leur annoncer; 3° de répandre dans les campagnes un ouvrage à la portée des plus simples journaliers, qui, par sa clarté et l'intérêt qu'il pourrait inspirer, ferait disparaître ces almanachs dans lesquels on ne trouve que l'annonce de la pluie et du beau temps, et d'autres prophéties dignes du dixième siècle; 4° de rendre plus facile la circulation des denrées qu'il est inutile de faire croître si l'on n'en trouve pas de débouchés, en détruisant les barrières de province à province, en favorisant l'exportation de celles qu'on pouvait vendre à l'étranger, et en créant des routes et des canaux qui rendraient les transports moins dispendieux dans beaucoup de cantons, et possibles dans ceux où ils ne l'étaient pas. Ces moyens réunis auraient excité le zèle et l'émulation des cultivateurs pour faire produire à la terre, dans leur intérêt, beaucoup de subsistances dont le débit certain leur procurerait la rentrée de leurs avances avec un bénéfice assuré.

Plusieurs causes empêchèrent malheureusement l'exécution d'un pareil plan. La France ne formait pas encore un tout régi par les mêmes lois. Plusieurs provinces, par l'acte de leur réunion directe à la monarchie, avaient stipulé la conservation de leurs lois particulières et de leurs privilèges. C'étaient autant d'États séparés qui mettaient obstacle à l'exécution d'un plan général dans le royaume. Ils tenaient d'autant plus aux privilèges dont leurs anciens souverains les avaient gratifiés, qu'ils avaient été privés de tous les droits attachés à la nature de l'homme, et ils s'opposaient à toute innovation dans leur situation, quelque avantageuse qu'elle pût être, parce qu'ils supposaient toujours que tous les changements proposés par le gouvernement n'avaient d'autre but que son intérêt particulier.

Les simples cultivateurs croupissaient dans une ignorance profonde, et les préjugés existants tendaient à les y maintenir. S'ils n'étaient plus assujettis au joug de la glèbe dans la presque totalité des provinces de la France, grâce à la bienfaisance et aux intérêts bien entendus de la famille régnante, ils étaient considérés comme une espèce inférieure et bien distincte des hommes qui seuls jouissaient de tous les privilèges et avantages de la société. En vain quelques-uns de nos rois avaient voulu leur donner un peu de considération. Quelle considération pouvait-on attacher à un état dont les membres vivaient dans la plus crasse ignorance, et qu'ils ne quittaient pour la plupart que pour remplir les fonctions de la domesticité? On ne pouvait songer à détruire cette ignorance, parce que les privilégiés étaient convaincus que, dès que la classe inférieure de la nation serait instruite, elle formerait une masse de demi-savants qui ne voudraient subir aucun joug, pas même celui des lois les plus salutaires, et dont aucun n'embrasserait l'état de son père. On n'avait pas encore l'exemple moderne d'un royaume voisin tel que l'Angleterre, lequel, divisé en trois parties, l'Écosse, l'Angleterre et l'Irlande, a démontré que le moyen le plus sûr de maintenir les bonnes mœurs, l'ordre et l'amour de son état dans la classe ouvrière, est de donner à chacun une éducation relative à l'art qu'il doit exercer. Il est maintenant reconnu que la classe des journaliers de l'Écosse est plus instruite que celle de l'Angleterre, et que les Irlandais sont plus ignorants que les Anglais. L'expérience a également démontré que lorsque, sur un nombre donné d'habitants, on voit un Écossais paraître aux assises pour crime, il y a quatre Anglais et onze Irlandais en jugement dans ces mêmes tribunaux. Il en résulte que, bien loin de craindre que l'instruction ne pénètre dans la classe des cultivateurs et des ouvriers, un bon gouvernement doit désirer que chaque membre de la société qu'il gouverne acquière les connaissances les plus étendues sur les parties essentielles à son état, comme sur les devoirs dont il aura à s'acquitter dans le cours de sa vie. Ce principe est principalement applicable à la France. En effet, les services que la royauté a rendus à la masse de la nation en détruisant la servitude et la féodalité, ont habitué le peuple à attribuer au roi tout le bien dont il jouit. Il est donc certain que plus il sera instruit et heureux, plus il s'attachera au gouvernement.

Les routes étaient dans le plus mauvais état, et on ne voyait que deux canaux dans le royaume pour la navigation intérieure. Des plans conçus par des hommes éclairés et dévoués à la France restaient sans exécution par l'impossibilité de se procurer des fonds, et l'on doit, dans l'état malheureux des finances, considérer comme un prodige tout ce qu'on fit sous le règne de Louis XV pour établir quelques grandes routes, surtout si on calcule les difficultés que le gouvernement éprouva de la part des propriétaires.

Tel était l'état des choses lorsque Louis XVI monta sur le trône. Ce prince aimait les cultivateurs, et il rendit en leur faveur plusieurs ordonnances utiles; mais la nature ne lui avait pas donné le caractère ferme de son aïeul, Henri IV, pour l'exécution de ses projets. La guerre qu'il eut à soutenir, et dont les dépenses augmentèrent beaucoup les embarras et l'arriéré du trésor, le mit dans l'impossibilité d'exécuter les plans qui auraient amélioré la culture comme la situation du cultivateur. Il réussit néanmoins dans deux entreprises très-utiles à l'agriculture : il par-

vint à tirer d'Espagne le premier troupeau de mérinos et à fixer l'attention des cultivateurs sur cette race précieuse de moutons. Deux autres importations eurent lieu pendant le même règne, et celle de 1786 fut l'origine du beau troupeau de Rambouillet, lequel a fourni la preuve évidente qu'avec des soins cette race peut se conserver en France sans dégénérer. Ce fut sous Louis XVI que furent fondées les deux écoles vétérinaires d'Alfort et de Lyon, qui ont fourni beaucoup d'hommes instruits dans cette partie si essentielle et si négligée jusqu'à cette époque. Enfin le gouvernement continuait de protéger les sociétés d'agriculture fondées sous le règne précédent, lorsqu'il réunit les états généraux, plus connus sous le nom d'assemblée constituante.

Je n'ai à considérer la conduite de cette assemblée que par l'effet de ses lois sur la culture et les cultivateurs. Sous ce rapport, elle produisit des effets étonnants. La destruction de toutes les lois féodales encore subsistantes, l'abolition des corvées, la division des fortunes colossales par le partage égal entre tous les enfants, d'où résulta la division des terres; la suppression de toutes les barrières qui entravaient la circulation des denrées; celle de plusieurs impôts, tels que celui sur le sel, substance si nécessaire dans les campagnes, tant comme nourriture des bestiaux que comme engrais; enfin celle de la dîme, débarrassèrent tout à coup l'agriculture d'une partie des obstacles principaux qui entravaient sa marche. D'une autre part, la présence d'un simple cultivateur dans cette assemblée en qualité de député, et la nomination d'un grand nombre d'entre eux aux places de maire et d'officiers municipaux, rendirent, pendant quelque temps, à leur art la considération qu'il avait eue jadis, quand la charrue était conduite par la main triomphante des consuls et des dictateurs romains. Aussi beaucoup de propriétaires ne rougirent plus de cultiver eux-mêmes leurs terres, et ils se procurèrent facilement des bras par la disparition du sol français de toutes les congrégations religieuses.

L'élan donné était tel que la crise qui suivit et les réquisitions forcées d'hommes et de denrées ne purent que l'affaiblir sans parvenir à l'arrêter entièrement. Sous le gouvernement directorial, l'émulation se ranima dans tous les départements qui ne furent pas exposés à la guerre civile, le plus terrible des fléaux qui font le malheur de l'humanité. Sous ce gouvernement, de nouvelles importations de mérinos eurent lieu, et répandirent cette race précieuse dans plusieurs départements. On employa les béliers, trop multipliés en raison du nombre des brebis, pour couvrir celles de race française; et il en résulta une nouvelle source de richesses par la prompte multiplication d'une race de métis qui fournirent une toison plus belle et plus pesante que celles de leurs mères. Les soins à donner aux mérinos et à leurs métis, lesquels exigeaient une nourriture plus abondante et meilleure que celle qu'on donnait aux races communes, et le désir d'en augmenter le nombre, firent adopter un nouvel assolement par lequel on diminua beaucoup la quantité des terres en jachères pour les remplacer par des prairies artificielles.

L'agriculture faisait des progrès rapides quand Napoléon parut. Cet homme, extraordinaire sous plusieurs rapports, aurait accéléré le perfectionnement de l'art le plus utile, s'il eût reçu une autre éducation, ou au moins s'il eût eu la possibilité de se livrer plus spécialement aux arts qui rendent les empires florissants et qui font le bonheur des peuples ainsi que de ceux qui les gouvernent : mais, élevé dans une école militaire, accoutumé de bonne heure aux principes d'une obéissance passive, et ne connaissant d'autres lois que la voix de ses supérieurs, il crut, dès qu'il fut chef, que sa volonté devait seule être écoutée, et dès lors les bases du gouvernement despotique furent posées avec des apparences de liberté. Il suivit la marche de l'empereur Auguste, avec cette différence, que, sentant sa supériorité pour la guerre, et avide de conquêtes, il occupa principalement les Français de la gloire militaire, et mit au premier rang ceux qui se rangèrent sous ses étendards.

Mais, pour faire la guerre à des peuples braves et accoutumés aux dangers, il fallait beaucoup d'hommes et de numéraire : il était en outre nécessaire de maintenir l'esprit militaire par des récompenses. Pour y parvenir, il créa des honneurs, répandit l'or avec profusion, et rétablit la noblesse héréditaire. Il fut donc indispensable de priver l'agriculture d'une partie des bras qui vivifiaient les champs français, et, en doublant au moins les impôts, d'enlever aux propriétaires une partie des capitaux destinés à l'exploitation de leurs terres; enfin le rétablissement des privilèges, en anoblissant d'autres états, diminua nécessairement la considération pour celui de cultivateur.

Dans le commencement, les succès surprenants des armées françaises, les contributions considérables tirées des peuples vaincus, et la perspective d'une paix prochaine, firent espérer l'établissement d'un ordre stable, d'autant plus avantageux qu'on comptait que les produits de l'industrie française continueraient à circuler librement chez les peuples vaincus, et que l'agriculture ne manquerait ni de bras ni d'argent.

Mais la guerre continuait, les levées d'hommes devenaient plus considérables, les contributions plus fortes; et bientôt Napoléon, pour se créer de nouvelles ressources, crut pouvoir traiter les cultivateurs comme les soldats, non par des primes, comme l'avait fait Henri IV, lorsqu'il avait voulu encourager la culture des mûriers blancs pour la nourriture des vers à soie ; non par les récompenses qu'il prodiguait aux militaires et à ses courtisans, mais par un seul acte de sa volonté. Il suffit d'indiquer un ou deux faits pour prouver que Napoléon pensait que ses ordres pouvaient à son gré créer tous les genres d'industrie.

Le sucre manquait en France : un ordre émané du trône força tous les cultivateurs de couvrir tant d'arpents de terre de betteraves, plante qui contient un sucre identique à celui de la canne à sucre. L'ordre était donné et exécuté avant qu'on eût établi la dixième partie des fabriques nécessaires pour l'emploi de ces betteraves. Les cultivateurs se dégoûtèrent d'une culture qui, étendue en raison seulement des moyens d'emploi de ces racines, aurait produit un bénéfice suffisant pour encourager l'agriculteur et le fabricant de sucre, comme l'expérience l'a démontré depuis. Les mérinos, répandus dans toute la France, et qui eussent bientôt fourni autant de laine que les fabriques pouvaient en consommer, parurent à Napoléon un moyen sûr de vivifier l'agriculture et d'augmenter les impôts. Bientôt des agents, sous le nom d'*inspecteurs*, se répandirent dans les campagnes, vinrent y troubler les cultivateurs dans leur domicile, et leur intimer l'ordre de traiter leurs mérinos conformément à leurs instructions, et de n'en vendre qu'avec leur participation. Dans le même temps, des milliers de balles de laines, prises aux Espagnols par le droit de la force, étaient importées, vendues à vil prix en France, et mettaient les cultivateurs dans l'impossibilité de tirer parti des produits de leurs troupeaux.

Un pareil ordre de choses devait arrêter les progrès de l'agriculture et répandre l'inquiétude dans toute la classe des cultivateurs. Le découragement en fut la suite nécessaire, et il était tel en 1814 que les propriétaires de mérinos cherchaient à s'en défaire à tout prix. Si le gouvernement eût à cette époque permis l'exportation des brebis de mérinos, en même temps que celle des laines, la France aurait perdu la plus grande partie de ces animaux précieux.

Sous la restauration, l'agriculture ne put faire des progrès aussi rapides qu'en 1790. L'invasion des alliés en 1814 et 1815 ruina les cultivateurs dans plusieurs provinces. Le commerce, considérablement diminué, ne fournit plus autant de moyens d'exportation.

Aujourd'hui encore l'élévation des impôts prive les propriétaires d'une grande partie des fonds qu'ils pourraient employer en améliorations. Néanmoins, la marche de l'agriculture est loin d'être stationnaire. Les efforts du gouvernement réunis aux travaux des sociétés agricoles, qui n'ont encore d'autre esprit de corps que celui du bien public, excitent une émulation qui produit des effets d'autant plus salutaires, que les découvertes utiles pour cet art se répandent promptement dans tous les départements.

Il est facile de s'assurer des progrès de l'agriculture par la comparaison des connaissances acquises, comme des moyens employés en 1789, et de ceux qui sont connus aujourd'hui, et dont la pratique s'étend de plus en plus.

En 1789 on n'avait que de faibles données sur la théorie de cet art. On connaissait très-peu l'air, l'eau et les autres fluides et gaz qui pénètrent continuellement dans les végétaux et qui les parcourent en tous sens. Les cultivateurs ignoraient la décomposition de l'air, de l'eau, de l'acide carbonique, et comment ces substances pouvaient servir à la nutrition des plantes. On avait vainement essayé d'appliquer le fluide électrique à la végétation, et on n'était parvenu qu'à étioler les plantes. Depuis les travaux de Duhamel, consignés dans sa *Physique des arbres*, la marche de la végétation, l'anatomie des végétaux, les effets de leurs organes sur les fluides, et réciproquement des fluides sur le développement des organes, n'avaient fait presque aucun progrès. Grâce aux travaux des Cavendish, des Priestley et de l'infortuné Lavoisier, l'air et l'eau ont été décomposés. On a connu leurs éléments et on a su qu'ils entraient dans la composition des plantes en se solidifiant. On a découvert la marche du fluide électrique, et apprécié ses effets sur la végétation. (*Voyez* ÉLECTRICITÉ.) Si la structure des végétaux et l'impossibilité d'en séparer toutes les parties et d'en suivre toutes les ramifications comme dans les animaux, n'ont pas permis de donner à l'anatomie végétale les mêmes développements qu'à l'anatomie animale, on a néanmoins acquis, sur cette partie, des connaissances qu'on ne pourra désormais étendre qu'en perfectionnant les microscopes. La physiologie végétale a, au contraire, marché à pas de géant, et aidée de la chimie, elle a procuré aux cultivateurs beaucoup de données pour perfectionner l'agriculture. *Voyez* les mots PHYSIOLOGIE VÉGÉTALE, INFLORESCENCE, VÉGÉTATION.

Quant à la pratique de l'art de l'agriculture, ses progrès ont dû suivre ceux de la théorie. On a analysé les terres et reconnu leurs diverses propriétés pour la culture de tels ou tels végétaux, la décomposition qui s'y opère des substances végétales et animales, le mélange des substances qui accélèrent cette décomposition, les nouveaux produits qui se forment et qui constituent l'humus, principale nourriture des végétaux. On a calculé les pertes de la terre en substances nutritives pour la production des récoltes, et on a cherché des moyens de remplacement par la découverte de nouveaux engrais, par une meilleure préparation comme par un emploi plus sage des anciens, suivant la qualité des terres. *Voyez* les mots TERRE, ENGRAIS.

On s'est convaincu que la terre ne se reposait que dans la saison où la sécheresse, ou bien le défaut de chaleur, arrêtait dans son sein la circulation des fluides, la décomposition des animaux et des végétaux enfouis, etc., opérations indispensables pour la nutrition des plantes ; mais que, dans les autres temps, elle produisait d'autres plantes inutiles ou nuisibles si on ne la couvrait pas de celles qui sont utiles aux besoins des hommes et des animaux. On a alors reconnu le tort qu'on avait de laisser les terres sans culture, ou plutôt sans rien produire la troisième année de l'assolement, et on a trouvé qu'en y semant des plantes qui exigent plusieurs binages, on débarrassait les terres en labour des végétaux parasites qui en détruisent l'humus, aussi bien qu'en sacrifiant leurs produits pendant une année sur trois. Dès lors le système des jachères a été abandonné comme funeste à la culture, et on s'est livré au perfectionnement des assolements. *Voyez* ASSOLEMENT.

Deux plantes, auparavant fort négligées, ont pu, par ce moyen, être cultivées en grand. Je veux parler du maïs et de la pomme de terre. La culture de cette dernière a pris des développements d'autant plus considérables que les Allemands nous ont appris à en extraire de l'eau-de-vie en augmentant les moyens de nourriture des bestiaux, et que la chimie nous a fait connaître les autres propriétés de ce tubercule, soit comme farine, soit comme fécule, soit comme sirop.

Les prairies artificielles ont reçu une extension d'autant plus grande, que la conservation et la multiplication d'animaux aussi précieux que les mérinos en ont fait un devoir. (*Voyez* PRAIRIES ARTIFICIELLES.) Pour y parvenir, on a fait alterner avec les végétaux déjà soumis à la culture plusieurs autres espèces inconnues ou au moins négligées dans la plupart des départements de la France ; et la botanique proprement dite a fourni à cet égard beaucoup de renseignements utiles ; elle a procuré de nouveaux végétaux aux cultivateurs, et elle les a classés, pendant que la chimie en faisait connaître les éléments et les propriétés. On est parvenu, par ce nouveau mode d'assolement, à améliorer les terres en récoltant la plante à la fleur, ou même en enfouissant une récolte médiocre à la fleur, pour en obtenir d'autres plus lucratives.

La nouvelle méthode de cultiver exigeait de meilleurs instruments : on a perfectionné les anciens, et on en a inventé de nouveaux. Une émulation digne d'éloges a déterminé des mécaniciens et des agriculteurs à se livrer à ce genre de recherches, et on a vu le chef d'un État libre et puissant, M. Jefferson, président des États-Unis de l'Amérique, employer ses instants de loisir à la construction d'une charrue dont la forme et les dimensions ont été soumises aux règles les plus sévères du calcul (1). Les instruments hydrauliques n'ont pas été négligés. Les constructions utiles à l'agriculture, telles que le logement des cultivateurs, les écuries, les étables, les serres tant pour la culture que pour la conservation de ses produits, ont reçu de grandes améliorations.

L'art vétérinaire a fourni de puissants moyens de mieux soigner les animaux utiles, d'en perfectionner les races, de prévenir leurs maladies et de les guérir. La physiologie végétale et l'histoire naturelle ont également fait découvrir les causes des maladies des plantes utiles, et procuré des secours puissants. De nouveaux moyens de conserver les blés ont été inventés, ainsi que les moyens de prévenir les disettes. (*Voyez* BLÉ.) Enfin le gouvernement, en faisant réparer les routes et en construisant de nouveaux canaux, a rendu les communications plus faciles. Il a également fourni de nouveaux moyens de faire circuler les nouvelles découvertes, comme d'en faire d'autres, et de les appliquer sagement, en formant des sociétés d'agriculture dans tous les départements.

Il resterait, pour porter l'agriculture à son plus haut degré de perfection, à faire aimer cet art à ceux qui le cultivent, et il suffirait pour cela, de les faire jouir de la considération qui leur est due à raison de leurs services. Mais, pour y parvenir, il est nécessaire qu'ils jouissent d'une douce liberté, qu'ils soient protégés par les lois, qu'ils ne soient point exposés aux exactions de ces armées de commis qui les fatiguaient sans

(1) Un agronome espagnol d'un mérite distingué, M. de la Sagra, en voyageant dans cette contrée, a recueilli des détails extrêmement intéressants sur les divers instruments aratoires inventés par les Américains. Ce savant a publié toutes les connaissances qu'il a acquises sur la situation de l'agriculture de ce pays dans un ouvrage qui a pour titre : *Cinq mois aux États-Unis*, dont M. René Baissas nous a donné une excellente traduction.

esse autrefois, et qu'ils ne redeviennent plus des objets de mépris pour les classes privilégiées qui les ont tenus jadis sous le joug.

L'agriculture aime la paix comme la liberté. Elle ne peut prospérer dans l'anarchie ni sous le despotisme ; elle redoute d'autant plus les priviléges héréditaires que la plupart de ceux qui les possèdent rougiraient de se livrer à la pratique de cet art, et que les cultivateurs sont d'autant moins considérés qu'il existe des membres de la société qui leur sont supérieurs par le seul fait de leur naissance. L'exemple de ces derniers à toujours empêché beaucoup de propriétaires riches de se livrer à la culture de leurs terres, abandonnées aux soins de fermiers qui ont d'autant moins d'intérêt de les bonifier ou de les améliorer, qu'une pareille conduite les exposerait à une augmentation de prix, au renouvellement d'un bail souvent trop court pour qu'ils puissent s'indemniser avec avantage de leurs avances et de leurs travaux. Il se peut qu'une saine politique ou des circonstances impérieuses aient conseillé de rétablir la noblesse héréditaire en France, au lieu d'en créer une personnelle qui eût excité l'émulation en forçant les enfants à s'instruire et à rendre des services à l'État pour se rendre dignes des honneurs et des titres dont leurs pères ont joui ; mais il eût été à désirer, dans l'intérêt de l'agriculture, que le gouvernement n'eût distribué que des honneurs et des titres à vie. Les priviléges entraînent presque toujours l'égoïsme à leur suite, et il est de l'essence de ceux qui les possèdent de travailler à les étendre. S'ils y parviennent, et qu'ils puissent rivaliser de puissance avec le monarque, ils entravent ses meilleures opérations et arrêtent les effets des lois les plus sages et des intentions bienfaisantes du chef de l'État. L'anarchie prend alors la place de l'ordre, et fait rétrograder la marche des arts les plus utiles. Si les priviligiés sont forcés de céder, ils adoptent le principe de l'obéissance passive envers le monarque, qui devient absolu, et ils en profitent pour exercer un pouvoir arbitraire sur les autres classes de la société. Alors la tranquillité règne dans le royaume ; mais l'émulation s'éteint, la population diminue, la bonne agriculture disparaît, et la monarchie perd sa splendeur et sa puissance.

C'est ce qu'on a vu arriver dans plus d'un État. On n'ignore pas que l'agriculture fut presque anéantie sous le despotisme des empereurs romains, et que ce fut une des causes principales de la destruction de cet empire immense, dont la culture était confiée à des esclaves, incapables de le défendre, comme de conserver et d'étendre les bons principes d'un art qui est la base fondamentale de la fortune des États. On sait également que l'anarchie qui a longtemps régné dans le royaume de Pologne, par le fait de la noblesse, a constamment nui aux progrès de l'agriculture de ce royaume, comme elle a causé le partage de ses provinces. La France même peut servir d'exemple pour prouver ce que j'avance. Pendant qu'elle fut livrée au système féodal, ses terres furent mal cultivées, et l'on perdit de vue jusqu'aux leçons qu'on avait reçues des Romains et des Grecs. L'agriculture y a fait des progrès à mesure que le servage a été aboli et que les cultivateurs y ont été plus ménagés et plus considérés. Le comté de Flandre ou les Pays-Bas, régi par des lois plus douces que les autres parties de la France, est la première province où l'agriculture ait été régénérée; cette contrée est devenue en quelque sorte, pour cet art, une terre classique, où les autres peuples de l'Europe sont venus apprendre à tirer un bon parti de leur sol.

FÉBURIER.

AGRIGENTE, Ἀκράγας, *Agrigentum*, aujourd'hui *Girgenti*. (*Géographie* et *Histoire*.) Cette ville, l'une des plus célèbres de celles que les Grecs fondèrent en Sicile, occupait une position avantageuse au pied des montagnes qui regardent la mer d'Afrique, et au sommet d'un escarpement situé au confluent de deux petites rivières, l'*Hypsas* et l'*Acragas*, qui l'entouraient presque entièrement de leurs eaux; elle possédait, à l'embouchure de la seconde, qui lui avait donné son nom, un port de commerce (Ἀκραγαντίνων ἐμπορεῖον), et était ornée d'un grand nombre de temples, de tombeaux, de statues et de monuments de toute espèce, dont il reste encore des ruines imposantes. Voici la description que Polybe a faite de cette ville, à la fin de la troisième guerre punique : « Située à dix stades de la côte, Agrigente jouit de tous les avantages que procure le voisinage de la mer; la nature et l'art ont admirablement fortifié son enceinte : ses murs sont assis sur un rocher élevé, dont l'escarpement naturel a été augmenté encore par le travail. Deux fleuves l'entourent; l'un, qui se nomme comme elle Acragas, la baigne à l'orient; l'autre, l'Hypsas, coule au couchant, et du côté du vent d'Afrique. La citadelle domine la ville au midi. Elle est entourée du côté extérieur, de précipices infranchissables; un seul chemin y conduit de la ville. Au sommet se trouvent le temple de Minerve et celui de Jupiter *Atabyrius*. Agrigente étant une colonie de Rhodes, on ne doit pas s'étonner que Jupiter y soit adoré sous le même nom que dans cette ville. Du reste, Agrigente contient d'autres temples et de nombreux et magnifiques portiques. Le temple de Jupiter Olympien n'est pas encore achevé; mais il est d'une étendue et d'une élévation étonnantes; aucun édifice de la Grèce ne peut lui être comparé sous ce rapport (1). »

Un autre écrivain de l'antiquité, Diodore de Sicile, nous a laissé de ce temple une description que nous croyons devoir aussi reproduire : « La construction des temples des Agrigentins, dit cet historien, et particulièrement de celui de Jupiter Olympien, fait connaître quelle était la magnificence des hommes de cette époque. La plupart des autres temples ont été rasés ou brûlés dans les prises fréquentes de cette ville, et les mêmes guerres renouvelées jusqu'à sa destruction entière ont toujours empêché qu'on ait posé le comble sur le temple de Jupiter. Ce monument a 340 pieds de longueur, 160 pieds de largeur, et 120 pieds de hauteur, jusqu'à la naissance du comble. Il est le plus grand de tous les temples de la Sicile, et on peut à cet égard le comparer avec les plus beaux qui existent; car, bien qu'il n'ait jamais été achevé, il paraît parfait dans son ensemble. Mais au lieu que les autres temples sont soutenus seulement par des murs ou par des colonnes, on a réuni dans celui-ci les deux pratiques d'architecture sans les séparer; en effet, on a placé dans l'épaisseur des murs, d'espace en espace, des piliers qui ressortent en dehors, comme des colonnes arrondies, et qui en dedans ont la forme de pilastres taillés carrément. En dehors, les colonnes ont 20 pieds de tour; elles sont cannelées, et un homme peut se placer dans une de ces cannelures. Les pilastres intérieurs ont 12 pieds de largeur. Les portes (*ou, suivant une autre version*, les portiques) sont d'une beauté et d'une magnificence prodigieuses. Sur la façade du côté de l'orient, on a représenté en sculpture un combat de géants, admirable par la grandeur et l'élégance des figures. Du côté de l'occident, on voit la prise de Troie et on y distingue les héros par la différence de leurs habillements et de leurs armes (2). » L'examen des ruines de cet édifice a démontré l'exactitude de cette description, à laquelle il manque cependant un trait : l'historien ne parle pas de magnifiques cariatides de 20 pieds de haut, que l'on a retrouvées parmi les décombres. Trois de ces figures colossales, encore debout au quatorzième siècle, avaient fait donner à ces ruines le nom de *temple des Géants*, et fourni le sujet des armes de Girgenti, où l'on remarque des géants avec cette légende :

Signat Agrigentum mirabilis aula Gigantum.

Sur l'emplacement du temple de Vulcain, on ne voit plus que deux colonnes à demi abattues; le temple d'Hercule est un amas de décombres, entassés au pied d'une co-

(1) Polyb. IX, 27.
(2) Diod. XIII, 82.

lonne cannelée, encore debout. Presque tous les autres monuments sont dans une dégradation pareille : ceux qui sont demeurés dans le meilleur état sont le temple de la Concorde, entouré d'un portique d'ordre dorique, et semblable, du moins pour l'apparence générale, au Parthénon d'Athènes ; et le temple de Junon Lucine, dont une grande rangée de colonnes subsiste encore en entier. Le monument connu sous le nom de tombeau de Théron est presque intact ; c'est un édifice carré, orné de colonnes aux quatre angles, et d'un style élégant, quoique d'une époque relativement récente. Un très-grand nombre de tombeaux, creusés pour la plupart dans le rocher, sont dispersés sur la pente des collines. Quant au fameux réservoir de sept stades de circuit et de vingt coudées de profondeur, qui formait comme un lac artificiel dans la partie occidentale de la ville (1), on n'en retrouve pas même la place. Cette piscine était alimentée par un courant d'eau vive ; de nombreux poissons se jouaient dans son bassin limpide, et des cygnes, entretenus au dépens de la ville, habitaient en paix sur ses flots ; les habitants venaient se promener sur ses bords et goûter dans ce bel endroit, qui n'était pas un des moindres ornements de leur ville, une agréable fraîcheur ; mais déjà au temps de Diodore, les ravages de la guerre avaient renversé l'aqueduc qui amenait les eaux ; le bassin était à sec, et des jardins en occupaient la place.

Nous avons vu Polybe donner à Agrigente une origine rhodienne. Une autre opinion attribue la fondation de cette ville aux habitants de Gela, qui y auraient envoyé une colonie vers la cinquantième olympiade (environ 580 ans av. J. C.).

Quoi qu'il en soit, les Agrigentins formèrent d'abord une république aristocratique. Le premier qui exerça parmi eux l'autorité souveraine, fut *Phalaris*, citoyen de l'île d'Astypbalée, qui était venu se fixer dans la ville naissante avec de grandes richesses : son avénement remonte à l'an 564 avant J. C. On connaît l'histoire si célèbre dans l'antiquité de ce taureau d'airain dans le ventre duquel il faisait emprisonner les victimes destinées à la mort. Son règne fut partagé entre le soin des affaires intérieures et celui de quelques guerres avec les États du voisinage. Il avait attiré à Agrigente un grand nombre d'artistes et de philosophes ; un de ces derniers, Zénon, ayant vainement essayé de le détourner de la tyrannie, souleva le peuple contre lui ; Phalaris fut renversé, et les Agrigentins se constituèrent de nouveau en république. Sa domination avait duré seize ans. Pendant les soixante ans qui s'écoulent depuis sa chute jusqu'au règne de Théron, on trouve dans l'histoire les noms

(1) Diod. XI 25, et XIII, 82.

d'*Alcamène* et d'*Alcandre*, qui gouvernèrent avec sagesse. A leur suite paraît *Théron*, qui fut chanté par Pindare au sujet de ses victoires dans les jeux Olympiques. Sous son règne les Carthaginois commencèrent à menacer la Sicile ; mais Théron, aidé de Gélon, tyran de Syracuse, dont il s'était ménagé l'alliance en lui donnant sa fille en mariage, parvint à les repousser. La ville d'Himère, qui avait été le prétexte de la guerre, perdit son indépendance, et fut réunie au territoire d'Agrigente. Théron mourut l'an 472 avant J. C. *Thrasydée*, son fils, lui succéda. Il entreprit une guerre impolitique contre Syracuse, et fut tué par les Agrigentins peu de temps après son avénement. Ceux-ci recouvrèrent alors leur liberté ; la Sicile tout entière suivit bientôt leur exemple ; la tyrannie fut partout abolie, et l'île entière ne fut plus qu'un ensemble de petites républiques comme était la Grèce à la même époque.

En 446, Agrigente reprit, contre Syracuse, la guerre commencée sous Thrasydée ; mais après quelques échecs, elle fut obligée de conclure la paix. Durant la fameuse guerre d'Athènes contre Syracuse, elle se tint dans la neutralité. Peu de temps après la défaite des Athéniens, les Carthaginois, appelés par les Égestains, firent une descente en Sicile ; cette fois les Agrigentins refusèrent de prendre part à la neutralité proposée par l'ennemi commun : ils se rangèrent dans la ligue sicilienne. Les Carthaginois, après avoir détruit Sélinunte et Himère, vinrent mettre le siége devant Agrigente ; les Syracusains essayèrent en vain de faire diversion : la ville fut abandonnée par ses habitants, après un an de siége (an 406 avant J. C.). Les Carthaginois la ruinèrent, sans respecter ses temples, emportèrent ses dépouilles en Afrique, et le territoire d'Agrigente demeura sous leur domination pendant une dizaine d'années. Enfin, Denys de Syracuse, ayant repoussé l'étranger du sol de la Sicile, Agrigente rentra sous une domination nationale ; mais ce ne fut pas pour longtemps ; car, en 383, le tyran de Syracuse, battu par les Carthaginois, fut obligé, pour avoir la paix, de leur rendre cette place importante. Timoléon, devenu maître de la Sicile vers le milieu du quatrième siècle avant J. C., fit rebâtir Agrigente, et lui rendit une partie de son ancienne prospérité, mais sans lui rendre son indépendance à l'égard de Syracuse. Sous Agathocle, elle resta dans la même situation. Enfin, en l'année 210, les Romains étant arrivés à leur tour sur le sol de la Sicile, et l'ayant soumise tout entière à la suite du fameux siége de Syracuse, où périt Archimède, Agrigente passa, comme toutes les autres villes de l'île, sous leur domination.

Au commencement de l'ère chrétienne, le flot des barbares passa à diverses reprises sur Agrigente ; mais l'excellence de sa position la soutint contre tant de causes de destruction. Au milieu du neuvième siècle, elle fut envahie par les Arabes, et elle porta leur joug près d'un siècle, avec impatience toutefois : car, en 937, ce furent ses habitants qui donnèrent le signal de l'insurrection contre les infidèles. Ils les chassèrent de leurs murs, et tinrent la campagne contre eux ; mais, après quatre ans de résistance, leur ville fut reprise de nouveau. Enfin, au commencement du onzième siècle, *Girgenti*, désormais resserrée entre les murs de *Camica*, la citadelle de l'antique Agrigente, fut définitivement rattachée à la puissance chrétienne, et fit partie du comté de Sicile, qui, en 1072, devint l'apanage de Roger. Elle a depuis ce temps suivi les destinées de la Sicile, dont elle est encore aujourd'hui une des villes principales. Elle renferme environ 15,000 habitants, et forme le siége d'un évêché.

Nuovo dizionario geografico, statistico e biografico della Sicilia antica e moderna, dell' avvocato Gius. Em. Ortolani, Palermo, 1819, in-8°.

Viaggio in Sicilia di Federico Münter, trad. dal tedesco dal tenente colonello d'artiglieria cav. D. Fr. Peranni, con note, Palerme, 1823, 2 vol. in-18.

La Sicile, de l'*Univers pittoresque*, par M. de la Salle, correspondant de l'Institut.

Recherches sur les établissements des Grecs en Sicile, par M. Wlad. Brunet de Presle, 1845, in-8°.

L. RENIER.

AGRONOMIE. (*Agriculture.*) Ce mot, que l'on emploie souvent comme synonyme d'agriculture, désigne plus particulièrement la science de l'économie rurale. Ainsi l'agriculture est la pratique de l'art dont l'agronomie enseigne les théories.

AGUILANLEU ou **AGUILANNEU**, pour *à gui l'an neuf* ou au gui de l'an nouveau, *ad viscum anni novi*. (*Antiquité.*) On appelle encore ainsi, en diverses provinces, les étrennes du premier jour de l'an, qui, dans la religion des druides, consistaient à donner, à distribuer au peuple le gui du nouvel an, comme une chose sainte, un préservatif, un remède universel. Les Espagnols appellent *aguinaldo* les présents qu'on fait à la fête de Noël. En basse Normandie, les pauvres, le dernier jour de l'an, disent *hoguinanno*, en demandant l'aumône. Dans le Vendômois et dans le Maine, le peuple et les enfants courent les rues le dernier et le premier jour de l'an, demandant à tous ceux qu'ils rencontrent *le gui-l'an-neu*, et chantant aux portes des chansons dont le refrain est toujours, Donnez-nous *le gui-l'an-neu*. Dans le Perche, le peuple appelle les étrennes *éguilas* ; dans le pays chartrain, *éguilables*, dans la haute Normandie, *éguinètes* ou *aguinètes*.

Dans la commune de Saint-Hillaire-de-Cha-

léons, département de la Loire-Inférieure, le 31 décembre au soir, les marguilliers en charge et ceux des deux années précédentes se réunissaient et faisaient ensemble un souper qui se prolongeait fort avant dans la nuit. Le souper fini, chaque convive, armé d'une pique, se mettait en marche vers un bois appelé *le bois de Noir-Breuil* (le *lucus* noir), distant d'environ deux lieues ; ils y cueillaient des pommes de pin, et chacun d'eux en plaçait une sur le bout de sa pique, qui ressemblait alors à un thyrse de Bacchus. Ce dieu a dû être honoré sous le nom d'*Hilaris* par les anciens *Pictavi*, qui, ainsi que les *Agathyrses* et les *Britanni*, ou *Picti*, se peignaient le corps en son honneur et devaient célébrer ses mystères dans la dernière nuit de l'année. Pour représenter le passage du soleil des signes descendants aux signes ascendants, ces marguilliers partaient de ce bois de *Noir-Breuil*, symbole des signes descendants, de manière à se trouver à la pointe du jour sur la chaussée d'un étang appelé *Champ-Blanc*, symbole des signes ascendants, dont le premier est celui de l'*amphora* figuré par cet étang ; là ils se partageaient, pour figurer le partage qui se fait des douze signes en deux bandes au solstice inférieur, et parcouraient deux à deux les fermes et les hameaux, en chantant une chanson dont le refrain était, comme dans le Maine, Donnez-nous *le gui-l'an-neu*. Chaque maître de maison, après leur avoir fait servir largement à boire comme à des initiés aux mystères de Bacchus, leur donnait du blé, du lin, de la toile, un jambon, etc. Les objets provenant de cette quête, et les pommes de pin que les quêteurs avaient portées au bout de leurs piques pendant leur tournée symbolique, étaient vendus dans le cimetière, le premier jour de l'an, au profit de la fabrique, et souvent très-cher, parce qu'on leur attribuait la vertu de préserver du tonnerre et de tout maléfice.

La *guignannée* est aussi le nom d'une fête semblable qu'on célébrait à Morlaix, selon Ménage, le dernier jour de l'an. (*Voyez* son *Dictionnaire étymologique*, à ce mot.) Elle consistait en des présents que les riches faisaient aux pauvres, qui, à chaque porte où on leur donnait, poussaient des cris et des acclamations entendus dans toute la ville. Ces pauvres étaient armés de grands bâtons (qui étaient autrefois des thyrses) pour rompre les portes s'il s'en était trouvé de fermées. Personne ne pouvait donc se dispenser de leur donner leurs étrennes, leur *guignannée*, chacun selon son pouvoir. Cette fête, qui était un reste des saturnales et des bacchanales, remontait au culte du *gui de la nouvelle année* chez les druides. Merula l'a très-bien remarqué dans sa *Cosmographia*, part. 2, liv. 3, chap. 11 : *Sunt qui illud*, au-gui-l'an-neuf, *quod hactenus quotannis pridie kalendas januarii vulgo publice cantari in Gallia solet, ab druidis manasse autumant : ex hoc forte Ovidii :*

> Ad viscum, viscum druidæ cantare solebant.

Solitos enim ajunt druidas per suos adolescentes viscum suum cunctis mittere, eoque quasi munere, bonum, faustum, felicem et fortunatum omnibus annum precari.

En effet, Pline nous apprend, liv. xvi, chap. 44, que les druides révéraient le gui de chêne ; qu'ils choisissaient les forêts de cet arbre sacré pour leurs sacrifices ; que c'était de là qu'ils étaient appelés *druides*, nom qui vient en effet du grec δρῦς, en breton *deru*, *derv* ou *dero*, chêne ; que lorsqu'ils trouvaient du gui sur cet arbre, ils le regardaient comme un don du ciel, et le cueillaient, au sixième jour de la lune, en grande dévotion et avec de grandes cérémonies ; qu'ils l'appelaient en leur langue d'un nom qui signifie *omnia sanans*, guérit tout. *Omnia sanantem*, dit-il, *appellantes suo vocabulo. Sacrificio epulisque rite sub arbore præparatis, duos admovent candidi coloris tauros, quorum cornua tunc primum vinciantur. Sacerdos candida veste cultus arborem scandit. Falce aurea demetit. Candido id excipitur sago. Tunc demum victimas immolant, precantes ut suum donum Deus prosperum faciat his quibus dederit. Fecunditatem eo poto dari cuicumque animali sterili arbitrantur, contraque venena omnia esse remedio. Tanta gentium in rebus frivolis plerumque religio est !* Le gui est le même symbole que le rameau d'or, et l'âge d'or, par ses baies d'or et ses feuilles jaunes. Le chêne, qui, dans sa vieillesse, porte ce nouveau rejeton, est le symbole de l'intersection solsticiale du tropique du caper et de l'écliptique, qui finit et commence l'année : c'est l'arbre du bien et du mal ; c'est Janus à deux visages.

ELOI JOHANNEAU.

AHAUTA ou **AUTA**. (*Géographie.*) État de la Nigritie maritime, sur la Côte d'or, entre les États de Ouarsa au N., de Fantie à l'E., de Goura à l'O. et l'Océan au S. C'est la contrée la plus riche en mines d'or et la mieux cultivée de toute la côte. Le gouvernement y est monarchique, mais très-modéré. La capitale est Boussoua, résidence du roi. Les Hollandais y possèdent plusieurs établissements : le fort Orange, à Succondi ; le fort Antonio, à Axim, et le fort Dixcowe.

AHMADABAD ou **AHMEDABAD**, autrefois *Guzarate*. (*Géographie.*) Ville considérable de l'Hindoustan, présidence de Bombay, État du prince maratte de Guy Kawar, sur la rive droite du Sauhermiutte. Les guerres, la peste de 1812, le tremblement de terre de 1819 lui ont fait perdre une partie de son ancienne splendeur, qu'attestent encore des ruines magnifiques. Depuis 1819, elle appartient aux Anglais, qui y font un commerce considérable. On y compte près de 150,000 habitants, Hindous, Arméniens, Arabes, Persans et chrétiens.

AHMEDNAGOR. (*Géographie.*) Chef-lieu de district du Dékan, État du Nizam de Hyderabad, sur la Secha. Cette ville, fondée en 1493, par le sultan Ahmed-Chah, fut possédée tour à tour par le Grand-Mogol, par les Marattes, et par les Anglais, qui s'en emparèrent en 1803. Aurengzeb y mourut en 1707. La citadelle, bâtie sur une haute montagne, est un ouvrage remarquable.

AIDE DE CAMP. (*Art militaire.*) Les aides de camp sont des officiers de divers grades placés auprès des généraux à l'effet de les aider dans l'exercice de leurs fonctions.

Toujours, dans les milices anciennes comme dans les milices modernes, il exista des aides de camp, car les généraux ont toujours eu des renseignements à prendre, des ordres à envoyer, et toujours ils ont dû trouver sous leur main des hommes capables d'aller recueillir ces renseignements avec intelligence, ou transmettre ces ordres avec fidélité. Mais, ni chez les Grecs ni chez les Romains, ni au moyen âge, ni dans aucune armée jusqu'au dix-septième siècle, les aides de camp ne remplirent de charge permanente, ne portèrent de dénomination fixe, ne durent être choisis exclusivement parmi les officiers de tels ou tels grades, ni même être pourvus d'un grade quelconque. Leur emploi était tout temporaire, tout de circonstance, de faveur, de domesticité.

Dans les armées grecques, les généraux n'avaient pour aide de camp que leur écuyer ; dans les armées romaines, le général en chef choisissait le sien entre les généraux qui, sous ses ordres, commandaient les différents corps.

En France, les rois de la première race, qui généralement conduisaient leurs armées en personne, prenaient leurs aides de camp parmi leurs fidèles. Quand les rois de la seconde race, sans cesser de se mettre eux-mêmes à la tête de leurs troupes, commencèrent à investir d'attributions militaires les principaux officiers de leur palais, leur *dapifer* ou officier de bouche, leur *sénéchal* ou majordome, leur *connétable* ou homme d'écurie, chacun de ces personnages leur servit tour à tour d'aide de camp. Lorsque plus tard, sous Philippe Auguste, le connétable brisa les derniers liens de domesticité qui l'attachaient à la personne du roi, et devint commandant suprême de toutes les forces militaires du royaume, il prit le *maréchal* pour aide de camp. Puis, lorsque le maréchal obtint le droit exclusif de diriger les expéditions de guerre, il s'attribua comme aide de camp le général en chef de l'armée agissante, ou, suivant l'expression alors en usage, le *maréchal de l'host*; puis, comme les armées grandissaient toujours, le maréchal de l'host lui-même s'attacha successivement un, deux, trois et quatre aides, qui, peu à peu, pour se grandir en dignité, fût-ce aux dépens de leur patron, se firent appeler *maréchaux de camp*. Enfin, avec le temps, les maréchaux de camp prirent aussi des aides, qui se nommèrent d'abord *aides des maréchaux de camp*, et ensuite, par abréviation, *aides de camp*.

Une lettre, adressée par Louis XIII au maréchal de Chastillon, et datée du 23 avril 1641, est le premier document historique où il soit fait mention et du titre et de la charge d'aide de camp. Les titulaires de cette charge n'avaient guère été jusque-là que des *coureurs* ou *éclaireurs*, que des *chevaucheurs d'armes*, des *chevaliers d'armes*, des *poursuivants d'armes*. Dès lors, on voit des officiers supérieurs, des *majors de brigade* par exemple et même des *brigadiers d'armée*, c'est-à-dire des colonels, occuper le poste d'aide de camp; néanmoins, il paraît que jusqu'au milieu du dernier siècle on pouvait fort bien en remplir les fonctions sans être militaire. Ainsi, Voltaire, dans le *Siècle de Louis XIV*, témoigne que, quand ce prince allait à l'armée, les gentilshommes ordinaires de la chambre et d'autres seigneurs de haut rang, qu'il lui plaisait d'attacher à sa suite, faisaient auprès de lui les fonctions d'aides de camp, et que ces nobles personnages avaient eux-mêmes des aides de camp, appelés aussi aides de camp du roi, qu'ils prenaient parmi les pages de la grande et de la petite écurie. On en peut lire autant de Louis XV dans l'Encyclopédie de 1751, à l'article *gentilshommes ordinaires*. Plus sage que ses deux prédécesseurs, mais passant peut-être d'un extrême à l'autre, Louis XVI décida que les aides de camp devaient tous, non-seulement appartenir à l'armée, mais encore sortir des *grades en second*.

Lorsque la révolution de 1789 éclata, il y avait en France un corps ou plutôt le cadre d'un corps de trois cents aides de camp, qui fut aussitôt détruit. Jusqu'à cette époque, ni leurs grades, malgré l'ordonnance de Louis XVI, ni le nombre qui en devait être accordé à chaque général, n'étaient bien déterminés. Ainsi, Louis XIV, par une lettre du 9 octobre 1642, n'autorisait que deux aides de camp auprès des généraux en chef, et cependant, au siége de Turin, en 1706, le duc d'Enghien en avait vingt-deux. L'assemblée constituante se chargea de débrouiller ce chaos et d'établir des règles en la matière. Elle décréta, le 15 octobre 1790, que le nombre et les grades des aides de camp varieraient en raison de l'élévation des grades ou de l'emploi des généraux; que, comme les cadres d'activité comprenaient alors quatre généraux en chef, trente lieutenants généraux, et soixante maréchaux de camp, il était attaché cent quatre-vingt-seize aides de camp à ces quatre-vingt-quatorze officiers supérieurs, savoir : quatre à chaque général en chef, deux à chaque lieutenant général et à chaque maréchal de camp; que le premier des quatre aides de camp d'un général en chef serait colonel, le second, lieutenant-colonel, et les deux autres, ainsi que ceux des lieutenants généraux et des maréchaux de camp, seulement capitaines; enfin, que les officiers généraux étaient libres de choisir eux-mêmes leurs aides de camp dans toutes les armes, mais que leurs choix devraient recevoir la sanction royale. Un décret du 18 novembre de la même année 1790 réduisit à un le nombre des aides de camp des maréchaux de camp, et ce principe s'appliqua ensuite aux généraux de brigade, mais les généraux de division continuèrent à en avoir deux. En 1792, la convention décréta que chaque général d'armée, outre ses quatre aides de camp de droit, en aurait encore deux de supplément s'il le jugeait nécessaire; qu'il en prendrait un parmi les chefs de brigade, un parmi les chefs de bataillon ou d'escadron, deux parmi les capitaines, et les deux de supplément parmi les lieutenants et sous-lieutenants. Chaque général de division conservait ses deux aides de camp, et en prenait un parmi les capitaines, un parmi les lieutenants et sous-lieutenants. C'était aussi parmi les lieutenants et les sous-lieutenants que le général de brigade devait prendre son unique aide de camp. Le même décret, par une disposition des plus rationnelles, voulait que les généraux qui en remplaçaient d'autres gardassent près d'eux les aides de camp de leurs prédécesseurs.

Jusqu'en 1791 il avait fallu servir dix années pour devenir apte à passer aide de camp; à partir de 1791, les dix années de service cessèrent d'être exigibles. Vers la même époque, il fut décidé que les officiers seuls d'infanterie et de cavalerie pourraient être choisis comme aides de camp, et que les emplois régimentaires de ces officiers resteraient vacants dans leur corps; mais le vide qui en résulta occasionnait une telle surcharge de service pour les autres officiers, qu'on prit bientôt une mesure différente. Les aides de camp furent remplacés dans les régiments d'où ils sortaient, mais autorisés, dès qu'ils cesseraient d'être attachés à leur général, à prendre les premiers emplois vacants de leur arme et de leur grade. Une loi du 23 fructidor an VII reconnaissait cinq cent vingt aides de camp, et les prenait parmi les mêmes officiers que la loi de 1792, moins les sous-lieutenants. En 1800, sous le consulat, par suite de la réduction des cadres, le nombre des aides de camp fut réduit à cent deux. En l'an IX, l'arrêté du 16 vendémiaire, qui organisa les états-majors généraux, fit des aides de camp des officiers sans troupe et hors ligne, toutefois d'une classe différente de celle des adjoints à l'état-major destinés à servir près des adjudants-commandants ou chefs de brigade. Les choses restèrent ainsi pendant tout le consulat, pendant tout l'empire, et pendant la restauration jusqu'en 1818. Il fut alors créé un corps royal d'état-major, que devait alimenter une école spéciale, et qui devait être l'unique pépinière des aides de camp; et ces dispositions de la loi de 1818 sont encore aujourd'hui en vigueur.

Sous le règne de Louis XV, on vit un *maréchal de camp*, M. de Besenval, servir d'*aide de camp* au duc d'Orléans. La hiérarchie militaire était renversée, et ce fut un véritable scandale, mais ce fut le seul que l'ancienne monarchie donna en ce genre, et il ne se renouvela, ni sous le règne constitutionnel de Louis XVI, ni on le pense bien, pendant les premières années de la république. Bonaparte, premier consul, osa aller plus loin. Il ne craignit pas de prendre ses aides de camp parmi les généraux du premier grade, et quoique les rois n'eussent jamais pris d'aides de camp en temps de paix, il s'en attacha six. Empereur, il s'en attacha douze. Au reste, ce nombre n'a rien qui doive surprendre quand on pense à toutes les campagnes où le génie guerrier de Napoléon l'a successivement entraîné pendant plus de quinze ans.

En temps de guerre, auprès des généraux, les occupations des aides de camp sont aussi importantes qu'elles deviennent futiles auprès des princes dans le loisir de la paix. Rien de ce qu'un général peut avoir besoin de savoir, de vérifier, de connaître, n'est au-dessous de la position des aides de camp, et ne peut être au-dessus de leur zèle. Les reconnaissances, les visites, les tournées sont éminemment de leur ressort. Les moindres détails relatifs aux individus, aux services, aux localités, à la discipline et aux opérations de la guerre, sont de leur compétence. Toujours auprès de leurs généraux, ne les quittant que pour remplir avec célérité les missions qu'ils en reçoivent, signalant leur zèle, leur activité par tous les moyens possibles; et également hommes d'épée, de cheval et de plume, les aides de camp doivent être, dans les marches, les batailles, les manœuvres, l'œil et l'oreille de leurs généraux, dans les cabinets, les rédacteurs de leur correspondance, et, hors de là, les porteurs de leurs ordres écrits ou verbaux.

On le voit, dans l'intérêt des généraux et des troupes, les places d'aides de camp ne devraient être occupées que par des sujets instruits et distingués; cependant des considérations personnelles les ont trop souvent fait confier à des jeunes gens sans capacité, sans modestie et sans expérience.

Il est, au reste, peu de preuves de valeur et de talent que des aides de camp n'aient données dans le cours de nos immortelles campagnes de la république et de l'empire; et plusieurs d'entre eux, parvenus aux premiers grades, ont honorablement attaché leurs noms à cette grande époque, devant laquelle pâlissent toutes les guerres les plus mémorables des temps anciens et modernes.   Rhime.

AIDES. (*Histoire.*) On désignait, au moyen âge, sous le nom d'aides les impositions extraordinaires que les seigneurs avaient le droit, en certains cas déterminés, de lever sur leurs vassaux ou leurs censitaires.

Le nombre des circonstances qui rendaient ce droit exigible variait suivant les contrées, mais généralement (1) l'aide était due dans quatre cas : 1° lorsque le seigneur mariait sa fille, 2° lorsque lui ou son fils aîné était armé chevalier, 3° lorsqu'il était pris à la guerre et mis à rançon, 4° lorsqu'il partait pour la terre sainte. Ces quatre motifs ont fait donner aux aides seigneuriales le nom de la taille aux quatre cas. Dans quelques provinces cependant, l'aide n'était exigible qu'une seule fois dans la vie du seigneur, soit pour l'un de ces motifs, soit pour l'autre, à son choix; dans d'autres, au contraire, l'aide était due pour les quatre cas, lors même qu'ils se présentaient tous quatre durant la même année; seulement, le payement en était alors divisé en quatre termes d'un an chacun.

Souvent, il y avait de plus quelques autres aides raisonnables que le seigneur avait la faculté de lever : par exemple, en cas de guerre on lui payait une *aide de l'ost et de la chevauchée;* quand il réunissait à son fief des héritages qui en avaient été démembrés, ou bien quand il avait à s'acquitter envers son propre seigneur du droit de relief, il pouvait exiger que ses vassaux l'aidassent à payer. L'aide, comme son nom l'indique, ne devait pas être un pur bénéfice procuré au seigneur, mais un secours destiné à l'empêcher d'être trop obéré. Aussi l'argent payé devait-il être restitué si, avant qu'il eût été employé, la cause pour laquelle il avait été perçu venait à disparaître. Philippe de Valois avait levé, en 1329, une aide sur ses sujets pour subvenir aux frais de la guerre qu'il préparait contre

---

(1) Voy. Loisel, *Instit. Coutum,* IV, 3, § 54.

les Anglais, lorsque tout motif d'hostilité cessa. Le roi eut la justice de faire rendre leur argent à ceux qui avaient payé l'aide. L'étendue du droit seigneurial dans ces diverses redevances était soumise, suivant les pays, à une foule de variations, dont la plus notable était celle qui distinguait les provinces du midi de celles du nord : dans les premières, il fallait, pour que le seigneur pût exiger l'aide, qu'il prouvât son droit par un titre, tandis que dans les pays coutumiers il était traité plus favorablement : la coutume suppléait au défaut de titre et réglait elle-même les conditions de la prestation. Quant au taux de l'aide, Loisel dit, dans ses Institutes coutumières, que « Loyaux aides sont presque ordinairement le doublage des devoirs; » c'est-à-dire que le taux le plus ordinaire était le double du revenu annuel produit par l'héritage à raison duquel on était vassal ou censitaire.

Nos anciens feudistes se sont accordés à croire que les aides seigneuriales ont tiré leur origine de la générosité des vassaux; que le temps et l'usage changèrent en impositions obligatoires ce qui n'avait été dans l'origine que dons purement volontaires.

C'étaient, disent-ils, des présents que les rois et à leur imitation les seigneurs recevaient dans les circonstances extraordinaires; aussi les appelait-on *aides libres et gracieuses, loyaux aides, coutumes volontaires, droits de complaisance*; elles sont qualifiées ainsi jusque dans un arrêt de l'année 1624, et plus tard elles ont été réglees par des conventions passées entre les seigneurs et leurs vassaux ou par les coutumes lors de leur rédaction. Voici le récit d'un procès débattu vers la fin du quatorzième siècle et qui montre bien comment l'usage de ces prestations s'est introduit : « Il advint que le seigneur de Saint-Venant demanda à ses hommes et tenants pour le mariage de sa fille et la chevalerie de son fils aîné, à avoir le double droit de relief aux fiefs et la double rente aux héritages tenus à cens. Les hommes du seigneur se rassemblèrent, et sur ce bien conseillés, ils répondirent que tenus n'y étoient, mais que, à l'honneur du seigneur, ils lui feroient volontiers courtoisie et présent tels qu'il leur plairoit, quoiqu'ils n'y fussent pas tenus autrement. Le seigneur ne le prit pas en gré et dit que droit lui en seroit fait et les fit ajourner à la Salle de Lille. Le cas ouï, il fut dit par les juges que oncques n'en avoient jugé, ni veu ni ouï juger; que pour ce n'en feroient nul jugement et que les hommes du seigneur n'étoient pas tenus. Mais par manière de conseil bien conseilloient aux dits hommes que par courtoisie ils fissent à leur seigneur, à la fête de ses enfants, quelque présent soit en

vaisselle d'argent, en vin ou autrement, et qu'ils l'avoient vu ainsi faire. Mais autre chose n'en voulurent dire. » Bouteiller, qui rapporte ce fait (1), le cite à l'appui de son opinion que, quand la coutume n'avait point fixé l'obligation de payer l'aide, le seigneur n'avait point d'action en justice pour la demander à ses vassaux et tenanciers, mais que l'usage de faire cette prestation étant manifeste et bien établi comme devoir de courtoisie, les vassaux étaient tenus d'offrir à leur seigneur un gobelet doré ou quelque autre joyau suivant leur fortune; mais que pour faire sagement ils devaient offrir chaque fois une chose différente, afin que l'usage de courtoisie ne dégénérât pas en coutume obligatoire.

Suivant l'exemple des seigneurs laïques, les évêques levaient des aides sur leurs diocésains. Les fidèles aidaient leur pasteur à subvenir aux dépenses extraordinaires de son sacre, des visites royales qu'il recevait quelquefois, de son départ pour un concile ou de ses voyages à Rome. Les archidiacres eux-mêmes, lorsqu'ils faisaient la visite de leur archidiaconné, percevaient de toutes les églises paroissiales une sorte d'aide à titre d'indemnité de leurs frais de voyage. Cependant un canoniste du dernier siècle rapporte que de son temps les archidiacres ne profitaient guère plus de ce droit et que, se contentant du dîner que leur offrait bénévolement le curé, ils avaient l'habitude d'abandonner à leur secrétaire la somme qui leur était due par chaque église et qui était ordinairement de trois livres ou cent sous. — L'aide ecclésiastique payée à l'évêque portait le nom de coutume épiscopale ou denier de Pâques.

Les droits d'aides avaient perdu toute leur importance lorsque la révolution vint en effacer les dernières traces.

Cour des aides. Les rois de France de la troisième race ne percevaient point d'autres revenus, dans l'origine, que ceux de leurs domaines et point d'autres aides que celles qui leur étaient dues à titre de seigneurs féodaux. Dans les cas de grande nécessité seulement, ils exigeaient de leurs sujets le payement de taxes peu onéreuses et qui ne duraient ordinairement qu'une année. Louis le Jeune fut, dit-on, le premier, en 1145 qui imposa, pour quatre ans une taxe du vingtième du revenu pour subvenir aux dépenses de sa croisade. Philippe le Bel imposa, en 1230, un droit sur la vente des denrées, et Philippe de Valois, en 1321, sur celle du sel. Peu à peu ces contributions devinrent de plus en plus fréquentes, de plus en plus lourdes. Enfin au milieu du quatorzième siècle, pendant les malheu-

(1) *Somme rurale.* De la chevalerie que les seigneurs demandent quand ils marient leur aîné fils ou qu'il devient chevalier.

18

reuses guerres que la France eut à soutenir contre les Anglais, elles prirent un caractère de fixité qu'elles ont toujours conservé depuis.

Le roi Jean obtint, en 1355, de l'assemblée des trois états une augmentation de la gabelle du sel et le droit d'exiger des vendeurs 8 deniers par livre en sus du prix sur tous les contrats passés dans le royaume pour ventes de marchandises. A cette nouvelle, le peuple s'étant vivement récrié, le roi publia, le 28 décembre de la même année 1355, une ordonnance qui réglait la perception de cet impôt en assurant certaines garanties aux contribuables. La principale de ces garanties était l'établissement d'un conseil de neuf personnes, trois nobles, trois prêtres et trois bourgeois, élues par les états généraux pour faire l'assiette des aides royales et pour juger toutes les contestations qui s'élèveraient sur leur perception, sauf appel à trois commissaires généraux également nommés pas les états. Telle est la première origine de la cour des aides. Il était encore déclaré dans cette ordonnance qu'aucun officier du roi ne pourrait jamais avoir « la charge ni le maniement des impôts » qu'administreraient exclusivement les personnes choisies par les états; que ces personnes jureraient au roi ou à ses gens et aux états que pour quelque nécessité qui pût advenir, elles ne remettraient l'argent qu'elles auraient perçu à personne, pas même au roi, à moins que ce ne fût pour l'employer à la guerre contre les Anglais. Le roi promettait même, par cet acte, et s'engageait à faire promettre sur les Évangiles par la reine, par le dauphin et tous les grands officiers de la couronne, de ne point employer ni faire employer cet argent à d'autres usages. Enfin si, par importunité ou autrement, quelqu'un obtenait des ordres contraires, les élus devaient jurer d'avance de n'y point obéir; quelques mandements qui leur vinssent à cet effet, s'ils y obéissaient, ils étaient menacés de la privation de leur office et d'emprisonnement jusqu'à l'entier remboursement de toutes les sommes qu'ils auraient délivrées, sans pouvoir se libérer par cession de biens ni autrement; si, enfin, quelqu'un des officiers du roi ou autres voulaient, sous prétexte de tels mandements, leur enlever d'autorité l'argent provenant de ces aides, il était enjoint aux élus de résister de fait et d'assembler les milices des bonnes villes environnantes pour repousser la violence par la violence.

Comme on le croira facilement, la plus grande partie de ces dispositions restèrent inexécutées et laissèrent subsister de nombreux abus dans la perception des aides; il fut décidé, en 1358, pour arrêter les déprédations, que les généraux, élus, grènetiers, receveurs et sergents des tailles recevraient des gages fixes au lieu d'avoir une part dans le produit des impositions. Quelques années plus tard, Charles V ordonna une enquête sur la conduite des élus et autres officiers des aides contre qui l'on élevait de nombreuses plaintes.

Sous les règnes qui suivirent, les règlements émanés de l'autorité royale sur la perception des aides et les fonctions de ceux à qui elle était confiée, subirent des variations très-fréquentes. Enfin, au mois de juillet 1543, François 1er érigea en cour souveraine le corps des généraux de la justice des aides, sous le nom de *cour des aides*. Henri II, par édit du mois de mai 1551, augmenta la cour des aides d'une seconde chambre, et Louis XIII d'une troisième, au mois de décembre 1635.

Ce ne fut pas seulement à Paris que l'on établit une cour des aides; à la fin du dernier siècle il y en avait une dans chacune des villes de Rouen, Montpellier, Bordeaux, Clermont en Auvergne, Montauban, Grenoble, Dijon, Rennes, Pau, Metz, Aix et Dôle (1). Plusieurs provinces, telles que la Bretagne et le Languedoc, étaient exemptes du pouvoir des élus et de la juridiction des cours des aides; elles asseyaient et percevaient elles-mêmes leurs impositions.

Les offices, dans chaque cour des aides, étaient nombreux, importants. A Paris, on comptait dans chacune des trois chambres, plusieurs conseillers d'honneur, dix-sept ou dix-huit conseillers ordinaires, et en outre, trois avocats généraux, un procureur général, quatre substituts, deux greffiers en chef, six secrétaires du roi, un commis de l'audience publique ou greffier des appellations, un principal commis pour l'audience à huis clos, un greffier garde-sacs, un greffier des présentations et affirmations, un trésorier payeur et trois contrôleurs, un receveur des épices et vacations; un contrôleur des arrêts, un premier huissier et sept huissiers ordinaires.

Il nous reste à indiquer quelle était la compétence des cours des aides. Elles connaissaient de toutes les appellations civiles et criminelles qui concernaient les aides, les tailles, les gabelles, les traites foraines et les autres matières dont les élus, grènetiers, juges des traites et maîtres des ports ou leurs lieutenants avaient connu en première instance. Elles vérifiaient les ordonnances, édits et déclarations qui concernaient les mêmes matières. Elles connaissaient de la validité ou invalidité des titres de noblesse qu'on invoquait pour échapper à l'obligation de payer les impôts; elles vérifiaient les lettres d'anoblissement et les priviléges d'exemption de taille allégués par les ecclésiastiques, les officiers du roi et les commensaux des maisons

(1) De la Bellandre, *Traité général des droits d'aides*, 1760, n° 1748 à 1757.

royales. Par une attribution particulière, la cour des aides de Paris connaissait encore des usurpations de noblesse et de la recherche des faux nobles. La procédure suivie dans la cour des aides de Paris était presque la même que celle du parlement.

Trois siéges de juridictions inférieures, les élections, les greniers à sel et les traites foraines, ressortissaient à la cour des aides.

Nous avons déjà parlé des élus, et nous avons vu que leur institution fut régularisée au quatorzième siècle lorsqu'on créa les généraux des aides. Les élus étaient les officiers chargés de faire l'assiette et la levée des impositions sous la surveillance de la cour des aides. Ils avaient une compétence judiciaire assez étendue. Ils connaissaient de tous les débats, civils ou criminels, qui regardaient les aides, les tailles et les octrois des villes; des séditions populaires occasionnées par la levée des droits; de la validité des titres d'exemption. Enfin, ils jugeaient en dernier ressort lorsque le montant du litige ne dépassait pas la valeur de trente livres. Pour rendre un jugement ils devaient être au moins au nombre de trois.

Les greniers à sel étaient des juridictions établies pour juger en première instance les contestations qui s'élevaient au sujet des gabelles, de la distribution du sel, du faux saunage, de la bonne ou mauvaise qualité du sel, de sa mesure, de son prix, et pour déterminer la quantité dont il était nécessaire d'approvisionner l'étendue de leur juridiction.

Le but de la juridiction des traites était la décision en première instance de tous les procès civils ou criminels nés de la levée des droits imposés dans les douanes, sur les marchandises et denrées qui entraient dans le royaume ou qui en sortaient.

La révolution de 1789 a fait disparaître les cours des aides et les juridictions subalternes qui en dépendaient : mais les aides, les tailles et les traites subsistent toujours sous d'autres noms.

Voy., outre les ouvrages cités dans le cours de cet article :

Brunet de Grandmaison, *Dictionnaire des Aides*, 1750, in-12. — Id. 1753.

Le Fèvre de Bellande, *Traité général des droits d'Aides*, 1759, in-4°.

H. BORDIER.

AIGLE. (*Histoire naturelle.*) Habitués à la servitude presque dès l'origine de l'état social, les hommes la virent partout. Comme ils avaient des rois, ils imaginèrent que les animaux en devaient avoir. Pour eux l'aigle devint celui des oiseaux, et le lion fut le roi des quadrupèdes. La force, l'audace, un goût de rapine et l'habitude de verser le sang furent les marques auxquelles on crut reconnaître les dominateurs de créatures qui, plus indépen-

dantes que nous, n'en ont jamais reconnu. La mythologie fit de l'aigle l'oiseau de Jupiter, parce que, dans son vol hardi, il semblait s'élancer aux cieux, où l'on plaçait le trône de la divinité.

Les aigles ont le bec fort et tranchant, les pieds nerveux, les doigts robustes, armés d'ongles puissants et très-aigus, les ailes étendues et infatigables, la vue perçante, l'air farouche et le caractère féroce. Ils se retirent dans les rochers inaccessibles, où l'énorme quantité de nourriture qu'exige leur insatiable appétit les force à vivre solitaires au milieu des ossements blanchis de leurs victimes.

Longtemps les aigles ont été pour les naturalistes un genre d'oiseaux de rapine que leur force et leur taille semblaient isoler au milieu des êtres que l'on regardait comme leurs sujets. Linné, que n'a point ébloui une suprématie purement hypothétique, n'a vu en eux que de simples faucons, et les a rangés avec la plupart des oiseaux de proie, soit qu'ils fussent réputés nobles, soit qu'on les regardât comme ignobles; dans un seul et même genre, dont ils ne forment véritablement qu'une simple section. *Voyez* FAUCON.

Comme l'aigle était censé l'oiseau du maître du tonnerre, on en fit aussi le symbole de la puissance et le compagnon de tous les dominateurs. De là l'usage d'en porter l'image en tête des gens de guerre, usage qui, des légions romaines transmis jusqu'à nous, se perpétua d'empire en empire, parce qu'il est de la nature humaine d'imiter toujours ce qui se fit une fois. Et comme l'adoption de l'aigle pour insigne de l'empire passa des Romains aux peuples modernes dans ces temps de barbarie où l'ignorance fut presque toujours la compagne du pouvoir, en devenant un caractère héraldique, le nom de l'animal changea de genre; de sorte qu'en terme de blason, on dit l'aigle autrichienne ou impériale, tandis que dans le langage scientifique ou habituel le mot aigle est masculin. On appelle aiglon le petit de l'aigle.

Cependant en cherchant dans la force et dans la férocité de l'aigle l'image de la royauté, on ne cessa de l'ennoblir; partout ce compagnon de Jupiter le suit et veille à la garde de ses foudres vengeurs; mais soit que Jupiter courroucé punisse les hommes en les exterminant par les eaux d'un déluge, soit qu'il les frappe et les anéantisse des feux de son tonnerre, il ne fait jamais de son aigle l'exécuteur de ses sentences sanglantes ou le bourreau de ses victimes; c'est le vautour qui, dans de telles circonstances, est chargé d'un horrible ministère que les rois de la terre n'ont pas toujours regardé comme indigne d'eux. Dans un temps voisin de l'époque actuelle, on a vu un monarque réformateur d'un grand empire, dont l'aigle est aussi l'emblème, couper lui-même la tête des coupables qu'il avait condamnés.

L'énorme quantité de nourriture qu'exige le vorace appétit de l'aigle le force à vivre solitaire : à peine souffre-t-il que la femelle habite le domaine où il s'est établi. Avide de carnage, il méprise pourtant une proie timide et trop facile : ce n'est que lorsque la faim l'y oblige qu'il se jette sur les petits oiseaux. Il dévore la chair palpitante, il se délecte du sang encore vivant; c'est le tigre de l'air. La plus grande détresse peut seule l'obliger à s'abattre sur des cadavres; nous l'avons vu plus d'une fois planant dans les cieux au-dessus d'un champ de bataille dédaigner d'y descendre, tandis que l'abject vautour y déchirait le corps des braves demeurés sans sépulture. L'aigle supporte des jeûnes rigoureux, et peut vivre longtemps sans manger; il n'en devient que plus redoutable. Quelques espèces vivent de poisson. Ce sont celles-ci qui sont fort grandes et qu'on aperçoit quelquefois perchées, immobiles sur les rochers du rivage dont elles ont la couleur, guetter au loin leur proie à travers les vagues, soit pendant le jour douteux des tempêtes, soit pendant les jours sans nuage des temps les plus sereins, sans que jamais l'obscurité ou l'immense lumière paraisse fatiguer leurs yeux perçants. Les aigles distinguent du plus haut des airs l'humble reptile rampant sur l'herbe, et ne dédaignent pas de fondre sur lui comme un trait. S'il faut en croire Klein, leur existence s'étendrait à plusieurs siècles.

Les naturalistes ont décrit un assez grand nombre d'aigles de toutes les contrées de l'univers où ces oiseaux se trouvent répandus. Parmi ces espèces on doit citer l'*aigle impérial*, dont la femelle n'a pas moins de trois pieds de hauteur. Cet oiseau, dont le cri est sonore et menaçant, quitte rarement les hautes montagnes; il donne la chasse aux daims et aux chevreuils, dont il emporte des quartiers entiers dans son aire, établie dans les rochers inaccessibles, et qui devient un charnier infect par la continuité de tels repas. Ce nid, bâti solidement avec de fortes pièces de bois qui l'étayent, est, comme celui des autres aigles, large et plat; il reçoit, chaque année, deux et quelquefois trois œufs ovales allongés; l'incubation dure trente jours, et dès que les petits sont assez grands pour pourvoir à leur nourriture, ils sont aussitôt chassés non-seulement de l'asile paternel, mais encore du canton, qui bientôt ne pourrait pas suffire à la consommation de la famille augmentée.

Le *Jean-le-Blanc*. Ce nom, bien ignoble pour un aigle, fut imposé par Buffon; l'oiseau qui le porte construit son aire sur les sapins les plus élevés des grandes forêts de la France et de l'Allemagne; il donne de préférence la chasse aux reptiles.

Le *pygargue*, dont l'*orfraie* ou grand aigle de mer n'est qu'un état dans le jeune âge, est celui qui préfère le poisson aux animaux à sang chaud. On admire l'adresse avec laquelle il le saisit de ses serres à la surface d'un étang; sa chair en contracte un goût insupportable.

L'*aigle royal*, celui de Jupiter, ou le plus commun, habite nos grandes forêts, et n'en sort que pour se jeter sur nos troupeaux; les faons, les agneaux et les lièvres composent ordinairement ses repas. Il vient enlever audacieusement les seconds au milieu de leurs pareils, sans que les cris des bergers paraissent l'effrayer beaucoup.

On a quelquefois étendu le nom d'aigle à d'autres animaux de classe différente et qui vivent au sein des mers; ainsi une raie, qui figure assez bien un aigle volant, a été appelée par les naturalistes *raia aquila*. Il n'est pas jusqu'à une coquille qui porte le nom d'aigle; celle-ci (*bulimus bicarinatus*, Brug.), qui appartient au genre agatine du savant de Lamark, était, il y a vingt ans, une des plus rares et hors de prix. On n'en connaissait guère que trois dans les collections; elle s'y est depuis un peu plus répandue, mais n'y est pas moins encore estimée très-cher.

Bory de St.-Vincent.

AIGLE. (*Histoire.*) Aussitôt que les hommes furent en guerre (et ce fut sans doute dès l'origine des sociétés), ils remarquèrent que ceux qui montraient le plus d'ensemble, le plus d'union au moment du combat, restaient les maîtres du champ de bataille; et ils en conclurent que le moyen de fixer la victoire était de se réunir sur un seul point, et de s'y mouvoir avec assez d'ensemble pour former une attaque générale. Ils eurent donc recours à des signes particuliers, qu'on tenait élevés pour qu'on pût les apercevoir de loin et en suivre les mouvements. Ces signes, en cas de déroute, n'étaient pas moins utiles, puisqu'ils servaient à rallier les vaincus.

Une poignée de foin, des figures d'animaux grossièrement imités, remplirent d'abord l'objet que l'on s'était proposé. Les avantages que procurèrent ces enseignes leur furent bientôt attribués par l'ignorance et la crédulité, et la reconnaissance publique les considéra comme des divinités tutélaires; c'est ce que nous apprend Diodore de Sicile : « Les Égyptiens, dit-il, combattaient autrefois sans ordre, et étaient souvent défaits par leurs ennemis; ils prirent enfin des enseignes pour guider leurs troupes. Ces enseignes furent les effigies des animaux dont ils font aujourd'hui l'objet de leur vénération. Les chefs les portaient au haut de leurs piques, et chacun reconnaissait ainsi le corps dont il faisait partie. »

Si les Égyptiens imaginèrent les enseignes, ce fut chez les Perses que l'aigle apparut pour la première fois ; c'était, au dire de Xénophon, leur enseigne principale , l'enseigne de leurs rois , lorsqu'ils se mettaient à la tête des armées; « L'enseigne royale de Cyrus, dit cet historien, était une aigle d'or au haut d'une pique ; et depuis ce temps les rois de Perse n'en ont point eu d'autre. » Quinte-Curce s'accorde en ce point avec Xénophon.

L'aigle, emblème de la république romaine, partageait avec d'autres enseignes la gloire de guider les armées à la victoire, lorsque Marius, dans son second consulat, la consacra exclusivement aux légions (an 650 de la fondation de Rome), et renonça tout à fait aux autres. Les premières aigles avaient été de bois ; on y ajouta des couronnes, puis on les remplaça par des aigles d'argent avec des foudres en or ; enfin, au temps de César, les aigles étaient d'or et n'avaient plus de foudres.

L'importance attachée de tout temps à l'aigle s'accrut singulièrement depuis que Marius en eut fait la principale enseigne des armées romaines ; sous Valentinien II (quatrième siècle), au dire de Végèce, les légions, bien que composées de barbares, se réunissaient encore autour de l'aigle.

L'aigle survécut à la légion, car on la voit dans les armées de Justinien et dans celles de ses successeurs. Devenue emblème de la puissance impériale, elle fut conservée jusqu'à la fin par les empereurs grecs ; et ce fut aux aigles brodées sur ses brodequins de pourpre que fut reconnu le corps de Constantin Dracosès , après la prise de Constantinople.

En Occident, l'aigle avait disparu avec l'empire ; elle reparut lorsque les princes carlovingiens mirent sur leur tête la couronne impériale. Dans la guerre entre Louis le Débonnaire et Lothaire, on voit ce dernier se désigner comme empereur, en s'emparant de l'aigle que renfermait le palais d'Aix-la-Chapelle. A la bataille de Bouvines, Othon avait pour enseigne une aigle dorée qu'il perdit dans sa retraite.

L'époque à laquelle apparut l'*aigle éployée à deux têtes* est des plus incertaines. Elle datait, selon le poëte italien il Trissino , de la division de l'empire romain sous Constantin, puisque l'empire, malgré cette apparente division, ne formait qu'un seul corps avec deux têtes. Mais aucun fait, aucun monument ne justifie la supposition du poëte.

En Orient, on ne rencontre l'*aigle à deux têtes* que fort tard, sous les princes de la famille de Lascaris , et sous Jean Paléologue, l'un des derniers empereurs de Constantinople.

En Occident, Charlemagne avait, dit-on, adopté l'*aigle éployée* ; on a même prétendu la retrouver sur des monuments de cette épo-

que. Il paraît toutefois démontré que l'aigle à deux têtes ne se montra pour la première fois, dans les armes de l'Empire, où elle figure encore aujourd'hui, que sous Sigismond, qui commença à régner en 1410.

L'aigle impériale prit bientôt place sur les armoiries des grands vassaux de l'Empire ; ce fut ainsi qu'elle passa des armes de Brandebourg dans celles du royaume de Prusse, où elle est de *sable, éployée et couronnée d'or, sur un champ d'argent*.

L'aigle se retrouvait encore dans les armes d'une autre puissance dont le nom même est effacé aujourd'hui ; le royaume de Pologne réclamait la priorité pour le droit de porter cet oiseau dans ses armes. Si l'on en croit les annales polonaises, l'aigle fut adoptée, en 550, par le roi Lech, fondateur du royaume, à cause d'un nid d'aigles blancs qu'il trouva dans le lieu même où il bâtit la ville de Goësne. Sans ajouter foi à cette origine fabuleuse, il n'en est pas moins vrai que l'*aigle blanc* de Pologne remonte à des temps fort éloignés de nous.

Il n'en est pas de même de l'aigle russe. Les armes de la Russie étaient autrefois, pour Moscou, saint George tuant un dragon avec une lance. Ce fut le tzar Iwan Wassiliévitch (seizième siècle) qui, le premier, prit pour armes de l'empire une *aigle noire à deux têtes couronnée, sur un champ d'or*.

L'aigle se trouvait également dans les armes du royaume de Hongrie, dans celles de Sicile , de Castille , de Sardaigne , de Genève , de Venise , de Modène , etc. ; elle figurait sur les pavillons de plusieurs puissances maritimes ; elle était l'emblème d'un grand nombre d'ordres de chevalerie, parmi lesquels nous citerons, comme le plus ancien, l'ordre Teutonique, fondé en 1148, à Jérusalem ; puis l'ordre de l'Aigle Blanc de Pologne, qui remonte au commencement du quatorzième siècle ; l'ordre de l'Aigle Rouge de Prusse, qui date du milieu du dix-septième siècle ; l'ordre de l'Aigle Noir, fondé en 1701, par le roi Frédéric Ier, la veille de son couronnement à Kœnigsberg ; les deux ordres russes de Saint-André et de Saint-Alexandre Newski, etc., etc.

Les Américains, après avoir secoué le joug de l'Angleterre, voulant consacrer la mémoire de leur indépendance, et témoigner leur reconnaissance à ceux qui s'étaient distingués dans la guerre, instituèrent, sous le nom de *Cincinnatus*, une société dont l'aigle fut la décoration. La jalousie qu'excite, dans les républiques, toute espèce de distinction, fit rejeter cette institution dès sa naissance ; mais l'aigle conserva sa place sur le drapeau américain.

L'Angleterre et la France étaient donc, à la fin du siècle dernier, pour ainsi dire, les seules puissances chez lesquelles l'aigle n'eût point trouvé accueil. Les Anglais même ne semblaient avoir pensé à ce noble oiseau que pour le vouer à une sorte d'infamie, en le figurant, dans leurs anciennes guerres, sur le dos des captifs, ainsi que le rapporte Saxo Grammaticus.

Mais quand Napoléon eut placé sur sa tête la couronne impériale, il déclara que l'aigle figurerait sur le sceau de l'empire français, et qu'elle deviendrait le signe distinctif de l'empereur et de la nation française.

Pendant dix années, la gloire des aigles françaises rivalisa avec celle des aigles romaines ; puis toute cette gloire s'évanouit, et il ne resta à la France, après tant de conquêtes et de victoires, que le souvenir amer de deux invasions ! Am. DUPONT.

AIGRE. (*Agriculture.*) On dit d'une terre qu'elle est aigre quand elle est essentiellement marneuse. Cette nature de terrain est difficile à cultiver ; elle offre une texture impénétrable à l'eau, devient dure comme la pierre par la sécheresse, et se transforme en marais par la pluie.

AIGRETTE. (*Histoire naturelle.*) Les botanistes désignent ainsi des appendices, de forme et de structure très-variées, qui couronnent le fruit ou les graines de certaines plantes, particulièrement dans la famille des synanthérées. L'aigrette est sessile ou pédiculée, et elle est en outre ou membraneuse (la chicorée), ou squammeuse (l'œillet d'Inde), ou soyeuse (les chardons), ou enfin poilue ou plumeuse (scorsonnère et pissenlit). Elle a pour usage de garantir la semence de la pluie qui pourrait la pourrir, et de lui servir de support et d'aile pour la transporter et la disséminer au loin par les vents, lorsqu'elle se détache de la plante au moment de sa maturité.

En ornithologie, le nom d'aigrette sert tantôt à désigner les plumes qui ornent la tête ou d'autres parties du corps de certains oiseaux, tantôt à spécifier l'oiseau lui-même qui porte cet ornement. C'est ainsi qu'on appelle *aigrette* une espèce de héron (*ardea egretta* ou *garzetta*), à cause des longues et belles plumes, blanches et soyeuses, qu'il porte sur le dos, lesquelles, dit Buffon, servent à faire des aigrettes pour embellir et relever la coiffure des femmes, le casque des guerriers et le turban des sultans.

On donne aussi ce nom, dans le département de l'Ain, à une espèce d'*hirondelle de mer* qui fréquente les nombreux étangs de la Bresse.

Les zoologistes appellent encore de ce nom une espèce de singe du genre macaque, qui a une touffe de poils au milieu du front.

Les amateurs et les marchands naturalistes donnent le même nom à plusieurs espèces de coquilles qui appartiennent à différents genres.

Enfin on désigne sous le nom d'*aigrette*, en entomologie, les faisceaux de poils qui se trouvent sur une partie quelconque du corps des insectes, et qui sont tantôt simples, et tantôt en forme de plumet.

DUPONCHEL père.

AIGRETTE. (*Art militaire.*) Chez les anciens, l'aigrette, parure du casque, était ou une poignée de crins qui flottaient derrière la nuque, ou une touffe de plumes, soit blanches, soit rouges, soit noires, qui s'élevaient d'un pied et demi, ou une plaque de métal, tantôt dorée, tantôt argentée, toujours jetant un vif éclat. Suivant Pline, l'aigrette, que les Latins appelaient indifféremment *crista* et *pinna*, était d'invention carienne. Les Romains des premiers siècles n'en firent point usage, ils l'empruntèrent plus tard des Samnites. Leurs généraux l'avaient d'abord méprisée comme un ornement inutile : *Cristæ vulnera non faciunt*, disaient-ils ; mais ils remarquèrent ensuite que cet ornement, ajouté à la taille des soldats, les faisait paraître, non pas une fois aussi grands qu'ils l'étaient, comme le prétend Polybe, mais du moins beaucoup plus grands, et pouvait par cette raison inspirer une sorte de terreur à leurs ennemis. En conséquence, tous les légionnaires, excepté les vélites, portèrent sur leurs casques un panache de trois hautes plumes droites. Au temps de Végèce, les casques des centurions ne différaient de ceux des simples soldats que par leur aigrette, qui était ordinairement en métal. Dans la suite, il n'y eut que les officiers qui portèrent des aigrettes, et ces aigrettes furent plutôt en crins qu'en plumes.

L'aigrette moderne, l'aigrette proprement dite, est de plumes ; elle est de plumes blanches qui proviennent d'une espèce de héron précisément appelé *aigrette*. Les Goths en introduisirent la mode dans les carronsels du moyen âge ; mais ce fut des Orientaux surtout, et à la suite de l'expédition d'Égypte, que les généraux français l'adoptèrent, car ils avaient vu de grands dignitaires turcs en porter jusqu'à trois à leur turban. Sous l'empire, l'aigrette passa des généraux aux soldats. Elle fut donnée en 1812 aux grenadiers, aux carabiniers et aux voltigeurs de l'armée française, et se porta au-dessus de la cocarde du shako ; mais au lieu d'être en plumes, elle fut en crins écarlates pour les carabiniers et les grenadiers, en crins jaunes pour les voltigeurs, et eut la forme d'une poire renversée. Abandonnée au commencement de la restauration, l'aigrette de 1812 reparut en 1821 ; seulement celle des voltigeurs devint jonquille, de jaune qu'elle était. L'année suivante, on donna une aigrette de plumes de vautour aux officiers de l'état-major de l'infanterie de ligne.

En 1832, toutes les aigrettes ont été supprimées, et des pompons de laine rouge ou jaune, offrant à peu près l'aspect d'une grenade enflammée, sont venus prendre leur place. Ces pompons eux-mêmes ont disparu de la coiffure adoptée pour certains régiments qui ont servi en Afrique, et il ne faut pas les regretter, car ils ne servaient absolument à rien. Au temps où les soldats combattaient corps à corps, il importait de leur donner un appareil imposant; mais aujourd'hui que les troupes s'approchent rarement à cent cinquante pas, à quoi serviraient, pour notre infanterie, même les grands panaches cariens ou samnites?

RHUME.

AIGU. (*Musique.*) Se dit d'un son perçant ou élevé par rapport à un autre son. On voit par cette définition que le mot *aigu* est opposé au mot *grave*, mais qu'il faut toujours une comparaison entre deux sons pour donner une idée juste du grave et de l'aigu; car un son grave, par rapport à un son plus aigu, peut devenir lui-même aigu par rapport à un son plus grave; mais, pour la définition la plus juste, il faut dire que, dans deux sons comparés, plus les vibrations du corps sonore sont fréquentes, plus le son est aigu. BERTON.

AIGUADE. (*Marine.*) Lieu où les navires peuvent trouver de l'eau douce pour remplacer celle qu'ils ont consommée à la mer.

AIGUEBELLE, *Aqua bella.* (*Géographie.*) Ville des États Sardes, duché de Savoie, sur l'Arco et sur la route d'Italie par le mont Cenis. C'est une ville de commerce. Le roi de Sardaigne y fut battu en 1742 par les Français et les Espagnols.

AIGUE-MARINE. (*Minéralogie.*) *Aqua marina.* L'aigue-marine est une variété d'émeraude commune ou de béryl, qui, par sa couleur glauque, rappelle celle de l'eau de mer. Ces pierres, d'un joli effet, sont fort employées en bijouterie, et le prix en est peu élevé. La Russie et le Brésil fournissent presque toutes les aigues-marines qui se trouvent dans le commerce. Une variété de *corindon hyalin*, dont la couleur se rapproche de l'aigue-marine, a reçu des lapidaires le nom d'*aigue-marine orientale*. Voyez BÉRYL et CORINDON.

AIGUES-MORTES, *Rhodanusia*, *Aquæ mortuæ.* (*Géographie.*) Petite ville du département du Gard, située dans une contrée marécageuse, non loin des importantes salines de Peccais, à la jonction des canaux de Beaucaire, de la Radelle, du Bourgidon, avec celui de la Grande-Roubine, par lequel elle communique à la Méditerranée. Aigues-Mortes doit son origine à une abbaye de bénédictins, du nom de *Psalmodi*, détruite par les Sarrasins, en 725, et rebâtie par Charlemagne en 780. En 1248, saint Louis acquit des moines de Psalmodi la ville naissante, en fit restaurer le port, et s'y embarqua pour la croisade, une première fois en 1248, une seconde en 1270. De là est venue l'opinion que la mer baignait alors les murs d'Aigues-Mortes; mais il est démontré qu'elle en était séparée comme à présent par un intervalle de quatre kilomètres, et que la ville n'avait d'autre port que le Grau-Louis et l'Étang-de-la-ville, par où les eaux de la mer arrivaient jusqu'à elle.

Aigues-Mortes fut entourée de remparts par Philippe le Hardi, et elle jouit quelque temps d'une grande prospérité, que vint détruire l'ensablement de son port. Des travaux de réparation furent entrepris sous Charles VI, et continués sous François Ier, sous Henri IV et sous Louis XIII. C'est à ce dernier prince que la ville doit l'ouverture du Grau-Louis, son port actuel. Napoléon aussi entreprit de restaurer le port d'Aigues-Mortes. Mais tous ces travaux ne purent ramener dans cette ville la richesse, qu'éloignèrent au reste un climat malsain et le voisinage des marais qui engendrent des fièvres mortelles. En 1774, Aigues-Mortes, qui, d'après l'étendue de ses remparts, n'avait pas autrefois moins de 10,000 habitants, n'en comptait plus que 1,600. Depuis cette époque, la population s'est un peu augmentée; elle s'élève aujourd'hui à 3,400 âmes.

Les Bourguignons furent assiégés et pris dans Aigues-Mortes en 1421. François Ier et Charles-Quint y eurent une entrevue en 1538. Les calvinistes la prirent en 1575.

Aigues-Mortes est remarquable par la physionomie particulière que lui donnent ses remparts construits sur le plan des murs de Damiette, son château, la tour Carbonnière, la tour de Constance. Un phare est établi sur la côte. Il y a à Aigues-Mortes une fabrique de soude; il s'y fait un commerce considérable de poisson frais et salé, et de sel produit par les salines de Peccais. C'est la patrie de Théaulon, auteur dramatique, mort récemment.

Pietro (J.-M. di), *Notice sur la ville d'Aigues-Mortes*, in-8° et pl. 1831.

G.

AIGUILLES. (*Technologie.*) On rencontre dans les arts industriels une grande quantité de petits instruments, la plupart en acier poli, qui portent le nom d'aiguilles, et sont employés à des usages différents. À l'exception des aiguilles de boussole, des aiguilles démontre et de pendule, de celles qui servent au métier à bas, et de quelques autres encore, mais de bien peu d'importance, on peut considérer les aiguilles comme destinées à réunir des parties séparées d'une ou de plusieurs substances, d'une certaine consistance, pour en faire un tout solide, à l'aide d'un fil formé d'une substance flexible dont l'aiguille aide et facilite l'introduction dans les diverses parties qu'on veut rapprocher. Le tailleur, la lingère, emploient des aiguilles de cette espèce pour coudre les étoffes; le chirurgien se sert d'instruments semblables pour rapprocher les parties qu'il a été obligé de séparer par une opération sur le corps humain, etc., etc. Toutes ces différentes sortes d'aiguilles ne varient guère que par leur forme, et peuvent être ramenées, pour la fabrication, à celle des aiguilles à coudre, qu'il importe le plus de connaître. Nous allons donc, aussi succinctement qu'il est possible, donner une idée de ce genre de manufacture; nous parlerons plus tard des autres sortes d'aiguilles.

Une aiguille à coudre peut être considérée sensiblement comme un cylindre dont le diamètre et la longueur varient selon les cas, mais dont un bout est en pointe très-déliée, et l'autre bout, appelé *tête*, porte un trou ordinairement oblong pour recevoir le fil qu'on veut introduire dans l'étoffe au moyen de l'aiguille qui ouvre le passage.

Quand on considère, 1° la *simplicité* d'une aiguille, 2° sa *petitesse*, 3° son *prix modique*, on serait porté à croire que ce petit instrument n'exige ni un long travail ni une main-d'œuvre compliquée. Cependant, lorsqu'on apprend que chaque aiguille, quelle que soit sa dimension, passe entre les mains de plus de cent vingt ouvriers différents avant d'être entièrement terminée, on ne peut se défendre d'un mouvement de surprise.

Les aiguilles sont fabriquées avec de l'acier très-pur, tiré à la filière d'un diamètre convenable à la grosseur de celles qu'on veut faire. (*Voyez* TRÉFILERIE.) Le premier soin du fabricant est de s'assurer si l'acier qu'on lui envoie en bottes, de la tréfilerie, est de bonne qualité, et s'il est d'une grosseur uniforme dans toute sa longueur. Pour s'assurer de sa qualité, il en coupe quelques bouts de chaque botte, les fait rougir dans un petit fourneau, les trempe dans l'eau froide, et les casse ensuite entre les doigts. Il rejette les bottes de ceux qui plient sans casser, et met à part ceux qui cassent le plus nettement, pour les employer à fabriquer les aiguilles dites *anglaises*.

On se sert d'une jauge pour s'assurer que le fil est d'égale grosseur partout. La jauge du fabricant d'aiguilles est une plaque en acier, sur les bords de laquelle on pratique des trous d'environ une ligne de diamètre, puis avec une lime très-mince on fait une entaille qui crève dans le trou. Chaque entaille est d'une largeur différente, selon la grosseur des aiguilles. On présente par ci-par-là, à l'entaille de la jauge, des fils de la botte dans laquelle on a d'abord essayé le fil, mais sans les délier, et s'ils entrent tous avec la même facilité, on

reçoit la botte; dans le cas contraire, on la renvoie à la tréfilerie.

Le fil est d'abord dévidé sur un rouet d'une forme particulière, et la nouvelle botte est coupée avec de grosses cisailles aux deux extrémités du même diamètre : ces fils sont ensuite coupés de la longueur de deux aiguilles, à l'aide d'un mandrin qui fixe la longueur d'une manière invariable pour les aiguilles de même qualité.

Un ouvrier dresse ces fils au nombre de six mille à la fois avec la plus grande facilité; un autre les aiguise par les deux bouts pour faire les deux pointes; il en aiguise environ soixante à la fois, en les faisant rouler entre le pouce et l'index. Cette opération, qu'on nomme *dégrossissage*, se fait sur une meule à sec. On coupe les fils de la longueur que doit avoir l'aiguille à l'aide d'un second mandrin, et on les donne au *palmeur*, chargé d'aplatir la tête des aiguilles. Cet ouvrier range dans une boîte les aiguilles, au fur et à mesure qu'il les *palme*, les pointes toutes d'un côté. Après qu'on a recuit les aiguilles dans un four, on les donne au *perceur* : celui-ci les pose sur un tas, les perce avec un poinçon, d'abord sur un côté, ensuite sur l'autre; on appelle cette opération *marquer* : il les donne au *troqueur* qui ouvre le trou et le termine. Ce sont des enfants qui font ces deux dernières opérations avec une vitesse incroyable. Ils se font un jeu de percer avec un poinçon le cheveu le plus fin, et ils font passer un autre cheveu au travers.

Un autre ouvrier, nommé l'*évideur*, fait la cannelure et arrondit la tête. On marque d'un Y les aiguilles soignées; on les redresse ensuite, et on les trempe. (*Voyez* ACIER.) On les décrasse, et on les recuit, afin qu'elles ne soient pas aussi cassantes. On redresse à l'aide d'un petit marteau tranchant celles qui se sont faussées, et on les livre au *polisseur*.

Le polissage est l'opération la plus longue et la plus coûteuse, elle dure plusieurs jours; mais cette lenteur est compensée par la grande quantité d'aiguilles qu'on polit à la fois. On en forme des paquets qui en contiennent cinq cent mille, et la même machine, qu'un seul homme dirige et qu'un courant d'eau fait agir, polit en même temps vingt ou trente paquets, c'est-à-dire dix ou quinze millions d'aiguilles.

Après le polissage, on dégraisse les aiguilles dans un tonneau avec de la sciure de bois; on les vanne pour séparer la sciure et les autres saletés, et on les arrange dans une boîte. Les cinq opérations du polissage se répètent jusqu'à dix fois chacune, ensuite on essuie les aiguilles avec un linge, et l'on jette de côté celles qui sont cassées.

On procède au *triage* dans un atelier très-sec. Un ouvrier *détourne* les aiguilles, c'est-à-dire qu'il met toutes les têtes d'un même côté; il sépare toutes celles qui sont défectueuses. Un autre les sépare en deux qualités, en raison du poli plus ou moins brillant. Un troisième ouvrier met à part les aiguilles dont la pointe est cassée. Ce triage se fait avec une grande vitesse et beaucoup de facilité. Un quatrième ouvrier redresse sur un tas celles qui se sont courbées. Un cinquième les sépare en trois parts, selon leurs diverses longueurs.

La mise en paquets et l'affinage sont les dernières opérations; elles occupent encore beaucoup d'ouvriers. L'un coupe les carrés de papier, un second les plie au tiers de leur largeur; un troisième compte d'abord cent aiguilles, il les pèse ensuite, et c'est de ce poids qu'il se sert pour les diviser par centaines; il les met dans le papier : un quatrième achève de plier les paquets. Un cinquième, nommé *bleueur*, imprime à la pointe, sur une très-petite meule, un poli bleuâtre qui a donné le nom à cet ouvrier. Un sixième écrit sur les paquets le numéro des aiguilles, le nom du fabricant et ses marques particulières. Un septième met le sceau de la fabrique. Un huitième, enfin, réunit dix paquets en un pour former des milliers. Les aiguilles ordinaires sont liées avec du fil blanc; les aiguilles dites *anglaises*, avec du fil rouge.

Les véritables aiguilles anglaises sont aisées à distinguer de celles qui n'en sont que l'imitation : les premières ont toujours leurs pointes dans l'axe, ce qu'on aperçoit facilement en les faisant rouler entre le pouce et l'index, tandis que les autres ont le plus souvent leur pointe hors de l'axe.

En considérant une manufacture d'aiguilles, on ne tarde pas à reconnaître que cette variété d'opérations nombreuses, auxquelles chaque aiguille est soumise, porte le cachet de la perfection à laquelle cette fabrication est parvenue. Dans les arts mécaniques, *diviser le travail*, c'est *l'abréger*; multiplier les opérations, c'est le *simplifier*; attacher exclusivement un ouvrier particulier à chacune d'elles, c'est obtenir à la fois *vitesse* et *économie*.

Les aiguilles du métier à bas, celles qui servent à faire les réseaux et les filets, celles des métiers à tissu, celles du piqueur d'étuis, du chandelier, du gainier, du blanchisseur de cire, etc., etc., seront décrites avec les différents arts où l'on en fait usage.

Les aiguilles des chirurgiens ne se font pas en manufacture, leur débit n'est pas assez important. Les couteliers qui s'adonnent à la fabrication des instruments de chirurgie les font à la main et une à une.

Les grosses aiguilles d'emballage, les carrelets, etc., sont des ouvrages grossiers qui ne présentent aucune difficulté; nous ne décrirons pas leur fabrication, qui a beaucoup d'analogie avec celle des aiguilles à coudre.

Aiguille de boussole. On prend une lame d'acier fondu mince, d'une longueur proportionnée au diamètre du cercle sur le centre duquel l'aiguille doit se mouvoir. Après qu'elle a été bien limée, trempée, revenue bleue et polie, on fixe au milieu de sa longueur une *chape* en laiton, ou mieux une agate. Cette chape est creusée d'un trou conique, très-évasé, et bien poli, destiné à recevoir la pointe d'un pivot d'acier trempé et poli, qui a la forme d'une fine aiguille à coudre, dont la pointe est un peu émoussée, arrondie et parfaitement polie. A l'aide de ces précautions, l'aiguille se meut librement et presque sans aucun frottement, de manière que sa pointe peut parcourir tous les points de la circonférence du cercle au centre duquel elle est placée. On a soin, en la limant, et avant de la polir, de laisser, du côté qui doit se tourner vers le *sud*, un peu plus de matière afin que l'aiguille se maintienne horizontale après qu'elle sera *aimantée*. On sait en effet, que l'action de l'*aimant* fait incliner l'aiguille du côté du *nord*; c'est dans la vue d'équilibrer cette force qu'on laisse un peu plus de matière du côté *sud*. Lorsque l'aiguille est terminée, on *bleuit* le côté qui doit se trouver vers le *nord*, et après qu'elle est ainsi confectionnée, il ne reste plus qu'à l'*aimanter*.

LENORMAND et MELLET.

AIGUILLE AIMANTÉE (*Physique.*) Un fil d'acier très-délié, librement suspendu par son centre de gravité à un fil de soie, telle est l'aiguille aimantée la plus simple. Cet instrument sert à reconnaître la présence des fluides magnétiques dans un corps, et la direction de leurs courants sur la terre. L'une de ses extrémités regarde constamment le nord (pôle boréal), tandis que l'autre est dirigée vers le sud (pôle austral). Cependant, le pôle magnétique ne correspond pas directement au pôle de la terre; il en diffère d'environ 9 degrés, d'après les observations récentes des capitaines Ross et Parry. Si l'on met l'aiguille en équilibre sur un pivot, et que, pour l'empêcher d'incliner, on charge d'un petit contrepoids l'extrémité australe, on remarque qu'elle dévie de la ligne méridienne comme elle déviait de l'horizontale. Au moyen d'un cercle gradué, on a constaté que la déclinaison était, en 1832, de 22° 31' pour Paris (*voyez* DÉCLINAISON). Ainsi suspendue, cette aiguille ne conserve pas la position horizontale; elle s'abaisse par l'une de ses extrémités. Au moyen d'un cercle gradué vertical approché de l'aiguille, on a trouvé qu'elle inclinait à Paris (par exemple en 1831) de 67° 40'. *Voyez* INCLINAISON.   HOEFER.

AIGUILLE. (*Médecine opératoire.*) On a donné ce nom en chirurgie à des instruments divers qui se rapprochent par leur usage tantôt de l'aiguille à coudre, tantôt de l'aiguille à passer, ou qui même n'ont d'aiguille que le nom. Les aiguilles à acupuncture ont été décrites à ce mot. Les aiguilles dont on se sert pour pratiquer les sutures dans le cas de plaies qu'on veut réunir (*Voyez* PLAIES) sont droites ou courbes, rondes ou plates. L'aiguille à séton, instrument assez peu employé, est plate, et de forme lancéolée vers sa pointe; elle a été modifiée de plusieurs manières. L'aiguille à cataracte est une petite lance à pointe droite ou un peu courbe sur le plat et ajustée à un manche léger sur lequel un petit point de couleur tranchante indique la face qui correspond au plat de l'aiguille. Enfin on a désigné sous le nom d'*aiguille* de Deschamps un instrument inventé par ce chirurgien pour passer les ligatures sous les vaisseaux profonds. *Voyez* ACUPUNCTURE, SUTURE, SÉTON, VACCINATION, INOCULATION, CATARACTE, LIGATURE.

A. L.

AIGUILLETTE. (*Art militaire.*) L'aiguillette, marque distinctive que certains militaires portent sur l'épaule, est un nœud formé d'une ou de plusieurs ganses, dont les bouts se terminent par de petits tubes métalliques qui s'appellent ferrets et qui ressemblent à de grossières aiguilles.

Les aiguillettes n'ont pas toujours été un ornement d'uniforme. Il en existait avant même que les troupes eussent pris l'uniforme, et ce n'étaient alors que des cordons, des rubans, qui, employés à profusion dans tous les costumes, y faisaient l'office des boutons et des boutonnières d'aujourd'hui. Toutefois, outre qu'elles servaient à attacher les unes aux autres les différentes parties de l'habillement, elles servaient encore à soutenir les différentes pièces de l'armure.

Non-seulement les aiguillettes n'ont pas toujours été une parure militaire, mais on les voit, au temps de Louis IX, servir de note d'infamie. Étienne Pasquier dans ses *Recherches de la France*, livre VII, chapitre 33, mentionne une ordonnance par laquelle saint Louis enjoint aux filles de joie de porter une aiguillette sur l'épaule, afin qu'on puisse aisément les distinguer des femmes honnêtes. Comment l'aiguillette, vouée à un si vil usage, se releva-t-elle plus tard dans l'opinion publique, et, lorsqu'elle eut tout à fait disparu du costume ordinaire, comment trouva-t-elle un dernier asile sur l'épaule des braves? Les opinions à cet égard ne sont pas moins controversées que s'il s'agissait de quelque important problème historique. Selon certains auteurs, un jour que le fameux duc d'Albe menaçait un corps de Flamands qu'il commandait en personne et qui avaient mal fait leur devoir, de punir désormais par la corde le moindre acte de lâcheté, ces soldats auraient déclaré à leur général que, pour lui prouver combien ils étaient sûrs de ne pas encourir ce châtiment, ils porteraient à l'avance une corde et un clou sur l'épaule, et telle serait l'origine de l'aiguillette. D'autres écrivains ont rapporté que les dragons de la milice autrichienne, dans le siècle de leur création, portaient la corde à fourrage à la place et à la manière dont on porte maintenant l'aiguillette sur l'habit. On a encore prétendu que l'aiguillette avait d'abord servi, non-seulement à lier le fourrage, mais à attacher les captifs, les malfaiteurs, les criminels. Pour notre compte, nous avouons en toute humilité, que nous ne voyons guère ce qu'un nœud coulant, une corde à lier du foin, ou une espèce de laisse, peut avoir de commun avec le nœud de passementerie qui se porte ou s'est porté comme décoration dans presque toutes les armées modernes. Était-il donc nécessaire d'aller si loin pour trouver si peu? Ne doit-il pas suffire de rappeler que, quand s'introduisit la mode des écharpes militaires, on les retint sur l'armure au moyen d'une aiguillette de couleur distincte? Cet usage de l'aiguillette était tellement établi, que dans les jugements de Dieu, si la peine de mort ou celle de la mutilation était prononcée, on coupait les aiguillettes aux vaincus pour disperser leurs armes sur le champ de bataille et flétrir ainsi ce qui avait appartenu aux condamnés. De même, un chevalier victorieux en champ clos pouvait couper l'aiguillette à son ennemi terrassé; c'est-à-dire lui arracher ses couleurs, ses livrées, son écharpe, honte à laquelle la mort était préférable.

Lorsque les justaucorps remplacèrent les casaques et que les écharpes furent supprimées, les corps réguliers prirent l'aiguillette pour signe de ralliement; ils la portèrent à la livrée de leurs chefs, et ce fut pour la cavalerie comme pour l'infanterie une addition à l'uniforme qui était encore mal déterminé. Peu après l'adoption générale des armes à feu portatives, l'infanterie renonça à son aiguillette, qu'elle remplaça par la cocarde, mais la cavalerie conserva la sienne jusqu'au milieu du dernier siècle, et elle était de laine pour la troupe, d'or ou d'argent pour les officiers. Vers la fin du règne de Louis XV, la maréchaussée et quelques régiments de princes portaient seuls l'aiguillette. Sous le règne suivant, elle fut donnée aux *cadets*; dans plusieurs villes, la garde nationale à cheval la prit de sa propre autorité, en 1789. En 1791, la gendarmerie, qui avait succédé à la maréchaussée, se vit enlever cet insigne, et ne le recouvra que vers 1798. La cavalerie de la garde du directoire, la cavalerie de la garde consulaire, la cavalerie de la garde impériale, et les officiers supérieurs de l'infanterie de cette même garde se l'attribuèrent ensuite tour à tour; et, de changements en changements, l'aiguillette en vint à être sous l'empire ce qu'elle a toujours été à peu près depuis, une natte de fil ou de coton pour les hommes, d'or ou d'argent pour les officiers, de fil et de métal pour les sous-officiers, avec accompagnement de flocs, de trèfles, de ferrets et de coulants.

Sous la restauration, tout ce qui tenait à la maison du roi, toute la garde royale et tous les corps royaux à cheval portèrent l'aiguillette. Depuis 1830, elle est spécialement réservée aux officiers d'état-major, aux aides de camp et aux corps de la gendarmerie.

Beaucoup de nations, les Russes, par exemple, et les Anglais, se décorent de l'aiguillette, et les souverains eux-mêmes ne la dédaignent pas. Chez nous, elle ne figure, dans le costume civil, que sur la livrée, de quelques valets.

RUIME.

AIGUILLON, *Aculeus*. (*Histoire naturelle*.) On donne ce nom, en *entomologie*, à un organe toujours situé à l'extrémité de l'abdomen des insectes et des arachnides qui en sont pourvus. C'est une arme seulement défensive chez les abeilles et les bourdons qui vivent du suc des fleurs, mais offensive et défensive tout à la fois chez les guêpes, les frelons, les sphèges, et autres hyménoptères qui se nourrissent de proie vivante, ainsi que chez les scorpions, qui sont dans le même cas. Chez ces derniers, la structure de l'aiguillon est très-simple : il est formé par le dernier segment de l'abdomen, qui se termine en une pointe arquée et très-aiguë. Cette pointe est néanmoins perforée de deux petits trous servant d'issue à un liquide vénéneux contenu dans un réservoir situé à la base de l'aiguillon, c'est-à-dire dans le dernier des six nœuds ou renflements dont se compose la queue de cette arachnide.

Chez les hyménoptères, l'aiguillon est un instrument très-compliqué; et comme son organisation est la même chez tous ceux qui en sont armés, il nous suffira de décrire ici celui de l'abeille, pour en donner une idée aussi complète que possible. Cet instrument, vu à l'œil nu, ressemble à une simple pointe, très-mince et très-acérée; mais si on l'examine à la loupe, on voit que cette pointe se compose d'une gaîne cornée, renfermant deux soies, dont la réunion constitue le dard ou véritable aiguillon. La base ou l'origine de cette gaîne et de son contenu consiste en neuf pièces; quatre de chaque côté, et une médiane en forme de V; les branches de cette dernière, dirigées en avant, s'articulent avec la gaîne.

Toutes ces pièces, innommées jusqu'à présent, sont représentées dans la fig. 10 de la planche 33 d'HIST. NATURELLE; elles sont enveloppées d'une membrane très-résistante, qui adhère aux parois internes du dernier segment de l'abdomen. Leur usage est non-seulement de faire sortir l'aiguillon de l'abdomen et de l'y faire rentrer, mais encore de le diriger dans tous les sens, à la volonté de l'insecte.

Nous avons déjà dit que l'aiguillon se compose de deux soies renfermées dans une gaîne. Celle-ci n'est pas un véritable étui, mais bien une espèce de gouttière dont les bords sont très-rapprochés; et dans laquelle viennent se loger les deux soies. Ces dernières, très-solides, quoique très-grêles, sont sillonnées sur leur face interne, et dentelées extérieurement. Écartées à leur origine, c'est-à-dire à leur point d'attache aux pièces cartilagineuses dont nous avons parlé plus haut, elles peuvent se mouvoir chacune séparément, puis se réunir pour entrer dans la gaîne.

Lorsque l'insecte veut faire usage de son arme, il la fait sortir de son abdomen, en contractant, à diverses reprises, les muscles qui l'attachent au dernier anneau de cette cavité. Les fibres charnues de la base entrent alors en action; la gaîne, au moyen de sa pointe acérée, pénètre dans le corps qu'elle rencontre, et fournit aussitôt un point d'appui à sa base : les muscles de cette partie, en agissant, font mouvoir sur leur coulisse les soies, qui elles-mêmes s'introduisent plus profondément dans la peau ou tout autre corps que la gaîne a percé, et y adhèrent quelquefois d'une manière si intime, à cause des dentelures qui les garnissent extérieurement, que l'aiguillon tout entier se sépare du corps de l'animal, pour rester dans la plaie qu'il a faite; dans ce cas, l'insecte ne tarde point à périr, car cette séparation ne peut se faire sans déchirure du rectum et de l'oviducte.

L'aiguillon n'est pas seulement un instrument piquant; il est encore l'appareil conducteur d'un liquide vénéneux, qui, en s'introduisant dans la plaie, détermine la douleur et les autres symptômes fâcheux dont la piqûre de ces insectes est accompagnée. Ce liquide est sécrété par deux vaisseaux aveugles (en cul-de-sac) qui tiennent lieu de glandes; ils se réunissent en un seul canal, et aboutissent à une vésicule musculeuse qui est le réservoir du venin. Lorsque cette vésicule se contracte, ses parois s'appliquent les unes contre les autres, et le liquide excrété traverse un nouveau canal qui en part, et se termine, après un court trajet, entre les deux soies, à l'endroit où elles s'écartent l'une de l'autre. La liqueur coule le long des sillons que nous avons dit exister sur leur face interne, s'échappe ordinairement par l'extrémité du dard, et se répand enfin dans la blessure que l'aiguillon a produite. La nature de ce liquide est encore à connaître, on sait seulement qu'il se coagule promptement au contact de l'air, qu'il a une saveur styptique, et qu'il ne rougit ni ne verdit les couleurs bleues végétales.

On a indiqué un grand nombre de remèdes pour apaiser la douleur produite par les piqûres d'abeille, ou de tout autre insecte porte-aiguillon. On a préconisé tour à tour l'ammoniaque, l'huile d'olive, l'eau-de-vie, la salive; mais aucun de ces remèdes ne jouit d'effets bien marqués. Un moyen qui réussit assez souvent, c'est de sucer pendant un quart d'heure environ l'endroit piqué, si cela est possible. On doit aussi avoir soin, lorsque l'aiguillon est resté dans la plaie, d'en couper la base avec des ciseaux, ou de l'arracher avec des pinces, en les plaçant le plus près possible de la peau; car si on saisissait la base, on presserait la vésicule qui renferme le venin, dont on favoriserait ainsi l'écoulement dans la blessure.

Nous ne devons pas terminer cet article sans faire observer que les mâles des hyménoptères sont toujours dépourvus d'aiguillon, et que cette arme n'existe par conséquent que chez les femelles, et chez les neutres, qui ne sont que des femelles dont les organes sexuels sont restés à l'état rudimentaire, dans les espèces vivant en société, comme les abeilles, les bourdons, les guêpes, etc.

Nous devons également faire observer qu'il ne faut pas confondre l'aiguillon, avec un autre organe qui occupe la même place chez d'autres insectes, et qui est connu sous les noms de *tarière* et d'*oviducte*.

Duponchel père.

AIGUISERIE. (*Technologie*). Une aiguiserie est une usine où on aiguise des lames d'instruments tranchants, et où on polit certaines pièces de quincaillerie. Ces deux opérations se font sur des meules en pierre et sur des meules en bois, qui sont mues par une machine à vapeur, une roue hydraulique ou un manége. Les meules en pierre servent à dégrossir; elles sont ordinairement en grès ou en granit tendre. Elles marchent sans eau et font jusqu'à cinq cents tours par minute. Les meules en bois servent à finir l'ouvrage. Ce sont de véritables poulies dont la jante, à sa surface extérieure, est couverte d'une couche d'émeri variant de grosseur selon la finesse de l'ouvrage qu'on veut obtenir et qui y est retenu par un enduit de colle forte. Leur vitesse doit être plus grande encore que celle des meules en pierre; on les mouille ordinairement avec de l'huile.

Quand les pièces à polir sont petites au point qu'il est difficile de les tenir entre les doigts, l'ouvrier les ajuste dans un morceau de bois commode à tenir, et où elles sont fixées invariablement, de manière qu'elles conservent bien, pendant le travail, la position qu'on a voulu leur donner. Quand la meule est sèche, les pièces s'échauffent, et l'ouvrier est alors obligé de les plonger dans l'eau; car cet échauffement a de très-graves inconvénients, notamment celui de détremper les pièces trempées.

C'est à l'aiguiserie que se façonnent les lames de sabres, les baïonnettes, les canons de fusils, les lames de scies, et que s'appointent les aiguilles, les épingles, les pointes de Paris, etc.

Les ouvriers aiguiseurs sont sujets à de très-graves maladies de poitrine, causées par l'aspiration de la poussière qui résulte de l'usure des métaux qu'ils polissent et de l'émeri de leurs meules; cependant on voit dans quelques aiguiseries une disposition qui les protége très-efficacement contre ces accidents et qu'on devrait rencontrer dans toutes les usines de la même nature; c'est un ventilateur qui envoie du vent par des tuyaux près de toutes les meules, et qui éloigne la poussière des ouvriers de manière qu'ils ne puissent pas la respirer. Ce n'est pas d'ailleurs le seul danger attaché à cette profession : il arrive souvent que des éclats se détachent des meules par la rapidité de la rotation, et même que les meules se brisent entièrement. On comprend la gravité des accidents qui en résultent presque toujours. Le seul moyen d'y remédier serait d'employer les grandes meules de préférence aux petites, parce que la force centrifuge, qui est inversement proportionnelle au rayon, y est moins énergique à vitesse égale.

Charles Renier.

AIL. (*Botanique.*) Les botanistes désignent sous cette dénomination non-seulement l'ail proprement dit ou *ail cultivé*, mais encore toutes les espèces analogues qu'ils ont groupées avec lui en un seul et même genre, appartenant à l'hexandrie monogynie dans le système de Linné, et à la famille des liliacées dans la méthode de Jussieu. Ce genre renferme plus de soixante espèces dont quelques-unes, malgré l'odeur forte et âcre des aulx en général, sont cultivées dans nos jardins, à cause du parfum ou de la beauté de leurs fleurs. Ainsi *l'ail fragrant, l'ail blanc, l'ail d'ours*, etc. Mais les espèces qui nous intéressent davantage sont celles que l'on cultive pour l'usage culinaire, à savoir, *l'ail* proprement dit, la *rocambole*, la *ciboule*, la *civette*, l'*échalote*, l'*oignon* et le *poireau*.

L'ail proprement dit est originaire des contrées méridionales de l'Europe. Quand on en sème la graine, elle ne produit la première année qu'un seul bulbe qui, replanté au printemps suivant, devient alors une tête d'ail à plusieurs gousses. Les gousses ont une saveur âcre et une odeur piquante, qui de tout temps ont donné lieu à de grandes différences d'opinions. L'ail était un dieu chez les Égyptiens et il était en horreur aux Grecs. Chez nous, il excite, dans le nord, une répugnance presque générale, et est regardé, dans les provinces du midi, comme un mets délicieux, comme un assaisonnement presque exclusif. Il y a une épode d'Horace dans laquelle le poëte lance contre l'ail de terribles imprécations : il y a une épître de M. de Marcellus où ce poëte de la France méridionale défend avec chaleur la plante chère à ses compatriotes. Du reste, l'ail est un stimulant très-actif, et peut-être utile à certains estomacs, nuisible à d'autres ; on a utilisé en médecine ses propriétés énergiques.

La rocambole ou *ail d'Espagne* produit de petits caïeux ou soboles, d'où elle a pris le nom de *Scorodoprasum*. Elle a les mêmes qualités que l'ail ordinaire, mais à un degré plus faible. Il en est de même de la ciboule, de la ciboulette ou civette, et de l'échalote ou *ail d'Ascalon*, ainsi nommée parce qu'elle est originaire des environs de cette ville.

L'oignon est journellement employé en cuisine. Sa saveur est âcre, mais légèrement sucrée ; son odeur est extrêmement piquante ; mais la cuisson enlève cette âcreté, et met le principe sucré à découvert. Les oignons sont d'autant plus doux que le pays où ils sont cultivés est plus méridional ; aussi l'oignon blanc (moins âcre que le rouge) se mange-t-il cru en Provence et en Italie.

Le poireau, employé aussi journellement comme plante potagère, a de si grands rapports avec l'ail, qu'on l'appelle *ail à tunique*, à cause des tuniques blanches, superposées en forme de cylindre, dont se compose sa racine. Il est moins âcre que l'oignon, mais moins agréable au goût. Alph. R.

AILES. (*Histoire naturelle.*) Organes de la locomotion dans l'air, véritables rames que l'être qui en est muni plie ou développe, selon leurs ressorts et sa volonté, pour trouver un point d'appui suffisant sur le fluide qui l'environne. Les ailes ne sont pas un attribut de l'oiseau ou de l'insecte seulement ; tandis qu'il est des oiseaux et des insectes auxquels la nature a refusé des ailes, il est des mammifères, des reptiles, et jusqu'à des poissons qu'elle en a dotés : les chauves-souris, par exemple, sont des quadrupèdes auxquels le développement des membranes interdigitales et un appareil musculaire approprié ont donné la faculté précieuse de parcourir les airs ; chez ces animaux, des mains et des bras sont devenus de véritables ailes. Il n'en est pas de même des membranes ou extensions de la peau, appelées improprement ailes, qui se voient dans quelques autres animaux d'ordre supérieur, tels que le galéopithèque et l'écureuil volant, ainsi que dans trois espèces de phalangistes. Ces prétendues ailes, qui facilitent, à la vérité, le saut et la rapidité de la course des créatures qui en sont pourvues, n'ouvrent cependant point à celles-ci les routes de l'atmosphère : elles ne sont pas positivement propres au vol, n'étant munies d'aucun appareil qui détermine cette puissance : leur rôle est celui de parachutes ou de voiles, bien plus que celui de rames ou de gouvernail.

Un genre de saurien fossile et perdu, qu'on avait d'abord pris pour un ornitholithe ou oiseau pétrifié, et dont Cuvier sut reconnaître les rapports naturels, était muni d'ailes ainsi que les chauves-souris ; on l'a nommé ptérodactyle : un seul individu en a été trouvé dans les schistes d'Œningen. Aujourd'hui un autre animal de cette même famille des lézards, le dragon, voltige à l'aide de fausses ailes situées horizontalement de chaque côté de l'épine du dos, entre les quatre pattes. Ces parties supplémentaires, membraneuses, couvertes de fines écailles remplaçant les plumes ou les poils, soutenues chacune par six fausses côtes allongées en rayons cartilagineux, portent en l'air, durant quelques instants, le frêle reptile auquel elles ont mérité un nom trop fameux ; mais elles ont bien plus de rapport avec les nageoires des poissons qu'avec l'attribut de l'oiseau ou de la chauve-souris, et c'est d'ailleurs l'une des propriétés des nageoires des poissons qu'elles s'allongent quelquefois aussi en forme d'ailes. Dans ce cas, l'habitant des eaux que la nature a favorisé d'un développement extraordinaire de nageoires, partage, à certains égards, le privilége accordé par elle aux tribus aériennes. Ainsi l'on voit des muges, ou des exocets, échapper aux poursuites des carnassiers de l'Océan en s'élançant hors des vagues pour voltiger à leur surface, où bientôt ils deviennent la proie des oiseaux voraces. C'est un sort digne de pitié que celui de ces pauvres petites bêtes, dit Legat, ancien voyageur, qui remarqua dans ses courses au delà du cap de Bonne-Espérance, où il fut abandonné sur une île déserte, que la faculté de nager et de voler, accordée aux poissons volants, n'était guère que celle de choisir leur tombeau, qu'ils trouvent toujours dans l'estomac d'une dorade ou d'un pétrel. Quant à la forme des nageoires de certains poissons, ainsi qu'à la manière dont ils les agitent, celles de la plupart des raies peuvent être comparées à des ailes ; et de là les noms d'aigle, de colombe, et même d'ange, donnés par les pêcheurs de tous les pays, à des mourines, à des rhinobates, et autres chondroptérygiens, ou poissons dépourvus d'arêtes.

L'aile des oiseaux est plus complète et plus

développée que toutes celles dont il vient d'être question ; c'est l'aile par excellence. Elle est composée d'un appareil solide autour duquel viennent se réunir les tendons, les muscles et les téguments destinés à fixer et à rassembler les plumes qui la recouvrent et lui donnent son principal caractère. Sans ces plumes, l'aile ne serait qu'un bras, un avant-bras et une main, autrement constitués que les mêmes parties dans l'homme et les autres mammifères. On y trouve l'humérus, qui est attaché à une omoplate ainsi qu'à la clavicule, un radius et un cubitus, enfin un véritable carpe et le métacarpe : ces dernières parties sont celles qui ont le plus perdu de la forme qu'elles ont ordinairement dans les mammifères, et quelquefois même il n'est pas facile de les reconnaître. Les plumes qui les garnissent diffèrent quant à la taille, à la forme et à la circonstance, suivant leur position sur l'aile ; aussi leur a-t-on imposé des noms différents. On appelle *rémiges*, ou *pennes*, celles qui composent l'aile proprement dite. Les dix extérieures, dont quatre garnissent la longueur des doigts, sont les *rémiges primaires* ; les *secondaires*, dont le nombre dépasse ordinairement dix, ont leur attache le long de l'avant-bras ; toutes sont aiguës, et d'autant plus roides qu'elles se rapprochent davantage de l'extrémité de l'aile. On aperçoit, en outre, trois ou cinq plumes beaucoup plus petites et plus étroites que les rémiges, qui sont insérées au poignet le long du pouce : elles forment l'*aileron* ou le *fouet de l'aile*. Les plumes molles qui recouvrent les rémiges sont appelées *tectrices*.

Quelques oiseaux ont, entre l'aile et le flanc, une touffe plus ou moins volumineuse de plumes légères, qui paraît destinée à faciliter encore leur vol ; c'est cette touffe qui fait le plus bel ornement des oiseaux de paradis, et qu'on pourrait appeler l'aile supplémentaire. La forme inférieurement concave de l'aile est la plus favorable à l'oiseau pour saisir la colonne d'air sur laquelle il s'appuie ; les muscles qui font mouvoir ce merveilleux appareil sont épais et puissants, attachés à un sternum considérable, dont la forme en bateau facilite encore l'action du vol. Le rapport de l'aile avec la main est encore plus marqué dans certains oiseaux, où une matière cornée, en forme de griffe, termine l'un des doigts, quelquefois même les deux doigts du métacarpe, disposition qui rappelle assez bien l'ongle qui termine ou revêt les doigts du mammifère.

Dans quelques oiseaux, l'aile très-développée facilite un vol soutenu ; ainsi l'on voit l'aigle disparaître dans la nue, la frégate, l'albatros, et plusieurs habitants aériens des lointains parages, se transporter jusqu'à quatre cents lieues des continents, où, suspendus à la surface des mers, ils peuvent promener leurs regards perçants dans un horizon sans bornes. Les petits oiseaux de proie et les hirondelles sont aussi munis d'ailes très-fortes, qui leur donnent la faculté de voler longtemps et de se reposer dans l'atmosphère en y planant ; d'autres oiseaux ont, au contraire, l'aile tellement imparfaite qu'ils sont condamnés à ne pas quitter la terre. Telle est l'autruche, dont les ailes rudimentaires ne servent qu'à accélérer la course dans les déserts ; tels sont les pingouins, dont la position habituellement verticale rappelle celle de l'homme, et qui ne se servent de deux moignons dépourvus de plumes et couverts d'une peau écailleuse que comme de rames lorsqu'ils parcourent les eaux, élément dans lequel ils se plaisent d'autant plus, que la faculté de fendre les airs leur a été refusée.

L'aile n'est pas seulement dans les oiseaux l'appareil propre au vol, c'est encore l'abri protecteur qu'une mère offre à ses petits durant la fraîcheur des nuits ou bien à l'approche du danger.

De tout temps les hommes, jaloux de la faculté de parcourir l'atmosphère, dont la nature a semblé vouloir faire le domaine des oiseaux, ont voulu imiter les ailes qui pouvaient leur donner la même faculté. L'histoire de Dédale et d'Icare vient évidemment de quelques essais faits pour rivaliser avec les peuplades de l'air. De telles tentatives se sont renouvelées de nos jours ; mais aucune n'a pu et ne pourra réussir, parce que c'est moins l'aile, facile à imiter, qui sert pour le vol, que le puissant appareil musculaire qui lui sert d'attache, et dont la composition est au-dessus de nos ressources.

Dans les insectes, les ailes jouent aussi un rôle important : leur nombre, leur nature, leur position, leur nudité, ou la manière dont elles sont recouvertes par des étuis durs, servent de caractères principaux pour établir de grandes coupes dans leurs nombreuses légions. Les uns en ont quatre, d'autres en ont deux, quelques-uns n'en ont point. Ces ailes ne se développent qu'à une certaine époque de la vie. Elles sont tantôt transparentes comme du verre, et munies d'un réseau de nervures qui les fait ressembler à de la gaze, tantôt opaques et revêtues d'une poussière ou d'écailles colorées, telles sont celles des papillons, sur lesquelles la nature s'est plu à répandre les plus brillantes couleurs. Dans les coléoptères, les ailes se replient sous des enveloppes dures qui les garantissent de tout ce qui pourrait les déchirer ; comme elles sont plus longues que ces espèces d'étuis, l'extrémité se replie quand l'insecte est au repos, et cette partie repliée, comparée à l'extrémité de l'aile de l'oiseau, a été appelée l'aileron. C'est à l'article INSECTE que nous donnerons les caractères qui ont été tirés des ailes pour établir la classification de ces animaux. *Voyez* aussi les mots BALAN-CIERS et BOURDONNEMENT.

Les botanistes ont adopté le mot d'aile, dans les plantes, pour désigner des appendices, minces et membraneux, qui s'étendent autour de quelques semences, et qui donnent au vent la facilité de les transporter à de grandes distances; ils l'ont également appliqué aux deux pétales irréguliers et latéraux qui donnent aux fleurs papilionacées quelque ressemblance avec un insecte. Ils ont encore étendu cette dénomination aux parties des plantes qui présentent quelque ressemblance avec des ailes; ainsi ils disent *des feuilles* ou *des tiges ailées*, quand les feuilles présentent des folioles disposées sur deux rangs, ou quand les feuilles sont décurrentes sur les tiges.

BORY DE SAINT-VINCENT.

AILES. (*Architecture.*) Les ailes d'un palais, d'une maison, sont des bâtiments qui, adhérents au corps de logis principal, se retournent d'angle sur ses extrémités; — celles d'une église sont les bas côtés; — celles d'un théâtre sont l'espace qui, tant à droite qu'à gauche de la scène, et dans toute sa profondeur, se trouve déterminé par la saillie des pieds-droits du proscénium sur les murs latéraux du théâtre : c'est dans cet espace que se fait le reculement des châssis et qu'a lieu la circulation des acteurs et des ouvriers de service. — On appelle ailes de pavé, les deux côtés inclinés d'une chaussée, depuis le tas droit jusqu'aux bordures où au ruisseau, s'il y a des revers.

Strabon appelle ailes les murs latéraux du *pronaos* des temples égyptiens. Dans les temples grecs on appelait ailes les colonnades qui environnaient la *cella.* DEBRET.

AILES. (*Art militaire.*) Lorsqu'une armée se range en ordre de bataille, les corps qui forment les deux extrémités de la ligne prennent le nom d'ailes, de même que les troupes qui se sont placées entre les deux ailes prennent celui de centre. Dans une telle disposition, l'aile qui se trouve à la droite du centre en faisant face à l'ennemi, est l'aile droite, l'autre est l'aile gauche, en sorte que quand deux armées viennent en présence, l'aile droite de l'une a pour antagoniste l'aile gauche de l'autre, et, réciproquement, l'aile gauche de celle-ci, l'aile droite de celle-là.

L'usage de diviser ainsi les armées en trois parties distinctes remonte à l'époque où l'art de la guerre prit naissance chez les anciens peuples de l'Orient. Les Grecs, après avoir organisé leur épaisse et lourde phalange, si formidable quand il s'agissait d'attaquer de front ou de combattre de pied ferme, s'aperçurent bientôt que son peu de mobilité en

rendait les flancs extrêmement vulnérables, et alors, pour les couvrir, ils partagèrent toute leur cavalerie en deux troupes, et les placèrent, l'une à droite, l'autre à gauche du front de la phalange. Cet ordre de bataille est plusieurs fois mentionné dans les ouvrages de Thucydide et de Xénophon. Épaminondas, chez les Thébains, Philippe, puis Alexandre, chez les Macédoniens, n'en ont guère employé d'autre.

Des Grecs, cet ordre passa chez les Romains. Eux aussi, ils plaçaient leurs légions pesamment armées au centre de leur ligne, et réservaient pour les ailes leur cavalerie et leurs troupes légères. Le centre, grâce à cette disposition, ne craignait plus d'être tourné par ses flancs, et pouvait garder toute sa force pour agir de front. Les ailes ne jouissaient pas de la même sécurité, car un de leurs flancs restait toujours découvert, mais c'était par cette raison même qu'on ne les formait en général que de cavalerie, afin que la célérité de leurs mouvements leur permît de mieux échapper au péril. Aussi, ce mot d'ailes, que nous avons emprunté à la langue latine, faisait sans doute allusion aux ailes qui couvrent de droite et de gauche le corps d'un oiseau, et indiquait en outre chez les Romains la légèreté que devaient avoir les deux extrémités de l'armée comparativement au centre.

La méthode de placer la cavalerie aux extrémités de la ligne de bataille était si généralement adoptée par les Grecs, que dans leur langue le mot τέλος, qui signifie proprement *extrémité*, se prend quelquefois pour un *corps de cavalerie*. Pareillement, les Romains avaient donné à la cavalerie de leur armée le nom d'*ala*, qui se rencontre sans cesse dans Tacite et dans Végèce. Cependant, Annibal, les Scipion, Jules César, commencèrent à mélanger de plus en plus les deux armes, suivant la formation des armées qu'ils avaient à combattre; et les expressions *alarii equites, cohortes alariæ*, qui se trouvent dans divers auteurs latins, ne laissent aucun doute à cet égard.

Tite-Live, et César dans ses *Commentaires*, se servent aussi des mots *cornu dextrum* et *cornu sinistrum* pour indiquer les ailes d'une armée; c'était probablement par analogie avec la forme que présente la tête d'un taureau et la force qui réside dans cette partie de l'animal. Chez les Grecs, l'aile droite de la phalange s'appelait *la tête* et l'aile gauche *la queue*, ce qui semblerait indiquer simplement que l'ordre de marche était d'habitude par le flanc droit; mais, s'il faut en croire le colonel Carrion-Nisas, auteur d'une excellente *Histoire générale de l'art militaire*, on trouve dans les monuments historiques une autre raison qui expliquerait pourquoi la droite de la phalange se serait appelée la tête et la gauche la queue, non-seulement en répondant à l'idée de l'ordre de marche, mais en se rapportant à l'ordre de combat.

« Nous remarquerons d'abord (c'est Carrion-Nisas qui parle) que chez les anciens le poste d'honneur, celui du général en chef, est non pas au centre, mais à la droite. Cet usage avait passé des Grecs aux Romains, et de la phalange à la légion. Végèce dit positivement, livre III, chapitre 17 : *le général en chef se place entre la cavalerie et l'infanterie de l'aile droite; le second officier général au centre, et le troisième à la gauche.* Ainsi, cette méthode dura fort longtemps dans la légion, quoiqu'il n'y ait jamais eu les mêmes raisons de l'y introduire que dans la phalange.

« Cet usage, chez les Grecs, pouvait venir de la facilité qu'avait, de ce point, le général en chef de se porter au centre du front, qui était fort peu étendu, si on avait à combattre devant soi, ou de se mettre à la tête de la colonne, si l'on marchait par le flanc droit, comme cela arrivait le plus souvent.

« Mais tous ces usages, toutes ces préférences données à la droite avaient une commune et première origine, dont on trouve la trace manifeste, quoique indiquée sans dessein de motiver une prééminence, dans les récits des anciens, et qui est incontestablement la véritable source de cette distinction et de cette espèce de suprématie, constante dans l'antiquité et encore observée de nos jours, de la droite sur la gauche.

« *C'est là la coutume*, lit-on dans Thucydide, *que dans tous les combats l'aile droite s'étende plus que l'autre, ce qui d'abord s'est moins fait à dessein que par hasard et naturellement; car, chacun se serrant pour être plus ferme, chacun se hâtant de se mettre à couvert derrière une partie du bouclier de son camarade de droite, on gagne insensiblement du terrain de ce côté-là : à quoi le premier chef de file aide beaucoup en prenant toujours du large du même côté, pour ne point présenter le flanc découvert, ce qui entraîne insensiblement les autres.*

« On voit clairement par ce passage, et on sent à merveille d'après l'ordonnance et l'armure des Grecs, comment leur ordre de bataille, de parallèle qu'il a dû être primitivement et qu'il a été en effet à l'origine, est devenu naturellement, et sans calcul prémédité, un ordre oblique, dont la droite formait la partie avancée, et se mêlait toujours la première, quelquefois seule, selon que le succès était plus tôt ou plus tard décidé; ce qui dut déterminer un rang plus honorable pour cette droite, plus avancée, plus exposée, et plus tôt victorieuse que la gauche. »

Le général Bardin, dans son *Dictionnaire de l'armée de terre*, prétend que chez nous, à la renaissance de l'art, les mots *aile* et *poste d'honneur* se sont employés l'un pour l'autre, et que, sous Louis XIV, les mots *aile* et *brigade* ont eu quelquefois le même sens.

Aujourd'hui la langue française n'emploie le mot *aile* que pour désigner, comme nous l'avons dit, les troupes formant chacune des deux extrémités d'une ligne de bataille; elle n'a même aucun autre terme à employer comme synonyme, et tous les peuples du monde ont pareillement imité ou traduit l'expression latine. Non que la composition des armées modernes admette plus de légèreté pour les ailes que pour le centre. Au contraire, depuis que la poudre a été inventée, et que le canon joue, sur les champs de bataille, un rôle si important, les troupes, au lieu de rester longtemps menacées sous le feu ennemi, doivent se développer au plus vite et présenter le moins possible de profondeur. Il faut donc que les trois parties de l'armée ne soient ni plus pesantes ni plus légères l'une que l'autre. Seulement, c'est au commandant en chef de répartir les différentes armes, infanterie, cavalerie et artillerie, entre les deux ailes et le centre, suivant que les localités ou les circonstances lui paraissent le demander. D'ordinaire, le centre reste le plus fort; d'ordinaire aussi, les réserves sont placées en arrière du centre, de manière à pouvoir accourir plus tôt au secours de la partie de l'armée qui pliera; et comme les ailes couvrent toujours ce centre, qu'on appelle également *le corps*, la dénomination d'*aile droite* et d'*aile gauche*, même en n'y attachant plus aucune idée de mobilité, ne manque pas encore d'une certaine justesse.

En thèse générale, les ailes sont les parties les plus faibles de l'armée, car elles se trouvent plus éloignées l'une de l'autre que le centre ne l'est de chacune d'elles, et, ne pouvant s'entre-secourir que difficilement, elles sont d'autant plus exposées à être attaquées, débordées, tournées, enveloppées. Aussi les tacticiens ont-ils longtemps recommandé de ne jamais laisser les ailes *en l'air*, c'est-à-dire sans appui, mais de les appuyer toujours à quelque obstacle insurmontable, tel qu'une rivière, un marais, une montagne à pic. Sans doute, ces précautions peuvent quelquefois être utiles; mais il ne faut point voir là une règle de tactique. L'avantage d'appuyer fortement une des ailes n'est pas toujours sans inconvénient. Si, en effet, l'ennemi attaque l'aile opposée avec assez de vigueur pour obliger l'armée à faire un changement de front, elle se trouve par ce fait acculée à l'obstacle qui devait lui servir d'appui, et, si elle plie en cet état de choses, elle est perdue. Mieux vaut donc dire que les trois fractions de l'armée doivent toujours être composées et disposées de telle sorte que chacune puisse se suffire à elle-même pour l'attaque et pour la défense, et que, si l'une est contrainte de plier, il faut que les autres aillent la soutenir jusqu'à ce qu'on ait recours à la réserve.

Une autre question de tactique, qui a été souvent débattue, c'est de savoir si l'armée assaillante doit attaquer par le centre ou par les ailes. Cette question ne nous semble pas pouvoir être résolue absolument. Tout dépend des circonstances. La configuration du terrain offre-t-elle de certain côté une position très-avantageuse; c'est de ce côté qu'il faut ouvrir l'attaque. Les ailes de l'armée adverse peuvent-elles être suffisamment occupées; on cherche à enfoncer le centre, à couper l'armée en deux et à la désorganiser. Importe-t-il de faire changer la direction de la ligne de bataille, pour s'emparer d'une position ou pour acculer l'ennemi sur un obstacle; on attaque celle de ses ailes qui doit amener ce résultat. Enfin, le centre est-il inattaquable, les ailes au contraire présentent-elles un avantage de position à l'assaillant, on attaque les deux ailes à la fois afin d'envelopper le centre. La seule règle générale à suivre dans une bataille, celle que Napoléon observait toujours et qui tant de fois lui a réussi, c'est de porter sur le point d'attaque, quel qu'il soit, des forces supérieures à celles que l'ennemi a sur le même point, et d'atttaquer avec assez de vigueur pour que l'ennemi n'ait pas le temps d'envoyer des renforts.

RHIME.

AIMANT. (*Minéralogie.*) Fer oxydulé de Haüy. Cristallisé ordinairement en octaèdres réguliers, ce métal, d'un gris sombre, se trouve en abondance dans les régions boréales, il y forme souvent des montagnes, comme dans la province de Smoland en Suède. Il se répand en couches épaisses dans les terrains primitifs. C'est avec les *gneiss*, avec le *talc*, dans les granites anciens, comme en Angleterre, en Suède, en Sibérie, à la Chine, en Corse et à l'île d'Elbe; avec le *quartz* et le *mica*, comme en Norwége; c'est dans le *schiste micacé*, comme en Bohême et en Piémont, qu'on le rencontre communément; enfin on le trouve dans les *basaltes*, dans les terrains volcaniques et dans les laves du Vésuve.

HUOT.

AIMANT. (*Physique.*) La pierre qui porte le nom d'aimant est un composé de protoxyde et de peroxyde de fer. Il est à remarquer que plusieurs autres combinaisons analogues (celles du protoxyde avec le peroxyde de nickel, du protoxyde de cobalt avec son peroxyde, du protosulfure de fer avec son persulfure,

etc.) jouissent des propriétés de l'aimant. Lorsqu'on plonge une pierre d'aimant dans la limaille de fer, on voit celle-ci y adhérer. Si l'on présente la pierre à distance, la limaille s'élance attirée par l'aimant. Cette attraction se manifeste dans le vide comme dans l'air, et lors même qu'il y a un corps interposé. En examinant la pierre après cette expérience, on remarque que la limaille n'est pas uniformément répandue sur toute la surface, mais qu'elle est surtout amoncelée autour de deux points opposés où la force magnétique paraît résider plus particulièrement. Ces deux points ont été appelés les *pôles* de l'aimant, et considérés comme les extrémités d'un axe qui traverserait la pierre dans cette direction. On a nommé *équateur* le plan perpendiculaire, qui partage l'aimant par le milieu de son axe. Le fer est à l'aimant ce que les corps pesants sont à l'égard de notre globe. Comme pour l'attraction de la terre, la force attractive de l'aimant décroît à mesure que la distance augmente.

L'attraction est réciproque. On le démontre, en suspendant à des fils deux masses à peu près égales de fer et d'aimant; en les rapprochant lentement l'un de l'autre, on verra les deux corps s'élancer chacun de son côté et se joindre dans l'intervalle qui les sépare, en un point déterminé par l'énergie de l'aimant et de la masse de fer. Si la masse de fer était fixe ou très-considérable, l'aimant seul cheminerait, et réciproquement.

La force attractive n'est pas égale dans toutes les parties de l'aimant. L'expérience suivante le démontre : suspendons une petite balle de fer à un fil très-flexible; ce sera un *pendule magnétique* : présentons-lui à distance un aimant un peu énergique; nous verrons que tous les points de sa surface ne font pas également dévier la balle de fer; que la plus grande déviation a lieu lorsque nous présentons les points appelés les *pôles*, et qu'aux points intermédiaires la déviation est nulle. A ces points intermédiaires on peut donc tracer une ligne où ne s'exerce aucune action attractive. C'est la *ligne moyenne* ou *équateur*. Cette constitution fondamentale de l'aimant explique la figure que trace la limaille de fer que l'on répand autour. La ligne moyenne n'ayant aucune action, les particules de limaille qui s'y trouvent placées, sont attirées par l'un et l'autre pôle, suivant des courbes déterminées par la distance d'où ces particules sont attirées.

Désignons les deux pôles d'un aimant par N. et S. Si l'on présente à l'un de ces pôles un autre aimant, on voit qu'il est successivement attiré et repoussé, selon que l'on présente un pôle ou l'autre. Ainsi le pôle N. de l'un attirera le pôle S. de l'autre et repoussera son pôle

N., et réciproquement : les pôles de *même nom* se repoussent ; les pôles de *noms contraires* s'attirent. Il y a donc là deux forces qui agissent en sens opposé. C'est ce qui explique la neutralité de la ligne moyenne, limite de ces deux forces opposées. De l'existence de ces deux forces on a conclu à l'existence de deux *fluides magnétiques*, dont chacun repousse son semblable et attire l'autre. Dans le fer, qui n'agit pas comme un aimant, les deux fluides se trouvent combinés, c'est-à-dire neutralisés l'un par l'autre ; et on leur donne dans cet état le nom de *fluide naturel*.

Une des propriétés les plus étranges de l'aimant, est la direction constante vers un point de la terre, que prend l'axe d'une pierre d'aimant libre ou suspendue. Si l'on cherche quelle est cette direction qu'affecte l'axe d'un aimant, on reconnaît qu'elle est à peu près parallèle à l'axe de la terre, et que le pôle S de notre aimant est tourné vers le pôle nord du monde, et le pôle N vers le pôle opposé. C'est cette propriété qui a fourni l'idée de la construction de l'aiguille aimantée et de la boussole. Dans toutes les contrées de la terre, l'aiguille aimantée prend une direction fixe, à laquelle elle revient sans cesse, lorsqu'on l'en écarte. Il y a une force magnétique, qui fait sentir ses effets dans tous les points du globe terrestre ; car aucun corps ne peut se mouvoir par lui-même ; s'il se meut, c'est qu'il y a hors de lui une force qui le sollicite. Il en faut donc conclure que *le globe terrestre est magnétique et que c'est son action qui dirige l'aiguille aimantée*. Nous avons déjà dit (*Voyez* Aiguille aimantée) qu'une aiguille suspendue librement ne conserve pas sa position horizontale, mais qu'elle incline constamment à l'horizon. Nous ajouterons ici que cette *inclinaison* augmente avec la latitude ; les voyageurs, qui ont pénétré dans les régions polaires, ont trouvé des inclinaisons très-voisines de 90°, c'est-à-dire presque verticales. Jusqu'à présent on n'a pas encore pu faire coïncider l'inclinaison de l'aiguille avec le fil d'aplomb et fixer ainsi le lieu de ce qu'on appelle par analogie *pôle magnétique* de la terre. (*Voyez* Magnétisme.)

Gassendi observa le premier, que des barres de fer tenues longtemps dans une position fixe et verticale acquièrent naturellement la vertu magnétique. Les croix placées sur les clochers deviennent à la longue de très-bons aimants. Il en est de même de tous les instruments en fer dont nous nous servons et qui ont souvent cette position verticale. Les pelles, les pincettes, les barres de fer des fenêtres acquièrent une vertu magnétique plus ou moins permanente, suivant le temps qu'elles sont restées dans la position verticale ; la partie supérieure de ces barres devient toujours un pôle austral, tandis que le bas est un pôle boréal. Une percussion vive et forte développe la vertu magnétique dans une barre de fer. On met sur une enclume et dans le plan du méridien une barre de fer doux ; on frappe un coup sec avec un marteau sur l'extrémité tournée du côté du nord, et aussitôt elle devient pôle boréal ; en frappant de même l'extrémité opposée, elle devient pôle austral. Le même effet se produit en limant ou en sciant la barre par les deux extrémités. Ainsi, sans le secours d'aucun aimant naturel, on peut rendre une barre de fer doux, non-seulement magnétique, mais en faire même un véritable aimant. On obtient le même résultat d'une manière plus efficace et plus prompte, au moyen d'un aimant naturel, que l'on applique avec certains procédés, nommés *touches*, dont l'ensemble constitue l'*aimantation*.   Hoefer.

AIN (Département de l'.), (*Géographie et Statistique.*) *Topographie.* — Le département de l'Ain, l'un de ceux de la région orientale de la France, est enveloppé de trois côtés, à l'E., au S. et à l'O., par le Rhône et la Saône. Le Rhône, qui l'entoure des deux premiers côtés, lui sert de limite, à l'E., avec la Savoie, et au S. avec le département de l'Isère ; la Saône, à l'O., le sépare des départements du Rhône et de Saône-et-Loire. Ce dernier département le borne aussi au N. O. ; au N., il est limité par celui du Jura.

Le département de l'Ain répond à deux pays qui ont successivement appartenu autrefois à la Bourgogne et à la Franche-Comté : la Bresse et le Bugey. Le Bugey avait pour annexes le pays de Gex et le Valromey, et la Bresse le pays de Dombes ; ces trois petits pays font également partie du département.

La superficie de ce département est de 592,674 hectares, ainsi divisés :

Contenances imposables.

	hect.
Terres labourables	246,608
Bois	119,863
Prés	81,143
Landes et bruyères	76,587
Étangs, mares, canaux d'irrigation	19,834
Vignes	16,869
Propriétés bâties	4,198
Vergers, pépinières et jardins	2,102
Oseraies, aulnaies, saussaies	247

Contenances non imposables.

Forêts et domaines non productifs	12,139
Routes, chemins, places, rues, etc.	8,904
Rivières, lacs, ruisseaux	4,119
Cimetières, églises, bâtiments publics	61
Total	592,674

on y compte :

 71,027 maisons.
  561 moulins à eau et à vent.
   15 forges et fourneaux.
  302 fabriques et manufactures.

 71,905 propriétés bâties.

Le nombre des propriétaires est de 137,619 ; celui des parcelles de 1,256,468.

Entouré, comme nous l'avons dit, par une portion assez considérable du cours du Rhône et de celui de la Saône, il est traversé du N. au S. par l'Ain (*Amnis, Danus, Idanus*) qui lui donne son nom et se réunit au Rhône, près du village d'Authon, après un cours d'environ 160 kilomètres.

Le cours de l'Ain établit pour le département une division naturelle très-nettement tranchée, qui avait déterminé les anciennes divisions géographiques. A droite ou à l'O., entre cette rivière et la Saône (l'ancienne Bresse et la Dombes), le sol présente un plateau élevé, sillonné d'un grand nombre d'ondulations et de plis de terrain, avec ou sans cours d'eau, et dont le fond est une couche argilo-siliceuse, d'un très-faible produit, sauf dans les vallées, où le sol est en général une alluvion calcaire beaucoup plus féconde ; à gauche, ou à l'E. entre l'Ain et le Rhône, le sol, beaucoup plus accidenté, présente une succession rapprochée de plaines fertiles, mais peu larges, de vallons très-fertiles et de montagnes en partie cultivées, en parties boisées, en partie nues et arides. Toutes ces montagnes sont une prolongation méridionale de la chaîne du Jura.

Le Rhône est navigable depuis Lyon jusqu'au Parc, près de Seyssel ; mais la navigation en est lente, difficile et coûteuse ; la Saône, en revanche, présente, dans toute la partie de son cours qui longe le département, une navigation commode et sans danger. L'Ain n'est navigable que dans les grands eaux. Plusieurs canaux ont été projetés pour remédier à l'insuffisance de la navigation ; mais aucun de ces projets n'a jusqu'à présent reçu d'exécution, au moins complète. Les grandes communications sont établies au moyen de 6 routes royales et de 16 routes départementales, présentant au total un développement de 822,673 mètres.

Sur le plateau occidental du département, les étangs sont très-nombreux ; leur surface complète forme la trentième partie du département environ.

Climat. — La température générale est plus froide que ne l'indiquerait la latitude. Les vents du nord y sont fréquents et redoutés.

Histoire naturelle. — Ce département nourrit toutes nos espèces d'animaux domestiques, et les races y sont généralement belles ; mais on y trouve aussi une grande quantité d'animaux sauvages et nuisibles ; le sanglier y est rare, et, en général, le gibier à poil beaucoup moins commun que le gibier ailé. Les rivières sont poissonneuses ; les aloses et les truites qu'on y pêche sont particulièrement renommées.

Le département abonde en végétaux de toute espèce ; mais la flore des marais y est surtout fort riche. Dans les forêts, les essences dominantes sont le chêne, le hêtre et le sapin.

La mine de fer de Villebois-sous-Belley est la seule exploitation métallique de l'Ain ; mais les carrières de marbre, de pierres de taille, de gypse, de marne, d'argile à potier, y sont nombreuses et importantes. Les pierres lithographiques de l'arrondissement de Belley sont les meilleures de France et peuvent rivaliser avec celles d'Allemagne. Plusieurs localités possèdent des tourbières, et les usines de bitume de Seyssel et de Pyrimont sont l'objet d'une exploitation avantageuse.

Division administrative et politique. — Le département a pour chef-lieu Bourg, et il se divise en cinq arrondissements dont les chefs-lieux sont, outre cette ville, Belley, Gex, Nantua et Trévoux ; il renferme 35 cantons et 442 communes.

Il fait partie de la septième division militaire, dont le quartier général est à Lyon ; ses tribunaux ressortissent à la cour royale de la même ville ; il forme le diocèse d'un évêché situé à Belley, et suffragant de l'archevêché de Besançon ; il fait partie de l'académie de Lyon ; enfin il est compris dans le dix-neuvième arrondissement forestier, dont le chef-lieu est Mâcon.

Le département de l'Ain nomme cinq députés, et il est divisé en cinq arrondissements électoraux, dont les chefs-lieux sont : Pont-de-Vaux, Bourg, Trévoux, Belley et Nantua. Le nombre des électeurs est de 1,203.

Population. — D'après le dernier recensement officiel, la population du département est de 355,694 âmes, ainsi réparties :

Arrondissement de Bourg . . . 121,447
—   de Belley 79,919
—   de Gex 23,046
—   de Nantua . . . 52,242
—   de Trévoux . . . 79,040

      Total . . . 355,694

Industrie agricole. — Plus des deux cinquièmes des terres du département, c'est-à-dire 246,608 hectares sur 592,674, sont livrés à la charrue ; la proportion des terres en prairies permanentes avec les terres arables est du tiers à peu près ; enfin les vignes ne forment guère, quant à leur étendue, que le quinzième de celle des terres en culture céréale. Les bois et forêts, qui couvrent une surface de 132,002 hectares, occupent ainsi les deux neuvièmes de l'étendue du département. Les landes improductives en forment la huitième partie.

Le produit annuel du sol est d'environ :

En céréales. . . . . . . 1,950,000 hect.
En avoine. 230,000
En vins. 500,000
En fruits. . . . . 1,300,000 kil.
En foin. 180,000,000
En poissons d'étang. . . 1,200,000
En fromages. 1,200,000

Le département de l'Ain est un de ceux où l'industrie agricole est la plus satisfaisante. Il exporte les trois cinquièmes de ses produits en vins. La culture des plantes filamenteuses y donne des résultats avantageux, et depuis quelques années on y a opéré des plantations de mûriers qui promettent, par l'éducation des vers à soie, une riche augmentation de produits. — L'élève et l'engrais des bêtes bovines occupent un grand nombre de cultivateurs. Les porcs gras et les volailles de la Bresse sont aussi l'objet d'une exportation considérable. — Le département possède à Naz, près de Gex, un magnifique établissement pour l'élève des bêtes à laine superfine. La culture et l'exploitation des étangs de la Bresse sont un objet aussi important que digne d'intérêt.

Industrie manufacturière et commerciale. — Quoique la première industrie du département soit l'agriculture, les habitants ne sont cependant pas étrangers aux diverses branches de l'industrie manufacturière. Dans l'arrondissement de Bourg, il existe des établissements de faïencerie, de draperie, etc. Dans celui de Belley, on trouve des papeteries, des filatures, des fabriques de toiles et de soieries, la fabrique de chapeaux de paille de Lagnieu, etc.; dans l'arrondissement de Nantua, d'autres manufactures du même genre. La mégisserie est une industrie commune à tout le département.

Foires. — Le département compte 453 foires. Les bestiaux, la volaille, les grains, la chapellerie, la cordonnerie, la draperie, etc., y sont les principaux objets d'échange.

Impôts directs. — En 1839, le département a payé à l'État :

Contribution foncière. . . . . 1,224,633 fr.
Contributions personnelle et mobilière. 255,800
Portes et fenêtres. 170,369

Total des impôts directs. . 1,650,802.

Biographie. — Parmi les hommes célèbres nés dans le département de l'Ain, nous citerons les deux Vaugelas, le mathématicien Ozanam, le savant Dupuy, les conventionnels Carra et Goujon, Bichat, Jérôme Lalande, le général Joubert, Brillat-Savarin, l'ancien ministre Girod de l'Ain.

Coquebert de Montbret, *Description géographique et minéralogique du département de l'Ain* (Journal des mines, t. IV, 1796).
Peuchet et Chanlaire, *Statistique de l'Ain*, 1808, in-4°.
Berriat-Saint-Prix, *Archéologie de l'Ain* (Mémoires de la Société des antiquaires de France, t. II, p. 436).
Latcyssounière, *Recherches historiques sur le département de l'Ain*, 4 vol. in-8°, 1838-42.

G.

AINE. (*Anatomie chirurgicale.*) On nomme ainsi l'espace triangulaire situé entre l'abdomen et la cuisse, et borné, en haut et en dedans, par l'arcade crurale, en dehors, par le bord antérieur de l'os iliaque, en bas, par le pubis. Cette région est l'une des plus importantes par les organes qui s'y rencontrent et par les maladies dont elle peut être le siége ; on y remarque sous la peau des ganglions lymphatiques nombreux, des toiles aponévrotiques nommées *fascia superficialis* et *fascia lata*, le canal et l'anneau inguinal près de l'épine du pubis, l'anneau crural en dehors du premier ; les vaisseaux et nerfs cruraux sortent par l'anneau crural ; le cordon des vaisseaux spermatiques chez l'homme, le ligament rond chez la femme, passent par le canal et l'anneau inguinal. Ces deux anneaux donnent également passage aux intestins, au péritoine en cas de hernie. Les ganglions de l'aine sont facilement atteints d'inflammation flegmoneuse dans le cas d'ulcération de la partie interne du pied, de la jambe ou de la cuisse, ou par suite d'ulcération syphilitique des parties génitales. Pour les maladies de l'aine, *voyez* Hernie, Anévrisme, Bubons, Plaie. A. L.

AINESSE (Droit d'). (*Politique.*) Le droit d'aînesse remonte à la plus haute antiquité ; chez tous les peuples, à toutes les époques, on en retrouve des traces évidentes. L'histoire de Jacob et d'Ésaü nous le montre existant bien formel et bien caractérisé chez les Hébreux ; Diodore, Valère-Maxime, Plutarque parlent de priviléges particuliers dont les aînés jouissaient en Égypte et en Grèce. Tacite nous apprend que chez les Germains la totalité de la succession était dévolue au fils aîné. Enfin, à Rome, à défaut de l'existence légale du droit d'aînesse, on retrouve une notable préférence accordée, sinon à l'aîné des fils, au moins aux fils sur les autres héritiers.

Le droit d'aînesse n'était pas connu en France sous les rois de la première race ; la couronne se partageait entre les frères, les alleux se divisaient de même, et les fiefs, amovibles ou à vie, n'étant pas un objet de succession, ne pouvaient être un objet de partage. Mais le temps marcha, et les fiefs devinrent inamevibles et héréditaires. Les malheurs qui avaient toujours suivi le partage de la monarchie firent en même temps comprendre combien son indivisibilité était nécessaire ; et, comme il fallait choisir entre les héritiers qui y avaient droit, sa possession exclusive fut naturellement attribuée à l'aîné. Les fiefs, entraînant un devoir personnel à remplir envers le roi, seigneur du fief principal, il fallait, pour le maintien de l'état féodal, que leur propriété échût toujours à un seul maître, et la succession aux fiefs fut réglée comme la succession à la couronne.

Ainsi l'établissement du droit de primogéniture devint une loi féodale et politique. De là il passa dans la loi civile, et s'étendit à presque tous les héritages. Voici les avantages qui étaient attachés à ce droit ; nous allons les faire connaître d'après les principes de la coutume de Paris, qui formait à cet égard le droit commun de la France, et sur les dispositions de laquelle se réglaient toutes les autres coutumes qui n'avaient pas de dispositions contraires.

Le droit d'aînesse consistait dans un préciput, c'est-à-dire dans une portion que l'aîné prélevait sur la masse de la succession, antérieurement à tout partage. Le préciput était formé du principal manoir tenu en fief, ou d'un arpent de terre, à défaut de manoir. Si au contraire il n'y avait qu'un manoir sans terres, l'aîné le prenait, quitte à indemniser les puînés selon leurs droits. S'il y avait des fiefs dans plusieurs provinces, il prenait un préciput dans chacun d'eux selon la coutume de chaque province. Cela fait, le reste des biens se partageait de telle façon que l'aîné avait les deux tiers quand il n'y avait que deux enfants, et la moitié, quand il y en avait trois ou davantage.

Les droits de l'aîné lui venaient, non de son père, mais de la loi, à laquelle le père ne pouvait pas déroger. Aussi les parents pouvaient-ils disposer de leurs biens au profit de l'étranger, jamais au profit des enfants puînés. La loi se défiait d'une tendresse trop naturelle, par laquelle ses dispositions eussent été rendues trop souvent inutiles. Ajoutons que, si l'aîné mourait avant l'ouverture de la succession, ses droits passaient à ses enfants mâles, et, s'il n'en avait pas, à celui de ses frères qui le suivait immédiatement.

Peu à peu les motifs d'utilité qui avaient fait instituer cet inégal partage entre les enfants d'un même père disparurent et furent oubliés. On n'en vit plus que l'odieuse injustice et les fâcheuses conséquences. Une institution qui tendait à conserver l'unité, la richesse, la puissance dans les grandes familles, ne pouvait manquer de voir s'élever contre elle bien des haines, au moment où les idées révolutionnaires germaient sous le sol, tombaient du ciel, flottaient dans les airs. 1789 arriva, l'assemblée constituante se réunit ; elle devait inévitablement abolir le droit d'aînesse. Cette abolition fut en effet préparée dans la séance du 4 août 1789, où l'on prononça la destruction des droits féodaux, et décrétée par les lois des 15 — 28 mars 1790 et 8 — 15 avril 1791. L'égalité fut établie dans le partage des biens, et tous les héritiers à égal degré durent succéder par portions égales aux biens qui leur sont déférés par la loi. Le code civil a établi le même principe, en admettant seulement le cas spécial des *majorats*, et en permettant au père de disposer, en dehors du partage légal, d'une partie de ses biens que la loi a limitée.

Louis XVI avait dit que, la noblesse morte, la monarchie mourait. La restauration pensait que l'une ressuscitant, l'autre reviendrait au monde, et en 1826, par la tentative rétrograde la plus audacieuse, une loi fut présentée à la Chambre des Pairs, non pour rétablir l'hérédité telle qu'elle existait autrefois, mais pour attribuer à l'aîné des enfants mâles, à titre de préciput légal, toute la quotité légalement disponible dans la succession d'un père payant 300 francs d'impôt foncier, sauf à celui-ci à ordonner par testament le partage égal. On voulait ainsi renverser complétement les dispositions du code, qui avait fait de l'égalité le principe de la loi, en laissant l'inégalité facultative.

Le chiffre 300 francs, qui était précisément celui du cens des électeurs, donnait à comprendre qu'il s'agissait de constituer héréditairement le droit électoral dans certaines familles privilégiées. La loi succomba sous le poids de la réprobation universelle, et la Chambre des Pairs la rejeta, à une grande majorité, le 8 avril 1826.

Pendant que nous parlons de cette Chambre disons que l'hérédité de la pairie, par ordre de primogéniture, fut maintenue jusqu'à la fin de 1831, et abolie par la loi du 29 décembre de la même année, loi qui est devenue l'article 23 de la Charte.

En France, aujourd'hui, la qualité d'aîné ne constitue plus des droits légitimes que dans une seule occasion ; c'est quand il s'agit de la succession au trône.

Cette révolution que nous avons faite il y a cinquante ans est encore attendue dans les autres pays de l'Europe. Partout ou presque partout le droit d'aînesse existe encore. La Russie, l'Espagne, l'Italie, la Sicile, la Sardaigne en subissent les inconvénients, et l'Angleterre plus que tout autre État, l'Angleterre, qui lui doit ses contrastes d'extrême opulence et d'horrible misère, et qui, en le conservant, sacrifie à l'égoïste puissance de son aristocratie le bien-être et l'existence de plusieurs millions d'hommes.

         H.

AIR ou **AYR**, *Æra*. (*Géographie.*) Ville d'Écosse, capitale d'un comté du même nom, à l'embouchure de l'Air, dans le Firth of Clyde. Elle a un bon port, des fabriques, est commerçante, et envoie un député au parlement. Sa population est de 8,000 habitants. — Le comté d'Air est borné au N. par le comté de Renfrew ; à l'E. par ceux de Lamark, de Dumfries et de Kirkudbright ; au S. par celui de Wigton, et à l'O. par le Firth of Clyde. Il est traversé par l'Air, le Doon, le Garnok, le Girvad, le Stincher. Il a des pâturages, des mines, des fabriques, et une population de 127,000 habitants.

AIR ATMOSPHÉRIQUE. (*Chimie.*) La terre est, comme on sait, enveloppée, sur toute sa surface, par une masse gazeuse, d'une épaisseur considérable, à laquelle on donne le nom d'*atmosphère*. L'air est le gaz qui forme cette atmosphère ; il constitue par conséquent le milieu dans lequel se développent presque tous les phénomènes physiques, chimiques et physiologiques que nous observons ; et, en général, il concourt d'une manière efficace à leur production, de telle sorte que la plupart des forces naturelles semblent exiger la présence de l'air pour se manifester à la surface du globe.

L'air est un gaz permanent ; il ne change point d'état, quelles que soient les circonstances de température et de pression auxquelles on le soumette. Il n'a ni saveur, ni odeur : incolore, quand il est en petite quantité, il présente lorsqu'il est en masse considérable, une couleur bleuâtre plus ou moins prononcée.

La densité de l'air est généralement prise pour unité : c'est à celle-là que l'on compare les densités des autres gaz. 1 litre d'air sec, à la température 0 degré et sous la pression de 0^m,76, pèse 1^{gr},299. — Le poids de l'air est à celui de l'eau, sous le même volume, dans le rapport de 1 à 770.

L'air est soluble dans l'eau, qui en dissout, dans les circonstances ordinaires, environ la trentième partie de son volume. Lorsqu'il est en dissolution, il n'offre plus la même composition ; il renferme alors 0,32 d'oxygène à peu près, pour 0,68 d'azote, tandis qu'on trouve dans l'air libre 0,21 d'oxygène et 0,79 d'azote. Cette différence tient principalement à l'inégale solubilité de ces deux gaz. L'air contenu en dissolution dans l'eau, reprend l'état gazeux quand l'eau se congèle ou est mise en ébullition.

L'air est, comme on sait, nécessaire à la vie des animaux. Un animal, placé dans un espace clos où l'on fait le vide, ne tarde pas à succomber.

Nous n'avons pas à expliquer ici le rôle de l'air dans l'acte de la respiration (*voy.* ce mot) ; notons seulement qu'il y a alors consommation d'oxygène et production d'acide carbonique et de vapeur d'eau.

La combustion n'a lieu aussi qu'en présence de l'air (*Voy.* COMBUSTION) : ce phénomène, comme le précédent, donne lieu à la formation de l'acide carbonique aux dépens de l'oxygène de l'air.

Enfin, la végétation des plantes exige aussi le concours de l'air. Des expériences nombreuses prouvent en effet que les parties vertes des végétaux décomposent, sous l'influence solaire, l'acide carbonique de l'atmosphère et restituent l'oxygène en s'emparant du carbone. *Voy.* VÉGÉTATION.

Ces notions générales suffiront pour qu'on puisse comprendre ce que nous allons dire sur la composition de l'air et les variations qu'elle présente.

C'est à Lavoisier que nous devons la connaissance de la composition de l'air ; c'est dans les expériences célèbres qui le conduisirent à cette découverte que l'illustre chimiste trouva le principe de la théorie à laquelle il a laissé son nom. On peut donc regarder ses recherches sur l'air comme l'origine et le fondement de la chimie moderne.

Quand on réfléchit en effet au rôle de l'air dans les phénomènes chimiques qui presque tous s'accomplissent en présence de ce fluide, on voit immédiatement que des notions exactes sur sa composition étaient indispensables pour qu'on pût expliquer ces phénomènes. C'est assez dire l'importance que présente, dans l'histoire de la chimie, la question que nous allons traiter.

Cherchons d'abord à faire l'analyse *qualitative* de l'air, c'est-à-dire à reconnaître les corps simples qui le composent.

Qu'on place du mercure dans un matras qui communique librement avec une cloche remplie d'air et qu'on porte ce matras à une température élevée, mais inférieure à celle de l'ébullition du mercure. Si l'on maintient, pendant quelques jours, l'appareil à cette température, on verra le volume de l'air contenu dans la cloche diminuer graduellement et, en même temps, on observera à la surface du mercure chauffé la formation de petites paillettes rouges dont la quantité augmentera progressivement. Que se passe-t-il dans cette expérience ? La diminution du volume d'air indique une absorption et la formation d'un corps nouveau sur le mercure doit faire penser que c'est le métal qui s'est emparé de la portion d'air qu'on a vue disparaître. En effet, si l'on recueille les paillettes et qu'on les expose, dans une petite cornue, à une forte chaleur, on voit qu'elles se transforment en mercure après avoir dégagé un gaz qu'on reconnaît être de l'oxygène. L'oxygène existe donc dans l'air ; c'est la combinaison de ce gaz avec le mercure qui avait donné naissance au corps qui s'est formé à la surface du métal et que nous connaîtrons plus tard sous le nom d'oxyde de mercure. (*Voy.* MERCURE.)

En prolongeant suffisamment l'opération précédente, on arrive bientôt à un point où l'on n'observe plus ni diminution d'air dans la cloche, ni augmentation dans la masse des paillettes formées à la surface du bain de mercure. C'est qu'alors tout l'oxygène contenu dans l'air a été absorbé par le métal. Pourtant l'air n'a pas disparu en entier ; il reste sous la cloche un résidu gazeux, et ce résidu est composé uniquement d'azote.

L'expérience que nous venons de décrire a été faite par Lavoisier : elle montre, comme on voit, que l'air contient de l'oxygène et de l'azote. Mais s'il renferme encore quelqu'autre gaz, en petite quantité, on conçoit que ce procédé d'analyse n'est pas de nature à en déceler la présence, parce qu'il porte sur un volume d'air beaucoup trop faible.

C'est ce qui arrive en effet : quand on expose à l'air libre un vase rempli d'eau de chaux, on ne tarde pas à voir naître, à la surface du liquide, des pellicules solides qui, par l'agitation, tombent au fond du vase. En examinant le dépôt, on reconnaît qu'il est formé de carbonate de chaux. L'acide carbonique dont on constate ainsi l'existence dans le produit ne peut provenir que de l'atmosphère, où il entre en effet, mais en petite quantité.

Tels sont les éléments essentiels de l'air : l'oxygène, l'azote, l'acide carbonique ; à quoi il faut ajouter la vapeur d'eau qui existe toujours dans l'air, comme le témoignent tant d'expériences vulgaires. Une des plus simples que nous rappellerons, consiste à tenir au contact de l'air un vase dans lequel on a placé un mélange réfrigérant. Les parois extérieures du vase se recouvrent bientôt de rosée, par la précipitation de la vapeur, qui vient se condenser sur la surface refroidie avec laquelle elle se trouve en contact.

Reste à déterminer la proportion de chacun de ces éléments dans la composition de l'air. Tel est le but de l'analyse *quantitative*. Nous allons faire connaître les moyens de l'exécuter.

Occupons-nous d'abord du dosage de l'oxygène et de l'azote.

La première méthode qu'on ait employée est due à Lavoisier et consiste à séparer l'oxygène de l'azote au moyen du mercure. On se sert, dans ce cas, de l'appareil que nous avons décrit ci-dessus ; mais on connaît, par un jaugeage préalable, le volume d'air contenu, au commencement de l'expérience, dans la cornue et dans la cloche. On conduit l'opération comme nous l'avons dit, et quand l'absorption est complétement terminée, on mesure le résidu gazeux. On a ainsi le volume d'azote contenu dans le volume d'air soumis à l'expérience. Par soustraction, on en déduit le volume de l'oxygène, qu'on peut d'ailleurs évaluer directement en décomposant, comme nous l'avons indiqué, l'oxyde de mercure qui le contient et mesurant le gaz qui s'en dégage par la chaleur.

Mais ce procédé, d'une exécution difficile, donne des résultats peu précis, à cause des erreurs inévitables qu'on commet dans l'évaluation des volumes gazeux. Celui que nous allons décrire est susceptible d'une plus grande exactitude. Il est fondé sur la propriété que possède l'hydrogène d'entrer en combinaison avec l'oxygène par l'action de l'étincelle électrique. On sait que cette combinaison donne naissance à l'eau et qu'elle s'opère entre 2 volumes d'hydrogène et 1 d'oxygène.

Cela posé, mettons dans l'eudiomètre (*voy.* ce mot) 100 volumes d'air et 100 volumes d'hydrogène, puis faisons passer dans le mélange une étincelle électrique. Nous constaterons, après la détonation, une absorption de 63 parties, c'est-à-dire que le volume qui était primitivement 200 se trouvera réduit à 137. Cette absorption est due à la formation d'une certaine quantité d'eau et, par conséquent, les 63 parties qui ont disparu se composent d'hydrogène et d'oxygène ; de plus, les volumes respectifs des deux gaz doivent être dans le rapport de 2 à 1 ; ainsi, sur ces 63 parties, il y avait 42 d'hydrogène et 21 d'oxygène ; d'où il résulte que les 100 volumes d'air introduits dans l'eudiomètre contenaient 21 volumes d'oxygène.

Le résidu gazeux contenu dans l'eudiomètre renferme encore 58 parties d'hydrogène, puisqu'on en a mis 100 et que 42 seulement ont été absorbées. Si donc on introduit dans l'eudiomètre 29 parties d'oxygène et qu'on fasse de nouveau passer l'étincelle électrique, il y aura combinaison entre ces 58 d'hydrogène et l'oxygène ajouté. On constate en effet une absorption de 87 parties. Le résidu qu'on obtient et qui s'élève à 79 volumes est de l'azote.

Ainsi les 100 volumes d'air soumis à l'expérience se composaient de 21 d'oxygène et de 79 d'azote.

Venons maintenant à la détermination de l'acide carbonique.

Comme nous l'avons dit, la proportion d'acide carbonique existant dans l'atmosphère est extrêmement faible ; par conséquent, pour l'apprécier avec quelque exactitude, il faudra opérer sur un volume d'air considérable. M. Thénard a le premier fait connaître un procédé qui, remplissant ces conditions, est susceptible de donner des résultats précis.

L'appareil qu'il emploie est un ballon à robinet, d'une capacité connue, dans lequel on peut faire le vide, au moyen de la machine pneumatique. On introduit dans ce ballon une dissolution de baryte, et au bout d'un certain temps on y fait le vide le plus exactement possible. On laisse ensuite rentrer l'air; puis on fait de nouveau le vide et on continue ainsi vingt-cinq ou trente fois, en ayant soin, à chaque fois, d'agiter le ballon, pour mettre l'air qu'il renferme en contact avec le liquide.

La dissolution de baryte a, comme l'eau de chaux dont nous nous sommes servis plus haut, la propriété d'absorber l'acide carbonique, avec lequel elle forme un sel insoluble, le carbonate de baryte. L'air introduit dans le ballon s'y dépouille donc de son acide carbonique, et, puisqu'on renouvelle l'air introduit vingt-cinq ou trente fois, comme nous l'avons dit, on opère sur un volume total égal à vingt-cinq ou trente fois la capacité du ballon. A la fin de l'opération, on recueille avec soin le carbonate de baryte produit, et c'est la quantité de ce sel qui fait connaître la quantité d'acide carbonique contenu dans ce volume d'air.

Le procédé de M. Thénard a été employé, avec quelques modifications, par M. Th. de Saussure, dans des recherches dont nous donnerons plus loin les résultats.

Dans ces derniers temps, l'attention des chimistes s'est portée de nouveau sur l'analyse de l'air et on l'a exécutée par des méthodes plus exactes.

M. Brunner, professeur de chimie à Berne, a repris, l'un des premiers, ce genre de recherches. Le procédé qu'il a inventé repose sur l'emploi d'un appareil très-simple. C'est un vase V (*Voy.* l'*Atlas*, CHIMIE, pl. 6, fig. 7) de dimensions indéterminées, percé de deux orifices, O et O', situés, l'un à la partie supérieure, l'autre à la partie inférieure. Un liquide convenable remplit entièrement ce vase qui est adapté, comme nous allons le dire, à l'appareil où se fait la séparation des éléments de l'air. En ouvrant l'orifice inférieur, un certain volume de liquide va s'écouler et un volume égal d'air, entrant dans le vase par l'orifice supérieur, le remplacera. Le volume du liquide écoulé donnera donc le volume de l'air introduit dans l'appareil et soumis à l'analyse.

On conçoit quels sont les avantages que présente l'emploi de ce système. 1° On opère à volonté sur des masses d'air considérables ce qui rend les erreurs d'observation moins sensibles. 2° On peut se servir, pour la séparation des éléments de l'air, des réactifs les plus variés. 3° On obtient enfin les résultats par un effet positif, soit par une augmentation de poids, soit par la formation d'un précipité, etc.

Voyons maintenant la disposition de ce vase *aspirateur* dans l'appareil qui sert à l'analyse.

C'est le phosphore que M. Brunner emploie pour la détermination de l'oxygène. On sait qu'à la température ordinaire, le phosphore brûle dans l'air, c'est-à-dire se combine avec l'oxygène qui s'y trouve, et que le résultat de cette combustion est un corps solide. Si donc on fait passer de l'air dans un tube contenant du phosphore, l'oxygène sera fixé et on pourra en déterminer la quantité par l'augmentation de poids du tube.

ED (même pl., fig. 7) représente ce tube. On a introduit dans la partie P un morceau de phosphore, et en C du coton cardé, puis on a adapté ED, d'une part, à l'aspirateur V, de l'autre, à un tube AB qui contient de l'acide sulfurique et de la chaux éteinte, destinés à absorber l'eau et l'acide carbonique de l'air. L'aspirateur a été rempli d'huile d'olive. M. Brunner emploie ce liquide de préférence à l'eau, dont la vapeur influerait sur le volume de l'azote qu'on doit recueillir dans le flacon : de plus il évite ainsi la possibilité de l'absorption de ce gaz, qui ne se dissout point dans l'huile.

Avant de commencer l'expérience eudiométrique, on fait fondre le phosphore en P, pendant que l'huile commence à s'écouler. L'air pénètre dans le tube et la combustion du phosphore a bientôt lieu. Le produit de cette combustion est un mélange d'acide phosphoreux et d'oxyde de phosphore qui se rend dans le coton contenu en C. Au bout de quelque temps, on ferme le robinet de l'aspirateur, en O', et l'appareil étant refroidi on pèse soigneusement le tube ED.

Cette opération préliminaire a pour but de former un peu de produit phosphoreux qui, étant lui-même éminemment oxydable, sert, pendant l'expérience eudiométrique, à enlever l'oxygène qui pourrait avoir échappé à l'action du phosphore.

L'opération eudiométrique elle-même se fait après avoir ajusté de nouveau le tube ED, comme nous l'avons dit, et chauffé légèrement le phosphore pour le fondre. En ouvrant le robinet de l'aspirateur, l'huile s'écoule et tombe dans un vase où elle est mesurée exactement. En même temps l'air afflue dans l'appareil, se dépouille d'eau et d'acide carbonique dans le tube AB, et laisse son oxygène sur le phosphore. L'azote seul vient remplacer, dans l'aspirateur, le volume d'huile écoulé.

L'expérience terminée, on pèse de nouveau le tube ED qui, par l'augmentation de poids, donne la quantité d'oxygène fixée, quantité qu'on peut évaluer en volume, par le calcul, en ayant égard à la pression et à la température. L'huile écoulée fait connaître ensuite le volume de l'azote.

Des modifications qu'il est facile d'imaginer permettent d'appliquer le même procédé au dosage de l'eau et de l'acide carbonique contenus dans l'atmosphère.

MM. Dumas et Boussingault ont fait connaître aussi, pour l'analyse de l'air, une méthode nouvelle dans laquelle l'oxygène et l'azote, après leur séparation, sont mesurés au poids et non plus au volume. Nous empruntons au Mémoire publié par ces deux savants la description et l'usage de l'appareil qu'ils ont employé.

Un ballon B (même pl., fig. 8), dans lequel on a fait le vide, communique avec un tube A, plein de cuivre pur et dans lequel on a fait aussi le vide. Avant d'arriver en A, l'air traverse un appareil à boules, T, rempli d'une dissolution de potasse, et un système de tubes, U, U, U, qui renferment de la ponce mouillée avec de l'acide sulfurique concentré.

Le tube A est placé sur un fourneau. On chauffe au rouge le cuivre qu'il contient et on ouvre un robinet, placé en c, par lequel l'air s'introduit en A. En traversant la potasse et l'acide sulfurique, il s'est dépouillé d'eau et d'acide carbonique; tout l'oxygène qu'il contient est absorbé par le cuivre qui remplit A; quand donc, après quelques minutes, on ouvrira les robinets, placés en a et b, c'est de l'azote pur qui viendra remplir le ballon. Ces robinets demeurant ouverts, l'air afflue par O, traverse le même système de tubes, et une nouvelle quantité d'azote pénètre en B. On ferme alors tous les robinets; le tube A et le ballon B sont occupés par l'azote : on les pèse, on y fait le vide, puis on les pèse de nouveau; la différence des poids obtenus donne le poids du gaz azote.

Quant au poids de l'oxygène, il est fourni par l'augmentation qu'a acquise le poids du tube A, durant l'expérience; car le cuivre qu'il renferme a fixé tout l'oxygène de l'air.

MM. Dumas et Boussingault se sont assurés, par des épreuves multipliées, de l'exactitude de ce procédé. En ayant soin d'employer du cuivre parfaitement desséché, en prenant, pour la pesée de l'azote, les précautions convenables, on obtient une très-grande précision dans l'analyse.

Des expériences exécutées en grand, à l'aide de cet appareil, ont donné pour la composition de l'air pris, au Jardin des plantes, en avril 1841, par un beau temps, les nombres suivants :

Poids de l'azote. . . . 7699
Id. de l'oxygène. . . . 2301
Id. de l'air analysé. . . 10000

Pour obtenir, en partant de là, les volumes d'oxygène et d'azote qui forment un volume d'air déterminé, il suffit de diviser les nombres ci-dessus respectivement par 0,972, densité de l'azote, et par 1,1057, densité de l'oxygène. On a ainsi :

Volume de l'azote. . . . 7920
Id. de l'oxygène. 2080
Id. de l'air analysé. . . 10000

Telle est donc la composition de l'air : sur 10000 parties, en volume, il renferme 7920 d'azote, 2080 d'oxygène.

On peut se demander maintenant si ces deux gaz existent dans l'atmosphère à l'état de combinaison ou de simple mélange. Diverses observations permettent de résoudre cette question. En se rappelant d'abord ce que nous avons dit sur la composition de l'air dissous dans l'eau, on voit que l'oxygène et l'azote s'y dissolvent séparément en quelque sorte, que chaque gaz est absorbé suivant sa propre solubilité : s'ils formaient une combinaison, cela n'aurait pas lieu, et l'air dissous contiendrait les mêmes proportions d'azote et d'oxygène que l'air libre. Cette conclusion se trouve confirmée quand on compare les puissances réfractives de l'oxygène et de l'azote à la puissance réfractive de l'air : celle-ci est exactement la somme des deux premières, et cette relation existe, comme on sait, pour les *mélanges*, et non pour les *combinaisons* des gaz entre eux. On doit donc admettre que l'air est un simple mélange d'azote et d'oxygène.

En comparant leurs résultats avec ceux que fournissent des analyses exécutées par MM. Gay-Lussac, Brunner, Dalton, etc., sur l'air pris à diverses hauteurs, MM. Dumas et Boussingault ont prouvé que la composition de l'air était indépendante des lieux et des hauteurs de ces lieux au-dessus du niveau de la mer.

Cette composition ne semble pas non plus subir de changement d'une époque à l'autre. Au moins le poids du litre d'air, pris récemment par MM. Dumas et Boussingault, est sensiblement le même que le poids déterminé, il y a quarante ans environ, par MM. Biot et Arago. On peut conclure de ce fait que, depuis lors, la composition de l'air n'a pas varié d'une manière appréciable.

Mais examinons les circonstances accidentelles qui, dans un lieu donné, peuvent faire changer les proportions des éléments de l'air. Nous suivrons encore, dans cette partie de notre travail, le Mémoire de MM. Dumas et Boussingault.

« Quand il pleut, l'eau qui se condense, dissout et entraîne plus d'oxygène que d'azote. Quand il gèle, l'eau abandonne ces mêmes gaz; l'eau qui s'évapore les rend aussi à l'atmosphère. Les combustions, la respiration des animaux enlèvent de l'oxygène à l'air ; les plantes, par leurs parties vertes, lui en rendent chaque jour sous l'influence solaire. Ces causes, et bien d'autres sans doute, tendent à troubler l'équilibre des éléments de l'atmosphère dans un point donné, les unes dans un sens, les autres dans le sens opposé. Reste donc à savoir si la tendance qu'ont les gaz à se mêler, aidée par les courants verticaux que la différence de température excite, favorisée par les vents qui transportent et confondent sans cesse au loin les couches horizontales de l'air, ne fait pas disparaître rapidement la différence momentanée résultant de l'action locale des causes que nous venons de signaler sommairement. »

Les savants chimistes dont nous citons les paroles, ont exécuté quelques expériences dirigées vers ce but. Ils n'ont point constaté les variations qu'on devait prévoir dans la composition de l'air, par suite des circonstances mentionnées ci-dessus. Ainsi, pour en citer un exemple, les analyses ont indiqué la même quantité d'oxygène dans l'air pris par un beau temps et par une pluie continue. D'où il faut conclure que, si la quantité d'oxygène varie dans ces circonstances, cette variation est trop faible pour être mise en évidence par les procédés analytiques actuels. Nous reviendrons tout à l'heure sur ce sujet.

Achevons maintenant ce qui concerne les variations des éléments de l'air et exposons les résultats obtenus par M. de Saussure dans ses recherches sur l'acide carbonique de l'atmosphère.

Les expériences de M. de Saussure ont été faites à Chambeisy, près de Genève, dans une prairie, située à 16 mètres au-dessus du lac et à 388 mètres au-dessus du niveau de la mer. La localité est sèche, aérée et découverte. L'air a été pris à 1,^{m}30 au-dessus du sol.

Des observations, faites pendant trois années, en toutes saisons, le jour et la nuit, indiquent qu'à Chambeisy, 10000 d'air en volume contiennent, *en moyenne*, 4,15 d'acide carbonique. Les nombres extrêmes ont été 5,74, et 3,15.

Nous ne rapportons ces nombres que pour fournir des termes de comparaison ; car on ne peut pas, comme le fait remarquer M. de Saussure, déduire de ces données la quantité précise d'acide carbonique qui se trouve dans l'air atmosphérique en général. Trois années d'observations ne peuvent pas plus fournir les moyennes constantes pour ce gaz que s'il s'agissait de la pluie, ou de quelques autres circonstances atmosphériques.

Une des causes qui influent le plus sur les variations de l'acide carbonique en différentes saisons ou dans les mêmes saisons de différen-

tes années, est l'humectation accidentelle du sol par les pluies qui diminuent la quantité d'acide carbonique, soit en l'absorbant, soit en le faisant absorber par le terrain. La diminution est due à l'humectation prolongée du sol plus qu'à la quantité d'eau que les pluies y versent.

Une gelée continue augmente au contraire la proportion d'acide carbonique. La sécheresse produit le même effet.

L'air, pris sur le lac, contient en général moins d'acide carbonique que l'air pris sur le terrain. L'un et l'autre éprouvent à peu près les mêmes variations par l'influence des saisons et de l'alternative du jour et de la nuit. Les grandes masses d'eau qui existent à la surface du globe semblent donc contribuer, comme les pluies, à diminuer l'acide carbonique de l'atmosphère.

Des observations correspondantes, faites à Chambeisy et à Genève, démontrent : 1° que la quantité d'acide carbonique est plus grande, *pendant le jour*, à la ville qu'à la campagne ; 2° que les variations de cet acide, relativement aux saisons, sont analogues dans les deux stations ; 3° que l'acide carbonique augmente plus, par l'influence de la nuit, à la campagne qu'à la ville. — Ces résultats sont faciles à expliquer en se rappelant ce que nous avons dit plus haut sur le rôle de l'atmosphère dans la végétation et le respiration.

Par des expériences faites simultanément à Chambeisy et sur les montagnes du Jura et de Salève, M. de Saussure a trouvé que la quantité d'acide carbonique est plus grande sur les montagnes que dans la plaine. Cela tient à la décomposition de cet acide par les végétaux, qui sont moins abondants sur les montagnes que dans les régions inférieures ; puis à l'absorption du gaz, qui doit être plus grande dans les plaines, où les eaux pluviales ont un moins prompt écoulement.

Ces expériences ont fourni un autre résultat remarquable ; c'est que sur les montagnes la quantité diurne d'acide carbonique n'est que peu ou point augmentée par l'influence de la nuit.

Les vents influent peu sur la quantité moyenne d'acide carbonique ; ils l'augmentent en général.

L'air contient ordinairement dans la plaine, en rase campagne, plus d'acide carbonique pendant la nuit que pendant le jour. Cette variation s'affaiblit beaucoup en hiver et devient souvent insensible. — La plupart des expériences qui ont fourni ces résultats à M. de Saussure, ont été faites à onze heures du soir ; mais, à huit heures, en été, la variation dont il s'agit est déjà très-sensible. La plus grande augmentation nocturne qu'on ait constatée dans la quantité du gaz s'élève au tiers de la quantité diurne,

Dans les vingt-quatre heures, le *maximum* de la quantité d'acide carbonique a lieu sur la fin de la nuit et le *minimum* dans le milieu du jour.

La présence des nuages qui obscurcissent le soleil pendant le jour n'empêche pas que l'augmentation nocturne dont il s'agit puisse être observée : elle a lieu encore pendant des pluies légères et continues et lorsque la terre est fortement imbibée d'eau, après des pluies prolongées. L'augmentation est seulement moins grande dans ces circonstances. Ajoutons encore que les variations les plus considérables ont été observées quand la rosée était très-abondante et que la chaleur du jour contrastait beaucoup avec celle de la nuit. Tous ces résultats, du reste, dépendent de l'état de l'atmosphère : on ne les observe plus, ou du moins ils deviennent bien moins sensibles sous l'influence du vent.

En discutant les faits que nous venons de résumer, M. de Saussure est arrivé à soupçonner la présence d'un gaz combustible dans l'air. Il a observé que la combustion de l'hydrogène pur dans de l'air atmosphérique privé complétement de son acide carbonique, fournissait toujours une nouvelle quantité d'acide carbonique. Cette expérience ne décide rien sur la nature du gaz carburé qui produit cet acide : suivant M. de Saussure, ce serait de l'oxyde de carbone, lequel proviendrait de l'acide carbonique atmosphérique, décomposé par l'étincelle électrique : suivant M. Boussingault, qui a entrepris à cet égard diverses expériences, il faudrait admettre que ce gaz combustible n'est autre que l'hydrogène carboné.

Ces expériences consistent à faire passer un poids donné d'air, bien desséché, à travers un tube plein de cuivre, chauffé au rouge. A cette haute température, l'hydrogène brûle et forme de l'eau, qui est recueillie dans un tube contenant de l'asbeste imbibé d'acide sulfurique. En pesant le tube avant et après l'opération, on a la quantité d'eau qui s'est formée et, partant, la quantité d'hydrogène existant dans l'air analysé. Des observations, faites à Paris, en 1834, à l'aide de ce procédé très-délicat, indiquent que la quantité d'hydrogène est très-faible et comprise entre 0,00013 et 0,00003. Ces nombres varient d'un jour à l'autre, et la variation est quelquefois assez considérable, eu égard à la faible quantité de gaz. Il semble, d'après cela, que ces sortes de recherches n'ont pas encore atteint toute la précision désirable, car il est difficile d'admettre une altération très-considérable dans la proportion de l'hydrogène contenu dans l'air, quand tous les autres éléments n'en éprouvent qu'une si petite.

Quoi qu'il en soit, ces expériences établissent l'existence d'un principe hydrogéné dans l'air : reste à en déterminer la nature. Est-ce l'hydrogène pur, l'hydrogène sulfuré, l'hydrogène carboné? En observant, avec M. Boussingault, que ce dernier gaz est un produit constant de la décomposition des matières végétales, qu'il émane de tous les marais, de certaines formations géologiques, on est porté à penser qu'il doit faire partie de l'atmosphère. On s'explique ainsi l'observation de M. de Saussure, qui y a reconnu un gaz combustible à base de carbone.

Si l'on remarque enfin que l'air, composé d'oxygène et d'azote, est toujours chargé plus ou moins d'humidité, on concevra que, par l'action des décharges électriques qui ont lieu dans l'atmosphère, il puisse se former de l'acide azotique et de l'ammoniaque, puisque les corps simples qui entrent dans ces composés se trouvent alors en présence et dans des circonstances favorables pour la combinaison. Des expériences de M. Liebig, de MM. Dumas et Boussingault, constatent en effet la présence accidentelle de l'azotate d'ammoniaque dans l'atmosphère.

Les travaux dont nous venons de présenter le résultat font connaître, avec une approximation suffisante, les principaux faits relatifs à la composition de l'air normal. Il faut déterminer maintenant les variations que subit cette composition, en oxygène, sous l'influence des phénomènes qui se passent à la surface du globe et qui peuvent la modifier. Mais, sur ce point, comme nous l'avons dit, les annales de la science ne nous fournissent aucune lumière. On peut seulement apprécier, d'après les essais tentés jusqu'à ce jour, la nature des recherches qu'exigerait la solution de cette question, l'une des plus importantes que puisse présenter la physique terrestre. « Les phénomènes de la vie organique, les décompositions spontanées des animaux et des plantes, les combustions ou oxydations qui s'accomplissent à la surface de la terre, disent MM. Dumas et Boussingault, tous ces événements que notre imagination se plaît à grandir sont, heureusement sans doute, de ces faits qui passent, pour ainsi dire, inaperçus en ce qui concerne la composition générale de l'air qui nous entoure. Pour atteindre la limite à laquelle deviendraient sensibles les variations que l'atmosphère pourrait éprouver de la part des animaux ou des plantes, de la part des saisons, des pluies et des vents ; pour décider si sa composition demeure invariable à diverses latitudes ou à diverses hauteurs, il ne s'agit pas d'exécuter l'analyse de l'air à $\frac{1}{50}$ comme on le pratiquait autrefois, ni même à $\frac{1}{1000}$ comme nous venons de le faire ; il faut aller plus loin encore : comme si, par une prévision providentielle, la nature n'avait pas voulu que les altérations possibles de l'atmosphère par le jeu régulier des forces qui agissent à la surface de la terre, pussent jamais approcher, même de loin, de la limite où la vie des animaux et celle des plantes pourrait en souffrir.

« Quelques calculs qui ne peuvent avoir une précision bien absolue sans doute, mais qui reposent néanmoins sur un ensemble de données suffisamment certaines, vont montrer jusqu'où il conviendrait de pousser l'approximation pour atteindre la limite où les variations de l'oxygène pourraient se manifester d'une manière sensible.

« L'atmosphère est sans cesse agitée; les courants excités par la chaleur, par les vents, par les phénomènes électriques, en mêlent et en confondent sans cesse les diverses couches. C'est donc la masse générale qui devrait être altérée pour que l'analyse pût indiquer des différences d'une époque à une autre.

« Mais cette masse est énorme. Si nous pouvions mettre l'atmosphère tout entière dans un ballon et suspendre celui-ci à une balance, pour lui faire équilibre il faudrait dans le plateau opposé 581000 cubes de cuivre de 1 kilomètre de côté.

« Supposons maintenant, avec B. Prévost, que chaque homme consomme 1 kilogramme d'oxygène par jour, qu'il y ait mille millions d'hommes sur la terre, et que par l'effet de la respiration des animaux ou par la putréfaction des matières organiques, cette consommation attribuée aux hommes soit quadruplée.

« Supposons de plus que l'oxygène dégagé par les plantes vienne compenser seulement l'effet des causes d'absorption d'oxygène oubliées dans notre estimation; ce sera mettre bien haut, à coup sûr, les chances d'altération de l'air.

« Eh bien, dans cette hypothèse exagérée, au bout d'un siècle tout le genre humain réuni, et trois fois son équivalent, n'aurait absorbé qu'une quantité d'oxygène égale à 15 ou 16 cubes de cuivre de 1 kilomètre de côté, tandis que l'air en renferme près de 134000.

« Ainsi, prétendre qu'en y employant tous leurs efforts, les animaux qui peuplent la surface de la terre pourraient en un siècle souiller l'air qu'ils respirent au point de lui ôter la huit-millième partie de l'oxygène que la nature y a déposé, c'est faire une supposition infiniment supérieure à la réalité.

« Rien de plus facile à vérifier que cette conclusion dans ce qu'elle a de général.

« La respiration des animaux produit de l'acide carbonique; les plantes le détruisent en s'emparant du carbone et restituent l'oxygène à l'air. Les modifications que l'air peut éprouver sous le rapport de l'oxygène seront donc tout au plus du même ordre que les modifications sous le rapport de l'acide carbonique.

« Or il a été facile d'estimer rigoureusement la quantité de l'acide carbonique contenue dans l'air; cette quantité varie de $\frac{4}{10000}$ à $\frac{6}{10000}$ en volume. En supposant que cet acide carbonique vienne de l'oxygène fourni par l'air et qu'il n'ait rien de commun avec celui que les volcans émettent sans cesse, la différence de ces nombres, qui est égale à $\frac{2}{10000}$ du volume de l'air, exprimerait la variation que l'oxygène aurait éprouvée. Ainsi, dans 10000 volumes d'air, on trouverait 2081 ou bien 2083 d'oxygène. Cette différence serait évidemment inappréciable, si l'on se bornait à analyser 10 grammes et même 25 grammes d'air, comme nous l'avons fait, puisqu'elle serait représentée par 2 ou 3 milligrammes environ.

« En opérant sur 1000 grammes d'air, la différence deviendrait égale à 200 ou 300 milligrammes.

« Il faut en arriver là, si l'on veut que l'analyse de l'air puisse réellement devenir de quelque utilité dans la discussion des lois générales de la physique du globe. »

Parmi les questions qui se rattachent à celle que nous venons de traiter, il en est quelques-unes qui touchent à l'hygiène. Nous allons exposer les travaux chimiques auxquels elles ont donné lieu. Le premier et le plus important est relatif à l'air confiné.

Rappelons d'abord les principales causes d'altération de l'air non renouvelé.

La plus efficace est la respiration de l'homme et des animaux : suivant les expériences du docteur Menziès, l'homme consomme, par heure, 177 litres d'air, dont l'oxygène se trouve en totalité converti en acide carbonique. En admettant que l'air est vicié, quand il a perdu, par cette cause, le tiers de son oxygène, on voit que la consommation d'un homme serait de 537 litres d'air, par heure, soit, par 24 heures, 13 mètres cubes. Des expériences de M. Dumas tendent, il est vrai, à faire croire que ces chiffres sont exagérés : la quantité d'air viciée par la respiration d'un homme ne s'élèverait, suivant lui, qu'à 8 mètres cubes, dans les 24 heures.

La combustion dans les appareils de chauffage et d'éclairage constitue une autre cause d'altération de l'air : les accidents nombreux dus à la combustion du charbon dans des foyers dépourvus de cheminée, sont un témoignage, malheureusement trop fréquent, de cette altération. Quant aux appareils d'éclairage, on a calculé que 1 kilogramme de bougie stéarique, en brûlant, peut verser dans une capacité de 50 mètres cubes près de 4 pour 100 (en volume) d'acide carbonique.

La transpiration cutanée et la transpiration pulmonaire paraissent avoir d'ailleurs une influence prononcée sur l'altération de l'air non renouvelé, à cause des matières animales entraînées par la vapeur aqueuse exhalée. Ces matières doivent avoir une action nuisible, soit par elles-mêmes, soit par l'effet de la fermentation putride qui s'y développe en présence de l'oxygène de l'air.

En outre, il faut admettre l'influence des circonstances purement physiques sur la salubrité ou l'insalubrité de l'air : tels sont la température, la pression, l'état hygrométrique, etc. En ce qui concerne l'état hygrométrique, il est facile d'apprécier, par les nombres suivants, les modifications que la transpiration peut faire subir à l'air non renouvelé. La quantité d'eau évaporée par un homme est due à la transpiration cutanée et à la transpiration pulmonaire ; elle s'élève, dans les vingt-quatre heures, à 800 et même 1000 grammes. Le volume d'air que cette quantité de vapeur peut saturer est, à la température de 15°, de 60 mètres cubes. On conçoit, d'après cela, les résultats que produit le séjour prolongé d'un certain nombre d'individus dans une enceinte fermée ; l'air y doit arriver promptement à l'état de saturation et il doit en résulter des effets physiologiques prononcés, puisque la transpiration se trouve, par là, sinon totalement arrêtée, du moins notablement diminuée.

M. Leblanc, auquel nous empruntons les considérations précédentes, a exécuté plusieurs analyses de l'air confiné. Voici les résultats auxquels il est parvenu :

Chambre à coucher. Cette chambre avait une capacité de 81 mètres cubes ; la cheminée avait été en activité pendant la soirée. Après huit heures de clôture, l'air recueilli dans cette chambre a présenté à l'analyse très-sensiblement la même composition que l'air normal.

Hôpitaux. L'air recueilli dans une salle de la Pitié indiquait déjà un commencement d'altération, au bout de trois heures de clôture : après une nuit de clôture il contenait 0,003 d'acide carbonique, c'est-à-dire cinq fois plus que l'air normal ; l'oxygène avait éprouvé une diminution à peu près proportionnelle. La salle où l'on avait pris l'air soumis à l'analyse, jaugeait 2000 mètres cubes et contenait cinquante-quatre malades.

A la Salpétrière, dans un dortoir d'une faible capacité et contenant un grand nombre de lits, l'air a fourni 0,008 d'acide carbonique : c'est la proportion la plus forte que M. Leblanc ait trouvée dans ses expériences sur l'air des hôpitaux.

Amphithéâtres des cours publics. M. Leblanc a examiné l'état chimique de l'air dans l'amphithéâtre de physique de la Sorbonne, à la fin d'une leçon qui avait réuni neuf cents auditeurs environ. Cet amphithéâtre est d'une faible capacité relativement à ce nombre de personnes ; il jauge 1000 mètres cubes. La leçon a duré 1 h. $\frac{1}{2}$; deux portes, restées ouvertes, donnaient, pendant ce temps, libre accès à l'air extérieur : néanmoins l'air recueilli à la fin de la leçon présentait une altération notable, car la quantité d'oxygène disparue s'élevait à 1 pour 100.

Salle d'école primaire. Une salle où cent quatre-vingts enfants, de sept à dix ans, avaient séjourné pendant quatre heures, a fourni à M. Leblanc l'occasion d'examiner l'influence des appareils de ventilation. Il a examiné l'état de l'air, 1° la ventilation étant à son maximum, 2° notablement affaiblie, 3° tout moyen de ventilation étant interdit et la salle complétement close.

Ventilation complète. La ventilation était de 6 mètres cubes environ par enfant et par heure : la quantité d'oxygène disparue a été de 0,0016. La respiration n'était nullement gênée et aucune odeur ne régnait dans la salle.

Ventilation imparfaite. La proportion d'acide carbonique a été de 0,0047 ; l'air était loin, comme on voit, d'être à l'état normal.

Salle fermée. L'acide carbonique s'est élevé à 0,0087. « L'atmosphère était lourde, dit M. Leblanc, l'instituteur se plaignait de la chaleur et attendait avec impatience le moment d'ouvrir les fenêtres. »

Chambre des députés. On a pris l'air, soumis à l'analyse, dans la cheminée d'appel par où s'écoule l'air de la salle et des tribunes, après deux heures et demie de séance. La mesure de la ventilation donnait 18 mètres cubes d'air par personne, environ. La quantité d'acide carbonique s'élevait à 0,0025.

Salle de spectacle. L'air a été recueilli à l'Opéra-comique, un peu avant la fin du spectacle. Le nombre des spectateurs était de mille à peu près ; la capacité de la salle est de 3500 mètres cubes. L'air du parterre contenait 0,0023 d'acide carbonique ; l'air pris dans la partie la plus élevée de la salle en contenait 0,0043.

Écuries. M. Leblanc a analysé l'air de deux écuries, à l'École militaire ; l'une de faible capacité, fermée pendant toute une nuit ; l'autre de plus grandes dimensions et ventilée naturellement par des vasistas maintenus entr'ouverts. M. Leblanc a trouvé, dans la première, 0,01 d'acide carbonique ; dans la seconde, 0,002 seulement.

Voici maintenant les considérations que ces résultats suggèrent à M. Leblanc :

Lorsque, dans une atmosphère limitée, la proportion d'acide carbonique s'élève, par les effets de la respiration, à 1 pour 100, le séjour des hommes dans cette atmosphère ne saurait se prolonger sans exciter bientôt une sensation de malaise prononcé. Toutes choses égales d'ailleurs, il ne semble pas douteux que la seule présence de l'acide carbonique, à cette dose, dans les lieux fermés, puisse exercer une influence prononcée sur l'organisme, surtout si cette action dure quelque temps.

Des expériences, faites sous la direction de M. Péclet, démontrent que, pour maintenir la respiration dans des conditions normales, la ration d'air à fournir doit s'élever à 6 ou 10 mètres cubes, par heure et par homme. L'analyse apprend qu'avec un système de ventilation, basé sur une ration de 10 à 20 mètres cubes, l'air écoulé de l'enceinte peut encore présenter des proportions d'acide carbonique qui varient de 0,002 à 0,004.

Dans les enceintes habitées et dépourvues d'appareils de ventilation ou de cheminées, on sait d'ailleurs qu'il ne faut pas compter sur un renouvellement très-efficace de l'air à la faveur des jointures des portes et des fenêtres ; le plus souvent ces effets n'arrivent pas à réduire l'altération à moitié de ce qu'elle serait dans une capacité rigoureusement fermée.

Nous reviendrons, sur ce sujet, à l'article Assainissement.

M. Leblanc a complété son travail par l'examen de quelques atmosphères artificielles : nous ferons connaître, en quelques mots, les principaux résultats de ces nouvelles recherches.

L'expérience a d'abord été faite en brûlant de la braise dans une pièce fermée, de capacité connue. Un chien de forte taille, placé dans cette pièce, donna bientôt des signes de malaise ; dix minutes s'étant écoulées depuis qu'on avait allumé la braise, l'animal tomba épuisé ; enfin, au bout de vingt-cinq minutes, il succomba. Une bougie, qu'on avait allumée dans la pièce, brûlait encore avec le même éclat ; elle ne s'éteignit que dix minutes après la mort du chien. L'air recueilli à ce moment contenait 4,61 d'acide carbonique, 0,54 d'oxyde de carbone et 0,04 d'hydrogène carboné.

Pour reconnaître si l'asphyxie devait être attribuée uniquement à l'acide carbonique à dose aussi peu élevée, M. Leblanc a placé divers animaux dans une pièce close où il a fait arriver de l'acide carbonique pur, en grande quantité. Il a reconnu ainsi qu'un chien peut supporter, sans succomber, immédiatement, une dose de ce gaz bien supérieure à celle qui se trouvait dans l'atmosphère rendue asphyxiable par la combustion du charbon ; elle peut s'élever jusqu'à 30 pour 100. Il faut donc chercher d'autres causes pour expliquer les effets observés dans le cas précédent. M. Leblanc s'est assuré, par l'expérience, qu'ils devaient être attribués à l'oxyde de carbone : à la dose de 4 à 5 pour 100 dans l'air, ce gaz fait périr instantanément un moineau ; un oiseau meurt au bout de deux minutes, dans une atmosphère qui en contient seulement 1 pour 100. Les carbures d'hydrogène ne concourent en rien à l'asphyxie.

M. Leblanc tire de ces faits les conséquences suivantes :

Dans une atmosphère contenant 5 à 6 pour 100 d'acide carbonique pur, *produit par la respiration ou par la combustion*, la flamme d'une bougie s'éteint ; la vie peut continuer, mais la respiration est pénible et les animaux à sang chaud sont déjà en proie à un malaise profond. On doit donc regarder comme nuisible une atmosphère où l'acide carbonique entrerait dans la même proportion que dans l'air expiré par nos poumons. Suivant M. Dumas, l'air expiré contient en effet 4 pour 100 d'acide carbonique.

Une atmosphère dans laquelle l'acide carbonique est *produit par la combustion du charbon*, devient asphyxiable quand la proportion de ce gaz s'élève à 3 ou 4 pour 100. L'énergie toxique de l'air ainsi altéré tient, comme nous l'avons dit, à la présence de l'oxyde de carbone.

Nous terminerons l'histoire des recherches chimiques sur l'insalubrité de l'air, par l'exposé de quelques résultats concernant l'existence des miasmes. C'est encore à M. Boussingault que nous empruntons cette partie de notre travail.

Indépendamment des causes climatériques qui ont une influence générale sur la salubrité d'un pays, il en est une autre plus énergique qui se développe toujours là où la matière végétale morte est exposée à l'action de la chaleur et de l'humidité. Elle est propre à toutes les contrées chaudes et marécageuses, mais elle se manifeste surtout à l'embouchure des grands fleuves, sur le littoral des golfes qui reçoivent un grand nombre de torrents, en un mot, dans toutes les localités où les eaux douces viennent se mélanger avec les eaux salées. Entre les tropiques, de semblables localités sont très-communes, et l'on a remarqué que c'est toujours après l'époque des pluies, lorsque le sol commence à se dessécher, que l'insalubrité s'y manifeste. Dans les steppes de Saint-Martin, à l'est de Santa-Fé de Bogota, les fièvres se déclarent, chaque année, régulièrement après la saison pluvieuse. Il suffit alors qu'un habitant des montagnes descende dans la plaine pour tomber malade presqu'à l'instant même. — Les défrichements ont aussi une influence considérable sur l'insalubrité de l'air : « Sous la zone torride, dit M. Boussingault, un défrichement est un combat à mort entre l'homme et la végétation. La première colonie qui prétend conquérir la forêt languit et s'éteint. Dans l'Amérique du Nord, l'hiver vient, chaque année, établir une trêve entre les combattants, la putréfaction est suspendue, et l'homme répare ses forces épuisées par la maladie. Entre les tropiques, la lutte est continuelle et souvent c'est l'homme qui succombe. » M. Boussingault cite à ce sujet un fait remarquable : Amaga, village de la province d'Antioquia, fut fondé, il n'y a pas fort longtemps, au milieu d'un terrain très-boisé; pendant les six années qui suivirent le défrichement, la population ne fit aucun progrès : les nouveaux habitants étaient presque tous atteints de fièvres intermittentes. Le mal dura tout le temps que les racines et les souches des arbres abattus et brûlés en partie mirent à se réduire en terreau : depuis, le canton est devenu de plus en plus salubre, et Amaga est aujourd'hui un des villages les plus importants de la province.

On observe donc une insalubrité très-marquée dans tous les pays qui réunissent à une température chaude un sol humide, et cette insalubrité augmente encore pendant les grands défrichements et lorsqu'il y a mélange des eaux de la mer avec les eaux douces. Il faut donc que, dans ces conditions, la chaleur produise un principe délétère; c'est ce principe que l'on désigne sous le nom de *miasmes*. Ces miasmes sont le résultat de la décomposition de la matière végétale, sous l'influence d'une forte chaleur et d'une humidité constante; ils se déposent, à ce qu'il paraît, en partie avec la rosée qui, dans les pays chauds et humides, se forme en abondance immédiatement après le coucher du soleil.

Un savant italien, Moscati, eut le premier l'idée de condenser l'eau dissoute dans l'atmosphère, dans le but d'y rechercher le principe qui occasionnait le mauvais air. Il fit ses expériences dans les rizières de la Toscane : des matras, remplis de glace, étaient suspendus à quelque distance du sol et il recueillait l'eau qui se déposait à leur surface. Cette eau, d'abord limpide, présenta bientôt de petits flocons qui offraient les propriétés des matières animalisées, et, au bout de quelques jours, elle se putréfia complétement.

Les recherches de Moscati furent reprises, en 1829, par M. Boussingault, pendant son séjour en Amérique. Ces nouvelles expériences ont été faites à Cartago, dans la vallée du Cauca; le voisinage de marais considérables rend cette localité très-insalubre. Peu après le coucher du soleil, M. Boussingault plaça deux verres de montre sur une table posée au milieu d'un pré marécageux; l'un de ces verres reçut de l'eau distillée chaude destinée à mouiller sa surface et à élever sa température au-dessus de celle de l'air ambiant. Dans ces circonstances, le verre froid se couvrait d'une rosée abondante, tandis que l'autre n'en recevait pas. En ajoutant une goutte d'acide sulfurique distillé dans chaque verre, et évaporant à sec à la chaleur d'une lampe à alcool, M. Boussingault a toujours reconnu une trace de matière charbonneuse adhérente au verre dans lequel la rosée s'était déposée; l'autre verre était au contraire parfaitement net, après la volatilisation de la liqueur qu'il contenait.

Cette manière d'opérer avec deux vases à différentes températures ne permet pas d'attribuer le dépôt observé à des poussières organiques voltigeant dans l'air et fixées ensuite à la surface humide des verres, car les poussières organiques se seraient déposées également dans l'un et l'autre vase, et, dans ce cas, l'acide sulfurique aurait produit dans tous les deux une trace charbonneuse; c'est ce qui n'a point eu lieu. Ce résultat rend donc très-probable l'existence de miasmes produits par la décomposition de la matière végétale sous l'influence de la chaleur et de l'humidité. Ces miasmes paraissent tenus en suspension dans l'air et ils se déposent en partie pendant la précipitation de la rosée.

Il nous resterait encore à parler d'autres causes purement locales qui peuvent altérer l'air et le rendre insalubre : telles sont les décompositions des matières animales, certaines opérations des arts, etc.; mais l'examen de ces altérations fera l'objet d'un autre article dans lequel nous indiquerons en même temps les moyens de les prévenir. *Voy.* ASSAINISSEMENTS.

Dumas et Boussingault, *Annales de Chimie*, t. III, 3ᵉ série.

Brunner, *Annales de Chimie*, t. III, 3ᵉ série.

F. Leblanc, *Annales de Chimie*, t. V, 3ᵉ série.

Boussingault, *Annales de Chimie*, t. LVII, 2ᵉ série.

Th. de Saussure, *Annales de Chimie*, t. XLIV, 2ᵉ série.

Thénard, *Traité de Chimie*, t. I.

H. DÉZÉ.

AIR ATMOSPHÉRIQUE. (*Médecine* et *Physiologie.*) (1) Répandue autour du globe terrestre, cette masse gazeuse joue un rôle très-important dans une foule de phénomènes naturels. Par sa force d'élasticité, l'air empêche la volatilisation d'un grand nombre de substances. Il dessèche ou humecte, forme ou décompose, oxyde ou acidifie les corps; il diminue ou augmente leur masse, avive ou éteint leurs couleurs. C'est un immense laboratoire où se passent sans cesse les opérations chimiques les plus variées. C'est un vaste réservoir qui, après avoir reçu sous forme de vapeurs les eaux de la terre, va les déposer sur le sommet des montagnes, d'où elles redescendent en ruisseaux ou en torrents. Rapide véhicule, il transporte à des distances prodigieu-

(1) Les passages de cet article enfermés entre crochets sont de M. A. LE PILEUR.

ses le pollen, ou la graine des végétaux, et les œufs de beaucoup d'animaux. Enfin il entretient la végétation dans les plantes, la respiration dans les animaux. Mais ces derniers absorbent continuellement dans l'acte inspiratoire une certaine quantité d'oxygène, et ils expirent une quantité égale d'acide carbonique; ils tendent donc à vicier sans cesse l'air au milieu duquel ils vivent. Les parties vertes des végétaux, au contraire, soumises aux rayons solaires, absorbent le carbone et rejettent l'oxygène pur. Ainsi, par une admirable compensation, l'air se trouve purifié par les végétaux à mesure que les animaux l'altèrent.

Les corps organisés privés de vie, mis en contact avec l'air, se décomposent rapidement, surtout lorsque cet air est saturé d'humidité, et qu'il est à la température de 10 à 15 degrés. Très-sec et souvent renouvelé, l'air absorbe l'humidité et retarde la putréfaction.

L'influence de l'air sur l'économie animale est variable selon ses différents degrés de pesanteur, de température, d'humidité.

[Dans plusieurs mémoires communiqués depuis 1838 à l'Académie des sciences par M. Tabarié, on trouve l'analyse d'expériences faites par ce savant sur les effets physiologiques de l'air condensé. En plaçant dans un air devenu, par l'accumulation sous une cloche, plus dense que l'atmosphère, des personnes dans des conditions de santé différentes, il a observé ce qui suit :

1° L'air condensé réagit sur la circulation en la ralentissant, et en même temps qu'il diminue le nombre des battements du cœur, il en régularise le rhythme.

2° L'air condensé n'augmente pas la calorification générale, il détermine au contraire une sensation de froid. On savait déjà que les ouvriers sous la cloche à plongeur éprouvaient un froid disproportionné à la température du milieu dans lequel ils étaient placés.

3° L'air comprimé modifie rapidement en mieux l'état inflammatoire et l'état fébrile. Deux cents observations du pouls faites dans l'état pathologique donnent des diminutions dans l'air comprimé de 10 à 20 pulsations par minute.

4° Comme moyen curatif l'air comprimé réussit peu dans les névroses; c'est surtout dans les maladies des voies respiratoires qu'il paraît efficace. Une grande cantatrice qu'une affection du larynx avait privée de sa voix, la retrouvait au milieu de cette atmosphère plus dense. Toutes choses égales d'ailleurs, on obtenait de meilleurs effets d'une pression médiocre, $\frac{1}{2}$ d'atmosphère par exemple, que d'une plus forte, comme $\frac{3}{4}$ d'atmosphère. *Voyez* VENTOUSES. A L.]

On a remarqué que les individus qui passent leur vie dans les mines, où la colonne d'air est nécessairement plus pesante qu'à la surface du sol, ont en général une santé languissante; mais, au milieu des causes nombreuses d'insalubrité qui environnent cette classe d'hommes, il est difficile de distinguer l'influence de l'augmentation de pesanteur de l'air.

On connaît mieux les effets d'un air plus rare. L'observation a démontré que la pression atmosphérique à laquelle le corps des animaux est ordinairement soumis ne peut devenir beaucoup moindre sans que certains phénomènes en résultent.

[MM. Biot et Gay-Lussac dans leurs ascensions aérostatiques n'éprouvèrent qu'une accélération modérée de la respiration sans aucun des accidents que l'on raconte à ce sujet. Dans les Cordillères M. de Humboldt observa le saignement des gencives, l'anhélation et quelques autres des phénomènes dont l'ensemble constitue ce qu'on a nommé le *mal de montagnes*. M. d'Orbigny éprouva ces effets au plus haut degré. Ce voyageur est le seul chez qui une épistaxis ait eu lieu pendant le séjour dans un air raréfié.

Les effets de l'air raréfié des montagnes varient suivant une foule de conditions dont les plus importantes paraissent être l'âge et l'état de santé des individus. Chez tous, la respiration et la circulation s'accélèrent, mais dans des proportions variables. (*Voyez* RESPIRATION, CIRCULATION.) Au grand plateau, dans la chaîne du mont Blanc, à 3910 m. au-dessus du niveau de la mer, de Saussure et ses guides souffraient d'essoufflement et ne pouvaient se livrer pendant plus de quelques minutes au moindre exercice. Lors de notre voyage au mont Blanc en 1844, nous n'avons éprouvé ces effets, MM. Bravais, Martins et moi, qu'à un degré beaucoup moindre; nous pouvions creuser la neige avec une pelle pendant un temps assez long, et quand nous cessions cet exercice, c'était par ennui plutôt que par fatigue. Nos guides ne souffraient pas plus que nous à cet égard.

En s'élevant davantage il devient nécessaire de suspendre le mouvement à des intervalles de moins en moins éloignés. Dans l'immobilité on n'éprouve aucune gêne de la respiration, on peut causer sans plus de fatigue que dans la plaine, bien qu'on soit naturellement entraîné à parler plus haut; on peut même fumer sans la moindre gêne, mais on ne peut courir ou marcher, surtout en montant, plus de quelques instants. Un autre effet non moins général, c'est un trouble des fonctions digestives, plus ou moins grave suivant les individus, analogue au mal de mer, et qui en comprend toutes les phases depuis la simple diminution de l'appétit jusqu'au vomissement. Ajoutons que les fatigues de toutes sortes et la privation de sommeil, conditions inséparables de ces voyages, entrent nécessairement pour quelque chose dans les phénomènes physiologiques qu'on y observe, et que, par un séjour prolongé, on s'acclimate et l'on cesse de souffrir dans cet air rare. M. de Humboldt ne souffrait nullement de la raréfaction de l'air à Antisana (4101 ᵐ.). Il y a des villes et des villages dans le haut Pérou, à 3900 et 4350 ᵐ. Jacquemont en a trouvé à 5000 ᵐ. sur le versant thibétain de l'Himalaya. A. L.]

Ces phénomènes peuvent être reproduits à volonté chez un animal placé sous le récipient de la machine pneumatique. L'accélération que la respiration subit dans un air rare s'explique facilement par la moindre quantité d'oxygène que chaque inspiration introduit dans les poumons; un air encore plus rare produirait la mort par asphyxie. Les oiseaux, à la vérité, s'élèvent impunément jusque dans des régions où l'air est beaucoup plus rare que sur la terre. Mais observons que les oiseaux sont construits de manière à pouvoir rétablir sans cesse l'équilibre entre l'air et leurs fluides intérieurs. Chez eux l'air ne pénètre pas seulement dans les poumons; leur cavité abdominale, leurs os même en sont remplis; et il est possible que, par la fréquence et l'étendue plus ou moins grande de leurs inspirations, ils remplissent ou vident plus ou moins complétement leurs cellules aériennes, selon qu'ils s'abaissent ou qu'ils s'élèvent dans l'atmosphère.

L'air rare est funeste aux individus dont la poitrine est naturellement délicate. Cet air, en activant les fonctions des organes respiratoires et circulatoires, rend ces organes plus susceptibles de s'enflammer.

[Il semble toutefois que ce soient les variations brusques de température si fréquentes dans les montagnes et la fatigue résultant de la respiration trop accélérée par la marche en montant, qui nuisent aux poitrines délicates plutôt que la raréfaction de l'air. Nous avons vu des hommes à poitrine fort suspecte se trouver on ne peut mieux du séjour des montagnes. Le séjour des Eaux Bonnes agit certainement par l'air qu'on y respire autant que par l'eau qu'on y boit, et dans les Alpes les médecins se trouvent bien d'envoyer leurs phthysiques à la montagne par le beau temps. Il va sans dire que tout cela doit s'entendre dans certaines limites pour la hauteur et pour le degré de la maladie. A. L.]

L'homme, ainsi que les autres animaux à sang chaud, possède la faculté de résister également et à une grande chaleur et à un froid très-vif. Ce serait sortir de notre sujet que de relater ici les expériences qui ont servi à constater ce fait, et les explications plus ou moins hypothétiques qui en ont été données.

Sous l'influence d'une atmosphère très-chaude, toutes les fonctions perdent leur éner-

gie, si ce n'est l'exhalation cutanée, qui devient excessivement abondante. Les facultés intellectuelles et morales languissent également. Sous le ciel brûlant de l'Éthiopie, l'esprit n'est pas moins énervé que le corps.

Dans des climats moins chauds, tels que les contrées méridionales de l'Europe, l'homme retrouve son énergie. L'imagination est surtout la qualité dominante des habitants de ces heureux pays. Si chez eux des institutions fortes secondent les élans d'une imagination exaltée, ils enfanteront des prodiges. Défendue par quelques hommes libres, la Grèce bravera les efforts de l'Asie; quelques cabanes bâties par Romulus seront le berceau des dominateurs du monde.

Dans les climats chauds, les maladies du cerveau, de la peau, des voies digestives, sont les plus fréquentes. C'est là que les affections contagieuses trouvent les conditions les plus propices à leur développement. Nuisibles aux individus bilieux, aux mélancoliques, etc., ces climats exercent au contraire la plus favorable influence sur les personnes atteintes de scrofules, de scorbut, de rhumatisme, etc.

L'air froid, comme l'air chaud, a des effets variables, selon ses différents degrés.

A son plus haut degré d'intensité, l'air froid tue les animaux qui y sont soumis, ou du moins il détermine chez eux la mort de quelques parties, de celles surtout qui sont le plus éloignées du centre de la circulation.

A un plus faible degré, tel qu'il existe, par exemple, pendant les hivers rigoureux de nos climats, l'air froid agit en sens contraire de l'air chaud; il resserre les tissus, il fait refluer le sang des parties extérieures vers l'intérieur, et prédispose ainsi aux inflammations internes. En accumulant le sang dans les poumons, il produit des accès d'asthme chez les individus dont les organes thorachiques ne sont pas bien conformés.

L'air modérément froid est utile aux personnes assez vigoureuses pour que chez elles une forte réaction succède à l'impression du froid sur la peau. Il est nuisible aux individus plus faibles, qui ne peuvent pas développer assez d'énergie pour que cette réaction ait lieu.

Les climats très-froids sont aussi défavorables à l'intelligence que les climats très-chauds. Sous un ciel moins sévère, dans les contrées septentrionales de l'Europe par exemple, les facultés intellectuelles renaissent; mais elles sont remarquables par d'autres qualités que celles qui caractérisent l'intelligence de l'habitant du midi. De là la direction spéciale imprimée aux travaux de l'esprit chez les différents peuples, de là les nuances de leurs mœurs, les variétés de leur gouvernement, etc.

L'air humide exerce sur l'économie une influence différente, selon qu'il est chaud ou froid.

L'air humide et chaud est une des constitutions atmosphériques les plus défavorables. Toutes les fonctions s'exécutent mal ; la circulation est languissante, la respiration gênée, l'intelligence obtuse, les mouvements pénibles. Malgré les observations de Fontana et de Keil, il n'est pas encore bien prouvé que, plongé dans une atmosphère chaude et humide, le corps augmente de poids. Si ce fait est exact, il pourrait aussi bien s'expliquer par la diminution de la transpiration que par l'augmentation de l'absorption cutanée.

Si cette constitution persiste pendant longtemps, elle favorise le développement d'un certain nombre de maladies : c'est alors que se manifestent surtout les fièvres intermittentes, simples ou pernicieuses, le scorbut, les hydropisies, c'est alors que les affections contagieuses et épidémiques sévissent avec la plus grande activité possible.

Les personnes lymphatiques, scrofuleuses, ne seront pas soumises sans inconvénient à l'influence d'un air chaud et humide ; il pourra être de quelque utilité aux individus d'un tempérament sec et irritable.

L'air froid et humide exerce sur l'économie une influence encore plus fâcheuse que l'air humide et chaud. Les maladies des membranes muqueuses, les affections vermineuses, s'observent fréquemment sous cette constitution. Les inflammations qui se déclarent alors semblent affecter souvent un caractère spécial, et dans leur traitement les émissions sanguines ne doivent être employées qu'avec une certaine réserve. Les excitants légers, soit en aliments, soit en boissons, soit en médicaments, sont au contraire moins redoutables que dans les autres constitutions atmosphériques.

Les différents états de l'air que nous venons de passer en revue ne sont pas les seuls qui réclament notre attention. L'électricité que l'air contient en quantité variable, les rayons lumineux qui le traversent, exercent sur les êtres vivants une puissante influence. Privés du contact des rayons solaires, les hommes, comme les plantes, s'étiolent et se flétrissent. Différents miasmes, soit qu'ils s'exhalent du corps des animaux vivants, soit qu'ils émanent de substances animales ou végétales en putréfaction, se mêlent à l'air, en altèrent la pureté, et vont porter au loin le germe d'une foule de maladies endémiques, épidémiques ou contagieuses. La médecine semble surtout acquérir des droits sacrés à la reconnaissance publique alors que, par une application savante des règles de l'hygiène, elle arrête ou prévient ces maladies, assainit de vastes contrées, et arrache à la mort de nombreuses générations.

MARC et ANDRAL.

Hippocrate, Des airs, des eaux et des lieux.

AIR ATMOSPHÉRIQUE. (*Technologie.*) Le fluide qui nous environne exerce une grande influence sur la plupart des opérations des arts ; il est même quelquefois l'agent principal, comme dans la combustion, dans la préparation de quelques oxydes et de plusieurs produits chimiques, et dans les phénomènes de la végétation et des fermentations : c'est à sa seule puissance mécanique qu'est due la rotation des moulins à vent et la marche des navires à voiles, et personne n'ignore que l'air est absolument indispensable pour entretenir la respiration et la vie dans les animaux et les végétaux.

Tant d'emplois importants rendent l'étude de l'air infiniment intéressante ; aussi n'est-il aucune de ses propriétés que l'industrie n'ait mise à profit pour en tirer avantage. Donnons un tableau succinct des principales applications.

L'air est pesant : dès lors il doit tendre à faire élever les corps plus légers que lui, comme l'eau fait surnager le liége ; c'est sur cette propriété qu'est fondée l'invention des aérostats, qui, remplis d'un gaz treize fois moins pesant, doivent monter à raison de cette différence de pesanteur.

L'air se dilate par la chaleur et devient plus léger : de là l'origine des *montgolfières* ou des ballons entretenus par le feu. La légèreté de l'air chauffé produit dans le tuyau de nos cheminées ce courant ascensionnel qui nous débarrasse de la fumée incommode du foyer. La même cause produit un courant semblable dans les ventilateurs à feu et dans les fourneaux d'appel, qui nous donnent des moyens efficaces de renouveler et de purifier l'air des lieux infectés, des hôpitaux, des fabriques insalubres, des salles de spectacle, etc.

L'air dilaté par la chaleur acquiert une force élastique plus grande : de là son emploi comme moteur dans les machines à air et à feu, ou pyro-pneumatiques, dont la puissance mécanique peut être d'autant plus avantageuse que l'air, pour être chauffé, exige à poids égal, moins de chaleur que l'eau.

L'élasticité de l'air est utilisée dans les fusils à vent pour lancer des projectiles ; dans les réservoirs d'air que l'on adapte aux moteurs et aux machines dont le mouvement est irrégulier, à l'effet de régulariser la vitesse et d'éviter les secousses ; dans les machines à compression pour élever l'eau, comme la fontaine de Héron, la machine de Schemmitz, etc.

La mobilité extrême de l'air produit des courants atmosphériques dont la puissance est très-grande et est livrée gratuitement à l'homme. Aussi, depuis un temps immémorial, le commerce et la navigation ont mis cette force à contribution pour faire mouvoir ces vastes maisons flottantes, qui voiturent sur les mers les marchandises et les voyageurs. Les moulins à vent offrent une application non moins remarquable de la force de cet agent naturel et économique. C'est encore en vertu de cette mobilité de l'air qu'on peut y exciter des courants artificiels par des ventilateurs mécaniques, et les employer soit à renouveler une atmosphère viciée par des miasmes ou des exhalaisons insalubres, soit à la dessiccation rapide des différentes matières préparées dans les arts, en formant des séchoirs artificiels à courant d'air, pour les étoffes, pour les grains, pour la poudre, etc.

La pression que l'air exerce sur tous les corps est employée avec succès dans les machines à vapeur, à simple effet, pour faire redescendre le piston et entretenir le mouvement alternatif dans ces machines; la même cause produit l'ascension de l'eau dans les pompes aspirantes. Cette pression est mesurée par la hauteur du mercure dans le tube du baromètre; et comme l'intensité de cette force décroît successivement à mesure qu'on s'élève, il est résulté de cette observation le nouvel art de mesurer la hauteur des montagnes par l'abaissement du mercure dans le tube barométrique.

L'action chimique de l'air est de la plus haute importance pour le manufacturier; c'est à ce puissant agent que l'on doit la plupart des phénomènes d'oxydation, de coloration, de blanchiment, qui s'opèrent dans nos ateliers; il produit l'efflorescence et la déliquescence des sels; il donne lieu à l'évaporation des liquides qu'il dissout et qu'il entraîne; il entretient la combustion dans les fourneaux, et rien ne peut le remplacer pour la production de la chaleur nécessaire à la pratique de presque tous les arts; il n'est pas moins indispensable à l'entretien et même à la création de nos lumières artificielles, soit que nous les tirions de l'air comprimé dans le briquet pneumatique, soit que nous les fassions jaillir de la collision des corps durs.

L'influence de l'air sur les phénomènes de la vie se montre à tout moment dans les travaux de l'agriculture et de l'économie rurale; la germination des graines, la végétation, et l'accroissement des plantes, la floraison, la fructification et le dépérissement des végétaux dépendent en grande partie de l'action de l'air. Nous laisserons aux physiologistes le soin d'exposer les lois de la respiration des plantes et des animaux, les causes de la production de la chaleur dans les êtres animés, etc.; qu'il nous suffise d'avoir indiqué les fonctions les plus essentielles et les usages les plus importants que l'air puisse remplir dans son état de pureté.

Lenormand et Mellet.

Élasticité, densité, poids de l'air atmosphérique. L'élasticité de l'air est cette propriété, qu'il partage avec tous les autres fluides aériformes, de pouvoir être comprimé indéfiniment et de reprendre exactement son volume primitif quand on a cessé de le presser. Quand il est enfermé dans un vase parfaitement clos, il exerce, en vertu de cette propriété, et d'après un principe d'hydrostatique, une pression égale sur toutes les parties des parois de ce vase; en sorte que si on y adapte un manomètre, la hauteur à laquelle le liquide s'élève dans cet instrument mesure la tension, ou, si l'on veut, la force élastique de l'air renfermé dans le vase.

Mariotte a le premier découvert que l'air se comprime, sous les poids dont on le charge, proportionnellement à ces poids. Cette loi n'avait d'abord été vérifiée que sous de petites charges. Elle a été confirmée depuis, par MM. Dulong et Arago, jusqu'à la charge énorme d'une colonne de mercure de 20^m499 de haut, qui correspond à la pression de 27 atmosphères, mesurée par une hauteur du baromètre égale à $0^m,76$ au niveau de la mer, le mercure étant réduit à zéro de température thermométrique.

La chaleur dilate l'air des 0,00375 de son volume par chaque degré du thermomètre centigrade. Le volume d'une certaine masse d'air qui serait représentée par 1 à 0°, le sera donc par $1 + 0,00375\, t$ à $t°$. C'est encore là une propriété que l'air atmosphérique partage avec tous les fluides aériformes.

En supposant que la masse des corps reste constante, leur densité est en raison inverse de leur volume; de sorte que les densités d'une même masse de fluide aériforme à 0° et à $t°$ seront entre elles dans le rapport de $1 + 0,00375\, t$ à 1. Or les poids sous même volume sont proportionnels aux densités, et les poids spécifiques, qui sont les poids sous l'unité de volume, suivent le même rapport; donc le poids spécifique d'un fluide aériforme est directement proportionnel à la charge qui le comprime et inversement proportionnel à la chaleur qui le dilate : il augmente avec la charge et il diminue avec la chaleur dans le rapport que nous venons d'indiquer. MM. Biot et Arago ont trouvé qu'un mètre cube d'air atmosphérique sec, à la pression barométrique ordinaire de $0,^m76$ et à 0° de température, pèse $1^k,299$. Donc sous une pression repré-

20.

sentée par b^m, et à une température $t°$, le poids du mètre cube d'air atmosphérique sec sera

$$1{,}299\,\frac{b}{0{,}76}\times\frac{1}{1+0{,}00375\,t},$$

ou, en simplifiant,

$$1{,}709\,\frac{b}{1+0{,}00375\,t}.$$

L'air atmosphérique est toujours mêlé d'une certaine quantité de vapeur d'eau, et cette vapeur, qui est plus légère, diminue son poids ; comme d'ailleurs il en contient d'autant plus qu'il est lui-même plus chaud, on corrige l'effet de cette vapeur en augmentant un peu le multiplicateur de t dans l'expression précédente. On le porte à 0,004 ; et on a plus exactement, pour le poids de l'air atmosphérique,

$$1{,}709\,\frac{b}{1+0{,}004\,t}.$$

Le poids du mètre cube d'eau étant pris égal à 1000 kil. en négligeant la dilatation due à la température, et le poids du mètre cube d'air étant $1{,}709\,\dfrac{b}{1+0{,}004\,t}$, le rapport entre ces poids, $585\,\dfrac{1+0{,}004\,t}{b}$, exprimera combien de fois l'eau pèse plus que l'air ; ce sera 800 fois, à 10° de température et à 0^m, 76 de hauteur du baromètre.

Le poids du mètre cube de mercure à t étant de $\dfrac{13599}{1+0{,}00018\,t}$, le rapport entre le poids de ce métal et celui de l'air sera

$$\frac{13589\,(1+0{,}004\,t)}{1709{,}\,b\,(1+0{,}000018\,t)},$$

et comme on peut négliger le facteur $0{,}000018\,t$ qui est toujours très-petit, cette expression devient en la simplifiant d'ailleurs :

$$7955\,\frac{1+0{,}004\,t}{b}.$$

Choc et résistance de l'air. Les physiciens qui se sont occupés de la recherche des effets du choc et de la résistance de l'air, ont trouvé que ces effets sont à peu près les mêmes. Ils les ont donc regardés comme identiques, et se sont servis de l'un ou de l'autre, selon que leurs expériences en devenaient plus faciles, quand ils ont voulu déterminer leurs lois communes.

Borda et Hutton sont les premiers qui aient véritablement éclairci la question. Borda a spécialement expérimenté sur de petites vitesses, celles de deux à dix mètres. Voici comment il s'y prenait : il avait un tour très-mobile sur ses tourillons, traversé perpendiculairement à son axe par une tige, dont les deux moitiés formaient deux bras égaux, à l'extrémité desquels il fixait les corps dont il voulait éprouver la résistance. Sur le tour était enroulée une corde très-flexible, au bout de laquelle on attachait à volonté divers poids. Quand le corps soumis à l'expérience était placé à l'extrémité du bras du moulin, il attachait un poids au bout de la corde et il le laissait descendre. La machine prenait un mouvement de rotation qui devenait uniforme quand la résistance de l'air était égale à l'effort du poids, lequel mesurait alors la résistance des corps et celle des bras du moulinet. Comme cette dernière résistance avait été préalablement mesurée de la même manière, en la retranchant de celle que l'expérience venait de donner, on obtenait celle des corps. Borda a ainsi trouvé que pour les vitesses ordinaires, c'est-à-dire celles qui ne dépassent pas dix mètres, la résistance est proportionnelle au carré de la vitesse. Il a obtenu ce résultat sur des plaques carrées de $0^m{,}0117$ auxquelles il a fait prendre des vitesses qui se sont élevées graduellement de $2^m{,}06$ à $8^m{,}87$. D'autres expériences, faites sur des plaques de $0{,}^m026$ et 0^m59, lui ont donné des résultats analogues.

Les expériences de Hutton ont eu pour objet les grandes vitesses, notamment celles des projectiles, qui varient de cent à six cents mètres. Il a trouvé, entre la résistance et la vitesse, un rapport plus compliqué qu'il a exprimé par trois termes : le premier est la vitesse à la deuxième puissance, le second encore la vitesse, mais seulement à la première puissance ; quant au troisième, c'est un nombre constant, en sorte que si on désigne par V la vitesse du boulet, et par d son diamètre, Hutton exprime la résistance que l'air lui oppose par la formule $d^2(0{,}00358\,V^2 - 0{,}258\,V + 3{,}29)$.

Quelques physiciens, Dubuat entre autres, ont avancé que la résistance de l'air croît porportionnellement à l'étendue des surfaces des corps qui l'éprouvent. Cependant Borda, en expérimentant sur des plaques dont les surfaces étaient comme les nombres 1 ; 2,25 ; 5,06, avait obtenu des résistances qui étaient entre elles comme 1 ; 2,44 ; 5,97, c'est-à-dire qui ont crû à très-peu près comme la puissance 1,1 de la surface des plaques. Hutton, qui obtint des résultats analogues en soumettant à l'expérience des surfaces semblables, des sphères, reconnut le même accroissement ; et l'opinion de ces deux physiciens a prévalu. Cependant les expériences très-précises de M. Thibault ont appris que cette opinion n'est exacte que pour le mouvement circulaire, le seul sur lequel Borda et Hutton eussent expérimenté ; car pour le mouvement rectiligne, la résistance est simplement proportionnelle à l'étendue des surfaces.

Les plaques entourées de rebords saillants éprouvent d'ailleurs une résistance plus forte que les surfaces planes. Il en est de même des surfaces convexes, telles que les voiles des navires ; toutefois la flèche de la courbure ne doit pas dépasser le tiers de la largeur de la voile.

La résistance de l'air est proportionnelle à la densité de ce fluide, et comme cette dernière varie notablement d'un lieu à un autre, et à chaque instant, suivant l'état du baromètre et du thermomètre, elle doit être introduite dans l'expression de la résistance. La densité est d'ailleurs proportionnelle au poids spécifique qui est $1^k,709 \frac{b}{1 + 0,004\, t}$ (*voy.* plus haut, col. 615). Si donc on représente par P ce poids, par A la surface plane choquée, et par K un coefficient, on aura, pour l'expression de la résistance dans le cas du mouvement circulaire, et pour des vitesses au-dessous de 10 mètres,

$$K\,P\,A^{\text{I,I}}V^2.$$

Voici comment Borda a déterminé le coefficient K : il a placé, sur l'appareil que nous avons décrit, une plaque de $0^{mm},05935$ de surface, et il a trouvé qu'en marchant avec une vitesse uniforme de $3^m,468$, elle éprouvait une résistance de $0^{kil},07584$, le baromètre étant à $0^m,7573$ et le thermomètre à $5°$, ce qui donnait $P = 1^{kil},269$. Il avait par conséquent $0,07584 = K.1,269(0,05935)^{\text{I,I}}$ $(3,463)^2$, d'où il a conclu $K = 0,1114$; avec la plaque de $0^m,026$; il a eu $K = 0,1097$; et avec celle de $0^m,0117$; $K = 0,1104$.

Enfin, la moyenne approximative 0,11 de ces trois nombres lui a donné la valeur de K, et il a pu établir pour l'expression de la résistance éprouvée perpendiculairement par un corps mince

$$0,11\ P\ A^{\text{I,I}}V^2.$$

D'après les expériences faites en commun par MM. Piobert, Morin et Didion, et en ayant égard à ce que nous avons dit de la découverte de M. Thibault, que la résistance est simplement proportionnelle à l'étendue des surfaces dans le mouvement rectiligne, nous établirons pour l'expression de la résistance

$$R = 6,036\ P\ A + 0,07\ PAV^2,$$

0,07 étant la valeur du coefficient K, et 0,036 un nombre constant qu'on peut négliger sans erreur sensible dans les vitesses au-dessous de 10 mètres. On a dans ce cas :

$$R = 0,07\ PAV^2.$$

Quand un corps, au lieu de se présenter perpendiculairement au choc de l'air, s'y présente obliquement, il éprouve une résistance moindre. Hutton, qui s'est occupé de la détermination du rapport entre la résistance et l'obliquité, et qui s'est servi pour cela d'une plaque rectangulaire de $0^m,203$ de base sur $0^m,102$ de hauteur, qu'il a successivement placée dans des positions telles que son plan et la direction du mouvement ont compris différents angles depuis 0 degré jusqu'à 90 degrés, a trouvé que ce rapport était assez exactement rendu par l'expression $(\sin a)\,1,84\cos a$; a étant l'angle formé par la surface avec la direction du mouvement. En sorte qu'il a donné, pour l'expression générale de la résistance des corps minces et plans, animés d'un mouvement circulaire

$$0,11\ PA^{\text{I,I}}V^2\ (\sin a)^{\,1,84}\cos a.$$

Quoique cette expression représente particulièrement la résistance de l'air contre de simples plaques, ou des corps fort minces, elle peut encore servir pour tous les solides qui offrent à l'action de l'air une surface plane, en observant toutefois que leur résistance est moindre de quelques centièmes; mais elle ne peut plus servir aux corps qui présentent au choc un angle ou une surface convexe, dont la résistance est encore plus faible. Borda et Hutton, qui ont aussi recherché la résistance de ces dernières surfaces, se sont servis pour cela de prismes triangulaires, ayant deux faces latérales égales, de cônes, de demi-cylindres et de demi-sphères. Ils ont d'abord présenté au choc les faces planes de chacun de ces corps et leur résistance a été prise pour unité; ils ont ensuite présenté l'angle plan pour les prismes, le sommet pour les cônes et la partie convexe pour les demi-cylindres et les demi-sphères. Les résistances que ces surfaces ont éprouvées, comparativement aux surfaces planes, sont inscrites au tableau suivant extrait du traité de M. d'Aubuisson. Les résultats sont précédés de la lettre B ou H, selon qu'ils sont dus à Borda ou à Hutton.

DÉSIGNATION DES CORPS.	RÉSULTAT de l'expérience K'.
B Prisme à angle plan de 90°.	0,728
B Prisme id. 60°.	0,520
B Cône, angle au sommet de 90° . . .	0,691
B Cône, id. 60° . . .	0,543
H Cône, id. 51° 22' .	0,433
B Demi-cylindre.	0,570
B Demi-sphère et sphère entière. . .	0,410
H Demi-sphère	0,413

La relation suivante exprimerait donc la résistance de ces corps, animés d'un mouvement circulaire,

$$R = 0,11\ K'PA^{\text{I,I}}$$

K' étant le coefficient indiqué pour chacun d'eux par le tableau précédent, et A, la projection de la surface choquée, sur un plan perpendiculaire à la direction des mouvements. Pour le mouvement rectiligne on aurait

$$R = 0,07\ K'PAV^2.$$

Voici un tableau, encore extrait de l'ouvrage de M. d'Aubuisson, qui indique l'effort que les vents de diverses forces exercent sur une plaque de un mètre carré perpendiculaire à la direction du mouvement, la vitesse de ces différents vents, avec le nom que leur donnent habituellement les marins.

DÉNOMINATION DES VENTS.	VITESSE		EFFORT
	par seconde.	par heure.	sur 1 mm.
	m.	kil.	kilog.
Vent à peine sensible	1	4	0,14
Brise légère	2	7	0,54
Vent frais	4	14	2,17
Vent bon frais.	6	22	4,87
Forte brise.	8	29	8,67
Très-forte brise.	10	36	18,64
Vent impétueux.	15	54	30,47
Tempête.	20	72	54,16

Borda, *Expériences sur la résistance des fluides,* dans les Mémoires de l'Académie des sciences, 1763.

Hutton, *Nouvelles expériences d'artillerie;* traduit de l'anglais, par M. Terquem, 1826, in-8°.

D'Aubuisson, *Traité d'Hydraulique à l'usage des ingénieurs,* 1834, in-8°, p. 526 et suiv.

CHARLES RENIER.

AIR. (*Musique.*) Cette dénomination se donne en musique à un morceau dont le sens peut être compris, étant exécuté par une seule voix ou un seul instrument, et lorsque ce morceau a toute l'étendue voulue pour constituer, d'après les règles de l'art, une pièce de musique bien complète.

Un bon *air,* pour mériter cette qualification, doit être un petit poëme musical, il doit avoir son exposition, son nœud et son dénoûment, et surtout cette unité si recommandée et si recommandable dans les beaux-arts, lorsque l'on veut plaire et charmer. *Voyez* les mots ARIETTE, RONDEAU, POLONAISE, BARCAROLLE, NOCTURNE, ROMANCE, VAUDEVILLE, pour connaître leurs droits de parenté avec l'*air* dont ils sont issus, et savoir à quel degré de filiation les placent leurs titres.

BERTON.

AIRE. (*Mathématiques.*) Nom que l'on donne à l'étendue superficielle qui est renfermée entre des limites marquées, ou plutôt au nombre de fois que l'unité de surface y est contenue. C'est dans cette acception qu'il faut entendre ces expressions usitées : *l'aire d'un triangle, l'aire d'un cercle, l'aire d'un cône,* etc.

Pour évaluer le nombre d'unités superficielles contenues dans une aire donnée, on convient d'abord de choisir cette unité, et, quoiqu'on puisse la prendre d'une figure arbitraire, on préfère celle qui est la plus simple à tracer et à introduire dans les calculs; c'est le *carré.* Ainsi on formera un carré dont le côté sera d'un mètre, ou d'un pied, ou d'une toise etc. ; ce sera *l'unité de surface.* Mesurer une aire donnée, c'est chercher combien de fois cette unité s'y trouve contenue. Lorsqu'on dit qu'un arpent a cent per-

ches, cela signifie que, quelle que soit la figure des limites, cette étendue est décomposable en cent carrés égaux à celui qu'on a pris pour unité, et qui est la *perche carrée.*

C'est la géométrie qui apprend quelles sortes d'opérations doivent être exécutées pour faire l'évaluation des aires.

On donne aussi quelquefois le nom d'*aire* à une surface plane préparée dans un but spécial : ainsi l'aire d'une grange est la surface sur laquelle on bat le grain pour le détacher de l'épi ; l'aire d'un bassin est un massif fait à chaux et ciment qui en forme le fond, etc.

FRANCOEUR.

AIRE. (*Architecture.*) Se dit d'une surface plane, affermie de manière à pouvoir y marcher, battée des grains, tracer des épures, recevoir des enduits, des parquets ou carrelages.

Aires antiques. Lorsqu'une aire se faisait à rez-de-chaussée, on commençait par bien dresser et battre le sol sur lequel elle devait être établie ; on étendait dessus une première couche appelée *statumen,* composée de chaux et de pierres de la grosseur d'un œuf : sur cette première couche, on en mettait une seconde nommée *rudus,* faite de pierrailles beaucoup plus petites, et dans la proportion de cinq mesures contre trois de chaux.

Lorsque ces couches commençaient à sécher, on les rendait massives avec des battes de bois, jusqu'à ce que, d'un pied qu'elles avaient d'épaisseur, elle fussent réduites à huit pouces. Sur ces deux couches on en posait une troisième appelée *nucleus,* consistant en trois parties de tuiles pilées et une de chaux, bien broyées ensemble. Cette dernière avait environ quatre pouces d'épaisseur. C'est sur cet enduit qu'au moyen d'un bain de pure chaux on posait le carrelage ou la mosaïque. Quelquefois aussi on se contentait de la couvrir d'une poudre de marbre très-fine, qui, venant à faire corps avec l'enduit, devenait susceptible d'un très-beau poli.

Aire sur plancher. Lorsqu'on voulait établir une aire sur plancher, on avait le plus grand soin de n'employer que des planches de chêne de même qualité, et surtout très-faibles d'épaisseur lorsqu'on se servait de chêne dur, parce qu'en les arrêtant avec des clous sur chaque solive, on les empêchait plus facilement de se tourmenter par l'humidité ; on y appliquait ensuite les enduits que nous venons de décrire, avec la précaution de poser sur les planches un lit de paille ou de fougère pour les garantir de l'action de la chaux.

Aire sur terrasse. Lorsque l'aire devait se poser sur un plancher formant terrasse, les solives étaient recouvertes de deux épaisseurs de planches croisées à contre-fil, et clouées avec soin. Sur la fougère on étendait le *statumen*, puis le *rudus*, mais en plus grande épaisseur que dans tout autre cas ; ce dernier se composait d'un tiers de tuileau, deux parties de pierrailles et deux de chaux. Quant au *nucleus*, qui recouvrait le tout, il était fait de la manière ci-dessus décrite.

Il arrivait quelquefois que, pour donner une plus grande solidité à ces terrasses, on posait sur le *rudus* des tuiles d'environ deux pieds carrés, en laissant entre elles un joint d'à peu près six lignes, qu'on remplissait de chaux pulvérisée et broyée avec de l'huile.

C'est sur cette espèce de carrelage qu'on étendait le *nucleus*, qui se battait jusqu'à presque dessiccation, et sur lequel on posait, à l'aide de chaux vive, des briques rangées en épi, ainsi qu'on en voit encore dans les galeries du Colisée à Rome, à la villa Adrienne, à Pompeia, etc. La pente de ces terrasses était d'à peu près deux pouces par toise. On avait soin, chaque année, de leur donner une couche d'huile pour les préserver de l'humidité et de la gelée.

Selon Vitruve, les Romains fabriquaient, pour leurs salles à manger et leurs chambres d'hiver, une autre espèce d'aire à la manière des Grecs, et qu'ils appelaient ἀσάρωτον ; elle ne se composait que d'une forte couche de *rudus* et d'une plus faible de *nucleus*, dans laquelle ils ajoutaient du charbon pilé, qui, bien broyé avec le tuileau et la chaux, formait un stuc presque noir, et fort agréable à la vue. La propriété de cet enduit était d'absorber à l'instant le vin que les convives pouvaient répandre, ou toute autre cause d'humidité.

Aires modernes. Les aires qui s'exécutent de nos jours tant à Naples qu'à Rome et autres contrées de l'Italie se font presque de la même manière que les aires antiques ; le *lastrica* des Napolitains, avec lequel ils font non-seulement leurs planchers intérieurs, mais aussi les terrasses qui couvrent leurs bâtiments, est composé de deux parties pouzzolane, une partie tuile, et deux parties chaux vive.

L'aire à la vénitienne, appelée *compósto*, est également composée de pouzzolane, brique pilée et chaux vive, mais avec cette différence, que la deuxième couche, qu'on pourrait appeler *nucleus*, est faite de chaux, de pouzzolane passée au tamis et de fragments des marbres les plus précieux. C'est avec étonnement qu'on remarque dans le plancher de la grande salle du palais du doge non-seulement du porphyre et du serpentin, mais encore des jaspes et jusqu'à du lapis.

Depuis trente ans l'aire à la vénitienne s'exécute à Paris, non-seulement avec le plus grand succès comme solidité, mais encore avec une telle précision qu'on en fait des compartiments dont le seul tracé présente de grandes difficultés. Dans ce genre, nous devons à MM. Percier et Fontaine l'aire de la colonnade de Louvre, du côté de Saint-Germain l'Auxerrois.

Aire de plâtre. C'est l'enduit qui se fait sur le lattis des planchers.

Aire de grange. Cette espèce d'aire se pratique au moyen de mortier de ciment, ou même de salpêtre fortement massivé.

On fait encore des aires en plâtre gâché, avec une eau de colle-forte, de la suie, ou du sang de bœuf. Ces aires acquièrent une grande solidité, surtout quand, après qu'elles sont bien ressuyées, on a soin de passer dessus une forte couche d'huile chaude.

DEBRET.

AIRE. (*Marine.*) Vitesse d'un navire. On dit d'un bâtiment qu'il a beaucoup ou peu d'*aire*, c'est-à-dire qu'il se meut vite ou lentement.

AIRELLE. *Voyez* MYRTILLE.

AIRES (Principe des). (*Mécanique.*) Lorsqu'il arrive que les forces accélératrices qui sollicitent un point matériel ont des moments égaux et contraires par rapport à un point fixe, pris pour origine des coordonnées, les équations du mouvement conduisent à une conséquence remarquable, qui constitue ce qu'on nomme en mécanique le *principe des aires*, et qu'on peut énoncer ainsi : les aires comprises entre les rayons vecteurs menés de l'origine à trois points d'une trajectoire, étant projetées sur un plan quelconque qui passe par le point pris pour origine, sont proportionnelles aux temps employés à décrire les arcs interceptés, lorsque le mobile ne se meut qu'en vertu d'une impulsion, ou lorsque les forces accélératrices qui l'animent sont constamment dirigées vers cette origine. La réciproque de cette proposition est également vraie.

Nous ne nous arrêterons pas à démontrer ce théorème, qui n'est qu'une conséquence des équations de mouvement.

Il faut en dire autant du principe de la *conservation des aires*, dont nous nous contenterons aussi de donner l'énoncé : dans le mouvement d'un système de points matériels, liés fixement entre eux, soumis à leur attraction mutuelle, et qui ne sont sollicités par aucune force accélératrice, les sommes des aires décrites autour d'un point quelconque sont proportionnelles aux temps employés à les décrire, lorsqu'il n'existe aucun point fixe dans le système.

Le principe des aires reçoit en astronomie une application d'une grande importance. Comme chaque planète se meut dans une orbite elliptique dont le soleil occupe le foyer (du moins lorsqu'on fait abstraction des *perturbations*), et que cette révolution est produite par l'attraction mutuelle que ces deux astres exercent l'un sur l'autre, on se trouve dans les circonstances où nous venons de dire que le principe des aires a lieu. Si on imagine une droite menée du soleil à la planète, droite qui est appelée *rayon vecteur*, et si la planète entraîne cette ligne avec elle dans son mouvement, elle formera dans ses positions successives, des secteurs elliptiques dont la surface sera constante, si on la considère après des intervalles de temps égaux quelconques. Ainsi lorsque la planète sera plus rapprochée du soleil, elle devra courir avec plus de rapidité, pour que dans le temps dont il s'agit, le secteur décrit ait la même surface; la hauteur de ce secteur étant plus petite, il faut que la base soit plus longue pour que l'aire reste la même. Au contraire, et par la même raison, quand la planète se trouvera dans la région la plus éloignée du soleil, elle devra aller plus lentement.

C'est en cette proposition que consiste la première des *lois de Képler*, qu'on énonce ainsi : le rayon vecteur d'une planète décrit autour du soleil des aires proportionnelles aux temps employés à les parcourir.

FRANCOEUR.

Poisson, *Traité de mécanique*, 2e éd. 2 vol. in-8°, 1832.

M. Francœur, *Uranographie*, 4e éd. 1 vol. in-8°, 1828, pages 141 et 63.

AIS. (*Architecture.*) Ce mot signifie en général une planche d'une longueur et d'une largeur indéterminées, sans avoir égard à la qualité du bois; il se disait autrefois plus particulièrement des planches à coulisse qui servaient à fermer la devanture des boutiques.

AISNE (Département de l'). (*Géographie et Statistique.*) Topographie.— Situé dans la région septentrionale de la France, et compris tout entier, sauf une très-petite portion au nord, dans l'étendue du bassin de la Seine, le département de l'Aisne a pour limites, au N., celui du Nord; à l'E., ceux des Ardennes et de la Marne; à l'O., ceux de la Somme et de l'Oise; enfin, au S., celui de Seine-et-Marne; au N. E., il touche à la Belgique par un point. Sa forme générale est celle d'un triangle dont la base regarde le nord, et dont le sommet est tourné vers le midi. Sa longueur, dans cette direction, est de 11 myr. 7 kil.; sa plus grande largeur, au nord, de 7 myr. 8 kil. environ. Sa superficie, d'après les opérations cadastrales les plus récentes, est de 728,530 hectares.

Placé au point de contact de trois de nos anciennes provinces, la Picardie, l'Ile-de-France et la Champagne, le département de l'Aisne renferme deux pays entiers de la Picardie, le Vermandois et la Thiérache; il a pris à l'Ile-de-France la partie principale du Laonnais et du Soissonnais, et à la Champagne ce qu'on nommait Brie pouilleuse, Brie champenoise ou Galvèse.

La rivière dont le département a tiré son nom, l'Aisne (*Addua, Axona*), en traverse de l'E. à l'O. la partie moyenne, venant du département des Ardennes où elle a sa source, et se dirigeant vers celui de l'Oise, où elle va se jeter dans la rivière de ce dernier nom. L'Oise prend naissance près de l'angle N. E. de notre département, dont elle arrose toute la partie septentrionale. Trois autres rivières remarquables, la Somme, l'Escaut et la Sambre, ont leur source dans la même région. La Marne et l'Ourcq arrosent la partie méridionale du département.

Sauf quelques rangées de collines peu élevées, le département de l'Aisne ne présente pas d'aspérités remarquables. La surface de ces monticules, dont la masse se compose de formations argileuses, siliceuses et calcaires, est recouverte d'une couche végétale assez fertile; mais le sol des vallées surtout, résultat d'alluvions fluviales, est remarquable par sa fécondité.

Le département de l'Aisne est boisé, et présente un assez grand nombre de lacs et d'étangs, dont le plus considérable est celui de Saint-Laurent, qui n'a pas moins de 100 hectares de superficie dans les hautes eaux.

Aux moyens naturels de communications fluviales que possède le département de l'Aisne l'art a ajouté plusieurs canaux. Le plus important est celui de Saint-Quentin, qui lie la Somme à l'Escaut. Le canal Crozat réunit la Somme à l'Oise; ceux de Manicamp et de l'Oise, latéraux à cette dernière rivière, servent de prolongement au canal Crozat. Les autres canaux sont ceux des Ardennes, de la Fère, de la Somme, et de la Sambre à l'Oise.

Le département est en outre sillonné par 12 routes royales et par 15 routes départementales, dont le parcours total est de 946,959 mètres, savoir : 611,811 pour les premières, et 335,148 pour les secondes.

La superficie du département est de 728,530 hectares, qui sont ainsi répartis :

Contenances imposables.

Terres labourables.	496,780
Bois.	96,287
Prés.	42,568
Vergers, pépinières et jardins.	20,906
Cultures diverses.	11,972
	668,463

Report. . . . 668,463
Landes, pâtis, bruyères, etc. . 11,420
Vignes. 9,076
Oseraies, aulnaies, saussaies. . . . 5,276
Propriétés bâties. 4,344
Étangs, mares, canaux d'irrigation. 1,462

Contenances non imposables.

Routes, chemins, places publi-
  ques, rues, etc. 16,945
Forêts, domaines non productifs. 8,859
Rivières, lacs, ruisseaux. 2,537
Cimetières, églises, bâtiments
  publics. 187

                Total. . 728,530

Le nombre des propriétés bâties est de
118,414, savoir :
Maisons. 116,794
Moulins à vent et à eau. 1,089
Forges et fourneaux. 2
Fabriques et manufactures. 529

Le nombre des propriétaires est de 209,256 ;
celui des parcelles de propriétés, de 2,262,992.

Climat. — Le climat est généralement
froid et humide. Les vents dominants sont
ceux du nord et du sud.

Productions. — Les bois étendus qui
couvrent le département recèlent un grand
nombre de bêtes fauves et d'animaux sauvages. Les oiseaux aquatiques fréquentent les
étangs. L'écrevisse est commune et d'une
grosseur remarquable.

Les essences dominantes dans les forêts
sont le chêne, le charme, le hêtre, le frêne
et le bouleau.

Le sol, généralement calcaire ou crayeux, ne
renferme pas de mine métallique susceptible
d'exploitation ; mais il abonde en pierres à
bâtir, en marbres, en argile à creusets, en
terres pyriteuses et alumineuses, en gypse,
lignite, grès, tourbe, etc.

Division administrative. — Le département a pour chef-lieu Laon, et il se divise en
5 arrondissements, savoir :

	Cantons	comm.	popul.
Saint-Quentin.	7	127	168,554
Vervins.	8	131	63,465
Laon.	11	290	72,038
Soissons.	6	167	120,534
Château-Thierry. . . .	5	125	117,622
	37	840	542,213

Il fait partie de la 1re division militaire ;
ses tribunaux sont du ressort de la cour
royale d'Amiens. Il forme le diocèse de Soissons, suffragant de l'archevêché de Reims.
Il est compris dans le ressort de l'académie
d'Amiens, et fait partie du septième arrondissement forestier (Douai). Enfin, il envoie à
la chambre 7 députés.

Le département possède 5 colléges communaux (Château-Thierry, Laon, Saint-Quentin,
Soissons et Vervins) ; un séminaire diocésain
à Soissons ; trois écoles secondaires ecclésiastiques (Laon, Liesse et Oulchy) ; une
école normale primaire à Laon.

Industrie agricole. — Les terres livrées à
la culture céréale forment les cinq septièmes
environ de l'étendue totale du département ;
les prés en forment la dix-septième partie ; les
vignes la soixante-dix-septième partie. C'est
donc l'industrie céréale qui y domine, et elle y
participe de l'état avancé de l'art agricole dans
la région nord de la France.

Le nombre des moutons est d'environ
700,000 ; celui des chevaux de 69,414, et
celui des bêtes à cornes de 85,000.

L'engrais des bestiaux et l'élève des chevaux ont acquis quelques développements ; les
animaux de basse-cour sont aussi l'objet de
spéculations avantageuses. La culture des
plantes oléagineuses est assez répandue ; celle
du houblon a de l'importance. D'après l'étendue considérable des forêts du département,
on peut juger que l'industrie forestière y
forme une branche importante des industries
agricoles.

Le produit annuel du sol est d'environ :

Céréales et pommes de terre. 2,800,000 h.
Avoines. 570,000
Vins. 280,000
Bière. 150,000

On évalue à 26,800,000 fr. le revenu foncier.
*Industrie manufacturière et commer-
ciale.* — La fabrique de Saint-Quentin, en
tissus de coton, batiste, linge de table, etc.,
se place à la tête de l'industrie manufacturière
du département ; viennent ensuite la manufacture de glaces de Saint-Gobain, la verrerie
de Folembray, les manufactures de produits
chimiques, les manufactures de tissus de
laine, les blanchisseries, les huileries, les
sucreries, les usines de fer, les fabriques de
tôle, les briqueteries et tuileries, les moulins
à farine, etc. Le commerce de blés, de laines
et de toiles, est des plus importants.

Impôts directs. — En 1839, le département
a payé à l'État :

Contribution foncière. . . . . 2,670,075 fr.
Contributions personnelle et
  mobilière. 502,200
Contribution des portes et fe-
  nêtres. 442,713

    Total des impôts directs. 3,614,988

Le département de l'Aisne a donné naissance
à un grand nombre de personnages célèbres ;
nous citerons entre autres : les rois Caribert,

Chilpéric Ier, Clotaire II, Lothaire Ier; la reine Frédégonde; Antoine de Bourbon, roi de Navarre; le duc de Mayenne, chef de la ligue; les maréchaux d'Armentières, de Bezon, de Choiseul, d'Estrées, de Puységur, Serrurier; le brave La Hire; les généraux Schérer, d'Aboville, Caulincourt, Alex. Dumas; le chef vendéen d'Hervilly; les conventionnels Saint-Just, Camille Desmoulins, Collot d'Herbois; Babœuf, Ronsin, Fouquier-Tinville; J. Racine, La Fontaine; Saint-Simon, l'auteur des *Mémoires*; Abel de Sainte-Marthe; dom Thuillier; Mercier de Saint-Léger; Desmoustiers; Lucé de Lancival; Ramus; le duc de Charost-Béthune; l'astronome Méchain.

Coquebert de Montbret, *Description géographique et minéralogique du dép. de l'Aisne* (Journal des mines, t. V, 1797).

Pingré, *Monuments, établissements et sites les plus remarquables du dép. de l'Aisne, lithographiés, avec des notes explicatives par Brayer*, in-fol. 1821.

Brayer, *Statistique du dép. de l'Aisne*, 2 vol. in-4°, 1824-25.

Devismes, *Manuel historique du dép. de l'Aisne*, in-8°, 1826.

Guide pittoresque du voyageur en France (description de l'Aisne), in-8°, 1836.

Bayet, *Dictionnaire des communes du dép. de l'Aisne*, in-12, 1837.

Annales agricoles du dép. de l'Aisne, in-8°, 1832. Lecointe, *Annuaire de l'Aisne*, in-8°, 1827-43.

G.

AISSELLE. (*Anatomie chirurgicale.*) Du latin *axilla*. C'est la cavité que présente à sa partie inférieure l'articulation du bras avec le tronc. De forme triangulaire, elle est bornée en bas par une ligne qui réunirait les muscles grand dorsal et grand pectoral au point où ils se détachent des parois du thorax, sur les côtés, par les bords de ces muscles. La forme de l'aisselle change suivant les positions du bras.

La peau de cette région est peu épaisse, parsemée de poils et de follicules sébacés. Le tissu cellulaire sous-jacent est lâche, et enveloppe de nombreux ganglions lymphatique. Plus profondément, on trouve les vaisseaux axillaires et les nerfs du plexus brachial. Leur présence fait de l'aisselle une région importante et qui peut devenir le siége de maladies et d'opérations graves. Les maladies principales de l'aisselle sont les bubons, les plaies des vaisseaux axillaires, l'anévrisme de l'artère du même nom, et l'engorgement des ganglions, consécutif au cancer de la mamelle. *Voyez* ces mots. A. L.

AITRES. (*Architecture.*) Vieux mot qui signifie les dépendances d'un bâtiment; de là est venue l'expression *connaître les êtres d'une maison*.

AIX, *Aquæ Sextiæ, Aquensis civitas.* (*Géographie et Histoire.*) Aix est le plus ancien établissement des Romains en deçà des Alpes; le proconsul Caïus Sextius Calvinus y établit une colonie en 123 av. J. C., après avoir vaincu les Saliens, peuple celto-ligurien, dont la capitale occupait, dit-on, le plateau couvert de ruines qui domine la ville au nord. Marius remporta, l'an 102 av. J. C., presque sous les murs d'Aix, la célèbre victoire où il anéantit les Teutons; il orna la ville de monuments, dessécha les marais qui l'environnaient, et y fit construire de magnifiques aqueducs. Vers l'an 40, Jules César y établit une nouvelle colonie, formée de soldats de la vingt-cinquième légion, et lui donna le nom de *Colonia Julia Aquensis*; Auguste lui imposa celui de *Colonia Julia Augusta*, et en fit la métropole de la seconde Narbonnaise, titre qu'elle conserva jusqu'aux invasions des barbares.

Les Wisigoths et les Bourguignons dévastèrent en 430 les environs d'Aix; mais, grâce à l'intervention de l'évêque Basile, ils respectèrent la ville. Les Sarrasins se montrèrent moins accommodants; ils la prirent, en massacrèrent les habitants, l'incendièrent, et en détruisirent entièrement les murailles, qui ne furent relevées qu'en 796, sous le règne de Lothaire.

L'établissement du régime féodal fut favorable à Aix; les comtes de Provence en firent leur séjour de prédilection. Alphonse II, zélé protecteur des lettres qu'il cultivait lui-même avec succès, y attira, vers la fin du douzième siècle, les littérateurs et les poëtes, et, à partir de cette époque, la capitale de la Provence devint, ce qu'elle est encore aujourd'hui, le centre intellectuel, et l'Athènes du midi de la France. Cette prospérité s'accrut encore sous le règne de Raymond-Béranger IV et de Béatrix (1209-1245), et elle atteignit enfin son plus haut degré sous celui de ce bon roi René, auxquels les Provençaux reconnaissants ont élevé, en 1819, une statue en marbre blanc, due au ciseau de David (1).

En 1481, après la mort de Charles III, héritier de ce prince, la Provence ayant été réunie à la couronne, Aix perdit les avantages que lui assurait le séjour des souverains; et le parlement que Louis XII y établit ne l'en dédommagea qu'imparfaitement. Elle fut pillée par les Marseillais, sous le règne de François Ier. Charles-Quint la prit, lors de son invasion en Provence, en 1535, et s'y fit couronner roi d'Arles. Elle eut beaucoup à souffrir des guerres de religion.

Aix est aujourd'hui l'un des chefs-lieux d'arrondissement du département des Bouches-du-Rhône; elle possède une cour royale, à laquelle

(1) C'est à ce prince que la ville d'Aix dut l'institution de cette procession de la Fête-Dieu, si célèbre dans toute la Provence, et sur laquelle on peut consulter, Estangin, *Explication des cérémonies de la Fête-Dieu d'Aix en Provence*, in-12, fig., et Millin, *Voyage dans le midi de la France*, t. III, p. 299 et suiv.

ressortissent ce département et ceux du Var et des Basses-Alpes ; des tribunaux de 1re instance et de commerce ; des facultés de droit et des lettres ; un collége communal ; une chambre consultative des arts et métiers ; un séminaire diocésain et une école secondaire ecclésiastique ; une école de dessin ; une société d'agriculture, sciences et arts. C'est le chef lieu d'une académie universitaire et d'une conservation forestière (la 28e) ; enfin, c'est le siége d'un archevêché, fondé au huitième siècle, et qui avait autrefois pour suffragants les évêques de Gap, Fréjus, Sisteron, Riez et Apt.

Aix est une des villes de France qui possèdent le plus d'antiquités remarquables ; ses bains d'eaux thermales, ses fontaines publiques, son église Saint-Jean, et surtout sa magnifique cathédrale, méritent de fixer l'attention des voyageurs. Son musée et sa bibliothèque, fondée par le marquis de Méjanes, et où l'on compte près de 100,000 imprimés et 1,100 manuscrits, sont au nombre des plus riches établissements de ce genre que possède la France.

« Il n'y a point de ville d'une égale population, excepté Dijon, dit Millin, dans son *Voyage du midi de la France*, t. III, p. 365, qui ait produit autant d'hommes distingués dans les lettres et dans les arts. » Nous nous contenterons de citer les naturalistes Adanson et Tournefort ; le moraliste Vauvenargues ; le poëte Brueys ; les littérateurs Bougerel, d'Argens, Montjoie ; les savants Fauris de Saint-Vincent père et fils, Pitton, Honoré Bouche, Thomassin ; les jurisconsultes Dubreuil, Monclar ; le médecin et astronome Lieuteault ; le compositeur de musique Campra ; les peintres Vanloo, Barres, Peyron, de Forbin, Granet ; le contre-amiral d'Entrecasteaux ; le lieutenant général Miolis ; l'ancien maire d'Aix, Espariat, qui donna, en 1790, un des plus beaux exemples de courage civil, en se jetant au milieu de deux régiments prêts à s'entr'égorger, et qu'il sut réconcilier par son héroïque dévouement ; Emeric David, le comte Portalis, le comte Siméon, le baron d'André, MM. Thiers, Mignet et Amédée Jaubert.

Fauris de Saint-Vincent, *Mémoire sur la position de l'ancienne cité d'Aix*, in-8°, 1816. — *Mémoire sur les antiquités et curiosités de la ville d'Aix*, in-8°, 1818.

Pitton, *Description de la ville d'Aix, capitale de la Provence*, in-fol. 1666.

Porte, *Aix ancien et moderne, ou Description de ses édifices*, etc. 2e éd. 1833, in-8°.

Rouard, *Rapports sur les fouilles d'antiquités faites à Aix en 1842 et 1843*. 2 vol. in-4°. 1843-44.

Recueil de priviléges, statuts, etc., de la ville d'Aix, 1741, in-4°.

Rouard, *Notice sur la bibliothèque d'Aix, dite Méjanes ; précédée d'un Essai sur l'histoire littéraire de cette ville*, etc., in-8°, 1831.

Robert, *Essai hist. et médical sur les eaux d'Aix, connues sous le nom d'eaux de Sextius*, in-8°, 1812.

Alpheran, *Les Rues d'Aix*, 1846, 2 vol.

Laurens, *Analyse des eaux d'Aix* (Journal de médecine, t. XXI, p. 198).

L. RENIER.

AIX-LA-CHAPELLE, en latin *Aquisgranum*, en allemand *Aachen*. (*Géographie et Histoire*.) Ville de Prusse, située dans une vallée fertile, entre le Rhin et la Meuse, capitale de la province du Bas-Rhin, chef-lieu d'une régence à laquelle elle donne son nom, et très-importante, par les monuments qui l'embellissent, par les souvenirs qu'elle rappelle, par le commerce qui l'enrichit, enfin par les eaux thermales auxquelles elle doit son nom, et qui contribuent à sa prospérité.

Son origine est fort ancienne ; elle fut fondée, dit-on, sous Adrien, par Serenus Granus. Charlemagne y naquit en 742 ; il y mourut en 814, et parmi tous les souvenirs historiques que cette ville a conservés, celui de ce prince est le plus vivant, quoiqu'un des plus anciens. Admirez la cathédrale : c'est Charlemagne qui l'a fondée, et son tombeau est au milieu du chœur. Allez à l'hôtel de ville, ancien château bâti par les Francs, détruit par les Normands en 882, rebâti par Othon III en 933 : la statue colossale de Charlemagne est sur la place, en face de l'édifice, et, dans la salle du sacre, où cinquante-cinq empereurs furent couronnés, son portrait est au premier rang parmi ceux qui tapissent les murs, et au nombre desquels est celui de Napoléon, peint par David.

Il est vrai que Charlemagne avait payé d'avance le culte promis à sa mémoire, en faisant de sa ville natale la capitale de son empire, et en lui accordant des priviléges extraordinaires. Elle était un refuge même pour ceux qui étaient mis au ban de l'Empire. Elle était la ville du sacre des empereurs, et les insignes du couronnement ne furent transportés à Vienne qu'en 1795. Aix-la-Chapelle avait joui de ces priviléges, et était restée ville impériale et libre jusqu'en 1792, époque à laquelle Dumouriez s'en empara. Prise et reprise depuis, elle resta aux Français de 1794 à 1814, et, en 1814, fut donnée à la Prusse.

Plusieurs conciles furent tenus dans cette ville ; deux traités y furent signés : le premier le 2 mai 1668 ; il mit fin à la *guerre de dévolution*, que Louis XIV avait entreprise, à l'occasion de la succession de Philippe IV, pour soutenir les droits de sa femme sur les Pays-Bas espagnols : la France y gagna, en pleine souveraineté, une partie de l'ancien cercle de Bourgogne et les places fortes des Pays-Bas : Lille, Charleroi, Douai, Tournai, etc.... ; le second, le 18 octobre 1748 ; il termina la *guerre de succession d'Autriche*, entre la France, la Prusse et la Bavière d'une part, et Marie-Thérèse d'Autriche, l'Angleterre et la Hollande de l'autre. — Ce fut aussi dans cette ville que se tint, en 1818, le congrès relatif à l'évacuation du territoire français par les troupes de la sainte alliance.

Aix-la-Chapelle a 39,000 habitants. Outre les édifices que nous avons cités, elle possède un gymnase, une école des métiers et une galerie de tableaux. Elle a des fabriques de draps, d'aiguilles et d'épingles, d'orfévrerie, de voitures et de quincaillerie. Cependant une partie de la population se livre à la culture des terres. Les eaux minérales, qui attirent une foule d'étrangers, ont donné naissance à de superbes établissements thermaux. Il y a dans la ville même six sources chaudes et une froide, et à Burt-Scheid, à 500 pas de la ville, se trouvent encore des sources d'eaux chaudes.

G.

AIX-LES-BAINS, *Aquæ Gratianæ*. (*Géographie et Histoire*.) Petite ville de la Savoie, à 792 pieds au-dessus du niveau de la mer, possédant deux sources d'eaux minérales, l'une sulfureuse, l'autre alumineuse, dont la température varie de 30 à 37 et 38 degrés. Un proconsul romain, Domitius, y fit établir des bains que l'empereur Gratien perfectionna ensuite; aussi la ville est-elle curieuse par ses antiquités. Le bel établissement de bains qui y existe maintenant, et attire chaque année un si grand nombre d'étrangers, est dû à l'ingénieur Capellini, qui le construisit d'après les ordres du duc Amédée III. Population : 2,000 habitants.

G.

AIX (Ile d'). (*Géographie*.) Cette île est située vis-à-vis de l'embouchure de la Charente, entre la terre ferme et l'île d'Oleron. Elle a environ un quart de lieue de long sur à peu près un demi-quart de lieue de large, et offre un territoire fertile en vins et en pâturages. On y trouve un village dont la population est d'environ 240 habitants, pour la plupart occupés à la pêche. La population totale de l'île est d'environ 500 habitants.

L'île d'Aix est défendue par une forteresse redoutable; c'est un point militaire important, et qui contribue à la sûreté du port de Rochefort. Les Anglais s'en emparèrent en 1757, et l'abandonnèrent après en avoir fait sauter les forts. Des batteries formidables la mettent aujourd'hui à l'abri d'une tentative semblable.

C'est dans la rade de l'île d'Aix que les vaisseaux partis de Rochefort complètent leur équipement, et mouillent en attendant les vents favorables pour appareiller. Il y a un phare à la pointe nord-est.

G.

AJACCIO, *Adjacium*. (*Géographie*.) Ville maritime et chef-lieu du département de la Corse; c'est une place de guerre de troisième classe, et le siége d'un évêché; elle a un tribunal de première instance et une école royale de navigation; on y compte 11,366 habitants.

Quelques auteurs prétendent que cette ville fut fondée par les Lesbiens. Les Romains la nommèrent *Urcinium*, à cause de ses fabriques de poterie. La ville actuelle a été bâtie par les Génois, en 1495, à un mille de l'ancienne, au fond d'une baie spacieuse qui offre un des meilleurs mouillages de la Corse. La ville bien placée et bien bâtie, le port, les îles Sanguinaires situées à peu de distance, les montagnes environnantes, forment un tableau ravissant.

Le plus grand titre de gloire d'Ajaccio est d'avoir été la patrie de Napoléon. Aussi sont-ce les souvenirs qu'y a laissés l'enfance du grand homme, qui attirent surtout la curiosité des étrangers. La maison où il est né, le jardin d'oliviers appelé *les Melelli*, dont il avait fait sa promenade de prédilection, sont des lieux pleins de grands souvenirs, qu'Ajaccio conserve avec vénération, et auxquels se joindra bientôt une colonne surmontée de la statue de l'empereur, dont la construction a été commencée en 1837.

On remarque encore à Ajaccio la cathédrale; l'hôtel de ville, bel édifice commencé en 1827 et non encore achevé; la chapelle des Grecs, jolie église située sur une éminence d'où l'on jouit d'un point de vue magnifique; la citadelle élevée par le maréchal de Thermes; la bibliothèque, etc. Il y a des fabriques de cuirs et des briqueteries. On exporte du vin, de l'huile, des oranges, du corail.

G.

AJAN (Côte d'). (*Géographie*.) Pline appelait *Azania* une partie de la côte orientale du continent africain, et c'est là probablement l'étymologie du nom d'Ajan, que l'on étend à cette même côte, depuis le cap Guardafui jusqu'à la rivière de Magadone. Cette contrée est plate, aride et sablonneuse; cependant on trouve dans le nord des montagnes avec quelques vallées où le sol est plus fertile. Deux ou trois points principaux, sur la côte, sont décorés du nom de villes, et se nomment Berbera, Zeïla et Harrur. C'est là qu'a lieu le commerce du pays, qui consiste en ivoire, ambre gris, poudre d'or, articles qui viennent peut-être de l'intérieur, et en aromates.

La côte d'Ajan est habitée par des tribus de Somaulis, indépendantes les unes des autres, professant pour la plupart le mahométisme, et qui élèvent une race de chevaux très-recherchée.

AJOURNEMENT. (*Législation*.) *Voyez* CITATION.

AJUSTEMENT. (*Architecture*.) On entend par ajustement la disposition des formes ou des ornements employés à la décoration tant intérieure qu'extérieure des édifices.

AJUSTER. (*Art militaire.*) Ajuster ou mettre en joue, c'est régler la position du fusil en raison du but qu'on veut atteindre et de la distance que la balle doit parcourir.

Importe-t-il à l'art militaire que l'infanterie, quand elle se bat en ligne, ajuste son feu? Presque tous les écrivains qui ont traité ce sujet se sont prononcés pour l'affirmative, par la raison toute simple que les balles, quand on vise, ont plus de chance d'arriver aux poitrines des ennemis que quand on tire au hasard. Mais le mieux n'est-il pas souvent un obstacle au bien? Le soldat qui ajuste ne perd-il pas un temps précieux, et ne devrait-il pas, plutôt que de viser avec soin, incliner simplement son fusil à hauteur de ceinture d'homme, puisque le coup relève toujours un peu, et tirer le plus vite possible? C'est ce qu'ont pensé quelques auteurs estimables, et voici quels sont les principaux motifs de leur opinion. D'abord, comme nous venons de le dire, plus on s'applique à viser, moins on tire souvent. Ensuite, *tirer juste* est une habileté peu facile à acquérir. On ne l'acquiert que par un apprentissage commencé dès la jeunesse ou par un exercice incessant. Or, les recrues, en général, n'ont jamais, avant de servir, brûlé une amorce; et lorsqu'elles arrivent au régiment, il ne manque pas de choses plus indispensables à leur apprendre. A supposer d'ailleurs qu'on parvienne à perfectionner leur instruction sur ce point, est-ce que la nature du fusil de munition, est-ce que les mille circonstances du combat, est-ce que la nécessité continuelle d'être attentif au commandement des chefs, ne rendraient pas inutile l'adresse des soldats de rang? Puis, dès la troisième décharge, une ligne qui fait feu se masque d'une fumée qui l'empêche d'apercevoir les buts; il n'y aurait même que le premier rang, s'il n'était voilé par ce rideau, ou s'il ne tirait pas en salve, qui pourrait ajuster ses coups; le second et le troisième, toujours contrariés et barrés, ne le peuvent aucunement. La compression des files et la taille inégale des hommes sont des inconvénients de plus. Enfin, disent les adversaires du feu ajusté, il faut, pour tirer juste, avoir étudié son fusil et le bien connaître, il faut se servir constamment de la même arme, la charger avec soin et avec la même espèce de poudre, bourrer avec égalité, n'employer que des balles d'un calibre exact, épauler avec calme et précision. Or, les fusils qu'on met entre les mains des soldats, sont trop lourds, trop longs, trop imparfaits, pour qu'on puisse parvenir à ajuster convenablement. Et quand même ces armes auraient toute la perfection désirable, comment admettre que les soldats, dans la situation d'esprit où ils se trouvent durant l'ac-

tion, conservent la faculté de mirer avec sang-froid? Peuvent-ils ne pas être émus par le fracas de l'artillerie et par la chute de leurs camarades? L'infanterie légère, lorsqu'elle agit en tirailleurs, a seule besoin de tirer juste; quant au soldat en ligne, il n'a nul besoin d'être bon tireur. L'objet qu'il doit viser a une largeur de cent à cent cinquante mètres sur deux mètres de haut; telle est la surface que lui présente une compagnie; il ne peut donc manquer ce but qu'en tirant trop haut ou trop bas; il lui suffira pour l'atteindre de tenir horizontalement un fusil et d'observer un en-joue uniforme, mécanique, indépendant surtout des distances, puisqu'elles ne sauraient être appréciées.

Telles sont les principales raisons que certains auteurs militaires ont mises en avant pour soutenir qu'enseigner au soldat à tirer juste c'était temps et poudre perdus; mais ces auteurs écrivaient dans le courant du dernier siècle. Or, depuis cinquante ou soixante ans, on a tellement perfectionné la fabrication des armes et amélioré la nature des munitions, que la plupart des motifs qu'ils faisaient valoir n'existent plus. Par exemple, la substitution des platines à percussion aux platines à silex a donné des résultats qu'on ne pouvait soupçonner. Disons aussi qu'en permettant aux soldats de ne plus tirer par salves, mais individuellement et à volonté, on a, pour ainsi dire, fait disparaître le rideau qui lui dérobait ses buts. Enfin, depuis quelques années, il a paru si important que le fantassin tire juste, qu'on a fondé à Vincennes, près de Paris, une école de tir où chaque régiment envoie tour à tour des officiers, des sous-officiers et même des soldats. Ces officiers, sous-officiers et soldats, en retournant à leur corps quand leur instruction est achevée, y portent et y propagent la connaissance des vrais principes du tir. RHME.

AJUSTEUR. (*Technologie.*) Dans l'art du monnayage, on appelle ajusteur l'ouvrier qui est chargé de donner aux flans des monnaies le poids déterminé par la loi. Les flans sont des pièces de métal rondes, destinées à être frappées sous le balancier. Avant de recevoir l'empreinte, le poids en est vérifié par l'ajusteur, qui les met dans une balance nommée *ajustoir,* à cause de son usage; les flans qui se trouvent peser trop ou trop peu, sont ramenés au poids légal par une soustraction ou une addition de matière, sauf une légère tolérance accordée pour la facilité de l'opération.

Les flans de monnaies doivent peser, savoir :

La pièce d'argent de 1 franc, 5 grammes.
2   10
5   25

La pièce d'or de $\frac{20}{40}$ francs, $\frac{65}{130}$ grammes

Dans plusieurs arts mécaniques, on donne encore le nom d'ajusteur à l'ouvrier qui rassemble les parties d'une machine, les fait cadrer les unes avec les autres, et les fait fonctionner. C'est souvent la partie la plus difficile et la plus délicate d'un art, et surtout celle qui exige le plus d'exactitude et de précision. L'ouvrier qui ajuste les pièces d'horlogerie est connu sous le nom de *finisseur*.

LENORMAND et MELLET.

AJUTAGE, (*Mécanique*.) Lorsqu'on veut régler la dépense d'eau d'un réservoir, on adapte à la bouche par où se fait l'écoulement un tube court, en cône tronqué, d'un diamètre déterminé par la quantité de liquide qu'on veut fournir en un temps donné : ce tube prend le nom d'*ajutage*. On s'en sert aussi dans les *jets d'eau*, pour coercer le fluide à son orifice de sortie, et ne lui laisser qu'un étroit passage par lequel on le fait jaillir. Ces deux circonstances étant l'objet de théories différentes doivent être traitées à part. —

Nous donnerons, au mot ÉCOULEMENT, les lois d'hydrodynamique qui se rapportent à la vitesse d'un fluide qui s'échappe d'un orifice, et à la dépense qui en résulte.

Quant aux ajutages dont on se sert pour produire dans les jardins ces effets d'eau si agréables, la pression atmosphérique en rend la théorie difficile et douteuse : comme la résistance de l'air exerce sur la marche ascensionnelle du liquide une action retardatrice très-forte, l'eau ne s'élève pas à beaucoup près au niveau où elle se trouve dans le réservoir, ainsi que cela aurait lieu dans le vide ou dans un siphon. C'est donc à l'observation qu'il faut recourir pour déterminer la relation qui existe entre cette hauteur du réservoir, celle que le jet atteint, et enfin les dimensions de l'ajutage. Les expériences de Mariotte sont celles qui servent de base à la pratique des gens de l'art. Selon ce savant physicien, l'excédant de la hauteur de l'eau dans le réservoir sur celle à laquelle le jet peut s'élever, est le carré du dixième de cette hauteur du jet, exprimée en mètres. Ainsi un jet de 10 mètres de hauteur suppose un réservoir de 11 mètres d'élévation, parce que le carré de 1 ajouté à 10 donne 11 : si le jet a 20 mètres, comme le carré de 2 est 4, le réservoir a 24 mètres de hauteur.

Mais cette règle suppose que l'ajutage n'est pas rigoureusement vertical, car alors les gouttes d'eau en retombant sur celles qui s'élèvent en affaibliraient la vitesse, et l'ascension n'aurait plus lieu à la même hauteur. Aussi donne-t-on aux ajutages une légère obliquité relativement au sol.

Quant aux dimensions des ajutages, l'expérience apprend encore qu'elles sont déterminées lorsqu'on veut que le jet s'élève le plus possible ; si le niveau du réservoir est à 52 pieds de hauteur, le tuyau doit avoir environ 3 pouces de diamètre, et l'ajutage 6 lignes d'ouverture : sans cela il y aurait perte de vitesse ascensionnelle. Nous renverrons au *Traité du mouvement des eaux*, par Mariotte, pour de plus amples développements sur ce sujet.

Mais on n'a pas toujours pour but de beaucoup élever le jet d'eau ; la forme des ajutages donne à ces effets des dispositions très-variées : les *gerbes*, les *berceaux*, les *girandes*, les *bouillons*, etc., produisent dans les jardins des vues singulièrement pittoresques. On trouvera dans le *nouveau Dictionnaire de technologie* les détails relatifs à ce sujet, au mot AJUTAGE. FRANCŒUR.

En théorie, la hauteur des jets d'eau devrait être égale à la hauteur de niveau du réservoir au-dessus de l'orifice du jet ; mais il y a plusieurs causes qui contribuent à la diminuer. La principale est la résistance de l'air. Elle est très-faible à la vérité pour les petites charges au-dessous d'un mètre ; mais au-dessus elle devient très-sensible, puisqu'elle augmente proportionnellement à la hauteur de la charge. C'est cette résistance qui élargit le diamètre du jet à mesure qu'il s'élève, jusqu'à quintupler celui de l'ouverture de l'orifice, ce qui augmente encore la résistance de l'air par l'accroissement de surface que l'eau divisée lui présente. La résistance que l'eau éprouve de la part des tuyaux avant d'arriver à l'orifice diminue aussi la hauteur du jet. Il y a encore la contraction à l'orifice, et enfin la résistance que la partie supérieure de la colonne ascendante oppose à l'ascension de la partie inférieure. Cet obstacle serait très-considérable si le jet à son extrémité supérieure ne s'élargissait brusquement pour projeter presque horizontalement l'eau qui vient de perdre toute sa vitesse et qui est sur le point de retomber. Quoi qu'il en soit, il en retombe toujours un peu sur la colonne, ce qui l'empêche d'atteindre toute sa hauteur naturelle. Cette cause se met très-bien en évidence quand on incline un peu l'orifice de sortie ; car alors la colonne ne recevant plus le choc des molécules qui retombent s'élève à une plus grande hauteur.

L'effet de toutes ces causes réunies ne pouvait être déterminé que par l'expérience. Mariotte a donc entrepris de nombreuses expériences à ce sujet, et il a découvert que les diminutions dans l'élévation des jets suivent à peu près le rapport des carrés des hauteurs de réservoir ; en sorte que si on appelle h cette hauteur, ou en général la charge, et h' la hauteur réelle du jet, on doit avoir $h' = h - k h^2$; k étant un coefficient égal à $0^{m},1$. Cette loi convient d'ailleurs spécialement aux orifices circulaires en minces parois, ceux de tous les orifices qui lancent l'eau à la plus grande hauteur, et qui donnent les jets les plus beaux par leur forme unie et leur transparence. Les ajutages cylindriques, qui diminuent la vitesse de sortie dans le rapport de 1 à 0, 82, diminuent la hauteur du jet dans celui du carré de ces deux nombres, c'est-à-dire de 1 à 0, 67; et par conséquent la hauteur qu'on obtiendra avec un tel orifice ne sera que les deux tiers de celle qu'on aurait obtenue avec un orifice en minces parois. De plus, les filets du jet s'éparpilleront dès leur sortie de l'orifice, et l'eau paraîtra trouble. Les ajutages coniques, dont les coefficients de la vitesse varient de 0, 85 à 0, 95, donnent des hauteurs comprises entre les 0,72èmes et les 0,90èmes de celles des ajutages en minces parois; mais ils produisent comme ces derniers un jet très-transparent à sa sortie.

Quand on incline un ajutage, le jet d'eau décrit une courbe, qui serait une parabole sans la résistance de l'air. Elle peut même être regardée comme telle quand la hauteur de la charge est au-dessous de 6 mètres; mais quand elle est au-dessus, elle est sensiblement altérée et son élévation et son amplitude sont quelque peu diminuées, mais pas assez cependant pour que l'erreur à laquelle donnerait lieu la supposition d'une exacte parabole ne puisse pas être négligée. Par conséquent, quand on a à déterminer la plus grande hauteur qu'un jet d'eau incliné puisse atteindre et son amplitude, on peut très-bien regarder la courbe qu'il décrit comme une parabole. Si on représente par n le coefficient de la vitesse pour l'ajutage employé, nv sera la vitesse réelle du jet à sa sortie, et n^2h, la hauteur due à la vitesse, ou la force de projection, h étant toujours la charge effective. Soient aussi i l'angle d'inclinaison de l'ajutage, qui est l'angle de projection, et A l'horizontale qui mesurera l'amplitude et qui sera prise pour l'axe des abscisses; on aura pour l'équation de la parabole décrite par le jet

$$y = x \tang i - \frac{x^2}{n^2h \cos^2 i}.$$

En observant que l'amplitude L est l'abscisse x dans le cas où $y = 0$, et en se rappelant que $\tang i = \frac{\sin i}{\cos i}$, il vient

$$A = 4 n^2h \sin i \cos i = 2 n^2h \sin 2 i.$$

En substituant à x la moitié de cette valeur de A dans l'équation de la courbe, on obtient une ordonnée E, qui est la plus grande élévation du jet :

$$E = n^2h \sin^2 i.$$

Voici le problème qu'on a ordinairement à résoudre lors de l'établissement d'un jet d'eau : A un endroit donné produire un jet, qui porte une certaine quantité d'eau à une hauteur et à une distance données. Il ne s'agit que de déterminer l'espèce, l'inclinaison et le diamètre de l'ajutage à établir. En effet, puisque le point où doit sortir le jet est donné de position, on connaît la hauteur du réservoir au-dessus de ce point. En retranchant de cette hauteur l'effet de la résistance de l'eau dans les tuyaux, on a la charge effective h. Et comme A et E sont donnés, il ne s'agit que de trouver l'angle i, le coefficient n, le diamètre de sortie de l'ajutage et la dépense Q.

En divisant l'équation $E = n^2h \sin^2 i$ par celle qui la précède immédiatement, $A = 4 n^2h \sin i \cos i$, et qu'on aura d'abord transformée en $\frac{A}{4} = n^2h \sin i \cos i$, il vient

$$\frac{4E}{A} = \frac{\sin i}{\cos i} = \tang i.$$

Ce qui donne l'angle i sous lequel il faut incliner l'ajutage. Le sinus de cet angle, mis dans une des deux équations $E = n^2h \sin^2 i$ et $A = 4 n^2h \sin i \cos i$, donnera le coefficient n qui, à l'aide d'un tableau des coefficients propres aux ajutages coniques, que nous donnerons à l'art. Écoulement de l'eau par les orifices, déterminera le degré de convergence qu'il faut lui donner. Le même tableau donnera aussi le coefficient m de la dépense pour la formule $Q = m \pi \cdot d^2 \sqrt{2gh}$, d'où l'on déduira le petit diamètre d de l'ajutage.

CHARLES RENIER.

AKHALZIKH. (*Géographie.*) L'ancien pachalik d'Akhalzikh, le Sa-Atabago des Géorgiens, situé dans l'Anatolie, et séparé de la Gaurie et de la Mingrélie par une ramification du Caucase, a été divisé lors de la paix conclue à Andrinople; cinq des *Sandjacs* qui le composaient ont été cédés à la Russie, et forment un des onze arrondissements du gouvernement grousio-iméréthien des possessions russes au delà du Caucase. Cet arrondissement, situé sur les bords du Kour supérieur, occupe un de ces remarquables bassins qui caractérisent l'Arménie dans l'accomplissement de couches tertiaires en partie dispersées et en partie soulevées par des forces volcaniques. L'aspect général de la contrée est nu et aride. Cependant il y a des vallées fertiles, des pâturages, des forêts, des plaines où l'on recueille en abondance le blé, le vin, le riz, le coton.

A la fin du premier siècle de l'ère chrétienne, la vallée supérieure du Kour et du Poskho, appelée alors *Semo-Kartli* et occupée par les Géorgiens, fut conquise par Erowant d'Arménie. Plus tard, elle fut réunie de nouveau à la Géorgie, et gouvernée par des *Atabegs*, dont le premier nommé par l'histoire s'appelait Sárgis et mourut en 1334. A la fin du seizième siècle, les Turcs s'emparèrent du Sa-Atabago, en firent le pachalik d'Akhalzikh, et le gardèrent sans partage jusqu'en 1828, époque à laquelle le feld-maréchal prince Paskewitch s'étant emparé de la ville d'Akhalzikh, il fallut céder aux Russes une partie du territoire, afin de sauver le reste.

Cette ville d'Akhalzikh est le chef-lieu du pays. Elle est bâtie sur le Poskho, défendue par une bonne citadelle, et peuplée de 11,000 habitants. Elle était autrefois commerçante; mais l'établissement des douanes russes qui interceptent le commerce avec l'Anatolie, et la fondation d'une nouvelle ville sur la rive droite du Poskho, ont porté un coup terrible à sa prospérité. Au reste, le pays tout entier a suivi la même décroissance depuis l'occupation russe, et l'émigration des familles musulmanes a fait descendre la population, qui était de 70,000 âmes, au chiffre d'environ 45,000.

AKJERMANN. (*Géographie* et *Histoire.*) Ville de la Russie d'Europe, dans la Bessarabie, avec un port sur la mer Noire et une citadelle. Dans les environs se trouvent de riches salines. Cette ville est connue par un traité conclu dans ses murs en 1826, et que le tzar imposa à la Porte. Par ce traité, la Russie obtint, outre l'abandon des forteresses d'Asie au pouvoir des Russes, la libre navigation sur la mer Noire, l'établissement de divans en Moldavie et en Valachie, le rétablissement des priviléges de la Servie, la reconnaissance de la détermination de la frontière du Danube, et enfin une entière satisfaction aux réclamations financières faites par l'empereur.

ALABAMA. (*Géographie.*) Un des États de l'Union américaine du Nord, situé entre ceux de Tenessée au N., de la Géorgie à l'E., du Mississipi à l'O., et le golfe du Mexique au S. Il emprunte son nom à une rivière qui le traverse du N. au S., et se jette dans la baie Mobile. Il a 310,000 habitants, est partagé en 36 comtés, et a pour capitale Tuscalousa. Le climat très-varié y permet une grande variété de culture. On y trouve quelques peuplades indigènes.

ALABASTRITE. (*Architecture.*) Espèce d'albâtre, ou concrétion de nature gypseuse, d'une grande transparence. Les anciens s'en servaient pour garnir leurs fenêtres. Néron en fit bâtir un temple dédié à la Fortune, dans lequel il ne fit point percer de fenêtres, parce que, dit-on, la lumière y pénétrait à travers les murs et par la couverture.

De nos jours, on voit encore dans le chœur de l'église de San Mimato, à Florence, quatre croisées garnies de dalles d'alabastrite qui rappellent parfaitement l'usage qu'en faisaient les anciens.   Debret.

ALAIS, *Alesium*. Ville du Languedoc, aujourd'hui département du Gard, située au pied des Cévennes, sur la rive gauche du Gardon. C'était autrefois le siége d'un évêché et la capitale des Cévennes. En 1689, après avoir employé l'échafaud, l'exil et les dragonnades pour convertir au catholicisme les habitants, protestants pour la plupart, Louis XIV y fit construire une citadelle. On y remarque encore une fort belle église gothique.

Alais a acquis depuis quelques années une grande prospérité : la population, qui était en 1819 de 8,000 habitants, s'élève aujourd'hui à plus de 15,000. Elle doit cet avantage principalement à l'exploitation de ses richesses minérales. Outre la houille qui se trouve en abondance dans ce bassin, on y rencontre encore le fer, le plomb, le zinc, le manganèse. Plusieurs fonderies, animées par la construction des chemins de fer, y sont en pleine activité. La ville possède en outre des fabriques de bas, serges, ratines, rubans; régule d'antimoine, litharge; des tanneries, des verreries, des manufactures de poterie et de faïence. Elle fait aussi un commerce considérable de grains, vins, olives, bestiaux, soies gréges et ouvrées.

Aux environs de la ville se trouve une autre source de prospérité : ce sont des eaux minérales froides, ferrugineuses et vitrioliques. On les appelle les fontaines de Daniel. Ces eaux passent pour excellentes dans les dyssenteries épidémiques, les flueurs blanches, les maladies bilieuses et généralement toutes les maladies de l'estomac.

Alais est la patrie des littérateurs C. Ph. Guiraudet et Denis Vairasse; des frères Boissier de Sauvages de la Croix, tous deux naturalistes; du savant chimiste Dumas, professeur à la faculté des sciences de Paris et membre de l'Institut.

De Mandajors. *Recherches sur la position de Prusianum,* etc. (Hist. de l'Acad. des belles-lettres, t. III).
Sauvages de la Croix (F. Boissier de). *Mémoire sur les eaux minérale d'Alais,* in-4°, 1736.
Sauvages de la Croix (l'abbé). *Mémoire sur les fossiles des environs d'Alais* (Recueil de l'Acad. des sciences, 1742).
Blavier. *Rapport sur les mines de fer d'Alais* (Journal des mines, t. III, 1796).

       G.

ALAMBIC. *Voyez* Distillation.

ALAND (Archipel d'). (*Géographie.*) Les îles d'Aland, nommées par les Finlandais Ahvenanmaa, s'étendent à l'entrée du golfe de Bothnie, sur une longueur de 20 lieues et une largeur de 15; c'est un groupe de 60 îles habitées et de 200 îlots environ, déserts, rocailleux, très-élevés au-dessus de la mer, et présentant une superficie de 22 m. c. g. Il est séparé de la côte de Suède (Upland) par l'Alandshaff et de celle de Finlande par le

Skiftet. La population de ces îles dépasse 13,000 individus et vit de la pêche, du petit cabotage et de l'éducation des bestiaux. Le sol en est pierreux et la couche de terre y est si légère que les moissons se dessèchent souvent avant de mûrir. Le pin, l'aune, le noisetier et le bouleau sont les seuls arbres qui y croissent, et encore en quantité insuffisante pour la consommation. La principale de ces îles, celle qui donne son nom au groupe, est située par 60° 15' de latitude N. et 17° 36' de long. E.; sa longueur du N. au S. est de 9 lieues et sa largeur de l'E. à l'O. de 7 lieues. Ses côtes découpées offrent plusieurs ports, entre autres, celui d'Ytternas. Les endroits remarquables de cette île sont Castelholm, où se voit sur un rocher, à l'extrémité d'une langue de terre, le château qui fut la prison d'Éric XIV, Finstroem, Saltvik, Jomala et Hammarland. Un passage très-étroit la sépare d'Ekeroe, la plus occidentale du groupe, où se trouvait un couvent célèbre avant la réforme. Près d'Ekeroe et au centre d'un amas de rochers est une petite île nommée Signilskœr sur laquelle est établi un télégraphe et où le gouvernement entretient des pilotes. Les autres îles importantes de cet archipel sont Lemland, Lumparland, Fœglœ, Kumlinge, Brœndœ, Vordœ et Hamnœ. L'île d'Aland eut anciennement ses rois particuliers avant d'appartenir à la Finlande; même quand elle eut reconnu la domination suédoise, elle eut ses gouverneurs particuliers. En 1634, elle fut unie à la capitainerie de Bicorneborg, et composa un district et une prévôté de laquelle dépendaient huit pastorats ou paroisses. L'archipel tout entier fut cédé en 1809 à la Russie et réuni au gouvernement d'Abo-Bicorneborg, dont il forme un hœrad séparé. Ces îles offrent à la flottille russe un abri sûr et commode dans des ports fortifiés; de là elle peut observer l'entrée des vaisseaux dans le lac Mœlar et le cabotage suédois le long des côtes occidentales du golfe de Bothnie.

Voy. la 4e feuille de la *Carte réduite de la mer Baltique contenant les entrées de Stockholm et celles des golfes de Finlande et de Bothnie*, publiée au Dépôt de la marine en 1815.

On peut consulter aussi une carte récente de l'île Aland offerte à la Bibliothèque royale en 1842 par le pasteur Sadelin.

Amédée TARDIEU.

ALARME. (*Art militaire.*) *Voyez* ALERTE.

ALARCON, *Ilercao, Illerco, Illarco.* (*Géographie.*) Petite ville d'Espagne, dans la Nouvelle-Castille, province de Cuença, sur le Xucar. Sa situation presque imprenable lui avait autrefois donné de l'importance. Les Maures y vainquirent les Espagnols en 1195. Population : 800 habitants.

ALBA, *Alba Docilia, Alba Pompeïa.* (*Géographie.*) Ville des États Sardes, dans la principauté de Piémont, au confluent de la Tarasca et du Tanaro. Elle possède un évêché, 10,000 habitants, un terrain fertile, et fait un commerce considérable en bestiaux, productions du sol, marbre et sel gemme.

ALBA, *Alba Fucentia, Alba Fucentis.* (*Géographie.*) Bourg du royaume de Naples, dans l'Abruzze ultérieure IIe, sur la pente méridionale du Monte-Velino. Il a le titre de comté. Il s'y tient tous les ans une foire assez fréquentée. C'était une ancienne colonie romaine, et le sénat y reléguait les rois prisonniers.

ALBA OU **ALBE**, *Alba Longa, Albona.* (*Géographie et Histoire.*) Ville du Latium, au pied de l'*Albanus Mons*. Elle avait été fondée par Ascagne, fils d'Énée, qui fut le chef d'une longue suite de rois plus ou moins douteux, parmi lesquels figure Numitor, père de Rhéa Sylvia et aïeul de Romulus et Rémus. Rome, ainsi sortie d'Albe, ne tarda pas à être en guerre avec elle. Albe fut vaincue dans le combat des Horaces et des Curiaces, et rasée peu de temps après par Tullus Hostilius (an de Rome 83). On en voit encore les ruines non loin d'Albano.

ALBANAIS. (*Géographie et histoire.*) Peuple de l'Europe méridionale qui habite la partie de la côte occidentale de la Turquie bornée au sud par le golfe de l'Arta, au nord par le Drin, à l'ouest par la mer Ionienne. C'est une portion de l'Épire et de la Macédoine, et un pays hérissé de montagnes (1). Ce peuple, qui se donne à lui-même le nom de Skypétar, parle une langue particulière qui ne ressemble à aucun des idiomes en usage chez les nations voisines; il est très-vraisemblable qu'ils descendent des anciens Illyriens. Parmi les peuplades de la Macédoine occidentale, Ptolémée nomme les Albanais et leur ville Albanopolis sur les rives du Scombi; c'est Elbassan sur le Tobi; leurs descendants y demeurent encore. Ce géographe nomme aussi les Skirtones parmi les peuples de l'Illyrie voisins de la Macédoine; or ce nom se rapproche beaucoup de Skyrtar, manière abrégée et assez usitée de prononcer Skypétar. Pline parle des Scirtari, peuple du même pays, et dit qu'il se compose de douze tribus. Sans doute les Skypétars suivirent le sort du royaume de Macédoine, et restèrent enveloppés sous la

(1) *Voy.*, le Journal du voyage géologique fait par M. Viquesnel dans la Servie, la Bosnie, l'Albanie, etc., inséré en 1842 dans le t. V. des *Mémoires de la société géologique de France* et la *Carte géologique de la haute Albanie et d'une partie de la Servie*, dressée en 1840 par M. le colonel Lapie. — *Voy.* aussi : *Geographical account of Albania extracted from a manuscript of count Karaczay* (12e vol. du Journal de la Soc. géogr. de Londres). Le comte Fédor de Karaczay, colonel au service de l'Autriche, a publié récemment une carte importante du pays de Montenegro.

dénomination générale d'Illyriens et de Macédoniens. Leur pays finit par tomber sous la domination romaine. A l'époque du partage de la grande monarchie, il fit, ainsi que toute la Grèce, partie de l'empire d'Orient; l'Illyrie méridionale devint la province d'*Epirus nova*.

L'invasion des barbares causa de grands maux à cette province : d'abord elle ne souffrit pas beaucoup de la marche des Visigoths au cinquième siècle; les entreprises des Bulgares lui furent ensuite plus funestes. Ils y fondèrent un royaume que les empereurs d'Orient renversèrent. Au milieu de ces guerres et de ces dévastations continuelles, les habitants des montagnes de l'Epire se conservèrent en corps de nation; ils reparurent sous le nom d'Albanais vers le commencement du quatorzième siècle. L'empereur Jean Cantacuzène parle d'eux comme de montagnards libres. Ils ne tardèrent pas à se montrer des ennemis de l'empire de Contantinople aussi dangereux que les Bulgares l'avaient été; ils s'emparèrent de toutes les montagnes du côté de la Macédoine, de la Dardanie et de toute l'Épire. Ces pays furent alors compris sous le nom général d'Albanie; cependant ils étaient partagés entre plusieurs petits princes. Cette division facilita les progrès des Turcs, qui sur ces entrefaites étaient entrés en Europe : ces petits souverains furent soumis les uns après les autres, et leurs troupes augmentèrent les armées des Ottomans. Scanderberg seul soutint pendant quelque temps son indépendance. Il n'avait que huit mille cavaliers et sept mille fantassins; avec des forces si disproportionnées, il brava des armées de cent mille hommes, commandées par Amurat II et Mahomet II, deux des plus vaillants et des plus habiles guerriers qui aient régné sur les Turcs. Les prodiges de valeur de Scanderberg rappelaient les exploits de Pyrrhus et d'Alexandre, ses compatriotes. Les preux de la France et de l'Allemagne venaient combattre à ses côtés. Vainement Amurat l'assiégea dans Croïa, sa capitale; il fut obligé de se retirer. Mahomet fit négocier avec lui une trêve. Après une lutte de vingt-trois ans, il succomba, ayant inutilement attendu des secours du pape, du roi de Naples et de la république de Venise; il fut réduit à quitter ses Etats, et mourut à Lissus, sur le territoire vénitien (1).

Les Skypétars devinrent sujets des Turcs.

Ceux-ci les nomment *Arnaoutes*, mot que l'on peut regarder comme une corruption d'*Arvanité*, dénomination par laquelle les Grecs les désignent. Ils forment quatre grandes familles : les Gheghes et les Mirdites, les Toxides, les Iapys et les Khamides (1). Tous sont grands, robustes, braves jusqu'à la témérité, féroces, vindicatifs, adonnés au brigandage. Quelques-uns ont un habillement dans lequel on retrouve l'ancien costume héroïque. D'autres font parade de leur saleté comme d'une marque de valeur; ils laissent pourrir sur leur corps le linge grossier et la bure dont ils se vêtent. Chez quelques hordes d'Albanais, les femmes partagent avec les hommes les dangers de la guerre. Celles qui ne sont pas flétries par l'esclavage auquel leurs maris les réduisent, et par les travaux auxquels ils les condamnent, se font remarquer par leur beauté.

Convertis de bonne heure au christianisme, les Skypétars se partagèrent ensuite entre les églises de Rome et de Constantinople; plus tard une partie d'entre eux a embrassé l'islamisme. Divisés par la religion, ils se sont souvent fait une guerre à outrance. Les Mirdites ont conservé leur liberté; ils ont contracté des capitulations avec les Turcs, et, quand ils en sont légalement requis, ils leur fournissent des troupes.

« Chaque canton libre, dit M. Pouqueville, se compose de villages indépendants, et ces hameaux, de phares ou partis qui reçoivent volontairement l'impulsion d'un ou de plusieurs chefs que chacun d'eux se choisit. Une phara se forme à son tour d'une famille; les plus nombreuses ou les plus opulentes sont toujours les plus puissantes, en raison du nombre d'hommes qui leur appartiennent ou qu'elles peuvent soudoyer. Cet ordre a de l'analogie avec les turbulentes sociétés des Indiens de l'Amérique, parce que les haines tiennent toujours non-seulement les phares, mais les familles, et souvent même les individus qui en font partie, dans la défiance, et, à proprement parler, dans un état d'hostilité permanente. Par suite de cette habitude des esprits qui les rend nécessairement inquiets et soupçonneux, il arrive que les bourgades et les villages albanais ont dans leur construction une forme particulière et distinctive des autres

<hr>

(1) Voy. Marini Barletii, *Historia Scanderbegi*, Romæ, 1508, in-fol. — *Scanderberg*, trad. du toscan par Gaulteron de Genquols, Paris, 1544, in-8°. — *Cronica do Valerozo Castrioto Scandeburgo*, por Fr. de Andrade, Lisboa, 1567, in-fol. — *Gli illustri gesti e vittoriose imprese fatte contra Turchi da Giorgio Castrioto*, Vinegia, 1584, in-4°. — *Hist. de Scanderberg, roi d'Albanie*, par le P. du Poncet, Paris, 1709, in-12. — Et surtout, *Istoria di Giorgio Castrioto detto Scanderberyh*, da Giov. Maria Biemmi, Brescia, 1742, in-8°.

(1) Voy. une notice abrégée sur les tribus de la haute Albanie et notamment sur les montagnes indépendantes, tirée de l'histoire des traditions, des chansons nationales, des lettres patentes et des anciens mss. qui se trouvent dans les différentes tribus, communiquée par le prince des tribus des Wassævitches (haute Albanie), ancien officier d'état-major de l'armée turque (Bullet. de la Soc. de géogr. 3e sér. t. XVe, p. 166-73). — *Les Slaves de Turquie, Serbes, Monténégrins, Bosniaques, Albanais et Bulgares; leurs ressources, leurs tendances et leurs progrès politiques*, par Cyprien Robert, Paris, 1844, 2 vol. in-8°.

hameaux. Chaque maison est crénelée, ou bien percée de meurtrières masquées par un enduit extérieur, et toujours isolée hors de la portée d'une autre habitation. Les familles d'un même parti ou d'une souche commune, en s'éloignant comme par branches collatérales du chef dont elles descendent, forment par échelons des quartiers autour d'un mamelon, ou sur un plateau escarpé, de manière à pouvoir se secourir, sans cesser d'être en garde contre les entreprises des gens de leur phara. Ainsi, comme à Sparte au temps des Dioscures, une ville est une suite de villages habités par des individus retranchés dans leurs tristes demeures, où ils se barricadent dès qu'il est nuit dans la crainte d'une surprise... Cette vie, remplie de dangers, a pour eux des charmes incomparables ; ils sont esclaves, et ils ne peuvent concevoir comment un homme obéit à un autre... Des pharès entières ont souvent des inimitiés implacables ; elles ne passent que de nuit et furtivement dans certaines rues. Chaque circonscription a ses puits, ses citernes, ses sources et son marché à part, et on se dispense d'aller à l'église ou à la mosquée pour n'y pas rencontrer un ennemi. Cet état malheureux est uniquement propre à la cité : les soins de l'agriculture et des troupeaux ne souffrent que très-rarement des effets de la discorde ; car, hors des bourgs et des villages, chaque tribu vit en paix, vaque à ses occupations, et on ne se bat que dans ses foyers. Ainsi j'ai vu les moissonneurs faire tranquillement la récolte, dans la vallée de Drynopolis, tant que le jour durait, et se fusiller après souper lorsqu'ils étaient rentrés en ville, danser aux jours du bayram, chômer les panégyries, et passer des fêtes au combat, traitant la chose aussi légèrement qu'une partie de chasse, ou un passe-temps. »

M. Pouqueville observe que les guerres ordinaires de ces peuplades donnent peut-être plus qu'on ne pense la juste mesure de celles des temps héroïques. « Souvent, dit-il, le siége d'un village placé dans une position avantageuse, et ils sont presque tous bâtis dans des lieux escarpés, dure aussi longtemps que le siége de Troie. Il faut voir les héros de la Grèce moderne, embusqués sans se retrancher, se provoquer, s'insulter, attendre qu'un homme se présente pour tirer, et s'enfuir quand ils ont du pire. Pour bien comprendre les combats décrits dans l'Iliade, il faut surtout entendre chacun se vanter après une action, assister aux festins où l'on mange les agneaux volés, qui sont rôtis en plein air, pour jouir des scènes que la poésie a si brillamment parées de la richesse de ses couleurs. Rien n'a changé à cet égard sur la terre des demi-dieux et des héros ; et si on labourait les champs d'Ilium tandis que les Grecs assiégeaient la capitale de Priam, si les Troyens de leur côté vendangeaient sur les coteaux du mont Ida pendant le blocus, il arrive souvent aux Albanais de lever un siége à la veille du succès pour aller ensemencer leurs terres, faucher leurs prés, ou bien chercher dans leurs familles les provisions qui leur manquent. »

Les vols et les larcins sont traités avec indulgence par un peuple chez qui le brigandage est considéré comme une partie de l'industrie nationale. Le vol public est regardé comme un essai de la bravoure. Lorsqu'on est heureux, c'est un moyen de parvenir aux premières dignités de l'empire, si à ce titre on joint celui de musulman.

Les Skypétars qui habitent le long de la côte portent au loin leurs regards pour découvrir des vaisseaux et se mettre à leur poursuite : quelques-uns trompent par des feux les navires qu'ils aperçoivent, afin de les attirer au milieu des écueils ; et, au signal du naufrage qu'ils ont provoqué par leurs artifices, ils fondent sur le bâtiment échoué, enchaînent les malheureux que la tempête a épargnés, et pillent la cargaison.

Les femmes des Skypétars fabriquent avec le poil de chèvre une sorte de bure épaisse qui sert, comme dans l'antiquité, au vêtement des matelots, des soldats et des paysans ; elles tissent aussi des toiles de coton pour les besoins du ménage : c'est à ces travaux et à quelques tricots que se borne l'industrie de ce peuple.

Les Skypétars se sont, à différentes époques, établis dans diverses parties de la Grèce et ailleurs. Sous le règne de Scanderberg une colonie se fixa dans la Pouille, province du royaume de Naples. Après la mort de ce chef l'émigration augmenta. En 1800, ils occupaient dans ce pays cinquante-neuf villages.

Ils ont fourni des soldats à plusieurs puissances chrétiennes. On vit des Albanais parmi les troupes auxiliaires qui servaient en France sous les drapeaux de Henri IV. Charles III, étant roi de Naples, avait un régiment royal macédonien qui était composé d'Albanais. Les Skypétars mahométans ne s'expatrient que pour servir les Turcs.

Leurs colonies, répandues dans la Morée et dans les contrées voisines, ont vivifié ces terres longtemps vouées à la désolation. Les Albanais forment le fond de la population des îles d'Hydra et de la Spezzia, qui font depuis longtemps un commerce très-étendu dans la Méditerranée, et dont les flottes bravent aujourd'hui les armées navales des Ottomans. Ainsi une partie des Hellènes qui cherchent à conquérir leur existence sociale est composée d'Albanais.

Les Skypétars mahométans, restés sur leurs rivages rocailleux, commencent aussi à quitter le métier de pirates pour se livrer au commerce ; mais, inquiets et soupçonneux, ils n'abordent qu'avec une certaine crainte les terres de la chrétienté.

Les anciens connaissaient au pied du Caucase, le long de la mer Caspienne, des Albaniens dont on a prétendu que ceux de l'Illyrie descendaient ; aucun monument ne le prouve, et les écrivains qui ont soutenu cette hypothèse ont été réduits à dire que les *Albani* du Caucase étaient venus en Illyrie de temps immémorial. Or, ce qui s'est passé alors n'étant plus du ressort de l'histoire ne peut être admis par la saine critique. L'Albanie du Caucase répondait au Chirvan et au Daghestan. Les portes Albaniennes (*Albaniæ pylæ*), un des défilés de ces monts, par lesquelles on peut pénétrer d'Asie en Europe, ou réciproquement, sont à Derbend, où la montagne avance jusque sur le bord de la mer Caspienne. Une rivière coulait vers cette mer : son nom actuel de *Bilbana* ne diffère pas beaucoup de celui d'*Albana* qu'elle portait jadis. La ville d'Albana était située à son embouchure. Quelques savants ont pensé que ces Albani d'Asie pouvaient avoir une origine européenne, tout aussi bien que les Albani d'Europe une origine asiatique. *Voy.* CHIRVAN.

Même avant les Romains, le nom d'*Albania* désignait la partie montagneuse du nord de l'Écosse ; il ne diffère pas beaucoup d'*Albni*, qui est celui dont les habitants faisaient usage. On peut croire qu'il était connu par Pythéas, qui l'avait appris dans ses voyages aux contrées du nord de l'Europe.

Mannert, *Geographie der Griechen und Rœmer.* Nürnberg, 1789, etc., 9 vol. in-8°.
Pouqueville, *Voyage dans la Grèce.* Paris, 1821, 5 vol. in-8°.
Ptolémée, Strabon, Étienne de Byzance, d'Anville, *Géographie ancienne.*
Ortelius, *Thesaurus geographicus.*

EYRIÈS.

L'opinion de Leibnitz, qui donnait à la langue des Skipétars une origine celtique, est aujourd'hui à peu près abandonnée. Dans un *Essai sur l'origine, les mœurs et l'état actuel de la nation albanaise,* traduit de l'italien et inséré au tome III des *Annales des voyages,* Ange Masci avance que la langue que parlent aujourd'hui les Albanais est celle que parlaient autrefois les Macédoniens, les Illyriens et les Épirotes. On la parle encore, dit-il, des rives de l'Arta jusqu'à Scutari.

L'auteur anonyme d'un *Mémoire sur les différents peuples qui habitent la Turquie d'Asie,* imprimé dans le tome VI des *Nouvelles annales des voyages,* dit, en parlant de l'Albanie, que tous les habitants parlent la même langue. Il paraît cependant, d'après des observations plus récentes, que l'on distingue dans l'Albanais quatre dialectes. Le premier, le *Guégaria,* est répandu depuis Budna jusqu'aux limites de l'Herzégovine au nord et au cours du Drin au midi, et même au delà dans le pachalik de Croïa. Le second, le *Toscaria,* est parlé à Bérat dans tout le Musachi. Le troisième, le *Japouria,* se parle en Japourie ou Japygie, canton qui relève des sangiacs de Bérat et de Delvino. Enfin, le quatrième, le *Chamouria,* est parlé par les Massarakiens et les Aidonites, ou peuple de Pluton, qui habitent les bords de l'Achéron, par les Parguinotes et les Souliotes (1).

Toutefois les recherches des philologues n'ont porté que sur un seul dialecte, le plus répandu et qu'on a considéré comme le Skip proprement dit. Plus d'un tiers de ses racines sont des radicaux grecs à leur état primitif et monosyllabiques et qui se rattachent surtout au dialecte éolien. Le second tiers se rapporte au latin, aux anciennes langues de l'Italie, à l'idiome germanique et au slavon. Le troisième se compose de mots d'une dérivation encore inconnue. Ce dernier tiers paraît constituer les éléments les plus anciens de la langue et avoir appartenu à l'antique idiome illyrien (2).

L'albanais est moins riche et moins régulier dans ses formes grammaticales que le grec ou le slavon. Il n'a ni les mots composés du grec ni la construction hardie du latin. Une particularité de sa prononciation est que l'accent tombe comme chez nous sur la dernière syllabe, et qu'elle admet comme le français les sons u et j. Les Albanais quand ils écrivent leur langue emploient le plus souvent les caractères grecs, auxquels ils en ajoutent quelques-uns pour compléter la transcription des sons qui leur sont propres. Ils ont toutefois aussi un alphabet ecclésiastique, dont les formes paraissent empruntées principalement aux anciennes écritures sémitiques.

Il existe en albanais un certain nombre de chants nationaux ; mais les plus anciens ne sont pas, dit-on, antérieurs au quinzième siècle.

LÉON VAÏSSE.

ALBANO, *Albanum, Albanum Pompeii.* (*Géographie.*) Petite ville des États de l'Église, dans la campagne de Rome, siége d'un évêché érigé en l'an 300. Située sur une montagne, au milieu d'une campagne charmante, et renommée pour la salubrité de l'air, elle est en été le séjour des riches Romains. Entre autres palais, on y remarque Castel-Gandolfo, résidence d'été des papes. Dans ses environs se voient quelques ruines intéressantes : un aqueduc construit par les Romains pendant le

(1) *Voy.,* dans l'*Encyclopédie nouvelle,* l'art. ALBANIE de M. Emmanuel.
(2) *Voy.,* dans le *Précis de la géographie universelle,* de Malte-Brun, complété par M. Huot, l'excellent article sur la langue albanaise, tom. VII, p. 761-777, de l'édit. de 1836.

siége de Véïes, et des tombeaux que la tradition nous donne pour celui d'Ascagne, et ceux des Horaces et des Curiaces. Non loin de là se trouve le lac d'Albano, *Albanus lacus*, qui est, suivant toutes les apparences, le cratère d'un ancien volcan.

ALBANY. (*Géographie.*) Ville des États-Unis d'Amérique, chef-lieu du comté du même nom dans l'État de New-York. Située sur la rive droite de l'Hudson, dans une contrée aussi fertile que bien cultivée, elle est le centre de l'activité politique et commerciale de l'État de New-York, et par conséquent de l'Union américaine. Elle est nécessairement l'entrepôt des marchandises du Canada. Elle communique avec New-York par l'Hudson, que sillonnent de nombreux bateaux à vapeur; avec Buffalo et le Canada, par une belle route et par les canaux Érié et Champlain; avec Boston, par un chemin de fer. Le principal objet de commerce est le blé, dont une immense quantité est vendue chaque jour sur le marché d'Albany.

Quant à la construction de la ville, elle est belle et régulière; on y voit des édifices remarquables, la salle de spectacle, l'arsenal, l'hôpital, la prison, et avant tous les autres, le capitole ou palais du gouvernement, le plus beau monument de l'Union après le capitole de Washington. Il existe en outre plusieurs établissements scientifiques, littéraires et philanthropiques, et un grand nombre de manufactures.

Albany est, après Jamestown en Virginie, la plus ancienne ville de l'Union. Elle fut fondée en 1614, par les Hollandais; mais en 1790 on n'y comptait encore que 3,498 habitants; aujourd'hui elle en a 34,000.

Nous avons dit qu'Albany est le chef-lieu d'un comté du même nom, faisant partie de l'État de New-York. Ce comté forme un plateau assez élevé qu'entre-coupent les monts Katskeil; il est arrosé par l'Hudson, la Mohawk, etc., et a pour villes principales, outre Albany, Reusslaerville, Watewliet, Berne, Westerloo, Bethléem.

ALBATRE. (*Minéralogie.*) Nom donné communément, suivant la nomenclature du célèbre Haüy, à la *chaux sulfatée compacte*, appelée aussi *albâtre gypseux*. Cette variété de chaux se trouve en masses considérables dans les terrains primitifs, tels que ceux auxquels appartient la chaîne des Alpes; cependant on la rencontre communément dans les terrains calcaires de troisième formation : les carrières de Lagny en fournissent une belle variété; elle est translucide, d'un grain fin et serré, et susceptible de recevoir un beau poli. Cette substance, très-tendre, étincelle quelquefois sous le briquet, ce qui est dû alors à la présence de quelques parties de silice. Cet albâtre, dont la blancheur éclatante a passé en proverbe, est employé en Italie à divers objets d'art et d'ornement : on l'exploite en Toscane, et c'est à Florence que, sous le ciseau du statuaire, il prend les formes les plus variées et les plus élégantes.

Le nom d'albâtre appartient principalement à une *chaux carbonatée concrétionnée* ou albâtre calcaire, auquel on donne l'épithète d'*oriental* lorsque ses couleurs sont vives et brillantes. Il est légèrement translucide sur ses bords. Il diffère autant du précédent par ses caractères extérieurs que par sa composition chimique. Le premier est composé de 32 parties de chaux, de 46 d'acide sulfurique, et de 22 d'eau; le second donne à l'analyse 55 parties de chaux, 34 d'acide carbonique, et 11 d'eau.

Sa formation est due aux suintements d'une eau qui, après avoir traversé la chaux carbonatée et en avoir dissous quelques parties, arrive à une cavité où elle se dépose par couches successives dont la disposition forme des bandes jaunâtres, rouges ou brunes, diversement nuancées. Souvent ces bandes sont disposées parallèlement en lignes droites un peu ondulées, comme dans la *chaux carbonatée stratiforme* de Montmartre et de Pantin; d'autres fois, comme à Antiparos, l'albâtre se forme en tuyaux cylindriques appelés *stalactites*, dont la section perpendiculaire à leur axe présente des zones concentriques. La surabondance de cette chaux, dissoute par l'eau de cristallisation, tombe de ces stalactites sur la paroi inférieure de la cavité qu'elles garnissent, et se dispose de bas en haut en concrétions qui reçoivent le nom de *stalagmites*. Celles-ci présentent la réunion d'un grand nombre de tubercules, qui, sciés transversalement, offrent les veines le plus richement nuancées : on en fait des coupes et des vases quelquefois d'une grande dimension.

L'albâtre calcaire se rencontre dans les *terrains primitifs*, comme dans ceux de seconde et de troisième formation. Les montagnes calcaires situées à l'occident de la mer Rouge en fournissent une belle variété.

On voit dans plusieurs contrées des grottes dont les concrétions d'albâtre éprouvent des changements journaliers par leur accroissement continuel; ce qui avait fait croire à Tournefort que les minéraux subissaient une véritable végétation. Cette opinion erronée a trouvé des partisans parmi les gens du monde; il en est encore beaucoup qui croient que les pierres croissent dans le sein de la terre.

J. Huor.

ALBATRE. (*Technologie.*) La finesse du grain de cette pierre, l'homogénéité de sa pâte, le beau et doux poli qu'elle reçoit, sa demi-transparence, sont des qualités qui la rendent très-précieuse pour la sculpture et pour la fabrication de toutes sortes de vases d'ornement. Sous le ciseau du sculpteur, l'albâtre a pris mille formes variées et agréables qui n'ont pas peu contribué à en répandre le goût dans la plupart des pays.

L'albâtre se forme naturellement dans certaines fontaines qui donnent un dépôt d'un blanc jaunâtre. La plus célèbre dans ce genre est celle des bains de Saint-Philippe en Toscane. L'eau de cette source, presque bouillante, coule sur une masse énorme de stalactites qu'elle a formée, et l'albâtre paraît y être tenu en dissolution par du gaz hydrogène sulfuré, qui se dégage dès que l'eau est en contact avec l'air. On a tiré parti de cette propriété d'abord pour faire des bas-reliefs, qui sont d'un très-beau blanc et d'une assez grande dureté. On se sert de moules de soufre, qu'on place très-obliquement contre les parois de plusieurs cuves de bois ouvertes par les deux fonds : ces cuves sont surmontées à leur ouverture supérieure d'une croix de bois assez large. L'eau de la source, après avoir déposé hors de l'atelier du moulage le sédiment le plus grossier, est amenée au-dessus des croix de bois : elle s'y divise en tombant, et dépose dans les moules un sédiment calcaire d'autant plus fin que la position de ces moules approche davantage de la verticale. Il faut d'un à quatre mois pour terminer ces bas-reliefs, selon l'épaisseur qu'on leur donne. Par des procédés analogues, on est parvenu à mouler des vases, des figures, et autres objets en relief de toutes formes, qu'on n'a plus ensuite qu'à réparer et à polir lorsqu'on les a sortis des moules.

LENORMAND et MELLET.

ALBATROS. (*Histoire naturelle.*) Il est peu de relations de voyages de long cours où l'on ne trouve le nom de cet oiseau, désigné vulgairement par les matelots sous le nom de *mouton du Cap*, que lui valurent sa taille et sa couleur. L'albatros est le plus gros des oiseaux de mer ; et malgré son volume, qui semblerait devoir le condamner à ne pas quitter la surface des eaux, où ses pieds palmés lui facilitent les moyens de nager comme les canards, l'albatros est encore l'un des oiseaux qui volent le mieux et le plus longtemps. C'est vers le tropique méridional, et surtout lorsqu'on double le midi de l'Afrique, que les marins commencent à en rencontrer l'espèce la plus commune, espèce à laquelle Linné imposa le nom de *Diomedea exulans*. Ce grand naturaliste, qui fit un usage si heureux de la nomenclature des héros d'Homère et de tous les personnages de la mythologie, voulut faire allusion par ce choix à la métamorphose des compagnons de Diomède ; en effet, l'on a vu souvent des albatros, fatigués d'un trajet de quatre cents lieues, se posant en grande quantité sur les agrès d'un vaisseau, y rappeler ces guerriers grecs que l'imagination brillante du poëte fit sortir de leur flotte pour venger une divinité irritée, et qui furent métamorphosés en oiseaux.

L'albatros qu'on trouve au cap de Bonne-Espérance a le corps très-gros, le bec très-fort, le dos couvert de plumes roussâtres, et les parties inférieures, qu'il présente pendant son vol, d'un blanc assez pur ; ses ailes ont plus de quatre pieds d'ouverture d'une pointe à l'autre : l'animal ne craint pas, avec leur secours, de s'éloigner du rivage à d'énormes distances. Il est fort vorace et enlève les poissons volants au moment où, quittant la vague dans l'épaisseur de laquelle un autre ennemi les poursuivait, ils croyent échapper à la mort par les routes de l'air. L'albatros n'attend quelquefois pas que sa victime soit exondée ; il la saisit dans l'eau, quand il ne préfère pas s'emparer de la dorade ou du scombre qui poursuit une proie trop chétive.

Nous avons vu des albatros posés sur l'eau, non comme y sont ordinairement les oiseaux aquatiques avec les parties inférieures et les pattes plongées, mais leurs larges pieds ouverts, étendus à la surface des vagues comme ceux des autres palmipèdes le sont sur l'arène du rivage quand ils s'y arrêtent ; dans cette position, l'albatros peut reprendre aisément son vol, ce qu'il fait en étendant peu à peu ses ailes et en les agitant quelque temps pour prendre l'air nécessaire à son ascension sans mouiller ses remiges.

La chair de l'albatros est dure et son goût est désagréable ; cependant elle a quelquefois été d'un grand secours à des marins, qui, après de longues privations, préféraient la chair fraîche aux viandes salées, dont on se fatigue sitôt dans une traversée. L'albatros vient pondre sur les côtes désertes et s'y construit en argile de grands nids fort élevés, où la femelle dépose une plus grande quantité d'œufs que n'en pondent ordinairement les grands oiseaux. On connaît deux autres espèces de ces oiseaux, dont l'une habite les mers de la Chine. BORY DE SAINT-VINCENT.

ALBE-JULIE, CARLSBOURG ou **WEISSEMBOURG**, *Alba Carolina*, *Alba Julia*, *Apulum*, (*Géographie.*) Ville considérable des États Autrichiens, grand-duché de Transylvanie, sur la Marosh. Elle tire son nom de *Julia Domna*, épouse de Septime-Sévère. Située dans une contrée fertile, peuplée de 12,000 habitants, résidence d'un évêque et du gouverneur de la Transylvanie, elle possède une belle cathédrale, une bibliothèque, un observatoire, un hôtel des monnaies.

ALBE-ROYALE ou **STUHL-WEISSEMBOURG**, *Albanium*, *Alba Regalis*, *Cim-*

brianæ. (*Géographie*.) Ville de la basse Hongrie, dans le cercle au delà du Danube, chef-lieu du comitat du même nom. Elle est située sur la Sarwitz, dans une contrée marécageuse. Longtemps disputée aux Impériaux par les Turcs, qui la prirent deux fois, en 1543 et en 1601, elle a été démantelée en 1702. Aujourd'hui elle a 20,000 habitants, des fabriques, de beaux édifices. — Son nom d'Albe-Royale lui vient de ce qu'elle était autrefois le lieu du couronnement, de la résidence et de la sépulture des rois. Une particularité assez remarquable, c'est que les nombreuses grenouilles qui peuplent ses marécages, ne coassent jamais : aussi les habitants disent-ils qu'elles ont été chassées par les Turcs.

ALBERTINE (Ligne). (*Histoire.*) L'électeur de Saxe, *Frédéric II*, dit *le Pacifique*, avait en mourant partagé ses États à ses deux fils, *Ernest et Albert* (1485). Ernest, l'aîné, eut le cercle électoral et la Thuringe, et sa descendance prit de son nom le nom de ligne *Ernestine*; Albert, souche de la ligne *Albertine*, eut pour son lot la Misnie et quelques autres portions de territoire. En 1547, *Jean Frédéric le Magnanime*, troisième successeur d'Ernest, soutint la réforme contre Charles-Quint; il fut battu à Mühlberg, fait prisonnier par les armées de l'empereur, et ne recouvra sa liberté qu'en sacrifiant son électorat.

Un nouvel électeur était tout prêt; *Maurice*, cousin de Frédéric et petit-fils d'Albert le *Courageux*, s'était, dans des vues d'ambition, dévoué au parti de Charles-Quint, et son ambition était arrivée à son but : l'électorat passa dans la ligne Albertine. Maurice mourut en 1553, il eut pour successeurs : *Auguste le Pieux, Christian Ier* (1586), *Christian II* (1591), *Jean-Georges Ier* (1610), *Jean-Georges II* (1650), *Jean Georges III* (1680) : ce dernier se signala dans les guerres que l'Empire soutint contre la France et contre les Turcs, et surtout au siége de Vienne. Ses deux fils gouvernèrent après lui, *Jean-Georges IV* en 1691, et en 1694 *Frédéric-Auguste II*, qui fut roi de Pologne. *Frédéric-Auguste III*, fils du précédent (1733), réunit aussi le royaume de Pologne à l'électorat de Saxe. Deux fois il perdit la Saxe; deux fois elle lui fut rendue, la seconde fois par la paix d'*Hubertsbourg* (1763). Son fils *Frédéric-Christian-Léopold* ne lui survécut que deux mois et demi, et eut pour successeur (1763) *Frédéric-Auguste IV*, son fils aîné, qui ne fut majeur qu'en 1769; il joua un grand rôle dans les importants événements préparés par la révolution française et accomplis par l'empire, et échangea son titre d'électeur contre la royauté (1806). Son frère *Antoine* lui succéda (1827), et fut forcé, par les secousses révolutionnaires qui agitèrent l'Allemagne en 1830, de nommer co-régent son neveu *Frédéric-Auguste*. Ce prince monta à son tour, en 1836, sur le trône, qu'il occupe encore aujourd'hui.

ALBI, *Albiga, Alba Augusta*. (*Géographie et histoire.*) Ville du Languedoc, chef-lieu du département du Tarn, ancienne capitale de l'Albigeois, autrefois siége d'un archevêché, intendance et parlement de Toulouse. Aujourd'hui encore siége d'un archevêché et d'un tribunal de première instance; population : 12,408 habitants.

Cette ville est située dans une belle plaine, sur une éminence dont la base est baignée par le Tarn. Elle est assez mal bâtie; ses faubourgs seulement offrent des constructions régulières. Mais elle possède une charmante promenade et de belles fontaines, dont la plus remarquable est celle de Verdusse. Ses principaux monuments sont d'abord la cathédrale, dédiée à sainte Cécile, commencée en 1282, achevée en 1512, et remarquable par sa masse imposante, par ses sculptures délicates, par ses magnifiques peintures; l'église de Saint-Salvi, construite vers le treizième siècle; l'hôtel de la préfecture, qui fut jadis le palais épiscopal, et dans des temps plus reculés celui des anciens comtes de l'Albigeois; l'hospice, qui est un superbe bâtiment; le pont sur le Tarn; le collége; la bibliothèque (12,000 vol.); le musée; le cabinet d'histoire naturelle; la salle de spectacle.

Albi possède des manufactures de draps et de tricots de laine; des fabriques de toile, de passementerie, de bougies, de chandelles, de pâtes dites d'Italie; une minoterie très-importante; des forges et fonderies de boulets; des papeteries. Aux environs, on extrait de la houille. Il s'y fait un commerce important de grains, vins, fruits secs, anis, droguerie, teinture, pastel-indigo, merrain, cuirs, bestiaux, etc.

L'origine d'Albi se perd dans la nuit des temps. Située dans l'ancienne Celtique, elle fut habitée par les Romains, qui y ont laissé des traces de leur séjour, et la mentionnent sous le nom de *Civitas Albiensium*. En 730 elle fut ravagée par les Sarrasins, et Pepin s'en empara en 765. Elle fut gouvernée, du huitième au treizième siècle, par des vicomtes dont le premier fut Bernard Ier, et le dernier Raymond-Roger. Après la guerre des Albigeois, celui-ci partagea le sort de Raymond VI, comte de Toulouse, et sa ville fut donnée à Simon de Montfort. Sous le règne de Louis XIII, Albi, où il existait beaucoup de protestants, se soumit au cardinal de Richelieu. Elle eut beaucoup à souffrir de la révocation de l'édit de Nantes, qui força une partie des habitants à s'expatrier. Il s'est tenu à Albi deux conciles, en 1176 et en 1254.

C'est la patrie de Lapeyrouse, dont la statue en bronze a été élevée en 1844, sur une des places d'Albi; du conventionnel Campas; de madame Balard, auteur du poëme de *l'Amour maternel;* des généraux Dugua et d'Hautpoult.

Notice historique et descriptive sur l'église métropolitaine de Sainte-Cécile d'Albi, etc., par M. H. C. In-8°, 1841.

G.

ALBIGEOIS, *Albigensis ager, Aquitani, Albigenses.* (Géographie). Cette contrée, dont Albi était le chef-lieu, était comprise dans la partie septentrionale du haut Languedoc, qui forme maintenant le département du Tarn. Sous les Romains, elle faisait partie de la première Aquitaine; plus tard, elle fut soumise aux Wisigoths, puis passa sous la domination des Francs, et subit toutes les révolutions qui signalèrent le règne des Mérovingiens. En 992, elle appartint aux comtes de Toulouse, aux vicomtes de Béziers vers le milieu du onzième siècle, aux comtes de Carcassonne au commencement du douzième. Après la guerre des Albigeois, elle fut donnée au comte de Montfort, qui l'avait conquise. Amaury, son fils, céda, en 1226, tous ses droits à Louis VIII, dont le successeur, saint Louis, après avoir obtenu la cession du comte Trincavel, en fit la réunion à la couronne. L'Albigeois renfermait un archevêché, celui d'Albi, et un évêché, celui de Castres. On y comptait cent paroisses et deux abbayes.

L'Albigeois est un pays très-peuplé. Ses plaines sont d'une inépuisable fertilité; ses coteaux fournissent des fruits excellents et des vins renommés.   G.

ALBIGEOIS. (*Histoire religieuse.*) On comprenait sous ce nom en France, au treizième siècle, tous ceux qui, prêchant la liberté de conscience, s'écartaient des canons de l'Église et refusaient de reconnaître l'autorité des papes en matière de foi. Ce mot n'avait jamais été pris auparavant dans cette signification, qui d'ailleurs resta toujours vague, parce qu'il désignait non-seulement des hérétiques de sectes très-différentes, mais encore ceux qui ne faisaient que favoriser leurs progrès, ou qui en prirent la défense quand on leur fit une guerre ouverte.

Tout le monde connaît la dissolution des mœurs et la dépravation qui, depuis la fin du dixième siècle, s'étaient assez généralement répandues tant parmi le peuple et ses insolents barons que parmi le clergé; on sait encore que les évêques et les abbés songeaient alors bien plus aux jouissances de toute espèce, et aux moyens d'en faire les frais, qu'au salut des fidèles et à leurs devoirs pontificaux. Il est impossible de nier ce malheu-

reux état; et les épîtres du célèbre Grégoire VII seraient là pour convaincre les incrédules de cette vérité. Mais dans ces temps de détresse et de scandale, on vit paraître plusieurs hommes distingués qui, indignés des désordres qui souillaient l'Église, firent tous leurs efforts pour l'en retirer et la ramener vers la simplicité et l'austérité des premiers siècles. Dans la France méridionale, *Pierre de Bruys* et *Henri de Lausanne* s'élevèrent contre le baptême des enfants, le sacrifice de la messe, l'adoration de la croix et l'efficace des bonnes œuvres; *Arnaud de Bresce* y attaqua la hiérarchie des prêtres, et s'efforça de ramener dans l'Église le régime presbytérial ou républicain; les *Patarins* et les *Cathares* signalèrent de nouveaux abus, et augmentèrent le nombre toujours croissant des hérétiques, connus alors sous les noms de *Pétrobusiens,* de *Henriciens,* etc.

La Gascogne, le Languedoc, et surtout le *comté d'Albi*, étaient le siége principal de ces réformateurs : c'est ce dernier pays qui, dans la suite, fit donner à tous les sectaires indistinctement le nom général d'*Albigeois*, quoique ces sectes religieuses n'aient point eu entre elles unité de croyance. Divisés sur plusieurs points de leur profession de foi, ils étaient d'accord dans le désir d'une réformation de l'Église, de l'épuration des mœurs, et dans la ferme conviction que la *parole divine écrite* peut seule faire autorité en matière de religion. Ces hommes courageux furent partout expulsés, partout condamnés, mais jamais réfutés : toutefois leur zèle ne se refroidit point, ils employèrent tous leurs efforts à dessiller les yeux de leurs concitoyens, à leur faire apercevoir leur malheureuse situation et leurs vrais besoins, et à les faire revenir de leur attachement superstitieux et débonnaire pour les moines. Plusieurs d'entre eux, surtout leurs chefs, expièrent leur audace au milieu des flammes. Mais les sectes se multiplièrent en raison directe des persécutions qu'on leur faisait éprouver.

Pierre de Vaud (Petrus Valdus) attaqua avec une nouvelle force les abus de l'Église dominante, vers l'an 1170. C'était un honnête négociant de Lyon, qui, frappé par la mort inopinée d'un de ses amis, se concentra en lui-même, et médita sur les voies inconcevables de la Providence. Ses réflexions le portèrent insensiblement plus loin, et une bible latine qu'il trouva acheva de former sa conviction sur la doctrine catholique romaine. Il s'entoura d'un petit nombre d'auditeurs, mit entre leurs mains une traduction du Nouveau Testament, des Psaumes et de plusieurs chapitres tirés des ouvrages des Pères de l'Église, et commença à leur en expliquer le texte et à en interpréter le sens,

Sa réputation s'agrandit; un grand nombre de Lyonnais demandèrent à être admis à ses instructions, et plusieurs de ses disciples allèrent publier au loin sa nouvelle doctrine, qui alors faisait le sujet de toutes les conversations, et en faveur de laquelle la majorité de la nation semblait disposée. Les principaux points de cette doctrine étaient les suivants : « Les décisions de l'Église, en matière de foi, sont de nulle autorité; la Bible seule peut décider. Le sacrifice de la messe, l'adoration des saints, le trafic des indulgences, ne peuvent être tolérés. Le chrétien doit être pauvre, car les biens de ce monde l'éloignent de l'amour de son Dieu. Les cérémonies sont inutiles, ne font qu'embrouiller le culte, et les prêtres ne sauraient avoir le privilége d'administrer les sacrements. » Quelque opinion que l'on se soit formée de ces doctrines, on a de tout temps été forcé de convenir de la pureté, de la simplicité et de l'austérité de mœurs qui caractérisaient les *Vaudois;* on a rendu à leur moralité et à leur conduite politique une éclatante justice : d'ailleurs ils pensaient que tout ce dont ils demandaient la réforme n'appartenait point au christianisme primitif, n'en faisait pas une partie intégrante et nécessaire, mais s'y était glissé dans la suite des temps.

Le clergé poussa de grands cris; car ils ne s'étaient point bornés à réformer sa doctrine, ils menaçaient ses intérêts les plus chers, et s'en firent ainsi un ennemi irréconciliable. Ils furent condamnés comme *hérétiques*, persécutés sur tous les points du pays; et les rois de France et d'Angleterre étaient même disposés à les exterminer par le fer et le feu, quand on jugea préférable de créer cette horrible *inquisition*, dont le coup d'essai fut le carnage de ces malheureux. Les hérétiques se dispersèrent, et portèrent leurs doctrines sur d'autres points du royaume, que les persécutions à la fin les forcèrent de quitter (1). Ils fondèrent presque aussitôt à Metz et à Strabourg des établissements considérables, malgré les bûchers qui les attendaient, et reparurent immédiatement dans le Languedoc, où la ville de Toulouse devint leur siége principal.

Roger, comte d'Albi, et Raymond VI, comte de Toulouse, étaient accusés de les favoriser, et furent soumis à des expiations humiliantes; mais le désir de s'emparer de leur beau pays contribua bientôt à faire éclater la guerre qu'on leur déclara sous le prétexte de la religion. Innocent III fit prêcher une croisade contre les Albigeois; Simon de Montfort et les légats Arnaud de Cîteaux et Milon la commandaient. Elle commença en 1209. La ville de Béziers fut prise; environ soixante

(1) Pierre de Vaud paraît avoir terminé ses jours dans la Bohème.

mille de ses habitants furent livrés au fer et aux flammes; les plus belles contrées de la France furent horriblement ravagées, et l'on disposa à volonté du patrimoine des malheureux comtes. Les indulgences que le pape accordait à pleines mains multipliaient continuellement le nombre des croisés; et les Albigeois, après une défense vigoureuse, durent enfin succomber. La paix fut conclue en 1229; l'inquisition se chargea d'achever la conversion de ces malheureux, d'extirper l'hérésie dans ses racines, et leur pays se couvrit de nouveaux bûchers. Cette affreuse oppression les força encore une fois de chercher un asile dans la Lombardie et le Piémont, au milieu des paisibles vallées des Alpes, qui cependant ne suffirent pas pour les garantir des nouvelles horreurs que leur préparèrent, de l'aveu d'Innocent VIII, Albert de Capitaneis et Hugues des Marais. Toutes ces persécutions cependant ne servirent qu'à invétérer leur haine contre l'église dominante et à retremper leur courage; ils subsistèrent sous le nom d'*Église française* jusqu'au temps de la réformation.

Conciles de Tholose, de Béziers et de Narbonne, ensemble les ordonnances du comte Raymond contre les Albigeois, etc., in-8°, 1569.

Pierre (moine de Veaux de Cernay), *Histoire de la ligue sainte-sous la conduite de Simon de Montfort contre les Albigeois,* etc. (trad. du latin, par Sorbin), in-8°, 1569.

Histoire des guerres faites en plusieurs lieux de la France tant en Guyenne et Languedoc contre les hérétiques, qu'ailleurs, etc. (trad. du latin par J. Fournier de Montauban).

Noguier (Ant.), *Guerre de Simon, comte de Montfort, contre les comtes de Tolose* (impr. dans son *Histoire tolosaine,* in-f°, 1556).

Guy (J). *Histoire du schisme et des hérésies des Albigeois,* in-8°, 1561.

Du Tillet (J.), *Sommaire de l'histoire de la guerre contre les Albigeois,* extrait du Trésor de Chartes, in-12, 1590.

Chavanion (J. de), *Histoire des Albigeois, touchant leur doctrine et leur religion, contre les faux bruits qui ont été semés d'eux,* etc., in-8°, 1595.

Perrin (J. Paul). *Histoire des chrétiens albigeois,* etc., in-8°, 1618.

De la Valette, *Parallèle de l'hérésie des Albigeois et de celle du calvinisme,* in-4°, 1686.

Benoît de Saint-Dominique (J.). *Histoire des Albigeois, des Vaudois et des Barbets,* 2 vol. in-12, 1691.

Langlois (J. B.), *Histoire des croisades contre les Albigeois,* in-12, 1703.

Dom de Vic et Dom Vaissette, *Histoire des Albigeois,* formant le tome III de l'*Histoire du Languedoc.*

J. H. Schnitzler.

ALBINOS. (*Histoire naturelle.*) Ce nom nous est venu des Espagnols, qui l'avaient appliqué à une variété monstrueuse de la race nègre. La peau des albinos est d'un blanc mat, leurs poils sont blancs et cotonneux; leur pupille est rose, et ne peut supporter l'éclat du jour. Ces malheureux disgraciés de la nature, ordinairement à demi imbéciles, excitant le mépris parmi les peuplades chez lesquelles ils naissent, sont aussi nommés *bedos, chacretacs,* et *dondos.* Leur couleur blanche et sans incarnat, ou plutôt leur absence de couleur, est le résultat d'une existence maladive, qui peut se transmettre de génération en génération, soit en totalité, soit en partie. Nous avons vu dans l'île de Mascareigne une négresse cafre produire un métis qu'elle avait eu d'un albinos venu de Madagascar; et ce métis, chez lequel la teinte noire dominait, avait sur le corps des places entières où la peau était semblable à celle du père; ses cheveux étaient comme mélangés de laine noire et de coton blanc; sa pupille était sensiblement rose et sa vue faible.

Il se trouve aussi des albinos parmi les animaux; tels sont les lapins blancs, les souris blanches, des corbeaux, des merles, et des races de pigeons. Il en est chez lesquels cet état n'est pas permanent, et qui, devenant blancs pendant l'hiver, reprennent leur couleur spécifique avec toute leur vigueur dans la saison des amours.   Bory de Saint-Vincent.

ALBRET (Comté et duché d'). (*Histoire.*) La sirerie d'Albret tirait son nom du bourg d'*Albret,* de *Lebret* ou de *Labrit,* situé dans les landes de Gascogne. Resserrée au commencement dans des bornes assez étroites, elle renferma dans la suite, outre Nérac, sa capitale, Castel-Jaloux, Mont-Réal, etc. Elle fait maintenant partie du département de Lot-et-Garonne.

Suivant des généalogies fort contestables, les sires d'Albret sortaient des rois de Navarre ou des comtes de Bigorre. Ces généalogies nomment *Garcias-Ximenès,* comte de Bigorre, mort en 758; *Garcias-Inigo,* son fils, mort en 802, laissant deux fils, dont le second, *Ximenès le Gascon,* fut sire d'Albret, servit avec distinction dans les armées de Charlemagne et de Louis le Débonnaire, et mourut en 830; *Inigo,* mort en 868; *Garcias-Ramire,* qui fit la guerre aux Sarrasins; *Veremond,* mort en 900; *Azenaire,* mort en 955; *Fortun,* mort en 985; son fils *Bérard,* mort en 995, et les trois fils de celui-ci, *Guitard, Arnaud* et *Amanieu.* Les deux premiers étant morts sans postérité, Amanieu leur succéda; c'est par lui que commence la liste véritable des comtes d'Albret.

Amanieu Ier, mort en 1060.

Amanieu II, mort en 1100, suivit (1098) Godefroi de Bouillon, son parent, à la terre sainte.

Amanieu III, son fils.

Bernard Ier, qui vivait en 1140.

Amanieu IV, dont le testament est daté du 2 août 1209.

Amanieu V, mort avant 1255.

1255, au plus tard, *Amanieu VI.*

1270, au plus tôt, *Bernard-Ezi Ier,* mort vers le commencement de 1281.

1281, *Mathe,* fille de Bernard-Ezi, morte vers 1295.

1295. *Isabelle,* femme de Bernard VI, comte d'Armagnac, succéda à sa sœur Mathe, et mourut avant 1298.

Amanieu VII, mort vers 1324.

1324 au plus tard. *Bernard-Ezi II,* fils du précédent, embrassa, quitta, reprit le service du roi d'Angleterre; fut fait prisonnier par les troupes du roi de France, en 1339, et mourut en 1358.

1358. *Arnaud-Amanieu* lui succéda. Il embrassa le parti de la France contre l'Angleterre, et Édouard III fit saisir ses terres; mais Philippe de Valois l'indemnisa de ses pertes. Le sire d'Albret travailla efficacement à faire rentrer la Guienne sous la domination de la France, et reçut en récompense la jouissance du comté de Dreux et la dignité de chambellan (1382). Il combattit à la bataille de Rosebecque (1382), et accompagna le duc de Bourbon, son beau-frère, dans son expédition d'Afrique (1390).

1401. *Charles Ier,* fils du précédent, fut fait connétable (1402), et remporta plusieurs avantages sur les Anglais (1406 et 1407.) Sa charge lui fut ôtée, en 1411, par la faction des Bourguignons; mais il la recouvra en 1413. Il fut tué à la bataille d'Azincourt.

1415. *Charles II,* fils du précédent, ajouta le comté de Gaure (1425) à la sirerie d'Albret, à la vicomté de Tartas, et au comté de Dreux, qui lui fut enlevé par les Anglais en 1438, et restitué en 1444. Il rendit de grands services aux rois Charles VI, Charles VII et Louis XI; défendit Orléans (1428), reprit Aire aux Anglais (1442), et secourut la reine d'Aragon contre ses sujets révoltés (1463.)

1471. *Alain le Grand,* petit-fils de Charles II, entra en 1486 dans la ligue des princes contre Anne de Beaujeu. Il se soumit presque aussitôt, ce qui ne l'empêcha pas de troubler encore le royaume par ses prétentions à la main d'Anne de Bretagne, à laquelle prétendaient aussi Maximilien, roi des Romains, et le roi de France Charles VIII. Dans la guerre de la Bretagne contre la France, il promit son appui au duc François II, s'il voulait accueillir ses prétentions. Sa proposition fut agréée, et il vint, avec un corps de troupes, joindre l'armée qui fut battue à Saint-Aubin du Cormier. Mais vers la même époque, la princesse fut fiancée à Maximilien, et, pour se venger de ce manque de foi, le sire d'Albret livra Nantes aux Français.

Il se retira ensuite dans ses terres, où il mourut en 1522. Il se qualifie dans ses actes: *Seigneur de Lebret, comte de Dreux, de Gaure, de Penthièvre et de Périgord, vicomte de Limoges et de Tartas, captal de Buch, et seigneur d'Avesnes.*

1522. *Henri Ier*, roi de Navarre, petit-fils du précédent, lui succéda dans la sirerie d'Albret. Ce fut en sa faveur que Henri II, roi de France, érigea cette seigneurie en duché (1550).

1555. *Jeanne*, sa fille unique, lui succéda. Elle avait épousé *Antoine de Bourbon*, duc de Vendôme; elle en eut deux enfants : Henri qui suit, et Catherine, qui fut duchesse de Lorraine.

1572. *Henri II*, successeur d'Antoine de Bourbon comme duc de Vendôme, et de Jeanne d'Albret comme roi de Navarre et duc d'Albret, eut, à l'extinction de la dynastie de Valois (1589), des droits au trône de France. Il y monta sous le nom de *Henri IV*, et le duché d'Albret fut réuni au domaine de la couronne.

Louis XIV l'en sépara, en 1652, pour le donner en échange de Sédan et de Raucourt au duc de Bouillon, dont les successeurs le gardèrent jusqu'en 1789.

Art de vérifier les dates, éd. in-8°, t. IX, p. 264 et suiv.

L. RENIER.

ALBUFÉRA, *Amœnum stagnum*. (*Géographie.*) C'est le lac le plus considérable dans l'Espagne. Il est situé dans le royaume de Valence, près de la ville du même nom. Il communique avec la mer par un détroit. Le poisson qu'on pêche dans ses eaux, le riz qu'on récolte sur ses bords, et sur lequel le gouvernement perçoit un énorme droit, donnent un revenu considérable. Le maréchal Suchet, qui prit Valence en 1812, fut, en récompense, créé par Napoléon duc d'Albuféra.

ALBUHERA. (*Géographie.*) Village d'Espagne, dans la province d'Estramadure. Les Français, commandés par le maréchal Soult, y furent défaits, le 16 mai 1811, par l'armée combinée des Anglais et des Espagnols.

ALBUM. On donne ce nom à un cahier ou à un livre dont toutes les pages blanches sont destinées à recevoir ce qu'on y voudra tracer, prose ou vers, musique ou dessin.

Un *album* rempli est la collection la plus incohérente qu'on puisse imaginer; formé sous l'influence du hasard, c'est un véritable pot-pourri, c'est un livre sans queue ni tête.

Quelle est l'origine des *album* ? La même, je crois, que celle des journaux de voyage. Quelques voyageurs ayant invité les personnes avec lesquelles ils avaient eu des rapports dans les villes où ils s'étaient arrêtés à laisser sur leur journal quelques traces de leur talent en signe de leur souvenir, cela passa en usage; et, la plupart du temps, ce journal de voyage ne fut plus qu'un livret exclusivement destiné à recevoir ce que les étrangers y voudraient bien consigner. Tel est l'*album* proprement dit.

Des personnes très-sédentaires, les dames surtout, adoptèrent bientôt cet usage, qui fut importé d'Allemagne en France vers le commencement de ce siècle. Pas une dame qui n'ait un *album*. Une femme à la mode ne se donne pas de repos qu'elle n'ait mis à contribution le peintre, le poëte, le musicien et le prédicateur en vogue pour remplir son *album*.

Méfiez-vous en général de la prose et des vers d'un *album* : les trois quarts ne sont, sous ce rapport, qu'un livre d'office spécialement composé pour la sainte dont le nom est en tête. Mais dans ce livre d'office, comme dans les autres, on trouve parfois de belles images. Nos premiers artistes, en essayant leurs crayons dans plusieurs *album*, leur ont donné une valeur bien supérieure à celle de tout autre livre.

L'*album* qui contient des vers de Parny, de Ducis ou de Chénier, écrits par eux-mêmes, est sans doute une chose curieuse; mais l'*album* qui contient un dessin de Gérard, d'Horace Vernet, ou une fleur de Redouté, est surtout une chose précieuse.

Le livre qui doit recevoir tant de richesses est ordinairement fabriqué avec une recherche particulière : la reliure d'un *album* ne saurait être trop magnifique. Le maroquin et le tabis sont prodigués pour sa confection. Les pierres fines, les perles, la turquoise, brillent souvent dans l'or des agrafes qui le ferment, et dans celui qui protège les angles de sa couverture. Les *album* les plus riches ne sont cependant pas toujours les plus estimés : leur magnificence, comme celle de certains habits, ne revêt quelquefois qu'un corps sans esprit ou sans âme.

Le nom d'*album* se donne aussi à l'une des colonnes d'un registre où l'on recueille le bien ou le mal relatif à un individu. La colonne du bien se nomme *album*, par opposition à celle du mal, qui se nomme *nigrum*. C'était dans ces formes-là qu'en 1796 un libelliste célèbre avait établi une balance publique des réputations.

Un pareil registre, tenu avec franchise, ne serait pas sans utilité pour l'historien. C'est ce que sentait cet homme d'esprit qui disait que, pour bien apprécier la révolution, il faudrait lui ouvrir un compte en parties doubles.

A. V. ARNAULT.

ALBUMINE. (*Chimie.*) C'est une substance très-répandue dans la nature organique : elle se rencontre dans les plantes et surtout dans les animaux. La différence d'origine a fait admettre d'abord deux espèces distinctes qu'on désignait sous les noms d'albumine animale et d'albumine végétale. Les chimistes paraissent s'accorder aujourd'hui à reconnaître l'identité de ces deux substances, et nous les confondrons dans la même description ;

nous devons dire pourtant que la plupart des expériences que nous rapportons ont été faites sur l'albumine animale.

Le sang artériel ou veineux, qu'on tire d'un animal vivant, se coagule, peu après sa sortie des vaisseaux, dans le vase où on l'a reçu, et se sépare bientôt en deux parties très-distinctes : l'une est un caillot rouge, qu'on désigne sous le nom de *cruor;* l'autre est le *sérum,* liquide jaunâtre au milieu duquel nage le cruor.

C'est dans le sérum que se trouve l'albumine, et elle en forme la partie constituante principale. Elle existe aussi dans beaucoup d'autres liquides animaux; le blanc d'œuf, par exemple, est de l'albumine presque pure. Enfin certaines plantes, le froment, le seigle, etc., en contiennent une quantité notable. Pour l'extraire du froment il suffit de mouiller la farine et d'en faire une pâte épaisse qu'on malaxe sous l'eau, jusqu'à ce que celle-ci ne devienne plus laiteuse. Il reste alors une-masse collante, élastique, formée principalement de gluten et d'albumine. En traitant par l'alcool bouillant, on sépare le gluten qui s'y dissout, et le résidu est de l'albumine presque pure.

On connaît l'albumine sous deux états très-différents; le sérum du sang, tel que nous l'avons obtenu, la contient à l'état liquide, et elle est alors miscible à l'eau en toutes proportions; mais si on expose le sérum à une température de soixante-quinze degrés environ, il se coagule, sans se décomposer; l'albumine forme alors une masse opaque, solide et complétement insoluble dans l'eau. Dans les mêmes circonstances, le blanc d'œuf présente, comme tout le monde le sait, les mêmes modifications. On ne connaît pas bien le phénomène de ces transformations, qui s'accomplissent sans que la composition chimique varie : elles paraissent dues à un simple changement dans la constitution moléculaire de l'albumine. *Voy.* ISOMÉRIE.

Nous exposerons successivement les propriétés que présente l'albumine en dissolution et l'albumine coagulée.

1° *Albumine en dissolution.* C'est ainsi qu'elle se trouve, comme nous l'avons déjà dit, dans le sérum qui n'a point été chauffé : elle y est, d'après M. Berzelius, à l'état d'albuminate de soude; mais, comme l'illustre chimiste le fait observer, ce n'est point uniquement à sa combinaison avec la soude qu'elle doit sa solubilité; car on peut, au moyen d'un acide, détruire le composé, s'il existe, sans que l'albumine se précipite. Elle est incolore, plus ou moins visqueuse, et elle mousse par l'agitation : elle n'a ni saveur, ni odeur. Comme toutes les matières animales, elle éprouve, au bout d'un certain temps, la décomposition putride. L'albumine végétale ne diffère point, sous ce rapport, du sérum et du blanc d'œuf.

Soumise, en dissolution concentrée, à l'action de la chaleur, elle perd bientôt sa transparence et finit par se prendre en une masse opaque et blanche qui n'est que l'albumine coagulée. La température à laquelle elle se solidifie ne paraît pas avoir été déterminée exactement; au moins les résultats obtenus par divers chimistes ne sont-ils pas concordants. Suivant M. Chevreul, la coagulation du blanc d'œuf a lieu à soixante et un degrés; suivant M. Dumas, à soixante-quinze.

Quand l'albumine est en dissolution étendue, et qu'on la porte à la température où la coagulation s'opère, la liqueur ne se trouble pas. Mais si on la maintient en ébullition pendant quelque temps, on voit bientôt des écumes d'albumine coagulée paraître à la surface. C'est par la formation de ces écumes, comme nous le disons plus loin, qu'on explique l'emploi des matières albumineuses pour la clarification des liquides. — L'alcool coagule aussi l'albumine.

Elle forme, avec la plupart des acides, des composés insolubles. Ainsi, l'acide phosphorique mono-hydraté, l'acide azotique, l'acide sulfurique donnent un précipité dans les dissolutions d'albumine. On sait que ce caractère sert à distinguer les divers hydrates de l'acide phosphorique.

La plupart des bases se comportent de la même manière avec l'albumine. Les composés insolubles qu'elle forme avec la baryte et la chaux acquièrent, par la dessiccation, une telle cohésion qu'on les emploie souvent, dans les laboratoires, pour la fabrication des luts. *Voy.* ce mot.

En mêlant de l'albumine avec des dissolutions concentrées de sels terreux ou métalliques, le liquide se coagule; le précipité, diversement coloré, contient l'acide et la base du sel employé en combinaison avec l'albumine. Le plus remarquable de tous les composés auxquels cette réaction donne naissance est celui qui est produit par le bi-chlorure de mercure (sublimé corrosif). Ce composé est complétement insoluble et, suivant M. Berzelius, il se forme même dans une liqueur qui ne contient que $\frac{1}{1000}$ d'albumine; de sorte qu'on observe un trouble sensible dans cette liqueur, quand on y ajoute du bi-chlorure de mercure. C'est en vertu de cette propriété qu'on administre le blanc d'œuf, dans les empoisonnements par le sublimé corrosif; l'albumine agit comme antidote, en déterminant l'insolubilité de la substance toxique.

Lorsqu'on mêle le sérum du sang avec de petites quantités de sels métalliques et qu'on ajoute ensuite un peu plus de potasse qu'il n'en faut pour décomposer le sel, l'oxyde ne se précipite pas, mais reste dissous dans l'albumine : en faisant bouillir les dissolutions, elles se coagulent et on retrouve dans le caillot l'oxyde mis en liberté par la potasse. On conçoit, d'après cela, comment des sels, des oxydes métalliques, ingérés on absorbés par la peau, peuvent être entraînés dans le torrent de la circulation et éliminés ensuite avec les excrétions : c'est par leur combinaison avec l'albumine qu'ils sont tenus en dissolution dans le sérum du sang. M. Berzelius, à qui cette observation est due, explique ainsi la présence de l'oxyde de mercure dans les liquides de l'économie, après l'usage des préparations mercurielles. On pourrait citer beaucoup de faits analogues qui s'expliqueraient de la même manière.

Parmi les combinaisons remarquables de l'albumine, il faut noter un sel double qu'elle forme avec l'oxyde de cuivre et la potasse. Ce composé se prépare en ajoutant de la potasse à un mélange d'albumine et d'oxyde de cuivre : il est d'une belle couleur violette. On peut l'évaporer sans le décomposer. Ce sel, assez stable, présente sans doute une composition bien définie et il pourra, comme l'a remarqué M. Dumas, fournir l'équivalent de l'albumine qui n'est pas encore connu.

En terminant cet article, nous devons dire que quelques chimistes ont élevé des doutes sur l'identité du blanc d'œuf avec l'albumine du sang. Ces deux substances présentent en effet quelques différences dans la manière dont elles se comportent avec quelques réactifs, comme l'éther et l'huile de térébenthine. Mais elles se rapprochent tellement par l'ensemble de leurs propriétés qu'on peut les regarder, sans erreur, comme deux variétés d'un même corps.

2° *Albumine coagulée*. Nous avons déjà fait connaître les circonstances dans lesquelles elle se produit : il suffit, pour l'obtenir, de chauffer l'albumine liquide ou de la traiter par l'alcool.

Préparée par l'un ou l'autre de ces procédés, l'albumine coagulée est blanche, insipide ; sans action sur les teintures d'épreuve. — Par la dessiccation, elle devient dure et cassante, sa couleur passe au jaune d'ambre, et elle acquiert une certaine transparence. Dans ce nouvel état, si on la met dans l'eau, elle reprend son aspect et ses propriétés primitives.

L'albumine coagulée est complétement insoluble ; suivant M. Chevreul, l'eau n'en dissout que 0,007 de son poids. — Elle se décompose par l'action de la chaleur : cette décomposition produit beaucoup de carbonate d'ammoniaque. Le résidu est un charbon qui fournit, par incinération, une grande quantité de phosphate de chaux, du carbonate de soude,

du chlorure de sodium et quelques traces d'oxyde de fer.

Elle possède tous les caractères chimiques de la fibrine (*Voy.* ce mot) et se comporte de la même manière avec les acides, les bases, l'alcool, etc. L'analogie est si grande entre ces deux substances, que M. Berzelius admet qu'elles n'en font réellement qu'une seule diversement modifiée. Toutefois on doit remarquer quelques différences qui peuvent servir à les distinguer. Ainsi l'albumine est sans action sur l'eau oxygénée, et la fibrine la décompose : on a observé encore que la première se dissout moins facilement que la seconde dans l'ammoniaque ; au contraire, l'albumine est plus soluble dans la potasse que la fibrine.

MM. Dumas et Cahours ont trouvé par l'analyse élémentaire de l'albumine, les nombres suivants :

Carbone. . . .	53,	32
Hydrogène . .	7,	29
Azote.	15,	70
Oxygène, etc.	23,	69
	100,	00

L'analyse de MM. Dumas et Cahours a été exécutée sur le sérum : la composition de l'albumine du blanc d'œuf ne diffère pas de celle que nous venons de rapporter. Enfin des expériences récentes de M. Mulder, sur l'albumine végétale, donnent sensiblement le même résultat.

Quelle que soit, du reste, son origine, l'albumine renferme toujours, suivant M. Mulder, du soufre et du phosphore.

On se sert de l'albumine, comme nous l'avons déjà dit, pour clarifier les liquides. En se coagulant dans une dissolution, cette substance forme une grande quantité d'écumes solides qui, se mouvant à travers le liquide, entraînent, comme dans un réseau, toutes les particules qu'il tenait en dissolution. La coagulation dans le sein du liquide est déterminée soit par les principes qu'il renferme, soit par l'action de la chaleur : dans les vins, par exemple, c'est par l'alcool et le tannin ; dans les sirops, c'est par la chaleur. L'albumine est encore employée dans quelques opérations et préparations des arts ; mais l'usage qu'on en fait pour la clarification des liquides est le plus intéressant. Ce que nous avons dit suffit d'ailleurs pour faire comprendre quel rôle important elle joue dans la nature organique. C'est de toutes les substances la plus répandue dans l'économie animale ; elle se trouve dans le sang, dans la liqueur des ventricules cérébraux, du péricarde ; dans la synovie, dans le chyle, etc. Elle paraît être enfin un principe constant des végétaux, quoiqu'elle ne se trouve dans quelques-uns qu'en très-petite quantité.

Thénard. *Traité de chimie*, t. IV.
Berzelius. *Traité de chimie*, t. V et VII.
Chevreul. *Annales de chimie*, t. XIX.
Dumas et Cahours. *Ibid*, 3e série, t. VI.

H. Dézé.

ALBUQUERQUE. (*Géographie*.) Petite ville fortifiée d'Espagne, dans la province d'Estramadure, près des frontières de Portugal. Elle a des fabriques de draps et d'étoffes de coton, nourrit de nombreux troupeaux, et fait leur laine un commerce étendu. Population : 6,000 habitants.

ALCADE. (*Politique.*) Ce mot, qui s'écrit en Espagnol *alcalde*, et est dérivé de l'arabe *al cadh*, le cadi, sert à désigner en Espagne des magistrats qui ont remplacé, lors de l'expulsion des Maures, le cadi musulman établi dans chaque localité. Ces magistrats prirent le même nom et remplirent les mêmes fonctions, à l'exception des fonctions religieuses, qui furent confiées à un clerc nommé *curator*.

Aujourd'hui les attributions des alcades sont encore, à peu de chose près, les mêmes qu'à l'origine de cette magistrature, tout ensemble de l'ordre civil et de l'ordre judiciaire. Il y en a de plusieurs espèces. Les principaux, d'après la nouvelle constitution du pays, sont les alcades institués par voie d'élection, et appelés *Alcaldes de Barrio* (alcades de quartier), dans les grandes villes où chaque quartier a le sien, et Alcades ordinaires, dans les villes trop peu considérables pour en avoir plusieurs. Ce sont des espèces de juges ou d'officiers municipaux; ils ont pour insigne un bâton orné d'une main d'ivoire.

Outre ceux-là, il y a l'*Alcalde alamin*, juge pour les arts et métiers; l'*Alcalde de casa, corte y rastro*, alcade de la maison et cour du roi; l'*Alcalde de noche*, alcade de nuit; l'*Alcalde de obras y bosques*, alcade des bâtiments et forêts, avec juridiction civile et criminelle sur les maisons et forêts royales hors de Madrid; l'*Alcalde de la mesta*, nommé par l'assemblée des propriétaires et des marchands de troupeaux de bêtes à laine, et confirmé par le gouvernement, pour connaître des contestations qui peuvent naître dans ce genre de commerce.

ALCALA. (*Géographie.*) Nom arabe commun à plusieurs villes d'Espagne. Les deux plus remarquables sont Alcala-la-Réale et Alcala-de-Hénarès.

La première, située en Andalousie, dans le royaume de Jaën, est une belle ville dont les environs produisent des vins et des fruits exquis; elle a 9,000 habitants.

Alcala-de-Hénarès (*Complutum*) fait partie du royaume de la Nouvelle-Castille, province de Tolède, et est située sur le Hénarès, au milieu d'un territoire fertile et bien cultivé. Elle a 5,000 habitants. L'illustration de cette ville est due tout entière aux sciences et aux arts; car elle est le siége d'une célèbre académie fondée par le cardinal Ximenès, par les soins et aux frais de laquelle fut imprimée la fameuse Bible polyglotte dite de *Complute*, et elle a donné naissance à l'historien Antonio Solis, au naturaliste Bustamente de la Camera et à l'immortel Cervantes.

ALCALI ou **ALKALI.** (*Chimie.*) De *al-kali*, nom arabe de la plante d'où l'on retirait anciennement la soude. On l'avait appliqué d'abord à la soude elle-même, et par suite à la potasse et à l'ammoniaque, qui offraient des propriétés analogues. Les alcalis avaient pour caractères d'être âcres et caustiques, de verdir les infusions bleues des végétaux, d'être fusibles, de se dissoudre dans l'eau, et d'avoir une grande affinité pour les acides. Dans cette classe de corps vinrent se ranger successivement la chaux, la baryte, la strontiane, la lithine, et les bases salifiables tirées des végétaux. Enfin on a désigné par le mot *alcalinité* l'ensemble des propriétés par lesquelles les bases salifiables se distinguent des acides; alcalinité dans ce sens est l'opposé du mot *acidité*, qui exprime de même la somme des propriétés caractéristiques des acides. Saicey.

ALCALIMÈTRE. (*Chimie et Technologie.*) C'est un instrument au moyen duquel on détermine la quantité réelle d'alcali que contiennent les potasses du commerce. Les produits qu'on connaît sous ce nom dans les arts sont composés, en grande partie, de carbonate de potasse, et, en outre, de quelques sels étrangers, qui sont principalement le sulfate de potasse et le chlorure de potassium : leur valeur vénale dépend uniquement de la quantité de carbonate de potasse qu'ils renferment; il est donc essentiel, dans toutes les transactions qui concernent les potasses, d'évaluer cette quantité, et il faut pouvoir le faire par un procédé propre aux usages du commerce, c'est-à-dire à la fois facile et précis. Celui que nous allons décrire, et qui est dû à M. Gay-Lussac, ne laisse rien à désirer : nous le ferons connaître avec détails, parce qu'il a une grande importance pratique et qu'il est, en outre, susceptible d'applications variées dans les recherches chimiques.

On évalue ordinairement la richesse des potasses du commerce en évaluant le nombre de kilogrammes d'alcali pur qu'elles contiennent par quintal métrique; ce nombre forme ce qu'on appelle leur *titre pondéral*. Pour déterminer le titre d'une potasse, on prend, d'une part, une certaine quantité d'acide, divisée en cent parties, et, de l'autre, une quantité de cette potasse telle que, si elle était pure, elle saturerait exactement les cent parties d'acide; le nombre de parties d'acide qu'on aura employées pour la saturation de cette quantité d'alcali, exprimera le titre pondéral cherché.

L'opération que nous venons d'indiquer se compose de quatre opérations distinctes : 1° de la préparation et de la mesure de l'acide d'épreuve ou *normal* ; 2° de la préparation de l'échantillon de potasse dont on veut connaître le titre ; 3° de celle d'un réactif coloré pour reconnaître le terme de la saturation de l'alcali par l'acide ; 4° du procédé même de saturation.

Préparation et mesure de l'acide normal. L'acide d'épreuve est l'acide sulfurique étendu. Pour préparer cet acide, on mesure exactement 100 grammes d'acide sulfurique distillé, dont la pesanteur spécifique, à 15 degrés, est 1,8427 ; puis, ayant rempli d'eau, à moitié environ, un vase, E, de la capacité de 1 litre (*Atlas*, CHIMIE, pl. 8, *f.* 4), on y verse les 100 gr. d'acide sulfurique, en imprimant au vase un mouvement rapide de rotation. On laisse refroidir et on ajoute ensuite de l'eau jusqu'à ce que le liquide atteigne le trait *c d* qui a été marqué préalablement sur le vase, de manière que le volume liquide *c* E *d* soit égal à 1 litre. L'acide normal étant ainsi obtenu, on se sert, pour le mesurer, d'une burette représentée en H ; elle est divisée en demi-centimètres cubes, en sorte que cent divisions ou degrés représentent cinq grammes d'acide sulfurique concentré (les chiffres marqués sur notre planche représentent des dizaines). On la remplit d'acide normal jusqu'à la division 0 et, pour qu'on puisse le verser ensuite sans perte, le bec *e* a été enduit d'une légère couche de cire. Un essai préalable fait en versant l'acide goutte à goutte, a appris à l'opérateur combien il y a de gouttes dans chaque division de son instrument : toutes ces gouttes ayant sensiblement la même grosseur, il pourra facilement subdiviser chaque division en autant de parties qu'elle contiendra de gouttes.

Préparation de l'échantillon de potasse. Il faut, pour saturer 5 grammes d'acide sulfurique concentré, 4$^{gr.}$807 de potasse pure ; si donc 4$^{gr.}$807 d'une potasse saturaient exactement ces 5 grammes d'acide, le titre de cette potasse serait $\frac{100}{100}$, c'est-à-dire qu'elle contiendrait 100 kilogrammes de potasse pure par quintal. En général, une potasse essayée sous le poids de 4$^{gr.}$807 renfermera par quintal, autant de kilogrammes de potasse pure qu'elle saturera de centièmes d'acide.

Il faut donc, pour l'essai, prendre 4$^{gr.}$807 de la potasse dont on veut déterminer le titre. Mais cette quantité est très-faible, et, si l'on n'est pas pourvu de balances très-délicates, on commettra probablement une erreur dans la pesée. De plus, la potasse étant rarement homogène, un aussi petit échantillon n'en représenterait pas l'état moyen ; enfin, si l'essai venait à manquer, il faudrait recommencer toutes les opérations préparatoires. Afin d'éviter ces inconvénients, on prend 48$^{gr.}$07 de potasse, au lieu de 4$^{gr.}$807, et on forme ce poids de divers échantillons pris dans toute la masse. On dissout dans l'eau ces 48$^{gr.}$07, de manière que le volume de la dissolution soit d'un demi-litre ou de cinq cents centimètres cubes ; le dixième de ce volume renfermera précisément 4$^{gr.}$807 de potasse.

On fait ordinairement cette dissolution dans une cloche à pied, J, dont la capacité jusqu'au trait circulaire *fg* est d'un demi-litre (même pl., fig. 5). On y met les 48 $^{gr.}$07 de potasse et on ajoute de l'eau jusqu'à ce que le liquide arrive près du trait *fg* ; la dissolution faite, on remet de l'eau, peu à peu, de manière à compléter le volume de 500 centimètres cubes.

La dissolution de potasse étant obtenue, il faut en prendre le dixième. Une pipette, K, jaugeant 50 centimètres cubes jusqu'au trait *hi* (même pl., fig. 7) permet de mesurer facilement ce volume. En l'immergeant par l'extrémité inférieure et aspirant par l'autre extrémité, on fera monter le liquide jusqu'au-dessus du trait *hi*. Fermant alors, avec le doigt, l'orifice supérieur, on retiendra la dissolution dans la pipette et on laissera écouler l'excédant goutte à goutte. Enfin, on videra le contenu dans le bocal, L, où doit se faire la saturation de la potasse.

Si la potasse essayée contenait beaucoup de matières terreuses, de telle sorte que le volume du dépôt formé dans la dissolution ne fût pas négligeable, il faudrait opérer dans un autre vase et séparer, par le filtre, les matières insolubles.

Préparation du réactif coloré. Le réactif coloré auquel M. Gay-Lussac donne la préférence est le tournesol, matière qu'on trouve dans le commerce en petits pains bleus. On l'emploie en dissolution dans l'eau et en teinture sur le papier. La dissolution se prépare en faisant bouillir dans l'eau le tournesol réduit en poudre : deux à trois pains suffisent pour colorer fortement un décilitre d'eau. Cette dissolution, colorée en bleu violet, porte le nom de *teinture de tournesol* : on n'en prépare que peu à la fois, parce qu'elle s'altère, en quelques semaines, même dans les vases fermés. Quant au papier coloré, dit *papier bleu de tournesol*, on l'obtient en appliquant, avec un pinceau, une couche de teinture sur du papier bien collé et d'un côté seulement. Desséché, il doit avoir une couleur bleue tendre : on le découpe en petites bandes d'environ un centimètre de largeur, et c'est sous cette forme qu'on l'emploie.

On sait que la couleur du tournesol ne change point en présence des alcalis et des corps neutres, mais devient rouge par l'action des acides. Elle indique par conséquent le moment où une dissolution alcaline est saturée par un acide ; car elle reste bleue tant qu'il y a un peu d'alcali libre dans la dissolution, et devient rouge dès qu'il y a un léger excès d'acide. La coloration rouge varie de ton suivant la nature de l'acide : l'acide carbonique et, en général, les acides faibles donnent un rouge vineux ; les acides forts, comme l'acide sulfurique, donnent le rouge pelure d'oignon.

Saturation de la dissolution de potasse par l'acide normal. Voici l'instruction donnée par M. Gay-Lussac pour faire cette opération : Prenez le bocal L ; mettez-y une pipette K de la dissolution alcaline qui a été préparée dans la cloche I ; ajoutez à la dissolution une quantité de teinture de tournesol, suffisante pour qu'elle ait une couleur bleue bien prononcée, et tenez le bocal au-dessus d'une feuille de papier blanc, afin de mieux apprécier les changements de couleur que la liqueur doit subir. Remplissez la burette, H, d'acide normal jusqu'à la division 0, et, la tenant d'une main et le bocal de l'autre, versez peu à peu l'acide dans la dissolution de potasse que vous tiendrez continuellement agitée, en donnant au bocal un mouvement circulaire alternatif. La couleur bleue du tournesol ne changera pas d'abord, mais vers les $\frac{11}{20}$ de la saturation (si c'est de la potasse carbonatée qu'on essaie) elle virera au rouge vineux par l'acide carbonique devenu libre dans la dissolution.

Commencez maintenant à vous tenir sur vos gardes pour ne pas dépasser le point de saturation. Dès que l'acide, en tombant dans la dissolution, ne fait plus entendre de bruissement et n'excite qu'une faible effervescence, ne le versez que par deux gouttes à la fois, et, après chaque addition, faites un trait sur le papier bleu de tournesol, avec une baguette de verre trempée dans la liqueur. Aussitôt que vous aurez dépassé le point de saturation, la couleur vineuse de la liqueur deviendra pelure d'oignon, et le trait fait sur le papier de tournesol sera rouge et *persistant*. Mais, pour mieux saisir le point de saturation, continuez à faire une ou deux additions d'acide, de deux gouttes chacune (représentant, par exemple, un quart de centième) ; lisez sur la burette le nombre de centièmes d'acide normal employé pour la saturation, et de ce nombre retranchez autant de quarts de centième que vous aurez de traits rouges persistants, plus un (1). Le nom-

(1) La raison de cette soustraction est fondée sur ce qu'une quantité de sulfate de potasse, à peu près

bre restant sera le titre de la potasse. On pourra, pour plus de sûreté, recommencer l'essai ; ce qui exigera très-peu de temps, parce qu'on versera de suite, à un ou deux centièmes près, la quantité d'acide nécessaire à la saturation.

Pour donner une idée du degré de précision de ces essais, nous dirons que M. Gay-Lussac ayant obtenu 0,488 pour le titre d'une potasse, essayée à l'alcalimètre, a trouvé, par une analyse précise, que le titre réel était de 0,484. On voit par là que l'exactitude du procédé est aussi grande qu'on peut le désirer.

M. Gay-Lussac a appliqué cette méthode à l'essai des soudes du commerce, du sulfate de potasse, etc. ; nous indiquerons ces applications dans d'autres articles. *Voy.* SULFATES, CARBONATES, etc.

Gay-Lussac, *Annales de chimie*, t. XXXIX.
H. DÉZÉ.

ALCANTARA, *Norba Cæsarea.* (*Géographie.*) Petite ville fortifiée d'Espagne, dans la province d'Estramadure, sur le Tage. Elle possède un superbe pont en pierre, construit sous Trajan, et des fortifications dont une partie date du temps des Maures. Alphonse IX, roi de Castille, la prit sur les Maures en 1218. En 1680, le duc d'Albe y battit les insurgés portugais, commandés par Antoine, prieur du couvent de Crato. Elle a 4,000 habitants, et fait un commerce actif en draps et en laines. C'était le chef-lieu de l'ordre militaire des chevaliers d'Alcantara ou de Calatrava.

ALCARAZAS. (*Technologie.*) La difficulté de se procurer des boissons fraîches dans les pays chauds, a suggéré aux peuples qui vivent sous le ciel brûlant de la zone torride un moyen ingénieux pour rafraîchir les liquides destinés à leur usage, et pour calmer avec délices la soif ardente qui les dévore. Cette invention, que les Égyptiens ont connue depuis un temps immémorial, a passé en Espagne avec les Arabes, et de nos jours elle s'est introduite en France.

Les vases réfrigérants nommés *alcarazas* sont formés d'une espèce de poterie très-légère et très-poreuse, qui laisse facilement suinter l'eau à travers ses parois ; le liquide se filtrant, pour ainsi dire, par tous les pores du vase, en imprègne d'humidité toute la surface extérieure, et donne lieu à une évaporation d'autant plus vive que la température de l'air est plus élevée, ou que le vase est exposé à

égale à celle qui se forme pendant la saturation d'une bonne potasse, retarde la réaction de l'acide libre sur le papier de tournesol. Deux gouttes ne le rougissent point, et la réaction n'est sensible qu'à la troisième.

un plus grand courant d'air. Cette évaporation ne peut avoir lieu qu'en absorbant la chaleur du liquide contenu dans le vase, dont la température s'abaisse, en conséquence, de plusieurs degrés, et produit une boisson d'une fraîcheur délectable.

La propriété réfrigérante des alcarazas résulte donc uniquement de la transsudation qui a lieu dans ces sortes de vases, et cette transsudation est elle-même le résultat d'une texture peu serrée que l'on parvient à donner à la terre cuite. Il est rare de trouver une terre argileuse qui, dans son état naturel, puisse convenir à la fabrication des alcarazas; celle de Malaga cependant jouit de cette propriété : dans cette ville on fabrique ces vases de la même manière que la poterie commune, dont ils ne diffèrent qu'en ce qu'ils ne sont point vernis. A Anduxar, dans l'Andalousie, les fabricants mélangent avec leur argile, trop compacte, une certaine quantité de sel marin, qui a pour effet de diviser la matière, d'en écarter les molécules, et d'y produire, en se dissolvant, une infinité de petits trous. Ce mélange, qui a lieu à raison d'une livre de sel pour vingt livres de terre plus ou moins, se fait lors du pétrissage de la pâte, après avoir préparé la terre comme pour la poterie commune ; on fait ensuite cuire les vases dans un four de potier, mais en ne donnant qu'une demi-cuisson, qui dure de dix à douze heures.

M. Fourmy, déjà connu par l'invention de ses poteries salubres qu'il a nommées *hygiocérames*, s'est occupé le premier en France de la fabrication des alcarazas ; et il a trouvé des procédés particuliers pour faire des vases à rafraîchir, auxquels il a donné le nom d'*hydrocérames*.

Lenormand et Mellet.

ALCHIMIE. L'alchimie est la chimie du moyen âge, de même que l'art sacré était la chimie des philosophes de l'école d'Alexandrie. — S'il est vrai que toute science revêt successivement la forme de chacune des périodes qu'elle traverse, rien ne pourra mieux nous dépeindre l'esprit du moyen âge que l'alchimie. Parmi toutes les sciences dont le but est d'expliquer les phénomènes de la nature, il n'y en a aucune qui soit plus riche en faits propres à exciter l'imagination que la chimie. Les plus simples expériences sont des merveilles. Lorsque vous mêlez ensemble du mercure et du soufre en poudre, vous voyez les couleurs de ces deux corps disparaître, et donner naissance à un produit nouveau aussi noir que les plumes du corbeau, puis ce même produit se changer, par la sublimation, en une substance d'un rouge magnifique (cinabre). Combien n'y a-t-il pas de substances qui, dans certaines conditions, présentent les nuances chatoyantes des plumes du paon et de la peau écailleuse du caméléon? Il serait inutile de multiplier les exemples.

Or, que devaient se dire, en présence de ces étranges phénomènes, les chimistes du moyen âge, ces hommes qui vivaient au milieu d'une société où tout le monde croyait à l'influence d'êtres invisibles et fantastiques, au pouvoir occulte des démons, des anges bons ou mauvais? Sommés de s'expliquer, ils ne pouvaient faire autrement que d'emprunter au spiritualisme mystique toutes ces doctrines qui semblent aujourd'hui si bizarres. Les théories de l'alchimie sont aussi inhérentes à l'esprit de l'époque qui les a vues naître, que la science d'aujourd'hui est inséparable de l'esprit dominant de l'époque actuelle.

Nous ne nous arrêterons pas ici sur les doctrines de la pierre philosophale, de l'élixir universel, de la transmutation des métaux, doctrines que les alchimistes ont empruntées aux disciples de l'art sacré. *Voy.* Art sacré.

En parcourant l'histoire, depuis le neuvième siècle jusqu'au seizième, on est d'abord frappé de la stérilité de la science telle que nous la comprenons aujourd'hui. On dirait une époque de léthargie ou de malédiction. Cependant, en examinant les choses de plus près, on en découvre la raison. Non, l'esprit humain n'a jamais de repos ; il ne peut pas en avoir ; il observe, il s'instruit en tout lieu et en tout temps. Mais à l'époque dont nous parlons, les chimistes avaient de fort bonnes raisons pour ne pas produire en public le résultat de leurs expériences ; il leur en coûtait la liberté, souvent la vie. Aujourd'hui, tout au rebours de l'ancien temps, une découverte vaut des honneurs et des récompenses. S'il y a donc quelque chose qui doive nous étonner, ce n'est pas le peu de progrès de la science au moyen âge, c'est que la science ne fasse pas plus de progrès au temps où nous vivons.

Ce qui caractérise au plus haut degré l'alchimiste, c'est la patience. Il ne se laissait jamais rebuter par des insuccès. L'opérateur qu'une mort prématurée enlevait à ses travaux, laissait souvent une expérience commencée en héritage à son fils, et il n'était pas rare de voir celui-ci léguer, dans son testament, les secrets de l'expérience inachevée dont il avait hérité de son père. Les expériences d'alchimie étaient transmises de père en fils comme des biens inaliénables. Qu'on se garde bien de rire : il y a dans cette patience qui approche de l'obstination, quelque chose de profondément vrai.

Le temps, c'est là un des grands secrets de la nature, et c'est ce que les alchimistes n'ignoraient pas. Le temps, c'est tout pour nous, ce n'est rien pour la nature. Bien des produits, que le chimiste est incapable de faire dans son laboratoire, sont engendrés avec profusion par la nature, à la faveur de ses agents ordinaires, dont l'action se prolonge pendant des siècles qui ne se comptent pas. Si les alchimistes étaient, dans leurs expérimentations, partis de meilleurs principes, ils seraient incontestablement arrivés à des résultats prodigieux, auxquels n'arriveront probablement jamais les chimistes d'aujourd'hui, trop pressés de jouir du présent. Il ne répugne nullement de croire qu'à cette même époque, qui nous paraît si stérile, on connaissait nombre de faits qui seraient aujourd'hui considérés comme des découvertes modernes. Ainsi, il me paraît impossible que les alchimistes n'aient pas eu connaissance de l'hydrogène ou du gaz d'éclairage, eux qui manipulaient sans cesse des métaux en contact avec les acides, avec des matières organiques, etc. Mais celui qui aurait eu le courage de montrer devant témoins un corps invisible, tout à fait semblable à l'air, et ayant la propriété de s'enflammer avec bruit à l'approche d'une allumette, le malheureux expérimentateur aurait été infailliblement pendu ou brûlé. Si les physiciens et des chimistes de nos jours eussent vécu au treizième ou au quatorzième siècle, ils auraient tout bonnement gardé leur science pour eux, ou ils se seraient, comme les alchimistes, exprimés symboliquement et par allégorie. Chacune des expériences qu'aujourd'hui un professeur de chimie fait dans son cours aurait fourni amplement matière à un procès en sorcellerie. Vous auriez eu beau vous débattre et démontrer que tout se passe naturellement, personne n'aurait ajouté foi à vos paroles; vous n'en auriez été que plus magicien, et condamné comme tel : témoin Roger Bacon, qui, malgré son éloquente profession de foi sur la nullité de la magie, fut condamné à passer une partie de sa vie en prison.

Le moyen âge était, nous le répétons, le règne des idées traditionnelles poussées jusqu'à l'excès. L'expérience devait se taire devant l'autorité spirituelle. La première conséquence de ce principe, si funeste pour la science, était l'interdiction de l'examen des causes matérielles; il était permis aux philosophes scolastiques de discuter sur le nominalisme et le réalisme, sur les universaux et les catégories d'Aristote; mais l'usage de la raison et son application saine et impartiale à l'observation de la nature étaient réservés à d'autres temps. Le phénomène physique le plus simple était supposé produit par une cause invisible et fantastique, par un agent mystérieux et surnaturel. Les sciences physiques étaient appelées occultes, et la chimie, *art hermétique, science noire, alchimie*.

Dans cet état de choses, toute connaissance devait nécessairement rester stationnaire, sinon rétrograder. Le but de la science était manqué, ce but qui consiste à expliquer dans leur ordre naturel les effets et les causes, ou plutôt les effets d'autres effets plus éloignés; car il n'y a qu'une cause unique, absolue et nécessaire, qui restera toujours en dehors du domaine de l'observation. Mais toute science devient impossible, dès que l'homme veut, d'un seul coup, franchir toute cette série infinie d'anneaux intermédiaires de la chaîne mystérieuse qui rattache tout ce qui est à une cause suprême. C'est là ce qu'on faisait au moyen âge.

Jamais il n'y a eu et il n'y aura d'équilibre entre l'esprit et la matière, comme si c'était de leur essence d'être dans un état d'antagonisme permanent. Mais l'homme se compose d'esprit et de matière; il a donc besoin tout à la fois des intérêts spirituels et des intérêts matériels, et non pas seulement des uns à l'exclusion des autres.

Au moyen âge, l'esprit dominait trop exclusivement la matière. Il devait en résulter de graves conflits, et un grand préjudice pour la science. Aujourd'hui, tout au contraire, il est à craindre que la balance ne penche trop du côté opposé. Les erreurs qui en résulteraient n'en seraient pas moins funestes. Et pourtant l'équilibre stable est impossible, car il suppose l'immobilité de l'intelligence, le repos du monde.

L'alchimie est la continuation de l'Art sacré. (*Voyez* ce mot.) L'alchimie a été traitée avec plus de détails dans mon *Histoire de la chimie* (tome I, p. 301, 304, 361, 434; tome II, p. 118, 123, 206, etc.)

Hoefer.

ALCOBAÇA ou **ALCOBAZA**, *Alcobatia Eburobritium*. (*Géographie*.) Petite ville du Portugal, dans la province d'Estramadure au confluent de la Thaquenda et de la Baca (l'Alcoa). On y remarque un célèbre couvent de bénédictins, le plus vaste et plus riche du pays, fondé en 1148 par le roi Alphonse Ier. Il fut brûlé et pillé par les Français en 1811. Mais heureusement on put sauver une superbe bibliothèque, très-riche en documents importants et en manuscrits. Ce monastère fut longtemps le lieu de la sépulture des rois. La ville, peuplée de 1,500 habitants, possède des fabriques d'étoffes de coton.

ALCOOL. (*Chimie*.) Nous ne ferons ici que l'histoire chimique de l'alcool. Les circonstances dans lesquelles il prend naissance, les procédés qu'on suit en grand pour le préparer, seront l'objet d'autres articles. *Voy.* Fermentation, Eaux-de-vie, Distillation.

L'alcool qu'on trouve dans le commerce à l'état d'esprit-de-vin ou d'eau-de-vie n'est pas chimiquement pur; de l'eau en quantité plus ou moins grande, quelquefois d'autres principes, entrent dans ces produits et affaiblissent ou dénaturent les propriétés de l'alcool. Une opération est donc nécessaire pour l'obtenir à l'état isolé.

Cette opération consiste à distiller l'esprit-de-vin sur une substance avide d'eau, par exemple, la chaux vive. On introduit la chaux dans une cornue, puis l'esprit-de-vin, et, au bout de quelque temps, l'eau s'étant combinée avec la chaux, on procède à la distillation. On doit la conduire avec précaution et chauffer au bain-marie. Les produits sont fractionnés et recueillis séparément dans le récipient : les premiers qu'on obtient sont de l'alcool anhydre ; les derniers contiennent encore de l'eau et il faut, pour les rectifier complétement, les soumettre à une nouvelle distillation. — On peut, dans cette opération, remplacer la chaux vive par le carbonate de potasse, l'acétate de potasse, etc. On a essayé aussi le plâtre sec et l'argile calcinée qui ont, comme on sait, beaucoup d'affinité pour l'eau ; ces substances amènent, à ce qu'il paraît, l'alcool à un certain point de concentration, mais ne sont pas aussi efficaces que la chaux. — En faisant usage de certains sels qui sont insolubles dans l'alcool et ont beaucoup d'affinité pour l'eau, on peut obtenir, sans distillation, de l'alcool à peu près anhydre. Le carbonate de potasse sec est très-propre à cette opération. En le mêlant avec l'alcool, ce sel s'empare de l'eau, s'y dissout, et la liqueur se sépare en deux couches : l'une supérieure formée par l'alcool pur, l'autre par la dissolution aqueuse du carbonate.

Si l'on veut extraire l'alcool anhydre, non de l'esprit-de-vin comme nous venons de le faire, mais de l'eau-de-vie, l'opération est plus complexe. L'eau-de-vie renferme, en effet, outre l'alcool et l'eau, une huile volatile qui s'est produite dans la fermentation. Il faut d'abord séparer cette huile de l'alcool aqueux. Pour y parvenir, M. Berzelius prescrit de distiller l'eau-de-vie avec une quantité suffisante de charbon de pin, bien calciné ; cette quantité doit s'élever à $\frac{1}{2}$ ou à $\frac{1}{4}$ du volume du liquide à purifier. On fractionne les produits de la distillation, et les premières parties recueillies sont ordinairement exemptes d'huile volatile ; si toutefois elles ne l'étaient pas, il faudrait les soumettre à une nouvelle distillation, en n'employant alors qu'une quantité de charbon égale à $\frac{1}{8}$ du volume d'eau-de-vie. — Quand l'eau-de-vie a été ainsi purifiée, il ne s'agit plus que de séparer l'alcool et l'eau qu'elle contient. Pour cela, on la distille et on recueille séparément les produits. Le premier tiers du liquide distillé a une pesanteur spécifique de 0,9 ; il forme ce qu'on appelle *l'esprit-de-vin rectifié*. Une nouvelle distillation opérée sur ce produit fournit un alcool plus concentré, dont la densité n'est plus que 0,883 ; c'est *l'esprit-de-vin très-rectifié*. Il ne reste plus qu'à traiter cet alcool par la chaux pour le déshydrater complétement.

L'alcool anhydre ou *absolu* est un liquide parfaitement incolore, très-mobile, d'une odeur faible et agréable. Il a une saveur âcre et brûlante ; il agit énergiquement sur l'économie, en enlevant l'eau aux parties vivantes avec lesquelles il est mis en contact : c'est ainsi qu'injecté dans les veines, il détermine la coagulation du sang et bientôt la mort ; introduit dans l'estomac, il donne la mort, mais par une action complexe qui atteint à la fois la membrane interne de l'estomac, les tissus voisins, et le cerveau. — L'eau ajoutée à l'alcool affaiblit beaucoup sa saveur ; elle diminue aussi sa puissance toxique. On sait pourtant que, pris à forte dose, l'alcool étendu amène des accidents graves et quelquefois mortels.

L'alcool est très-volatil ; sous la pression de 0^m,76, il entre en ébullition à 78°,4. — M. Gay-Lussac a trouvé pour la densité de la vapeur d'alcool 1,6133. — Il reste liquide aux plus basses températures ; on peut le porter à —100 degrés environ, sans qu'il se congèle. Cette propriété le rend propre à la construction des thermomètres, destinés à l'observation des températures de beaucoup inférieures à 0 degré. On sait que le mercure, qui est le liquide thermométrique le plus usité, gèle à —39°.

La pesanteur spécifique de l'alcool est, à 15°, de 0,7947, la pesanteur spécifique de l'eau à la même température étant prise pour unité.

En passant à travers un tube de porcelaine chauffé au rouge, la vapeur d'alcool se décompose complétement. Dans une expérience de M. Th. de Saussure, cette décomposition a fourni : 1° un mélange gazeux, formé d'hydrogène carboné, d'oxyde de carbone et d'un peu d'acide carbonique ; 2° de l'eau ; 3° un corps volatil et cristallisable (probablement de la naphtaline, suivant M. Dumas), mélangé d'une huile particulière ; 4° une petite quantité de charbon et des traces d'acide acétique.

L'alcool est inflammable. A l'air libre, il brûle avec une flamme blanche et très-étendue, sans laisser de résidu : les produits de la combustion consistent uniquement en eau et en acide carbonique. Mais, dans quelques circonstances particulières, la combustion de l'alcool donne naissance à d'autres produits. Ainsi, quand on le fait brûler au moyen d'une mèche traversée par un fil de platine, si l'on vient à éteindre subitement la flamme, on observe que le fil de platine reste rouge tant qu'il y a de l'alcool : la combustion continue, mais elle est incomplète, et, dans ce cas, il se forme, outre l'acide carbonique et l'eau, un composé particulier qui communique à la vapeur une odeur piquante et désagréable (*Voy.* ALDÉHYDE). — L'influence du noir de platine

ALCOOL

sur l'air chargé de vapeurs alcooliques détermine aussi une combustion particulière, caractérisée par la formation de l'acide acétique.

A la température ordinaire, l'alcool n'éprouve aucune altération par le contact de l'air ; il en dissout seulement une petite quantité, et s'affaiblit en absorbant l'eau qu'il contient toujours. L'air dissous dans l'alcool contient plus d'oxygène que l'air dissous dans l'eau. — Quand le liquide est étendu et renferme certaines matières organiques, il éprouve la fermentation acide. *Voy.* FERMENTATION.

Comme nous l'avons déjà dit, l'alcool absolu a une grande affinité pour l'eau : quand on mêle les deux liquides, la combinaison s'opère; il y a dégagement de chaleur et contraction dans le volume du mélange, qui n'est pas égal à la somme des volumes d'alcool et d'eau. La contraction varie suivant les quantités d'alcool et d'eau que l'on mêle ; d'après Rudberg, elle est maximum quand ces quantités sont dans le rapport de 6 équivalents d'eau pour 1 d'alcool, c'est-à-dire, en poids, de 116,23 à 100 ; elle est alors de 3 cent. ,77 du volume de la liqueur. Ainsi : 53 vol. , 939 d'alcool et 49,836 d'eau qui devraient donner 103 vol. , 775 d'alcool aqueux, n'en donnent que 100 vol. — La température est supposée à 15 degrés.

Voici , au reste, le tableau dressé par Rudberg :

QUANTITÉ d'alcool (en vol.) contenu dans 100 parties.	CONTRACTION en centièmes du volume de la liqueur.	PESANTEUR spécifique du mélange.
100	0	0,7947
95	1,18	0,8168
90	1,94	0,8346
85	2,47	0,8502
80	2,87	0,8645
75	3,79	0,8779
70	3,44	0,8907
65	3,615	0,9027
60	3,73	0,9141
55	3,77	0,9248
50	3,745	0,9348
45	3,64	0,9440
40	3,44	0,9528
35	3,14	0,9595
30	2,72	0,9656
25	2,24	0,9711
20	1,72	0,9761
15	1,20	0,9812
10	0,72	0,9867
5	0,31	0,9928

La densité de l'alcool aqueux varie suivant les proportions d'alcool anhydre et d'eau, comme le tableau l'indique. *Voy.* ALCOOMÈTRE.

L'alcool un peu étendu est moins volatil que l'alcool anhydre. Quand on le distille , les premiers produits qu'on recueille dans le récipient sont plus concentrés que ceux qui restent dans le vase distillatoire, et la température d'ébullition de la liqueur s'élève peu à peu. Ce fait explique le procédé dont on se sert pour rectifier les eaux-de-vie; nous l'avons décrit précédemment.

Sommering a découvert un moyen remarquable de concentrer l'alcool aqueux. Il consiste à placer le liquide dans une vessie de bœuf ou de veau qu'on suspend , à l'air, dans une enceinte un peu échauffée. La vessie s'imbibe peu à peu de l'eau que contient l'alcool et cette eau vient s'évaporer à la surface extérieure de la membrane.

Dans le commerce, on trouve l'alcool aqueux à l'état d'eau-de-vie et d'esprit-de-vin.

Voici la richesse en alcool de ces divers liquides, d'après M. Berzelius :

Eau-de-vie. Elle doit contenir 49 pour 100 d'alcool ; sa densité est de 0, 9367.

Esprit-de-vin rectifié. Il contient 64 pour 100 d'alcool et sa densité est de 0, 9048.

Esprit-de-vin-très-rectifié. Il contient 89 ½ pour 100 d'alcool ; sa densité est de 0, 8359.

Les densités citées se rapportent à la température de 15 degrés.

Outre ces espèces, on vend , sous le nom générique d'*esprit-de-vin*, de l'alcool aqueux dont la richesse varie de 65 à 85 pour 100.

Occupons-nous maintenant des réactions chimiques que produit l'alcool. Cette partie du sujet que nous traitons offre un grand intérêt, parce que les nombreux composés qui dérivent de l'alcool ont été, dans ces derniers temps, l'objet de travaux théoriques très-remarquables.

Le chlore décompose l'alcool : les produits de la décomposition sont l'acide chlorhydrique, l'aldéhyde, le chloral, etc. *Voyez* CHLORAL et ÉTHERS.

L'action des acides est remarquable et donne naissance à plusieurs classes de composés. Tantôt il y a formation d'un acide *vinique;* l'acide sulfurique, par exemple, produit l'acide sulfovinique, $2SO^3$, C^4H^5O, HO, qu'on peut considérer comme un sulfate acide d'éther : dans d'autres circonstances, c'est un éther simple qui résulte de la réaction ; ainsi, en chauffant un mélange d'alcool et d'acide sulfurique, on recueille de l'éther sulfurique, C^4H^5O : quelquefois, enfin, la décomposition s'effectue d'une manière toute différente et fournit divers produits gazeux; par exemple, si l'on élève suffisamment la température du mélange précité, on observe un dégagement de gaz oléfiant, d'acide carbonique et d'acide sulfureux. — Quelques acides agissent sur l'alcool comme oxydants, et déterminent la formation de l'acide acétique; tels sont les acides azotiques, etc. : dans certains cas, il se produit en outre des éthers composés : c'est ainsi que l'éther nitreux, AzO^3,C^4H^5O, prend naissance dans la décomposition de l'alcool par l'acide azotique.

Tous ces phénomènes seront examinés avec soin, à l'article ÉTHERS.

L'alcool dissout la potasse et la soude ; mais la dissolution s'altère rapidement, surtout au contact de l'air. Il dissout aussi un grand nombre de sels, principalement les chlorures et les azotates déliquescents. On sait que la présence de certains sels communique à la flamme de l'alcool une coloration particulière : le chlorure de cuivre, par exemple, donne une flamme verte, le chlorure de strontium une flamme pourpre, etc.

L'alcool est composé de :

Carbone. . . .	52, 66
Hydrogène. . .	12, 90
Oxygène. . .	34, 44
	100, 00

L'équivalent, déterminé par M. Gay-Lussac, est $C^4H^6O^2$; il représente quatre volumes de vapeur.

L'examen des réactions que nous avons indiquées plus haut doit faire considérer l'alcool comme un hydrate d'éther ; sa formule est alors C^4H^5O, HO. Quelques chimistes le regardent comme un bi-hydrate de bi-carbure d'hydrogène, C^4H^4 ; mais cette composition ne s'accorde pas aussi bien que la première avec les faits connus.

En terminant, nous ferons connaître les principaux usages de l'alcool et, à ce sujet, les divers articles qui formeront, dans l'*Encyclopédie*, le complément de celui-ci.

C'est à l'état de boisson que se consomme la plus grande quantité d'alcool. L'eau-de-vie, le rhum, le kirschenwaser, en un mot, toutes les boissons qui reçoivent le nom de *liqueurs*, ne contiennent presque que de l'alcool, et leur différence spécifique provient d'un principe qui n'y entre qu'en faible proportion. Nous renvoyons aux articles DISTILLATION, EAU-DE-VIE, LIQUORISTE, tout ce qui concerne la production de l'alcool sous forme d'eau-de-vie et de liqueurs.

Dans les arts, on emploie l'alcool, à l'état d'esprit-de-vin, pour la fabrication des vernis, des parfums, etc. C'est alors comme dissolvant des résines et des huiles essentielles qu'il est utilisé. L'esprit-de-vin dont on se sert pour confectionner les vernis est, en général, de qualité inférieure ; il provient des résidus de la fabrication des alcools. *Voy.* VERNIS.

La pharmacie fait aussi un grand usage de l'alcool pour la préparation des médicaments. Les *teintures* ne sont autre chose que des dissolutions alcooliques de certaines substances ; c'est avec l'alcool qu'on prépare les éthers, les essences, etc. Il sert encore à conserver certaines matières végétales ou animales, des légumes, par exemple, des fruits, des préparations d'histoire naturelle, etc.

Enfin, l'alcool est, après l'eau, le dissolvant que les chimistes emploient le plus souvent. Il est indispensable dans certaines analyses, pour certaines préparations, pour dissoudre les résines, le sucre, les huiles essentielles, etc. Il sert aussi à alimenter des lampes dont on fait usage dans les laboratoires.

Berzelius. *Traité de chimie*, t. VI.
Gay-Lussac. *Annales de chimie*, 2ᵉ série, t. LXXXVI et XCV, et 3ᵉ série, t. II.
Th. de Saussure. *Annales de chimie*, t. XLII et LXXXIX.
Dumas et Boullay. *Annales de chimie*, t. XXXVI.
Rudberg. *Annales de chimie*, t. XLVIII.

H. DÉZÉ.

ALCOOLIQUES. (*Médecine.*) Nous rassemblerons dans cet article tout ce qui est relatif aux propriétés médicinales de l'alcool et de ses divers composés médicamenteux désignés par les termes de teintures, eaux spiritueuses, élixirs, baumes, esprits aromatiques : nous ferons observer que ces dénominations vieillies ont été remplacées par celle d'*alcoolats*, qu'on divise en simples et en composés.

L'alcool, à son état de pureté, peut à juste titre être placé au rang des médicaments irritants. Appliqué à la peau, il en détermine promptement la rubéfaction ; mis en contact avec l'appareil digestif, il produit un sentiment pénible de chaleur et de brûlure, la fièvre s'allume, et le cerveau en ressent une excitation plus ou moins considérable, suivant la dose qu'on a mise en usage ; ces désordres peuvent aller jusqu'à l'inflammation la plus intense et la plus funeste.

On n'emploie jamais l'alcool pur à l'intérieur : ses effets sont ceux d'un poison plutôt que d'un médicament ; à l'extérieur, on s'en sert comme d'un excitant très-actif, lorsqu'on veut augmenter l'action de la peau, ou celle des parties sous-jacentes ; c'est ainsi que dans l'accouchement, des frictions alcooliques sur l'abdomen hâtent les contractions ralenties de l'utérus ; que dans les rétentions d'urine par atonie, le même moyen amène l'excrétion désirée. Quelquefois aussi quand on a besoin d'une vésication prompte et énergique, on enflamme de l'alcool à la surface de diverses parties du corps.

La pharmacie tire de cet agent des ressources multipliées. Aucun véhicule n'est plus favorable pour saisir la partie active des médicaments ; il dissout avec facilité ceux qui sont réfractaires à la plupart des autres menstrues ; tels sont le camphre, le musc, les résines, les térébenthines, etc. ; il entre dans la confection des éthers.

Les alcoolats, indépendamment de la propriété stimulante de l'alcool qui en fait la base, jouissent des vertus propres aux médicaments qui les composent ; ils sont toniques, antispasmodiques, fébrifuges, etc. L'action de l'alcool se perd assez souvent parce que les alcoolats se donnent, pour la plupart du temps, dans un véhicule plus ou moins abondant. Cependant il en est qu'on administre isolément, par exemple, la teinture de gentiane, l'élixir de Garus.

Les médicaments alcooliques étaient jadis d'un usage énorme en France; il est encore considérable chez les Anglais, les Allemands, les Russes. Depuis la réforme opérée par la doctrine physiologique, cette médication n'est plus mise en œuvre que dans un petit nombre de cas et avec beaucoup de réserve. *Voyez* les articles EXCITANTS, STIMULANTS, BROW-NISME.   F. RATTIER.

ALCOOMÈTRE. (*Technologie.*) C'est un aréomètre, d'une construction particulière, qui sert à déterminer la richesse des esprits-de-vin. La quantité d'alcool anhydre est évaluée en centièmes du volume de la liqueur qui le contient; ce mode d'évaluation est moins exact que la pesée, mais il fournit immédiatement le résultat qu'exigent les besoins du commerce où l'on mesure les alcools au lieu de les peser.

Cet instrument, imaginé par M. Gay-Lussac, a la forme de l'aréomètre de Baumé. La tige, qui à 3 ou 4 millimètres de diamètre porte, une graduation formée de la manière suivante : les points 0 et 100 sont les points d'affleurement dans l'eau pure et dans l'alcool anhydre. Les points intermédiaires marqués 5, 10, 15, 20... 80, 90, 95, sont déterminés directement par l'affleurement de l'instrument dans des mélanges préparés, contenant respectivement 5, 10, 15, 20... 80, 90, 95 centièmes de leur volume en alcool pur. En divisant ensuite chaque intervalle ainsi construit en cinq parties égales, on obtient sur la tige 100 divisions.

Pour trouver maintenant la richesse d'un esprit ou d'une eau-de-vie, il suffit d'y placer l'instrument et de déterminer la division de la tige qui affleure le niveau du liquide. Si cette division est 70, 50, etc., la liqueur essayée contiendra 0, 70, 0, 50, etc. d'alcool pur.

Les indications de l'alcoomètre se rapportent à la température normale de 15°. Pour les autres températures, il faut faire subir une correction aux résultats trouvés. M. Gay-Lussac a construit une table qui donne ces corrections et qui fait connaître immédiatement la quantité d'alcool en centièmes du volume du liquide à la température observée. Il est évident d'ailleurs que l'usage de l'alcoomètre est borné aux simples mélanges d'eau et d'alcool : si l'esprit-de-vin renferme quelque autre substance en dissolution, on ne peut plus l'essayer par ce procédé.

H. DÉZÉ.

ALCOVE. (*Architecture.*) Dérive du mot arabe *El-Kauf*, qui signifie cabinet où l'on dort, tente, dont les Espagnols ont fait *alcoba*. C'est la partie d'une chambre à coucher dans laquelle se place le lit ; espèce de cabinet ou enfoncement fait en menuiserie et décoré de draperies, quelquefois aussi fermé de portes : par ce dernier moyen une chambre à coucher sert aussi de salon.

Dans les maisons royales l'étiquette est de fermer l'alcôve par le devant au moyen d'une balustrade ouvrante dans laquelle sont rangés des siéges.

Le plus souvent les alcôves sont ornées de colonnes. Les bas-reliefs et peintures antiques offrent beaucoup d'exemples de la disposition que nous pouvons appeler alcôve. Chez les Grecs et chez les Romains, elle consistait en une niche ou renfoncement pratiqué dans la construction, et fréquemment en une draperie attachée sur des panneaux de menuiserie ou des colonnes, qui renfermaient le lit, lequel était ordinairement élevé sur une estrade ou gradin.

DEBRET.

ALCYON. (*Histoire naturelle.*) Les anciens avaient donné ce nom, qui rappelle la fable de Ceyx et d'Alcyone, à un oiseau de mer dont les naturalistes modernes ignorent l'espèce : les uns veulent que ce soit le *pétrel* ; les autres, l'*hirondelle salangane*, dont les nids sont recherchés par les Chinois comme un mets délicieux. Aujourd'hui ce nom est employé en ornithologie pour désigner le *martin pêcheur d'Europe*.

En malacologie, on désigne sous le nom d'*alcyon*, un genre de *polypier* dont l'histoire a été éclairée par les travaux de M. Savigny, et plus récemment encore par ceux de M. Milne Edwards. C'est à ce dernier savant surtout que l'on doit ce que l'on sait sur la formation et le développement de ces animaux. Il leur attribue un système de vaisseaux communs, servant à la circulation ou au transport d'un liquide nourricier. La masse commune, elle-même, pousse à l'extérieur un tubercule dans lequel on ne voit, en premier lieu, que les vaisseaux dont nous venons de parler, sans aucune trace de polypes. Ces animaux ne s'y développent que plus tard et successivement, de manière à se trouver d'abord complétement renfermés dans la masse commune, et sans communication avec l'extérieur, jusqu'à ce qu'une ouverture, venant à se former, leur permette d'étendre leurs tentacules au dehors, de se nourrir individuellement, et d'acquérir leur entier développement.

Les alcyons ont, en outre, des œufs qui prennent naissance dans des cloisons membraneuses prolongées au delà de l'estomac, s'en détachent et sortent de la cavité abdominale à leur maturité. Ces œufs, arrivés au dehors, nagent librement dans les eaux de la mer, au moyen des cils vibratiles dont ils sont revêtus, jusqu'au moment où ils trouvent à se fixer pour former un nouveau polypier.

Les alcyons varient dans leur forme encore plus que dans leur grandeur : les auteurs ne mentionnent aucune espèce au-dessus d'un mètre de hauteur, tandis que la figure de ces êtres singuliers présente mille différences souvent impossibles à décrire. Quelquefois, dans la même espèce, les uns couvrent les productions marines d'une couche gélatineuse, épaisse à peine d'un millimètre ; tandis que d'autres s'élèvent et se ramifient comme de petits arbres, ou s'accroissent en masses polymorphes, pédicellées comme des champignons. Ils se trouvent rarement dans les lieux que les marées couvrent et découvrent deux fois par vingt-quatre heures ; on commence à les voir sur les rochers que les eaux n'abandonnent que pendant quelques instants, l'époque des syzygies : ils deviennent plus nombreux dans les grandes profondeurs. C'est sous les rochers, à l'abri des courants et du choc des vagues, loin d'une lumière trop vive, que ces petits animaux se plaisent ; ils y établissent leurs nombreuses colonies, s'y multiplient à l'infini, et y étalent leurs couleurs brillantes et transparentes, que l'air ternit et fait disparaître souvent dans quelques minutes. Les alcyons sont répandus dans toutes les mers, croissent dans toutes les profondeurs et sous toutes les latitudes ; il paraît néanmoins qu'ils sont beaucoup plus nombreux dans les pays chauds que dans les pays froids. On en trouve de fossiles dans divers terrains, depuis ceux de transition jusqu'à ceux d'atterrissement ; ils y sont dans tous les états, et quelquefois en si grande quantité, que certains auteurs regardent comme des alcyons les couches et les rognons de formation crayeuse.

Parmi les espèces vivantes, et le nombre n'en est pas encore fixé, nous citerons : 1° l'*alcyon orange de mer* (*alcyonium lyncurium*, Lamouroux), ainsi nommé à cause de de sa ressemblance avec une petite orange ; on le trouve sur les côtes du Calvados.

2° L'*alcyon palmé* (*alcyon. palmatum*), espèce de la Méditerranée, décrite et figurée par M. Milne Edwards, dans les *Annales des sciences naturelles*, tom. IV, 2ᵉ série.

DUPONCHEL père.

ALDERMAN. (*Politique.*) On reconnaît d'abord à la physionomie et à la signification de ce mot qu'il appartient à un ordre social et politique antérieur à la conquête de l'Angleterre par les Normands. En effet, il vient du saxon *Ealdorman*, qui lui-même est un composé du qualificatif *œldor* et du substantif *man*. Exprimant la double dignité de l'âge (*old*) et du caractère de l'homme (*man*), il résume évidemment les idées d'une époque qui respectait, par-dessus toutes choses, l'autorité morale de l'expérience et de la vieillesse.

Sous la domination saxonne, la noblesse se composait de trois classes bien distinctes ; la première prenait le titre d'*Atheling*, la seconde celui de *Ealdorman*, et la troisième celui de *Thane*. Mais le mot *Ealdorman* n'était pas seulement la marque d'une noble naissance, c'était aussi le signe de plusieurs fonctions importantes. Il y avait des *Aldermani regis, comitatus, civitatis, burgi, castelli, etc.* Le grand dignitaire connu sous le nom de *Aldermannus totius Angliæ* était chargé de l'administration générale de la justice, comme le *Capitalis justitiarius Angliæ* des temps postérieurs, et le *Lord chief justice of England* de notre époque.

On donnait encore le titre de *Ealdorman* aux comtes (*Comites*) ou gouverneurs des provinces. Ceux-ci formaient une magistrature puissante, investie de presque tous les pouvoirs politiques, civils et militaires. Ils représentaient leurs gouvernements dans le Wittenagemot ou grand conseil de la nation, participaient à l'administration de la justice, et conduisaient les milices provinciales à la guerre. Aussi leur arrivait-il souvent de prendre la qualité de princes ou de vice-rois (*sub-kings*) dans les actes publics.

Aujourd'hui l'*Alderman* est une espèce d'échevin, nommé à vie par les électeurs municipaux, pour assister le maire dans l'exercice de ses fonctions. Chaque ward ou quartier ayant le droit de se faire représenter par un magistrat de cet ordre, le nombre en varie nécessairement selon le plus ou moins d'importance des localités ; cependant on en compte rarement moins de six et plus de vingt-six dans les principales villes de l'Angleterre. Une loi du règne de Georges Iᵉʳ attribue aux *Aldermen* les fonctions de juges de paix. A Londres, ils sont chargés, en outre, comme officiers de la municipalité et comme membres de ses tribunaux, de faire observer les règlements de la police et de veiller à la répression des délits et des contraventions de tout ordre. Enfin, en leur qualité de délégués des wards ou quartiers, ils siégent sur les bancs du *common council* ou du conseil commun de cette grande ville.

Le lord-maire est toujours choisi dans le corps des *Aldermen*, où il fait, pour ainsi dire, l'apprentissage des affaires publiques. A l'expiration de sa magistrature annuelle, il reprend son ancienne place au milieu de ses confrères. Du reste, beaucoup de respect et de popularité s'attachent au titre et aux fonctions que nous venons de caractériser. C'est une haute marque d'estime et de confiance, qui conduit souvent celui qui en est investi, aux honneurs de la représentation nationale. De notre temps, les *Aldermen* Wood et Waithman ont été élus plusieurs fois députés de la cité de Londres à la Chambre des communes.

ARISTIDE GUILBERT.

ALDÉHYDE. *Alcool déshydrogéné; Hydrate d'oxyde d'acétyle.* (*Chimie.*) Ce corps se produit dans diverses circonstances. Il se forme lorsqu'on fait passer des vapeurs d'éther ou d'alcool à travers un tube chauffé au rouge obscur, ou lorsqu'on traite par le chlore l'alcool étendu. L'aldéhyde est un liquide incolore, d'une odeur éthérée particulière; il bout à 21°, 8. Sa densité est 0,790 à 18°. Il est miscible en toutes proportions à l'eau, à l'alcool et à l'éther. Il brûle avec une flamme blanche très-pâle. Il absorbe l'oxygène, et se convertit en acide acétique. Il dissout le phosphore, le soufre et l'iode.

L'aldéhyde se transforme à la longue en une substance solide appelée *métaldéhyde*, de même composition que l'aldéhyde, et en une substance liquide, connue sous le nom d'*élaldéhyde.* L'aldéhyde forme avec l'ammoniaque un beau produit cristallin, composé de 1 équivalent d'aldéhyde et de 1 équivalent d'ammoniaque. Ce produit a été appelé par Berzelius *sous-acétylite d'ammoniaque.* Formule de l'aldéhyde : $C^4 H^3 O + HO$.

L'acide aldéhydique se produit lorsqu'on chauffe de l'oxyde d'argent dans de l'aldéhyde : il reste alors combiné avec l'argent. On l'en sépare par l'hydrogène sulfuré, qui enlève l'argent à l'état de sulfure. L'acide aldéhydique est un liquide franchement acide, d'une saveur piquante, et neutralisant parfaitement les alcalis et les oxydes métalliques. Il est aussi désigné par les noms d'acide *acéteux* et d'*acide lampique.* Sa formule est : $C^4 H^3 O^2 + HO$.   HOEFER.

ALÉMANNI. (*Géographie et Histoire.*) La première ligue que formèrent les peuples germains pour résister aux Romains fut celle des *Alemanni.* On trouve ce nom mentionné pour la première fois par Aurelius Victor et Spartien à l'occasion d'une expédition de Caracalla, au commencement du troisième siècle. Suivant Asinius Quadratus, historien de cette époque, qui avait traité des guerres de Germanie, et dont Agathias nous a conservé le témoignage, cette nation était un mélange de tous les peuples germains. Aucun autre écrivain de l'antiquité ne parle de l'origine de cette confédération; et on a longtemps accepté l'opinion de Quadratus, que l'étymologie d'ailleurs semblait justifier et confirmer. Quelques savants cependant, remarquant que ce peuple habitait dans le principe vers les sources du Danube, l'ont fait descendre de ces Gaulois qui vinrent occuper le canton évacué par les Marcomans sous le règne d'Auguste, et appelé *Decumates agri.* C'est pour cela que Wachter, l'auteur du *Glossarium Germanicum*, et Adelung dérivent le nom des Alemanni du mot celtique *elmyn*, hôte, étranger. Mais d'Anville (*États formés en Europe après la chute de l'empire romain en Occident*, p. 12-15), s'appuyant sur deux passages positifs de Paul diacre (liv. II, c. 15 ; liv. III, c. 18), établit que les Alemanni étaient plutôt Suèves que Gaulois; et cette opinion a prévalu parmi les historiens modernes. Ainsi Pfister, dans son Histoire d'Allemagne et dans le livre spécial intitulé *Geschichte von Schwaben*, a développé cette opinion de d'Anville. Il nomme cette confédération *suève-alemannique*, reconnaît dans les Alemanni ces hordes suèves, qui déjà, antérieurement au règne de Marc-Aurèle, avaient ravagé la Rhétie et pénétré en Italie, les distingue avec soin des Marcomans, des Cattes, et signale les *Hermondures* comme étant la tribu principale de cette confédération; enfin, par la comparaison de leurs lois avec les autres codes barbares, — il prouve que les Alemanni, au lieu d'être une nation mélangée, représentent exactement les anciens Suèves. Entre autres tribus appartenant à cette confédération, on peut citer encore les *Juthonges* et les *Bucénobantes.* Des sources du Danube, les Alemans s'avancèrent successivement sur les rives du Mayn et jusqu'à la frontière du Rhin, qu'ils ne cessèrent d'attaquer dans le troisième et le quatrième siècle; d'un autre côté, ils se portèrent vers le lac de Constance et s'établirent dans la Vindélicie : de là ils pénétrèrent souvent en Rhétie et même en Italie. Ils devinrent ainsi limitrophes des Burgundes, qui occupaient l'Helvétie; ils firent quelques courses dans ce pays, mais n'y formèrent aucun établissement; et Servius s'est trompé en les plaçant dans le voisinage du lac Léman : *populi habitantes juxta Lemanum lacum Alemanni dicuntur* (ad Virg. Georg. IV. 278); quelques historiens modernes ont même aggravé cette erreur en cherchant dans ce passage de Servius la raison et l'étymologie du nom des Alemanni. Les empereurs parvinrent à protéger la frontière du Rhin contre leurs incursions, mais ne purent les chasser des environs du lac de Constance, et, au cinquième siècle, les Alemanni sont définitivement établis derrière les Burgundes, sur les deux rives du Rhin supérieur, jusqu'au confluent du Mayn, et quelques-unes des tribus suéviques, comme les Juthonges, se sont fixées dans la Rhétie et le Norique : Ammien Marcellin dit en parlant des Juthonges : *Alaman-*

norum pars italicis contermina tractibus (l. XVII). Les Alemanni avaient aussi envahi une partie de la Gaule, qui fut appelée au moyen âge *Elisatia* (*Il sassen*, *habitants sur l'Ill*) ; c'est ce qui fait dire à Guillaume le Breton, dans la vie de Philippe-Auguste, que l'Alemannie touchait aux Vosges : *Vosegos tangens Alemannia fines*. Ce fut de là que Clovis les chassa. On ne sait si, après la victoire de Tolbiac, il pénétra dans leur pays et le soumit entièrement, ou si les Alemanni s'associèrent volontairement aux conquêtes des Francs ; quoi qu'il en soit, sous les Mérovingiens, on les voit toujours mêlés aux armées frankes : ainsi ils accompagnent Théodebert en Italie ; Leutharis et Bucelin étaient Alemanni d'origine. Du reste, les seuls détails que donne l'histoire sur la situation de l'Alemannie une fois soumise aux Mérovingiens, se trouvent rassemblés et éclaircis dans l'ouvrage de J. Mascov (*Geschichte der Deutschen bis zum Abgang der Mero ving. Kœnige. Leipzig*, 1726-37). Cette province était, après la France orientale, celle que les rois de la seconde race aimaient le plus et où ils résidaient de préférence ; elle n'avait pas de capitale, mais un grand nombre de fermes royales, qui furent érigées ensuite en villes de l'empire et qui se trouvaient surtout dans les environs du lac de Constance. Ce fut aussi dans l'Alemannie que les messagers de la chambre impériale se maintinrent le plus longtemps. Quant au nom même d'Alemannie, il se conserva jusqu'au milieu du dixième siècle ; alors le nom de Souabes, *Schwaben*, qui reproduit l'ancien nom de Suèves, prévalut dans ce pays, eu même temps que le pouvoir ducal s'y établissait sous le règne de Conrad Ier. Alors aussi, deux duchés sortirent de l'ancienne confédération *suève-alemannique*, celui de Souabe et celui de Bavière, séparés l'un de l'autre par le Lech ; mais la Souabe est le pays qui correspond précisément à l'ancienne *Alemannia*.

AMÉDÉE TARDIEU.

ALEM-TEJO ou **ALENTEJO**. (*Géographie*.) Province du Portugal, bornée au N. par l'Estramadure et la Béira, à l'E. par l'Estramadure espagnole, au S. par l'Algarve et à l'O. par l'océan atlantique. Elle est traversée par la Sierra de Monchique, et arrosée par le Tage, la Guadiana, le Zadao et un grand nombre de petites rivières. Cette province est assez mal peuplée : sur une étendue de 90 lieues carrées, elle n'a que 380,000 habitants. Le commerce y est très-restreint ; la fabrication se réduit à des draps de médiocre qualité ; l'agriculture est négligée. Cependant le sol est si fertile qu'il fournit et au delà aux besoins des habitants. Le blé, le vin, le riz, l'huile, les oranges abondent. Les pâturages sont excellents et couverts de nombreux troupeaux de moutons. Il y a des carrières de marbre, des mines d'or et d'argent qu'on n'exploite pas, faute de combustibles. Situé sur la frontière de l'Espagne, l'Alemtejo est défendu par plusieurs places fortes, dont la principale est Elvas. Il est divisé en huit districts ou camarcas ; ses villes principales sont Béja, Évora, Portalègre, Villa-Viciosa et Aviz. *Voyez* PORTUGAL.

ALENÇON, *Alencium*, *Alenconium*, *Alentio Factorum*, ancienne capitale d'un comté, puis d'un duché du même nom, aujourd'hui chef-lieu du département de l'Orne, au confluent de la Sarthe et de la Briante, à 201 kilomètres de Paris.

Ce n'est pas une ville ancienne ; au neuvième siècle, ce n'était encore qu'un simple bourg, qui fut cédé aux Normands par Charles le Simple. Guillaume de Bellesme y fit bâtir, en 1026, un château fort où il fut assiégé l'année suivante par Robert, duc de Normandie. Geoffroy Martel, comte d'Anjou, s'en empara en 1052 ; mais Guillaume le Conquérant la lui reprit la même année. Elle fut encore prise en 1135, par Henri II, roi d'Angleterre. Elle fut plusieurs fois dévastée par les grandes compagnies au quatorzième siècle. Elle tomba, en 1417, au pouvoir des Anglais, auxquels les Français la reprirent en 1421. Les Anglais y rentrèrent en 1428 ; ils en furent chassés en 1440 ; la reprirent en 1444, et furent enfin forcés de l'abandonner pour toujours en 1450. Elle eut beaucoup à souffrir des guerres de religion ; toutefois, le maréchal de Matignon, qui y commandait à la Saint-Barthélemy, la préserva des massacres qui ensanglantèrent alors la plus grande partie de la France. Les ligueurs s'en emparèrent en 1589 ; Henri IV la leur reprit en 1590, et fit démolir une partie du château. La révocation de l'édit de Nantes y fut le signal de graves désordres.

Alençon possède des tribunaux de première instance et de commerce, une chambre de commerce, un conseil de prud'hommes, un collége communal, une bibliothèque publique de quinze mille volumes. Ses principaux monuments sont l'église collégiale, édifice du seizième siècle, l'hôtel de la préfecture, et l'hôtel de ville, construit en 1783, sur l'emplacement de l'ancien château. On y compte 13,917 habitants. C'est la patrie de madame de Villedieu, du conventionnel Dufriche-Valazé, d'Hébert, qui acquit, pendant la révolution, une si déplorable célébrité par la publication du journal *le père Duchesne*, du baron Desgenettes, du naturaliste Labillardière.

Odolant Desnos, *Mémoires historiques sur la ville d'Alençon et sur ses seigneurs*, 1787, 2 vol. in-8°.
Gautier, *Histoire d'Alençon*, 1805, in-8°, et supplément à cet ouvrage, 1821, in-8°.
Dubois, *Histoire d'Alençon*, 1805, in-8°.

De la Sicotière, *Histoire du collége d'Alençon*, 1842, in-8°.

Comtes et ducs d'Alençon. — Dès le huitième siècle Alençon était le chef-lieu d'une *centaine*, ou petit pays qui comprenait cent lieux. Plus tard cette ville devint le siége de l'un de sept grands bailliages de la Normandie.

Yves Ier de Creil, plus connu sous le nom d'*Yves de Bellême*, était, vers 940, en possession de la ville de Bellême, mais non pas du comté du Perche. Il vivait encore au commencement du règne du roi Robert.

997 au plus tôt. *Guillaume Ier*, fils d'Yves, joignit le comté du Perche à la seigneurie de Bellême. Il avait rendu de grands services à Hugues Capet dans sa lutte contre Charles de Lorraine, et il ne fut pas moins utile au roi Robert. Le duc de Normandie Richard II lui fit don du château d'Alençon et de ses dépendances. En 1027, il accompagna le duc Richard III au siége de Falaise, dont Robert, frère de ce prince, s'était emparé, et ce Robert étant devenu duc à son tour, Guillaume fut forcé de lui rendre hommage.

1028. *Robert Ier*, fils et successeur du précédent, fit la guerre à Herbert, comte du Maine, fut fait prisonnier par son ennemi, et tué dans sa prison, en représailles de cruautés commises par ses vassaux, qui combattaient pour sa délivrance.

1033 ou 1034. *Guillaume II*, surnommé *Talvas*, son frère, lui succéda. Il vengea sa mort, et commit beaucoup de cruautés, qui déterminèrent enfin ses sujets, vers 1048, à se joindre à ses ennemis et à le chasser.

1048. *Arnoul*, son fils, lui succéda, et fut assassiné la même année.

1048. *Yves II*, troisième fils de Guillaume Ier et évêque de Séez, succéda à son neveu Arnoul. L'an 1054, Geoffroi Martel, comte d'Anjou, se rendit maître des places d'Alençon et de Domfront; mais le duc de Normandie les reprit, et rendit la première à Yves.

1070. *Roger de Montgommeri et Mabile.* Roger, fils de Hugues, seigneur de Montgommeri en Normandie, succéda à Yves par le droit de Mabile, son épouse, nièce du prélat. Mabile était artificieuse et cruelle; elle fut tuée par Hugues, seigneur de la Roche-d'Igé, dont elle avait enlevé le château (1082.) Roger accompagna, en 1077, le duc de Normandie dans son expédition contre le comte d'Anjou. Il mourut en 1094.

1082. *Robert II*, dit *de Bellême*, fils de Roger et de Mabile, succéda à sa mère. Il soutint Robert Courte-Heuse, duc de Normandie, dans ses révoltes contre son père Guillaume le Conquérant, puis contre son frère puîné Guillaume, élevé au trône d'Angleterre à son préjudice; mais il fut enfin forcé de se soumettre. Il fit

prisonnier Élie, comte du Maine (1098). Après la mort de Guillaume, il fit hommage à Henri, son successeur, mais il ne tarda pas à revenir au parti de Robert Courte-Heuse. Il commanda l'arrière-garde de Robert, successeur de ce prince, à la bataille de Tinchebrai, dont il causa la perte par ses mauvaises dispositions. Il embrassa ensuite le parti de la France, fut emprisonné en 1112, contre le droit des gens, comme il portait des propositions à Henri de la part de Louis le Gros, et resta en captivité jusqu'à sa mort.

Guillaume III, dit *Talvas*, se mit à la tête des affaires de sa maison pendant la détention de son père; et, en 1119, le roi Henri lui rendit les terres de Robert, à l'exception des citadelles, qu'il retint. Ayant pris le parti de Geoffroi Plantagenet contre le monarque anglais, il fut dépouillé de nouveau; mais il fut encore réintégré après la mort de Henri; il mourut en 1171.

1171. *Jean Ier*, son fils, lui succéda. Il soutint Henri au Court Mantel dans sa révolte contre Henri II, roi d'Angleterre.

1191. *Jean II* lui succéda et ne lui survécut que deux mois et demi.

1191. *Robert III* succéda à Jean II, son frère. Assiégé, en 1203, dans Alençon par Jean sans Terre, il fut délivré par Philippe-Auguste. Il prit part à la guerre contre les Albigeois (1214).

1217. *Robert IV*, fils posthume de Robert III, mourut au bout de deux ans.

En lui finirent les anciens comtes d'Alençon, et le comté fut réuni à la couronne. Saint Louis le donna en 1268, en apanage et en pairie, avec celui du Perche et avec le droit d'échiquier ou de cour souveraine, à *Pierre*, son cinquième fils.

Ce prince accompagna son père au voyage d'Afrique (1270) et devint, par son mariage avec Jeanne de Châtillon (1272), comte de Blois, de Chartres et de Dunois, seigneur de Guise et d'Avesnes. Étant, après les vêpres siciliennes, venu au secours de Charles, roi de Naples, il mourut à Salerne en 1284, sans laisser d'enfants, et les comtés d'Alençon et de Perche revinrent encore à la couronne de France. Ils furent donnés par Philippe le Bel à son frère Charles de Valois.

1292. *Charles Ier de Valois* se servit du droit d'échiquier, et mourut en 1325.

1325. *Charles II de Valois*, son second fils, lui succéda et fut le père de Philippe de Valois, qui fut roi de France. Il fut blessé dangereusement à la bataille de Cassel (1328), et reçut la seigneurie de Fougères et le comté de Perhoet. Plus tard, ses possessions s'agrandirent encore. Il commanda l'avant-garde à la bataille de Crécy (1346), et y périt.

1346. *Charles III*, son second fils, lui succéda comme comte d'Alençon, et se fit dominicain, en 1361, au couvent de Saint-Jacques de Paris. Charles V lui donna l'archevêché de Lyon. Il mourut en 1365.

1361. *Pierre II*. Après la mort de Charles III, Pierre et Robert, ses frères, se partagèrent sa succession : Robert fut comte du Perche et de Porhoet; Pierre II eut le comté d'Alençon. Il fut un des otages donnés aux Anglais pour la délivrance du roi Jean, et servit ensuite en Bretagne et en Guienne. Il réunit à ses domaines, à diverses époques, la seigneurie d'Argentan, la châtellenie de Domfront, etc., et hérita du comté du Perche par la mort de son frère Robert (1377).

1404. *Jean IV*, son fils aîné, surnommé *le Sage*, tint le parti de la maison d'Orléans contre celle de Bourgogne, et entra, en 1411, dans la ligue formée par les ducs d'Orléans et de Bourbon pour mettre le roi d'Angleterre en possession des provinces qui lui avaient été cédées par le traité de Brétigny. Il en fut puni : le duc d'Anjou, avec la permission du roi, lui prit plusieurs places. Mais les Anglais s'en emparèrent à leur tour, et les rendirent à leur ancien possesseur. En 1414, Charles VI, pour terminer une querelle de préséance entre Jean IV et le duc de Bourbon, érigea le comté d'Alençon en duché-pairie. Jean périt à la bataille d'Azincourt.

1415. *Jean V, le Beau*, succéda à son père. Il fut pris par les Anglais à la bataille de Verneuil (1424), et resta trois ans captif. Il eut, en 1429, le commandement général des troupes et partagea les exploits de Jeanne d'Arc aux siéges de Gergeau et de Baugency, et à la bataille de Patay. Quoiqu'il fût déchu dans la faveur royale (1440), il continua de prendre part à toutes les expéditions qui eurent pour résultat l'expulsion des Anglais de la Normandie et des pays voisins. Ainsi il leur reprit Alençon (1449), Verneuil, Bellême, Caen, Falaise, Domfront. Mais ensuite, irrité de l'ingratitude du roi, qui refusait de le dédommager des pertes qu'il avait essuyées, il rappela les Anglais en Normandie, fut arrêté (1456), et vit sa peine commuée en une prison perpétuelle, d'où il sortit sous Louis XI (1461). Il fut un des chefs de la ligue du *bien public*. Arrêté et condamné de nouveau à mort (1474), il reçut encore sa grâce, fut remis en prison, en sortit en 1476, et mourut peu de temps après.

1476. *René*, fils de Jean V, après avoir été comblé de faveurs par Louis XI, fut accusé par des envieux, essaya de s'enfuir près du duc de Bretagne, et fut enfermé (1481) dans une cage de fer, à Chinon. Il fut condamné par le parlement à implorer la clémence du roi et à recevoir garnison royale dans ses châteaux.

Charles VIII le rétablit dans tous ses droits (1487), et depuis ce temps il vécut paisible.

1492. *Charles IV*, fils du précédent, joignit à l'héritage de son père les comtés d'Armagnac et de Rouergue. Il accompagna Louis XII dans son expédition contre les Génois, et combattit à Agnadel (1509). Devenu beau-frère de François Ier par son mariage avec Marguerite de Valois, il se trouva à Marignan en 1515, commanda l'avant-garde de l'armée dans les Pays-Bas, en 1521, et eut encore un commandement à la funeste journée de Pavie, en 1525; mais il perdit la tête en voyant commencer la défaite, s'enfuit jusqu'en France, et lorsque sa raison fut revenue, il mourut de honte et de regret.

Il ne laissait pas d'enfants. Marguerite, sa veuve, qui se remaria à Henri II, roi de Navarre, continua à jouir du comté du Perche malgré la saisie qui fut faite par les officiers du roi, des États du défunt. Ce ne fut qu'après la mort de cette princesse que le tout fut réuni à la couronne.

Le duché d'Alençon fut donné par Charles IX à Catherine de Médicis, qui en jouit jusqu'en 1566, et alors il forma l'apanage de *François*, le plus jeune des frères du roi. En 1576, on y ajouta par un traité l'Anjou et le Berri, et dès lors François prit le nom de duc d'Anjou. *Voyez* ANJOU.

Après sa mort (1584), le duché d'Alençon fut de nouveau réuni au domaine. Il fut depuis compris dans l'apanage de *Gaston*, duc d'Orléans, deuxième fils de Henri IV; passa, en 1660, à *Isabelle*, seconde fille de ce prince, mariée à *Joseph de Lorraine*, duc de Guise; puis fut donné à *Charles de France*, fils du dauphin Louis, et entra enfin dans l'apanage du prince qui fut depuis Louis XVIII.

Voyez, outre les ouvrages cités à la fin de l'article précédent, *l'Art de vérifier les dates*, éd. in-8°, t. XIII, p. 142 et suiv.

Bry, *Histoire des pays et comté du Perche et duché d'Alençon*, 1620, in-4°, et *Additions aux recherches d'Alençon et du Perche*, 1621, in-4°.

L. RENIER.

ALÉNIER, fabricant d'alênes. (*Technologie.*) L'alène est un poinçon droit ou courbe destiné à percer le cuir pour le coudre. Ce petit outil, peu important au premier coup d'œil, est cependant un exemple frappant de la perfection qu'amène successivement une industrie longtemps exercée, dans les instruments des arts, comme dans les produits des fabriques.

Les premières alênes étaient droites, c'étaient tout simplement de petites pointes de forme conique qui faisaient un trou rond dans le cuir. On ne tarda pas à s'apercevoir que cette forme était mauvaise, parce que, le trou n'étant jamais rempli qu'à moitié par les deux fils qu'on y fait entrer simultanément pour coudre le cuir, il restait de chaque côté un vide latéral qui rendait la couture lâche, peu adhérente et d'un effet désagréable à la vue.

Le premier perfectionnement fut d'aplatir le poinçon conique en lui donnant une forme ovale dans sa coupe. Ensuite on trouva plus avantageux de le limer à quatre faces en forme de losange, dont les angles sont tranchants, comme on les voit aujourd'hui ; l'outil perce mieux le cuir sans le forcer ni le déchirer, et le trou retient plus fortement la couture : mais l'alène était toujours droite. On ne pouvait percer de trous sans refouler le cuir vers les bords, auxquels on donnait ainsi une forme ondulée ou festonnée que le tranchet redressait ensuite, mais aux dépens de la solidité. L'alène droite d'ailleurs ne pouvait servir que pour les coutures saillantes ; elle devenait d'un usage incommode pour les autres, et surtout pour celles que l'on voulait masquer ; on imagina donc de courber l'alène et de s'en servir en tournant sa convexité du côté opposé au bord du cuir. Il n'y eut plus de refoulement vers le bord, et l'alène put pénétrer partout. Un autre perfectionnement non moins utile consisterait à donner exactement la même courbure à toutes les alènes. On éviterait par là un grave inconvénient qui se renouvelle toutes les fois qu'un ouvrier casse ou perd son alène, et qu'il est obligé d'en prendre une autre qui se trouve très-rarement de la même forme que la première : pour percer chaque trou, l'ouvrier est obligé de donner un tour de main particulier qui dépend de la courbure de son outil ; il en prend bientôt l'habitude, et la couture va très-vite : mais s'il est réduit à changer d'alène, celle-ci n'ayant pas la même courbure que la première, il faut qu'il change son tour de main ; il devient gauche, maladroit, et se désespère tout le temps que dure ce nouvel apprentissage. Il serait facile de lui épargner ce désagrément en donnant aux alènes une courbure uniforme ; ce qui ne souffre d'ailleurs aucune difficulté, comme on le verra.

Les alènes sont en acier et se font à la forge et à la lime ; on commence par les faire droites, et on les courbe ensuite. Pour cela les uns les frappent avec un petit maillet de bois sur un tasseau de plomb, mais ils n'obtiennent jamais par ce moyen des alènes d'une forme semblable. D'autres ont un mandrin creusé suivant la forme de l'alène et qui leur sert de matrice ; ils les courbent dans ce mandrin à l'aide d'un petit maillet, et pour peu qu'ils y apportent de soin, les alènes qui sortent de la même fabrique ont à peu de chose près une courbure uniforme. Il serait à désirer que tous les fabricants adoptassent ce dernier procédé, ainsi que l'usage d'une matrice parfaitement pareille.

Les alènes sont ensuite trempées, recuites, et redressées par l'ajusteur, lorsque la trempe en a altéré la forme. On les polit en les agitant dans des sacs de peau avec de l'émeri et de l'huile ; on répète cette opération, et on les dégraisse enfin en les faisant tourner dans un tonneau avec de la sciure de bois.

Lenormand et Mellet.

ALÉOUTIENNES (Iles). (*Géographie*). La mer de Béring, la partie la plus septentrionale du grand Océan est fermée, au S. par la longue chaîne des îles Aléoutiennes, qui forme un arc de cercle entre le Kamtchatka et la presqu'île américaine d'Aliaksa. Elles s'étendent entre 51° 40' et 55° de lat. N., et par 194° 11' jusqu'à 169° 10' de long. E. Ces îles ont été découvertes par les Russes vers la moitié du 18° siècle : le Danois Béring et le capitaine russe Tchirikoff, dans un second voyage tenté en 1741 pour déterminer la distance qui sépare l'Asie de l'Amérique, en visitèrent et en occupèrent quelques-unes. Après la mort de Béring, Tchirikoff continua à les explorer, et dès lors un commerce important de fourrures s'y établit entre les indigènes et les négociants russes. En 1768 et 1769 Krenitzine et Levachef, de 1793 à 1795 Billings et Sarytchef, tous capitaines de la marine russe, achevèrent de découvrir cet archipel, de le soumettre, d'en fixer les positions importantes et les principales hauteurs (1). Mais ces déterminations, qu'on n'a malheureusement contrôlées depuis que d'une manière incomplète, n'ont jamais obtenu grande confiance : c'est ainsi que dans le mémoire remis par Louis XVI à la Pérouse pour lui servir d'instruction particulière, il était dit que toutes les relations des Russes au sujet de ces îles, rassemblées dans l'ouvrage de Coxe sur les découvertes des Russes, devaient être regardées comme non avenues, et que la Pérouse devait explorer ces îles comme des terres entièrement inconnues. Maintenant encore on croit généralement que cet archipel n'a été ni visité ni relevé dans son ensemble (2).

Les îles Aléoutiennes sont divisées en plusieurs groupes : 1° les Aléoutiennes propre-

(1) En 1767, le marchand Schiloff présenta à l'amirauté de Saint-Pétersbourg une carte des îles Aléoutes, qui fut comparée avec celle du capitaine Tchirikoff et reconnue comme très-utile, quoiqu'elle ne fût pas dressée d'après les principes nautiques. En 1772, il se fit une expédition également très-digne d'attention, sous le commandement d'un marin habile, nommé Potap-Zaïkoff, ayant le rang de pilote. Le rapport de son voyage fut trouvé digne par l'Académie des sciences de Saint-Pétersbourg, d'être imprimé dans l'almanach de cette société pour 1782.

(2) *Voy.* L'histoire chronologique de la découverte des îles Aléoutiennes par M. Berg (*Chronologitcheskaia Istoria otkrutia Aleoutskich ostrowow, etc.*); Saint-Pétersbourg. Le baron de Neuen-Kirchen a inséré quelques observations sur cette publication dans le tome XXIXe des *Nouvelles Annales des voyages* (1826), p. 121-28.

ment dites ou *Chao* sont au nombre de trois, *Atta*, découverte en 1745, longue de 24 lieues, large de 5 à 7 lieues; *Agatta* à l'E. et près d'Atta, longue de 6 lieues environ; *Semitche*, également à l'E. d'Atta. 2° Le groupe des *Andreanof* ou *Negho*, à l'E. du précédent, composé de 20 îles et de nombreux îlots sans importance. Une partie de ce groupe est quelquefois désignée sous le nom de *Crysié* ou *îles des Rats*. Il faut citer ensuite *Tanaga*, remarquable par un volcan très-élevé et toujours couvert de neige, montueuse au N., basse et humide vers le S., entourée de basfonds et de rochers; *Kanaga*, séparée de la précédente par un canal très-dangereux, sans ports, sans arbres, à peine peuplée et remarquable seulement par un volcan qui jette beaucoup de soufre et de fumée, et par des sources d'eau chaude; *Semisopotchnoï* ou *îles des sept cratères*; *Adak*, avec un port commode et sûr, mais étroit à son entrée; *Tagalak*, d'un abord difficile; *Atka*, qui présente des sources thermales et un volcan qui brûle continuellement; *Amta*, arrosée par de nombreuses rivières (1). 3° Les *îles des Renards*, la partie des îles Aléoutiennes la plus rapprochée de l'Amérique; les principales sont : *Oumnak*, longue de 30 lieues de l'E. à l'O., large de 5, avec un volcan d'où sortent des sources d'eau chaude; *Ounalaschka* ou *Nagounalaska*, l'une des plus grandes îles de l'Archipel, longue de 30 l. du N.-E. au S. O. et large de 8 l., terminée à l'O. par une pointe très-étroite et présentant au N., à l'E. et à l'O. trois golfes profonds et d'un mouillage sûr; dans l'intérieur, de hautes montagnes, un volcan, et tout ensemble d'excellents pâturages, des vallées bien arrosées; sur la côte méridionale, des rochers inabordables (2); *Ounimäk*, près d'Ounalaschka et séparée de la presqu'île Aliaksa seulement par le détroit d'Isanotzkoï qui a environ 8 lieues de longueur et 3 lieues de largeur (3); *les îles de Choumagin*, au nombre de 13, qui s'étendent vers le N. E. le long de la presqu'île Aliaksa,

découvertes en 1741 par Bering, qui leur donna le nom d'un de ses matelots, mort dans ces parages; un petit archipel composé de sept îles qu'on appelle *Eudokeiskia* ou *Semides*; et enfin *Kadiak*, à l'E. d'Aliaksa, qui fut découverte en 1763 par Glotoff. Cette île est séparée du continent par le détroit de Schelekhoff; elle est la plus grande de l'archipel, a 35 lieues de longueur et 20 lieues de largeur, et offre de hautes montagnes de granit, des vallées étroites et couvertes de rochers, des côtes découpées, de bons ports, de nombreux cours d'eau, une végétation fraîche et abondante, des arbres fruitiers, des forêts de pins, de peupliers, d'aunes, etc. Un établissement considérable pour le commerce des fourrures fut formé à Kadiak par le fameux négociant russe Schelekhoff; la sage direction donnée à cet établissement amena les meilleurs résultats : la conversion des indigènes au christianisme, l'institution d'un évêché, d'une école, l'organisation d'un commerce régulier et bientôt si prospère, qu'en 1799 l'établissement fut érigé en Compagnie américaine russe sous la protection de l'empereur (1).

Toutes ces îles ont un aspect uniforme; elles ne diffèrent, dit Malte-Brun, que par l'activité plus ou moins grande des volcans qu'elles renferment et par le caractère de leur végétation : ainsi les plus rapprochées de l'Amérique produisent des pins, des mélèzes, et quelques chênes, tandis que les plus occidentales n'ont que des saules rabougris.

La domination russe a exercé la plus grande influence sur les indigènes de ces îles; la résistance de ceux-ci fut nulle (2), et ils oublièrent complètement leur première religion, leurs anciennes traditions, leurs usages. Aussi est-il impossible actuellement de recueillir parmi eux aucun renseignement sur l'état de ces pays avant l'occupation des Russes. Le révérend

---

(1) L'île *Adak* fut découverte en 1760 par Tolstik, qui donna au gouvernement d'intéressants détails sur cette île; ainsi que sur les îles *Kanaga*, *Tscheschkina*, *Tagalak* et *Atka*, découvertes et par lui et par Lasareff et Basoutkine.

(2) Ce fut Stepan Glotoff qui découvrit en 1757-59 les îles Oumnak et Ounalaschka; il était accompagné du cosaque Ponomareff, qui, avec l'aide d'un marchand nommé Pierre Schischkin, avait composé une carte assez détaillée des îles Aléoutes; il y avait marqué huit grandes îles au N. E. d'Ounalaschka.

(3) Le pilote Potap-Zaïkoff, que j'ai déjà nommé plus haut, atteignit dans l'automne de 1775 le port situé dans le détroit qui sépare l'île *Ounimak* de la *presqu'île Aliaksa*, où, avant lui, le capitaine Krenitzine avait passé un hiver; il y resta trois ans, occupé de la description exacte des îles voisines. Quoiqu'il ne connût pas les procédés astronomiques pour déterminer les longitudes, il découvrit cependant l'erreur du capitaine Krenitzine, qui avait placé ces îles de cinq degrés trop à l'O.

(1) Gregory Schelekhoff, principal fondateur de la Compagnie actuelle russe-américaine, fit sa première expédition en 1776. Il en fit une autre en 1787, commandée par Guerassim Pribuloff, et très-intéressante par la découverte des îles *Saint-Paul et Saint-Georges*, nommées d'abord *îles Zouboff* par Pribuloff. — La Compagnie russe-américaine possède aujourd'hui toute la chaîne des îles Aléoutes, la grande île *Kadiak*, la forteresse de l'*Archange Michel* dans la *baie Setka* ou *Norfolk Sound*, construite en 1799, par Baranoff, agent de la Compagnie, détruite en 1802 par les habitants et reconstruite en 1804, et enfin *l'établissement Ross* en Californie, fondé en 1812, et placé sous 38° 33'. Les revenus que la Compagnie tirait de son commerce de pelleteries, il y a vingt ans, montaient à peu près à un million et demi de roubles en papier et ses dépenses à un million. On évaluait alors le produit total des pelleteries, depuis l'origine de ce commerce, à quarante-six millions de roubles en papier, sur lesquels le gouvernement russe aurait levé un droit de plus de dix millions.

(2) Cependant lorsque Glotoff, en 1763, découvrit l'île de Kadiak, il éprouva une longue et vive résistance de la part des habitants; ils se servaient de flèches et de lances et tuèrent un grand nombre de Russes en se défendant.

Jean Veniaminoff, Russe d'origine, mais né dans les colonies de la côte N. O. de l'Amérique, a résidé pendant dix de ces dernières années parmi eux, et étudié leurs mœurs, leur caractère, leur langue ; il a même composé une grammaire de la langue aléoute, qui a mérité en 1839 l'un des prix Demidoff que décerne l'Académie des sciences de Saint-Pétersbourg ; mais il n'a pu retrouver aucun fait certain sur leur ancienne religion ni sur leur histoire. Du reste, l'apathie qu'il signale dans ces peuples, le dénûment et souvent la disette auxquels ils se condamnent volontairement par paresse et par indifférence, leur diminution de nombre progressive et effrayante, tout semble marquer une race qui s'éteint comme tant d'autres et doit bientôt disparaître.   AMÉDÉE TARDIEU.

ALEP. (*Géographie*.) Au nord de la Syrie, à environ vingt lieues à l'est d'Antioche sur le même parallèle, s'élève, au milieu d'une plaine ondulée, la ville d'Alep, capitale du pachalik du même nom. Située par le 36° 11' de latitude nord et par le 34° 50' à l'est du méridien de Paris, Alep jouit d'un climat tempéré qui permet la culture du citronnier, de l'oranger, du jujubier, du pistachier, des fruits d'Europe et de nombreuses variétés de melons ou pastèques. Aux yeux du voyageur, qui, après une longue traversée dans le désert, aperçoit Alep du haut d'une des petites éminences qui l'entourent, la cité se déploie grande et magnifique dans son aspect. La forteresse occupe le sommet d'une haute colline artificielle, au centre de la ville qu'elle domine entièrement. Des tours, des murailles élevées, des portes massives, de nombreux minarets s'élevant au milieu des toits en terrasses des maisons, donnent à Alep une apparence d'autant plus imposante que le pays qui l'entoure est plus inculte et plus désolé. Placée dans une campagne riante et fertile, cette grande cité n'en serait pas moins l'une des plus importantes de l'Asie occidentale ; mais elle ne frapperait pas d'étonnement l'étranger qui y arrive, ainsi qu'elle le fait quand on l'aperçoit resplendissante au sein des sables du désert. L'idée favorable que les voyageurs conçoivent d'Alep, lorsqu'ils l'embrassent d'un seul coup d'œil, ne supporte pas, il est vrai, une visite détaillée ; en franchissant les murs d'enceinte on pénètre dans des rues étroites et fangeuses, où le regard ne peut plus mesurer dans leur ensemble les riches mosquées, les bains élégants, les palais de marbre, perdus dans cet inextricable labyrinthe de petites ruelles, de longues voûtes, de passages qui composent une cité d'Orient ; c'est seulement en se rendant aux bazars qu'on retrouve, dans l'activité du commerce, dans le nombre des magasins, dans la richesse et la variété des marchandises, une preuve irrécusable de l'importance commerciale de cette ville. En effet, placée sur la route des caravanes qui du golfe Persique ou des bords de la mer Rouge se rendent dans l'Asie Mineure, Alep est l'entrepôt des précieuses denrées qui de la mer des Indes arrivent à travers le désert aux ports de la Méditerranée ; et cette heureuse position y a de tout temps attiré une population nombreuse, que, dans la pénurie d'éléments statistiques, les voyageurs ont estimée différemment, mais que l'on peut porter à près de 100,000 âmes. La ville, qui a près de trois lieues de tour, est bâtie sur la rive orientale du Kowaïk, petite rivière torrentueuse, dont les eaux disparaissent presque entièrement pendant les chaleurs de l'été. Ce n'est pas cette rivière qui alimente les fontaines de la ville, et comme l'eau des puits est saumâtre, les habitants font venir d'une distance de cinq milles celle dont ils font usage. C'est à cette eau, malgré sa limpidité, qu'on attribue la maladie endémique appelée le bouton d'Alep, espèce d'ulcère, qui, s'attaquant indifféremment aux natifs ou aux étrangers, dure près d'un an et laisse des traces ineffaçables. Le climat d'ailleurs est assez sain, l'air vif, et cette ville serait à tout prendre l'une des plus agréables de l'Orient, si le sol n'était quelquefois bouleversé par des secousses violentes de tremblements de terre. En 1822, au mois d'août, une secousse terrible renversa les deux tiers des habitations et fit périr plus de huit mille habitants : quelques mois plus tard un autre tremblement de terre venait compléter le désastre de cette malheureuse ville, qui commence à peine depuis quelques années à sortir de ses ruines. — Outre la ville d'Alep, le pachalik du même nom contient les villes moins importantes d'Antakieh ou Antioche, sur les bords de l'Oronte, d'Alexandrette ou Scanderous, de Killis, et peut-être de Schorg que d'autres géographes rattachent au pachalik de Damas. Cette province, qui compte environ 460 milles carrés et 450 mille habitants, est bornée au nord par les districts d'Adana et d'Aïntab ; au sud, par le pachalik de Damas ; à l'est par l'Euphrate et, à l'ouest, par la Méditerranée.   NOEL DES VERGERS.

ALEP. (*Histoire*). Alep occupe la place de l'antique Berrhée, dans la *Cyrrhestique*, que les anciens appelaient aussi *Chalybon*, d'où paraît être venu le nom de Haleb ou Alep. Cette ville, habitée en partie par les tribus arabes qui avaient émigré du Yémen lors du cataclisme connu sous le nom de *Seïl-el-Aram* ou rupture de la digue, était tombée au pouvoir des Romains depuis plus de sept cents ans, lorsque les musulmans, marchant à la conquête de la Syrie, résolurent de s'en emparer. Importante par sa population, par son commerce, Alep ne le cédait alors qu'à Antioche, dans la Syrie septentrionale, et son château, bâti, ainsi que nous l'avons dit, sur le sommet d'une haute colline, en faisait une place de défense du plus haut intérêt pour les projets ultérieurs des musulmans. Le gouverneur d'Alep, nommé *Youkinna* par les chroniqueurs arabes, faisait sa résidence dans le château qui, à cette époque, était séparé de la ville, et où il avait sous ses ordres deux mille hommes de garnison. C'était un homme dont les talents militaires égalaient le courage; pendant quatre mois il tint en échec les forces des Arabes; et déjà ceux-ci pensaient à lever le siége lorsque les habitants d'Alep, plus attachés aux intérêts de leur commerce qu'à ceux de l'empire, rendirent la ville aux musulmans. Ne voulant pas reconnaître une capitulation si honteuse, Youkinna continua à se défendre dans la forteresse, et ce fut par surprise que quelques montagnards, se hissant pendant la nuit sur le sommet de la colline, escaladèrent les remparts pour ouvrir aussitôt les portes aux assiégeants.

Une fois maître de la Syrie, dont la prise d'Alep hâta la soumission, le khalife la divisa en deux gouvernements, l'un composé de Damas et de la Palestine, l'autre d'Émèse, de Kenesrin et d'Alep. Le fameux *Khaled-ben-Walid*, surnommé l'épée de Dieu, *Seïf-Allah*, fut chargé tout d'abord du district d'Alep et eut pour successeur *Habib-ben-Moslem-ben-Malek*. Ces premiers lieutenants des successeurs du prophète avaient choisi la ville de Kenesrin pour leur résidence; mais plus tard Alep devint souvent pour eux un lieu de prédilection, et plusieurs gouverneurs l'embellirent en y faisant bâtir des palais ou des mosquées. Depuis sa conquête, Alep suivit les phases de la puissance des khalifes, troublée seulement dans son repos quand des révoltes éclataient dans l'État et que ses chefs prenaient parti pour tel ou tel des rivaux qui se disputaient l'empire.

En l'an de l'hégire 264, lorsque Ahmed-ben-Touloun, qui gouvernait l'Égypte au nom de Motammed, quinzième khalife de la dynastie des Abbassides, se révolta contre son souverain, il s'empara d'Alep, à laquelle il donna pour gouverneur un de ses mamlouks nommé *Loulou*. A part quelques vicissitudes dans la destinée d'Alep, elle resta soumise à la dynastie des Toulounides jusqu'à l'année de l'hégire 292, époque à laquelle le khalife Moktafi-billah reconquit la Syrie et soumit de nouveau Alep à sa puissance. Mais dès lors le khalifat, attaqué sur plusieurs points, avait perdu le prestige qui lui avait soumis, pendant les deux premiers siècles de l'hégire, une grande partie de l'ancien monde. Les gouverneurs de province cherchaient de tous côtés à se rendre indépendants, et, au commencement du quatrième siècle de l'hégire, les princes de la maison de *Hamdan-ben-Hamdoun* étaient devenus souverains de Mossoul, Mar-

din, Alep et Kenesrin. Ce fut dans Alep que se retira Hamdan en 962 (de l'hégire 351), lorsque Nicéphore, à la tête d'une armée grecque dont les chroniqueurs arabes font monter le nombre jusqu'à deux cent mille hommes, vint, sous le règne de Romain II, attaquer la Syrie. Hamdan, étant sorti de la ville, fut défait avec toutes ses troupes et obligé de chercher plus loin une retraite. Nicéphore, maître de la campagne, investit Alep, brisa les portes, pénétra dans la ville et y fit un immense butin : il ne put toutefois s'y maintenir; car la forteresse, bien défendue, avait résisté à tous ses efforts, et comme il apprit, au huitième jour du siége qu'il en faisait, que les musulmans s'avançaient en grand nombre, il fut obligé de se retirer.

L'an de J.-C. 1094 (de l'hégire 487), *Taouch*, frère du souverain de la Perse *Malek-schah*, de la famille des Seldjoucides, fit la conquête d'Alep et de tout le pays qui en dépendait. A sa mort, ses États furent partagés entre ses deux fils, et le territoire d'Alep devint une souveraineté, qui fut gouvernée par des princes de sa maison, jusqu'au jour où Saladin s'en empara, faisant ainsi passer le titre de sultan d'Alep dans la maison d'Aïoub. Les Seldjoucides, souverains d'Alep, prirent une part active aux guerres des croisades. Quelquefois vainqueurs, d'autres fois vaincus, ils furent assiégés dans leur capitale, en 1125, par le roi de Jérusalem, qui se vit toutefois obligé de lever le siége.

En 1128, *Emadeddin Zenghi* joignit le royaume d'Alep à celui de Mossoul dont il était en possession depuis un an, sous le titre d'*Atabek*, et sous la dépendance du schah de Perse. Nos historiens des croisades lui donnent le nom de *Sanguin* et s'étendent longuement sur les maux qu'il fit souffrir aux chrétiens. Boëmond II, prince d'Antioche, Foulques, roi de Jérusalem, et Raymond, comte de Tripoli, furent battus par lui. Il s'empara d'Édesse après vingt-huit jours de siége, et serait peut-être parvenu à chasser entièrement les Francs de la Syrie, si des mécontents ne l'eussent assassiné dans sa tente en 1145.

Son fils aîné, Seïfeddin, lui succéda sur le trône de Mossoul, et *Noureddin*, son fils cadet, sur celui d'Alep. Les succès de ce dernier contre les Francs déterminèrent la croisade dans laquelle Louis le Jeune compromit si imprudemment le sort de la France. Après le départ du roi de France obligé de quitter la terre sainte, Noureddin livra bataille au prince Raymond, qui périt dans la mêlée, puis fit prisonnier Jocelin, comte d'Édesse, qui fut renfermé dans la citadelle d'Alep. En l'an 567 de l'hégire (1171 de J. C.) Noureddin devint maître de l'Égypte par la mort du dernier khalife fatimite.

Malek-el-saleh-Ismaïl lui succéda, en

1173, au royaume d'Alep et de Damas ; mais, en 1182, Alep tomba au pouvoir de Saladin et cessa de former une souveraineté particulière, pour n'être plus qu'une des villes de son vaste empire. Ses États furent, à sa mort, partagés entre ses enfants, et *Gáïatheddin Ghazi* eut pour sa part le royaume d'Alep qu'il transmit à ses fils : ceux-ci le conservèrent jusqu'à l'époque où Holagou, à la tête de ses Mogols, mit fin pour toujours à l'empire des Arabes et nivela sous son joug de fer tous les États qui s'étaient élevés sur ses débris. Ce fut en l'an 658 de l'hégire (de J. C. 1260) que Holagou prit Alep et y renouvela les scènes de carnage qui avaient ensanglanté Baghdad deux ans auparavant. Tamerlan, en l'an de l'hégire 803 (de J. C. 1402), vint à son tour ravager la malheureuse cité et la détruisit presque entièrement.

Quel que fût cependant le soin cruel avec lequel les barbares conquérants de l'Asie centrale faisaient disparaître sur leur passage toute trace de civilisation, l'heureuse position d'Alep semblait la faire renaître de ses cendres ; et elle avait repris toute son importance commerciale, lorsqu'elle se donna, en 1516, à Selim Ier, qui l'enleva ainsi aux sultans d'Égypte, auxquels elle appartenait alors. Depuis lors elle est restée entre les mains des Turcs, qui ont formé, de son territoire, un pachalik auquel ils ont donné son nom.

Voyage d'Alep, par Maundrel.
Mémoires de d'Arvieux, description de la ville d'Alep, t. VI.
Schultens, *Vie de Saladin*.
Golius, *Muhammedis fil. Ketiri Farganensis Elementa astronomica*; cum notis, etc. 1669, in-4°.
—Al. Russel, *Hist. naturelle d'Alep et du pays voisin.* — 2e ed. 1794, 2 v. in-4° (en anglais). On en trouve un extrait dans les *Voyageurs modernes*, par Puisieux, 1760, in-12.
Histoire des Sarrasins, par Ockley, t. Ier.
Selecta ex historia Halebi e codice arabico edidit Freytag.
L'Art de vérifier les dates, édition in-8°, 2e partie, t. V, p. 191.

NOEL DES VERGERS.

ALERTE. (*Art militaire.*) Ce mot a deux acceptions différentes ; il est adjectif, et se dit de quelqu'un qui joint la vigilance à la plus grande activité ; il est substantif, et alors sa signification se rapproche de celle du mot *alarme*, car il exprime une vive émotion occasionnée par un événement imprévu ; mais ce qui constitue la différence entre ces deux mots, c'est que *alarme* entraîne après lui une certaine idée de *crainte* et de *terreur panique* qui ne se trouve pas dans *alerte* : ainsi, quand on dit qu'il y a eu au camp une vive *alarme*, il semble qu'il y ait eu frayeur et désordre parmi les troupes, tandis qu'*alerte* ne donne pas une semblable idée, car il peut y avoir *alerte* sans *alarme*. Il ne faut donc se servir du mot *alarme* que lorsque les troupes ont montré peu de courage et agi en désordre lors de l'événement qui a troublé la tranquillité du camp ; mais si elles ont fait preuve de résolution, pris les armes avec ordre, et agi avec calme, on doit dire qu'il y a eu *alerte* et non *alarme*.

Un chef militaire peut avouer la possibilité d'une *alerte*, car elle est indépendante de la bravoure des troupes ; mais comme il ne doit pas admettre qu'il puisse survenir une *alarme*, il ne doit pas dire, en donnant ses ordres, On fera telle chose en cas d'*alarme*, mais bien en cas d'*alerte*. Par la même raison on devrait, ce me semble, dire le canon d'*alerte* au lieu du canon d'*alarme*.

Il y a de véritables et de fausses *alertes* : ces dernières sont bien plus fréquentes, parce qu'il n'y a de véritables *alertes* que celles qui sont produites par l'arrivée imprévue de l'ennemi, ce qui est fort rare ; tandis qu'une foule d'événements peu importants par eux-mêmes, mais qui arrivent journellement, tels qu'un cheval qui s'échappe, des chiens qui se battent, quelques hommes qui rentrent trop tard, un fusil qui part au repos, etc., etc., etc., peuvent donner l'*alerte* dans un camp ou dans une place.

Il ne faut cependant pas mépriser les fausses *alertes*, parce qu'on pourrait y être trompé, et prendre dans l'occasion une véritable *alerte* pour une fausse.

Une des plus célèbres fausses *alertes* qui aient eu lieu dans nos armées, pendant les dernières guerres, est celle qui advint la veille de la bataille d'Eylau.

L'armée française bivouaquait sur la neige, à cinq cents toises de l'ennemi. Vers minuit, des voltigeurs du septième corps, qui avaient été aux vivres, rentrent au camp, amenant avec eux plusieurs bêtes à cornes, parmi lesquelles était un énorme taureau. Cet animal qui, jusque-là, s'était laissé conduire assez facilement, fut effarouché à l'aspect de plusieurs lignes de feux, au milieu desquelles on voulait le faire passer. Il refusa d'avancer ; et un voltigeur l'ayant alors piqué avec sa baïonnette, le taureau devient furieux, échappe à ses conducteurs, et s'élançant au milieu du camp, renverse les baraques, les faisceaux d'armes, blesse plusieurs hommes et chevaux, et foule aux pieds tout ce qui se trouve sur son passage.

L'*alerte* fut des plus vives, on crut les Russes dans le camp ; mais la conduite des troupes fut admirable, et telle qu'on devait l'attendre de ces vieilles bandes habituées dès longtemps à braver tous les périls de la guerre.

Éveillés en sursaut, et croyant les ennemis au milieu d'eux, les soldats français n'en furent cependant pas *alarmés* ; mais s'élançant hors de leurs baraques, et saisissant leurs fusils, ils formèrent leurs rangs et leurs bataillons avec une telle promptitude, qu'en un clin d'œil toutes les divisions furent sous les armes et prêtes à recevoir l'ennemi s'il eût paru.

Une véritable *alerte* eut lieu le soir même de la bataille de Wagram, au centre de l'armée française. Elle fut occasionnée par l'arrivée imprévue de quelques escadrons autrichiens, qui pénétrèrent jusqu'au milieu de nos bivouacs. Cette *alerte* aurait pu avoir de fâcheux résultats; mais les chasseurs du onzième s'élançant sur leurs chevaux à demi bridés, chargèrent à l'instant même avec le plus grand courage les cavaliers ennemis, qu'ils forcèrent à la retraite.

Quelles que soient la force d'un corps de troupes et la position qu'il vient occuper devant l'ennemi, le chef ne doit jamais faire rompre les rangs avant d'avoir désigné le lieu du rassemblement en cas d'*alerte*.

En temps de guerre, il est utile et même indispensable que le commandant d'un camp, ou d'une place forte, fasse donner quelques fausses *alertes*, pour voir si le service se fait bien, et juger de l'activité et de l'intelligence des officiers, ainsi que de la résolution des soldats, tenir tout le monde à son poste, et connaître ce qu'il doit attendre de ses troupes en cas d'attaque réelle. Mais ces essais doivent être infiniment rares, et faits avec la plus grande circonspection; car si les fausses *alertes* étaient trop fréquentes, les troupes finiraient par s'y habituer, et il en résulterait une sécurité dangereuse en cas d'alerte véritable.

Depuis le perfectionnement des armes à feu, les causes d'*alerte* sont devenues plus fréquentes, parce que les armées campent en ligne de bataille, et occupent un terrain immense qu'elles ne peuvent retrancher chaque soir, comme on le faisait dans les temps où les armées campaient en carré sur un terrain très-circonscrit. Cependant, dans les guerres modernes, on n'a pas employé aussi souvent qu'on l'aurait pu ce moyen de nuire à son ennemi en portant la nuit le désordre dans son camp.

Celui qui commande les troupes auxquelles on donne l'*alerte* doit conserver tout son sang-froid; car outre qu'en pareil cas le danger réel est presque toujours infiniment moins grand qu'il ne le paraît à la multitude, ce n'est qu'en montrant beaucoup de calme que les chefs parviendront à prévenir ou à faire cesser le désordre qu'une *alerte* un peu vive jette ordinairement parmi des troupes peu habituées à la guerre.

Il faut sur toute chose défendre de tirer sans ordre, et ne le donner que lorsque l'on est positivement assuré de la présence de l'ennemi; autrement, à la moindre *alerte*, quelques soldats feront feu au hasard, et la fusillade se prolongera dans un instant sur toute la ligne, ce qui peut avoir les plus fâcheux résultats, surtout la nuit, et exposer les troupes d'une même armée à tirer les unes sur les autres, ainsi que cela arriva à l'armée française en Italie, pendant la campagne de 1796, où le général Laharpe fut tué dans une *alerte* par une brigade de sa propre division, qui, croyant tirer sur les ennemis, fit feu sur un escadron français qui rentrait de nuit au camp, ayant en tête ce général et son état-major.

Rien n'est plus nuisible en cas d'*alerte* que la précipitation et la confusion qu'elle fait naître. Il faut donc habituer les troupes à prendre les armes et à se former promptement, mais avec ordre, et à attendre ensuite avec calme qu'on les emploie selon les circonstances.

Dès que l'*alerte* est donnée, il faut que celui qui commande sur le point où elle a lieu prescrive de suite à un officier brave et intelligent de prendre deux ou trois soldats des plus adroits, et surtout des plus intrépides, de se porter avec eux, à toutes jambes, dans la direction par où l'alerte est venue, et de pousser en avant jusqu'à ce qu'il ait vu l'ennemi ou reconnu le sujet de l'*alerte*.

Comme rien n'affecte plus le moral des troupes, lorsqu'il y a une *alerte* au camp, que d'entendre les cris des cantiniers, vivandières et valets qui courent en tous sens dans le plus grand désordre; il faut habituer tous les non-combattants à se retirer en silence, en cas d'*alerte*, en emmenant avec eux, vers le lieu désigné, leurs chariots, bêtes de somme et bagages.

L'*alerte* qui a lieu pendant qu'on est en marche peut devenir très-dangereuse si l'on marche par le flanc et par file; aussi, dans ce cas, faut-il sur-le-champ se mettre en bataille ou se former en colonnes d'un ordre plus ou moins profond, suivant la nature du pays et le genre de troupes qu'on a; et si l'on conduit un parc ou un convoi, il faut prévenir les soldats du train qu'en cas d'alerte ils doivent rester à leurs chariots, et qu'on tirera sur ceux qui chercheraient à couper les traits pour s'enfuir avec leurs chevaux.

Lorsqu'on commande dans une place assiégée, il faut (surtout si elle est située en pays ennemi) prévenir les habitants qu'en cas d'alerte il leur est défendu de s'assembler sur les places et de courir dans les rues, mais qu'ils doivent rentrer dans leurs maisons et s'y tenir tranquilles.

Une alerte est plus à craindre dans un camp de cavalerie que dans celui de l'infanterie, parce que les fantassins n'ont que leur fusil à prendre pour être prêts à recevoir l'ennemi: la cavalerie ne saurait donc être trop exercée à monter lestement à cheval, et à agir avec ordre et promptitude en cas d'alerte.

En général, le meilleur moyen de prévenir les alertes de nuit, qui sont si dangereuses en rase campagne, c'est d'environner les bivouacs d'une chaîne de petites patrouilles volantes, qui, continuellement en marche, et communiquant l'une avec l'autre, éclaireront au loin et de tous côtés les approches du camp.

Le général MARBOT.

ALEXANDRETTE ou SCANDEROUN, *Alexandria minor*. (*Géographie.*) Petite ville de Syrie, pachalik d'Alep, sur le bord du golfe d'Ajazzo. Elle est située au milieu de marais et dans une contrée tellement malsaine, que les habitants, pendant l'été, sont obligés de se réfugier dans les montagnes voisines. Avant la découverte du cap de Bonne-Espérance, Alexandrette était l'entrepôt du commerce des Indes. Elle sert encore de débouché à Alep, située à 28 lieues de là. Autrefois, dès qu'un vaisseau entrait dans le port d'Alexandrette, des pigeons en portaient la nouvelle à Alep, où ils parvenaient en six heures.

ALEXANDRIE. (*Géographie* et *Histoire.*) Cette ancienne capitale de la basse Égypte fut bâtie par Alexandre le Grand, 335 ans avant J. C., entre le lac Maréotis et le beau port que forme l'île de Pharos, sur l'emplacement de Rhacotis, seule place maritime que possédassent les Égyptiens. Alexandrie est située par 31° 11' de latitude N. et 28° de longitude E.

Il est probable, dit un historien contemporain d'Alexandre, que ce fut l'opiniâtre résistance que ce prince éprouva devant Tyr, et qui arrêta si longtemps sa marche victorieuse; il est probable que ce fut cette résistance qui, en lui démontrant toutes les ressources d'une puissance maritime, lui donna, après la ruine de cette ville, l'idée d'en construire une qui attirât le commerce du monde entier. Maître de l'Égypte qui se donnait à lui, frappé des richesses de cette fertile contrée, Alexandre ne le fut pas moins de son heureuse situation. Placée en effet comme un lien commun entre l'Afrique et l'Asie, elle touche, par la mer Rouge et le golfe d'Aden, à l'Arabie et à tout l'Orient; par le Nil, elle communique, au midi, avec l'Afrique centrale, au nord, avec la Méditerranée; et par cette même mer, avec la Syrie, l'Asie Mineure, l'Europe et l'Afrique occidentale. A peine Alexandre eut-il conçu son projet, qu'il le mit à exécution; les plus fameux architectes de l'époque furent chargés de tracer le plan de la nouvelle cité, qui bientôt s'éleva, digne du nom de son fondateur. De nombreux habitants, Égyptiens, Grecs, Juifs, Phéniciens, y arrivèrent en foule, parlant tous la langue grecque, que les conquêtes des Macédoniens avaient rendue vulgaire en Asie

Mineure, dans une partie de la haute Asie, en Syrie, en Égypte. Peu d'années s'étaient écoulées, que déjà elle était des plus florissantes.

La division de l'empire, après la mort du vainqueur de Darius, n'arrêta pas les progrès d'Alexandrie; devenue la capitale des Ptolémées, souverains vicieux pour la plupart, mais amis des sciences et des arts, et protecteurs du commerce, elle n'eut plus de rivales. Trois cent mille habitants, sans compter les esclaves, se pressaient dans ses murs, que baignaient, au sud, le lac Maréotis, et au nord, la Méditerranée. Des rues tirées au cordeau donnaient un libre accès au vent du nord, qui tempérait la chaleur du climat; une rue principale de deux cents pieds de large, allant de la porte de Mer à celle de Canope, était décorée de temples, de théâtres, de palais; on y voyait le gymnase, le musée, la bibliothèque (*voyez* l'article suivant), le palais des rois, avec ses deux obélisques (aiguilles de Cléopâtre), et enfin le monument qui renfermait les restes d'Alexandre. L'Hepta-Stadion, chaussée d'un mille de longueur, réunissait la ville à l'île de Pharos, et divisait le grand port en deux : l'un, à l'est, peu profond et dangereux, nommé de nos jours le *Port Neuf*; l'autre, à l'ouest, plus sûr, appelé le *Vieux Port* ou port du *Bon retour*. Une tour de plus de cinquante mètres de haut, surmontée d'un fanal, s'élevait sur l'île de Pharos, pour avertir, au besoin, les navigateurs; ce phare était l'une des merveilles du monde.

Pendant trois siècles, c'est-à-dire depuis le règne du fils de Lagus jusqu'à la mort de Cléopâtre, Alexandrie resta soumise à la domination des Ptolémées. Mais ces princes, livrés à toutes sortes d'excès, contribuèrent encore, par leur exemple, à la corruption de cette ville, dont la population, composée d'éléments hétérogènes, était portée à tous les vices.

Lorsque, après la victoire de Pharsale (48 ans avant J. C.), Jules César, poursuivant Pompée, arriva à Alexandrie, il trouva la ville en proie aux révolutions; Ptolémée et Cléopâtre se disputaient le trône. César crut rétablir la paix entre le frère et la sœur, en déclarant qu'ils régneraient ensemble. Les dissensions n'en furent que plus violentes; on sait quels désastres accompagnèrent la guerre qui s'ensuivit : le Bruchion, l'une des bibliothèques, fut incendié, avec les quatre cent mille volumes qu'il renfermait. Enfin César fut vainqueur, et plaça Cléopâtre sur le trône.

La bataille d'Actium, la mort d'Antoine, celle de Cléopâtre, rendirent Auguste maître de l'Égypte, qui fut réduite en province romaine.

Sous la domination impériale, Alexandrie ne perdit rien de son importance, bien qu'il n'y eût peut-être pas de ville dans l'empire qui fût plus éprouvée par les révolutions politiques et religieuses. Les séditions, les révoltes y furent fréquentes, et ses maîtres les réprimèrent cruellement; plus d'une fois déchirée de ses propres mains, elle se vit à deux doigts de sa perte; malgré tant de calamités, elle ne cessa jamais, cependant, d'être le lien entre l'Orient et l'Occident.

En l'an 638 de l'ère chrétienne, Amrou, lieutenant d'Omar, envahit l'Égypte, et vint mettre le siége devant Alexandrie. Les Alexandrins se défendirent avec énergie pendant quatorze mois, et firent éprouver des pertes cruelles aux assiégeants; enfin ils succombèrent, et l'étendard de Mahomet flotta sur leurs murailles. « Je viens de prendre, écrivait Amrou au calife, la grande cité de l'Occident. Il m'est impossible de vous en énumérer les richesses et la beauté : je ne puis que vous dire qu'elle renferme 4,000 palais, 4,000 bains, 400 théâtres, ou lieux de plaisir, 40,000 boutiques..... Elle a été prise de force, sans capitulation, et les musulmans sont impatients de jouir de leur victoire.... »

Alexandrie, au moment où elle fut prise, renfermait trois villes : Meima ou le port, contenant Pharos et les quartiers environnants; Alexandrie proprement dite, sur une partie de l'emplacement de laquelle s'élève la moderne Scandéria; enfin Nekita, ou la Nécropolis de Josèphe et de Strabon.

La nouvelle de ce déplorable événement abrégea les jours de l'empereur Héraclius. Son successeur fit de vains efforts pour recouvrer cette ville, dont la prise réduisait à la famine le peuple de Constantinople. Deux fois en quatre ans, les Grecs s'emparèrent du port et des fortifications d'Alexandrie, et deux fois ils furent repoussés.

Sous l'empire des Arabes, Alexandrie perdit peu à peu sa splendeur; elle cessa d'être la capitale de l'Égypte, et la fondation du Caire lui porta un coup funeste.

La conquête des Turcs et la découverte du cap de Bonne-Espérance complétèrent sa ruine. Réduite d'abord à la moitié, puis au quart de son étendue, elle finit par se concentrer sur l'Hepta-Stadion, qu'elle ne couvrit même point en entier; au lieu de six cent mille habitants, elle en compta à peine vingt mille, et le vaste terrain qu'elle couvrait naguère de sa magnificence ne fut plus qu'un champ de ruines, de débris et de poussière.

La fin du dix-huitième siècle fut signalée par une expédition française en Égypte. Alexandrie fut prise d'assaut au mois de juillet 1798, et bientôt toute l'Égypte fut conquise. Bonaparte avait détruit la turbulente aristocratie des mameluks; une commission de savants, au premier rang desquels se plaçait le général en chef, voulait, en étudiant l'antique Égypte, y implanter la moderne civilisation; ce beau pays allait donc devenir une grande colonie européenne : mais les Anglais ne virent point ce projet sans envie, et ils s'y opposèrent de tout leur pouvoir. Les Français, réduits à une poignée, ayant à combattre et les forces anglaises et les bandes musulmanes, se retirèrent en 1800, après des efforts inouïs.

Quelques années se passèrent dans la plus déplorable anarchie. Enfin la Porte envoya en Égypte un de ces hommes que la fermeté de leur caractère et leurs vues élevées rendent dignes de commander. Mohammed Aly, après avoir écrasé les mameluks, s'occupa de rétablir l'ordre dans son gouvernement. Il ne peut entrer dans le plan de cet article de rendre compte de tout ce qu'a fait le vice-roi d'Égypte pour parvenir à son but; nous nous bornerons à dire qu'Alexandrie semble aujourd'hui sortir de ses ruines; elle fait un commerce qui intéresse toute l'Europe méridionale; devenue l'entrepôt des échanges de l'Égypte avec Constantinople, Livourne, Trieste, Marseille, elle a vu doubler sa population. Des chaussées ont été construites, d'anciens canaux ont été rétablis; un magnifique arsenal, des chantiers de construction, des fortifications imposantes, se sont élevés; les masures disparaissent, les rues s'alignent, des palais s'élèvent, et, avec le commerce, arrivent le luxe et l'élégance d'Europe.

Si cette réaction, qui, sous l'influence de la navigation à la vapeur, semble vouloir rétablir, par la mer Rouge, la communication avec les Indes; si cette réaction a quelque durée, si le commerce de l'Orient reprend la route que lui traça jadis le génie d'Alexandre, et qu'il suivit pendant dix-huit siècles, en dépit de toutes les révolutions qui changèrent la face de l'Égypte, c'est alors qu'Alexandrie pourra voir renaître son antique splendeur.

Ern. Roselle.

ALEXANDRIE (Bibliothèque d'). (*Histoire.*) Cette bibliothèque, la plus célèbre de l'antiquité, fut fondée par Ptolémée Soter (mort 283 ans avant J. C.), dans le quartier de la ville nommé *Bruchion*, et, sous Ptolémée Philadelphe, fils et successeur de Ptolémée Soter, elle avait déjà pris un immense accroissement, si toutefois l'on peut s'en rapporter à Josèphe : « Démétrius de Phalère, intendant de la bibliothèque de Ptolémée Philadelphe, dit cet historien, travaillait avec un soin extrême et une curiosité extraordinaire à rassembler de toutes les parties du monde les livres qui lui en semblaient dignes, et qu'il croyait devoir être agréables au roi. Un jour que ce prince lui demanda combien il en avait déjà, il répondit qu'il en avait environ deux cent mille, mais qu'il espérait en avoir, dans peu de temps, jusqu'à cinq cent mille (1). »

(1) *Antiquités judaïques*, l. XII, c. 2, traduction

23.

Cette magnifique collection fut augmentée par les successeurs de Ptolemée, entre autres par Évergète II, qui s'y prenait de la manière suivante : il faisait saisir tous les livres qui étaient apportés en Égypte, les envoyait au Musée d'Alexandrie, où des copistes les transcrivaient ; puis il donnait les copies aux propriétaires, et gardait les originaux. Il emprunta des Athéniens les œuvres de Sophocle et d'Eschyle, les fit transcrire avec le plus grand soin ; et, pour dédommager les propriétaires de la perte des originaux qu'il conserva, il leur fit cadeau des copies et de 15 talents.

Cette célèbre bibliothèque compta, au dire d'Aulu-Gelle et d'Ammien Marcellin, jusqu'à 700,000 volumes. « Lorsque la bibliothèque du Bruchion eut atteint le chiffre de 400,000 volumes, on songea à former, dans un autre endroit, une bibliothèque supplémentaire. Les livres nouveaux furent donc réunis dans le temple de Sérapis, et atteignirent, à la longue, le nombre de 300,000. Le Bruchion ayant été incendié lorsque César se rendit maître d'Alexandrie, les 400,000 volumes qu'il renfermait périrent dans les flammes, et il ne resta plus que les 300,000 volumes du Sérapéum. Mais, dans la suite, cette dernière bibliothèque s'augmenta de toute celle des rois de Pergame, dont Antoine fit présent à la reine Cléopâtre, et elle subsista ainsi jusqu'au règne de Théodose (1). »

En 390, le patriarche d'Alexandrie Théophile, que Gibbon appelle avec raison « un homme audacieux et pervers, et l'ennemi perpétuel de la paix et de la vertu, toujours affamé d'or et altéré de sang, » voulut abolir l'idolâtrie dans son diocèse. Après une lutte sanglante entre les païens et les chrétiens, lutte à laquelle mit fin un décret de Théodose, le temple de Sérapis fut détruit de fond en comble, et la magnifique bibliothèque qui y était annexée fut entièrement pillée et dispersée. Aussi vingt ans plus tard, l'historien Orose s'écriait-il avec douleur (l. VI, c. 15) : « Nous avons vu vides les armoires où étaient les livres qui ont été pillés par les hommes de notre siècle ! »

En 640, la ville d'Alexandrie fut prise par les Arabes, et, suivant une opinion populaire aujourd'hui, les vainqueurs livrèrent aux flammes la bibliothèque de cette ville. Nous allons discuter la valeur de cette tradition avec quelques développements.

Le *premier* auteur qui ait parlé de l'incendie de la bibliothèque d'Alexandrie par les Arabes, est Abd-Allatif, médecin arabe de

Bagdad, mort en 1231, c'est-à-dire 591 ans après cet événement. Il se borne à dire : « Audessus de la colonne des piliers est une coupole supportée par cette colonne. Je pense que cet édifice était le portique, où enseignait Aristote et, après lui, ses disciples, et que c'était là l'académie que fit construire Alexandre quand il bâtit Alexandrie et où était placée la bibliothèque que brûla Amrou-ben-Alas avec la permission d'Omar. » Nous ne nous arrêterons pas à discuter ces phrases, qui renferment presque autant d'erreurs que de mots. Passons au récit plus circonstancié d'Abulfaradge, qui mourut évêque d'Alep en 1286. Voici comment il s'exprime dans le premier livre de son *Histoire dynastique* :

« Jean le Grammairien vivait encore lorsqu'Amrou-ben-Alas se rendit maître de la ville d'Alexandrie. Il vint trouver Amrou, qui, sachant que c'était un homme savant, lui fit un accueil distingué, et l'ayant entendu discourir sur la philosophie, qui était encore inconnue aux Arabes, il en fut extrêmement étonné. Jean était assidu auprès de lui, et ne le quittait pas. Il dit un jour à Amrou : « Vous vous êtes emparé de tous les revenus d'Alexandrie, et vous avez disposé de toutes les richesses qui s'y sont trouvées. Je ne m'oppose point à ce que vous preniez tout ce qui peut vous être utile ; mais pour ce qui ne saurait vous être d'aucune utilité, il serait plus à propos de nous l'abandonner. — Quelles sont, lui demanda Amrou, les choses dont vous avez besoin ? — Ce sont, lui répondit Jean, les livres de philosophie qui sont dans le trésor des rois. » Amrou lui dit qu'il ne pouvait en disposer sans la permission de l'émir Al-Moumenia-Omar-ben-Alkattab. Il en écrivit donc à Omar, et lui fit part de la demande de Jean. La réponse qu'il reçut d'Omar était conçue en ces termes : « Quant aux livres « dont vous parlez, si ce qu'ils contiennent « est conforme au livre de Dieu (le Coran), « ce livre les rend inutiles : si, au contraire, « ce qu'ils renferment est opposé au livre de « Dieu, nous n'en avons aucun besoin. Don- « nez donc ordre de les détruire. » En conséquence, Amrou-ben-Alas les fit distribuer dans les bains d'Alexandrie et les fit brûler dans leurs foyers ; ils furent consumés dans l'espace de six mois (1). »

Cette dernière phrase nous permet déjà de relever une inexactitude commise par tous ceux qui citent le passage d'Abulfaradge. Ils prétendent (entre autres Gibbon) « que les volumes ayant été distribués aux quatre mille bains de la ville, le nombre des livres se

---

d'Arnaud d'Andilly. Suivant quelques écrivains, Zénodote d'Éphèse, précepteur des enfants de Ptolémée Soter, fut le premier intendant de la bibliothèque.

(1) Gérond, *Essai sur les livres dans l'antiquité*, 1840, in-8°, p. 242.

(1) Cette traduction a été faite sur le texte arabe par Sylvestre de Sacy, qui la donna à Sainte-Croix. Voyez le *Magasin encyclopédique*, 5e année, tome IV, p. 438,-439.

trouva si grand que six mois suffirent à peine pour les consumer tous. » Abulfaradge ne parle nullement des quatre mille bains d'Alexandrie, et il ne nous semble pas logique de vouloir évaluer la quantité des volumes d'après le temps qu'on mit à les brûler; un très-petit nombre de livres, si l'on s'en était servi rarement, aurait pu facilement durer au moins aussi longtemps. D'ailleurs, le papier et le parchemin ne devaient guère être bons qu'à allumer le feu destiné à chauffer les bains; ils auraient été peu utiles pour l'entretenir. Mais occupons-nous d'une difficulté plus grave.

Nous avons vu qu'en 390, c'est-à-dire 250 ans avant la prise d'Alexandrie par les Arabes, l'unique bibliothèque publique qui restât encore dans la ville avait été complétement pillée et détruite. Or, depuis cette époque on ne trouve dans aucun écrivain aucun mot qui puisse faire supposer que jamais on ait reformé à Alexandrie la moindre bibliothèque, ce qui ne doit pas étonner, puisque, durant ce laps de temps, la littérature et la philosophie païennes furent partout proscrites, au point que Justinien fit fermer les écoles d'Athènes. En outre, les revenus de l'empire, sans cesse absorbés par les guerres civiles et étrangères, ne permettaient pas aux empereurs de porter leur attention sur d'autres bibliothèques que celles de Constantinople. Nous pouvons donc affirmer hardiment que s'il existait encore en 640, ce qui est plus que douteux, quelque bibliothèque à Alexandrie, ce ne pouvait être qu'une collection fort peu considérable, et probablement composée uniquement de livres chrétiens, dont la perte mériterait peu d'exciter nos regrets.

Maintenant, en supposant pour un instant (ce que nous ne saurions admettre), en supposant, disons-nous, qu'il y eût en effet une bibliothèque considérable à Alexandrie, comment expliquer le silence que les écrivains grecs, chrétiens ou arabes, antérieurs à Abulfaradge, ont gardé sur sa destruction par les musulmans? Comment, par exemple, Eutychius, patriarche melchite d'Alexandrie et historien arabe de la fin du neuvième siècle, aurait-il oublié un fait si important dans sa relation détaillée de la prise d'Alexandrie, lui qui était né en Égypte et qui y passa sa vie? Ne devait-il pas être mille fois mieux informé qu'Abulfaradge, qui vivait sur les confins de la Médie et écrivait plus de six siècles après cet événement? Nous croyons donc que le récit d'Abulfaradge, répété, il est vrai, par des écrivains qui lui sont postérieurs, doit être rejeté complétement.

Cherchons maintenant, ce à quoi on n'a pas encore pensé, à découvrir ce qui a pu donner lieu au récit d'Abulfaradge. Dans le *Dictionnaire bibliographique* d'Hadi-Khal-fa, écrivain du dix-septième siècle, on trouve, à l'article *de la Science philosophique*, le passage suivant tiré d'un auteur arabe du huitième siècle : « Ebn-Khal-doun, dans ses *Prolégomènes historiques*, s'exprime ainsi : Quand les musulmans eurent conquis les provinces de la Perse, et que plusieurs des livres de cette nation furent tombés en leur pouvoir, Saad, fils d'Abou-Wakkas, écrivit à Omar pour lui demander la permission de les transporter chez les musulmans. La réponse d'Omar fut : « *Jetez-les dans l'eau;* car, si ce « qu'ils contiennent est capable de diriger vers « la vérité, Dieu nous a dirigés par quelque « chose de bien supérieur à cela; si, au con-« traire, ce qu'ils renferment est propre à « égarer, Dieu nous en a préservés. » On jeta donc ces livres dans l'eau et dans le feu, et ainsi périrent les sciences des Perses (1). »

Voilà donc un historien arabe du huitième siècle qui raconte des livres des Perses ce qu'Abulfaradge a raconté cinq siècles plus tard de la bibliothèque d'Alexandrie. Seulement c'est Saad et non Amrou qui demande conseil au calife Omar, dont la réponse est identique dans les deux cas.

L'un de ces récits a donc été calqué sur l'autre, et il nous semble hors de doute qu'il s'est passé en Orient ce qui a eu lieu si souvent, pendant le moyen âge, en Occident, où les chroniqueurs adoptaient sans scrupule, en les altérant quelque peu, les traditions des peuples voisins. Donc les faits allégués par Abulfaradge ne reposent sur aucune base solide.

Ajoutons encore quelques considérations qui nous semblent ne pas manquer d'importance.

Les bibliothèques qui avaient rendu Alexandrie fameuse entre toutes les villes du monde, avaient dû laisser de vagues souvenirs dans l'esprit des populations de l'Égypte. Seulement, les circonstances qui avaient anéanti ces riches collections du temps de César et de Théodose devaient avoir été promptement oubliées. Or, et ceci est un fait connu de tous ceux qui ont un peu étudié les traditions populaires, les peuples ne se souviennent, la plupart du temps, que de la dernière catastrophe qu'ils ont éprouvée, et c'est à elle qu'ils rapportent tous les événements antérieurs dont la cause ne leur est plus connue. Ainsi, allez demander aux populations de certaines parties du midi de la France d'où proviennent les ruines qui s'élèvent dans leurs campagnes et les débris qu'ils trouvent en labourant leurs champs; ils les attribuent, sans hésiter, aux Sarrasins, dont les invasions ont complétement effacé dans leur esprit le souvenir de la

(1) *Relation de l'Égypte*, d'Abd-Allatif, traduite par Sylvestre de Sacy, 1810, in-4°, p. 242.

domination romaine. Il a dû, pour le fait qui nous occupe, se passer quelque chose d'analogue : les historiens cités plus haut, ne sachant comment expliquer la disparition de la célèbre bibliothèque d'Alexandrie, ont probablement, en l'attribuant aux Arabes, adopté une tradition qui avait cours de leur temps ; il ne leur est certainement pas venu dans l'idée de s'inquiéter si les sectateurs de Mahomet avaient pu détruire des collections qui déjà longtemps avant eux avaient cessé d'exister (1).

Nous n'avons fait aucune mention des auteurs postérieurs à Abulfaradge, car leur témoignage ne peut-avoir aucune valeur.

Du reste, si les Arabes n'ont point brûlé la bibliothèque d'Alexandrie, ils en étaient bien capables ; nous n'en voulons d'autre preuve que les passages suivants extraits de deux écrivains arabes : « Les philosophes, dit Ebn-Khal-doun, ont été en très-grand nombre parmi les hommes ; ce qui ne nous est point parvenu des travaux faits sur les sciences est plus considérable que ce qui a été transmis jusqu'à nous. Que sont devenus les ouvrages scientifiques des Perses qu'Omar ordonna d'anéantir lors de la conquête de leur pays? Où sont ceux des Chaldéens, des Syriens, des Babyloniens?... Où sont ceux des Égyptiens qui les ont précédés? Les travaux d'un seul peuple sont venus jusqu'à nous ; je veux parler des Grecs (2). »

Hadji-Khalfa, que nous avons déjà cité, s'exprime ainsi dans les prolégomènes de son *Dictionnaire bibliographique :* « Dans les premiers temps de l'islamisme, les Arabes ne cultivaient aucune autre science que l'étude des décisions légales contenues dans leur code, leur langue et la médecine. Leur éloignement pour les sciences avait pour but de conserver la pureté de leur croyance et des dogmes fondamentaux de l'islamisme, et d'empêcher que l'étude des connaissances cultivées par les anciens peuples n'y introduisît quelque affaiblissement, et n'y portât quelque atteinte, avant que cette religion fût solidement affermie. *On dit* qu'ils poussèrent le scrupule si loin, qu'ils brûlèrent les livres qui leur tombèrent sous la main, dans les pays dont ils firent la conquête (3). »

Ludovic LALANNE.

ALEXANDRIE (École d'). (*Histoire.*) Lors-

que les lieutenants d'Alexandre se partagèrent l'empire, après sa mort, l'Égypte échut à Ptolémée Soter, fils de Lagus. Ce prince, admirateur passionné du vainqueur de l'Asie, qu'il imitait jusque dans ses gestes, voulut l'imiter aussi dans son amour pour les lettres. Auteur lui-même, puisqu'il avait écrit une relation des conquêtes d'Alexandre, il se plut à s'entourer de littérateurs, de savants ; et bientôt, sous son influence, Alexandrie recueillit l'héritage d'Athènes.

On transportait, de Babylone en Grèce, le corps du roi défunt ; Soter alla à la rencontre du convoi, s'empara religieusement des restes sacrés, les fit déposer dans un cercueil d'or, et les garda dans sa capitale. Ce fut l'image de ce qui se passa dans le monde intellectuel : l'Égypte, en dépouillant les Grecs de leur héros, sembla leur ravir, en même temps, la mission de civilisation que jusqu'alors ils avaient été appelés à remplir.

Alexandrie, que son heureuse position avait déjà rendue le centre du commerce de tous les peuples, ne tarda donc point à devenir, au moment où tombaient les écoles de la Grèce, une grande institution littéraire pour le monde grec tout entier. Fondée par Ptolémée en 288 av. J. C., fermée par Théodose le Grand en 391 de l'ère chrétienne, l'école d'Alexandrie partagea pendant sept siècles les destinées de la ville qui lui donna son nom. Cinq périodes divisent la longue durée de son existence : les trois premières appartiennent au règne des Lagides ; les deux autres, à la domination romaine.

La première, qui fut la plus courte de toutes, puisqu'elle ne comprend que le règne du premier Ptolémée, fut signalée par la fondation du Musée. Soter, afin d'avoir à sa portée les savants dont il recherchait l'entretien, les logea dans une partie de son palais, à laquelle il donna le nom de Musée ; faisant, en outre, réunir à grands frais, par eux, tous les livres que pouvaient lui fournir la Grèce, l'Égypte et l'Asie, il réunit ainsi une bibliothèque nombreuse, que ses successeurs ne cessèrent d'augmenter. Il affecta, de plus, des revenus considérables à l'entretien du Musée et de ceux qui l'habitaient.

Un homme d'un génie supérieur vint, dès le principe, imprimer à l'école une puissante impulsion : ce fut Euclide qui créa réellement la science des mathématiques, en réunissant en corps de doctrine toutes les découvertes faites avant lui et par lui. Autour d'Euclide se groupèrent le poète Philétas, le dialecticien Diodore Cronos, le philosophe Théodore surnommé l'Athée, pour avoir nié les dieux du polythéisme grec ; Démétrius de Phalère, qui, banni d'Athènes par le parti démocratique, se réfugia à la cour de Ptolémée, et lui

(1) On peut consulter sur ce sujet une dissertation allemande de Reinhart, imprimée à Gœttingue, 1792; les tomes III (p. 380) et IV (p. 483) de la cinquième année du *Magasin encyclopédique*, et l'ouvrage déjà cité de Sylvestre de Sacy. Mais il nous semble que dans aucun de ces ouvrages la question n'a été examinée sous toutes les faces.

(2) Cette dernière phrase semblerait peut-être indiquer que les Arabes ont plus respecté les livres des Grecs que ceux des autres nations.

(3) Sylvestre de Sacy, ouvrage cité, p. 240, 241 et 243.

conseilla, dit-on, l'établissement du Musée.

La seconde période de l'école, et la plus brillante sans doute, eut une durée de quatre-vingt-sept ans (270-117 av. J. C.), sous le règne des six princes qui succédèrent au fils de Lagus. Ptolémée II Philadelphe, successeur de Soter, ne se borna point à s'entourer de savants grecs et à amasser des livres ; il fit aussi recueillir de tous côtés des objets d'histoire naturelle ; il appela près de lui des Égyptiens et des Juifs. Un prêtre d'Héliopolis (aujourd'hui Matariéh), Manéthon, apporta au Musée l'antique histoire de son pays.

L'institution et la célébration des fêtes de Bacchus attirèrent et fixèrent dans la capitale de l'Égypte de nombreux poëtes, qui se formèrent en pléiades ; parmi eux brillèrent Théocrite, le chantre des bergers de la Sicile ; Apollonius, l'auteur des Argonautiques ; Lycophron, Aratus...., dont les ouvrages nous sont en partie parvenus. Au moment où la poésie, éteinte en Grèce, semblait vouloir se ranimer en Égypte, un bibliothécaire du Musée, Aristonyme, s'essayait avec succès dans le genre auquel Aristophane et, après lui, Ménandre avaient dû leur célébrité.

Dans le même temps, la grammaire, la critique, l'histoire littéraire, prenaient un grand développement : c'était, du reste, un signe de décadence ; car on n'interprète, on ne commente, on ne critique que quand on ne sait plus inventer. Zénodote d'Éphèse, Aristophane de Byzance, Aristarque, furent les plus célèbres des grammairiens de cette époque ; tous trois revisèrent le texte altéré des poëmes homériques. Le dernier, dont le nom est devenu un titre glorieux pour ceux qui se distinguent dans la carrière qu'il a tracée, ouvrit, pour toutes les branches de la littérature une école de grammaire qui réunit une foule de disciples.

Les sciences mathématiques, les sciences physiques ne furent point cultivées avec moins d'ardeur. Ératosthène créa l'astronomie et la géographie savantes, en observant l'obliquité de l'écliptique et en mesurant la grandeur du degré terrestre. Agatharchidès, Aristille, Timocharis, Conon, suivirent dignement les travaux d'Ératosthène ; on doit au premier un périple du golfe Arabique (mer Rouge). Archimède, leur contemporain, vint étudier la science des Alexandrins, et inventa même dans leur ville la vis qui porte son nom. Hipparque, le plus grand, peut-être, des astronomes de l'antiquité, fixa la longueur de l'année solaire et découvrit la précession des équinoxes. Apollonius de Perge marcha sur les traces d'Euclide, en trouvant la théorie des *sections coniques*, en écrivant huit livres sur les *courbes*, en introduisant en géométrie les dénominations d'*ellipse*, de *parabole*, d'*hyperbole*,

que consacrèrent depuis les savants. Érasistrate et Hérophile créèrent l'anatomie, puisqu'ils furent les premiers qui ouvrirent des cadavres humains ; ils allèrent même plus loin, s'il faut en croire Celse, médecin du siècle d'Auguste, car ils disséquèrent tout vifs des criminels qui leur furent livrés. Le premier mérita le surnom d'Évangéliste de l'anatomie, que lui donna Fallope à la renaissance de la science ; l'autre fut peut-être plus célèbre par la guérison du fils de Séleucus expirant d'amour pour sa belle-mère Stratonice, que par ses découvertes scientifiques.

La philosophie seule était en pleine décadence ; l'époque était mauvaise, comme toutes les époques de transition. Au milieu d'une population, mélange de toutes les nations, n'ayant ni croyances ni institutions religieuses, recevant de ses princes et leur renvoyant des exemples d'une profonde démoralisation, il n'y avait place que pour un scepticisme désespérant, ou pour un sensualisme grossier.

Le règne des successeurs de Ptolémée Philadelphe fut troublé par des crimes et des révoltes sans nombre. Ptolémée VII, surnommé Évergètes, probablement par antiphrase, après avoir ensanglanté toute sa famille, ne pouvant plus se maintenir que par la terreur, poursuivit de sa vengeance tous ceux qui avaient embrassé le parti de son frère Philométor. Épouvantés des violences des mercenaires étrangers qui entouraient le tyran, les habitants d'Alexandrie s'enfuirent de tous côtés ; Ptolémée, dit un historien, resta seul avec ses gardes dans cette ville immense. La Grèce et les côtes de l'Asie Mineure reçurent tous les savants que perdit l'Égypte ; et il en résulta, pour ces contrées, une sorte de renaissance, analogue à celle qui suivit la dispersion des Grecs après la prise de Constantinople. Envisagée sous ce point de vue, la destruction de l'école d'Alexandrie, toute désastreuse qu'elle fût en elle-même, exerça une influence salutaire sur les autres pays. Alexandrie avait reçu la science de la Grèce ; cette science, non-seulement elle la perfectionna, elle la compléta par l'observation, par l'expérience, mais encore elle la modifia, elle la transforma, pour ainsi dire, par un contact intime avec l'Orient, par un mélange avec les traditions égyptiennes, avec les croyances juives ; puis, quand elle l'eut ainsi complétée, ainsi métamorphosée, elle la rendit à la Grèce, au moment où celle-ci allait devenir l'institutrice du monde romain.

L'école d'Alexandrie, ruinée par Évergètes, fut relevée par ce même prince, quand il se crut à l'abri de toute crainte ; elle recommença, dès lors, une troisième période qui s'étendit jusqu'à la chute du trône des Lagides. Pour réparer le mal qu'il avait fait aux sciences, Ptolémée fit acheter des livres de tous côtés, et créa une seconde bibliothèque dans le temple de Sérapis. Les Attales, qui, à l'exemple des rois d'Égypte, avaient fondé à Pergame un musée et une bibliothèque, rivalisaient d'ardeur avec ces princes, pour augmenter leurs richesses littéraires; Évergètes défendit l'exportation du papyrus d'Égypte. Cette défense devint un événement heureux, pour les lettres, en amenant l'invention du parchemin.

Le Musée se remplit donc encore une fois de savants; les études y furent reprises avec ardeur; mais, pour leur rendre tout leur éclat, une longue paix était nécessaire, et cette tranquillité n'était point réservée aux derniers Lagides, dont l'histoire n'offre plus, jusqu'au moment de la conquête romaine, qu'une suite déplorable d'actes de despotisme et de cruauté d'un côté, de révoltes et de violences de l'autre. Au milieu de tant de désordres, la décadence de l'école fut rapide; quelques hommes cependant se firent remarquer : les grammairiens Dionysius de Thrace, Tyrannion, Ammonius; le philosophe Antiochus, chef de la nouvelle académie; le voyageur Eudoxe, qui tenta la circumnavigation de l'Afrique; l'astronome Sosigène, que César appela à Rome pour réformer le calendrier. Les géomètres Ctésibius et Héron appartiennent à cette période; ce dernier fut l'inventeur de l'expérience d'hydrostatique connue sous le nom de *Fontaine de Héron*.

La lutte qui s'éleva entre le vainqueur de Pharsale et le peuple d'Alexandrie fut désastreuse pour les sciences; César ayant donné l'ordre de brûler la flotte égyptienne, le feu se communiqua au Bruchion (bibliothèque du Musée), et dévora quatre cent mille volumes. Cette perte fut, il est vrai, en partie réparée, quand Antoine donna à Cléopâtre les deux cent mille volumes de la bibliothèque de Pergame, devenue, avec les États d'Attale, l'héritage du peuple romain.

Quand, par la bataille d'Actium, l'Égypte fut devenue province romaine, Auguste, Claude après lui, et plus tard, Adrien protégèrent le Musée; mais Rome absorbait tout, et malgré la faveur impériale, le lustre de l'école d'Alexandrie alla toujours s'affaiblissant. Au milieu de ce déclin, une seule étude jeta un vif éclat; Timagène, Strabon, Ptolémée, prirent l'astronomie et la géographie au point où les avaient laissées Ératosthène, Argatharchidès, Timarque, et portèrent ces sciences au plus haut degré de perfection qu'elles devaient atteindre chez les anciens. Ptolémée, en rassemblant toutes les connaissances qu'il trouva chez ses devanciers, et en y joignant le fruit de ses propres travaux, résuma toute la science géographique et astronomique de l'école d'Alexandrie; et personne n'ignore l'immense influence qu'exercèrent ses écrits chez les Arabes et sur l'Europe du moyen âge.

Tandis que le mouvement scientifique se ralentissait, s'arrêtait même à Alexandrie, de nouvelles idées philosophiques y surgissaient; l'éclectisme ou plutôt de nombreuses tendances éclectiques se faisaient jour. Au premier siècle, Aristobule, Philon, et les autres juifs *hellénisants*, sans avoir cependant d'unité de vue, puisque les uns étaient stagyrites, les autres platoniciens, créèrent l'éclectisme juif. Un siècle plus tard, Potamon, rajeunissant les doctrines grecques, enseigna ce qu'on peut appeler l'éclectisme grec. Dans le même temps, le stoïcien Pantène, Athénagoras d'Athènes, Clément d'Alexandrie, firent briller d'un vif éclat l'école des catéchumènes chrétiens. Ammonius, né chrétien, fonda le néoplatonisme, mélange des opinions de l'académie et des rêveries persanes et égyptiennes. Origène et Plotin se formèrent tous deux à cette école; mais le premier succéda à saint Clément, et devint l'un des flambeaux de l'Église naissante, tandis que l'autre, exagérant le mysticisme néoplatonicien, s'efforça de lutter contre le christianisme. Il est à remarquer, du reste, que le mouvement éclectique que nous venons de signaler ne se manifesta point seulement à Alexandrie, mais qu'il fut en quelque sorte général; partout les esprits, fatigués des doctrines sceptiques et épicuriennes, cherchaient à se rallier à de nouvelles croyances; et toutes ces croyances devaient bientôt s'absorber dans la seule qui pût répondre aux besoins et aux vœux du monde, dans le christianisme.

Sous les Ptolémées, la science égyptienne s'était pour ainsi dire tenue à l'écart; un seul prêtre égyptien, Manéthon, avait consenti à écrire pour les vainqueurs. Alexandrie, en apparence du moins, était donc grecque; sous les empereurs, elle devint romaine. Néanmoins, tandis que l'Égypte s'affaissait sous la domination étrangère, ses doctrines s'infiltraient au loin, et donnaient naissance, vers les premiers temps de l'ère chrétienne, à la secte des gnostiques, qui prétendaient plier le christianisme à la philosophie orientale.

Lorsque le chef de l'empire eut placé la religion chrétienne sur le trône (312), l'école d'Alexandrie entra dans une nouvelle période qui se termina par sa destruction. Les néoplatoniciens se mirent en opposition, en hostilité avec le christianisme; l'institution des Lagides, perdant dès lors tout caractère scientifique et littéraire, devint une école de polémique. Les chrétiens vainqueurs y firent défendre l'enseignement de la philosophie; quelques rhéteurs, quelques grammairiens y professèrent encore, mais les études supérieures y furent abandonnées complétement.

Sous le règne éphémère de Julien, de nouveaux partisans de l'*hellénisme* accoururent dans la capitale de l'Égypte; avec eux la philosophie y reparut quelques instants. Enfin, sous le règne du grand Théodose (391), Théophile, patriarche d'Alexandrie, obtint de l'empereur la destruction du Sérapion, l'un des refuges du paganisme, et la dispersion de ceux qui y enseignaient. Le Musée ne semble pas avoir été compris dans cette proscription; en effet, quelques années après (416), dans des temps plus calmes, la jeune Hypatie, fille, dit l'histoire, de l'un des professeurs du Musée, crut, se fiant sur son éloquence et sur sa beauté, pouvoir y rétablir l'enseignement de la philosophie; victime de son zèle, elle fut massacrée par la populace. Dès lors, la carrière de l'école d'Alexandrie fut close à jamais; elle avait été glorieuse, puisque, sans les travaux qui signalèrent sa longue existence, toutes les études de l'ancienne Grèce seraient restées incomplètes et peut-être ignorées.

L'école juive créée par Philon n'avait eu qu'une courte existence. L'école gnostique, qui, fondée par Basilide, s'était subdivisée en une foule de sectes, avait survécu peu de temps à la ruine de l'école grecque. L'école chrétienne, illustrée par saint Athanase, saint Grégoire de Nazianze, Jules Africain, Hésychius, saint Cyrille, Synesius, et une foule d'autres hommes non moins recommandables par leur savoir que par leur vertu, l'école chrétienne fut donc la seule qui vit la chute de la ville d'Alexandre. En l'an 640 de notre ère, cette malheureuse cité fut prise et saccagée par Amrou, lieutenant du kalife Omar. Sous la domination arabe, elle devint, une dernière fois, un centre d'études; le kalife Mohawakel y fonda, en 845, une école musulmane et une bibliothèque; et malgré la prise de la ville par les Turcs (868), cette institution se maintint jusqu'au douzième siècle avec un certain éclat, à en juger du moins par les récits du juif Benjamin de Tudèle, voyageur de cette époque.

Histoire critique de l'éclectisme, 2 vol. in-12, Avignon. 1766.

Matter. *Histoire de l'école d'Alexandrie*, 2ᵉ éd. Paris, 1840, in-8°.

Sainte-Croix. *Lettre à M. du Théil, sur une nouvelle édition de tous les ouvrages des philosophes éclectiques*, Paris, 1797, in-8°.

Meiners. *Quelques considérations sur la philosophie néoplatonicienne* (en allemand), Leipzig, 1782, in-8°.

Imm. Fichte. *De philosophiæ novæ platonicæ origine*, Berlin, 1818, in-8°.

Bouterweck. *Philosophorum alexandrinorum ac neoplatonicorum recentio accuratior*, dans les Mémoires de la société de Goettingue.

Olearius. *Dissertatio de philosophia eclectica*, à la suite de la traduction latine de la l'*Histoire de la philosophie* de Stanley, p. 1205.

Keil. *De causis alieni platonicorum recentiorum a religione christiana animi*, Leipzig, 1785, in-4°.

Montucla. *Histoire des mathématiques*, éd. de Jérôme de Lalande, 1802, 4 vol. in-4°.

Bossut. *Histoire générale des mathématiques, depuis leur origine jusqu'en 1808*; 1810, 2 vol. in-8°.

Bailly. *Histoire de l'astronomie ancienne et moderne*, 1775-85, 4 vol. in-4°.

Delambre. *Histoire de l'astronomie ancienne*, 1817, 2 vol. in-4°.

ERN. ROSELLE.

ALEXANDRIE, *Alexandria della paglia.* (*Géographie.*) Ville considérable et place forte du Piémont, située sur un terrain marécageux au confluent de la Bormida et du Tanaro. Bâtie en 1178 par des habitants de Crémone et de Milan, et nommée d'abord *Césarée*, elle fut ensuite appelée Alexandrie en l'honneur du pape Alexandre III, qui en fit le siége d'un évêché. Les Impériaux, contre qui elle devait servir de défense, la surnommèrent par dérision *Alexandrie de la paille.* Aujourd'hui c'est une ville bien fortifiée, capitale d'une province du même nom, et qui compte 30,000 habitants.

Le duc Sforce s'en empara et la livra au pillage en 1322. Les Français, commandés par le prince de Conti, l'assiégèrent sans succès en 1657. Elle fut prise par le prince Eugène en 1607. Enfin, le 16 juin 1800, le général autrichien Mélas y conclut avec Bonaparte, à la suite de la bataille de Marengo, l'*armistice d'Alexandrie*, qui livrait à la France l'Italie supérieure jusqu'au Mincio et douze places fortes.

ALEXANDRIN (manuscrit), *Codex alexandrinus.* (*Histoire littéraire.*) C'est le nom d'un célèbre manuscrit grec de la bibliothèque du musée britannique, contenant la Bible des Septante et le Nouveau Testament. L'Ancien Testament y est complet; le Nouveau offre quelques lacunes. Ce manuscrit, qui forme quatre gros volumes in-folio, est écrit sur parchemin, en lettres onciales, sans accents ni esprits; on le croit de la seconde moitié du sixième siècle. Il a été envoyé à Charles Iᵉʳ, roi d'Angleterre, par le patriarche de Constantinople Cyrille Lucaris. Grabe en a tiré le texte de son *édition des Septante*, Oxford, 1707-1720, 4 vol. in-fol; la partie qui contient le Nouveau Testament a été imprimée par les soins de Woïde, qui poussa l'exactitude jusqu'à imiter le caractère; du reste, son édition, qui parut à Londres en 1785, in-fol., est un véritable chef-d'œuvre de typographie.

ALEXANDRIN (vers.) (*Poésie.*) Le vers alexandrin est notre vers héroïque. Son nom lui vient, soit d'Alexandre Pâris, le poëte qui le premier en fit usage, soit du poëme ou roman intitulé: *Alexandre le Grand*, et composé au douzième siècle, où il fut employé pour la première fois. Par sa destination, il répond à l'hexamètre des Grecs et des Latins ; par sa forme, il se rapproche de l'asclépiade, auquel il ressemble pour le mètre, pour le rhythme et même pour le nombre. Il se compose de douze syllabes pour les rimes masculines, de treize pour les rimes féminines, où la dernière syllabe ne compte pas, n'étant pas prononcée. Il doit avoir à l'hémistiche, après la sixième syllabe, une césure, c'est-à-dire un repos, qui exigeait autrefois une suspension presque complète dans le sens. Nous parlerons tout à l'heure des modifications introduites depuis dans cette règle si respectée jadis.

Cette césure, jointe à la rime qui revient à temps égaux, régulière et uniforme dans son immuable accouplement, imprimait à l'alexandrin une monotonie qui lui fit de nombreux ennemis. Cependant la haute poésie l'avait adopté : le poëme épique, la tragédie, la comédie n'admettaient pas d'autre forme. Harcelé par la critique, l'alexandrin céda, et Corneille, qui avait déjà tenté quelques essais dans le Cid et Polyeucte, en introduisant dans les monologues des strophes à rhythme varié (essais d'autant mieux justifiés que le monologue rentre essentiellement dans la poésie lyrique), Corneille écrivit en vers libres l'*Agésilas* tout entier. La pièce ne réussit pas, et il est probable que, versifiée plus régulièrement, elle n'eût pas réussi davantage. Molière, de son côté, fit en vers libres son *Amphitryon*, et si l'ouvrage est un chef-d'œuvre, le mètre employé n'en est probablement pas la cause. Voltaire vint à son tour, richement doué de tout ce qui fait l'homme d'esprit, manquant de tout ce qui fait le poëte inspiré, et à son tour il se sentit gêné par l'uniformité des vers qu'il alignait deux à deux, quelquefois un à un, sans la moindre variété dans la coupe, presque sans rimes, dans ses déclamations dramatiques : la monotonie du langage dans la monotonie de l'idée ; Voltaire fit *Nanine* en vers de dix pieds, et *Tancrède* en alexandrins à rimes croisées. De ces deux tentatives, aucune ne séduisit les imitateurs, et cela s'explique : le rhythme essayé dans *Nanine* ne se déclame guère, il se chante plutôt, et l'espèce de mélopée inséparable de sa forme n'est rien moins que variée ; en outre il ne marche pas, il sautille ; et cette manière de procéder est loin d'avoir la dignité nécessaire même à la comédie. Aussi l'a-t-on laissé jadis au conte, et aujourd'hui il appartient presque exclusivement à la chanson. Quant au procédé employé dans Tancrède, il a d'autres inconvénients : la rime, sans laquelle le vers français n'existe pas, comme l'a prouvé du reste l'essai des vers blancs, la rime se trouve rejetée à une distance trop grande, et l'oreille qui attend immé-

diatement cette consonnance nécessaire, est désagréablement affectée en ne la trouvant pas là où elle devrait être. Cette disposition, bonne dans la strophe de quatre vers, par exemple, où le sens rarement suspendu conduit facilement d'une rime à l'autre, est donc peu heureuse dans la poésie dramatique, où la phrase n'attend pas, pour s'interrompre et pour reprendre, que les quatre vers aient fait deux fois résonner leur double rime. L'esprit s'arrête sur la suspension du sens, et quand vient la fin du troisième vers, il a complétement oublié la fin du premier. Cet effet se produit d'autant plus en écoutant la pièce de Voltaire, que chez lui la rime est généralement pauvre, insuffisante même quelquefois, et n'envoie à l'oreille que des sons à peine semblables.

L'alexandrin régulier reste donc seul employé au théâtre. Le droit d'y régner en maître lui est acquis, et la place, selon nous, ne saurait être mieux occupée. L'alexandrin a de la majesté et de la douceur, de la grâce et de la force. Il est assez long pour que l'expression y soit suffisamment à l'aise, assez court pour obliger quelquefois le poëte à resserrer son idée dans cette concision qui fait les beaux vers. Et par beaux vers nous n'entendons pas ce qu'on a trop longtemps appelé ainsi, c'est-à-dire le vers *frappé*, le vers où les mots résonnent et saisissent l'oreille, où l'esprit découvre bientôt que ce voile brillant cache l'absence de l'idée, que ce corps si richement vêtu n'a point d'âme. Le mot de beau vers a repris enfin la signification qui lui appartient, et l'on ne donne plus ce nom qu'à une belle idée mise sous une belle forme.

Reste maintenant cette accusation de monotonie. Il faut en reconnaître la vérité, et chercher à la combattre, puisque, malgré ce défaut, le vers de douze pieds n'a pu être détrôné par ses rivaux. Ce que l'on appelle la *nouvelle école* a entrepris cette réforme. Les uns disent qu'elle a réussi, les autres qu'elle a échoué ; les plus raisonnables disent qu'elle est en route, et qu'il est possible qu'elle arrive au but. Le drame met, ou veut mettre la vérité sur le théâtre, en se contentant de la présenter sous son point de vue le plus intéressant ou le plus poétique. Le vers tel qu'il était jurait avec cette représentation de la vérité, et la rendait impossible. Il fallait l'assouplir, et le rapprocher du langage ordinaire, non dans le fond, mais dans la forme. On a essayé ; mais, comme dans tout essai, l'expérience manquant, le but a été dépassé, du moins beaucoup le pensent. Mais n'est-ce pas en ployant outre mesure une branche rebelle qu'on parvient à obtenir une courbure convenable ? Et l'excès, venant par cette révolution après l'excès en sens contraire, n'amènera-t-il pas l'équilibre? Le pendule accomplit ses oscillations : attendons qu'il s'arrête.

Quelques mots maintenant sur les autres usages de l'alexandrin. En cas de poëme épique, il eût certainement été employé. Mais la poésie épique n'existe pas en France, où elle n'a produit que la *Henriade* et les œuvres ridiculisées par Boileau. Si elle a jamais manqué d'être, c'est à notre époque, où les grands événements récemment accomplis pouvaient lui donner naissance, et le nombre des essais tentés en ce genre avec quelque succès est resté bien rare (le *Napoléon en Égypte*, de Barthélemy ; le *Napoléon* d'Edg. Quinet). Si l'alexandrin ne trouva pas là une bien brillante carrière à parcourir, il en fut dédommagé par la poésie lyrique. Ce genre, que la littérature d'aujourd'hui, si calomniée par ceux qui devraient la défendre, a tellement régénéré que l'on peut presque le dire inventé par elle, a donné à l'alexandrin une des plus belles places parmi les rhythmes qu'il emploie. Malherbe développa sa poésie sublime quelquefois, mais encore inculte, dans des strophes de formes variées ; J. B. Rousseau en inventa à son tour de nouvelles, dans lesquelles il essaya de cacher sous l'harmonie la sécheresse et l'insignifiance de sa pensée. De notre temps, on a choisi, parmi ces différents agencements du vers, les plus harmonieux, les plus propres à donner de la couleur aux idées tristes ou glorieuses, grandes ou mélancoliques, qu'exprime d'ordinaire la poésie lyrique, et parmi les formes de strophes adoptées par nos poëtes, l'alexandrin tient une des premières places, soit seul, soit mêlé à des vers de moindre dimension.

Il est encore un autre genre qu'affectionne particulièrement et exclusivement l'alexandrin : c'est la satire. La satire de mœurs l'adopta chez Régnier ; la satire littéraire s'en servit avec Boileau ; Gilbert en arma la satire des idées ; et, de nos jours, il siffle encore, serpent redoutable naguère, un peu engourdi maintenant, aux mains de la satire politique.

Saint-Agnan Choler.

ALGARVE. (*Géographie.*) L'Algarve (*Algarbe*) est la province la plus méridionale du Portugal ; elle est séparée au N. de l'Alemtejo par le serra de Monchique ; à l'E., de l'Espagne par la Guadiana ; au sud et à l'ouest elle est baignée par l'océan Atlantique. Elle s'étend entre 36° 56' et 37° 56' de lat. N. et entre 11° 23' et 9° 34' de long. O. sur une longueur de 33 l. et une largeur de 10 l., et présente une surface de 320 lieues carrées. — L'Algarve est un pays de montagnes. M. Bruguière, dans son excellent travail sur l'orographie de l'Europe, considère ces montagnes comme faisant encore partie de la chaîne Marianique, quoiqu'elles en soient séparées par le lit du Gua-

diana. Les noms que cette chaîne prend dans la province d'Algarve sont ceux de serra de Caldeirao et de serra de Monchique ; la première branche se dirige à l'O. N. O., et l'autre, qui court au S. O., forme en partie la limite méridionale de la province portugaise d'Alemtejo. La serra de Caldeirao offre des traces d'anciens volcans. Toutes les montagnes qui descendent vers la mer depuis le Guadiana jusqu'au cap de Sagres et jusqu'au cap Saint-Vincent, composent le rameau du Guadiana-Sagres, qui appartient au versant méridional de la chaîne Marianique, et celui du Guadiana-San-Vicente, qui appartient au versant septentrional. La hauteur du cap Saint-Vincent (*sacrum Promontorium*), pointe S. O. de l'Europe, située par 37° 2 30" de lat. N. et 11° 21' 45" de long. S., est de 64 mètres ; celle du cap de Sagres est précisément la même. — La neige ne tombe jamais en Algarve ; la température pendant l'hiver y est très-douce ; les mois de décembre et de janvier seuls y sont humides ; cependant il y a de rares pluies en avril, qui annoncent même de riches moissons. Quelques parties du littoral sont malsaines, à cause des marais qui s'y trouvent, ainsi Quarteiro, Lagos, les salines de Silves, etc. Dans l'Algarve, la population est sujette à une inflammation particulière nommée *mal de Bariga* et qui provient de la quantité de figues à moitié mûres que mange le peuple. — On a observé dans ce pays un phénomène étrange : pendant le mois de mai, le vent tourne ordinairement avec le soleil, c'est-à-dire qu'il souffle de l'E. au lever du soleil, du S. à midi, du N. O. le soir et du N. dans la nuit ; les Algarviens désignent ce phénomène par le nom de *Vento Rodeiro*.

Les anciens nommaient ce coin de terre *Cuneus*, et c'est là qu'Hérodote place les Cynésiens, nommés par d'autres historiens Cunéens, ou Coniens ; ces peuples étaient d'origine celtique, comme le prouvent et le voisinage des Celtes de la Béturie (partie occidentale de la Bétique), et la forme des noms de quelques villes que les anciens mentionnent, Lancobriga (Lagos), par exemple, et aussi l'existence de monuments étranges élevés sur le promontoire Cuneus (auj. cap Sainte-Marie), décrits par Strabon d'après Artémidore, et dans lesquels on reconnaît des pierres druidiques. Le Cuneus, qui comprenait, avec l'Algarve, l'Alemtejo méridional, fit partie de la province romaine de Lusitanie ; et on lit dans l'Itinéraire d'Antonin qu'il y avait une voie romaine de Salacia Imperatoria (Alcaçar do Sal) à Ossonoba ou Assonuba, ancien port phénicien (peut-être Faro). Cette province fut l'une des premières conquêtes des Arabes en Europe et son nom arabe a subsisté. Lors du démembrement du khalifat de Cordoue, au commencement du onzième siècle, elle fut érigée en principauté indépendante et avait alors pour capitale Faro. Le lieu le plus fort de l'Algarve ou de l'El-gharb d'Espagne, sous la domination musulmane, était Mertola (anciennement *Myrtilis*). Ce fut en Algarve que commença le soulèvement des Almohades contre les Almoravides, vers 1144. A la fin du douzième siècle, le roi du Portugal Sanche 1er fit de grands progrès de ce côté et soumit, entre autres villes importantes, Silves, avec l'aide d'une flotte de croisés frisons et danois (1189). Mais Silves (anciennement *Silbis*) retomba au pouvoir des Arabes, et ce fut Alphonse III qui acheva la conquête de l'Algarve : il prit Faro et les villes d'Alconcher, d'Arecena, de Serpa et d'Ayamonte; car ce pays s'étendait alors bien au delà du Guadiana; il attaqua même Niebla (prov. de Séville), mais le sultan de cette ville se mit sous la protection du roi de Castille, qui força Alphonse à repasser le Guadiana. Il fut conclu en 1254 un arrangement entre les deux princes : ils se partagèrent l'Algarve, et le Guadiana fut pris pour ligne de séparation; de plus, le roi de Castille s'était réservé un droit de suzeraineté sur la partie portugaise de l'Algarve, et ce droit ne cessa que lorsque Alphonse eut épousé Béatrix, fille naturelle du roi de Castille. En 1267, le royaume d'Algarve fut réuni en toute souveraineté au Portugal; et Alphonse, par allusion aux sept forteresses de sa nouvelle province, plaça autour de l'écu de Henriquez sept tours d'argent sur champ de gueules et compléta ainsi les armoiries de Portugal. A la suite des conquêtes que les rois de ce pays firent en Afrique et de la prise des villes de Ceuta et de Tanger, dans l'El-gharb d'Afrique, ils se donnèrent le titre de rois des Algarves en deçà et au delà de la mer et le portent encore.

La province ou le royaume d'Algarve se divise actuellement en trois comarcas, celles de Faro, de Lagos et de Tavira. Faro est située dans une plaine fertile à l'embouchure du Valfermosa, où se trouvent les trois petites îles du cap Sainte-Marie qui forment une rade d'un mouillage sûr : le petit cabotage et la pêche sont très-actifs dans le port de Faro. Cette comarca comprend encore la ville de Silves sur la droite du Portimao, qui y reçoit la petite rivière de Silves et y devient navigable. Lagos se trouve à 7 l. '/₂ à l'E. du cap Saint-Vincent et sur la côte N. O. de la baie qui porte son nom; elle a au N. E. une rivière qui se jette dans la baie et forme un petit port. L'anse de Lagos est à l'abri des vents du nord et offre dans l'été un excellent mouillage (1). La comarca de Lagos renferme aussi : *Villa*

nova *de Portimao*, à 5 l. N. E. de Lagos, sur la rive droite du Portimao et à la distance d'un mille et demi d'une barre formée par cette rivière, et défendue par deux forts; *Sagres* à 7 l. S. O. de Lagos, dans une petite presqu'île que forme l'Océan, fondée en 1416 par l'infant D. Henrique, qui en fit sa résidence et y forma une célèbre et utile école de navigation; *Albufeira*, gros bourg situé à 7 l. au S. E. du bourg de Carvoeiro, au fond d'une crique qui peut recevoir les plus grands vaisseaux; *Aljezur*, à 7 l. N. O. de Lagos, sur la petite rivière de même nom, et au N. de la baie d'Arrifana; et *Monchique*, au pied de la serra de Monchique, dans une vallée fertile. Tavira, chef-lieu de la troisième comarca et résidence d'un gouverneur général, se trouve à 10 l. N. E. de Faro, à l'embouchure de la Seca dans l'Atlantique. La barre de Tavira est à plus d'une lieue à l'E. de cette ville. Les principaux lieux de cette comarca sont : *Castromarim*, à 5 l. N. E. de Tavira, près de l'embouchure et sur la rive droite du Guadiana, entourée de riches salines; *Alcoutim*, gros bourg sur la rive droite du même fleuve; *Loulé*, à 7 l. O. de Tavira, dans une belle vallée, non loin du village d'*Alte*, où se trouvent une mine d'argent et une mine de cuivre; et *Villa Real de S. Antonio*, à 2 l. E. de Tavira, port de mer à l'embouchure du Guadiana, fondé par le marquis de Pombal en 1774 et résidence d'un gouverneur militaire.

Toute la côte de l'Algarve entre le cap Saint-Vincent et la pointe da Piedade, qui forme l'extrémité S. de la baie de Lagos, présente des roches taillées à pic. Mais jusqu'au delà du Guadiana la côte est une plage sablonneuse; le terrain s'élève à mesure qu'il s'éloigne de la côte, et à une certaine distance, de petites chaînes de montagnes courent en suivant la côte (1).

Descriçao do reyno de Portugal, por Duarte Nuñez de Leão. Lisboa, 1610, in-4°.

Geographia Portuguesa e descriçao topographica do reyno de Portugal, por Ant. Carvalho de Costa. Lisboa, 1706-12, 3e vol. in-fol.

Diccionario geografico de Portugal. Lisboa, 1817, 17 vol. in-8°.

Essai statistique sur les royaumes de Portugal et d'Algarve, par Adrien Balbi, Paris, 1822, 2 vol. in-8°.

AMÉDÉE TARDIEU.

(1) *Voyez*, 1° Le routier des côtes de Portugal, par Marin Michel Franzini, trad. du portugais par G. d'Urban; 2e éd. 1836. — 2° La carte de la côte méridionale de Portugal et d'Espagne depuis le cap Saint-Vincent jusqu'à la baie de Gibraltar, d'après les plans levés par Toñino en 1786 et rectifiés pour les côtes du Portugal d'après les triangles de Ciera, publiée au dépôt de la marine en 1804. — 3° La carte de la côte de Portugal depuis le cap Silleiro jusqu'à la barre de Hueiba, avec les plans particuliers des principaux ports, dressée d'après les opérations trigonométriques de Ciera et les nouvelles cartes portugaises construites en 1811, par Franzini, publiée au dépôt de la marine en 1816.

(1) *Voy*. le plan du mouillage de Lagos levé par le sieur Le Roy, ingénieur hydrographe, en 1737 (Hydrographie française).

ALGÈBRE. Lorsqu'on veut résoudre une question numérique, c'est-à-dire trouver certains nombres d'après la connaissance d'autres nombres liés au premier par des conditions données, on est conduit à faire des raisonnements et des calculs pour arriver aux résultats demandés. Mais on remarque bientôt que ces raisonnements sont indépendants des grandeurs données, et que la succession des opérations numériques resterait la même si on changeait ces grandeurs, sans cependant altérer en rien les conditions de la question. L'algèbre est la science qui a pour objet de rechercher quelle est la suite de calculs qui résolvent les problèmes proposés, d'en former des tableaux, d'indiquer les simplifications possibles, etc., et cela quels que soient les nombres eux-mêmes qui sont la base de ces opérations. Des exemples feront concevoir cette exposition.

Qu'on demande l'intérêt à 5 pour cent de 10,000 fr., on voit de suite qu'il faut poser cette *proportion* : si 100 fr. de capital rapportent 5 fr. d'intérêt, combien 10,000 fr. rapporteront-ils ? On trouve 500 fr. pour solution de ce problème.

Mais si on demande l'intérêt de 12,000 fr. à 6 pour cent, il faudra poser de même 100 : 6 :: 12,000 : x, et on aura 720 fr. pour l'intérêt demandé.

En réfléchissant à ce genre de questions, on voit que les données peuvent différer entre elles par la valeur du capital, et par le tant pour cent : mais, quels que soient ces nombres, il est clair que la proportion qu'on sera obligé de former conduira à multiplier le centième du capital par l'intérêt de 100 fr. ; cela est vrai pour toute somme placée, et pour tous les taux d'intérêts ; telle est donc la suite des calculs qu'il conviendra d'exécuter dans tous les problèmes de ce genre, indépendamment des nombres sur lesquels le calcul sera fait.

Autre question. Quel est le nombre qui, multiplié par 10 et par 7, donne deux produits tels, que l'excès de l'un sur l'autre soit 27 ? Il est clair que 10 fois moins 7 fois le nombre inconnu reviennent à 3 fois ce même nombre ; ainsi la question proposée est la même que celle-ci : quelle est la quantité dont le triple est 27 ? Et la réponse 9 est facile à trouver.

Mais si on demandait un nombre qui, multiplié par 8 et par 3, donnât des produits dont la différence fût 35 ; il est clair qu'il faudrait retrancher 3 de 8, et chercher la quantité qui prise 5 fois donne 35 ; et on obtiendrait 7 pour solution.

Quels que soient les nombres qui sont les éléments de cette question, il est aisé de reconnaître que, pour trouver la réponse, il faut diviser le résultat donné (27 dans le premier cas, 35 dans le second) par la différence des multiplicateurs ; cette règle est l'énoncé des procédés de calcul à faire pour obtenir la solution, indépendamment de la grandeur des nombres donnés.

Chaque question peut de même être résolue par une suite d'additions, soustractions, multiplications, divisions, etc., qu'on ne doit pas faire au hasard, et qui résultent des conditions qu'elle assigne. Mais l'énumération de ces opérations ne suffit pas pour la résoudre, il faut encore les effectuer ; toutefois, comme la partie matérielle du calcul ne peut présenter de difficultés, qu'elle est tout au plus longue et fastidieuse, sans que rien s'oppose à l'exécution, il est clair que le principal obstacle qu'on puisse trouver pour résoudre les problèmes consiste réellement à découvrir la suite des calculs qui donneront la solution quand on aura pris la peine de les faire. Or il s'en faut de beaucoup que toutes les questions soient, comme les précédentes, assez simples pour qu'on puisse de suite saisir la liaison des données aux inconnues et en conclure les diverses opérations qui amènent au résultat. C'est l'objet principal de l'algèbre d'assigner ces relations et d'en former, pour ainsi dire, le tableau, dans une sorte de langage qui est très-propre au but qu'on s'est proposé.

Ainsi l'algébriste ne raisonne pas plus sur tel nombre pris en particulier que sur tout autre ; la grandeur définie ne lui importe en rien, puisqu'il n'a pas le dessein d'exécuter des opérations numériques, mais seulement d'indiquer s'il faut multiplier ou diviser, ajouter ou soustraire. Aussi est-il dans l'usage de représenter ordinairement les nombres par des lettres, des symboles, des figures arbitraires, qui tiennent simplement lieu des nombres, et sur lesquels il raisonne sans s'inquiéter s'ils sont tels ou tels, grands ou petits. Il se sert aussi, pour abréger, de quelques signes qui marquent les diverses opérations ; ces signes sont les suivants :

$+$, qu'on énonce *plus*, indique une *addition* ; $4 + 7$, équivaut à 4 plus 7, ou 4 ajouté avec 7, ce qui donne 11.

$-$, qu'on énonce *moins*, marque une *soustraction* ; il faut soustraire le nombre affecté de ce signe $-$: par exemple $7 - 4$, qui revient à 4 retranché de 7, ou 7 moins 4, donne 3.

$\times$, ou un simple point mis entre deux nombres, est le signe de la *multiplication* ; 4×7, ou 4.7, signifient que 4 doit être pris 7 fois. On lit ainsi ce symbole, 4 *multiplié par* 7, ou 4 fois 7, et on a 78 pour résultat.

: mis entre deux nombres, indique que celui qui est à gauche doit être divisé par l'autre ; $12 : 4$ se lit 12 divisé par 4, ce qui donne le quotient 3 ; comme la fraction $\frac{4}{1}$ revient aussi à la même chose, le trait de cette fraction peut également être considéré comme un signe qui indique une division.

$=$ mis entre deux grandeurs indique qu'elles sont égales; ainsi on peut écrire $4 + 7 = 3 + 8 = 11$; cet assemblage s'appelle une *équation*: on la lit de la sorte, 4 plus 7 égale 3 plus 8 égale 11. On nomme *terme* toute expression séparée d'une autre par un signe $+$ ou $-$. Ainsi $4 + 7$ a deux termes, c'est ce qu'on appelle un *binôme*; 4×7 n'a qu'un seul terme, aussi bien que $12 : 4$; ce sont des *monômes*. Le *trinôme* a trois termes, comme $4 \times 7 + 12 : 4 + 11$; enfin le *polynôme* en a plusieurs, sans en fixer la quotité.

Le signe $>$ indique une inégalité entre deux quantités; la moindre se place du côté de la pointe: $4 > 2$, $\frac{1}{3} < \frac{1}{2}$, se lisent ainsi, 4 *est plus grand que* 2, $\frac{1}{3}$ *est plus petit que* $\frac{1}{2}$.

Lorsqu'une quantité est multipliée par elle-même, comme 5×5, on écrit 5^2; si 5 était trois fois *facteur*, ou $5 \times 5 \times 5$, on écrirait 5^3. En un mot, on marque par un petit chiffre placé à droite et un peu élevé, le nombre de fois que la quantité est facteur dans le produit; ce chiffre est ce qu'on nomme un *exposant*: on lit encore cette expression en disant que 5 est élevé à la 2e ou 3e *puissance*, ce qui équivaut à dire que le nombre 5 est 2 ou 3 fois facteur.

Réciproquement pour désigner qu'on prend la *racine* d'un nombre, c'est-à-dire qu'on descend de la puissance au nombre dont elle est provenue, on emploie le caractère $\sqrt{\ }$, en mettant dans les branches un chiffre qui marque le degré de cette *extraction*. $\sqrt[3]{125} = 5$ signifie qu'on veut parler du nombre 5 qui, trois fois facteur, produit 125. De même $\sqrt[2]{25} = 5$, $\sqrt[4]{16} = 2$, etc.

Outre ces signes, on en emploie encore divers autres qui ont tous des significations fixes, c'est-à-dire qui désignent qu'on entend faire une opération déterminée par ce caractère; ces signes et leurs usages seront expliqués en leur lieu. Mais les algébristes se servent surtout de caractères qui n'ont pas de significations spéciales; telles sont les lettres de l'alphabet, qui désignent toute sorte de nombre. Par exemple, dans les problèmes d'intérêt dont nous avons fait l'analyse précédemment, que la lettre c désigne un capital quelconque; i le tant pour cent, ou l'intérêt de 100 francs, on voit que l'opération à faire pour obtenir l'intérêt x de cette somme c, sera exprimée par l'équation $x = \frac{c \times i}{100}$, ou simplement $x = \frac{ci}{100}$, attendu qu'on est convenu de sous-entendre le signe $\times$ entre deux lettres, ou entre un nombre et une lettre: toutes les fois qu'aucun signe ne sera interposé, l'esprit doit le rétablir, l'absence d'un signe tient lieu de celui de la multiplication. Cette convention simplifie l'expression sans lui rien ôter de sa signification claire et précise.

Observez que les lettres c et i qui, dans notre exemple, sont employées à désigner tous les nombres possibles, parce que le capital placé et le tant pour cent peuvent être quelconques, dans une autre circonstance pourront être employées à désigner des grandeurs de toute autre espèce. Ce sont, comme on voit, des signes dont la nature varie au gré de l'algébriste, et qui peuvent représenter tous les nombres possibles. Une pareille expression $x = \frac{ci}{100}$ est ce qu'on appelle une *formule algébrique*; c'est l'expression d'une suite de calculs à effectuer sur les nombres qui sont ici représentés par les lettres c et i, calculs qui conduisent à des résultats différents quand ces grandeurs changent, mais dont la nature reste la même dans la question générale dont cette formule donne la solution. Cette formule revient à ce long énoncé: *Pour trouver l'intérêt d'un capital placé à i pour cent, multipliez ce capital c par l'intérêt i de cent francs, et divisez le produit par* 100.

Dans la seconde question que nous avons prise pour exemple, désignons par a et b les multiplicateurs d'un nombre inconnu, et par c la différence de leurs produits, et on aura $ax - bx = c$, savoir $x \times (a - b) = c$ et $x = \frac{c}{a - b}$. Les parenthèses qui enferment $a - b$ indiquent que la multiplication ne doit être faite qu'après qu'on aura soustrait b de a. Voici donc une autre formule qu'on énoncera ainsi: *Pour trouver le nombre qui multiplié par* a *et par* b *donne des produits dont la différence soit* c, *divisez* c *par la différence* a $-$ b.

Chaque problème, considéré sous un point de vue général, c'est-à-dire en y désignant les valeurs numériques par des lettres, conduit à une solution exprimée par ces lettres entremêlées de signes; c'est ce qui constitue une *formule*: c'est une sorte de tableau des opérations à exécuter pour obtenir la réponse au problème.

On conçoit d'après cela quelle est la différence entre les solutions arithmétiques et les solutions algébriques. Les premières donnent la valeur numérique d'un problème proposé, et les autres indiquent la suite des calculs à effectuer pour obtenir cette valeur; non-seulement dans le cas proposé, mais encore dans tous les problèmes qui n'en différeraient que par les grandeurs données: changez celles-ci, les calculs seront de même nature; mais faits sur ces nouveaux nombres, et conduisant par conséquent à une autre valeur, obtenue par la même série d'opérations.

Qu'un algébriste voie cette formule $x = \frac{ab - cd}{m + n}$, voici l'idée que cette expression doit présenter à son esprit : un problème proposé contenait 6 nombres donnés, qu'on a désignés par a, b, c, d, m et n. Or, pour obtenir la solution, il faut multiplier les deux premiers l'un par l'autre, en faire autant des deux suivants, retrancher ce second produit du premier, enfin diviser cette différence par la somme des deux derniers. Tout ce long énoncé est absolument compris dans la *formule* et aussi clairement que dans le texte même, mais bien plus simplement.

Nous dirons en passant qu'on a coutume de représenter les inconnues par les dernières lettres de l'alphabet x, y, z, t, v... et les données des problèmes par les autres a, b, c, d... Mais il faut avoir soin, dans chaque cas, d'attribuer aux lettres, dans la formule, la valeur qui leur appartient. La lettre c, par exemple, représente bien toute grandeur; mais, dans tel problème, cette grandeur se trouve donnée, et il n'est permis ni de la changer, ni de confondre cette valeur avec celle qui appartient à toute autre lettre.

Un nombre placé devant une lettre est ce qu'on nomme un *coefficient* ; $4a$, $5b$, $7 (c + d)$, sont des exemples de cette sorte d'opération qui désigne une multiplication, quoiqu'on ait supprimé le signe qui caractérise cette opération : $3a$, veut dire que a doit être pris 3 fois. On évitera de confondre $3a$ avec a^3, car $3a$ signifie 3 fois le nombre a, ou $a + a + a$; tandis que a^3 exprime $a \times a \times a$. Si a est 4, $3a$ vaut 12, et a^3 vaut $4^3 = 64$.

Un avantage attaché aux formules algébriques, c'est de dispenser de tout raisonnement celui qui veut résoudre un problème du genre de ceux auxquels l'une de ces formules convient. Il ne s'agit plus que de pratiquer, pour ainsi dire, machinalement de certains calculs, selon les indications de cette formule, sans avoir à méditer sur les causes qui déterminent à préférer ces opérations à d'autres. Le raisonnement d'où on a déduit ces combinaisons a été fait une fois pour toutes ; le matériel du calcul changera dans chaque cas avec les nombres donnés, mais l'ordre et la nature de ces opérations resteront invariables. Il ne sera même pas nécessaire de concevoir les motifs qui ont dirigé l'algébriste quand il est parvenu à cette formule ; il suffira de la certitude qu'il n'a pas erré dans son jugement, et on pourra s'en servir comme lui et même avec toute l'habileté qu'il y eût lui-même appliquée, s'il eût été dans la nécessité de s'en servir.

Qu'on propose cette question, Quelle est la somme des 200 premiers termes de cette suite 3, 5, 7, 9, 11... qui croissent sans cesse de 2 unités? on pourra se trouver conduit à de longs calculs pour arriver à la solution. Mais qu'un algébriste reconnu pour infaillible affirme que si on nomme a le premier terme, n la quotité des termes, d la différence, la somme est exprimée par $s = n \left(a + \frac{d(n-1)}{2} \right)$ et non-seulement on obtient de suite la solution de la question, mais on aurait encore celle de tout autre problème de même espèce, où les nombres donnés seraient différents. Dans le cas présent $a = 3$, $d = 2$, $n = 200$; en substituant ces nombres aux lettres dans la formule, on a $s = 200 \left(3 + \frac{2 + 199}{2} \right) = 200 \times 202$ ou enfin $s = 40\,400$. N'est-il pas évident que, pour celui qui sait quel est le sens qu'on doit attacher aux signes algébriques, la solution de tous les problèmes de cette espèce sera aussi facile qu'elle le serait pour le mathématicien qui a trouvé la formule dont il s'agit?

Dans cette autre question : Trouver la somme des 17 premiers termes de la suite 2, 7, 12, 17, 22,... dont la différence est 5, on fera $a = 2$, $n = 17$, $d = 5$, et on aura l'expression $s = 17 \left(2 + \frac{5 \times 16}{2} \right) = 17 \times (2 + 40)$, ou $s = 17$ fois $42 = 714$; c'est la solution demandée. *Voyez* PROGRESSIONS.

Mais comment s'y prendre pour découvrir, dans une question proposée, la succession des calculs qui en donnent la solution? Il s'en faut beaucoup que les problèmes soient tous aussi simples que ceux que nous avons considérés, où, avec un peu d'attention, l'habitude du calcul numérique pouvait conduire au résultat. Il sera donc nécessaire de donner les moyens de parvenir aux formules. Nous exposerons au mot PROBLÈME la méthode dont on se sert pour obtenir l'équation qui exprime la liaison des grandeurs connues et inconnues qui entrent dans toute question; et au mot ÉQUATION nous donnerons les procédés qu'il faut suivre pour en tirer la valeur des inconnues, c'est-à-dire pour arriver à la formule qui indique la suite des calculs numériques propres à faire trouver ces quantités.

Dans cet exposé, nous n'avons eu d'autre objet que d'expliquer ce que c'est que l'*algèbre* et quel est le but de cette science, ce qui nous a conduit à des développements propres à en faire concevoir l'utilité et l'application. Nous avons même remarqué qu'il n'est nullement nécessaire de comprendre les méthodes qui servent à trouver les formules pour en faire usage et les appliquer aux questions qui leur ont donné naissance : l'arithméticien routinier peut, avec plus de promptitude même que l'algébriste, en tirer parti, sans y rien entendre; il lui suffit pour en faire usage d'en croire celui qui les a trouvées, et de savoir lire cette espèce d'hiéroglyphes. Sans doute on doit faire beaucoup de cas de cette faculté intellectuelle qui, par des raisonnements plus ou moins délicats, se rend assez maîtresse de la question qu'elle analyse pour la résoudre complétement et en suivre toutes les conséquences : mais c'est un avantage qu'on ne doit pas négliger, de pouvoir appliquer les formules algébriques, lors même qu'on n'a pas su les obtenir. D'ailleurs le mathématicien, qui est à chaque moment capable de reproduire les raisonnements d'où il a tiré ses formules, ne fatigue pas son attention à ces répétitions de formes logiques, et réserve sa force et son temps pour de nouvelles recherches : il prend la formule qu'il a découverte pour une vérité évidente et en fait aveuglément l'application. Quand on a démontré avec soin le procédé qu'on suit dans les calculs de la multiplication, de la division, et de la réduction des fractions à la plus simple expression, etc., on se gardera bien de reproduire ces raisonnements chaque fois qu'on voudra faire ces opérations : on regarde ce procédé comme évident par lui-même, comme s'il n'avait jamais eu besoin de démonstration, et on l'emploie avec confiance ; cette évidence résulte même d'une fréquente répétition des mêmes calculs, parce que l'esprit en acquiert de jour en jour davantage la conviction. De même, en algèbre, alors même qu'on sait démontrer et trouver les formules applicables aux diverses questions, on s'en sert ensuite comme de *propositions évidentes*. Ce sont de véritables théorèmes qu'on emploie à la manière de ceux de la géométrie, sans même s'efforcer de renouveler à l'esprit les éléments de leur certitude.

Nous n'avons point parlé ici du calcul algébrique proprement dit, c'est-à-dire des procédés à suivre pour ajouter, soustraire, multiplier, diviser, etc., des quantités formées de lettres et de signes. On conçoit assez que puisqu'une expression telle que $\frac{ab+cd}{m+n}$ représente un nombre, elle doit être susceptible d'être multipliée par un autre nombre, tel que 10, 20,... ou même par une autre expression algébrique, telle que $\frac{ci}{100}$, ou toute autre. De même que l'arithmétique observe des règles dans les diverses combinaisons des nombres, l'algébriste en suit d'analogues dans le calcul des *expressions littérales*. Mais ces procédés seront décrits chacun aux mots qui leur sont relatifs. *Voyez* ADDITION, SOUSTRACTION, MULTIPLICATION, etc.

La science qui fait l'objet de cet article a donné naissance à plusieurs ouvrages où les procédés qu'elle met en usage sont méthodiquement exposés. Le *Cours de mathématiques pures* que j'ai publié renferme une exposition générale de toutes les théories algébriques ; l'*Algèbre* de M. Lacroix, celle de M. Bourdon, celle d'Euler, avec des notes de Lagrange, sont les traités les plus complets et les plus estimés sur cette matière.

FRANCOEUR.

ALGÉRIE. (*Géographie.*) I. *Limites.* — L'Algérie ou ancienne régence d'Alger, bornée au N. par la Méditerranée, à l'O. par l'empire du Maroc, à l'E. par le royaume de Tunis, au S. par le Sahara, s'étend de 6° 30' de long. E. à 4° de long. O. sur une longueur de 210 lieues communes de 25 au degré. Ses limites sont encore aussi mal fixées que sous le gouvernement des Turcs, elles se perdent au milieu de terrains vagues habités par des tribus presque indépendantes ; du côté du Maroc, les montagnes de Trara et plus au S. le désert d'Angad forment une espèce de délimitation naturelle, mais bien peu précise ; quelques Maures placent encore, aujourd'hui comme du temps de Shaw, au cap Hone les limites de l'Algérie et du Maroc, mais, même sur le littoral, la limite est indécise. Du côté de Tunis, malgré l'ancienneté de nos établissements sur cette côte, les choses sont aussi mal arrêtées, et tous les géographes et voyageurs, l'abbé Poiret, Desfontaines, Marmol, Pierre Dan, Dapper, Peyssonel, Shaw, Shaler, émettent à ce sujet des opinions différentes. Le capitaine Bérard, à qui on doit une précieuse description des côtes de l'Algérie, place cette limite au chenal du lac de Tonègue, à une lieue et demie à l'E. de la Calle ; les cartes dressées au dépôt de la guerre l'ont successivement marquée au ruisseau de Saint-Martin près de la Calle, et à l'Oued-el-Zaine, douze lieues plus à l'E., et les dernières prolongent cette limite suivant une ligne qui passe par le Kef, Tibessah et Tuggurt ; enfin M. Baude, qui, dans une savante note placée à la fin du premier volume de son ouvrage sur l'Algérie (1), a reproduit et résumé toutes ces différences d'opinions, pense qu'il faut fixer la limite au cap Roux, à trois lieues de la Calle et de l'île Tabarque, et au mont Khoumir, dont le cap est un prolongement et dont l'arête infranchissable partage le territoire en contestation.

Il a été longtemps difficile d'évaluer la largeur de l'Algérie du N. au S., parce qu'aucune position sur la limite septentrionale du Sahara n'avait été déterminée, mais depuis l'administration du maréchal Bugeaud, les connaissances géographiques se sont étendues presque sur toute l'Algérie et on a atteint sur beaucoup de points les limites du Sahara. Dans la province d'Oran, de nombreuses reconnaissances partant de Tlemcen, de Mascara, de Tagadempt, ont été poussées vers le S. et l'O. ; on a dépassé glorieusement les frontières du Maroc et pénétré dans le désert au S. de Tlemcen ; on a franchi le massif de l'Ouanseris, tourné celui qui est compris entre Medeah et Thaza et déterminé diverses positions du haut Chélif ; dans la province de Constantine, on a

(1) Le baron Baude : *L'Algérie*, 2 vol. in-8°. Paris, 1841.

occupé Msilah, visité les pentes méridionales des monts Quannougah, relié Tiffech et Tibesah à Guelma et à Constantine, et enfin exploré victorieusement le Zab de Biskra. C'est de ce côté, au sud de Constantine, que la largeur de l'Algérie est la plus grande.

II. *Constitution géologique.* — (1) Toutes les montagnes qui séparent le Sahara de la Méditerranée forment la masse de l'Atlas, et la division en grand et petit Atlas est une fiction des géographes modernes qui semble devoir être rejetée désormais, comme le répète encore M. Fournel dans son dernier rapport adressé au ministre de la guerre (2). Car sur presque aucun point les chaines ne sont nettement distinctes, et on ne pourrait nulle part marquer précisément où commence l'une, où finit l'autre. M. Fournel, en faisant remonter cette distinction à Ptolémée (3), remarque avec raison que Ptolémée ne l'appliquait qu'à la partie de l'Atlas qui atteint l'Océan; ainsi M. le général Duvivier avait eu raison de ne pas attribuer uniquement aux anciens l'erreur qu'il relève (4). Les géographes modernes n'entendent par petit Atlas que cette chaîne littorale peu élevée, mais escarpée et présentant beaucoup de découpures, qui s'étend depuis le détroit de Gibraltar, le long de toutes les côtes de Barbarie, à travers le Maroc et l'Algérie jusqu'à Tunis. Ils rattachent cette chaîne à l'ouest au haut Atlas de Fez et de Maroc, et la montrent courant à l'est parallèlement à la côte, jusqu'à la province de Titteri, au sud-est d'Alger, puis se courbant au sud-est à partir de la chaîne du Jurjura, et cette courbe se dessinant près des monts Quannougah, auxquels succèdent les monts Mustéouah et Aurès. « Si l'on maintenait la distinction de petit et de grand Atlas, dit M. Fournel, ce dernier devrait être défini : la suite des crêtes qui forment la ligne de partage des eaux entre la Méditerranée et le grand désert. » Mais, suivant lui, la chaîne de l'Aurès, en ce cas, appartiendrait à plus d'un titre au grand Atlas. La chaîne du petit Atlas se compose de plusieurs rangées de collines s'élevant avec des aspects très-variés vers l'intérieur, atteignant une médiocre hauteur et presque toutes couvertes d'arbres fruitiers et de forêts, quelquefois interrompues par des pentes escarpées et des pics nus. L'intervalle qui sépare ces deux chaînes presque parallèles, nommées petit et grand Atlas, est tout un pays de montagnes, entre-

coupé de nombreuses vallées, de fleuves, de pâturages; quelques géographes, Ritter par exemple, qui a exactement décrit l'aspect orographique de l'Algérie, appellent ce plateau l'Atlas moyen, et remarquent que, peu accidenté au sud vers Constantine, il s'élève de plus en plus et par terrasses du côté de l'ouest vers le haut Atlas. Desfontaines n'évalue qu'à 2,400 mètres de hauteur absolue les principales élévations de l'Atlas moyen, au sud d'Alger et d'Oran; elles ne sont nulle part couvertes de neiges perpétuelles; on y rencontre au contraire de grandes forêts de pins. Jusqu'à présent le massif du Jurjura pouvait être considéré comme le point culminant de l'Atlas, au moins dans l'Afrique française, mais, suivant M. Fournel, les monts Aurès paraissent beaucoup plus élevés. Ritter marque, comme un caractère particulier à ce pays de montagnes, la roideur des parois de rochers et les coupures presque verticales qui descendent à pic jusque dans la profondeur des vallées, laissant reconnaître des deux côtés de ces étroits passages, de ces *Beban*, comme les Arabes les appellent, les couches horizontales de roches adhérentes dans le principe.

On a observé en Barbarie le terrain de transition, le terrain secondaire, le terrain tertiaire, les formations volcaniques, le terrain diluvien et les différentes formations de l'époque actuelle. Un schiste talqueux, qui se présente en feuillets très-inclinés à l'horizon et plongeant toujours vers le sud, assez luisants, et passant fréquemment à un micaschiste bien caractérisé, compose la masse principale de la formation de transition : dans une partie de la falaise, le schiste talqueux se charge progressivement de feldspath, le talc passe au mica et la roche devient un gneiss bien caractérisé. La puissance du groupe schisteux dépasse 400^m; la stratification en est fort irrégulière; les montagnes qu'il constitue présentent des croupes arrondies et des flancs très-rapides et sont séparées les unes des autres par des vallées profondes dans lesquelles coulent de petits ruisseaux qui se dessèchent pendant l'été, quoique alimentés par de nombreuses sources. — La stratification du gneiss est également très-irrégulière; il ne présente pas de restes organiques; les montagnes qu'il constitue sont moins élevées que celles des schistes; les sources y sont rares et la végétation peu active. La masse des montagnes du petit Atlas, surtout au S. de la grande plaine de la Mitidja, est composée de marnes schisteuses tout à fait semblables à celles de notre lias d'Europe, alternant avec des strates de calcaires marneux; les débris organiques sont très-rares dans ces roches, et il n'y a même pas une seule impression végétale entre les feuillets du schiste; les espèces minérales sont également peu abon-

<hr>

(1) *Voy.* dans les *Nouvelles Annales des voyages*, t. LXXXII, p. 380, l'extrait d'un rapport fait par M. Élie de Beaumont à l'Acad. des sciences sur la géologie de l'Algérie.

(2) *Voy.* l'extrait de ce rapport inséré dans le compte rendu de la séance de l'Acad. des sciences du 20 janvier 1845.

(3) *Voy. Géograph.* liv. c. 1er.

(4) *Solution de la question de l'Algérie*, in-8°, Paris, 1841.

dantes dans la formation calcaréo-marneuse de l'Atlas; cependant à une lieue au sud du col de Teniah, il y a des minerais de cuivre en assez grande quantité. Les montagnes de cette formation sont hautes, mais peu escarpées; les deux versants de la chaîne présentent des vallées profondes et étroites et des sillons produits à l'infini par les eaux qui ont raviné la marne.

Le terrain tertiaire subatlantique ne se montre que par lambeaux vers le nord, mais toute la masse de l'Atlas moyen est constituée par ce terrain tertiaire, parfaitement semblable à celui qu'on voit en Italie, des deux côtés de l'Apennin; il y a deux étages : le plus ancien est formé de marne bleue, recouverte par une assise de strates de grès calcaire, alternant avec des sables jaunes ou rouges. La puissance du premier étage dépasse quelquefois 200 mètres, et celle du deuxième étage, qui ne contient d'autres minéraux que des veines peu considérables de fer hydraté, varie de vingt à cinquante mètres. Ce terrain est particulièrement développé du côté d'Oran, il forme la grande plaine qui s'étend à l'est de cette ville, existe sur les monts Rammra à quatre cent soixante-dix mètres au-dessus de la mer, et constitue la petite chaîne qui borde la route de Tlemcen. Le second étage y est un peu différent de celui d'Alger, il est composé de couches de marnes et de calcaires alternant ensemble sur une épaisseur de trente à quarante mètres. Les calcaires blanchâtres et crétacés, jaunâtres et grossiers, en occupent la partie inférieure ; ensuite viennent des lits calcaires alternant avec des marnes jaunâtres, souvent schisteuses, presque toujours sableuses, entre lesquelles se trouvent des bancs d'huîtres et une grande quantité de coquilles : la partie supérieure de ce second étage est formée par une brèche calcaire. Ce terrain du côté d'Alger paraît peu propre à la végétation, et au contraire, vers Oran, les plaines dont le sol en est formé, sont très-fertiles; mais il est remarquable que le terrain tertiaire des collines qui bordent la mer est bien plus favorable à la végétation que celui qui est situé assez avant dans l'intérieur.

On a jusqu'à présent reconnu peu de roches volcaniques en Algérie. L'abbé Poiret a relevé dans les environs de la Calle des traces positives d'anciens volcans. Depuis Oran, jusqu'au fort de Mers-el-Kebir, on voit au milieu des schistes des roches d'un gris bleuâtre qui paraissent y être venues à la manière de certains produits volcaniques; elles ont d'abord été décrites par Desfontaines; et M. Rozet, il y a dix ou douze ans, les a particulièrement étudiées (1). Elles paraissent compactes, mais on

y reconnaît une infinité de petites lames brillantes; quelques parties des roches bleuâtres se lient intimement avec une masse jaunâtre compacte; ces roches bleuâtres et jaunâtres sont des dolomies contenant un léger excès de carbonate de magnésie; elles étaient fluides lorsqu'elles ont pénétré dans les schistes et ont agi dans ce cas, suivant M. Rozet, comme les porphyres pyroxéniques et d'autres roches ignées en Europe. M. Rozet a vu encore au cap Matifou, dans la falaise, des trachytes gris sortir du terrain tertiaire, et ce trachyte est un porphyre trachytique.

Le terrain diluvien forme tout le sol de la plaine de la Mitidja; c'est un terrain d'alluvions composé de couches horizontales d'une marne argileuse grise et de cailloux roulés parmi lesquels on ne trouve jamais de gros blocs de pierre. L'épaisseur des couches de marne et de cailloux varie; dans un endroit les marnes dominent, ailleurs ce sont les débris pierreux. La nature de la marne est à peu près la même partout, mais celle des cailloux change. Il n'y a pas d'ossements de grands animaux ni aucun débris organique dans les alluvions de la Mitidja. D'autre part, il existe sur les bords de la mer des lambeaux d'un travertin ferrugineux agglomérant des coquilles marines passées à l'état spathique. Quant aux produits de l'époque actuelle, dunes, atterrissements, éboulements, etc., ils sont peu développés sur la côte de Barbarie.

Shaw, en parlant des environs de Tuggurt (1), avait décrit de véritables puits artésiens creusés par les habitants à cent et quelquefois deux cents brasses de profondeur, et fournissant toujours un volume d'eau considérable; M. Arago l'a déclaré dans une notice spéciale sur les puits artésiens (2), et M. Fournel, dans le rapport récent que j'ai déjà cité plusieurs fois, a insisté de nouveau tout particulièrement sur la possibilité d'établir une chaîne de puits artésiens à travers le désert, entre Biskra et Tuggurt. Il est clair pour lui, d'après les inflexions des couches, que, d'une part, l'espace compris entre Constantine et les montagnes qui dominent au nord Merdjet-el-Gouzi; d'une autre part, la plaine d'El-Kantara, se présentent comme formant deux bassins artésiens. « L'inclinaison définitive des couches de terrain vers le sud, dit-il, la compacité du calcaire qui forme les bancs supérieurs, la porosité des marnes intercalées dans ces bancs, tout porte à croire qu'une série de coups de

---

(1) Je dois dire à cette occasion que presque tous ces détails géologiques sont extraits du *Voyage dans la Régence d'Alger*, 3 vol. in-8° avec atlas, Paris, 1833,

et presque textuellement reproduits. *Voy.* en outre une *Notice géologique sur les environs d'Alger*, insérée par M. Rozet dans le tome XX° des *Annales des sciences naturelles* (cahier de mars 1831).

(1) *Voyages dans plusieurs provinces de la Barbarie et du Levant*, in-4°, 1743, t. 1er, p. 169.

(2) *Annuaire du Bureau des longitudes pour* 1835, p. 184.

sonde donnés dans le désert ferait jaillir des eaux en tel point qu'on choisirait ; et il est de la dernière évidence qu'il existe sous le désert une nappe d'eau qui vient de l'Atlas et qui doit avoir son cours du nord au sud. »

III. *Hydrographie.* — L'hydrographie de l'Algérie est encore très imparfaitement connue, et le tracé des cours d'eau sur les cartes est fréquemment interrompu par des lacunes ; il n'y a que leur partie inférieure, seule navigable, qui a pu être exactement relevée. Un grand nombre de rivières descendent du petit Atlas et, après avoir coulé dans le fond d'une vallée primordiale de cette chaîne, traversent la plaine du S. au N., puis, en arrivant au pied des collines qui s'élèvent entre le petit Atlas et la côte, font un coude plus ou moins grand et s'échappent par une coupure pour se rendre à la mer.

Les principaux cours d'eau sont de l'E. à l'O : la *Mafragg* (le *Muthul* de Salluste, suivant M. Dureau de la Malle), qui a son embouchure cinq lieues à l'est de Bône (1), et traverse la plaine à peu près parallèlement à la *Seybouse*, est aussi large que celle-ci, aussi profonde, et la partie navigable de son cours paraît remonter plus loin.

La Seybouse (le *Rubricatus* Ῥούβρικατος de Ptolémée), dans sa partie supérieure, court nord-ouest et sud-est ; sa rive gauche est bordée par les derniers mamelons des monts Aouara et Talaa ; sur sa droite s'étend la vaste plaine de Guelma. La suite continue de montagnes, qui limite au sud cette plaine, vient en décrivant un arc rejoindre brusquement les appendices du Djebel Talaa, ne laissant qu'une coupure étroite et profonde pour le passage de la rivière ; là celle-ci s'incline tout à coup à angle droit et courant sud-nord se dirige sur Bône, aux portes de laquelle elle tombe dans la mer. Le dépôt des alluvions de cette rivière refoulées par les vents d'est a fait une plaine de l'espace compris entre l'ancienne Hippone et la ville moderne, espace qui, dans des temps reculés, formait une anse du golfe de Bône ; plusieurs parties de cette plaine, dit M. Baude, sont à peine au niveau de la mer ; le vent a élevé le long du rivage un bourrelet de sable, et ces lieux bas recevant à la fois les « eaux douces de l'Edough, celles « de la vallée des Kharezas et les lames de « la mer, qui, dans les gros temps, franchissent « le bourrelet, ce mélange privé d'écoulement « se vaporise aux rayons d'un soleil ardent « en miasmes délétères. » C'est ainsi que les environs de Bône, autrefois très-sains, sont devenus infects et malfaisants.

La *Boujimah*, petite rivière dont le cours est très-lent, vient aussi verser une partie de ses eaux dans cette plaine ; elle se jette dans la mer à ¼ mille de Bône.

Le *Oued-el-Kebir* ou *Rummel* (anciennement *Ampsaga* ou *Fluvius cirtensis*), qui baigne Constantine, débouche près du cap Bougaroni par une vallée profonde située vis-à-vis d'une longue plage qui forme la côte en cet endroit, et arrive à la mer par la partie orientale de cette plage, après avoir couru parallèlement à elle. Quelques géographes reconnaissent l'Oued-el-Kebir dans une rivière dont l'embouchure est placée plus au nord-est dans la baie Mers-el-Zeitoun (le port des Olives) et que Shaw appelle Oued-Zoun.

La *Bouberak*, une des rivières les plus considérables de l'Algérie, a sa source chez les Zouaouah ; elle s'appelle d'abord *Nissah*, et sépare les provinces d'Alger et de Constantine ; elle reçoit vis-à-vis de Bordj le ruisseau *Bugdoura* ; elle court ensuite trois lieues à l'ouest ; puis, tournant à travers les montagnes de l'Abdelouairet, vers le nord, elle débouche dans la mer par une vallée située à l'est du mont Bouberak, à travers les sables que les vagues lui opposent tous les jours, et ce n'est qu'à l'époque des grandes pluies que ses eaux s'y versent directement après avoir emporté leur digue.

De l'autre côté du mont Bouberak débouche l'*Isser*, qui termine son cours à travers des terres basses et boisées.

L'*Hamise* prend sa source dans les montagnes des Beni Yaite, à huit lieues au sud ; en passant sur les terres des Megata et des El-Huthra, elle prend le nom d'*Arba-Taach-el-Mukdah*, c'est-à-dire des quatorze gués ; elle se jette dans la baie d'Alger, près du cap Matifou, à mille mètres à l'ouest des ruines de *Rustonium* ; elle est peu considérable, ne tarit jamais, mais est guéable presque partout.

Entre l'Hamise et l'*Harrach* le terrain est marécageux et tous les environs sont malsains. Cette dernière rivière sort du petit Atlas par une vallée qui se trouve précisément dans la direction du méridien d'Alger. Elle court du S. au N. en traversant la plaine de la Mitidjah ; arrivée au pied des collines qui limitent cette plaine au N., elle reçoit l'*Oued-Kerma*, qui descend du mont Bou-Zaria et décrit un demi-cercle en coulant vers le S. E. A ce point l'Harrach fait un coude, se dirige vers le N. E., reçoit un second ruisseau qui sort des collines, puis un troisième qui vient de la plaine, reprend ensuite la direction du méridien et, passant par une coupure de la bande des collines, va se jeter presque au milieu de la baie d'Alger ; elle est souvent obstruée par un banc de sable que les vagues y forment et qu'elle emporte tous les ans à l'époque des pluies.

Le *Mau-el-Zafran*, l'une des grandes rivières de l'Algérie, est formée par la réunion

<hr>

(1) M. Carette a présenté à l'Institut, en 1838, un *Mémoire sur l'embouchure de la Mafragg.*

24.

de la *Chiffah* et de l'*Oued-Djir* ou *Afroun*, réunion qui se fait un peu à l'O. de Koleah : au S. du col de Teniah est une langue de terre étroite, appelée *bois des Oliviers*, qui sert de point de partage à la Chiffah courant vers l'est et à des affluents de l'Afroun courant vers l'ouest, pour venir se rejoindre au delà des montagnes dans la Mitidja. Les berges de la Chiffah sont fort élevées, surtout du côté de l'est, où elles ont souvent près de quarante mètres de hauteur ; celles de l'Oued Djer, au contraire, sont peu élevées et très-rapprochées. Ces deux rivières, une fois réunies sous le nom de *Mazafran*, continuent à couler vers l'est dans un lit large de vingt à vingt-cinq mètres et bordé de hautes berges ; à une lieue de là. le Mazafran reçoit la rivière de Bouffarik, fort ruisseau qui sort de l'Atlas par la gorge devant laquelle Blidah est bâtie ; puis il se dirige rapidement vers la mer.

La rivière la plus considérable de l'Algérie pour la longueur de son cours et le volume de ses eaux est le *Cheliff* : les sources de cette rivière, qu'on appelle *Sebaoun Aïoun* (les septante sources), sont situées au pied du Ouannaseris. Le Cheliff supérieur coule à l'est pendant 13 lieues, puis du sud au nord sur une étendue de 16 lieues jusqu'aux environs de la ville d'Amoura ; s'inclinant ensuite vers l'Océan, il court presque parallèlement à la côte l'espace de 40 lieues, et reçoit dans cette partie de son cours, à droite la rivière de *Harbine* et les ruisseaux de *Ouarissa*, de *Tagia* et de *Rou Cena* ; et à gauche le *Feddah*, l'*Arheou* et la *Mina*. Enfin le Cheliff se jette dans la Méditerranée à 1 mille au sud d'une pointe rocailleuse qu'on a souvent prise pour le cap *Ivi* et que M. Bérard propose de nommer *pointe du Cheliff*, à 55 lieues à l'ouest d'Alger. Le Cheliff n'est pas obstrué par les sables comme la plupart des autres rivières de l'Algérie ; il coule librement jusqu'à la mer ; sur ses deux rives s'élèvent de grandes montagnes, qui laissent toutefois entre elles une large vallée ; aux approches de l'embouchure, celles de la rive gauche s'abaissent graduellement, de sorte que ce ne sont plus que des terres basses ou de moyenne hauteur qui bordent la grande baie entre le Cheliff et le cap Ferrat.

J'achèverai cette énumération des principales rivières de l'Algérie, en nommant seulement la *Magta*, appelée aussi *Habra* dans son cours supérieur, le *Rio Salato*, voisin du cap Fegalo et barré à son embouchure, et enfin la *Tafna*, qui se jette dans une petite anse, vis-à-vis l'île Areschgoul ou Harchgoun.

Le versant du désert est encore trop incomplétement connu pour que je puisse, dans un article aussi général, essayer une description méthodique du bassin des grandes rivières qui, de ce côté, descendent des pentes du grand Atlas.

L'Algérie contient plusieurs lacs considérables : sur la limite de la province d'Alger et de la province de Constantine, vers la partie méridionale de cette limite, est le lac *Schott*, qui s'étend au nord jusqu'à douze ou quinze lieues de la ville de Msilah. Ce lac long de quinze lieues environ, et d'une largeur moyenne de cinq lieues, couvre une vaste plaine terminée au sud par la chaîne de montagnes nommée Saadah et marque assez exactement le point où commence le désert du Sahara. (Pour les Arabes, le désert commence à Msilah même, mais la plus grande partie de la plaine étant encore couverte de cultures, il paraît plus juste de considérer la chaîne du Saadah comme la limite septentrionale.) Le lac Schott reçoit plusieurs cours d'eau importants : d'abord l'*Oued Ksab* (rivière des roseaux), formé par la réunion de l'*Oued Benia* et de l'*Oued Sedjid* ; le Ksab change plusieurs fois de nom ; il s'appelle *Dreat* (nom du village où est sa source), *Selaa*, en approchant de la montagne de ce nom, *Lokman* à dix-huit mille mètres de Msilah ; il traverse cette ville dans le sens de la longueur et se dirige au sud-ouest vers le lac Schott. L'*Oued Bou-Saadah* est un cours d'eau assez considérable qui va, comme le Ksab, se jeter dans ce lac.

Le lac *Melghegh*, dont les eaux sont salées, occupe le fond d'un immense bassin dans le pays de Zab, à l'E. de Tuggurt, et reçoit l'*Oued-el-Djiddi* (rivière du Chevreau), grossi de tous les ruisseaux qui coulent des pentes méridionales du grand Atlas.

Le lac *de Tilteri*, entre les provinces d'Oran et d'Alger, est traversé du S. au N. par le Cheliff.

Le littoral de la Méditerranée présente aussi plusieurs lacs intéressants à plus d'un titre : le territoire de la Calle est ceint de trois lacs, dont deux, celui de *Tonègue* ou de *Tonga* (Guera-Mta-oued-el-Hout) et celui du *Bastion* ou *lac Salé* (el-Melah), se déversent dans la mer ; le troisième, appelé l'*étang de Beaumarchand*, et actuellement *lac Supérieur* (el-Oubeira), ferme presque l'espace que laissent entre eux les deux premiers, car il est à 1000 m du lac Salé et à 2000 du lac de Tonègue. Ce dernier lac est profond et communique avec la mer par un beau chenal débouchant dans une crique où les petits bâtiments peuvent s'abriter. Le lac du Bastion a une profondeur de 2 à 3 mètres ; il pénètre de 2 lieues dans les terres et couvre une étendue de deux mille cinq cents hectares ; son extrémité méridionale est un taillis marécageux contenant principalement des aunes et des saules élancés ; l'extrémité septentrionale est d'un abord facile dans un terrain plus solide ; on y voit un bouquet de bois assez touffu, composé surtout de frênes et entremêlé d'aunes, de myrtes, de lauriers et de vignes sauvages. Le canal de communication de ce lac avec la mer, semblable à l'entrée d'une rivière, a une longueur de mille mètres environ ; il se dégarnit d'eau pendant l'été et laisse établir près de son embouchure une sorte de barre qui se détruit pendant l'hiver. Le lac Supérieur est d'un accès facile dans la plus grande partie de son contour. « Ses bords, » dit M. Kerris dans son *rapport sur l'exploitation forestière du cercle de la Calle*, rapport que j'aurai encore occasion de citer, « dégagés presque partout de joncs et de broussailles, sont inclinés en pente douce vers son intérieur et garnis d'une zone pierreuse qui prend l'aspect d'un fond de sable en se prolongeant sous l'eau. L'élévation de ce lac à trente mètres soixante-quatorze centimètres au-dessus du lac Salé ou du niveau de la mer, et sa distance de deux mille mètres seulement du lac Salé, ont depuis longtemps suggéré l'idée d'un canal de jonction entre les deux lacs, devant servir à la descente des bois flottants. »

A quatre lieues et demie au sud-ouest de Bône, le lac *Efzara* occupe au pied du mont Édough une surface de 10 lieues carrées ; son niveau est peu supérieur à celui de la mer. La vallée des Kharezas, qui s'ouvre en ligne directe de Bône au lac, entre le pied de l'Edough et les collines de Belelida, est, suivant Desfontaines, couverte des eaux de l'Efzara, quand ce lac est gonflé par les pluies d'hiver, et de cette manière ses eaux se déversent dans la mer. Les Romains, pour se prémunir contre l'inconvénient des irruptions naturelles des eaux de la vallée des Kharezas, avaient creusé un canal, appelé par les Arabes Kelidj-fyel, et dont la trace existe encore bien marquée à deux lieues au sud de Bône, vis-à-vis le pont de Constantine ; ils voulaient sans doute, dit M. Baude, à qui j'emprunte ce détail, jeter par là directement dans la Seybouse les eaux de la Meboudjah et diminuer d'autant le volume de celles que la vallée des Kharezas amenait sous les murs d'Hippone.

Au sud et à deux milles environ de la baie de Collo, on voit un lac, presque un bras de mer, qui s'avance dans l'intérieur des terres, mais qui est séparé de la baie par un espace de terrain sablonneux de trois cents pieds à peu près. Suivant une ancienne tradition conservée dans le pays, ce lac communiquait autrefois avec la mer et formait un beau et vaste port nommé *el-Djebia*.

Enfin, dans les environs d'Oran, il existe deux grands lacs qui se dessèchent entièrement pendant l'été. L'un est situé dans la plaine à trois lieues environ au sud de la ville et a plusieurs lieues d'étendue de l'est à l'ouest ; l'autre, qui est à une lieue et demie au sud-est, est elliptique, et son grand axe, qui est placé dans le sens du méridien, peut avoir deux mille mètres de longueur : ce sont le *Sebgha* ou *lac Salé*, et *El-Melah* ou les *Salines d'Arzeu*.

IV. *Végétation.* — Les montagnes du littoral sont couvertes d'épaisses forêts ; il s'y trouve des pins d'Alep de la plus grande beauté, particulièrement sur le mont Boudjareah, massif isolé qui occupe en avant de la plaine de la Mitidja une aire de 33,000 hectares ; les sommets des Sept Caps (Sebba Rous) entre Jigelli et Collo sont garnis de grands arbres ; on aperçoit de Bône sur les cimes de l'Edough une futaie qui s'étend sur le revers opposé et dans les vallées de la Seybouse. L'Algérie possède surtout en grande quantité deux arbres forestiers d'un produit précieux, le chêne à gland doux et le liège. Desfontaines (1) a donné une description détaillée du premier de ces arbres, dont il avait vu de vastes forêts dans les montagnes de Blidah, de Mascara et de Tlemcen. Mais c'est surtout dans le cercle de la Calle que se produisent les richesses forestières de l'Algérie (2). A peu de distance de la Calle, le sol, couvert jusque-là de bruyères et de broussailles, se garnit de quelques arbrisseaux. Les incendies périodiques des Arabes ont singulièrement nui au développement de ces arbres, les chênes-liéges seuls ont été garantis de la combustion par leur écorce peu inflammable. Dans les fonds humides et sur les bords des lacs Tonga et Supérieur, on voit reparaître les aunes, les saules, les ormes, les frênes, les érables, les peupliers d'Italie, parce que l'eau les préserve. Ailleurs le chêne-liège prédomine. En quelques endroits où le terrain est sec on trouve des chênes particuliers nommés *zán* en arabe et mélangés avec les chênes-liéges. A cette occasion, M. Kerris remarque que la dénomination des lieux arabes se ressent du grand nombre d'agglomérations de zán, et qu'il y a beaucoup d'endroits différents en Afrique qui portent le nom de *Zanhd* (lieu des zán).

La végétation du petit Atlas ressemble beaucoup à celle du midi de l'Europe. Les cactus et les orangers croissent jusqu'à 600^m de hauteur sur le versant nord ; mais on n'en voit presque point sur le versant sud. De ce côté les figuiers vivent cependant jusqu'à 1400^m de hauteur. Dans les collines au S. du petit Atlas, dont la hauteur moyenne au-dessus de la mer est de 1000^m, on ne trouve plus ni cac-

<hr>

(1) *Flora Atlantica*, 2 vol. in-4°, Paris, 1798.
(2) *Voyez le Rapport sur l'exploitation forestière du cercle de la Calle et renseignements divers sur quelques autres forêts de l'Algérie*, par M. Kerris (*Annales maritimes*, octobre 1842, n° 64).

tus, ni orangers, mais quelques oliviers seulement çà et là. La végétation dans ce pays est très-active; des bords de la mer au pied de l'Atlas les deux tiers de la surface du sol sont couverts de fortes broussailles de la plus haute taille. Les endroits marécageux, les lits des ruisseaux, ceux des rivières et des torrents sont remplis de lauriers-roses. Au sud du petit Atlas, la force de la végétation est beaucoup moins grande qu'au nord; il s'y trouve une grande étendue de terrain aride. Le dattier est assez rare dans ce pays; le dattier nain forme des touffes au milieu des broussailles. Les orangers amers et les citronniers sont sauvages; ils croissent dans les vallées des environs d'Alger. Le grenadier croît en grande quantité dans toute la Barbarie, ainsi que l'arbousier. La vigne est très-cultivée en Algérie, mais elle se trouve aussi à l'état sauvage dans les haies, les bois et même dans les broussailles. Les plantations d'oliviers en plein rapport sont très-nombreuses et très-étendues, notamment dans les environs de Bougie, de Tlemcen et au pied de l'Atlas, le long de la Mitidja. Il ne se trouve plus aujourd'hui qu'un petit nombre de mûriers magnifiques, disséminés dans la campagne, faible reste des nombreuses plantations que des familles mojadares et tagurines réfugiées d'Espagne à Alger avaient faites sur la côte, et que Gramaye au dix-septième siècle et plus tard Peyssonel ont admirées. Parmi les plantes herbacées, l'absinthe y croît en abondance. Les ombellifères y prennent des dimensions considérables; l'acanthe est dans toutes les haies. Les cryptogames sont rares; il n'y a presque pas de mousses et très-peu de lichens. Enfin la végétation marine est loin d'avoir la même vigueur que celle de la terre.

On ne connaît encore en Afrique que quelques arrosages imparfaits autour de Blidah, de Tlemcen, de Biskarah, à l'embouchure du Chéliff; ceux des environs d'Alger et de la tribu de Djeballah n'ont pas encore d'importance aux yeux de M. Baude. Il indique de grands travaux de ce genre à faire dans la plaine de Bône, en l'abreuvant des eaux de la Seybouse et de la Mafragg et peut-être de celles du lac Efzara. Constantine, dit-il, est placée dans les meilleures conditions pour tirer parti de la pente du Rummel; et dans la province de Bougie, les 6000 hectares de plaine qui avoisinent la ville peuvent être arrosés par une double dérivation de la Soumah. Quant à la province d'Alger, quel que soit le volume des eaux qui descendent de l'Atlas dans la Mitidjah, qui sourdent, ajoute-t-il, naturellement dans les marais de la plaine, ou que produirait l'ouverture de puits artésiens, leur distribution sur cette vaste surface est la meilleure base à donner à notre établissement agricole dans cette province. « Les rivières de l'Algérie ne portent bateau que vers leur embouchure, sur des espaces fort courts; aucun intérêt de navigation fluviale ne s'oppose donc à ce que l'agriculture s'empare de toutes les eaux disponibles sur les longs plans inclinés qui s'étendent des crêtes de l'Atlas à la mer et au désert. »

V. *Description des côtes*. — Il m'a paru opportun de placer ici un résumé de la description des côtes de l'Algérie qu'a publiée M. Bérard, et qui permet d'apprécier si exactement l'importance maritime de nos possessions d'Afrique (1). M. Bérard, prenant pour point de départ la baie d'Alger, décrit d'abord toute la portion de littoral qui s'étend à l'E. de cette baie, jusqu'à l'île de la Galite, puis celle qui s'étend vers l'ouest, entre Alger et les îles Zafarines. La baie d'Alger occupe un espace de huit à neuf milles de l'est à l'ouest, et sa profondeur est d'environ quatre milles; elle n'offre aucun mouillage assuré contre les gros temps de l'hiver. Je n'entrerai ici dans aucun détail sur les différents projets proposés pour l'agrandissement et les autres améliorations du port d'Alger, sur les discussions que cette grave question a provoquées, ni sur l'opportunité et la raison du choix qui fut fait entre ces divers projets; je me contenterai de renvoyer le lecteur à un article de M. Bonfils, publié dans les *Annales maritimes* (2). A la distance d'un mille environ de ce port est le fort Bab-Azoum, dans une position remarquable. La côte est rocailleuse d'abord, puis vient une large plage qui tourne à l'est-sud-est et se courbe insensiblement en remontant enfin vers le nord, jusqu'à la rive Hamiz; là le sable disparaît, et c'est une falaise qui, s'élevant graduellement jusqu'au cap Matifou, forme la partie orientale de la baie d'Alger. Ce cap occupe un espace de deux milles et ne présente que des terres basses. Jusqu'au cap Bengut il n'y a ni abri ni mouillage; sous ce nom M. Bérard comprend toutes les hautes terres qui sont de vingt-quatre à trente-trois milles à l'est-nord-est du cap Matifou, et parmi lesquelles dominent le mont Bouberak (600 mètres) et la longue et étroite pointe de Dellys, qui protége comme un môle le bon mouillage de ce nom. A partir de Dellys la côte suit à peu près une direction est et ouest, sans sinuosités remarquables, jusqu'au cap Corbelin, assez élevé, d'une couleur roussâtre et facile à re-

(1) *Voy.* cette *Description nautique des côtes de l'Algérie*, in-8°, Paris, 1835, et les nombreuses cartes dressées par MM. Bérard et Dortet de Tessan, et publiées au Dépôt de la marine.

(2) *Exposé des projets faits pour le port d'Alger* par MM. Monthuisant, Poirel, Garella, Raffeneau, Bernard et Baude, ingénieurs; et par MM. Bérard, Hâng, Delasseaux et Lainé, officiers de la marine. (*Ann. marit. et colon.*, août 1842, n° 18.)

connaître aux bandes inclinées que forment les diverses couches de roches dont il est composé. Au sud de ce cap est la montagne Azefoûn, élevée de 1360 mètres. Une longue plage de sable, terminée par des falaises basses et pierreuses, forme le cordon de la côte jusqu'au cap Sigli, désigné par Shaw sous le nom de *Ash-oune-mon-Kar* et dans lequel on a reconnu le *Vabar*, Οὐαβαρ de Ptolémée. Du cap Sigli au cap Carbon, la côte suit à peu près la direction de l'est-sud-est, et présente à la mer une muraille perpendiculaire de grands rochers. Le cap Carbon est formé par la partie nord-est d'un massif de rochers presque nus et dont le sommet, appelé Goureya, s'élève à 671 mètres au-dessus du niveau de la mer. La côte tourne alors au sud et, en faisant diverses sinuosités vers l'ouest, le sud-ouest et le sud, dessine une baie où est bâtie Bougie et où l'on trouve un abri sûr en toutes saisons. La côte décrit ensuite une forte courbe jusqu'au cap Cavallo, terre assez élevée qui s'avance vers le nord-nord-ouest et à l'est de laquelle sont plusieurs petites îles appelées sur les cartes îles Cavallo. Jusqu'au port de Jigelli, la côte n'est qu'une série de roches basses et uniformément placées ; ce port ressemble à celui de Tripoli de Barbarie, mais est plus petit et moins sûr. C'est un bon mouillage dans la belle saison ; abrité au sud et à l'est par les terres, il est en partie défendu des effets du vent du nord par une ligne de rochers qui s'étend à l'est de l'ouest à plus de 800 mètres, et la construction d'une jetée, qui ne laisserait plus le port ouvert qu'aux vents d'est, peu dangereux, permettrait aux bâtiments d'hiverner sûrement à Jigelli. De là au cap Bougaroni la côte suit à peu près l'est-nord-est en ligne droite. Le cap Bougaroni a été ainsi appelé par les coralleurs génois ; les Maures l'appellent *Sebba Rous* (les Sept Caps) : c'est le point le plus septentrional de toute la côte de l'Algérie. Il est formé par une grande masse de terres qui occupent une étendue de plus de seize milles de l'est à l'ouest. Son sommet le plus élevé a 1090 mètres ; sa surface est en général très accidentée et offre beaucoup de parties défrichées. Les environs de la baie de Collo offrent le tableau le plus varié et le plus pittoresque, sauf la presqu'île d'Aldjerda, qui est d'un aspect assez triste et bordée de quelques roches arrangées en tuyaux comme des trachites ou des basaltes. A la baie de Collo succèdent le Raz Bibi, qui s'avance en pointe étroite et se compose de divers mamelons, puis une côte soutenue par de grandes roches, une baie ouverte vis-à-vis d'une vallée profonde et boisée nommée Akmès, de nouveaux escarpements de roches, un gros cap sans nom qui s'avance en face de l'île Srigina, la petite anse de Stora, regardée par les Maures

comme le port le plus sûr de la régence, entourée de sites charmants et voisine des ruines de *Rusicada*, le cap Skikida (altération évidente de Rusicada, Rus Sicada, Ras Skida, comme l'a démontré M. Dureau de la Malle), une plage uniforme et longue d'environ six milles, et le cap Filfila, qui, du côté de là mer, est un composé de falaises rocailleuses taillées à pic. Le grand enfoncement compris entre ce cap et le cap de Fer est généralement connu sous le nom de golfe de Stora. Le cap de Fer est formé par une masse étroite de terres élevées et garnies à leur base et à leur sommet de rochers gris entièrement nus. Le plus haut sommet a 480 mètres. Ce cap et le cap Bougaroni sont à très-peu de chose près sur le même parallèle ; la distance qui les sépare est de trente-six milles ; à partir de là, la côte court au nord-est jusqu'au Raz Arxin, puis au sud-est sans sinuosités : au sud, à trois milles de ce dernier cap, est une petite crique où aboutit un ravin profond, c'est là que M. Bérard place le *Sullucu* de la table de Peutinger ou le *Collops parvus* de Ptolémée Κόλλοψ μικρός (livre IV, chapitre 3) (c'est plutôt, je crois, le Collops magnus, Κόλλοψ μέγας ἢ Κούλλου, qu'il faut assimiler au Sullucu). La côte se redresse ensuite vers le nord est, et de grands rochers la garnissent comme une espèce de muraille jusqu'à la *Voile noire*, roche conique qui ressemble à une voile latine. Le cap de Garde ou Ras el-Hamrah (le cap Rouge) est formé par le prolongement d'une crête de montagnes de l'intérieur qui part du mont Edough ; les terres de ce cap sont très-arides. La plage qui borde la ville de Bône tourne au sud après l'avoir dépassée. A partir de l'embouchure de la Seybouse, la côte se courbe peu à peu vers le sud-est, puis vers l'est et remonte à l'est-nord-est pour aboutir, treize milles plus loin, au cap Rosa, qui est formé de terres peu élevées ; le mamelon de l'intérieur qui en fait la principale masse a 330 mètres de hauteur ; mais le cap lui-même, composé de roches coupées à pic n'a que 90 mètres ; c'est le point de la côte d'Afrique où l'on pêche le plus beau corail. La portion de la côte comprise entre les caps de Garde et Rosa forme le golfe de Bône. Le cap Gros présente des contours arrondis, mais est formé de terres élevées ; c'est à deux milles de là qu'est la Calle française, ancien établissement de la compagnie d'Afrique. Entre le Monte Rotondo et le cap Roux, M. Bérard détermine la limite de l'Algérie et de Tunis, comme je l'ai dit plus haut. Du cap Rosa au cap Roux les terres du littoral ont une moyenne hauteur et sont presque partout recouvertes de broussailles épaisses. Après le cap Roux, la côte devient haute et très-escarpée. Le cap de Tabarque détermine une courbure de la côte vers le sud-est, qui forme une baie plus large que profonde, à l'ouverture de laquelle est l'île Tabarque, rocher stérile, couronné de fortifications. Cette île a appartenu pendant plusieurs siècles à la maison des Lomellini de Gênes; en 1738 elle fut livrée par trahison au bey de Tunis.

Si maintenant on revient à Alger et qu'on suive la côte de l'est à l'ouest, on voit d'abord une masse de terres qui s'avance à l'ouest de la baie d'Alger et dont Abou Zaryah est le sommet le plus élevé, et la pointe Pescade l'extrémité la plus saillante vers le nord: cette masse de terres forme le cap Caxine. La côte au delà de la pointe basse du Raz-Aquathyr tourne au sud et forme une grande anse terminée à la presqu'île de Sydy-Ferougi; cette presqu'île, large de un tiers de mille environ, s'avance d'un mille au nord-ouest et forme ainsi deux baies très-ouvertes. A partir de là, la côte suit une direction générale au sud-ouest; elle est peu élevée et d'un aspect assez monotone jusqu'au Raz-el-Amousch, composé de terres hautes, qui occupent une grande surface de l'est à l'ouest et dont le sommet principal, de 850 mètres de hauteur, s'appelle Schénouah. Le port de Cherchel, situé dans une petite anse circulaire dont l'ouverture est tournée au nord-ouest, n'est aujourd'hui praticable que pour les petits bâtiments. Jusqu'au cap Ténès, la côte suit une ligne presque régulière vers l'ouest sans enfoncements remarquables; ce cap est formé d'une grosse masse de roches escarpées qui occupe de l'est à l'ouest une longueur de trois milles vis-à-vis l'île Colombi ou Palomas, petit rocher de 26 mètres de hauteur, éloigné de la côte de moins d'un demi-mille. La côte se courbe vers le sud-ouest, formant une rentrée peu profonde, mais d'une grande longueur; M. Bérard y reconnaît la baie que Shaw appelle *Magrowa*. Jusqu'au cap Ivi la côte n'est plus qu'une suite de falaises ou de terres peu élevées; ce cap même est formé par des terres de peu de hauteur; mais à peu de distance, derrière lui, sont les montagnes du Cheliff qui s'élèvent à 320 mètres. Depuis la pointe rocailleuse que M. Bérard appelle la pointe du Cheliff jusqu'à quelques milles au sud de Mostaganem, la côte suit une direction générale, qui est le sud-30°-ouest, sans beaucoup de déviations. Plus loin, la baie d'Arzeu offre un excellent mouillage pour toutes les saisons aux bâtiments ordinaires du commerce. On désigne sous le nom de cap Ferrat le groupe entier de montagnes interposé entre la baie d'Arzeu et celle d'Oran; le sommet le plus élevé a 626 mètres de hauteur. Au fond du grand enfoncement à l'ouest du cap Ferrat, il y a deux plages de sable entre lesquelles est Oran; le mouillage d'Oran est défendu des vents d'ouest et de nord-ouest par la pointe du fort Lamouna; après cette pointe, la côte tourne à l'ouest, puis se courbe en remontant vers le nord et se joint au fort de Mers-el-Kebir, qui s'avance comme un môle vers l'est, et forme le meilleur abri qu'on puisse trouver sur tout le littoral de l'Algérie. La baie de Mers-el-Kebir est entourée de tout côtés par des terres élevées; celles du sud, appelées monts Rammra, sont très-remarquables et forment une chaîne dirigée de l'ouest à l'est. — A l'est du cap Falcon est la baie de las Aguadas; à l'ouest du même cap est une autre baie plus profonde, bordée également de plages et de falaises qui s'élèvent insensiblement en approchant du cap Lindlès, formé par des terres hautes, dont les arêtes se dirigent vers l'intérieur et vont rejoindre la chaîne qui finit à Mers-el-Kebir. De ce cap au cap Fégalo, la côte se dirige généralement au sud-ouest et s'élève insensiblement; le cap Fégalo est un des plus avancés de la côte, il est très-escarpé, presque taillé à pic et, à son pied, on remarque des couches basaltiques ou trachytiques qui affectent toute sorte de directions. Plus loin le cap Noé est formé de terres hautes et coupées à pic du côté de la mer, entre lesquelles domine la montagne de Noé, haute de 930 mètres; viennent enfin le cap Honé et le cap Milonia en deçà et au delà de la limite du Maroc.

VI. *Division et topographie.* — Sous la domination des deys, les provinces étaient gouvernées par des beys qui leur payaient un tribut annuel. La régence d'Alger était divisée en quatre provinces, dont trois seulement avaient des beys; c'étaient, au sud, la province de Titteri, qui ne comprenait que deux villes, Medéah, la capitale, et Miliánah; à l'est, la province de Constantine, séparée de la province de Titteri, au sud-ouest par les petites villes de Sidi Hadjerès et de Sidi Aissa, et à l'ouest par la chaîne des Biban jusqu'aux villages des Ouled-Mansour (la ville de Bougie et la vallée de l'Oued Soumar n'étaient pas comprises dans son territoire); à l'ouest, la province d'Oran, appelée d'abord royaume de Tlemcen, puis province de Mascara. De plus, le dey administrait directement le pays compris entre le petit Atlas, la mer, le cours de la Chiffah et celui de l'Arrach, et renfermant trois villes : Alger, Blidah et Coleah (1).

Province d'Alger. — La ville d'ALGER est située par 36° 47′ 25″ de latitude nord et 0° 42′ 25″ de longitude est comptés du méridien

(1) *Voy.* l'ordonnance du roi portant réorganisation de l'administration générale et des provinces en Algérie, dans le *Moniteur universel* du 18 avril 1845.

de Paris ; elle s'élève en amphithéâtre sur le penchant d'une colline dont le pied plonge dans la mer et dont la cime atteint 124 mètres au-dessus de son niveau ; elle a la forme d'un triangle : sa base est appuyée sur la côte et son sommet sur le sommet même de la colline ; c'est à ce point qu'est bâtie la Kasba, citadelle qui servait de résidence au dey. « Du haut du Boudjareah, dit M. Baude, la surface qu'on a sous les yeux est de cinq à six cents lieues carrées ; elle s'étend de la mer aux crêtes de l'Atlas, de Dellys à Cherchel, et se divise en trois parties bien distinctes, le Sahel ou massif d'Alger, la plaine et les flancs de l'Atlas et de ses contre-forts. La superficie du massif est de vingt-cinq lieues carrées ; ses pieds sont baignés par la mer au nord, à l'est par l'Arrach, à l'ouest par la Mazafran ; au sud elle descend brusquement vers la plaine. Ses nombreux vallons sont arrosés l'hiver et desséchés l'été : le déboisement du massif a appauvri extrêmement les sources. » La vaste plaine de la Mitidja est comprise entre deux chaînes qui courent à peu près de l'est à l'ouest ; celle du sud, le petit Atlas, est beaucoup plus élevée que celle du nord : cette plaine réunit toutes les qualités de terrains, *depuis les meilleurs jusqu'aux plus mauvais*, suivant l'expression de M. Baude. — Au commencement du seizième siècle, Alger n'était que le marché de la Mitidja ; Khayreddin ou Barberousse II fut son véritable fondateur ; car le port qu'il construisit, quelque mauvais qu'il fût, suffit pour lui donner une extrême importance (1). Du reste, « sa position maritime et militaire au centre de la régence, la convergence vers ses murs des dépressions de l'Atlas, aux Portes de Fer et à la coupure de la Chiffah, le voisinage de la Mitidja, celui de la vallée du Chéliff, dont on peut faire un prolongement de la Mitidja, assignent à Alger les principaux caractères d'une capitale. »

La grande route d'Alger à Blidah se dirige vers la Mitidja ; très-près de l'endroit où elle débouche dans la plaine, se trouve à gauche, sur un petit mamelon, une *grande maison carrée*, ancienne ferme du dey d'Alger ; puis la route tourne brusquement à l'ouest et va passer le Oued Kerma sur un pont en pierre ; on rencontre l'*Haouch* du bey d'Oran, ainsi nommé parce que ce bey y couchait quand il apportait à Alger les tributs de sa province ; plus loin, l'Oued Bouffarik ; et au delà *Bouffarik*, le premier poste que les Français aient établi dans la Mitidja et qui est destiné à devenir le centre de nos établissements dans la plaine :

<hr>

(1) *Voy.* le Tableau de la force et des richesses d'Alger au commencement du dix-septième siècle, dans J. B. Gramaye : *Africæ illustratæ libri decem,* etc. 1622.

ce poste occupe l'emplacement d'un marché renommé ; il relie les deux postes de Douéira et de Blidah, et est fortifié. Là la route se divise en deux branches, dont l'une se dirige vers l'ouest pour aller à Oran, et l'autre vers le sud-ouest pour aller à *Blidah*.

Cette ville est située au pied du petit Atlas, vis-à-vis l'ouverture d'une vallée très-profonde et tout près de la montagne. Les environs sont assez bien cultivés. Les montagnes voisines sont habitées par les tribus des Beni-Meissera à l'est, des Beni-Sala et des Beni-Messous à l'ouest. Cette dernière tribu s'étend jusqu'à la vallée de la Chiffah, au delà de laquelle commence le territoire de la tribu de Mouzaïa. Les tribus des Beni-Sala et des Beni-Messous ne descendent pas dans la plaine et sont limitées de ce côté par le Oued Kebir.

La route de Medeah sort de Blidah par la porte de l'ouest, suit les bords du Oued Kebir, passe au point de réunion de cette rivière avec la Chiffah, fait un coude à la ferme de Mouzaïa et se dirige perpendiculairement à la chaîne du petit Atlas, qu'elle traverse entièrement ; dans les montagnes elle est dominée à gauche par les montagnes de Mouzaïa, qui s'élèvent à plus de 300 mètres au-dessus d'elle ; à droite, elle côtoie une vallée profonde ; après avoir traversé des ravins escarpés et contourné des rochers à pic, elle atteint le col de Teniah, dont les alentours sont boisés ; au pied des montagnes, elle longe une plaine étroite, au milieu de laquelle est un très-beau bois d'oliviers, puis elle monte par une pente douce le plateau du Nador, entièrement aride ; on a alors devant soi une grande vallée et, au milieu, la ville de *Medeah*, bâtie sur un mamelon escarpé de tous les côtés, sauf celui du sud, bordé par des affluents du Cheliff et voisin de la tête du bassin de l'Oued Djir. Une forteresse romaine occupait la partie supérieure du mamelon et s'arrêtait à mi-pente vers le sud : des restes de ces remparts subsistent encore. La ville actuelle s'étend de ce côté jusqu'au pied du mamelon et se divise en haute et basse ville ; elle est à 1100 mètres environ au-dessus du niveau de la mer ; en été de grandes chaleurs s'y font sentir, mais en hiver il y fait très-froid. Les oliviers et les orangers ne s'y trouvent plus ; les arbres qu'on y voit sont le mûrier, le poirier, le peuplier ; la vigne y est le principal objet de culture. Les Français s'y sont établis en 1840 ; elle était alors presque déserte ; mais elle est destinée à assurer les communications et le commerce entre le Sahara, les Beni-M'zab et Alger. Une voie romaine, partant de Medeah et se dirigeant d'abord au sud, puis à l'est, parvenait sans difficultés de terrain à Constantine, après avoir tourné le Djurdura et les Biban ; une autre joignait Medeah et *Milianah*.

Cette dernière ville, dont les Français ont pris possession le 8 juin 1840, est située dans les montagnes, à 900 mètres environ au-dessus du niveau de la mer et à cinq milles de la plaine du Cheliff; bâtie sur le flanc d'un rocher, elle est couverte du côté du nord par le mont Zakkar, à l'est par un ravin qu'elle domine à pic; à l'ouest par un plateau arrosé d'eaux vives; au sud s'étend une vallée fertile limitée par le petit Gontas. Le mont Zakkar, élevé de 1534 mètres au-dessus du niveau de la mer, se prolonge à l'est et à l'ouest, et ses extrémités touchent aux territoires de deux tribus, les Righa et les Beni-Menasser. La population de Milianah à l'époque de l'occupation française pouvait être de sept ou huit mille habitants arabes de tribus ennemies, les Righa, les Beni-Menasser, les Reyra, les Lachem, les Beni-Zoug-Zoug, etc., et Maures ou Koulouglis. Le territoire de cette ville est très-fertile. Les eaux qui l'arrosent proviennent d'une quantité de sources contenues dans le Zakkar et situées au nord-ouest de la ville. On a supposé que ces eaux s'échappent de réservoirs supérieurs ou de cavernes, parce que le Zakkar n'est jamais couvert de neiges et que ses eaux ne diminuent point de volume, même dans les plus fortes chaleurs. La température est modérée, mais variable; la chaleur est moindre qu'à Alger, Bône et Oran; la direction des vents est de même très-variable, elle change plusieurs fois en un jour; cependant le climat n'est pas malsain. Le terrain sur lequel est bâtie Milianah est formé principalement de dépôts calcaires, recouverts en certaines parties d'une couche de terre végétale épaisse de 4 à 5 mètres. En fait de minéraux, on y trouve des oxydes et du carbonate de fer, mais surtout des sulfures de plomb mélangés d'antimoine. Le flanc de la montagne à laquelle la ville est adossée est formé de carbonate de chaux d'une dureté moyenne et facilement taillable au ciseau. Au nord-est de la ville sont d'énormes gisements de marbres de différentes couleurs, d'un grain très-fin, et on a même retrouvé des échantillons d'un marbre entièrement blanc qui paraissent venir du haut du mont Zakkar. Il existe des traces d'une voie romaine sur la route qui conduit à la tribu des Righa, à l'est de la ville. Ce qui donne une grande importance à Milianah, c'est qu'elle domine la partie supérieure du Cheliff et les riches tribus de la vallée de ce fleuve, et qu'elle est placée sur la ligne de communication entre Alger et les principales villes de la province d'Oran.

Dans la province d'Alger, il faut mentionner encore deux villes maritimes : *Cherchel* et *Dellys*. Cherchel, située à dix-huit lieues à l'ouest d'Alger, n'occupe aujourd'hui qu'une très-petite partie de l'enceinte de la ville romaine, *Julia Cæsarea* : la ville actuelle a six ou sept cents mètres de diamètre, la ville romaine en avait deux mille. Elle est située sur la pente septentrionale de collines élevées de 100 mètres au-dessus de la mer, dans un pays sain, fertile, abrité des vents du sud par la chaîne du Zakkar. Les environs sont boisés, cultivés avec soin, et arrosés par plusieurs cours d'eau, notamment par l'Oued Bellaa et l'Oued el-Hachem, qui ne manquent jamais d'eau. Avant la prise de possession de Cherchel par les Français en 1840, les habitants faisaient avec Alger un commerce de cabotage assez actif, consistant en fruits, en bois à brûler et en bois de construction. Cherchel a l'avantage de dominer la partie occidentale de la Mitidja, dont cette ville n'est séparée que par des collines peu élevées et par un intervalle de cinq à six lieues connu sous le nom de Sahel des Beni-Menad. Le port de Cherchel est battu par tous les vents, sauf les vents d'ouest, desquels l'abrite une presqu'île réunie au continent par une plage de sable. — *Dellys*, en arabe *Tedles*, est située à vingt lieues à l'est d'Alger. Lorsqu'en 1517 les deux Barberousse se partagèrent la régence, Khayreddin établit sa résidence à Dellys. Nicolas de Nicolaï, qui la visita en 1551, et Gramaye plus tard, ont exalté l'industrie et les vertus de ses habitants; mais l'oppression des Turcs avait réduit cette population à six cents habitants.

Province d'Oran (1). — ORAN, située à 35° 44′ 20″ de latitude nord et à 3° 2′ 28″ de longitude ouest, et par conséquent à soixante-seize lieues d'Alger, occupe sur le bord de la mer deux petits plateaux allongés, séparés par une vallée escarpée dirigée de l'ouest à l'est, et dans laquelle coule un assez fort ruisseau. Ce ruisseau prend sa source au sud-ouest de la ville, dans le prolongement des montagnes de Rammra; il est conduit dans cette vallée par un aqueduc souterrain; au sortir de la vallée ce ruisseau, toujours souterrain, suit au nord un ravin très-escarpé, et, un peu avant d'entrer dans Oran, à un endroit nommé *la Fontaine*, une partie de l'eau s'échappe par une ouverture latérale faite au conduit, et coule dans le fond de la vallée; le reste se rend sur le flanc occidental de la ville dans un bassin d'où l'eau est ensuite distribuée. Oran demeura longtemps entre les mains des Espagnols, qui la fortifièrent, puis l'abandonnèrent et la reprirent plusieurs fois; enfin, en 1791, à la suite d'un tremblement de terre qui la détruisit presque complétement, ils la cédèrent au dey d'Alger. D'Oran une route, qui traverse le village de Kerguenta, se dirige vers l'est et conduit à Arzeu et à Mostaganem; un peu plus au sud, celle de Mascara et d'Alger longe ce

(1) *Voy.* Baude, *Province d'Oran. Alger.* 1836, (*Revue française*, 4e livraison, août 1837.)

même village et traverse le plateau où est le cimetière d'Oran; celle de Tlemcen passe par le village de Raz-el-Aïn et se dirige au sud-ouest en côtoyant les monts *Akebet Aroun*, prolongement du Rammra. Le fort de *Mers-el-Kebir* est à huit mille mètres d'Oran; *Arzeu* à huit lieues nord-nord-est, *Mostaganem* à vingt-cinq lieues est, et *Mazagran* à treize lieues nord-est. Il y a quarante ans, dit M. Baude, les territoires de Mostaganem, de Matamore et de Mazagran comprenaient, de l'embouchure du Cheliff à celle de la Magta, une population de vingt à vingt-cinq mille âmes; elle était réduite de moitié en 1830, mais les environs de Mostaganem présentaient encore en 1833 l'aspect le plus riche et le plus frais. Tout a bien changé de face par suite de l'occupation française; aujourd'hui les arrosages et les plantations ont disparu. Abd-el-Kader a violemment transporté à Tekedempt l'ancienne population de Mazagran, et elle a été remplacée par des réfugiés des tribus de Bethowa, de Mekalia, de Chourfa, et surtout de celle de Borgia. Celle-ci habitait le territoire d'El-Borg sur la route de Mostaganem à Maskara; elle a été transférée en 1836 sur la Mina, près des Akermas.

La ville de *Maskara*, placée sur le versant méridional des collines qui ferment au nord la plaine d'Eghrès, est assise sur deux mamelons séparés par un ravin où l'eau coule en tout temps; elle se compose de cinq parties distinctes : la ville proprement dite est sur le mamelon de l'est. Des eaux très-belles en arrosent tous les points; elles proviennent d'une source située à trois mille mètres de là, et qui ne tarit pas en été.

Tlemcen est bâtie en pente au pied des montagnes; elle se divise en quatre quartiers : Jeidan, Aïn-Haoud (fontaine poissonneuse), Sidi Bouhameda et Tlemcen. Derrière la ville s'élèvent trois étages de montagnes, d'où tombent en cascades plusieurs ruisseaux. Au sud s'étend un riche vallon, qui contraste par sa fraîcheur et sa fertilité avec l'aspect aride des collines et montagnes pelées placées dans le lointain. Desfontaines dit n'avoir jamais vu un pays aussi bien arrosé, et la description qu'il fait des environs de Tlemcen est toute séduisante (1). Cette ville est située à quatorze lieues environ de la mer; elle était célèbre autrefois par la grandeur de ses établissements publics, par l'intelligence et la richesse de ses marchands. Les Génois et les Vénitiens la fréquentaient à l'époque où Oran tomba entre les mains des Espagnols. Le royaume de Tlemcen comprenait alors toute la vallée

du Cheliff; et au treizième siècle la province même de Bougie en dépendait.

Si de Tlemcen on se dirige vers les confins de Maroc, on rencontre au bout de la belle plaine de cette ville, l'*Oued Zeitoun* (rivière des Oliviers), trois lieues plus loin on passe le *Souf-Neurours*, et enfin à une lieue au delà l'*Oued-Tafna*, la plus forte rivière de ces contrées. Le pays qui s'étend depuis la Tafna jusqu'au Maroc est sablonneux, stérile et inculte; l'*Oued-el-Melch*, affluent de cette rivière, coule au pied de la chaîne des monts de Trara, qui s'étend du sud au nord sur une longueur de quinze à seize lieues.

Province de Constantine. — Cette province a été mieux étudiée et plus souvent décrite que celle d'Oran (1). L'immense territoire qu'elle comprenait était partagé en quatre grandes divisions toutes géographiques et nullement administratives; l'est (*Chark*) embrassait le pays entre Constantine et la frontière de Tunis; l'ouest (*Gharb*), le pays entre Constantine et la chaîne des Biban, le sud (*Kiblah*, c'est-à-dire le pays qu'on a *devant* soi lorsqu'on regarde dans la direction de la Mecque), depuis Constantine jusqu'au grand désert : le Sahara était compris dans cette division; le nord (*Dharah*, c'est-à-dire le pays qu'on a *derrière* soi lorsqu'on est tourné vers la Mecque) embrassait tout le littoral, nommé plus généralement *Sahel*, depuis Bône jusqu'à Bougie.

La population de cette province est divisée en trois races distinctes : 1° les *Arabes*, qui habitent particulièrement les régions méridionales; 2° les *Chaouïa*, établis dans la zone centrale; 3° les *Kabayles*, fixés dans la partie septentrionale, sur le littoral. Les Arabes habitent sous la tente; ils sont nomades et pasteurs; ils ont bâti des villes dans des oasis, où ils cultivent les palmiers et les arbres fruitiers; ils ont un égal mépris pour les deux autres races. Les Chaouïa sont agriculteurs, et cultivent presque exclusivement les céréales; ils parlent une langue toute différente de l'arabe, et pratiquent mal le mahométisme. Les Kabayles sont très-industrieux, fondent et forgent le fer, fabriquent la poudre, et sont tout à fait sédentaires. Les Chaouïa représentent sur-

(1) *Voy.* la *Relation du voyage du professeur Desfontaines d'Alger à Tremessen* (*Nouvelles Annales des voyages*, t. XLVIe) et une notice de l'abbé Bargès sur Tlemcen, extraite du *Journal asiatique*, in-8o. Paris, 1841.

(1) *Voy.* Dureau de la Malle : *Recueil de renseignements sur la province de Constantine*, in-8o, Paris, 1837. — Le général baron Juchereau de Saint-Denys : *Considérations sur la prov. de Constantine* (*Spectateur militaire*, janvier 1838). — MM. Puillon-Boblaye et Berbrugger ont présenté, en 1838, à l'Institut des mémoires intitulés, le premier : *Coup d'œil sur la géographie physique de la province de Constantine*, et le second : *Description de la prov. de Constantine*. Enfin on trouve dans le *Tableau de la situation des établissements français dans l'Algérie en 1840*, publié au ministère de la guerre en 1841, un long et intéressant mémoire sur l'organisation et la situation de cette province à l'époque de l'occupation (octobre 1837), rédigé par MM. Urbain et Warnier.

tout la race vaincue ; les Kabayles ont su mieux protéger leur indépendance. Cette population était partout constituée en tribus (1). Les plus célèbres de ces tribus sont celles des *Hanenchah*, d'origine arabe, situées sur la frontière de Tunis ; des *Haractah*, des *Nememchah*, établis au sud de la ville de Tibessah ; les *Zemoul*, originaires des environs de Msilah, tribu toute militaire, qui s'était très-rapprochée de Constantine ; les *Baraniah*, voisins des Zemoul (ce nom de *Baraniah* signifie *étranger*, et indique que cette tribu était établie moins anciennement sur ce territoire)'; les *Aa'mer Cheragah*, au sud-est de Constantine, qui couvrent la belle plaine de Mehris et l'immense plateau connu sous le nom de *Sera des Aa'mer ;* à l'ouest de Constantine, les *Ouled Abd-el-Nour*, grande tribu de race chaouïa ; les *Telagmah*, également de race chaouïa, au sud-ouest de Constantine ; les *Aa'mer Gherabah*, dont le vaste territoire est limité au nord par le Djebel Maghris et le Sahel Babour ; les *Ouled Mokran*, d'origine arabe, qui forment l'aristocratie de la plaine de la Medjanah. Indépendamment de ces grandes tribus, il y en avait, dans les différentes parties de la province, plusieurs petites, qui n'étaient pas administrées par des kaïds et que l'on nommait tribus du Beylik, parce qu'elles relevaient directement du pacha.

Le *Sahel*, compris entre Bône et Bougie, et dont le nom en arabe signifie le *rivage de la mer*, est borné au sud par la chaîne de montagnes qui s'étend sans interruption du Raz-el-Akbah au Djebel Maghris, au nord de Sétif, et dont les principaux points prennent les noms de Djebel Metayah, Djébel Ouhech, Djeb Segaou, Djebel-Khetab, Djebel Zouaghah, Djebel Aras et les monts Babour ; il se divisait en plusieurs parties nommées *Sahel de Skiddah, Sahel de Collo, Sahel de Djidjeli, Sahel Babour, Sahel de Bougie,* et on y comptait trois kaïdats. Le Sahel de Skiddah comprenait le territoire de *Storah ;* quant au pays de Collo, l'abbé Poiret (2) donne (t. Ier, p. 120) un mémoire assez détaillé sur les environs de cette ville, sur le Sahel de Collo, dû au sieur Hugues, agent de la compagnie d'Afrique ; je me contenterai de l'indiquer et d'y renvoyer le lecteur.

Djidgeli, l'ancienne *Igilgilis,* point intermédiaire de la côte entre Bougie et Collo, adossé à un pays montueux, qu'habitent les Kabayles, est occupé par les Français depuis le 13 mai 1839 ; le pays environnant est très-peuplé. La ville occupe une presqu'île rocailleuse, réunie à la terre ferme par un isthme fort bas, dominé de près par des hauteurs, ce qui a fait porter la défense de la place à l'extérieur. La France faisait autrefois un commerce assez considérable avec ce point de la régence ; elle s'en empara même en 1664, mais on l'évacua promptement : on avait déjà à cette époque proposé plusieurs plans pour en faire un port militaire (1). Les villes de Collo et de Djidgeli et les tribus habitant cette partie du Sahel ne reconnaissaient pas l'autorité du pacha.

Bougie est construite sur l'emplacement de l'ancienne *Saldæ,* l'une des principales villes de la Mauritanie Césarienne, et la capitale de l'empire des Vandales. Les Sarrasins s'en emparèrent en 662, et elle prospéra particulièrement sous les princes arabes de la famille des *Beni-Hamdd,* qui la gardèrent de 991 à 1151. A cette époque, Abdel Moumen, sultan de Maroc, chef des Almohades, conquit l'État de Bougie. En 1240, cette province passa du royaume de Tlemcen dans celui de Tunis. En 1510, Pierre de Navarre s'en empara, et en 1555 elle passa aux Turcs. Elle fut alors régie par un gouverneur particulier, qui portait le titre de kaïd, mais était Turc ; il avait droit de vie et de mort sur les habitants et sur les Kabayles du dehors. Les montagnes qui environnent Bougie sont très-peuplées : on compte trente tribus dans un rayon de 12 lieues. Le kaïd de Bougie ne levait d'impôts hors de la ville que sur la tribu toute voisine de Mzaïa ; les *Beni-Messaoud,* les *Ouled-Abd-el-Djebbar,* les *Fenaïa,* les *Senhadjah,* et en général toutes celles qui occupent la large vallée de l'*Oued Bou Messaoud,* étaient également soumises, mais le reste vivait en pleine indépendance (2).

La ville de *Bône,* en arabe *Blaïd-el-Aneb,* est située par 36° 52' de latitude nord et 5° 50' de longitude est, à 35 lieues nord-est de Constantine, et à 95 lieues à l'est d'Alger. Nous avons plus haut parlé longuement de la fertilité de la plaine de Bône, du cours de la Seybouse et de la Mafragg, et du golfe de Bône ; nous n'y reviendrons pas ici. Sous la protection française, aux portes de cette ville, entre ces deux rivières, habite la tribu des *Beni-Urdjin,* que le général d'Uzer y a établie, quand elle fuyait les persécutions d'Ahmed-Bey ; elle s'est enrichie par la vente de ses denrées (3).

---

(1) *Voy.* les *Bases de l'administration des tribus dans la province de Constantine,* dans le *Tableau de la situation des établissements français dans l'Algérie,* en 1840, p. 314-318.

(2) *Voyage en Barbarie, ou Lettres écrites de l'ancienne Numidie pendant les années 1785 et 1786 sur la religion, les coutumes des Maures et des Arabes Bédouins.* 2 vol. in-8°, Paris, 1789.

(1) *Voy.* le *Tableau de la situation des etablissements français dans l'Algérie* en 1838, p. 108.

(2) *Voy.* sur les Kabayles des environs de Bougie un chapitre de l'appendice placé à la fin du *Tableau de la situation des etablissements français dans l'Algérie en 1840.* — *Voy.* encore Joanny Pharaon : *Les Cabiles et Boudgie,* in-8°, Alger, 1835. — M. *Carette* a présenté en 1838 à l'Institut un mémoire sur la ville de Bougie (Saldæ).

(3) *Voy.* l'abbé de Pietri : *Détails sur Bône et ses environs,* in-8°, Alger, 1836.

La petite ville de *la Calle*, située à 50 lieues est-nord-est de Constantine, a été incendiée en 1827; les Français en ont repris possession en 1836. Nos premiers établissements sur ce point de la côte datent de la même époque que ceux des Turcs. En 1520, des négociants provençaux traitèrent avec les tribus de la Mazoule, pour le privilége de la pêche du corail depuis Tabarque jusqu'à Bône. Sélim II, sous Charles IX, fit à la France la concession du commerce des places de Malfacarel, de la Calle, de Collo, du cap de Rose et de Bône; et en 1560 on acheva de construire le *Bastion de France;* cette concession fut confirmée en 1624 par Amurath IV. Le bastion fut abandonné dès 1677.

Ainsi Bône, Djidgeli et Bougie forment le littoral de la province de Constantine; il faut y joindre le nouveau port de *Philippeville*, port naturel de Constantine; 22 lieues séparent ces deux villes, et quoique les transports se fassent encore à dos de mulet, leurs rapports commerciaux deviennent de jour en jour plus fréquents et plus importants. Depuis 1830 les communications par terre ont cessé complétement entre Alger et Constantine, elles se font toutes par Bône et Philippeville; et Collo s'est mis aussi récemment en relation par mer avec ce dernier port.

La ville de Constantine est située par 36° 24′ de latitude nord et 3° 48′ de longitude est; elle est assise sur le sommet d'une colline baignée presque de tous côtés par le Oued-el-Kebir, qui dans la partie supérieure de la ville, à 600 pieds au-dessus de la plaine, sort d'un souterrain et forme une cascade remarquable, que tous les voyageurs ont décrite. Constantine est un grand centre de population; c'est le débouché des produits agricoles, c'est là que les tribus viennent s'approvisionner, quel que soit leur éloignement, plutôt qu'aux marchés des Telagmah, des Ouled-Abd-el-Nour, de Ferdjiouah et de Sétif (1).

Setif, l'ancienne *Sitifis Colonia*, est située dans une plaine vaste et fertile, arrosée par l'Oued-Bou-Sellam; c'était un des plus considérables établissements que les Romains eussent fondés en Afrique; elle donna son nom à une division de la Mauritanie. Les historiens arabes parlent de sa prospérité et particulièrement de ses plantations de cotonniers. « Cette fécondité du sol, est-il dit dans les documents publiés au dépôt de la guerre, et la position centrale de la ville, appelèrent natu-

rellement l'attention des Français; on y plaça d'abord un poste de 5 ou 600 hommes, puis un entrepôt de vivres et de munitions, puis le chef-lieu d'un arrondissement que l'on confia à un maréchal de camp. Enfin on changea cette dénomination d'arrondissement en celle de subdivision, et on y installa un corps de 2,600 hommes. » Ailleurs on ajoute: « La communication qu'il importe d'ouvrir au plus tôt pour faire de Sétif un établissement imposant est celle de Bougie: Sétif doit s'approvisionner par Bougie, comme Constantine le fait par Philippeville. » Les tribus du voisinage sont généralement d'un caractère pacifique et cultivent la terre. Les routes qui conduisent de Sétif à Constantine ne sont que des sentiers frayés pour les mulets arabes; il y en a plusieurs: l'une passe par *Milah*, *Maallah* et *Djimilah*, tous pays de montagnes; une autre par le pays des Telagmah, des Ouled-abd-el-Nour et des Eulmah de Bazr.

Guelma est située au sud et très-près de la rive droite de la Seybouse supérieure, au pied de la haute montagne de *Maouna*; elle a été construite avec les matériaux tirés des ruines de l'ancienne *Calama*, mentionnée par saint Augustin et par Paul Orose; mais l'emplacement qu'elle occupe n'est pas celui de la cité romaine. Plusieurs voies romaines partaient de Calama; deux allaient à Hippone, en suivant les deux rives de la Seybouse; une autre allait à Constantine, en passant au nord du mont Maouna, traversant l'Oued-Cherff et gagnant *Amouna* par une pente douce; deux autres au moins se dirigeaient vers le sud, probablement sur Zama et sur Tiffech, et de là se ramifiaient à l'infini dans toutes ces belles plaines (1).

La ville de *Msilah*, située par 35° 42′ 30″ de latitude nord et 2° 12′ de longitude est, est divisée en trois quartiers, dont le plus considérable occupe la rive gauche et les deux autres la rive droite de l'*Oued-Ksab*. La surface des jardins est triple de celle de la ville. Elle a été construite avec les matériaux d'une ville romaine en ruine, située à 4 ou 5,000 mètres à l'est, l'ancienne *Siulia* ou la *Bechilga* des Arabes. Les Français se sont établis à Msilah en juin 1841.

Au sud-sud-ouest s'élève le Djebel-Salab, et au pied la ville de *Bou-Saadah*, peuplée d'environ 2000 âmes et entourée de jardins

(1) J'ai été très-sobre de détails topographiques sur Constantine, pouvant renvoyer le lecteur à la description exacte et complète que M. Dureau de la Malle a donnée de cette ville, d'après les auteurs grecs et latins, mais surtout d'après les Arabes Bekri et Idrisi et les voyageurs modernes Shaw, Poiret, Hebenstreit, et Desfontaines, p. 40-57 de son ouvrage sur la province de Constantine.

(1) M. Judas a présenté en 1839 à l'Institut un *Mémoire sur les antiquités de Guelma.* — Le livre de M. le général Duvivier, intitulé : *Recherches et notes sur la portion de l'Algérie au sud de Guelma, depuis la frontière de Tunis jusqu'au mont Aurès compris,* etc., in-4°, Paris, 1841, n'est pas dans le commerce, et il est très-difficile de le rencontrer : aussi indiquerai-je, pour qu'on puisse se faire une idée de cet important travail, le compte rendu qui en a été donné dans le *Spectateur militaire* par M. A. C. Charlier.

plus beaux et plus grands que ceux de Msilah. A moitié chemin entre ces deux villes, qui sont séparées par une distance de seize à dix-huit lieues, se trouve une station romaine en ruine, nommée *el-Benian*.

Je rappellerai ici, quoique je l'aie déjà dit plus haut, que pour les Arabes le désert du Saharah commence à Msilah, et qu'ainsi ils y comprennent cette plaine immense qu'on aperçoit au sud de cette ville et qui est bornée à une distance de vingt lieues par la chaîne des monts Saadah. Le chef du Saharah avait le titre de *Cheikh-el-Arab;* son autorité s'étendait au nord depuis les montagnes d'Aurès et de Belezmah, qui séparent le Saharah du Tell, jusqu'au pays de Msilah (le Saharah proprement dit est la plaine sans cultures, le Tell est la région des collines); au sud jusqu'au pays de Souf, de l'est à l'ouest depuis Tuggurt, qui marquait la limite du Beled-el-Djerid de Tunis, jusqu'au territoire de la ville d'Aghouath. Cet immense territoire, presque aussi grand que la province tout entière, est habité par deux populations bien distinctes : les Arabes nomades, qui passent l'hiver dans le Saharah, et les habitants des petites villes des oasis. *Biskarah* était la capitale de ces petites villes, elle obéissait à un kaïd, et le territoire sur lequel s'étendait l'autorité de cet officier portait le nom de *Zab* (pays à oasis où croissent les palmiers à dattes); il s'y trouvait quarante villes formant un cercle, dont Biskarah occupait l'extrémité orientale. *Le Zab de Tuggurt* contenait quatorze petites villes moins peuplées : le cheikh de Tuggurt était presque complétement indépendant, à cause de son éloignement. *Le pays de Souf* se divisait en sept grandes tribus. Les villes, formées par la réunion de quelques chaumières, sont presque toutes très-misérables; mais elles sont entourées de beaux et riches jardins. C'est avec le désert que les relations commerciales de Constantine sont le plus anciennement et le plus solidement établies. Elles n'ont jamais été interrompues; car les habitants du pays de Tuggurt et du Zab de Biskarah ont besoin, pour eux et pour leurs troupeaux, des subsistances de la province de Constantine, et ne peuvent vivre sans ses grains (1).

Je terminerai cet article par ces paroles de M. Baude : « Si l'on cherche à considérer dans leur ensemble les bases principales du commerce de la régence, on remarquera que le pays est partagé en trois zones à peu près parallèles à la côte, dont chacune est placée par la nature de ses ressources et de ses besoins dans une dépendance mutuelle des deux autres. La première, baignée par la mer, abordable par des points nombreux, reçoit directement les produits de l'industrie européenne, qui par les échanges pénétreront jusqu'au fond de l'Afrique; la seconde comprend les plateaux de l'Atlas, les plaines intérieures, si fertiles qu'il faut chercher au loin des débouchés à ses fruits; la troisième est cette région sèche, sablonneuse, brûlante, qui s'étend jusqu'aux bords du Niger, riche en produits précieux, qu'elle ne peut consommer elle-même, manquant des denrées de première nécessité. »

Indépendamment des ouvrages que j'ai déjà eu occasion de citer, et qui sont presque tous postérieurs à 1830, je dois indiquer encore :

Abou-Obéid-Becri : *Description de l'Afrique*, notice par M. Étienne Quatremère, t. XIIe des *Notices et extraits des manuscrits*, 1831; in-4°.

Edrisii *Africa*, ed. J. M. Hartmann, in-8°, Getting. 1796.

Aboulfeda, *Description des pays du Maghreb*, texte arabe avec une traduction française et des notes par Ch. Solvet, in-8°, Alger, 1838.

Hartmannus : *Descriptio locorum in prima expeditione adversus Turcas Algerienses observatorum a maio 1669 ad aprilem 1671*, in-12, Londini, 1671.

Roqueville : *Relation des mœurs et du gouvernement des Turcs d'Alger*, in-8°, 1675.

Ch. Restelius : *Description historique et politique du royaume et de la ville d'Alger depuis 1516 jusqu'en 1732* (en suédois); 2 parties in-4°, Stockholm, 1737.

Dureau de la Malle : *Voyages dans les regences d'Alger et de Tunis en 1724 et 1725, par Peyssonel, et de 1783 à 1786, par Desfontaines;* 2 vol. in-8°, Paris, 1838.

D'Avezac : *Études de géographie critique sur une partie de l'Afrique septentrionale; Itinéraires de Hadji Ebn-el-dyn-el-Aghouath*, etc., in-8°, 1836.

W. Janson : *A view of the present condition of the states of Burbary*, etc., in-12, London, 1816.

Pananti : *Narrative of a residence in Algier*, in-4°, London, 1818.

Shaler : *Sketch of the state of Algier*, Boston, 1826, trad en franç. par X. Bianchi, 1830.

Graberg di Hemsoe : *Cenni statistici e geografici della Regenza di Algieri*, in-8°, Milan, 1830.

Aristide Guilbert, *De la colonisation du nord de l'Afrique*, 1 vol. in-8°, 1838. Cet ouvrage contient la première liste bibliographique complète qu'on ait publiée de tous les ouvrages anciens et modernes relatifs à l'Afrique septentrionale.

AMÉDÉE TARDIEU.

---

(1) *Voy.* sur le Saharah algérien quelques renseignements intéressants dans le *Moniteur universel* du mardi 18 février 1845; une note insérée dans le numéro de février du *Bulletin de la Société de géographie* (année 1844), et surtout le livre intitulé : *Expédition de Laghouat dirigée, en mai et juin 1844, par le général Marey, commandant la subdivision de Tittery,* Alger, 1845, in-4°. M. de Vivien de Saint-Martin en a extrait toute la partie géographique, qu'il a insérée, dans le *Bulletin de la Société de géographie* (février 1845). Il y a certains passages qui renferment sur la vraie nature du Saharah les éclaircissements les plus nouveaux et les plus exacts.

TABLE DES ARTICLES

CONTENUS DANS LE PREMIER VOLUME.

FIN DU PREMIER VOLUME

CONDITIONS DE LA SOUSCRIPTION.

Cette ENCYCLOPÉDIE, accompagnée de 350 à 360 planches gravées sur acier, formera 25 volumes de texte et 3 volumes de planches.

Elle sera publiée en livraisons, composées chacune de 64 colonnes de texte ou de 32 pages, et de *une* et quelquefois *deux* planches.

PRIX DE CHAQUE LIVRAISON

30 centimes — ou **3 fr. 60 c** le volume.

Tout volume dépassant le nombre de 25 sera livré gratis.

Il paraît chaque semaine une ou deux livraisons.

Jamais Encyclopédie n'a été publiée à un prix aussi modique, et cependant les noms des savants qui l'ont composée sont une garantie du soin et du talent avec lesquels elle est exécutée. Nous affirmons qu'elle est beaucoup plus complète qu'aucune de celles qui ont été publiées en France. Les articles dont elle se compose sont aussi plus étendus, et le lecteur après les avoir parcourus, n'éprouvera pas, ainsi que cela arrive si souvent dans les ouvrages de ce genre, le regret de n'avoir trouvé qu'une simple mention du fait dont il cherchait le récit, qu'une simple définition de la théorie dont il voulait voir l'exposé.

Pour établir cette nouvelle édition de l'*Encyclopédie moderne* au prix dont la modicité dépasse tout ce qui s'est vu en ce genre jusqu'à présent, nous avons dû compter sur le concours d'un très-grand nombre de Souscripteurs. C'est ce calcul avantageux qui nous a réussi dans plusieurs grandes entreprises, et nous a permis, par exemple, de publier à si bas prix l'UNIVERS PITTORESQUE, l'histoire universelle la plus complète qui existe et dont nous pouvons même proclamer le succès général, puisqu'elle a été traduite dans toutes les langues.

Une Encyclopédie renfermant tout ce qui, en fait de science, est indispensable à connaître à quiconque veut tenir son rang dans le monde, besoin que, chaque jour, l'état de notre société rend plus général, était le complément nécessaire de l'*Univers pittoresque*. L'agriculteur, le commerçant, le militaire, l'artiste, l'artisan même, trouveront dans celle que nous publions une foule de renseignements qu'ils chercheraient vainement ailleurs. Elle ne sera pas moins utile aux savants de profession, soit par les *notices bibliographiques* qui sont rédigées avec un grand soin, soit par les articles eux-mêmes, où se trouvent consignés les progrès les plus récents dans les diverses branches de la science.

Messieurs les souscripteurs sont invités à conserver les planches à mesure de leur publication, afin de les réunir en volumes d'après l'ordre qui sera indiqué postérieurement.

Le premier volume est accompagné de 12 planches. Anatomie, 1 à 4. Architecture, 1 à 4.

Le deuxième volume est accompagné de 12 planches. Architecture, Histoire naturelle, 1 à 4.

Le troisième volume est accompagné de 14 planches. Architecture, à 20. Histoire naturelle, 5 à 10.

Le quatrième volume est accompagné de 14 planches. Architecture 20 *bis* ; 21 à 23. Histoire naturelle, 11 à 18, 24, 25.

Le cinquième volume est accompagné de 14 planches. Arts mécaniques, Arts chimiques, 1 à 8. Musique, 1 à 5.

Le sixième volume est accompagné de 14 pl. Musique, 6, 7, 8. Physique, 4, 5, 6. Architecture, 24, 25, 26, 27. Histoire naturelle, 22, 23.

Le septième volume est accompagné de 16 pl. Architecture, toire naturelle, 40, 41. Navigation, 8. Hydrostatique et Hydrodynamique.

Le huitième volume est accompagné de 14 pl. Art militaire, 3, 7, 8, 9, 10. Histoire naturelle 1, 9, 20, 21, 35. Architecture.

Le neuvième volume est accompagné de 12 planches. Agriculture.

Le dixième volume est accompagné de 13 planches. Architecture, 53, 54, 55.

Paris. — Typographie de Firmin Didot frères, rue Jacob.